Franz Böhmig · Rat für jeden Gartentag

2057 Ratschläge
zahlreiche Pflanzen- und Anbautabellen
1147 Zeichnungen
und 244 farbige Fotos

Bildideen und Zeichnungen
von Hans Preuße

Franz Böhmig

Rat für jeden Gartentag

Ein praktisches Handbuch für den Gartenfreund

Neumann Verlag Leipzig · Radebeul

Die Bearbeitung ab 9. Auflage
wurde nach dem Tode des Autors Franz Böhmig
von folgenden Fachkollegen durchgeführt:

Günter Pätzold: Obstgarten

Klaus Wächter: Gemüsegarten

Alfred Weinreich: Allgemeines, Ziergarten
und Zimmergarten

Böhmig, Franz:
Rat für jeden Gartentag:
e. prakt. Handbuch für d. Gartenfreund/
Franz Böhmig. Bildideen u. Zeichn. von Hans Preuße.
Bearb. ab 9. Aufl.: Günter Pätzold ... –
22. Aufl. – Leipzig; Radebeul: Neumann Verlag, 1989
496 S.: 1411 Ill. (z. T. farb.)
ISBN 3-7402-0063-4
NE: Pätzold, Günter (Bearb.)

ISBN 3-7402-0063-4

22. Auflage 1989

VLN 150-310/121/89 · LSV 4309
Gestaltung: Peter Lohse
Satz, Reproduktionen:
(140) Druckerei Neues Deutschland
Druck und buchbinderische Weiterverarbeitung:
INTERDRUCK Graphischer Großbetrieb Leipzig – III/18/97
Printed in the German Democratic Republic
Bestell-Nr. 798 946 9
02700

Inhalt

Tabellen und Listen

Register und Abbildungen

Vorwort

Liebe Gartenfreundin, lieber Gartenfreund!

Wie mag der Garten wohl aussehen, den Sie bepflanzen, in dem Sie sich erholen?
Vielleicht ist es bereits ein richtiger Garten mit einem Zaun und einer Laube, oder Sie sind bereits Besitzer eines Eigenheimes mit Garten.
Haben Sie Freude daran, Blüten- und Blattschmuckstauden, Gräser, Farne und Blumenzwiebelgewächse in naturhaften Pflanzungen verschmelzen zu lassen, oder möchten Sie Immergrüne und Blütengehölze als Gerüst dazu verwenden?
Wollen Sie von Ihren Obstbäumen und Beerensträuchern jedes Jahr eine reiche Ernte einbringen?
Lieben Sie die Farbenfülle der Sommerblumen oder wünschen Sie sich einen Rasen, auf dem Sie und Ihre Kinder sich erholen können?
Haben Sie die Absicht, Gewürzkräuter zu ziehen und Spargel zu pflanzen, oder schwebt Ihnen vor, Wasserbecken zu bauen und Goldfische zwischen Rohrhalmen und unter Seerosenblättern schwimmen zu lassen?
Vielleicht wollen Sie sogar das eine tun und das andere nicht lassen; denn dafür gibt es viele Pläne, einen Garten anzulegen, wie es Möglichkeiten gibt, einen Gartentag entspannend zu verleben.
Aber es gibt auch viele Fragen zu diesen Plänen und Absichten bei ihrer Ausführung, so daß wir Ratschläge brauchen, die uns helfen können, unseren Ideen Gestalt zu geben, Unsicherheiten zu beseitigen und damit die Hoffnungen und Wünsche, die wir als Gartenfreunde hegen, der Erfüllung näher zu bringen.
Gute Ratschläge sind wirkliche Hilfen bei der Lösung der manchmal gar nicht einfachen Aufgaben, die die Beschäftigung mit Spaten und Hacke wie die ernsthafte Hingabe an den Garten mit sich bringen.
Wer nachlesen kann, wie man Zäune baut, Rasen sät oder Gehölze oder Blumen pflanzt und Ernten einbringt, der ist nicht mehr ratlos. Wer sich unterrichten kann, zu welcher Zeit die rechte Maßnahme das Wachsen und Blühen zu voller Entfaltung bringt, den Fruchtansatz stärker und die Ernte reicher ausfallen läßt, dessen Freude wird größer an allen Dingen des Gartenlebens. Erfährt er darüber hinaus noch, warum dies so und das anders gemacht werden muß, dann weiß er bald um die Grundlagen der Freizeitgärtnerei überhaupt und kann sich bewußter seiner sinnvollen Freizeitgestaltung widmen..
Dieses Buch haben Autoren vom Fach für Sie geschrieben, die wissen, was die Gartenfreunde bewegt, die die Fragen kennen, auf die Sie Antwort haben möchten, um zu sehen und zu lernen, um teilzuhaben am Gartenerleben.
Gehen wir also in den Garten mit unserem Buch und lassen uns anregen und begeistern durch guten Rat für jeden Gartentag.

Neumann Verlag

Allgemeines

1 Der Garten soll in erster Linie Erholung nach der Tagesarbeit gewähren.

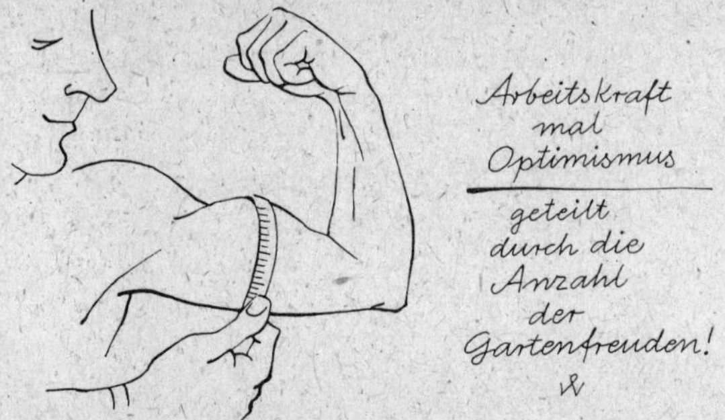

Das müssen wir bedenken, wenn wir uns einen Garten anschaffen. Auch das Bebauen und Betreuen der kleinsten Fläche erfordert Arbeit. Wir müssen darum wissen, wieviel Arbeitskraft wir dem Garten widmen können, ohne daß der Erholungsort zur Plage wird.

2 Um sich späteren Ärger zu ersparen, muß man die Rechtsverhältnisse klären, bevor man einen Garten übernimmt.

Dabei ist es gleichgültig, ob er pachtweise oder durch Kauf erworben wird. Wo der Garten in einer Kleingartengemeinschaft liegt, sind die festgelegten Statuten maßgebend. In allen anderen Fällen sollte man sich aber an eine rechtskundige Stelle wenden.

3 Boden- und Wasserverhältnisse sowie die allgemeine Lage sind Faktoren, die wir beim Übernehmen eines Gartens in erster Linie prüfen müssen.
Reine Sand- und Lehmböden erfordern in jedem Jahre erhebliche Verbesserungsmaßnahmen. Wasserleitungsanschluß ist die erste Voraussetzung für gute Erfolge. Beschattetes oder nach Norden abfallendes Land ist ungeeignet. Hängiges Gelände kann man nur mit hohem Kosten- und Arbeitsaufwand als Erholungsstätte einrichten.

4 Zu hoher oder zu niedriger Grundwasserstand verringert den Wert des Gartenlandes ganz erheblich.
Im ersten Falle sind selbst kostspielige Entwässerungen in den meisten Fällen unmöglich. Bei zu niedrigem Grundwasserstand ist ein sehr hoher Wasserbedarf einzuplanen. Über das Grundwasser ist auch im Ratschlag **1831** nachzulesen.

5 Wenn ein Gemüsegarten mit eigenen Kräften in der Freizeit betreut werden soll, sollte man über eine Größe von 400 m² nicht hinausgehen.

Diese Fläche verlangt im intensiven Gemüsebau schon einen großen Arbeitsaufwand, der vor allem im Frühjahr und im Herbst zu bewältigen ist. In der rechtzeitigen Erledigung der im Frühjahr anfallenden Arbeiten liegt der Erfolg des ganzen Jahres. Sehr häufig ist die Verbindung von Gemüsegarten mit Ziergarten. Letzterer erfordert fürs erste bei der Bepflanzung mehr Geldmittel, macht später jedoch weniger Arbeit als ein Gemüsegarten. Beachte auch den folgenden Ratschlag!

6 Wer seine Familie vor allem mit Gemüse versorgen will, braucht dazu je Person mindestens 50 m² Fläche.

Das setzt aber ganz intensive Nutzung voraus. Die anfallende Hauptarbeit erstreckt sich auf die fünf Monate März bis Juli. Zum Versorgen einer dreiköpfigen Familie braucht man ungefähr 150 m² Gartenland. In den genannten Monaten sind dann fast 200 Arbeitsstunden nötig. Wird ein verwahrloster Garten übernommen, dann liegt der erforderliche Arbeitseinsatz in den ersten Jahren wesentlich höher. An diesem Beispiel kann man sich errechnen, ob man das durchhalten wird.

7 Wo der Boden wesentlich verbessert werden muß, sollte man das Einrichten eines Ziergartens mit eigener Arbeitskraft auf zwei oder mehr Jahre verteilen.

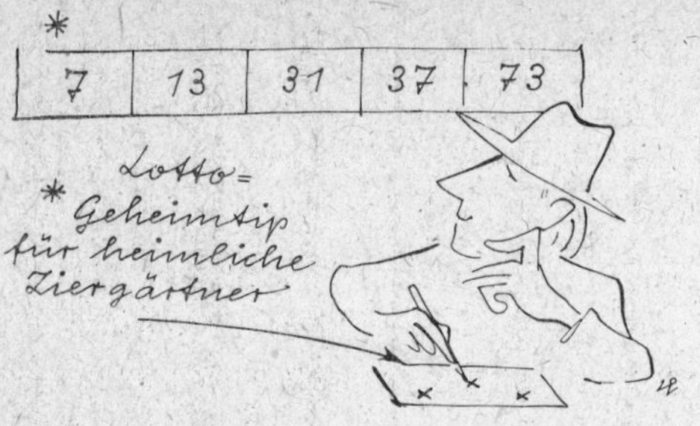

Das trifft auch dort zu, wo der Geldbeutel die einmalige Belastung nicht aushält. Um kein Land brachliegen zu lassen, bebaut man es in der Zwischenzeit mit einfachen Kulturen. Dazu gehören vor allem Kartoffeln, die wenig Kosten und Arbeit verursachen. Außerdem tragen sie wesentlich zur Bodenverbesserung bei. Was hier für den Ziergarten empfohlen wird, gilt auch für einen neuanzulegenden Obst- und Gemüsegarten.

8 Zum Bearbeiten und Umsetzen der Erdhaufen ist jetzt die beste Zeit.

Komposterde ist nur dann wertvoll, wenn der Komposthaufen richtig gepflegt wird. Darum muß er auch im Winter einmal umgesetzt werden. Dabei kommt alles, was bisher an den Außenseiten lag, in das Innere und umgekehrt. Der Kompost darf, wie auch alle anderen Erdhaufen, nicht höher als 1 m sein. Wenn die Außenschicht beim Umsetzen schon gefroren ist, dann ist das zu begrüßen. Mit der Rodehacke schlägt man sie in großen Stücken ab und stapelt diese locker auf, um sie mit dem Material, das bisher innen lag, zu bedecken. Auf diese Weise wird eine vorzügliche Durchlüftung des Komposthaufens erzielt, die das Verrotten entscheidend beeinflußt.

9 Bei der Neuanlage eines Komposthaufens kann man auf dem vorgesehenen Platz eine 10 cm hohe Torfschicht ausbreiten.

Das ist vor allem dort wichtig, wo der Komposthaufen im Laufe des Jahres mit Jauche oder Nährstofflösungen begossen wird. Die Torfschicht nimmt dann die Stoffe auf, die durch Niederschläge in die Tiefe gewaschen würden. Auf diese Weise gehen die Nährstoffe nicht verloren, denn der Torf hält sie fest. Die Torfschicht kann feucht, darf aber nicht zu naß und auch nicht zu trocken sein. Beim Umsetzen des Komposthaufens wird der Torf zwischen die Erde gemischt, und der neue Platz erhält wieder eine Torfschicht.

10 Vorhandene und anfallende Jauche bringt man am besten jetzt auf den Komposthaufen.

Die auf den Komposthaufen kommenden Stoffe sind relativ nährstoffarm. Ihr Hauptwert liegt in ihrem Humusgehalt. Darum ist eine zusätzliche Anreicherung mit Nährstoffen sehr wertvoll. Sie erreicht man am

Kompostierung

Umsetzung von „In-“ und „Aushalt“

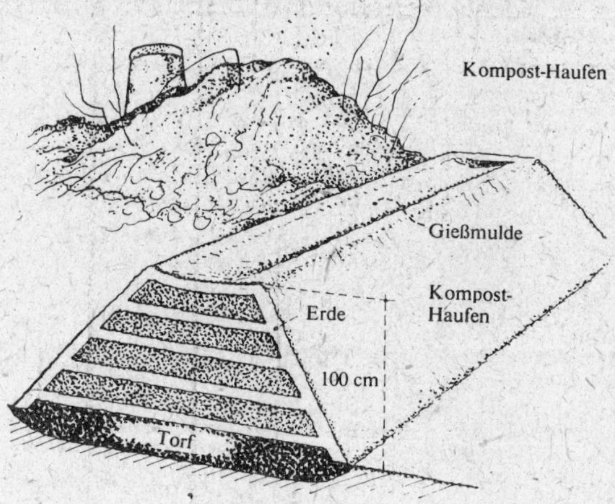

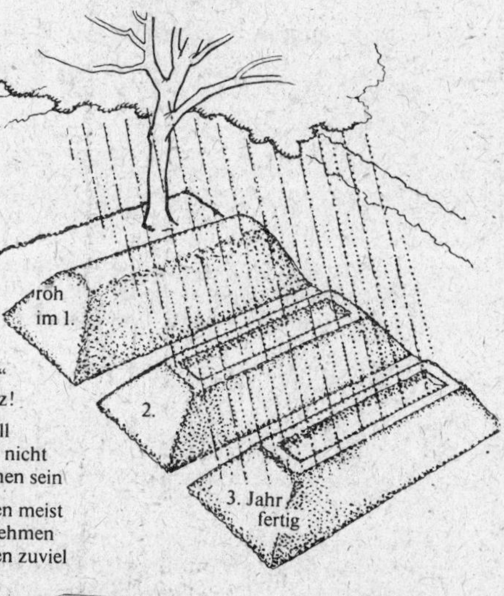

Der „Schatz“ braucht Platz!

Der Platz soll schattig und nicht gleich zu sehen sein

Da die Gärten meist klein sind, nehmen die Erdhaufen zuviel Fläche weg

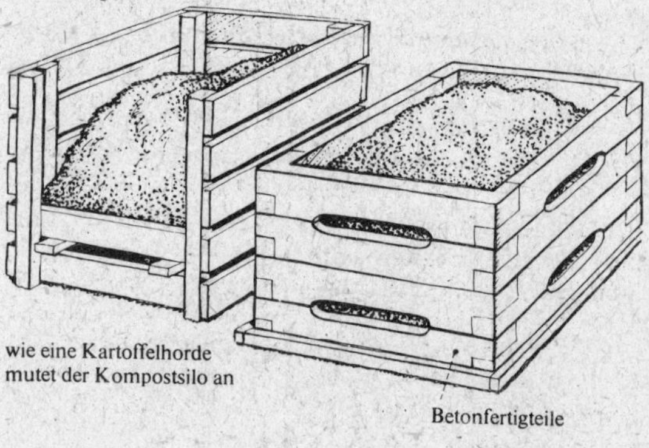

wie eine Kartoffelhorde mutet der Kompostsilo an

besten mit Jauche. Da Jauche nur sehr wenig Phosphorsäure enthält, ist es angebracht, ihr diese zuzusetzen. Der dazu geeignetste Dünger ist Superphosphat, das man in der Jauche auflöst. Zu 10 Liter Jauche kann man unbedenklich 50 g geben. Wenn beim Umsetzen des Haufens Thomasmehl zwischengemischt wird, ist Superphosphat nicht nötig. Thomasmehl eignet sich aber nicht als Zusatz zur Jauche, weil es nicht wasserlöslich ist. Das gleiche gilt natürlich für die Kompostsilos. Diese sind bei optimalen Bedingungen innerhalb von 12 Monaten fertig. Sie sollen so konstruiert sein, daß man sie leicht auseinandernehmen kann. Die wenigen unvollständig verrotteten Komposteile nimmt man gleich als Starthilfe für ein neues Silo. Da ein ausgeglichenes Verhältnis von Stickstoff, Sauerstoff und Feuchtigkeit bei dem Silo-Schnellkompost sehr wichtig ist, muß man bei starkem Laubanteil mit organischen Düngern nachhelfen (s. Ratschlag **1109**).

11 Fertige Komposterde kann bei Frostwetter auf das im Herbst gegrabene Land ausgebreitet werden. Steine und andere zu grobe Bestandteile beseitigt man vorher mit Hilfe eines großmaschigen Durchwurfs.

Gut gepflegte Komposthaufen (siehe auch Ratschläge **8, 9, 10**) ergeben ein Material, das man als vollwertigen Ersatz für Stalldünger bezeichnen kann. Die Komposterde wird aber im Herbst nicht mit eingegraben. Es ist besser, man gibt sie auf das gegrabene Land, um sie im Frühjahr oberflächlich einzuarbeiten. Mit dem Aufbringen wartet man, bis das in rauher Furche liegende Land so hart gefroren ist, daß man es, ohne die Oberfläche zu verändern, betreten kann. Die Komposterde darf aber nicht fein gesiebt werden. Den Durchwurf stellt man also so flach auf, daß nur ganz grobe Stoffe und auch Steine zurückbleiben.

12 Ruß und Holzasche sind wichtige Bodenverbesserungsmittel. Sie gehören aber nicht auf das Land, sondern auf den Komposthaufen.

Von den verschiedenen Aschearten eignet sich nur die Holzasche. Ein geringer Anteil an Kohlenasche schmälert den Wert nicht. Man gibt sie am besten auf den im vorigen Sommer und Herbst angelegten Komposthaufen, der noch stark im Verrotten ist. Ruß wird in der gleichen Weise verwendet, obwohl man über die Art seiner Wirkung noch nicht ganz im klaren ist. Beide Stoffe kommen über den Komposthaufen viel besser zur Wirkung, als wenn man sie beim Graben in den Boden bringt.

13 Im Laufe des Jahres benötigter Torf muß jetzt beschafft und zum Verbrauch vorbereitet werden.

Torf braucht man als Bodenverbesserungsmittel (Anreichern mit Humus) fast zu jeder Jahreszeit. Um ihn immer greifbar zu haben, muß er noch im Laufe des Jahres beschafft werden, weil er im allgemeinen einer Vorbehandlung bedarf. Soweit er in Ballenform geliefert wird, ist er meist sehr trocken. Vor dem Verwenden muß er gut angefeuchtet werden, wenn er im oder auf dem Boden (Bodenbedeckung) seinen Zweck gut erfüllen soll. Die Ballen werden so zerkleinert, daß der Torf völlig locker liegt. So dem Winterwetter (Schnee und Regen) ausgesetzt, nimmt er genügend Feuchtigkeit auf. Wer den Torf mit Nährstoffen anreichern will, überbraust ihn von Zeit zu Zeit mit einer Nährstofflösung. Damit man sie mit der Gießkannenbrause gut verteilen kann, eignet sich dazu nur ein gut wasserlöslicher Volldünger, der keinen Satz zurückläßt. Wichtig ist, daß jedesmal nur so viel Nährlösung gegeben wird, wie der Torf aufnehmen kann. Sie darf also nicht durch den Torf laufen und im Untergrund versickern. Falls der Torf in einem wasserdichten Behälter liegt, ist diese Sorge unnötig.

14 Wenn der Boden trittfest gefroren ist, so daß er nicht mehr verschlammt, kann man Jauche und Fäkalien auch auf dem Lande verteilen.

So wird man Jauche und Fäkalien nutzen, die nicht mehr auf dem Komposthaufen unterzubringen sind. Man gibt sie vor allem zwischen Beerensträucher. Die Fäkalien frieren auf diese Weise gut durch und lassen sich im Frühjahr sehr leicht oberflächlich einarbeiten.

15 Schnee ist die natürliche Schutzdecke für alle im Winter im Freien stehenden Pflanzen. Darum sollte er nicht nutzlos auf den Gartenwegen liegenbleiben.
Auf Wegen und sonstigen Plätzen liegender Schnee verrichtet gute Dienste, wenn man ihn auf das Kulturland bringt. Pulverschnee eignet sich vor allem als Schutzdecke für wintergrüne Stauden und andere niedrige Pflanzen, die bei Barfrost leiden. Die mit dem Transport verbundene Arbeit lohnt sich auf jeden Fall. Auf gegrabenes Land gebracht, vermehrt Schnee die so wichtige Bodenfeuchtigkeit.

16 Stark mit Schnee bedecktes Land darf nicht gegraben werden. Man muß den Schnee erst wegräumen.
Unter einer stärkeren Schneedecke ist der Boden sehr oft frostfrei, so daß man auch im Laufe des Januars graben kann. Diese Gelegenheit muß man unbedingt ausnutzen, damit das folgende Winterwetter noch auf das gegrabene Land einwirken kann. Dabei ist aber nicht zu vergessen, daß eingegrabener Schnee im Frühjahr das Erwärmen des Bodens sehr stark behindert. Da der Schnee im Boden nur langsam auftaut, bleibt die Erde auch lange naß und verzögert das Besäen oder Bepflanzen des Landes. Aus diesen Gründen ist es wichtig, den Schnee vor dem Graben zu beseitigen. Diese Arbeit wird wesentlich erleichtert, wenn man nur einen Streifen des Landes vom Schnee frei macht. Dieses Stück gräbt man und wirft den Schnee des nachfolgenden Streifens dann auf das gegrabene Land. Dadurch geht ihm keine Winterbodenfeuchtigkeit verloren. Siehe Ratschlag 15.

17 Bei nicht zu starkem Frost und trockenem Wetter ist das Rigolen auch im Januar möglich.

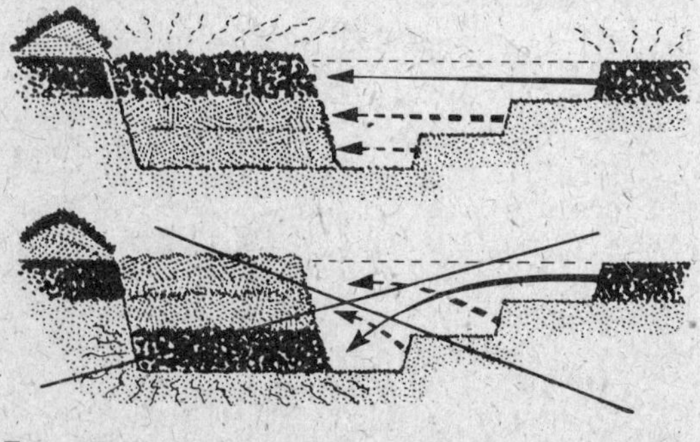

Etwas Frost im Boden erschwert das Rigolen. Das muß man aber mit in Kauf nehmen. Wenn mit dieser Arbeit gewartet wird, bis der Boden wieder frostfrei ist, kommt oft das Frühjahr heran. Diese Jahreszeit bringt uns aber so viel Gartenarbeit, daß dann das Rigolen meist unterbleibt. Außerdem ist es besser, wenn der rigolte Boden noch einige Monate dem Frost ausgesetzt bleibt. Wer bei gefrorener Erde rigolt, muß darauf achten, daß keine Frostklumpen in die tieferen Bodenschichten gelangen. Sie tauen dort sehr schwer auf und verzögern auch das Erwärmen der oberen Bodenschicht. Das ist vor allem dann nachteilig, wenn das Land beispielsweise sehr zeitig mit Frühgemüse bestellt werden soll.

18 Mineraldünger (Volldünger) wird schon im zeitigen Frühjahr gebraucht. Darum muß man ihn im Laufe des Januars besorgen und richtig lagern.

Bei den meisten mehrjährigen Pflanzen, ganz gleich, ob es sich um Gewürzkräuter oder Blütenpflanzen handelt, ist die erste Kopfdüngung in manchen Jahren schon Ende Februar erforderlich, wenn sie voll wirksam sein soll. Darum darf man mit dem Beschaffen nicht warten, bis die große Nachfrage einsetzt. Das richtige Lagern des Düngers bis zum Verbrauch ist sehr wichtig, weil die meisten mineralischen Dünger die Feuchtigkeit der Luft aufnehmen. Dadurch werden sie entweder wässerig oder verhärten, so daß sie ihre Streufähigkeit verlieren. Die Gartenlaube oder ein Schuppen sind im allgemeinen keine geeigneten Lagerorte. Da es sich meist um keine großen Mengen handelt, stellt man den Dünger am besten auf einen trockenen Hausboden. Die Düngerbehälter müssen aber auch dort gut geschlossen gehalten werden. Wer den Dünger in einem Schuppen oder einer Gartenlaube unterbringen muß, darf die Behälter nicht auf die bloße Erde setzen, sondern muß ihnen eine starke Holzunterlage geben. Dünger in zugeschweißten Foliensäkken läßt sich unproblematischer lagern. Die Luftfeuchtigkeit hat dadurch keinen Zutritt.

19 Wer in seinem Garten ausreichend Mineraldünger anwenden will, muß dafür sorgen, daß der Boden viel Humus enthält.
Nur so lassen sich Qualitätsminderungen und Wachstumsstockungen vermeiden, die man oft dem Mineraldünger in die Schuhe schiebt. In humusreichen Böden ist das Wachstum der Pflanzen auch dann gesund, wenn man reichlich Mineraldünger verwendet. Durch den Humus sind die Böden sehr reich an Bakterien, die die Nährstoffe in einwandfreie Pflanzennahrung umwandeln.

20 Der Kleingärtner sollte in der Hauptsache mit Mineraldüngern arbeiten, die mehrere Nährstoffe enthalten (Volldünger).
Er ist dann sicher, daß er seinen Pflanzen alles gibt, was sie zum gesunden Aufbau benötigen. Andernfalls kommt es häufig zu schädlicher einseitiger Ernährung.

Am wertvollsten sind Volldünger mit sogenannten Spurenelementen. Stickstoffreiche Volldünger kommen vor allem im Frühjahr und in der Hauptwachstumszeit in Frage. Ab Anfang August sollte man grundsätzlich nur stickstoffarme verwenden.

21 Mineraldünger (Volldünger) kann man kurz vor der Bestellung des Landes flach einarbeiten oder während der Wachstumszeit als Kopfdünger sowie in Nährlösungen anwenden.

Bei Bäumen, Sträuchern, Erdbeeren, Stauden und anderen Dauerkulturen wird der Mineraldünger immer trocken ausgestreut und anschließend leicht eingehackt. Einjährige Kulturen erhalten ihn trocken oder als Nährlösung, sobald die Pflanzen gutes Wachstum zeigen. In jedem Falle ist darauf zu achten, daß der Dünger bzw. die Lösung nicht auf Pflanzenteile gelangt. Um sicher zu gehen, braust man sie nach dem Düngen stark mit Wasser ab. Granulierte Dünger haben den Vorteil, daß sie von den Pflanzen abrollen.

22 Bei Eintritt stärkeren Frostes ist zu prüfen, ob die Zapfstellen der Wasserleitung stark genug verpackt sind.

Manche im Frühjahr festgestellten Wasserleitungsschäden hätten verhindert werden können, wenn man die gefährdeten Stellen sorgfältiger überprüft hätte. Das trifft vor allem auf die Zapfstellen zu, die Hähne aus Messing haben. Dieses Metall ist bekanntlich frostempfindlich. Diese Hähne können zerfrieren, obwohl das Wasser abgelassen wurde. Wer sich mit dem Verpacken nicht belasten will, muß sie abschrauben und frostsicher aufbewahren. Das stehenbleibende Rohr ist aber mit einem entsprechenden Verschluß zu versehen, damit kein Schmutz hineingelangen kann. Wer die Wasserleitung nicht einwandfrei abstellen und entleeren kann, braucht in strengen Wintern einen Schutz aus einer starken Schicht Laub, Stroh oder auch Torf, die die Zapfstellen gleichmäßig umschließt. Die Verpackung muß auch sturmsicher sein.

23 Feststehende Wasserbehälter sind laufend nachzusehen, daß sich in ihnen kein Wasser gesammelt hat.

Durch Schneefall und Regen gelangt in Betonbehälter und solche aus Mauerwerk Wasser, das bei strenger Kälte Schaden anrichtet. Man kann sich dagegen nur schützen, wenn die Behälter ständig entleert werden. Wer dieser Arbeit entgehen will, füllt sie am besten mit trockenem Torf, der sehr viel Wasser aufnehmen kann. Noch besser ist, wenn die völlig entleerten Behälter mit einem wasserdichten Deckel versehen werden.

24 Im Schuppen lagernde Frühbeetfenster sind jetzt auszubessern, damit sie bei Bedarf zur Verfügung stehen.

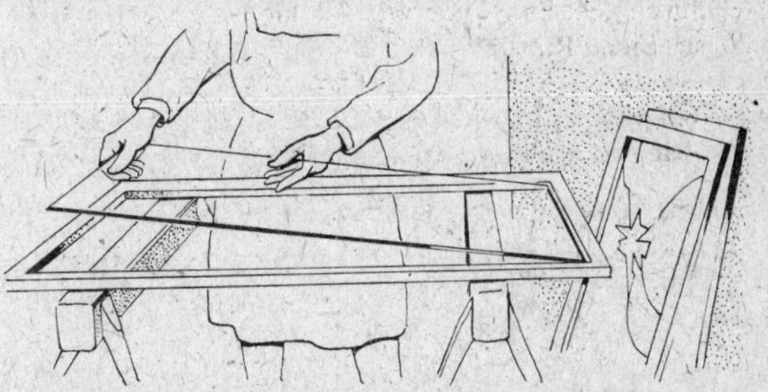

Im Laufe des Jahres kann Glasbruch entstehen. Er muß behoben werden, bevor man die Frühbeetfenster wieder in Gebrauch nimmt. Das ist oft schon im Februar der Fall. Mit der Zeit werden an den Fenstern auch Sprossen oder Unterschenkel morsch. Bei einigem Geschick kann man solche Schäden ebenfalls selbst beheben. Wo das entsprechende Handwerkszeug fehlt, um aus einer Latte ein passendes Ersatzstück herzustellen, läßt man es bei einem Tischler anfertigen. Einbauen kann man es in jedem Falle selbst.

25 Für alle im Garten benötigten Bretter, Pfähle, Stäbe, Pfosten und Latten ist das Kiefernholz besser als das der Fichte.

Da Kiefernholz harzreicher ist, hält es den Wettereinflüssen länger stand. Trotzdem sollte man es in jedem Falle imprägnieren (siehe auch Ratschlag 28).

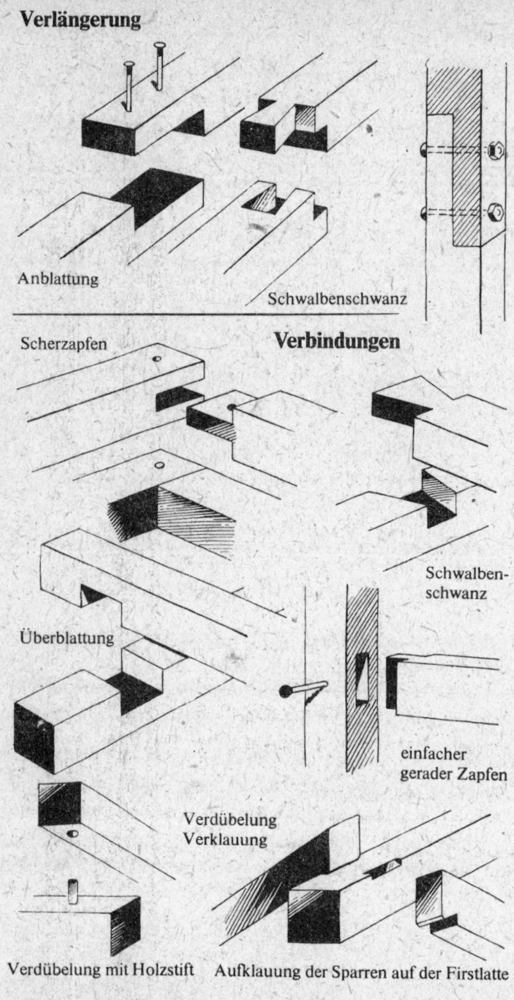

26 Für einfache Holzverbindungen braucht man außer einer guten Säge und einem scharfen Stemmeisen nur ein wenig Handfertigkeit.
Die Skizzen zeigen das Verlängern von Latten oder Kanthölzern sowie Verbindungen, die beim Herstellen von Rahmen nötig sind. Die Hölzer werden vor dem Verbinden imprägniert (siehe Ratschläge **28, 116**).

27 Die winterliche Ruhezeit muß man zum Beseitigen von Schadstellen an den Frühbeeten benutzen.
Frühbeete werden unter Umständen schon im Laufe des Februars in Betrieb genommen, wenn es sich um warme, also mit Pferdedung zu packende handelt. Es ist vor allem zu prüfen, ob Pfähle bei Holzkästen abgefault sind, die man durch neue ersetzen muß. Oft sind die Kanten der Seitenwände beschädigt, so daß die Fenster nicht mehr dicht aufliegen. In solchen Fällen braucht man nicht immer ein neues Brett, um den Schaden zu beheben. Meist genügt es, wenn man eine schwache Latte an die Kantenseite nagelt, so daß wieder eine glatte Oberkante entsteht.

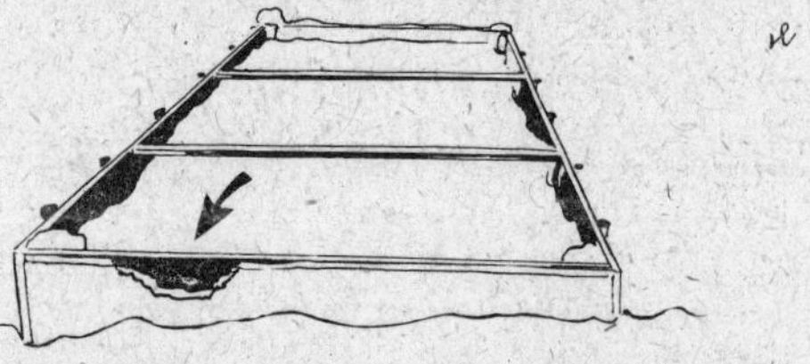

28 Der Januar ist die beste Zeit zum Beschaffen und Bearbeiten des Materials für neu zu errichtende Frühbeete.
Zum Bau von Frühbeeten benötigt man Bretter und Pfähle, wenn man nicht die bedeutend teureren Betonfrühbeete anschaffen will. Die schnelle Vergänglichkeit des Holzes ist ein wesentlicher Nachteil gegenüber dem Beton. Man kann ihn aber verringern, wenn das für Frühbeete bestimmte Holz vor dem Gebrauch mit einem fäulnisverhindernden Stoff richtig behandelt wird. Die Bretter und Pfähle schneidet man schon vor dem Behandeln auf die richtigen Längen zu. Dann kann man auch die Stirnseiten der Bretter und die angespitzten Pfähle mit dem Mittel behandeln. Karbolineum darf man nicht zum Streichen des Frühbeetmaterials verwenden. Es dunstet Stoffe aus, die sehr pflanzenschädlich sind.
Andere Holzimprägniermittel müssen ebenfalls pflanzenunschädlich sein. Man lese also vorher gründlich die Gebrauchsanweisungen der Hersteller. Die angespitzten Pfähle werden am einfachsten in diese Lösungen eingetaucht, und man läßt das Imprägniermittel entsprechend der Gebrauchsanweisung genügend lange einziehen. So weit die Pfähle in die Erde kommen, ist auch ein Anstrich mit dünnflüssigem Steinkohlenteer möglich.

29 Lufthölzer sind zum Bedienen der Frühbeete unbedingt erforderlich. Man kann sie sich in verschiedenen Formen selbst herstellen.
Das einfachste Luftholz besteht aus einem Lattenstück von 20 cm Länge, dessen Querschnitt 4 cm × 6 cm beträgt. Es ermöglicht flaches, halbhohes und hohes Lüften. Außerdem sind diese Lufthölzer sehr standfest.

30 Zäune bessern wir nicht erst im Frühjahr aus, sondern jetzt. Dabei beseitigen wir alle Schlupfstellen für wilde Kaninchen.
Ein Zaun, der zwei Gärten voneinander trennt, gehört immer zu dem Garten, auf dem die Riegel oder Pfosten stehen. Die Außenseite der Latten oder der Maschendraht sind die genaue Grenze. Da man die Latten beim Holzzaun nur von der Nachbarseite aus annageln kann, muß der Nachbar das Betreten seines Grundstückes zum Ausbessern des Zaunes gestatten. Für

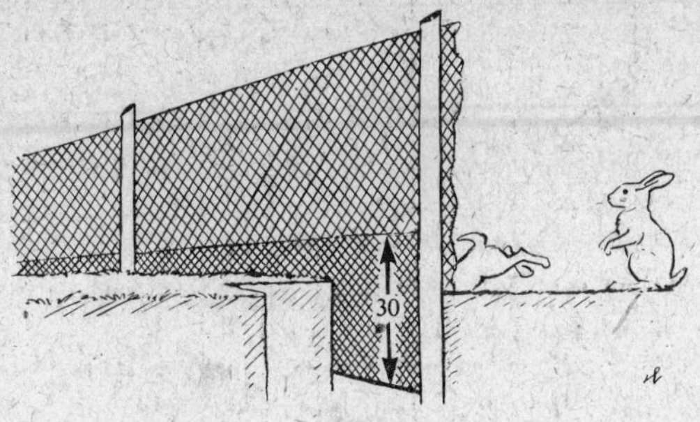

dabei angerichteten Schaden muß man aber aufkommen. Zur Abwehr von wilden Kaninchen und Hasen sichert man seine Gartengrenzen am besten mit Maschendraht. Er muß mindestens 30 cm tief in den Boden reichen. Andernfalls graben sich die Tiere unter dem Drahtgeflecht durch. Nur gut verzinkter Maschendraht hält mehrere Jahre aus. Steht er nicht zur Verfügung, erreicht man durch zweimaliges Streichen mit Steinkohlenteer dieselbe Wirkung. Man streicht, bevor der Draht mit Erde in Berührung kommt.

31 Die Gartengeräte sollten wir öfter durchsehen, damit sie keinen Rost ansetzen.

Wenn wir unsere Gartengeräte nach dem letzten Gebrauch gut gereinigt und auch eingefettet haben, kann über Winter nicht viel passieren. Trotzdem sollte man von Zeit zu Zeit nachsehen, damit die meist am Aufbewahrungsort feuchte Luft keinen Schaden angerichtet hat. Vor allem ist zu prüfen, ob etwa die Gartenschnur durch eine undichte Stelle im Schuppen- oder Laubendach naß geworden ist. Wenn wir sie dann nicht schnell trocknen, verstockt sie und wird bis zum Frühjahr unbrauchbar.

32 An das Reparieren der Gartenwerkzeuge darf man nicht erst denken, wenn sie gebraucht werden.

Die Gartengeräte müssen ab Februar jederzeit gebrauchsfertig sein. Schadhafte Stiele werden ausgewechselt, denn sie sind oft die Ursache böser Verletzungen. Besonders ist auch darauf zu achten, daß alle Geräte fest mit ihrem Stiel verbunden sind. Fehlende Holzharkenzähne ersetzt man am besten durch solche aus Hartholz. Sie müssen nicht nur in der Länge mit den noch vorhandenen übereinstimmen, sondern auch in der Stärke. Spatenblätter, die an der Stechkante leichte Schäden aufweisen, lassen sich meist durch ein paar Feilstriche wieder gebrauchsfähig machen. Blatthakken schärft man am besten auf einem Schleifstein. Bei den Druckspritzen sind vor allem die Spritzdüsen zu prüfen und nötigenfalls durch neue zu ersetzen. An Gummischläuchen werden die schadhaften Stellen herausgeschnitten und mit Schlauchverbindern wieder zusammengefügt.

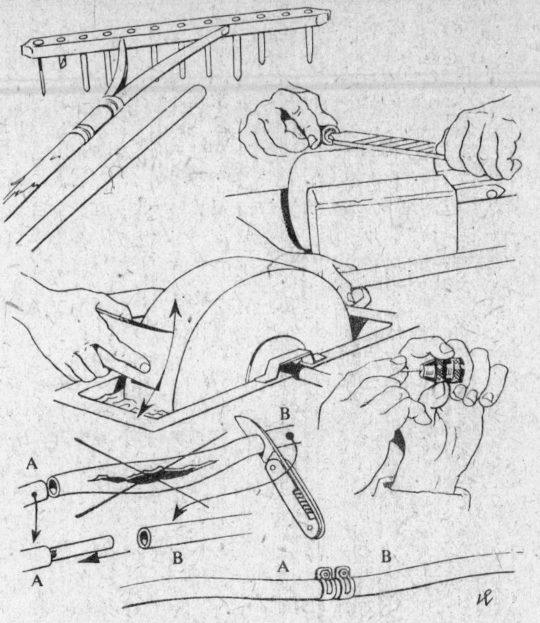

33 Beim Anschaffen von neuen Gartengeräten muß man auf die Zweckmäßigkeit den größten Wert legen.

Die Gartengeräte müssen so beschaffen sein, daß man die betreffenden Arbeiten ohne großen Kraftaufwand verrichten kann. Daneben ist auf solide Herstellung zu achten. Auf die Dauer gesehen, sind gewöhnlich die billigsten Geräte am teuersten. Bei Hacken, Harken, Drahtbesen und ähnlichen muß der Stiel so lang sein, daß man damit möglichst ohne Rückenkrümmen arbeiten kann. Handspaten aus einem Stück sind am dauerhaftesten. Alle Geräte mit Holzstielen sind zu prüfen, ob das verwendete Holz splitterfrei ist. Für Schaufeln sind Eschenstiele die besten. Mit Farbe gestrichene Gießkannen rosten sehr schnell durch. Darum sollte man nur gut verzinkte kaufen. Über die besten Geräte unterrichten die folgenden Ratschläge.

34 Das Arbeiten mit dem Spaten und der Grabegabel wird erleichtert, wenn die Stiellänge der Körpergröße angepaßt ist.

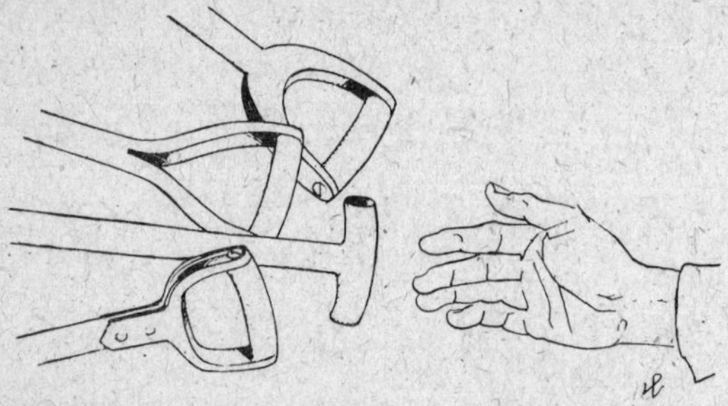

Das Graben ist immer noch die anstrengendste Gartenarbeit. Man kann sie sich etwas erleichtern, wenn Spaten und Grabegabel die richtige Stiellänge haben. Für kleinere Personen beträgt sie 80 und für größere 90 cm, so daß 85 cm der große Durchschnitt ist. In diesem Zusammenhang ist noch zu erwähnen, daß auch die Grifform bei der Arbeitserleichterung eine Rolle spielt. Der D-Griff ist in der Regel schwer und etwas unbeholfen. Der Knopfgriff eignet sich nur dann, wenn man es mit leichtem Sandboden zu tun hat. Am besten sind die Spaten und Grabegabeln, deren Stiele mit einem T-Griff versehen sind. Im übrigen spielt auch das Gewöhnen an die eine oder andere Grifform eine große Rolle.

35 Das Spatenblatt und die Zinken der Grabegabel müssen aus gutem Stahl hergestellt sein.

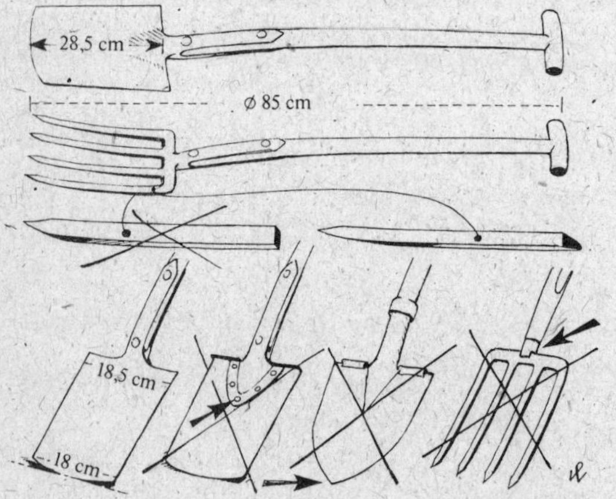

Beim Anschaffen von Spaten und Grabegabeln sollte man immer darauf achten, daß Blatt und Zinken den an sie gestellten Ansprüchen in jeder Hinsicht genügen. Als geeignetstes Blattmaß gelten 27 cm Länge und 18 cm Breite. Die untere Kante kann einen leichten Bogen bilden. Sie darf aber auf keinen Fall in der Mitte spitz auslaufen (siehe Skizze). Über eine Verbreiterung an der Trittkante gehen die Ansichten auseinander. Auf jeden Fall macht das den Spaten schwerer. Nach meinen Erfahrungen braucht ein guter Stahlspaten keine verbreitete Trittkante. Die Zinken der Grabegabel müssen zum Bearbeiten schweren Bodens sehr stabil und darum aus bestem Stahl angefertigt sein. Zinken, deren Querschnitt ein Dreieck ist, sind die besten. Die anderen verbiegen sich in schwerem Boden. Hier soll auch erwähnt werden, daß zum Eindrücken in den Boden mit der Grabegabel nur etwa die halbe Kraft gegenüber dem Spaten benötigt wird. Darum sollte man, besonders im Sommer, mit der Grabegabel arbeiten.

36 Für leichte Bodenarten genügen Harken aus Holz oder Leichtmetall. Schwere Böden bearbeitet man mit eisernen Harken.

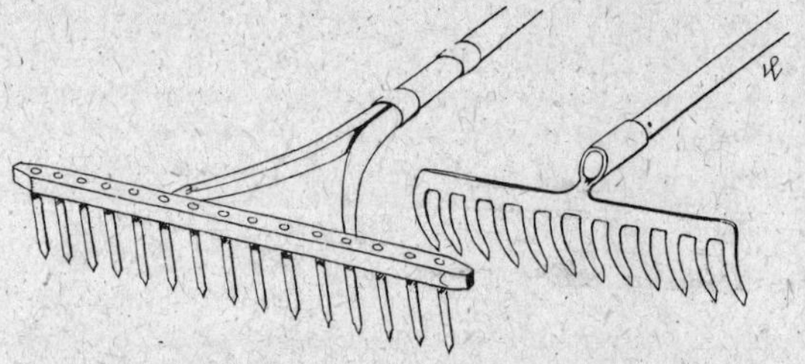

Die Harke wird in manchen Gegenden Rechen genannt. Holzharken sind sehr leicht zerbrechlich. Darum ist es ratsam, beim Neuanschaffen die aus Leichtmetall zu kaufen. Ihre Zinken nutzen sich zwar mit der Zeit ab, doch halten sie bedeutend länger als Holzharken. Zum Bearbeiten schwerer Böden sind sie aber ungeeignet. Man muß einen sehr starken Druck ausüben, und häufig brechen die Stiele ab, so daß die Eisenharken in dieser Hinsicht besser sind.

37 Grubber und Krell sind im Frühjahr die besten Geräte zum Pflanzfertigmachen der Gartenbeete.

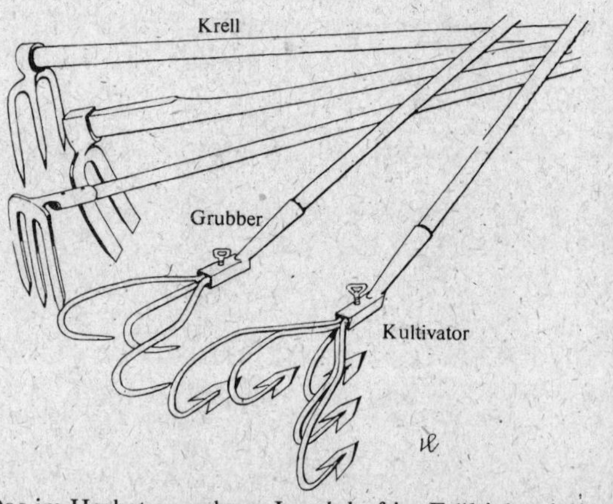

Das im Herbst gegrabene Land darf im Frühjahr nicht noch einmal gewendet werden. Nur die oberste Schicht des in roher Scholle liegenden Bodens wird gelockert.

Im allgemeinen benutzt man dazu die bekannten Grubber. Viel besser ist aber der nur selten anzutreffende Krell, der auch Karst genannt wird. Wie er sich vom Grubber unterscheidet, ist aus der Skizze ersichtlich. Bei Neuanschaffungen sollte man sich des Krells erinnern.

38 Unter den Gartenscheren kann man nur mit den zweischneidigen einwandfreie Schnitte erzielen.
Die Gartenscheren, auch Rosenscheren genannt, braucht man nicht nur im Obstgarten, sondern auch beim Gemüse, den Gewürzkräutern und im Ziergarten. Die Schneiden müssen aus bestem Stahl geschmiedet sein, der die Schärfe sehr gut hält. Wir müssen immer daran denken, daß kein Schnitt mit der Schere Quetschwunden erzeugen darf. Dabei ist es ganz gleichgültig, welcher Art die Pflanze ist, an der wir den Schnitt vornehmen. Darum sollte man in jedem Falle eine zweischneidige Schere kaufen, wenn auch die Anschaffung teurer ist. Die Größe wählt man nach den Hauptarbeiten. Wer viel an Obstbäumen und anderen Gehölzen zu schneiden hat, braucht unbedingt eine Schere von 20 cm Länge. Für Rosen, Stauden und andere Kräuter genügt eine kleine von 17 bis 18 cm Länge. Zu beachten ist auch, daß die Schere eine Muttersicherung hat, die das Lockern der Scheren verhindert. Neben den üblichen Gartenscheren gibt es Spezialscheren zum Pflücken von Erdbeeren, Weintrauben und zum Blütenschnitt. Sie halten die Früchte oder Blüten nach dem Schnitt fest, so daß man mit einer Hand arbeiten kann.

Gartenscheren

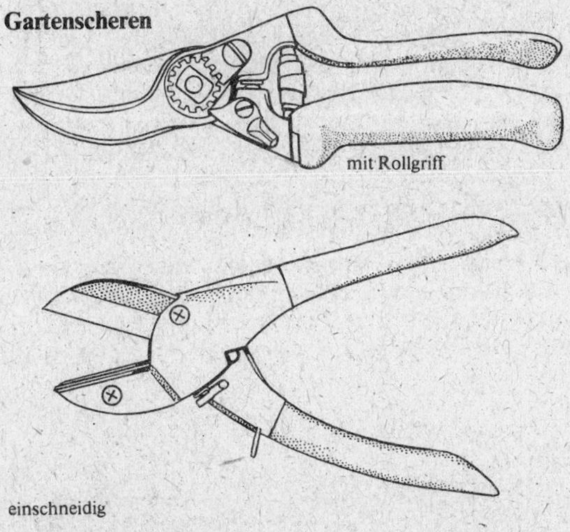

Spezialscheren

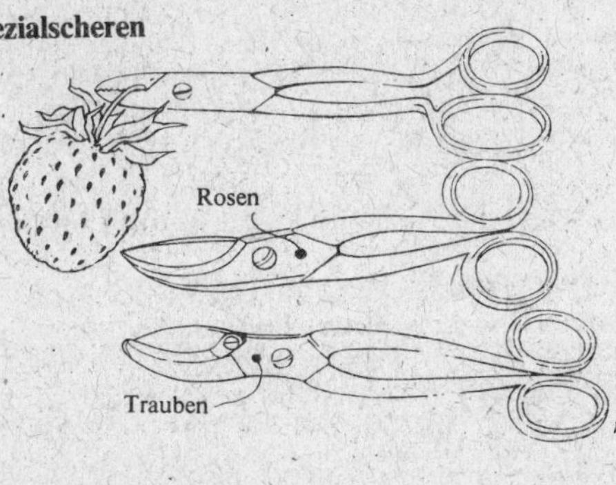

39 Gartenmesser braucht man bei den verschiedensten Gartenarbeiten. Gewöhnliche Taschenmesser sind in jedem Falle ungeeignet.
Die Formen der Gartenmesser sind sehr zahlreich. Die Hauptsache ist, daß die Klinge aus Spezialstahl besteht, der die Schärfe sehr lange hält. Auf jeden Fall braucht der Gartenfreund eine leichte Gartenhippe, bei der die Klinge wenig gebogen ist. Wer seine Rosen selbst veredeln will, muß sich ein Okuliermesser anschaffen. Am handlichsten sind die, deren Löser am Rücken der Klinge sitzt. Okuliermesser mit dem Löser am Heft muß man nach dem T-Schnitt zum Lösen jedesmal umdrehen. Die Löser am Heft sind aus Horn oder Messing. Baumschulhippen, die auch im Obstbau verwendet werden, haben eine stark gebogene Klinge, mit der man einen guten ziehenden Schnitt ausüben kann. Bei ihnen sollte die Heftlänge 11 bis 12 cm betragen und bei einer leichten Gartenhippe 10 cm. Auch beim Okuliermesser braucht das Heft nur 10 cm lang zu sein. Im Handel gibt es auch zwei- bis vierteilige Gartenmesser. Sie sind nicht zu empfehlen, weil sie schwer und auch umständlich zu benutzen sind.

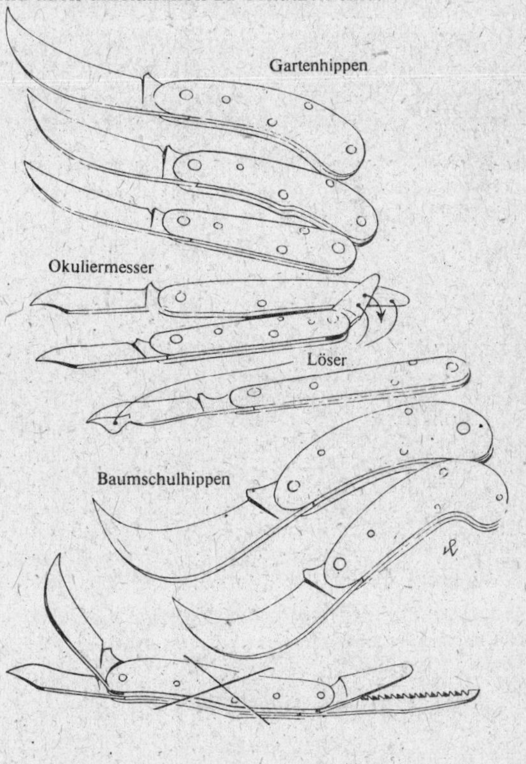

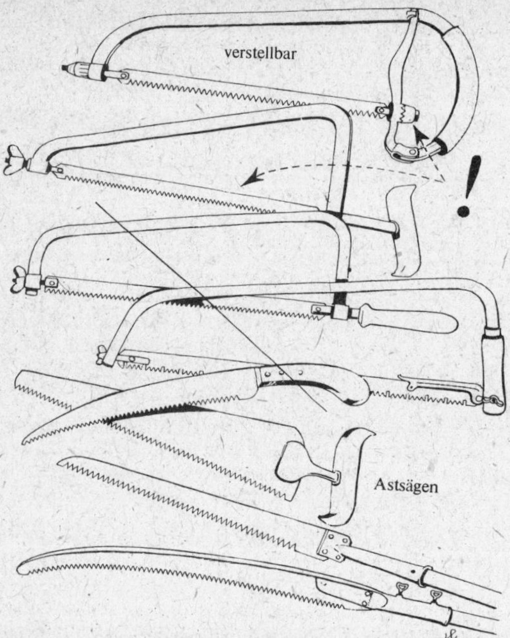

40 Baumsägen sind nur brauchbar, wenn das Sägeblatt nach beiden Seiten verstellbar ist und aus gutem Material besteht.

Baumsägen gibt es in den verschiedensten Formen (siehe Skizze). Die Sägeblätter müssen sich leicht einstellen lassen. Daher sind die am besten, bei denen man das Sägeblatt mit einem Hebeldruck lockern und mit dem nächsten wieder spannen kann. Das Sägeblatt sollte mindenstens 30 cm lang sein, aber nicht länger als 40 cm. Es hält die Schnittfähigkeit am besten, wenn es aus gutem Stahl besteht. Die sogenannten Astsägen haben keinen Bügel, der das Sägeblatt spannt. Es ist darum bedeutend breiter und stärker sowie kräftiger (gröber) gezähnt. Die Blattlänge beträgt 30 cm. Neben den normalen gibt es auch Astsägen, die mit einem Griff versehen sind, in den man eine Stange stecken kann. Mit ihnen ist das Absägen von schwachen Ästen in manchen Fällen ohne Leiter möglich.

41 Zum Verspritzen und Vernebeln von Pflanzenschutzmitteln sind die Geräte nach der Gartengröße anzuschaffen.

Nicht jeder Garteninhaber hat das Glück, Geräte einer Gartenvereinigung in Anspruch nehmen zu können. Viele müssen sich die zum Stäuben und Spritzen selbst anschaffen. Damit das betreffende Gerät einigermaßen wirtschaftlich ausgenutzt wird, richtet man sich beim Kauf nach der Anzahl seiner Obstbäume. Im allgemeinen genügt eine Rückenspritze mit 10 Liter Fassungsvermögen, die mit eingepumpter Luft selbsttätig arbeitet. Für kleinere Verhältnisse (ohne Obstbäume) kommt man mit einer 2-Liter-Spritze aus, die wie die Rückenspritze arbeitet. Mit den Stäubegeräten liegen die Dinge ähnlich. Neben 5 bis 6 kg Pulver fassenden gibt es sehr leistungsfähige Kleinstäubegeräte (siehe Skizze).

42 Die meisten Pflanzenschutzmittel sind gesundheitsschädlich. Darum ist vor allem für Atem- und Augenschutz zu sorgen.

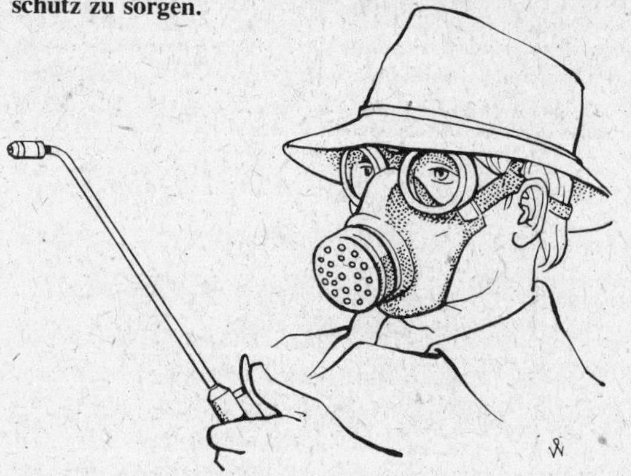

Wenn im Kleingarten auch nur geringe Mengen Schädlingsbekämpfungsmittel verbraucht werden, ist Augen- und Atemschutz sehr wichtig, weil die meisten stark giftig sind. Beim Spritzen von Obstbäumen ist auch ein spezieller Schutzanzug angebracht. Als Augenschutz genügt eine Motorradbrille. Wer Phosphorsäureester-Mittel verspritzt, sollte besser eine Gesichtsmaske mit einem Filter gegen organische Dämpfe tragen. Alle gesundheitsschädigenden Spritz- und Stäubemittel müssen ständig unter sicherem Verschluß gehalten werden. Die angegebenen Hinweise für Lagerung und Gesundheitsschutz sind strikt einzuhalten.

43 Ein Transportgerät sollte in keinem Garten fehlen.

Fahrbare Kleingeräte gibt es in verschiedenen Formen und Größen. In vielen Fällen genügt ein kleiner zweirädriger, luftbereifter Karren aus Metall. In ihm kann man Erde, Stalldünger, Abfälle und auch flüssige Dinge bequem transportieren. Für größere Verhältnisse kauft man eine Schubkarre, die 50 bis 70 Liter faßt. Auch sie muß luftbereift sein. Es gibt auch kombinierte Ausführungen, wie das aus der Skizze ersichtlich ist. Bei einer guten Karre liegt die Last so weit als möglich auf dem Rad. Das erleichtert die Last, die die Arme zu heben haben.

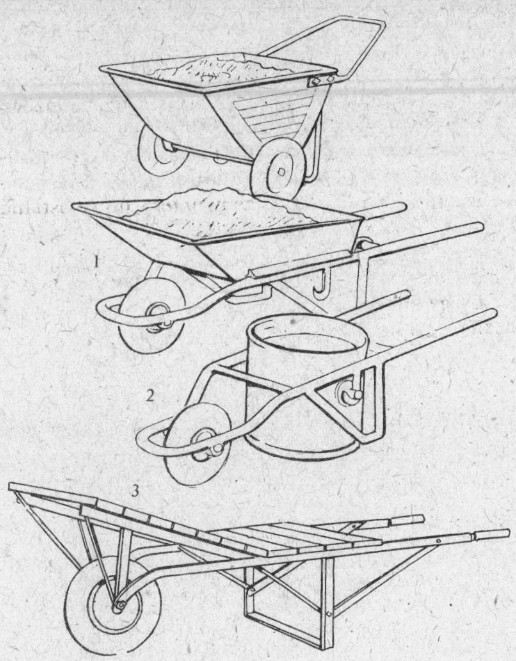

44 Zum Reinigen der Gartenwege ist ein Drahtbesen besser als eine Harke.

Der Drahtbesen, auch Fächerbesen genannt, dient nicht nur zum Reinigen der Wege. Er ist auch ein vorzügliches Mittel, die Gartenwege vom Unkraut frei zu halten. Wenn man in kurzen Zeitabständen damit über die Wege fegt, kann das Unkraut gar nicht erst aufkommen. Der Drahtbesen besteht aus schmalen verzinkten Blechstreifen, die, wie die Skizze zeigt, fächerartig angeordnet sind. An den Enden sind die Streifen leicht gekrümmt.

45 Gießkannen mit einem Fassungsvermögen von 8 bis 10 Litern und groben Brausen sind für den Kleingärtner am zweckmäßigsten.

Da 1 Liter Wasser 1 kg wiegt, hat man bei zwei gefüllten 10-Liter-Kannen 20 kg Lasten zu transportieren. Für einen gesunden Menschen ist das nicht zuviel, sofern der Transportweg nicht gar zu weit ist. Wo das Gießen die Frau besorgt, sollte man besser 8-Liter-Kannen kaufen. Wichtiger als die Kannengröße ist die Beschaffenheit der Brausen. Um zum Gießen sowenig wie möglich Zeit aufzuwenden, sind groblöcherige Brausen notwendig, durch die das Wasser schnell aus der Kanne läuft.

46 Bei Wasserschläuchen ist der Verschleiß größer, je länger sie sind. Wichtig ist auch das Aufbewahren und Behandeln der Schläuche.

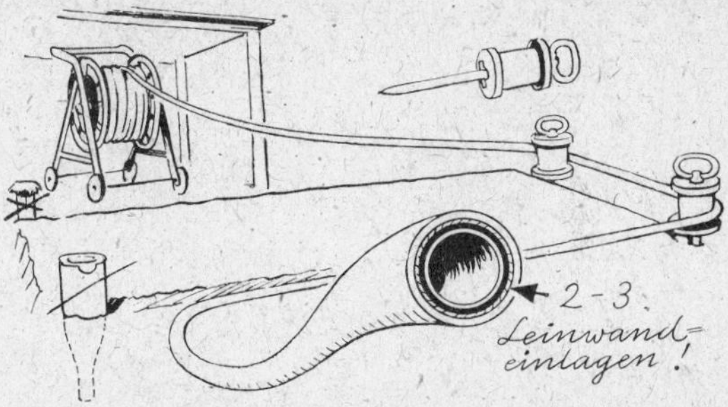

5 m lange Schläuche sind am handlichsten. Bei ihrer Verwendung können die Wasserzapfstellen mindestens 10 m auseinanderliegen. Durch zweckmäßige Vorrichtungen an den Beetecken schont man nicht nur die Schläuche, sondern auch die Pflanzen. Nach dem Gebrauch gehört der Schlauch auf eine Schlauchrolle, die man an einen schattigen Ort stellt. Gummischläuche sollten 2 bis 3 Leinwandeinlagen haben. Andernfalls ist ihre Haltbarkeit nur von kurzer Dauer.

47 Kleine Regner kann man an einem Schlauch behelfsmäßig anbringen.

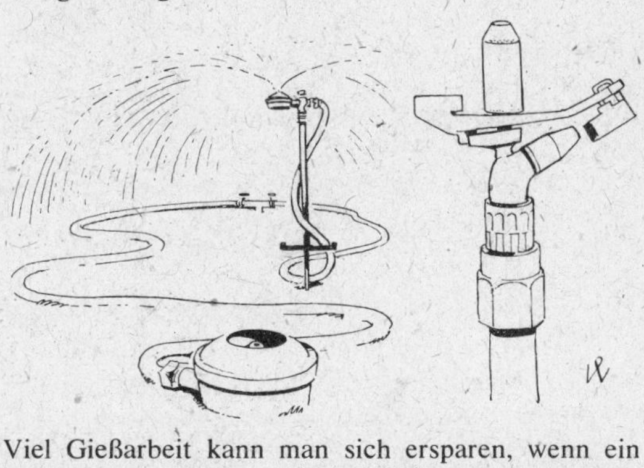

Viel Gießarbeit kann man sich ersparen, wenn ein Regner angeschafft wird. Es gibt Regner mit verschiedenen Leistungen. Für kleinere Verhältnisse genügt ein

Regenpilz. Man kann ihn auf einem Pfahl festmachen und durch einen Schlauch mit der Wasserzapfstelle verbinden. Am besten ist ein Eisenpfahl mit Spitze, der sich leicht in den Boden drücken läßt. Dadurch wird das Umstellen sehr erleichtert. Für größere Gärten ist ein Regner nötig, der 60 bis 80 m^2 von einem Standort aus beregnet.

48 Zum Jäten sollte man sich eine Taschenschürze anschaffen, die auch für viele andere Zwecke verwendbar ist.

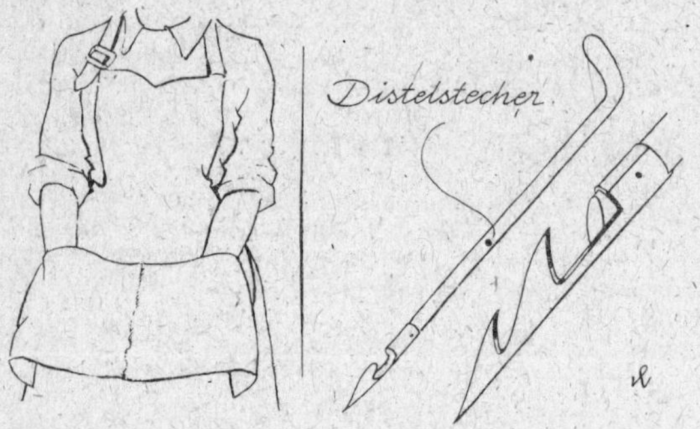

Beim Verwenden einer Taschenschürze hat man immer beide Hände zum Arbeiten frei. Das ist vor allem beim Ernten von Gemüse (Bohnen, Erbsen) sehr wesentlich. Die Arbeit ist auch schneller zu schaffen als z. B. mit einem Korb. Taschenschürzen sind auch beim Ernten von Gewürzkräutern unentbehrlich.

49 Eine Kleinsämaschine vereinfacht das Aussäen und hilft Samen sparen.

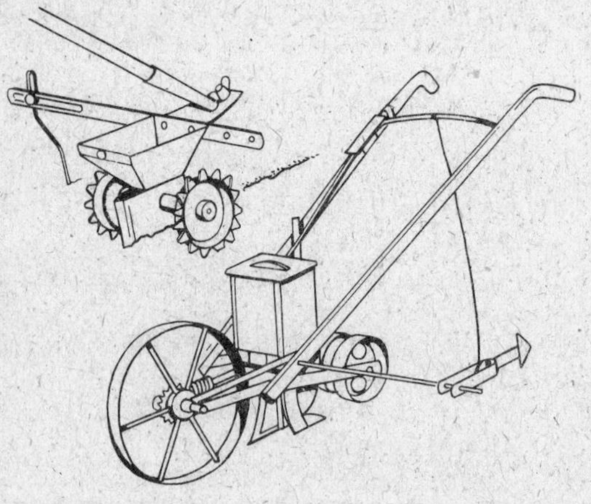

Der größte Vorteil einer Kleinsämaschine liegt in der damit erzielten Gleichmäßigkeit der Aussaat. Das ist natürlich nur der Fall, wenn man die Maschine vor der Aussaat der Samenkorngröße entsprechend einstellt. Am besten sind die Sämaschinen, an denen eine Vorrichtung zum Markieren der nächsten Reihe angebracht ist. Man braucht dann immer nur eine Reihe je Beet mit der Schnur zu markieren. Die in der Skizze gezeigten Kleinsämaschinen genügen für die meisten Verhältnisse.

50 Stricke und Leinen gleicher Stärke muß man so zusammenbinden und befestigen, daß die Knoten wieder leicht aufgehen.

Beispiele dazu zeigen die Skizzen.

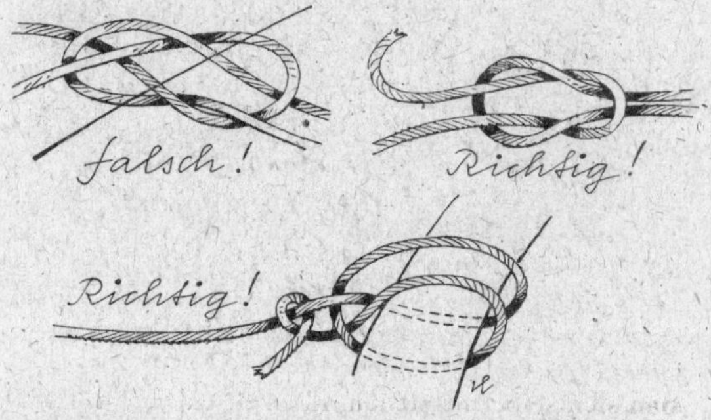

51 Flache Horden aus schmalen Latten sind im Kleingarten vielseitig verwendbar. Man kann sie sich selbst anfertigen.

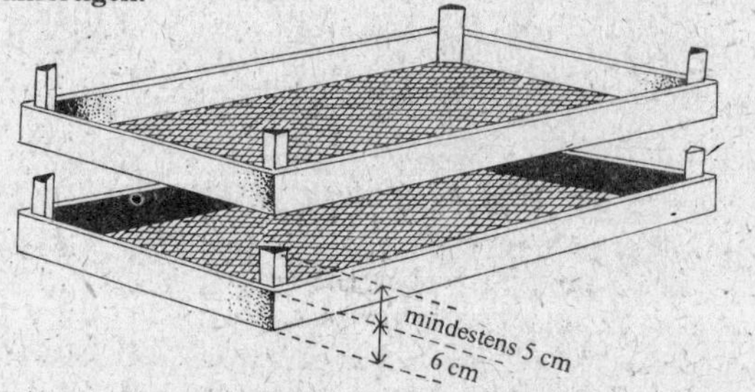

Wer ein wenig Geschick hat, kann die im Garten weniger arbeitsreiche Zeit zum Bau von Horden nützen. Sie eignen sich vor allem zum Trocknen von Gladiolen- und sonstigen nicht winterfesten Knollen und auch für Tulpen- sowie andere Blumenzwiebeln. Zum Trocknen von Gewürzkräutern sind sie besonders wichtig. Für diesen Zweck sollte aber der Boden nicht aus Latten bestehen. Es ist besser, wenn man einen etwa 6 cm hohen Holzrahmen mit Fliegengaze bespannt, die sehr lange hält. Damit man mehrere Horden übereinanderstellen kann, bringt man in jeder Rahmenecke ein entsprechend starkes Kantholz an, das den Lattenrahmen mindestens 5 cm überragt. Dadurch kann die Luft an die Knollen oder Kräuter von allen Seiten heran.

52 Besonders gut geeignet sind Stapelboxen aus Plast, die in mehreren Modellen im Handel sind.

Diese Stapelboxen sind zwar teuer, halten jedoch bei sachgemäßer Handhabung viele Jahre. Da sie abwaschbar sind, sind sie hygienisch, was bei der Lagerung von Obst, Gemüse, Blumenzwiebeln und Knollen der Übertragung von Krankheiten vorbeugt.

53 Reihenzieher und eine gute Gartenschnur sind unentbehrliche Hilfsmittel für jeden Kleingarten.

Auf schwerem Boden ist der Reihenzieher der üblichen Gartenschnur zum Markieren der Saat- oder Pflanzenreihen vorzuziehen. Verstellbare Reihenzieher kann man sich selber herstellen. In eine 5 cm × 3 cm starke und 120 cm lange Latte werden Löcher mit 1 cm Durchmesser gebohrt und mit Pflöcken gleicher Dicke versehen. Die Pflöcke müssen richtig festsitzen und alle von gleicher Länge sein. Sie werden nicht angespitzt. Um mit einem Reihenzieher mehrere Abstände markieren zu können, versieht man beide Flachseiten mit Pflöcken. Auf der einen Seite stellt man sie 10 und auf der anderen 15 cm auseinander. So ist es möglich, mit diesem Gerät Reihenabstände von 10, 15, 20, 30 und 45 cm zu markieren. Gewöhnlicher Bindfaden ist als Gartenschnur unbrauchbar. Die Schnur muß etwa 3 bis 4 mm stark sein, damit beim Abschnüren eine gute Spur entsteht. Wie eine Gartenschnur auf einen Holzpflock gewickelt wird, ist aus der Skizze ersichtlich.

54 Handspaten, Hohllocher und Pflanzhölzer erleichtern das Pflanzen und Kleingrubber das Säubern bei dicht stehenden Pflanzen.

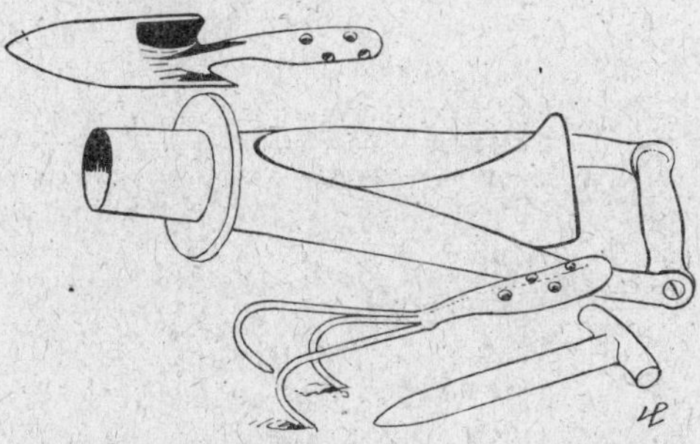

Handspaten braucht man nicht nur zum Pflanzen, sondern auch zum Ausheben von Pflanzen aller Art. Selbst das Teilen mancher Pflanzen kann man damit vornehmen. Der Hohllocher ist das idealste Gerät, um mit Topfballen versehene Pflanzen in die Erde zu bringen. Wenn er im Handel nicht zu haben ist, kann man ihn sich nach der Skizze leicht von einem Klempner in mehreren Größen herstellen lassen. Wichtig ist, daß verzinktes Blech dazu verwendet wird. Wie ein Kleingrubber, Handspaten und Pflanzholz beschaffen sein müssen, zeigt ebenfalls eine Skizze. Als Pflanzholz eignet sich auch ein abgebrochener Spatenstiel mit T-Griff sehr gut. Er darf nur eine stumpfe Spitze erhalten, damit das Pflanzloch auch unten weit genug ist, um die Wurzeln der Pflanzen gut unterbringen zu können.

55 Zum Mähen kleiner Rasenflächen genügt eine gute Sichel. Bei größeren ist eine Sense oder ein kleiner Rasenmäher notwendig.

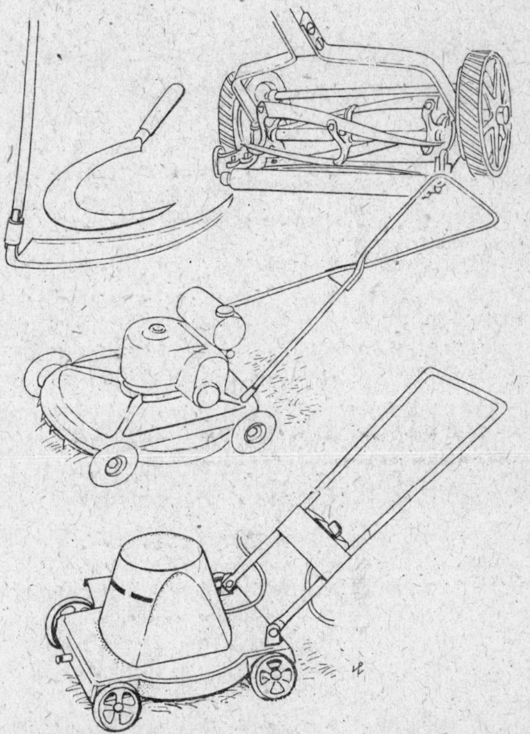

Rasenflächen sind nur zierend, wenn man sie in kurzen Zeitabständen abmäht. Neu angesäte sind besser die ersten beiden Male mit der Sichel oder Sense zu mähen. Erst dann darf man einen Rasenmäher benutzen. Wer einen Rasenmäher anschafft, sollte darauf achten, daß er einen mit horizontal rotierenden Messern erhält. Die Kleingartenmäher gibt es auch mit Motorantrieb oder Elektroantrieb. Die Sicheln braucht man nicht nur zum Rasenmähen. Sie sind auch zum Abschneiden verschiedener Kräuter gut verwendbar. Mit der Sichel gehen diese Arbeiten viel schneller vonstatten als mit Messer und Gartenschere.

56 Regenmesser, Thermometer und Wetterfahne sind für den Kleingärtner wichtige Geräte zum Beobachten des Wetters.

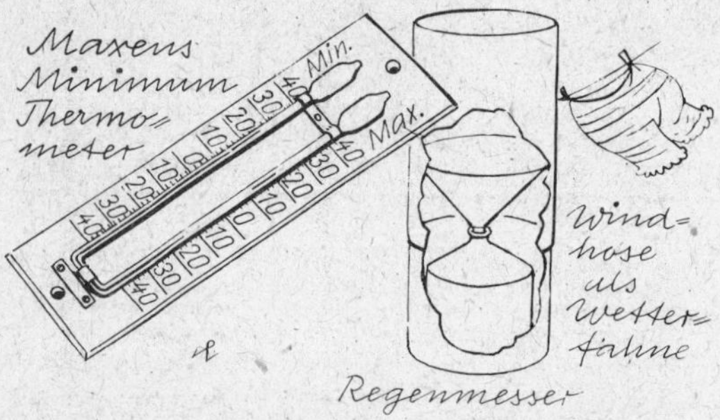

Der Regenmesser muß völlig frei, aber auch möglichst windgeschützt stehen, damit der Regen (auch der Schnee) nicht abgetrieben wird. Er ist 1,00 m über der Erde auf einem Pfahl anzubringen. Das Thermometer soll dagegen etwa 1,20 m über dem Erdbogen hängen. Wenn man die tatsächliche Lufttemperatur wissen will, darf es von der Sonne nicht getroffen werden. Maximum-Minimum-Thermometer machen es möglich, die höchste Tages- und niedrigste Nachttemperatur abzulesen. Auf Weingeistthermometern kann man die Skala am besten erkennen.

57 Schon jetzt fertigt man sich ein Beetmaß an. Es vereinfacht die Bestellung im Frühjahr.

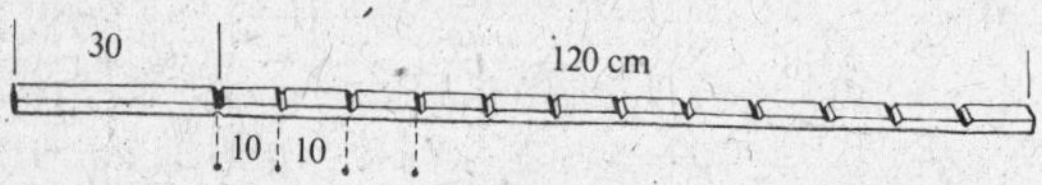

Alle Gemüsebeete sollte man einheitlich breit anlegen. Das Bestellen und Bearbeiten ist dann viel einfacher. Ein Normalbeet ist einschließlich Zwischenweg 1,50 m breit. Da der Weg 0,30 m breit ist, verbleiben als reine Nutzfläche 1,20 m. Bei dieser Breite kann man die Mitte des Beetes von beiden Seiten ohne Schwierigkeiten zum Säen und Pflanzen erreichen. Breitere Beete erschweren diese Arbeiten und schmalere sind Landverschwendung, denn das Verhältnis zwischen Nutzfläche und Weg ist dann ungünstiger. Als Beetmaß schneidet man sich eine etwa 30 mm × 50 mm starke Latte genau 1,50 m lang. Sie muß aber gerade sein und wird auf allen Längsseiten glatt gehobelt. An einem Ende wird die Wegbreite durch eine rings um die Latte gehende Kerbe genau markiert. Auf dem übrigen Lattenstück (1,20) markieren wir Abstände von 0,10 m. Auch hier ist das Einkerben die dauerhafteste Markierung. Mit einem so vorbereiteten Beetmaß ist es leicht, auf jedem Beet die beabsichtigten Reihenabstände schnell und sicher anzuzeichnen.

58 Nistkästen sind wichtig im Kampf gegen die Schädlinge in unserem Garten.

Eine Reihe von Vögeln vernichten in unserem Garten für unsere Gartengewächse schädliche Insekten und deren Larven. Ein Meisenpaar allein vertilgt zur Zeit der Brutfütterung täglich Unmengen Insekten und Larven. Wir können gar nicht richtig ermessen, wie groß der Schaden ohne die Gartenvögel wäre. Darum ist es unsere Pflicht, entsprechende Nistgelegenheiten zu schaffen und sie ständig in gutem Zustande zu erhalten. Die vorhandenen Nistgelegenheiten sind schon im Laufe des Januars zu säubern und instand zu setzen. Dabei beseitigt man auch Risse in den Nistkästen. Der Luftzug, der dadurch entstünde, wäre für die Vogelbrut sehr schädlich. Beim Instandsetzen ist auch zu prüfen, ob die Nistkästen noch sturmsicher befestigt und regendicht sind. Morsche Kästen muß man durch neue ersetzen.

Niststein

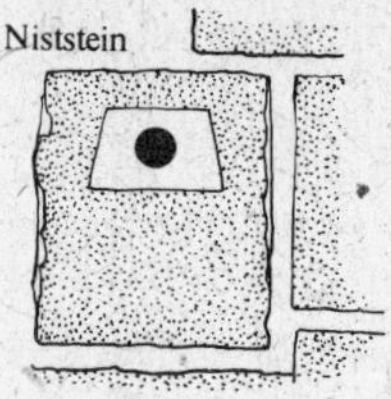

Im Obstbau Holzbetonhöhlen

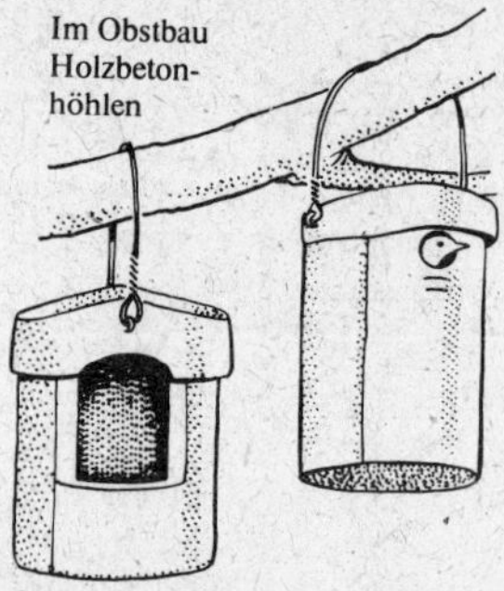

für Halbhöhlenbrüter

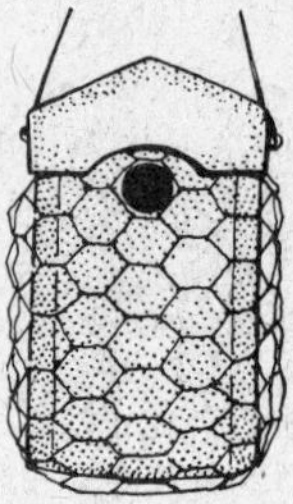

Spechtschutz

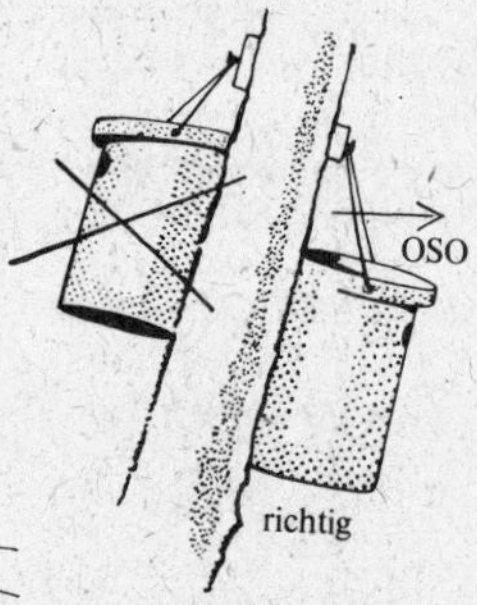

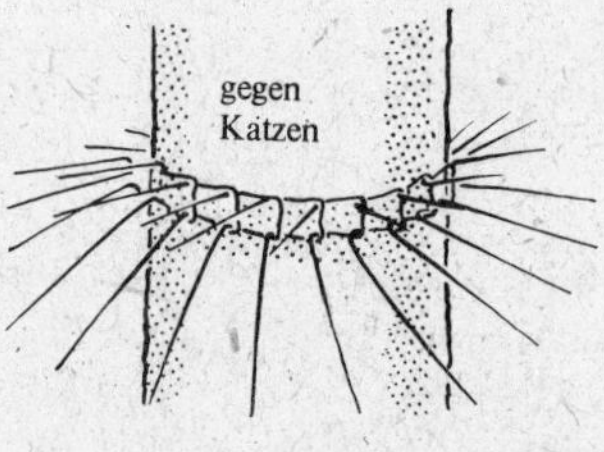

„Uhlenflucht"

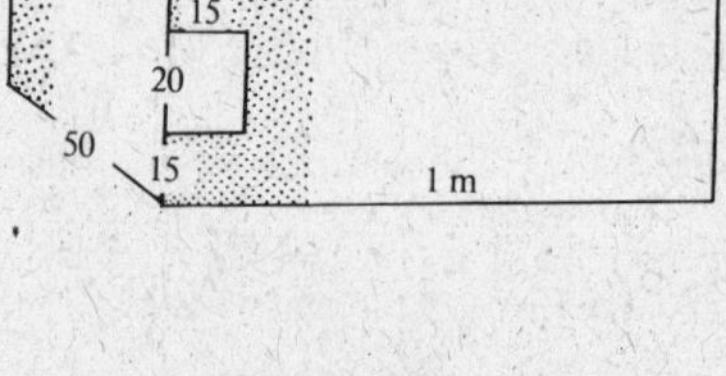

Brutkasten für Schleiereulen

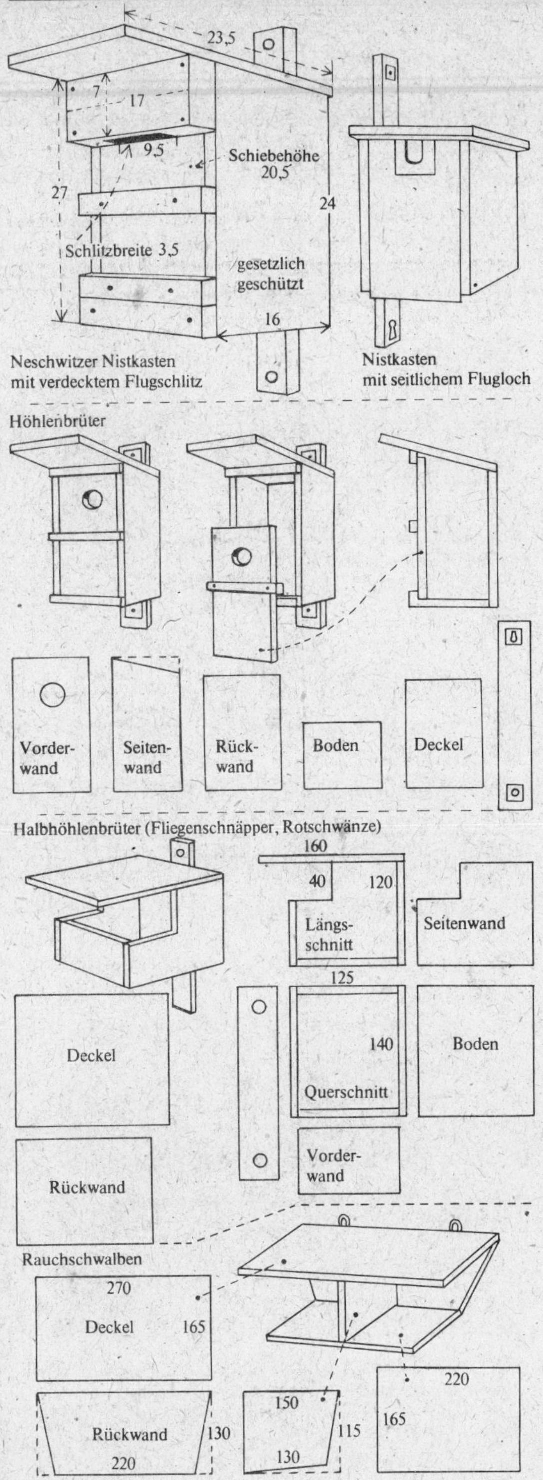

59 Zum Bauen von Nistgelegenheiten für unsere Helfer im Pflanzenschutz haben wir jetzt die meiste Zeit.

Bei einigem Geschick ist es nicht schwer, geeignete Nistkästen herzustellen. Dabei muß man aber die Bedürfnisse der einzelnen Vogelarten berücksichtigen. Das betrifft nicht nur die Größe des Kastens, sondern vor allen Dingen die des Fluglochs. Im allgemeinen schwankt der Durchmesser des Flugloches zwischen 4 und 5, höchstens 6 cm. Die Blaumeisen und auch andere besetzen aber solche Kästen nicht, denn bei ihnen darf die Öffnung nur einen Durchmesser von 2,8 bis 3,2 cm haben. Nicht alle Vogelarten wollen runde Fluglöcher. Beispielsweise bevorzugen die Gartenrotschwänzchen eine spaltartige Einflugöffnung, die nicht zu schmal ist. Sie gehören nämlich nicht zu den ausgesprochenen Höhlenbrütern. Damit das Säubern der Nistkästen erleichert wird, baut man sie so, daß die Vorder- oder Rückseite leicht entfernt werden kann. 24 bis 30 mm starke Bretter eignen sich am besten zum Bau von Nistkästen. Ein überstehendes, wasserdichtes Dach schützt auch das Flugloch gegen Regen. Die Vorderseite der Nistkästen sollte beim Aufhängen nach Südosten zeigen. Die Kästen dürfen nicht wackeln und müssen sturmsicher sein. Auch die Höhe des Aufhängeortes ist nicht gleichgültig. Die Meisen nisten am liebsten nicht höher als 4 m. Beim Star ist die Höhe unwichtig. Alle Nistkästen sind katzensicher aufzuhängen. Das ist vor allem bei den Halbhöhlenbrütern (Gartenrotschwänzchen, Bachstelze) wichtig, deren Flugschlitz ziemlich breit ist. Am besten ist es, wenn jeder mit einem Nistkasten versehene Baum am Stamm eine Vorrichtung erhält, die die Katzen nicht überklettern können (siehe Skizze S. 22).

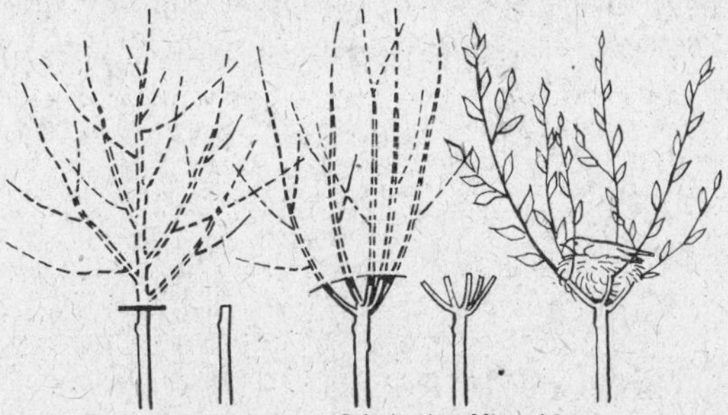
Schnitt eines Nistquirls

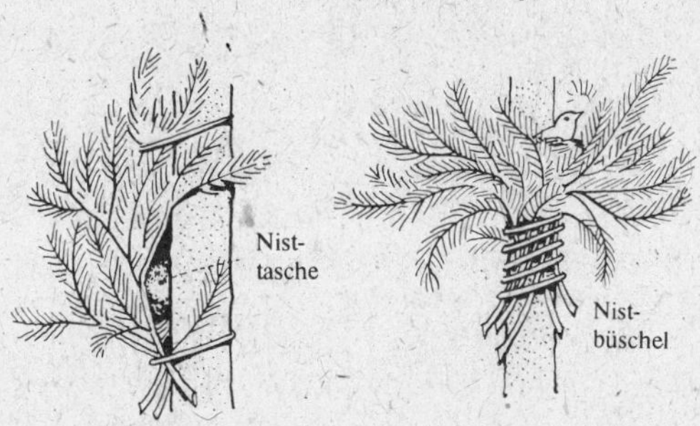

Futterhaus – vom Fenster zu beobachten

Futter-Ei

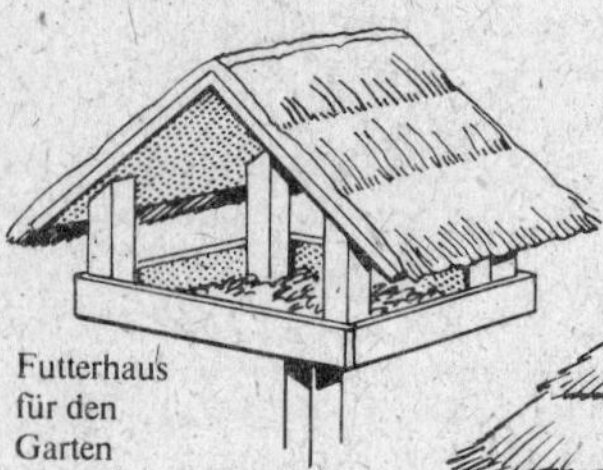
Futterhaus für den Garten

Hessisches Futterhaus

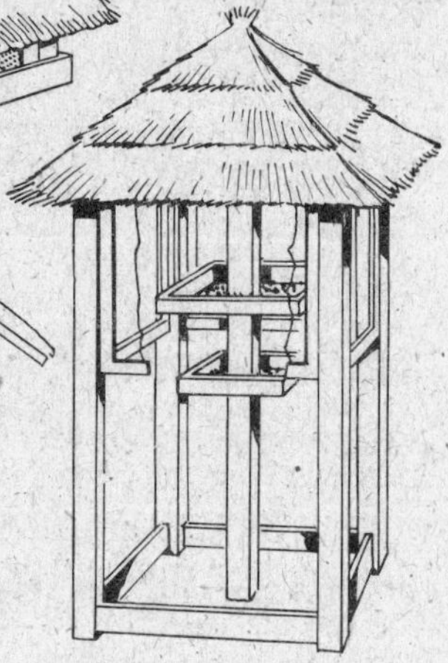

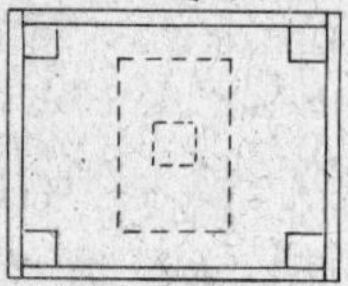
Grundriß

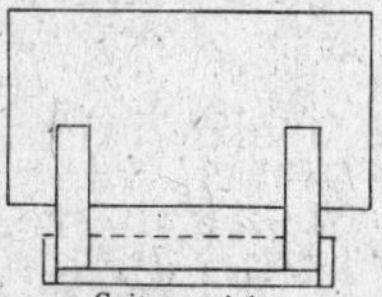
Seitenansicht

Futterplatz für Weichfutterfresser

60 Futterplätze für die im Winter bei uns bleibenden Vögel kann man mit einfachen Mitteln selbst einrichten. Um unseren Helfern im Kampf gegen Schädlinge über die schlimmsten Zeiten des Winters zu helfen, müssen wir Futterplätze einrichten. Obwohl es fertige Vogelfutterhäuschen in allen Größen zu kaufen gibt, macht es Freude, sie selbst zu bauen. Am geeignetsten sind die, die man an drei Seiten mit Glasscheiben versieht, damit die Vögel das Futter nicht im Dunkeln suchen müssen. Vor allem muß das Futter gegen Witterungseinflüsse geschützt liegen, denn nasses kann unseren gefiederten Freunden sehr gefährlich werden. Das Futterhäuschen muß auch katzensicher sein. Darum ist ein freier Standort zu wählen, der es den Katzen unmöglich macht, sich unbemerkt anzuschleichen. Das Dach muß so weit vorstehen, daß auch an der offenen Anflugseite kein Schnee oder Regen hineinwehen kann.

61 Bei der Auswahl des Vogelfutters müssen wir die Ansprüche der Meisen in den Vordergrund stellen.

Die schlimmste Zeit für die Vögel sind strenge Frosttage mit Schnee und Rauhreif. Sie verhungern dann in kurzer Zeit, wenn wir uns ihrer nicht annehmen. Neben dem überall käuflichen Streufutter mit großem Anteil von Sonnenblumensamen sollten wir vor allem die bekannten Meisenringe aufhängen. Sie sind den Sperlingen schwer zugänglich, die meist die Hauptabnehmer des Streufutters sind. Wer Brot, Kartoffeln oder Kuchenreste bei Frost als Futter streut, kann sehr leicht zum Mörder der Vögel werden. Sehr gut ist aber Rindertalg, den man in kleine flache Gefäße füllt und nach dem Erstarren den Vögeln anbietet. Gesalzene Speckschwarten sind als Futter ungeeignet, ja sogar schädlich. Siehe auch Ratschlag **195**.

62 Wenn es draußen stürmt und schneit, hat man die beste Gelegenheit, Fachliteratur zu lesen und dadurch sein Wissen zu erweitern.

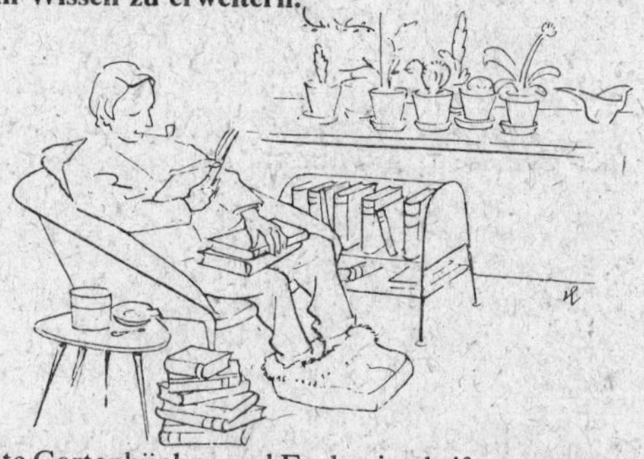

Gute Gartenbücher und Fachzeitschriften machen sich oft schon bezahlt, wenn man durch irgendeinen Hinweis darauf aufmerksam gemacht wird, wie man die Erträge erhöht oder zur Gesunderhaltung unserer Pflanzen beiträgt. Auch im Pflanzenschutz ist Vorbeugen immer besser als Heilen. Darum muß man sich beizeiten nicht nur über die Schädlinge und Krankheiten sowie ihre Bekämpfung unterrichten, sondern auch darüber, wie man ihr Auftreten verhindert. Die größten Mißerfolge im Nutz- und auch im Ziergarten entstehen immer wieder durch zu enges Pflanzen. Gewiß muß jedes Plätzchen im Garten ausgenutzt werden. Hohe Erträge und optimales Wachstum erzielt man aber nicht durch recht viel Pflanzen auf einem kleinen Stück Land, sondern durch das Einhalten der optimalen Pflanzweiten. Daraufhin sollte die Fachliteratur im Winter ganz besonders durchgesehen werden. Wer sich davon kurze Aufzeichnungen macht, hat es zur Zeit des Anbaues leicht, das Richtige zu tun.

Gemüsegarten

63 Wer von den einzelnen Gemüsearten gute Erträge erzielen will, darf bei dem im Januar auszuarbeitenden Anbauplan die Gefahr der Bodenmüdigkeit nicht außer acht lassen.

Wenn eine Gemüseart mehrmals hintereinander auf derselben Stelle angebaut wird, werden die Erträge immer geringer. Man spricht dann von Bodenmüdigkeit. Ihre Ursache ist komplexer Natur und noch nicht völlig geklärt. Im allgemeinen wird angenommen, daß jede Pflanzenart den Boden in spezifischer Weise erschöpft, durch die Wurzeltätigkeit bestimmte Stoffe in den Boden abgibt und Wurzelreste hinterläßt, die für Pflanzen der gleichen Art wachstumshemmend sind. Außerdem tritt bei wiederkehrendem Anbau derselben Gemüseart eine Häufung bestimmter Krankheiten und Schädlinge durch Anreicherung ihrer Erreger im Boden ein. Diese Mängel treten nicht auf, wenn in jedem Jahr mit der Gemüseart gewechselt, d. h. eine bestimmte Fruchtfolge eingehalten wird. Außerdem gibt es auch zwischen den verschiedenen Gemüsearten gewisse Unverträglichkeitsbeziehungen, die bei der Aufstellung des Anbauplanes zu beachten sind. Spezielle Hinweise werden zu den einzelnen Gemüsearten gegeben.

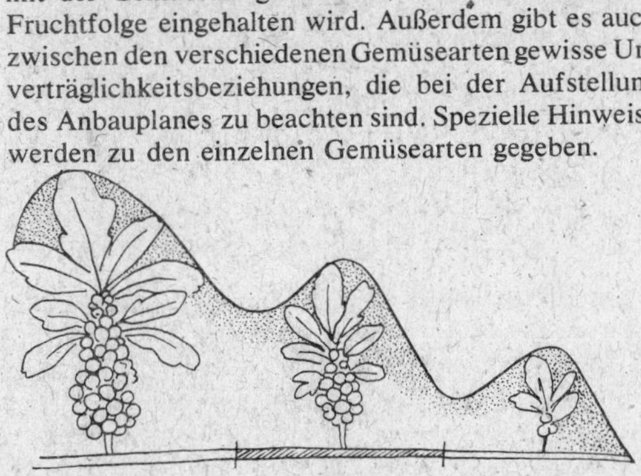

64 Im Gemüsegarten ist zu beachten, daß die einzelnen Arten unterschiedliche Ansprüche an die Humusversorgung des Bodens stellen.

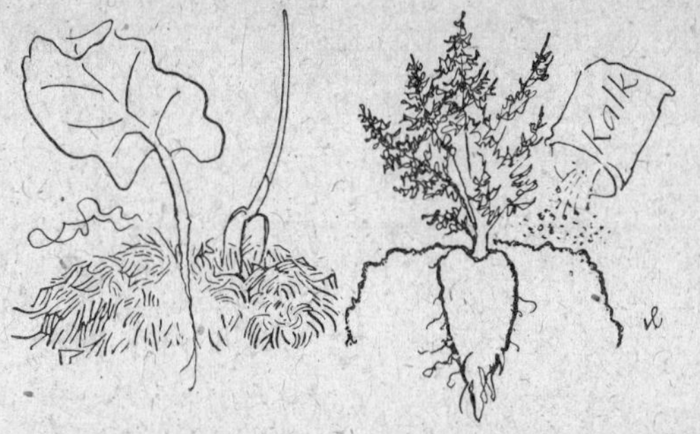

Das Humusbedürfnis, aber auch das Humusverwertungsvermögen der einzelnen Gemüsearten ist recht verschieden. Man unterscheidet zwischen stark zehrenden Arten, die eine frische Humusdüngung (Stalldung, Torf, Kompost u. a.) benötigen, und schwach zehrenden Gemüsearten, die sie nicht brauchen bzw. vertragen. Dementsprechend teilt man das Gemüseland in zwei Hälften. Die eine erhält eine starke Humusgabe, die andere wird gekalkt. Die mit frischem Humus versorgte Fläche wird als in 1. Tracht stehend bezeichnet, die andere Fläche steht in 2. Tracht. Zu den Gemüsearten, die unbedingt in 1. Tracht stehen sollten, gehören: Blumenkohl, Rosenkohl, Kopfkohl, Gurken, Kopfsalat, Mangold, Bleich- und Knollensellerie, Melonen, Kürbis. Auf Beete in 2. Tracht gehören: Wurzelgemüse, Erbsen, Bohnen, Zwiebeln, Porree. Auch Tomaten, Eierfrucht, Paprika, Spinat, Chinakohl, Grünkohl und einjährige Küchenkräuter sollte man dazurechnen.

65 Den meisten Gartenbesitzern steht keine große Anbaufläche zur Verfügung, deshalb sollte die Nutzung um so intensiver sein.

Misch-gemüse-kultur

Wo es sich einrichten läßt, werden die Beete mit einer Vor-, einer Haupt- und einer Nachfrucht bestellt. Hauptfrucht ist die maßgebende Frucht des Jahres, die für die meiste Zeit das Land beansprucht, z. B. Tomaten oder Gurken.

Beispiel für eine derartige Nutzung: Ende März Frühsalat als Vorfrucht pflanzen, nach dem 15. Mai folgen Tomaten als Hauptfrucht, und im September wird Feldsalat als Nachfrucht ausgesät. In klimatisch un-

günstigeren Gebieten lassen sich oft nur zwei Kulturen nacheinander anbauen.
Als Zwischenfrucht bezeichnet man eine „kleine" Kultur zwischen zwei Hauptfrüchten, z. B. nach Blumenkohl als Hauptfrucht folgt Spinat (über Winter) und danach wiederum als Hauptfrucht Buschbohnen.
Eine weitere Methode zur intensiven Nutzung ist die Mischkultur. Sie hat außerdem gegenüber der Monokultur den Vorteil, daß die einzelnen Arten weniger von Schädlingen befallen werden.
Ein bekanntes Beispiel dafür ist der Mischanbau von Zwiebeln und Möhren. Weitere Möglichkeiten sind Kohlrabi und Kopfsalat, Gurken und Sellerie, Möhren und Radies, Buschbohnen und Gurken u. a.
Schließlich besteht die Möglichkeit, die Zwischenräume bei Pflanzgemüse oder Saatgemüse mit größerem Reihenabstand bis zum Schließen des Bestandes mit einer kurzlebigen Gemüseart zu nutzen, z. B. Radies zwischen Kopfsalat oder Kopfsalat zwischen Stabtomaten.
Bei Mischkulturen ist besonders auf den Wuchscharakter der einzelnen Sorten zu achten, damit nicht eine Kultur von der anderen unterdrückt wird.

66 Für die ausdauernden Gewürzkräuter sowie Neuanlagen von Rhabarber und Spargel ist im Anbauplan ein Platz vorzusehen, an dem sie mehrere Jahre stehen können.
Dabei ist daran zu denken, daß Rhabarber auch an einem halbschattigen Standort noch gut gedeiht, obwohl er dort etwas später austreibt. Für Spargel und die ausdauernden Gewürzkräuter ist aber fast durchweg ein sonniger, etwas windgeschützter Platz erforderlich. Da die Höhe der Kräuter sehr verschieden ist, muß man beim Planen auch darauf Rücksicht nehmen.

67 Die einjährigen Gewürzkräuter baut man beim Aufstellen des Anbauplanes am besten in die Fruchtfolge der Gemüsearten ein.
Für einige braucht man überhaupt keinen besonderen Platz vorzusehen. So wird Dill am besten in Möhren oder auf ein Gurkenbeet recht weitläufig ausgesät. Petersilie und Gartenkresse nimmt man zum Einfassen von anderen Beeten. Dabei kann der Standort auch halbschattig sein. Die Kapuzinerkresse, von der man Blätter, Knospen, Blüten und auch junge Früchte als Gewürz verwenden kann, was sehr wenig bekannt ist, eignet sich sehr gut zum Beranken von Zäunen usw., so daß auch für sie kein Sonderplatz benötigt wird.

68 Zu den wichtigsten Aufgaben im Januar gehört das Bestellen bzw. Besorgen des Saatgutes, damit es zum Aussaattermin zur Verfügung steht.
Anhand des Anbauplanes und mit Hilfe der Tabelle auf Seite 350 läßt sich die erforderliche Saatgutmenge jeder Gemüseart leicht errechnen. Dabei ist für besonders witterungsempfindliche Gemüsearten,

wie z. B. Gurken oder Bohnen, Reservesaatgut einzuplanen, falls eine Nachsaat erforderlich wird.

69 Der Samen einiger Gemüse- und Gewürzkräuterarten bleibt nur kurze Zeit keimfähig.

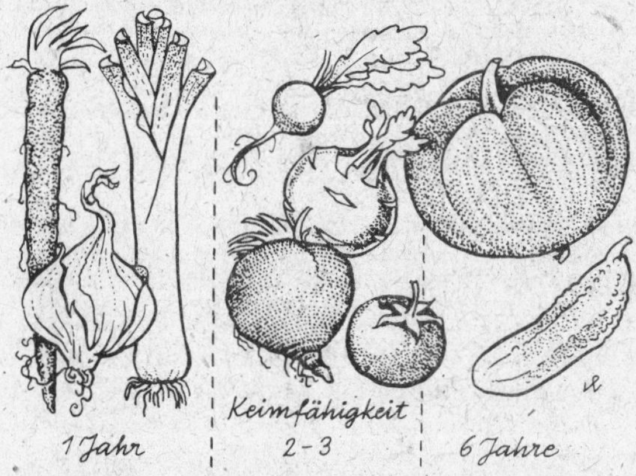

Das trifft in erster Linie auf Zwiebeln, Porree, Schnittlauch, Schwarzwurzeln, Bohnenkraut, Dill sowie einige andere Gewürzkräuter zu. Die Keimfähigkeit ihrer Samen geht im allgemeinen schon im zweiten Jahr nach der Ernte beträchtlich zurück. Von diesen Arten muß deshalb jährlich neues Saatgut beschafft werden.

70 Bevor neues Saatgut bestellt wird, sind die Restbestände vom vergangenen Jahr zu sichten.
Von zahlreichen Gemüsearten bleiben die Samen mehrere Jahre voll keimfähig, so daß vorjähriges Saatgut erneut verwendet werden kann, wenn es sachgemäß

aufbewahrt wurde. Saatgut darf nicht warm lagern und verträgt auch keine hohe Luftfeuchtigkeit. Günstig ist die Aufbewahrung der Samentütchen in luftdicht verschlossenen Einweckgläsern. Die Raumtemperatur sollte 12 °C nicht übersteigen. Dadurch sind relativ gleichmäßige Bedingungen für die Lagerung gewährleistet. Um Mißerfolge zu vermeiden, sollte man jedoch vorjähriges Saatgut möglichst einer Keimprüfung unterziehen.

71 Zum Prüfen der Keimfähigkeit benötigt man Keimschalen oder flache Teller und Fließpapier sowie einen Ort, an dem die Keimproben bei einer Temperatur von etwa 20 °C gehalten werden können.

Von allen kleineren Samen zählt man zur Keimprobe 100 Stück ab. Von Bohnen, Erbsen und ähnlichen genügen in der Regel 50 Samen. Eine geringere Anzahl ist ungünstig, weil sich dadurch die Fehlerquelle vergrößert. Die Samen werden in der Keimschale bzw. dem flachen Teller auf entsprechend zurechtgeschnittenem und angefeuchtetem Fließpapier so verteilt, daß sie sich gegenseitig nicht berühren. Anschließend werden sie wiederum mit einer Lage Fließpapier bedeckt. Wichtig ist, daß das Fließpapier ständig feucht gehalten wird und die Temperatur die angegebenen Werte erreicht. Dazu ist es zweckmäßig, das Keimgefäß noch mit einer Glasscheibe, einem Teller o. ä. abzudecken. Durch laufendes Auszählen und Entfernen der gekeimten Samen läßt sich die prozentuale Keimfähigkeit leicht feststellen. Die durchschnittliche Keimfähigkeit der Gemüse- und Gewürzkräutersamen schwankt zwischen 80 und 90 %. Liegt das Ergebnis der Keimprüfung niedriger, dann muß man die je m^2 auszusäende Menge entsprechend erhöhen. Saatgut mit einer Keimfähigkeit unter 50 % sollte nicht mehr verwendet werden, da auch bei den keimfähigen Samen die Triebkraft nur selten ausreicht, das Erdreich zu durchbrechen.

72 Wer viele Keimproben durchführen muß, kann die dazu erforderliche Zeit durch Keimtaschen wesentlich verringern.
Die Keimtaschen werden in der abgebildeten Weise gefaltet, gut angefeuchtet und mit den Samen belegt. Nach dem Zusammenfalten legt man sie (bis zu 10 Stück) in eine Schale oder Schüssel und deckt mit einem Teller ab. Auch hier ist während der gesamten Keimprüfung auf gleichmäßige Feuchtigkeit der Keimtaschen zu achten.

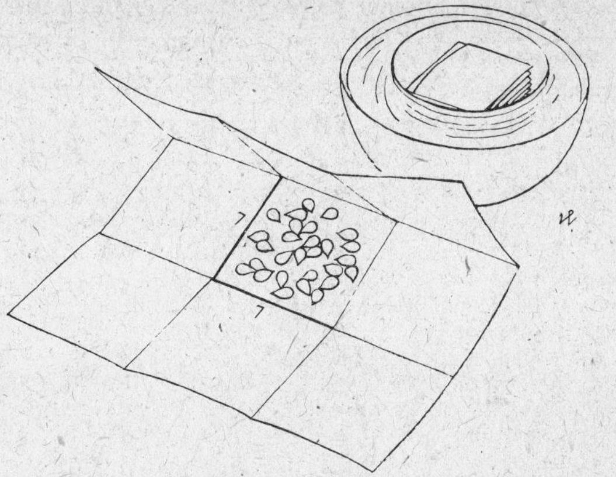

73 Die Untersuchungsdauer für die Keimfähigkeit ist je nach Gemüseart recht verschieden.
Sie beträgt bei Sellerie, Petersilie und Möhren etwa 20 bis 21 Tage, für Gurke, Porree, Rote Rübe, Tomate und Zwiebel sind etwa 14 Tage erforderlich, und für die übrigen Gemüsearten muß mit 10 Tagen gerechnet werden.

74 Beim Bestellen des neuen Saatgutes ist der Sortenwahl die entsprechende Aufmerksamkeit zu schenken.

Neben der exakten Durchführung aller Kulturmaßnahmen entscheidet die richtige Sortenwahl über den Anbauerfolg. Das gilt um so mehr, als auch dem Kleingärtner in verstärktem Maße Sorten zur Verfügung stehen, die speziell für die verschiedensten Anbaubedingungen, Erntezeiträume und Verwendungsmöglichkeiten gezüchtet wurden. So gibt es z. B. beim Kopfsalat, bei Radies und vielen anderen Gemüsearten spezielle Sorten für den Anbau im Kleingewächshaus oder Frühbeetkasten, für den frühen Freilandanbau sowie für den Sommer- und Herbstanbau, so daß stets mehrere Sorten zu verwenden sind, wenn vom zeitigen Frühjahr bis zum Herbst geerntet werden soll. Der Anfänger prüft zunächst am besten Sorten, die sich in der nächsten Umgebung bewährt haben. Neue Sorten sollte man grundsätzlich erst ausprobieren, bevor man die bewährten aufgibt.

75 Der Kleingärtner sollte vorzugsweise Gemüsesorten anbauen, die zur Entwicklung nur kurze Zeit benötigen.

Wenn er das beherzigt, lassen sich die zur Verfügung stehenden Flächen wesentlich besser ausnutzen. Der erzielte Zeitgewinn ermöglicht den Anbau geeigneter Vor- oder Nachfrüchte, was bei der Verwendung von Sorten mit langer Entwicklungszeit nicht möglich ist. Wenn es nicht unbedingt um Sorteneigenschaften wie z. B. Frosthärte oder gute Lagerfähigkeit im Winterhalbjahr geht, lassen sich für den Spätanbau in vielen Fällen Frühsorten mit gleichem Erfolg anbauen, wie die zeitaufwendigen Spätsorten. Das gilt z. B. für Blumenkohl, Kopfkohl und Kohlrabi.

76 Samen von Gemüsearten, deren Jungpflanzen im Gewächshaus oder Frühbeet herangezogen werden müssen, sollte nur der anschaffen, der über die genannten Einrichtungen verfügt.

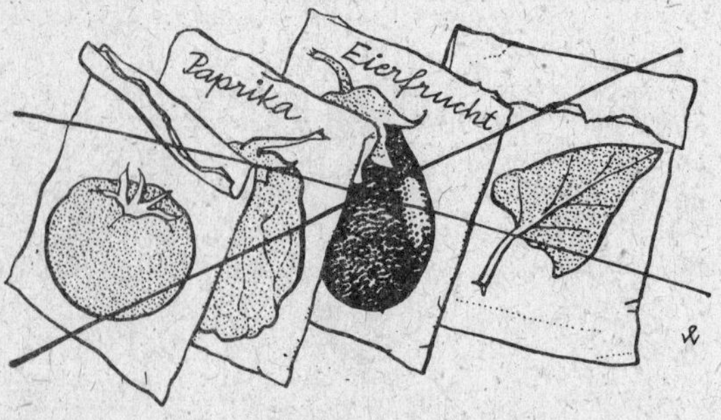

In dieser Hinsicht sind in erster Linie Tomaten, Paprika und Eierfrucht zu nennen. Gewiß macht es dem Gartenfreund viel Spaß, sich auch von ihnen seine Pflanzen selbst heranzuziehen. Sie müssen aber zur Pflanzzeit so kräftig sein, daß sie gute Ergebnisse bringen, sonst war alle Mühe umsonst. Zur Anzucht der angeführten Arten ist neben Temperaturen von 15 bis 18 °C auch sehr viel Licht erforderlich. Wer kein Gewächshaus hat, muß das Küchenfenster benutzen. Dort sind aber in der Regel nur sehr wenig Pflanzen unterzubringen, so daß es im allgemeinen kaum den Aufwand lohnt.

77 Zur Vorbereitung der Aussaat gehört das Beizen der Gemüsesamen.

Saatgutbeizung hat den Zweck, die Krankheitskeime, die dem Samen außen anhaften oder nur wenig tief eingedrungen sind, zu vernichten, ohne das Saatgut zu schädigen. Man muß sich aber darüber klar sein, daß dadurch spätere Krankheiten nicht verhindert werden können.

78 Mit Trockenbeizmitteln lassen sich die meisten Gemüsesamen am einfachsten beizen.

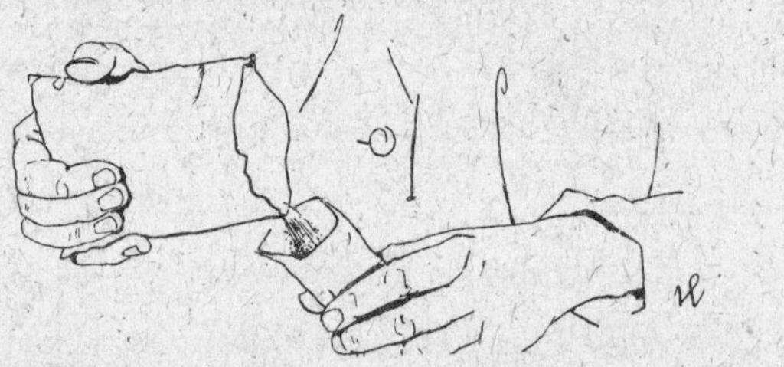

Das Beizen wird gleich in der Samentüte vorgenommen. In diese schüttet man so viel Beizpulver, daß nach kräftigem Schütteln jedes Samenkorn mit einer feinen Schicht überzogen ist. Das überschüssige Pulver wird abgesiebt, um Keimschäden zu verhindern. Das Trockenbeizen wendet man bei allen kleinkörnigen Gemüsesamen an, außerdem auch bei Bohnen und Erbsen. Zu beachten ist, daß Salat und Tomaten gegen Beizung besonders empfindlich sind. Dagegen sollten Bohnen und Erbsen bei früher Aussaat stets gebeizt werden. Wenn die Keimung durch Kälte verhindert wird, schützt die Beizung vor Schäden durch Schimmelpilze und bewirkt damit ein besseres Auflaufen.

79 Die Naßbeizung wird im allgemeinen bei großkörnigen Gemüsesamen durchgeführt.

Hierzu gehören in erster Linie Spinat, Gurken, Melonen und Kürbis. Bei Bohnen und Erbsen kann die Naßbeizung infolge teilweiser Quellung der Samen zu

Keimschäden führen. Unter Zusatz von Wasser wird aus dem Naßbeizmittelpulver eine Lösung hergestellt, in die man die Samen, am besten in einem gut wasserdurchlässigen Beutelchen, einbringt. Stärke der Lösung und Beizdauer wird vom Hersteller des Beizmittels vorgeschrieben. Nach dem Beizen muß der Samen an einem luftigen Ort schnell getrocknet werden. Gebeiztes Saatgut büßt bei normaler Aufbewahrung kaum an Keimfähigkeit ein, jedoch kommen Keimschädigungen bei der Naßbeizung leichter vor als bei der Trockenbeizung.

80 Gebeiztes Saatgut darf nicht an das Vieh verfüttert und auch nicht der menschlichen Ernährung zugeführt werden.

Die im allgemeinen verwendeten Saatgut-Beizmittel sind auf Quecksilbergrundlage hergestellt und darum giftig. Wenn auch beim Beizen nur die Samenschale infiziert wird, so würde sich das doch im menschlichen und tierischen Organismus auswirken. Die hier ausgesprochene Warnung bezieht sich insbesondere auf Bohnen und Erbsen. Von ihnen hat der Kleingärtner durch Selbstanbau oft größere Mengen in Besitz. Darum immer nur die Menge beizen, die zur Aussaat gebraucht wird!

81 Damit Rhabarber im Frühjahr recht zeitig austreibt, muß er spätestens Anfang Januar mit einer starken Schutzdecke versehen werden.

Rhabarber ist eins der frühesten Gemüse. Er treibt schon, sobald der Boden frostfrei geworden ist. Darum sorgt man dafür, daß das Land gar nicht erst sehr tief friert. Eine starke Schicht trockener Torf hält den Frost besser ab als die gleichstarke Schicht Stalldung oder Laub. Die Schutzschicht muß man aber aufbringen, bevor die obere Bodenschicht stark gefroren ist. Darum ist Anfang Januar der letzte Termin, wenn die Decke voll wirksam sein soll.

82 Rhabarber kann man ab Anfang Januar in einem dunklen, nicht zu kalten Keller oder ähnlichem Raum zum Treiben aufstellen.

Die Wurzelstöcke werden dicht aneinander aufgestellt und die Zwischenräume mit feuchtem Torf ausgefüllt. Es ist laufend feucht zu halten, und die Kellertemperatur soll bei 10 bis 14 °C liegen. Je dunkler und wärmer der Raum, um so länger und zarter entwickeln sich die Blattstiele.

83 Bei der Petersilie muß man Anfang Januar den Schutz so verstärken, daß sie auch bei größerer Kälte zur Verfügung steht.

Der im November/Dezember gegebene Glasschutz wird durch Bedecken mit möglichst trockenem Torf so verstärkt, daß der gröbste Frost abgehalten wird. Es ist nicht nötig, daß die Petersilie dadurch völlig frostfrei steht. Sie verträgt eine ganze Menge Kältegrade, ohne zu erfrieren. Beim Pflücken gefrorener Petersilie muß man aber sorgsam sein. Vor allem dürfen dabei die stehenbleibenden Blätter nicht berührt werden. Sie sind in gefrorenem Zustand sehr brüchig, und beschädigte werden bis zum nächsten Pflücken unbrauchbar.

84 Grünkohl kann man auch bei stärkstem Frost ernten, wenn mit den abgeschnittenen Teilen sorgsam umgegangen wird.

Der Grühkohl schmeckt bekanntlich dann erst am besten, wenn er starkem Frost ausgesetzt war. In gefrorenem Zustand sind die Blätter brüchig, so daß sie nicht gedrückt werden dürfen. Wer ihn ganz locker in einen Korb oder ähnlichen Behälter legt und an einen Ort bringt, wo er langsam auftauen kann, verhindert jeden Ernteschaden. Beim Ernten darf man nur die mit gesunden Blättern besetzten Köpfe abschneiden, wenn im Frühjahr mit einer zweiten Ernte gerechnet wird. Die Strünke treiben nämlich sehr zeitig wieder aus, und die zarten Triebe ergeben ein sehr schmackhaftes Frühgemüse. Grünkohl ist zwar winterhart, doch leiden die Blätter durch die Wintersonne sehr, wenn starker Frost eintritt und kein Schnee gefallen ist. Darum sollte man ihm in den ersten Januartagen eine dichte Fichtenreisigdecke geben.

85 Im Boden gebliebene Schwarzwurzeln gräbt man am besten aus, bevor es der Frost verhindert.

Schwarzwurzeln sind zwar völlig winterhart, doch wird ihre Ernte sehr erschwert, wenn der Boden starken

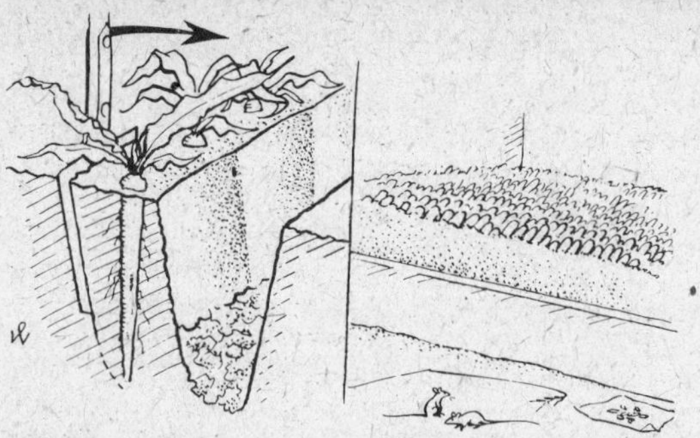

Frösten ausgesetzt war. Das kann man verhindern, wenn das Schwarzwurzelbeet vor dem Einfrieren eine starke Torfschicht erhält, die ein wirksamer Frostschutz ist. Einfacher ist aber das Ernten in den ersten Januartagen, falls es wegen Frostgefahr nicht schon früher erfolgte. Schwarzwurzeln halten sich auch im Keller sehr gut, wenn man sie in feuchten Sand einschichtet. Im warmen Keller treiben sie aus, was den Geschmack sehr abwertet. Hat man keinen kühlen Keller, ist es besser, die geernteten Schwarzwurzeln im Garten an einer geschützten Stelle recht dicht einzuschlagen und anschließend mit einer starken Torf-, Stroh- oder Laubschicht zu bedecken. Gegenüber den am Standort gebliebenen braucht man für sie nur einen Bruchteil des sonst benötigten Deckmaterials.

86 Frisch aus der Erde geernteter Porree ist schmackhafter als im Keller eingeschlagener. Er muß aber am Standort einen guten Frostschutz erhalten.

Porree ergibt den ganzen Winter über ein gut bekömmliches Gemüse. Um ihn jederzeit im Freien ernten zu können, sorgt man dafür, daß der Boden nicht zu schnell und zu stark einfriert. Das wird am besten durch eine starke Torfschicht erreicht. Stalldung und Laub eignet sich dazu nicht, weil der Porree sehr leicht einen unangenehmen Geschmack erhält. Porree leidet in schneearmen Wintern und an zugigen Stellen ganz erheblich. Darum ist es besser, wenn er beim Beginn strengen Frostwetters außer der Bodendecke aus Torf eine dicke Fichtenreisigdecke erhält. So geschützt, hat man keine Verluste zu beklagen. Wer mit Deckmaterial sparen muß, kann den Porree auch ausgraben und an einer geschützten Stelle möglichst dicht einschlagen (siehe auch Ratschlag **85**).

87 Bei den ausdauernden Gewürzkräutern, wie Estragon, Thymian und Pfefferminze, muß man den Schutz verstärken, wenn bei starkem Frost die Schneedecke fehlt.

Barfrost ist für die genannten Kräuter immer gefährlich, so daß es oft zu großen Winterverlusten kommt. Darum muß man die im November/Dezember gegebene Fichtenreisigdecke durch Überstreuen mit möglichst trockenem Torf verstärken. Wo die Kräuter schon nach dem letzten Ernten mit einer starken Bodenbedeckung (Laub, Stalldung, Torf) versehen wurden, ist die zusätzliche Verstärkung der Fichtenreisigdecke nicht nötig.

88 Im ersten Kulturjahr stehender Kümmel (er wird zweijährig kultiviert) muß Anfang Januar eine starke Fichtenreisigdecke erhalten.

In schneearmen Wintern treten am Kümmelbeet starke Verluste auf. Wer es bisher versäumt hat, sollte die Schutzdecke spätestens in den ersten Januartagen geben. Laub, Stalldung und ähnliches Material eignet sich nicht dazu. Unter ihnen würden die Kümmelpflanzen ersticken.

89 Die Lavendel- und Salbeipflanzen haben schon Ende November/Anfang Dezember eine Bodenbedeckung erhalten. Sie muß Anfang Januar wesentlich dicker sein, wenn inzwischen nicht viel Schnee gefallen ist.

Beide Gewürzkräuter frieren in schneearmen Wintern bis zum Erdboden zurück, wenn die Bodendecke nicht 15 bis 18 cm stark ist. Zur Schutzdecke eignen sich Torf, Laub und auch leicht verrotteter Stalldung. Je trockener das Material ist, um so besser hält es den Frost ab. Da es sich bei beiden Gewürzkräutern immer nur um wenige Pflanzen handelt, sollte man sie zusätzlich mit einem Lattengerüst umgeben. Es wird mit einer starken Fichtenreisigdecke bedeckt. Durch diese Ergänzung zur Bodenbedeckung ist die Gefahr, daß Winterverluste eintreten, auch in strengen Wintern nur sehr gering.

90 Die Decke auf den Gemüsemieten darf nicht durchfrieren. Man verstärkt sie je nach Wetterverlauf mit Laub, Stroh oder Torf.

Wer kein Mietenthermometer eingebaut hat, muß in der näheren Umgebung der Miete von Zeit zu Zeit kon-

trollieren, wie tief der Frost in den Boden eingedrungen ist. Danach richtet man sich beim Bedecken mit dem angeführten Material. Dabei darf man aber nicht zu ängstlich sein und keine zu starke Schutzschicht aufbringen. Zu stark eingepackt, kann der Mieteninhalt verfaulen. Darum wird die zusätzliche Schutzdecke bei mildem Tauwetter entfernt und erst bei Bedarf wieder aufgebracht. Stalldung ist als zusätzlicher Schutz für Gemüsemieten nicht zu empfehlen. Durch die winterlichen Niederschläge wird aus ihm Jauche ausgewaschen. Wenn sie durch die Mietendecke bis aufs Gemüse sickert, wird es für den menschlichen Genuß unbrauchbar.

91 Im Frühbeet eingeschlagene Sellerieknollen und Porree kann man auch bei stärkstem Frost herausnehmen, wenn die Laubdecke etwa 20 cm stark ist und zusätzlich Frühbeetfenster aufgelegt werden.

Damit der Frost nicht seitlich durch die Frühbeetwände und das sie umgebende Erdreich eindringen kann, wird das Frühbeet auch von außen mit einer starken Schutzschicht versehen, die spätestens in den ersten Januartagen anzubringen ist. Das geeignetste Material dazu ist Laub. Auch Stalldünger leistet gute Dienste, vor allem wenn man strohigen Pferdedünger zur Verfügung hat. Bei sehr starkem Frost bedeckt man auch die aufgelegten Frühbeetfenster mit alten Stroh- oder Rohrdecken. Laub oder Stalldung verursachen sehr leicht Scheibenbruch.

92 Im Keller eingeschlagenes Gemüse muß ab Januar wöchentlich durchgesehen und das Einschlagsubstrat auf seinen Feuchtigkeitsgrad geprüft werden.
Wenn das nicht beachtet wird, kann es leicht zu Faulstellen kommen. Sie breiten sich sehr schnell aus und bringen den ganzen Einschlaginhalt in Gefahr. Auch noch so kleine Fäulnisstellen sind beim Durchsehen zu entfernen. Etwas angegriffenes Gemüse sollte man aus dem Einschlag nehmen und bald verbrauchen. Wenn sich im Gemüsekeller Mäuse eingenistet haben, sind sofort Bekämpfungsmaßnahmen einzuleiten. Als sicherstes Mittel gelten nach wie vor die handelsüblichen Schlagfallen, da man in der Nähe von Lebensmitteln möglichst kein Gift auslegen sollte. Trockenes Einschlagsubstrat (Sand, Erde) ist besser als zu feuchtes. Völlig trocken geworden, sollte man vor allem den Sand etwas anfeuchten. Das Wasser darf aber nicht direkt an das Gemüse gelangen.

93 Wer über ausreichend Chicoréewurzeln verfügt, sollte auch im Januar eine entsprechende Anzahl zum Treiben einschlagen.
Geeignete Gefäße sind Eimer, Steinguttöpfe oder auch Kisten. Sie werden in Räumen aufgestellt, die eine Temperatur von 15 bis 18 °C aufweisen. Sofern die Gefäße völlig lichtdicht abgedeckt werden, ist über den eingeschlagenen Wurzeln keine Deckschicht aus Erde oder Sand erforderlich. Die Ende November bis Mitte Dezember eingeschlagenen Wurzeln bringen im Laufe des Januar erntefähige Sprosse. Es darf nicht versäumt werden, die Deckerde durch zeitweiliges Anfeuchten vor dem Austrocknen zu bewahren.

94 Besonders im Januar sollte man nicht versäumen, wöchentlich Gartenkresse neu auszusäen.

Am Küchenfenster oder einem anderen hellen, frostfreien Standort wird in flache Schalen oder andere geeignete Gefäße auf Fließpapier oder in eine dünne Sand- bzw. Erdschicht ausgesät und ständig feucht gehalten. Nach 14 Tagen ist die Gartenkresse schnittreif und stellt in dieser vitaminarmen Jahreszeit eine wertvolle Bereicherung des Speisezettels dar.

95 Sofern es die Witterung erlaubt, sollten spät abgeerntete Gemüsebeete noch umgegraben werden.
Wichtig ist dabei, daß der Boden schneefrei und nicht zu naß ist (siehe auch Ratschlag 16). Eine dünne Frostschicht, die man mit dem Spaten durchstoßen kann, sollte nicht davon abhalten, diese wichtige Arbeit unverzüglich zu erledigen. Je nach Nährstoffzustand (Bodenuntersuchung!) wird gleich Phosphor- und Kalidünger eingebracht.

Obstgarten

96 Zu allen Arbeiten an den Obstbäumen und Beerensträuchern gehören scharfe Werkzeuge.
Jeder Säge- und Messerschnitt ergibt eine Wunde, die der Baum oder Strauch wieder schließen muß. Je glatter sie ist, um so schneller verheilt sie. Darum ist es wichtig, alle Werkzeuge laufend so scharf zu halten, daß sie jederzeit einsatzbereit sind. Im übrigen geht die Arbeit mit scharfen Werkzeugen viel leichter und auch schneller vonstatten. Über die im Obstgarten nötigen Messer, Scheren und Sägen ist in den Ratschlägen 38, 39 und 40 nachzulesen.

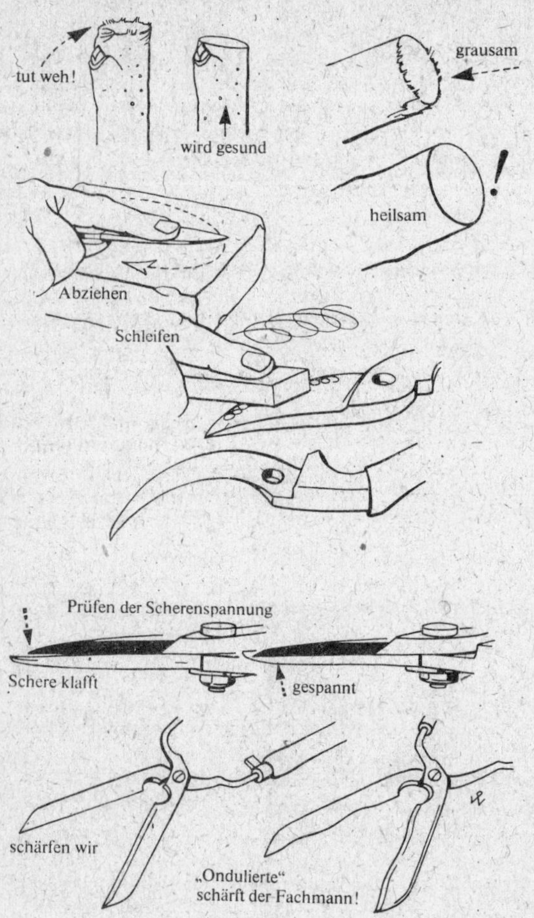

97 Alle Leitern zum Arbeiten an Obstbäumen sind so zu sichern, daß keine Unfälle entstehen können.
Beim Auslichten und Schneiden der Bäume ist der Boden oft hart gefroren. Dann ist die Gefahr des Abrutschens groß. Darum sollte man die Holme längerer Leitern unten mit Eisenspitzen versehen.

98 Wer die Absicht hat, schlecht tragende Obstbäume oder nichtzusagende Sorten umzuveredeln, muß die dazu notwendigen Pfropfreiser Anfang Januar schneiden.

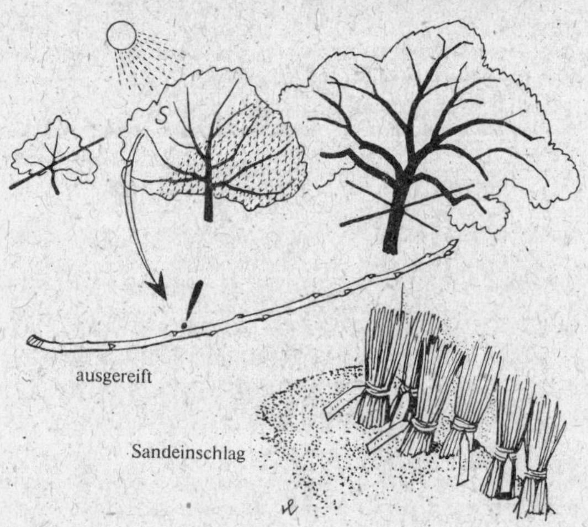

Als Pfropfreiser verwendet man kräftige einjährige Triebe von gut tragenden Bäumen der gewünschten Sorte. Sie werden in der Länge geschnitten, wie sie der Trieb ergibt. Die richtige Länge erhalten sie erst beim Veredeln. Als Pfropfreiser eignen sich die an der Südseite des Baumes gewachsenen am besten, weil sie in der Regel sehr gut ausgereift sind. Ganz besonders wichtig ist, daß man Triebe auswählt, bei denen die Augen recht dicht zusammenstehen und gut ausgebildet sind. Sogenannte Wasserschosse sind als Pfropfreiser nicht geeignet. Zum Aufbewahren wählt man im Freien eine Stelle, an der sie nicht von der Wintersonne getroffen werden. Dort gräbt man sie bis etwa ein Drittel ihrer Länge in die Erde ein.

99 Ältere Obstbäume sollte man mit einem reichlichen Wurzelballen verpflanzen. Der Frost kann dabei sehr gute Dienste leisten.
Auch im tragfähigen Alter stehende Obstbäume können erfolgreich umgepflanzt werden, wenn das Umpflanzen sachgemäß ausgeführt wird. Am besten ist das bei starkem Frost möglich. Die Vorbereitungen dazu sind

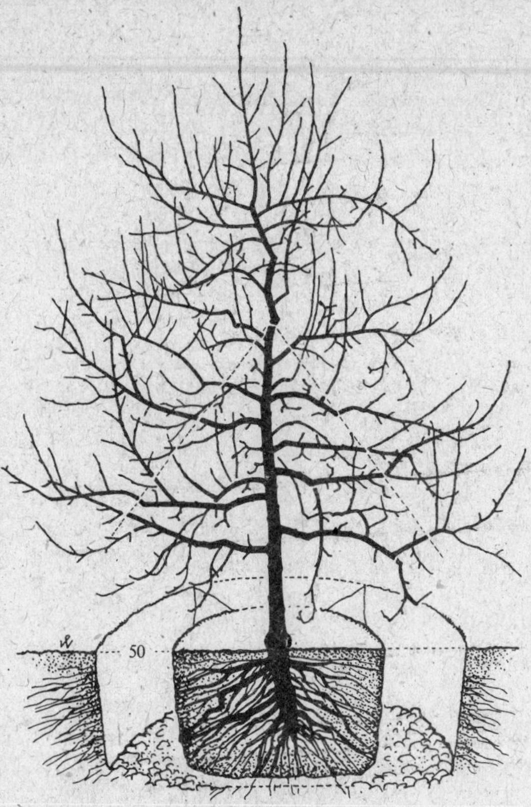

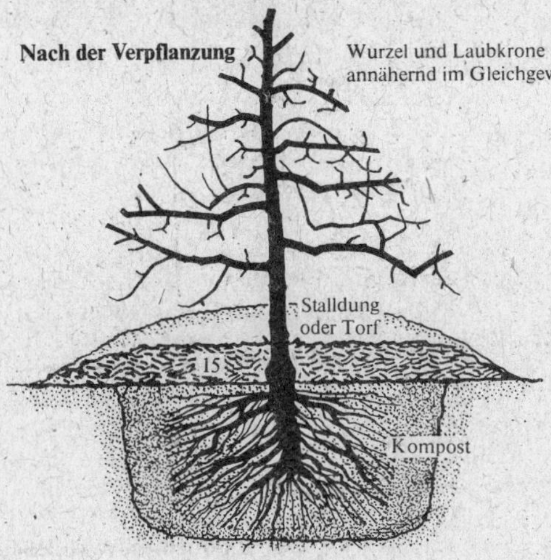

Nach der Verpflanzung Wurzel und Laubkrone annähernd im Gleichgewicht

aber schon vorher zu erledigen. Außerhalb der beabsichtigten Ballengröße wird ein etwa 50 cm breiter Graben gezogen. Die Grabentiefe richtet sich nach der Wurzeltiefe. Der Wurzelballen ist nach unten zu verjüngen und bis auf einen Rest zu unterhöhlen. Er hat also oben den größten Durchmesser. So vorbereitet, setzt man den Wurzelballen starkem Frost aus, bis er völlig durchgefroren ist. Das Durchfrieren wird durch Begießen des Ballens mit Wasser beschleunigt. In leichtem sandigem Boden, der schlecht zusammenhält, ist das oft unerläßlich. Der gefrorene Ballen kann nun völlig vom Untergrund gelöst und der Baum ohne Schaden an den neuen Standort transportiert werden. Die Pflanzgrube ist vorher auszuwerfen. Die Baumkrone muß dem Wurzelverlust entsprechend verjüngt, also zurückgeschnitten werden. Dabei geht man nach den gleichen Gesichtspunkten vor, wie sie beim Abwerfen der Kronen (siehe Ratschlag **100**) erörtert werden. Sobald der Baum am neuen Standort eingepflanzt ist, erhält die Baumscheibe eine etwa 15 cm starke Decke aus Stalldung oder Torf. Unter ihr hält sich die Feuchtigkeit bei später eintretender Trockenzeit sehr lange, was die Wurzelneuentwicklung wesentlich fördert. Ältere Apfelbäume lassen sich am besten ohne Verlust verpflanzen. Bei Birnen auf Sämling ist es schon schwieriger. Am schlechtesten gelingt es bei Süßkirschen, die sehr häufig mit Gummifluß reagieren.

100 Zum Umveredeln bestimmte Obstbäume bereitet man schon jetzt durch Abwerfen der Kronen vor.

Die einzelnen Äste werden beim Abwerfen stark zurückgeschnitten. Dabei ist darauf zu achten, daß ein bestimmter Winkel entsteht (siehe Seite 34). Er ist bei den einzelnen Obstarten verschieden und richtet sich in erster Linie nach der Wuchsform (Kronenaufbau). Bei Steinobst und Birnen gilt ein Winkel von 80 bis 90 Grad als Anhalt und bei Äpfeln von 100 bis 120 Grad. Beim Abwerfen sorgt man dafür, daß alle überflüssigen Äste im Innern der Krone restlos entfernt werden. Da das Umveredeln erst ab März vorgenommen wird, läßt man die zu veredelnden Äste vorläufig etwa 10 cm länger als vorgesehen. Vor dem Anschneiden des Winkels muß man sich vergewissern, daß der endgültige Schnitt an den Stellen entsteht, wo die Äste nicht stärker als 10 cm sind. Schnittstellen mit größerem Durchmesser erschweren das Verheilen der Wunden. Damit der umveredelte Baum im Frühjahr nicht im eigenen Saft erstickt, muß er einige Äste als sogenannte Zugäste behalten. Sie sollen auch im ersten Jahre für die Assimilation sorgen, die der Baum zum Erzeugen von Aufbaustoffen braucht. Als Zugäste läßt man Zweige stehen, die später entfernt werden können, ohne daß die Kronenform darunter leidet. Beim Abwerfen der Kronen arbeitet man am besten zu zweit. Während der eine den Rückschnitt vornimmt bzw. erst einmal an den Ästen markiert, dirigiert der andere von unten. Als Anhalt zum Winkel biegt man sich einen entsprechend langen und starken Draht zurecht oder benutzt die Hände zur Winkelbildung, nach denen die Baumkrone anvisiert wird. Beim Absägen der stärkeren Äste muß man aufpassen, daß kein Riß entsteht. Also erst einmal von unten ansägen.

Abwurfwinkel bei Apfel

100 - 120°

Abwurfwinkel bei Birne

80 - 90°

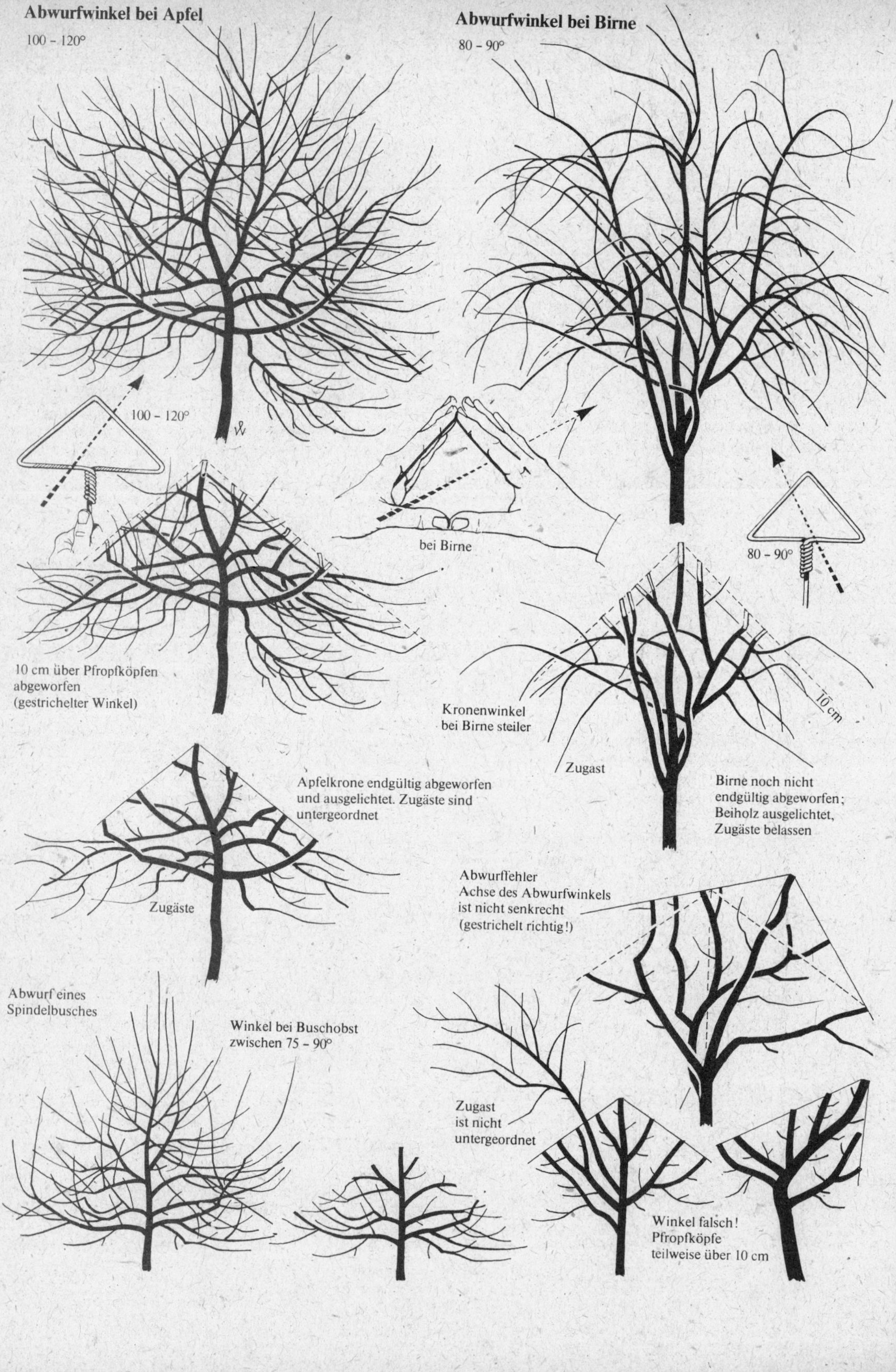

101 Mit dem Roden überalterter und kranker Obstbäume wartet man nicht bis zum Frühjahr.

Im Frühjahr drängt sich die Arbeit stark zusammen, so daß man das Entrümpeln des Obstgartens schon im Januar vornimmt. Vor allem vernichtet man dabei eine Unmenge Krankheitserreger und auch Schädlinge, mit denen überalterte Obstbäume in der Regel stark besetzt sind. Schon aus diesem Grunde sollte man so bald wie möglich an diese Arbeit herangehen. Hochstämme lassen sich am leichtesten roden, wenn man ihnen vorerst die Krone beläßt. Sie ergibt einen guten Hebel bei der Rodearbeit. Wenn die gleiche Stelle wieder mit einem Obstbaum besetzt werden soll, gräbt man den Wurzelstock gleich in Form einer Pflanzgrube (Pflanzloch) aus. Es ist aber zu beachten, daß man den Platz nicht wieder mit der gleichen Obstart besetzt (Bodenmüdigkeit s. Ratschlag **63**). Der gerodete Baum muß sofort zerkleinert werden. Alle Teile, vor allem auch kleinere Äste usw., sind restlos zu entfernen und möglichst bald durch Feuer zu vernichten, damit die obenerwähnten Krankheitserreger und Schädlinge nicht verschleppt werden.

102 Alte, borkige Rinde ist im Januar abzukratzen.
Unter ihr überwintern nicht nur alle möglichen Obstschädlinge, sondern auch die Sporen von Krankheitserregern. Darum muß das Abkratzen sehr sorgsam ausgeführt werden. Von den Obstbaumkratzern gibt es mehrere Formen, die alle verwendbar sind, wenn sie die

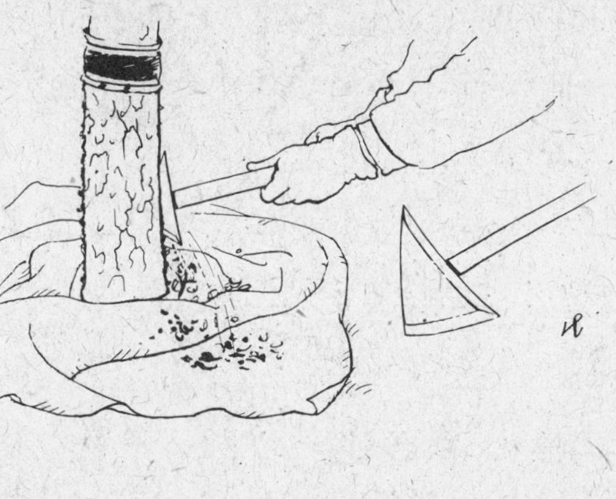

richtige Schärfe aufweisen. Das Abkratzen muß sich aber auf die alte borkige Rinde beschränken. Die Kambiumschicht darf auf keinen Fall darunter leiden. Vor dem Abkratzen legt man dicht um den Baumstamm herum Tücher auf die Erde, auf die die abgekratzte Borke fallen kann. Sie darf keinesfalls auf den Erdboden gelangen und muß durch Feuer vernichtet werden. Dabei verbrennen auch alle daran haftenden Schädlinge und Krankheitserreger.

103 An den Obstbäumen in der Nähe des Wurzelhalses entstandene Wurzelschosse sind an ihrer Basis zu entfernen.

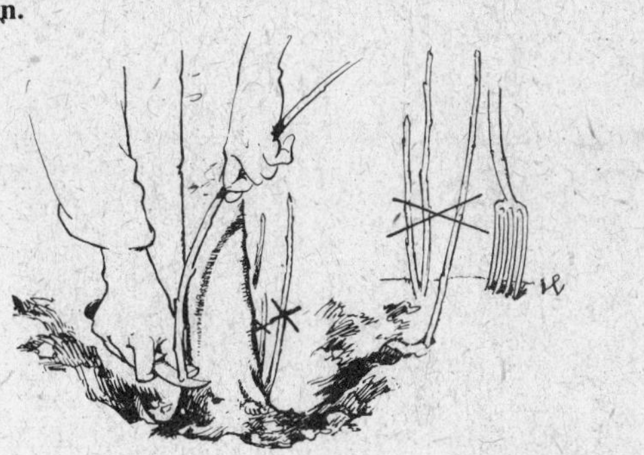

Dazu wird die Erde so weit beseitigt, daß man die Schosse restlos abschneiden kann. Manchmal entstehen sie auch aus den Wurzeln der Unterlage und kommen im Bereich der Baumscheibe ans Tageslicht. In diesem Falle muß das Beseitigen der hinderlichen Erde sehr vorsichtig erfolgen, damit man an den Wurzeln keinen Schaden anrichtet. Eine Grabegabel ist dazu besser als der Spaten, mit dem sehr leicht Wurzeln abgestochen werden. Die beseitigte Erde wird in jedem Falle wieder aufgebracht, sobald die Schosse entfernt sind.

104 Für die Winterspritzung der Obstbäume und Beerensträucher ist Anfang Januar alles so vorzubereiten, daß sie bei mildem Wetter durchgeführt werden kann.

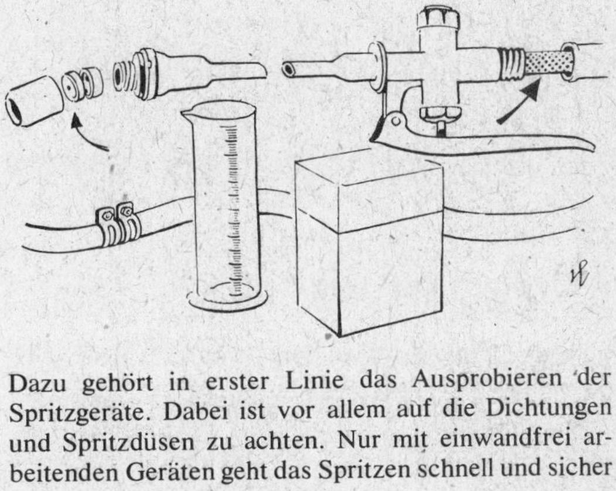

Dazu gehört in erster Linie das Ausprobieren der Spritzgeräte. Dabei ist vor allem auf die Dichtungen und Spritzdüsen zu achten. Nur mit einwandfrei arbeitenden Geräten geht das Spritzen schnell und sicher vonstatten. Die erforderlichen Mittel zur Winterspritzung sind ebenfalls jetzt schon zu beschaffen. In erster Linie kommt dafür Obstbaumkarbolineum in Frage. Dieses darf man aber nicht mit dem gewöhnlichen Karbolineum verwechseln, das zum Holzimprägnieren verwendet wird. Auch im verdünnten Zustand entständen große Schäden. Im übrigen läßt es sich kaum mit Wasser vermischen. Weiteres über Winterspritzungen wird im Februar berichtet.

105 Bei offenem Wetter kann man den für den Obstgarten vorgesehenen Dünger schon im Januar ausstreuen und einhacken.

Für kleinere Verhältnisse mit geringem Baum- und Sträucherbestand verwendet man am einfachsten Volldünger. Die Mehrkosten gegenüber den Einzeldüngern sind dann nicht erheblich. Je m^2 genügen 50 bis 80 g. Wer trotzdem die billigeren Einzeldünger anwenden will, sollte fürs erste nur phosphorsäurehaltige und Kalidünger ausstreuen. Thomasmehl und Kalimagnesia eignen sich am besten. Von jedem dieser Dünger gibt man je m^2 etwa 50 g und hackt sie anschließend gut ein oder bedeckt mit Komposterde. In jedem Falle gelangen die Nährstoffe durch die Winterniederschläge bis zum Frühjahr in den Bereich der Wurzeln. Stickstoffdünger wird im März ausgestreut. Es ist nicht ratsam, ihn schon jetzt zu geben, weil er in den niederschlagsreichen Wintern unter Umständen in den Untergrund gewaschen wird. Für die Pflanzen ist er dann so gut wie verloren.

106 Zum Auslichten im Ertrag stehender Apfel- und Birnbäume ist der Januar am geeignetsten, sofern nicht starker Frost herrscht.

Das Auslichten erfolgt in der Regel, wenn in der Vergangenheit kein kontinuierlicher Erhaltungsschnitt vorgenommen und die Kronen zu dicht wurden. Entfernt werden alle nach innen wachsenden, beschädigten und kranken sowie alle sich gegenseitig behindernden

Absägen von Ästen

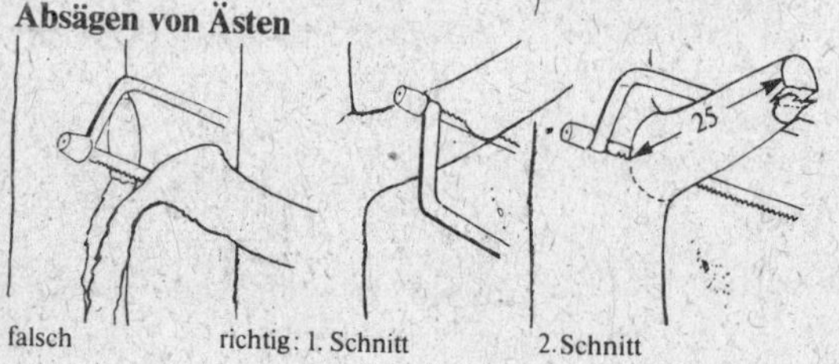

Auslichtungsschnitt

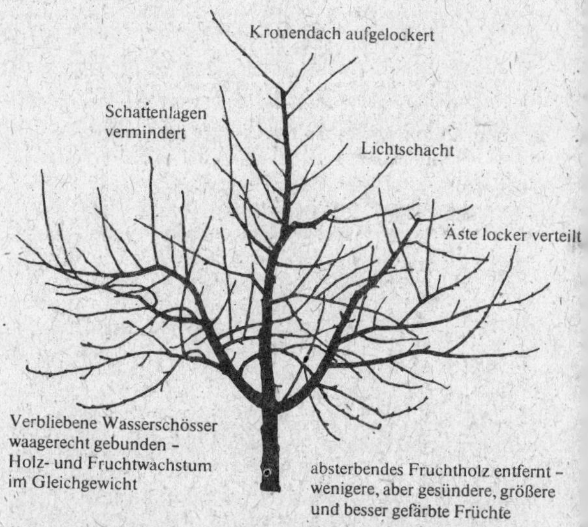

Äste und Triebe. Erreicht werden soll eine bessere Belichtung sowie Durchlüftung des Kronenvolumens. Dabei ist aber das Seitenholz innerhalb des Baumes als Begleitholz zu belassen. Das trifft auch für vorhandene Jungtriebe zu, sofern sie sich in Fruchtholz umwandeln lassen. Jeder Ast muß beim Auslichten bis zur Ursprungsstelle entfernt werden. Vor allem dürfen keine Stummel stehenbleiben. Alle größeren Sägewunden sind glatt nachzuschneiden, vor allem an den Rindenpartien. Damit keine holzzerstörenden Parasiten in die Wunden eindringen können, bestreicht man sie mit Holzkohlenteer (Baumteer). Wenn beim Auslichten stärkere Äste der Säge zum Opfer fallen müssen, schneidet man sie nicht gleich an der Basis ab, sondern etwa 25 cm darüber. Dort wird der Ast erst von unten etwa ein Drittel der Stärke angesägt und dann von oben. Das stehenbleibende Stück wird anschließend in einem Arbeitsgang dicht am Stamm (durch den Astring) abgesägt. Auf diese Weise ist das Schlitzen des Astes unmöglich.

107 Im Handel wird heute eine ganze Reihe von Spurtyp-Sorten, insbesondere beim Apfel, angeboten.

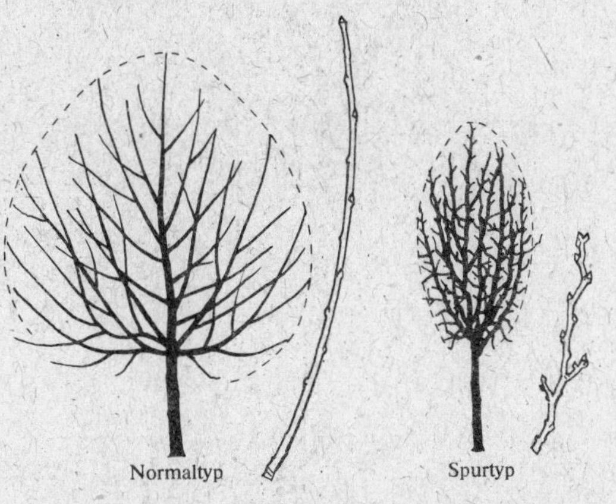

Auffallend bei diesen Bäumen ist die Kurztriebigkeit. Die Internodien sind stark verkürzt. Die Bäume wachsen bei einigen Sorten steil aufrecht ('Starkrimson', 'Yellowspur'), bleiben aber kompakt im Wuchs und daher kleinkronig. Der nötige Pflanzschnitt erfolgt wie üblich, später ist es zweckmäßig, auf Auslage zu schneiden und einen kontinuierlichen Fruchtholzumtrieb durchzuführen, indem je nach Sorte zwei- bis dreijährige abgetragene Fruchtäste entfernt werden.

108 Auch den Quitten und Mispeln sind alle überflüssigen Zweige zu entfernen, damit im Sommer Licht und Sonne ins Innere dieser Fruchtsträucher gelangen kann.
Beim Auslichten älterer Quitten und Mispeln geht man wie bei Äpfeln und Birnen (s. Ratschlag **106**) vor. Auch sie ergeben größere und gesunde Früchte, wenn ihnen nicht zuviel Holz belassen wird. Da es sich in der Regel um Strauchformen handelt, ist es ab und zu notwendig, einen oder mehrere Außenäste abzuschneiden, die sich stark nach unten geneigt haben. Das ist vor allem dort erforderlich, wo sie das Wachstum der Nachbarpflanzen behindern. Im übrigen beschränkt man sich auf das Entfernen toter und schwacher Äste.

109 Bei Haselnußsträuchern entfernt man im Laufe des Januars einen großen Teil der jungen Bodentriebe, weil das zu höherem Fruchtertrag beiträgt.
Haselnüsse entwickeln im Laufe eines Jahres sehr viel Bodentriebe. Ließe man sie alle stehen, dann wäre der

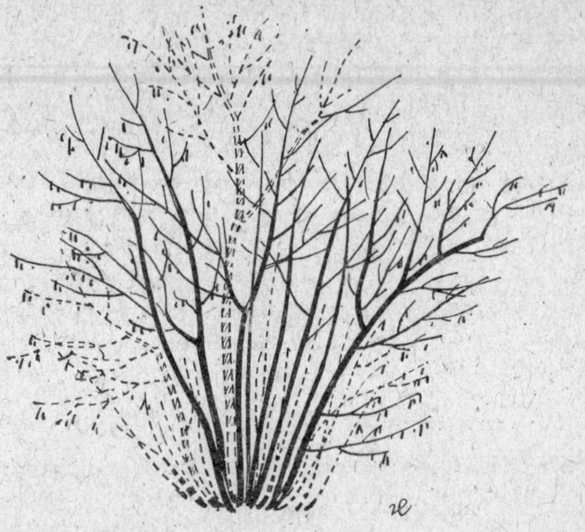

Busch in kurzer Zeit so dicht, daß nur die Randzweige Früchte brächten. Darum entfernt man sie bis auf die, die zur Ergänzung alter Triebe notwendig sind. Also nur dort junge Bodentriebe stehenlassen, wo überalterte ausgeschnitten werden. Das ist ein allmähliches Verjüngen, wie es auch bei manchen Beerensträuchern anzuraten ist (s. Ratschlag **110**). Die Bodentriebe und auch überalterte müssen an ihrer Ursprungsstelle abgeschnitten werden.

110 Alte Stachelbeer- und Johannisbeersträucher bringen gleichmäßige Ernten, wenn man in jedem Jahr überalterte Triebe entfernt und durch junge ersetzt.

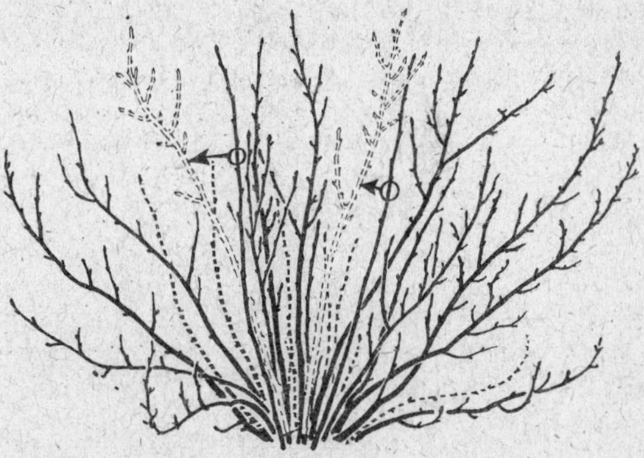

Überalterte Triebe sind daran erkennbar, daß sie nur noch kümmerliche Jahrestriebe hervorbringen. Sie fruchten zwar noch, aber die Beeren werden immer kleiner. Von den neuen Bodentrieben läßt man immer nur so viel stehen, wie als Ersatz für die alten gebraucht werden, und zwar die kräftigsten. Alle anderen fallen der Schere zum Opfer. Die als Ersatztriebe ausgewählten müssen so stehen, daß die Form des Strauches gewahrt bleibt. Man kann sie aber auch durch Binden etwas lenken.

111 Stachel- und Johannisbeeren treiben sehr zeitig aus. Darum muß das Auslichten im Laufe des Januars beendet werden.

Das Auslichten geht Hand in Hand mit dem allmählichen Verjüngen (s. Ratschlag **110**). Es wird auch nach den Gesichtspunkten durchgeführt, die beim Schnitt der Apfel- und Birnbäume (s. Ratschlag **106**) in den Vordergrund gestellt wurden. Alle beim Auslichten anfallenden Pflanzenteile sind restlos zu sammeln und so bald wie möglich zu verbrennen. An ihnen haften immer Krankheitserreger. Die Triebe der jungen Sträucher werden in den ersten drei Jahren nach der Pflanzung um etwa ein Drittel gekürzt.

112 Schneearmes strenges Frostwetter kann an den Erdbeeren großen Schaden anrichten, wenn die im Spätherbst aufgebrachte Bodenbedeckung zu schwach ist.

Darum sollte man sie Anfang Januar wesentlich verstärken, damit der Frost die Pflanzen nicht anheben kann. Wer nicht über genügend Stalldünger oder Torf verfügt, kann auch Stroh dazu verwenden. Kleinere Flächen kann man einschließlich Pflanzen mit Fichtenreisig (Deckreisig) bedecken. Das ist vor allem bei Neuanlagen in höheren Lagen zu empfehlen.

113 Die Pfähle an den Obstbäumen und Beerenobststämmen sind zu überprüfen und, wenn erforderlich, bei offenem Boden durch neue zu ersetzen.

Wenn das nicht beachtet wird, können Winterstürme großen Schaden anrichten. Mancher von außen noch gut erscheinende Pfahl bricht bei stärkerem Wind ab. Darum muß man die Pfähle beim Überprüfen anfassen, um ihre Festigkeit zu erproben. Die neuen Pfähle streicht man vor dem Einschlagen mehrere Male mit einem Imprägniermittel (s. Ratschlag **116**), damit sie nicht zu schnell faulen. Am gefährdetsten ist immer die Stelle in Erdoberflächennähe.

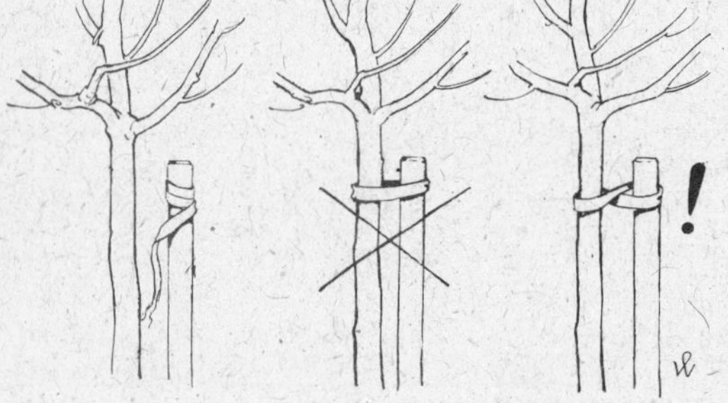

114 Baumbänder sind noch im Laufe des Januars einer gründlichen Prüfung zu unterziehen und nötigenfalls zu erneuern.

Das Prüfen geht mit dem der Baumpfähle (s. Ratschlag **113**) Hand in Hand. Neue Bänder sind immer so anzulegen, daß sie eine 8 bilden. In der einen Schleife steckt der Stamm und in der anderen der Pfahl. Breite Bänder sind den schmalen unbedingt vorzuziehen. Sehr gut eignen sich Gurtbänder, die am Pfahl durch Annageln befestigt werden (s. Ratschlag **1876**).

115 Für vorgesehene Obstbaum-Neupflanzungen sind schon jetzt die Pfähle anzuschaffen und so vorzubereiten, daß sie zur Pflanzzeit griffbereit liegen.

Wer keine fertigen Baumpfähle anschaffen will, kauft sich am besten Derbstangen. Da sie mit der Rinde geliefert werden, sind sie zu schälen. Unter der Rinde würden sich sonst alle möglichen Krankheitserreger und Schädlinge einnisten. Außerdem sind ungeschälte Pfähle nicht lange haltbar. Kiefernpfähle sind besser als die von Fichten. Nach dem Schälen schneidet man die Pfähle auf die erforderliche Länge. Sie richtet sich nicht nur nach der Stammhöhe der Obstbäume, sondern auch nach den Bodenverhältnissen. In leichten und sandigen müssen sie etwas länger sein als in schweren Böden. Die Stammhöhe beim Hochstamm beträgt 180 bis 190 cm, beim Halbstamm 125 bis 150 cm, beim Viertelstamm etwa 100 cm. Diese Angaben gelten als Anhalt beim Zuschneiden der Pfähle. Hinzuzurechnen sind noch mindestens 50 cm, die in die Erde kommen. Auch Buschbäume und Spindeln müssen einen Pfahl erhalten, obwohl ihre Stammhöhe nur 60 bzw. 40 cm beträgt. Für sie können die oberen schwächeren Teile der Derbstangen oder Glasfiberstäbe verwendet werden. Im Gegensatz zu den Hoch-, Halb- und Viertelstämmen, bei denen der Pfahl kurz unterhalb des Kronenbeginns enden muß, ragt er bei Buschbäumen und Spindeln in die Krone hinein. Das muß beim Zuschneiden der Pfähle beachtet werden. Näheres darüber ist im Ratschlag **454** nachzulesen. Stachel- und Johannisbeerstämmchen sind 60 bis 100 cm hoch. Für sie genügen die Pfahlstärken, die bei den Rosenhochstämmen üblich sind.

116 Zur Vorbereitung der Pfähle gehört auch das Imprägnieren, durch das sie so haltbar gemacht werden, daß sie eine Reihe von Jahren stehenbleiben können.

Erst wenn die Pfähle fix und fertig sind, also nach dem Anspitzen, imprägniert man sie. Wirkungsvoller als das Streichen ist, sie in ein wasserlösliches Imprägnier-

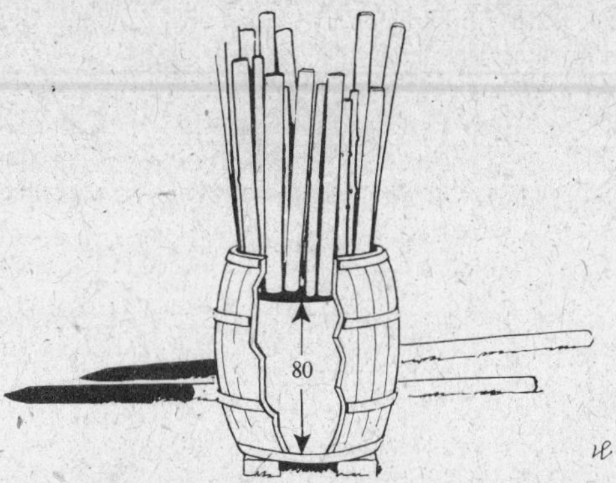

mittel zu stellen. Sofern die Möglichkeiten zum Tauchen fehlen, ist der Anstrich zwei- bis dreimal zu wiederholen. Auch das Streichen mit Holzkohlenteer oder ähnlichen ölhaltigen Mitteln ist mindestens zweimal nötig. Die Anstrichmittel müssen durch Erwärmen dünnflüssig gemacht werden. Es ist nicht unbedingt nötig, daß die Pfähle in ihrer ganzen Länge imprägniert werden. Im allgemeinen genügt es, wenn der in die Erde kommende Teil bis etwa 10 cm über der Erdoberfläche gegen Fäulnis geschützt ist. Beim Beschaffen des Imprägniermittels achte man darauf, daß es pflanzenunschädlich ist. Durch das übliche Karbolineum können die Wurzeln der Bäume so stark leiden, daß sie zugrunde gehen. Auch das Ankohlen hat sich bewährt.

117 Mit dem Ausheben der Baumgruben und der damit zu verbindenden Bodenverbesserung darf man nicht bis zur Pflanzzeit warten.

Ob die Grube quadratisch oder kreisförmig ausgehoben wird, spielt eine untergeordnete Rolle. Der Mindestdurchmesser bzw. die Seitenlänge der Gruben sollte für alle Obstbäume 100 cm betragen. Für Beerenobst (Sträucher oder Stämmchen) genügen in der Regel 50 cm. Jede Grube wird 50 bis 60 cm tief ausgehoben und die Sohle durch Umgraben gelockert. Beim Ausheben trennt man die Bodenschichten, indem eine rechts und eine links der Grube aufgehäuft wird. Diese bleiben bis zum Pflanzen liegen.

118 Bei starkem Schneefall sind die Schutzvorrichtungen gegen Wildverbiß zu überprüfen.

Es sind durch Schnee verwehte Zäune frei zu machen und dort, wo der Stammschutz infolge ungewöhnlicher Schneehöhe nicht mehr ausreicht, die Kronen mit einem Schutz zu versehen.

Zweckmäßig ist es u. U., einen Teil der älteren Bäume Anfang Dezember zu schneiden und das Schnittholz liegenzulassen. Dieses wird vom Wild zuerst angenommen, und damit werden Fraßschäden an den Stämmen vermieden.

119 Alle an den Obstbäumen jetzt noch hängenden Blätter sind zu beseitigen, weil bei ihnen Verdacht auf Raupennester besteht.

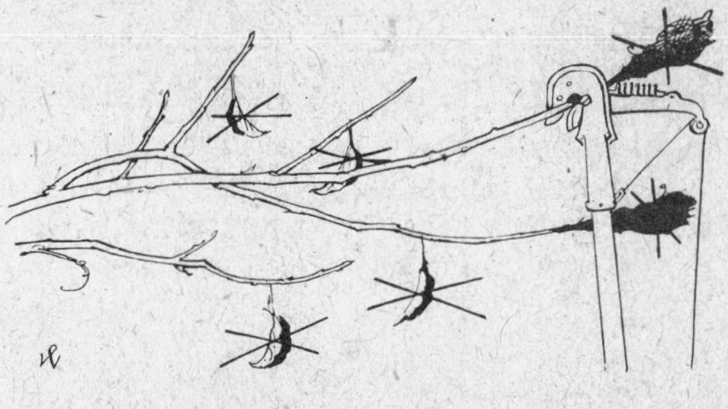

Jedes einzelne Blatt kann die eingesponnenen Räupchen des Baumweißlings enthalten. Wenn dieser Schädling im allgemeinen nicht so stark auftritt wie der nachfolgend erwähnte, so hat er doch in manchen Jahren schon erheblichen Schaden angerichtet. Auch die kleinen Raupen des Goldafters überwintern in Gespinsten. Die Nester sind größer als die des Baumweißlings und bestehen meist aus mehreren zusammengesponnenen Blättern, die man in der Hauptsache an den Spitzen der jungen Triebe findet. Mit Spritzmitteln kann man den eingesponnenen Räupchen nicht beikommen, auch mit den verhältnismäßig starken der Winterspritzung nicht. Darum hilft nur das mechanische Entfernen und Verbrennen der leicht erkennbaren Gespinste (Raupennester).

120 Bei allen Januararbeiten im Obstgarten ist ganz besonders auf die Eigelege des Ringelspinners zu achten.

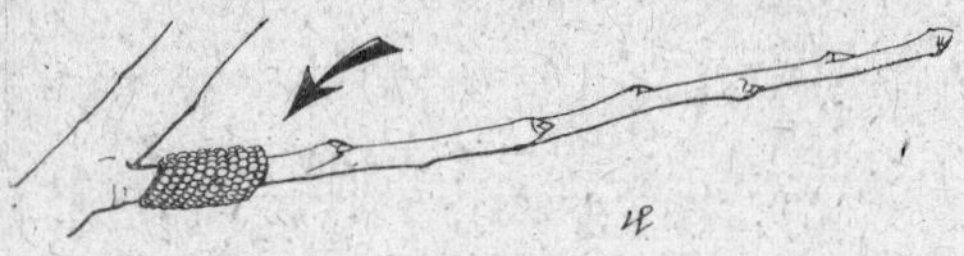

Der Ringelspinner legt seine Eier schon im Sommer an die einjährigen Triebe unserer Obstbäume ab, wo sie auch überwintern. Sie sitzen in mehreren spiralisch angeordneten Ringen fest an den Trieben. Die Eier sind durch eine harte Außenhaut geschützt, so daß Spritzmittel völlig unwirksam sind. Um sie aufzufinden, muß man schon sehr genau hinsehen. Am einfachsten schneidet man die mit dem Eigelege versehenen Triebspitzen ab und verbrennt sie.

121 Die im Oktober angelegten Leimringe gegen Frostspanner sollte man in den ersten Januartagen noch einmal auf ihre Klebefähigkeit prüfen.

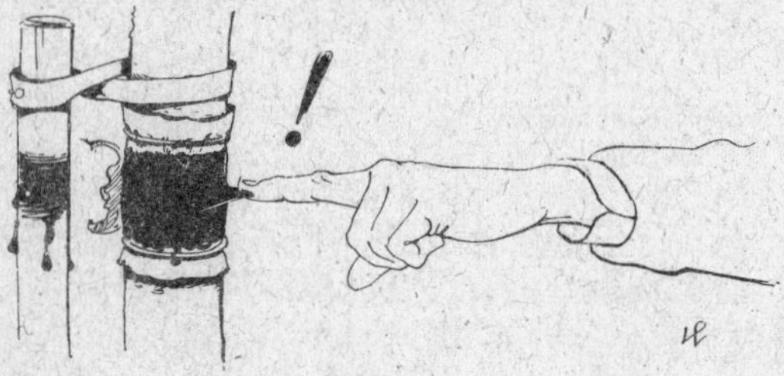

Das ist vor allem dann wichtig, wenn bis dahin verhältnismäßig mildes Wetter herrschte. Dabei entfernt man auch angewehte Blätter, die den Frostspannerweibchen als Brücke dienen können. In manchen Jahren lohnt ein nochmaliges Bestreichen mit Leim, wenn der alte zu trocken geworden ist. Gleichzeitig kontrolliert man, ob Frostspännerweibchen den Leimring überkrochen und ihre Eier oberhalb abgelegt haben.

122 Wer die Fruchtmumien an seinen Obstbäumen hängenläßt, fördert das Auftreten der gefährlichen Moniliakrankheit.

Die Monilia (an den Früchten Ringfäule genannt) kann man an allen Kern- und Steinobstarten finden. Die befallenen Früchte schrumpfen mit der Zeit ein und

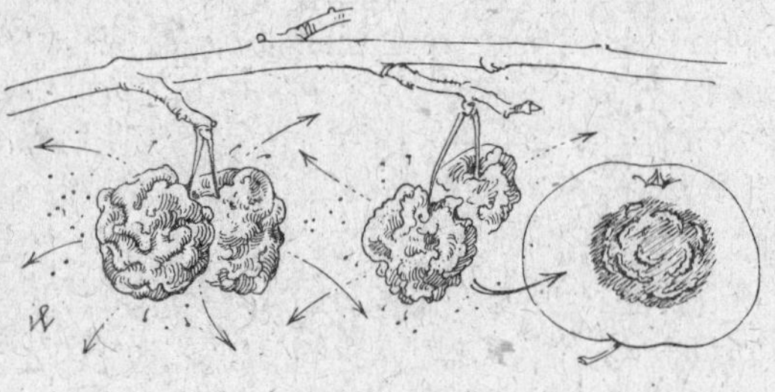

hängen oft noch im Winter an den Bäumen. Sie sind stark mit Sporen behaftet, die die Moniliakrankheit im Frühjahr verbreiten helfen. Darum müssen die Mumien restlos entfernt und verbrannt werden.

123 Im Herbst gepflanzte Obstbäume sind im Winter durch Wühlmäuse stark gefährdet.

Wer unter Wühlmäusen zu leiden hat und ihre Tätigkeit in der Nachbarschaft beobachten konnte, sollte vor allem seine Jungbäume von Zeit zu Zeit kontrollieren. Dabei ist festzustellen, ob sich der eine oder andere leicht aus der Erde ziehen läßt. Im Winter ist die Bekämpfung durch Giftköder am leichtesten. Die Köder dürfen aber niemals mit bloßen Händen berührt werden. Am einfachsten ist es, wenn man die Hände vor dem Zurechtmachen der Köder mit nasser Erde einreibt, so daß höchstens der Erdgeruch übertragen wird. Die Köder sind vorsichtig in die Gänge der Wühlmäuse zu schieben. Notfalls finden Räucherpatronen Verwendung, mit denen aber meist kein durchschlagender Erfolg erzielt wird, jedoch kann man die Schädlinge damit vertreiben. Auch Fallen sind mit Erfolg einzusetzen. Seit einiger Zeit werden auch sogenannte „Wühlmauskegel“ angeboten, die ungiftig sind und die, in den Boden gesteckt, einen für Wühlmäuse abstoßenden Duft ausströmen.

124 Um an den Stämmen der Obstbäume Frostschäden zu verhüten, sind schon in den ersten Januartagen Schutzmaßnahmen zu treffen.

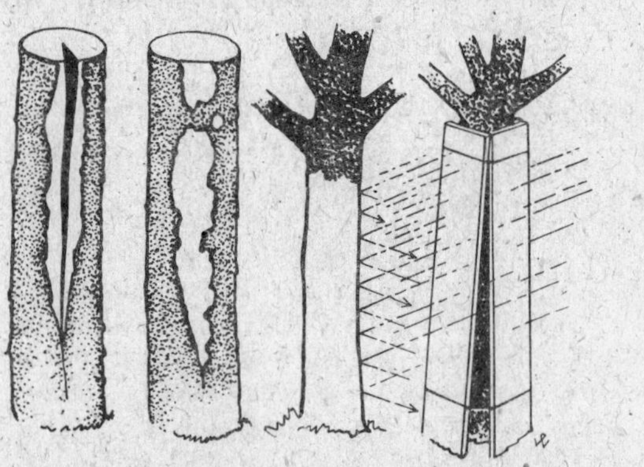

Frostrisse und Frostplatten finden wir in der Regel an der Südseite der Stämme. Sie entstehen bei starker Bestrahlung durch die Wintersonne und durch Nachtfröste. Im allgemeinen schützt man die Bäume gegen derartige Schäden von alters her durch einen Kalkanstrich der Stämme. Er wirft die Sonnenstrahlen zurück, so daß sie nicht auf die Rinde einwirken können. Der Kalk hat aber auch eine nachteilige Wirkung auf die Bäume. Er klebt die Poren zu, was die Atmung beeinträchtigt. Besser ist, wenn man an der Südseite der Stämme ein entsprechend breites Brett befestigt. Das Brett kann auch durch dicht angebrachtes Rohr (Schilf) oder Langstroh ersetzt werden. Dabei ist aber auf Feldmäuse zu achten.

125 Das Obstlager beherbergt im Januar noch viel wertvolle Obstsorten. Darum ist es laufend durchzusehen.

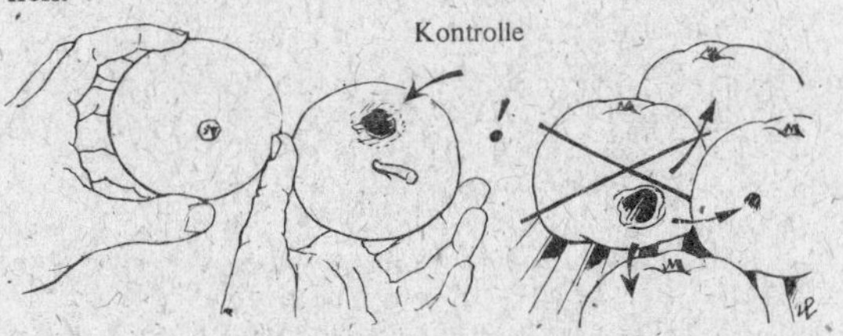

Jede kleine Faulstelle an einer Frucht vergrößert sich schnell, und die Fäulnis greift auf die Umgebung über. Darum sollte man das Obstlager im Januar wöchentlich zweimal durchsehen. Dabei muß jede Frucht einzeln nachgesehen werden, denn sehr oft beginnt die Fäulnis an der aufliegenden Seite. Sorten, die jetzt die höchste Stufe der Lagerreife erreicht haben, sollten recht bald verbraucht werden, damit Geschmack und Ansehen nicht leiden. Auf die nachstehend angeführten Sorten ist in dieser Hinsicht besonders zu achten: 'Dülmener Rosenapfel', 'Oldenburg', 'Berlepsch', 'Ingrid Marie', 'Jakob Lebel', 'Prinz Albrecht', 'Herrnhut', 'McIntosh', 'Cox' Orangenrenette', 'Goldparmäne', 'Rogo', 'Albrechtapfel'. Bei günstigen Lagerverhältnissen halten sich einige der genannten Sorten bis Ende Januar. Die meisten müssen aber in der ersten Hälfte des Januars das Lager geräumt haben. Die Haltbarkeit im Lager wird natürlich auch vom Pflückstadium beeinflußt.

126 Bei starkem Frost ist zu prüfen, ob die Obstlagerräume genügend gegen die Kälte abgedichtet sind.
Wenn sich auch das Obst auf dem Lager bei niedrigen Temperaturen sehr lange hält, so dürfen sie doch den Nullpunkt nicht unterschreiten. Bis zum Nullpunkt darf man es aber nicht erst kommen lassen. Ein beliebter

Lagerort für Obst ist der Keller. Beim starken Absinken der Außentemperaturen sind vor allem die Fenster dick mit Stroh zu verpacken, das die Kälte sehr gut abhält. Die Kaltluft kann auch durch undichte Türen eindringen, wenn sie mit der Außenluft eine Verbindung haben. In diesem Falle sichert man die Türen auf dieselbe Weise.

127 Das Lüften der Obstlagerräume ist auch im Januar eine wichtige Maßnahme zum Gesunderhalten des Lagerobstes.
Jeder frostfreie Tag muß zum Lüften ausgenutzt werden. Wenn die Fenster dick mit Stroh verpackt sind (Ratschlag **126**), ist kurzes Lüften auch an Tagen mit einigen Kältegraden möglich. Die Fenster müssen aber so verpackt sein, daß das Öffnen möglich ist. Das Lüften ist vor allem anzuraten, wenn der Keller oder sonstige Lagerort Temperaturen über +6 °C aufweist. Durch öfteren Luftaustausch und niedrige Temperaturen wird auch die Lagerfähigkeit verlängert.

128 Als Vorbereitung zur kommenden Ernte gehört das Einrichten eines Erntebuches.

Wer sich über die Erträge seiner Obstbäume und des Beerenobstes (einschließlich der Erdbeeren) Gewißheit verschaffen will, muß sich ein Erntebuch einrichten. Für jeden Baum werden zwei gegenüberliegende Seiten eingeteilt. In den Kopf schreibt man den Sortennamen, die Baumform und das Pflanzjahr. Beispiel: 'Weißer Klarapfel', Busch, Frühjahr 1978. Der übrige Platz wird in Tabellenform mit acht Spalten aufgegliedert. In die erste Spalte kommt immer das Erntejahr. In der zweiten wird der Erntetermin notiert. Dann folgt der Gesamtertrag in kg. Um auch die Anfälligkeit der einzelnen Sorten vergleichen zu können, richtet man eine Spalte für die madigen und eine für die kranken Früchte (*Monilia, Fusicladium*) ein. Auch hier ist die Gewichtsangabe nötig. Die nächste Spalte soll Angaben über den Sommerverlauf enthalten, was bezüglich der Anfälligkeit einen guten Aufschluß gibt. Die Spalte 7 erhält die Überschrift „Haltbarkeit". Die letzte Spalte ist für Bemerkungen vorzusehen. Hier ist alles das einzutragen, was während des Jahres beobachtet wurde. Auch Düngungen und Schädlingsbekämpfungsmaßnahmen kann man dort eintragen, wenn dafür keine besonderen Spalten eingerichtet werden sollen. Die vorstehende Einteilung soll nur als Anhalt dienen; man kann das Buch auch anders aufgliedern.

Ziergarten

129 Botanisch unterscheidet man zwischen sommer-, winter- und immergrünen Pflanzen.
Sommergrün sind alle Gehölze, die im Herbst das Laub abwerfen, und auch die Stauden, die im Herbst einziehen. Als wintergrün bezeichnet man die Pflanzen, die ihre Blätter nicht im Herbst, sondern erst im Frühjahr abwerfen. Immergrüne Pflanzen behalten die Blätter (auch Nadeln) mehrere Jahre. Ein typisches Beispiel dafür sind unsere Nadelgehölze. Die Lärche ist nur sommergrün.

130 Bei frostfreiem und trockenem Wetter kann man die Rasenfläche schon im Januar mit gesiebter Komposterde überstreuen.

Die Komposterde wird etwa 2 cm stark aufgetragen. Damit sie überall gleichmäßig aufliegt, harkt man die Rasenfläche mit der Holzharke sauber ab. Die Komposterde kann auch mit Kali und Phosphorsäure angereichert werden, so daß man im Frühjahr nur noch einen Stickstoffdünger auszustreuen braucht. Als Phosphorsäuredünger verwendet man Thomasmehl. Je m^3 Komposterde werden vom Thomasmehl 3 und vom Kali 1 kg untergemischt.

131 Entleerte Wasserbecken muß man von Zeit zu Zeit kontrollieren, ob sich in ihnen kein Schnee- oder Regenwasser angesammelt hat.

Öfterer Wechsel von scharfem Frost mit Tauperioden kann an den Wasserbecken großen Schaden anrichten. Dadurch im Beton entstandene Risse sind im Frühjahr schwer zu beseitigen. Die Gefahr der Rissebildung wird durch Wasser erhöht. Darum ist es besser, die Wasserbecken über Winter völlig leer zu halten. Wenn das Becken nicht zu groß ist, sollte man es möglichst dicht abdecken und eine starke Laubschicht aufbringen. Dann kann es auch nicht vorkommen, daß das unter der Sohle liegende Erdreich die Risse im Beton verursacht, denn es friert dann nicht so stark durch. Als Wasserbeckenschutz kann man auch trockenen Torf verwenden. Damit wird das Becken einschließlich der näheren Umgebung so hoch wie möglich gefüllt.

132 Zum Winterschnitt an Laubgehölzhecken muß man sich möglichst frostfreie Tage aussuchen.
Schneidet man bei starkem Frost, dann kommt es meist zu Schäden, weil die Triebe spröde und brüchig sind. 1 bis 2 Grad unter Null sind nicht von Belang. Hecken aus Blütensträuchern, wie beispielsweise Forsythien, dürfen im Winter nicht geschnitten werden, wenn man sich an ihren Blüten erfreuen will. Sie werden am besten gleich nach der Blüte in die richtige Form gebracht. Bei Liguster- und Weißbuchenhecken kann man den Winterschnitt ohne Bedenken vornehmen.

133 Sind die Laubgehölzhecken unten mit der Zeit licht geworden, dann ist ein radikaler Rückschnitt das einzige Mittel, um diesen Fehler zu korrigieren.

Der Rückschnitt muß bis stark ins alte Holz durchgeführt werden, damit sich die Hecke neu aufbauen läßt. Wie tief er erfolgt, hängt von der Höhe der Hecke und von der Laubholzart ab, aus der sie besteht. Zum mindesten müssen die oberen zwei Drittel fallen, so daß eine 1,20 m hohe Hecke nach dem Schnitt nur noch 0,40 m hoch ist. Alle Seitentriebe sind auf ein bis zwei Augen zu kürzen. Lückenhafte Hecken behandelt man ebenso. Die Lücken werden im zeitigen Frühjahr (März und April) durch Nachpflanzen mit kräftigen Pflanzen geschlossen. Bei Hecken aus immergrünen Gewächsen sollte man den radikalen Rückschnitt erst Ende März/Anfang April vornehmen.

134 An einem Spalier oder einer Pergola kletternder Knöterich (*Bilderdykia aubertii* – früher hieß er *Polygonum aubertii*) wird an einem frostfreien Tag gründlich ausgelichtet.

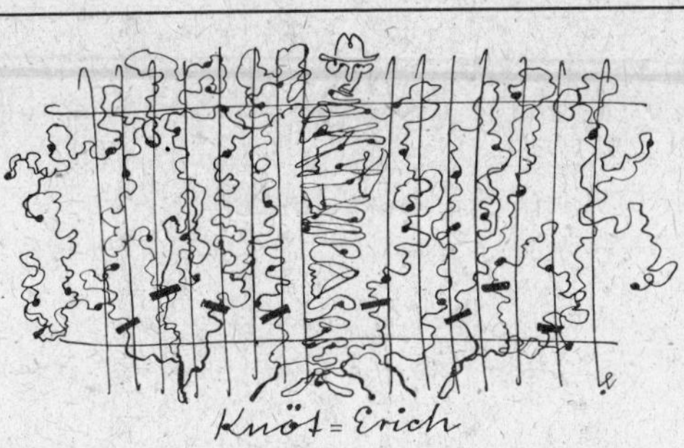

Dabei braucht man nicht kleinlich vorzugehen, denn der Knöterich verträgt auch einen starken Rückschnitt. Der Blütenreichtum wird dadurch nicht verringert. Ist der Knöterich unten kahl geworden, dann schneidet man ihn auf 40 bis 50 cm über dem Erdboden zurück. Im zeitigen Frühjahr reichlich mit Nährstoffen versorgt, erreicht er seine vorherige Höhe sehr bald wieder.

135 Blütensträucher, die ihre Knospen schon im Laufe des Sommers entwickelt haben, darf man im Winter nicht zurückschneiden.
Dazu gehören in erster Linie: Flieder *(Syringa)*, Forsythien *(Forsythia)*, Glyzine *(Wisteria)*, Goldregen *(Laburnum)*, Seidelbast *(Daphne)* und Zierkirschen *(Prunus)*. Bei ihnen beschränkt man sich im Winter auf das Auslichten. Überalterte Triebe werden dabei ganz entfernt. Wenn diese Sträucher zu groß sind oder aus einem anderen Grunde zurückgeschnitten werden sollen, dann muß man das am besten sofort nach der Blütezeit vornehmen.

136 Blütensträucher, deren Blüten an kurzen Trieben erscheinen, die im Frühjahr das vorjährige Holz hervorbringt, darf man nur wenig kürzen.

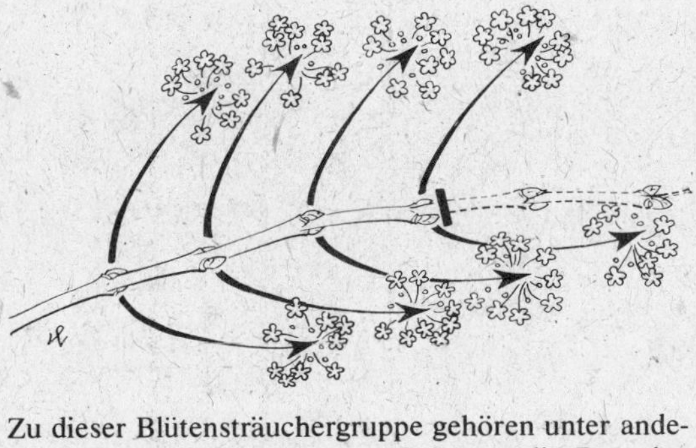

Zu dieser Blütensträuchergruppe gehören unter anderen fast alle Spiersträucher *(Spiraea)*, die Deutzien *(Deutzia)*, Weigelien *(Weigela)* und der Schneeball *(Viburnum)*. Wenn man bei ihnen die einjährigen Triebe etwas einkürzt, bringen sie zwar etwas weniger, aber recht kräftige Blütentriebe hervor. Im allgemeinen kürzt man aber nur, wenn die Form der betreffenden Sträucher etwas korrigiert werden soll. Sonst werden ältere Sträucher nur ausgelichtet und überalterte Triebe bis fast zum Erdboden zurückgeschnitten.

137 Im Winter dürfen nur die Blütensträucher stark zurückgeschnitten werden, die ihre Blüten an kräftigen Jahrestrieben entwickeln (Vergleiche auch Ratschlag 135).
Auch hier sollen nur die typischsten genannt werden: die Säckelblume *(Ceanothus)*, der Sommer-Spierstrauch (*Spireae-Bumalda*-Hybriden) und die Strauchhortensie *(Hydrangea paniculata)*. Je nach Stärke des Strauches wird der Rückschnitt ähnlich wie bei den Buschrosen (s. Ratschlag **476**) vorgenommen. Dabei muß man sich immer vor Augen halten, daß schwächere Triebe stärker zurückzuschneiden sind als die starken. Schwache Triebe werden ganz entfernt. Die Strauchhortensie wird am schönsten, wenn man an jedem einjährigen Trieb 1 bis 2 Augen stehenläßt. Der zurückgeschnittene Sommerflieder erhält am besten eine starke Bodenbedeckung aus verrottetem Stalldung, Laub oder Torf, damit er in schneearmen Wintern nicht zu stark zurückfriert.

138 Wer im Frühjahr für seine Kinder einen Sandkasten einrichten will, sollte schon im Laufe des Januars Bretter und Pfähle beschaffen.

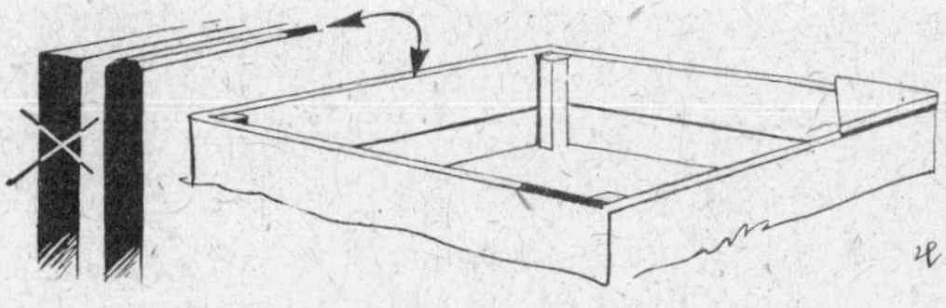

In der Regel braucht man nur vier Pfähle, wenn der Sandkasten nicht besonders groß geplant ist. Kanthölzer sind geeigneter als runde Pfähle. Die Bretter brauchen nur 20 cm breit zu sein, wenn man den Sand nicht auf die Erdoberfläche schüttet, sondern eine entsprechend tiefe Grube auswirft und mit Sand füllt. Die Stärke der Bretter sollte 3 bis 5 cm betragen. Verletzungen beim Spielen verhütet man durch Hobeln der Bretter. Die Oberkanten müssen verbrochen werden. Die so vorbereiteten Bretter und Pfähle erhalten mehrmals wiederholte Anstriche mit einem wasserlöslichen Imprägniermittel (s. Ratschlag **116**).

139 Wenn eine Schaukel geplant ist, besorgt man sich das Holz dazu schon jetzt, damit es vorbereitet werden und einen Schutzanstrich erhalten kann.
Zur Schaukel braucht man zwei etwa 3,50 m lange Kanthölzer (15 cm × 15 cm) und ein 1,50 bis 2 m langes. Die Länge des Querbalkens richtet sich nach der geplanten Breite. Die beiden Tragsäulen kann man auch 50 cm kürzer nehmen. Dann stecken sie aber nur 50 cm im Boden, so daß man Verstrebungen anbringen muß.

Die 3,50 m langen sind also besser, weil sie 1,00 m tief in die Erde kommen und so genügend Halt haben. Eine gute Verbindung der Tragsäulen mit dem Querbalken wird durch eine einfache Verzahnung erzielt, die man beim Aufstellen der Schaukel mit Eisen- oder Holzbolzen sichert. Die Vorrichtungen zum Aufhängen der Schaukel können ebenfalls schon jetzt in den Querbalken eingeschraubt werden. Wer das Schaukelgerüst gleichzeitig als Turngerät verwenden will, beschafft sich eine entsprechende Eisenstange und bohrt nach ihrer Stärke gleich die Löcher in die Tragsäulen. Nachdem das Holz so vorbereitet ist (Verzahnung, Löcher), wird es imprägniert (s. Ratschlag **116**). Für den in die Erde kommenden Teil der Kanthölzer sollte man ein ölhaltiges Mittel verwenden (s. Ratschlag **116**). Dieser Anstrich muß bis etwa 10 cm über die Erdoberfläche gehen.

140 Für eine Wippe braucht man nur wenig Material, das im Laufe des Januars vorbereitet werden muß, damit sie im April aufgestellt werden kann.

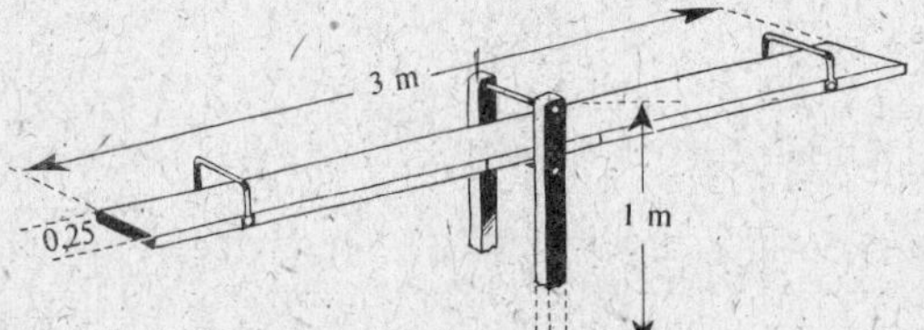

Das Brett sollte etwa 3 m lang und 0,25 m breit sein. Als Stärke genügen 30 bis 40 mm. Damit sich die Kinder nicht verletzen, muß es glattgehobelt werden. Außerdem brauchen wir 2 Kanthölzer (15 cm × 15 cm bis 18 cm × 15 cm) von etwa 1,00 m Länge. Die Eisen zum sicheren Befestigen des Brettes und Haltevorrichtungen lassen wir uns in einer Schmiede oder bei einem Schlosser anfertigen. Das Holz wird imprägniert, wie unter Ratschlag **116** angegeben. Die Eisen erhalten einen Rostschutzanstrich.

141 Auch neu gekaufte oder angefertigte Pfähle erhalten einen Schutzanstrich gegen Fäulnis.
Wenn dazu ölhaltige Mittel oder Ölfarbe verwendet werden, müssen die Pfähle völlig trocken sein. Am intensivsten muß der Anstrich an dem in die Erde kommenden Teil und etwas darüber sein (s. Ratschlag **116**). Alte, aber noch brauchbare Rosenpfähle muß man gründlich säubern, weil an ihnen möglicherweise Sporen von Krankheitserregern haften. Die Sporen vom Rosenmehltau und anderen Blattkrankheiten haften oft an den Rosenpfählen und gelangen im Frühjahr wieder auf die jungen Triebe und Blätter. Um das zu verhüten, reiben wir die Pfähle mit einem groben Lappen (Scheuertuch) sauber ab. Anschließend streicht man sie mit grüner Ölfarbe. Das gibt ihnen auch ein gutes Ansehen. Zum Streichen wählen wir möglichst frostfreies Wetter.

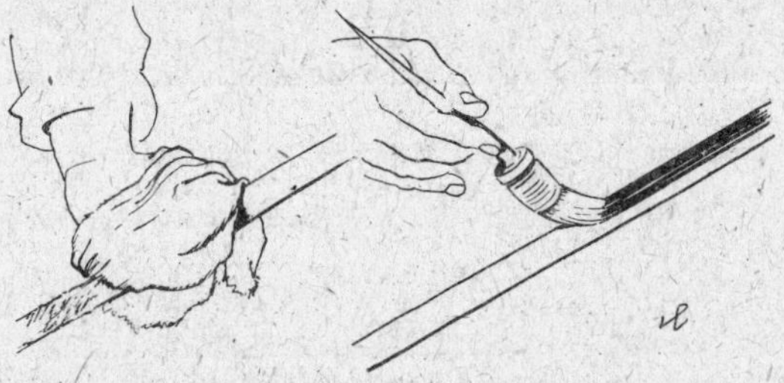

142 Im Keller überwinternde Seerosen müssen von Zeit zu Zeit durchgesehen werden, damit sie nicht vertrocknen oder verfaulen.

Etwa noch vorhandene abgestorbene Pflanzenreste sind sorgfältig zu entfernen. Zu trocken gewordenes Pflanzsubstrat müssen wir etwas anfeuchten, damit die Wurzelstöcke nicht leiden. Bei jedem frostfreien Wetter ist der Überwinterungsort zu lüften, damit die Pflanzenköpfe nicht verstocken.

143 Im Stein- und Staudengarten sowie an den Trockenmauern ist laufend zu überprüfen, ob der Winterschutz noch in Ordnung ist.
Das ist vor allem wichtig, wenn noch keine Schneedecke liegt und strenges Frostwetter herrscht. Die meist nur aus Fichtenreisig bestehende Schutzdecke sollte dann unbedingt verstärkt werden. Dazu eignet sich im allgemeinen auch recht grober trockener Torf. Er behindert den Luftzutritt zu den Pflanzen nicht, was bei nassem Laub der Fall wäre. Bei mit Reisig behängten Trockenmauern ist auch darauf zu

achten, daß der Wind das Schutzmaterial nicht weggetragen hat.

144 Bei in exponierten Lagen eingepackten Rhododendren ist öfter nachzusehen, ob der Schutz nicht durch Wind gelitten hat.

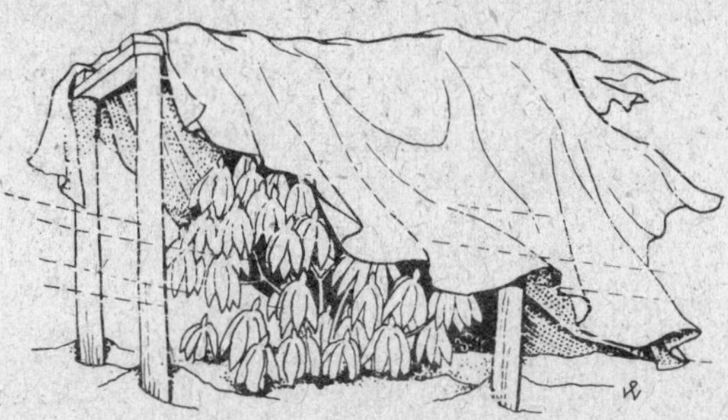

Die ab Januar häufig auftretenden scharfen Ostwinde können in Verbindung mit der Wintersonne auch an sonst sehr winterfesten Rhododendronsorten wesentlichen Schaden anrichten. Er kann abgewendet werden, wenn man dafür sorgt, daß der Schutz ständig in Ordnung ist. Es ist auch zu prüfen, ob die im Herbst gegebene Bodendecke stark genug ist.

145 Sobald strenger Frost zu befürchten ist, erhalten die mit Erde geschützten Rosen noch zusätzlich eine Laub- oder Nadelreisigabdeckung, sofern nicht genügend Schnee liegt.
In schneearmen Wintern frieren vor allem die Buschrosen bis auf die angehäufelte Erde zurück, oft sogar noch einige Zentimeter tiefer. Darum ist es besser, Anfang Januar noch eine 10 bis 20 cm starke Laubdecke zu geben. Im Frühjahr arbeitet man das Laub in die Erde zwischen den Rosen ein und hat somit gleich die auch bei Rosen in jedem Jahre notwendige Humusanreicherung des Bodens erledigt.

146 Im Winterschutzmaterial, vor allem in Stroh, nisten sich im Winter gern Mäuse ein und richten an den geschützten Pflanzen großen Schaden an.
Man bekämpft sie am sichersten durch das Auslegen von Giftgetreide oder vergiftetem Wurzelgemüse. Die Köder und auch das Getreide dürfen aber nicht naß werden. Darum legt man die Lockmittel am besten in

schwache Kabelrohre, wo sie auch sicher angenommen werden.

147 Nach starkem Schneefall ist der auf den Nadelgehölzen haftengebliebene Schnee vorsichtig zu entfernen, damit kein Schneebruch entsteht.

Diese Maßnahme ist aber sofort nach dem Schneefall, in schweren Fällen noch während es schneit, durchzuführen. Am besten nimmt man dazu eine Holzharke (Rechen). Mit ihr klopft man leicht von unten her gegen die mit Schnee belasteten Triebe, und zwar mit der Rücken- und nicht mit der Zahnseite. Da auch bei anderen immergrünen Gehölzen Schneebruch vorkommen kann (z. B. Rhododendron), muß dort sinngemäß verfahren werden.

148 Mit heiklen Pflanzen besetzte Sumpfbecken erhalten Anfang Januar noch einen Zusatzschutz, wenn sich das nicht durch reichlichen Schneefall erübrigt.
Das beste Material dazu ist trockener, recht grober Torf. Er hält große Kälte am besten ab und entspricht dem Pflanzmaterial im Sumpfbecken. Laub eignet sich schlecht, weil es meist naß ist und zu dicht liegt. Darunter leidet die Durchlüftung, was einige Sumpfpflanzen schlecht vertragen.

149 Die Knollen von Dahlien, Gladiolen und Knollenbegonien sind im Laufe des Januars öfter zu kontrollieren, damit keine Verluste auftreten.

Dahlienknollen dürfen auf keinen Fall zu feucht liegen, damit der Wurzelhals, an dem im Frühjahr der Austrieb erfolgt, keinen Schaden leidet. Wenn an den Stengelrückständen Schimmel beobachtet wird, ist es höchste Zeit, für gute Lüftung des Aufbewahrungsortes zu sorgen. Der Schimmel greift nämlich sehr schnell auf den Wurzelhals über. Außerdem sind die aufgeschichteten Knollen auseinander zu legen. Zu feucht und kalt lagernde Gladiolenknollen leiden sehr oft unter Lagerfäulen. Die faulen greifen schnell auf die gesunden Knollen über. Krank erscheinende sind sofort auszulesen und zu vernichten. Die gesunden müssen an einen warmen und recht trockenen Ort gebracht werden. Machen sich bei den Knollenbegonien Anzeichen von Fäulnis bemerkbar, dann ist in der gleichen Weise vorzugehen.

150 In frostfreien Räumen überwinternde Kübelpflanzen, wie *Oleander, Euonymus* und ähnliche, müssen auch im Winter ab und zu gegossen werden.
Immergrüne Pflanzen, zu denen die erwähnten gehören, verdunsten auch in kühlen Räumen laufend Wasser durch ihre Blätter. Es muß ersetzt werden, wenn die Pflanzen nicht vertrocknen sollen. Mit dem Gießen wartet man jedesmal, bis die Erde in den Kübeln fast trocken ist. Im übrigen ist für gutes Durchlüften des Überwinterungsraumes zu sorgen. In feuchten Räumen tritt an Euonymus sehr leicht Mehltau auf, den man nur durch frische Luft verhindern kann.

151 Wenn bis Anfang Januar noch kein Schnee gefallen ist, sollte man den Vergißmeinnicht und unter Umständen auch den Stiefmütterchen einen leichten Reisigschutz geben.
Das zweijährige Vergißmeinnicht ist an sich winterhart. In schneearmen Wintern friert es aber oft so stark zurück, daß die Pflanzen im Frühjahr unansehnlich sind. Dasselbe trifft in manchen Jahren auf die Stiefmütterchen zu, wenn sie etwas zu üppig in den Winter gegangen sind. Mit einer leichten Fichtenreisigdecke sind diese Übel zu verhindern.

152 Alle über Winter im Freien stehenden Nelken, Schleifenblumen und auch die Schneeheide werden von Kaninchen mit Vorliebe heimgesucht und manchmal vollständig abgefressen.

Wenn die Umzäunung des Gartens nicht kaninchensicher gemacht werden kann, muß man die gefährdeten Pflanzen gegen Kaninchenfraß schützen. Das ist eine unbedingt notwendige Arbeit, wenn man seine Nelken und die Schneeheide erhalten will. Das einzige sichere Mittel ist das Umbauen mit Maschendraht. Am besten zieht man ihn als Bogen über die Pflanzenreihen (Federnelkeneinfassung). Auch bei einzeln stehenden Pflanzen kann das Verfahren entsprechend angewendet werden. Nur an den Seiten gezogener Maschendraht ist meist kein sicherer Schutz, weil der Draht bei starkem Schneefall leicht zu überwinden ist.

Zimmergarten

153 Bei starkem Frost leiden die Doppelfensterpflanzen. Das ist durch Öffnen der Innenfenster zu verhindern.
Abgesehen von Räumen mit Zentralheizung sinken die Temperaturen in den Wohnzimmern im allgemeinen während der Nachtstunden sehr stark ab. Der Frost dringt dann in den Doppelfensterraum ein, und die Pflanzen gehen zugrunde. Sie leiden aber auch schon, wenn sich an den Außenfenstern Eisblumen bilden, denn meist stoßen die Blätter an den Scheiben an. Sind die Blätter einmal angefroren, darf man sie nicht gewaltsam von den Scheiben trennen. Bei langsamem Auftauen läßt sich der Schaden sehr oft beheben. Falsch ist auch, die Innenfenster ganz zu öffnen. Die wärmere Zimmerluft strömt dann zu schnell ein, und dadurch entsteht Schaden. Also nur einen Spalt öffnen.

Bei sehr strenger Kälte ist es ratsam, die Doppelfensterpflanzen über Nacht aus den Doppelfenstern herauszunehmen. Sie werden erst eingestellt, wenn das Thermometer im Doppelfensterraum wieder einige Grade über Null anzeigt.

154 Ein Teil Zimmerpflanzen leidet im Winter durch große Temperaturschwankungen mehr als durch etwas niedrige Temperaturen.

Räume, die tagsüber 20 und mehr Grad aufweisen, in der Nacht aber nur 10 bis 12, sind für sehr viele Pflanzen ungeeignet. Das trifft vor allem auf die zu, die im Winter mindestens 16 °C benötigen. Beispiele dafür sind Dieffenbachien (*Dieffenbachia*), Kolbenfaden (*Aglaonema*), Glanzkölbchen (*Aphelandra*), Blütenschweif (*Anthurium*) und Sanchezie (*Sanchezia*). Bei einer gleichmäßigen Temperatur von 16 °C halten sie sich besser als bei den angeführten Temperaturschwankungen. Das trifft übrigens auch auf eine Reihe Philodendronarten zu. Wichtig ist, daß sehr sparsam gegossen werden muß, wenn die Pflanzen kühler stehen und nicht wurzelkrank werden sollen. Auch das Gießwasser darf keine niedrigeren Temperaturen aufweisen.

155 Im Januar darf man die Zimmerpflanzen nur wenig gießen. Eine Ausnahme bilden die bei 20 °C und noch höheren Temperaturen stehenden.
Die meisten Zimmerpflanzen wachsen im Winter nur wenig. Darum ist auch ihr Wasserverbrauch sehr gering. Das trifft vor allem auf die zu, die bei Temperaturen von 12 bis 15 °C stehen. Man gießt sie am besten nur dann, wenn die Oberfläche der Topferde wirklich trocken ist. Zu naß gehalten entstehen Wurzelschäden, die zum Tode der Pflanzen führen können. Vor allem die bekannten Gummibäume sind empfindlich. Sehr warm in trockner Zimmerluft stehende verlangen soviel Wasser wie im Sommer.

156 Das Düngen muß im Januar bei den meisten Zimmerpflanzen unterbleiben. Man darf sie auch nicht verpflanzen.
Durch das geringe Wachstum im Winter ist auch kein großer Nährstoffbedarf vorhanden. Darum unterlassen wir das Düngen im Januar am besten ganz. Eine der wenigen Ausnahmen wird im Ratschlag 157 genannt. Das Verpflanzen im Januar kann zu großen Verlusten führen. Es bedeutet für die Pflanzen immer einen Eingriff, der nur unter guten Verhältnissen (viel Licht, feuchte Luft und entsprechende Wärme) ohne Schaden überwunden werden kann. Wer kein Risiko eingehen will, wartet mit dem Verpflanzen bis Ende März, besser noch bis April. Zimmerpflanzen, die im Januar krank erscheinen, sollte man in eine entsprechende Gärtnerei bringen. Wenn es noch nicht zu spät ist, erholen sie sich im Gewächshaus am besten.

157 Abgeblühte Stiele der Becherprimeln (*Primula obconica*) sind rechtzeitig zu entfernen. Dadurch wird die Bildung neuer Blütenstiele angeregt.

Die Blütenstiele der Becherprimeln entwickeln in der Regel mehrere Blütenetagen. Die obersten sind aber meist sehr kümmerlich. Es ist besser, den ganzen Stiel vor ihrer Entfaltung zu entfernen. Um so früher erscheinen neue. Von der Regel, die im Ratschlag 156 aufgestellt wird, bilden die Becherprimeln eine Ausnahme. Durch die laufend erscheinenden neuen Blütenstiele verbrauchen sie viel Nährstoffe, die ersetzt werden müssen. Wöchentliche Gaben von 0,1%igen Volldüngerlösungen tragen sehr viel zur Reichblütigkeit bei.

158 Fliederprimeln (*Primula malacoides*) halten sich im Zimmer nur, wenn sie recht hell und kühl stehen.

Diese Primelart ist eine Kalthauspflanze, die sich bei Temperaturen von 6 bis 10 °C am wohlsten fühlt. In einem wärmeren Zimmer werden die Blätter lang, die Blüten verlieren die Farbe und sind dann unansehnlich. Das wird vermieden, wenn man diese Primeln am hellen Fenster des kühlen Schlafzimmers oder zwischen Doppelfenstern aufstellt. Sie nehmen es dort auch nicht übel, wenn die Temperatur kurze Zeit einmal bis einige Grade unter Null sinkt. In diesem Falle darf man die Pflanzen nicht bewegen oder gar anfassen.

159 Blühfähige Rittersterne (*Hippeastrum*, fälschlich als Amaryllis bezeichnet) müssen auch im Januar warm stehen. Sie dürfen aber vorerst nur wenig gegossen werden.
Mit der vollen Gießmenge beginnt man erst, wenn der Blütentrieb außerhalb der Zwiebel sichtbar wird. An-

dernfalls kann er steckenbleiben, und es kommen nur Blätter zum Vorschein. Solange sich der Blütentrieb nicht zeigt, brauchen die Rittersterne nicht hell zu stehen. Die Hauptsache ist, daß die Temperatur des Standortes 18 bis 20 °C beträgt. Rittersterne, deren Blütentriebe schon im Laufe des Januars erscheinen, müssen so hell wie irgend möglich stehen. Der Blütenstiel wird sonst zu lang. Bei 16 bis 18 °C dauert die Blütenentwicklung etwas länger, aber die Blüten werden viel schöner.

160 Auf Gläsern oder in Töpfen kalt vorbereitete Hyazinthen stellt man Anfang Januar an die Fenster eines warmen Zimmers. Die als Lichtschutz dienende Papiertüte muß aber vorerst oben bleiben.

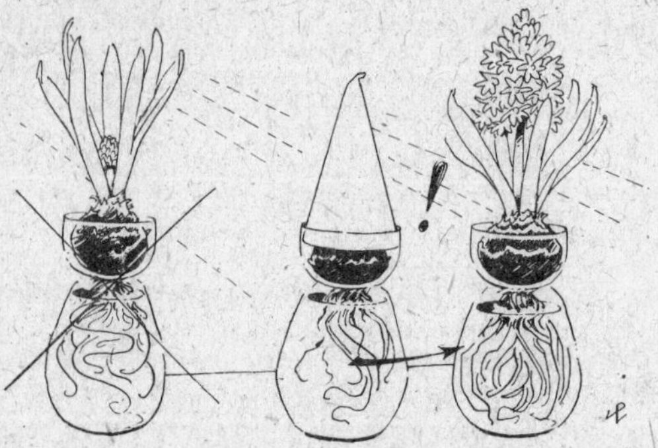

Wenn man die Papiertüte entfernt, bevor der Blütenstiel 10 bis 12 cm aus der Zwiebel heraus ist, bleibt er sehr kurz, und die Blätter werden lang. Wurden die Hyazinthenzwiebeln spät in Töpfe gepflanzt oder auf Gläser gesetzt, muß man mit dem Warmstellen warten, bis der Blütentrieb außerhalb der Zwiebel 5 bis 6 cm lang ist. Der obige Termin gilt also nur für Zwiebeln, die schon Anfang Oktober eingepflanzt wurden. Bei ihnen muß aber ebenfalls das genannte Stadium abgewartet werden. Die Erde der in Töpfen stehenden Hyazinthen muß immer stark feucht sein und darf nie trocken werden. Andernfalls entstehen unliebsame Stockungen.

161 Alpenveilchen (*Cyclamen*) halten sich in stark geheizten Räumen nur, wenn sie dicht am hellen Fenster oder noch besser zwischen den Doppelfenstern stehen. Alpenveilchen wollen im Winter immer hell stehen. Sie bekommen sonst sehr schnell gelbe Blätter und werden unansehnlich. Im mäßig warmen Zimmer (15 bis 16 °C) dicht am hellen Fenster stehend, halten sie sich monatelang und entfalten alle Knospen zur Blüte. Das trifft auch auf die zu, die ihren Platz zwischen den Doppelfenstern haben. Dort besteht aber die Gefahr des Erfrierens, wenn man nicht das beachtet, was unter Ratschlag **153** gesagt wird. Beim Gießen der Alpenveilchen darf kein Wasser zwischen die Blatt- und Blütenstiele gelangen, weil sonst leicht Fäulnis eintritt. Man gießt erst dann, wenn die Erde fast trocken ist.

162 Pelargonien, Hängenelken und Fuchsien, die im Keller überwintert werden, sind durchzuputzen. Außerdem ist laufend für frische Luft zu sorgen.

Die genannten Pflanzen verlieren im Winter immer einige Blätter. Diese sind zu entfernen, bevor sie in Fäulnis übergehen und die gesunden sowie die Triebe gefährden. An den Trieben wird vorläufig nichts geschnitten. Das Zurückschneiden ist nur bei denen nötig, die Faulstellen aufweisen. Der Überwinterungsort ist bei frostfreiem Wetter gut zu durchlüften. Dadurch wird die Fäulnisgefahr wesentlich herabgemindert.

163 Die purpurrote Setcreasie (*Setcreasia purpurea*) verliert in den lichtarmen Wintermonaten ihre schöne Blattfarbe und wird fast grün.

Die Setcreasie gehört zu derselben Familie wie die bekannten Tradeskantien (*Tradescantia*). Im Gegensatz zu diesen verlangt sie sehr viel Licht, wenn die Blätter purpurrot gefärbt sein sollen. Man muß ihr darum auch im Winter den hellsten Platz am Fenster einräumen. Auch in bezug auf die Temperaturen ist sie anspruchsvoller als die Tradeskantien. Am besten hält sie sich bei 16 bis 18 °C. Höhere Temperaturen schaden ihr nicht. Sie braucht dann aber sehr viel Wasser.

164 Die Zimmertanne (*Araucaria*) wird in warmer, trockener Zimmerluft sehr häufig von der Spinnmilbe (Rote Spinne) befallen.

Es ist viel zuwenig bekannt, daß Zimmertannen Kalthauspflanzen sind. Sie fühlen sich im Temperaturbereich von 5 bis 12 °C am wohlsten. Dort brauchen sie auch im Winter sehr wenig Wasser und dürfen immer erst gegossen werden, wenn die Erdoberfläche trocken ist. Zu naß gehalten, werden sie bald wurzelkrank und verlieren die unteren Zweigetagen. Zu warm gehalten, wachsen sie auch im Winter und werden wegen der schlechten Lichtverhältnisse lang und geil.

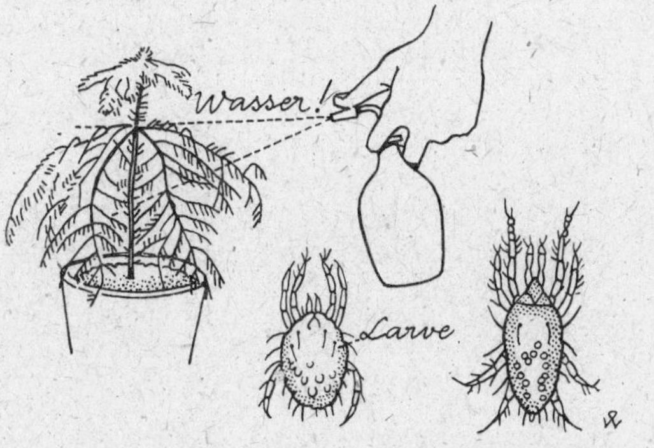

Wenn die nadelartigen Blätter einen gelben Schein aufweisen, dann sind sie meist von Spinnmilben befallen. Diese sind so klein, daß man sie nur mit der Lupe einwandfrei feststellen kann. Gegen diese Schädlinge hilft als Vorbeugung das Besprühen mit klarem Wasser oder bei starkem Befall das Ansetzen von Raubmilben.

165 Mit Knospen besetzte Kamellien (*Camellia*) entwickeln ihre Blüten am sichersten an einem kühlen Standort.

Sehr häufig wird die Ansicht vertreten, daß die Kamellien ihre Knospen abstoßen, wenn man die Pflanzen am Standort dreht. Die wahren Ursachen sind aber große Temperaturschwankungen, Ballen- und Lufttrockenheit. Wer seine Kamellie aus einem kalten in einen sehr warmen Raum bringt, braucht sich nicht zu wundern, wenn die Knospen abfallen. Das Übel tritt auch ein, wenn sie einmal richtig trocken geworden ist. Kamellien stehen in der Regel in Moorerde oder reinem Torf. Einmal trocken geworden, werden diese Substrate durch gewöhnliches Gießen höchstens an der Oberfläche naß. Da hilft nur das Einstellen in ein Gefäß mit Wasser, das bis über den Topfrand reicht. In trokkener, warmer Zimmerluft bleiben die Knospen auch nicht an der Pflanze. Darum sollte man mit Knospen besetzte Kamellien bei höchstens 8 bis 10 °C aufstellen. Dort entwickeln sich zwar die Blüten sehr langsam, aber ganz sicher. Außerdem wird dadurch die Blütezeit wesentlich verlängert.

166 Zimmer-Azaleen dürfen nie ballentrocken werden. Ihre Blütezeit wird wesentlich verlängert, wenn der Standort niedrige Temperaturen aufweist.

Die Azaleenerde besteht aus Nadelerde oder reinem Torf. Beim Torf leiden die Pflanzen schon unter Trockenheit, wenn er noch feucht erscheint, weil er einen Teil des Wassers festhält, so daß es für die Wurzeln nicht erreichbar ist. In Torf stehende Azaleen müssen also ständig sehr feucht gehalten werden. Ähnlich verhält es sich mit der sehr stark durchlässigen Nadelerde. Einmal gründlich trocken geworden, nehmen beide Substrate sehr schwer Wasser an. Ist das einmal der Fall, dann stellt man die Pflanzen in ein Wassergefäß. Das Wasser muß dabei noch einige Zentimeter über dem Topfrand stehen. Die Azaleen bleiben so lange im Wasser, bis sie wieder völlig damit durchzogen sind. In einem sehr warmen Raum verblühen Azaleen sehr schnell. Man hat mehr von ihnen, wenn sie in einem kühlen Zimmer stehen. Die Temperaturen können bis nahe null Grad heruntergehen, ohne daß die Azaleen Schaden erleiden.

167 Es ist bei den Blumenfreunden viel zuwenig bekannt, daß der Geweihfarn (*Platycerium*) zu den haltbarsten Zimmerpflanzen gehört.

Der Geweihfarn ist ein Aufsitzer (Epiphyt) und wird darum in Orchideenkörbchen oder an Korkrinde kultiviert. Er gehört zu den interessantesten Grünpflanzen. Darüber hinaus ist sein Temperaturanspruch im Winter nicht groß. Er kommt mit durchschnittlich 12 °C aus, doch verträgt er auch weit höhere Temperaturen und trockene Zimmerluft, wenn das Kultursubstrat immer feucht gehalten wird. Temperaturschwankungen nehmen die meisten Arten ebenfalls nicht übel. Der Geweihfarn kann auch etwas entfernt vom Fenster hängen. Die Wedel (Blätter) nehmen dann eine gestrecktere Form an.

168 Im Gegensatz zu den Rittersternen (*Hippeastrum*, s. Ratschlag 159) darf die Vallote (*Valotta*) in der winterlichen Ruhezeit nicht ganz trocken gehalten werden.

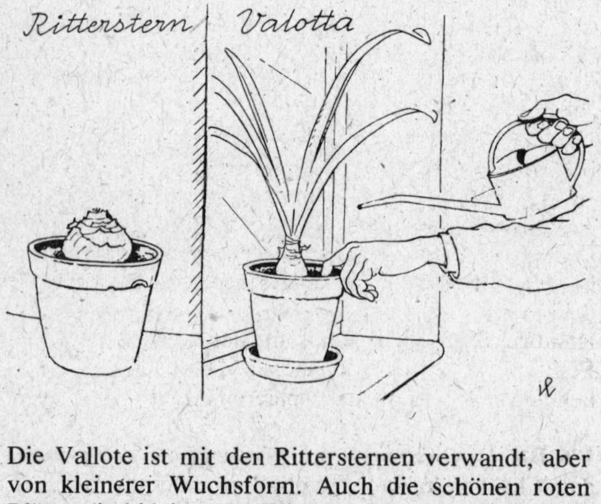

Die Vallote ist mit den Rittersternen verwandt, aber von kleinerer Wuchsform. Auch die schönen roten Blüten sind kleiner. Im Winter genügen der Vallote 10 bis 12 °C. Er ist für sie die Ruhezeit. Das Gießen ist wesentlich einzuschränken, doch darf es nicht zu völliger Trockenheit der Erde kommen. Zu naß gehalten, verfaulen sehr leicht die Wurzeln. Da die Vallote auch während der Ruhezeit ihre Blätter behält, muß sie immer einen hellen Fensterplatz erhalten.

169 Im Januar kann man Knospenzweige von Forsythien (*Forsythia*), Mandelbäumchen (*Prunus triloba*), Zierkirschen (*Prunus*) und Haselnuß (*Corylus*) im Zimmer zum Blühen bringen.

Das lohnt sich aber nur, wenn die Zweige dicht mit Blütenknospen besetzt sind. Je wärmer der Raum ist, um so schneller entwickeln sich die Blüten. Etwas kühler aufgestellt, geht das zwar langsamer, aber die Blüten sind bedeutend schöner und haltbarer. Die Zweige werden vor dem Einstellen ins Wasser frisch angeschnitten. Das Wasser ist möglichst täglich zu wechseln und sollte Raumtemperatur aufweisen. Bei Benutzung von im Handel erhältlichen Frischhaltetabletten kann man den Wasserwechsel zwar einschränken, vermeiden läßt er sich jedoch nicht.

170 Anfang Januar liefern Zweige der Zaubernuß (*Hamamelis*) und des Echten Jasmins (*Jasminum nudiflorum*) sowie die Blüten der Christrosen (*Helleborus*) Material für unsere Blumenvasen.

Die Knospen der beiden zuerst genannten blühen im Zimmer sehr leicht auf, wenn sie nicht durch besonders starken Frost gelitten haben. Die Christrosen leiden nicht, wenn wir sie vor Eintritt wesentlicher Fröste geschützt haben. Oft ist das erst Anfang Januar nötig. Den einfachsten Schutz gibt eine entsprechend große Kiste ohne Deckel. Sie wird über die knospenbesetzten oder schon blühenden Pflanzen gestellt und so stark mit trockenem Laub oder Torf bedeckt, daß der Frost nicht eindringen kann. Auf diese Weise kann man im ganzen Januar Blüten ernten.

171 Wer Grünpflanzen, die viel Luftfeuchtigkeit verlangen, im Zimmer erfolgreich pflegen will, muß sie in Glasvitrinen unterbringen.

Die Größe der Behälter richtet sich nach dem Umfang der Pflanzen. In ausgedienten großen Aquarien kann man mehrere Pflanzen unterbringen. Den Boden bedeckt man am besten mit Torf, der immer feucht zu halten ist. Glasglocken sind so über die Pflanzen zu stellen, daß die Luft am unteren Rande gut zirkulieren kann. Aquarien und ähnliche Gefäße bedeckt man mit Glasscheiben, ohne daß der Luftzutritt behindert wird.

172 Kakteen vertrocknen im Winter nicht. Sie verfaulen aber schnell, wenn sie unsachgemäß gegossen werden.

Kälte und Nässe verursachen die meisten Verluste an Kakteen. Infolge der schlechten Lichtverhältnisse machen die Kakteen im Winter eine Ruhezeit durch, die alle Lebensfunktionen etwas einschränkt. Ihr Wasserbedarf hängt in hohem Maße vom Standort ab. Obwohl die meisten Arten auch bei monatelanger

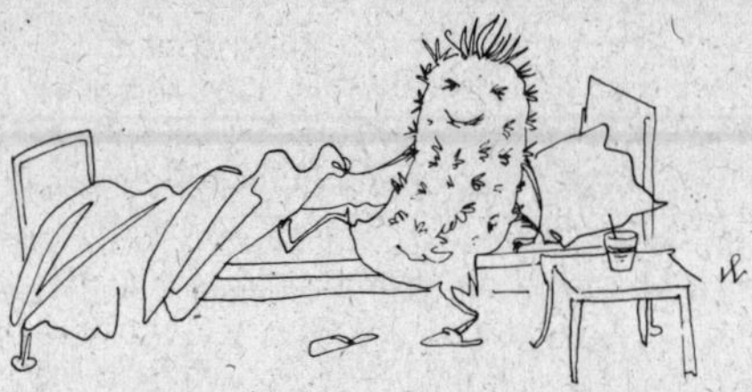

Trockenzeit nicht zugrunde gehen, leiden doch die Wurzeln sehr darunter. Sie sterben dann meist ab, und die Pflanze ist im Frühjahr wurzellos. Sie entwickelt beim Vegetationsbeginn zwar wieder neue, aber das geht auf Kosten der Pflanze. Es ist also besser, immer etwas Wasser zu geben, bevor die Erde staubtrocken wird. Dabei muß man sich aber hüten, den Pflanzenkörper naß zu machen. Das zwischen Rippen und Dornen haftende Wasser würde zum Faulen des Pflanzenkörpers führen. Im übrigen sollte man Kakteen nicht in zu warmen Zimmern aufstellen. Durch die meist sehr trockene Luft leiden sie leicht unter der Spinnmilbe (Rote Spinne). Außerdem kann für viele Arten die notwendige Winterruhe nicht eingehalten werden. Nur die winterblühenden Arten werden ohne diese weiter kultiviert.

173 Die als Zimmerpflanzen sehr beliebten Bogenhanfarten (*Sansevieria*) vertragen das normale Gießen im Winter nur, wenn sie bei Temperaturen über 20 °C stehen.

Der sich auf den Bogenhanf beziehende Satz: „Vertrocknet ist noch keine, verfault aber viele“ hat für die Wintermonate seine volle Berechtigung. Der Bogenhanf ist eine ideale Zimmerpflanze, weil sie trockene Luft sehr gut verträgt. Sie braucht aber etwa 16 °C, wenn sie den Winter ohne Schaden durchstehen soll, doch geht sie auch nicht gleich zugrunde, wenn die Temperaturen zeitweise etwas niedriger liegen. Dann darf aber nicht gegossen werden, sonst faulen die Blätter unweigerlich an der Basis ab und damit die ganze Pflanze. Auch in warmen Räumen darf nur gegossen werden, wenn die Erde fast ganz trocken ist und auch dann nur sehr wenig. Das Trockenhalten darf man aber nicht so weit treiben, daß die Blätter schrumpfen.

Allgemeines

174 Gartenwege sind so anzulegen, daß man sie auch nach länger anhaltendem Regen sofort wieder begehen kann.

Dabei ist es gleichgültig, ob es sich um Wege im Ziergarten oder Gemüsegarten handelt. Es genügt nicht, den Weg zu markieren und dann mit einer mehr oder weniger starken Schicht Sand zu bestreuen. So ein provisorischer Weg wird auf die Dauer zu einem Ärgernis. Darum legt man besser von Anfang an einen richtigen befestigten an, der auch das Befahren mit leichten Transportgeräten, z. B. der luftbereiften Schubkarre, möglich macht. Wie man beim Anlegen der Wege vorgeht, wird in den folgenden Ratschlägen eingehend erläutert.

175 In gut durchlässigem Sandboden braucht man das Wegbett nur etwa 10 cm tief auszuheben. Schwerer Boden erfordert aber eine Tiefe von mindestens 15 cm.

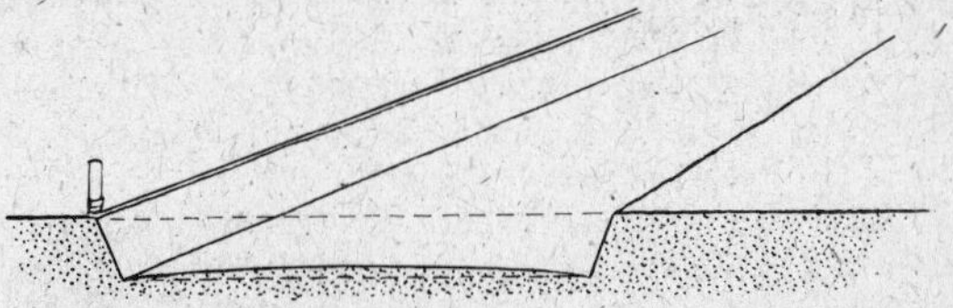

Das Wegbett nimmt den Unterbau (auch Wegbefestigung genannt) auf, durch den der Weg gut wasserdurchlässig und so bei jedem Wetter begehbar ist. Die angegebenen Tiefen sind nur als Anhalt gedacht, denn wie tief die Befestigung sein muß, richtet sich immer nach dem Verwendungszweck. Wer den Weg auch mit Handwagen befahren will, sollte das Wegbett auf jeden Fall 5 bis 10 cm tiefer ausheben. Die dadurch entstehende Mehrarbeit erspart späteren Ärger.

176 Die Wegbreite ist der Gartengröße anzupassen, damit kein Kulturland unnötig verlorengeht.
Das ist vor allem bei kleinen Gärten wichtig, weil es gerade dort auf jeden Quadratmeter ankommt. Doch sollte ein befestigter Weg nicht unter 0,80 m breit sein.

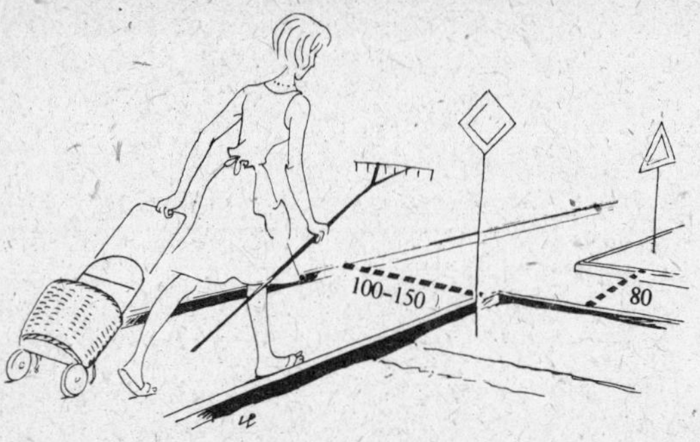

Wo außer einem Hauptweg auch Nebenwege angelegt werden sollen, gibt man dem ersteren eine Breite von 1,00 bis 1,50 m und den anderen 0,80 m. Im Ziergarten können Plattenwege als Nebenwege gelegt werden.

177 Beim Ausheben des Wegbettes wird das seitliche Gefälle schon mit ausgearbeitet, damit der Unterbau (Wegbefestigung) überall gleich stark ist.

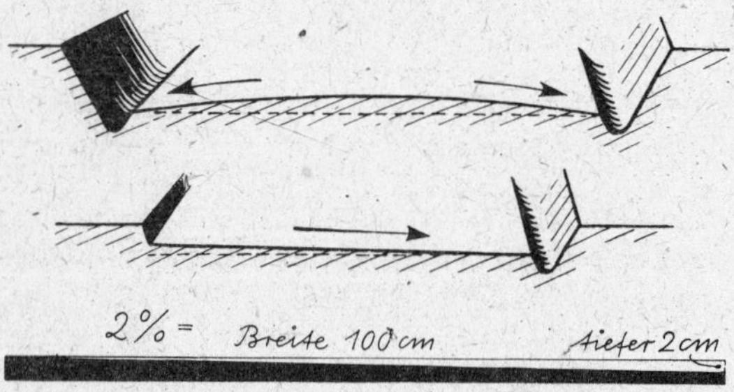

Bevor man mit dem Ausheben des Wegbettes beginnt, ist der Verlauf des Weges genau festzulegen. Das geht am besten mit zwei straff gespannten und parallel laufenden Schnuren, die die Wegkanten markieren. An ihnen wird erst einmal mit dem Spaten entlang gestochen, daß man sie vor dem Ausgraben der Erde wieder entfernen kann. Die vorgesehene Wegbettiefe (Ratschlag **175**) ist genau einzuhalten. Die darunter liegende gewachsene Erde darf nicht gelockert werden. Da die spätere Wegoberfläche in der Mitte höher liegen muß als die Wegränder, sind diese etwa 2 bis 3 cm tiefer auszuheben. Das seitliche Gefälle richtet sich nach der Wegbreite. Im allgemeinen genügen 2 %. Wenn das Wegbett sauber ausgehoben ist, muß man alle Unebenheiten beseitigen und den Untergrund recht fest stampfen. Dabei ist darauf zu achten, daß die Wölbung nicht verlorengeht. Das ist durch Stampfen von den Wegrändern aus nach der erhöhten Mitte zu erreichen.

178 Um umständliche Erdtransporte zu vermeiden, verteilt man den Wegbettaushub am besten auf das umliegende Land.

Das geht aber nur, wenn die Kulturschicht der Erde so mächtig ist wie die Tiefe des Wegbettes. Andernfalls gräbt man erst den Mutterboden aus und transportiert die darunter liegende tote Erdschicht weg. Wenn es sich nur um einige Zentimeter handelt, kann man sie aber auch mit verteilen.

179 Geeignete Wegbefestigungsmittel (Unterbau) sind Schlacken, Ziegelbrocken, Betonabfall, Steinschotter und Kies.

Kies eignet sich aber nur für schmale Wege mit einem flachen Wegbett. Man wird im allgemeinen immer das Material verwenden, das am billigsten und in der Nähe zu beschaffen ist. Ein Gemisch von zwei oder mehr der genannten Mittel ist ebenfalls brauchbar. Da man sowieso zwei verschiedene Korngrößen benötigt, kann beispielsweise feinere Schlacke und grober Steinschotter verwendet werden.

180 Hat man nur eine Sorte Material zum Unterbau, dann muß es gesiebt werden, um mindestens über zwei Korngrößen zu verfügen.

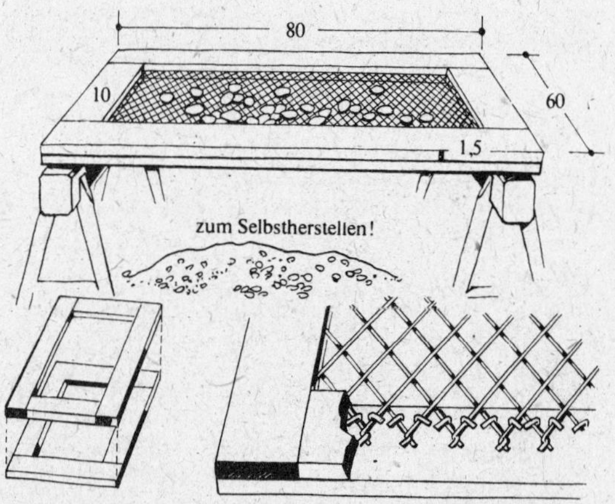

Zum Sieben eignet sich ein grobmaschiger Durchwurf am besten. Er wird auf zwei Böcke gelegt, also nicht wie üblich aufgestellt. Das gesiebte Material darf nämlich nicht zu feinkörnig werden. Wer ausschließlich Steinschotter zum Unterbau verwendet, hat das Sieben nicht nötig. Er kann sich zwei verschiedene Korngrößen beschaffen. Am geeignetsten sind die von 4 bis 6 und 2 bis 3 cm.

181 Jede Unterbauschicht muß für sich so fest gerammt oder gewalzt werden, daß sie später nicht mehr nachgeben kann. Das trifft auch auf die oberen Schichten zu. Das gröbste Material kommt immer auf die Sohle des Wegbettes. Bei einer Wegbettiefe von beispielsweise 15 cm nimmt man die unterste Schicht 7 cm stark. Ist die Körnung verschieden groß, dann gibt man die gröberen Bestandteile an die Ränder. Dadurch erhält die erhöhte Mitte einen bedeutend besseren Halt. In derselben Weise verteilt man auch die 5 cm starke zweite Schicht, die aus der ausgesiebten feineren Körnung besteht. Sie darf aber erst aufgebracht werden, wenn die untere Schicht unverrückbar festgestampft ist (siehe auch Ratschlag **177**). Eine Zwischenschicht muß die Decke mit dem Unterbau gut verbinden. Dazu eignet sich ein Lehm-Sand-Gemisch am besten. Als Behelf kann man auch sandigen Lehmboden oder lehmigen Sandboden verwenden. Die nur 1,5 cm starke Bindeschicht wird mit der Harke sauber und gleichmäßig verteilt. Anschließend ist sie kräftig zu überbrausen und ebenfalls festzustampfen. Damit muß man aber warten, bis sie oberflächlich abgetrocknet ist, weil das Material sonst am Stampfer hängenbleibt. Den oberen Abschluß bildet die Wegdecke. Auch sie ist nur 1,5 cm stark und besteht aus bindigem Kies oder Gesteinssplitt. Die Decke wird ebenfalls festgestampft, damit sie sich etwas in die Bindeschicht eindrückt. Am besten verteilt man das Aufbringen der Deckschicht auf zweimal. 1 cm wird festgestampft und der Rest (0,5 cm) nur verharkt.

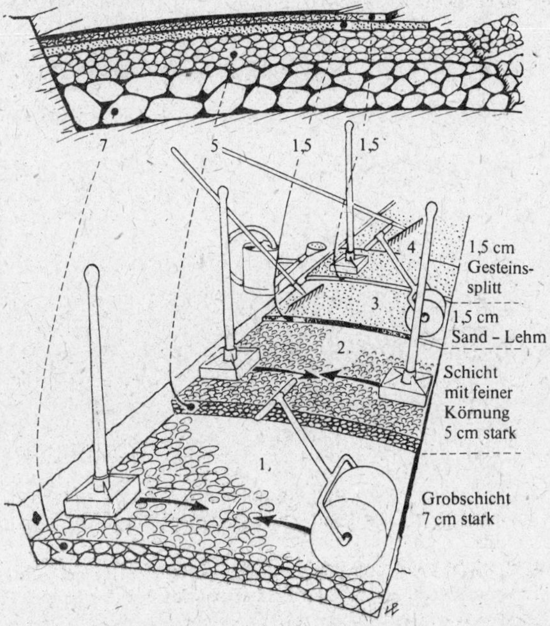

Ist ein solcher Weg ordentlich gebaut und genügend breit, kann er sogar mit einem Pkw befahren werden.

Stellt man weniger Ansprüche an die Festigkeit, so kann die unterste Schicht weggelassen werden, oder man nimmt dann beide untere Schichten entsprechend dünner.

182 Wer die Gartenwege mit einer festen Kante versehen will, muß die Kantensteine vor dem Einbringen der Wegbefestigungsmittel verlegen.

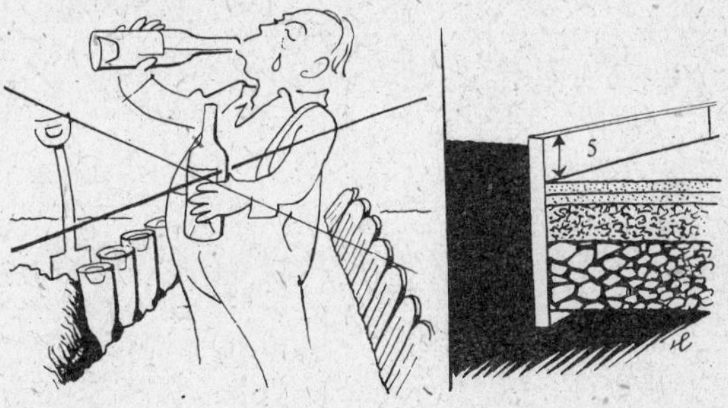

Im Ziergarten wird man in der Regel von festen Wegeinfassungen absehen. Dort sind Rasenkanten viel angebrachter. In allen anderen Fällen sollte man aber nicht darauf verzichten, denn sie verhindern weitgehend, daß man die Wege mit Erde beschmutzt, was sich sonst beim Hacken und Graben schlecht vermeiden läßt. Damit die Einfassungssteine oder -platten unverrückbar festliegen, müssen sie 15 bis 20 cm in der Erde stecken. Ihre Stärke bestimmt, um wieviel Zentimeter das Wegbett verbreitert werden muß. Sie werden so tief in den Boden eingelassen, daß sie die Erde, die die Wege begrenzt, nur 4 bis 5 cm überragen. Die Platten- oder Steinstöße müssen so dicht sein, daß auch trockene Erde nicht durchrieseln kann. Erst wenn die Einfassung fest und endgültig gelegt ist, beginnt man mit dem Einbringen des Wegunterbaues (s. Ratschlag **181**).

183 Als Kantensteine eignen sich Klinker, Natursteinplatten oder Betonplatten. Die letzteren kann man sich in der arbeitsarmen Zeit selbst herstellen.
Die scharfgebrannten Klinkersteine sind sehr wetterfest, so daß die Wegkante eine ganze Reihe von Jahren einen sehr guten Eindruck macht. Natursteinplatten eignen sich nur dann, wenn sie drei glatte Seiten aufweisen. Sie müssen aber auch aus wetterfestem Gestein bestehen. Sand- oder Kalksteinplatten sind für Wegkanten im allgemeinen nicht zu empfehlen. Betonplatten brauchen nur 3 cm stark zu sein. Als praktische Länge kann man 60 cm bezeichnen, und als Breite genügen ungefähr 25 cm. Als Form zum Selbstherstellen genügt ein einfacher Holzrahmen aus Latten in Stärke von 3 cm × 5 cm. Wenn die Latten glattgehobelt sind, läßt sich besser damit arbeiten. Sie werden rechtwinklig so zusammengefügt, wie das aus der Skizze ersichtlich ist. Die Ecken der Form werden verzahnt oder durch lange Schrauben zusammengehalten. Beim

Kleine Lektion für „fassungslose“ Gartenfreunde

Am schönsten sind kanten- und eckenlose, fließende und lebendige Einfassungen der Wege

Wer gerät außer „(Ein-)fassung“, wenn jemand Geschmack an Wein und dgl. hat?

Der Spötter spricht von „Dachschaden“

Holz als natürlicher Werkstoff ist leider wenig dauerhaft anzubringen

Der Bretterverschlag wirkt unschön

In Parkanlagen wurde der Rasen mit Metallstreifen eingefaßt. Vielleicht wird es morgen wieder „Mode“

Steine sind als Einfassung nicht in jedem Fall geeignet.

Versteinertes Gebiß eines urweltlichen Drachens?

Brauchbare Steinplattenbegrenzung

Klinkerlitzchen!

Klinker richtig verlegt!

Der selbst hergestellte Kantenstein aus Beton 25 × 60 × 3 cm wird etwa 20 cm tief in die Erde gestellt. Er ist am dauerhaftesten. Die Mühe lohnt!

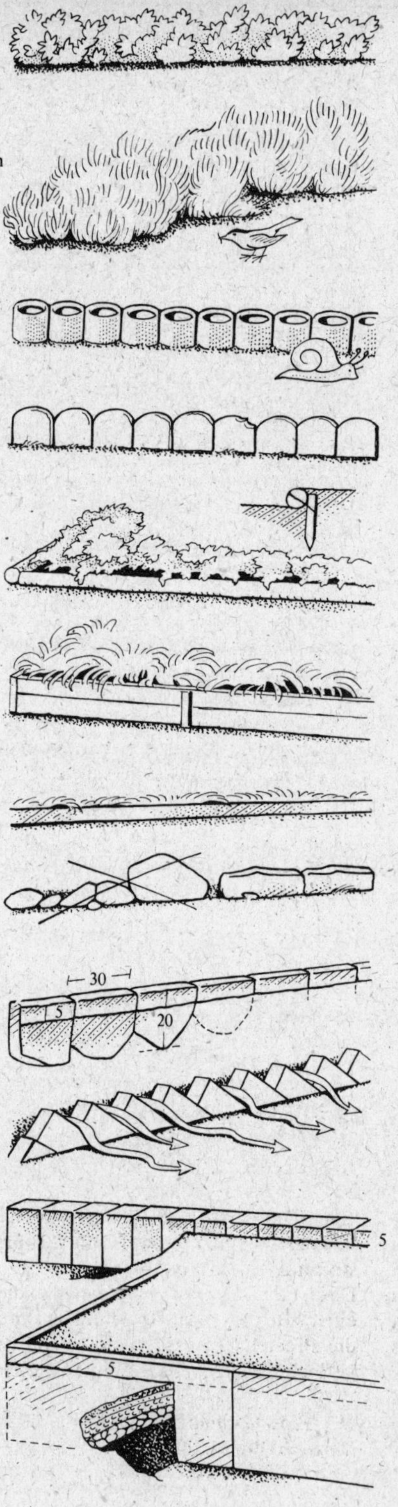

Herstellung von Betonplatten für Bastler

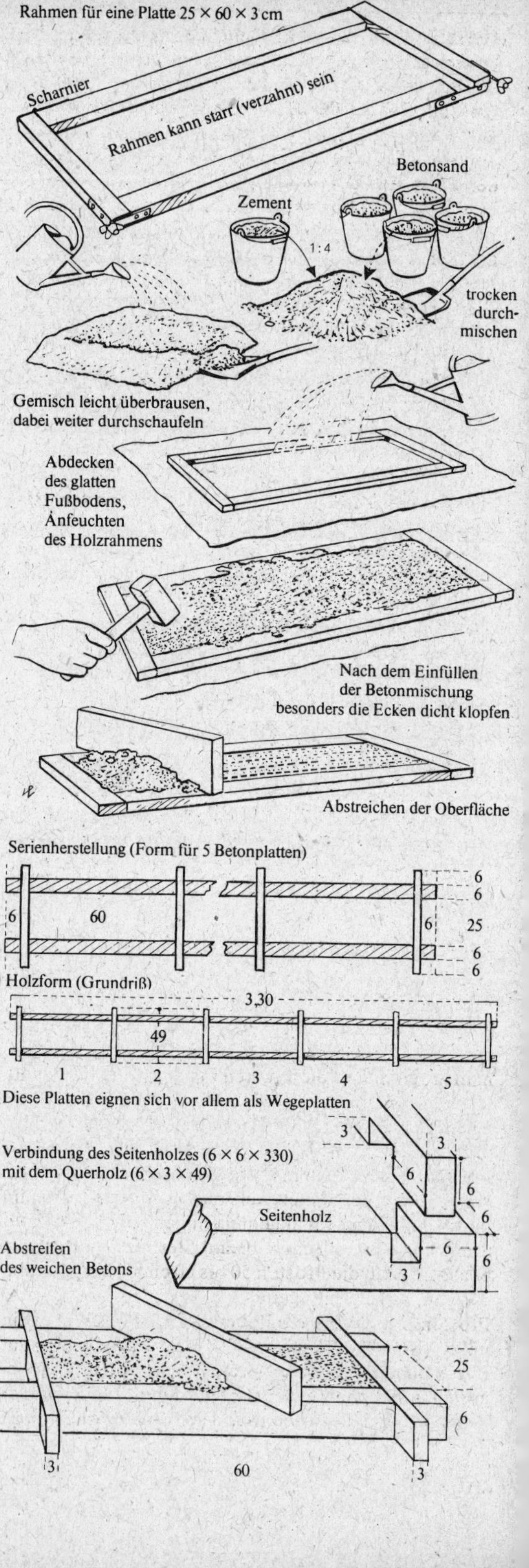

Herstellen der Platten legt man die Form auf eine glatte Unterlage und füllt sie recht fest mit einer Betonmischung von 1:4, also 1 Teil Zement und 4 Teile Betonsand. Sobald der Beton einigermaßen abgebunden hat, kann die Form entfernt und weiter verwendet werden. Damit der Beton keine feste Verbindung mit der Form und der Unterlage eingehen kann, legt man Papier an die Berührungsstellen. Es gibt aber auch Entschalungsmittel, mit denen sie bestrichen werden können. Der Beton wird so stark angefeuchtet, daß man ihn in die Form einbringen kann, ohne daß bei leichtem Stampfen Hohlräume zurückbleiben. Nach dem Stampfen ist die Plattenfläche glattzustreichen. Nach dem Entfernen der Form läßt man die Platten bis zum völligen Abbinden unberührt liegen. Zum Herstellen der Platten braucht man einen frostfreien Raum. Frost würde den noch nicht richtig abgebundenen Beton zerstören.

184 Zaunpfosten aus Beton sind am haltbarsten. Damit sie im zeitigen Frühjahr zur Verfügung stehen, muß man sie sich schon im Laufe des Winters beschaffen oder selbst anfertigen.

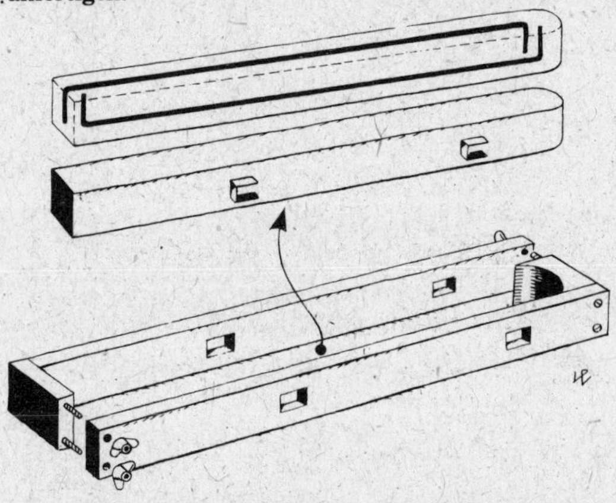

Wer einigermaßen geschickt ist, kann sich die Pfosten selbst herstellen und so eine ganze Menge Geld ersparen. Voraussetzung ist ein frostfreier Raum, in dem man arbeiten und die Pfosten bis zum guten Abbinden liegenlassen kann. Zum Anfertigen der Säulen werden neben Zement und Sand Formen aus Holz sowie Stahldrähte gebraucht. Wo die Werkzeuge zum Basteln der Formen fehlen, muß man sie sich beim Tischler bestellen. Die Größe richtet sich nach der Beanspruchung durch den Zaun. Im allgemeinen genügen Stärken von 9 cm × 9 cm bis 10 cm × 10 cm. Bei der Länge ist zu beachten, daß die Pfosten 50 bis 60 cm tief eingegraben werden, damit sie genügend Halt bekommen. Als Pfostenform genügt ein Rahmen. Er erfordert aber eine völlig glatte Unterlage, auf der man ihn auflegen kann. Der Rahmen wird so entwickelt, daß man ihn bequem auseinandernehmen kann. Auf diese Weise braucht man nur einen und kann trotzdem laufend arbeiten. Die Rahmenbretter müssen gehobelt und etwa 5 cm stark sein. Sie dürfen sich beim Füllen der Form mit Betonmasse nicht auseinanderdrücken. Das obere Stirnstück wird auf der Innenseite der Form so ausgearbeitet, daß die Pfosten einen abgerundeten Kopf erhalten. In die Seitenbretter der Form werden entsprechende Löcher gebohrt, durch die man die Befestigungen für den Zaun in die Betonmasse einschieben kann. Die zum Verstärken der Pfosten erforderlichen Stahldrähte müssen so lang sein, daß man sie an beiden Enden etwa 5 cm umbiegen kann und daß sie oben wie unten 4 bis 5 cm vom Beton bedeckt sind. Als Betonmischung genügt ein Verhältnis (Zement:Betonsand) von 1:4. Ohne Stahldrahteinlage sollte man sie 1:3 herstellen. Vor dem Füllen der Form streicht man die Innenseiten mit einem Entschalungsmittel oder legt die Form und die Unterlage mit Papier aus, damit der Beton nicht festklebt. Dem Zement-Sand-Gemisch wird so viel Wasser zugesetzt, daß es sich gut in die Form einfüllen läßt. Nach halber Füllung sind die Stahldrähte einzulegen. Sobald die Form vollgefüllt ist, drückt man die Haltevorrichtungen für den Zaun ein. Die Betonmasse ist anschließend so zu stampfen, daß keine Hohlräume im Beton zurückbleiben. Etwa 1 Stunde nach dem Glätten der Oberseite kann man die Form vorsichtig entfernen und für den nächsten Pfosten verwenden.

185 Zaunpfosten aus Rohren oder Profileisen sollte man mit einem Betonsockel versehen.

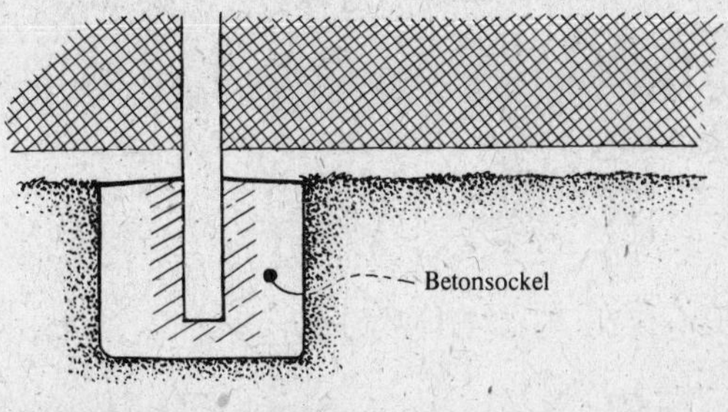

Sie erhalten dadurch einen festeren Stand. Außerdem ist das Eisen länger haltbar, wenn die Sockel so lang sind, daß sie etwa 10 cm über der Erdoberfläche enden.

186 Beim Ziehen eines Drahtzaunes muß man den ersten und letzten Pfosten sowie die Eckpfosten durch Verstrebungen sichern.
Das ist auch dann nötig, wenn man die Rohrpfosten mit einem Betonsockel versieht. Nur durch Streben stehen die Pfosten so fest, daß sie beim Ziehen des Drahtgeflechtes nicht nachgeben (s. Zeichn. S. 56).

187 Eine Gartentür aus Holz bleibt nur dann auf die Dauer in der richtigen Lage, wenn sie gut verstrebt ist.
Andernfalls verzieht sie sich bald und hängt schief in

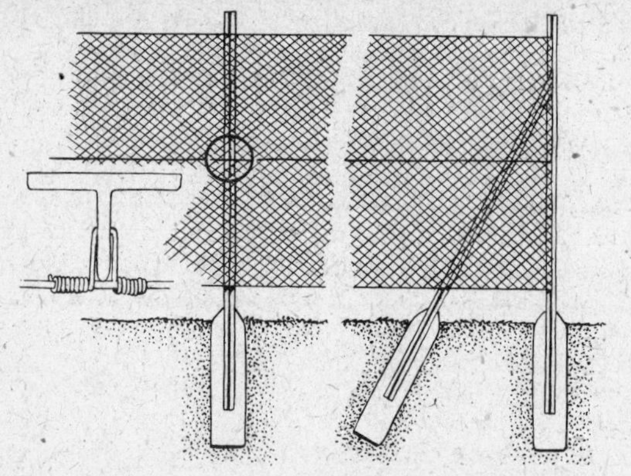

den Angeln. Die Verstrebung muß aber auch richtig angebracht sein. Sind die Bänder links und das Schloß rechts vom Beschauer zu sehen, dann muß die Verstrebung ein „Z“ bilden. Näheres ist aus den Skizzen ersichtlich.

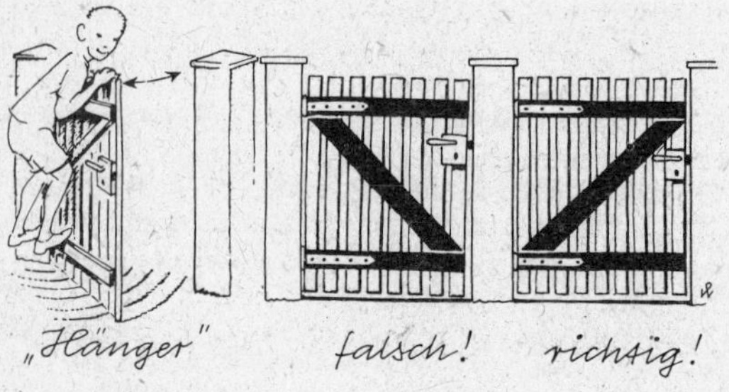

188 Frühbeete werden bei frostfreiem Wetter mit den im Januar (s. Ratschlag 28) vorbereiteten Brettern und Pfählen aufgestellt.

Im Boden darf aber kein Frost sein, weil sich sonst die Pfähle nicht einschlagen lassen. Eine straff gespannte dünne Schnur gibt nicht nur die genaue Richtung der Pfähle, sondern auch ihre Höhe an. Bei einfachen Frühbeeten sind die unteren Pfähle etwa 10 cm kürzer als die oberen, während sie bei Doppelfrühbeeten, mit Ausnahme der Sattelpfähle, gleich lang sein müssen. Sattelpfähle sind 10 cm länger. Die Bretter werden bis an die Oberkante der Pfähle angenagelt und die Pfähle der höheren Seite etwas angeschrägt. So bekommen die Fenster eine gute Auflage. Jeder zweite Fensterstoß erhält eine Latte, damit sich die Seitenwände des Frühbeetes nicht nach außen oder innen drücken lassen. Da es sich meist um kalte Frühbeete handelt, werden die Seitenbretter nur 5 bis 8 cm in die Erde eingelassen. Bei 3 cm starken Brettern ist alle 1,50 m ein Pfahl erforderlich. Sind die Bretter schwächer, so darf der Abstand der Pfähle nur 1,00 m betragen. Sogenannte Wanderfrühbeete kann man zusammenzimmern, wenn auch im Boden noch Frost ist, weil keine Pfähle einzuschlagen sind. Damit sie leicht transportiert werden können, baut man sie nur für 2 bis 4 Frühbeetfenster.

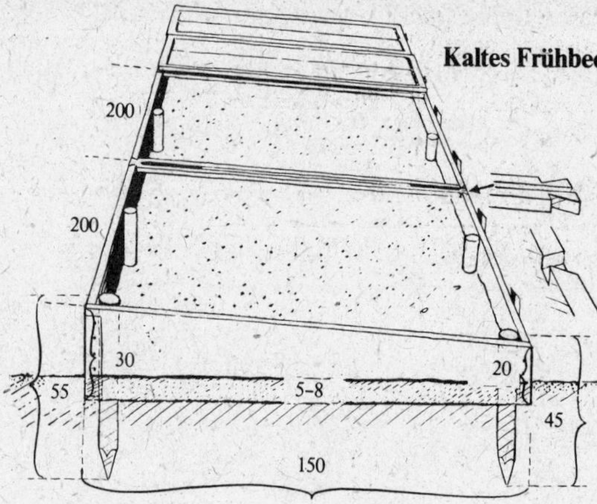

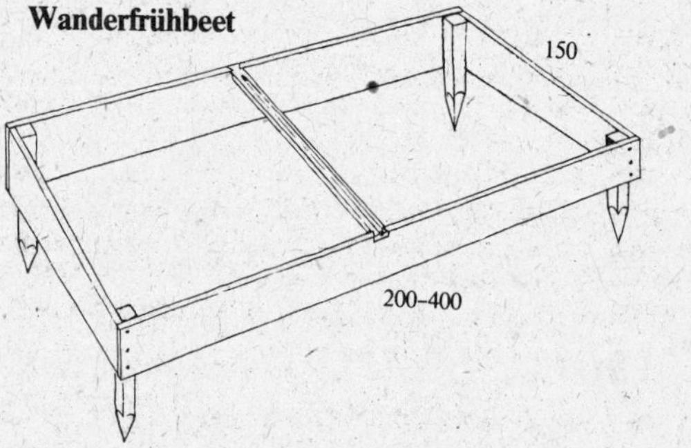

189 Zum Bau eines Doppelfrühbeetes braucht man bedeutend weniger Material als zu einem einfachen, wenn die überbaute Fläche in Betracht gezogen wird.

Abgesehen von den Brettern für die beiden Giebelseiten, braucht man zu einem 20 m langen einfachen Frühbeet 20 m Bretter von 0,20 m und 20 m von 0,30 m Breite. Das sind zusammen 10 m^2. Für das 20 m lange Doppelfrühbeet werden 40 m 0,20 m breite Bretter, also 8 m^2 benötigt. Rechnet man das Sattelbrett noch dazu (20,00 m × 0,10 m = 2 m^2), dann ist zwar die gleiche Menge Bretter nötig, aber die vom Frühbeet bedeckte Fläche ist doppelt so groß. Normalfenster voraus-

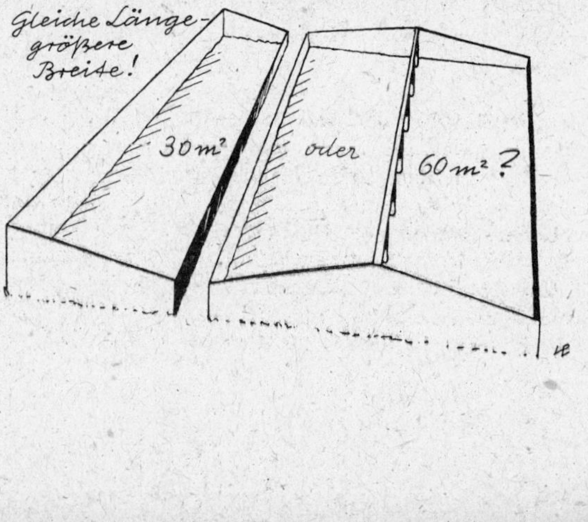

gesetzt (1,50 m lang), bedeckt das einfache etwa 30 m^2 und das Doppelfrühbeet 60 m^2. Diesen großen Unterschied verringert auch die Tatsache nur unwesentlich, daß man zum Doppelfrühbeet eine Pfahlreihe mehr benötigt.

190 Einfache Frühbeete baut man in Ost-West-Richtung, damit die Fensterneigung nach Süden zeigt, und Doppelfrühbeete in Nord-Süd-Richtung.

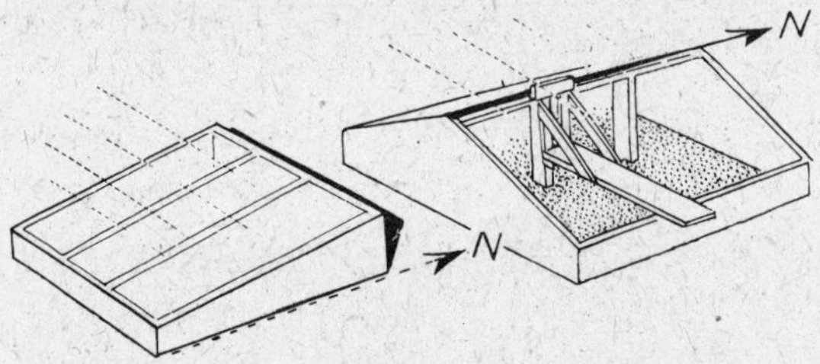

Diese Richtungen sollten möglichst eingehalten werden, obwohl das Gelände oder die Lage manchmal eine kleine Abweichung nötig macht. Die Pflanzen in den Doppelfrühbeeten fühlen sich wohler als die in den einfachen, weil sie von der intensiven Mittagssonne nicht so stark getroffen werden. Die Sonnenstrahlen können nur vor- und nachmittags rechtwinkelig durch das Glas fallen. Die Arbeiten am Frühbeet sind ebenso leicht auszuführen, wenn man sich eine aus der Skizze ersichtliche Einrichtung herstellt.

191 Ein neuanzulegendes Frühbeet wird billiger und dauerhafter, wenn man dazu anstelle von Pfählen selbsthergestellte Betonsäulen verwendet.

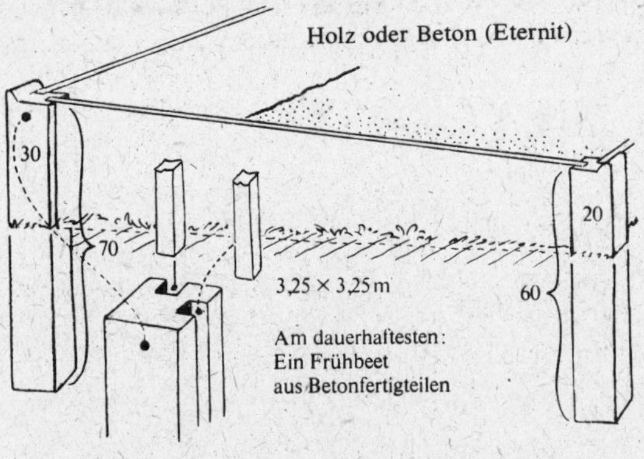

Zum Anfertigen der Betonsäulen braucht man zwei Formen, weil die Säulen beim einfachen Frühbeet verschieden lang sind. Da man sie 40 cm eingräbt, müssen die der unteren Längsseiten 60 und die der oberen 70 cm lang sein. Die Formen bestehen aus einem Rahmen, dessen Bretter gehobelt und 10 cm breit sind. Man richtet sie so ein, daß sie mit ein paar Handgriffen auseinanderzunehmen sind. Zu jeder Form gehören zwei 3,25 cm × 3,25 cm starke glatte Hölzer, die in einem Falle 20 und im anderen 30 cm lang sein müssen. Sie dienen zum Herstellen der Nuten, in die die 3 cm starken Bretter des Frühbeetes eingeschoben werden, wenn die Betonpfosten aufgestellt sind. Obwohl die Säulen verhältnismäßig kurz sind, ist das Einlegen von zwei Stahldrähten (2 bis 3 cm stark) zu empfehlen (s. Ratschlag **184**). Eine Betonmischung von 1:3 ist anzuraten. Die Hölzer für die Nuten müssen genau eingelegt werden. Im übrigen gilt beim Herstellen der Säulen das, was unter Ratschlag **184** gesagt wurde. Beim Aufstellen des Frühbeetes werden vorerst nur die Säulen gesetzt. Die Bretter schiebt man erst dann von oben in die Nuten, wenn es in Betrieb genommen wird. Die Giebelbretter sind außen anzusetzen. Die Betonsäulen faulen nicht, und die Bretter entfernt man, sobald das Frühbeet nicht mehr gebraucht wird. Sie sind sehr lange haltbar, wenn sie an einem wettergeschützten Ort aufbewahrt werden.

192 Nun müssen neue Arbeitsgeräte beschafft und die alten ausgebessert werden.
In manchen Jahren sind die Gartenarbeiten schon Ende Februar möglich, so daß alle Geräte bereitstehen müssen. Es ist das zu beachten, was in den Ratschlägen 32 bis **55** gesagt wird.

193 Nach starkem Schneefall, vor allem bei Verwehungen, sind die Einzäunungen gründlich zu prüfen, damit Kaninchen und Hasen keine Schlupfstellen finden.
Niedrige Holzzäune und in den oberen Partien nicht mehr ganz einwandfreie Drahtzäune sind besonders gefährdet. Wenn man die schadhaften Stellen im Zaun nicht gleich ausbessern kann, dann bleibt nichts übrig, als die Schneewehen zu beseitigen. Die Schlupfstellen sind leicht zu finden, wenn man den Spuren im Schnee nachgeht.

194 Das Umarbeiten der Erdhaufen (Ratschlag 8) ist bis Ende Februar zu beenden, weil der März schon viele andere dringende Arbeiten mit sich bringt.
Diese wichtige Arbeit darf auf keinen Fall versäumt werden, wenn wir brauchbare Komposterde erzielen wollen. Man sollte sich auch nicht scheuen, das Umarbeiten bei Frost vorzunehmen. Wichtig ist, daß die Haufen nie höher als 1,00 m aufgeschüttet werden. Die Mehrarbeit, die durch das Aufhacken der Frostschicht entsteht, macht sich auf jeden Fall bezahlt. Im übrigen ist beim Umarbeiten das im Ratschlag 8 Gesagte zu beachten.

195 Als Vogelfutter darf man keine Kartoffeln und auch kein Brot auslegen. Größere gesalzene Speckschwarten sind ebenfalls ungeeignet, auch Möhren oder andere Gemüseabfälle.
Wenn unsere Gartenvögel diese Stoffe der Not gehorchend im gefrorenen Zustand fressen, kommt es bei ihnen leicht zu Darmkrankheiten, die in den meisten

Fällen zum Tode führen. An großen Speckschwarten verkleben sich kleine Vögel oft die Flügelfedern, was die Flugfähigkeit beeinträchtigt. Über das Vogelfutter lese man im Ratschlag **61** nach.

196 Bei Mangel an Komposterde und verrottetem Stalldünger kann man im Laufe des Februars eine Torfkulturerde herstellen, die schon im Frühjahr verwendbar ist.

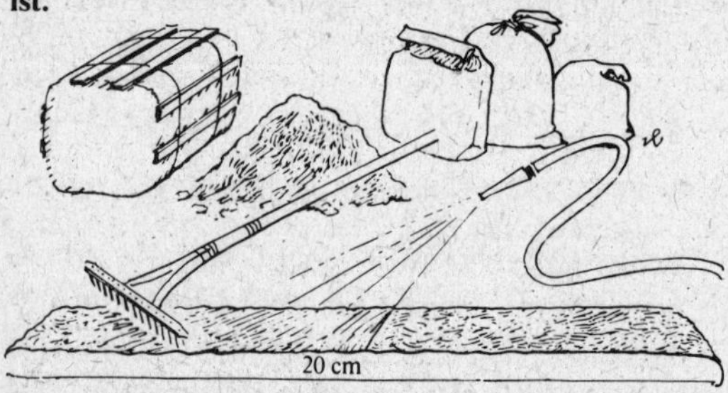

Dieses Substrat eignet sich für viele Zwecke in unserem Garten noch besser als Kompost. Ganz gleich, ob wir es als Bodenverbesserungs- oder Bodenbedeckungsmittel im Obst-, Gemüse- oder Ziergarten verwenden, die Herstellungskosten werden sich immer bezahlt machen. Für 1 m^3 Torfkulturerde werden je 0,5 m^3 Torf und Komposterde oder auch guter Gartenboden benötigt, hinzu kommen noch etwa 2 kg kohlensaurer Kalk, 1,75 kg Kalkammonsalpeter, 1,0 kg Superphosphat und 1 kg Kalimagnesia bzw. Emgekali oder für chloridempfindliche Pflanzen 0,7 kg schwefelsaures Kali. Auch Volldünger können verwendet werden. Man braucht dann etwa 2,0 bis 2,5 kg.
Nachdem der Torf so gut wie möglich zerkleinert wurde, um keine Klumpen zu haben, werden die Dünger gut gemischt und beim Umschaufeln des gelockerten Torfes gleichmäßig eingearbeitet. Dieses Gemisch wird so ausgebreitet, daß eine gleichmäßige, etwa 20 cm hohe Schicht entsteht, die man stark mit Wasser anfeuchtet und wieder durcharbeitet. Darauf kommt eine Lage Erde, dann wieder Torf usw. Es kann natürlich auch wechselweise je eine Schaufel Torf-Dünger-Gemisch und Komposterde auf einen Haufen gemischt werden. Nachdem der Mischvorgang noch dreimal wiederholt wurde, um alle Teile gleichmäßig zu vermischen, ist die Torfkulturerde sofort verwendungsfähig.

Gemüsegarten

197 Wer seinen Rhabarber mit einer Schutzdecke versehen hat (s. Ratschlag 81), kann schon Ende Februar Maßnahmen ergreifen, um die Ernte zu verfrühen.

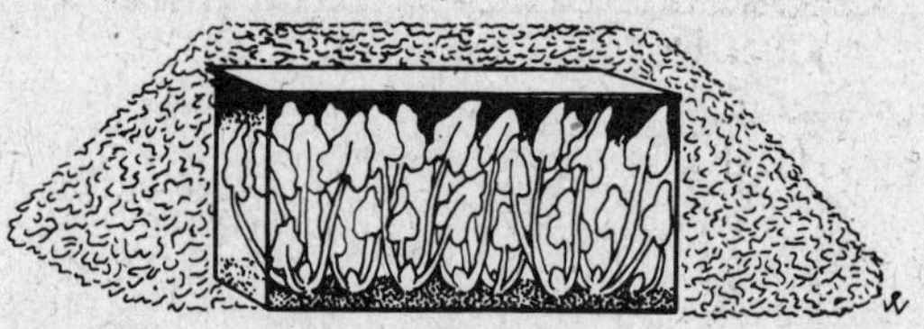

Dazu sind Stalldung sowie ein Faß oder eine entsprechende Kiste erforderlich. Die im Dezember/Januar gegebene Schutzdecke wird vorsichtig von einigen Pflanzen entfernt. Von ihnen sucht man diejenigen mit den meisten Köpfen heraus und stellt das Faß bzw. die Kiste darüber. Die Außenseite erhält eine etwa 30 cm starke Packung aus frischem Stalldung. Die Oberseite wird mit Brettern o. ä. abgedeckt und ebenfalls mit einer Dungschicht versehen. Diese Schicht kann entfernt werden, sobald die Blattstiele etwa 30 cm Länge erreicht haben.

198 Die Gemüsemieten sind auch im Februar laufend zu prüfen, damit kein Frost eindringt oder bei mildem Wetter nichts verfault.

Wer im Winter seine Hühner im Garten frei herumlaufen läßt, muß aufpassen, daß sie nicht die Schutzdecke von der Gemüsemiete scharren. Der entstehende Schaden ist groß, auch wenn der Frost nur an einer Stelle eindringen kann. Genauso gefährlich ist eine zu starke Frostschutzdecke, wenn sehr mildes Wetter eintritt, was im Laufe des Februars durchaus möglich ist. Am besten ist der daran, der ein Mietenthermometer eingebaut hat und mühelos die Mietentemperatur ablesen kann. Wo das nicht der Fall ist, muß man sie durch Stichproben prüfen. Siehe auch Ratschlag **90**.

199 Mildes Wetter macht ständiges Lüften des Gemüsekellers notwendig. Vor allem darf man das Durchputzen des Gemüses nicht vernachlässigen.
Beide Maßnahmen verlängern die Haltbarkeit des eingekellerten Gemüses und schützen vor Verlusten. Auf Haufen geschichtetes muß in kurzen Abständen um-

geschichtet werden. Gemüse, das nicht mehr ganz einwandfrei ist, sollte man nicht mehr aufbewahren. Es muß sofort in den Kochtopf wandern. Siehe auch Ratschlag **92**.

200 Die säulenartigen Sprosse der im Keller eingeschlagenen Chicoréewurzeln muß man ernten, sobald sie das Decksubstrat durchstoßen.

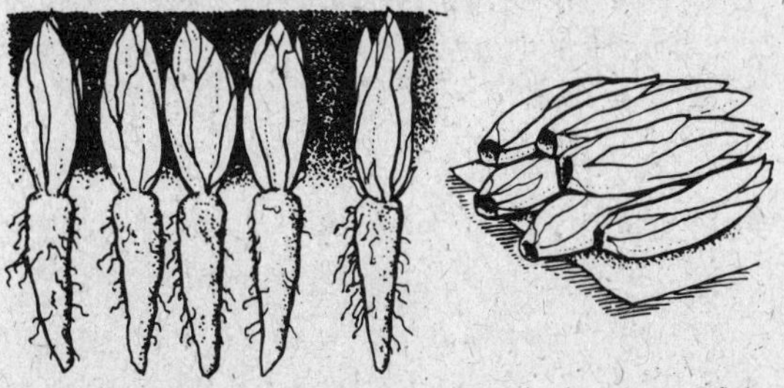

Chicoréesprosse vergrünen, sobald sie dem Licht ausgesetzt sind, und verlieren dabei an Zartheit und Qualität. Deshalb muß man bei Treiberei unter Decksubstrat rechtzeitig ernten oder die Deckschicht verstärken. Bei der Treiberei in einem vollständig dunklen Keller oder anderen Raum sowie bei Verwendung von Treibgefäßen wie Steinguttöpfen, Eimern o. ä., in denen ohne Decksubstrat kultiviert wird (s. Ratschlag **1797**), spielt der Erntezeitpunkt keine so große Rolle.

201 Ende Februar legt man Frühkartoffeln zum Vorkeimen in flache Kisten und stellt sie an einem hellen Ort bei 12 bis 15 °C auf.

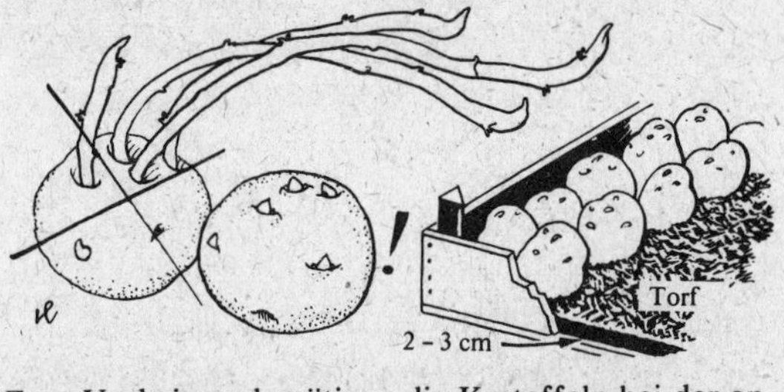

Zum Vorkeimen benötigen die Kartoffeln bei der angegebenen Temperatur etwa 6 Wochen. Wer warmen Sandboden zur Verfügung hat und sie schon Ende März ins Freie pflanzen will, muß mit dem Vorkeimen spätestens Mitte Februar beginnen, auch bei Aufstellungsräumen mit niedrigen Temperaturen. Wichtiger als die Temperaturen sind die Lichtverhältnisse. Vorgekeimte Kartoffeln müssen nämlich kurze kräftige Keime haben, wenn man gute Ernten erzielen will. In jede Kiste kommt nur eine Schicht. Als Unterlage erhalten die Kartoffeln eine 2 bis 3 cm starke Schicht feuchten Torf. Zu beachten ist, daß beim Einlegen der Teil nach oben kommt, der die meisten Augen hat. Mittelgroße gesunde Knollen von guten Frühsorten sind die besten zum Vorkeimen.

202 Wer Ende Februar in kalte Frühbeete aussäen will, muß etwa drei Wochen vorher die Fenster auflegen und mit Strohmatten bedecken.

Die Erde im Frühbeet wurde im Dezember mit einer Laubschicht bedeckt (s. Ratschlag **2030**). Das Laub wird nun herausgenommen und an die Seitenwände des Frühbeetes gepackt. Es isoliert sie gut und schützt die späteren Aussaaten gegen große Temperaturschwankungen. Die Strohdecken rollt man von oben nach unten über die Frühbeetfenster, so daß auch die Frühbeetwände von ihnen bedeckt sind. Bei Sonnenschein werden sie abgenommen, damit die Sonne auf die Fenster wirken kann und die Erde erwärmen hilft. Anstelle von Strohdecken kann man auch Reformdecken (Stroh und Rohr) verwenden. Reine Rohrdekken isolieren nicht gut. Am allerbesten sind die sogenannten Rahmendecken, die man sich selbst herstellen kann (s. Ratschlag **208**).

203 Zum Packen der warmen Frühbeete ist das Material (frischer Pferdedung, trockenes Laub) rechtzeitig zu beschaffen, so daß Mitte Februar gepackt werden kann.

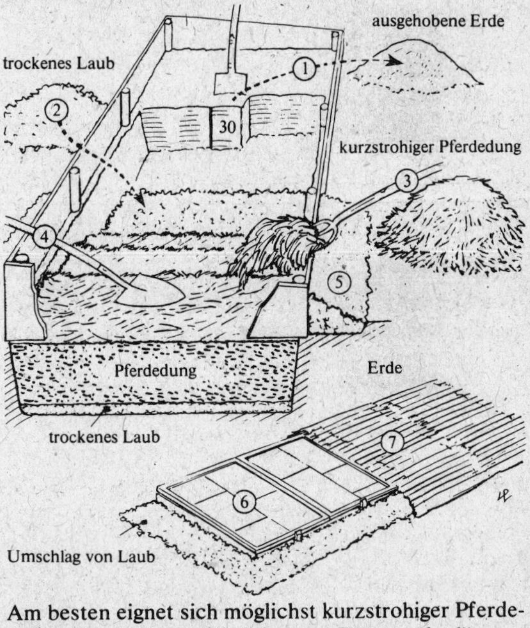

Am besten eignet sich möglichst kurzstrohiger Pferdedung, wie er aus dem Stall kommt. Dünger, der längere Zeit in der Dunggrube gelegen hat, ist meist schon verbrannt und erwärmt sich kaum noch. Der Grund des Frühbeetes, das gepackt werden soll, darf nicht gefroren sein. Der Frost würde einen Teil der durch den Dung erzeugten Wärme verbrauchen. Bevor mit dem Einbringen des Dunges begonnen wird, bedeckt man den Grund mit einer flachen Schicht möglichst trockenen Laubes. Nun wird der Dung Schicht für Schicht, jede Gabel gut gelockert, ganz gleichmäßig so hoch gepackt, daß er den Rand der unteren Frühbeetwand fast erreicht. Leicht angeklopft, bleibt der Dung fürs erste liegen. Langstrohiger muß etwas festgetreten werden, damit er dicht liegt. Ist er recht trocken, wird er mit möglichst warmem Wasser überbraust, bis er richtig feucht ist. Anschließend erhalten die Frühbeetwandungen außen einen Umschlag von Dünger oder Laub. Auf das Frühbeet legt man nun Fenster und Strohdecken oder Rahmendecken (Ratschläge **207** und **208**). Sie werden nur bei Sonnenschein entfernt.

204 Sobald sich die Düngerschicht im warmen Frühbeet erwärmt hat, wird es durch Aufbringen von Laub und Erde pflanz- oder säfertig gemacht.

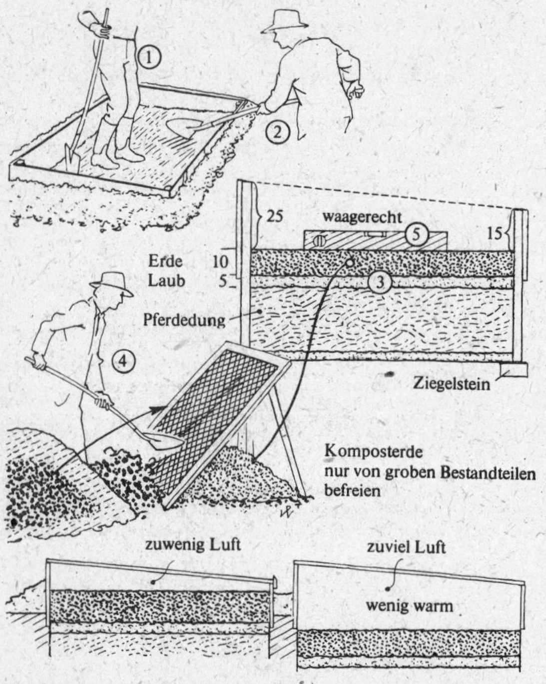

Zuvor tritt man die Dungschicht ohne Rücksicht auf ihre Struktur gleichmäßig fest und glättet die Oberfläche durch Klopfen mit einer Schaufel. Die anschließend aufgebrachte, etwa 5 cm starke Laubschicht verhindert die Entwicklung von Mistpilzen. Außerdem bleibt das Frühbeet länger warm. Den Abschluß bildet die Erdschicht, in die gesät oder gepflanzt werden soll. Dazu nimmt man gut gepflegte Komposterde (s. Ratschlag **8**), die aber nicht fein gesiebt wird. Wir geben sie nur durch den Durchwurf, damit die groben Bestandteile sowie Steine und andere Fremdkörper ausgesondert werden. Gefroren darf die Erde nicht sein, weil sie dem Frühbeet zuviel Wärme entzöge. Darum nehmen wir sie aus der Mitte des Erdhaufens. Nach dem Aufbringen der Erde wird das Frühbeet wieder gegen kalte Außentemperaturen geschützt und nur bei Sonnenschein aufgedeckt.

205 Zum Erwärmen der Erde in Frühbeeten kann man sich des elektrischen Stromes bedienen.
Gut geeignet sind elektrische Heizkabel. Sie sind so zu verlegen, daß eine direkte Berührung mit dem Erdreich vermieden wird. Die Erde würde um das Kabel herum zu stark austrocknen und das Wurzelwachstum beeinträchtigen. Bewährt hat sich, das Kabel durch Drainrohre zu führen. Die Höhe der Erdschicht über dem Kabel beträgt etwa 20 cm. Die Länge des Heizkabels ist so zu bemessen, daß pro m^2 Kastenfläche eine Heizleistung von 120 bis 150 Watt erzielt wird.

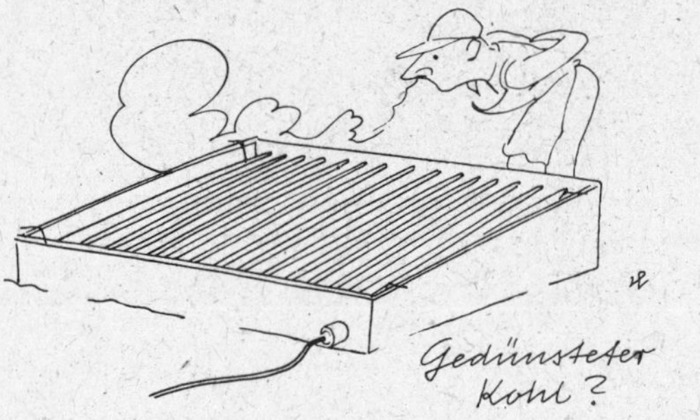

206 Auch die Lufttemperatur in Frühbeetkästen läßt sich durch elektrische Heizkabel wesentlich erhöhen und regulieren.
Man befestigt das Kabel an allen vier Innenwänden des Frühbeetkastens mittels entsprechender Halterungen. Werden die Fenster über Nacht zusätzlich mit den üblichen Frostschutzmatten abgedeckt, dann reicht die Heizleistung aus, um die Temperatur im Kasten auch bei stärkeren Frösten über dem Nullpunkt zu halten. Den elektrischen Anschluß darf nur ein Fachmann ausführen.

207 Stroh- und Reformdecken kann man sich selbst anfertigen, wenn ein Rahmen, Langstroh, Rohr und Bindfaden zur Verfügung stehen.
Der Rahmen muß im Lichten 2,00 m hoch sein. Die Breite entspricht einer reichlichen Normal-Frühbeet-Fensterlänge, also 1,60 m. Zum Rahmenbau verwendet man 8 cm breite und 3 cm starke Latten, die an den Ecken wackelsicher verbunden sein müssen. Außerdem ist eine diagonal angebrachte Verstrebung nötig. Die beiden Querlatten werden mit je 5 Nägeln versehen, an denen die Grundschnur befestigt wird. 5 Spulen für die Fäden schnitzt man sich aus Holz.

208 Der beste Kälteschutz für Frühbeete sind Rahmendecken, die man sich mit einfachen Mitteln im Winter selbst basteln kann.
Man fertigt sich aus ungehobelten Dachlatten (6 cm × 4 cm) Rahmen in der Größe der verwendeten Frühbeetfenster an. Sie werden so zusammengefügt,

Rahmen für Strohmatten

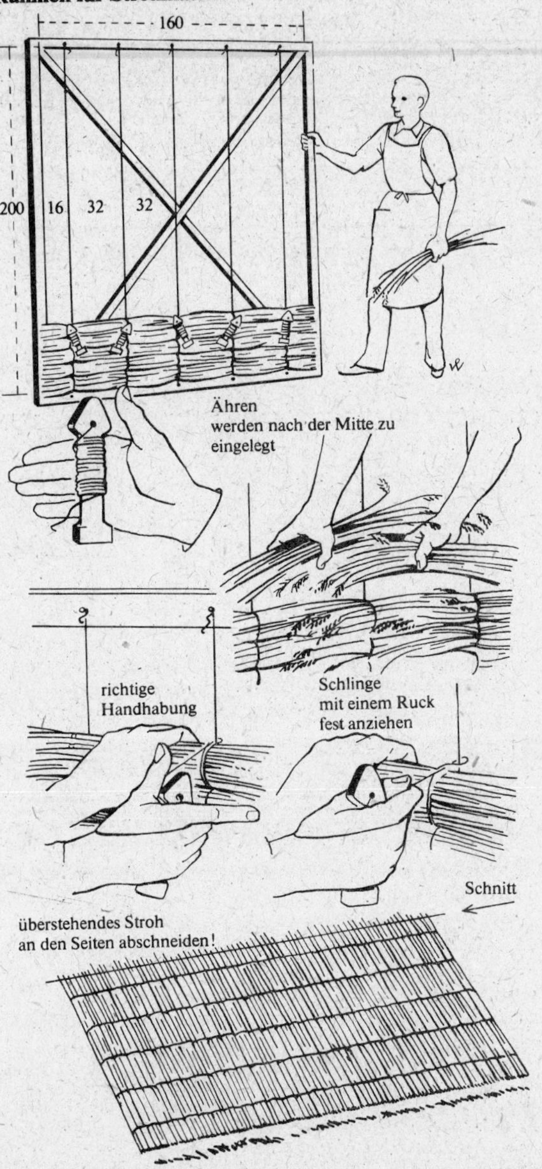

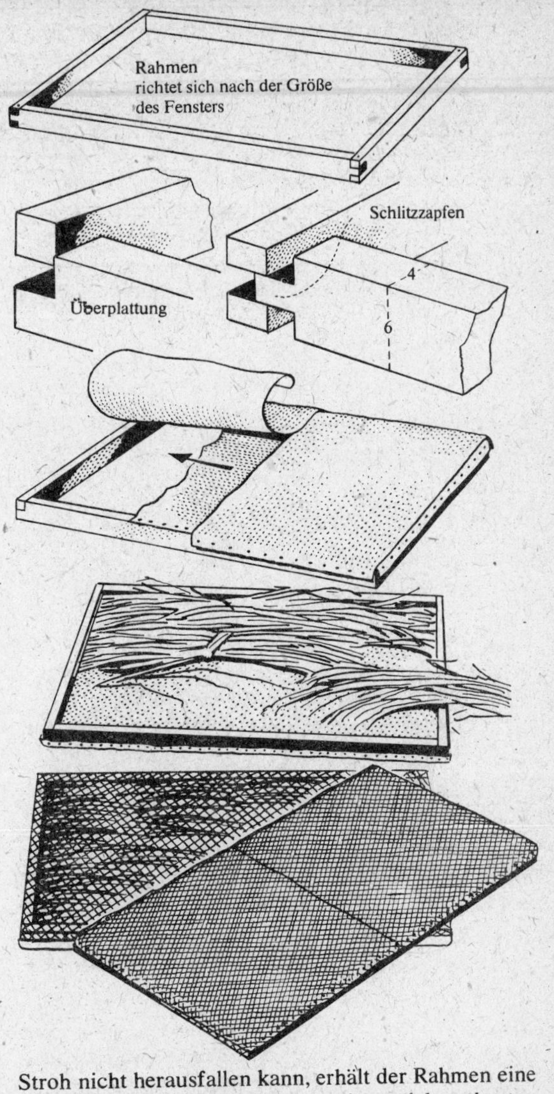

daß die größere Abmessung (6 cm) die Stärke der Rahmen ergibt. Damit sie nicht wacklig werden, sind die Ecken mit einer Überblattung oder einem einfachen Schlitzzapfen stabil zu machen. Anschließend erhalten die Rahmen auf einer Seite einen doppelten Überzug mit guter Dachpappe. So überspannt, dreht man sie herum und legt sie auf eine glatte Unterlage, damit die Dachpappe nicht beschädigt wird. Nun wird der innerhalb des Rahmens entstandene Raum recht fest mit einer 6 cm starken Strohschicht ausgefüllt. Damit das Stroh nicht herausfallen kann, erhält der Rahmen eine Maschendrahtbespannung. Dazu eignet sich am besten engmaschiges verzinktes Drahtgeflecht, das mäusesicher ist. Auch die Dachpappenseite wird bespannt. Dadurch ist die Dachpappe gegen Beschädigungen gesichert. Beide Seiten mit Dachpappe zu überziehen hat sich nicht bewährt. Die dann von der Luft abgeschlossene Stroheinlage kann leicht verstocken, wenn sie einmal naß geworden ist. Im Gebrauch muß die mit Dachpappe bezogene Seite immer oben liegen, damit das Stroh auch bei Schnee oder Regen nicht naß wird.

209 Engmaschiges Drahtgeflecht ist das beste Mittel, um Frühbeete gegen das Eindringen von Maulwürfen zu schützen.

Maulwürfe sind schon im Freiland sehr lästig. Im Frühbeet aber noch viel mehr. Dort können sie erheblichen Schaden anrichten. Zum Auslegen des Maschendrahtes wird die Frühbeeterde ausgeschaufelt und danach wieder eingefüllt. Beim Verlegen des Drahtgeflechtes ist darauf zu achten, daß es mit den Frühbeetwänden gute Verbindung erhält. Es darf nicht die kleinste Lücke entstehen. Gut verzinkter Draht bleibt in der Erde sehr lange wirksam.

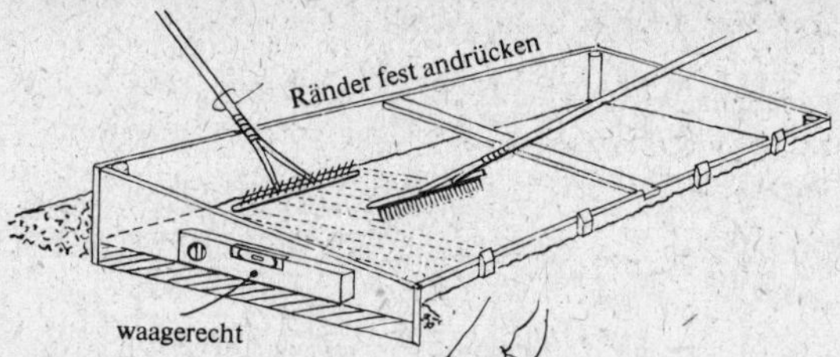

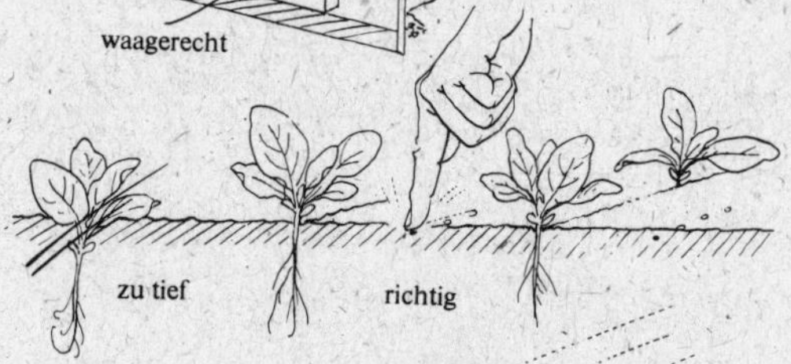

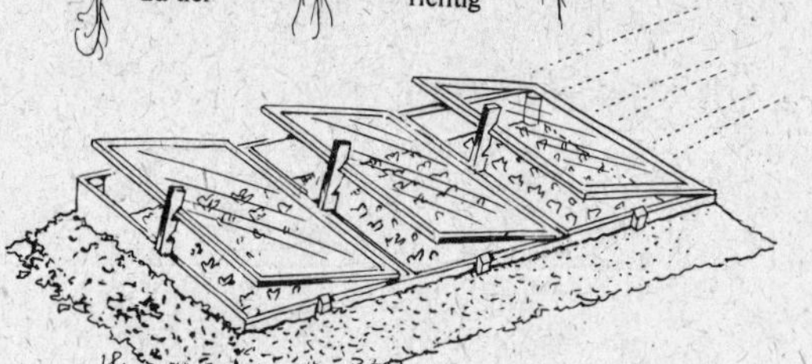

Auch ein Blumentopf kann ein Luftholz ersetzen

210 Frühbeetkästen und Kleingewächshäuser eignen sich ab Mitte Februar sehr gut zur Anzucht von Jungpflanzen für den frühen Freilandanbau.

Das betrifft besonders die Anzucht von Kopfsalat und Kohlrabi. Der Boden wird nur mit dem Grubber bearbeitet und glattgeharkt. Die Aussaat erfolgt in Reihen mit einem Reihenabstand von 10 cm für die genannten Arten. Es muß möglichst dünn und gleichmäßig ausgesät werden, wenn kräftige, gleichmäßig entwickelte Pflanzen erzielt werden sollen.

Die Saatmenge beträgt für Kopfsalat 0,3 bis 0,5 g/m^2 und für Kohlrabi 3 g/m^2 bei einer Saattiefe von 0,5 bis maximal 1 cm. Bis nach dem Aufgang soll möglichst nicht gelüftet werden. Wird der Anbau von Gemüse mit der Jungpflanzenanzucht in einem Frühbeetkasten kombiniert, so ist eine Unterteilung durch Bretter o. ä. erforderlich, um den unterschiedlichen Lüftungsbedingungen gerecht zu werden. Jungpflanzen sind wegen der Abhärtung sehr viel zu lüften.

211 Das warm gepackte Frühbeet besetzt man Ende Februar mit vorkultivierten Salatpflanzen und sät zwischen die Reihen Radies.

Das Frühbeet ist zum Bepflanzen fertig, sobald sich die aufgebrachte Erdschicht erwärmt hat. Die Erdoberfläche ist mit einer Holzharke sauber zu ebnen. Dann markiert man mit einem Reihenzieher die Reihen. Der Pflanzabstand beträgt 20 cm × 20 cm. Man kann auch noch etwas enger pflanzen, 18 cm × 18 cm, jedoch entwickeln sich dann die Köpfe oft weniger gut. Für den frühen Pflanztermin empfiehlt sich die Verwendung von getopften Jungpflanzen. Sie sollten gut abgehärtet sein, um die noch zu erwartenden Fröste ohne Schäden zu überstehen. Als vorbeugende Maßnahme gegen die häufig auftretende Salatfäule ist beim Pflanzen darauf zu achten, daß die Topfballen etwa 2 cm über die Bodenoberfläche herausragen. Die Zwischenräume können mit Radies ausgenutzt werden. In die Mitte zwischen die Salatreihen legt man alle 3 bis 4 cm ein Samenkorn, wobei die einzelnen Körner gleich mit dem Finger etwa 1 cm tief in die Erde gedrückt werden. Nach dem Auspflanzen soll das Frühbeet 8 bis 10 Tage geschlossen bleiben, um ein rasches Anwachsen zu erreichen. Später ist durch ausreichendes Lüften, besonders bei direkter Sonneneinstrahlung, einer zu starken Temperaturerhöhung vorzubeugen. Über geeignete Sorten siehe Tabelle Seite 358.

212 In günstigen Jahren kann man Kopfsalat auch Ende Februar in kalte Frühbeete pflanzen, wenn die Erde völlig frostfrei ist.

Das Frühbeet muß darauf vorbereitet sein (s. auch Ratschlag 202). Sobald sich die Erdoberfläche bearbeiten läßt, gräbt man die Erde, weil sie durch die Schutzschicht wieder fest geworden ist. Bei dieser Gelegenheit ist eine Humusgabe in Form von Torf oder halbverrottetem Stalldünger nachzuholen, falls es im Herbst versäumt wurde. Kopfsalat dankt das durch üppiges Wachstum. Das kalte Frühbeet wird zum Pflanzen genauso vorbereitet wie das warme (vergleiche Ratschlag 211) und auch so bepflanzt (Pflanztiefe beachten).

Der Mischanbau (Radieschen) ist im kalten Frühbeet ebenfalls möglich. Tritt nach dem Bepflanzen noch stärkerer Frost auf, der mit Stroh oder Rahmendecken (Ratschläge **207** und **208**) nicht ganz abzuhalten ist, dann schadet das dem Salat nicht, wenn die Pflanzen gut abgehärtet waren. Es färben sich höchstens die Blätter rot, was sich aber beim Wachsen schnell verliert.

213 Zur Aussaat in kalte Frühbeete eignen sich nur runde bis halblange Möhrensorten mit möglichst kurzer Entwicklungszeit.

Runde Sorten vom Typ 'Pariser Markt' sind zwar am schnellsten verbrauchsfertig, aber wenig ertragreich, so daß halblange Sorten anbauwürdiger sind (siehe Tabelle Seite 357) und den Standraum besser nutzen. Die Aussaat kann je nach Witterung ab Mitte bis Ende Februar erfolgen. Wichtig für den Anbauerfolg ist die genaue Einhaltung der Saatgutmenge, die höchstens 1 bis 1,5 g/m^2 betragen soll. Als Reihenabstand genügen 15 bis 18 cm.

214 Spinat, Rettiche und Radieschen sät man in kalte Frühbeete oder Wanderkästen aus, sobald die Erde frostfrei und bearbeitbar ist.
Die Frühbeete und Wanderkästen sind zum Aussäen so vorzubereiten, wie es in den Ratschlägen **202** und **212** zum Ausdruck kommt. Spinat wird mit einem Reihenabstand von 15 cm ausgesät. Der Samen muß so dünn ausgestreut werden, daß je m^2 Aussaatfläche nur etwa 15 bis 20 g zu liegen kommen, sofern das Saatgut voll keimfähig ist. Radieschen und Rettich werden am besten gedibbelt (s. Ratschlag **215**), das heißt einzeln ausgelegt. Über geeignete Sorten gibt die Tabelle Seite 357 Auskunft.

215 Zum Radieschenaussäen baut man sich ein Dibbelbrett, das die beste Ausnutzung der Aussaatfläche gewährleistet und schnelles Arbeiten ermöglicht.
Die Grundlage dazu bildet ein etwa 30 cm × 40 cm großes und 3 cm starkes glattes Brett. Es wird mit runden Holzpflöcken versehen, die 2 cm lang und mindestens 1 cm dick sein müssen. Man befestigt sie mit von oben durch das Brett geschlagenen Nägeln. Der Abstand der Pflöcke beträgt 5 cm × 4 cm bis 5 cm × 5 cm. Die Pflöcke kann man auch in vorgebohrten Löchern durch das Brett stecken. Dann müssen sie aber um die Brettstärke länger sein als angegeben. Die Oberseite des Brettes muß mit einem Griff versehen werden, der das Arbeiten wesentlich erleichtert. Beim Aussäen drückt man das Dibbelbrett so auf die Erde, daß alle Pflöcke gleichmäßig tief in der Erde stecken. Jedes entstehende Loch wird mit einem Radieschensamen beschickt. Die Aussaaterde muß genügend feucht sein, weil sonst die Löcher zufallen. Wenn die ganze Fläche besät ist, überharkt man die Löcher so, daß die Samen mit Erde bedeckt sind.

216 Wer über ein warmes Frühbeet verfügt, kann Ende Februar Porree und Sellerie zur Jungpflanzengewinnung aussäen.
Der Samen wird breitwürfig oder besser in Reihen ausgesät. Entscheidend für die Erzielung kräftiger Pflanzen ist eine dünne, gleichmäßige Aussaat. Bei Sellerie sollten nicht mehr als 0,5 g/m^2 gesät werden. Wer anschließend pikieren will, kann etwas dichter säen (1 g/m^2). Beim Porree beträgt die Aussaatmenge maximal 2 g/m^2.

217 Tomaten- und Paprikapflanzen kann man sich selbst anziehen, wenn ein warmer Raum mit einem hellen Fenster zur Verfügung steht.
Mit der Aussaat muß man Mitte bis Ende Februar beginnen, wenn die Pflanzen Ende Mai pflanzfertig sein sollen. Die Selbstanzucht lohnt aber nur, wenn nicht zuviel Pflanzen benötigt werden oder viel Fensterplatz und für die getopften Pflanzen ein warmes Frühbeet zur Verfügung steht. Ausgesät wird in Schalen, Blumentöpfen oder flachen Kisten. Als Aussaaterde nimmt man sandige Komposterde. Zwischen Erdoberfläche und Gefäßrand sollte ein Zwischenraum von 1 bis 1,5 cm verbleiben. Die Samen werden gleichmäßig mit einem Abstand von etwa 2 cm verteilt. Anschließend ist etwas Erde darüber zu ziehen. Zum Schluß wird vorsichtig überbraust und eine Glasscheibe aufgelegt. Sobald die Keimlinge sichtbar sind, ist die Glasscheibe zu entfernen. Es ist ständig für eine gleichmäßige Feuchtigkeit zu sorgen.

218 Die Desinfektion der Aussaaterde ist wichtig, um gesunde Jungpflanzen zu erzielen.
Wer nur kleine Mengen Aussaaterde benötigt, kann sie durch Dämpfen desinfizieren. Das Dämpfen erfolgt in einem entsprechend großen Topf (Einkochapparat) und kann auf dem Küchenherd vorgenommen werden. Dazu ist ein dichtmaschiges Sieb erforderlich, das in den Topf paßt und 10 bis 12 cm über dem Topfboden stehen muß. Der Zwischenraum wird mit Wasser gefüllt und auf das Sieb die Erde gegeben. Damit nicht zuviel Dampf entweicht, ist der Deckel noch mit Tüchern zu bedecken. Der Dampf muß mindestens eine Stunde auf die Erde einwirken. Die gedämpfte Erde wird an der Luft ausgebreitet und ist nach etwa 8 Tagen verwendungsfähig.
Einfacher ist es allerdings, vor allem wenn umfangreichere Aussaaten vorzunehmen sind, ein im Handel erhältliches Bodendesinfektionsmittel zu verwenden.

219 Zur Verfrühung der Gemüseernten haben sich bereits zahlreiche Gartenfreunde Kleingewächshäuser in Metall-Glas-Bauweise angeschafft.

Gegenüber dem Frühbeet und dem Plastfolienzelt hat es den Vorteil, daß infolge des größeren Luftraumes sowie der besseren Lüftungsmöglichkeiten geringere Temperaturschwankungen innerhalb der Wachstumszone auftreten, wodurch Wachstums- und Entwicklungsbedingungen der Pflanzen verbessert werden. Ein weiterer Vorteil des Kleingewächshauses ist, daß es sich sehr gut für den Anbau hochwachsender Gemüsearten wie Gurken, Tomaten und Stangenbohnen eignet. Wichtig ist die möglichst rationelle und intensive Nutzung dieser Gewächshäuser. Deshalb sollte zumindest im Frühjahr die Mischkultur zur Anwendung kommen.

220 Die Nutzung des Kleingewächshauses beginnt Ende Februar mit Gemüsearten, die geringe Wärmeansprüche stellen.
Da Kleingewächshäuser in der Regel nicht heizbar sind, erstreckt sich der nutzbare Zeitraum von Ende Februar bis mindestens Ende Oktober. Ab Ende Februar können die Häuser mit Kopfsalat, Radies, Rettich und Möhren genutzt werden. Über die Sortenwahl gibt die Tabelle Seite 355 ff. Auskunft. Die für Kopfsalat vorgesehene Fläche sollte man 3 bis 4 Tage vor der Pflanzung gründlich wässern (40 bis 50 l/m^2), um den Wasservorrat des Bodens voll aufzufüllen. Dadurch kann das Gießen in der ersten Wachstumsphase bis zur beginnenden Kopfbildung auf das unbedingt notwendige Maß eingeschränkt und somit dem Krankheitsbefall vorgebeugt werden. Im übrigen erfolgt die Vorbereitung des Bodens sowie die Pflanzung bzw. Aussaat, wie es für den Anbau im Frühbeetkasten beschrieben wurde.
Es ist zweckmäßig, vor der Pflanzung bzw. Aussaat eine Kali- und Phosphorgrunddüngung zu geben. Je nach Nährstoffgehalt gibt man 60 bis 70 g eines Phosphor- und 30 bis 40 g eines Kalidüngers.
Gegen stärkere Fröste ist das Gewächshaus durch Strohmatten, Planen oder anderes geeignetes Material zu schützen.

221 Leichter Boden in sonniger Lage, der frostfrei ist, kann schon ab Ende Februar für Freilandsaaten vorbereitet werden.
Um die Winterfeuchtigkeit im Boden zu erhalten, wird das bereits im Herbst gegrabene Land nur mit einem Grubber bearbeitet. Bevor man jedoch das gegrabene Land betritt, werden die Beete abgesteckt und die Wege getreten. Erst dann wird gegrubbert und anschließend geharkt.

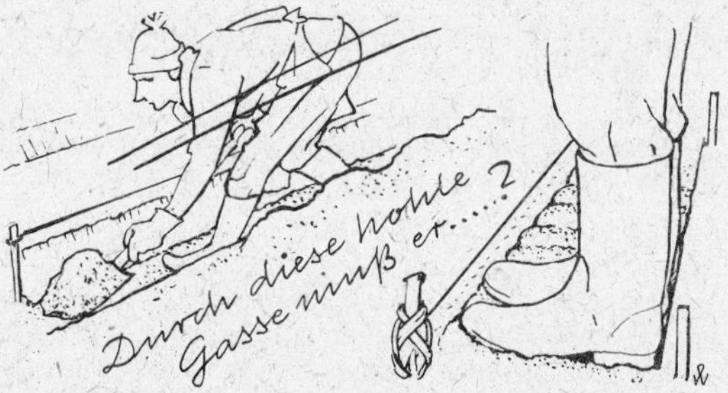

222 Die Gemüsebeete sollten alle einheitlich breit sein, und zwar so, daß man die Arbeiten bequem durchführen kann.
Die normale Beetbreite beträgt 1,50 m. Davon entfallen auf den Weg 0,30 m, so daß als Nutzfläche 1,20 m übrigbleiben. Bei dieser Breite kann man von beiden

Seiten ohne große Mühe bis zur Mitte des Beetes reichen. Das ist bei breiteren Beeten unmöglich. Schmalere sind Landverschwendung, weil bei ihnen das Verhältnis zwischen Nutzfläche und Weg ungünstig ist. Die angegebenen Maße sind auch dort anzuwenden, wo das Landstück mit ihnen nicht aufgeht. In diesen Fällen legt man am Schluß eine Rabatte an, die das Gemüse aufnimmt, das nur in kleinen Mengen angebaut werden soll. Für einjährige Gewürzkräuterpflanzen ist ein schmaler Streifen sehr oft erwünscht.

223 Die Beetwege im Gemüsegarten dürfen nur getreten werden. Das Ausschaufeln ist in jedem Falle zu verwerfen.

Es kommen nur Wege in Frage, die kaum oder überhaupt nicht tiefer liegen als die Beetoberfläche. Andernfalls stehen die Randreihen der Gemüsepflanzen bei sonnigem Wetter immer zu trocken. Das Wachstum leidet darunter wesentlich. Am besten harkt man die Beete erst nach dem Treten. Dabei wird noch ein Teil der Erde auf die Wege gezogen und sie bleiben nicht zu tief. Das ist vor allem bei sehr lockerem Boden anzuraten.

224 Auch im Februar kann man für den laufenden Bedarf Gartenkresse und Kerbel in Schalen, Töpfen oder anderen Gefäßen aussäen, wenn ein heller Standort und Temperaturen von 8 bis 10 °C gegeben werden können.
Beide Gewürzkräuter sollte man wenigstens alle zwei Wochen neu aussäen, um keine Lücke in der Ernte entstehen zu lassen. Beim Kerbel ist die Aussaat in Erde vorzunehmen, die jedoch nach jeweils gründlichem Durcharbeiten mehrmals verwendet werden kann. Bei Gartenkresse genügt bekanntlich bereits eine Schicht Fließpapier.

225 Beete, auf denen bereits im Spätherbst Möhren ausgesät wurden, deckt man Ende Februar flach mit gelochter Folie ab.
Die Folienränder sind einzugraben. Noch praktischer ist die Verwendung von einfachen Holzrahmen, die mit Folie bespannt wurden. Die Folie ist wieder zu entfernen, sobald sich die ersten zwei normalen Blätter entwickelt haben.

226 Wer recht zeitig Möhren ernten will, muß für die frühe Aussaat kurze oder halblange Sorten verwenden.

Die Aussaat von Möhren im Februar führt nur dort zum Erfolg, wo humusreicher Sandboden in sonniger Lage zur Verfügung steht. Andernfalls liegt der Samen so lange im Boden, daß er faulen kann. Das ist vor allem dann der Fall, wenn im Quellstadium der Samen anhaltend naßkaltes Wetter herrscht. Wer diese frühe Aussaat trotzdem vornehmen will, sollte sich aus Dachlatten (4 cm × 6 cm) einfache Rahmen bauen und sie mit gelochter Folie überspannen. Die Latten nagelt man hochkant zusammen, so daß zwischen Folie und Erdoberfläche ein Raum von 6 cm Höhe entsteht. Die bespannten Rahmen müssen 1,20 m breit sein, damit sie die ganze Breite eines Normalbeetes bedecken. Für die genannten Möhrensorten genügen Reihenabstände von 15 bis 18 cm.

227 Bei sehr früher Möhrenaussaat ist Markiersaat (Radieschen oder Salat) unbedingt erforderlich, damit die Reihenzwischenräume recht bald gelockert werden können.
Die Aussaatrillen zieht man für Möhren nur mit dem Harkenstiel, damit sie nicht zu tief werden. Der Samen darf nach dem Zuziehen der Rillen nur etwa 0,5 cm mit Erde bedeckt sein. Bevor man die Rillen zuzieht, wird die Markiersaat eingestreut. Von Radieschensamen muß sie so weitläufig sein, daß nur etwa alle 8 cm ein Korn zu liegen kommt. Auch der Salatsamen ist nur sehr sparsam zu verwenden. Damit der Möhrensamen eine innige Verbindung mit der Erde erhält, werden die Reihen nach dem Zuziehen mit dem Rücken der Harke angedrückt.

228 Unter günstigen Boden- und Wetterverhältnissen (Ratschlag 221) kann man Ende Februar mit der Aussaat von Schalerbsen beginnen, weil sie wenig frostempfindlich sind.
Schalerbsen werden auch Pal- oder Kneifelerbsen genannt. Sie haben im Gegensatz zu den Markerbsen glatte runde Samenkörner. Markerbsen darf man auf keinen Fall zur Frühaussaat verwenden. Sie würden bei kaltem Wetter zugrunde gehen. Erbsensamen müssen so tief gelegt werden, daß sie nach dem Zuziehen der Rillen etwa 5 cm mit Erde bedeckt sind. Als Reihenentfernung genügen je nach Wuchshöhe 25 bis 30 cm.

229 Puffbohnen vertragen einige Kältegrade, deshalb kann man die Aussaat schon Ende Februar vornehmen, wo es die Bodenverhältnisse zulassen.

Puffbohnen bevorzugen mittlere bis schwere Böden und gehören in die 2. Tracht. Auf leichten Böden bringen sie nur bei hohem Humusgehalt und ausreichender Wasserversorgung gute Erträge. An die Fruchtfolge stellen Puffbohnen keine besonderen Ansprüche. Sie gedeihen jedoch nur in freier, vollsonniger Lage gut.
Je früher man Puffbohnen aussät, um so besser ist der Erfolg. Sie können in fortlaufender Reihe oder in Horstsaat ausgelegt werden. Der Reihenabstand muß auf leichtem Boden, der für die Februarsaat in Frage kommt, mindestens 40 cm betragen. Die Samen müssen 5 bis 6 cm tief gelegt werden. In der Reihe legt man alle 8 bis 10 cm ein Samenkorn aus. Bei Horstsaat werden jeweils 5 Samen ausgelegt. Der Abstand auf der Reihe beträgt 40 cm.

230 Nur durch sehr frühe Aussaat erzielt man bei Schwarzwurzeln in einem Kulturjahr lange und starke Wurzeln.
Gute Schwarzwurzeln entwickeln sich außerdem nur auf tiefgründigem, nährstoffreichem Boden, der im Herbst mindestens 20 cm tief gelockert wurde, sowie in Gebieten mit warmem Frühjahr und langem Herbst. Schwarzwurzeln gehören in die 2. Tracht, sollen aber nicht nach stark zehrenden Früchten, z. B. Kohlarten, angebaut werden. Bei geeigneter Witterung erfolgt die Aussaat bereits Ende Februar. Die Reihenentfernung beträgt 25 cm, und der Saatgutbedarf liegt etwa bei 3 g/m^2. Die Saattiefe soll 2 bis 3 cm nicht übersteigen. Da Schwarzwurzelsaatgut nur ein Jahr seine volle Keimfähigkeit behält, muß es jährlich neu beschafft werden. Außerdem ist eine Keimprobe anzuraten.

231 Auch für Zwiebeln gilt der Grundsatz: „Je eher, desto besser“, so daß bei günstiger Witterung bereits Ende Februar gesät werden kann.
Zwiebeln keimen schon bei Bodentemperaturen von 2 bis 3 °C. Voraussetzung für den Erfolg ist ein sorgfältig vorbereitetes, feinkrümeliges Saatbett. Nur einjähriges Saatgut keimt gut, so daß auch bei neu gekauftem Saatgut eine Keimprobe anzuraten ist. Wichtig ist die Saattiefe. Der Zwiebelsamen darf höchstens 1 cm tief in den Boden kommen. Der Reihenabstand beträgt 20 cm, wobei mit einem Saatgutbedarf von höchstens 1 g/m^2 zu rechnen ist. Eine Verwendung von Radies als Markiersaat ermöglicht bzw. erleichtert das Hacken des Bodens noch vor dem Aufgang sowie die Unkrautbekämpfung. Um den erforderlichen Bodenschluß herzustellen, sind die Reihen nach der Aussaat leicht anzuklopfen bzw. zu walzen.

232 Bereits bei der Aussaat der Zwiebeln und Möhren sollte man an den vorbeugenden Schutz gegen die Zwiebel- und Möhrenfliege durch Mischanbau denken.
Beide Schädlinge können in manchen Jahren empfindliche Verluste an den jungen Pflänzchen verursachen, so daß oft eine Nachsaat erforderlich wird. Als vorbeugende Maßnahme bietet sich der Mischanbau beider Kulturen an, indem immer abwechselnd eine Reihe Zwiebeln und eine Reihe Möhren zur Aussaat kommen. Ein voller Erfolg wird damit allerdings nicht garantiert.

233 Wer über ein Frühbeet verfügt, kann Ende Februar am Küchenfenster Majoran säen, der später zur Pflanzengewinnung in das Frühbeet pikiert wird.
Vom Majoran braucht man im allgemeinen nur wenig Pflanzen. Zur Aussaat genügen darum einige Blumentöpfe mit etwa 12 cm Durchmesser. Majoransamen ist sehr klein, was bei der Aussaat beachtet werden muß, damit er nicht zu dicht zu liegen kommt. Die Aussaaterde muß sehr sandig sein. Sie wird gesiebt. Mit dem groben Rückstand füllt man die Aussaattöpfe bis zur Hälfte und gibt die feine Erde obenauf. Die Erdoberfläche wird gut geglättet und angedrückt. So entsteht zwischen Topfrand und Erdoberfläche ein Rand von einigen Zentimetern. Der Samen wird mit einer dünnen Schicht feinen Sandes übersiebt, daß die Samen gerade darunter verschwinden, und am besten mit einem Verstäuber angefeuchtet. Anschließend erhält das Aussaatgefäß als Abdeckung eine Glasscheibe. Sie bleibt aber nur so lange oben, bis der Samen keimt. Zum Gießen stellt man die Töpfe am besten in eine Schale mit Wasser. Sie wird entfernt, sobald sich die Feuchtigkeit an der Erdoberfläche zeigt. Zu feucht gehalten gehen die Pflanzen zugrunde.

234 Kapuzinerkresse *(Tropaeolum majus)* ist eine nur wenig bekannte Würzpflanze, die man Ende Februar am Küchenfenster in Töpfen aussäen kann.
Von der Kapuzinerkresse eignen sich nicht nur die Blätter, sondern auch Blüten, Knospen und junge Samenkapseln zum Würzen. Zum Füllen der Aus-

saattöpfe benötigt man sandige Komposterde, die grob sein kann, weil die Samen sehr groß sind. Am besten nimmt man Töpfe mit 9 cm oberem Durchmesser, in denen die Pflanzen bis zur Pflanzzeit stehen bleiben können. In jeden bis an den Rand locker gefüllten Topf werden drei Samen etwa 2 cm tief ein- und die Erde danach angedrückt. Gut angegossen, können die besäten Töpfe bis zum Aufgehen dunkel stehen. Sobald sich aber die ersten Keime zeigen, ist der hellste Platz am Fenster gerade gut genug.

235 Beim Ernten des Grünkohls schneidet man nur die beblätterten Köpfe ab, damit die Strünke wieder austreiben können.

Soweit Grünkohl noch im Freien steht, sind die unteren Blattpartien meist gelb geworden und nicht verwendbar. Man braucht also nur die grün beblätterten Spitzen der Pflanzen. Wer auf zartes Gemüse im Frühjahr Wert legt, sollte den Strunk so hoch wie möglich stehen lassen. Dadurch erhält man zahlreiche Austriebe, die schon geerntet werden können, wenn es noch kein frisches Gemüse im Garten gibt.

236 Sofern warme Räume vorhanden sind, kann im Februar Strohsubstrat mit dem Austernseitling beimpft werden.

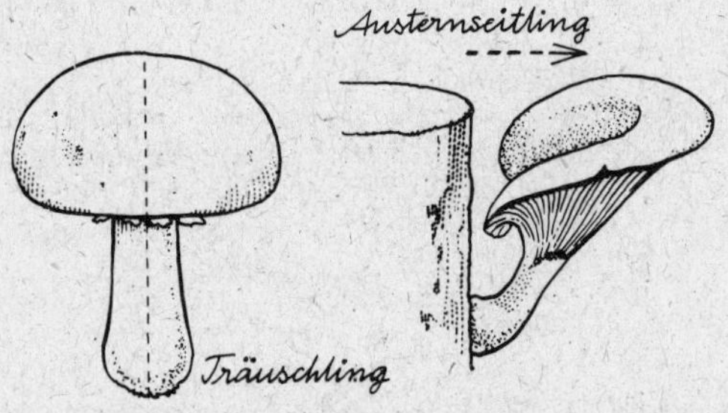

Dazu sind allerdings für die Vorkultur Räume erforderlich, die eine Mindesttemperatur von 15 °C aufweisen. Über die Vorbereitung und Beimpfung geben die Ratschläge 1525 und 1526 Auskunft.
Als günstigster Beimpfungstermin ist der Zeitraum von Ende Januar bis Anfang März anzusehen.

Obstgarten

237 Das Obstlager bedarf unserer besonderen Aufmerksamkeit, damit keine großen Verluste eintreten.
Jetzt lagern nur noch die späten Sorten. Die wichtigsten sind 'Auralia', 'Boskoop', 'Breuhahn', 'Cox' Orangen', 'Gelber Bellefleur', 'Gloster', 'Golden Delicious', 'Idared', 'Jonathan', 'Landsberger', 'Ontario', 'Roba', 'Spartan' und 'Zuccalmaglio'. Im Februar müssen das Lager räumen: 'Auralia', 'Cox' Orangen', 'Gelber Köstlicher' und 'Roba'. Von den Birnen sind nur noch 'Gräfin von Paris', 'Josephine von Mecheln' und 'Nordhäuser Winterforelle' auf dem Obstlager.

238 Die im Herbst an die Obstbäume angelegten Leimringe müssen im Laufe des Februars entfernt und verbrannt werden.
Dabei muß man sehr sorgsam vorgehen. Unter den oberen und unteren Rändern der Leimringe haben oft andere Schädlinge Unterschlupf gefunden. Auch Frostspannerweibchen können dort ihre Eier abgelegt haben. Alle etwa vorhandenen Rindenrisse sind daraufhin sorgfältig zu prüfen. Die Stelle über dem Leimring ist ebenfalls einer Prüfung zu unterziehen, weil es manchen Frostspannerweibchen gelungen sein kann, gerade noch den Leimring zu überkriechen. Um ganz sicherzugehen, bepinselt man die Stelle, an der der Leimring gesessen hat, und die nähere Umgebung (oben und unten) mit einer 5%igen Obstbaumkarbolineum-Lösung.

239 Trockenes Wetter im Februar nutzt man für die Winterspritzung der Obstbäume.
Da es sich hierbei um eine vorbeugende Maßnahme handelt, sollte man keinesfalls gleich zu Giften greifen, sondern sich auf naturnahe Möglichkeiten besinnen. Für die Winterspritzung ist dabei Natriumsilikat am besten geeignet. Man stellt eine etwa 1- bis 2%ige Lösung her, mit der man die Obstbäume spritzt. Wer schon jetzt gegen Blattläuse vorbeugen möchte, kann auch für die Lösung Farnkraut-Jauche verwenden, die man im Winter aus 10 g getrockneten Adlerfarnblättern pro Liter Wasser herstellt.

Bei allen Spritzungen mit giftigen Präparaten sollte man bedenken, daß man nicht nur die für uns schädlichen Organismen vernichtet, sondern auch sehr viele, die uns bei der Schädlingsbekämpfung helfen, wie dies Marienkäfer, Florfliegen und Schwebfliegen sind.

240 Der Obstbaumschnitt setzt gewisse Kenntnisse über die Wachstumsgesetze voraus.
Es neigen steil stehende, insbesondere junge Triebe zu einem starken vegetativen Wachstum. An diesen Trieben entwickeln sich besonders die oberen Knospen zu neuen starken Trieben. Nach unten nimmt die Stärke des Austriebes ab.
Neigt sich ein Ast etwas in die Waagerechte, führt dies zur Spitzen-Oberseitenförderung, bei bogenförmigen Ästen zur Scheitelpunktförderung, bei waagerechten zur Oberseitenförderung und zur Basisförderung bei nach unten gerichteten Ästen.

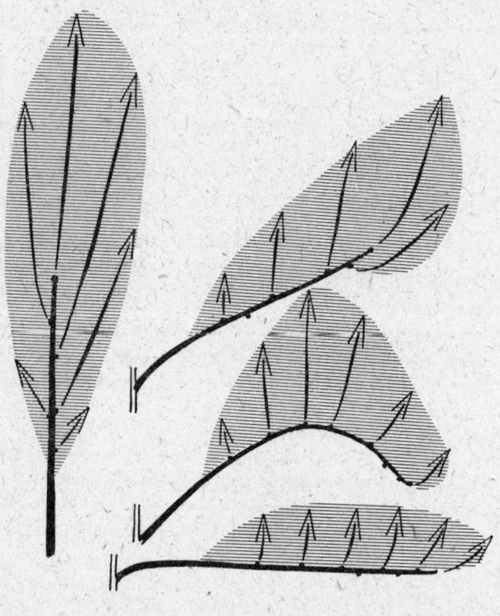

241 Diese Gesetze nach Ratschlag 240 können wir uns für die Erziehung der Gehölze nutzbar machen.
So können bei besonders stark treibenden Bäumen und spät mit dem Ertrag einsetzenden ein Teil der Äste oder Triebe in die waagerechte Stellung gebunden werden. Dadurch wird das Wachstum gebremst und die Blütenknospenbildung positiv beeinflußt. Diese Maßnahme ist besonders bei stark wachsenden Sorten-Unterlagen-Kombinationen zu empfehlen, die dadurch früher in den Ertrag kommen. Die starktreibenden Bäume sind auch mäßig und auf Auslage zu schneiden. Kommen diese Bäume auch dann nicht in den Ertrag, sollte man sich von ihnen trennen.

242 Bäume mit mangelhafter Triebleistung müssen stärker zurückgeschnitten werden.
Durch den stärkeren Schnitt wird in der Regel ein stärkerer Austrieb angeregt. Der Grund für zu schwachen Austrieb können schlechte Pflege, ungünstige Witterung usw. sein. Bei dieser Maßnahme sind auch vorhandene Blütenknospen mit zu entfernen, um die Neutriebbildung nicht durch den Fruchtansatz zu beeinträchtigen.

243 Jede Apfelsorte verlangt in der Regel eine spezifische Schnittbehandlung.
So wächst die Sorte 'Gloster' von Natur aus steil aufrecht mit einer sehr engen Stellung der Gerüstäste. Daher ist es bei dieser Sorte notwendig, bereits beim Pflanzschnitt die Bäume richtig zu formieren. Alle steil stehenden Triebe sind zu binden, um flach ansetzende Gerüstäste zu erhalten. In den ersten Standjahren sollte nur mäßig geschnitten werden. Eventuell sind zu steil stehende Triebe oder Äste zu entfernen. Die Sorte 'Jonagold' neigt zu einem hängenden Wuchs, daher ist ein Binden nicht notwendig. Später muß darauf geachtet werden, daß sich eine Krone bildet, aber ein Überbauen derselben verhindert wird

244 Der Schnitt der Spurtypen sollte sich nach dem Wuchscharakter der Sorte richten.
Der Pflanzschnitt wird in der Regel wie im Ratschlag 455 beschrieben durchgeführt. Der Konkurrenztrieb ist zu entfernen. Bei den besonders steil wachsenden Sorten der Red-Delicious-Gruppe wie 'Starkrimson' und 'Wellspur' ist später auf Auslage zu schneiden, um die Bäume etwas in die Breite zu ziehen. Abgetragene 3- bis 4jährige Fruchtäste sind bis auf die Basis zu entfernen. Junges Holz für die Fruchtholzbildung ist nachzuziehen. Kurztriebe sollten nicht zurückgeschnitten werden.

245 Als neue Erziehungsform setzt sich in den Gärten immer mehr die schlanke Spindel im Pillarsystem durch.

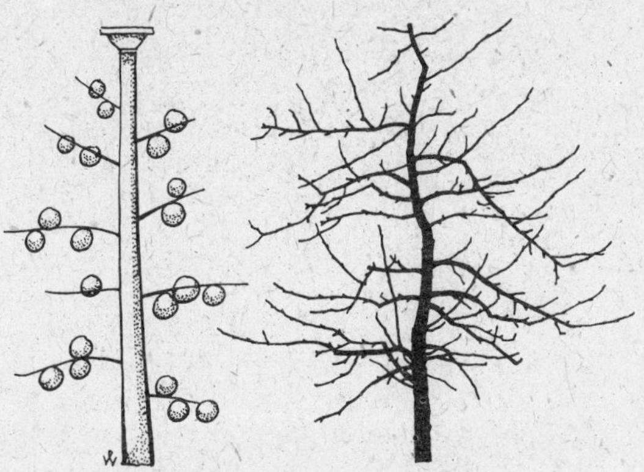

Pillar-Theorie und -Praxis

Dieser Baum besteht nur aus dem Mittelast, an dem sich die fruchttragenden Äste befinden. Diese werden nach dem Abtragen auf 2 Augen oder bei älteren auf Astring entfernt. Der Austrieb an den Schnittstellen wird wieder zu Fruchtholz entwickelt. Damit erreichen wir einen kontinuierlichen Fruchtholzumtrieb, der dazu beiträgt, stets qualitativ hochwertige Früchte zu erzeugen.

246 Pflaumenbüsche und Süßkirschviertelstämme werden beim Pflanzschnitt ebenso wie Apfelbüsche oder -viertelstämme behandelt.
Dieser Schnitt trifft insbesondere zu, wenn Bäume unter extensiven Bedingungen z. B. im Gras, in Hühnerausläufen oder in Gemüsegärten wachsen, d. h. mit der Absicht angepflanzt wurden, Unterkulturen anzubauen. Mit diesem Schnitt soll ein vorzeitiges Vergreisen der Bäume verhindert werden. Bäume, die unter intensiven Bedingungen, d. h. optimaler Pflege, ohne Unterkulturen usw. angebaut werden, brauchen nicht so stark zurückgeschnitten werden, da sie unter diesen günstigen Bedingungen stärker austreiben. Der Erziehungsschnitt ist notwendig zum Aufbau des gewünschten Kronengerüstes, dabei sind die Gesetzmäßigkeiten der Schnittwirkung mit zu beachten. Schneiden wir sehr stark zurück, erhalten wir einen starken Austrieb aus den wenigen verbliebenen Augen, schneiden wir relativ schwach zurück, erhalten wir einen schwachen Austrieb mit einer großen Anzahl von Trieben. Entsprechend der Wüchsigkeit der Sorte und der Beachtung des Unterlageneinflusses ist so zu schneiden, daß ein günstiges Verhältnis zwischen Wuchs und Ertrag entsteht („physiologisches Gleichgewicht").

247 Der Erziehungsschnitt junger Apfelspindeln dient der Formierung des Kronengerüstes.

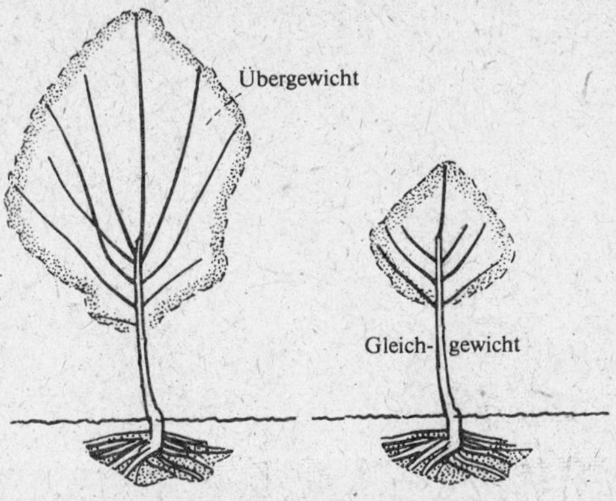

Wir verteilen die Seitenäste gleichmäßig am Mittelast. An diesen Seitenästen entwickelt sich später das Fruchtholz. Auch der Pflanzschnitt rechnet mit zum Erziehungsschnitt. Wir entfernen grundsätzlich die Konkurrenztriebe. Alle anderen Triebe werden eingekürzt. Bei jedem Seitentrieb soll die Knospe nach dem Schnitt schräg nach außen stehen. Den Mitteltrieb kürzen wir so, daß eine spitzpyramidale Krone entsteht. Wir gleichen durch diesen Schnitt das gestörte Verhältnis Krone:Wurzel aus und erreichen ein gutes

System
„Schlanke runde Spindel“

ungeschnitten

geschnitten

System
„Pillar“

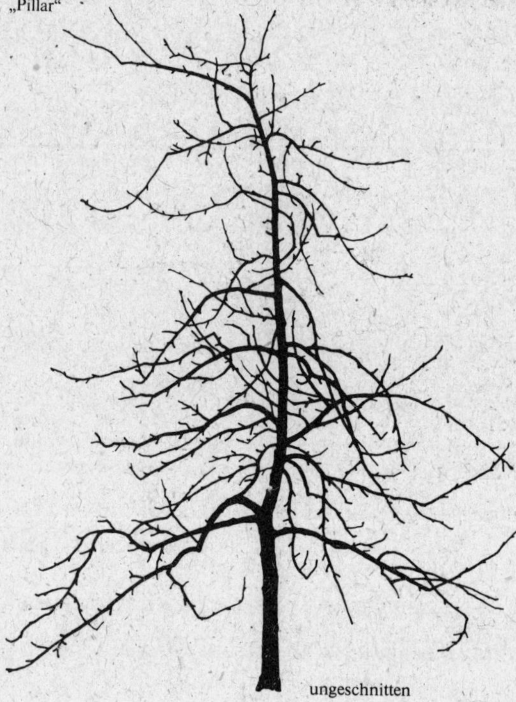

ungeschnitten

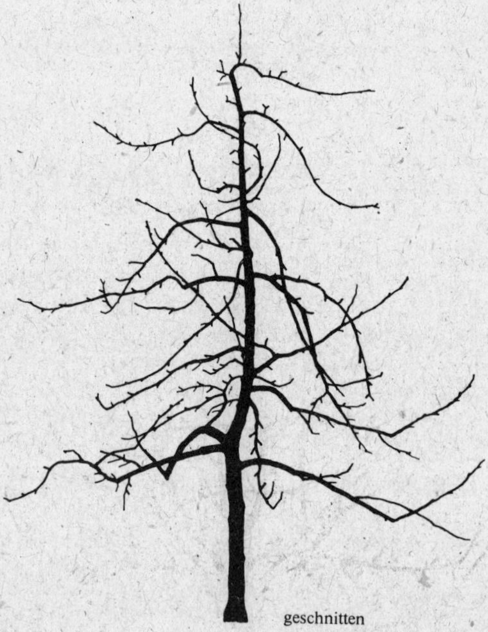

geschnitten

Anwachsergebnis. Im zweiten Jahr entfernen wir grundsätzlich wieder die Konkurrenztriebe. Die Seitenäste werden auf Auslage geschnitten, und wir kürzen den Mitteltrieb entsprechend des entwickelten Neuwuchses. Alles andere Holz wird belassen, damit es sich zu Fruchtholz entwickeln kann. Zu steil stehende Äste bringen wir in die Waagerechte, damit sich auch an diesen Trieben Blütenknospen bilden.

Aufbau einer Krone

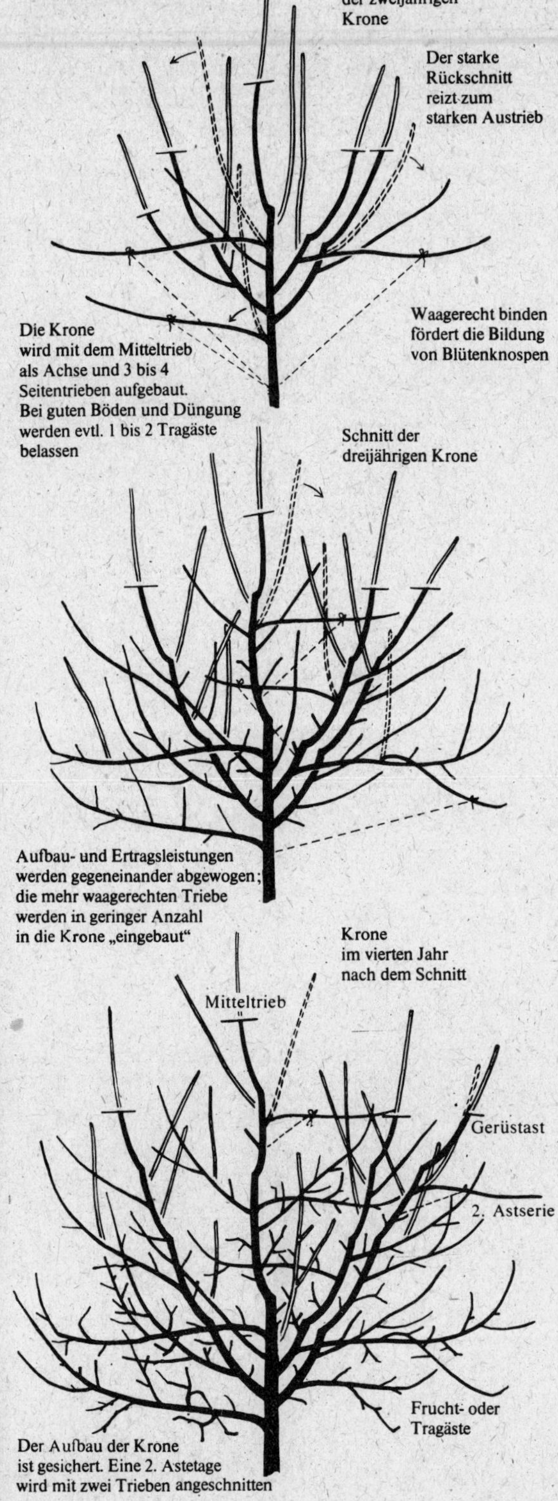

248 Durch Beobachten des Zuwuchses kann man am besten beurteilen, ob im Vorjahre zu kurz oder zu lang geschnitten wurde.
Wenn beim Spindelbusch beispielsweise alle Augen so ausgetrieben sind, daß die oberen längere Triebe und die unteren kurze gebildet haben, dann war richtig geschnitten. Beim Haupttrieb ist das besonders wichtig. An ihm dürfen keine kahlen Stellen entstehen. Aber auch an den Seitentrieben kann man die unteren Augen nicht zum Austreiben bringen, wenn die Triebe zu lang belassen wurden. Siehe Skizzenbeispiele.

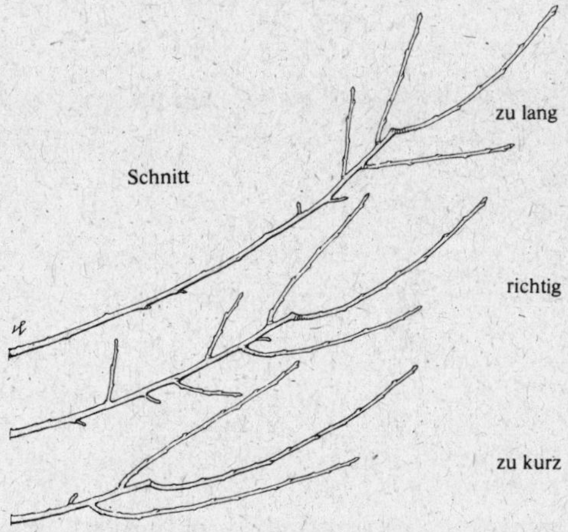

249 Der Auslichtungsschnitt an tragfähigen Obstbäumen ist im Laufe des Februars zu beenden.
Über das Auslichten ist im Ratschlag **106** nachzulesen. Hier soll nur noch einmal daran erinnert werden, daß von den abgeschnittenen Ästen und Trieben nichts liegenbleiben darf. Auch an den kleinsten Resten können Schadinsekten und auch Erreger von Krankheiten haften. Im übrigen ist darauf hinzuweisen, daß das Auslichten einige Wochen vor der Winterspritzung beendet sein sollte, damit an den Schnittflächen kein Schaden entsteht.

250 Mit dem Umveredeln älterer Steinobstbäume beginnt man schon Ende Februar, sofern das Wetter dazu geeignet ist.
Da die Safttätigkeit beim Steinobst früher beginnt als beim Kernobst, nimmt man bei den Kirschen das Umveredeln zuerst vor. Die sicherste Veredlungsart ist das Pfropfen mit Geißfuß. Voraussetzung für gutes Gelingen sind glatte Schnittflächen am Edelreis und an der Unterlage. Dazu gehört ein scharfes Messer. Es gibt spezielle Geißfußmesser, doch ist der Geißfußschnitt mit einem Kopuliermesser oder einer Veredlungshippe nach einiger Übung viel besser auszuführen. Der keilförmige Schnitt am Edelreis muß in den Ausschnitt des zu veredelnden Astes genau hineinpassen, so daß kein Zwischenraum entsteht und Rinde auf Rinde kommt. Je nach Stärke der Äste erhält jeder Pfropfkopf 2 bis

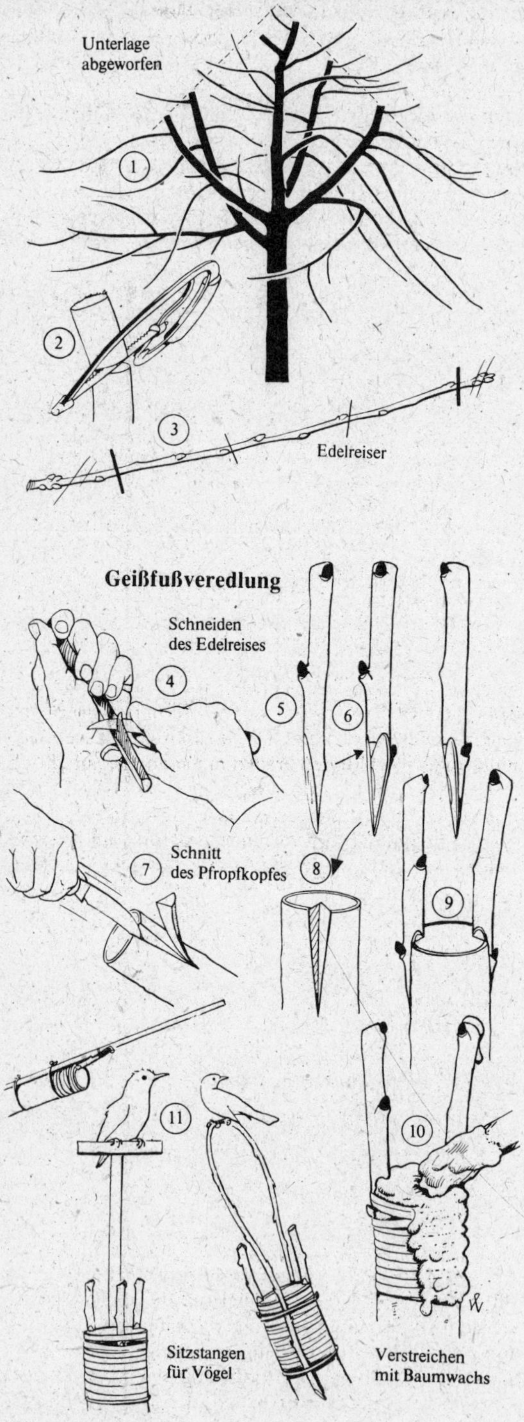

4 Edelreiser. Die Veredelungsstelle wird mit Bast verbunden und mit Baumwachs bestrichen, ebenso die Köpfe der Edelreiser, so daß die Schnittstellen von der Luft abgeschlossen sind. Nur so kann man das Eintrocknen der Edelreiser verhindern. Bevor der Keilschnitt ausgeführt wird, ist der Pfropfkopf auf die richtige Länge zu schneiden. Beim Abwerfen (s. Ratschlag **100**) wurde er etwas länger gelassen. Die neue Schnittfläche ist ebenfalls mit Baumwachs zu bestreichen. Damit sich die Vögel nicht auf die Pfropfköpfe setzen können und die Edelreiser abbrechen, versieht man sie mit einem Schutz (siehe Skizze).

251 Weinreben sollte man bei frostfreiem Wetter ab Ende Februar schneiden, damit keine Saftverluste entstehen.

Bei Weinreben setzt die Saftbewegung sehr zeitig ein. Darum darf man den Schnitt nicht zu lange verzögern, sonst tritt aus der Schnittfläche Saft aus. Man sagt, die Reben verbluten. Dadurch verliert der Weinstock einen Teil seiner Aufbaustoffe. Herrscht Ende Februar starkes Frostwetter, dann schiebt man den Schnitt bis nach der Frostperiode auf. Es kann sonst passieren, daß der Frost durch das Mark der angeschnittenen Rebe bis zum ersten Auge vordringt und dieses zerstört. Wie der Schnitt ausgeführt wird, ist aus den Skizzen ersichtlich.

252 Bei frühblühenden Obstbäumen kann man den Austrieb in frostgefährdeten Lagen verzögern, wenn die Erde mit Stroh oder ähnlichem Material bedeckt wird.

Als einfaches Mittel, die Blütezeit unserer Obstbäume zu verzögern, hat sich das Bedecken des Bodens mit einer starken Stroh- oder Laubschicht bewährt. Auch Torf ist dazu geeignet. Diese Bodenbedeckung wird im Februar vorgenommen, wenn der Boden noch durchfroren ist. Die Bodendecke soll verhindern, daß die Erde vorzeitig auftaut. Dadurch wird der Austrieb etwas hinausgezögert, so daß auch das Entfalten der Blütenknospen später eintritt. Manchmal ist ein Aufschub von Tagen schon ausschlaggebend.

253 Bei Pfirsichen an Spalieren verzögert man die Blütenentfaltung durch das Vorhängen von Bastmatten, Schattenleinen oder ähnlichen Stoffen.

Schnitt des Weines

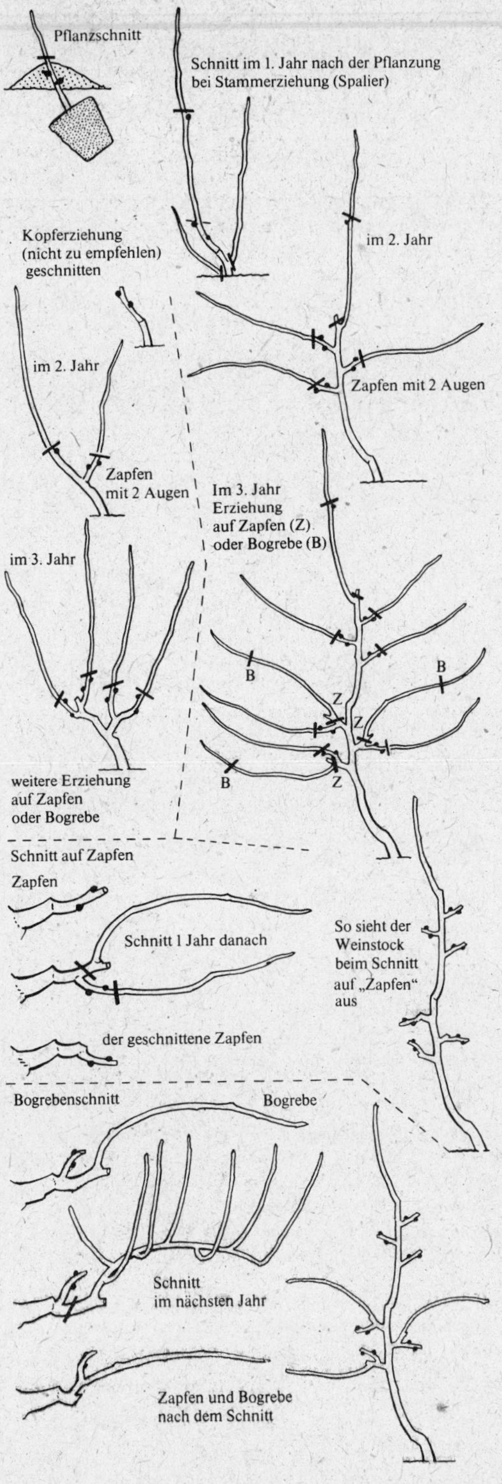

Damit hält man den Einfluß der Wintersonne auf den Austrieb zurück, und die Blütezeit beginnt wesentlich später. Damit durch Wind keine Schäden an den Knospen entstehen, müssen die Schutzmittel mit Abstand vom Spalier aufgehängt und straff gespannt werden. Auf die gleiche Weise kann man bei blühenden Spalierpfirsichen (auch Aprikosen) Frostschäden verhindern. In diesem Falle sind die Decken aber nur über Nacht aufzuhängen, damit der Spalierhintergrund tagsüber durch die Sonne erwärmt wird.

254 Stachel- und Johannisbeeren treiben sehr zeitig aus, so daß die Frühjahrspflanzung schon Ende Februar vorzunehmen ist.

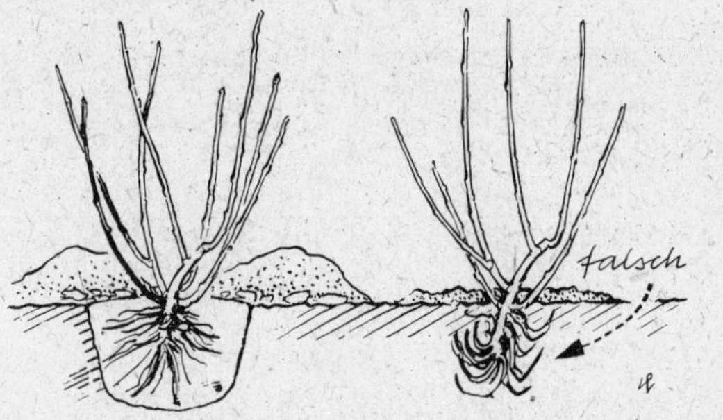

Diese Beerensträucher und -stämme brauchen keine großen Gruben. Das Pflanzloch wird nur so groß ausgeworfen, daß die Wurzeln bequem hineinpassen. Bei minderwertigem Boden ersetzt man den Aushub durch ungesiebte Komposterde. Stalldünger gibt man nicht in das Pflanzloch, sondern deckt damit nach dem Pflanzen die Pflanzstelle ab. Er verhindert, daß die im Wurzelbereich liegende Erde nach dem Angießen schnell austrocknet und fördert das rasche Einwurzeln der Pflanzen. Über den Pflanzschnitt ist bei der Herbstpflanzung im Oktober nachzulesen.

255 Die Mehltaubekämpfung bei den Äpfeln beginnen wir bereits im Februar.

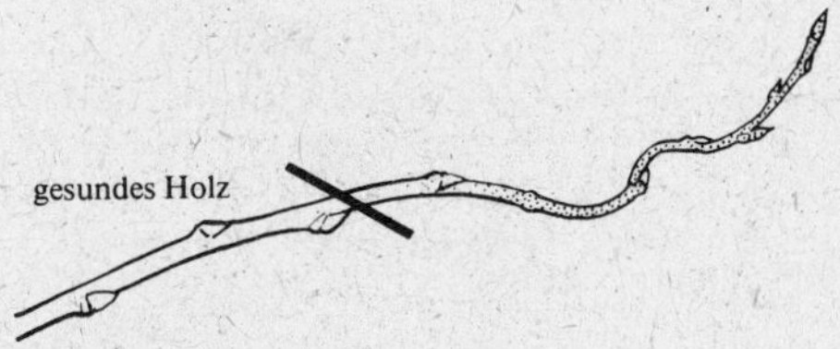

Alle mit dem typischen grauen Pilzmyzel überzogenen Triebe müssen bis ins gesunde Holz zurückgeschnitten werden. Diese Maßnahme trägt dazu bei, besonders bei den stärker mehltauanfälligen Sorten 'Idared', 'Jonathan', 'Auralia' und 'Undine' den weiteren Befall wesentlich einzuschränken, so daß chemische Bekämpfungsmaßnahmen nur noch bedingt notwendig werden.

256 Das Pflanzen von Obstbäumen wird durch Zuschütten der im Januar (s. Ratschlag 117) oder früher ausgeworfenen Pflanzgruben vorbereitet.
Soweit das noch nicht geschehen ist, wird mit dem Zuschütten eine Bodenverbesserung verbunden. Sie erweist sich vor allem dort als vorteilhaft, wo nur eine schwache Schicht Kulturerde vorhanden und die darunter liegende nicht viel wert ist. Ob man zum Bodenverbessern Torf, Dungerde oder Kompost verwendet, spielt eine untergeordnete Rolle. Einer oder auch mehrere Stoffe werden mit dem Aushub außerhalb der Grube gemischt. Das Untermischen von Mineraldünger, insbesondere von Thomasmehl und Kali als Vorratsdünger, ist möglich. Man gibt sie aber besser später von oben. Das rechtzeitige Füllen der Pflanzgruben bewirkt, daß die eingefüllte Erde bis zum Pflanzen etwas zusammensackt. Andernfalls senkt sich der gepflanzte Baum mit und steht dann zu tief.

257 Die im Januar (Ratschlag 116) vorbereiteten Baumpfähle muß man nach dem Einfüllen der Erde (Ratschlag 256) so einschlagen, daß sie mit der Spitze möglichst noch im festen Untergrund stehen.

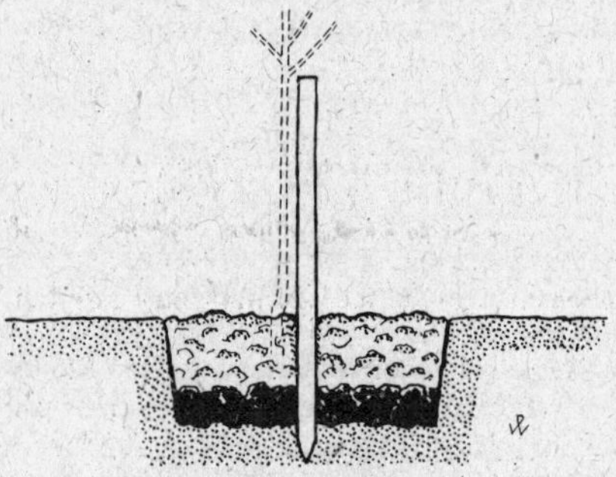

Sie haben dadurch einen besseren Halt. Außerdem können sie nicht absinken, wenn die eingefüllte Erde zusammensackt. Die Pfähle müssen bis dicht unter den untersten Kronentrieb reichen. Beim Einschlagen läßt man sie etwa 10 cm länger als die vermutliche Stammhöhe. Die richtige Höhe erhalten sie dann erst beim Pflanzen. Das ist besser, als wenn man sie später hochziehen muß, denn dabei werden sie locker. Natürlich kann man die Pfähle auch erst beim Pflanzen einschlagen, vor allem wenn es sich nur um einige Bäume handelt. Auf jeden Fall ist zu beachten, daß der Baum an den Pfahl gepflanzt wird und nicht umgekehrt (s. auch Ratschlag **454**).

258 Winterspritzungen mit Gelbspritzmitteln sollten nur bei hoher Luftfeuchtigkeit und bedecktem Himmel erfolgen.
Schnell antrocknender Spritzbelag wird durch Regen schneller abgewaschen als langsam antrocknender. Zudem kann länger feucht bleibende Spritzbrühe besser in die Schlupfwinkel der Schädlinge eindringen.

259 Bei Bäumen, die spät mit dem Ertrag einsetzen und stark treiben, ist das Binden einjähriger Langtriebe zu empfehlen.

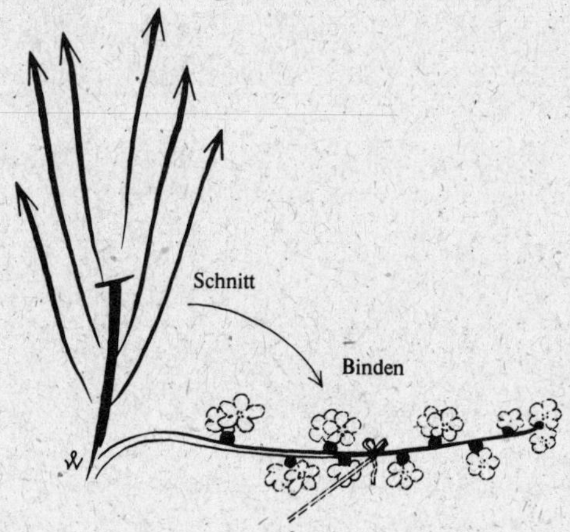

Dadurch verringert sich das Triebwachstum, und durch die waagerechte Stellung der Triebe kommt es an ihnen zur Ausbildung von Blütenknospen. Schnitteingriffe würden wiederum nur bevorzugt das Triebwachstum begünstigen.

260 Einjähriges Holz, das an jungen Bäumen bereits Blütenknospen gebildet hat, wird beim Schnitt geschont.
Die Knospen am einjährigen Langtrieb blühen in der Regel 8 bis 10 Tage später als die Knospen im mehrjährigen Bereich (Kurztriebe). Daher kann die eine oder andere Blütengruppe Spätfrösten entgehen, ohne daß es zu einem Totalausfall kommt.

261 Quitten läßt man am besten als Busch wachsen.
Deshalb schneiden wir beim Pflanzen nur den Mitteltrieb an, entfernen evtl. einige stärkere Triebe, belassen aber alles weitere Beiholz. In den ersten 3 bis 4 Jahren schneiden wir nicht. Bei älteren Sträuchern wird in späteren Jahren nach Bedarf ausgelichtet.

Ziergarten

262 Jeder frostfreie Wintertag ist zum Lüften und zur Kontrolle der Knollenlager (Gladiolen, Dahlien) auszunutzen.
Dahlienknollen sind am meisten gefährdet, wenn der Lagerraum zu feuchte Luft enthält. Sofern sie auf Haufen liegen, müssen sie immer wieder umgeschichtet werden. Die Gladiolenknollen sind laufend zu überprüfen, damit sich die Lagerfäulen nicht ausbreiten (s. auch Ratschlag **149**).

263 Das Auslichten und eventuelle Zurückschneiden der Ziergehölze ist im Laufe des Februars zu beenden.

Dabei sind alle Angaben zu beachten, die in den Ratschlägen **135** bis **137** gemacht wurden. Da auch an den Ziergehölzen Schädlinge und Krankheitserreger überwintern, müssen alle abgeschnittenen Teile sorgfältig aufgelesen und verbrannt werden. Wer in seinem Garten veredelte Fliedersträucher stehen hat, muß alle Bodentriebe rücksichtslos entfernen. Man kann sie nicht zum Vermehren verwenden, weil sie aus der Unterlage entstehen, auf die die Sorten veredelt sind. Das gilt auch für andere nicht auf eigener Wurzel stehende Ziergehölze. Beim Auslichten darf man auch die Schlinggehölze nicht vergessen (s. auch Ratschlag **134**).

264 Im Herbst ohne Rückschnitt gepflanzte Ziergehölze müssen spätestens Ende März zurückgeschnitten werden. Das gilt jedoch nicht für Zwerggehölze und Nadelgehölze, die man in genügend großen Containern gekauft und ohne Beschädigung des Wurzelballens gepflanzt hat.

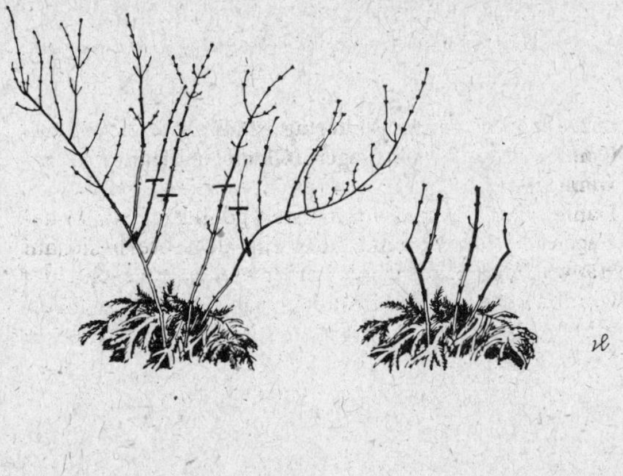

Bei diesem Rückschnitt werden die in den Ratschlägen **135** bis **137** aufgezeigten Unterschiede nicht berücksichtigt. Hier gilt es, erst einmal ein kräftiges Gerüst von Zweigen aufzubauen. Bei schwachtriebigen Gattungen oder Arten schneidet man zwei Drittel weg, während bei den starktriebigen etwa die Hälfte stehenbleibt. Darüber hinaus sind alle schwächlichen Triebe ganz zu entfernen. Wie der Rückschnitt erfolgt, ist aus der Skizze zu ersehen. Es darf auf keinen Fall ein Heckenschnitt angewendet werden.

265 Wildrosen und ähnliche, die keinen Winterschutz benötigen, schneidet man bei frostfreiem Wetter schon Ende Februar.

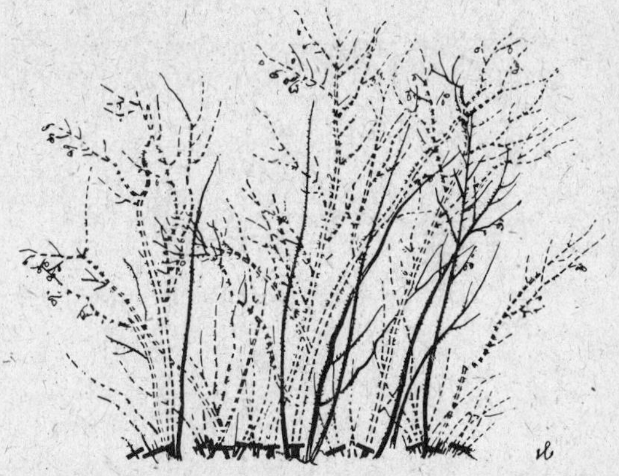

Im großen und ganzen beschränkt man sich bei Wildrosen auf das Auslichten. Höchstens sehr alte, zu groß gewordene Büsche werden einem starken Rückschnitt unterworfen. Dabei sind die ältesten Triebe am Erdboden abzuschneiden, damit man die Sträucher mit den jungen wieder aufbauen kann. Wenn man, wie bei den Stachel- und Johannisbeeren, von Anfang an jährlich den einen oder anderen alten Trieb herausnimmt und einen jungen nachwachsen läßt, ist ein radikaler Verjüngungsschnitt nur selten nötig (s. Ratschlag **110**).

266 Die Pflanzstellen für Ziergehölze sind schon im Laufe des Februars vorzubereiten, wenn der Boden frostfrei ist.

Im allgemeinen genügt es, den Boden zwei Spatenstiche tief zu lockern. Wenn eine Strauchgruppe gepflanzt werden soll, holländert man am besten das ganze Stück. Bei Einzelpflanzungen wird eine Fläche von etwa 1 m^2 bearbeitet. Im oberen Spatenstich bringt man Torf oder verrotteten Stalldünger unter, damit eine Humusgrundlage entsteht.

267 Die im März zur Pflanzung vorgesehenen Ziergehölze sollte man bereits jetzt bestellen.

Wählt man die Pflanzen selbst in einer Baumschule oder Center aus, sollte man grundsätzlich nur jungwüchsige Pflanzen oder Containerware kaufen. Der

Verwendungszweck spielt beim Bestellen eine große Rolle. Zur Einzelstellung wählt man reich und auffällig blühende Gehölze. Beispiele: Blutjohannisbeere *(Ribes sanguineum)*, Falscher Jasmin *(Philadelphus)*, Flieder *(Syringa)*, Forsythie *(Forsythia)*, Goldregen *(Laburnum)*, Scheinquitte *(Chaenomeles japonica)*, Schneeball *(Viburnum)*, Seidelbast *(Daphne)*, Spierstrauch *(Spirae)*, Tamariske *(Tamarix)* und Weigelie *(Weigela)*. Zum Verdecken von unschönen Stellen im Garten genügen alle anderen Ziersträucher. Über Größenverhältnisse, Blütezeit usw. ist in der Tabelle nachzulesen. Über Schling- und Klettergehölze informieren die Seiten 404, 405 und 458.

268 Immergrüne Gehölze und auch Stauden schützt man im Februar bei strengem Frost gegen die Wirkung der oft schon recht intensiven Sonnenstrahlen.

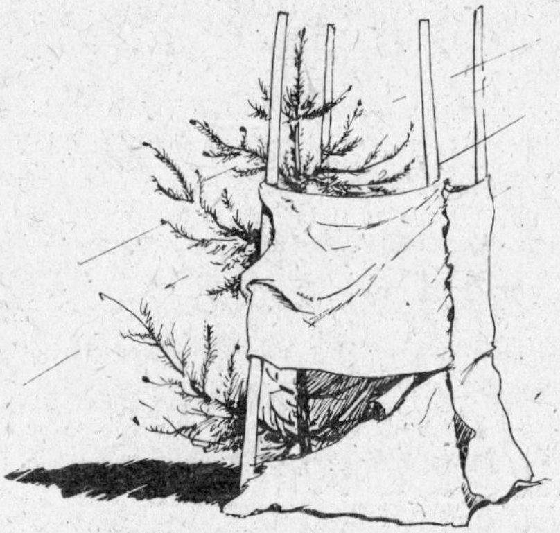

Wenn im Februar der Boden noch stark durchfroren ist, können die Pflanzen dem Boden kein Wasser entnehmen. So kann es passieren, daß sie vertrocknen, denn die Transpiration (Verdunstung) ihrer Blätter nimmt bei Sonnenschein sehr zu. Als Schutz genügt schon, alte Tücher vorzuhängen oder Schattengewebe, wie es bei den Frühbeeten als Sonnenschutz verwendet wird.

269 Sobald frostfreies trockenes Wetter eintritt, muß man mit dem Gießen bei immergrünen Gehölzen beginnen.

Das ist vor allem in Jahren mit niederschlagsarmen Wintern sehr wichtig. Vor dem Gießen wird der Boden unter den Pflanzen kräftig durchgegrubbert, damit das Wasser leicht eindringen kann. Man muß so durchdringend gießen, daß es nicht gleich wieder notwendig wird. Nach dem Gießen gibt man am besten eine Bodendecke aus Torf oder verrottetem Dünger, sofern man das nicht schon im Herbst getan hat.

270 Wenn der Boden völlig aufgetaut ist, sind die im Herbst gepflanzten Stauden durchzusehen, daß sie der Frost nicht hochgehoben hat.

Wer das nicht beachtet, kann unter Umständen große Verluste erleiden. Der Grad der Lockerung bestimmt, ob wir die betreffenden Pflanzen herausnehmen und neu einpflanzen müssen oder ob es genügt, sie festzudrücken. Wenn der Boden nur mäßig feucht ist, empfiehlt es sich, anschließend zu gießen.

271 Wenn man von seinen Hecken im Frühjahr einen guten Austrieb erhofft, muß der Rückschnitt Ende Februar beendet sein.

Das trifft vor allem auf Liguster-, Hainbuchen- und Weißdornhecken zu. Forsythien- und Scheinquittenhecken schneidet man am besten erst nach der Blütezeit, wenn es sich nicht um fehlerhafte Hecken handelt. Diese müssen sehr stark gekürzt werden. Auf die Blütentriebe darf man dann keine Rücksicht nehmen. Näheres über den Winterschnitt der Hecken ist in den Ratschlägen 132 und 133 nachzulesen.

272 Wo die Anlage einer Trockenmauer vorgesehen ist, muß man schon im Laufe des Februars mit den Vorarbeiten beginnen.

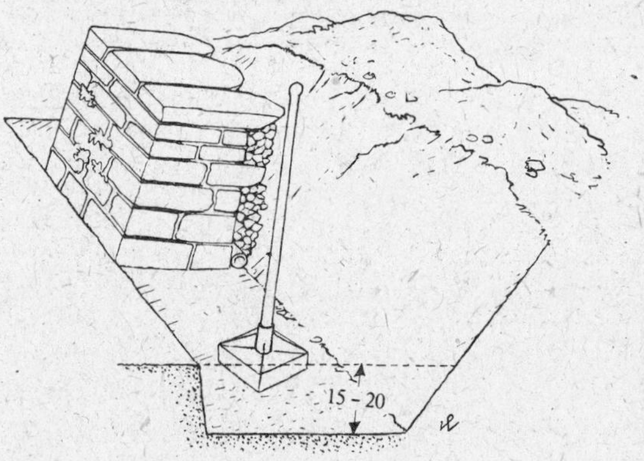

Im Frühjahr drängen sich die Arbeiten in unserem Garten so zusammen, daß es besser ist, sie möglichst schon jetzt zu erledigen. Dazu gehört auch das Ausheben der Erde für das fast immer nötige Fundament. Es soll das Absacken der Trockenmauer verhindern. Bei festem Untergrund (Lehm) genügt ein Aushub von 15 bis 20 cm. Bei nachgiebigem Boden muß man auf mindestens 30 cm gehen. Die nötige Tiefe hängt allerdings auch von der Höhe der vorgesehenen Trockenmauer ab. Die vorstehenden Angaben treffen auf Trockenmauern zu, die nicht höher als 60 cm sind. Beim Ausheben des Fundamentraumes darf man die darunterliegende Erdschicht nicht lockern, denn das Fundament muß eine feste Unterlage erhalten. An sich lockerer Untergrund wird darum festgestampft. Da man Trockenmauern in der Regel zum Überwinden von Höhenunterschieden baut, wird die hinter die Mauer zu liegen kommende Erdwand so abgestochen, daß beim Aufsetzen der Mauer keine Schwierigkeiten entstehen. Als idealste Lage einer Trockenmauer hat sich der Verlauf von Nordwest nach Südost gezeigt. Die Frontseite liegt dabei nach Südwesten. Sie kann aber auch nach Südosten zeigen. Auch direkte Südlage ist möglich, doch muß man dann in trockenen heißen Sommern sehr gut aufpassen, daß keine Verluste durch Vertrocknen eintreten. Im übrigen ist eine freie Lage Bedingung.

273 Zum Vorbereiten der Trockenmauer gehört auch das Beschaffen der Steine. Im allgemeinen verwendet man die Gesteinsart, die in der Nähe vorkommt.
Zur Trockenmauer eignen sich die Gesteinsarten am besten, die sich leicht bearbeiten lassen. Dazu gehören in erster Linie Kalkstein, Sandstein und Grauwacke, die dem Sandstein ähneln. Auch Schiefergestein ist brauchbar. In Gegenden mit Granitvorkommen kann auch dieses Gestein verwendet werden. Da zur Trockenmauer flächige Steine am besten zu verarbeiten sind und auch am besten aussehen, kauft man sie gleich fertig behauen. Die Steine brauchen nicht gleichgroß zu sein. Es ist sogar besser, wenn sie verschiedene Größen aufweisen. Auch gleiche Stärken sind nicht notwendig. Die Hauptsache ist, daß man mit einer Stärke möglichst durchlaufende Schichten erzielen kann, denn die waagerechten sollten gradlinig verlaufen. Steine, die schon längere Zeit den Witterungseinflüssen ausgesetzt waren, sind den frisch gebrochenen vorzuziehen.

Waagerecht betonte Mauer, Schichten laufen aber nicht durch

Leicht von der Waagerechten abweichende Mauer

Eine Mauer, die es gar nicht gibt . . . oder?

Die linke Mauer ist kopfschwer, die rechte wirkt wie „gewachsen“

Die Eier des Columbus

Selbstverständlich können auch Mauern aus Findlingen gebaut werden

274 Für ein geplantes Wasser- oder Planschbecken sollten die Erdarbeiten in Angriff genommen werden.
Um Wasserpflanzen in einem Becken unterzubringen, genügen für kleinere Verhältnisse 30 bis 40 cm Wassertiefe. Beim Planschbecken braucht man nicht über 30 cm hinauszugehen. Das Ausheben der Erde unterscheidet sich bei den angeführten Beckenarten dadurch, daß die Ränder des Wasserbeckens flach auslaufen und die des anderen senkrecht abfallen. Das Planschbecken wird rechteckig oder quadratisch angelegt. Diese Form sollte man beim Wasserbecken vermeiden und es als natürlichen, wenn auch kleinen Teich ausbauen. Es muß aber in seine nähere Umgebung passen und beispielsweise unauffällig zum Staudengarten überleiten.

275 Um das Material zu einem Wasser- oder Planschbecken muß man sich im Laufe des Februars kümmern, damit es beim Bau sofort zur Hand ist.
Zum Abdichten des Wasserbeckens kann man Dachpappe oder Lehm, noch besser Ton verwenden. Der ungefähre Bedarf läßt sich aus der ausgeschachteten Fläche errechnen. Dabei ist zu bedenken, daß man zwei Lagen braucht und daß jeder Dachpappenstreifen mindestens 10 cm überliegen muß. Zum Überkleben der Streifen wird eine gute Klebmasse benötigt, mit der auch die ganze zweite Lage auf die erste geklebt wird. Zur Uferlinie sind Mauersteine erforderlich, die längs verlegt werden, so daß man auch diesen Bedarf vorher errechnen kann. Zum Abdichten mit Ton muß die Schicht 15 cm stark sein, was beim Anschaffen zu berücksichtigen ist. Für das Planschbecken brauchen wir Ziegelsteine und Zement sowie den dazugehörigen Sand. Der Rand muß mit harten Klinkern ausgeführt werden. Ein Planschbecken kann man natürlich auch aus Beton herstellen. Dazu sind aber Verschalbretter nötig, um die Seitenwände hochzuziehen. (Beachte auch Ratschlag **274**).

276 Ein Sumpfbecken (Sumpfmulde) läßt sich auch in einem kleinen Garten errichten. Bis auf das Bepflanzen kann es bei jedem frostfreien Wetter angelegt werden.
In der vorgesehenen Größe wird eine Mulde ausgegra-

Wasserbecken für Pflanzen mit flachen Ufern

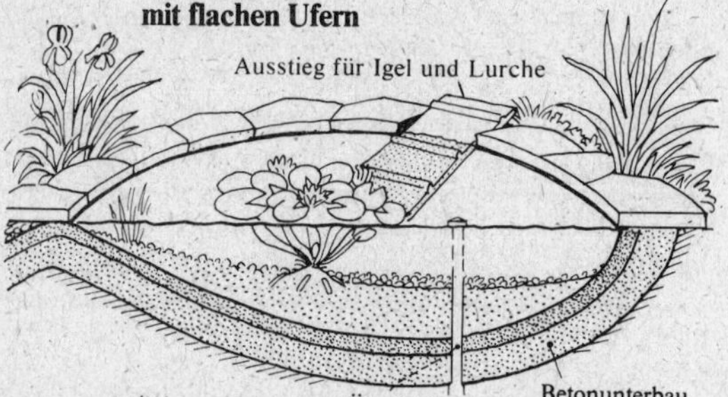

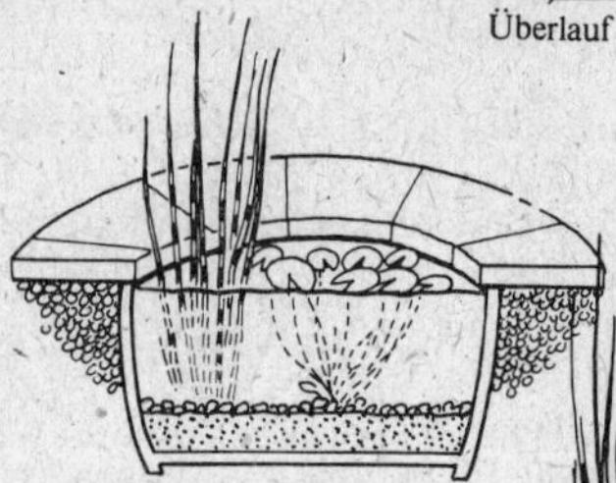

Ein halbiertes Faß
ein „halber“ Teich

Becken aus Kunststoff gibt es in vielen Größen und Formen

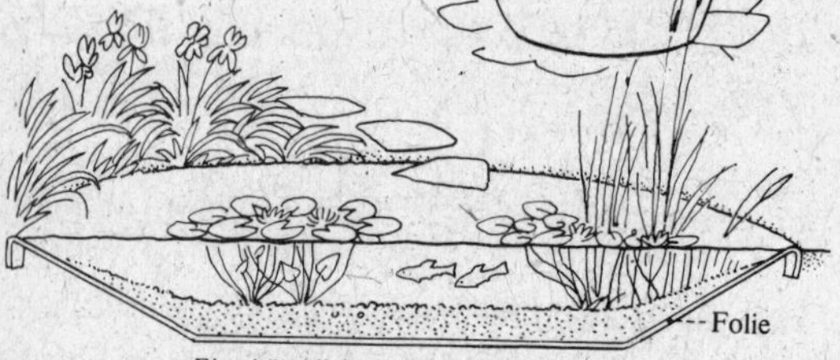

Ein „künstlicher“ kleiner Teich mit „natürlichem“ Ufer

Planschbecken

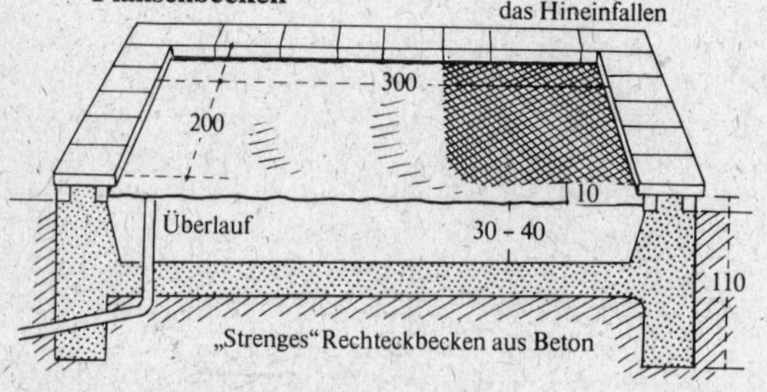

„Strenges“ Rechteckbecken aus Beton

Eine Planschmulde läßt sich oft leichter herstellen als ein Becken.

Eine solche „künstliche Pfütze“ ist die Wonne der Kinder

ben, die etwa 50 cm tief ist und nach den Rändern flach ausläuft. Damit das Wasser nicht zu schnell in den Untergrund abfließt, versieht man die Sohle der Mulde mit einer 4 bis 6 cm starken Lehmschicht, die festgestampft wird. Zum Füllen der Mulde verwendet man am besten eine Mischung aus gleichen Teilen nassem Torf und einer nährstoffreichen Humuserde, wie beispielsweise mit Nährstoffen angereicherte Lauberde oder gut verrottete Misterde. Wer sich Sumpfmoos (Sphagnum) beschaffen kann, sollte auch davon etwas dazwischen mischen. Mit dieser Mischung wird die Mulde so angefüllt, daß sich die Oberfläche der Umgebung anpaßt. Mit Sumpfmoos kann man auch die ganze Oberfläche der Mulde bedecken, was einen sehr guten Eindruck macht. Ende März wird die Sumpfmulde bepflanzt (s. auch Ratschlag **509**).

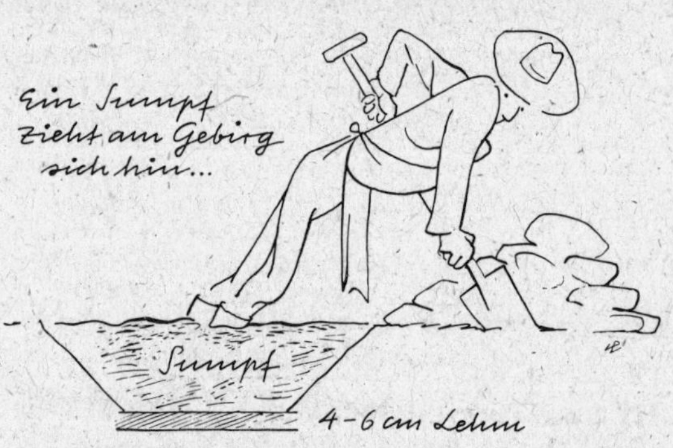

277 Mit einem Steingarten kann man nicht nur kleine Höhenunterschiede ausgleichen, sondern auch flache Hügel erstehen lassen.
Er läßt sich auch auf ebenem Boden anlegen und ist in kleinsten Ausmaßen überall unterzubringen. Man darf aber beim Planen die Umgebung nicht vergessen. Der Steingarten muß sich harmonisch einfügen und darf nicht zu einem Steinhaufen werden, in dem Pflanzen ein kümmerliches Dasein führen. Als Übergang zu einem Sumpfbecken ist er besonders gut geeignet, auch als Verbindung zu einem Heidegarten. Die Ecken eines Treppenaufganges kann man ebenfalls als Steingarten gestalten.

Steinkraut im Steingarten der Frau Ch. v. Stein

Der Steingarten

Ein Steinhaufen ist (noch) kein „Steingarten"

Unser Steingarten ist weder eine mineralogische Sammlung noch ein Bau, auf den man Mauersteine setzt

Unbrauchbares „Gestein"

Denk-mal! . . . (darüber nach, wo der Hund begraben liegt?)

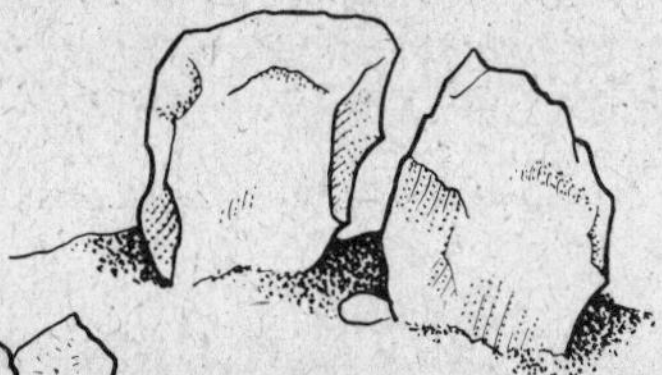

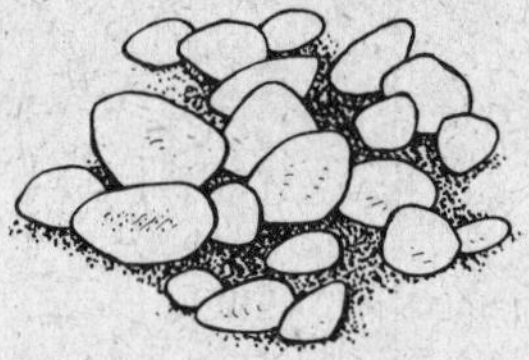

Uneinheitliches Steinmaterial lenkt die Aufmerksamkeit von den Pflanzen ab

Zu kleine Steine werden überwuchert und geben keine Wirkung

Phantasielos

Zackiges Alpinum in Reih und Glied

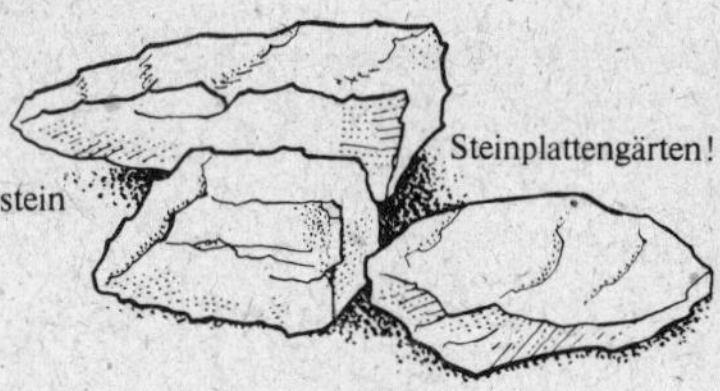

Für architektonische Steingärten eignet sich kantiges Gestein (z. B. Trockenmauern)

Steinplattengärten!

Natürlichkeit

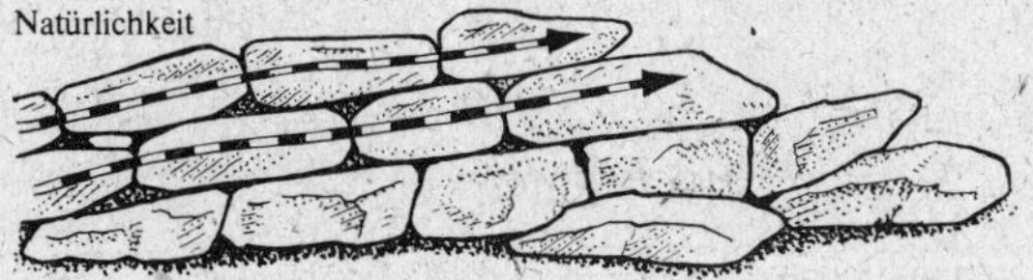

Das Gestein „streicht" im Gebirgsstock und liegt (!) allgemein übereinander

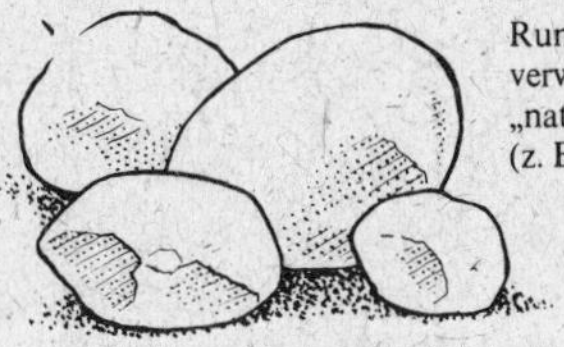

Runde Steine verwenden wir für „naturhafte" Steingärten (z. B. Findlinge)

Lagerung Bei richtiger Lagerung kann kein Stein umfallen

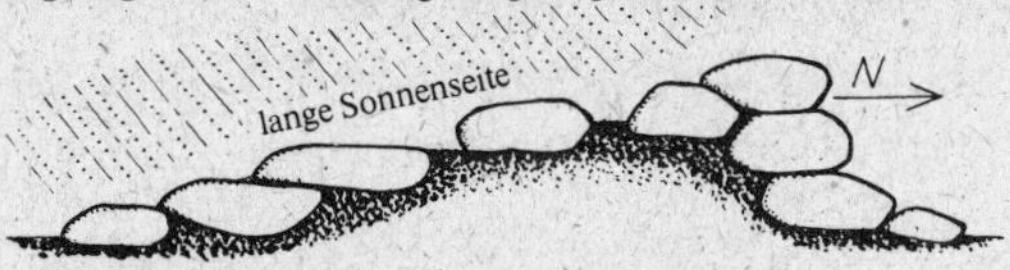

Der Steingarten soll der Sonne zugewandt sein

Licht- und Schattenseiten

So versagen wir uns oft den schönsten Blütenschmuck

Aussehen und optische Wirkung beachten!
Im allgemeinen setzt man größere Blöcke an den Fuß des Steingartens

Ein großer Stein auf einem kleinen Hügel kann den Steingarten „zieren" oder „zerstören". Es kommt auf das Stilempfinden des einzelnen Menschen an

Anlage eines Steingartens

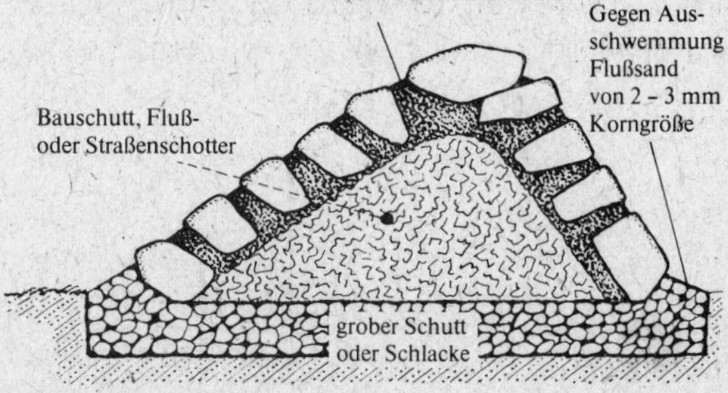

Treppe zu den hängenden Gärten der Semiramis?

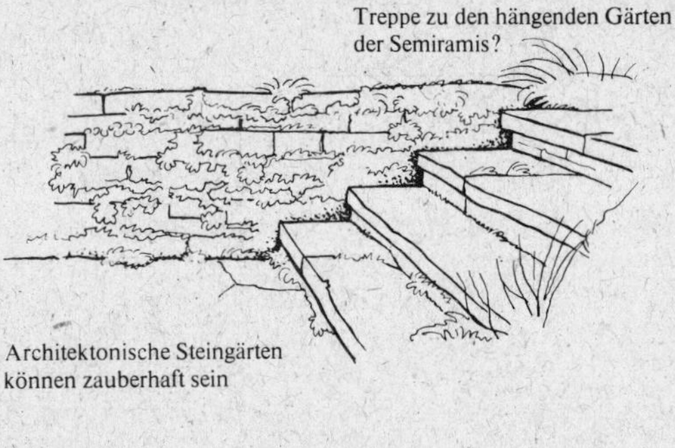

Architektonische Steingärten können zauberhaft sein

278 Neben den Steinen braucht man zum Steingarten auch den Pflanzen zusagende Erde. Torfkulturerde ist ein gutes Hilfsmittel.

Nachdem die Steine verteilt sind, wird der zwischen ihnen liegende Boden gründlich (möglichst zwei Spatenstiche tief) bearbeitet. Humus muß auf jeden Fall eingearbeitet werden, ganz gleich, ob es sich um Sand- oder Lehmboden handelt. Die Stellen, die mit Heidepflanzen besetzt werden sollen, müssen besonders reichlich damit bedacht werden. Wer zum Anreichern mit Humus die im Ratschlag **196** beschriebene Torfkulturerde zur Verfügung hat, braucht sich um die Nährstoffzufuhr nicht zu kümmern. Beim Verwenden anderer Humusstoffe (Torf, Komposterde, stark verrottete Misterde) streut man je m^2 100 g Hornspäne, 100 g Knochenmehl und 20 g, möglichst chlorfreien, Kalidünger auf das gelockerte Land und grubbert die Dünger oberflächlich ein. Auf diese Weise schafft man den Pflanzen eine Nährstoffquelle, die sehr anhaltend wirkt.

279 Der Rohbau eines geplanten Steingartens wird in die weniger arbeitsreiche Zeit verlegt. Das heißt, sobald der Boden frostfrei ist, kann man ihn bis auf das Bepflanzen fertig machen.

Wie für die Trockenmauer (beachte Ratschlag **273**) eignen sich auch zum Steingarten die Steine am besten, die flächig und gut bearbeitbar sind. Findlinge sehen nicht immer gut aus. Sie dürfen nur mit den Köpfen aus der Erde schauen. Sand- und Kalksteine, auch Marmor und Grauwacke sowie Granitsteine sollte man nie einzeln lagern. Mit ihnen lassen sich sehr gut Gruppen in einigen Schichten anordnen. Dabei muß man sich streng an das natürliche Vorkommen halten. Das Schichten erfolgt demnach schräg oder waagerecht. Es muß immer so aussehen, als ob die Steine aus dem Boden herauswüchsen. Durch die Gruppenanordnung der Steine ergeben sich viele Bepflanzungsmöglichkeiten. Die Gesteinshäufungen können mit Trockenmauerpflanzen beschickt werden. An ihren Grund pflanzt man mehr Feuchtigkeit liebende. Auf geeignete Pflanzen wird beim Bepflanzen (März) eingegangen (s. Ratschlag **495**).

280 Gute Wasserdurchlässigkeit ist bei einem Steingarten die Voraussetzung für optimale Pflanzenentwicklung.

Bei den Steingartenpflanzen handelt es sich meist um Pflanzen, die in Gebirgs- oder Geröllboden ihren Heimatort haben. Stehende Nässe, wie überhaupt nasse Böden vertragen die wenigsten. Wo die Durchlässigkeit des Bodens nicht gewährleistet ist, muß sie geschaffen werden. Dazu wird die Erde vor dem Verteilen und Setzen der Steine mindestens 25 cm tief ausgehoben, der Untergrund spatentief gelockert und mit einer Schicht wasserdurchlässigem Material bedeckt. Am besten eignet sich dazu grobe Schlacke, die

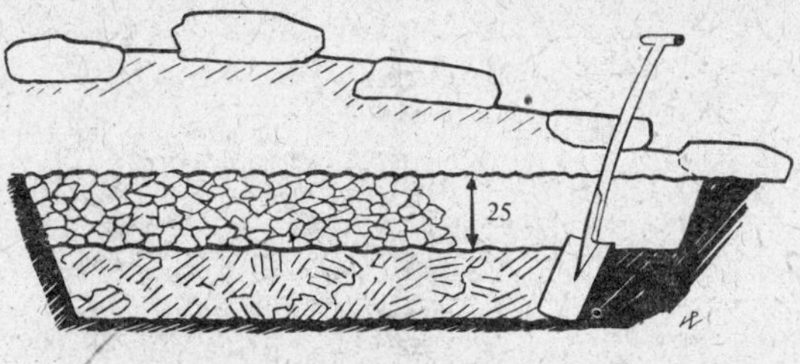

überall billig zu beschaffen ist. Auf die Schlakkenschicht wird die ausgehobene Erde wieder aufgebracht.

281 Wo Gelände erhöht oder Erdreich abgetragen werden soll, muß man die in diesen Bereichen stehenden Bäume entsprechend behandeln.

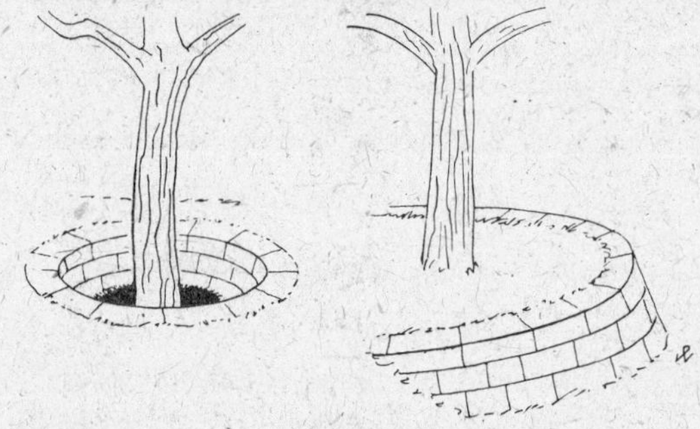

Man darf die Stämme nicht einschütten, sonst gehen die Bäume an Luftmangel zugrunde. Dabei ist es gleichgültig, ob es sich um Obst- oder andere Bäume handelt. Auch die Bäume können nicht weiterleben, bei denen die Hauptwurzeln durch Abtragen von Erde freigelegt wurden. Wie Schäden verhindert werden, zeigen die Skizzen.

282 Größere Höhenunterschiede im Garten machen das Erstellen von Treppen notwendig.

Sie müssen sich bequem begehen lassen. Darum darf die Tritthöhe höchstens 15 cm betragen. Besser ist es, wenn man die Stufen nur 10 bis 12 cm hoch macht. Die Stufenhöhe bestimmt auch die Auftrittsbreite (Stufen-

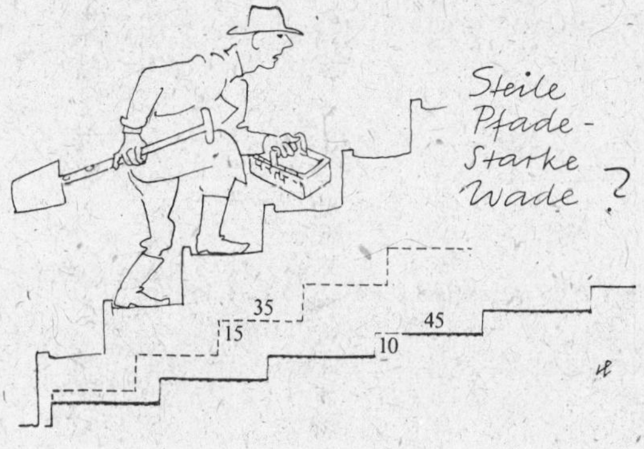

tiefe). Bei 15 cm genügen etwa 35 cm, während bei 10 cm 45 und bei 12 cm 40 cm üblich sind.

283 Treppenstufen dürfen nicht genau waagerecht verlegt werden.
Sie müssen ein Gefälle von etwa 4 % aufweisen, damit kein Regenwasser stehenbleibt. Es muß über die ganze Treppe ablaufen können.

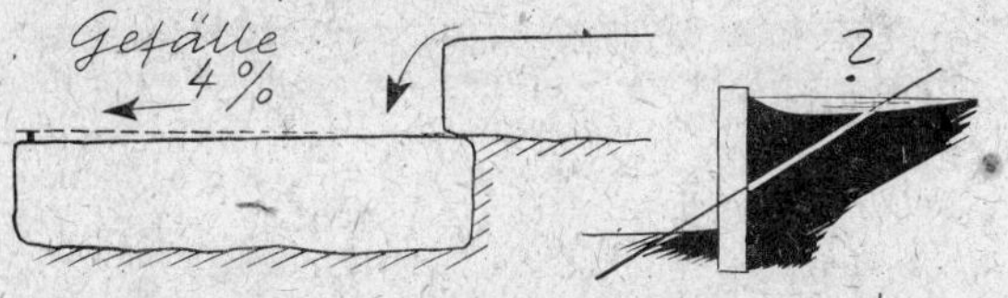

284 Jede Treppenstufe muß einen festen Untergrund haben, damit sie sich nicht verlagern kann.
In den meisten Fällen wird der gewachsene Untergrund genügen. Aufgefüllter Boden muß so gestampft werden, daß die Stufensteine unverrückbar festliegen.

Legstufen und Reinlegstufen!

285 Zu Treppenstufen sollte man möglichst die Gesteinsart verwenden, aus der eine Trockenmauer oder Plattenwege errichtet sind.

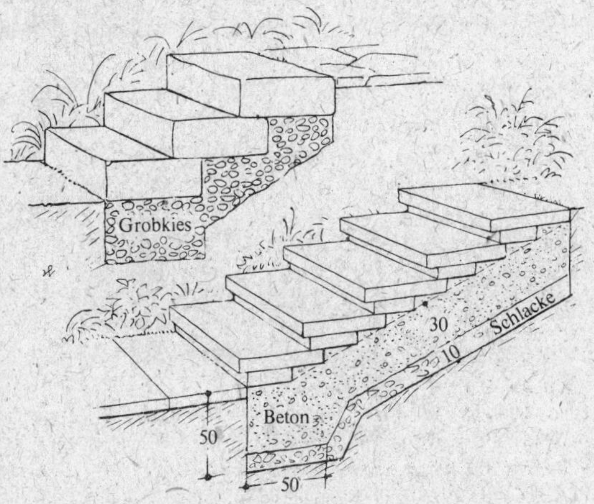

Das ist vor allem dort angebracht, wo die Treppen in nächster Nähe oder in Verbindung mit den genannten Anlagen stehen. Wenn eine Trockenmauer mit einer Treppe unterbrochen wird, ist dieselbe Gesteinsart anzuraten. Verschiedene Möglichkeiten zum Ausführen von Treppen zeigen die Skizzen.

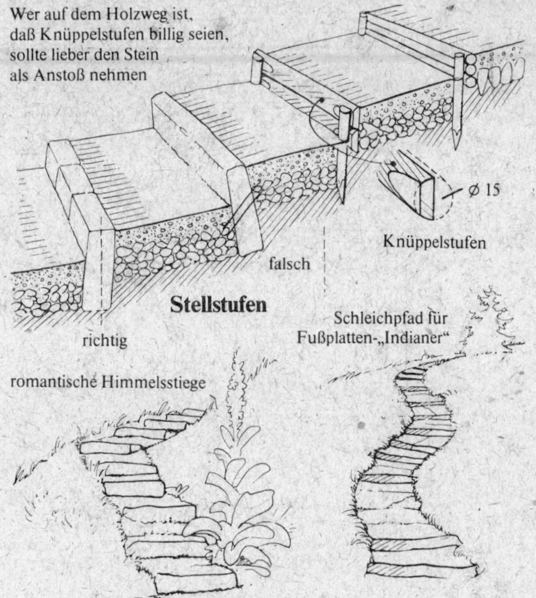

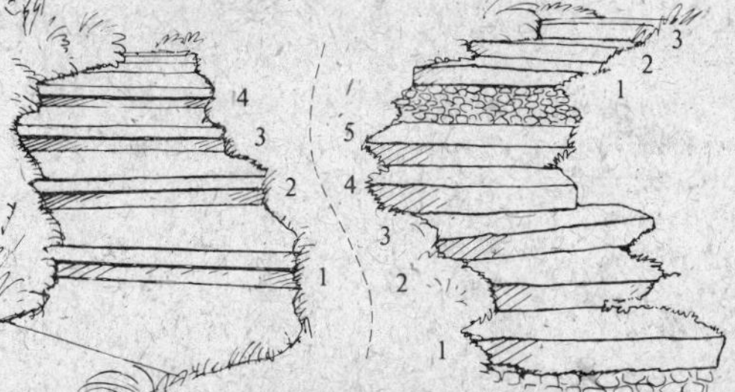

In der ungeraden Anzahl von Stufen empfinden wir mehr Bewegung

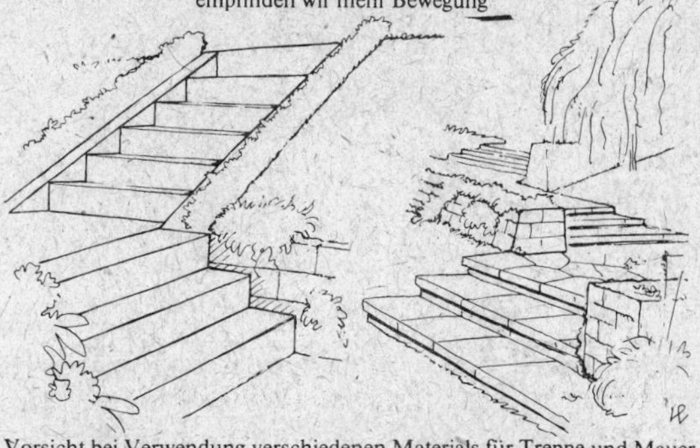

Vorsicht bei Verwendung verschiedenen Materials für Treppe und Mauer
Der 3-Stufen-Rhythmus wirkt wie ein beschwingter 3/4-Takt

286 Die Treppenwangen kann man als Trockenmauern oder als Böschung gestalten.
Das letztere ist vor allem dort angebracht, wo es sich nur um ein paar Stufen handelt. Die Wangen sät man dann am besten mit Rasen an. Am einfachsten legt man die Treppe auf den zu überwindenden Höhenunterschied, was den wenigsten Arbeitsaufwand erfordert.

287 Beim Verlegen der Treppenstufen ist die unterste Stufe – mit der man ja beginnt – besonders fest zu verankern.
Gewachsener Lehmboden macht kein besonderes Fundament erforderlich. Bei anderen Bodenarten genügt meist das Einstampfen von Geröll. Die folgenden Stufen sind nach den gleichen Gesichtspunkten zu verlegen. Im übrigen ist darauf zu achten, daß der Stufenplan sauber ausgegraben wird. Dann ist auch das Unterfüllen mit loser Erde nicht nötig.

288 Fast in jedem Ziergarten findet man ein Plätzchen, das sich mit wenig Aufwand als Heidegärtchen einrichten läßt.

Die Einrichtung eines Heidegärtchens hängt aber nicht von den Platzverhältnissen ab, sondern von einer geeigneten Bodenart. Die meisten Heidepflanzen vertragen keine kalkhaltigen Böden. Außerdem verlangen sie einen recht warmen Boden und vollsonnigen Standort. Sandiger Humusboden oder humoser Sandboden ist am idealsten. Alle anderen Bodenarten muß man so stark mit feuchtem Torf anreichern, daß sie den genannten ähnlich werden. Diese Arbeit führt man im Februar durch, sobald der Boden frostfrei ist. Dabei können auch schon die Tretplatten gelegt werden, die zwischen den Heidepflanzen sehr wirkungsvoll sind. Sie ermöglichen uns das Betrachten der Einzelpflanzen, ohne daß wir den Boden festtreten. Das Heidegärtchen kann auch mit einer Sumpfmulde in Verbindung gebracht werden und in ein Sondergärtchen (Ratschlag 276) überleiten, wenn dazu die Verhältnisse günstig sind.

289 Ende Februar zeigen sich im Stein- und Staudengarten die ersten Blüten, wie beispielsweise die des Winterlings *(Eranthis hyemalis).*
Darum ist es notwendig, dafür zu sorgen, daß sie ungehindert ans Tageslicht kommen können. Fichtenreisig und zusammengewehtes Fallaub sind zu entfernen. Das Reisig bleibt aber in der Nähe liegen, damit man bei starkem Frost etwas Schutz geben kann. Das soll ein Hinweis sein, daß man sich auch in dieser Jahreszeit um seine Pfleglinge kümmern muß.

290 Wem es nicht zuviel Mühe macht, kann sich dieses Sondergärtchen für Rhododendron und andere immergrüne Laubgehölze mit besonderen Ansprüchen wie folgt anlegen.

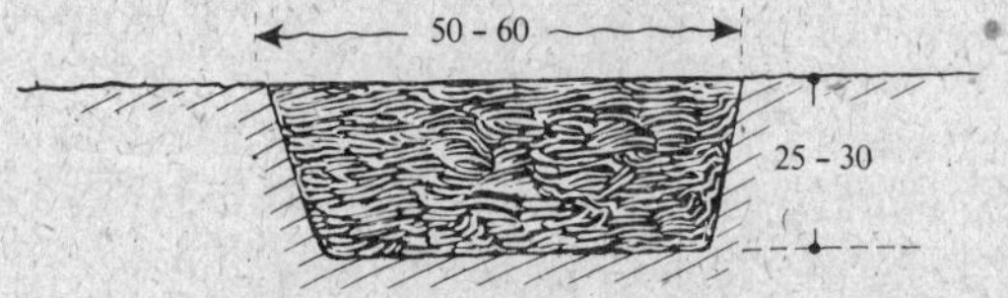

Man wähle möglichst einen halbschattigen Standort, aber nicht in unmittelbarer Nähe starkwachsender Bäume. Nun wird ein erweitertes Pflanzbett ausgehoben. An jeder Pflanzstelle heben wir ein Pflanzloch aus und füllen es mit feuchtem grobem Torf. Die ausgehobene Erde wird im Gelände verteilt. In den meisten Fällen genügt für das Pflanzbett ein Durchmesser von 50 bis 60 cm und eine Tiefe von 25 bis 30 cm. Der Torf wird beim Einfüllen gut festgetreten, damit er dicht liegt. Die Füllung muß mit der übrigen Bodenoberfläche in gleicher Höhe liegen. Beachte auch den Ratschlag **288.**

291 Besonders trockene und sonnige Stellen im Garten kann man schon im Februar für eine Kakteenecke vorbereiten.
Auf durchlässigem Boden verteilt man reichlich Sand und Gesteinsbrocken, damit der Platz einen wüstenähnlichen Charakter annimmt. Da die nicht winterharten Kakteen nur in der frostfreien Jahreszeit frei im Garten stehen können, pflanzt man sie nicht aus, sondern senkt sie mit den Töpfen ein. Darum muß die aufgebrachte Sandschicht so hoch sein, daß die Töpfe nicht zu sehen sind. Es gibt auch winterharte Kakteen, die jedoch nicht vor April gepflanzt werden sollten, siehe Ratschlag **1083.**

292 Wer in seinem Garten eine Sonnenuhr aufstellen will, muß darauf achten, daß sie von keiner Seite beschattet wird.
Eine Sonnenuhr wirkt sehr ansprechend, wenn man sie in einer Rasenfläche aufstellt und durch Tretplatten erreichbar macht. Auch in einen Steingarten paßt sie sehr gut.

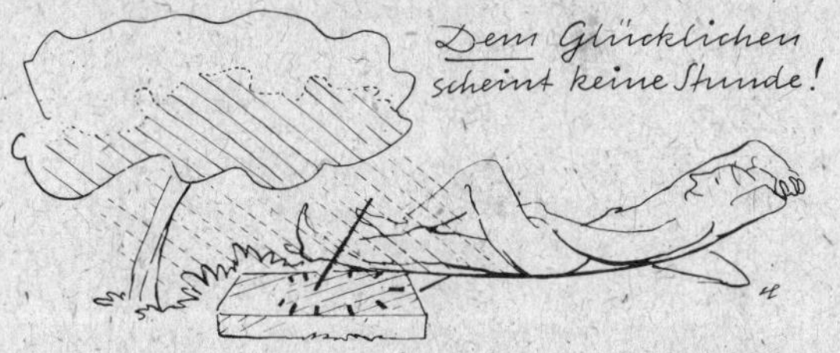

293 Wenn eine Sonnenuhr nicht nur Zierstück sein soll, muß sie ein Fachmann (Astronom, Optiker) aufstellen.

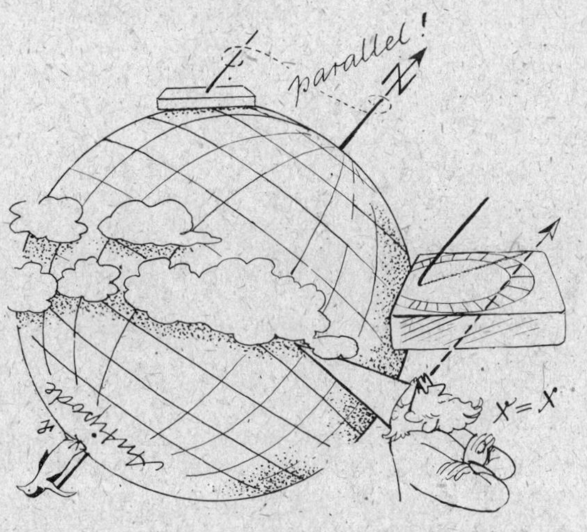

Da der Zeiger (Gnomon) parallel zur Erdachse stehen muß, ist eine genaue Berechnung für den betreffenden Ort erforderlich. Das Zifferblatt kann waagerecht, senkrecht oder geneigt angeordnet werden.

294 Wenn der Boden frostfrei ist, kann man im Februar noch Tulpenzwiebeln pflanzen.
Voraussetzung ist, daß die Zwiebeln gut aufbewahrt wurden (beachte Ratschlag **1306**). Beim Pflanzen muß man darauf achten, daß der meist schon geschwollene Zwiebelboden und der etwa vorhandene Austrieb nicht beschädigt werden. Die Zwiebeln also nicht in die Erde drücken.

Zimmergarten

295 Hängenelken, die im Keller in Fensterkästen überwintert werden, schneidet man Ende Februar zurück und gibt ihnen einen hellen Platz.

Beim Zurückschneiden läßt man nur ein Drittel der Trieblänge an den Pflanzen. Dadurch treiben sie stark aus und entwickeln sich zu üppigen Büschen. Ein heller Platz ist nötig, damit die neuen Triebe nicht geil werden. Die Temperaturen am Standort dürfen auch jetzt nur 5 bis 8 °C betragen, weil die Lichtverhältnisse Ende Februar noch nicht besonders günstig sind. Die Erde ist so lange nur mäßig feucht zu halten, bis durch starken Austrieb ein größerer Wasserverbrauch eintritt.

296 Trocken überwinterte Pelargonien (Storchschnabel, Geranien) schneidet man Ende Februar zurück und gibt ihnen neue Erde.

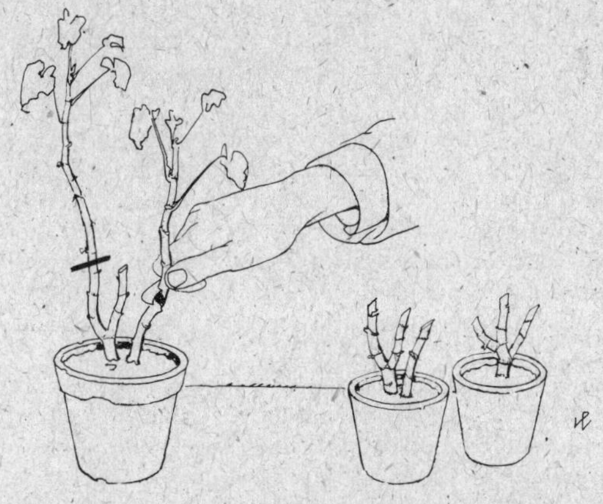

Damit man von ihnen wieder buschige Pflanzen erzielt, wird jeder Trieb bis auf ein Drittel seiner Länge zurückgeschnitten. Dabei ist darauf zu achten, daß der Schnitt zwischen zwei Augen erfolgt. Die alte Erde wird völlig ausgeschüttet, und die Wurzeln kürzt man etwa um die Hälfte. Die so vorbereiteten Pflanzen erhalten vorläufig nur verhältnismäßig kleine Töpfe (9 cm Durchmesser). Als Erde kommt eine sandige feuchte Komposterde in Betracht, in die recht fest eingepflanzt wird. Bis zum Austreiben wird die Erde nur ganz mäßig feucht gehalten. Ein heller Standort ist für guten Neuaustieb unerläßlich.

297 Bei den knospenzeigenden Rittersternen *(Hippeastrum)* beginnt man schon im Laufe des Februars mit dem Düngen, wenn sie nach der Blüte nicht verpflanzt werden müssen.
Diese Zwiebelgewächse blühen in kleineren Töpfen meist sicherer als in zu großen. Darum kann man sie auch 2 bis 3 Jahre in demselben Topf lassen, wenn sie genügend Nahrung erhalten und die Erde nicht sauer geworden ist. Nährstoffzufuhr ist aber zur guten Entwicklung nötig. Wöchentliche 0,3%ige Nährlösungen aus Volldüngern vertragen gesunde Pflanzen sehr gut.

298 Blühfähige Clivien dürfen erst nach dem Verblühen verpflanzt, können aber vom Erscheinen der Knospen an gedüngt werden.
Sobald sich an Clivien die ersten Knospen zeigen, erhalten sie wieder die normalen Wassermengen. Mit Gießen kann man auch das Düngen verbinden. 0,2%ige Nährlösungen aus Volldüngern mit Spurenelementen sind wöchentlich einmal zu verabreichen, jedoch nur, wenn die Pflanzen die Töpfe gut durchwurzelt haben. Andernfalls gießt man mit 0,1%igen Lösungen.

299 An den Fuchsien sind die vorjährigen Triebe Ende Februar bis etwa zur Hälfte zu kürzen, damit sie buschig werden.
Mehrjährige Fuchsien kann man auch bis ins zweijährige Holz zurückschneiden, wenn sie zu hoch geworden sind. Damit sich der neue Austrieb kurz und kräftig entwickelt, ist ein heller Fensterplatz erforderlich. Die Temperaturen dürfen zwischen 12 bis 15 °C liegen. Ein kühler Platz ist besser als ein warmer. Bis der Neuaustrieb beginnt, darf nur so gegossen werden, daß die Erde wohl feucht, aber nicht naß ist.

300 In Töpfen stehende abgeblühte Hyazinthen und Tulpen muß man weiter gießen, damit die Zwiebeln später in den Garten gepflanzt werden können.
Die Blüten haben den Zwiebeln viel Reservestoffe entzogen, die ersetzt werden müssen. Das besorgen nach dem Verblühen die Blätter. Sie können es aber nur mit Hilfe des Gießwassers. Dabei ist es gleich, ob die Aufbaustoffe zur Bildung neuer Zwiebeln oder nur zur Kräftigung der alten benutzt werden. Die unansehnlich gewordenen Blüten muß man entfernen. Die Blätter dürfen dabei nicht beschädigt werden.

301 Alte Pflanzen von der Ampelglockenblume (*Campanula isophylla*), die zu lang geworden sind, schneidet man Ende Februar zurück.
Die langen alten Triebe werden häufig kahl. Um sie wieder zum Austreiben zu bringen, schneidet man sie bis auf etwa 10 cm zurück oder auch noch kürzer. Die dabei anfallenden Triebspitzen können zur Anzucht junger Pflanzen verwendet werden. Man schneidet sie mit einem scharfen Messer an der Stelle ab, wo der weiche Trieb in den verhärteten übergeht. Zum Bewurzeln werden sie in reinem Flußsand so dicht gesteckt, daß sich die Blätter gerade berühren. Man steckt in entsprechend große Töpfe. Die Stecklinge dürfen nur etwa 1 cm tief im Sand stecken. Bei 12 bis 14 °C bewurzeln sie sich am sichersten. Die zurückgeschnittenen alten Pflanzen stellt man an einen hellen Ort.

302 Gloxinienknollen, die bisher trocken aufbewahrt wurden, kann man Ende Februar wieder in Töpfe pflanzen.
Als Erde kommt eine Mischung von Lauberde, Torf und Sand (Verhältnis 3:2:1) in Frage. Das Substrat darf nicht fein gesiebt, sondern muß brockig sein. Zur Sicherung des Wasserabzuges und der Bodendurchlüftung erhält jeder Topf auf dem Boden eine Sandschicht von etwa 2 cm Höhe. Man muß möglichst kleine Töpfe verwenden, deren Durchmesser höchstens dreimal größer ist als der der Knollen. Nach dem Einpflanzen muß der Knollenkopf gerade noch zu sehen sein. Bis die Knollen Wurzeln bilden und der Austrieb sichtbar ist, darf die Erde nur sehr mäßig feucht gehalten werden. Nach diesem Zeitpunkt muß der Standort recht hell, soll aber nicht sonnig sein.

303 Ende Februar muß man an das Ausbessern und Streichen der Fenster- und Balkonkästen gehen, damit sie im März mit Stiefmütterchen bepflanzt werden können.

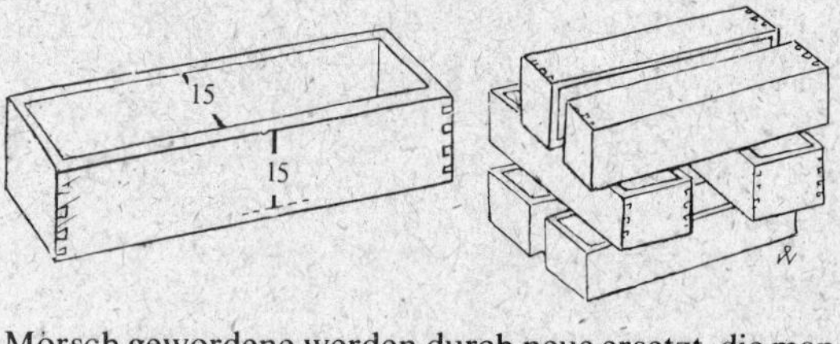

Morsch gewordene werden durch neue ersetzt, die man sich selbst bauen kann. Dazu gehören auf einer Seite gehobelte Bretter. Die lichte Breite und Höhe muß mindestens 15 cm × 15 cm betragen. Die Pflanzen können sich noch besser entwickeln, wenn der Aufstellungsort Maße von 20 cm × 20 cm verträgt. Die Länge richtet sich nach der Fensterbreite. Für Balkons bestimmte Kästen sollte man nicht länger als 1,00 m bauen, damit sie sich auch im bepflanzten Zustand gut transportieren lassen. Die Außenseiten streicht man mit Ölfarbe. Damit sie länger halten, bekommen die Innenseiten einen Anstrich. Dazu darf aber nur ein den Wurzeln nicht schadendes Mittel verwendet werden. Neuerdings gibt es auch Blumenkästen aus Kunststoffen, die natürlich nicht verfaulen können und nicht gestrichen zu werden brauchen. Die Blumenkästen aus Asbest sind fast unbegrenzt haltbar, jedoch ästhetisch selten gut gelungen. Die Blumenkästen aus Schaumpolystyrol sind gegen mechanische Beschädigungen nicht hart genug, aber im allgemeinen formschön, man muß also vorsichtig beim Bepflanzen und Aufstellen sein.

304 Die Schopflilie (*Eucomis punctata*) ist eine interessante Zimmerpflanze, die mehr Beachtung verdient.
Sie braucht im Winter wenig Wärme. Frost verträgt sie aber nicht. Die Blätter sind unterseits braun gefleckt, so daß sie auch ohne Blüten anspricht. Der Blütenschaft mit seinem Blätterschopf wird 25 bis 30 cm hoch und ist dicht mit Einzelblüten besetzt. Die Pflanzen stehen von Juli bis Anfang September in Blüte. Im Winter dürfen sie wenig Wasser erhalten und im Sommer um so mehr. Im Laufe des Februar wird verpflanzt. Komposterde mit etwas Lehmzusatz sagt der Schopflilie am besten zu. Sie verträgt viel Sonne und läßt sich durch Nebenzwiebeln leicht vermehren.

Allgemeines

305 Auf den befestigten breiteren Gartenwegen, die nicht umgegraben werden können, muß das keimende Unkraut besonders zeitig bekämpft werden.

Im Laufe der Zeit bildet sich auf diesen Wegen eine kleine Erd- und Humusschicht, die vorsichtig mit einer Schuffel- oder Ziehhacke entfernt werden muß. Keimende Kräuter, die beim Abharken nicht erfaßt werden, vertrocknen rasch bei sonnigem Wetter. Haben sich bereits größere Unkrautflecke gebildet, so können diese mit Propangas abgeflammt werden. Es gibt hierzu verschiedene tragbare oder fahrbare Geräte. Die Sicherheitsvorschriften müssen streng eingehalten werden. Im Gegensatz zum Gießen mit Totalherbiziden wird hier die Umweltbelastung durch Gifte und die Gefahr der Schädigung der am Wegrand stehenden Kulturpflanzen vermieden. Die Hitzewirkung geht im Boden nur bis etwa einen halben Zentimeter tief.

306 Wenn der Boden völlig frostfrei ist, gehört das Ausbessern der Gartenwege zu den vordringlichen Arbeiten.

Sehr oft ist die Deckschicht durch Erde von den Beeten so verschmutzt, daß der Weg bei regnerischem Wetter nicht mehr gut begehbar ist (s. Ratschlag **174**). Am besten entfernt man dann die oberen 1,5 bis 2 cm und beschickt den Weg neu (beachte Ratschlag **181**). Ist aber der Unterbau (**179** bis **181**) nicht mehr in Ordnung, muß die ganze Wegdecke beseitigt, der Unterbau ausgebessert und gestampft werden. Wenn das Material nicht mehr ganz einwandfrei ist, wird die alte Wegdecke am besten durch eine neue ersetzt.

307 Ein Wasserbehälter aus Beton ist viel haltbarer als ein gemauerter. Man kann ihn schon im Laufe des März selbst bauen, wenn frostfreies Wetter herrscht.
Auch in einem kleineren Garten ist es wichtig, einen größeren Wasserbehälter zu haben, so daß im Sommer immer abgestandenes und erwärmtes Wasser zur Verfügung steht. Dafür sind alle Gartenpflanzen dankbar. Einen Wasserbehälter sollte man so groß bauen, daß er mindestens 1 m^3 (1000 Liter) Wasser fassen kann. Beim Bauen wird er nicht tiefer als 30 cm in die Erde eingelassen. Wer es sich leisten kann, sollte ihn 1 m breit, 2 m lang und 1 m tief bauen. Wenn man die Stärken der Wände abrechnet, faßt er dann immer noch etwa 1,3 m^3. Nach dem Ausheben der 30 cm muß der Grund kräftig gestampft werden, damit der Boden nicht nachgibt, denn 1 m^3 Wasser wiegt immerhin 1000 kg. Nicht sehr widerstandsfähiger Boden erhält eine Schicht aus Gesteinsschotter, der in den Grund eingestampft wird. Wenn dieser genau waagerecht eingeebnet und die äußere Einschalung für die Seitenwände erstellt ist,

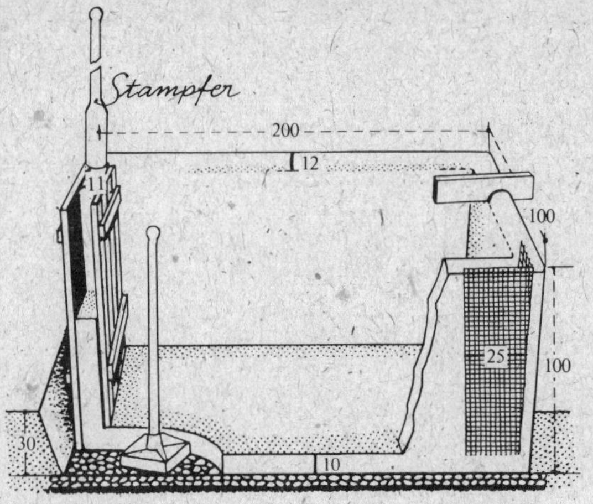

kann man mit dem Boden des Behälters anfangen. Damit ist am Tage so zeitig zu beginnen, daß noch die Seitenwände gestampft werden können, ehe der Beton des Bodens abbindet. Die innere Verschalung muß man schon vorher zurechtlegen. Wenn guter Zement zur Verfügung steht, genügt eine Betonmischung von 1 Teil Zement und 4 Teilen Betonsand. Verstärkungseinlagen braucht man nur für die vier Ecken. Dazu genügt engmaschiges Drahtgeflecht, das etwa 25 cm um jede Ecke herumlangt. Es wird in der Mitte der Betonschicht mit eingestampft. Der Boden braucht bei gut vorbereitetem Untergrund nur 10 cm stark zu sein. Bei den Seitenwänden sollte man aber nicht unter 12 cm gehen. Der feuchte Beton wird schichtweise eingefüllt und mit einem Holzstampfer, dessen Durchmesser der Stärke der Betonwände entspricht, festgestampft. Damit der Wasserbehälter im Winter auch starkem Frost Widerstand leistet, muß dem Wasser zum Anfeuchten der Zement-Sand-Mischung ein wasserabweisendes Mittel nach Vorschrift des Herstellers zugesetzt werden. Die obersten 4 bis 5 cm der Seitenwände erhalten eine fettere Betonmischung (1:1). Diese Schicht wird so abgerundet, daß darauf kein Wasser stehenbleibt. Damit die Rundung gleichmäßig wird, schneidet man sich ein Brettstück zurecht. Die Schräge der Innenwände nach außen soll verhindern, daß sich das Eis, das sich durch unvorhergesehenen Wasserzulauf gebildet haben kann, nach oben herausdrückt, statt die Seitenwände zu sprengen. Die Verschalung wird nach 2 Wochen entfernt und der Beton mit nassen Säcken oder ähnlichem Material bedeckt. Das Glätten der Behälterwände wird sofort nach dem Ausschalen erledigt. Die Säcke werden bei trockenem Wetter immer wieder angefeuchtet. Sollte innerhalb von 5 Wochen nach dem Errichten des Behälters Frostwetter eintreten, dann muß der ganze Behälter mit Strohdecken, Torf oder trockenen Säcken so eingepackt werden, daß der Frost nicht auf den Beton einwirken kann.

308 Feststehende Wasserbehälter muß man jetzt säubern und prüfen, ob sie noch wasserdicht sind. Transportable werden wieder aufgestellt und ebenfalls untersucht.

Gemauerte und mit Beton abgeputzte Behälter leiden oft durch den Frost. Sind im Putz Risse entstanden, dann ist auch ihre nähere Umgebung rauh aufzuhacken, damit durch den neuen Anwurf eine gute Verbindung erzielt wird. Dazu gehört auch, daß man die rauhbehauenen Stellen durchdringend naß macht. Ist die Rollschicht zerfroren, dann ist es am besten, sie ganz zu erneuern. Der zum Verputzen verwendete Beton erhält ein wasserabweisendes Mittel als Zusatz (s. Ratschlag **307**).

309 Regenwasser ist das beste Gießwasser. Darum trifft man schon im Laufe des März Vorbereitungen zum Auffangen.

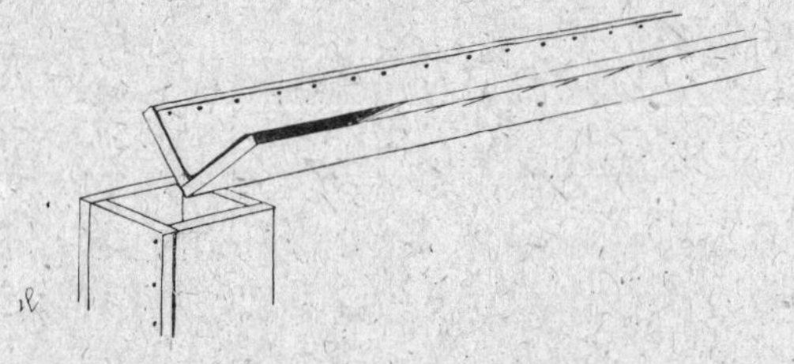

Man braucht dazu ein Stück Regenrinne und einen Behälter, der nicht zu klein sein darf. Die Regenrinne für das Lauben- oder Schuppendach kann man sich aus schmalen Brettern selbst herstellen. Am Dachrand entlang genügen zwei rechtwinklig zusammengenagelte Bretter von 12 bis 15 cm Breite. Die daraus entstandene Rinne kann innen mit Dachpappe benagelt werden. Als Ablauf nagelt man einen Schacht aus vier 10 cm breiten Brettern zusammen. Rinne und Ablauf können auch aus Kunststoff sein.

310 Die im Winter abgestellte Wasserleitung ist auf Rohrschäden zu prüfen und das Schutzmaterial an den Zapfstellen zu entfernen.

Die Wasserleitung muß im April, oft schon Ende März einsatzbereit sein. Darum sollte man beizeiten dafür sorgen, daß Schäden beseitigt werden. Bei den Zapfstellen sind es oft die Dichtungen im Wasserhahn, die im Winter gelitten haben.

311 Wer in seinem Garten keinen Wasserleitungsanschluß hat, kann sich durch den Einbau einer kleinen Pumpe helfen.

Das ist vor allem dort zu empfehlen, wo der Grundwasserstand nicht tiefer als etwa 6 m liegt. Eine Flügelpumpe ist dazu am geeignetsten.

312 Pumpenwasser verteilt man am besten mit einem Rieselschlauch, der zum Bewässern zwischen die Pflanzen gelegt wird.

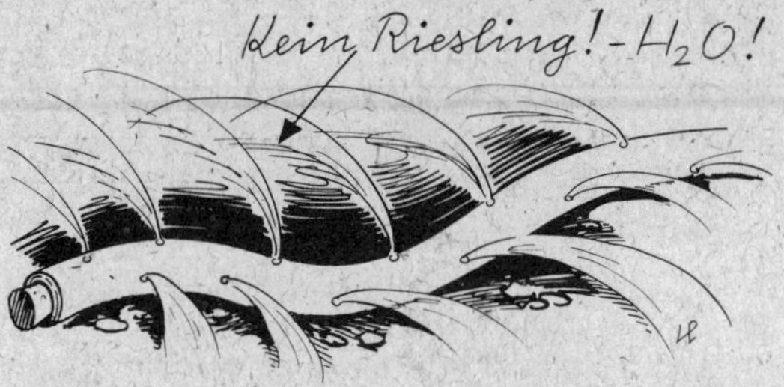

Zum Gießen mit einem üblichen Schlauch braucht man immer zwei Personen. Beim Rieselschlauch ist nur eine nötig. Auch ein kleiner Regenpilz, den man auf einem Stab befestigt, erleichtert das Gießen mit Pumpenwasser wesentlich (s. Ratschlag **47**).

313 Nistkästen und auch die frei auf Bäumen, Sträuchern und in Hecken gebauten Vogelnester müssen wir so gut wie möglich gegen Katzen schützen.

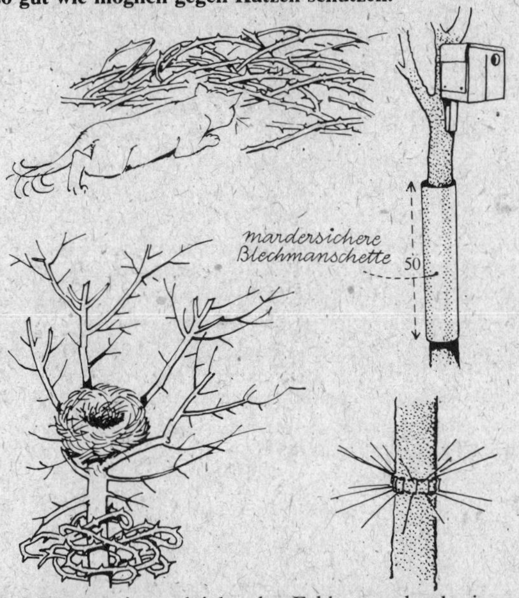

Bei Bäumen ist es leicht, das Erklettern durch einen Stachelring zu verhindern. Nester in Hecken und Sträuchern kann man nur durch Stachel- und Dornenzweige schützen. Sie werden so in die Zweige und Triebe gesteckt, daß Katzen nicht durchkriechen können.

314 Wer es bisher versäumt hat, muß in den ersten Märztagen die Nistkästen für unsere Helfer im Garten aufhängen.
Die Kästen müssen vor allem fest mit dem Aufhängeort verbunden sein, damit sie im Wind nicht hin und her pendeln. Sie sind ein wenig nach vorn geneigt aufzuhängen, damit kein Regenwasser durch das Flugloch ins Innere gelangen kann. Das Flugloch soll nach Osten oder Südosten zeigen. Schon vorhandene Nistkästen werden überprüft. In kleineren Gärten (unter 500 m²) darf nur ein Nistkasten für Meisen aufgehängt werden.

315 Im März beginnt die Pflanzzeit für Bäume und Sträucher. Wer späteren Ärger vermeiden will, sollte beim Pflanzen auf seinen Nachbar Rücksicht nehmen.

Hochwerdende Gewächse können dem Nachbargarten Licht und Sonne nehmen. Darum ist es angebracht, lieber etwas weiter von der Grenze abzubleiben, als es das Gesetz verlangt.

Gemüsegarten

316 Anfang März ist im Kleingewächshaus die günstigste Pflanzzeit für Kohlrabi und Blumenkohl.
Die Pflanzweite beträgt für Kohlrabi 20 cm × 20 cm und für Blumenkohl, je nach Sorte, 30 cm × 40 cm bzw. 40 cm × 40 cm. Zwischensaat mit einer frühen Radiessorte bringt Mitte April eine zusätzliche Ernte. Für die Bodenvorbereitung und Durchführung der Pflanzung gelten die für den Anbau im Frühbeetkasten gegebenen Hinweise.

317 In den ersten Märztagen können auch die Folienhäuser und Folienzelte bepflanzt werden.
Es kommen vorrangig Kopfsalat, Kohlrabi und Blumenkohl in Frage. Außerdem ist die Aussaat von

Radies, Rettich und Möhren möglich. Dabei sind die Hinweise in den Ratschlägen **211** und **220** zu beachten.

318 Der Ende Februar im Kleingewächshaus gepflanzte Kopfsalat ist bis zur beginnenden Kopfbildung nur sparsam zu gießen.
Die Pflanzen entwickeln sonst ein zu flaches Wurzelsystem, und außerdem fördert das Benetzen der oberirdischen Pflanzenteile den Krankheitsbefall. Bei starker Sonneneinstrahlung ist reichlich zu lüften. In den letzten Märztagen, bei beginnender Kopfbildung, erhält der Kopfsalat eine Stickstoff-Kopfdüngung (5 g N/m^2) am besten in Form einer 0,3%igen Nährlösung.

319 Kalte Frühbeete kann man im März unbedenklich mit gut vorbereiteten Pflanzen von Kopfsalat ausnutzen!
Dabei ist alles das zu beachten, was in den Ratschlägen **211** und **212** gesagt wurde.

320 Sobald die Sämlinge das Erdreich durchbrechen, müssen besäte Frühbeete bei jedem frostfreiem Wetter am Tage gelüftet werden.
Vor allem ist das Deckmaterial jeden Tag zu entfernen und abends wieder aufzulegen, auch wenn keine Frostgefahr besteht. Licht und Luft sind die Hauptvoraussetzungen zum Erzielen gesunder kräftiger Pflanzen. Mit dem Gießen muß man dagegen vorsichtig sein. Gegossen wird nur, wenn die obere Bodenschicht ausgetrocknet ist, dann aber so durchdringend, daß es nicht gleich wieder notwendig wird. Man darf nur an einem sonnigen Tage gießen, damit die Pflanzen durch das Lüften schnell abtrocknen. Sie faulen sonst sehr leicht und gehen zugrunde. Bei Kohl- und Salatpflanzen muß man ganz besonders vorsichtig sein.

321 Brokkoli oder Spargelkohl stellt an Boden, Klima und Vorfrucht ähnliche Ansprüche wie Blumenkohl.
Es ist eine dem Blumenkohl ähnliche Gemüseart. Die Blumen sind jedoch lockerer aufgebaut, stehen auf längeren, dickfleischigen Stielen und sind vorwiegend grün oder violett gefärbt. Hervorzuheben sind der ausgezeichnete Geschmack sowie der verhältnismäßig hohe Nährstoffgehalt des Brokkoli. Er gedeiht in jedem Garten und kann im Gegensatz zum Blumenkohl auch unter weniger günstigen Bedingungen angebaut werden.

322 Mitte bis Ende März kann Brokkoli im warmen Frühbeet ausgesät werden.
Da diese Gemüseart auf Grund ihres besonderen Wuchscharakters über einen längeren Zeitraum geerntet werden kann, genügen meist nur wenige Pflanzen. Um kräftige Jungpflanzen zu erzielen, ist Einzelkornablage in Abständen von 3 cm zu empfehlen. Der angegebene Aussaattermin ermöglicht eine Pflanzung ab Mitte Mai.

323 Wer über ein warmgepacktes Frühbeet (vergleiche Ratschlag 203 und 204) verfügt, kann im März Bleichsellerie zur Pflanzengewinnung aussäen.
Der Samen muß aber so dünn ausgestreut werden, daß je m^2 Frühbeetfläche höchstens 0,2 g zu liegen kommt. Zum schnellen und sicheren Keimen verlangt der Samen vom Bleichsellerie 16 bis 18 °C Bodenwärme. Im allgemeinen lohnt die Aussaat für den Kleingartenbau nicht. Man kauft sich die erforderlichen Pflanzen besser in einer Gärtnerei.

324 Gemüseerbsen gehören zu den Pflanzen, die mit stickstoffsammelnden Bakterien in Gemeinschaft (Symbiose) leben.
Die Bakterien halten sich in den Wurzeln auf und haben die Fähigkeit, den Luftstickstoff zu verarbeiten. Wenn sie absterben, kommt er den Erbsen zugute. Frisch mit Stalldung versehenes Land vertragen die Erbsen nicht gut, sie gehören deshalb in die 2. Tracht. An die Vorfrucht stellen sie keine besonderen Ansprüche, sie sind aber mit sich selbst unverträglich und sollen auch nicht nach anderen Leguminosen angebaut werden.

325 Das Gemüseerbsensortiment unterteilt man in Schal-, Mark- und Zuckererbsen.
Markerbsen haben ein runzliges Korn und sind den Schalerbsen geschmacklich überlegen. Sie sind jedoch auflaufempfindlicher als die Schalerbsen und deshalb für sehr frühe Aussaaten ungeeignet. Das Trockenkorn kann für Speisezwecke nicht verwendet werden, da es beim Kochen hart bleibt. Schalerbsen besitzen ein rundes und glattes Korn und haben nur für die frühesten Aussaaten Bedeutung. Bei den Zuckererbsen fehlt an der Innenseite der Hülsen die Pergamentschicht, so daß sowohl das Grünkorn als auch die Hülsen genutzt werden können.

326 In bezug auf den Boden sind die Erbsen nicht besonders anspruchsvoll, wenn er gut bearbeitet und humusreich ist.
Für die Frühaussaaten sind leichtere Böden geeigneter als schwere, denn sie erwärmen sich schneller. Dadurch geht auch das Auflaufen der Saat sowie die spätere Entwicklung flotter vonstatten. Die Ernte setzt ebenfalls früher ein. Die Bodenreaktion sollte man nicht unter pH 6 kommen lassen. Darum sind rechtzeitige Bodenuntersuchungen immer von großem Wert.

327 Die Schalerbsen kann man zum Grünpflücken und auch als Trockenerbsen verwenden.

Es ist aber nicht wirtschaftlich, wenn man von seinem Erbsenbeet nur einen Teil der Hülsen grün pflückt und die anderen bis zum Trockenwerden hängenläßt. Wenn schon für beide Zwecke Erbsen angebaut werden sollen, dann muß man den Anbau getrennt vornehmen, also beispielsweise ein Beet zum Grünpflücken und ein Beet für Trockenerbsen. Von dem letzeren kann auch die Aussaat (Samen) für das nächste Jahr bestritten werden.

328 Schalerbsen vertragen als junge Pflanzen leichtere Fröste, ohne Schaden zu nehmen, Markerbsen nicht.

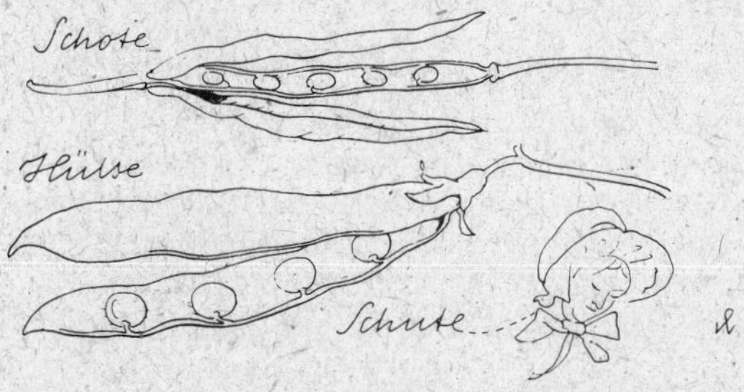

Darum kommen für die Aussaat im Laufe des März nur Schalerbsen in Frage (s. auch Ratschlag 228). Grün geerntete Erbsen bezeichnet man im allgemeinen als Schoten. Das ist falsch, denn Erbsen haben keine Schoten, sondern Hülsen. Das trifft übrigens auch auf alle Bohnenarten zu.

329 Der Saatgutbedarf bei Erbsen schwankt, was durch die unterschiedlichen Samengrößen der einzelnen Sorten bedingt ist, denn 1 g Erbsensamen kann 3 bis 5 Korn enthalten.

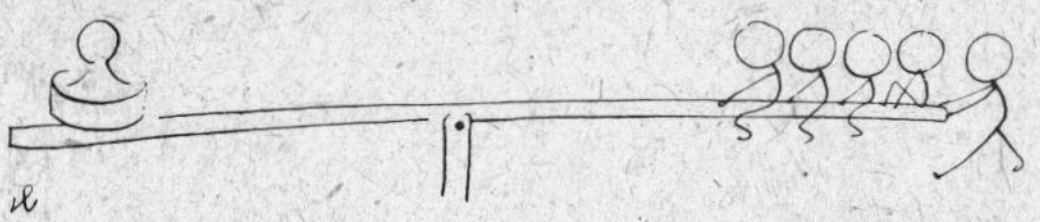

Außerdem sollten die Samen der höheren Sorten etwas weiter auseinander gelegt werden als die der niedrigen. Im allgemeinen rechnet man je m^2 Anbaufläche einen Saatgutbedarf von 25 bis 30 g. Auf leicht sandigen Böden ist er etwas höher und auf schwereren geringer. Auf schweren fetten Böden entwickeln sich die Erbsen viel üppiger als auf den leichten.

330 Auf einem Normalbeet ist Platz für 4 Reihen Erbsen. Das entspricht einem Abstand von 30 cm, wenn man die Randreihen 15 cm von den Beetkanten ab aussät.

Erbsen sät man einzeln als laufende Reihe, also nicht horstweise, wie das oft bei Buschbohnen gemacht wird. Die Aussaatrillen sind so tief zu ziehen, daß die Erbsensamen 5 cm mit Erde bedeckt werden können. Alle 2 bis 3 cm kommt ein Erbsenkorn zu liegen. Die Samen drückt man gleich beim Legen etwas in den Boden. Wenn die Reihen mit dem Rücken einer Holzharke (Rechen) wieder zugezogen sind, werden sie anschließend leicht angedrückt.

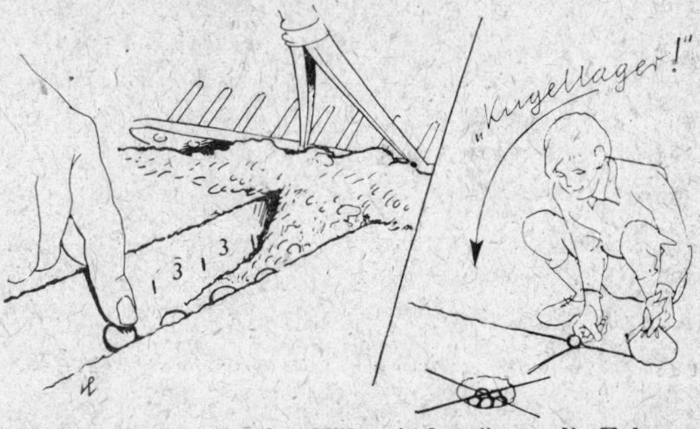

331 Wo Tauben in der Nähe sind, müssen die Erbsenbeete gleich nach der Aussaat wirkungsvoll gesichert werden.

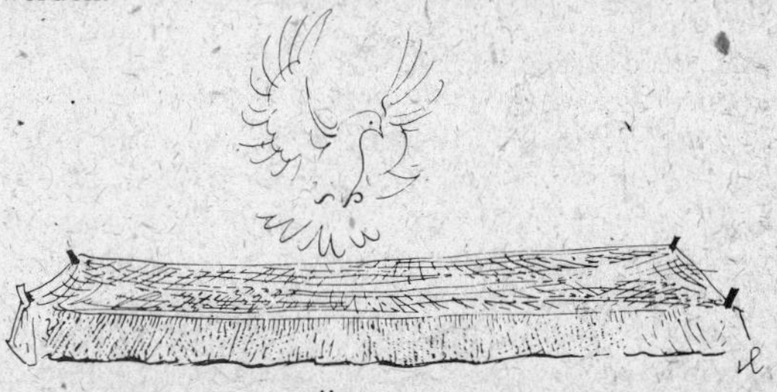

Am sichersten ist das Überspannen der Beete mit alten Fischernetzen. Sie dürfen aber nicht auf der Erde liegen, sondern müssen 5 bis 6 cm darüber fest gespannt sein. Dabei darf man nicht vergessen, die Seiten zu sichern, weil die Tauben sonst auch unter die Netze kriechen. Ausgedientes altes Gewebe (Gardinen) läßt sich auf die gleiche Weise als Schutz verwenden. Fichten- und anderes Reisig ist nur wirksam, wenn man die Beete damit ganz dicht bedeckt.

332 Das noch immer weit verbreitete „Reisern" der Erbsen ist nicht unbedingt erforderlich.

Es ist ein Trugschluß, wenn man annimmt, daß die Sorten mit großer Wuchshöhe auch die höchsten Er-

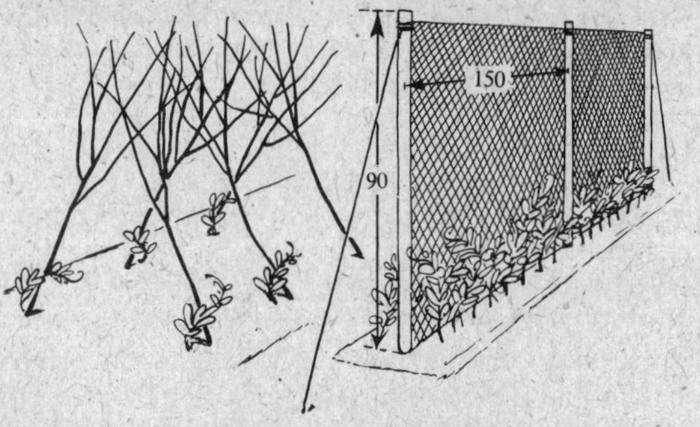

träge bringen. Die neueren, sehr ertragreichen Sorten liegen in der Wuchshöhe meist zwischen 65 und 80 cm, so daß sich das „Reisern" erübrigt. Als Stütze verwendet man bestenfalls einige kurze Reiser, die weitläufig über das Beet verteilt werden.

333 Im März in das Freiland gepflanzter Kopfsalat kann um 10 bis 12 Tage eher geerntet werden, wenn man die Beete (ganzflächig) mit Folie abdeckt.

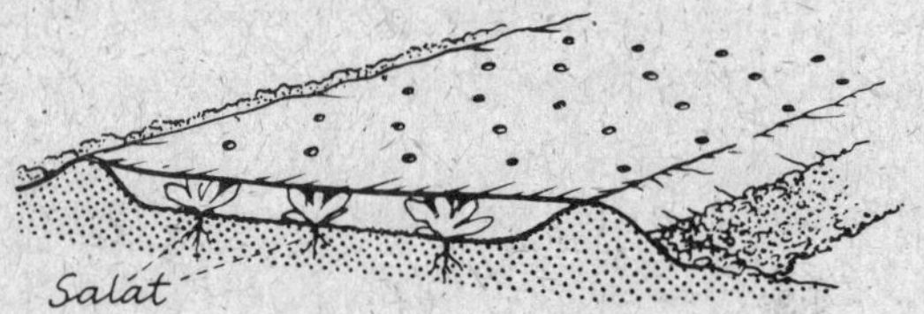

Man verwendet dazu perforierte Folie, wobei es günstig ist, an den Beeträndern einen kleinen Erdwall zu schaffen, um eine gewisse Bodenfreiheit der Folie zu erreichen. Um dem Wind keine Angriffsfläche zu bieten, werden die Folienränder mit Erde bedeckt. Das Perforieren kann man selbst durchführen, indem die Folie mehrfach zusammengelegt und alle 8 cm im Verband ein Loch von 10 bis 12 mm Durchmesser gestanzt wird. Die Folie verbleibt in der Regel etwa 3 Wochen auf den Pflanzen. Der genaue Termin für das Entfernen hängt jedoch vom Witterungsverlauf und der Pflanzenentwicklung ab. Günstig ist es, wenn zu diesem Zeitpunkt trübes Wetter herrscht, da es bei starker Sonneneinstrahlung leicht zu Verbrennungen an den Blättern kommen kann.
Hat man keine allzu große Beetfläche abzudecken, dann ist es vorteilhaft, einen mit Folie bespannten Holzrahmen zu benutzen. Diese Art der Ernteverfrühung läßt sich u. a. auch bei Kohlrabi und Radies mit gutem Erfolg anwenden.

334 Freilandsaatbeete zur Anzucht von Gemüsepflanzen werden ab Mitte März an einer möglichst windgeschützten sonnigen Stelle zur Aussaat vorbereitet.
Da im letzten Märzdrittel mit der Aussaat zum Gewinnen von Gemüsepflanzen im Freiland begonnen wird, macht man das Aussaatbeet schon etwas vorher fertig. Dabei wird wie bei den Gemüsebeeten vorgegangen (Ratschläge **221** und **222**). Die Jungpflanzen bekommen einen guten Wurzelballen, wenn man das Saatbeet vor dem Durchgrubbern mit einer bis 5 cm starken Torfschicht bedeckt. Damit sich der Torf recht gleichmäßig und fein verteilen läßt, wird er vorher gesiebt. Man grubbert den Torf sorgfältig ein und harkt dann das Beet ab.

335 Wer Ende März Kopfsalat auf Freilandsaatbeete aussäen will, muß dazu Sommersorten benutzen.
Da bei Märzaussaat die Ernte nicht vor Ende Juni beginnt, können Frühsorten nicht empfohlen werden, weil sie nicht hitzebeständig sind und frühzeitig schossen.

Bei der Aussaat wird so vorgegangen, wie in den Ratschlägen **334** und **338** beschrieben. Es genügt ein Reihenabstand von 8 cm, und die Saattiefe soll zwischen 0,5 und 1 cm liegen. Die Aussaat erfolgt sehr dünn. Man benötigt für 1 m^2 nur etwa 1 g Saatgut.

336 Wenn es die Witterungsbedingungen gestatten, kann man auf leichten, humosen Böden ab Anfang März mit der Freilandpflanzung von Kopfsalat und Kohlrabi beginnen.
Für diesen Zweck sollten kräftige pikierte oder getopfte Pflanzen Verwendung finden. Kopfsalat benötigt einen Standraum von 20 cm × 20 cm, während für Kohlrabi 20 cm × 25 cm bis 25 cm × 25 cm erforderlich sind. Obwohl beide Gemüsearten leichte Fröste vertragen, ist der Einsatz von Frostschutzhauben zu empfehlen. Bei einem Pflanztermin um den 10. März kann Anfang Mai mit der Ernte gerechnet werden. Voraussetzung ist die Verwendung spezieller Frühfreilandsorten (siehe Tabelle Seite 355 ff.).

337 Überwinterter Kopfsalat muß im Laufe des März gedüngt werden. Außerdem ist der Boden gut zu lockern. Da das Ausstreuen des trockenen Düngers für die Salatblätter gefährlich werden kann, gießt man nur mit Nährlösungen. Am besten eignet sich dazu Natronsalpeter, der sich im Wasser gut auflöst. Volldünger ist in diesem Falle nicht nötig. Die Nährlösungen werden 0,2%ig angesetzt, also 2 g/l Wasser, und zwischen die Reihen gegossen. Das Düngen ist nach 8 bis 10 Tagen zu wiederholen. Sobald die Bodenoberfläche nach dem Düngen etwas abgetrocknet ist, wird gehackt, damit die Wurzeln auch in den Genuß des Luftsauerstoffes gelangen.

338 Ab Ende März können alle Kohlarten, einschließlich Kohlrabi, auf ein Freilandsaatbeet ausgesät werden. Die Aussaat erfolgt in Reihen mit einem Abstand von 15 cm. Es muß möglichst dünn und gleichmäßig ausgesät werden, um kräftige Pflanzen zu bekommen. Der Saatgutbedarf beträgt höchstens 2,5 bis 3 g/m². Es ist vorteilhaft, die Reihen nach der Aussaat mit einer 1 cm starken Schicht Komposterde abzudecken, auch ein Torf-Sand-Gemisch ist geeignet. Dadurch wird ein besseres Auflaufen erreicht.

339 Mangold bevorzugt tiefgründige, humose und ausreichend feuchte Böden. Extrem leichte und schwere Böden sind ungeeignet, wenn sie nicht durch reichlich Torf oder Stalldung brauchbar gemacht werden. Die Mangoldwurzeln dringen tief in den Boden ein, deshalb ist er tief zu lockern. Mangold kann in 1. oder 2. Tracht angebaut werden.

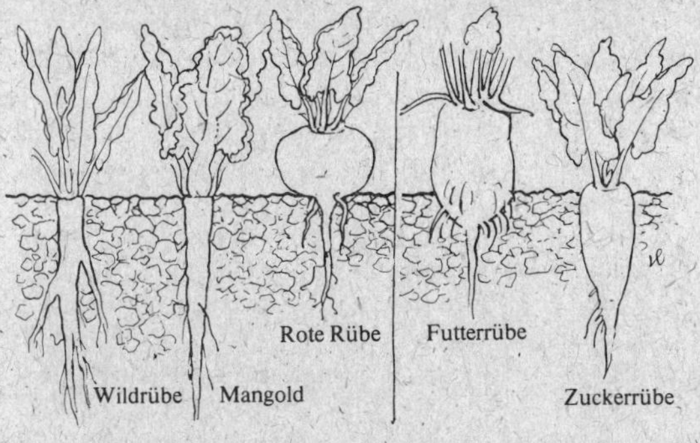

340 Beim Anbau von Mangold ist die Art der Nutzung zu beachten.

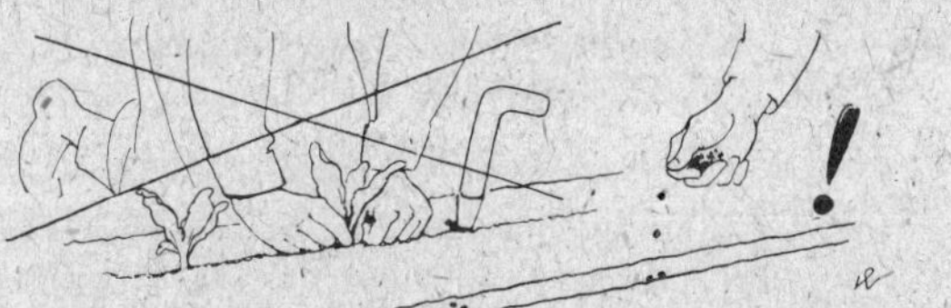

Er kann erstens als Schnittmangold ähnlich Spinat genutzt werden. In diesem Fall genügen Reihenabstände von 25 cm bis 30 cm. Die zweite Möglichkeit betrifft die ausschließliche Verwendung der Blattrippen („Rippenmangold"). Hierbei ist ein Reihenabstand von 35 bis 40 cm erforderlich. Die Aussaat kann ab Mitte März erfolgen. Man benötigt 1 bis 2 g Saatgut je m² Anbaufläche. Die Saattiefe beträgt 2 bis 3 cm. Bei Rippenmangold wird nach dem Aufgang in der Reihe auf 35 bis 40 cm vereinzelt, damit die Pflanzen genügend Platz bekommen und möglichst breite Blattstiele entwickeln können.

341 Was wir beim Mangoldsamen als Korn bezeichnen, ist ein Samenknäuel und enthält mehrere Einzelsamen.

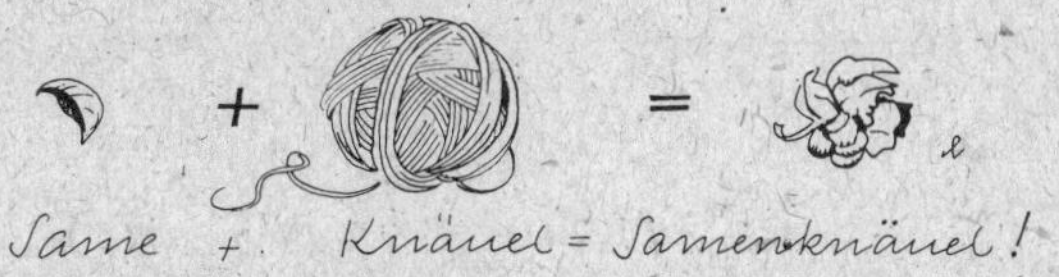

Auf 1 g gehen etwa 60 bis 75 Korn (Knäuel), und aus jedem entwickeln sich nach der Aussaat mehrere Pflanzen. Mangoldsamen behält seine Keimfähigkeit etwa 6 Jahre, was beim Sameneinkauf zu beachten ist. Je m² Anbaufläche braucht man nur 1 bis 2 g.

342 Möhren ist der Sammelbegriff für alle Größen, also auch für die kurzen und halblangen Sorten, die man oft als Karotten bezeichnet.

Es gibt also runde, kurze, halblange und lange Möhren. Nach der Farbe unterscheidet man weiße, gelbe und rote Sorten. Für Speisezwecke kommen nur die letzteren in Frage.

343 Wie alle Wurzelgemüse vertragen auch die Möhren keinen mit frischem Stalldung gedüngten Boden, so daß man sie auf Boden anbauen muß, der in 2. Tracht (Ratschlag 64) steht.

Das Land darf auch nicht sauer sein, weil Möhren neutralen Boden lieben. Gegen frische Kalkung sind Möhren empfindlich, so daß Kalk bereits zur Vorfrucht zu geben ist, wenn der pH-Wert unter 6,5 liegt. Am wichtigsten ist, daß das Möhrenland recht tief gegraben wird, weil es sonst zu verkrüppelten Möhren kommt. Das ist auch auf sehr steinigem Boden der Fall.

344 Möhren wachsen am besten auf warmen leichten Böden, die einen hohen Humusgehalt aufweisen. Auf ihnen erzielt man auch die frühesten Ernten.

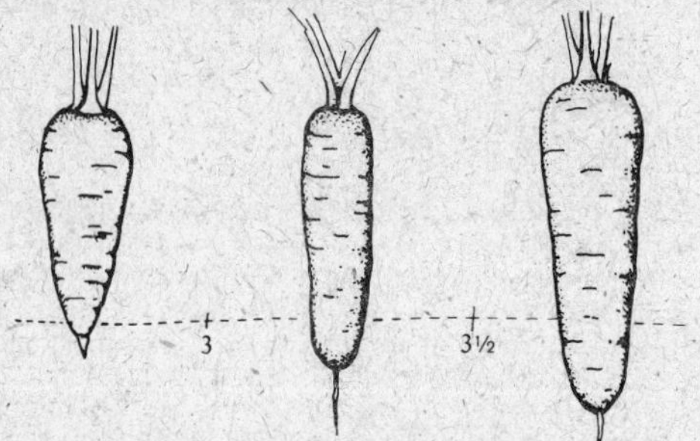

Vor allem Frühmöhren entwickeln sich auf schweren Böden langsamer und werden später erntefähig. Zu starker Verkrustung neigende Böden sind ungeeignet. An die Vorfrucht stellen Möhren keine hohen Ansprüche, jedoch sollten sie nicht nach Sellerie und nach sich selbst angebaut werden. Zur frühen Ernte ist auch die richtige Sorte erforderlich. Zu bevorzugen sind kurze und halblange Sorten mit kurzer Entwicklungszeit (siehe Tabelle Seite 357). Beide Sortentypen können etwa 3 Monate nach der Aussaat geerntet werden.

345 In den Monat März fällt die Hauptaussaatzeit für frühe und mittelfrühe Möhrensorten.
Der Reihenabstand sollte generell 20 cm betragen. Möhrensamen ist relativ klein, so daß 1 g 800 bis 900 Körner enthält. Das ist bei der Aussaat zu beachten. Meist werden Möhren zu dicht ausgesät. Je m^2 sollen jedoch nur etwa 0,5 g zur Aussaat kommen. Es ist zweckmäßig, den Möhrensamen mit der doppelten Menge trockenem, feinkörnigem Sand zu mischen, womit die richtige Aussaatstärke besser eingehalten werden kann. Die Aussaattiefe soll 0,5 bis 1,0 cm betragen. Nach dem Ziehen der Reihen sind diese anzudrücken.

346 Vom Aussäen bis zum Sichtbarwerden der Möhren vergehen oft 4 Wochen, so daß unbedingt Markiersaat anzuraten ist.

Zur Markiersaat eignen sich Salat und Radieschen am besten. Von dem einen oder anderen streut man vor dem Zuziehen der Möhrenrillen etwas Samen aus. Er geht viel früher als der Möhrensamen auf, und die Reihen sind sichtbar, so daß das Beet gehackt werden kann. Bei Radieschen hat man eine zusätzliche Ernte. Die einzelnen Samen müssen aber mindestens 8 cm auseinander liegen, wenn die Möhren nicht darunter leiden sollen. Als Markierungssalat nimmt man eine Sommersorte. Wenn die Pflanzen ihren Zweck erfüllt haben, pflanzt man sie auf ein Beet. Siehe auch Ratschlag 227.

347 Zwischen Schnitt- und Wurzelpetersilie besteht ein großer Unterschied, was beim Einkauf des Samens zu beachten ist.

Da man mit der Petersilie nicht nur die Speisen würzt, sondern auch oft garniert, baut man in der Regel nur die krausblättrige an. Von der Wurzelpetersilie verwendet man in der Hauptsache die Wurzeln im Herbst und Winter. Sie hat glatte Blätter.

348 Der Schnittpetersilie sollte man eine Stelle im Garten aussuchen, wo sie vor allem gegen winterliche Nord- und Ostwinde geschützt steht.
Sie kann auch halbschattig stehen, und da sie nur höchstens 20 cm hoch wird, läßt sie sich auch als Einfassung verwenden. Wer Wert auf Winterschnitt legt, sollte die Schnittpetersilie an die Südwand der Laube oder eines Schuppens säen, wo sie im Herbst überbaut werden kann. Sie bringt dann auch im folgenden Frühjahr noch gute Erträge. Wurzelpetersilie wird im Herbst geerntet.

349 Obwohl Petersilie in jedem Gartenboden wächst, ist für reichen Humusgehalt Sorge zu tragen.

Frische Stalldüngung verträgt weder die Schnitt- noch die Wurzelpetersilie. Wichtig ist, daß der Boden für die zuletzt genannte recht tief bearbeitet wurde. In sandigen Lehmböden mit viel Humus entwickelt sich Petersilie am besten.

350 Da Petersiliensamen seine gute Keimkraft nur etwa 2 Jahre behält, sollte man vor der Aussaat eine Keimprobe machen.

Frisches Saatgut der Petersilie erkennt man auch am Geruch. Je intensiver er ist, um so sicherer kann man auf frisches Saatgut schließen. 1 g Samen enthält 750 bis 800 Körner. Darum braucht man für 1 m^2 Anbaufläche höchstens 1 g.

351 Da Petersilie bedeutend schneller und sicherer keimt, wenn die Erde schon etwas angewärmt und nicht mehr zu naß ist, sollte man sie nicht vor dem 15. März aussäen.

Zu früh ausgesät, liegt der Petersiliensamen zu lange im Boden und kann unter Umständen verfaulen. Normalerweise dauert es 3 Wochen, bevor er keimt. Bei der Schnittpetersilie genügt beim Aussäen ein Reihenabstand von 12 bis 15 cm. Für die Wurzelpetersilie muß er aber 25 cm betragen. Petersiliensamen darf nur ganz flach in die Erde kommen. Bei früher Aussaat ist das ganz besonders, auf etwas schwerem Boden, zu beachten.

352 Porree muß im März in einem kalten Frühbeet ausgesät werden, wenn man recht starke Porreestangen ernten will.

Bei der Vorbereitung des Frühbeetes sind die Ratschläge **202** bis **204** zu beachten. Der Samen wird in Reihen, aber so dünn ausgestreut, daß man auf 1 m^2 Frühbeetfläche nur höchstens 2 g verwendet, denn 1 g enthält etwa 400 Körner. Porreesamen keimt schon im zweiten Jahr nach der Ernte nicht mehr voll. Darum ist eine Keimprobe vor der Aussaat unbedingt erforderlich. Bis zum Aufgehen der Saat bleibt das Frühbeet mit Stroh- oder Rahmendecken (Ratschläge **207** und **208**) zugedeckt. Sie werden nur an sonnigen Tagen abgenommen. Das Saatbeet muß während der Keimzeit immer gleichmäßig feucht gehalten werden. Jedoch darf es niemals verkrusten.

353 Der günstigste Aussaattermin für Puffbohnen liegt in der Zeit von Anfang bis Mitte März, denn sie vertragen im Jugendstadium einige Kältegrade.

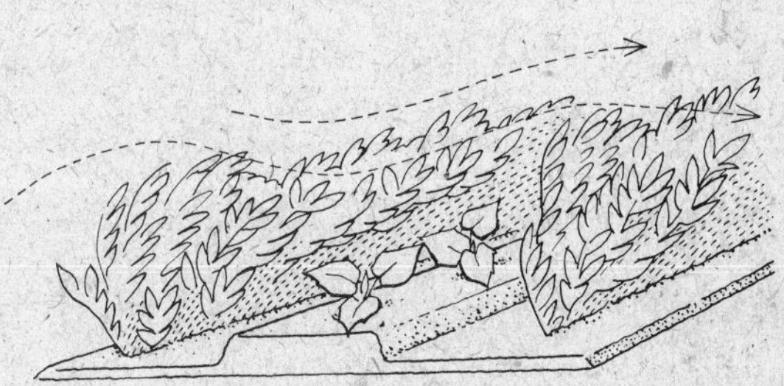

Puffbohnen eignen sich sehr gut als Schutzpflanzung für Gurken, Melonen und andere windempfindliche Pflanzen. Da sie gern recht frei stehen, sät man an die Ränder eines Beetes, das für Gurken oder andere windschutzbedürftige Gemüsearten vorgesehen ist, jeweils eine Reihe aus. Sie entwickeln sich da vorzüglich, wenn man für ausreichende Düngung sorgt. Man kann Puffbohnen natürlich auch beetweise anbauen. Die Aussaat erfolgt wie im Ratschlag **229** angegeben.

354 Radies entwickeln sich am besten in vollsonniger Lage und leichten bis mittleren, humusreichen Böden, die nicht zur Verkrustung neigen.

Schwere Böden können sich nachteilig auf die Knollenform und den Geschmack auswirken. Außerdem wachsen Radies in diesen Böden, die sich besonders im Frühjahr relativ langsam erwärmen, schwer. Radieschen vertragen frischen Stalldung nicht und dürfen deshalb nur in 2. Tracht angebaut werden. Bei der Düngung ist zu beachten, daß Radies zu den sehr chlorempfindlichen Gemüsearten zählt.

355 Zusagende Boden- und günstige Klimaverhältnisse erlauben eine Aussaat ab Anfang März.

Radies werden meist zu dicht ausgesät. Eine einwandfreie Knollenentwicklung wird nur erzielt bei gleichmäßiger Saat in genügend großen Abständen. Man sät in Reihen mit einem Abstand von 8 bis 10 cm. In der Reihe werden die Samen einzeln in Abständen von 3 cm ausgelegt. Das spätere Ergebnis lohnt diese Mühe. Bei zu dichtem Stand muß notfalls vereinzelt werden. Wichtig ist außerdem die Saattiefe. Radies sollen nur etwa 1 cm in den Boden kommen. Tiefere Saat wirkt sich nachteilig auf die Knollenform aus und führt außerdem zur Ernteverzögerung.

356 Von der Aussaat bis zur Ernte vergehen bei Radies je nach Sorte und Aussaatzeit 22 bis 55 Tage.

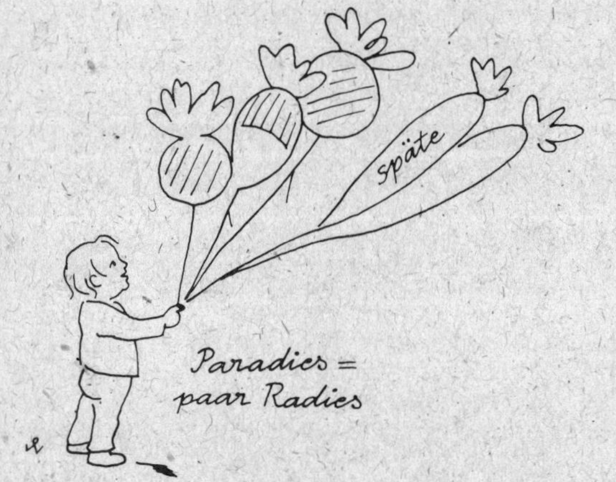

Neben der sortenbedingten Entwicklungsdauer (siehe Tabelle Seite 357) besitzt der Aussaatzeitpunkt einen erheblichen Einfluß auf den erforderlichen Zeitraum von der Aussaat bis zur fertigen Knolle. Märzaussaaten benötigen gegenüber einer Aussaat im Mai fast die doppelte Entwicklungszeit, was bei der Festlegung der Termine für Folgesaaten zu beachten ist. Bei der Sortenwahl ist zu beachten, daß Sorten für den Anbau unter Glas und Plastfolie für den frühen Freilandanbau nur bedingt zu empfehlen sind, da sie unter Freilandbedingungen in der Knollenqualität nachlassen.

357 Der Anbau von Frührettichen ist nur anzuraten, wenn warmer, humusreicher Sandboden vorhanden ist.
Schwerer Boden ist im allgemeinen noch zu kalt und zu naß. Die Frührettiche entwickeln sich dann zu langsam und leiden im Geschmack. Sie verlangen eine freie, sonnige Lage und tief bearbeiteten Boden, der in 2. Tracht (s. Ratschlag **64**) steht.

358 Unter günstigen Boden- und Witterungsverhältnissen kann man mit der Frührettichaussaat schon Mitte März beginnen.
Für diese frühe Aussaat kommen nur Sorten mit kurzer Entwicklungszeit, wie z. B. 'Runder Weißer' in Frage. Von der Aussaat bis zur Ernte vergehen etwa 6 Wochen. Für diese Frühsorten genügen Reihenabstände von 10 bis 12 cm. Die Samen werden am besten einzeln mit Abständen von 5 bis 6 cm ausgelegt und dürfen nicht tiefer als 2 cm in die Erde kommen. Je m^2 sind etwa 2 g gut keimendes Saatgut notwendig.

359 Rhabarber stellt an die Bodenbeschaffenheit keine großen Ansprüche, wenn nur genügend Nährstoffe vorhanden sind.

Auf leichtem Boden, der sich im Frühjahr schnell erwärmt, bringt der Rhabarber frühere Ernten als auf schwerem, nassem. Der Erntebeginn ist auch von der Lage abhängig. Eine vollsonnige ist am besten, obwohl Rhabarber auch im Halbschatten gut gedeiht. Rhabarber sollte man auf rigoltem Boden, zumindest tief gelockertem anbauen.

360 Rhabarber muß in den ersten Märztagen gepflanzt werden, wenn man noch im ersten Jahr eine kleine Ernte erzielen will.
Die Hauptpflanzzeit liegt zwar im Herbst, doch kann man Rhabarber auch Anfang März noch pflanzen. Die Hauptsache ist, daß kräftige Teilstücke mit mindestens einem starken Kopf vorhanden sind.

361 Für Rhabarber braucht man viel Platz, denn jede gut entwickelte Pflanze bedeckt 1 m^2 Land, so daß er mindestens 1 m × 1 m weit gepflanzt werden muß.
Rhabarber kann man unter Obstbäume pflanzen, deren Kronen sich gegenseitig noch nicht berühren. Dort bringt er zwar spätere Ernten, benötigt aber keinen besonderen Platz. Beim Pflanzen ist darauf zu achten, daß die Teilpflanzen nicht tiefer in den Boden kommen, als sie vorher gestanden haben. Rhabarber muß sehr fest gepflanzt und tüchtig angegossen werden. An-

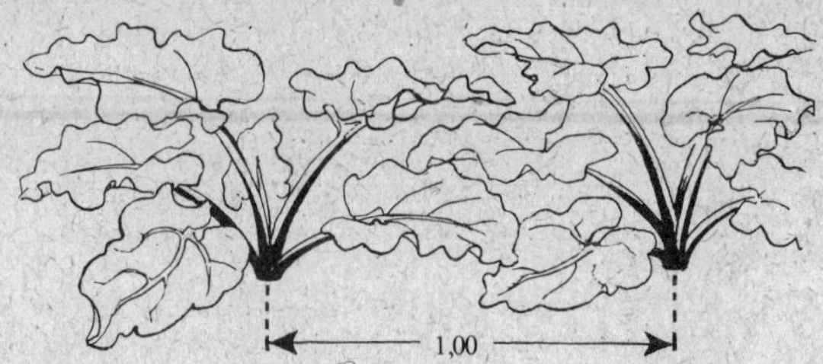

schließend bedeckt man den Boden mit einer bis zu 10 cm starken Torf- oder Stalldungschicht. Dadurch wird schnelles Austrocknen verhindert und das Anwachsen gefördert.

362 Vom Rhabarber gibt es rot- und grünfleischige Sorten. Eine Sorte mit roten Blattstielen hat aber nicht immer rotes Fleisch.

Das trifft beispielsweise auf die Sorte 'The Sutton' und 'Holsteiner Blut' zu, deren Blattstiele mehr oder weniger rot gefärbt sind und trotzdem grünes Fleisch haben. Beide gehören zu den ertragreichsten.

363 Mehrjährigen Rhabarberanlagen muß man schon im Laufe des März Nährstoffe zuführen.

Rhabarber ist ein sehr starker Stickstoffzehrer. Den Nährstoff braucht er, wenn man starke, lange Blattstiele erzielen will. Darum erhält der Rhabarber, am besten noch vor dem Austrieb, je m^2 15 bis 20 g Volldünger und außerdem dieselbe Menge eines Stickstoffdüngers. Das Düngergemisch streut man trocken aus und hackt es anschließend ein. Damit es schnell in den Wurzelbereich gelangt, wird durchdringend gegossen.

364 Liebhaber von Schnitt- und Pflücksalat können Ende März mit der Aussaat an Ort und Stelle beginnen. Sie haben dann schon Ende April zarte Salatblätter.

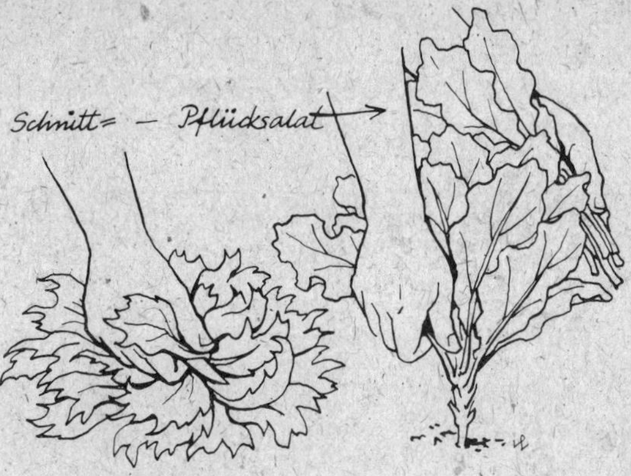

Schnittsalat erfordert Reihenabstände von 15 cm und Pflücksalat von 25 bis 30 cm. In den flach zu ziehenden Rillen wird der Samen so dünn gestreut, daß je m^2 Anbaufläche nur 2 g verbraucht werden. Beide Salatarten, die keine Köpfe bilden, stellen an den Boden keine besonderen Ansprüche und wachsen überall, wenn sie genügend Nährstoffe vorfinden.

365 Die Schwarzwurzeln stellen an den Boden hohe Ansprüche, wenn die Kultur erfolgreich sein soll.

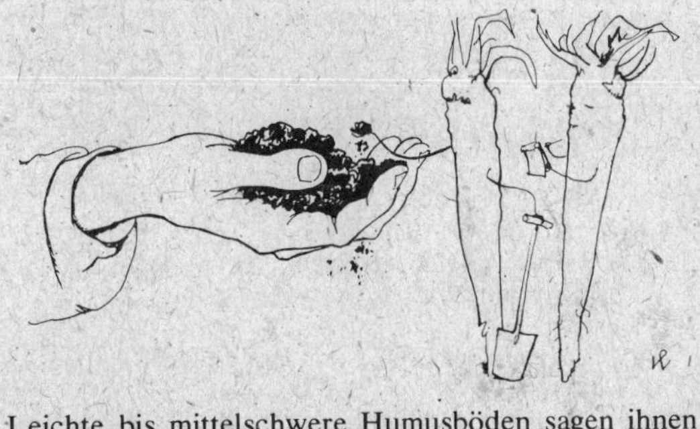

Leichte bis mittelschwere Humusböden sagen ihnen am besten zu. Obwohl der Boden einen hohen Humusgehalt aufweisen muß, vertragen Schwarzwurzeln keinen frischen Stalldung. Wir säen sie also in Boden 2. Tracht (Ratschlag **64**). Humusarme Böden kann man durch größere Mengen Torf, vererdeten Stalldung oder gute Komposterde brauchbar machen. Trockene Böden verlangen sehr viel Gießarbeit.

366 Das für die Schwarzwurzeln vorgesehene Land muß zwei Spatenstiche tief bearbeitet werden, denn sie dringen über 20 cm tief in den Boden ein.
Wenn der Boden, in den die Wurzeln vorstoßen, zu fest ist, verkrüppeln sie. Darum wird er am besten geholländert (vergleiche Ratschlag **1743**). Wer das im Herbst verpaßt hat, sollte es unbedingt vor der Aussaat noch

nachholen, weil sonst die ganze Ernte in Frage gestellt wird.

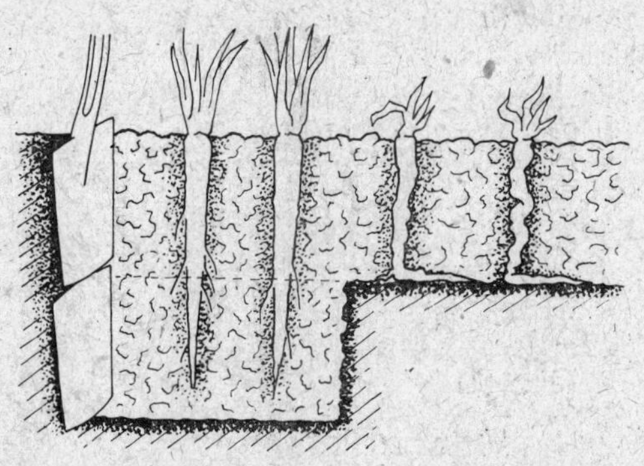

367 Von zu dicht gesäten Schwarzwurzeln kann man nur schwache Wurzeln ernten, die den Anbauerfolg in Frage stellen.

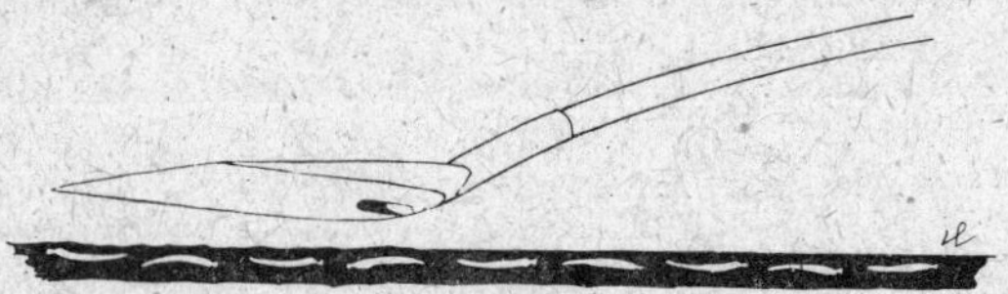

Darum darf der Reihenabstand nicht unter 25 cm liegen. 30 cm sind auf jeden Fall besser. Auf der Reihe wird so weitläufig ausgesät, daß je m^2 Anbaufläche höchstens 3 g Samen ausgestreut werden. Schwarzwurzelsamen darf nur ganz flach in die Erde kommen. Darum zieht man die Rillen nicht mit einer Hacke, sondern mit einem Harkenstiel. Nach dem Zuziehen der Rillen darf der Samen nur 1 cm mit der Erde bedeckt sein. Die Reihen werden anschließend mit dem Harkenrücken angedrückt.

368 Mitte März ist der letzte Aussaattermin, wenn man von Schwarzwurzeln optimale Erträge erzielen will.

Darum sät man bei günstigen Wetterverhältnissen schon Ende Februar aus (s. Ratschlag 230). Nur unter den besten Voraussetzungen bringen Aussaaten von Anfang April noch einigermaßen befriedigende Ergebnisse.

369 Für den Anbau von Schwarzwurzeln muß in jedem Jahr frisches Saatgut gekauft werden, weil der Samen die Keimkraft sehr schnell verliert (s. auch Ratschlag 230). Schon im 2. Jahre nach der Ernte keimen Schwarzwurzeln sehr schlecht. Vorsichtshalber nimmt man auch bei neu gekauftem Saatgut eine Keimprobe vor. Das ist der sicherste Schutz gegen Mißerfolge. Zu beachten ist, daß Schwarzwurzelsamen am besten mit der Hand ausgesät wird. Die langen Samen zerbrechen sehr leicht, wenn die Aussaat mit der Sämaschine erfolgt.

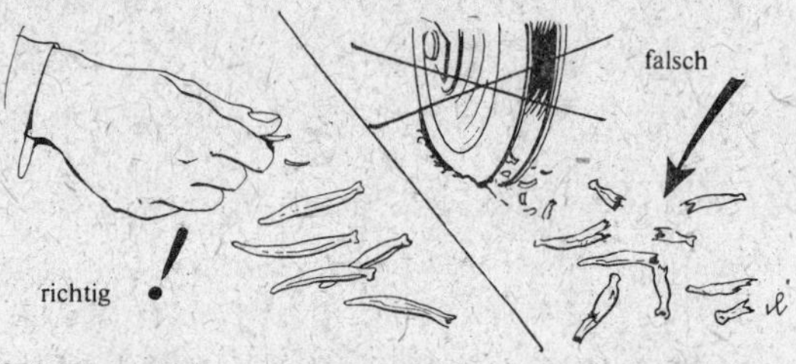

370 Obwohl Schnittlauch keine besonderen Ansprüche stellt, wächst er in sandigen Lehmböden mit gutem Humusgehalt am besten.

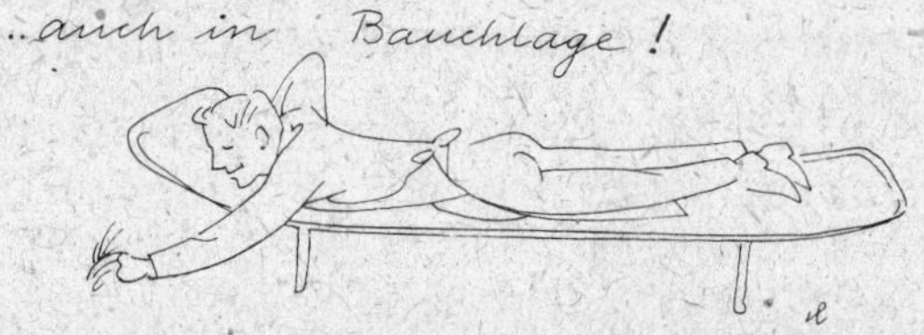

Mit reichlichen Humusgaben kann man jeden Boden für Schnittlauch brauchbar machen. Auf Grund seines Wuchses eignet er sich gut als Einfassung. Schnittlauch verträgt auch Halbschatten, so daß man für ihn immer ein Plätzchen findet. Da er völlig winterhart ist, kann man ihn in allen Klimalagen anbauen.

371 Schnittlauch wird entweder durch Aussaat vermehrt oder durch das Teilen alter Bestände. Der Samen ist nur 1 Jahr lang voll keimfähig (Keimprobe s. Ratschläge 71 bis 73).

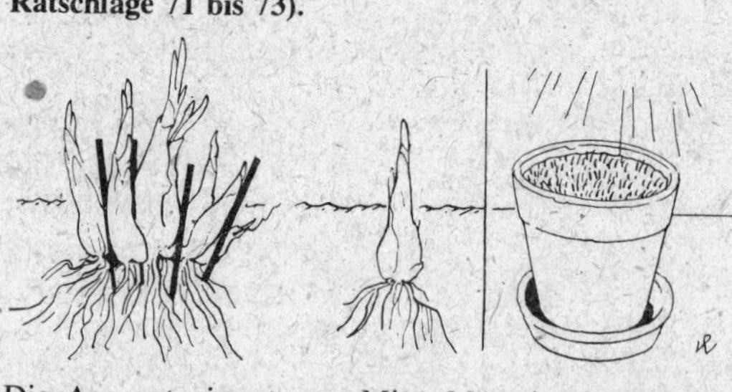

Die Aussaat nimmt man Mitte März in einem kalten Frühbeet (vergleiche Ratschlag 202) vor oder ab Ende März ins Freiland. Es wird ziemlich dicht ausgesät, weil Schnittlauch nicht einzeln, sondern in kleinen Büscheln gepflanzt wird. Alte Bestände werden geteilt, sobald ihre Köpfe sichtbar sind. Man darf aber die Teilpflanzen nicht tiefer in die Erde bringen, als sie vorher gestanden haben. Als Reihenabstand genügen 20 cm. Auch auf der Reihe wird 20 cm weit gepflanzt.

372 Spinat stellt keine großen Ansprüche an die Bodenverhältnisse, wenn die Erde genügend Humus und Nährstoffe enthält.

Der Anbau auf schweren Lehm- und Tonböden ist jedoch nicht zu empfehlen, auch reagiert Spinat empfindlich auf stauende Nässe. Spinat steht am besten in 2. Tracht, kann aber auch in 1. Tracht gestellt werden. Als Vorfrüchte sind Schwarzwurzeln, Rote Rüben, Mangold, Feldsalat und Spinat ungeeignet. In der Regel baut man Spinat nur als Vor- oder Nachfrucht an. Da von der Aussaat bis zur Ernte nur etwa 60 Tage vergehen, kann er z. B. noch vor Gurken oder Bohnen angebaut werden. Bei der Frühjahrsaussaat genügen Reihenabstände von 15 cm, was je m^2 Aussaatfläche eine Aussaatmenge von etwa 5 g ergibt. Das Saatgut muß etwa 2 cm mit Erde bedeckt sein, wenn es gut und sicher keimen soll.

373 Wenn der Spinat als Vorfrucht gedacht ist, muß er spätestens Mitte März ausgesät werden.
Die frühe Aussaat empfiehlt sich auch schon darum, weil Frühjahrsaussaaten von Spinat sehr leicht in Samen gehen, wenn die erste Maihälfte recht warm und sonnig ist. Wenn es die Witterungsverhältnisse zulassen, sollte man den Spinatsamen schon Anfang März in den Boden bringen.

374 Herbstaussaaten von Spinat und Feldsalat erhalten spätestens Mitte März eine Nährlösung aus schnellwirkenden Stickstoffdüngern.
In 1 Liter Wasser kann man je nach Nährstoffgehalt 2 bis 4 g davon auflösen. Nach dem Düngen wird mit reinem Wasser nachgegossen, damit keine Düngerreste auf den Blättern haftenbleiben.

375 Der Anbau von Bleichspargel ist nur dort anzuraten, wo humoser warmer Sandboden zur Verfügung steht.
Nur auf ihm erzielt man frühe Ernten, weil sich Sandboden sehr zeitig erwärmt und die Triebe darum schnell die Dämme durchwachsen. Der Boden darf aber nicht zu steinig sein, sonst werden die Stangen (Triebe) krumm. Die erforderliche tiefe Bodenbearbeitung (Rigolen) ist schon im Herbst oder Winter zu erledigen. Eine Spargelanlage ergibt mindestens 20 Jahre lang gute Ernten, wenn sie richtig gepflegt wird.

Eine ganz schöne Stange angegeben!

376 Auf dem rigolten Land, das für Spargel vorgesehen ist, werden Ende März Gräben ausgeworfen. Am günstigsten für die Erwärmung der späteren Dämme ist die Nord-Süd-Richtung.

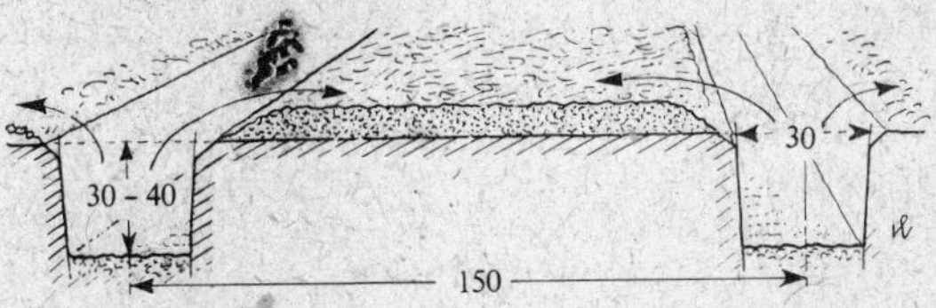

Der Abstand von Grabenmitte zu Grabenmitte beträgt 1,50 m. Jeder Graben wird 30 cm breit und 30 bis 40 cm (auf leichtem Boden tiefer als auf schwerem) tief ausgehoben. Damit die Gräben nicht so leicht einrutschen, verbricht man die oberen Kanten etwas. Die beim Ausheben anfallende Erde wird zwischen den Gräben verteilt.

377 Nach dem Ausheben der Gräben werden diese mit einer 20 cm hohen Stalldungschicht versehen.

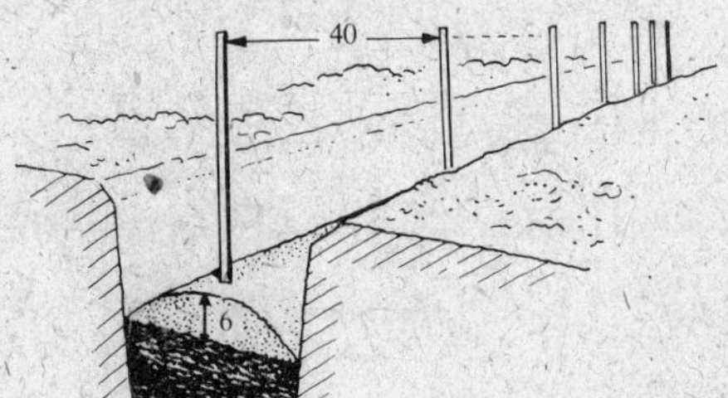

Der Stalldung soll möglichst gut verrottet sein. Abschließend wird noch eine 5 bis 6 cm hohe Schicht gute Komposterde dammartig eingebracht. Man kann mit der Komposterde auch nur für jede Pflanzstelle in Abständen von 40 cm kleine Hügel setzen. Damit ist die Anlage zur Aufnahme der Pflanzen bereit.

378 Einjährige Spargelpflanzen zur Neuanlage sind wüchsiger als zweijährige und wachsen ohne Ausfall an.

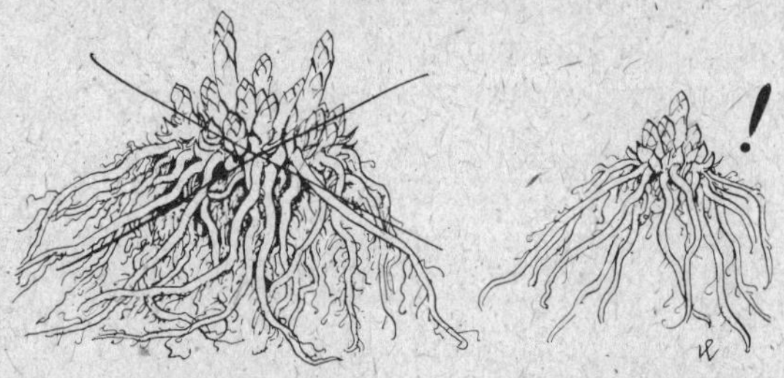

Daß zweijährige Spargelpflanzen frühere Ernten ergeben, ist ein Irrtum. Sie wachsen nämlich viel schwerer an, und ehe sie richtig ins Wachsen kommen, sind sie von den einjährigen fast eingeholt. Hinzu kommt, daß bei den zweijährigen oft starke Ausfälle entstehen. Die Vorteile der einjährigen wirken sich aber nur aus, wenn es sich um Qualitätspflanzen und nicht um Kümmerlinge handelt. Zweijährige kann man höchstens als Lückenbüßer verwenden.

379 Spargel pflanzt man von Ende März bis Mitte April. Die Wurzeln der einjährigen Pflanzen werden beim Pflanzen gleichmäßig auf dem Pflanzhügel oder -damm verteilt.

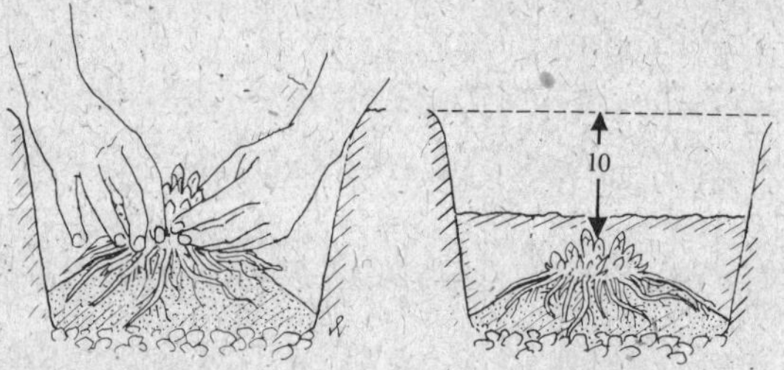

Es ist so zu pflanzen, daß die Köpfe der Spargelpflanze etwa 10 cm unter der ursprünglichen Bodenoberfläche stehen. Zu beachten ist, daß der Wurzelstock des Spargels stets streng nach einer Richtung wächst. Die Richtung, nach der die Pflanze wächst, erkennt man bereits an der einjährigen Pflanze. Dort, wo sich der abgestorbene einjährige Trieb befindet, ist zwischen den sich nach allen Seiten verteilenden Wurzeln eine Lücke. Diese Lücke muß stets nach derselben Seite, in Grabenrichtung zeigen. Ansonsten wachsen Spargelstangen im Laufe der Jahre an den Dammseiten heraus. Nach dem Pflanzen bedeckt man sie etwa 5 cm hoch mit derselben Erde, aus der die Pflanzdämme oder -hügel bestehen. Anschließend wird gründlich gegossen.

380 Das Anlegen von Grünspargel ist einfacher als beim Bleichspargel. Auch die Bodenverhältnisse sind bei Grünspargel nicht so ausschlaggebend.

Die Stangen des Grünspargels brauchen sich nicht durch die Erddämme zu arbeiten, sondern entwickeln sich über der Erde. Darum kann Grünspargel auch auf schwereren Bodenarten (sandiger Lehm oder lehmiger Sand) angebaut werden. Das Anlegen der Gräben (Ratschlag **376**) erfolgt wie beim Bleichspargel, jedoch genügen eine Tiefe von 30 cm und Reihenabstände von 1,20 m. Gepflanzt wird so, daß die Köpfe der Jungpflanzen etwa 10 cm mit Erde bedeckt sind. Wo im Frühjahr (April/Mai) viel Nachtfröste auftreten, ist vom Anbau des Grünspargels abzuraten. Es können dann große Verluste durch Erfrieren der Spargelstangen entstehen, die sehr frostempfindlich sind. Auch der Kampf gegen die Spargelfliege ist schwieriger als beim Bleichspargel (Ratschlag **626**).

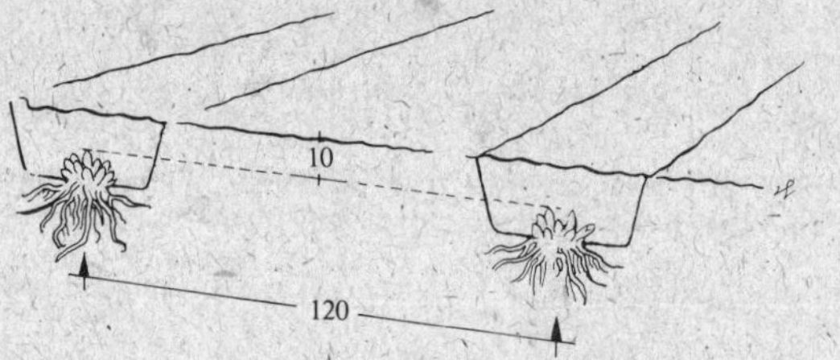

381 Wer den Spargel als Grünspargel ernten will, braucht zwar keine Dämme zu errichten, muß aber die mit Spargel besetzte Fläche im Laufe des März sorgfältig lockern.

Mit dieser Arbeit muß man warten, bis der Boden oberflächlich etwas abgetrocknet ist. Das Lockern kann mit der Grabegabel oder dem Grubber, aber nicht mit dem Spaten vorgenommen werden. Man lockert so flach, daß weder die Wurzeln und noch viel weniger die Köpfe des Spargels Schaden erleiden.

382 Im letzten Drittel des März errichtet man auf den erntefähigen Bleichspargelbeeten Dämme, damit alles für die Ernte gerüstet ist.

Die Dämme müssen so hoch sein, daß auch die etwas seitlich aus ihnen hervorbrechenden Spargelstangen 20 bis 22 cm lang werden können. Die Höhe der Dämme beträgt also etwa 30 bis 40 cm. Damit sie gleichmäßig hoch werden, spannt man über die Pflanzenreihe eine dünne Schnur recht fest. Die Erde wird dem Raum

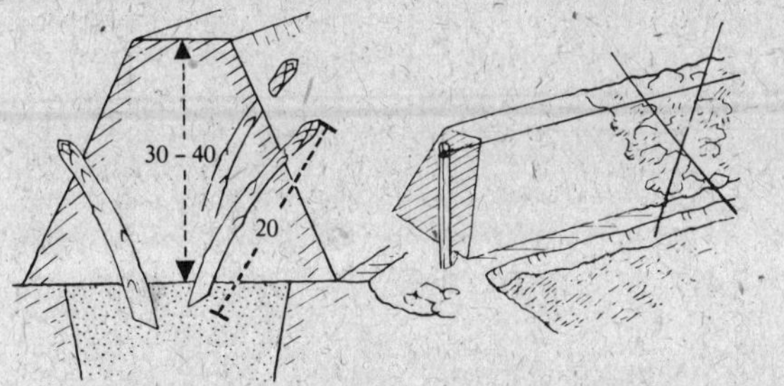

zwischen den Pflanzenreihen entnommen. Klumpen dürfen nicht in die Dämme geraten. Die fertigen Dämme sind mit der Harke gut zu glätten und mit einer flachen Schaufel leicht anzuklopfen. Dadurch erhalten sie eine glatte Oberfläche, die das Hervorbrechen der Spargelköpfe gut erkennen läßt.

383 Im Ertrag stehende Spargelanlagen dürfen im Frühjahr nicht gedüngt werden.

Die Pflanzen könnten die Nährstoffe nicht verarbeiten, weil wir es ja durch die Ernte der Spargelstangen überhaupt nicht zur Blattgrünbildung kommen lassen. Das Blattgrün ist aber zum Verarbeiten unbedingt notwendig. Jauche darf man auf diese Spargelanlagen erst recht nicht gießen. Sie würde nur den Geschmack der Spargelstangen beeinträchtigen.

384 Zweijährige Spargelanlagen erhalten im Laufe des März (vor dem Austreiben) eine Nährstoffgabe, die stickstoffreich sein muß.

Die Volldünger sind meist nicht genügend stickstoffreich. Darum gibt man neben ihnen einen reinen Stickstoffdünger, wie Natronsalpeter oder Kalkammonsalpeter. Auch Schwefelsaures Ammoniak eignet sich dazu. Da es sich nur um die erste Jahresgabe handelt, genügen je m^2 Anbaufläche 15 g Volldünger und dieselbe Menge eines der angeführten Düngemittel. Anschließendes leichtes Einhacken ist anzuraten. Dabei ist Vorsicht geboten, damit man die schon dicht unter der Erde stehenden Triebspitzen nicht beschädigt.

385 Um möglichst große Zwiebeln zu erzielen, sollte man die Aussaat in den ersten Märztagen vornehmen, sofern das Wetter günstig ist.

Das im Herbst gegrabene Land ebnet man nur mit dem Grubber und der Harke, damit es nicht unnötig gelockert wird. Dann wachsen die Zwiebeln am besten. Auf 1 m^2 Anbaufläche darf man nicht mehr als 1 g gut keimfähigen Samen ausstreuen.

Bei Zwiebeln erzielt man die besten Ergebnisse, wenn lehmiger Sand oder sandiger Lehm mit viel Humus, also guter Mittelboden, zur Verfügung steht. Auch humose warme Sandböden sind noch brauchbar. Sehr schwere kalte und nasse Böden eignen sich nicht für den Zwiebelanbau. Wichtig ist, daß das Zwiebelland im Herbst gegraben wurde, damit es zur Aussaatzeit dicht liegt. Zwiebeln vertragen keinen frischen Stalldung und sind in Boden 2. Tracht (Ratschlag **64**) anzubauen.

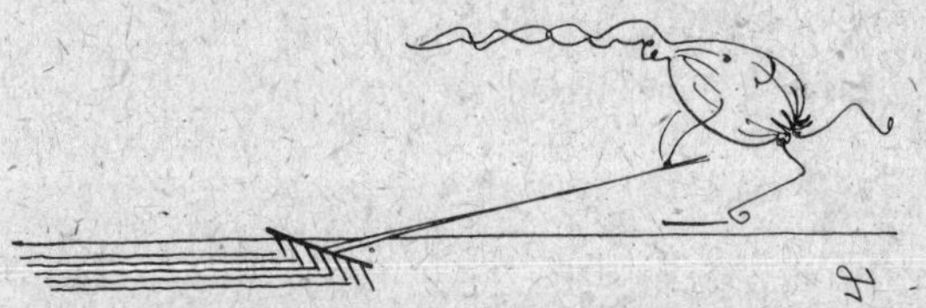

386 Zwiebelsamen ist nur im ersten Jahr nach der Ernte voll keimfähig. In 1 g sind 250 bis 300 Korn enthalten.
Eine Keimprobe ist anzuraten (s. Ratschlag **71** bis **73**). Der Samen darf höchstens 1 cm mit Erde bedeckt werden. Bevor man die Rillen zuzieht, wird Radieschensamen eingestreut (Ratschlag **346**). Der Reihenabstand beträgt 20 cm.

387 Wer bereits ab Mitte Juni Lauchzwiebeln ernten möchte, muß im März Steckzwiebeln von schosserfesten Sorten legen.
Die Bodenansprüche sind dieselben wie bei den Säzwiebeln (vergleiche Ratschlag **385**). Das im Herbst gegrabene Land wird nur mit der Harke eingeebnet, denn es darf für Zwiebeln nicht tiefer gelockert werden. Die Anzucht der Steckzwiebeln ist unter Ratschlag **389** angegeben. Wer sie kaufen muß, sollte sich vergewissern, daß er spezielle Steckzwiebelsorten erhält.

388 Bei Steckzwiebeln hängt der Erfolg von der richtigen Pflanztiefe ab, die in schweren Böden nicht mehr als einen Zentimeter betragen darf.
Steckzwiebeln bis Haselnußgröße sind zwar die teuersten, bringen aber auch die besten Ergebnisse. Wer

seine Steckzwiebeln zu tief steckt, muß auch bei guten Sorten mit Schossern rechnen. Von ihnen erzielt man weder Schlotten noch große Zwiebeln. Der Reihenabstand sollte bei Steckzwiebeln mindestens 15 cm, besser 20 cm betragen.

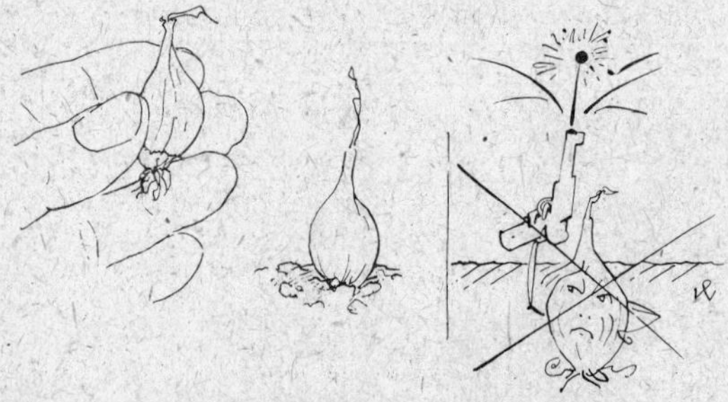

389 Für die Gewinnung von Steckzwiebeln kann ein etwas späterer Zeitpunkt gewählt werden.
Der günstigste Aussaattermin liegt zwischen Mitte März und Anfang April. Es dürfen für diesen Zweck nur spezielle Steckzwiebelsorten verwendet werden, da andere Sorten dann im nächsten Jahr bei der Lauchzwiebelerzeugung schossen. Der Reihenabstand beträgt 15 bis 20 cm, und der Saatgutbedarf liegt bei 3 g/m^2.

390 Wirsing kann schon in der zweiten Märzhälfte gepflanzt werden, wenn man kräftig pikierte oder getopfte und abgehärtete Pflanzen hat.

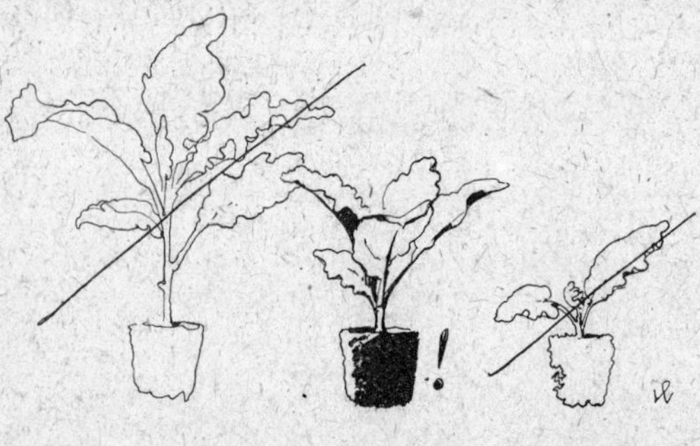

Der Frühanbau von Wirsing erfordert warme, sandige Lehm- oder lehmige Sandböden mit viel Humus. In schweren, kalten Böden dauert die Entwicklung zu lange. Es kommt nur Boden 1. Tracht in Frage. Die für diesen Anbau geeigneten Frühsorten begnügen sich mit einer Standweite von 40 cm × 40 cm.

391 Zum Anbau von Estragon eignet sich sandiger Lehm- oder lehmiger Sandboden mit viel Humus am besten.
Er braucht auch volle Sonne. Da er 100 bis 150 cm hoch wird, pflanzt man ihn am besten an die Südseite eines Zaunes. Dort kann der Estragon auch keine anderen, sonnebedürftigen Pflanzen beschatten.

392 Neupflanzungen von Estragon legt man Ende März mit Teilpflanzen an, weil Sämlinge recht unterschiedlich ausfallen und ihr Aroma zu wünschen übrigläßt.

Zum Teilen nimmt man alte starke Pflanzen mit allen Ausläufern vorsichtig mit der Grabegabel aus der Erde. Dabei ist zu beachten, daß auch die feineren Wurzeln nicht abreißen. Von der Größe der Teilpflanzen hängt es ab, ob man schon im ersten Jahr nennenswerte Erträge erzielt. Auch die Ausläufer ergeben brauchbare Jungpflanzen, wenn man immer einige zusammennimmt.

393 Da Estragon 3 bis 4 Jahre an derselben Stelle stehenbleibt, darf er nicht zu eng gepflanzt werden.
Beetweise gepflanzt, muß der Reihenabstand 40 cm betragen. Auf der Reihe genügen Abstände von 30 cm. Nur als Reihe gepflanzt, muß der Pflanzenabstand 40 cm groß sein. Estragon wird nicht tiefer gepflanzt, als er gestanden hat. Nach dem Pflanzen bedeckt man die Erde mit einer etwa 5 cm starken Torfschicht. Verrotteter Stalldung ist ebenfalls geeignet. Die Schicht fördert das Anwachsen sehr und verhindert schnelles Austrocknen der Erde.

394 Mitte bis Ende März kann auf Beete in vollsonniger Lage Knoblauch gesteckt werden.
Als Pflanzgut verwendet man Teilzwiebeln, auch „Zehen" genannt. Die Knoblauchzwiebeln sollten erst kurz vor dem Stecken geteilt werden. Zu beachten ist, daß große „Zehen" erfahrungsgemäß auch größere Zwiebeln entwickeln. Der Reihenabstand beträgt 20 bis 25 cm. In der Reihe steckt man in Abständen von 8 bis 10 cm und etwa 5 bis 6 cm tief. Werden Brutzwiebeln verwendet, dann genügt eine Pflanztiefe von etwa 4 cm.

395 Knoblauch bevorzugt nährstoffreichen, nicht zu leichten, tiefgründigen Boden.
Er gehört in die 2. Tracht und stellt etwa die gleichen Nährstoffansprüche wie die Speisezwiebel. Der Wasserbedarf ist relativ gering. Während sich eine möglichst kontinuierliche Bodenfeuchtigkeit im Frühjahr günstig auswirkt, soll der Boden im Herbst zur besseren Ausreife der Zwiebeln trocken und warm sein. Stauende Nässe verträgt Knoblauch nicht.

396 Der echte Lavendel verlangt tief bearbeiteten Boden, dem es weder an Humus noch an Kalk fehlt.
Bezüglich der Bodenart ist er nicht sehr wählerisch, wenn nur die vorstehenden Bedingungen erfüllt sind. Frischen Stalldung liebt Lavendel nicht. Darum muß man den Humus in Form von Torf oder gut verrottetem Stalldung geben.

397 Lavendel sollte man nur dort pflanzen, wo er einen sonnigen, warmen und im Winter geschützten Standort erhalten kann.

Vor allem muß er gegen die winterlichen Ostwinde geschützt stehen. Dabei ist zu bedenken, daß er 5 bis 6 Jahre an derselben Stelle stehenbleiben kann und nur etwa 50 cm hoch wird. Andere Pflanzen dürfen ihn nicht beschatten.

398 Beim Anbau von Salbei muß man wissen, daß er gegen stehende Bodennässe und saure Böden sehr empfindlich ist.

An die sonstige Beschaffenheit des Bodens stellt er keine besonderen Ansprüche. Die Erde muß aber tief bearbeitet sein und darf keinen frischen Stalldung enthalten. Auch schweren Boden kann man für den Salbei brauchbar machen, wenn recht viel Torf eingearbeitet wird.

399 Salbei muß man an eine Stelle im Garten pflanzen, wo er im Winter gegen die scharfen Ostwinde geschützt steht.
Da er halbschattig stehend genauso gut gedeiht wie in voller Sonne, kann man ihn an die Süd- oder Südwestseite von Mauern, Schuppen oder Sträuchern pflanzen. Dabei ist zu beachten, daß Salbei durchschnittlich 50 cm hoch wird und 3 bis 4 Jahre an derselben Stelle stehenbleiben kann.

400 Da es sich beim Anbau von Salbei im Kleingarten immer nur um wenige Pflanzen handelt, beschafft man sich am besten ein paar Teilpflanzen.
Sämlingspflanzen von Salbei sind in der Regel ein Gemisch aller vorkommenden Formen, die auch bezüglich der Würzkraft unterschiedlich sind. Dagegen sind Teilpflanzen stets einheitlich. Sie fallen beim Teilen alter Pflanzen ab März an. Die oberirdischen Teile der Teilpflanzen sind mindestens um die Hälfte zurückzuschneiden. Die Wurzeln dürfen an der Luft nicht trocken werden. Gepflanzt wird 40 cm × 40 cm weit und nicht tiefer, als die Pflanzen vorher gestanden haben. Anschließend ist kräftig anzugießen und der Boden mit Torf oder verrottetem Stalldung zu bedecken.

401 Der Thymian stellt an den Boden keine besonderen Ansprüche, wenn die Erde nur nicht sauer und humusarm ist.
Thymian gehört auf Boden, der in 2. Tracht (Ratschlag 64) steht. Sand- und Lehmböden müssen gut mit Torf oder verrottetem Stalldung angereichert werden. Der Reaktionsgrad des Bodens muß immer über pH 6,5 liegen.

402 Nur in vollsonnigen und windgeschützten Lagen kann man beim Thymian mit guten Erfolgen rechnen.
Thymian eignet sich wegen seiner geringen Höhe (25 cm) sehr gut als Einfassungspflanze. Er braucht aber einen Standort, an dem ihm die winterlichen Ostwinde nichts anhaben können. Zu bedenken ist auch, daß Thymian 3 Jahre an der gleichen Stelle stehenbleibt.

403 Beim Teilen der dreijährigen Thymianpflanzen erhält man so viel Jungpflanzen, daß für den Kleinanbau die umständliche Sämlingsanzucht im Frühbeet nicht lohnt.

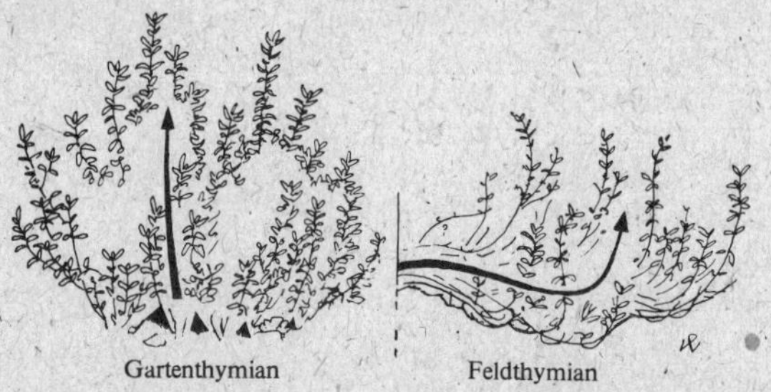

Alte Thymianpflanzen lassen sich sehr gut teilen, weil auch die niederliegenden Triebe meist schon reichlich Wurzeln haben. Von ihnen nimmt man immer einige zusammen, damit man einheitlich starke Pflanzen auf dem Beet erzielt. Alle oberirdischen Teile werden vor dem Pflanzen bis auf 5 cm abgeschnitten. Thymian muß man recht fest pflanzen und etwas tiefer, als er vorher gestanden hat. Als Reihenabstand genügen 20 cm. Auf der Reihe gibt man dieselbe Entfernung, so daß je m^2 25 Pflanzen erforderlich sind. Durch kräftiges Angießen und anschließende Bodenbedeckung (vergleiche Ratschlag **393**) wird das Einwachsen wesentlich gefördert.

404 Starke Meerrettichstangen erzielt man nur in tiefgründigen humosen Sandböden, die sich im Frühjahr schnell erwärmen.

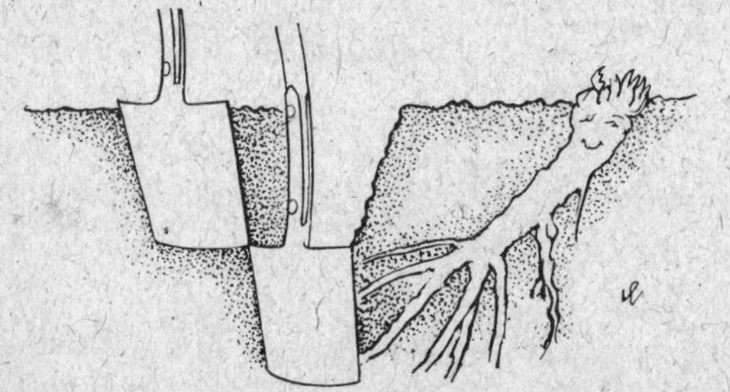

Wichtig ist, daß das für Meerrettich vorgesehene Land mindestens zwei Spatenstiche tief bearbeitet wurde (Holländern). Frischen Stalldünger verträgt er nicht. Darum gibt man den Humus in Form von Torf oder verrottetem Stalldung.

405 Zum Pflanzen des Meerrettichs, das im Laufe des März vorzunehmen ist, braucht man sogenannte Fechser, die im Herbst beim Ernten der starken Stangen anfallen.
Fechser sind etwa 30 cm lange Wurzelstücke, die für den Verbrauch zu schwach sind. Man überwintert sie im Keller in Sand. Die Fechser sind durchschnittlich 1 cm stark. Sie können aber auch schwächer sein.

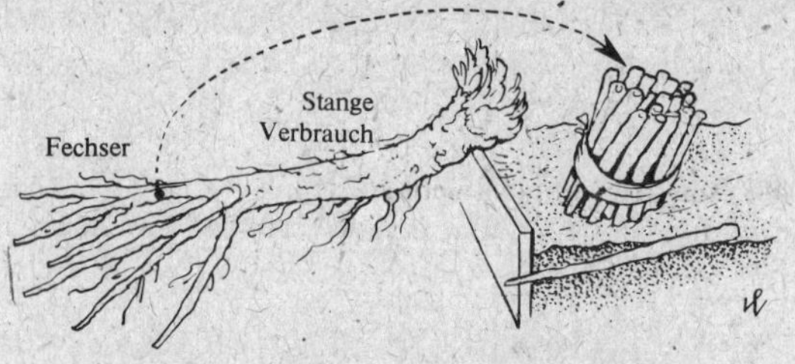

406 Durch das Entfernen aller Seitenwurzeln und Würzelchen werden die Fechser für das Pflanzen des Meerrettichs vorbereitet.

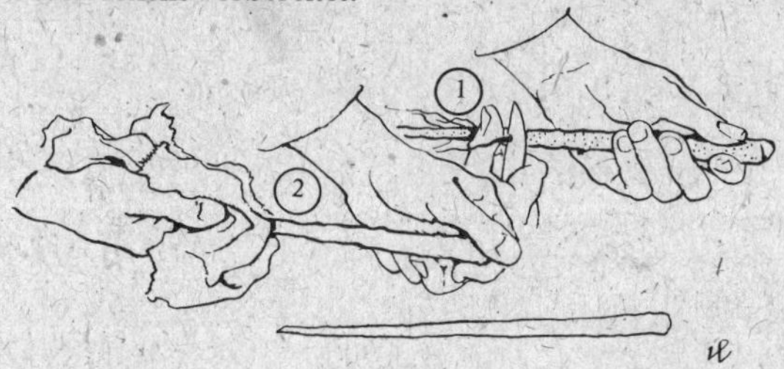

Alle Seitenwurzeln schneidet man sauber ab, ohne den Fechser zu beschädigen. Damit auch nicht das kleinste Würzelchen am Fechser bleibt, wird er mit einem Lappen ganz gründlich abgerieben.

407 Die Meerrettichfechser darf man nicht senkrecht, sondern nur schräg, in einem Winkel von etwa 30 Grad, in den Boden pflanzen.

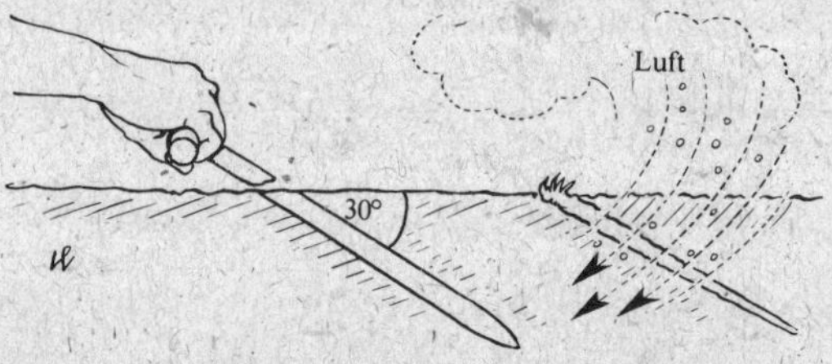

Das schräge Pflanzen erleichtert die Maßnahmen im Sommer (vergleiche Ratschlag **1157**), die an den Meerrettichstangen vorzunehmen sind. Außerdem wird dadurch das Wachstum stark gefördert, weil durch die flache Lage alle Wurzeln in den Genuß des Luftsauerstoffes gelangen. Beim Pflanzen ist zu beachten, daß die Köpfe der Fechser mit der Bodenoberfläche gleichstehen.

408 Je m^2 Anbaufläche braucht man nur 4 Meerrettichfechser, weil sie im Abstand von 80 cm × 30 cm gepflanzt werden müssen.
Im Kleingartenbau pflanzt man den Meerrettich selten beetweise an. In der Regel pflanzt man nur einige Pflanzen auf eine mehr oder weniger lange Reihe. Zum Pflanzen ist ein Pflanzholz von etwa 30 cm Länge am besten geeignet. Man hat dann nur nötig, das Loch schräg (s. Ratschlag **407**) vorzustechen und die Fechser

mit 30 cm Abstand einzuführen. Anschließend ist die Erde so anzutreten, daß die Fechser gute Verbindung mit ihr erhalten.

409 Dill braucht man nicht auf einem besonderen Beete auszusäen. Er wächst in allen Bodenarten und auch an halbschattigen Stellen.

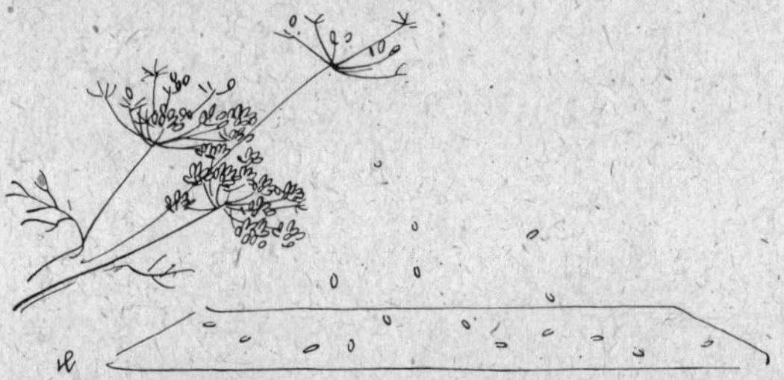

Wer keine großen Mengen anbauen will, verstreut den Samen weitläufig auf die mit Gemüse bestellten Aussaatbeete und überharkt diese. Dadurch kommt der Samen tief genug in die Erde, um keimen zu können. Dillsamen bleibt mindestens 2 Jahre gut keimfähig. Beetweise ausgesät, ist ein Reihenabstand von 25 cm erforderlich. Es wird so dünn ausgestreut, daß man für 1 m^2 Anbaufläche etwa 5 g Samen benötigt.

410 Kerbel (Gartenkerbel) braucht nährstoffreichen, nicht zu trockenen Mittelboden und einen vollsonnigen Standort, wenn er sich gut entwickeln soll.

Kerbel kann man in Boden 1. und auch 2. Tracht (Ratschlag **64**) anbauen. Er wächst auch in Sandböden, wenn sie reichlich Humus erhalten. Obwohl Kerbel 50 bis 60 cm hoch wird, erntet man ihn im allgemeinen schon, wenn er eine Höhe von 25 bis 30 cm erreicht hat. Das ist meist etwa 5 Wochen nach der Aussaat der Fall.

411 Von gut keimendem Kerbelsamen darf man je m^2 Anbaufläche nicht mehr als 1 g aussäen, denn es enthält durchschnittlich 450 Körner.
Obwohl Kerbelsamen seine gute Keimkraft 2 Jahre sicher behält, ist eine Keimprobe anzuraten. Man braucht sie erst 2 Wochen vor der Aussaat anzusetzen, denn Kerbelsamen keimt schon nach etwa 8 Tagen.

412 Mit der Kerbelaussaat beginnt man Mitte März und kann sie in Abständen von 4 Wochen wiederholen, wenn auf eine laufende Ernte Wert gelegt wird.
Als Reihenabstand kann man dem Kerbel 15 bis 20 cm geben. Auf keinen Fall darf aber die angeführte Saatgutmenge (s. Ratschlag **411**) überschritten werden. Die Saatrillen zieht man mit dem Harkenstiel, denn der Samen darf nur ganz wenig mit Erde bedeckt sein.

413 Alle ausdauernden Gewürzkräuter, die schon mindestens 1 Jahr stehen, erhalten im März vor dem Neuaustrieb Nährstoffe.
Dazu verwendet man am besten Volldünger. Sie werden am einfachsten zwischen die Kräuter trocken ausgestreut. Je m^2 Anbaufläche gibt man etwa 30 g. Der Dünger wird anschließend eingehackt und das damit bestreute Land tüchtig angegossen.

414 Nach Mitte März noch besetzte Gemüsemieten sind zu öffnen. Der Inhalt wird durchgeputzt und am besten im Keller untergebracht.
Die meisten in Mieten untergebrachten Gemüsearten müssen nun verbraucht werden. Außerdem braucht man das Mietenland zum neuen Anbau. Es muß sofort nach dem Räumen der Mieten tiefgründig bearbeitet werden, damit der Boden noch ausreichend durchlüften kann.

Obstgarten

415 Auf den Erdbeerbeeten müssen alle schlechten Blätter im Laufe des März entfernt werden.
Jedes stark verfärbte Blatt schneidet man mit dem Messer ab, ohne die Blattbasis zu verletzen. Die Blätter sind zu sammeln und zu verbrennen, weil an ihnen sehr oft Krankheitserreger haften.

416 Zwischen den Erdbeerreihen wird der Boden gelockert und anschließend für eine ausreichende Bodenbedeckung gesorgt.

Beim Lockern des Bodens muß man vorsichtig sein, damit die Wurzeln der Erdbeeren keinen Schaden erleiden. Die bisherige Bodenbedeckung wird mit eingearbeitet und durch eine neue ersetzt. Dazu eignet sich eine etwa 5 cm starke Torfschicht am besten. Der Boden trocknet dadurch nur sehr langsam aus. Außerdem werden später die Früchte bei Regenwetter nicht so leicht beschmutzt.

417 Mit dem Säubern und Hacken (Ratschläge 415 und 416) der Erdbeerbeete erhalten die Erdbeeren eine Nährstoffgabe aus stickstoffarmen Volldüngern.
Das Düngen nimmt man nach dem Hacken, aber vor dem Aufbringen der Bodenbedeckung vor. Der Dünger wird trocken zwischen die Reihen gestreut. Man verwende chlorfreie Volldünger, denn sie haben nur selten einen hohen Stickstoffanteil. Je m^2 Anbaufläche können unbedenklich 30 g gegeben werden.

418 Frühjahrspflanzungen von Erdbeeren legt man im März mit vorkultivierten Pflanzen an.

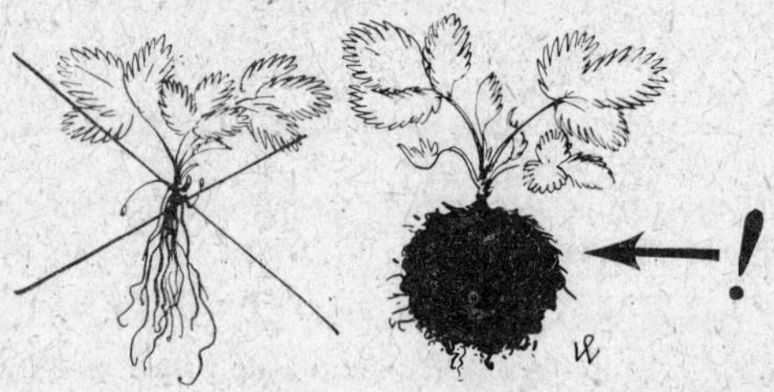

Im Frühherbst ist manchmal das für Erdbeeren vorgesehene Land noch nicht frei, so daß man erst im Frühjahr pflanzen kann. Dazu eignen sich im Herbst pikierte Pflanzen. Wenn man sie mit einem guten Wurzelballen pflanzt, ist schon im ersten Jahr mit einem nennenswerten Ertrag zu rechnen. Einige Tage vor dem Pflanzen müssen die Jungpflanzen stark gegossen werden, damit der Wurzelballen gut hält. Nicht vorkultivierte bringen meist nur einen sehr mäßigen Ertrag. Da die Erdbeeren bei der Frühjahrspflanzung den Platz noch nicht ausfüllen, kann man ihn mit frühem Gemüse (Radieschen, Frühmöhren) ausnutzen. Über Pflanzweiten usw. ist im August nachzulesen.

419 Erdbeeren können auf allen Böden angebaut werden.

Die Ertragsleistung hängt aber im wesentlichen vom pH-Wert des Bodens und der entsprechenden Humusversorgung ab. Auf leichten Böden sollte der pH-Wert 5,5 und auf mittleren 6,0 bis 6,5 betragen. Stark alkalische Böden liebt die Erdbeere nicht. Durch entsprechende Düngungsmaßnahmen mit säurehaltigen Mineraldüngern kann der Boden auf den entsprechenden pH-Wert gebracht und gehalten werden.

420 Auch unter Folie ist der Erdbeeranbau lohnend.
Dafür eignen sich besonders frühe Sorten, die auch im Anbau unter Folie hohe Erträge bringen. Bei früher Pflanzung, Ende Juni, und einem Abstand von 40 × 20 cm sowie Überbauung der Beete Anfang März mit Folie können ab 20. Mai die ersten Früchte geerntet werden. Wichtig ist, zur Zeit der Blüte am Tage die Folie abzunehmen, damit die Befruchtung der Blüten durch Insekten erfolgen kann. Zu Beginn der Fruchtreife ist die Folie ebenfalls abzudecken oder die Temperatur durch entsprechendes Lüften zu regeln.

421 Zur Düngung der Johannis- und Stachelbeeren mit Kali und Phosphor, die jetzt vorgenommen werden sollte, sind nur chlorfreie Dünger zu verwenden.
Dafür eignen sich am besten Schwefelsaures Kali und Kalimagnesia. Alle anderen Kalidünger scheiden aus. Vorzeitiger Blattfall und Blattranddürre sind oft auf falsche Kalidüngung zurückzuführen. Kalimangel zeigt sich am Auftreten brauner Blattränder.

422 Wer seinen Obstgehölzen im Januar (s. Ratschlag 105) Phosphorsäure- und Kalidünger gegeben hat, verabreicht ihnen nun Stickstoff.
Wichtig ist, daß der Stickstoffdünger im Bereich der Kronentraufe eingehackt wird (vergleiche Ratschlag 679). Um eine nachhaltige Wirkung zu erzielen, verwendet man am besten Kalkammonsalpeter. In nicht zum Sauerwerden neigenden Böden ist auch schwefelsaures Ammoniak brauchbar.

423 Formobst (auch Spindelbüsche), das nur lange, starke Triebe hervorbringt und kein Fruchtholz ansetzt, steht entweder auf einer falschen Unterlage oder hat sich frei gemacht (Ratschlag 458).
Wenn diese Mängel vorliegen, macht starker Rückschnitt das Übel nur noch größer. In jedem Falle

müssen solche Bäume schnittmäßig wie Büsche behandelt werden. Sofern sie weit genug auseinanderstehen, läßt sich das ohne weiteres machen. Andernfalls muß man die überflüssigen entfernen oder verpflanzen (beachte Ratschlag **99**).

424 Mitte März beginnt man mit dem Umveredeln von Kernobst. Bis zu diesem Zeitpunkt sollte es beim Steinobst beendet sein.
Dabei geht man nach den gleichen Gesichtspunkten vor, wie sie unter Ratschlag **250** genannt wurden.

425 Bei der Sortenwahl im Obstbau muß man vor allem auf die Bestäubungsverhältnisse der einzelnen Sorten achten.

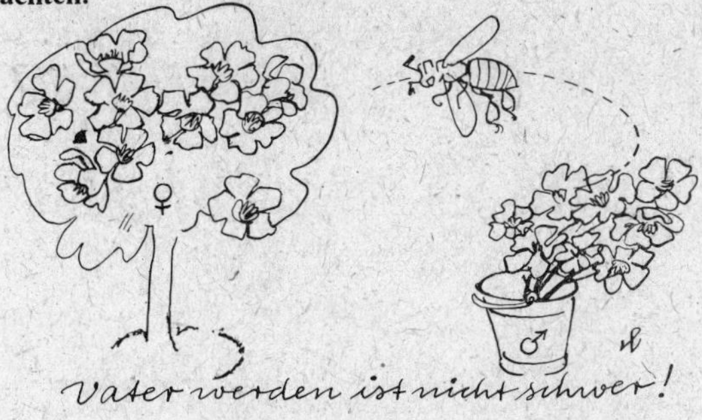

Es gibt sehr viel Obstsorten, die keine Früchte ansetzen, wenn ihre Blüten mit sorteneigenem Blütenstaub bestäubt werden. Sie brauchen bestimmte andere Sorten im Bereich des Bienenfluges, deren Blütenstaub zum Befruchten führt. Die Pollenspender müssen aber auch zur gleichen Zeit blühen. Beispielsweise gilt die bekannte Goldparmäne als guter Pollenspender für eine ganze Reihe anderer Apfelsorten, während sie selbst von anderen Sorten bestäubt werden muß. Darum ist es gut, wenn man sich vor dem Kauf von Obstbäumen über die Sorten seiner Umgebung unterrichtet. Das trifft auf fast alle Obstarten zu.

426 Bei Neuanpflanzungen von Obstbäumen darf man sich nicht nur auf seine Wünsche versteifen, sondern muß die Ansprüche der einzelnen Arten und Sorten in Betracht ziehen.
Es hat keinen Zweck, Arten und Sorten anzupflanzen, die sich für die betreffende Lage und die vorhandenen

Bodenverhältnisse nicht eignen. Sie würden nur kümmerlich ihr Dasein fristen und uns keine Freude machen. Von der 'Goldparmäne' erzielt man auf trokkenem Boden nur kleine Früchte, während sie sogar in etwas höheren und freien Lagen gut gedeiht, wenn der Boden feucht und nährstoffreich ist. Von den Birnen ist 'Clapps Liebling' in bezug auf den Boden und die Lage anspruchslos, während 'Williams Christ' nährstoff- und humusreichen Boden sowie eine geschützte Lage beansprucht. Das sind nur einige Beispiele von Kernobst. Beim Steinobst ist es nicht viel anders. Wenn man sich in seiner näheren Umgebung umsieht, ist sehr bald festzustellen, ob die gewünschten Arten und Sorten gut oder schlecht gedeihen.

427 Der Spindelbusch ist für den Kleingärtner die geeignetste Baumform für Kernobst.

Er nimmt vor allem nicht viel Platz weg und setzt mit der Fruchtbarkeit sehr früh ein. Damit ist es möglich, eine größere Anzahl von Bäumen verschiedener Sorten auf kleiner Fläche zu pflanzen.

428 Bei den Pfirsichen muß auch auf die Unterlage geachtet werden, damit sie den Bodenverhältnissen entspricht.
Die auf Sämling veredelten Pfirsiche kommen für die Böden in Frage, die verhältnismäßig trocken sind. Für feuchte Böden nimmt man dagegen auf Ackermann-Pflaume veredelte. Beim Einkauf von Pfirsichen muß man in der Baumschule die im Garten vorliegenden Bodenverhältnisse angeben und sich danach eine geeignete Sorte vorschlagen lassen.

429 Pfirsiche sollte man immer nur als Buschformen oder Wandspalier pflanzen.
Bevor man Pfirsiche in seinem Garten pflanzt, muß geprüft werden, ob sich der Boden wenigstens einigermaßen für diese Obstart eignet. Auf schweren und kalten Böden bekommt der Pfirsich schnell Gummifluß und hat keine lange Lebensdauer. Sie ist aber auch auf trockenen Sandböden nicht viel länger. Lehmige Sand- und sandige Lehmböden mit viel Humus sind am besten für den Pfirsich geeignet. Eine recht warme, geschützte Lage trägt wesentlich zu seinem Wohlbefinden bei. Pfirsiche erfrieren leicht, so daß auch dieser Punkt beim Pflanzen zu beachten ist.

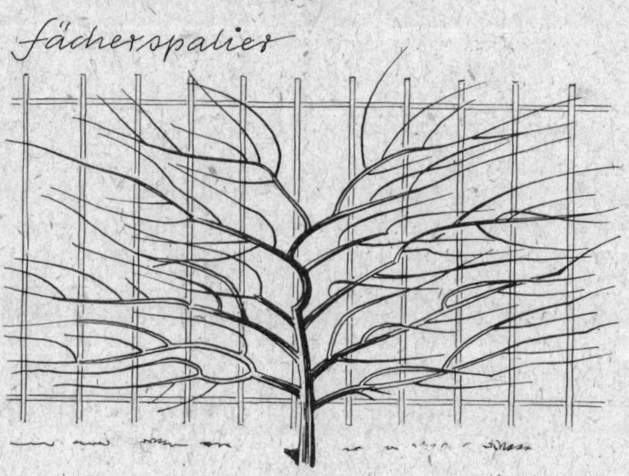

Für Spaliere eignet sich eine Südwand am besten. Dort kann man Schutzmaßnahmen gegen starken Frost, auch gegen Spätfröste, die die Blüten vernichten, ohne viel Aufwand treffen.

430 Die Früchte der veredelten Pfirsiche sind immer von besserer Qualität als die der kernechten.

Kernechte haben nur selten die Größe der veredelten. Außerdem sind sie meist weniger intensiv gefärbt, und auch das Aroma ist geringer. Ein aus dem Kern im Garten selbst gezogener Pfirsich braucht auch viel zu lange Zeit, bis er Früchte trägt. Eine in der Baumschule gekaufte Veredelung bringt schon 3 Jahre nach dem Pflanzen eine nennenswerte Ernte.

431 Beim Pflanzschnitt der Pfirsichbüsche sollte man alle Triebe ganz entfernen, die tiefer als 60 cm über der Erde stehen.

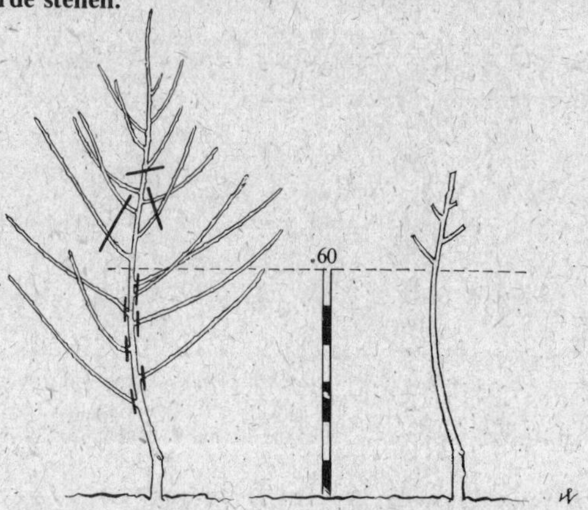

Dadurch wird eine bessere Belüftung der Bodenoberfläche erzielt. Außerdem kann man die meist vorhandenen Unterkulturen näher an die Büsche heranbringen, so daß weniger Platz verlorengeht. Nach dem Entfernen der unteren Triebe sollte man beim Pfirsich alle Schnittflächen mit Baumwachs verschließen.

432 Bei den Aprikosen sind die Bodenverhältnisse sehr wichtig für die Wahl der Unterlage.
Auf leichten, mehr trockenen Böden sollte man immer Aprikosen pflanzen, die auf Sämling veredelt sind. Bäume, die als Unterlage die wurzelechte Hauszwetsche haben, eignen sich am besten für feuchtere Böden.

433 Im Kleingartenbau pflanzt man die Aprikosen im Gegensatz zu den Pfirsichen nicht in Buschform, sondern als Viertelstamm.
Die Aprikosen wachsen sparriger und damit breiter als die Pfirsiche. Der Viertelstamm hat eine Stammhöhe

von 1,00 bis 1,20 m. Alle Arbeiten an der Krone lassen sich also noch ohne Schwierigkeiten erledigen, und doch kann man mit schattenliebenden Pflanzen bis an die Baumscheibe herangehen. Die Aprikosen eignen sich auch zum Bepflanzen von Südwänden in Spalierform.

434 Walnußbäume eignen sich nur für größere Gärten, denn mit ihren weit ausladenden Kronen beschatten sie große Flächen.

Man sollte sie auch nur in warmen Lagen (Weinbauklima) anbauen. In extrem frostgefährdeten Gebieten kommt es oft zu empfindlichen Schäden, die die Bäume meist um Jahre zurückwerfen. Die Walnuß ist in bezug auf die Bodenverhältnisse nicht besonders anspruchsvoll. Sie verlangt aber im Sommer sehr viel Wasser, so daß sie für regenarme Gebiete nicht in Frage kommt.

435 Die Walnußbäume dürfen, im Gegensatz zu fast allen Obstbäumen (s. Ratschlag 455), keinem Pflanzschnitt unterworfen werden.

Walnußbäume wachsen sehr schwer an, wenn man das Pflanzen nachlässig durchführt. Schon das Alter spielt eine Rolle. Darum kauft man den Baum in der Baumschule als jungen Heister, denn je älter er ist, um so schwieriger wächst er an. Wichtig ist, daß der Heister ein gutes Wurzelwerk mit viel Faserwurzeln aufweist. Beim Transport und Pflanzen ist auch die geringste Rindenschädigung zu vermeiden. Vor dem Pflanzen schneidet man nur die verletzten Wurzeln mit einem scharfen Messer bis ins gesunde Gewebe zurück. Recht festes Pflanzen und anschließendes durchdringendes Wässern tragen viel zum Anwachsen bei. Damit der Boden die Feuchtigkeit recht lange hält, gibt man aus Torf oder verrottetem Stalldung eine starke Bodenbedeckung, die noch etwas über die Baumscheibe hinausgeht. Der frisch gepflanzte Walnußbaum muß so lange bewässert werden, bis man die Gewähr hat, daß er angewachsen ist.

436 Der Anbau von Weinreben (Tafeltrauben) lohnt nur in Gebieten mit warmen sonnigen Sommern, und auch dort sollte man nur frühreifende Sorten verwenden.

"Früher Leipziger" in guter Ver-Faß-ung

Die Reife wird gefördert, wenn man die Reben an eine Südwand pflanzen kann, die der Sonne voll ausgesetzt ist. Der freistehende Anbau lohnt im Kleingarten nicht, wenn nicht ganz besonders günstige Verhältnisse vorliegen. Bei der Sortenwahl sollte man sich am besten in einer Rebschule beraten lassen. Nur die im jeweiligen Gebiet auch bei ungünstigem Wetter ausreifenden Sorten sind zu bevorzugen. Zu empfehlen sind 'Perrantraube', 'Magdalenentraube' und in besonders günstigen Lagen 'Königin der Weingärten'.

437 Zur Neuanpflanzung von Weinreben, die man ab Mitte März vornimmt, muß die Pflanzstelle durch tiefe Bodenbearbeitung vorbereitet werden.

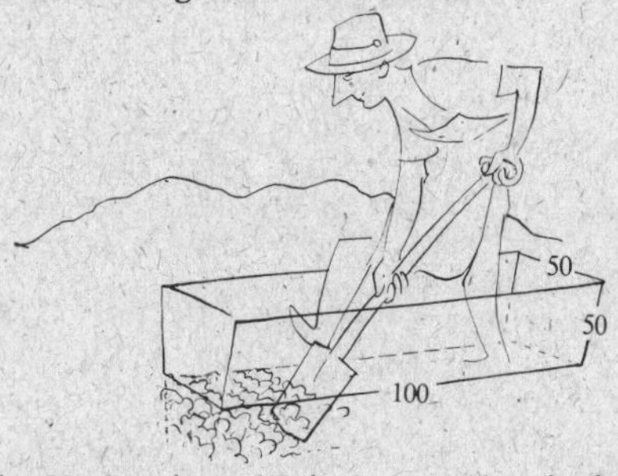

Mit der Vorbereitung beginnt man schon in den ersten Märztagen, sofern der Boden frostfrei ist. Der Boden wird nicht rigolt, sondern eine Pflanzgrube, ähnlich wie beim Bäumepflanzen, ausgeworfen. Für jede Pflanzrebe macht man sie 100 cm lang und 50 cm breit. Auch mit der Tiefe geht man auf 50 cm und gräbt außerdem die Sohle der Pflanzgrube, denn die Rebe verlangt einen gut wasserdurchlässigen Boden. Der Aushub der oberen 25 bis 30 cm wird mit Komposterde, Torf oder gut verrottetem Stalldung (Misterde) gemischt. Damit füllt man die Grube.

438 In geschlossenen Weinbaugebieten darf man nur auf reblausfester Unterlage veredelte Reben (Pfropfreben) pflanzen.

Am besten sind Topfreben, die man sich aus einer Rebschule besorgt. In anderen Gebieten kann man auch wurzelechte Reben pflanzen. Auf jeden Fall sollte sich jeder vor dem Pflanzen vergewissern, wie die gesetzlichen Bestimmungen für sein Gebiet lauten.

439 Wurzelechte Reben (Wurzelreben) kann man sich selbst heranziehen, wenn ein wertvoller Weinstock im eigenen Garten oder bei einem guten Nachbarn steht.

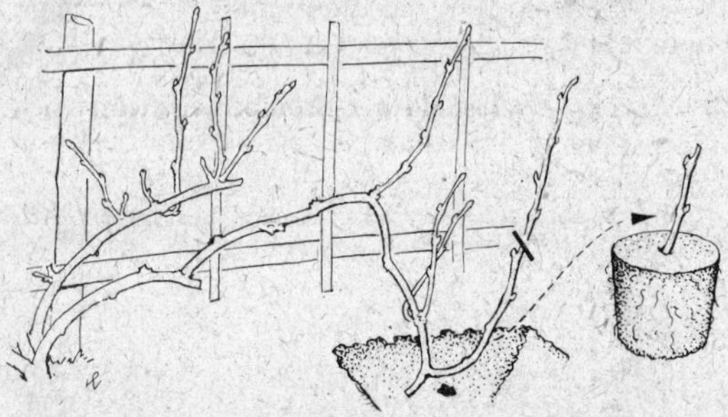

Im März wird ein starker, langer einjähriger Trieb, der am Weinstock möglichst weit unten seine Basis hat, zur Erde gebogen und eingegraben. Im Boden wird er so geführt, daß mindestens zwei ausgereifte Augen sichtbar sind. Alle darüber stehenden werden abgeschnitten. Der in die Erde gebogene Teil treibt dann im Laufe des Jahres Wurzeln. Bis zum nächsten Frühjahr erzielt man so eine gut bewurzelte Pflanzrebe. Wenn man die den eingegrabenen Rebbogen umgebende Erde stark mit Torf anreichert, entwickelt die Pflanzrebe einen starken Wurzelballen, der das spätere Anwachsen wesentlich fördert.

440 Die im vorigen März zum Bewurzeln eingegrabenen Triebe der Reben (s. Ratschlag 439) werden zur Pflanzzeit (März) vom Mutterstock getrennt und vorsichtig ausgegraben.
Damit der Wurzelballen gut erhalten bleibt, wird die Eingrabstelle so stark gewässert, daß die Erde gut durchfeuchtet ist. Das Gießen besorgt man ein bis zwei Tage vor dem Ausgraben. Das Pflanzen muß sofort nach dem Ausgraben geschehen.

441 Die Weinreben pflanzt man so, daß der Raum zwischen Pflanzstelle und Spalier etwa 40 cm beträgt. Der Pflanzenabstand richtet sich nach der Wuchskraft der Sorte (2,50 bis 3,00 m).

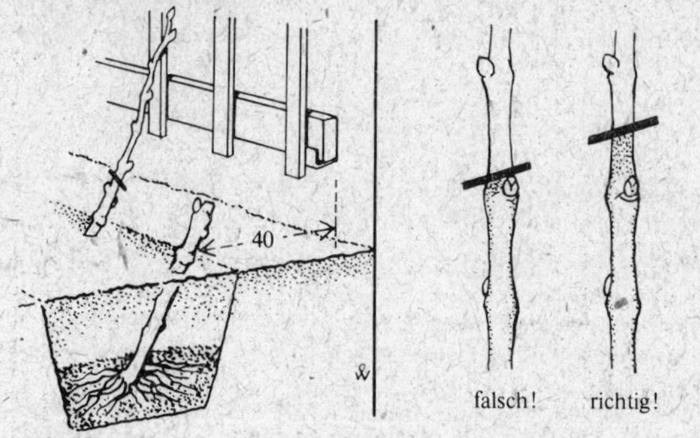

Bei Pflanzreben ohne Topfballen (beachte Ratschlag **440**) kürzt man vor dem Pflanzen die Wurzeln etwas. Haben sie mehrere Triebe, dann bleibt nur der stärkste stehen. Das trifft auch auf Topfreben zu. Die Pflanzreben werden schräg und etwa 30 cm tief eingepflanzt. Dabei zeigt die Triebspitze nach dem Spalier. Von dem aus der Erde ragenden Teil bleiben nur zwei Augen stehen. Die anderen schneidet man weg, und zwar so, daß der Schnitt zwischen dem 2. und 3. Auge liegt. Veredelte Pflanzreben dürfen nur so tief gepflanzt werden, daß die Veredelungsstelle 6 bis 8 cm über der Bodenoberfläche steht. Andernfalls entwickelt sie Wurzeln, und die Rebe macht sich von der Unterlage frei. Nach dem Pflanzen sind die Reben stark zu gießen. Die Pflanzstelle bedeckt man anschließend mit einer Schicht Torf, verrottetem Dünger oder kurzgeschnittenem Stroh. Die Deckschicht schützt gegen eventuell auftretende Fröste und fördert das Anwachsen der Reben ganz wesentlich.

442 Der Winterschnitt der Weinreben muß im Laufe des März beendet werden, weil später mit großem Saftverlust durch Bluten zu rechnen ist.
Beim Wein unterscheidet man altes, zweijähriges und einjähriges Holz. Nur das einjährige bringt Gescheine (Blütenstände) hervor. Es muß aber aus dem zweijährigen hervorgegangen sein und nicht aus dem alten Holz. Triebe aus altem Holz können nur zum Aufbau des Weinstockes verwendet werden (Lücken ausfüllen), bis sie, zweijährig geworden, Tragreben ergeben. Weiteres zum Schnitt siehe Ratschlag **251**.

443 Den Winterschutz an Weinspalieren darf man nicht zu spät entfernen, weil sonst der Austrieb angeregt wird.
Die jungen Austriebe der Weinreben sind sehr frostempfindlich, so daß man den Triebbeginn so lange wie

möglich verzögern sollte. Nachdem der Stroh- oder sonstige Winterschutz entfernt ist, kann der Austrieb durch Beschatten des Spaliers verzögert werden. Dazu verwendet man Schattenleinen oder ähnliche Stoffe, die den Sonnenstrahlen den Zutritt zum Spalier versagen. Das Beschattungsmittel muß etwa 20 cm vor dem Spalier und straff gespannt angebracht werden.

444 Himbeeren müssen auf queckenfreies Land gepflanzt werden, weil man der Quecken später nicht mehr Herr wird.

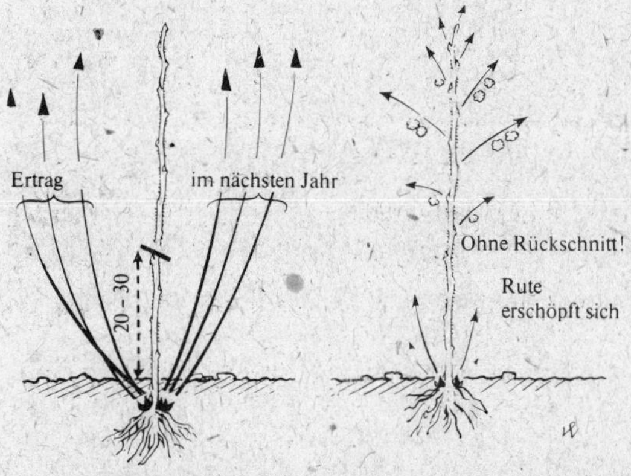

Die Queckenrhizome durchwuchern die Wurzeln und Ausläufer der Himbeeren so stark, daß an ein Entfernen nicht zu denken ist. Sie entziehen dem Boden sehr viel Nährstoffe, die den Himbeeren verlorengehen. Das Durchlüften des Bodens wird durch den Rhizomfilz der Quecken ebenfalls stark beeinträchtigt. Im übrigen sagt den Himbeeren leichterer Boden besser zu als schwerer. Sie brauchen dann aber viel Wasser und Nährstoffe.
Himbeeren pflanzt man auf der Reihe 50 cm auseinander. Der Reihenabstand sollte nicht unter 1,50 m betragen. Beim Pflanzen ist darauf zu achten, daß der Wurzelhals, also die Basis des Triebes, einige Zentimeter tief in der Erde steht. Himbeeren pflanzt man recht fest und gießt sie anschließend. Ein guter Austrieb wird erzielt, wenn man die Himbeerruten bis auf 20, höchstens 30 cm zurückschneidet. Bodenbedeckung mit einer 6 bis 8 cm starken Torfschicht fördert das Einwachsen sehr wesentlich.

445 Bei der Wahl der Himbeersorten ist zu beachten, daß es ein- und zweimal tragende gibt.
Zu den besten einmal tragenden gehören 'Zeva 2' und 'Schönemann'. 'Schönemann' wächst mittelstark und ist besonders für den Kleingarten geeignet. 'George' ist eine zweimal tragende Sorte. Die zweite, mäßige Ernte setzt Mitte September ein, doch reifen nicht alle Früchte aus.

446 Brombeeren stellen an den Boden keine großen Ansprüche. Darum verwendet man sie gern für Zäune oder zum Verdecken und Beschatten der Kompostecken.

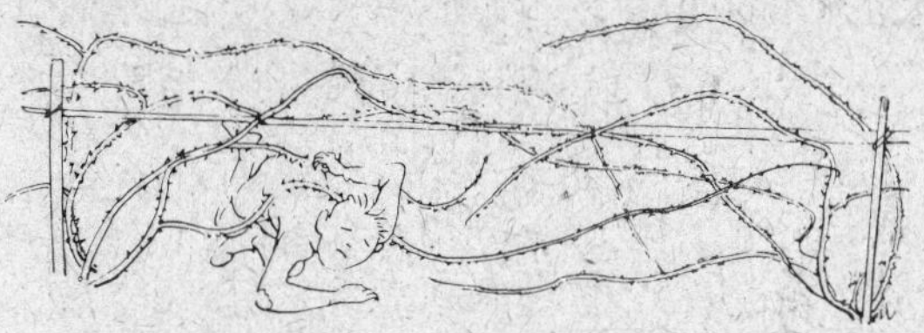

Wenn man gute Ernten erzielen will, müssen den Brombeeren viel Nährstoffe und auch Humus zur Verfügung stehen. Sie danken es uns auch, wenn der Boden vor dem Pflanzen tief gelockert wird (rigolen). Auf nassen Böden kommt es oft zu Frostschäden. Eine freie sonnige Lage ist für Brombeeren am günstigsten.

447 Der Pflanzenabstand der Brombeeren richtet sich nach der Wuchskraft und Wuchsform der einzelnen Sorten (beachte Ratschlag 448).
Bei den aufrecht wachsenden Sorten genügt ein Abstand von 1,25 m. Die rankenden (auch stachellose Sorten) müssen aber 4 m auseinander stehen. Pflanzt man mehrere Reihen, so muß ihr Abstand 1,50 bis 2,50 m betragen. Beim Pflanzen wird nur ein Trieb an jeder Pflanze belassen, und dieser ist auf 3 bis 4 gute Augen zurückzuschneiden. Brombeeren werden so tief gepflanzt, daß 1 bis 2 Augen unter der Bodenoberfläche stehen. Alle anderen Pflanzmaßnahmen wie bei Himbeeren (s. Ratschlag 444).

448 Je nach dem Verwendungszweck wählt man bei Brombeer-Neupflanzungen eine aufrechte oder eine rankende Sorte.
Die höchsten Erträge bringen im allgemeinen die rankenden Sorten. Die aufrecht wachsenden sind aber meist nicht so frostempfindlich. Die besten rankenden Sorten mit sehr hohem Ertrag sind 'Theodor Reimers', 'Thornfree' und 'Thornless Evergreen'. Zu den besten aufrechten gehören 'Taylors Fruchtbare' und 'Wilsons Frühe'.

449 Die Mispel ist eine wenig bekannte Obstart, die am besten im Laufe des März gepflanzt wird.
Den Mispelstrauch sollte man in eine Gartenecke

pflanzen, wo er auch als Zierstrauch mit seinen Blüten wirkt. Halbschatten verträgt die Mispel sehr gut. Der Pflanzschnitt ist wie bei den anderen Obstarten vorzunehmen. Die Veredelungsstelle muß beim Pflanzen über der Erde stehen. Bei der Auswahl des Standortes ist zu bedenken, daß der Mispelstrauch durchscnittlich 3 m hoch wird. Auch der zu erreichende Umfang ist sehr beachtlich, dem man aber durch Entfernen von Zweigen Einhalt gebieten kann.

450 Die echten Quitten verdienen viel mehr Beachtung als ihnen geschenkt wird. Von allen Obstarten sind ihre Früchte die besten zur Geleebereitung.

Hervorzuheben ist ihre Anspruchslosigkeit in bezug auf die spätere Pflege. Die echten Quitten stehen in ihrer Wirkung als Zierstrauch den Scheinquitten *(Chaenomeles japonica)* in keiner Weise nach. Hinzu kommt, daß man ihnen einen halbschattigen Platz geben kann.

451 Ein tiefgründiger, nährstoffreicher Mittelboden in warmen Lagen sagt den Quitten am besten zu.
Schwere und sandige Böden eignen sich für Quitten, wenn man beim Graben (Holländern) des Pflanzbereiches mit Torf nicht spart. Quittenbüsche sind in der Regel auf Weißdorn veredelt. Beim Pflanzen ist zu beachten, daß die Veredelungsstelle nicht mit in die Erde kommt. Der Pflanzschnitt entspricht dem der anderen Obstbüsche.

452 Von den Quitten haben sich die Sorten 'Wudonia' und 'Vranja' bewährt.
'Wudonia' wächst breit, trägt jährlich reich und ist insbesondere für die Geleebereitung geeignet. Im Holz ist sie relativ frosthart. 'Vranja' wächst vasenförmig aufrecht und bringt gute Erträge. Sie eignet sich besonders für die Kompottbereitung. Im Holz ist sie etwas frostempfindlich.

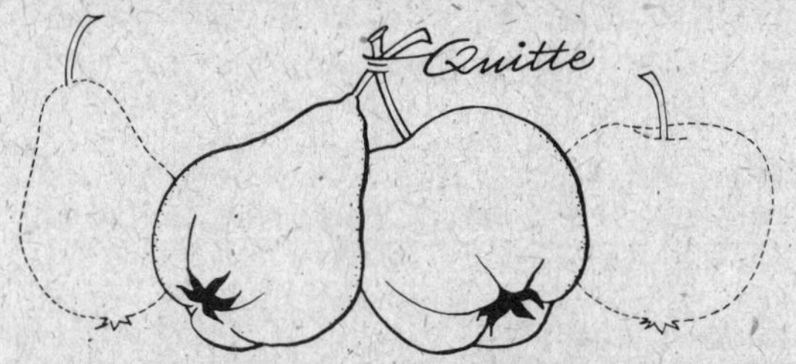

453 Bäume, die kümmern und bei denen der Stamm nicht das entsprechende Dickenwachstum aufweist, können geschröpft werden.

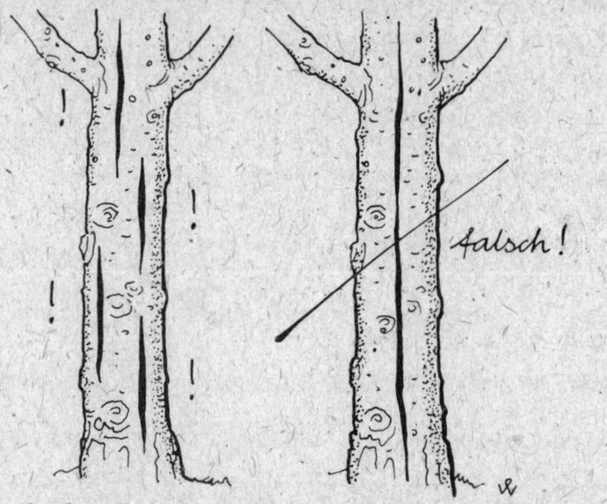

Ursache kann ein Verhärten der Rinde sein. Wir bringen mit einem scharfen Messer auf der Nordseite 20 bis 25 cm lange von oben nach unten geführte Schnitte in der Rinde an, damit kann das Dickenwachstum angeregt werden.

454 Die Pfahllänge und das Anbinden spielen bei neugepflanzten Obstbäumen eine große Rolle.
Die Stammhöhe der Obstbäume ist immer etwas verschieden. Um dem Pfahl schon vor dem Pflanzen die richtige Höhe zu geben, legt man über die Pflanzstelle eine Latte und hält den Baum in der Pflanzhöhe (s. Ratschlag **458**) an den Pfahl. Eine spätere Korrektur ist

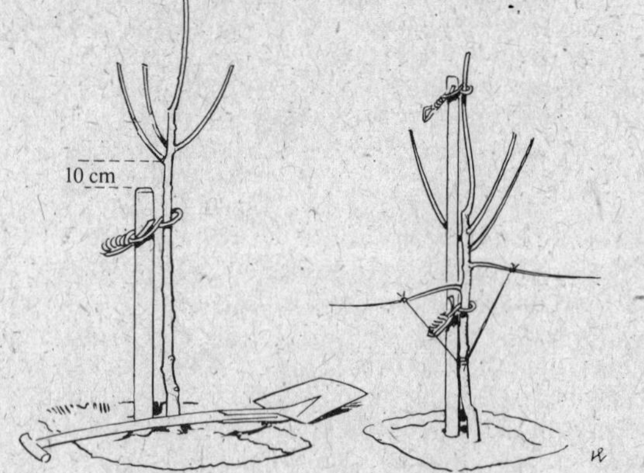

Viertelstamm Spindel

dann nicht mehr nötig. Der Pfahl hat die richtige Höhe, wenn er etwa 10 cm unterhalb des Kronenbeginns endet. Nur bei der Spindel muß der Pfahl weit in die Krone hineinragen, denn der Mitteltrieb wird zeitlebens angebunden. Auch Büsche auf schwachwachsenden Unterlagen erhalten Pfähle. Das Anbinden der Bäume wird vorerst nur provisorisch vorgenommen, damit sich der frisch gepflanzte Baum nicht aufhängt. Geeignetes Bindematerial siehe unter Ratschlag **114.**

455 Der Pflanzschnitt an Niederstämmen ist eine der wichtigsten Maßnahmen. Gleichzeitig beginnt mit ihm der richtige Aufbau der späteren Krone.

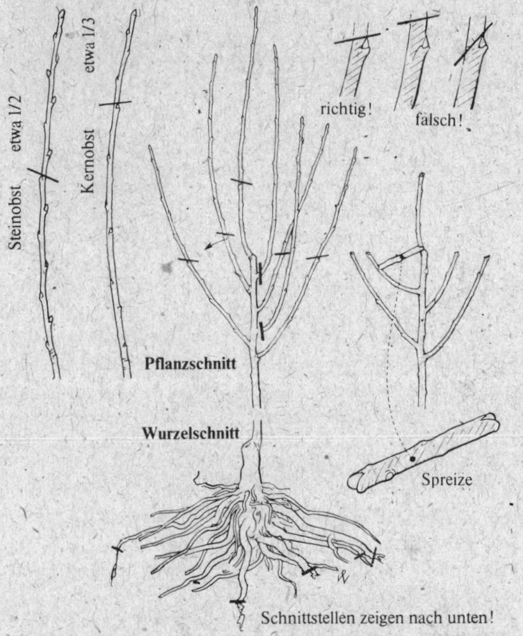

Steinobst schneidet man etwas stärker zurück als Kernobst. Zum Aufbau der Krone genügen außer dem Mitteltrieb 3 bis 4 Seitentriebe. Alle anderen werden sauber an der Basis entfernt. Auch der Afterleittrieb (Konkurrenztrieb) ist abzuschneiden. Zu steil nach oben stehende Triebe kann man durch Abspreizen in die richtige Lage zwingen. Den Kronentrieben wird beim Zurückschneiden die Hälfte bis zwei Drittel ihrer Länge genommen. Dabei muß man sich nach dem schwächsten Trieb richten, damit alle in gleicher Höhe enden. Lediglich der Mitteltrieb steht etwas darüber. Jeder Trieb wird dicht über dem Auge geschnitten, das nach außen zeigt. Die durch das Roden in der Baumschule verletzten Wurzeln müssen glatt abgeschnitten werden, ohne größere Wurzelteile zu entfernen, und zwar so, daß die Schnittwunden nach unten zeigen. Wie der Pflanz- und Wurzelschnitt ausgeführt wird, zeigen die Skizzen.

456 Beim Aufbau des Kronengerüstes überflüssige Triebe braucht man nicht unbedingt zu entfernen. Durch Herunterbinden kann man ihre Austriebe sehr bald in Fruchtholz umwandeln. Man hat so schon einige Früchte, bevor der Baum das normale tragfähige Alter erreicht hat.

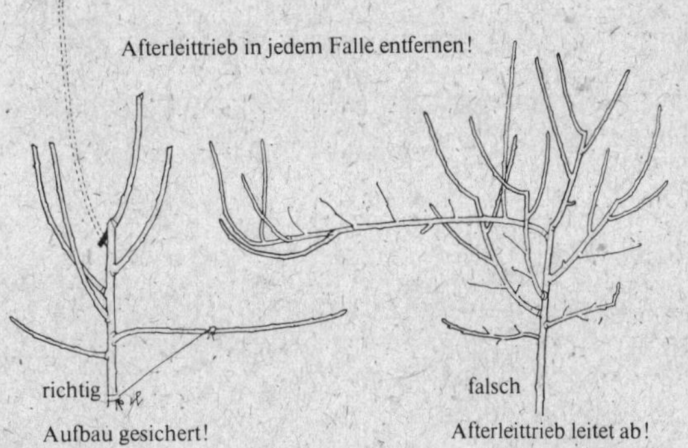

457 Haben wir am Baum verkahlte Stellen, die wir wieder mit Holz bekleiden wollen, empfiehlt sich das Kerben.

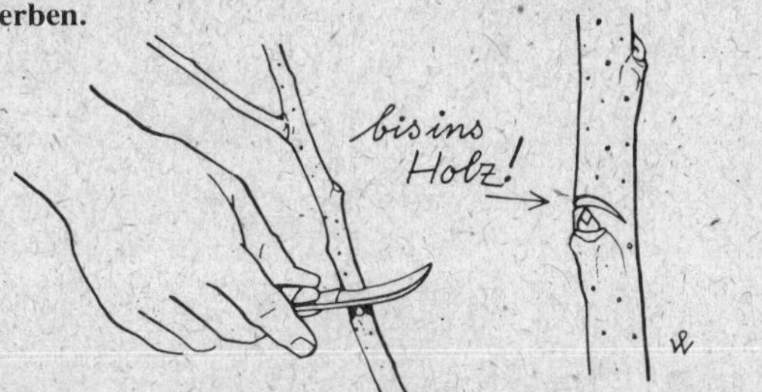

Vor dem Austrieb wird über einer an der kahlen Stelle vorhandenen Knospe ein etwa 1 mm breiter Keil, der bis in das Holz gehen muß, herausgeschnitten. Wir unterbrechen damit die Leitungsbahnen, so daß die Nährstoffe, die dem Baum aus der Wurzel zugeführt werden, in die Knospe geleitet werden und sie zum Austrieb veranlassen.

458 Die richtige Pflanztiefe ist bei allen dicht über dem Boden veredelten Obstbäumen ausschlaggebend für den späteren Erfolg.

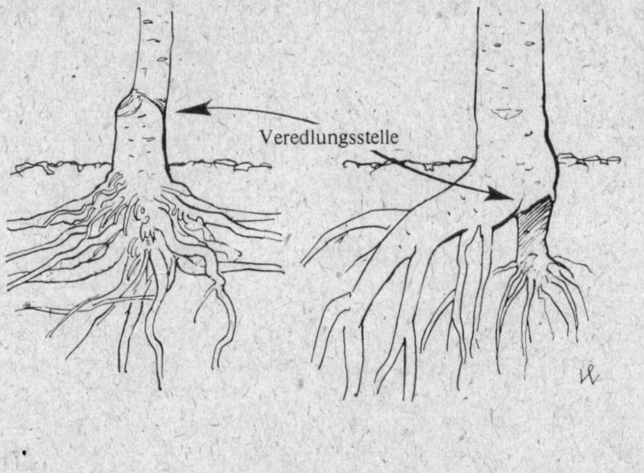

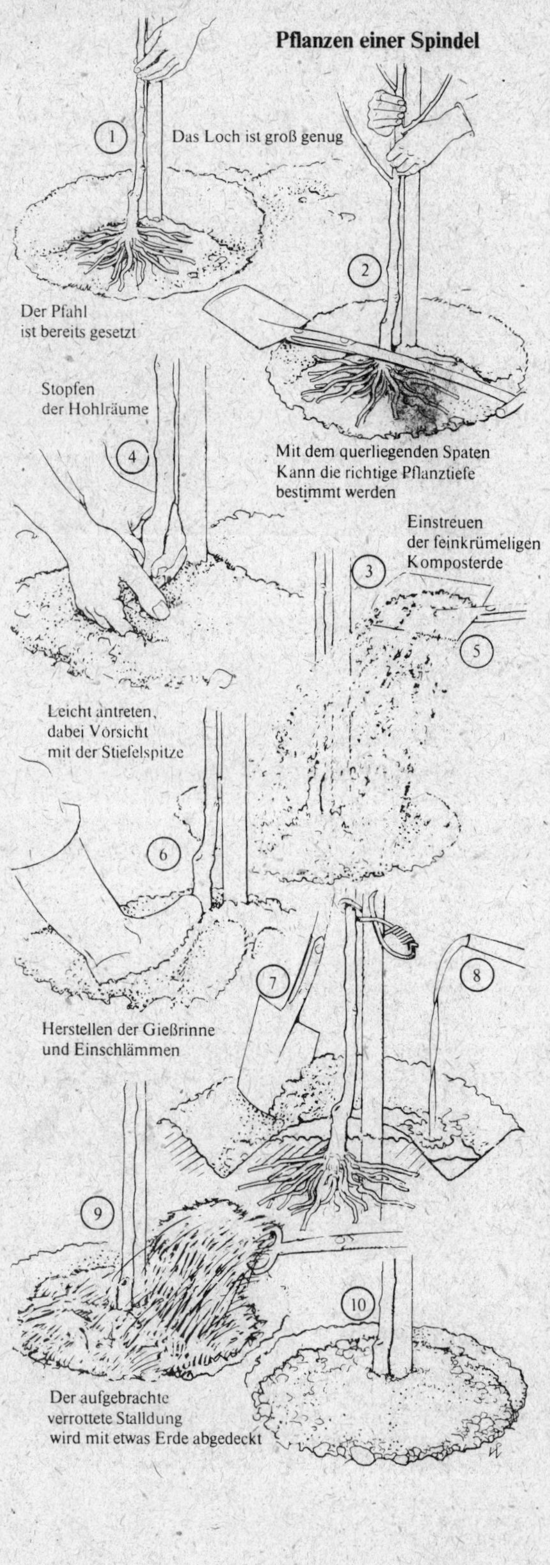

Die Veredelungsstelle ist an der wulstartigen Verdikkung leicht zu erkennen. Sie muß nach dem Pflanzen etwa 10 cm über der Bodenoberfläche stehen. Kommt sie mit der Erde in Berührung, dann ist damit zu rechnen, daß sich aus der Edelsorte Wurzeln entwickeln. Im weiteren Verlauf macht sich der zu tief gepflanzte Baum von seiner Unterlage frei. Bei Bäumen auf schwachwachsenden Unterlagen (Formobst usw.) geht das sehr schnell. Auf diese Weise geht der Einfluß, den die Unterlage auf das Wachsen und Fruchten des Baumes ausübt, vollständig verloren.

459 Alle Obstgehölze müssen fest gepflanzt und anschließend tüchtig eingeschlämmt werden.
Beim Pflanzen hebt man das Loch in der Baumgrube (s. Ratschläge **117** und **256**) nur so groß aus, daß die Wurzeln bequem unterzubringen sind. Steht der Baum oder Strauch in der richtigen Höhe (s. Ratschlag **458**), dann wird das Erdreich wieder nach und nach eingefüllt. Dabei dürfen im Wurzelbereich keine Hohlräume entstehen. Anfangs stopft man die Lücken zwischen den Wurzeln am besten mit den Händen aus. Wenn fertig gepflanzt ist, wird das Erdreich auf und neben den Wurzeln etwas angetreten. Dabei darf man aber keine Wurzeln verletzen. Zum Schluß wird eine Baumscheibe mit etwas erhöhtem Rand hergestellt, wie das aus der betreffenden Skizze ersichtlich ist. Der Baum wird nun an den Pfahl gebunden (beachte Ratschlag **454**) und anschließend so eingeschlämmt, daß die Erde im Wurzelbereich und etwas darüber hinaus durchdringend naß ist. Auf diese Weise erhalten die Wurzeln eine innige Verbindung mit dem sie umgebenden Erdreich, ohne daß man sie vor dem Pflanzen in Lehmbrei taucht.

460 Die Baumscheiben der neu gepflanzten Obstgehölze sollte man unbedingt mit einer Schicht Torf oder verrottetem Stalldung bedecken.
Wer das erwähnte Material nicht zur Verfügung hat, kann als Ersatz andere organische Abfälle oder halbfertige Komposterde verwenden. Durch die Bodendecke trocknet die Erde im Wurzelbereich nicht so schnell aus. Außerdem können eventuell noch stärker auftretende Fröste den dicht unter der Erde liegenden Wurzeln nichts anhaben.

461 Gemüsekulturen sollten unter Obstbäumen nur in den ersten 3 bis 4 Jahren angebaut werden.
Wichtig ist, Gemüse nicht zu dicht an die Bäume zu pflanzen bzw. zu säen. Der benötigte Standraum für den Baum wird von Jahr zu Jahr größer. Dies ist bereits beim Bemessen des Abstandes der Bäume zu bedenken.
Unterkulturen entziehen dem Baum Wasser und Nährstoffe. Durch die für die Unterkulturen notwendige Bodenbearbeitung (graben) werden die Wurzeln der Bäume beschädigt und dadurch der Wuchs und der Ertrag negativ beeinflußt. Auch die Unterkulturen

entwickeln sich, bedingt durch die Schattenwirkung, nicht optimal.

462 Die Scharkakrankheit der Pflaume hat sich in den letzten Jahren stark ausgebreitet.

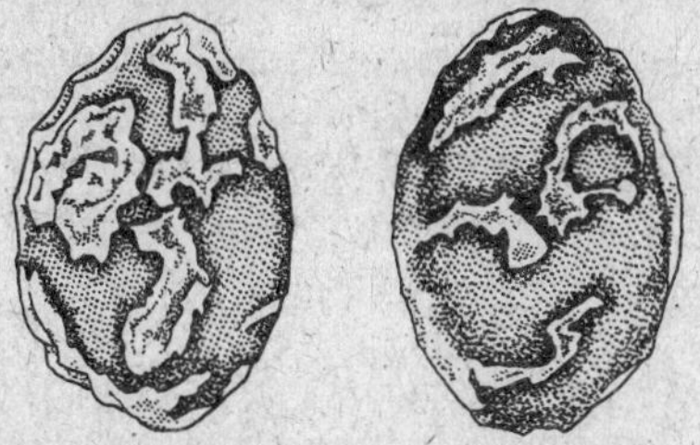

Es handelt sich um einen Virus. Zu erkennen ist die Krankheit an hellgrünen Flecken, Ringen und Linien auf den Blättern. Auf den Früchten sind unregelmäßige Deformationen, Dellen und Erhöhungen zu finden. Die Früchte schmecken bitter, sie sind ungenießbar. Besonders anfällig ist die Hauspflaume. Bei den Sorten 'Stanley', 'Ontario', 'Qullins' und 'Große Grüne Reneklode' wird das Laub ebenfalls befallen, die Früchte jedoch nicht. Man spricht daher von scharkafruchttoleranten Sorten, die bevorzugt gepflanzt werden sollten.

463 An Johannisbeeren tritt verstärkt die Brennesselkrankheit auf.
Die Blätter der Johannisbeeren deformieren sich brennesselartig. Der Erreger dieser Krankheit verursacht eine Degeneration der Blütenanlagen. Die Früchte bleiben klein und fallen ab. Tritt der Befall an einzelnen Sträuchern auf, sind diese zu roden und zu verbrennen, um eine weitere Ausbreitung zu verhindern.

464 Gegen die Käfer des Apfelblütenstechers legt man in der ersten Märzhälfte Wellpappgürtel um die Baumstämme.
Als Ersatz für Wellpappe genügen auch nicht zu schwache Strohseile. Diese Schlupfwinkel suchen die

genannten Käfer und auch andere Obstschädlinge gern auf. Wenn die Gürtel ihren Zweck erfüllen sollen, muß man sie so anbringen, daß sie mit ein paar Handgriffen abnehmbar sind. Mindestens zweimal wöchentlich werden sie nach schädlichen Insekten untersucht, die man tötet.

465 Wer im Vorjahre an seinen Stachelbeeren den amerikanischen Stachelbeermehltau festgestellt hat, muß schon im Laufe des März vorbeugende Maßnahmen ergreifen.

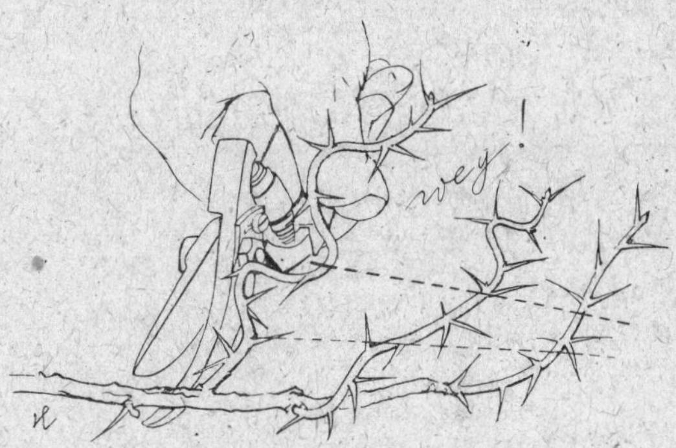

Grundsätzlich sind alle Triebspitzen an den Sträuchern zurückzuschneiden und zu verbrennen.

466 Als vorbeugende Maßnahme gegen die Kräuselkrankheit der Pfirsiche spritzt man während des Schwellens der Knospen.

Das Spritzen richtet sich in erster Linie gegen die Erreger der Kräuselkrankheit, die meist an den Trieben und Knospen haften. Die Spritzbrühen dürfen aber nur so stark angewendet werden, wie das der Hersteller der Mittel vorschreibt.

467 Beerenobst reagiert empfindlich auf eine tiefe Bodenbearbeitung.
Die meisten Wurzeln des Beerenobstes befinden sich in der Tiefe von 20 bis 30 cm, daher erfolgt die Bodenbearbeitung beim Beerenobst nur flach mit Hilfe einer Hacke oder eines Krells. Der Spaten hat in einer Beerenobstpflanzung nichts zu suchen. Das Umgraben hat wesentliche Ertragsverluste zur Folge. Sehr günstig wirkt sich die Bodenabdeckung mit organischem Material aus. Als Bedeckungsmaterial eignen sich alle

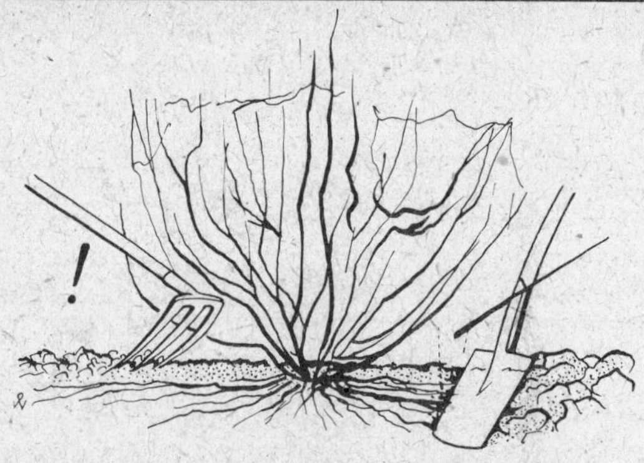

verrotteten oder angerotteten organischen Stoffe wie Laub, Stroh, Sägespäne usw.

468 Die Kulturheidelbeere ist ein Strauch von 0,5 bis 2,0 m Höhe. Zur Zeit sind mehrere Sorten im Handel.
Der Strauch blüht im Mai. Die Früchte erreichen bei einigen Sorten einen Durchmesser von 12 bis 15 mm. Die Fruchtschale ist blau bis blauschwarz, das Fruchtfleisch im Gegensatz zu unseren heimischen Waldheidelbeeren hell, farblos. Eine der entscheidenden Voraussetzungen für die Kultur der Heidelbeere ist ein saurer Boden mit einem pH-Wert von 4,4 bis 5,0. Daher ist es in der Regel notwendig, eine Pflanzgrube von 1,5 m × 1,5 m und einer Tiefe von 0,6 bis 0,5 m auszuheben. Ein Teil des Aushubes wird mit Torfmull, Waldhumus, Lauberde oder verrottetem Holzabfall gemischt. Sollte damit der angestrebte pH-Wert noch nicht erreicht sein, können 250 g pulverisierter Schwefel pro m^3 sorgfältig mit unter die Humuserde gemischt werden.

469 Auch Kulturheidelbeeren sollten geschnitten werden.
Als erstes werden kranke, abgestorbene sowie beschädigte und abgetragene Triebe, die nicht mehr durchgetrieben haben, entfernt. Weiterhin sind das schwache buschige Holz an der Basis der Sträucher sowie auf den Boden hängende Triebe zu beseitigen. Später lichten wir regelmäßig aus und führen eine fortlaufende Verjüngung, ähnlich wie bei den Johannisbeeren, durch, indem wir abgetragenes Holz entfernen und nur kräftige Triebe lassen. Ein voll entwickelter Strauch soll 6 bis 8 kräftige gesunde Triebe besitzen.

470 Da bei Kulturheidelbeeren nur wenige Sorten selbstfruchtbar sind, ist es günstiger, 2 bis 3 Sorten zu pflanzen.
Durch Fremdbestäubung ist eine Erhöhung der Erträge zu verzeichnen, auch nimmt die Größe der Beeren zu.

471 Bei Kulturheidelbeeren hat sich 2- bis 3jähriges Pflanzgut mit guten Wurzelballen am besten bewährt.
Wird dieses Pflanzmaterial verwendet, können wir bereits im ersten Jahr nach dem Pflanzen mit einem Ertrag rechnen.

472 Im Winter beobachten wir oft Marienkäfer und Florfliegen auf Dachböden und in anderen Räumlichkeiten.
Es sind Nützlinge, die wir unbedingt schonen sollten, da sie uns bei der Bekämpfung der Blattläuse in unserem Garten helfen. Im Frühjahr sollten wir daher ein Fenster leicht offenhalten, damit die Tiere ins Freie gelangen können und nicht in den geschlossenen Räumen umkommen.

Ziergarten

473 Sobald der Boden im März frostfrei ist, wird der Winterschutz bei Stauden entfernt, zum mindesten gelockert.
Dabei darf der etwa schon vorhandene Neuaustrieb nicht beschädigt werden. Gleichzeitig entfernt man kranke und abgestorbene Pflanzenteile. Sicherheitshalber bleibt das Deckmaterial in der Nähe, falls noch stärkerer Frost eintreten sollte.

474 Bei Buschrosen beseitigt man im letzten Märzdrittel die als Frostschutz angehäufelte Erde. In höheren Lagen ist damit noch zu warten.
In jedem Falle muß der Boden beim Abhäufeln völlig frostfrei sein, weil sonst an den Trieben Verletzungen entstehen. Das zusätzliche Deckmaterial (Fichtenreisig) läßt man noch in der Nähe liegen, damit es bei ungünstigem Wetter wieder aufgelegt werden kann.

475 Niedergelegte Stammrosen werden Ende März aus der Erde genommen. Sie bleiben aber noch niedergebogen.
Wenn man diese Arbeit zu spät erledigt, befinden sich die Augen schon im Strecken und brechen leicht ab. Im übrigen geht man vor wie bei den Buschrosen angegeben (beachte Ratschlag 474).

476 Anschließend an die unter Ratschlägen 474 und 475 genannten Maßnahmen wird auch der jährliche Rückschnitt an den Rosen vorgenommen.
Die Rosen blühen an den Trieben, die sich insbesondere aus den vorjährigen entwickeln. Damit wir kräftige Jungtriebe mit schönen großen Blüten erzielen, wird verhältnismäßig stark zurückgeschnitten. Der Rückschnitt richtet sich nach der Wuchskraft der einzelnen Sorten. Schwachwachsende schneidet man bis auf 3 kräftige, gutentwickelte Augen zurück und starkwachsende auf 5 bis 6. Dabei werden alle schwachen vorjährigen Triebe ganz entfernt, weil sie sowieso keine guten Blüten hervorbringen. Außerdem muß man dafür sorgen, daß das Innere der Pflanzen nicht zu dicht wird. Kletterrosen siehe unter Ratschlag 772.

Stammrose

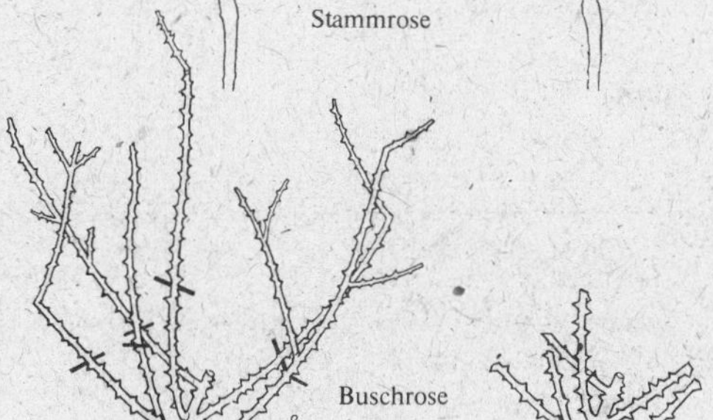

Buschrose

477 Wer die Absicht hat, Rosen neu anzupflanzen, sollte die Vorbereitungen schon im Laufe des März vornehmen.
Dazu gehört vor allem eine zwei Spatenstiche tiefe Bodenlockerung der Pflanzstellen. Da die Rosen viele Jahre stehenbleiben, verbessert man dabei den Boden durch Untermischen von Stoffen, die ihn mit Humus anreichern. Am geeignetsten sind verrotteter Stalldung und Torf. An ihrer Stelle kann man auch grobe Komposterde verwenden. Alle diese Stoffe müssen aber unter die Erde des ersten Spatenstiches gemischt werden. Tieferes Eingraben ist falsch, weil bei Sauerstoffmangel kein gesunder Humus entstehen kann.

478 Nach niederschlagsarmen Wintern müssen die Rhododendren und andere immergrüne Laubgehölze im Laufe des März stark gewässert werden.
Danach muß die Erde im Wurzelbereich und darüber hinaus gut durchfeuchtet sein. Damit beim Gießen nicht viel Wasser verlorengeht, gibt man nur immer so viel Wasser, wie der Boden aufnehmen kann. Das Gießen wird also 4 bis 5mal in Abständen von etwa 1 Stunde wiederholt. Mit dem Gießen kann man auch das Düngen verbinden. Dadurch wird diese Arbeit im nächsten Monat eingespart. Den Dünger gibt man mit dem letzten Gießen und verwendet dazu eine 0,3%ige (je Liter Wasser 3 g) Volldüngerlösung. Er kann auch trocken auf die Erde gestreut und eingehackt werden (je m^2 etwa 30 g).

479 Für alte Mahonien ist der März die beste Zeit zu einem gründlichen Rückschnitt.
Mahonien müssen von Zeit zu Zeit einem strengen Rückschnitt unterworfen werden, damit man gutgeformte Büsche erhält. Dabei können alle Triebe bis auf etwa 20 cm zurückgeschnitten werden. Allerdings darf man dann im ersten Jahre nicht mit Blüten und Früchten rechnen.

480 Ende März beginnt man mit dem Pflanzen von Stauden, die im Sommer und später blühen. Auch das Teilen und Umpflanzen wird jetzt vorgenommen.
An die Frühjahrsblüher wird jetzt nicht gerührt, weil man sonst ihr Blühen in Frage stellt. Bei den oben genannten bestehen in dieser Hinsicht keine Bedenken. Zu groß gewordene Stauden gräbt man vorsichtig aus, damit die Wurzeln nicht unnötig leiden. Beim Teilen ist darauf zu achten, daß jede Teilpflanze einen gesunden mehrtriebigen Kopf hat. Die Wurzeln werden etwas gekürzt. Die Teilpflanzen darf man der Luft nicht lange aussetzen, sondern muß sie anschließend an das Teilen pflanzen. Beim Umpflanzen ist zu beachten, daß auch Stauden unter der Bodenmüdigkeit leiden (s. Ratschlag 63). Die gleiche Gattung darf darum nicht wieder an dieselbe Stelle gepflanzt werden. Man nimmt also einen Wechsel innerhalb der Staudenrabatte oder des Staudenbeetes vor.

481 Starke Stauden, die mehrere Jahre an einem Orte gestanden haben, muß man beim Umpflanzen unbedingt teilen.
Während Teilpflanzen freudig weiterwachsen, kümmern ungeteilte Stauden. Die Blütenanzahl und auch die Blütengröße werden gegenüber den Teilpflanzen stets zu wünschen übrig lassen.

482 Beim Teilen der Stauden ist vor allem darauf zu achten, daß die Teilstücke nicht mit Rhizomen ausdauernder Unkräuter durchsetzt sind.
Damit würde die neue Pflanzstelle sofort wieder verunkrautet. Am gefährlichsten sind die Rhizome der Ackerwinde und der Quecke. Aus jedem Wurzelstückchen entwickeln sich in kürzester Zeit junge Pflanzen. Darum jedes Teilstück der Stauden vor dem Pflanzen genau untersuchen.

483 Die Akelei *(Aquilegia)*, die Edeldistel *(Eryngium)*, die Lupine *(Lupinus)* und die Skabiose *(Scabiosa)* lassen sich durch Teilen schwer vermehren.
Die pfahlartigen Wurzeln haben an ihren Köpfen meist sehr wenig oder gar keine Faserwurzeln. Das erschwert das Einwachsen der Teilpflanzen. Recht festes Einpflanzen und ständiges Feuchthalten der Pflanzstelle führt meist zur Wurzelneubildung. Bei der Akelei versucht man das Teilen gar nicht erst, sondern zieht sich Jungpflanzen aus Samen heran. Die Edeldistel wird durch Wurzelschnittlinge vermehrt, was sich nur vom Fachmann mit Erfolg durchführen läßt. Das Teilen führt häufig zu Mißerfolgen. Darum kauft man diese Staude in einer Gärtnerei.

484 Der im Februar vorbereitete Steingarten (Ratschläge 277 bis 280) wird ab Ende März bepflanzt.

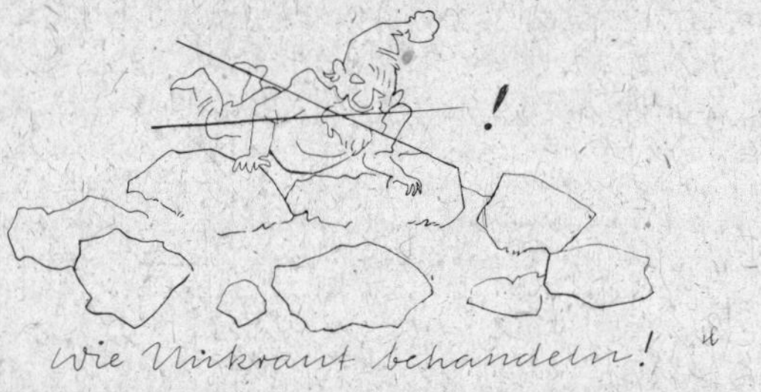

Bei der Auswahl der Stauden muß man sich in erster Linie nach den Steingruppen richten. Auch die Größe des Steingartens spielt eine Rolle. Je kleiner er ist, um so weniger sind hohe Stauden angebracht. Die Auswahl ist auch so zu treffen, daß möglichst in jeder Jahreszeit an mehreren Stellen etwas blüht. Von den frühblühenden Stauden sollte man sich Pflanzen mit Topfballen besorgen. Einige lassen sich aber auch verpflanzen, ohne daß das Blühen wesentlich beeinflußt wird, zum Beispiel *Doronicum, Aster alpinus.* Im Steingarten darf man auch Zwiebel- und Knollengewächse nicht vergessen. Einen besonderen Reiz erhält er durch niedrige und kriechende Kleingehölze. Von ihnen gibt es eine ganze Menge wintergrüne. Über alle hier angeführten Pflanzengruppen geben die entsprechenden Tabellen eingehende Auskunft. Dort kann man sich auch über die Bodenansprüche Auskunft holen (S. 417ff.). Gartenzwerge aus Gips oder anderen Materialien sollte man wie Unkraut behandeln. Die Zwerge gehören ins Märchen, aber nicht in den Garten.

485 In bestehenden Steingärten sind alle Pflanzen auf Winterschäden zu überprüfen und die Fehlstellen neu zu besetzen:

Dabei werden auch Kümmerlinge herausgenommen und durch gesunde, wüchsige Pflanzen ersetzt. Stark wuchernde Pflanzen, die ihre Nachbarn beengen, muß man durch Teilen oder Rückschnitt verkleinern oder durch andere ersetzen. Wer die Pflanzen mit gutem Wurzelballen aushebt, kann überhaupt Umgruppierungen vornehmen. Die dafür vorgesehenen Pflanzen gießt man einige Tage vorher. Auch nach dem Umpflanzen ist das Gießen der betreffenden Pflanzen sehr wichtig.

486 Vorgesehene Trockenmauern sind spätestens in den letzten Märztagen zu errichten, damit das Bepflanzen nicht zu spät erfolgt.

Wenn die Vorbereitungen zum Bau einer Trockenmauer schon im Februar erledigt sind (s. Ratschlag **272**), dauert das Errichten gar nicht lange. Über die zu verwendenden Steinarten ist dort schon berichtet. Einen scharfen Maurerhammer sollte man sich vor Baubeginn besorgen.

487 Die Stärke einer Trockenmauer richtet sich in erster Linie nach ihrer Höhe.
Im allgemeinen sollte die Stärke etwa 0,3 der Höhe betragen, jedoch nicht weniger als 25 cm, damit sich die Wurzeln der Pflanzen auch nach hinten in den Fugen

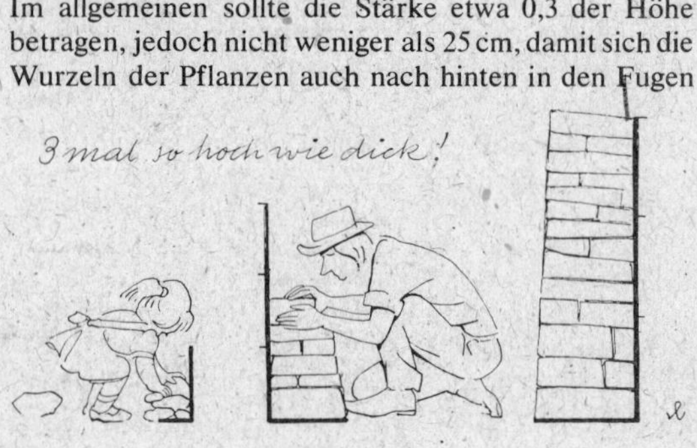

ausbreiten können. Die angegebene Stärke bezieht sich auf den Fuß der Mauer. Sie sollte aber auch nach oben nicht wesentlich verringert werden. Weiteres siehe unter den Ratschlägen 272 und 273.

488 Eine Trockenmauer kann sich auch der Gartenfreund aufbauen, der keine Höhenunterschiede zu überwinden hat.

Er wird sich meist mit einer niedrigen Trockenmauer begnügen müssen. Aber auch die hat ihre Reize. Im allgemeinen sucht man sich einen Platz an der Umgrenzung des Gartens aus, die als Rückseite benutzt werden kann, denn die Vorderseite der Trockenmauer muß in der geeigneten Himmelsrichtung liegen (beachte Ratschlag 272).

489 Regen und sonstiges Wasser darf keine Möglichkeit haben, sich hinter der Mauer zu stauen.

Es würde vor allem im Winter großen Schaden an der Mauer anrichten, denn gefrorenes Wasser kann sie auseinanderdrücken. Um das zu verhindern, füllen wir den Raum hinter dem Fundament (beachte Ratschlag 272) und der untersten Steinlage bis zur Erde mit grobem Kies und Steinschotter aus.

490 Bei einer Trockenmauer steht den Pflanzen nur das Substrat zur Verfügung, mit dem wir die Mauer aufbauen bzw. die Fugen ausfüllen.
Kalk- oder sonstiger Mörtel wird nicht verwendet, sondern ein Gemisch von sandiger Lehmerde und Kuhfladen (3:1). Die Mischung muß gut feucht, darf aber nicht naß sein, weil sie sonst zu dicht liegt. Die Fugen sollte man etwa 2 cm stark machen, damit den Pflanzen genügend Erdreich zur Verfügung steht. Bei Trockenmauern, die nicht höher als 50 cm sind, können sie noch etwas stärker sein.

491 Die Trockenmauer wird nicht genau senkrecht gebaut, sondern erhält nach hinten eine leichte Neigung.
Bei einer 60 cm hohen Trockenmauer genügen 6 cm als Abweichung von der Senkrechten. Dadurch wird der Erddruck auf die Mauer abgefangen. Außerdem kann das Regenwasser besser in die Fugen eindringen und an die Pflanzenwurzeln gelangen.

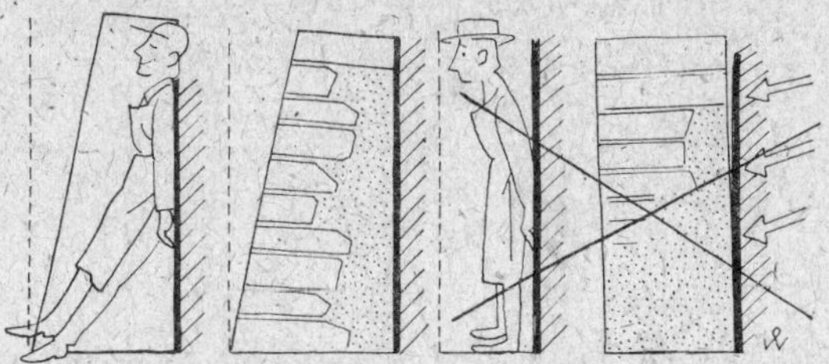

492 Alle Querfugen müssen bei einer Trockenmauer parallel laufen. Die senkrechten werden versetzt angeordnet.

Gleichmäßig starke Steine (s. auch Ratschlag 273) braucht man für jeweils eine Schicht. Die einzelnen Schichten können aber in der Stärke voneinander abweichen. Einen besseren Eindruck gewinnt man jedoch von der Trockenmauer mit gleichstarken Steinschichten. Lange, etwa 10 bis 12 cm starke plattenförmige Steine sind für niedrige Mauern die besten. Sie werden so verlegt, wie das die Skizze zeigt. Besonders sorgfältig muß man Ecken bauen.

493 Trockenmauern müssen mit dem dahinterliegenden Erdreich eine gute Verbindung erhalten.
Das erreicht man am besten dadurch, daß ab und zu ein recht langer Stein mit der Schmalseite nach vorn genommen wird. Diese Steine stellen die Verbindung zum Erdreich her. Zum Füllen des Raumes zwischen der Rückwand der Mauer und dem Erdreich verwendet man am einfachsten die beim Verlegen des Fundaments ausgegrabene Erde. Sie ist so festzustampfen, daß sie sich später nicht mehr setzt (Skizze S. 118 oben).

494 Das Bepflanzen der Trockenmauer ist am einfachsten, wenn man es gleich beim Bauen der Mauer vornimmt.

Das setzt aber voraus, daß die Pflanzen beim Bauen zur Verfügung stehen. Außerdem muß man sich darüber im klaren sein, wo sie eingepflanzt werden sollen. Dazu braucht man einen Plan, auf dem der Pflanzort jeder Gattung oder Art genau eingezeichnet ist. Bei so eingebauten Pflanzen kann man mit 100%igem Anwachsen rechnen.

495 Zum Bepflanzen der Trockenmauern während des Bauens eignen sich Pflanzen mit kleinen Topfballen sehr gut.

Die Topfballen werden vorsichtig bis zur Fugenstärke flachgedrückt und mit dem Fugenmaterial (s. Ratschlag **490**) gut verbunden. Mit Pflanzen ohne Topfballen verfährt man sinngemäß. Beim Bepflanzen ist zu beachten, daß Polsterstauden, die am geeignetsten sind, zum größten Teil ziemlich große Polster bilden. Da ja auch die Steine zierend wirken sollen, bepflanzt man den m^2 Mauerfläche höchstens mit 6 Pflanzen, wenn das auch im ersten Jahr etwas dürftig aussieht.

496 Wo die Möglichkeit besteht, sollte man zum Begrenzen seines Gartens eine Hecke pflanzen und keinen Zaun ziehen.

Dabei muß man anstreben, daß die Hecke sowenig wie möglich Kulturland einnimmt. Deshalb ist die Auswahl des Materials sehr wichtig. Als sehr brauchbar für solche Zwecke kann die Weißbuche, auch Hainbuche genannt, empfohlen werden. Der Hauptwert liegt darin, daß man Weißbuchenhecken sehr schmal halten kann. Sie sind nicht nur ein guter Sichtschutz, sondern auch als Windschutz sehr geeignet.

497 Zur Neuauflage einer Hecke muß der Boden mindestens zwei Spatenstiche tief gelockert werden.

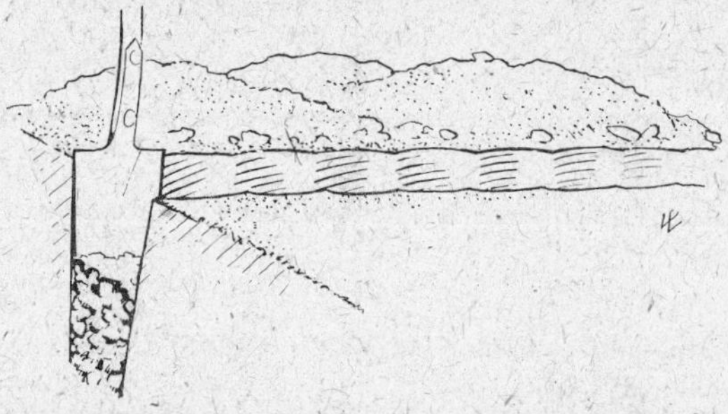

Wer das Heckenpflanzen im Herbst versäumt hat, kann es im März noch nachholen. Als Vorbereitung wirft man am besten einen Graben aus. Für eine einreihige Hecke genügt eine Breite von 40 cm, und für eine zweireihige braucht man etwa 60 cm. Ausgeworfen wird nur die erste Spatenstichtiefe. Die zweite gräbt man um und füllt die ausgeworfene Erde wieder ein. Torf oder Stalldung gibt man nicht dazwischen, sondern benutzt diese Stoffe zur Bodenbedeckung nach dem Pflanzen. Immergrüne Hecken siehe unter Ratschlag 778.

498 Der Bedarf an Pflanzen je lfm Hecke richtet sich nicht nur nach der Pflanzenart, sondern auch nach der Pflanzweise.

Bei einreihigen Hecken genügen je lfm 5 Pflanzen. Etwas breiter wird die Hecke, wenn zwei Reihen mit einem Abstand von 20 bis 25 cm gepflanzt werden. Auf jeder Reihe gibt man dann einen Abstand von 25 bis

Flechtzaun aus Weide

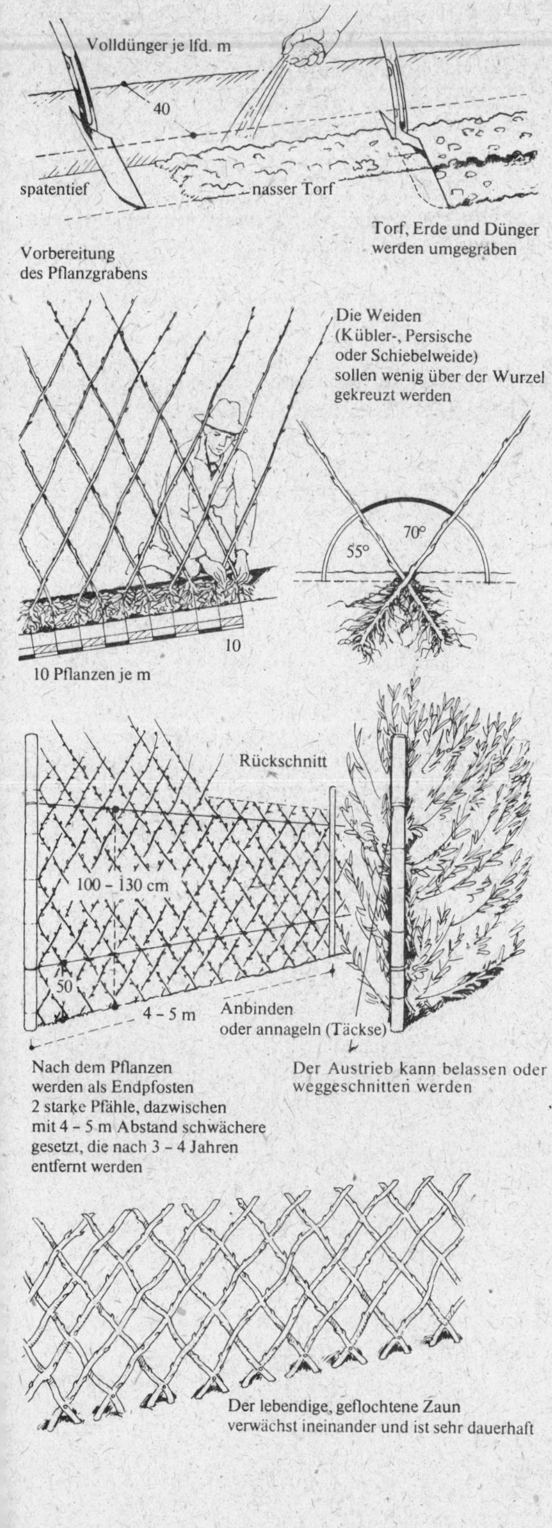

30 cm, so daß je lfm etwa 6 bis 8 Pflanzen erforderlich sind, damit eine dichte Hecke entsteht. Die mit etwas gekürzten Wurzeln gepflanzten Heckenpflanzen müssen recht fest stehen. Die Erdoberfläche wird muldenartig gestaltet, damit das Gießwasser nicht wegläuft.

499 Neuangelegte Hecken schneidet man nach dem Pflanzen stark zurück, damit sie von unten dicht werden.
Sie wachsen auch verlustlos an, wenn man sie sofort zurückschneidet. Der Schnitt ist vor allem bei Hainbuchen, Weißdorn und Buchen wichtig, die schwer anwachsen. Ihnen nimmt man etwa die Hälfte ihrer Länge. Vor dem Einpflanzen taucht man sie in einen dicken Lehmbrei, was ebenfalls zur Sicherung des Anwachsens beiträgt. Den Liguster und andere Heckenpflanzen kann man unbedenklich zwei Drittel ihrer Länge zurückschneiden. Nach dem Pflanzen muß laufend sehr stark gegossen werden.

500 Alte lückenhafte Hecken werden durch radikalen Rückschnitt und Zwischenpflanzung wieder dicht gemacht.

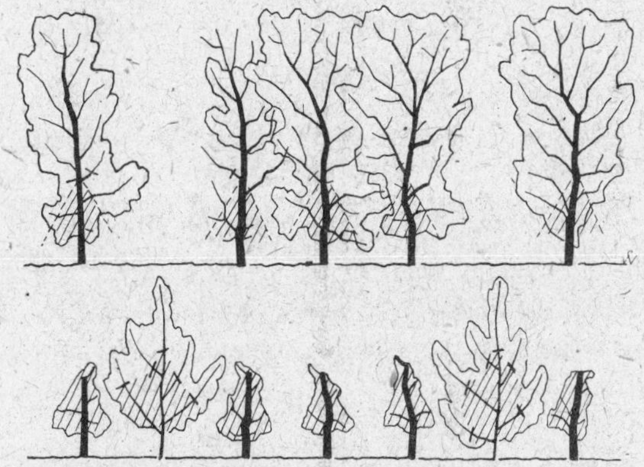

Zum Zwischenpflanzen braucht man junge, aber kräftige Pflanzen mit besonders reichem Wurzelvermögen. Die alten Pflanzen werden, wie aus der Skizze ersichtlich ist, zurückgeschnitten. Den jungen nachgepflanzten nimmt man etwa zwei Drittel ihrer Länge. Ihre Pflanzstellen sind mit Torf oder verrottetem Stalldung stark anzureichern. Laufendes Gießen ist in den ersten Monaten zum guten Anwachsen und Austreiben unerläßlich.

501 Mit dem Pflanzen der Ziergehölze sollte man schon beginnen, sobald der Boden frostfrei ist.
Dadurch spart man später Zeit ein, wenn sich die anderen Gartenarbeiten häufen. Auf was es beim Pflanzen ankommt, steht in den Ratschlägen **1913** bis **1918.** Bei Gehölzen sind es vor allem *Cytisus, Buddleja* und *Hypericum.* Von den Schling- und Klettergewächsen sind es besonders *Wisteria, Clematis* und der *Polygonum = Bilderdykia.*

502 Wer einen Gartenteich anlegen möchte, sollte dies vorher gründlich planen und vorbereiten.
Zunächst ist die Wahl des richtigen Platzes wichtig, dann aber die Vorbereitung der Teichgrube. Bevor die spezielle Wasserbeckenfolie ausgelegt werden kann, muß der Untergrund geglättet, von Steinen, Scherben, Wurzeln und anderen Gegenständen gesäubert werden. Darauf wird ein etwa 5 cm starker Belag aus feinem Sand aufgetragen. Erst dann ist die Folie möglichst glatt auszulegen und an den Rändern zu befestigen. Wer auf die Folie dann noch natürlichen Boden auftragen möchte, muß das tun, bevor Wasser eingelassen wird. Wer die Pflanzen lieber in Pflanzkörben ins Wasser versenken will, braucht keine Erde einzubringen und kann Wasser auf die Folie lassen.

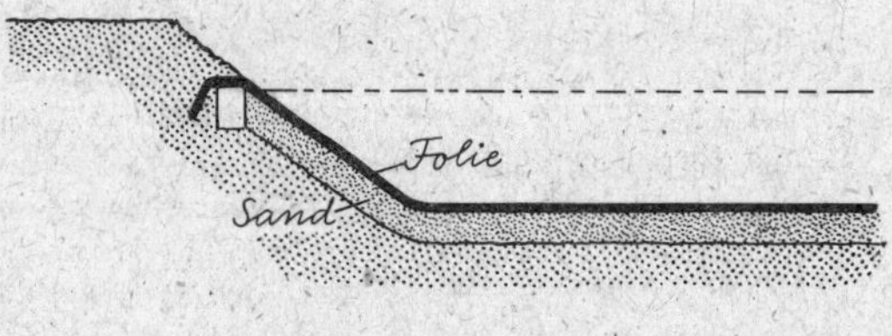

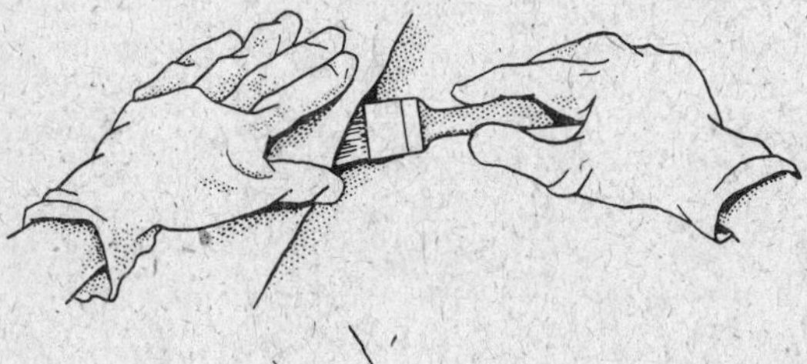

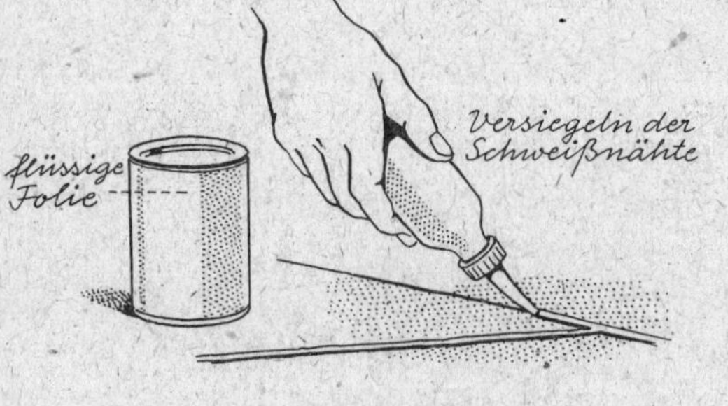

503 Ein Wasserbecken kann man auch mit Hilfe von Ton abdichten.

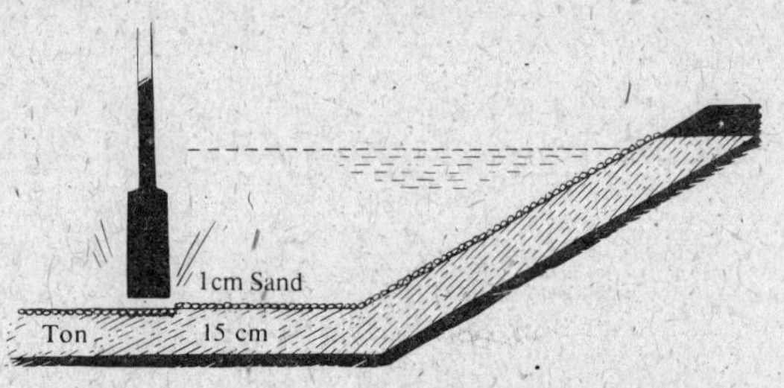

Dieses Verfahren ist aber nur dort anzuraten, wo Tongruben in der Nähe sind. Der weite Transport des Tons verursacht sonst hohe Kosten. Der Ton muß beim Verwenden gleichmäßig durchfeuchtet sein, damit er sich gut bearbeiten und schlagen läßt, ohne am Schlaggerät zu kleben. Zum Festschlagen verwendet man einen Holzschläger, wie ihn die Skizze zeigt. Die Tonschicht muß 15 cm stark aufgetragen werden. Der Uferrand wird ähnlich ausgeführt wie beim Verwenden von Folie (s. Ratschlag **502**). Die Tonschicht erhält eine etwa 1 cm starke Schicht grobkörnigen Sand, die man in die Tonoberfläche einschlägt. Notfalls wird sie vor dem Aufbringen des Sandes etwas angefeuchtet.

504 Die größte Sorgfalt ist bei der Anlage eines Wasserbeckens dem Abfluß zu widmen.

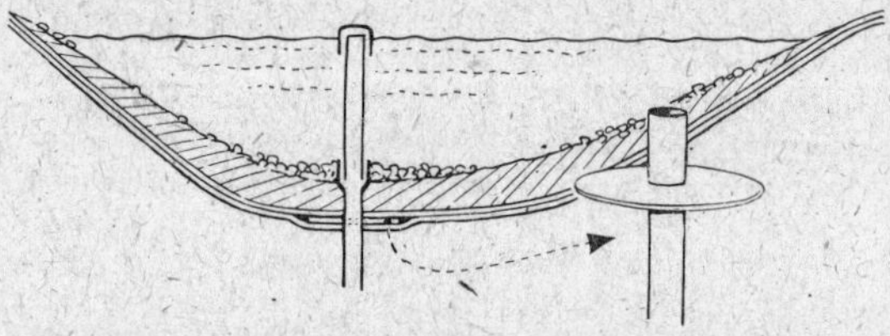

Damit man das Wasser von Zeit zu Zeit erneuern und im Herbst ablassen kann, muß an der tiefsten Stelle des Beckens ein Ablauf eingebaut werden. An dieser Stelle sind die Abdichtungsmaßnahmen besonders sorgfältig auszuführen. An das Ablaufrohr läßt man sich vom Klempner eine Manschette anschweißen, die in der Mitte der Untergrundabdichtung liegen muß (siehe Skizze).

505 Das Beckenwasser muß man in einen Sickerschacht oder in die Kanalisation ableiten.
Wenn der Sickerschacht seine volle Wirkung haben soll, muß er so tief in die Erde reichen, daß eine gute wasserdurchlässige Schicht den Abschluß bildet. Ausführung siehe Skizze Seite 121 (oben).

506 Wer die Wasserpflanzen im Becken direkt auspflanzen will, muß die Sohle mit einer 15 bis 20 cm starken Erdschicht bedecken.

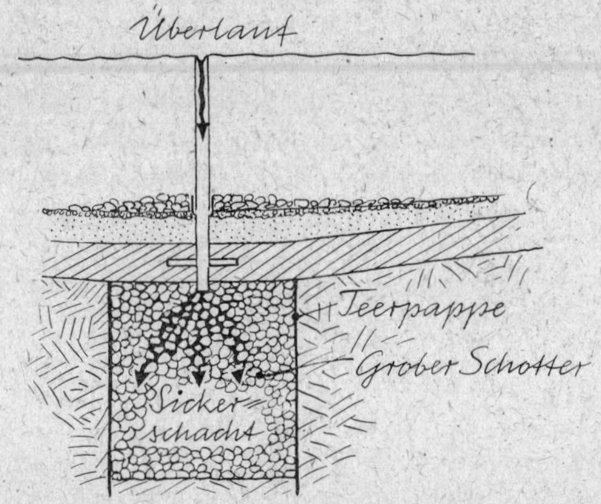

Damit die Pflanzen in der Erdschicht Nahrung finden, vermischt man die Erde mit gut verrottetem Stalldung. Nach dem Bepflanzen, das aber erst Ende April vorgenommen wird, ist die ganze Erdschicht mit reinem körnigem Sand zu bedecken, damit das Wasser des Beckens klar bleibt. Die Sandschicht muß mindestens 3 cm stark sein. Um die Pflanzen herum legt man größere Kieselsteine, die sie in der Erdschicht festhalten. Das Wasser muß sehr vorsichtig in das Becken gelassen werden, damit die Sandschicht und die darunter liegende Erde nicht aufgewühlt werden.

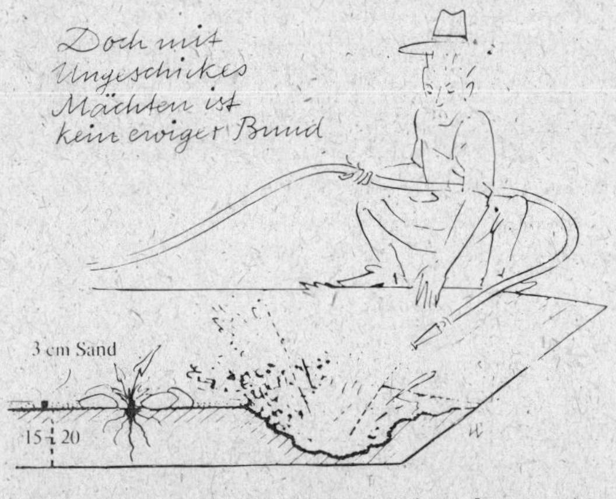

507 Für die meisten Wasserpflanzen ist es besser, wenn man sie in entsprechende Gefäße setzt und nicht frei in das Becken auspflanzt.

Vor allem flache Körbe aus Rohrgeflecht, das sehr lange hält, und auch flache Drahtkörbe sind für diesen Zweck verwendbar. Als Erdmischung nimmt man die unter Ratschlag **506** angegebene. Die Gefäße füllt man nur so hoch mit Erde, daß ein 5 cm hoher Rand frei bleibt, der nach dem Bepflanzen den Abdecksand (s. auch Ratschlag **506**) aufnimmt. Über geeignetes Material zum Bepflanzen der Wasserbecken gibt die Wasserpflanzentabelle Auskunft.

508 Bestehende Wasserbecken sind Ende März zu reinigen und auf ihre Dichte zu prüfen.
Das in ihnen liegende Winterschutzmaterial (Ratschlag **131**) verwendet man als Bodenbedeckung bei neugepflanzten Stauden, Sträuchern usw. Es kann auch auf den Komposthaufen gebracht werden. Nach gründlichem Säubern läßt man das Becken voll Wasser. Bis zum Besetzen des Beckens mit Pflanzen erwärmt es sich schon etwas.

509 In den letzten Märztagen kann das neuangelegte Sumpfbecken (s. Ratschlag 276) schon mit Pflanzen besetzt werden.
Die Auswahl der Sumpfpflanzen richtet sich nach der Größe des Sumpfbeckens. In einem kleinen wirken sehr hoch werdende Pflanzen unschön. Es gibt so viel Pflanzen, daß man für jede Beckengröße passende findet. Bei der Wahl hilft die Tabelle der Sumpfpflanzen.

510 Von den schon bestehenden Sumpfbecken räumt man Ende März das Winterschutzmaterial und entfernt alle abgestorbenen Pflanzenteile.
Dabei muß man aber sehr sorgfältig zu Werke gehen, denn manche Pflanzen beginnen schon mit dem Neuaustrieb. Fehlstellen können jetzt auch schon neu besetzt werden. Unschöne Pflanzen ersetzt man durch bessere (siehe Tabelle).

511 Da ein Teil unserer Gartenvögel im März mit dem Brüten beginnt, wird es höchste Zeit, die Brutstätten gegen Katzen zu schützen.

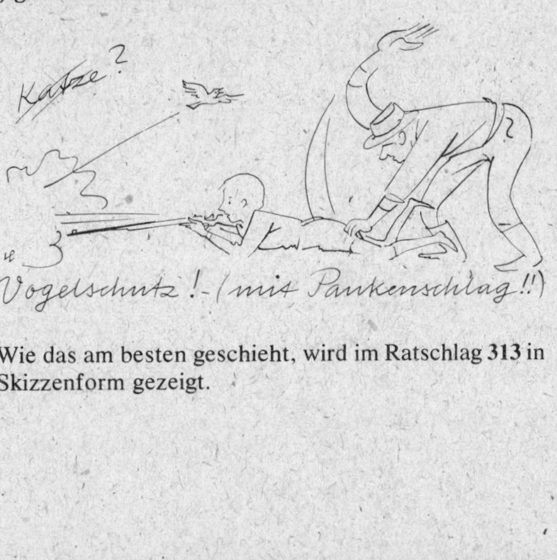

Wie das am besten geschieht, wird im Ratschlag **313** in Skizzenform gezeigt.

Vogeltränken

Tränken frei
und nicht hinter Hecken aufstellen

Vogeltränke
aus Sandstein gehöhlt

Eingebauter Tümpel
mit Sitzsteinen

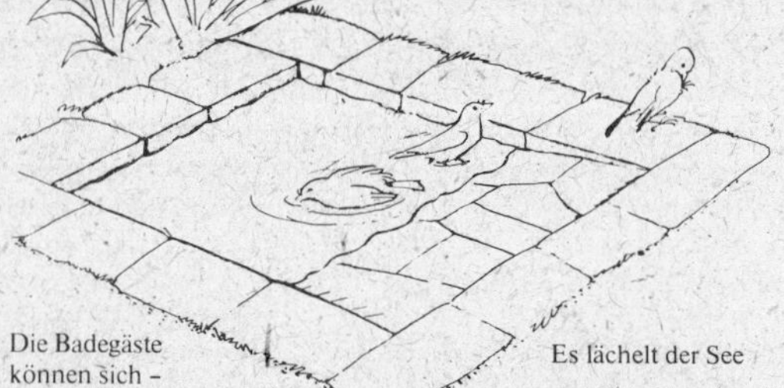

Die Badegäste
können sich –
bedingt durch die Schräge –
die Wassertiefe selbst wählen

Es lächelt der See

Badewanne
aus Beton
einmal nicht rund
oder rechteckig

512 Die Vogeltränken sind schon im März zu reinigen und in Ordnung zu bringen sowie mit Wasser zu versehen.

Vogeltränken in Form von nicht zu kleinen, flachen Keramikschalen sind eine Zierde für den Garten. Sie müssen aber frei stehen. Den Vögeln muß es möglich sein, jede Annäherung von Katzen beizeiten zu bemerken. Ein guter Aufstellungsort sind die Ecken oder Enden von Trockenmauern, deren Umgebung aus niedrigen Polsterstauden besteht.

Selbstgeformte Tränke

Das Profil wird auf ein Brett
gezeichnet und ausgesägt

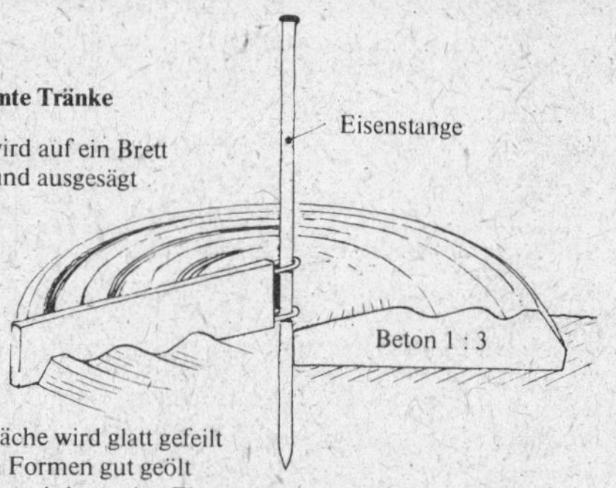

Die Schnittfläche wird glatt gefeilt
und vor dem Formen gut geölt
Die Schablone wird um eine Eisenstange gedreht

513 Sommerblumen, die eine Vorkultur benötigen, sät man ab Mitte März im kalten Frühbeet aus.

Dazu gehören in erster Linie Levkojen, Löwenmaul, Sommerastern, Sommermargeriten, Strohblumen und Zinnien. Man muß sie so weitläufig aussäen, daß jede Pflanze einen Entwicklungsraum von mindestens 2 cm × 2 cm hat. Dichter aufgegangene sind zu verziehen. Die Aussaat wird nur etwa samenstark mit sauberem Sand bedeckt, nicht mit Erde. Bis zum Keimen der Samen ist das Saatbeet feucht zu halten. Danach muß man mit dem Gießen sehr vorsichtig sein, weil die Sämlinge sehr leicht durch das Einwirken von Pilzen umfallen. Gegossen wird darum nur, wenn die Sandschicht durch Lüften des Frühbeetes an einem sonnigen Tage schnell abtrocknet.

514 Damit man von der Glockenrebe *(Cobaea)* und der Prunkwinde *(Ipomoea)* im Mai Pflanzen zur Verfügung hat, kann man sie ab Mitte März in Töpfe säen.

In einen 10-cm-Topf legt man 3 bis 4 Samen aus. Als Erde kann man mit Sand gemischte Komposterde verwenden. Die besäten Töpfe stellt man an ein helles Fenster in einem geheizten Raum. Wer über ein warm-

gepacktes Frühbeet verfügt (siehe Ratschläge **203, 204**), kann sie dort in die Erde einsenken. Bis zum Aufgehen muß die Topferde immer feucht sein. 1 g Samen von *Cobaea* enthält etwa 12 bis 15 und von *Ipomoea* ungefähr 40 Korn.

515 Zur Neuanlage von Wegen aus Tretplatten kann man alle Gesteinsarten verwenden, die sich gut bearbeiten lassen.

Am besten eignen sich unregelmäßige Sandstein- und Kalksteinplatten. Im Durchschnitt sollten sie etwa 5 cm stark sein. Die Größe kann zwischen 40 und 60 cm liegen. Wege aus Tretplatten legt man vor allem in Rasenflächen und Staudenanlagen an. Die Entfernung von Platte zu Platte ist der Schrittlänge anzupassen und darf etwa 60 cm betragen. In Rasenflächen müssen die Platten etwas unter dem Bodenniveau liegen, damit sie beim Grasmähen nicht im Wege sind, in Staudenanlagen dagegen etwas darüber, dann bleiben sie immer sauber. Damit die Platten gut festliegen, gibt man ihnen ein Futter aus einer 3 bis 5 cm starken Sandschicht.

516 Zum richtigen Verlegen der Tretplatten braucht man einen Hammer oder Holzschlegel und vor allem eine Wasserwaage.

Alle Platten müssen waagerecht verlegt werden, sofern der Plattenweg nicht in fallendem Gelände liegt. Direkt mit dem Hammer darf man aber die Platten nicht in die richtige Lage klopfen. Kalkstein- und ähnliche Platten würden dabei zerspringen. Um das zu vermeiden, legt man auf die jeweilige Platte ein nicht zu schwaches Holzstück (etwa 3 bis 4 cm stark).

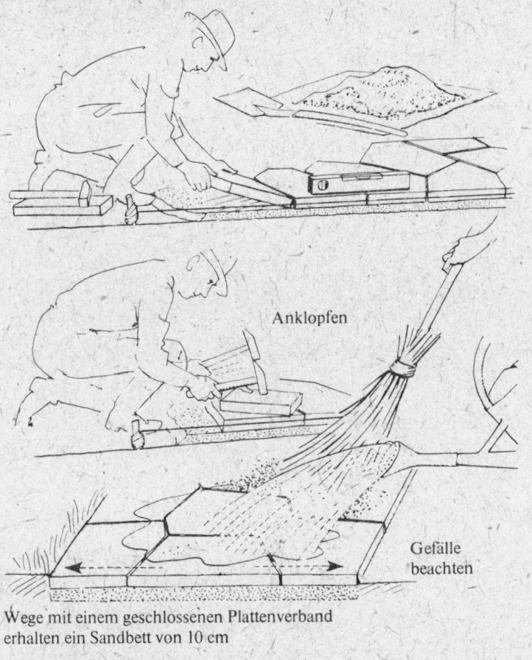

Wege mit einem geschlossenen Plattenverband erhalten ein Sandbett von 10 cm

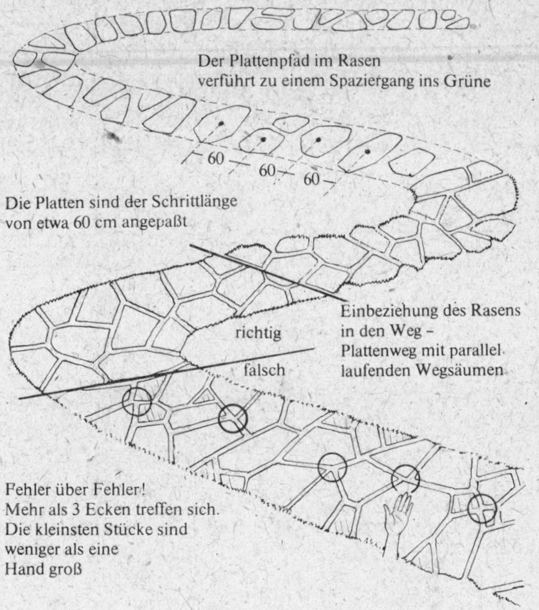

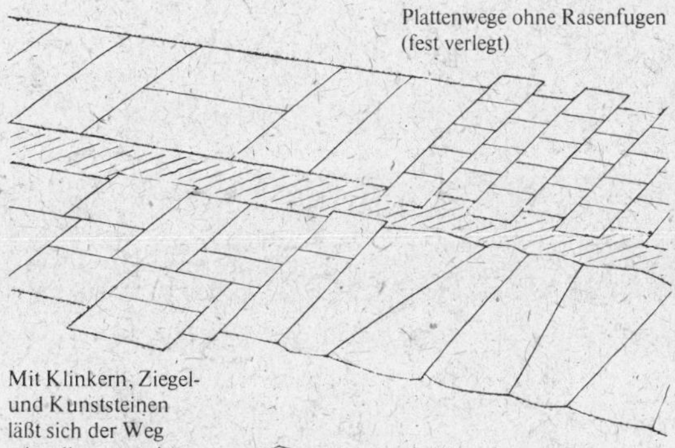

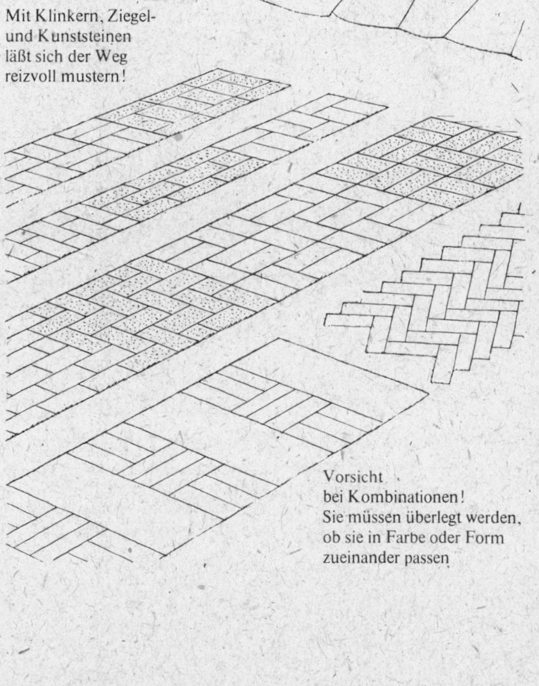

517 Regelmäßige Tretplatten aus Beton kann man sich ohne Mühe selbst herstellen.
Dazu läßt man sich am besten vom Tischler eine an vier Ecken fest verzahnte Form herstellen. Die geeignetste Größe für Trittplatten ist 40 cm × 40 cm in einer Stärke von 3 cm. Damit die Platten das Begehen gut aushalten, stellt man die Betonmischung 1:3 her, also 1 Teil Zement und 3 Teile feinkörnigen erdfreien Sand. Die Unterlage belegt man mit Papier, das auch über die Innenseiten der Form reicht. Auf diese Weise ist es möglich, die Form gleich nach dem Füllen vorsichtig nach oben abzuziehen und zur nächsten Platte zu verwenden. Vor dem Abnehmen wird die Oberseite sauber glattgestrichen. Siehe auch Ratschlag **183**!

518 Von Edelwicken gibt es für das Freiland den großblütigen Spencertyp und die Sorten der vielblütigen Cuthbertson-Rasse. Da die Edelwicken nicht frostempfindlich sind, kann man ihre Samen schon ab Mitte März im Freiland an Ort und Stelle auslegen.

Die Edelwicken verlangen einen tief bearbeiteten Mittelboden, der humusreich sein muß. Frischen Stalldung vertragen sie aber nicht. Wenn man bei Edelwicken gute Erfolge erzielen will, muß der Standort in jedem Jahre gewechselt werden. Wer sie immer wieder zum Bekleiden von Zäunen oder Lauben verwenden will, tut gut daran, einen Teil der Erde durch andere zu ersetzen. Auf diese Weise kann man die Bodenmüdigkeit verhindern.

519 Je nach Verwendungszweck sät man die Edelwicken in Einzel- oder Doppelreihen aus.
An Zäunen usw. wird nur eine Reihe ausgesät. Sollen ganze Beete mit Edelwicken angebaut werden, dann wendet man die Bandsaat an. Das heißt, zwei Reihen liegen immer dicht zusammen, und dann kommt ein größerer Abstand, so daß sich Reihenabstände von 20 bis 25 und 60 bis 70 cm ergeben. Auf jeder Reihe wird im Abstand von etwa 5 cm ein Samenkorn gelegt. Da in 1 g Samen nur 10 bis 12 Korn enthalten sind, braucht man je lfm Reihe etwa 2 g. Die Aussaatrillen werden so tief gezogen, daß die Samen etwa 2 cm mit Erde bedeckt sind. Der Samen bleibt 2 Jahre gut keimfähig.

520 Die Blütezeit der Gladiolen kann man ab Mitte März durch Warmstellen der Knollen vorverlegen.

Dazu sollte man aber nur gesunde große Knollen verwenden. Gut geputzt, werden sie in einer handelsüblichen Naßbeizlösung entsprechend der Gebrauchsanweisung gebeizt. Dann füllt man flache Kisten mit einer 3 bis 4 cm starken Torfschicht und drückt die Knollen fest auf den feuchten Torf. Zwischen den einzelnen Knollen braucht nur ein Zwischenraum von etwa 2 cm zu liegen. Bis Triebbeginn können die Kisten dunkel stehen. Als Temperaturen genügen im Durchschnitt 15 °C. Man sollte jedoch nicht vor Mitte Mai auspflanzen und einen geschützten, warmen Standort wählen.

521 Die überwinterten Wurzelstöcke (Rhizome) vom Blumenrohr (Canna) pflanzt man Ende März in Töpfe und stellt sie an einen warmen Ort.
Starke Wurzelstöcke können geteilt werden. Jedes Teilstück muß aber mindestens eine gute Austriebsbasis haben. Die Größe der Töpfe richtet sich nach der Teilstückgröße. Man wählt sie nur so groß, daß das Rhizom gerade hineinpaßt. Als Erde zum Einpflanzen genügt sandige Komposterde. Das Rhizom wird nur ganz wenig mit Erde bedeckt. Bis zum Triebbeginn ist kein Licht nötig. Dann müssen die Töpfe aber hell stehen. Die Raumtemperatur sollte 15 bis 18 °C betragen.

522 Die trocken überwinterten Begonienknollen für Beete und Fensterkästen legt man in den letzten Märztagen in Kisten mit Torf.
Auf diese Weise hat man zur Pflanzzeit im Mai gut ausgetriebene Pflanzen. Zum Auslegen genügen flache Kisten mit etwa 6 cm Seitenhöhe. Sie werden 5 cm hoch mit feuchtem Torf aufgefüllt, in den man die Knollen einbettet. Die Austriebsstelle bleibt frei von Torf. Der

Aufstellungsort muß ab Triebbeginn hell sein und 16 bis 20°C aufweisen. Bis sich die ersten Blätter entfalten, darf der Torf nur mäßig feucht sein.

523 Ende März ist es Zeit, die hohen Staudengräser im Garten zurückzuschneiden.
Bestimmend dafür ist nicht direkt das Kalenderdatum. Der Standort im Garten, die landschaftliche Klimalage und die unterschiedliche jahreszeitliche Entwicklung sind entscheidend. Ehe die neuen Grashalme sich hochschieben, ist der richtige Zeitpunkt. Ausgenommen sind natürlich alle immergrünen Gräser, wie der Blaustrahlhafer (Avena = *Helictotrichon*). Diese werden nur von alten Halmen ausgeputzt. Der Rückschnitt der übrigen Gräser erfolgt etwa eine Handbreit über dem Boden.

524 Fenster- und Balkonkästen werden ab Anfang März mit Stiefmütterchen bepflanzt.
So hat man bis zur Pflanzzeit der Pelargonien, Fuchsien und Petunien (Mai) einen schönen Fenster- und Balkonschmuck. Damit die Pflanzung gut wirkt, setzt man die Stiefmütterchen nicht zu weit auseinander. Große Pflanzen 20 und kleinere 15 cm. Verwendet man eine nährstoffreiche, mit Torf gemischte nicht zu leichte Erde, dann ist Erdewechseln beim zweiten Bepflanzen der Kästen nicht nötig.

Zimmergarten

525 Ab Mitte März erhalten alle gesunden Zimmerpflanzen (vor dem Umpflanzen) Nährlösungen aus Volldüngern.
Gedüngt wird wöchentlich einmal. Es dürfen nur die Pflanzen gedüngt werden, deren Töpfe gut durchwurzelt sind. Die Nährstofflösungen stellt man 0,1%ig her, also je Liter Gießwasser 1 g Volldünger. Wichtig ist, daß das Wasser mindestens Zimmertemperatur aufweist.

526 Abgeblühte Zimmer-Azaleen und auch Kamellien dürfen nicht vernachlässigt werden, wenn sie im nächsten Jahr wieder blühen sollen.
Am wichtigsten sind: ein heller, aber kühler Standort, fleißiges Gießen und wöchentliche Nährstofflösungen. Zum Gießen beachte Ratschlag **155**. Die Nährstofflösungen gibt man wie unter Ratschlag **525** angeführt.

527 Bei im Keller überwinterten Agaven, Aukuben, nicht winterharten Yucca, *Euonymus japonica* und Oleander beginnt man im März mit regelmäßigem Gießen und Düngen.
Vor dem Gießen lockert man die Erdoberfläche auf, ohne die Wurzeln zu verletzen. Die gelockerte Schicht wird am besten entfernt und durch gute nährstoff- und humusreiche Erde ersetzt. In den letzten Märztagen beginnt man mit dem Düngen. In größeren Kübeln stehende Pflanzen erhalten den Dünger trocken. Er wird vor dem Aufbringen der neuen Erdschicht aufgestreut. Dabei darf man aber des Guten nicht zuviel tun. Auf 1 m^2 Kübeloberfläche genügen fürs erste 10 g. Kleinere Kübel oder Töpfe gießt man mit Nährlösungen wie unter Ratschlag **525** angegeben.

528 Die unter Ratschlag 527 genannten Pflanzen sind gründlich auszuputzen und auf Schädlinge und Krankheiten zu untersuchen.
Alle trockenen Zweige und kranken Blätter werden abgeschnitten, gesammelt und verbrannt. Auf diese Weise werden etwa anhaftende Schädlinge und Krankheitserreger am besten vernichtet. Beim *Euonymus* muß man vor allem auf den Mehltau achten, von dem diese Pflanze sehr häufig befallen wird. Spritzen mit einem Schwefelpräparat oder Einstäuben mit gemahlenem Schwefel sind die besten Gegenmaßnahmen.

529 Im Winter zu lang gewordene Zimmerpflanzen, wie Abutilon, Myrten, Zimmerlinden sowie Tradeskantien, die purpurrote Setcreasie (Ratschlag 163) und ähnliche Hängepflanzen werden Ende März zurückgeschnitten.
Damit der neue Austrieb kurz bleibt, ist ein heller Standort und bei den zuerst genannten auch ein kühler Raum erforderlich. Den Rückschnitt nimmt man jetzt schon vor, damit er nicht mit dem Verpflanzen zusammenfällt. Das würde einen doppelten Eingriff ergeben.

530 Wer seine abgeblühten Alpenveilchen weiterkultivieren will, kann zwei Wege einschlagen.

Nach dem Abblühen ist in jedem Falle erst einmal normal weiterzugießen. Ein kühler, heller Standort ist jetzt am besten. Zeigen die Pflanzen durch Gelbwerden der Blätter an, daß sie ausruhen wollen, dann verringert man die Wassergaben. Das darf aber nicht zu plötzlich geschehen. Erst wenn alle Blätter abgestorben sind, hört man mit dem Gießen ganz auf. Bleiben die Blätter nach dem Abblühen grün und gesund, dann wird das Gießen nicht eingestellt.

531 Bei den Kakteen beginnt mit zunehmendem Licht der Austrieb, so daß sie auch wieder Wasser erhalten müssen.

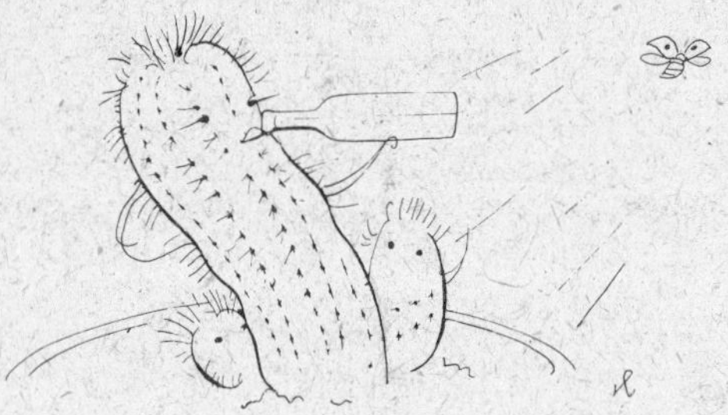

Die Wassergaben dürfen aber in der ersten Zeit nur sehr spärlich sein. Gegossen wird erst wieder normal, wenn die Pflanzen durch neue Triebe höheren Wasserbedarf anzeigen. Damit die neuen Triebe ihre natürliche Form entwickeln, gehören die Kakteen an den hellsten Fensterplatz.

532 Die Sinnpflanze *(Mimosa pudica)* ist so interessant, daß es sich lohnt, sie aus Samen selbst zu ziehen.
Zur Aussaat nimmt man kleine Töpfe (9 cm). Als Erde wird sandige Laub- oder Heideerde gebraucht. In jeden Topf legt man 5 Samenkörner etwa 1 cm tief in die Erde.

Der Aufstellungsort muß recht hell sein und eine durchschnittliche Temperatur von 18 °C aufweisen. Nach dem Aufgehen läßt man nur 3 Pflanzen in jedem Topf.

533 Wer sich Orchideen fürs Zimmer anschaffen will, muß eine einschlägige Gärtnerei aufsuchen und sich beraten lassen, damit er die für seine Verhältnisse geeigneten Gattungen erhält.
Man sollte nur blühstarke Exemplare kaufen. Jungpflanzen stellen in der Regel Ansprüche, die nur in Gewächshäusern zu befriedigen sind.

534 Alle Zimmerorchideen verlangen luftdurchlässige Gefäße, einen brockigen, langsam verrottenden Pflanzstoff und zum Gießen kalkfreies Wasser (Regenwasser), das Zimmertemperatur hat.

Orchideen pflanzt man am besten in Draht- oder Lattenkörbe. Frauenschuhorchideen gedeihen auch in Tontöpfen, wenn für eine gute Dränage gesorgt wird. Der Pflanzstoff besteht in der Hauptsache aus Farnwurzeln, Buchenlaub und Sumpfmoos (Sphagnum). Er ist in den einschlägigen Gärtnereien zu erhalten. Fast alle Orchideen sind kalkfeindlich. Es muß jedoch betont werden, daß die Kultur von Orchideen nur von ausgesprochenen Liebhabern durchgeführt werden sollte, da sie sehr pflegeaufwendig ist und viel Erfahrung verlangt.

535 Wenn Orchideen im Zimmer blühen sollen, muß man die von ihnen verlangte Ruhezeit streng einhalten.
Sie fällt meist in die Wintermonate. Als Anhalt kann dienen, daß die Ruhezeit beginnt, sobald der neue Trieb gut entwickelt ist. Bei manchen setzt sie auch nach der

Blütezeit ein. Frauenschuhorchideen *(Paphiopedilum)* machen keine strenge Ruhezeit durch, doch ist im Winter das Gießen stark einzuschränken.

536 Die beste Verpflanzzeit für Orchideen ist das Frühjahr.
Orchideen werden nicht in jedem Jahr verpflanzt. Man wartet damit, bis der jüngste Trieb die Gefäßwand erreicht hat. Die Verpflanzzeit ist gekommen, wenn die Triebe neue Wurzelspitzen erkennen lassen. Wer noch keine Erfahrungen besitzt, sollte seine Orchideen in einer Gärtnerei verpflanzen lassen, die sich mit der Kultur dieser Pflanzen befaßt. Dort kann am besten beurteilt werden, ob das Verpflanzen nötig ist und wie groß die neuen Gefäße sein müssen.

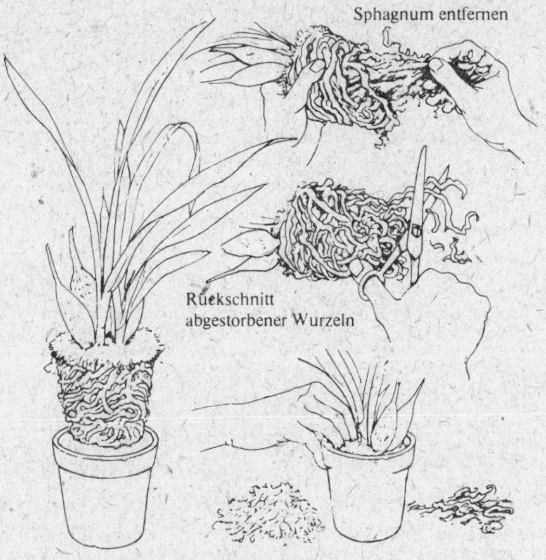

537 Von der bekannten *Scilla* (Blaustern) gibt es eine nicht winterharte Art *(Scilla violacea)*, die als Zimmerpflanze viel zu wenig bekannt ist.
Diese Scilla ist immergrün Ihre hellgrauen, grün gefleckten Blätter zieren also Sommer und Winter. Sie kann bei 10, aber auch 20 °C im Zimmer stehen. Die Hauptsache ist, daß der Fensterplatz recht hell und sonnig ist. Die vielblütigen Rispen erscheinen im Sommer monatelang. Etwas sandige Komposterde ist am geeignetsten. Im Winter mäßig gießen. Die Pflanze wird nur etwa 15 cm hoch und entwickelt viel Nebenzwiebeln, mit deren Hilfe sie auch leicht zu vermehren ist. Der März ist die beste Verpflanzzeit.

538 Der Kaffeebaum *(Coffea arabica)* ist eine sehr haltbare Zimmerpflanze für normal beheizte Räume.
Er ziert vor allem durch seine dunkelgrünen glänzenden Blätter. Später sind auch die duftenden weißen Blüten sehr reizvoll. Aus ihnen entwickeln sich rote

eßbare Früchte. Der Kaffeebaum will recht hell stehen und verlangt Temperaturen von 15 bis 18 °C. Komposterde, mit etwas Torf- und Sandzusatz, sagt dieser Zimmerpflanze am besten zu.

539 Will man einen Flaschengarten haben, so ist ein sauberer Glasballon die Voraussetzung dafür, da nach der Bepflanzung das Glas von innen nicht mehr gesäubert werden kann.
Bei Gurkengläsern und anderen Glasgefäßen, die von innen mit der Hand gesäubert werden können, ist das kein Problem. Enghalsige Gläser lassen sich oft mit langen, biegsamen Flaschenbürsten reinigen. In ältere, stark verschmutzte Ballons wird etwas trockener Reis mit wenig Wasser eingefüllt. Durch kräftiges Schütteln löst sich der Schmutz. Ehe das Pflanzsubstrat eingefüllt werden kann, muß das Glas von innen wieder trocken sein. Das geschieht schnell mit einem Fön, der auf „Kalt" gestellt sein muß, um ein Platzen des Glases zu verhindern.

540 Die Pflanzsubstrate werden mit einem Trichter und einer langen Papprolle gleichmäßig in die Gefäße eingefüllt.
Als unterste Schicht empfiehlt sich eine 2 bis 3 cm hohe Schicht mittelgroben Kieses, der von einer gleichstarken Schicht ähnlich grober Holzkohle bedeckt wird. Auf diese Drainageschicht kommt erst die Kulturerde, die frei von Unkrautsamen sein muß und nicht zu feucht sein darf. Etwa ein Drittel des Glasgefäßes sollte so aufgefüllt werden.

541 Zum Bepflanzen braucht man bei enghalsigen Gefäßen noch zwei lange, dünne Holz- oder Bambusstäbe, an deren Spitze schmale Gabeln befestigt werden.
Die Wurzelballen der jungen Pflanzen müssen so weit von Erde befreit sein, daß sie durch den Flaschenhals auf das Pflanzsubstrat bugsiert werden können. Mit dem langen Gabelstock werden sie in vorbereitete Pflanzmulden gerückt. Die größeren Pflanzen geben den Hintergrund ab und müssen zuerst gepflanzt werden. Mit einem Korken, der an der anderen Spitze des Stabes aufgesteckt wird, läßt sich die um die

Pflanze wieder angehäufelte Erde ausreichend andrücken. Angegossen wird mit einem langen Schlauch vorsichtig an der Innenwand des Ballons entlang. Geeignete Pflanzen sind kleinwüchsige Bromelien, Fittonien, kleinblättriger Efeu, Saumfarn *(Pteris)*, Grünlilie *(Chlorophytum)*, Klettergummibaum *(Ficus pumila)* und kleine *Dracaenen*.
Zum Schluß werden die Gefäße mit klarer, dünner Folie verschlossen, in die man ein paar kleine Luftlöcher sticht. Das verdunstende Wasser schlägt sich an der Glaswand nieder und rinnt in das Erdreich zurück. So ist ein natürlicher Kreislauf des Wassers entstanden und der Pflegebedarf auf ein Minimum gesenkt. In offenen Glasgefäßen mit größeren Öffnungen wachsen die Pflanzen oft schneller, erfordern aber auch mehr Pflege.

Allgemeines

542 Um jeden Ärger mit dem Nachbar zu vermeiden, sollte man in den ersten Apriltagen seine Gartengrenze nochmals überprüfen.

zu spät!

Gebrochene und morsche Zaunlatten sind auszuwechseln, bevor der Nachbar sein Land an der Grenze bestellt, denn sie müssen von seiner Seite aus angenagelt werden (beachte Ratschlag 30). Von Bäumen und Sträuchern sollte man auch die Zweige entfernen, deren Neuaustrieb über die Grenze wachsen könnte.

543 Über die geringen Schäden, die die eigenen Zwerghühner in unserem Garten anrichten, sehen wir hinweg. Zum Nachbar dürfen sie aber nicht gelangen können.
Darum sollte man bei Lattenzäunen den unteren Teil so dicht machen, daß auch die kleinen Zwerghühner nicht durchschlüpfen können. Am besten hilft das Ziehen von weitmaschigem Drahtgeflecht.

544 Geflügel-, Kaninchen- und Ziegendung (ohne Einstreu), mit denen man später flüssig düngen will, muß man schon im April zum Gären ansetzen.
Dazu gehören wasserdichte Behälter, die man möglichst so aufstellt, daß sie von der Sonne voll getroffen werden. Damit nicht zu große Behälter nötig sind, setzt man die genannten Stoffe nur 1:2 an, also mit der doppelten Wassermenge. Das Verdünnen wird beim Düngen vorgenommen.

545 Wer seine Erdhaufen gegen Sonnenbestrahlung mit Sonnenrosen oder Mais einsäumen will, trifft schon im April die Vorbereitungen.

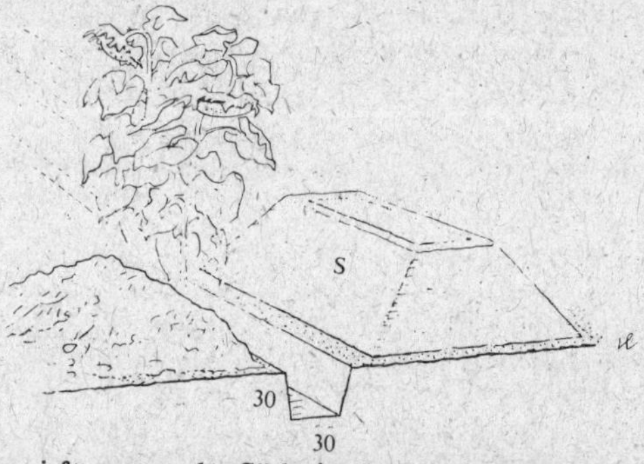

Dazu wirft man an der Südseite der Haufen einen etwa 30 cm breiten und ebenso tiefen Graben aus. Die ausgeworfene Erde wird reichlich mit Komposterde gemischt und wieder eingefüllt. Auf diesem Streifen ausgesäte oder gepflanzte Sonnenrosen bzw. Mais wachsen so üppig, und sie erfüllen ihren Zweck.

546 Topinambur oder Erdbirne ist eine Sonnenblumenart, die wegen ihres nährstoffreichen knolligen Wurzelstockes ein gutes Kleintierfutter ergibt.
Da diese Staude sehr stark wuchert und oft über 2 m hoch wird, sollte man sie dort anbauen, wo sie gegen Sicht abdecken soll. Die winterharten Knollen legt man im April mit einem Mindestabstand von 30 cm etwa 10 cm tief. Das Kraut ist als Kleintierfutter und die Knollen als Gemüse verwendbar.

547 Gegen Ratten ist eine Lockspeise, die man mit einem speziellen Mittel (z. B. Zinkphosphid-Köderpräparate) mischt, besonders wirksam.

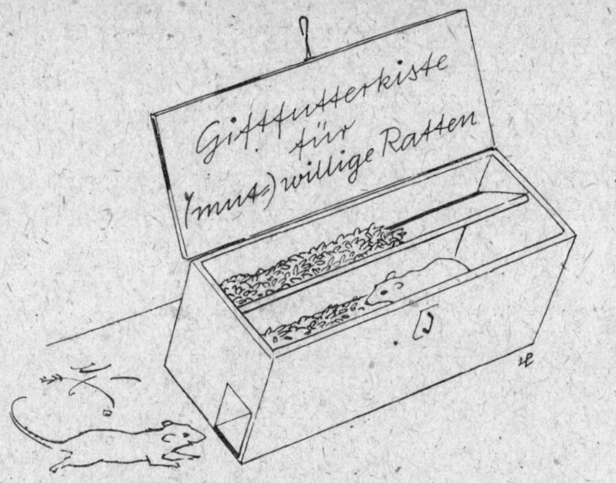

Als gern angenommene Lockspeise hat sich eine Mischung aus Maisschrot, Haferflocken und Zucker erwiesen. Die käuflichen Köderpräparate lassen sich natürlich auch ungemischt auslegen. Wichtig ist, daß man die Köder so auslegt, daß keine anderen Tierarten gefährdet werden und auch Kleinkinder sich nicht vergiften können.

548 Zur Bekämpfung von Schnecken (nur Nacktschnecken werden unseren Pflanzen tatsächlich gefährlich) verwenden wir Bier.

In bis zum Rand eingegrabene Joghurtbecher oder ähnliche Behältnisse füllt man Bier, welches die Schnecken unweigerlich durch seinen Geruch anlockt und darin ertrinken läßt. Im Handel erhältliche Schneckenfallen haben ein Dach, was gegen die Verdünnung bei starkem Regen schützt. Sie lassen sich schnell an andere gefährdete Stellen umsetzen und leicht säubern. Das Bier muß in jedem Fall alle paar Tage erneuert werden.

549 Bei warmer Witterung sind die Glas- und Folienhäuser ausreichend zu lüften.
Das gilt besonders für Kopfsalat und Kohlrabi. Außerdem steigt mit fortschreitender Pflanzenentwicklung der Wasserbedarf stark an. Kopfsalat erhält je nach Witterung ein- bis zweimal wöchentlich 10 l Wasser je m^2. Kohlrabi und vor allem Blumenkohl werden in der Regel jeden zweiten Tag gegossen.

550 In der letzten Aprildekade können sowohl im Kleingewächshaus als auch im Folienhaus Gurken und Tomaten zur Sommernutzung gepflanzt werden.
Die Vorkultur, z. B. Kopfsalat, beginnt zu diesem Zeitpunkt bereits die Fläche zu räumen, so daß Gurken oder Tomaten ab 20. bis 25. April in die erst teilweise abgeernteten Bestände hineingepflanzt werden können. Dieser Pflanztermin erfordert jedoch zusätzliche Schutzmaßnahmen gegen Frosteinwirkung. Man sollte deshalb Strohmatten, Planen oder ähnliches Material bereit halten. Für diesen Anbau sollten grundsätzlich nur spezielle Hausgurken- bzw. Haustomatensorten Verwendung finden (siehe Tabelle Seite 360).

551 Der Anbau von Hausgurken erfordert eine möglichst optimale Gestaltung aller Wachstumsfaktoren.
Dazu gehört auch eine sorgfältige Bodenvorbereitung. Hausgurken reagieren sehr empfindlich auf stauende Nässe und wünschen einen warmen, gut durchlässigen Boden. Dieser Forderung muß durch Einbringen von Stalldung oder anderem geeignetem organischem Material, wie Laub, Abfallstroh u. ä. Rechnung getragen werden. Falls diese Bodenverbesserung mit organischer Substanz nicht schon zur Vorkultur erfolgte, erhält jede Pflanzstelle eine reichliche Unterlage aus Stalldung o. ä. Material. Darüber gibt man je Pflanzstelle mindestens 1 Eimer gut verrotteten Kompost. Die Reihenentfernung beträgt 100 cm, der Abstand in der Reihe 40 cm. Die notwendige Grunddüngung je m^2

Verwendung von Glas und Folie für Pflanzenanzucht, Verfrühung und Frostschutz

Unter Folie entwickelt sich ein günstiges Kleinklima für die Pflanzenanzucht

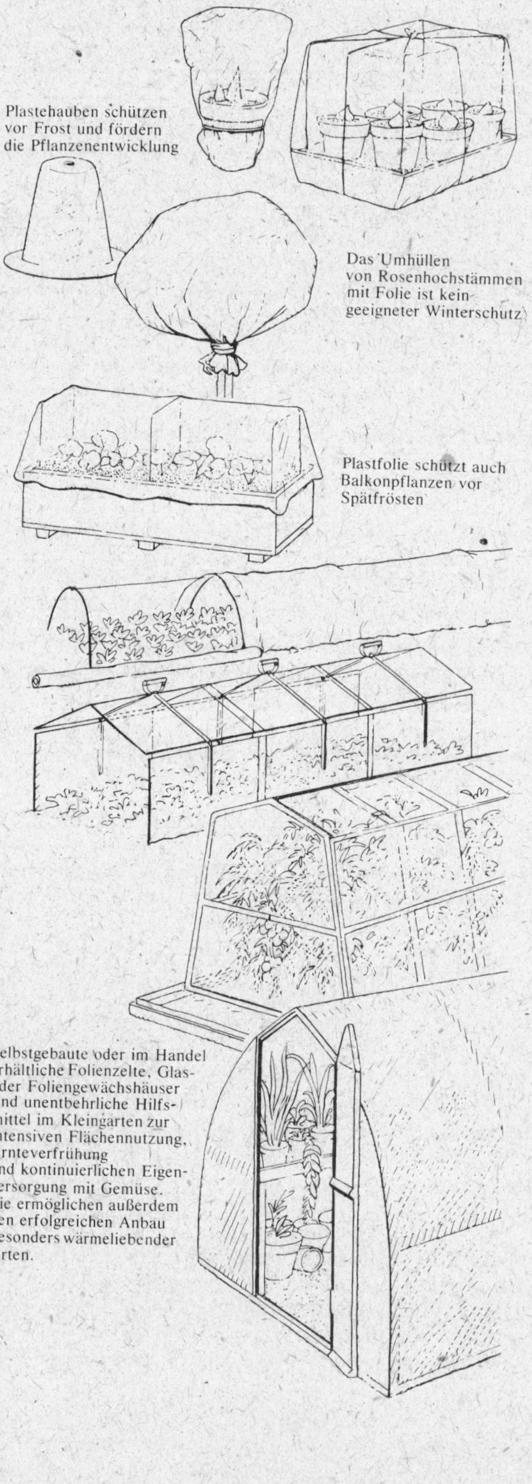

Plastehauben schützen vor Frost und fördern die Pflanzenentwicklung

Das Umhüllen von Rosenhochstämmen mit Folie ist kein geeigneter Winterschutz

Plastfolie schützt auch Balkonpflanzen vor Spätfrösten

Selbstgebaute oder im Handel erhältliche Folienzelte, Glas- oder Foliengewächshäuser sind unentbehrliche Hilfsmittel im Kleingarten zur intensiven Flächennutzung, Ernteverfrühung und kontinuierlichen Eigenversorgung mit Gemüse. Sie ermöglichen außerdem den erfolgreichen Anbau besonders wärmeliebender Arten.

beläuft sich auf 5 g N, 8 bis 10 g P sowie 10 bis 15 g K und wird der Komposterde zugegeben. Nach dem Pflanzen ist reichlich anzugießen. Die notwendigen Pflanzen beschafft man sich am besten von einem Gartenbaubetrieb, da eine sachgemäße eigene Anzucht in der Regel kaum möglich ist.

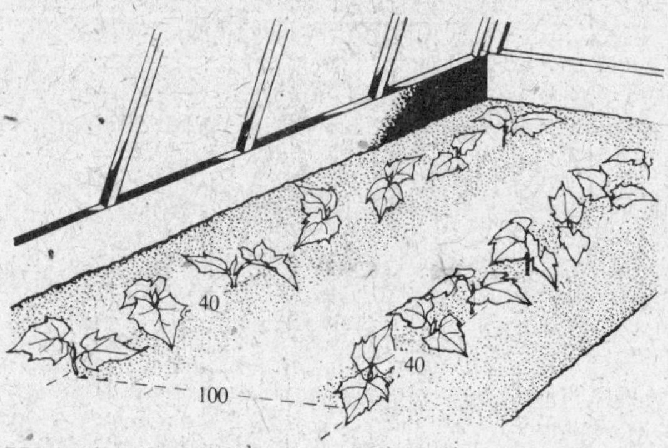

552 Hausgurken werden grundsätzlich nur eintriebig gezogen.

Dazu ist der Bau eines einfachen Gerüstes erforderlich. Jeweils am Ende der Gurkenreihe wird ein kräftiger Pfahl in den Boden eingelassen und gut befestigt. Seine Länge richtet sich nach der Gewächshaushöhe. Zwischen Pfahlende und Dach sollten etwa 15 cm verbleiben. Über die Pfahlenden wird möglichst straff ein Draht gespannt und auf beiden Seiten gut im Boden verankert. Daraufhin wird eine Schnur am Wurzelhals der Pflanze lose befestigt, über den Spanndraht gezogen und das Schnurende mindestens 70 cm unter diesem so an der Schnur befestigt, daß die Befestigungsstelle beweglich bleibt. Mit zunehmendem Längenwachstum wird der Haupttrieb spiralförmig um die Schnur gelegt. Dadurch strafft sich die Schnur und muß verlängerungsfähig sein. Mit Hilfe des 70 cm langen Reservestückes sind die Schnüre rechtzeitig „nachzulassen", damit die Pflanzenwurzeln nicht aus dem Boden gezogen werden.

553 Eine weitere Möglichkeit der Hausgurkenkultur ist der Anbau auf Strohballen.
Am besten eignen sich Preßballen mit einer Masse von je 12 bis 15 kg. Man setzt die Ballen in 10 bis 15 cm tiefe Gruben in Längsrichtung der Pflanzreihen dicht aneinander und wirft den Erdaushub seitlich dagegen. Danach wird durchdringend gewässert und je lfm 50 g N, 40 g P sowie 25 bis 30 g K eingespült und je Pflanzstelle etwa 1 1/2 Eimer gute Komposterde aufgebracht. Nach 5 bis 6 Tagen kann dann gepflanzt werden.

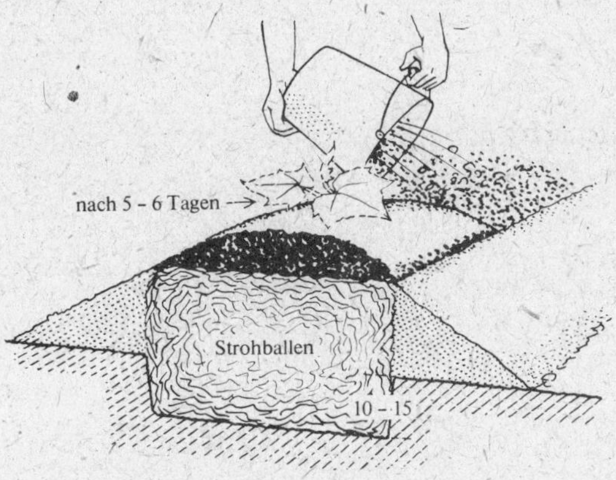

554 Als geeignete Anbauform der Tomate in Kleingewächshäusern und Folienhäusern empfiehlt sich der Stutztomatenanbau.
Diese Anbauform ermöglicht eine intensive Ausnutzung der Häuser mit Vor- und Nachkultur, höhere Bestandsdichte und frühen Erntebeginn. An den Boden stellt die Tomate ähnliche Ansprüche wie die Hausgurke. Wichtig ist ein ausreichend hoher Humusgehalt, dem durch Einarbeiten von Stalldung oder anderem organischem Material entsprochen wird. Dabei soll der Boden möglichst tief gelockert und gleichzeitig die Grunddüngung eingearbeitet werden. Je m^2 rechnet man 5 g N, 8 bis 10 g P und 10 bis 15 g K.
Die Pflanzweite richtet sich nach der vorgesehenen Kulturdauer und der Anzahl der Blütenstände, die man der Pflanze belassen will. Es ist zweckmäßig, die Ernte der Haustomate mit dem Beginn der Freilandernte zu beenden. In diesem Fall sollte der Abstand von Reihe zu Reihe 50 cm sowie in der Reihe maximal 30 cm betragen. Sofort nach der Pflanzung wird gründlich angegossen.

555 Als Stütze für die Tomaten genügen einfache Stäbe mit einer Länge von mindestens 1,20 m.
Sehr gut bewährt haben sich für diesen Zweck Plaste- bzw. Glasfiberstäbe, die man 25 bis 30 cm tief in den Boden steckt. Um eine noch bessere Standfestigkeit zu erreichen, kann man jeweils 4 Stäbe zu einer Pyramide zusammenfassen.

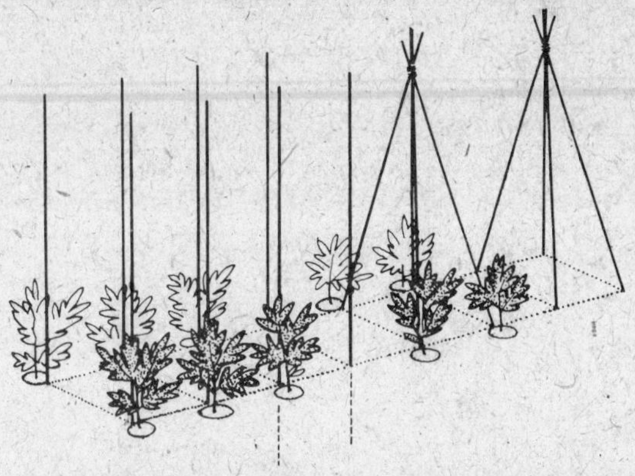

556 Anfang April erhält der im Kleingewächshaus bzw. Folienhaus kultivierte Kohlrabi und Blumenkohl die erste Kopfdüngung.
Man gibt 5 g N je m^2 und arbeitet den Dünger sofort ein oder gibt ihn als 0,3%ige Nährlösung. Blumenkohl erhält mit beginnender Blumenentwicklung eine zweite Kopfdüngung in gleicher Höhe.

557 Eierfrüchte baut man am besten im Kleingewächshaus, Folienhaus oder Frühbeet an.
Der Anbau erfolgt in jedem Falle als Zweitkultur zur Sommernutzung. Im Kleingewächshaus sowie im warmen Kasten kann bereits Mitte bis Ende April gepflanzt werden. Der Pflanzabstand beträgt 50 cm × 50 cm bis 75 cm × 40 cm. Das Düngen und Gießen erfolgt wie bei der Tomate. Eierfrüchte haben einen noch höheren Wärmebedarf als Tomaten, deshalb sollte bei Nachtfrostgefahr für ausreichend Deckmaterial gesorgt werden.

558 Kleingewächshäuser können auch für den Anbau von Stangenbohnen genutzt werden.
Die Kultur erfolgt als Zweitfrucht nach Kopfsalat, Kohlrabi o. a. zeitig räumenden Gemüsearten. Man sät bereits ab Mitte April zwischen die noch nicht oder erst teilweise geerntete Vorfrucht in einem Abstand von 80 cm × 40 cm bis 50 cm jeweils 4 bis 6 Korn. Günstig ist auch eine Vorkultur in Töpfen mit anschließender Pflanzung.
Die Aussaat (5 Korn je 12-cm-Topf) wird etwa 14 Tage vor dem geplanten Pflanztermin vorgenommen.
Das Aufleiten der Pflanzen bei beginnender Rankenbildung erfolgt an Stangen oder an Schnüren wie bei den Gurken bzw. Tomaten. Bei Temperaturen über 20 °C ist reichlich zu lüften.

559 Bei den Frühbeetaussaaten darf man im April das Lüften und Gießen nicht vergessen.
Sobald die Sonne scheint oder die Außentemperaturen 10 °C übersteigen, ist jedes Fenster der Frühbeete zu lüften. Gelüftet wird so, daß der Wind über die Fenster streicht und die Pflanzen nicht trifft (siehe S. 132).

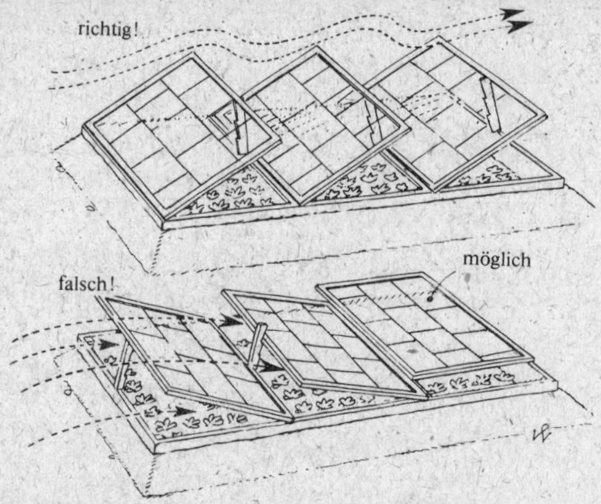

Zum Gießen wählt man nur die sonnigen Tage, an denen die Erdoberfläche schnell wieder abtrocknet. Andernfalls leiden die Jungpflanzen leicht unter Schwarzbeinigkeit.

560 Blumenkohl ist ein sehr anspruchsvolles Gemüse, das nur auf bestem Boden mit gutem Erfolg angebaut werden kann.

Am günstigsten ist tiefgründiger sandiger Lehm oder lehmiger Sand mit hohem Humusgehalt, dem es nicht an Nährstoffen fehlt. Das für Blumenkohl vorgesehene Land muß im Herbst reichlich Stalldung erhalten haben, also in 1. Tracht stehen.

561 Nur in völlig freier und sonniger Lage erzielt man vom Blumenkohl eine gute Ernte.

Blumenkohl darf auch nicht zeitweise durch seine Umgebung beschattet werden. Er bringt dann wohl große Blätter hervor, aber nur kleine Blumen.

562 Freilandblumenkohl kann schon in der ersten Junihälfte geerntet werden, wenn man Anfang April kräftige Pflanzen mit Topfballen zur Verfügung hat.

Da für diesen Termin die Aussaat bereits im Februar in einem heizbaren Gewächshaus erfolgen muß, wird man meist darauf angewiesen sein, fertige Pflanzen zu kaufen. Eine Pflanzung Anfang April sollte nur in klimatisch günstigen Gebieten erfolgen. Wenn die Pflanzen gut abgehärtet sind, vertragen sie geringe Fröste. Auf jeden Fall sollte man sich jedoch Frostschutzhauben anschaffen, da mit ihnen Ausfälle oder Wachstumsstockungen durch ungünstige, kalte Witterung vermindert werden können.

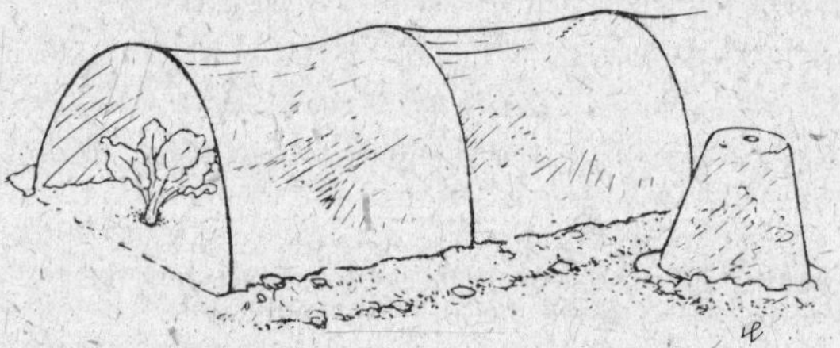

563 Zum Frühanbau von Blumenkohl muß man sich Sorten beschaffen, die eine kurze Entwicklungszeit haben (siehe Tabelle Seite 355).
Sie sind bei günstigem Wetter etwa 7 Wochen nach dem Pflanzen erntefähig. Dazu gehören aber Pflanzen mit Topfballen (s. Ratschlag 562) sowie viel Nährstoffe und Wasser. Pikierte Pflanzen brauchen etwa 2 Wochen länger.

564 Auch im April muß Blumenkohl 50 cm × 40 cm bis 50 cm × 50 cm weit gepflanzt werden.
Man braucht also je m² Anbaufläche nur 4 bis 5 Pflanzen. Je Normalbeet pflanzt man 3 Reihen, so daß die

Randreihen nur 10 cm vom Beetrand abstehen. Nach dem Pflanzen werden die Beetwege mit der Grabegabel so gelockert, daß sie nicht tiefer als das Beet liegen.

565 Früher Blumenkohl darf nicht tiefer gepflanzt werden, als er vorher stand.

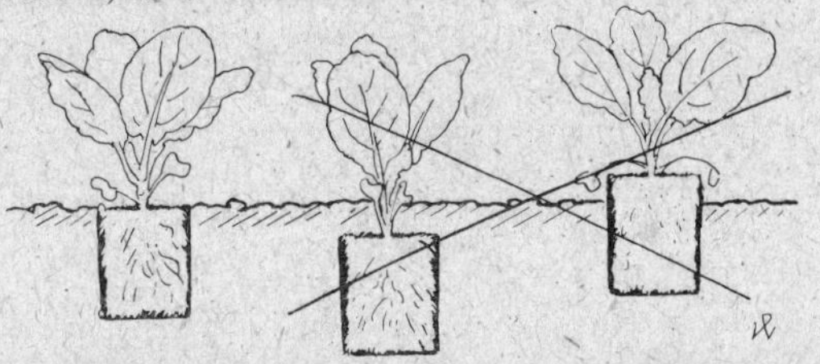

Die Wurzeln brauchen zum schnellen Entwickeln warmen Boden. Wenn man tief pflanzt, stehen sie im April zu kalt. Die Topfballenoberkante muß also mit der Erdoberfläche abschneiden.

566 Blumenkohl darf nicht auf Land gepflanzt werden, auf dem in den Vorjahren Kohlhernie festgestellt wurde.

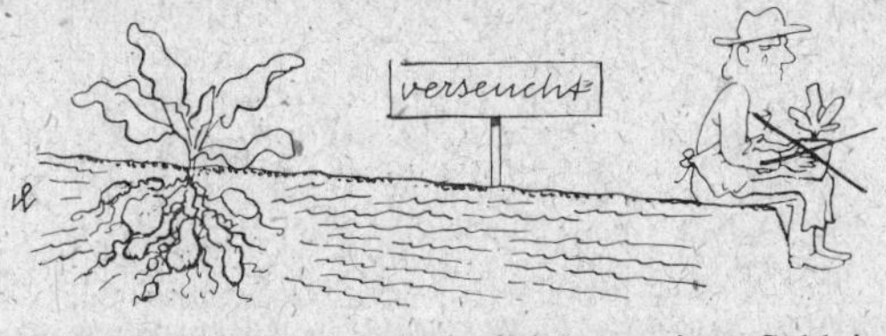

Bei der Kohlhernie handelt es sich um einen Schleimpilz, der knollige Wucherungen an den Wurzeln verursacht. Befallene Pflanzen können keine Nahrung mehr aufnehmen. Siehe Tabelle über Gemüsekrankheiten (Seite 364 f.).

567 Der Kampf gegen die Kohlfliege, die den Blumenkohl ganz besonders gern befällt, muß schon beim Pflanzen beginnen.

Die Kohlfliegen legen ab Mitte April ihre Eier an den Wurzelhals der Blumenkohlpflanzen. Die daraus hervorgehenden Larven benagen den Wurzelhals, bohren sich in ihn ein und lassen dadurch die Pflanzen nicht zur Entwicklung kommen. Um die Abwehr erfolgreich zu machen, gießt man den Blumenkohl gleich nach dem Pflanzen mit einem Kohlfliegenmittel an. Bei 1%iger Anwendung braucht man je Pflanze etwa 100 cm^3. Im übrigen sind die Vorschriften der Hersteller zu beachten. Das Gießen mit dem Mittel muß in Abständen von einer Woche zweimal wiederholt werden.

568 Kurz nach dem Pflanzen des Blumenkohls ist auch gegen die gefährliche Drehherzmücke vorzugehen.
Ihre Larven zerstören die Triebbasis der Pflanzen, so daß keine Blumen gebildet werden können. Die Bekämpfung erfolgt mit den handelsüblichen Spritz- oder Stäubemitteln und beginnt 3 bis 4 Tage nach dem Pflanzen. Sie muß in wöchentlichen Abständen mindestens 2- bis 3mal wiederholt werden. Wurde gestäubt, dann ist nach Regen, sobald die Pflanzen abgetrocknet sind, sofort wieder einzupudern.

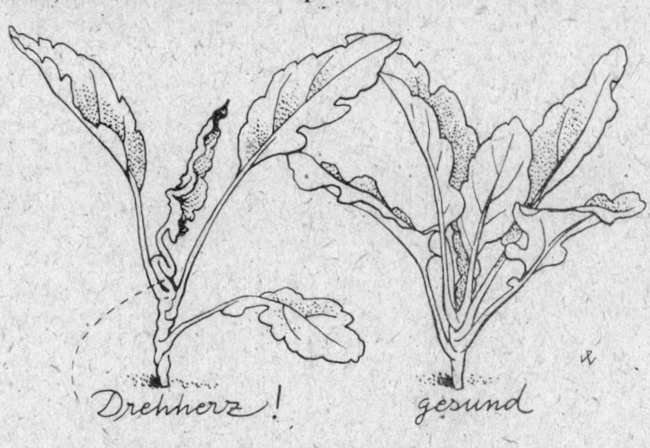

569 Blumenkohl, der im Juni gepflanzt werden soll, ist ab Mitte April auf Saatbeete im Freiland auszusäen (s. auch Ratschlag 334).
Die erste Bedingung für gute Erträge sind starke, wüchsige Pflanzen. Sie sind nur durch weitläufige Aussaat zu erzielen. Darum darf man auf 1 m^2 höchstens 2 g Blumenkohlsamen ausstreuen. Die Pflanzen erhalten einen guten Wurzelballen, wenn in die obere Bodenschicht vor dem Aussäen recht viel feuchter Torf eingearbeitet wird.

570 Brokkoli kann Anfang April im kalten Frühbeet oder ab Mitte April auf ein Freilandbeet gesät werden.
Diese Termine ermöglichen eine Pflanzung in den letzten Maitagen bzw. in der ersten Junihälfte. Es ist unbedingt Einzelkornablage im Abstand von 3 bis 4 cm vorzunehmen, um kräftiges Pflanzmaterial zu erzielen. Im übrigen sind die zum Blumenkohl gegebenen Hinweise zu beachten.

571 Ab Mitte April legt man die vorgekeimten Frühkartoffeln (s. Ratschlag 201) auf warmen humus- und nährstoffreichen Boden.

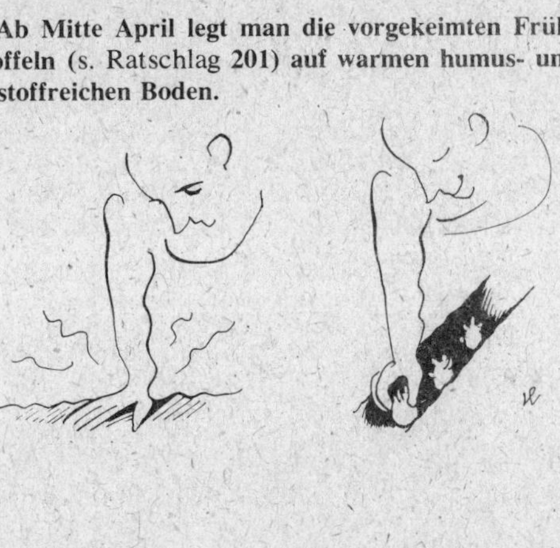

Wenn der Boden sich noch nicht erwärmt hat, wartet man besser bis Ende April. Es kommt nur Land in Frage, das im Herbst stark mit Stalldung gedüngt wurde. Eine freie, sonnige Lage ist für Frühkartoffeln unerläßlich. Sie entwickeln sich in humosen Sandböden am schnellsten.

572 Gute Ernten von Frühkartoffeln sind nur zu erzielen, wenn die Reihen 60 cm auseinander liegen.

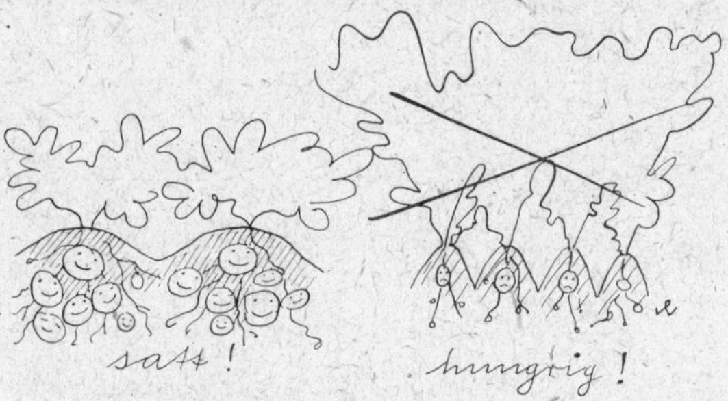

Auf ein Normalbeet (1,20 m) darf man also nur zwei Reihen legen, wenn die Frühkartoffeln beetweise angebaut werden. Wer mehr als zwei Reihen anbaut, läßt die Beetwege fort und spart dadurch Platz. Bei kleinerem Reihenabstand erzielt man viel und sehr hohes Kraut, aber wenig Kartoffeln.

573 Da die Frühkartoffeln auf den Reihen mit 30 cm Abstand gelegt werden müssen, braucht man für eine 6 m lange Reihe nur 20 vorgekeimte Kartoffeln.

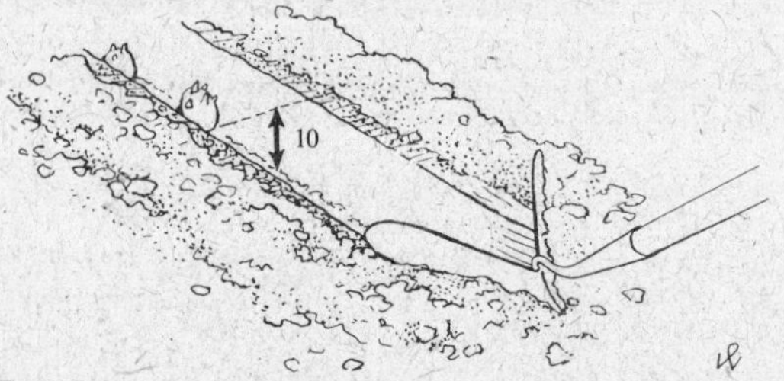

Zum Legen zieht man auf den markierten Reihen mit der Hacke eine etwa 10 cm tiefe Rille oder hackt je Pflanzstelle ein ebenso tiefes Loch. Tiefer als 10 cm darf nicht gelegt werden, weil die tieferen Bodenschichten im April noch zu kalt sind, wodurch sich das An- und Weiterwachsen verzögert.

574 Für den Frühanbau von Kohlrabi braucht man warmen, nährstoffreichen Boden in freier Lage.
Er muß auch sehr humusreich sein und im Herbst beim Umgraben frischen Stalldung erhalten haben. Eine etwas windgeschützte Lage ist für den Frühanbau am geeignetsten.

575 Nur starke pikierte oder mit Topfballen versehene Kohlrabipflanzen machen den Frühanbau lohnend.
Wenn sie gut abgehärtet sind, ist das Pflanzen ab Mitte April ohne Risiko. Wenn auch Pflanzen mit Topfballen teurer sind als pikierte, so ist doch der Erfolg wesentlich besser. Bei Topfballenpflanzen setzt die Ernte fast 2 Wochen früher ein als bei pikierten.

576 Beim Frühanbau von Kohlrabi muß man auf genügend weite Pflanzenabstände ganz besonders achten.

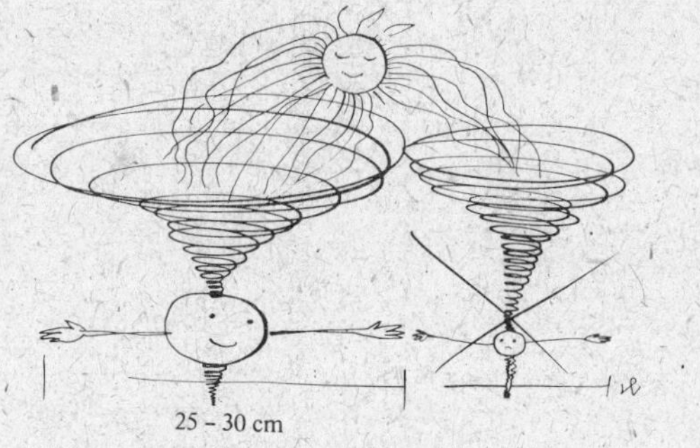

Zu eng gepflanzter Kohlrabi braucht zur Entwicklung bedeutend mehr Zeit als der genügend weit gepflanzte. Darum sollte man auf keinen Fall unter 25 cm × 25 cm heruntergehen. Wer mit dem Platz nicht gar zu sehr sparen muß, sollte den Reihenabstand auf 30 cm erhöhen. Das Land wird dann um so früher für die Nachkultur frei.

577 Zu tief gepflanzter Kohlrabi neigt zu Schossern und braucht zur Knollenbildung mehr Zeit als hoch gepflanzter.
Beim Pflanzen ist darauf zu achten, daß der Kohlrabi nicht tiefer zu stehen kommt, als er vorher gestanden hat. Die Knollen müssen sich frei über der Erde entwickeln können. Bei Topfpflanzen ist das zu beachten, was bei Blumenkohl gesagt wird (s. Ratschlag **565**).

578 Frühkohlrabi entwickelt sich wesentlich schneller, wenn er anschließend an das Pflanzen mit Pflanzenschutzhauben versehen oder mit Folie überbaut wird.

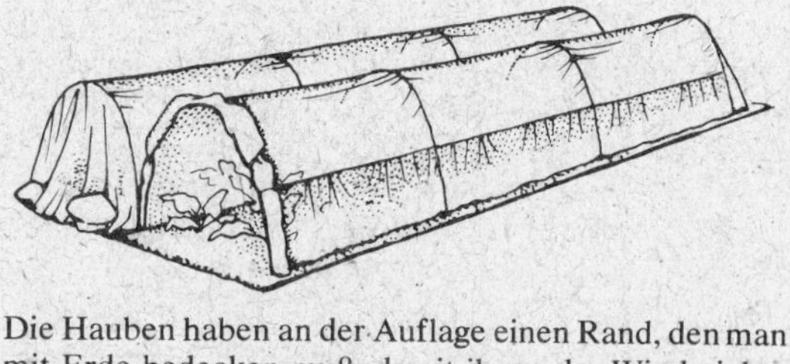

Die Hauben haben an der Auflage einen Rand, den man mit Erde bedecken muß, damit ihnen der Wind nichts anhaben kann. Sie lassen sich schon ab Anfang Mai für andere Pflanzen verwenden. Noch wesentlich günstiger für die Pflanzen ist die Verwendung eines Folienzeltes.

579 Kohlrabi leidet in manchen Jahren stark unter den Larven der Kohlfliege (s. Ratschlag **567**) **und des Kohlgallenrüßlers.**

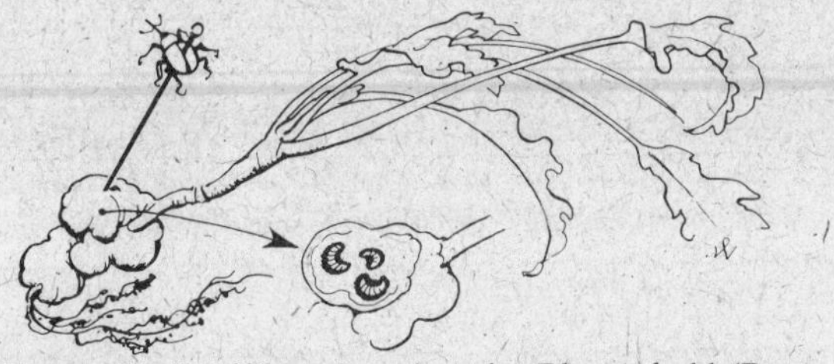

Gegen die Kohlfliege ist wie beim Blumenkohl (Ratschlag **567**) vorzugehen. Die Larven des Kohlgallenrüßlers verursachen knollige Auswüchse an den Kohlrabiwurzeln. (Nicht mit Kohlhernie, wie im Ratschlag **566** beschrieben, verwechseln!). Die vorbeugenden Maßnahmen sind wie bei der Kohlfliege.

580 Wer für den Herbstbedarf Spätsorten von Kohlrabi anbaut, muß Ende April mit der Jungpflanzenanzucht beginnen.

Herbstsorten, wie 'Blauer Speck', brauchen zur guten Entwicklung vom Pflanzen bis zur Ernte 3,5 bis 4 Monate. Um im September ernten zu können, muß man in den letzten Apriltagen auf ein Saatbeet im Freien aussäen. Das Pflanzen ist dann ab Anfang Juni möglich.

581 Damit man kräftige Pflanzen von Kohlrabi erzielt, muß recht weitläufig ausgesät werden.

Darum streut man auf 1 m^2 Saatbeet im Freiland höchstens 2 g Samen aus. Vor der Aussaat wird in die obere Erdschicht viel feuchter Torf eingearbeitet. Dadurch erhält man kräftige Pflanzen mit einem guten Wurzelballen, die sicher an- und schnell weiterwachsen. Der Samen wird nur etwa 1 cm stark mit Erde bedeckt. Bis zum Aufgehen ist das Saatbeet reichlich feucht zu halten und gegen Vogelfraß zu schützen (s. auch Ratschlag **338**). Auch der Ratschlag **666** ist zu beachten.

582 Feste Köpfe beim Salat erzielt man in freier Lage auf warmem, humusreichem Boden.

Kopfsalat gedeiht am besten auf humosen, lehmigen Sandböden. Ungeeignet sind zu Verkrustung neigende Böden, desgleichen Böden mit einem pH-Wert unter 6,5. Kopfsalat sollte nicht nach sich selber sowie nicht nach Endivien und Chicorée angebaut werden. Auf leichten Böden sollte man auch Kopf- und Blumenkohl als Vorfrucht vermeiden.

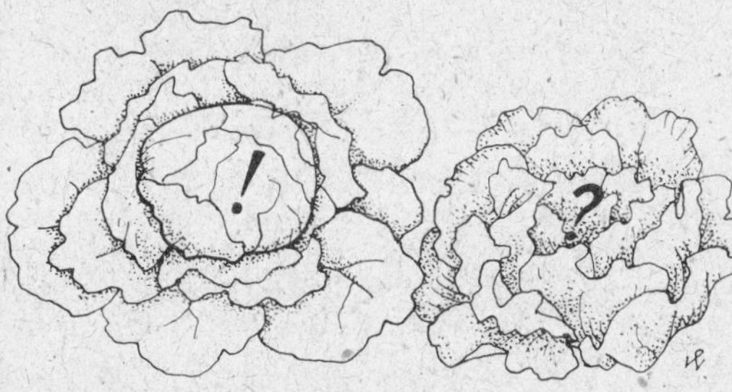

583 Je früher der Pflanztermin, um so wichtiger ist beim Salatanbau die Verwendung pikierter oder getopfter Pflanzen.

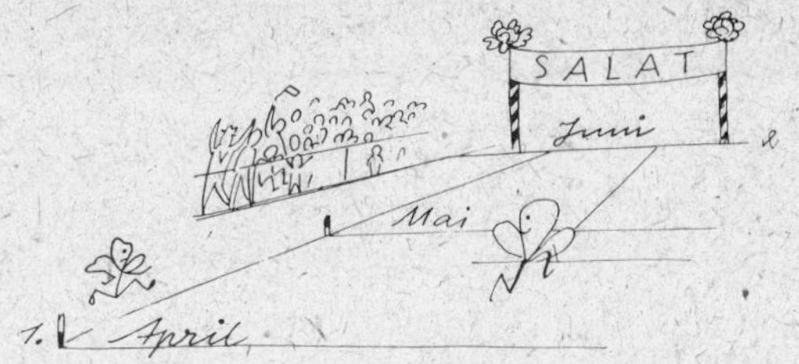

Wenn es die Witterung gestattet, kann ab Anfang April gepflanzt werden. Wer auf eine kontinuierliche Versorgung mit Kopfsalat Wert legt, sollte nicht zu viel auf einmal pflanzen, sondern in Abständen von 14 bis 18 Tagen Neupflanzungen vornehmen. Dabei sollten alle Möglichkeiten des Mischanbaues genutzt werden. Entscheidend für den Anbauerfolg ist dabei immer die richtige Sortenwahl (siehe Tabelle Seite 358).

584 Bei Kopfsalat ist auf die richtige Pflanztiefe besonderer Wert zu legen.

Die Kopfbildung unterbleibt, wenn Kopfsalat zu tief gepflanzt wird. Die meist an den Pflanzen noch sichtbaren Keimblätter müssen beim Pflanzen dicht über der Erde stehen. Wenn sich dadurch die Salatpflanzen auch etwas umlegen, so ist das immer noch besser, als wenn man sie zu tief pflanzt. Außerdem wird dadurch der Fäulnis vorgebeugt.

585 Als Pflanzenabstände genügen beim Frühanbau des Kopfsalates 20 cm × 20 cm.

Auf ein Normalbeet (1,20) pflanzt man 6 Reihen im Verband. Auf diese Weise können sich die Köpfe besser entwickeln als bei Quadratpflanzung. Nach der Pflanzung sollte mit Frostschutzhauben abgedeckt werden. Sie schützen gleichzeitig vor Vogelfraß.

586 Wintersalat, der den Winter überstanden hat, muß Anfang April noch einmal gehackt und gedüngt werden.
Zum Düngen eignet sich nur ein schnell wirkender Mineraldünger. Im allgemeinen genügt ein Stickstoffdünger. Die 0,3%ige Nährlösung gießt man mit der Gießkanne ohne Brause vorsichtig zwischen die Salatreihen. Siehe auch Ratschlag **337**.

587 Zur Pflanzengewinnung sät man Kopfsalat Anfang April in ein kaltes Frühbeet und in der zweiten Aprilhälfte auf ein Saatbeet im Freien aus.
Was man bei der Aussaat beachten muß, geht aus dem Ratschlag **335** hervor.

588 Zur Anzucht von Kopfsalatpflanzen für die Sommerernte darf man nur ausgesprochene Sommersorten aussäen (siehe Tabelle Seite 358).
Von der Aussaat bis zum Pflanzen vergehen etwa 4 Wochen und vom Pflanzen bis zur Ernte ungefähr 8 bis 10 Wochen. An Hand dieser Angaben kann man den ungefähren Aussaattermin errechnen. Siehe auch Ratschlag **335**.

589 Wer die Ernte von Gemüsekürbis etwas vorverlegen möchte, kann Mitte April in Töpfe aussäen.
Man legt je 3 Korn in mit Komposterde gefüllte 8-cm-Töpfe und stellt sie in ein warmes Frühbeet. Da für eine Familie meist 2 bis 3 Pflanzen genügen, kann man die Töpfe auch auf dem Fensterbrett eines geeigneten warmen Raumes unterbringen.

590 Im April ist der günstigste Saattermin für späte Möhren zur Herbsternte und Einlagerung.
Auch kurze und halblange Sorten für die August- und Septemberernte können im April ausgesät werden. Auf Markiersaat sollte man auch hierbei nicht verzichten. Im übrigen ist bei der Aussaat zu beachten, was unter Ratschlag **345** und **346** gesagt wurde.

591 Um das Auflaufen und die Jugendentwicklung der Möhren zu beschleunigen, ist ein Abdecken mit Folie vorteilhaft.
Im April herrschen oft noch recht ungünstige Witterungsbedingungen, die den Aufgang der Möhren stark verzögern können. Hier empfiehlt sich, zumindest einen Teil des Möhrenbeetes mit Folie abzudecken. Man spannt perforierte Folie (mindestens 100 Löcher/m^2) auf einen Holzrahmen und unterbaut an den Ecken notfalls noch mit Steinen, um die nötige Bodenfreiheit zu erreichen. Dadurch kann die Folie auf dem Beet verbleiben, bis die Möhren eine Wuchshöhe von etwa 10 cm erreicht haben. Der erzielbare Entwicklungsvorsprung kann 14 Tage und mehr betragen.

592 Um vom Mangold im ersten Jahre gute Ernte zu erzielen, muß man bis etwa Mitte April ausgesät haben.
In schwereren Böden und höheren Lagen kann man das Aussäen bis Ende April verzögern, vor allem bei naßkaltem Wetter. Im übrigen ist in bezug auf den Anbau und die Aussaat des Mangolds alles das zu beachten, was in den Ratschlägen **339** bis **341** gesagt wurde.

593 Mangold entwickelt sich nur dann normal, wenn er nach dem Aufgehen rechtzeitig verzogen wird.
Der Zeitpunkt ist gekommen, sobald man schwache und starke Pflanzen unterscheiden kann. Wie aus dem Ratschlag **340** hervorgeht, muß Mangold rechtzeitig verzogen werden. Beim Verziehen läßt man je Horst nur die stärkste Pflanze stehen.

594 In den ersten Apriltagen muß man den überwinterten Mangold abhäufeln und düngen.

Beim Abhäufeln ist darauf zu achten, daß die Basis der Pflanzen (Herz) nicht beschädigt wird. Anschließend entfernt man alle schlechten Pflanzenreste. Der Dünger wird am besten trocken zwischen die Pflanzen gestreut und eingehackt. Trockenes Wetter macht Gießen notwendig, damit die Nährstoffe schnell in den Wurzelbereich gelangen. Schnell wirkender Stickstoffdünger ist besonders geeignet. Je m^2 Anbaufläche genügen 25 bis 30 g.

595 In günstigen warmen Lagen sind Ende April schon die ersten Radiesaussaaten erntefähig.
Wo Gurken, Tomaten oder Paprika für die abgeernteten Beete vorgesehen sind, kann man sofort nochmals Radies aussäen. Wenn man Sorten mit kurzer Entwicklungszeit verwendet, sind sie bis Ende Mai voll entwickelt.

596 Bei trockenem, warmem Wetter muß man Radieschen und auch Frühretticheh tüchtig gießen, damit die Knollen zart bleiben.

Sie müssen ständig im Wachsen gehalten werden, damit sie nicht pelzig werden und scharf schmecken. Zum Gießen kann man bis etwa 1 Woche vor der Ernte auch eine schwache Düngerlösung (0,1 %ig) verwenden (s. auch Ratschlag **586**).

597 Folgeaussaaten von Radieschen kann man im ganzen April vornehmen.
Dabei ist das zu beachten, was unter Ratschlag **354** bis **356** gesagt wurde.

598 Bei der Aussaat der Sommerrettiche, die man Mitte April beginnt, ist auf genügend große Reihenabstände zu achten.

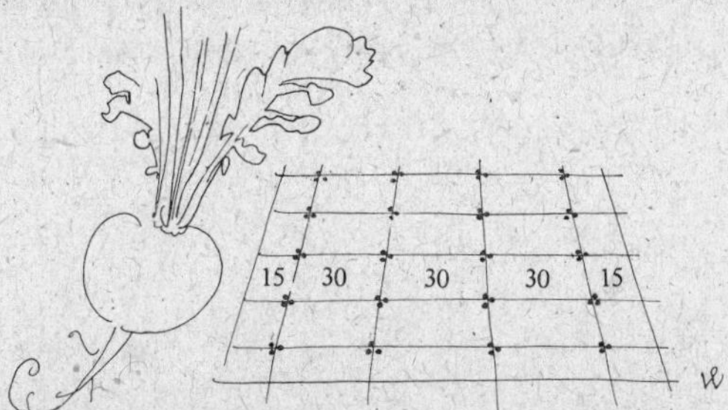

Sie sollten nie unter 30 cm betragen. Auf der Reihe legt man je nach Knollengröße alle 10 bis 15 cm 2 bis 3 Korn. Nach dem Aufgehen wird so verzogen, daß je Saatstelle nur eine Pflanze stehenbleibt. Rettiche dürfen keinen Stalldung erhalten.

599 Rote Rüben stellen keine großen Ansprüche an Boden und Klima und gehören in die 2. Tracht.
Sie vertragen keinen frischen Stalldung und bringen nur bei neutraler Bodenreaktion optimale Erträge. Falls erforderlich, kann noch im Frühjahr gekalkt werden. Rote Rüben sind chloridverträglich, reagieren aber

empfindlich auf Bormangel. Sie sollten nicht nach sich selbst sowie nicht nach Spinat oder Mangold angebaut werden.

600 Obwohl man Rote Rüben auch pflanzen kann, sollte man die Aussaat an Ort und Stelle vorziehen.

Eine Aussaat vor Ende April ist nicht zu empfehlen, da Rote Rüben frostempfindlich sind und die Pflanzen nach Frosteinwirkung zum Schossen neigen. Wer unbedingt pflanzen möchte, muß Anfang April in ein kaltes Frühbeet aussäen.

601 Bei der Aussaat der Roten Rüben an Ort und Stelle muß der Reihenabstand 30 cm betragen. Auf der Reihe wird der Samen horstweise ausgelegt.

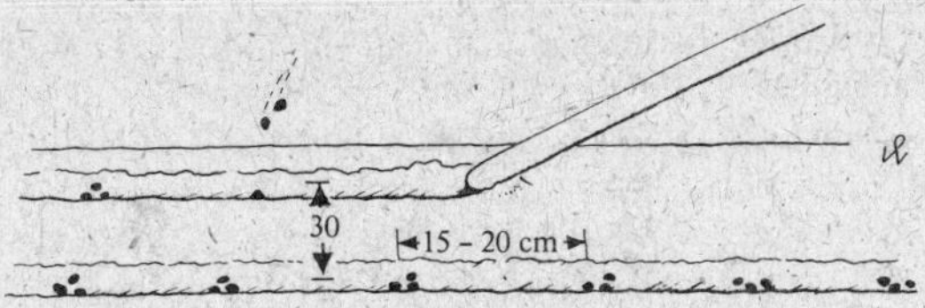

Auf einem Normalbeet (1,20 m) zieht man mit der Hacke 4 Reihen. Die Aussaatrillen sind so flach zu ziehen, daß die Samen nach dem Zuziehen höchstens mit 1 cm Erde bedeckt sind. Auf der Reihe legt man in Abständen von 18 bis 20 cm 3 Samenknäuel (s. auch Ratschlag **341**). Später wird verzogen, so daß je Horst immer nur eine Pflanze stehenbleibt. Je m^2 muß man mit einem Saatgutbedarf von etwa 3 g rechnen.

602 Von Schnitt- und Pflücksalat, der auf jedem Boden wächst, kann man laufend Folgeaussaaten machen.
Der Schnitt- sowie der Pflücksalat ergeben zwar keine Salatköpfe, aber immerhin sehr schnell Salatblätter. Außerdem kann man sie sehr gut als Hühnerfutter verwenden. Ein besonderes Beet wird für beide Arten kaum benötigt, weil sie auch zwischen lichten Sträuchern noch zufriedenstellend gedeihen. Näheres über die Aussaat ist im Ratschlag **364** nachzulesen.

603 Kopfkohl stellt an die Bodenverhältnisse sowie an die Wasser- und Nährstoffversorgung ähnlich hohe Ansprüche wie der Blumenkohl.

Die Frühsorten bevorzugen leichte bis mittlere, schnell erwärmbare Böden, während die Spätsorten auf mittleren bis schweren, tiefgründigen Böden höhere Ertragsleistungen bringen. Kopfkohl benötigt unbedingt eine gute Humusversorgung, er gehört in die 1. Tracht. Frühsorten stehen allerdings auch gut nach einer humusgedüngten Vorfrucht. In der Fruchtfolge sind alle Kohlarten als Vorfrucht zu vermeiden.

604 Frührotkohl muß einen Pflanzenabstand von 50 cm × 50 cm bis 50 cm × 40 cm erhalten, wenn er schnell feste Köpfe entwickeln soll. Er kann Anfang bis Mitte April gepflanzt werden.

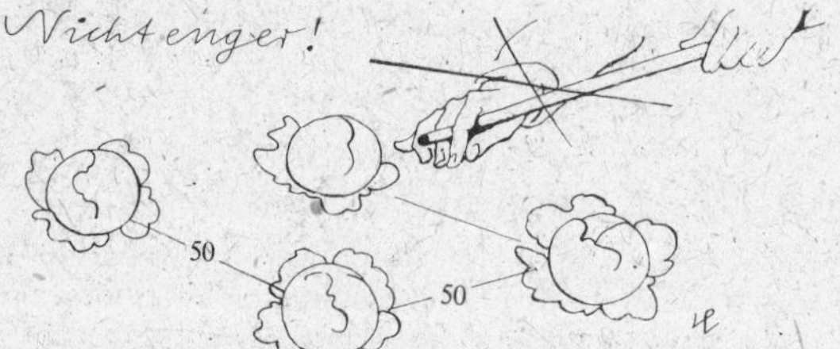

Beim Pflanzen geht man wie beim Blumenkohl (vergleiche Ratschlag **564** bis **566**) vor. Im Kleingarten wird ein beetweises Pflanzen infolge des geringeren Bedarfes kaum erforderlich sein. Wichtig ist, daß die Jungpflanzen nicht tiefer gesetzt werden, als sie gestanden haben. Pflanzenschutzhauben sind zu empfehlen. Für den Frühanbau kommen nur Sorten mit kurzer Entwicklungszeit in Frage (siehe Tabelle Seite 356).

605 Frühweißkohl kann man bereits Anfang April auspflanzen, wenn warmer und nicht zu schwerer Boden sowie gut abgehärtete Pflanzen zur Verfügung stehen.

Frühweißkohl ist nicht ganz so anspruchsvoll wie Rot- und Blumenkohl, jedoch muß der Boden humus- und nährstoffreich sein. Für spitzköpfige Sorten genügt ein Pflanzenabstand von 40 cm × 40 cm, während die anderen Frühweißkohlsorten auf 50 cm × 40 cm zu pflanzen sind. Im übrigen gilt, was sinngemäß in den Ratschlägen **564** bis **566** gesagt wird.

606 Frühwirsing kann ebenfalls Anfang April gepflanzt werden, sofern dies nicht bereits in der zweiten Märzhälfte erfolgte (s. auch Ratschlag 390).
Spitzköpfige Sorten begnügen sich mit Pflanzabständen von 40 cm × 40 cm bis 40 cm × 30 cm. Alle anderen Sorten erhalten Abstände, wie sie für den Frühweißkohl genannt wurden.

607 Da Spätkohlsorten vom Pflanzen bis zum Ernten etwa 5 Monate brauchen, darf man den Aussaattermin zur Pflanzenanzucht nicht verpassen.

Er liegt um den 20. April herum. Die Sämlinge haben dann bis zum Pflanzen Zeit, sich zu kräftigen Exemplaren zu entwickeln. Nur mit solchen ist der Anbau von Spätsorten empfehlenswert. Außer der Zeit muß den Jungpflanzen aber auch genügend Platz zur Verfügung stehen. Darum auf keinen Fall mehr als 2 g auf 1 m² Saatbeet aussäen.

608 Damit sich am Rosenkohl bis zum Spätherbst brauchbare Röschen entwickeln können, sät man ihn zur Pflanzengewinnung im Laufe des Aprils.

Ausgesät wird auf einem Saatbeet im Freiland. Je m² Aussaatfläche darf man nicht mehr als 3 g aussäen, wenn kräftige Pflanzen erzielt werden sollen. Beim Sameneinkauf ist zu beachten, daß man aus 1 g Rosenkohlsamen über hundert brauchbare Pflanzen erhält.

609 Alle Anfang April und früher gepflanzten Kohlarten, einschließlich Kohlrabi, erhalten schon im letzten Aprildrittel die erste Nährstoffgabe.

Da die Reihen noch nicht zugewachsen sind, geht das Ausstreuen der trockenen Mineraldünger am schnellsten. Sie müssen aber so verteilt werden, daß keine Pflanzenteile getroffen werden. Von einem Volldünger kann man je m² Anbaufläche unbedenklich 30 g geben. Der Dünger wird leicht eingehackt. Anschließend ist durchdringend zu gießen, damit die Nährstoffe in den Wurzelbereich gelangen.

610 Von Grünkohlstrünken, die beim Ernten der Blattköpfe nicht stark zurückgeschnitten wurden, können schon in den letzten Apriltagen die jungen Austriebe geerntet werden.

Wenn auch mengenmäßig nicht viel erzielt wird, hat man doch um diese Zeit seltenes junges Blattgemüse. Die Austriebe bricht man an der Basis von den Strünken ab.

611 Zur Pflanzenanzucht von Sommerendivien beginnt man Mitte April mit der Aussaat.

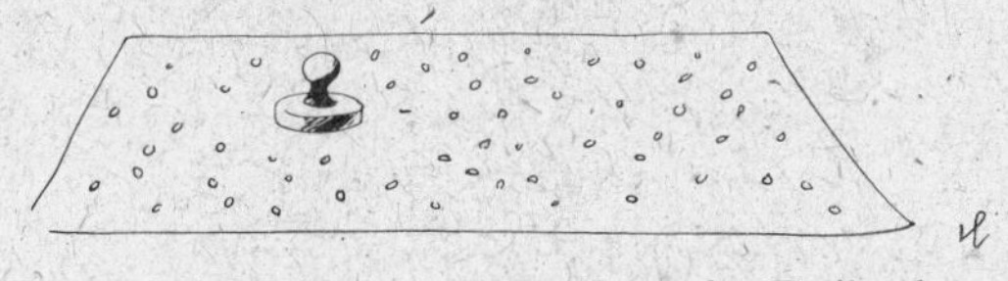

Gesät wird auf einem geschützt liegenden Freilandsaatbeet. Da die Sämlinge bis zum Pflanzen im Saatbeet bleiben, muß sehr weitläufig und vor allem gleichmäßig ausgesät werden. Je m² Aussaatfläche braucht man von den Endivien höchstens 1 g. Siehe auch Ratschlag **335**.

612 Im April ins Freiland ausgesäter Porree ergibt bis zum Spätherbst noch gut verwertbare Stangen.

Porreesamen ist nur im ersten Jahre nach der Ernte voll keimfähig. Um Mitte Juni pflanzen zu können, braucht man nicht vor Mitte April auszusäen. Von Porree kann man 4 g Samen je m² Saatbeet ausstreuen.

613 Dem im Herbst ausgesäten Spinat und Feldsalat sollte man in den ersten Apriltagen noch eine Nährlösung aus einem schnellwirkenden Stickstoffdünger geben.

Die Nährlösung wird 0,2- bis 0,3 %ig hergestellt und so vergossen, daß auf jeden m² Anbaufläche 6 bis 10 Liter gelangen.

614 Überwinterter Spinat und Feldsalat (Rapünzchen) sind zu ernten, bevor sich die Blütentriebe zeigen.

In manchen Jahren ist das bei sonnigem Wetter schon Ende April der Fall. Wer beide Gemüsearten Anfang April nochmals düngt (s. auch Ratschlag **613**) und anschließend öfter gießt, kann das Erscheinen der Blütentriebe wesentlich verzögern.

615 Der in den ersten Märztagen ausgesäte Spinat (vergleiche Ratschlag 373) ist bei gutem Witterungsverlauf Ende April erntefertig.

Man sollte mit dem Ernten auf keinen Fall warten, bis der Spinat zum Blühen ansetzt, dann schmeckt er bitter. Eine geringere Ernte ist besser als eine ungenießbare.

616 Auch in höheren Lagen muß das Legen der Steckzwiebeln im April beendet werden.

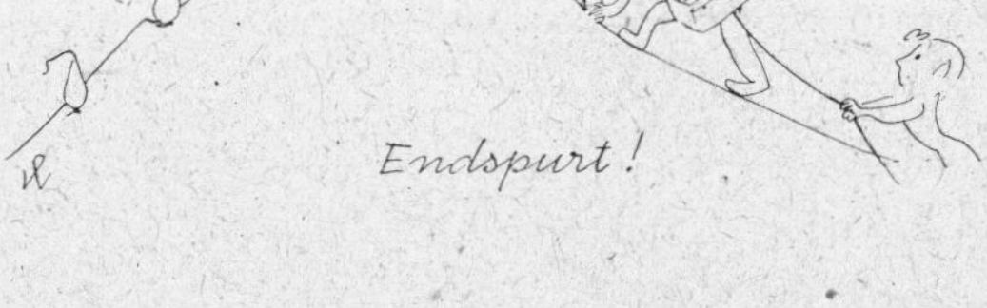

Dabei ist alles zu beachten, was in den Ratschlägen **387** und **388** gesagt wird. Eventuell noch auftretende Fröste schaden den Steckzwiebeln nicht, wenn schosserfeste Sorten verwendet wurden.

617 Im Vormonat ausgesäte Schalerbsen sind Ende April so weit, daß anzuhäufeln und zu stützen ist.
Gestützt werden nur die höheren Sorten, denn bei den niedrigen genügt das Anhäufeln. Das Stützmaterial (Reiser) muß so fest stehen, daß der Wind die Erbsen nicht umwehen kann.

618 Mit dem Anhäufeln und Reisern kann man bei den Schalerbsen das Düngen verbinden.
Der Dünger wird vor diesen Maßnahmen zwischen die Reihen gestreut, und zwar so, daß die Pflanzen selbst nicht getroffen werden. Je m^2 streut man etwa 40 bis 50 g leicht löslichen Volldünger aus. Gut ist, diese Menge in zwei Hälften zu verabreichen. Die erste muß man dann aber schon etwa zwei Wochen früher geben, die zweite gibt man mit dem Anhäufeln. Anschließend ist zu gießen!

619 In günstigen, von Spätfrösten nur wenig betroffenen Lagen kann man Anfang bis Mitte April die Markerbesen aussäen.
Dabei ist zu beachten, was unter Ratschlag **326** bis **332** von den Schalerbsen gesagt wurde. Keinesfalls sollte vergessen werden, das Saatgut zu beizen. Zur Sortenwahl siehe Tabelle Seite 361 .

620 Der Anbau von Gurken im Frühbeet sollte in erster Linie als Zweitkultur zur Sommernutzung erfolgen.
Nach der Nutzung zur Jungpflanzenanzucht oder nach dem Anbau von Kopfsalat, Radies oder Rettich können die Gurken ab Mitte April im warmen Kasten, ab Ende April bis Anfang Mai im kalten Kasten gepflanzt oder gesät werden. Stehen vorkultivierte Pflanzen zur Verfügung, dann werden unter jedem Frühbeetfenster (1,50 m × 0,80 m) zwei ausgepflanzt. Normalerweise genügen auch 3 Pflanzen für 2 Fenster. Die gleiche Bestandesdichte wird bei der Aussaat eingehalten. Hier sind je Saatstelle 3 vollkernige Gurkensamen auszulegen und nur etwa 1 cm mit Erde zu bedecken. Später, nachdem die aufgelaufenen Pflänzchen das erste normale Blatt entwickelt haben, bleibt nur die kräftigste Pflanze je Saatstelle stehen. Die übrigen werden nicht aus der Erde gezogen, sondern abgeschnitten, um die verbleibende Pflanze nicht in ihrer Entwicklung zu stören. Im kalten Kasten sollte jede Pflanz- bzw. Saatstelle mindestens mit guter Komposterde versehen werden. Noch günstiger ist jedoch eine Unterlage aus frischem Stalldung.

621 Gurken wollen recht warm stehen, deshalb muß für ausreichend Deckmaterial gesorgt werden.

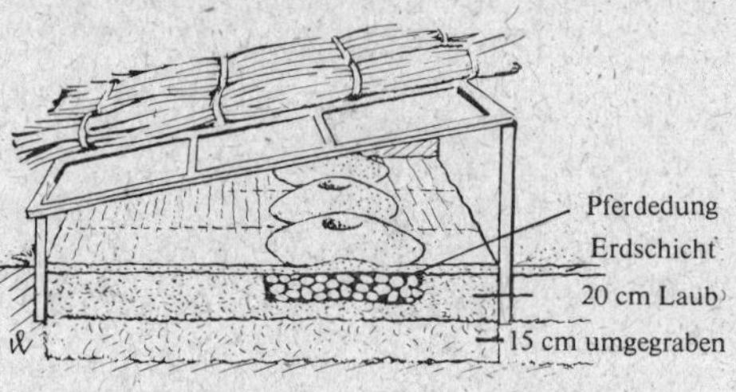

Die Frühbeete sind jede Nacht mit Strohdecken o. ä. Deckmaterial zu versehen, auch wenn keine Nachtfröste zu erwarten sind. Dadurch verringert man die Temperaturschwankungen zwischen Tag und Nacht. Das Abdecken sollte bis zum Juni beibehalten werden. In der ersten Zeit nach dem Pflanzen bzw. nach der Aussaat sollte möglichst nicht gelüftet werden bzw. nur bei Temperaturen über 25 °C. Dabei sind die Frühbeetfenster stets nach der dem Wind abgewandten Seite zu lüften.

622 Bis die Gurken den gesamten Platz im Frühbeet oder im Freiland ausfüllen, kann man diesen noch mit anderen Gemüsearten nutzen.

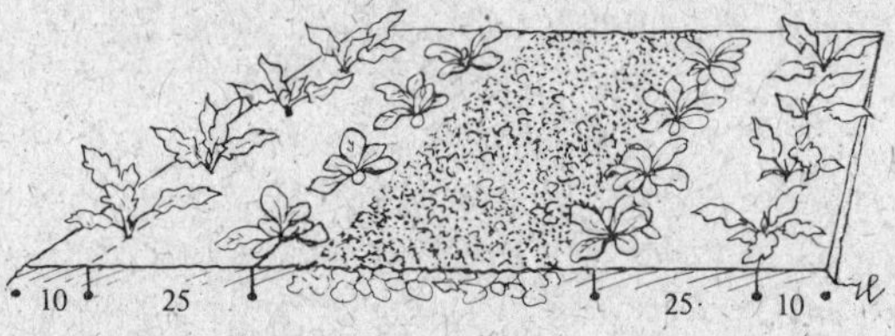

Am besten eignen sich dazu Radies, die man zweckmäßigerweise dibbelt (s. Ratschlag **215**) oder Kopfsalat, den man in einem Abstand von 20 cm × 20 cm pflanzt.

623 Vom Bleichspargel müssen die Stangen geerntet werden, sobald ihr Durchbruch an der Dammoberfläche erkennbar ist.
Die im März (vergleiche Ratschlag **382**) errichteten Dämme sind darum am frühen Morgen und am späten Nachmittag durchzusehen. Am wertvollsten sind die

Stangen mit weißen Köpfen. Sobald sie Licht erhalten, verfärben sie sich. Darum darf man nicht warten, bis die Dammoberfläche völlig durchbrochen ist.

624 Damit man den Nachwuchs der Spargelstangen nicht beschädigt, muß beim Ernten jede Stange völlig freigelegt werden.

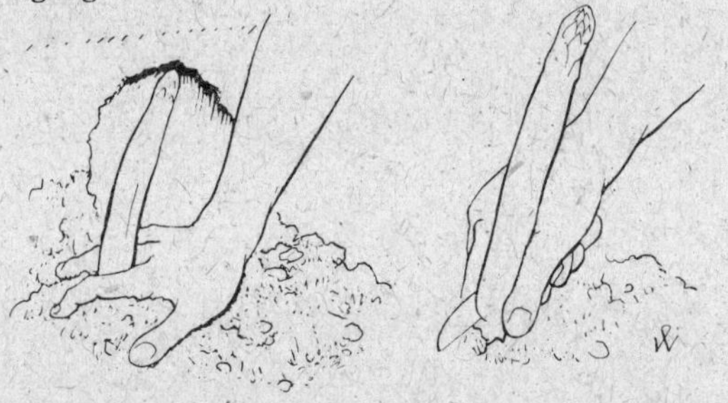

Beim Freilegen geht man mit den Fingern dem Verlauf der Spargelstangen bis zu ihrer Basis nach. Dicht darüber sind sie mit einem scharfen Messer (Spargelmesser) abzuschneiden.

625 Die Spargeldämme sind nach jedem Stechen sofort wieder in Ordnung zu bringen.

Die beim Freimachen der Stangen nach unten gelangte Erde wird am besten mit einem handlichen Brettstück wieder an die bisherige Stelle gebracht und angeklopft. Bei dieser Gelegenheit entfernt man auch gleich Unkraut, damit die Dämme immer gut zu beobachten sind.

626 Schon bei Beginn des Spargelaustriebes sind Maßnahmen gegen die Spargelfliege zu ergreifen.

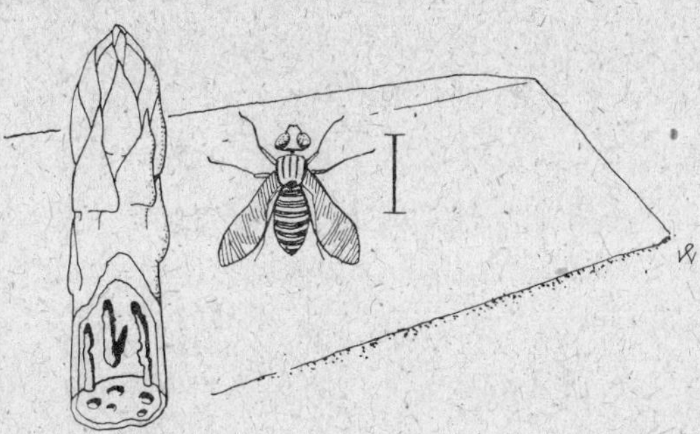

Am meisten sind die noch nicht erntefertigen Anlagen und die dreijährigen, die nur bis zum 1. Juni gestochen werden, gefährdet. Die Spargelfliege legt ihre Eier an die die Erde durchbrechenden Triebköpfe ab. Die auskriechenden Larven zerstören durch ihren Fraß die Triebe, so daß sie sich nicht weiterentwickeln können. Am besten hilft das Spritzen der Spargelreihenköpfe vom 10. April bis Mitte Juni mit einem systemischen Insektizid. Es wird in wöchentlichen Abständen wiederholt.

627 Schon in den letzten Apriltagen können die noch nicht erntefertigen Spargelanlagen die zweite Düngergabe erhalten.
Sie wird wie die erste (vergleiche Ratschlag 384) verteilt. Auch die Menge braucht nicht höher zu liegen.

628 Das zweite Düngen beim zweijährigen Spargel (s. auch Ratschlag 627) kann man meist mit dem Auffüllen der Gräben verbinden.
Das Auffüllen ist möglich, sobald die Spargeltriebe die Nähe der normalen Bodenoberfläche erreicht haben. Der Dünger wird ausgestreut und die Erde so weit nachgefüllt, daß die Triebspitzen gerade noch zu sehen sind.

629 Für Neuanlagen von Spargel (Ratschlag 375 bis 381) ist Mitte April der letzte Pflanztermin.
Spargelpflanzen treiben sehr früh aus, so daß man nach diesem Zeitpunkt das gute Anwachsen gefährdet. Was beim Pflanzen alles zu beachten ist, kann unter den Ratschlägen **375** bis **381** nachgelesen werden.

630 Sobald die Zwiebel- und Möhrenreihen auf den im März besäten Beeten (vergleiche Ratschlag 346 und 386) gut erkennbar sind, ist die Markiersaat zu entfernen.
Sie hat nun ihren Zweck erfüllt und würde die Gemüsearten nur in der Entwicklung hemmen.

631 Wenn Möhren zu dicht aufgegangen sind, sollte man das Verziehen nicht verzögern.
Es ist vorzunehmen, sobald man die jungen Pflänzchen gut fassen kann, meist schon in den letzten Apriltagen. Möhren verzieht man so, daß höchstens alle 2 bis 3 cm eine Pflanze stehenbleibt. Bei Pastinaken muß der Pflanzenabstand 8 bis 10 cm betragen, wenn man starke Wurzeln erzielen will. Nach dem Verziehen muß durchdringend gegossen werden.

632 Im Anschluß an das Verziehen der Möhren gibt man auch gleich die erste Nährstoffgabe.

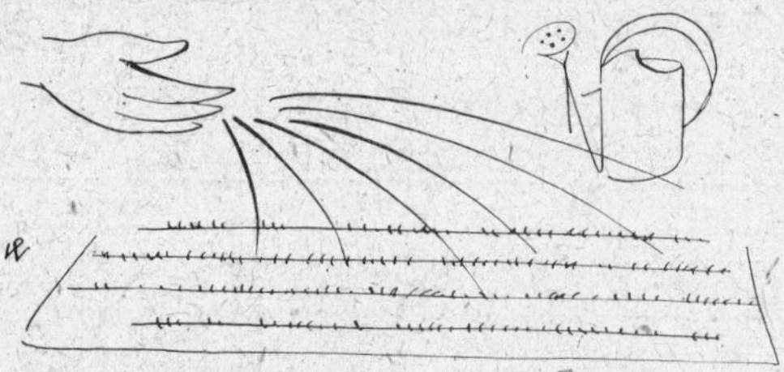

In diesem Falle gießt man nicht nach dem Verziehen, sondern erst nach dem Ausstreuen des Düngers. Man gibt etwa 20 g/m² eines Stickstoffdüngers oder etwa 30 g Volldünger. Der Dünger braucht aber nicht zwischen die Reihen, sondern kann über die ganze Beetfläche ausgestreut werden.

633 Die im März ausgesäten Zwiebeln (s. Ratschlag 385 und 386) verzieht man bei zu dichtem Aufgehen nur, wenn große Zwiebeln erzielt werden sollen und verbindet damit die erste Nährstoffgabe.

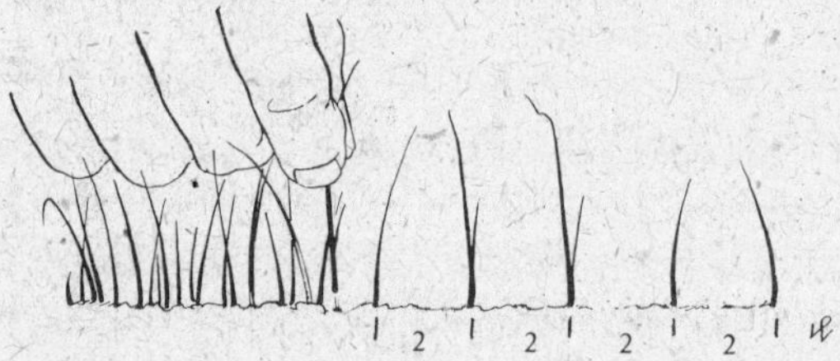

Verzogen wird auf etwa 2 bis 3 cm. Das Düngen wird wie bei den Möhren (s. Ratschlag 632) sowie mit denselben Düngern vorgenommen. Die nicht verzogenen Zwiebeln werden ebenfalls in den letzten Apriltagen gedüngt.

634 Im März ausgesäte Puffbohnen (s. Ratschlag 353) und Schalerbsen (Ratschlag 328) erhalten die erste Nährstoffgabe, sobald sie 5 bis 8 cm hoch sind, und die zweite etwa 2 Wochen später.
Am besten macht man sich Nährlösungen zurecht, die man vorsichtig zwischen die Pflanzenreihen gießt. Als erste Gabe kommt nur ein Stickstoffdünger in Frage. Zur zweiten nimmt man einen Volldünger. In jedem Falle wird die Lösung 0,3%ig hergestellt und damit so gegossen, daß auf 1 m² Anbaufläche 8 bis 10 Liter verteilt werden.

635 Knoblauch muß bis spätestens 10. April gesteckt werden, wenn man gute Erträge erzielen will.
Dabei sind die im Ratschlag 394 genannten Hinweise zu beachten.

636 Wer Melisse (Zitronenmelisse) mit Erfolg anbauen will, braucht gut durchlüftbaren, nährstoffreichen und nicht zu trockenen Boden.

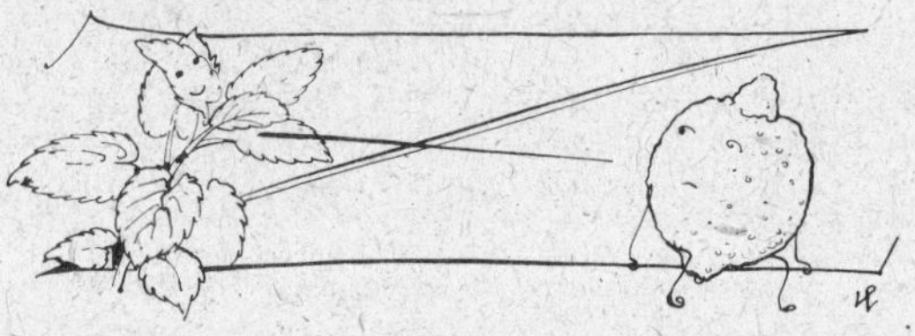

Der Boden muß schon im Herbst recht tief bearbeitet werden und soll möglichst in 2. Tracht stehen. In Sandboden kann man bei Melisse nur dann gute Ernten erzielen, wenn er recht humusreich und bewässerbar ist.

637 Nur in warmen, geschützten, aber vollsonnigen Lagen erzielt man von der Melisse zufriedenstellende Ernten.

Melisse wird 50 bis 60 cm hoch, was mit Rücksicht auf die Nachbarpflanzen beachtet werden muß. Schattige und windige Lagen sind für die Melisse ungeeignet.

638 Von der Melisse braucht man je m² Anbaufläche nur etwa 10 Pflanzen. Darum lohnt die Aussaat für den Kleingarten nicht.
Zur Aussat müßte man auch im März ein Frühbeet besitzen. Da sich alle Melissenpflanzen gut teilen lassen, besorgt man sich am besten Teilpflanzen, die bis auf Handbreite über dem Boden zurückgeschnitten werden. Der Pflanzenabstand muß 30 cm × 30 cm betragen. Nach dem Pflanzen, das man Ende April vornimmt, versieht man die Pflanzstellen mit einer Schutzhaube. Außerdem erhält der Boden eine Bedeckung mit verrottetem Stalldung oder Torf.

639 Obwohl man Pfefferminze nur 3 Jahre an derselben Stelle stehenläßt, verlangt sie einen nährstoffreichen und gut mit Humus versehenen Boden.

Pfefferminze kommt in Boden 2. Tracht. Leichte bis sandig lehmige Böden sagen ihr am besten zu. Feuchte Böden sind besser als zu trockene.

640 Halbschattige Lagen sind für die Pfefferminze am besten geeignet, obwohl sie auch volle Sonne verträgt.

In zu schattigen Lagen wird die Pfefferminze vom Pfefferminzrost befallen, wenn der Sommer sehr regnerisch ist. Zwischen locker stehenden Beerensträuchern kann man die Pfefferminze unbedenklich anbauen. Da sie oft 50 bis 80 cm hoch wird, ist bei beetweisem Anbau auf die Nachbarpflanzen Rücksicht zu nehmen.

641 Die einfachste Vermehrung der Pfefferminze ist die durch Ausläufer (Wurzelsprosse), die beim Teilen alter Pflanzen anfallen.

Aus Samen gezogene Pfefferminze ist immer minderwertig, weil es von den würzkräftigsten Sorten nur selten Samen gibt. Alte Pflanzen teilt man ab Mitte April und pflanzt sie anschließend. Auf ein Normalbeet (1,20 m) kommen 3 Reihen mit je 40 cm Entfernung. Auf der Reihe beträgt der Abstand 20 cm. Es werden immer mehrere Ausläufer auf einer Pflanzstelle zusammengenommen und bis kurz über die Erdoberfläche zurückgeschnitten. Sie dürfen nur schwach mit Erde bedeckt werden und sind nach dem Pflanzen kräftig anzugießen. Dadurch erhalten die Ausläufer mit der sie umgebenden Erde erst den richtigen Kontakt, der zum verlustlosen Anwachsen erforderlich ist.

642 In den April fällt der letzte Termin zum Zurückschneiden der mehrjährigen Gewürzkräuter, die an den oberirdischen Teilen austreiben.
Dazu gehören in erster Linie Lavendel und Salbei. Je nach Wuchskraft der Gattungen läßt man den starkwachsenden die halbe Höhe, während die schwachwachsenden bis auf ein Drittel zurückgenommen werden. Pflanzen, die durch Frost stark gelitten haben, schneidet man bis auf einige Zentimeter über dem Erdboden zurück.

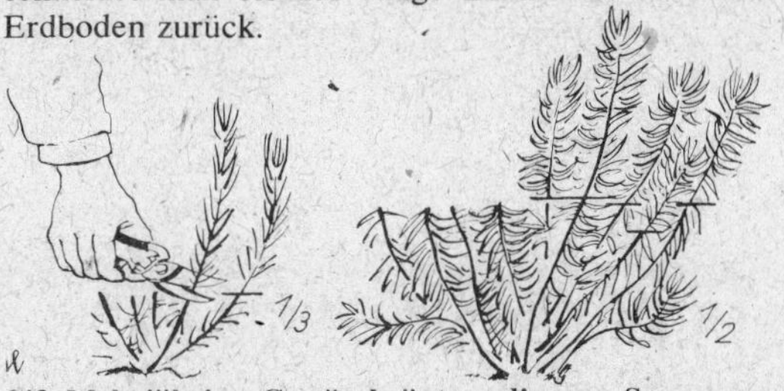

643 Mehrjährige Gewürzkräuter, die aus Samen gezogen wurden, können im letzten Drittel des April gepflanzt werden.
Dazu ist das zu beachten, was in den Ratschlägen **391** bis **403** gesagt wurde. Das Bedecken mit Pflanzenschutzhauben ist in jedem Falle anzuraten.

644 Das Teilen und Pflanzen ausdauernder Gewürzkräuter kann man noch bis Ende April vornehmen.
Näheres darüber, auch über die Bodenansprüche der einzelnen Kräuterarten, ist in den Ratschlägen **391, 396, 398, 401** und **403** angegeben.

645 An sonnigen Apriltagen ist darauf zu achten, daß alle Neupflanzungen mit genügend Wasser versorgt werden.
Das gilt nicht nur für die Gewürzpflanzen, sondern auch für alle Gemüsearten. In der Zeit nach dem Pflanzen trocken stehende bleiben im Wachstum zurück oder gehen ein.

646 Am Küchenfenster stehende Majoranaussaaten (vergleiche Ratschlag 233) muß man in der zweiten Aprilhälfte in ein kaltes Frühbeet pikieren.
Majoran pikiert man nicht einzeln, sondern nimmt immer 3 bis 4 Sämlinge zusammen, damit sich später kräftige Büsche ergeben. Als Pflanzenabstand genügen beim Pikieren 5 cm × 5 cm. Majoran darf nicht tiefer pikiert werden, als er im Saatbeet gestanden hat. Das Frühbeet ist nachts gegen Temperaturschwankungen zu schließen (s. Ratschlag **207** und **208**).

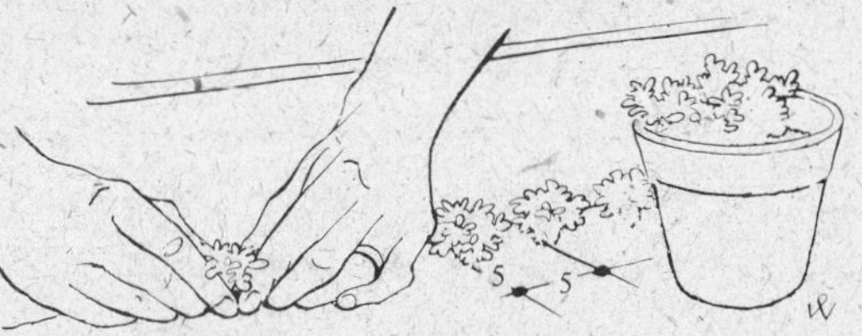

647 Im März ins Frühbeet ausgesäter Schnittlauch (s. Ratschlag 371) kann Ende April ins Freie gepflanzt werden, wenn die Pflanzen stark genug sind.
Dabei werden immer kleine Pflanzenbüschel zusammengenommen und 20 cm × 20 cm weit auseinander gepflanzt. Der Schnittlauch wächst auch in halbschattigen Lagen noch sehr gut.

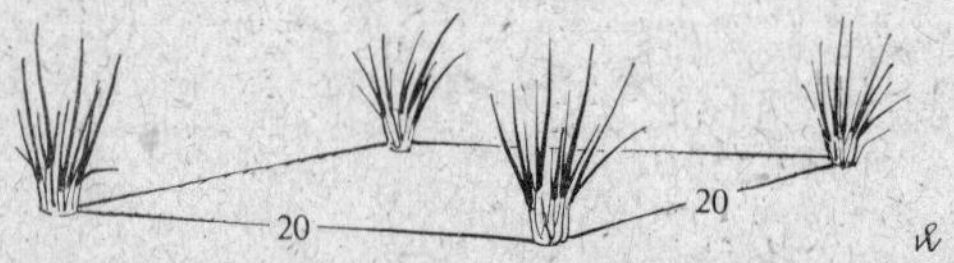

648 Der Boretsch, auch Gurkenkraut genannt, wächst in leichten Böden besser als in schweren.
Darum muß man schwerem Boden viel Torf beimischen, wenn er für Boretsch verwendet werden soll. Boden 2. Tracht ist am besten geeignet.

649 Nur in sonniger, freier Lage erzielt man vom Boretsch gute Erträge.
Dort erhält er auch nur seine volle Würzkraft. Boretsch wird 40 bis 60 cm hoch, was bei der Auswahl seines Standortes zu beachten ist.

650 Von Boretsch braucht man immer frisches Saatgut, weil die Keimkraft schon im zweiten Jahre sehr nachläßt.
Vor jeder Aussaat ist eine Keimprobe anzuraten, damit man keine Enttäuschung erlebt. Sie kommt 2 Wochen vor der Aussaat zurecht.

651 Boretsch sät man ab Mitte April an Ort und Stelle ins Freiland aus.

Als Reihenentfernung genügen 25 cm, so daß auf ein Normalbeet (1,20 m) 5 Reihen gehen. Auf der Reihe wird so dünn ausgesät, daß je m^2 höchstens 4 bis 5 g verbraucht werden. Den Samen bedeckt man 1,5 bis 2 cm stark mit Erde und klopft sie nach der Aussaat mit einer flachen Schaufel gut an.

652 Das einjährige Bohnenkraut, auch Pfefferkraut genannt, stellt an den Boden keine besonderen Ansprüche.
Es entwickelt sich aber nur zufriedenstellend, wenn es in Boden 2. Tracht kommt, der stark mit Humus (Torf) und Nährstoffen angereichert ist.

653 Bohnenkraut verträgt auch halbschattige Lagen. In voller Sonne ist aber die Würzkraft wesentlich besser.
Ein vollsonniger Standort bringt Bohnenkraut mit doppelt so großer Würzkraft hervor wie ein gleichgroßer schattiger Platz.

654 Einjähriges Bohnenkraut darf auch in günstigen Lagen erst in den letzten Apriltagen ausgesät werden.

Bohnenkraut ist frostempfindlich und muß geschützt werden, wenn nach dem Aufgehen Spätfröste zu erwarten sind.

655 Da Bohnenkrautsamen nur im ersten Jahre nach der Ernte voll keimfähig ist, muß man immer frisches Saatgut verwenden.

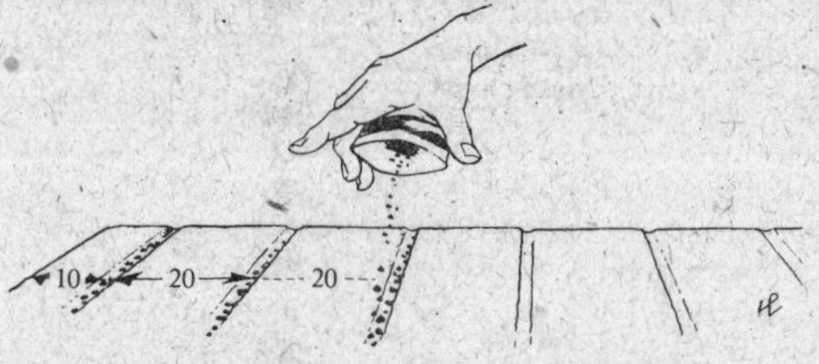

Man sollte Bohnenkrautsamen erst nach einer Keimprobe aussäen. Als Reihenentfernung genügen bei der Aussaat an Ort und Stelle 20 cm. Auf der Reihe muß der feine Samen recht dünn ausgestreut werden. Der Samen kommt nur ganz flach in die Erde.

656 Kapuzinerkresse ist eine Gewürzpflanze, die sehr vielseitig verwendbar ist und darum mehr Beachtung verdient.

In der Hauptsache wird sie nur als Zierpflanze angebaut. Bei der Kapuzinerkresse kann man aber das Gute mit dem Nützlichen verbinden. Als Balkonschmuck oder zum Bekleiden von Gartenzäunen angebaut, liefert sie nebenher genügend Gewürz für den Haushalt. Zum Würzen eignen sich nicht nur die Blätter und Blüten, sondern auch die Knospen und die noch grünen Früchte.

657 Nährstoffreicher, mit viel Humus versehener Mittelboden sagt der Kapuzinerkresse am besten zu.
Wo sie in Kästen zum Fenster- und Balkonschmuck angebaut wird, verwendet man ein Gemisch von Kompost- und gut verrotteter Misterde. Wo letztere fehlt, wird reichlich Torf unter die Komposterde gemischt.

658 Damit man von der Kapuzinerkresse zur Pflanzzeit (nach Mitte Mai) starke Pflanzen zur Verfügung hat, kann man noch Anfang April in Töpfe aussäen.
Die Samen sind verhältnismäßig groß, so daß 1 g nur 8 bis 12 Korn enthält. Zur Aussaat benutzt man 9-cm-Töpfe, die mit sandiger Komposterde gefüllt und 3 Samen belegt werden. Die Töpfe können bis zum Aufgehen der Saat dunkel stehen, müssen dann aber an einem hellen Fenster aufgestellt werden. In jedem Falle sind Temperaturen von 10 bis 12 °C anzustreben (s. auch Ratschlag **234**)

659 Der zweijährige Kümmel wächst am besten, wenn er auf kalkreichem, sandigem Lehmboden angebaut wird.
Auf Sandböden und anderen leichten Bodenarten übersteht der Kümmel den Winter sehr schlecht. Obwohl er Boden 1. Tracht verträgt, sollte er besser in der 2. Tracht angebaut werden. Tiefe Bodenbearbeitung, Zusatz von Kalk und eine Grunddüngung sind Voraussetzung zum guten Erfolg.

660 Den Kümmel muß man an windgeschützten Stellen anbauen, damit er den Winter gut übersteht.
Wenn er im Winter den scharfen Ostwinden ausgesetzt ist, kann es zu Totalverlusten kommen. Im allgemeinen verlangt der Kümmel eine sonnige Lage. Er verträgt aber im Sommer keine längeren Trockenperioden, weil zu seinem guten Gedeihen Luftfeuchtigkeit nötig ist.

661 Die Aussaat des Kümmels erfolgt im Laufe des April an Ort und Stelle. Auf 1 m² darf nicht mehr als 1 g ausgesät werden, weil in 1 g 200 bis 250 Körner enthalten sind.
Zur Aussaat darf man nicht den Kümmel verwenden, der als Gewürz angeboten wird. Er ist gewöhnlich von sehr geringer Keimfähigkeit, weil es sich meist um schlecht ausgereifte und kleine Körner handelt. Eine Keimprobe ist immer angebracht. Auf ein Normalbeet (1,20 m) sät man 4 Reihen mit einem Abstand von 30 cm aus.

662 Zur besseren Ausnutzung des Landes kann man bei Kümmel im ersten Jahre Zwischenfruchtanbau treiben.
Dazu eignen sich von den Kräutern Gartenkresse und auch Dill, die eine kurze Entwicklungszeit haben und schnell abzuernten sind. Man kann auch Radieschen und sogar frühen Kopfsalat als Zwischenfrucht anbauen. Mit den Zwischenfrüchten wird eine gute Bodenbeschattung erzielt, die den jungen Kümmelpflanzen besonders zusagt.

663 Kümmel muß im zweiten Kulturjahr schon im Laufe des April Nährstoffe erhalten, wenn er gute Erträge bringen soll.
Das Düngen verbindet man mit dem Hacken und Saubermachen der Kümmelbeete. Je m² Anbaufläche streut man 30 g eines Volldüngers gleichmäßig aus und hackt ihn flach ein. Bei trockenem Wetter wird anschließend durchdringend gegossen und nach oberflächlichem Abtrocknen noch einmal gehackt.

664 Der Abend ist die beste Zeit zum Pflanzen von Gemüse aller Art.

Gemüse- und auch andere Pflanzen sollte man immer erst in den Abendstunden an ihren Standort bringen. Dann wirkt sich der Einfluß der Sonne nicht mehr schädlich auf die Pflanzen aus. Nach dem Pflanzen ist so durchdringend anzugießen, daß das Erdreich nicht nur feucht, sondern naß ist. Auf diese Weise erhalten die Wurzeln eine gute Verbindung mit dem Boden. In der Nacht haben dann die Pflanzen Gelegenheit, so viel Wasser aufzunehmen, daß sie am nächsten Tage kaum welken. Wer so verfährt, wird auch keine Verluste zu beklagen haben. Schon im Laufe des Tages gekaufte Pflanzen sind an einem kühlen, schattigen Ort zu lagern.

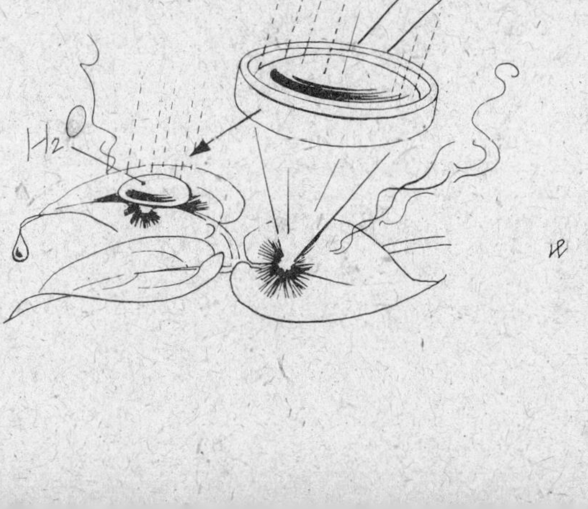

665 Alle im Keller oder in Mieten überwinterten Gemüsearten sind möglichst bis Ende April zu verwerten. Sie dürfen nicht erst mit neuem Austrieb beginnen. Dazu verbrauchen sie Reservestoffe, die dem Gemüse verlorengehen. Das ist vor allem in einem warmen Frühjahr zu befürchten (s. auch Ratschlag 414).

666 Bei sonnigem, trockenem Wetter machen sich auf den Saatbeeten im Freiland schon im April die Erdflöhe bemerkbar.

Das ist vor allem bei Kohl- und auch Radieschenaussaaten der Fall. Die Erdflöhe zerstören schon die kaum entwickelten Keimblätter dieser Gemüsearten. Dadurch ist es den Pflanzen unmöglich, sich weiter zu entwickeln. Fleißiges Gießen und öfteres Lockern des Bodens beugen einem stärkeren Befall vor.

667 Welke Salatpflanzen sind sofort zu untersuchen, ob nicht etwa Drahtwürmer ihr Unwesen treiben.

Salatpflanzen werden von den Drahtwürmern (Larven der Schnellkäfer) besonders bevorzugt.

668 Bei feuchtem, warmem Wetter sind auch die Nacktschnecken zur Stelle und schaden jungen Gemüsepflanzen durch Fraß.

Ob Nacktschnecken die Urheber von Schäden sind, erkennt man leicht an der zurückgelassenen Schleimspur. Am besten hilft das Auslegen von käuflichen Schneckenködern. Man muß sie jeden Morgen durchsehen und die meist nur betäubten Schnecken sammeln und vernichten.

669 Alle frisch gepflanzten Gemüse und auch die Kohlaussaaten sind laufend durchzusehen, damit vor allem Vögel keinen Schaden anrichten.

Vorteilhaft ist das Überspannen mit Netzen oder die Verwendung von Pflanzenschutzhauben.

670 Wer bei seinem Rhabarber Verfrühungsmaßnahmen ergriffen hat (vergleiche Ratschlag 197), kann schon in der zweiten Aprilhälfte Blattstiele ernten.

Die gebleichten zarten Blattstiele sind sehr brüchig. Darum Vorsicht beim Ausbrechen. Beim Ernten beseitigt man auch den sich eventuell schon entwickelnden Blütentrieb. Wer alle gebleichten Blattstiele erntet, muß den Pflanzen anschließend eine Erholungspause zugestehen und den Umbau entfernen.

671 Mitte bis Ende April kann man mit der Kultur des Austernseitlings auf Holzklötzen beginnen.

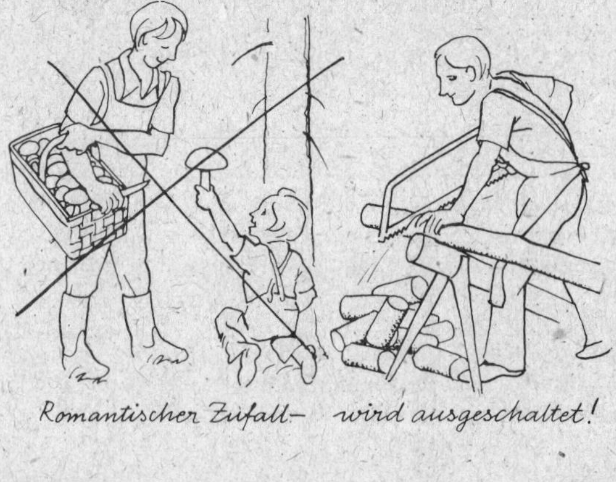

Von unseren einheimischen Laubgehölzen eignen sich dazu am besten Buche, Pappel, Kastanie, Ahorn und Eberesche. Andere Laubholzarten bringen nur sehr geringe Erträge. Das Holz soll einen Feuchtigkeitsgehalt von mindestens 50 % aufweisen und noch nicht von anderen Pilzen besiedelt sein. Sehr trockenes Holz ist deshalb mehrmals zu wässern. Verwendbar sind Stämme von 10 bis 30 cm Durchmesser, die man in etwa 25 cm lange Rollen zersägt.
Das Pilzmyzel des Austernseitlings benötigt zum Durchwachsen des Holzes ausreichend Feuchtigkeit. Deshalb ist es vorteilhaft, das Holz während der Vorkultur in einem feuchten Raum (Keller, Waschraum) aufzustellen. Außerdem eignen sich auch schattige Stellen im Garten dazu.

672 Das Beimpfen der Holzklötze erfolgt gleich an Ort und Stelle.

Von der im Handel erhältlichen Pilzbrut gibt man eine etwa 0,5 bis 1 cm dicke Schicht auf die Schnittflächen, wobei 4 bis 5 Holzklötze übereinander gestapelt werden, damit das Pilzmyzel von beiden Seiten her in das Holz einwachsen kann. Die Brut der obersten Schnittfläche bedeckt man mit Pappe oder kleinen Holzabschnitten und beschwert mit einem Stein. Für 0,1 m^3 Holz benötigt man 1 l Körner- oder 2 l Substratbrut. Der beimpfte Holzstapel wird mit Pappe, Papier, Folie oder anderem Material abgedeckt und täglich bespritzt. Das Durchwachsen der Holzklötze dauert etwa 3 bis 4 Monate.

673 Die in der Zeit von Ende Januar bis Anfang März mit dem Austernseitling beimpften Behälter (Säcke, Kisten) sind Anfang April im Freiland aufzustellen.
Hierbei sind die Hinweise im Ratschlag **1675** zu beachten. Etwa Mitte April kann mit der ersten Ernte gerechnet werden.

674 Bereits in der ersten Aprildekade beginnt man mit der Kompostierung des Champignonsubstrates für die Sommernutzung in nicht heizbaren, massiven Räumen, falls dafür zwei Anbaufolgen vorgesehen sind.
In dieser Jahreszeit erweist sich ein möglichst gut geschützter Platz als besonders notwendig. Noch besser geeignet, vor allem für kleinere Substratmengen, ist ein Schuppen oder ähnlicher luftiger Raum. Für die Vorbereitung und Durchführung der Kompostierung sind die Ratschläge **1007** bis **1011** zu beachten.

Obstgarten

675 Eine gute Humusversorgung garantiert reiche Erträge und qualitativ hochwertige Früchte.
Sollte noch kein Humus ausgebracht sein, so ist dies jetzt nachzuholen. Humus verbessert den physikalischen Zustand des Bodens und zudem werden Nährstoffe zugeführt. Obstgehölze sind Humuszehrer, daher ist die Versorgung zur Erhaltung und Erhöhung der Bodenfruchtbarkeit besonders wichtig. Mineraldünger wirken ebenfalls nur effektiv, wenn ein aktives Bodenleben vorhanden ist.

676 Um das Wasser im Boden lange Zeit für die Pflanze nutzbar zu halten, ist mit der Bodenbearbeitung zu beginnen.

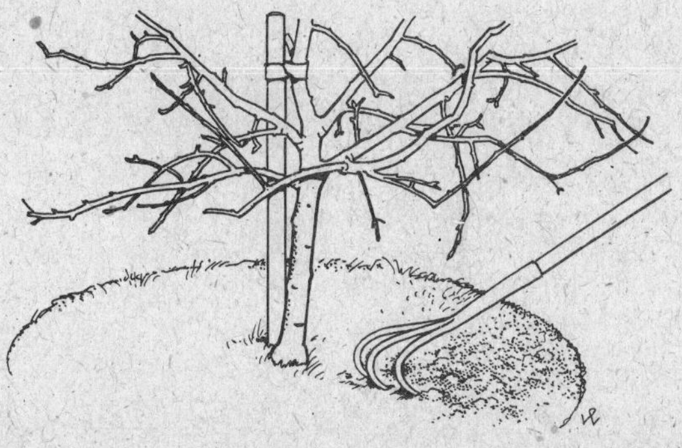

Diese erfolgt nach Möglichkeit mit einem Handgrubber nur flach, ohne die Wurzeln der Gehölze zu schädigen. Zugleich wird eine Schutzschicht geschaffen, die das Verdunsten des in den Kapillaren aufsteigenden Wassers verhindert und auch das auflaufende Unkraut frühzeitig vernichtet.

677 Das Schneiden der Pfirsichbüsche wird erleichtert, wenn im April Blüten- und Blattknospen gut zu unterscheiden sind.
Bei älteren Pfirsichbüschen, die meist nur kurze Fruchttriebe aufweisen, beschränkt man sich auf das Entfernen des trockenen Holzes und der überflüssigen Triebe. Jüngere können einem regelmäßigen Schnitt

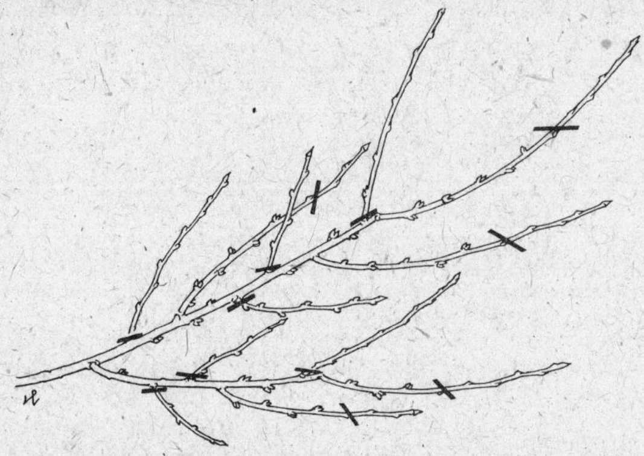

unterworfen werden. Dabei läßt man den wahren Fruchttrieben über dem Blütenknospenansatz ein Blattauge. Die falschen werden bis auf das Basisauge zurückgeschnitten. Bei den Holztrieben wird genauso vorgegangen. Die Konkurrenztriebe an den Spitzen der Verlängerungstriebe entfernt man ganz.

678 Bei den Pfirsichbüschen unterscheidet man zwischen Frucht- und Holztrieben.

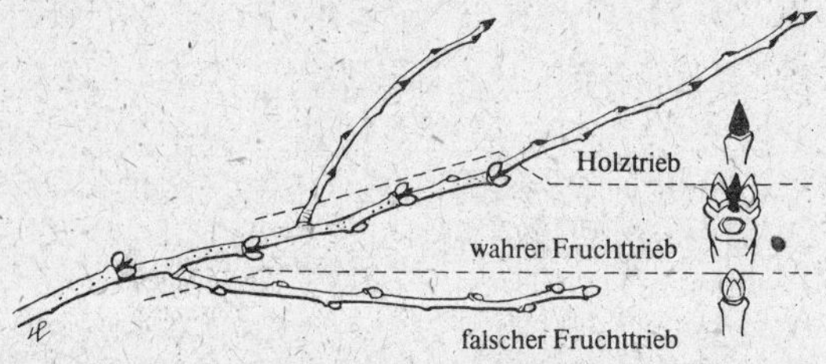

An den Holztrieben findet man nur Knospen, die Blätter bzw. Triebe hervorbringen. Von Fruchttrieben haben die Pfirsichbüsche wahre und falsche. Bei den wahren ist in der Regel eine Holzknospe von zwei Blütenknospen umgeben, während die falschen nur Blütenknospen aufweisen. Im allgemeinen beginnt und endet ein falscher Fruchttrieb mit je einer Holzknospe.

679 Im Laufe des April ist allen Obstbäumen eine zusätzliche Düngung sehr dienlich, soweit sie nicht schon in den Vormonaten erfolgte.
Bei älteren Obstbäumen befinden sich die meisten Faserwurzeln, die für die Nahrungsaufnahme in Frage

kommen, in der Nähe der Kronentraufe. Es hat also keinen Zweck, die Nährstoffe in der Nähe der Stämme zu geben. Die Volldünger werden darum immer im Kronentraufenbereich und darüber hinaus ausgestreut. Je m^2 kann man unbedenklich 80 g Piaphoskan oder einen ähnlichen Volldünger geben. Der Dünger wird flach eingehackt und vom Regen in den Bereich der Wurzeln gespült.

680 Im Gemüsegarten stehende Obstbäume braucht man in der Regel nicht gesondert zu düngen.
Das gilt natürlich nur, wenn der Gemüsegarten laufend in gutem Nährstoffzustand gehalten wird. Dort genügen die dem Gemüse reichlich gegebenen Dünger, um auch die Obstbäume zu versorgen. Durch den Regen und das Gießen gelangen die Nährstoffe ohne unser Zutun in den Bereich der Obstgehölzwurzeln.

681 Wer das Umveredeln alter Obstbäume bisher versäumt hat, kann es noch im Laufe des April vornehmen.
Jetzt sollte man aber nur das Rindenpfropfen anwenden. Dabei unterscheidet man zwischen dem einfachen Rindenpfropfen und dem mit Sattelschnitt. Wie beide Arten auszuführen sind, zeigen die Skizzen.

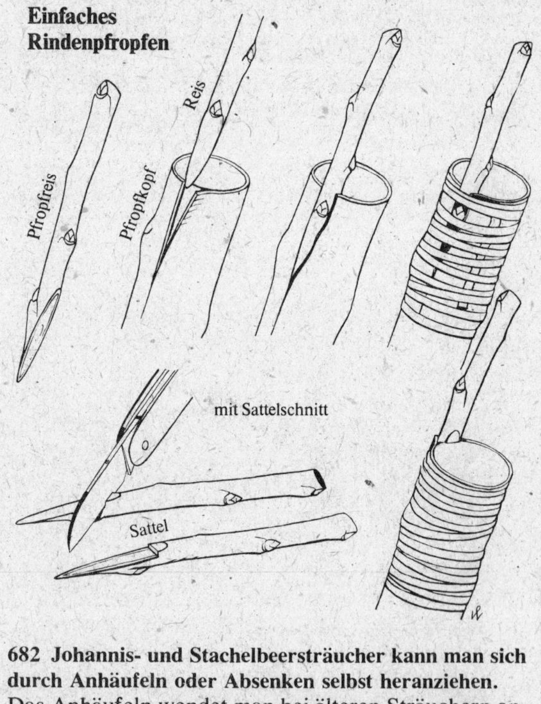

682 Johannis- und Stachelbeersträucher kann man sich durch Anhäufeln oder Absenken selbst heranziehen.
Das Anhäufeln wendet man bei älteren Sträuchern an, deren Ertrag so gut ist, daß sich das Vermehren lohnt. Ein Komposterde-Torf-Gemisch (3:1 oder 4:1) eignet sich dazu am besten. Wie angehäufelt und abgesenkt wird, zeigen die Skizzen. Wer diese Maßnahmen im

April vornimmt, hat bis zum Herbst gut bewurzelte Jungsträucher.

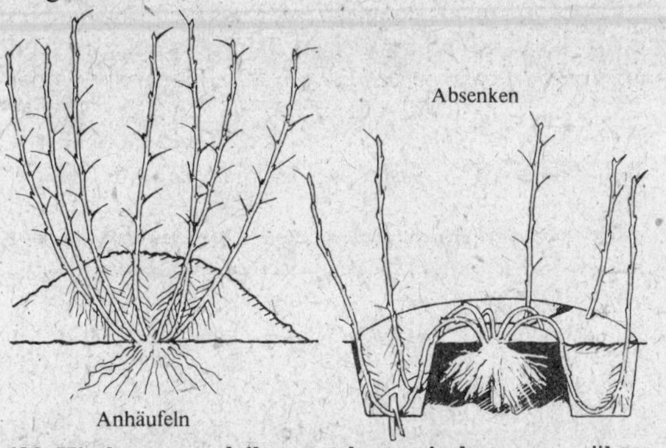

683 Himbeeren gedeihen am besten in humosen, nährstoffreichen, leicht sauren Böden (pH-Wert 5,6).
Auf leichten flachgründigen Böden muß für eine ausreichende Bewässerung gesorgt werden. Sehr positiv, mit einer hohen Ertragsleistung, reagieren Himbeeren auf eine Bodenabdeckung mit organischem Material. Diese Maßnahme wirkt u. a. auch dem gefürchteten Rutensterben entgegen.

684 Bei rankenden Brombeersorten bewurzeln sich die Spitzen der Ranken sehr leicht, wenn man sie im April mit der Erde in Verbindung bringt.

Starke vorjährige Ruten werden zur Erde gebogen und etwa 20 cm unterhalb der Triebspitze festgeklammert. Die Triebspitze bindet man an einem Stab fest. Die geklammerte Stelle wird etwa 10 cm hoch mit dem Erdgemisch bedeckt, das man bei den Johannisbeeren verwendet (s. auch Ratschlag **682**), und immer feucht gehalten.

685 Bei neugepflanzten Obstbäumen, die an Pfähle gebunden sind, ist von Zeit zu Zeit zu überprüfen, ob das Baumband beim Setzen der Erde nachgegeben hat.
Wenn man beim Pflanzen das Baumband in der richtigen Art angebracht hat (s. Ratschlag **454**), kann sich der Baum beim Setzen der Erde nicht aufhängen. Trotzdem sollte man alle neugepflanzten Bäume in der zweiten Aprilhälfte noch einmal durchgehen, ob alles in Ordnung ist. Hat sich die Erde in der Pflanzgrube wider Erwarten zu stark gesetzt, dann kommt der Baum zu tief zu stehen und muß in die richtige Höhe gebracht werden. Zu locker gewordene Baumbänder muß man nachbinden, damit der Baum nicht wackelt.

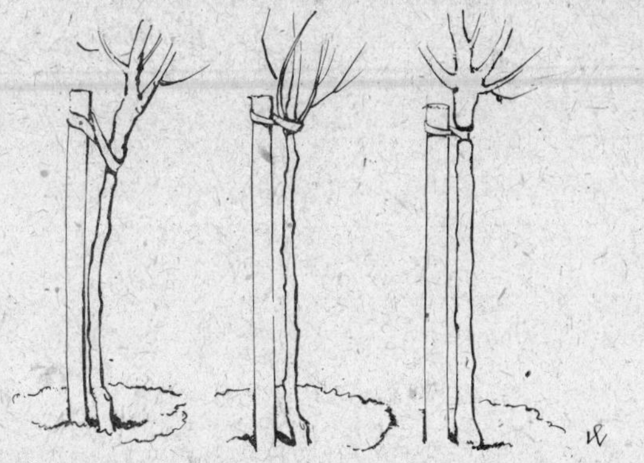

686 Bei im Vorjahr umveredelten Obstbäumen darf man die Zugäste nur stark auslichten.
Das Entfernen der Zugäste verteilt man am besten auf 2 bis 3 Jahre. Dabei wird so vorgegangen wie bei einem starken Auslichten von Baumkronen. Auf diese Weise bleibt das Gleichgewicht im Saftstrom besser verteilt, als wenn der eine oder andere Zugast ganz entfernt wird.

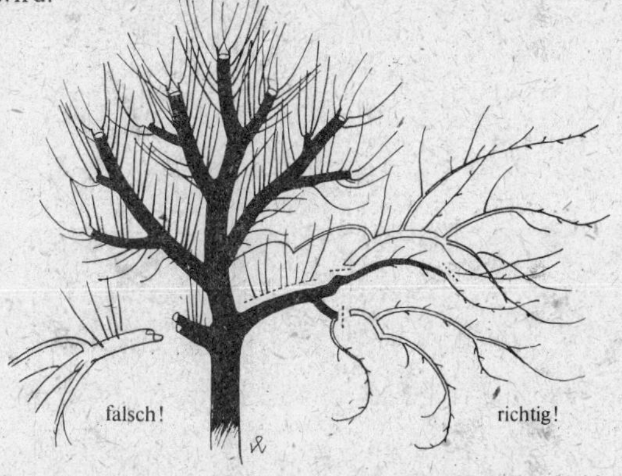

687 Die Triebe in der Nähe der Veredlungsstellen bei im Vorjahr umgepfropften Obstbäumen werden restlos entfernt.
Man schneidet sie an ihrer Basis so ab, daß kein Neuaustrieb erfolgen kann. Alle anderen der sich meist

reichlich entwickelnden Wasserschosse werden nur zum Teil ganz weggenommen. Etwa ein Drittel läßt man von ihnen stehen und bindet sie (siehe Skizze).

688 Die Edeltriebe der vorjährigen Umveredlungen behandelt man so, daß sich mit der Zeit ein Ast daraus entwickelt.

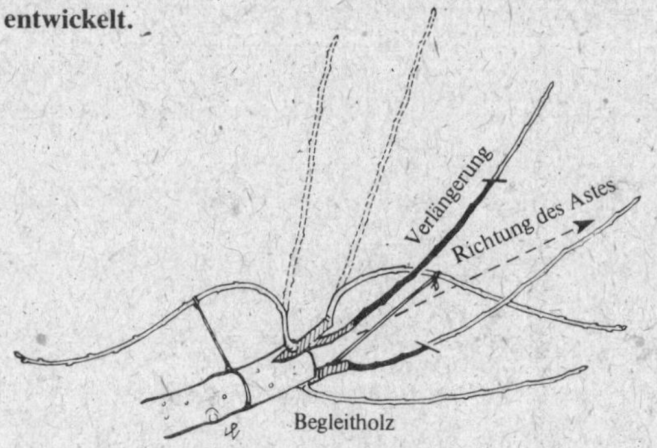

Der die Verlängerung bildende Trieb wird je nach der Wuchskraft auf ein Drittel oder die Hälfte seiner Länge zurückgeschnitten. Zwei Seitentriebe behandelt man ähnlich. Wo mehrere Reiser eingesetzt waren, werden die übrigen in die Waagerechte gebunden, damit sich an ihnen bereits Fruchtholz entwickeln kann. Diese tragen mit ihrer Assimilationsfläche auch wesentlich zum Verheilen des Veredlungskopfes bei.

689 Nur mangelhaft verheilte Veredlungsköpfe der vorjährigen Umveredlungen sind sorgfältig nachzubehandeln.

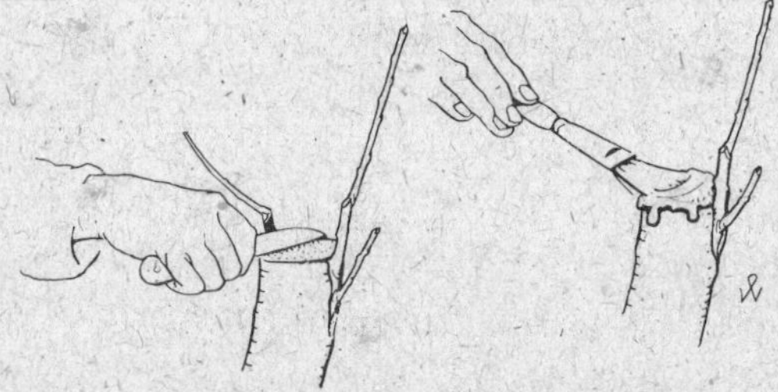

Das eventuell rissig gewordene Baumwachs wird vorsichtig etwas aufgerauht und mit frischem überstrichen. Die ganze Wunde muß so geschützt werden, daß nirgends Regen eindringen kann.

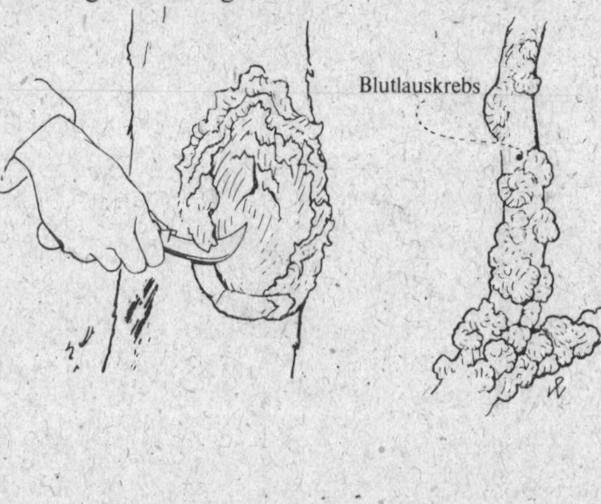

690 Frostplatten und Krebsstellen muß man bis in die gesunden Holz- bzw. Rindenteile sorgfältig ausschneiden und die Wunden verschließen.

Kleinere Wunden bestreicht man mit Baumwachs, unter dem sie am besten verheilen. Bei größeren ist die Behandlung mit Baumteer billiger.

Auch durch starken Blutlausbefall entstandene Wunden (Blutlauskrebs) sind so zu behandeln.

691 Wildschaden an den Stämmen der Obstbäume muß man sehr sorgfältig behandeln, sofern der Baum noch zu retten ist.

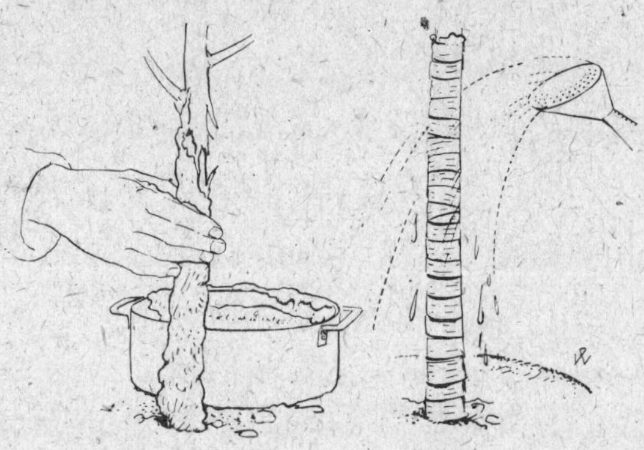

Im Gegensatz zum Ratschlag **690** werden die Ränder der durch Hasen- oder sonstigen Fraß entstandenen Wunden nicht nachgeschnitten. Sie werden lediglich mit einem Lehmbrei geschlossen, der einen Zusatz von 25 bis 30 % strohfreiem Kuhdung erhält. Damit das Gemisch auf den Wunden haftenbleibt, legt man es am besten mit bindenartig geschnittenem Sackleinen fest. Der Verband ist ständig naß zu halten. Diese Behandlung hat aber nur Sinn, wenn nur kleine Rindenpartien abgenagt sind.

692 Bäume, deren Rinde ringsherum durch Wild abgenagt ist, können nur durch sogenannte Saftbrücken gerettet werden.

In diesem Falle ist das Glattschneiden des oberen und unteren Wundrandes erforderlich. Zum Überbrücken sind Reiser nötig, wie wir sie zum Umveredeln der Obstbäume verwenden (Ratschläge **98** und **250**). Sie werden oben und unten etwas zugeschnitten (siehe Skizze) und müssen so lang sein, daß man sie an beiden Seiten unter die etwas gelockerten Wundränder schieben kann. Auf der anliegenden Seite entfernt man bei den Reisern einen schmalen Rindenstreifen. Das Lockern der Wundränder darf nur so erfolgen, daß die Reiser nach dem Einschieben festsitzen. Einen zusätzlichen Halt bekommen sie durch einige kleine Stifte. Die Zahl der einzusetzenden Reiser richtet sich nach dem Stammumfang. Zum Schluß verschließt man die Einschubstellen mit Baumwachs. Das übrige ist aus den Skizzen ersichtlich.

Vorbereitung des Reises

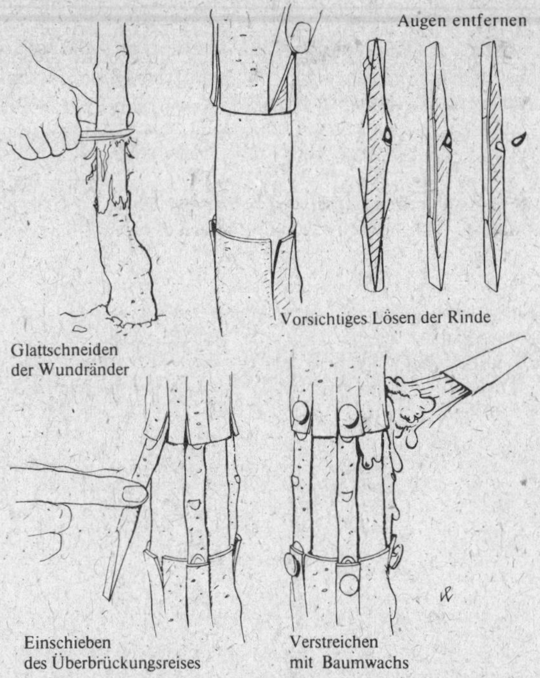

693 Neu angelegte Erdbeerbeete kann man im ersten Jahr sehr gut mit einigen Gemüsearten ausnutzen.
Dazu sind Radieschen, Spinat und auch Schnitt- sowie Kopfsalat geeignet. Einjährige Gewürzkräuter kann man ebenfalls zwischen die Erdbeerreihen säen. Wo die Erdbeeren beetweise stehen, ist jeder Reihenzwischenraum nutzbar. Andernfalls läßt man einen um den anderen frei.

694 Für im Herbst pikierte Erdbeerpflanzen ist der Anfang des April der letzte Pflanztermin.
Was bei der Frühjahrspflanzung der Erdbeeren zu beachten ist, steht im Ratschlag **418**.

695 Wenn man Monatserdbeeren (Walderdbeeren) Anfang April in ein kaltes Frühbeet aussät, können noch im gleichen Jahre Früchte geerntet werden.
Man sät nicht direkt in den Frühbeetgrund, sondern in große Blumentöpfe oder Aussaatschalen aus Ton oder Holz. Der Samen darf nicht zu dicht liegen und wird nur ganz wenig mit sauberem Sand übersiebt. Sobald die Sämlinge das dritte kleine Blatt entwickeln, pikiert man 4 cm × 4 cm weit in den Frühbeetgrund.

696 Damit ältere Monatserdbeeren reichlich Früchte hervorbringen, müssen sie schon Anfang April mit Nährstoffen versorgt werden.
Dazu eignen sich am besten Nährstofflösungen aus Volldüngern, die stickstoffarm sind (s. Ratschlag **718**). Die Nährlösungen stellt man nur 0,2 %ig her und gießt damit durchdringend alle zwei Wochen. Beetweise angepflanzte Monatserdbeeren sollte man gleichzeitig mit Bodenbedeckung versehen. Verrotteter Stalldung oder feuchter Torf sind dazu am geeignetsten.

697 Damit man die Vorblütenspritzung mit gutem Erfolg vornehmen kann, sind die Spritzgeräte vorher auf Sauberkeit und gutes Funktionieren zu überprüfen.

Das sollte zwar sofort nach der Winterspritzung geschehen sein; eine Überprüfung ist aber trotzdem anzuraten. Dabei muß man das größte Augenmerk auf die Spritzköpfe bzw. -düsen richten.

698 Zur Bekämpfung des Schorfes bei Apfel und Birne sind vor Blühbeginn organische Kupferpräparate am günstigsten.

Vom Mausohrstadium an, d. h. wenn sich die ersten Blätter entfalten, besteht die Gefahr der Infektion mit den Sporen des Schorfpilzes. Daher muß vorbeugend mit Kupferpräparaten bis 1 Woche vor Blühbeginn behandelt werden. Kurz vor dem Aufblühen ist noch eine Behandlung mit organischen Fungiziden möglich.

699 In besonderen Schorflagen sollten schorfresistente Apfelsorten angepflanzt werden.
Dazu gehören die Sorten 'Prima', eine farbige Herbstsorte (Anfang September reifend), 'Priam' (vor 'Golden Delicious' reifend), 'Priscilla' (Ende September reifend).

700 Eingetrocknete Triebspitzen bei Schattenmorellen sind das sichere Zeichen von Moniliabefall.
Alle verdächtigen Triebspitzen schneidet man rücksichtslos ab. Der Schnitt ist bis ins gesund erscheinende

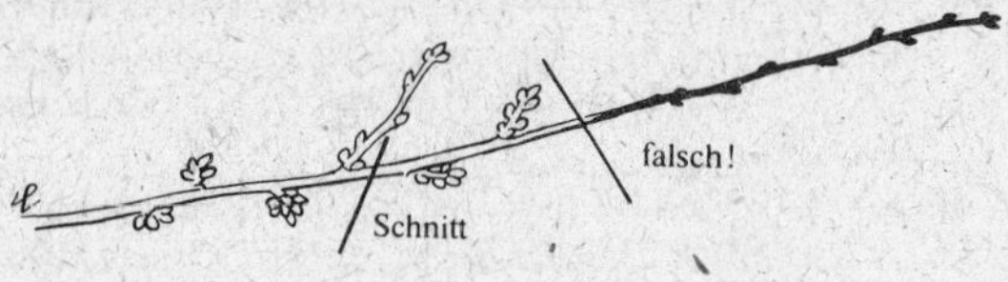

Holz durchzuführen. Als Anhalt gilt, daß man um die halbe Länge der befallenen Triebe tiefer geht.

701 Man sollte jetzt auf das Ungeziefer, wie Blattläuse, Raupen und dergleichen, achten und prüfen, ob genügend natürliche Feinde zu ihrer Bekämpfung bereitstehen.

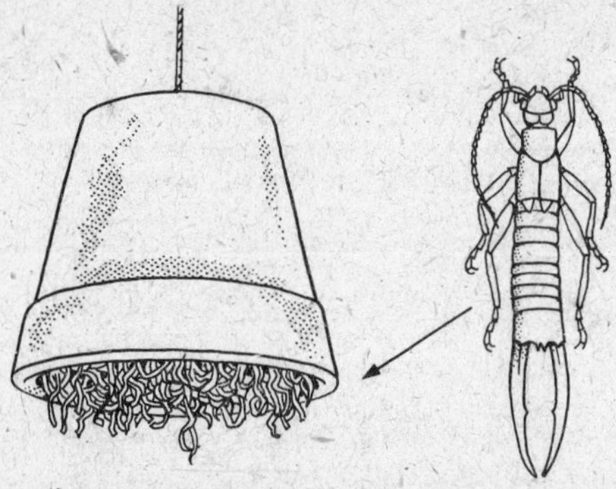

Um diese zu unterstützen, darf man auch nicht vergessen, für die sehr nützlichen Ohrenkneifer mit Holzwolle gefüllte, verkehrtherum aufgehängte Blumentöpfe in den Obstbäumen anzubringen. Ohrenkneifer finden darin ein willkommenes Tagesversteck und haben nicht mehr so weite Wege, um zu ihrer Nahrung, den Läusen in den Bäumen, zu gelangen. Erst wenn man feststellt, daß sich die Plagegeister uneingeschränkt vermehren und weit über die wirtschaftlich vertretbare Schadensschwelle geraten, sollte man mit dem Spritzen von Insektiziden beginnen.

702 An Steinobst sind zunehmend Schäden durch den Bakterienbrand zu beobachten.
Ein Teil der Blütenknospen stirbt bereits vor dem Öffnen ab. Diese bleiben oft bis zum Sommer hängen. Auch Triebe und Früchte werden befallen. An den Trieben zeigen sich Gummifluß und Nekrosen, und an den Früchten treten eingesunkene Flecken auf. Zu bekämpfen ist diese Krankheit durch ein konsequentes Entfernen aller befallenen Teile bis in das gesunde Holz.

703 Apfelbäume, die im Vorjahr unter Mehltau gelitten haben, müssen kurz vor dem Aufbrechen der Knospen eine Spritzung mit einer ungiftigen Schwefelleber-Seifen-Lösung erhalten.
Auf 1 l Wasser nimmt man 10 g Schmierseife sowie 5 g Schwefelleber (Hepar sulfuris aus der Apotheke) und löst beides gut in heißem Wasser auf. Anschließend verdünnt man die Lösung etwa 2:1.

704 Die Steinobstarten sind unterschiedlich anfällig für den Bakterienbrand.
So werden von den Sauerkirschen stark befallen 'Fanal' und 'Heimanns Rubinweichsel'. Weniger gefährdet sind 'Schattenmorelle', 'Morellenfeuer' und 'Köröser Weichsel'. Als anfällig bei den Pflaumen gelten 'Czar', 'Stanley' und 'Viktoria'.

705 Von überalterten Bäumen sollte man sich trennen.
In den letzten Jahrzehnten sind von allen Obstarten neue, geschmacklich bessere Sorten in den Handel gekommen, die auch die alten Sorten in der Ertragsleistung übertreffen. Zudem lassen überalterte und vergreiste Bäume auch in der Ertragsleistung nach (s. auch Ratschlag **1850**).

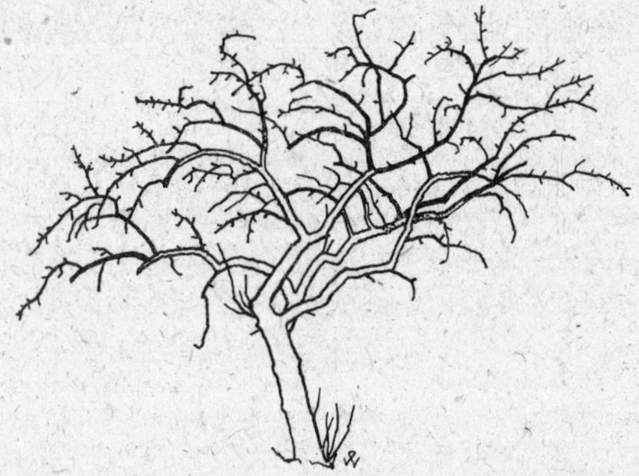

706 Als sehr wirksames Mittel gegen die Blutlaus hat sich vielerorts die Kapuzinerkresse *(Tropaeolum majus)* erwiesen.
Die Samen der Kapuzinerkresse legt man ab Ende April an den Stämmen der besonders gefährdeten Sorten (Wintergoldparmäne) aus. Dazu eignen sich aber nur rankende Sorten, die man am Stamme hochleitet. Im Bereich der Kressentriebe sollen sich keine Blutläuse ansiedeln. Ein Versuch kann vor allem bei niedrigen Baumformen (Büsche, Spindeln) empfohlen werden. Zum Bepinseln von Blutlausherden ist Preßsaft der Kapuzinerkresse besonders wirksam.

707 Die Wellpappgürtel, die im März (beachte Ratschlag 464) zum Fangen der Käfer des Apfelblütenstechers angelegt wurden, sind im April täglich zu überprüfen.
Dazu nutzt man am besten die kühlen Morgenstunden, in denen sich die Käfer noch nicht bewegen. Die Gürtel sind immer wieder so zu befestigen, daß man sie ohne Erschütterung abnehmen kann. Da die Käfer (Rüsselkäfer) nur etwa 4 mm groß sind, muß man genau achtgeben, daß keiner entwischt.

708 Holunder erfreut sich in der häuslichen Verwertung großer Beliebtheit.
Möglich ist die Zubereitung von Blütensekt aus den Holunderblüten, die Herstellung von Fruchtweinen und Saft. Heute gibt es bereits Sorten, die positive Eigenschaften, wie gleichzeitige Reife der Dolden, früh einsetzender, hoher und regelmäßiger Ertrag, aufweisen. Noch wenig bekannt ist die umfangreiche Vitamingarnitur. Infolge der stabilisierenden Wirkung der Gerbstoffe bleiben die Vitamine bei der Konservierung weitgehend erhalten. In 100 g Frischsubstanz von Holunderbeeren sind bis 0,51 mg Karotin, Vitamin B_1 0,065 mg, Vitamin B_2 0,078 mg, Niazin 1,48 mg, Vitamin B_6 0,25 mg und Vitamin C 18,0 mg enthalten. Bedeutsam ist auch der Gehalt an Kalium 305 mg, Kalzium 35,0 mg und Phosphor 57 mg.
Darüber lasse man sich in Markenbaumschulen beraten.

709 Der Holunder benötigt zum normalen Gedeihen gute Böden mit einer optimalen Wasser- und Nährstoffversorgung.
Die Ansprüche an das Klima sind gering. Auch Frostlagen können für den Anbau genutzt werden, da der Holunder sowohl für Winter-, Früh- und Spätfröste unempfindlich ist. Für eine gute Stickstoffversorgung nach der Blüte ist er dankbar. Stickstoff fördert den notwendigen Neutriebzuwachs, der die Voraussetzung für eine hohe Ertragsleistung ist.

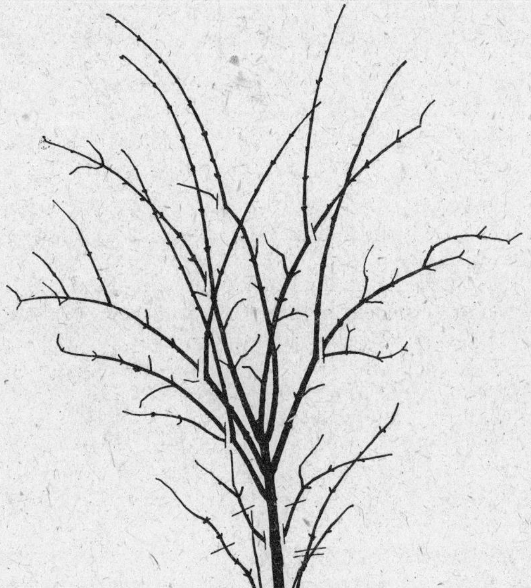

710 Holunder sollte auch geschnitten werden.
Bewährt hat sich das Anziehen von Stämmen von 1 m Länge. Beim Pflanzschnitt erfolgt ein Rückschnitt der Triebe auf 2 Augen. Während des Erziehungsschnittes werden die Stamm- und Bodentriebe mit entfernt. Man beläßt in der Krone 6 bis 7 kräftige aufrechtstehende Triebe. Diese neigen sich mit dem Einsetzen des Ertrages nach außen, und es entwickeln sich am Scheitelpunkt neue Triebe. Bis auf diese werden später die abgetragenen Äste entfernt.

711 Die Ernte der Holunderbeeren erfolgt von Ende August bis Mitte November.

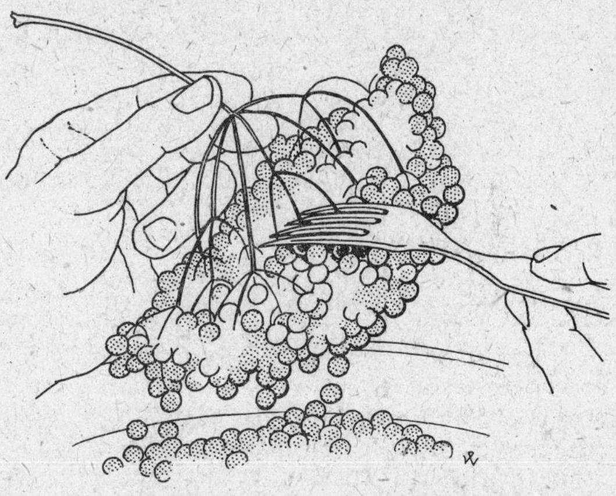

Geerntet wird, wenn alle Fruchtstände blauschwarz gefärbt sind. Die Beeren sollten unmittelbar nach der Ernte verarbeitet werden. Jedoch muß vor einem Genuß ungekochter Früchte gewarnt werden, da sie das Glykosid Sambunigrin enthalten. Es wird durch Kochen völlig abgebaut. Bei der Verarbeitung sind die Stiele zu entfernen, da sie den Geschmack negativ beeinflussen.

712 Bei der Verwendung von Insektiziden ist darauf zu achten, daß sie bienenungefährlich sind.
Aber auch als „ungefährlich" gekennzeichnete sollte man nie in Trachtpflanzen spritzen oder in der Nähe von Bienenstöcken verwenden. Ferner muß man auf den Wind achten, damit dieser nicht unversehens das besorgt, was wir verhindern wollten, und den Spritznebel zu Bienenweiden oder -häusern weht.

713 Wer madenfreie Haselnüsse ernten will, muß gegen den Haselnußbohrer vorgehen, bevor es zu spät ist.
Die beste Zeit ist, wenn der Fruchtboden der weiblichen Blüten zu schwellen beginnt.

Die sogenannten Zellernüsse, wie 'Hallesche Riesen', sollen vom Haselnußbohrer nur selten heimgesucht werden.

714 Das Frosträuchern ist eine wirkungsvolle Maßnahme zum Schutz blühender Obstbäume.

Sobald die Nachttemperaturen unter den Gefrierpunkt sinken, sind blühende Obstbäume in Gefahr. Durch starke Rauchentwicklung kann man sie oft bannen. Zum Räuchern ist Material zu verwenden, das nicht trocken ist, also Reisig, feuchtes Laub oder Stroh und Torf. Man kann auch Briketts in Blechbehältern verbrennen. Beim Räuchern muß vor allem die Windrichtung beachtet werden. Im übrigen hat die Industrie zum Frosträuchern spezielle Räucherpräparate entwickelt, die sich sehr einfach (nach Vorschrift) anwenden lassen.

715 Blühende Beerensträucher kann man durch Überspannen mit Jute- oder Papiergewebe gegen Nachtfröste schützen.

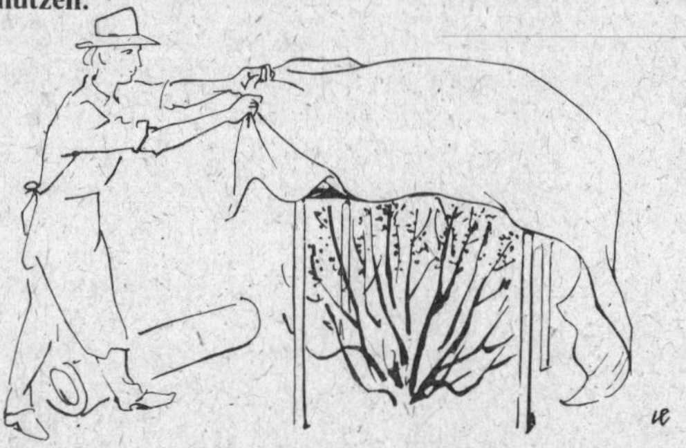

In etwas hoch liegenden und frostgefährdeten Gebieten sollte man dazu in jedem Frühjahr die Vorbereitungen beizeiten treffen. Es genügen leichte Gerüste aus schwachen Latten oder Stangen. Bei Frostgefahr braucht man dann nur das Deckmaterial darüberzuspannen.

716 Johannisbeergallmilben verursachen ein kugel- bzw. ballförmiges Anschwellen der Johannisbeerknospen. Damit werden die Blüten- und Blattknospen zerstört.

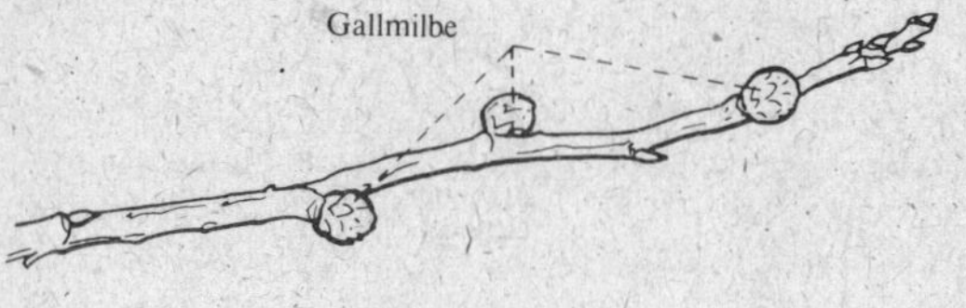

Die stark aufgetriebenen Knospen sind nach dem Laubfall leicht von den gesunden zu unterscheiden. Es ist zu empfehlen, die befallenen Knospen auszubrechen und zu vernichten. Trotz der mechanischen Bekämpfung ist eine chemische zur Zeit der Blüte und eine weitere Spritzung 14 Tage danach zu empfehlen.

717 Apfelbäume, die auf den Unterlagen M 9 oder M 26 veredelt wurden, sind nicht standfest.

Sie benötigen für die Dauer ihrer Standzeit einen Pfahl oder ein Gerüst. Insbesondere trifft dies für Bäume zu, die als schlanke Spindel erzogen werden sollen. Besonders nach Regenfällen im Sommer besteht die Gefahr, daß die Bäume umkippen.

718 Erdbeeren sind empfindlich gegen chlorhaltige Kalidüngemittel.

Deshalb ist es zweckmäßig, nur chlorfreie Kalidüngemittel, wie Schwefelsaures Kali, zu verwenden. Kali ist für die Erdbeeren besonders wichtig, die Größe der Frucht und die Festigkeit werden günstig beeinflußt, auch wird dem Grauschimmelbefall entgegengewirkt.

719 Zur Erhaltung der Bodenfruchtbarkeit und der Steigerung der Obsterträge ist eine sachgemäße Bodenpflege notwendig.

Zur Erhaltung der Bodenfruchtbarkeit, zur besseren Durchlüftung und der dadurch geförderten biologischen Aktivität des Bodenlebens ist es notwendig, den Boden nach der Blüte der Obstbäume laufend, aber nur flach zu bearbeiten, d. h. nach jedem Niederschlag ist der Boden zu lockern. Diese Arbeit wird bis Ende Juli fortgesetzt, danach stellen wir die Bodenbearbeitung ein, lassen das Unkraut aufkommen oder säen Gründüngung ein. Wer die Bodenbearbeitung vernachlässigt, kann auch keine reichen Ernten erwarten.

720 Zur Verhinderung von Spätfrostschäden unterlassen wir zur Zeit der Blüte jegliche Bodenbearbeitung unter den Obstgehölzen.

Die am Tage eingestrahlte und gespeicherte Wärme kann nur bei ungehinderter Wärmeleitung nachts wieder ausstrahlen. Dies ist nur möglich bei unkrautfreiem, ungelockertem Boden. Diese rückstrahlende Wärme kann dazu beitragen, Spätfrostschäden zu mildern bzw. zu verhindern. Wir entfernen Anfang April das Unkraut. Gelockerter Boden wird danach wieder angedrückt bzw. angewalzt.

721 Während der Obstblüte ist es untersagt, Insektizide einzusetzen.

Dies insbesondere im Hinblick auf die Bienen, die als Überträger des Pollens für unsere Obstgehölze besonders wichtig sind. Sind Spritzungen mit Fungiziden während der Blüte notwendig, so sollten sie in den frühen Morgen- oder späten Abendstunden erfolgen.

Ziergarten

722 Für Rasenneuanlagen ist das Land sorgfältig vorzubereiten und mit Nähr- und Humusstoffen anzureichern.
Der im Herbst gegrabene Boden wird im April mit gesiebter Komposterde überzogen, die je m^3 mit 1 bis 2 kg eines Volldüngers versehen ist. Die Komposterde muß aber möglichst frei von Unkrautsamen sein. Auch verunkrautetes Land eignet sich schlecht zu einer Rasenfläche. Die Komposterde wird mit dem Grubber leicht untergearbeitet. Anschließend tritt man die gelockerte Oberfläche wieder fest und harkt sie sauber ab.

723 Runde oder ovale sowie rechtwinklige Blumenbeete in der Rasenfläche gestaltet man vor der Aussaat des Grassamens mit Hilfe einer Gartenschnur.
Näheres zeigen die Skizzen.

724 Blumenbeete im Rasen darf man nicht hügelförmig, sondern nur ganz wenig erhöhen.
Wenn sie zu hoch aufgeworfen werden, kann man sie im Sommer nicht genügend feucht halten, weil das Wasser nach den Seiten abläuft. Die Folge davon ist, daß sich die auf der Mitte stehenden Pflanzen nicht richtig entwickeln. Die Ränder der Formbeete sticht man am besten mit dem Spaten etwas aus. Die anfallende Erde wird auf der Mitte verteilt und anschließend so verharkt, daß nur eine ganz flache Erhöhung entsteht. Wie die Pflanzenreihen auf einem Rundteil oder einem ellipsenförmigen Beet markiert werden, zeigen die Skizzen beim Ratschlag 723.

725 Um einen dauerhaften Rasen zu erzielen, muß man sich eine entsprechende Grassamenmischung besorgen.
Im allgemeinen werden von den Samenhandlungen fertige Mischungen angeboten, die meist nach den Bodenverhältnissen zusammengestellt sind. Es gibt auch solche mit Kleezusatz, die gern von Kleintierhaltern gekauft werden. Wichtig ist, daß es sich um gut keimendes Saatgut handelt. Manche Grassamenarten sind nämlich schon im zweiten Jahre nach der Ernte nicht mehr voll keimfähig.

726 Zum Aussäen von Grassamen eignet sich nur ein trockener und windstiller Tag.
Bei Regen läßt sich der Samen nicht verteilen. Er ist sehr leicht, vor allem die feineren Samen der Mischung. Darum muß es möglichst windstill sein, sonst fliegt ein Teil fort.

727 Wer möglichst schnell einen dichten Rasenplatz haben will, sollte je m^2 etwa 30 g einer gut keimenden Grassamenmischung aussäen.

Damit man einen guten Anhalt hat, wird 1 m^2 abgesteckt und darauf die abgewogene Menge gleichmäßig ausgestreut. Von der Gleichmäßigkeit der Aussaat hängt das Aussehen der Rasenfläche ab. Beim Ausstreuen geht man rückwärts, damit die bestreute Fläche immer im Gesichtsfeld liegt.

728 Die geeignetste Zeit zum Aussäen von Grassamen ist die zweite Hälfte des April, sofern es nicht noch recht kalt und der Boden zu naß ist.

Je mehr sich der Boden erwärmt hat, um so schneller geht der Samen auf. Das ist vor allem für die feineren Grasarten sehr wichtig. In naßkalten Böden verfaulen ihre Samen, und es gehen nur die robusten Arten und die Unkräuter auf. Bei ungünstigem Wetter sollte man lieber noch etwas warten.

729 Die Grenzen der Rasenflächen muß man durch dichtes Einstreuen des Samens in flache Rillen besonders markieren.
Die Rillen zieht man bei kleinen Flächen am besten mit Hilfe eines geschärften Spachtels. Soweit es sich um geradlinige Grenzen handelt, genügt bei leichteren Bodenarten das Abschnüren mit einer starken Gartenschnur.

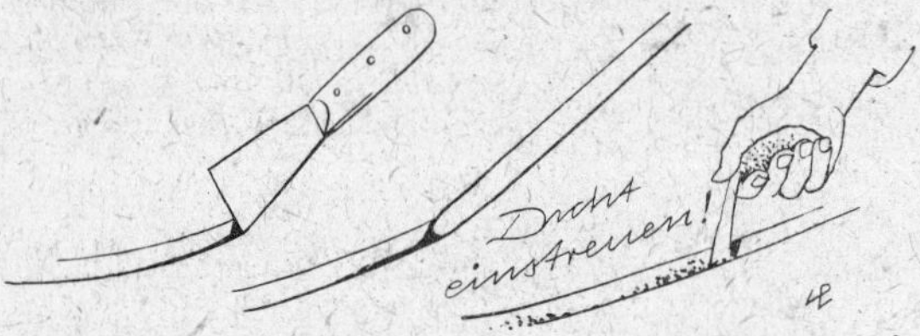

730 Einhacken des Grassamens und Festklopfen der besäten Fläche sind neben dem gleichmäßigen Ausstreuen die wichtigsten Maßnahmen bei der Anlage einer neuen Rasenfläche.

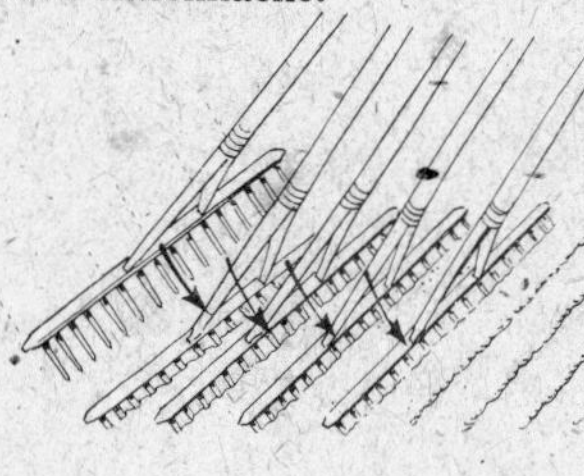

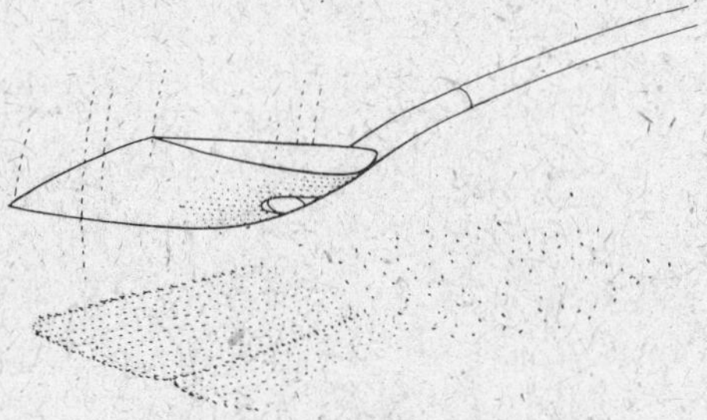

Zum Einhacken nimmt man eine Harke (Rechen). Für leichtere Böden genügt eine Holzharke. Eisenharken verwendet man nur bei schwereren Böden. Die Harke wird wie eine Hacke betätigt. Man schlägt dabei die Zinken dicht hintereinander flach in den Boden, so daß der Samen mit etwas Erde bedeckt bzw. gemischt wird. Auf kleinen Flächen bestreut man den Samen mit gesiebter Komposterde. Die Erddecke darf aber nur so stark sein, daß der Grassamen gerade nicht mehr sichtbar ist. Sehr große Flächen werden nur eingeharkt, was jedoch gewisser Erfahrung bedarf und mit Gefühl geschehen muß, damit die Saat gleichmäßig verteilt bleibt. Anschließend wird der Boden mit der Schaufel festgeklopft, bei großen Flächen kann man die Saat auch mit einer leichten Walze andrücken.

731 Bis zum Aufgehen des Rasens muß die besäte Fläche immer gleichmäßig feucht gehalten werden.
Wenn während des Keimens die Saatfläche trocken wird, sterben die Keime ab, und es kommt im günstigsten Falle zu einer sehr ungleichmäßigen Rasenfläche. Beim Gießen muß man aber sehr vorsichtig sein, damit der Samen nicht weggespült wird.

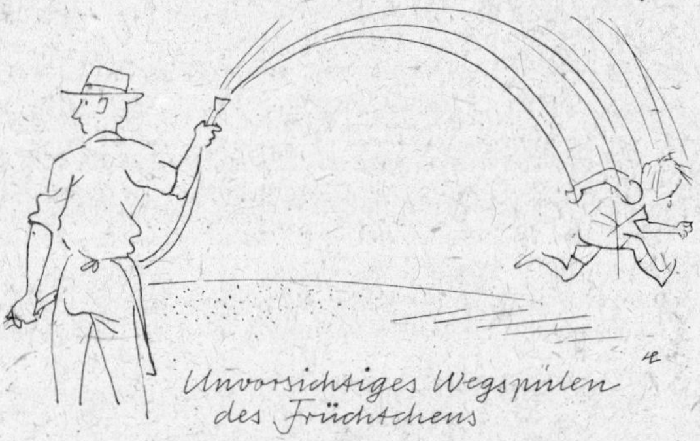

732 An stark beschatteten Stellen und unter Bäumen erzielt man keine gut aussehenden Rasenflächen. Dort muß man zum Begrünen Schattenpflanzen verwenden.
Neben einigen Gehölzen sind es vor allem Stauden, wie *Asarum, Epimedium* und *Waldsteinia,* die sich dafür besonders gut eignen. Wenn Bodenfeuchtigkeit und Humus nicht zu knapp bemessen sind, bedecken sie den Boden viel besser als ein schlechter Rasen. Für lichtschattige Stellen unter Bäumen sind es Gräser, wie z. B. *Carex sylvatica,* das sich selbst aussät und eine lockere Bodendecke bildet. Weitere Schattenpflanzen sind in einer Liste (Seite 424 f.) aufgeführt.

733 Wer auf Rasenflächen Tretplatten (Ratschläge 515 und 516) verlegen will, muß diese Arbeit vor dem Ausstreuen des Grassamens durchführen.
Die Platten werden verlegt, bevor die Fläche mit der Harke endgültig säfertig gemacht wird (beachte Ratschlag 722). Ihre Oberflächen müssen mit der Erdoberfläche abschneiden und waagerecht liegen. Auf

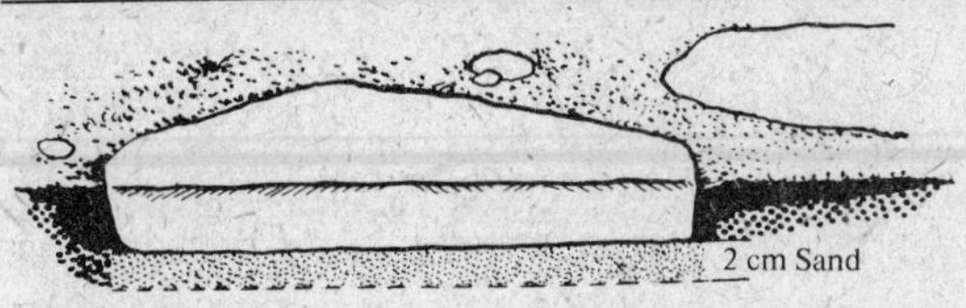

diese Weise stören sie beim Grasschnitt nicht. Jede Platte erhält einen Unterbau in Form einer etwa 2 cm starken Sandschicht. Sie liegen so besser als direkt in der Erde und werden auch im Winter durch den Frost nicht so leicht locker.

734 Bestehende Rasenflächen mit kahlen Stellen muß man vor dem Ausbessern ganz kurz schneiden.
Anschließend lockert man die auszubessernden Stellen ganz flach mit einer Eisenharke und bestreut sie möglichst stark mit gut keimendem Samen (s. auch Ratschlag **727**). Anschließend wird gesiebte Komposterde übergestreut und mit einer flachen Schaufel angeklopft. Bis zum Aufgehen ist regelmäßig zu gießen (s. Ratschlag **731**).

735 Moos im Rasen ist vor allem vorbeugend zu bekämpfen.
Wiederholtes Durchlüften des Bodens mit einer scharfen Harke, ohne die Grasnarbe zu schädigen, und vor allem genügende Kalkung wirken dem Moos entgegen. Der Fachhandel bietet auch chemische Mittel zur Moosbekämpfung an. Man läßt sich dort genau über die Anwendung beraten. Dies ist um so nötiger, da häufig die Namen der Mittel wechseln.

736 An steilen Böschungen ist die Rasenaussaat oft schwierig. Deshalb bereitet man sich einen Rasenteppich vor.
Dazu mischt man feinkrümeligen Torf mit Nährstoffen und Kalk. Je m^3 lockeren Torf werden 1,5 kg Volldünger und 3 kg kohlensaurer Kalk zugesetzt und das Ganze sorgfältig gemischt. Der Torf wird nun auf eine wurzelundurchlässige Unterlage (Kunststoffolie) in einer 1 cm starken Schicht (etwa $1\,m \times 3\,m$) ausgebreitet. Anschließend ist so stark anzufeuchten, daß man das Wasser herausdrücken kann. Der Torf wird geglättet und festgedrückt. Jetzt ist die Torfschicht fertig zum Besäen. Je m^3 streut man etwa 35 bis 40 g Grassamen aus. Er wird weder bedeckt noch eingehackt. Bis sich der Graswuchs zeigt, darf die Fläche nie trocken werden. Auch später ist für gleichmäßige Feuchtigkeit zu sorgen. Dreieinhalb bis vier Wochen nach der Aussaat ist der Rasen mit der Sense zu mähen und nach weiteren zwei Wochen fertig. Die Böschung wird ebenso vorbereitet, wie unter Ratschlag **722** angegeben, nur daß man die Komposterde mit feinem Torf anreichert. Die Rasendecke kann man zusammenrollen und an den Bestimmungsort transportieren. Dort wird sie nach gründlichem Gießen der Böschung ausgerollt und nochmals durchdringend gegossen. Das Gießen ist täglich zu wiederholen. Nach 10 bis 12 Tagen ist der Rasen angewachsen und wird wie normal ausgesäter weiterbehandelt.

737 Im Laufe des April (je nach Frühjahrsverlauf) sollten alle bestehenden Rasenflächen erstmalig kurzgeschnitten werden.

Dadurch wird das Bestocken wesentlich angeregt, so daß auch dünne Flächen wieder dicht werden, wenn wir den Ratschlag **738** beachten. Sauberes Abharken ist nach diesem ersten Jahresschnitt besonders wichtig.

738 Nach dem Schneiden ist der Rasen gründlich zu wässern und gleichzeitig mit Nährstoffen zu versehen.
Am einfachsten geht das, wenn man zum Gießen eine Nährlösung verwendet. Geeignete Volldünger müssen gut aufgelöst werden. Je nach Zustand des Rasens und Konzentration des Düngers nimmt man 2 bis 4 g/l Wasser. Der Volldünger kann auch ausgestreut werden, etwa 20 bis 30 g/m^2. Es muß dabei auf eine möglichst gleichmäßige Streuung geachtet werden. Anschließend muß man den Dünger einregnen.

739 Sobald der Boden völlig frostfrei ist, sind alle im Herbst gepflanzten Stauden zu überprüfen, daß sie der Winterfrost nicht etwa angehoben hat.
In den meisten Fällen wird es genügen, die locker stehenden Pflanzen mit den Händen wieder festzudrücken. Sind die Schäden schwererer Art, nimmt man sie völlig aus der Erde und pflanzt sie noch einmal. Siehe auch Ratschlag **270**!

740 Spät austreibende Ziersträucher kann man im Laufe des April noch pflanzen. In höheren Lagen auch alle anderen.
Das Pflanzen muß unbedingt in feuchten Boden geschehen. Hinterher muß gründlich angegossen werden, damit die Wurzeln sofort eine innige Verbindung mit der Erde erhalten. Starkes Einschlämmen schadet mehr, als es nützt. Anschließend bedeckt man die Pflanzstelle mit einer 8 bis 10 cm starken Mulchschicht.

741 Wo es noch nicht geschehen ist, muß im April gegen das Unkraut auf den Wegen energisch vorgegangen werden.
Dabei ist alles zu beachten, was im Ratschlag **305** gesagt wird.

742 Für die Sommerblumen, deren Aussaat im Freiland an Ort und Stelle schon im April möglich ist, muß der Boden gut vorbereitet werden.

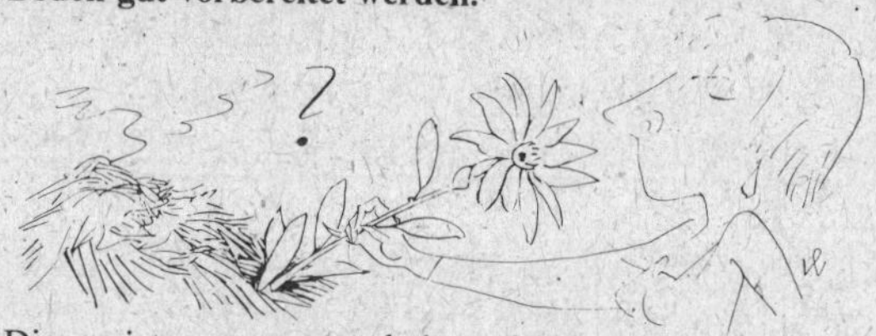

Die meisten vertragen keinen frischen Stalldung im Boden. Darum sollte man sie alle in Böden 2. Tracht anbauen. Kräftiges Durchgrubbern und anschließende feine Krümelung der Erdoberfläche sind zu einem guten Saatbeet unerläßlich. In den nächsten Ratschlägen sind einige der wichtigsten und seltenen Sommerblumen einzeln behandelt. Über andere ist in der Tabelle nachzulesen (S. 437ff.).

743 Die meisten der in den nachfolgenden Ratschlägen beschriebenen Sommerblumen müssen nach dem Aufgehen der Saat verzogen werden. Besser als das laufende Aussäen auf der Reihe und sehr samensparend ist die horstweise Aussaat.

In den angeführten Ratschlägen sind die Abstände genau angegeben, die die Pflanzen auf der Reihe nach dem Verziehen haben müssen. In diesen Entfernungen streut man in den Aussaatrillen je nach Korngröße 3 bis 10 Samenkörner auf einen Horst. Nach dem Aufgehen braucht man dann nur die stärkste Pflanze stehenzulassen. Auf diese Weise sind auch gleichmäßigere Pflanzenabstände zu erzielen als bei der üblichen laufenden Reihenaussaat.

744 Reseda findet man nur sehr selten. Sie eignet sich aber sehr gut für Einfassungen und ist eine wohlriechende kurze Schnittblume.
Sie kann in nicht zu kalten Lagen schon ab Mitte April ausgesät werden. Da der Samen sehr klein ist (je g 700 bis 800 Korn), darf man nur sehr flach aussäen. Auf der

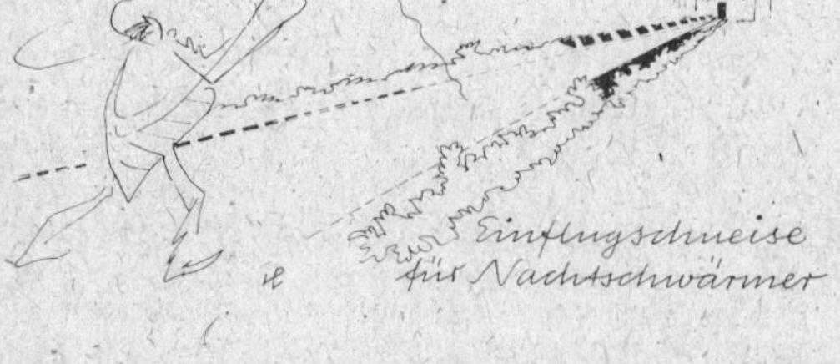

Reihe wird er recht weitläufig ausgestreut, denn nach dem Aufgehen ist sowieso auf etwa 20 cm zu verziehen. Wer die Resede beetweise anbaut, muß ihr einen Reihenabstand von 25 cm geben. Die kräftigwachsende Sorte 'Ameliorata' erreicht eine Höhe von 40 cm.

745 Die einjährigen Schleifenblumen *(Iberis)* ergeben sehr schöne Einfassungen und Blütenteppiche und können schon Anfang April ausgesät werden.

Obwohl die einjährigen Schleifenblumen in jedem Kulturboden gedeihen, entwickeln sie sich in sandigem Lehmboden am besten. Bei beetweisem Anbau genügen als Reihenabstand 20 cm. Auf der Reihe streut man den Samen in flache Rillen am besten so aus, daß alle 15 cm 3 bis 4 Körner zu liegen kommen. Die Schleifenblumen werden durchschnittlich 25 cm hoch.

746 Das einjährige Steinkraut *(Lobularia maritima)* wird je nach Art und Sorte 12 bis 30 cm hoch und ist eine der schönsten Sommerblumen für Einfassungen und Blütenteppiche.

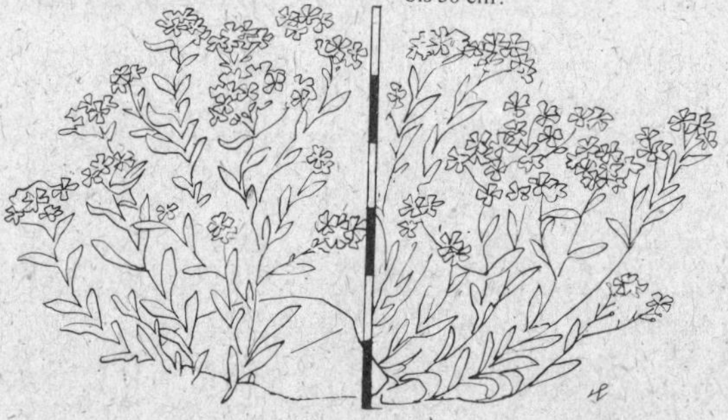

Volle Sonne, nicht zu nährstoffreiche und mehr trokkene Böden sagen dem Steinkraut am besten zu. Die Aussaat beginnt Mitte April mit einem Reihenabstand von 15 bis 25 cm, wobei man sich nach der Höhe der Sorte richten muß. Auf der Reihe wird nach dem Aufgehen so verzogen, daß nur alle 10 bis 15 cm eine Pflanze stehenbleibt. Bei Trockenheit muß durchdringend gegossen werden. Nach dem Aufgehen, das bei warmem Wetter schon nach 8 Tagen erfolgt, ist aufzupassen, daß keine Erdflöhe auftreten. Darum beizeiten bekämpfen.

747 Die bekannte Ringelblume *(Calendula)* muß im Laufe des April ausgesät werden, damit die Blütezeit nicht zu spät einsetzt.

Sie nimmt mit jeder Bodenart vorlieb, wenn ihr genügend Nährstoffe zur Verfügung stehen. Auf ein Normalbeet (1,20 m) sät man 5 bis 6 Reihen aus. Auf der Reihe legt man die ziemlich großen Samen so aus, daß alle 20 bis 25 cm 2 bis 3 Korn zu liegen kommen. Davon bleibt nach dem Aufgehen nur je eine Pflanze stehen. 1 g Samen enthält etwa 150 Körner.

748 Die einjährigen Sonnenblumen *(Helianthus)* sät man am besten an Zäunen und ähnlichen Stellen aus oder um die nicht gegen Sonne geschützten Erdhaufen.

Je nach Sorte werden sie 1 bis 2 m hoch. Ab Mitte April legt man je Saatstelle 2 bis 3 Korn im Abstand von durchschnittlich 50 cm aus. Nach dem Aufgehen darf aber nur die kräftigste Pflanze stehenbleiben. Die Güte des Bodens bestimmt die Wuchskraft der Sonnenblumen.

749 Die einjährigen Rittersporne werden viel zuwenig beachtet. Von ihnen gibt es Sorten, die nur bis 50 cm, und andere, die über 1 m hoch werden.
Sie lieben tiefgelockerten kalkhaltigen und mehr feuchten Boden. Frischen Stalldung vertragen sie nicht.

Die Aussaat erfolgt in allen Höhenlagen schon Anfang April. Der Reihenabstand beträgt bei den niedrigen Sorten 20 und bei den höheren 25 bis 30 cm. Nach dem Aufgehen wird in der Reihe auf 10 bzw. 25 cm verzogen. 1 g Samen enthält etwa 150 Körner.

750 Zu den wenig bekannten, aber sehr blütenreichen Sommerblumen gehört die Spaltblume *(Schizanthus)*, die ab Mitte April ausgesät werden kann.
Zur Entwicklung ihrer vollen Schönheit braucht die Spaltblume einen vollsonnigen Standort. Mittelschwerer Boden mit viel Humus und Nährstoffen sagt ihr am besten zu. Am schönsten sind die Hybriden, die 25 bis 40 cm hoch werden. Da jede Einzelpflanze einen kleinen Busch bildet, muß der Reihenabstand 20 bzw. 30 cm betragen. Auch in der Reihe wird nach dem Aufgehen des weitläufig ausgestreuten Samens auf diese Entfernung verzogen. 1 g Samen enthält 500 bis 600 Körner.

751 Der Sonnenflügel *(Helipterum)* liefert sehr schöne Trockenblumen und sollte darum viel mehr beachtet werden.
Diese Sommerblume gedeiht auf humusreichen, nicht kalkhaltigen Sandböden am besten. Der Reihenabstand richtet sich nach der Art und beträgt 20 cm bei *Helipterum manglesii* und 30 cm bei *H. roseum*. Nach dem Aufgehen wird auf 15 bzw. 20 cm verzogen. Die Aussaat erfolgt Mitte April. 1 g Samen enthält 300 bis 350 Körner.

752 Von der Kapuzinerkresse *(Tropaeolum)* gibt es rankende und buschig wachsende Formen, so daß man sie für verschiedene Zwecke verwenden kann.
An geschützten Stellen und unter Pflanzenschutzhauben ist die Aussaat an Ort und Stelle schon in den letzten Apriltagen möglich. Im Abstand von 30 cm (buschige) und 50 cm (rankende) werden 3 bis 4 Samen ausgelegt. Zur Aussaat kann man auch das Verfahren anwenden, das unter Ratschlag **658** beschrieben ist.

753 Die dreifarbige Winde *(Convolvulus tricolor)* wird durchschnittlich nur 30 cm hoch, gehört zu den schönsten Rabattenblumen und verdient viel mehr Beachtung.
Lehmiger Sandboden ist am besten. Er darf aber weder zu fett noch zu mager und muß gekalkt sein. Wenn die

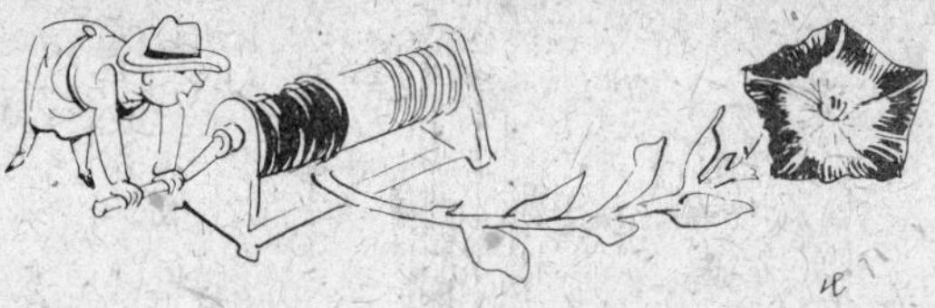

dreifarbige Winde reich blühen soll, muß sie vollsonnig stehen. Die Aussaat nimmt man Anfang April vor. Der Reihenabstand muß 25 cm betragen. Nach dem Aufgehen ist auf 20 cm zu verziehen.

754 Das Kapkörbchen *(Dimorphotheca)* erreicht je nach Art eine Höhe von 30 bis 35 cm und ist eine reizende Sommerblume, die man in den Gärten viel zu wenig sieht.
Für die Kultur eignen sich nur warme, etwas lehmige Sandböden und sonnige Lagen. Nasse Böden sind ungeeignet. Als beste Aussaatzeit gilt die Mitte des April. Als Reihenabstand genügen 20 cm, doch muß auch auf der Reihe so verzogen werden, daß nur alle 20 cm eine Pflanze steht.

755 Die Bechermalve *(Lavatera)* gehört zu den Sommerblumen, die wegen ihrer leuchtenden Blütenfarbe und dekorativen Wirkung in keinem Kleingarten fehlen dürfte.
Es gibt karminrosa und weiße Sorten, die Höhe beträgt 60 bis 90 cm. Jeder gut bearbeitete Gartenboden, der nicht zu stickstoffreich ist, sagt ihr zu. In voller Sonne entwickelt sie sich am besten. Die Bechermalve sät man im Laufe des April an Ort und Stelle aus. Der Reihenabstand muß 50 cm betragen. Auf der Reihe werden mit einem Abstand von 40 cm 3 bis 4 Samen (Horste) ausgelegt. Nach dem Aufgehen bleibt je Horst nur eine Pflanze stehen. Die Haltbarkeit als Schnittblume ist gut (etwa 1 Woche). Die Blütezeit erstreckt sich von Juli bis in den September hinein.

756 Als 'Gelbes Ageratum' wird *Lonas annua* bezeichnet. Mit dieser anspruchslosen Sommerblume sollte jeder Kleingärtner einen Versuch machen.
Sie wird nur 30 bis 50 cm hoch, fällt durch zahlreiche, leuchtendgelbe Dolden besonders auf und läßt sich als Trockenblume verwenden. Auch als Schnittblume ist sie sehr wertvoll. Ausgesät wird Mitte April mit einem Reihenabstand von 25 cm. Auf der Reihe muß man auf 20 bis 25 cm verziehen. Die Hauptsache ist, daß der Boden nicht naß ist. Der Blühbeginn richtet sich nach der Aussaatzeit (E. VI bis M. VII).

757 Die Hundszunge *(Cynoglossum)* macht in blühendem Zustand den Eindruck eines hohen Vergißmeinnichtbusches. Das leuchtende Blau ihrer Blüten darf in keinem Kleingarten fehlen.
Diese Sommerblume wird 30, höchstens 50 cm hoch. Man kann sie schon Ende März an Ort und Stelle aussäen. Der Reihenabstand muß 25 cm betragen. Auf der Reihe ist so zu verziehen, daß alle 15 bis 20 cm nur eine Pflanze stehenbleibt. Die Hundszunge blüht im Juli.

758 Die Blüten des Goldmohns *(Eschscholzia)* haben so herrlich leuchtende Farbtöne, daß jeder Blumenfreund mit dieser Sommerblume einen Versuch machen sollte.

Der Goldmohn wird durchschnittlich 50 cm hoch und verlangt warmen, trockenen, etwas lehmigen Sandboden. Er ist ab Anfang April mit einem Reihenabstand von 30 cm auszusäen. Nach dem Aufgehen muß auf 20 cm verzogen werden.

759 Die Bärenkamille *(Ursinia)* ist einer unserer reizendsten Korbblütler, vor allem die Arten *U. anethoides* und *U. versicolor*. Beide liefern hervorragende Schnittblumen.
Die Bärenkamille wird 35 bis 50 cm hoch und wächst in warmen, sandigen Lehmböden am besten. Eine vollsonnige Lage ist erforderlich. Aussaat Mitte April. Reihenabstand 25 cm. Auf der Reihe ist so zu verziehen, daß nur alle 20 cm eine Pflanze stehenbleibt.

760 Die Venidie *(Venidium fastuosum)* ist als Beet- und vor allem Schnittblume so wertvoll, daß sie in keinem Garten fehlen dürfte. Die Hybriden der genannten Art werden im Durchschnitt 70 cm hoch und haben goldorange bis gelbe Blumen mit dunkler Mitte und einem Durchmesser von 10 bis 15 cm.
Diese schöne Sommerblume entwickelt sich aber nur dort zur vollen Schönheit, wo man ihr einen tiefbearbeiteten, trockenen lehmigen Sandboden und eine vollsonnige Lage geben kann. Die Aussaat wird ab Mitte April mit einem Reihenabstand von 30 bis 35 cm vorgenommen. Nach dem Aufgehen verzieht man so, daß alle 25 cm eine Pflanze stehenbleibt.

761 Die Sommerzypresse *(Kochia scoparia* 'Trichophylla') gehört zu den einjährigen Pflanzen, die man Ende April auch an Ort und Stelle aussäen kann.
Sie werden zwar nicht ganz so groß wie die in Frühbeeten vorkultivierten, erreichen aber trotzdem eine Höhe von 40 bis 60 cm. Das im Sommer grüne zierliche Laub färbt sich im Herbst schön rot. Ausgesät wird im Abstand von 25 cm. An jede Stelle legt man 5 bis 6 Korn flach in die Erde. Nach dem Aufgehen bleibt nur die stärkste Pflanze stehen. In einer Reihe ausgesät, erzielt man eine kleine zierliche Hecke, die in Form geschnitten werden kann. Ansonsten wirkt die Sommerzypresse in Einzelstellung am besten. Sie wächst in jedem Gartenboden, der nicht zu trocken ist.

762 Zittergras *(Briza)*, Mähnengerste *(Hordeum)* und Hasenschwanzgras *(Lagurus)* sind einjährige Gräser, die mit ihren schönen Blütenähren einen reizvollen und haltbaren Vasenschmuck ergeben.

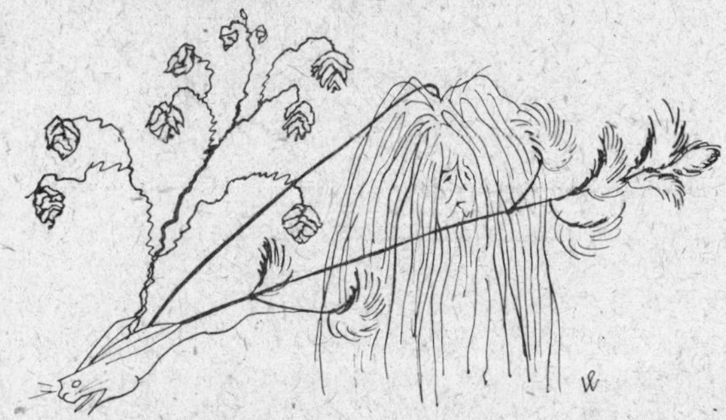

Alle drei Gräser stellen an den Boden keine besonderen Ansprüche. Er darf jedoch nicht zu feucht sein. Mit der Aussaat beginnt man Mitte April. Der Reihenabstand beträgt bei allen 25 cm. Auf der Reihe wird so verzogen, daß alle 20 cm ein kleiner Büschel stehenbleibt. Der Samen darf nur ganz wenig mit Erde bedeckt werden. Anschließend wird die Erde mit einer flachen Schaufel festgeklopft. Bis zum Aufgehen muß das besäte Beet feucht sein.

763 Im Sommer und später blühende Stauden sowie ausdauernde Ziergräser können auch im Laufe des April noch gepflanzt werden.
Auf die Ziergräser soll hier besonders hingewiesen werden. Wie aus der entsprechenden Tabelle zu ersehen ist, sind nicht nur Gräser zahlreicher Höhen vertreten, sondern auch für alle Standorte geeignete.

764 Auch Farne, die vor allem für schattige und halbschattige Gartenstellen geeignet sind, lassen sich jetzt noch gut pflanzen.
Einige Arten entwickeln sich auch zwischen lichten Gehölzen zufriedenstellend. Andere sind anspruchsvoller in Hinsicht auf Feuchtigkeit und Humusgehalt des Bodens. Näheres ist aus der Liste „Farne für den Garten" zu entnehmen (Seite 430 bis 431).

765 Gladiolenknollen werden im April gelegt. Sie müssen gesund sein und in jedem Jahr einen anderen Platz erhalten.

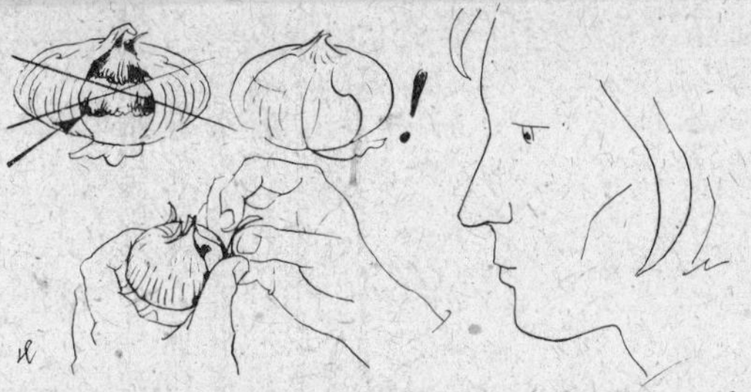

Beim Einkauf von Gladiolenknollen sollte man auch einmal unter ihre Hüllschalen sehen. Haben sie verfärbte oder eingesunkene Stellen, dann ist vom Kauf abzusehen. Mit kranken Knollen verseucht man sich seinen Garten. Gladiolenknollen mehrere Jahre an einer Stelle angebaut, leiden sehr leicht unter Krankheiten (siehe auch Ratschlag **520**).

766 Wer im vorhergehenden Sommer an seinen Gladiolen Krankheitserscheinungen bemerkt hat, muß die Knollen vor dem Legen beizen.
Im Handel sind verschiedene Naßbeizmittel, deren Gebrauchsanweisungen streng beachtet werden müssen. Vor dem Beizen entfernt man alle Hüllen der Knollen. Die nun nackten Knollen hängt man eine halbe bis eine ganze Stunde in die Beizlösung. Sie werden am besten gleich anschließend in die Erde gebracht.

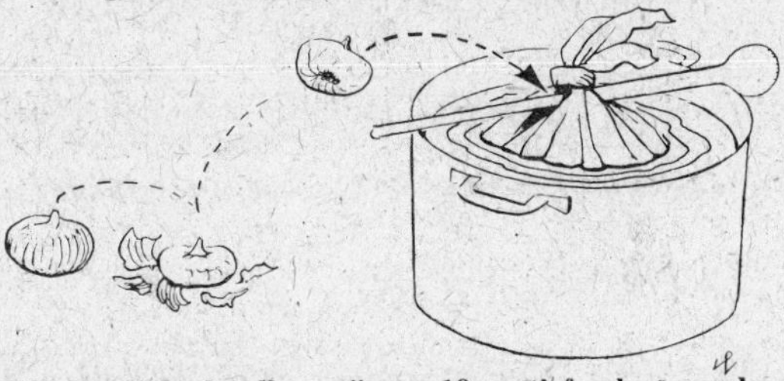

767 Gladiolenknollen müssen 10 cm tief gelegt werden, damit der Wind die Pflanzen nicht umlegen kann. Je m^2 braucht man 50 Knollen.
Je Normalbeet legt man 6 Reihen, so daß ihr Abstand 20 cm beträgt. Auf der Reihe müssen die Knollen 10 cm auseinander liegen. Dazu zieht man entweder 10 cm tiefe Rillen oder benutzt ein dem Knollendurchmesser entsprechend starkes Pflanzholz.

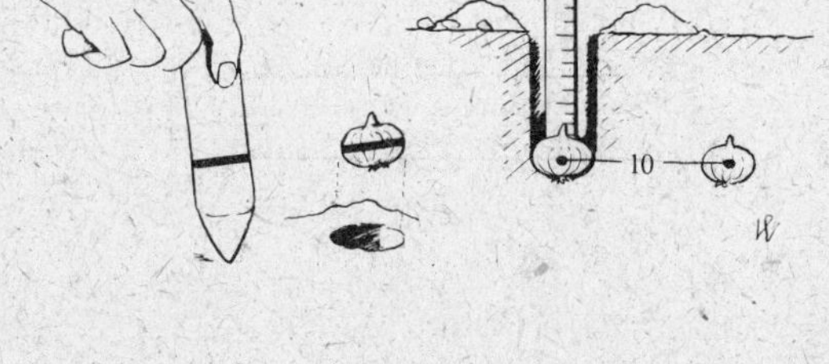

768 Durch eine gute Bodenbedeckung mit Torf oder stark verrottetem Stalldung erspart man sich bei den Gladiolen viel Gieß- und Hackarbeit.
Die Bodenbedeckung kann ohne Bedenken 5 bis 6 cm stark gegeben werden. Sie wird aufgebracht, nachdem die Rillen bzw. Löcher zugezogen sind und das Beet abgeharkt ist. Erst wenn man mit dem Bedecken fertig ist, wird kräftig angegossen.

769 Montbretienknollen werden ab Anfang April in den Boden gebracht bzw. umgepflanzt, wenn das nötig sein sollte.

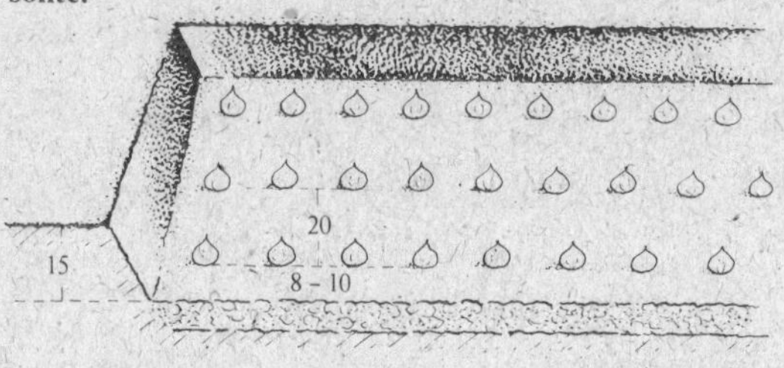

Je länger Montbretienknollen an einer Stelle stehenbleiben können, um so besser blühen sie. Beim Neulegen bringt man die Knollen 12 bis 15 cm tief in die Erde. Man braucht sie dann im Herbst nicht herauszunehmen und nur mit einer zusätzlichen Schutzdecke zu versehen. Als Reihenabstand genügen 20 cm, und auf der Reihe wird mit einem Abstand von 8 bis 10 cm gelegt. Im übrigen ist das zu beachten, was unter Ratschlag **765** gesagt wurde.

770 Der Monat April ist noch geeignet zum Pflanzen von Busch- und Stammrosen.
Die Vorbereitungen zum Pflanzen sind unter Ratschlag **477** eingehend beschrieben. Vor dem Pflanzen kürzt man die Wurzeln etwas und schneidet die oberirdischen Teile stark zurück. An jedem letztjährigen Trieb bleiben nur 3 bis 5 Augen stehen. Bei Kletterrosen werden die Triebe auf 8 bis 10 Augen zurückgeschnitten.

Schwache Triebe werden ganz entfernt. Der Pflanzenabstand sollte etwa 30 bis 40 cm betragen. Wer die Rosen beetweise pflanzt, muß einen Reihenabstand von mindestens 60 cm einhalten. Den Stammrosen gibt man einen Pflanzenabstand von 75 bis 100 cm und Kletterrosen, je nach Verwendungszweck, 1 bis 2 m. Stets muß die Veredlungsstelle 3 bis 5 cm unter der Erdoberfläche sein.

771 Stammrosen werden schräg gepflanzt und nicht senkrecht!
Senkrecht gepflanzte müssen beim Einwintern um 90° gebogen werden. Das gelingt nur bei größter Vorsicht ohne Bruch. Darum pflanzen wir die Hochstammrosen so ein, daß das Stämmchen im Winkel von etwa 60° zur Bodenoberfläche steht. Jede Rose muß natürlich einen Pfahl erhalten, an dem sie angebunden gerade steht. Im Herbst ist dann nur der Winkel von 60° zu überwinden, was keine Schwierigkeiten macht. Außerdem ist beim Pflanzen zu beachten, daß jede Rose so steht, daß beim Niederlegen über die Aufputzstelle in der Nähe des Wurzelhalses gebogen werden kann (siehe Skizze).

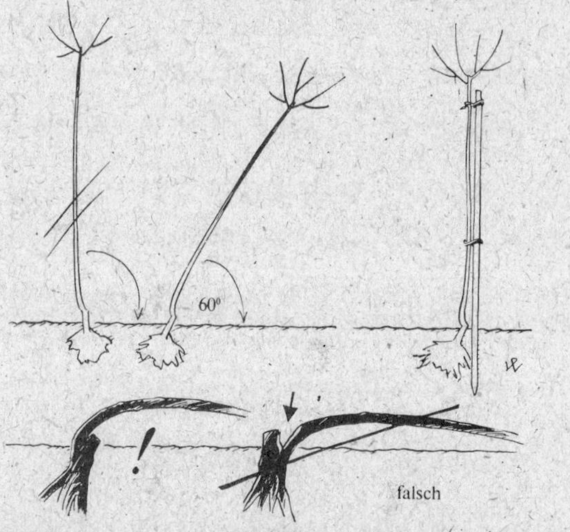

772 Kletterrosen muß man gut auslichten und die stehenbleibenden Triebe durch Anbinden verteilen.
Neben den schwächlichen Trieben werden beim Auslichten auch einige der ältesten entfernt. Lange einjährige Triebe bindet man an Spalieren so waagerecht wie möglich, damit die Augen in ganzer Länge austreiben. Gekürzt werden sie nicht (Zeichn. S. 163).
Da die Kletterrosen weder ranken noch schlingen und keine Haftorgane haben, brauchen sie eine Stütze, die wir ihnen in Form eines stabilen Gerüstes geben müssen. Die Begriffe „Rankrose" oder „Schlingrose" sind also falsch. Am einfachsten lassen sich die Gerüste an feststehenden Mauern aller Art befestigen. Die Eigenschaften der Sorten sind je nach den Elternteilen sehr unterschiedlich. Man lasse sich hier vom Fachmann beraten.

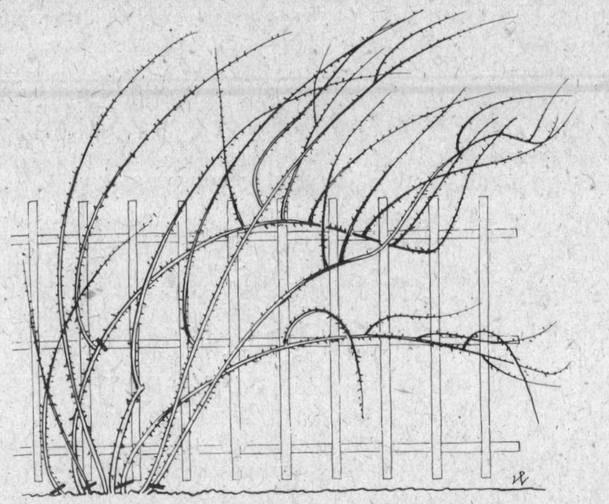

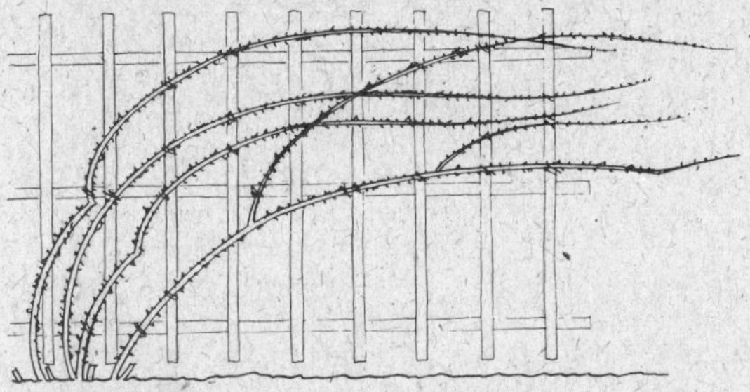

773 Einem Blattlausbefall von Rosen kann man ruhig entgegensehen, wenn genügend Marienkäfer im Garten sind.
Sie räumen rasch mit ihnen auf und sorgen durch baldigen Nachwuchs für weitere Verstärkung bei der Blattlausbekämpfung.

774 Bei Neupflanzungen von Kletterrosen sollte man die öfter blühenden Sorten bevorzugen.
Wenn sie auch nicht mit einem Male einen so üppigen Blütenreichtum zeigen wie die nur einmal blühenden, so bringen sie doch im Laufe des Sommers ständig schöne Blütenbüschel hervor. Bewährte Sorten sind 'Climbing Orange Triumph', 'Golden Showers', 'New Dawn'.

775 Nadelgehölze (Koniferen) sollte man nicht vor Ende April und nur mit festem Erdballen pflanzen.
Als Hauptpflanzzeit wird für Nadelgehölze meist der Spätsommer angegeben, doch sind Aprilpflanzungen ebenfalls erfolgreich. Die Hauptsache ist, daß die Pflanzen einen festen Wurzelballen haben. Es hat keinen Zweck, wenn die Ballenumhüllung, in der die Baumschulen Nadelgehölze liefern, nur lose Erde enthält. Darauf muß man beim Kauf besonders achten.

776 Beim Pflanzen der Nadelgehölze darf die Ballenhülle nicht entfernt werden, sofern es sich um eine Jute-Einballierung handelt. Die Koniferen erhalten nach dem Pflanzen eine Bodenbedeckung.

Das Pflanzloch wird dem Wurzelballen entsprechend mit reichlichem Durchmesser, aber nicht viel tiefer als erforderlich ausgehoben. Anreichern der Aushuberde mit Torf ist zu empfehlen. Nadelgehölze dürfen nur so tief gepflanzt werden, wie sie vorher gestanden haben. Unter der Pflanze ist die wieder eingefüllte Erde so festzutreten, daß sie sich später nicht setzen kann. Der freie Raum um den Ballen wird vorläufig nur bis zur halben Ballenhöhe gefüllt und ebenfalls leicht festgetreten. Erst jetzt wird die Ballenhülle oben geöffnet und nach allen Seiten ausgebreitet. Anschließend füllt man das Pflanzloch völlig und gießt kräftig an. Mit einer etwa 5 cm starken Bodendecke aus nassem Torf wird die Pflanzstelle versehen, was wesentlich zum schnellen Anwachsen beiträgt.

777 Kauft man die Koniferen in Containern aus Hart- oder Weichplaste, so muß man sie vor dem Pflanzen vorsichtig aus den Gefäßen herausnehmen.
Bei Weichplaste geschieht dies in der vorbereiteten Pflanzgrube, indem man die Weichplaste aufschneidet und dann vorsichtig entfernt. Pflanzen in Hartplastegefäßen müssen vorsichtig ausgetopft und möglichst mit vollem Erdballen in die Pflanzgrube gesetzt werden.

778 Für Neuanlagen von immergrünen Hecken ist der April der günstigste Monat.
Schöne Hecken ergeben die immergrünen Arten der Berberitze *(Berberis buxifolia)* und des Ligusters *(Ligustrum vulgare* 'Atrovirens' und *L. ovalifolium)* sowie der Kirschlorbeer *(Prunus laurocerasus)*. Siehe auch die entsprechende Tabelle (S. 406 ff.).

779 Wacholder und Eiben sowie der Kirschlorbeer müssen einen festen Erdballen haben.

Die Vorbereitungen zum Pflanzen sind so zu treffen, wie sie unter Ratschlag **497** angegeben wurden. Die ausgehobene Erde vermischt man mit feuchtem Torf. Außerdem gibt man eine 5 cm starke Torfdecke. Die Pflanzenstärke bestimmt den Bedarf an Pflanzen, über den man sich beim Kauf in der Baumschule ebenso unterrichten lassen sollte, wie auch über den nötigen Pflanzschnitt.

780 Wer die strauchigen Potentillen (Fingerkraut) sowie den Kirschlorbeer mit festem Ballen pflanzt, braucht sie nicht zurückzuschneiden.
Das trifft auch auf alle anderen Ballenpflanzen zu, denn es handelt sich dann immer um normal gewachsene Pflanzen. Der eingepackte Ballen entspricht in seiner Größe den oberirdischen Teilen, so daß die Pflanzen ohne Rückschnitt sicher anwachsen, wenn sorgfältig gepflanzt wird (s. Ratschlag **776**).

781 Beim Pflanzen von *Rhododendron* ist zu beachten, daß die Luftfeuchtigkeit um so höher sein muß, je sonniger sie stehen.

Die Rhododendren verlangen an sich schattige Stellen. Wer sie an sonnige pflanzt, muß im Laufe des Sommers ständig für hohe Luftfeuchtigkeit sorgen, also bei sonnigem Wetter immer wieder überbrausen, und den Boden stark feucht halten.

782 Efeu ist die beste Kletterpflanze für schattige Stellen.
Er verträgt auch den tiefsten Schatten und eignet sich darum sehr zum Begrünen von unschön wirkenden Stellen im Garten. Efeu braucht keine Wartung, weil er sich an Mauerwerk festhält.

783 Den Bastardindigo *(Amorpha)*, die Säckelblume *(Ceanothus)* und den Sommerflieder *(Buddleja-Hybriden)* schneidet man Anfang April auf 15 bis 30 cm zurück.
Meist frieren diese Gehölze im Winter zurück, darum sollte man den Rückschnitt nicht schon im Winter vornehmen. Nach dem Rückschnitt bringen sie stets starke Blütentriebe hervor. Den angegebenen stärkeren Rückschnitt wendet man bei schwachen Pflanzen an.

784 Der Sanddorn (*Hippophae*) setzt nur Früchte an, wenn in der Nähe der weiblichen männliche Pflanzen stehen.
Das muß bei Neuanpflanzungen beachtet werden. Man rechnet 3 bis 6 weibliche auf 1 männliche Pflanze. Das Geschlecht kann man erst an 3- bis 4jährigen Pflanzen erkennen. Bei den männlichen stehen die Knospen an den Triebspitzen dichter und sind wesentlich größer als die der weiblichen.

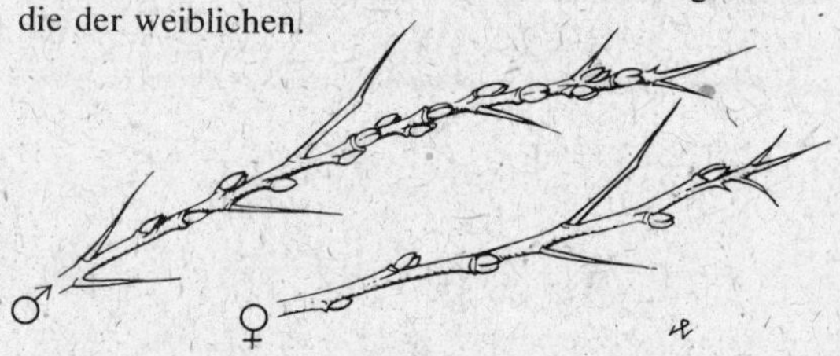

785 Bei den Waldreben (*Clematis*) ist im April endgültig festzustellen, was im Winter erfroren ist und jetzt abgeschnitten werden muß.
In schneearmen Wintern frieren sie manchmal bis zur Erde ab, wenn der Winterschutz nicht genügte. Sie treiben dann von unten wieder aus. Im übrigen schneidet man bei der frühblühenden Sorten-Gruppe nur das ab, was trocken geworden ist. Lange gesunde Triebe bindet man möglichst nach unten. Sie entwickeln dann aus den Augen ihrer ganzen Länge neue Triebe.

786 Waldreben (*Clematis*) muß man ab Ende April mit festem Topfballen pflanzen.
Waldreben werden etwa 5 cm tiefer gepflanzt, als sie vorher gestanden haben. Dabei darf man den Topfballen nicht beschädigen, weil sonst das Ein- und Weiterwachsen leidet (Sortenliste S. 458).

787 Die Pflanzstellen der Waldreben (*Clematis*) sind ständig gegen direkte Sonnenbestrahlung zu schützen.
Sie werden mit einer etwa 5 cm starken Torfschicht bedeckt. Zur Not kann man Laub oder verrotteten Dünger verwenden. Frischer Stalldung ist ungeeignet. Den unteren Teil der Pflanzen schützt man durch das Vorpflanzen von 30 bis 50 cm hohen Stauden, die die direkte Sonnenbestrahlung verhindern.

788 Fast alle Stauden, mit Ausnahme der neugepflanzten, verlangen im April Nährstoffe, damit sie optimales Wachstum entwickeln können.
Dazu verwendet man am besten stickstoffarme Volldünger. Ob man diese Dünger vorsichtig trocken ausstreut oder als Nährlösungen flüssig gibt und in welcher Menge, bedarf einiger Umsicht. Allgemein werden schwachwachsende Stauden weniger gedüngt. Man kann bis 30 g je m^2 geben. Danach sind die Pflanzen gut abzubrausen. Die Nährlösungen werden 0,3 %ig (3 g/l Wasser) angesetzt. Damit ist durchdringend zu gießen. Vor dem Düngen sind alle Winterschutz- und alten Pflanzenreste zu enfernen.

789 Für Neuanlagen von Buchsbaumeinfassungen muß der Boden gut vorbereitet werden, damit sich die Pflanzen gleichmäßig entwickeln.
Vor allem ist der Boden reichlich mit gut verrottetem Stalldung oder Torf zu versehen. Die jungen Buchsbaumpflanzen legt man an einer Schnur entlang so tief in den Boden, daß sie nur etwa 6 bis 8 cm über der Erde zu sehen sind. Man muß sie recht fest pflanzen und anschließend stark gießen. Nach dem Angießen sind die Pflanzen auf eine gleiche Höhe zurückzuschneiden.

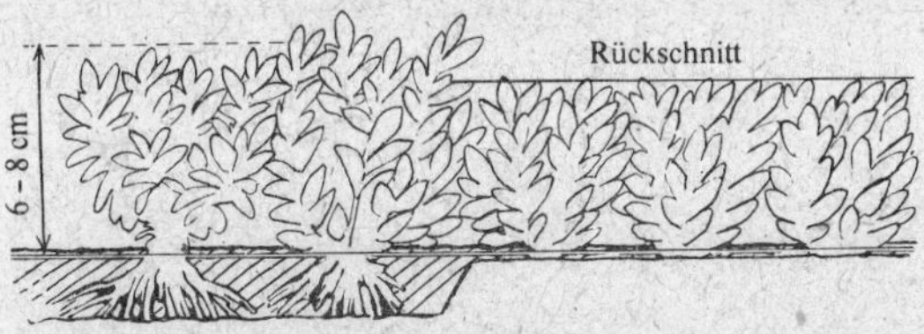

790 Ältere Buchsbaumeinfassungen, die unregelmäßiges Wachstum zeigen, kann man auch noch im April zurückschneiden.
Dabei richtet man sich nach den niedrigsten Stellen. Nötigenfalls kann stark zurückgeschnitten werden. Sie treiben dann wieder kräftig aus.

791 Buchsbaumeinfassungen, die Lücken aufweisen, pflanzt man am besten um.
Dazu wird alles ausgegraben und der Boden neu vorbereitet. Auch das Pflanzen wird so durchgeführt wie unter Ratschlag 789 angegeben ist.

792 Tausendschönchen (*Bellis*), Stiefmütterchen (*Viola-Wittrockiana-Hybriden*) und Vergißmeinnicht (*Myosotis*) pflanzt man ab Anfang April an den endgültigen Standort.
Enges Pflanzen und schattiger Standort treiben sie unnötig hoch. Alle sollten darum 20 cm × 20 cm auseinandergepflanzt werden, sofern es sich nicht um sehr schwache Pflanzen handelt.

Tausend(!)schönchen

793 Jungpflanzen von Löwenmaul (*Antirrhinum*) sind nicht frostempfindlich, wenn sie vor dem Pflanzen gut abgehärtet wurden.
Die Pflanzenentfernung richtet sich nach der Rasse bzw. der Höhe. Je Normalbeet pflanzt man 5 Reihen mit je 25 cm Abstand. Auf der Reihe muß er bei den niedrigen 20 und bei den hohen 25 cm betragen.

794 Levkojen kann man schon ab Mitte April pflanzen, weil sie leichte Frühjahrsfröste ohne Schaden überstehen.

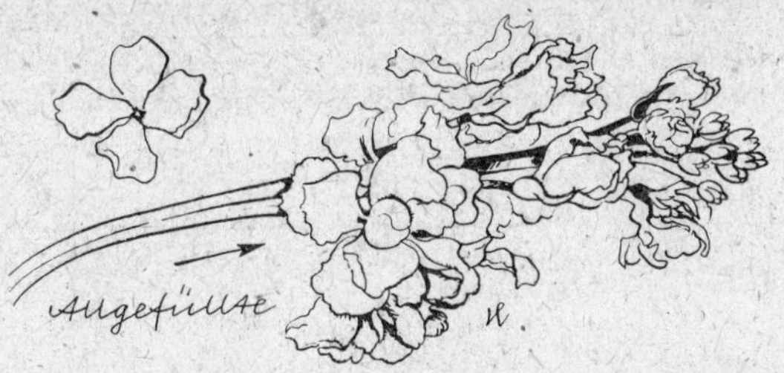

Am besten kauft man pikierte Pflanzen, weil sie sicherer anwachsen als die aus dem Saatbeet. Man sollte versuchen, in einer Gärtnerei die sogenannten „Allgefüllten" zu bekommen, die meist nur noch gehandelt werden. Einfachblühende werden durch ihr dunkles Laub bereits in der Anzucht ausgeschieden. Dafür hat man die Gewähr, nur gefülltblühende Pflanzen zu erhalten. Bei den Levkojen gibt es die Stangenform mit nur einem Haupttrieb und die buschig wachsenden. Die ersten begnügen sich mit einem Pflanzenabstand von 18 cm × 15 cm. Alle anderen müssen 20 cm × 20 cm weit gepflanzt werden. Also je Normalbeet (1,20 m) 6 Reihen.

795 Da Chabaudnelken leichte Nachtfröste ohne Schaden vertragen, kann man sie schon ab Mitte April auspflanzen.
Da die Jungpflanzen unter Glas gezogen werden, muß man beim Kauf auf gut abgehärtete Wert legen. Chaubaudnelken darf man nicht enger als 25 cm × 25 cm pflanzen. Bei Pflanzen aus dem Saatbeet genügen 20 cm × 20 cm.

796 Das im März (Ratschläge 502 bis 508) neu angelegte Wasserbecken kann in den letzten Apriltagen mit Wasserpflanzen besetzt werden.
Sofern frei in das Becken gepflanzt werden soll, sind die Maßnahmen erforderlich, die unter Ratschlag **506** genannt wurden. Wo auch Seerosen geplant sind, sollte man mit dem Bepflanzen besser bis Mitte Mai warten. Über in Gefäßen stehende Wasserpflanzen lese man unter Ratschlag **507** nach.

797 Neuangelegte Wasserbecken wirken besser, wenn ihre Umfassung im April mit geeigneten Stauden bepflanzt wird.
Die Höhe dieser Stauden wird von der Größe des Beckens bestimmt. Für diesen Zweck sucht man Gattungen aus, die durch ihr Aussehen irgendeine Beziehung zum Wasser haben. Ausgesprochene Sumpfpflanzen eignen sich nicht dazu, denn wo sie stehen sollen, ist ja der Boden nicht feuchter als sonst im Garten. Wichtig ist, daß ihr Standort sehr nährstoffreich und humusreich gemacht wird.

798 Bei günstigem Frühjahrsverlauf können die Seerosen und andere in Gefäßen stehende Wasserpflanzen aus dem Winterquartier Ende April in die Wasserbecken gestellt werden.

Voraussetzung ist, daß sich das Wasser schon gut erwärmt hat (s. Ratschlag **508**). Vor dem Einsetzen sind die Pflanzen einschließlich der Behälter gründlich zu reinigen. Der Abdecksand ist gegebenenfalls zu erneuern. Siehe auch Ratschlag **506**.

799 In betonierten Wasserbecken kann man die lästigen Algen mit einer Kupfervitriollösung, aber auch mit Torf vernichten.

Zur Anwendung von Kupfervitriollösungen muß das Becken völlig entleert werden. Mit der Lösung sind die Betonflächen gründlich abzubürsten. Anschließend muß man sie mit sauberem Wasser abspülen. Wenn Fische im Becken gehalten werden, ist das unbedingt erforderlich. Algen nehmen nicht überhand, wenn nasser Torf ins Wasser gestreut wird, am besten vor zu erwartendem Regen. Der Torf setzt sich zu Boden, trübt das Wasser nicht, färbt es aber etwas dunkler.

800 Die im Februar (Ratschlag 276) angelegten Sumpfbecken kann man noch bis Ende April bepflanzen.

Das Sumpfbecken kann man jetzt noch anlegen. Wie das gemacht wird, ist unter Ratschlag **276** beschrieben. Über die Auswahl der Sumpfpflanzen unterrichtet eine Tabelle.

801 Winterausfälle in bestehenden Sumpfbecken sind zu ersetzen, sobald sie richtig erkennbar sind.

Bei dieser Gelegenheit teilt man die Pflanzen, die zu stark gewuchert haben und andere zu erdrücken drohen. Auch Jungpflanzen vom Froschlöffel (*Alisma plantoga-aquatica*) sind zu entfernen. Diese Pflanze sät sich sehr stark selbst aus.

802 Im April sind die neuerrichteten Trockenmauern zu bepflanzen und bei bestehenden Ausfällen zu ergänzen.

Alle Frühblüher kauft man am besten mit Topfballen. Die kleinen Erdballen drückt man unter größter Schonung der Wurzeln so flach, wie das die Spaltbreite in der Mauer erfordert. Wo ein senkrechter auf einen waagerechten Spalt stößt, ist meist die geeignetste Pflanzstelle. Die Pflanzen werden so tief in den Spalt gedrückt, wie sie vorher im Topf gestanden haben. Um den Erdballen wird so viel feuchte Erde eingedrückt, daß sie fest sitzen. Vorsichtiges Angießen ist erforderlich.

803 Im Laufe des April werden auch die für immergrüne Gehölze und Heidepflanzen vorbereiteten Stellen bepflanzt.

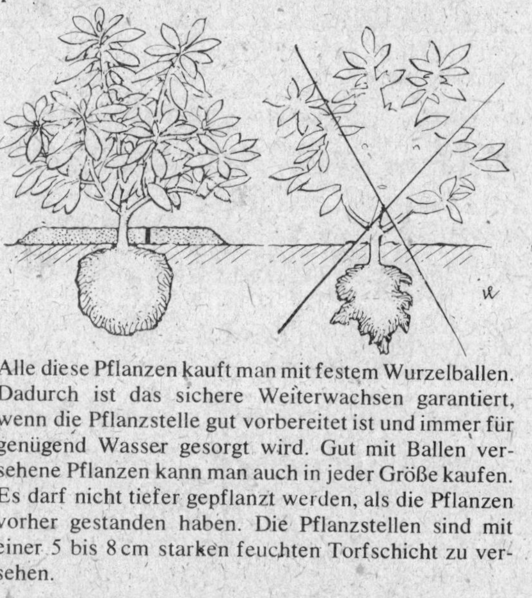

Alle diese Pflanzen kauft man mit festem Wurzelballen. Dadurch ist das sichere Weiterwachsen garantiert, wenn die Pflanzstelle gut vorbereitet ist und immer für genügend Wasser gesorgt wird. Gut mit Ballen versehene Pflanzen kann man auch in jeder Größe kaufen. Es darf nicht tiefer gepflanzt werden, als die Pflanzen vorher gestanden haben. Die Pflanzstellen sind mit einer 5 bis 8 cm starken feuchten Torfschicht zu versehen.

804 Dahlienknollen kann man schon in der zweiten Aprilhälfte in den Boden bringen, wenn er nicht gar zu kalt ist.

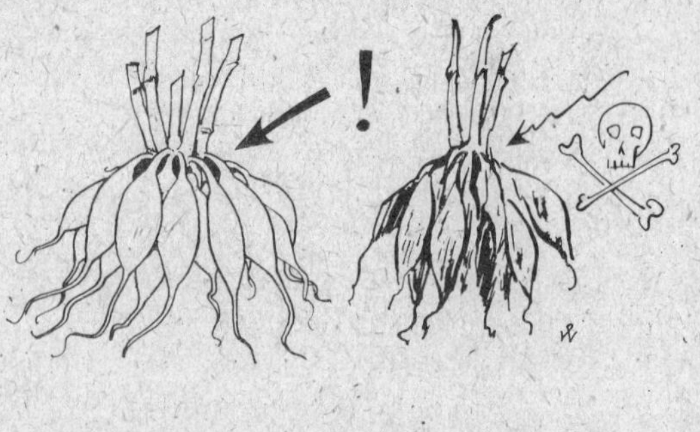

Von den überwinterten Knollen wachsen nur die, deren Knollenhals gesund ist. Sie treiben nur an dieser Stelle aus. Daraufhin sind auch die neugekauften zu prüfen.

805 Bei hohen Dahliensorten setzt man erst die Pfähle und pflanzt dann die Knollen.
Wer es umgekehrt macht, beschädigt die Knollen und Wurzeln. Dahlienknollen pflanzt man so tief, daß sie mindestens 10 cm mit Erde bedeckt sind. Der Abstand ist sortenbedingt!

806 Die Tigerblume *(Tigridia)* findet noch viel zuwenig Beachtung. Ihre Knollen legt man in den letzten Apriltagen.
Als Trupps zu etwa 10 Stück sind sie eine schöne Zierde im Staudengarten. Dabei ist zu berücksichtigen, daß die Tigerblume bis 50 cm hoch wird. Die Knollen legt man 8 bis 10 cm tief mit einem Abstand von 10 bis 12 cm in sonniger Lage.

807 Freesienknollen, die man im April auf Freilandbeete auslegt, liefern schon ab Ende Juli wertvolle Schnittblumen.

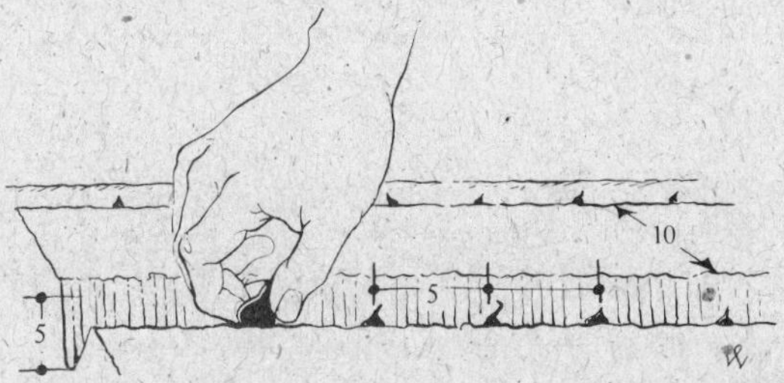

Den sogenannten Paradies-Freesien sollte man viel mehr Beachtung schenken. Sie vertragen einen leicht schattigen Standort besser als Prallsonne. Die Knöllchen werden 5 cm tief und mit einem Reihenabstand von 10 cm gelegt. Auf der Reihe beträgt die Entfernung von Knolle zu Knolle 5 cm, so daß man je m^2 etwa 200 Knollen legen kann. Damit sich die Pflanzen nicht umlegen, ist leichtes Stützen durch kurze Reiser erforderlich. Während des Wachstums ist für ausreichende Bodenfeuchtigkeit zu sorgen.

808 Wer seine Tulpen als Vasenschmuck verwendet, muß beim Schneiden mindestens zwei normale Blätter an der Pflanze belassen.
Andernfalls wird die sich neu entwickelnde Zwiebel so stark geschädigt, daß sie im nächsten Jahr nicht blüht.

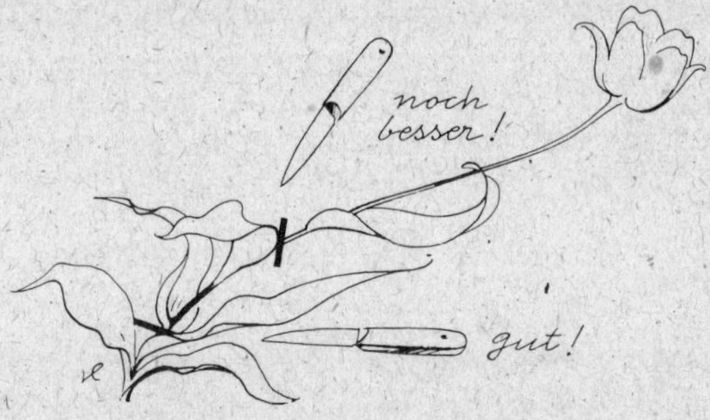

809 Glücksklee *(Oxalis deppei)* ist eine wirkungsvolle Einfassungspflanze, die man viel zu wenig antrifft.
Um eine geschlossene Reihe zu erhalten, legt man die Knöllchen im Abstand von 8 bis 10 cm aus. Sie müssen 2 bis 3 cm in der Erde stecken und können ab Mitte April in den Boden. Im Oktober muß man sie aus der Erde nehmen und frostfrei sowie trocken überwintern.

810 Wenn Pfingstrosen schlecht oder gar nicht blühen, dann stehen sie meist zu tief in der Erde.
Pfingstrosen dürfen nur so tief stehen, daß die Wurzelkrone etwa 3 bis 4 cm mit Erde bedeckt ist.

811 Beim Pflanzen von Enzian ist zu beachten, daß es kalkliebende und kalkfeindliche Arten gibt.
Als Beispiel sollen hier *Gentiana acaulis* (meist sind Hybriden im Handel) und *Gentiana sino-ornata* angeführt werden. Die zuerst genannte Art gehört zu den kalkliebenden Enzianen. Außerdem sollte der Standort für diese Art lehmig, frisch und keineswegs beschattet sein. Im Gegensatz dazu verlangt *Gentiana sino-ornata* humosen, sauren Boden, der nicht gekalkt werden darf. Beide Enziane gehören zu den schönsten ihrer Gattung, und man sollte sich die Mühe machen, den Boden entsprechend ihren natürlichen Anforderungen zu verbessern. Anspruchsloser an den Standort ist der Sommerenzian, *Gentiana septemfida* var. *lagodechiana*.

Zimmergarten

812 Der rotblühende *Haemanthus* (Blutblume) darf nur in dringenden Fällen verpflanzt werden.
Diese Pflanze blüht am sichersten, wenn ihr Wurzelballen nicht gestört ist. Man beschränkt sich in jedem Frühjahr auf das Entfernen und Erneuern der oberen Erdschicht, die von Wurzeln nicht durchzogen ist. Die erforderlichen Nährstoffe gibt man im Laufe der Vegetation in Form von Nährlösungen (s. Ratschlag **525**).

813 Ende April sind die in Fenster- und Balkonkästen überwinterten Pflanzen wieder in Kultur zu nehmen.

Alle abgestorbenen Pflanzenteile sind sauber zu entfernen. Wie die Pflanzen zurückgeschnitten werden, ist aus den Ratschlägen **296** und **529** ersichtlich.
Das notwendige Umpflanzen ist jetzt auch vorzunehmen.

814 Der April ist der günstigste Monat zum Umtopfen der meisten Zimmerpflanzen.
Dazu wird die im März gekaufte Erde verwendet. Gebrauchte Töpfe sind mit einer harten Scheuerbürste innen und außen zu reinigen. Chemische Reinigungsmittel darf man dabei aber nicht verwenden. Zum Bedecken des Topfbodens (Dränage) beschafft man sich groben Sand oder Kies.

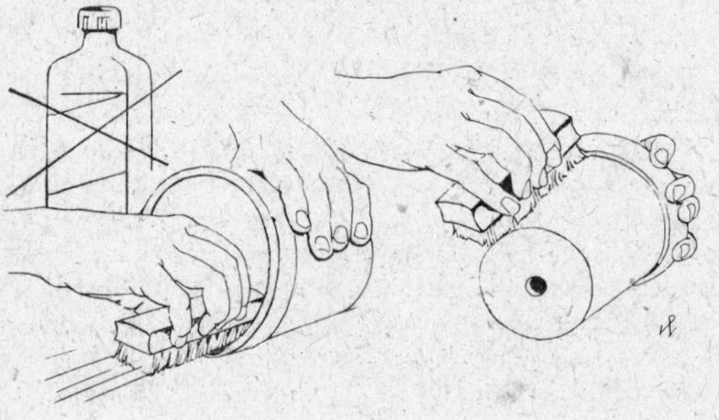

815 Beim Verpflanzen (Umpflanzen) müssen Zimmerpflanzen nicht immer größere Töpfe erhalten.
Das trifft vor allem auf die zu, bei denen ein Teil der Wurzeln abgestorben ist. Bei ihnen entfernen wir aus dem Wurzelballen alle lose Erde, schneiden die toten Wurzeln ab und pflanzen in denselben oder einen etwas kleineren Topf wieder ein. Im übrigen ist zu beachten, daß die Pflanzen in einem verhältnismäßig kleinen Topf leichter zum Blühen kommen als in einem zu großen (Ritterstern, Clivie, Valotte).

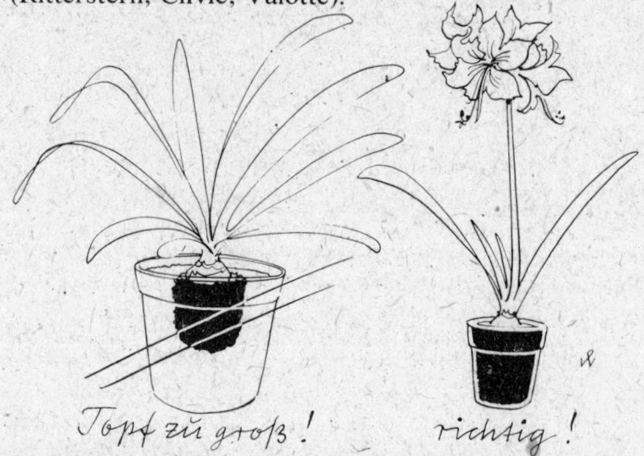

816 Wurzelkranke Zimmerpflanzen erhalten beim Verpflanzen einen besonders großen Anteil von Sand zur Erde.
Während der normale Sandanteil etwa ein Fünftel beträgt, wird in diesen Fällen ein Verhältnis Erde-Sand von 3:1 hergestellt. Darin erholen sich wurzelkranke Pflanzen sehr schnell, weil dieses Gemisch schneller austrocknet. Auch die Sandschicht auf dem Boden des Topfes sollte mindestens 2 cm betragen. Im übrigen ist auch Ratschlag **815** zu beachten.

817 Gummibäume, die im Winter Blätter verloren haben, sind meist wurzelkrank.
Je nach dem Grad der Erkrankung muß in einen kleineren Topf gepflanzt werden. Im allgemeinen macht sich außerdem ein Rückschnitt der Pflanzen nötig. Die Entscheidung darüber sollte man einem Topfpflanzengärtner überlassen. Er kann auch beurteilen, ob die Pflanze noch zu retten ist und wie.

818 Sobald Rittersterne *(Hippeastrum),* fälschlich auch Amaryllis genannt, abgeblüht haben, ist die beste Zeit zum Verpflanzen.
Ältere Exemplare braucht man nur alle 2 bis 3 Jahre zu verpflanzen. Dabei wird die obere Erdschicht entfernt, ohne den Wurzelballen zu zerstören. Den Durchmesser der Töpfe sollte man höchsten 2 cm größer wählen. In kleineren Töpfen blühen die Rittersterne sicherer als in großen. Als Erde verwendet man eine Mischung aus Komposterde, Lehm, Torf und Sand im Verhältnis 3:1:1:1. Bis zur Neubildung von Wurzeln darf die Erde nach dem Gießen nur feucht sein. Zu naß gehalten, entstehen Wurzelschäden.

819 Die Wurzelballen alter Zierspargel *(Asparagus sprengeri)* sind beim Verpflanzen gründlich zu lockern.

Alte Zierspargel haben, wenn sie gesund sind, oft den Topf so stark durchwurzelt, daß er platzt. So ein verfilzter Ballen wird mit einem messerartig geschnitzten Holz an den Seiten von oben nach unten aufgerissen. Den dadurch locker werdenden unteren Teil der Wurzeln kann man unbesorgt abschneiden. Dann wird in einen größeren Topf gepflanzt. Dabei muß der Kopf der Pflanze etwa 2 cm tief unter der Erdoberfläche stehen.

820 Die neue Erde zwischen Wurzelballen und Topfwand ist so anzudrücken, daß kein Hohlraum entsteht. Außerdem erhält jeder Topf einen Gießrand.

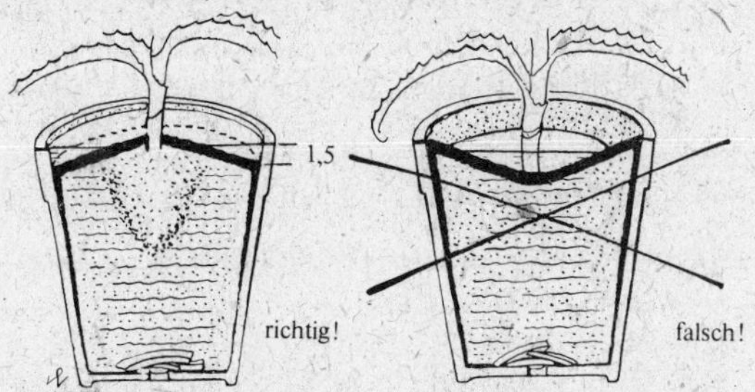

Der Gießrand ist besonders wichtig, weil man sonst die Pflanzen nie richtig gießen kann. Jeder Topf darf also nur so hoch mit Erde gefüllt werden, daß ein 1 bis 1,5 cm hoher Rand frei bleibt.

821 Umgepflanzte Zimmerpflanzen sind in der ersten Zeit nur spärlich zu gießen, weil sie sonst wurzelkrank werden.

Man hält die Erde nur mäßig feucht, läßt sie aber nicht ganz trocken werden. Anschließend an das Umpflanzen wird aber einmal durchdringend gegossen. Das normale Gießen setzt erst wieder ein, wenn durch neues Wachstum höherer Wasserbedarf angezeigt wird. Umgepflanzte darf man in den ersten vier Wochen auch nicht düngen.

822 Bei abgeblühten Zimmerazaleen und Kamellien ist weiter darauf zu achten, daß sie nie unter Wasser- und Nährstoffmangel leiden.

Dabei ist alles das sinngemäß zu beachten, was in den Ratschlägen **165**, **166** und **526** gesagt wurde.

823 Blühende Hortensien brauchen sehr viel Wasser. Großer Blattschaden kann entstehen, wenn sie einmal bis zum starken Welken trocken werden.

Bis über den Topfrand in ein Gefäß mit Wasser gestellt, richten sie sich zwar auf, aber die Blattspitzen werden nicht wieder frisch. Man darf es also gar nicht erst zum Welken kommen lassen. Im Untersetzer stehendes Wasser muß nach dem Gießen entfernt werden, denn stehende Nässe vertragen die Wurzeln der Hortensie nicht. Sie würden in kürzester Zeit an Wurzelfäule zugrunde gehen.

824 Alle nicht umgepflanzten Zimmerpflanzen erhalten auch im April Nährlösungen nach Bedarf (Ratschlag 525).

Zu beachten ist, daß Zimmerpflanzen in Torfsubstraten wesentlich öfter gedüngt werden müssen als Pflanzen in kompostreichen Kulturerden. Nach oberflächlichem Abtrocknen ist die oberste Schicht der Topferde nach Möglichkeit einmal im Monat mit einem Hölzchen zu lockern. Dabei darf man aber keine Wurzeln verletzen.

825 Triebteile von Hängephilodendron (auch von anderen Arten) und von der Efeutute *(Rhaphidophora)* bewurzeln sich am besten in einem Wasserglas.

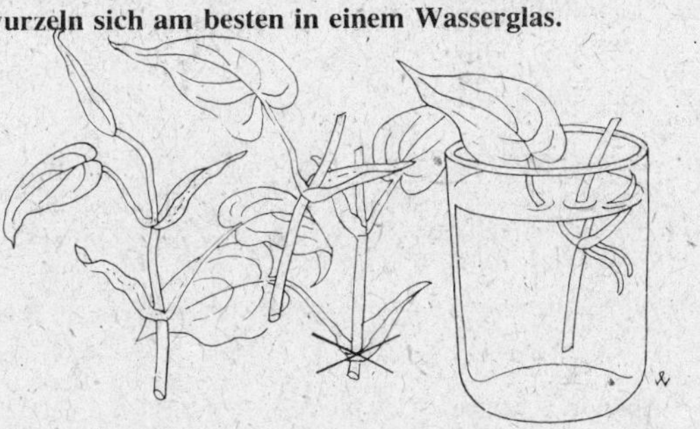

Dabei braucht es sich nicht immer um 10 bis 12 cm lange Triebspitzen zu handeln. Andere nicht gar zu harte Triebteile bewurzeln sich genau so gut. Bei ihnen dauert es höchstens etwas länger. Man schneidet sie und auch die Triebspitzen nicht direkt unter einem Blattwinkel, sondern 1 bis 2 cm tiefer. Die Triebteile brauchen nur ein Blatt zu haben. Besser sind aber drei. Das Wasser muß bis über den untersten Blattknoten reichen.

826 Die im Wasserglas stehenden Triebteile der unter Ratschlag 825 genannten Pflanzen topft man ein, wenn die Wurzeln 3 bis 4 cm lang sind.
Damit man so bald wie möglich buschige Pflanzen erzielt, setzt man 3 bis 5 bewurzelte Stecklinge in einen Topf. Es dürfen auch mehr sein. Fürs erste genügen 9- bis 10-cm-Töpfe. In ihnen wurzeln sie schnell durch und können verpflanzt werden. Lauberde mit Torf und Sand (2:2:1) ist die geeignetste Mischung zum Einpflanzen.

827 In trockener Zimmerluft macht sich im Winter oft die sogenannte 'Schwarze Fliege' (Thrips) an Gummibäumen breit. Diesem Schädling muß man ganz energisch zu Leibe gehen, weil er auch auf andere Pflanzen übergeht.

Der Schädling ist mehr oder weniger dunkel gefärbt und etwa 1 mm lang. In seiner Gesellschaft findet man immer die gelblichen Larven. Seine Ausscheidungen sehen aus wie Fliegenkot. An ihnen erkennt man seine Existenz am ehesten. Vorbeugend sind alle gefährdeten Pflanzen mit Wasser zu besprühen. Sind die Pflanzen trotzdem stark befallen, hilft nur das Spritzen mit einem für Zimmerpflanzen zu verwendenden handelsüblichen Insektizid. Alle Mittel sind aber sehr giftig! Darum müssen Heimtiere entfernt und Aquarien gut abgedeckt werden.

828 Zur erdelosen Kultur eignen sich vor allem die meisten Grünpflanzen und wachsen oft besser als in Erde.
Ich will hier nur die wichtigsten nennen: Gummibäume, Efeutute, alle Philodendronarten, Ananasgewächse, Bogenhanf und Calla.

829 Der Übergang von der normalen Erdkultur zur erdelosen ist ein empfindlicher Eingriff in das Leben der Pflanzen.
Beim Umpflanzen in einen sogenannten Hydrotopf muß der Wurzelballen der Pflanzen vollständig frei von Erde sein. Das wird durch Auswaschen erreicht, was nur selten ohne wesentliche Beschädigung der Wurzeln möglich ist. Darum kann das Umpflanzen nur der selbst vornehmen, dem ein gleichmäßig geheiztes Zimmer zur Verfügung steht.

830 Die erdelose Kultur (Hydroponik) der Zimmerpflanzen vereinfacht das Gießen und Düngen ganz erheblich.
Darum sollte sie viel mehr angewendet werden. In Hydrotöpfen stehende Pflanzen brauchen auch im Sommer wochenlang keine Pflege, was vor allem beim Verreisen während des Urlaubs sehr wichtig ist.

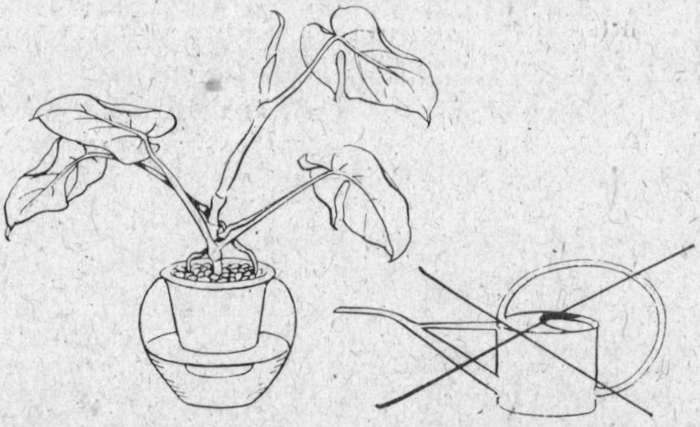

831 Die erdelose oder Wasserkultur wird in speziellen Gefäßen durchgeführt, die man als Hydrotöpfe bezeichnet.
Sie bestehen aus zwei Behältern, die ineinander stehen. Der äußere ist ein formschöner Übertopf, der wasserdicht sein muß. Der innere hängt auf dem Rand des Übertopfes und nimmt das Kultursubstrat mit den Pflanzenwurzeln auf. Er hat seitlich oder unten Löcher, durch die das mit Nährstoffen angereicherte Wasser zu den Wurzeln gelangt.

832 Neben dem Hydrotopf braucht man zur erdelosen Kultur ein Substrat, das sich im Wasser nicht verändert und keine wurzelschädigenden Stoffe ausscheidet.

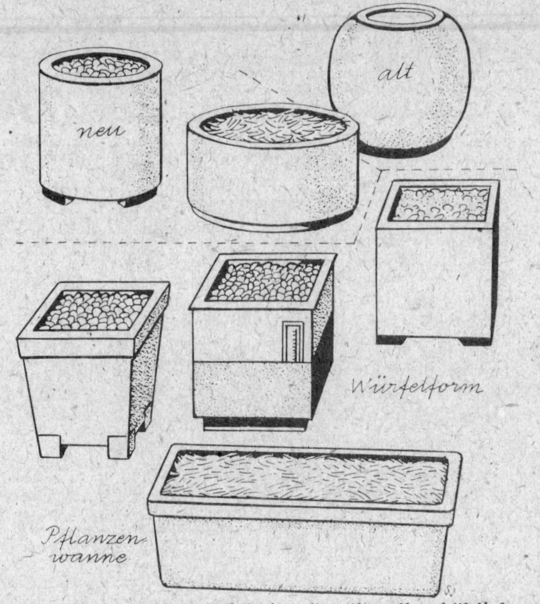

Als Kultursubstrat üblich ist der überall erhältliche Blähton, aber auch Bimskies und nicht zu feinkörniger Quarzkies sind geeignet. Die brauchbaren Körnungen der Substrate bewegen sich zwischen 2 und 5 mm. Die 5-mm-Körnung wird im allgemeinen zum Abdecken genommen. Bewährt haben sich auch Kunststoffborsten (stark festdrücken). Sie sind sehr leicht und halten die Pflanzen im Gefäß fest.

833 Das Wasser für den Hydrotopf wird mit Nährsalzen angereichert, die auch alle wichtigen Spurenelemente enthalten müssen.

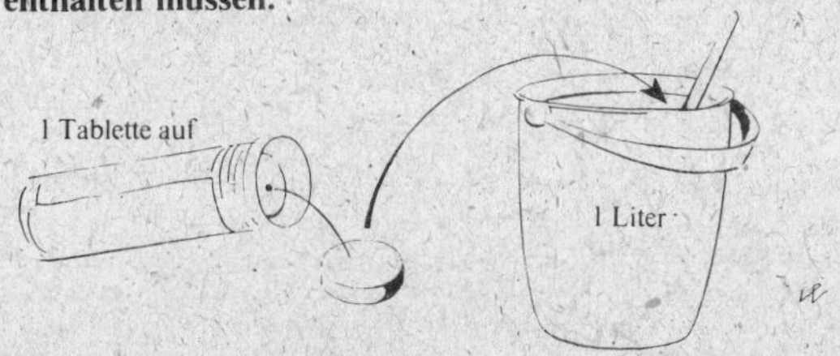

Für diesen Zweck hat die Industrie schon mehrere spezielle Nährsalze entwickelt. Am besten sind die in Tablettenform. Sie ermöglichen eine genaue Dosierung, ohne daß man abzumessen oder abzuwiegen braucht. Im übrigen sind die Vorschriften der Hersteller zu beachten.

834 Die Nährlösung wird bei Bedarf ergänzt und von Zeit zu Zeit erneuert.
Man ergänzt, sobald die Nährlösung unter den Boden des Einsatztopfes abgesunken ist. Es wird so viel nachgegossen, daß er wieder etwa 2 cm in die Nährlösung taucht. Jeden Monat sollte man die Nährlösung ganz entfernen und durch neue ersetzen.

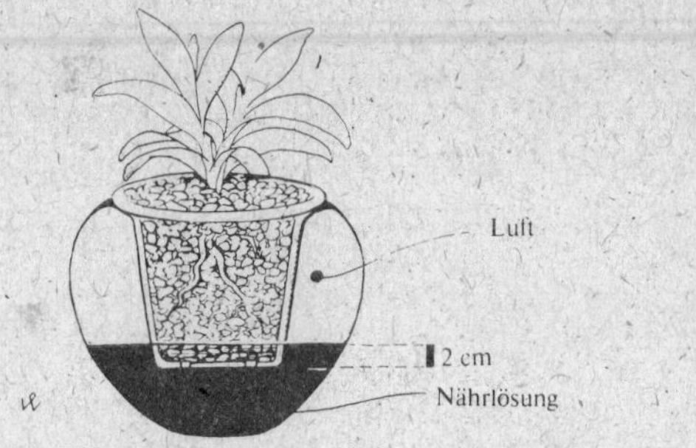

835 An den sonstigen Bedürfnissen der im Hydrotopf stehenden Pflanzen verändert sich gegenüber den in Erde kultivierten nichts.
Das bezieht sich insbesondere auf die Licht- und Temperaturansprüche. Zu dunkel aufgestellte Pflanzen werden auch im Hydrotopf lang und gehen zugrunde. Auch unter Temperaturschwankungen leiden sie genauso wie die in Erde stehenden.

836 Pflanzen in einem Blumenfester mit Südlage sind meist schon durch die Aprilsonne gefährdet.
Nach langen lichtarmen Wintern sind die Pflanzen gegen direkte Sonnenbestrahlung besonders empfindlich. Darum sollte man die Einrichtungen zum Beschatten beizeiten in Ordnung bringen, um sie im Bedarfsfalle sofort betätigen zu können.

Allgemeines

837 Da wir uns nun öfter in unserer Laube aufhalten, sollten wir das Dach nochmals auf seine Dichte prüfen.
Der Wind kann im Verlauf der vergangenen Monate Dachpappe locker gerissen haben, ohne daß man es bemerkte. Beim Ausbessern darf das Dach nur mit absatzlosen Schuhen betreten werden. Die Ersatzstücke der Dachpappe sind reichlich unterzuschieben, aufzukleben und gut zu nageln. Anschließend teert man am besten das ganze Dach. Zu den vorstehenden Arbeiten ist trockenes Wetter erforderlich.

838 Beim Aufstellen der Behälter zum Auffangen von Regenwasser muß auch die Regenrinne und ihr Abfluß überprüft werden.
Die Regenrinne muß nicht nur dicht, sondern auch sehr sauber sein, damit man einwandfreies Gießwasser erhält. Beim Überprüfen wird auch das Dach gekehrt und

nötigenfalls abgespült. Die Verbindung von Regenrinne und Abfluß muß gut abgedichtet sein, damit kein Wasserverlust entsteht.

839 Die ersten schönen Maitage sind zum Streichen der Lauben und Zäune zu nutzen.
Der Anstrich soll nicht nur zum besseren Aussehen beitragen, sondern auch das Holz gegen Fäulnis schützen. Wenn er voll wirksam sein soll, müssen wir ihn in jedem Jahre wiederholen. Am schönsten wirkt Ölfarbe. Für rauhes Holz ist sie aber nicht geeignet. In solchen Fällen nimmt man besser ein Imprägniermittel. Es muß aber pflanzenunschädlich sein. Karbolineum scheidet bei Sonnenschein Dämpfe aus, die an den in der Nähe stehenden Pflanzen Schaden anrichten können. Warmes, trockenes Wetter erleichtert nicht nur das Streichen, sondern fördert auch das Trocknen des Anstriches.

840 Wer über eine geräumige Laube oder einen großen Schuppen verfügt, benutzt die regnerischen Tage zum Streichen seiner Gartenmöbel.
Bevor man mit dem Anstrich beginnt, müssen sie gründlich abgewaschen werden. Dem Abwaschwasser ist ein Reinigungsmittel zuzusetzen, das die Farbe auf den Holzmöbeln nicht angreift. Vor dem eigentlichen Streichen versieht man nur die mageren Stellen mit Farbe und läßt sie gut trocknen. Vor dem Lackieren streicht man mindestens einmal mit Grundfarbe. Jeder Anstrich muß völlig trocken sein, bevor der nächste folgt.

841 Durch die Bodenbearbeitung im April hat meist die Deckschicht der Wege so gelitten, daß sie erneuert werden muß.

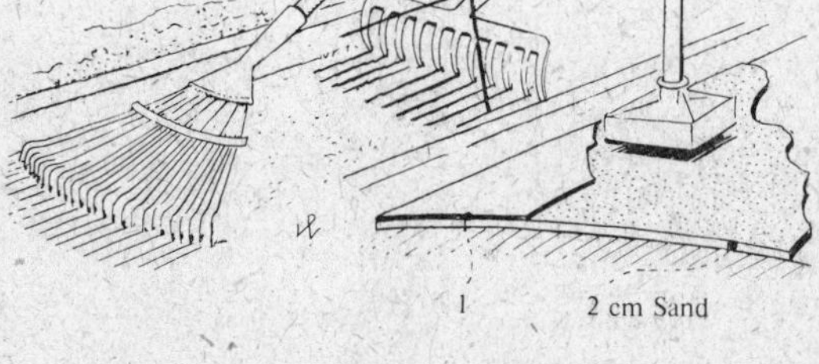

Bevor man die neue Sandschicht aufbringt, wird der Weg am besten mit einem dichten Drahtbesen sauber gemacht. Dabei vernichtet man gleichzeitig etwa vorhandenes Unkraut. Der Sand wird am besten in zwei Schichten aufgebracht. Die erste, etwa 1 cm hohe Schicht stampft man oder walzt man fest. Die zweite, etwa 0,5 cm stark, wird nur verharkt (siehe auch Ratschlag **306**).

842 In allen Teilen des Gartens macht sich jetzt schon das Unkraut breit. Es muß rechtzeitig bekämpft werden.
Das Unkraut beeinträchtigt nicht nur den guten Anblick, sondern entzieht dem Boden und somit unseren Pflanzen Nährstoffe. Man darf es auf keinen Fall zum Blühen kommen lassen. Es ist kaum zu glauben, wie schnell beispielsweise Vogelmiere Samen ansetzt und ausstreut. Gerade dieses Unkraut entwickelt sich gern versteckt unter oder zwischen unseren Kulturpflanzen.

843 Schon in den ersten Maitagen gehört die Bodenpflege mit zu den wichtigsten Gartenarbeiten.

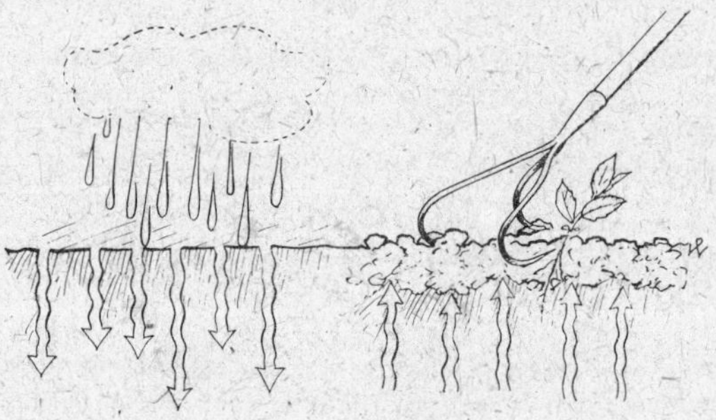

An erster Stelle steht das Hacken. Damit sorgt man nicht nur für gute Bodendurchlüftung, sondern erhält auch die Bodenfeuchtigkeit. Das Hacken ist in allen Teilen unseres Gartens laufend vorzunehmen. Mindestens nach jedem stärkeren Regen und Gießen, sobald der Boden oberflächlich abgetrocknet ist. Dadurch wird auch das Gießen nicht so oft nötig. Außerdem stört man durch öfteres Hacken die Entwicklung des Unkrautes, so daß es nie überhandnehmen kann.

844 Schon im Mai müssen wir dafür sorgen, daß es unseren Pflanzen nie an Wasser fehlt.
Das größte Augenmerk ist dabei auf die Pflanzen zu richten, die noch nicht lange im Boden stehen. Das trifft nicht nur auf das Gemüse zu, sondern auch auf Stauden, Rosen, Gehölze und den neuangelegten Rasen. Leichtes Überspritzen hat wenig Zweck. Wir müssen uns angewöhnen, gründlich zu gießen. Als Anhalt gilt, bei jedem Gießen auf 1 m^2 5 bis 10 Liter Wasser zu verteilen. Auf leichteren Böden kann man die größere Menge nehmen, bei trockenem, heißem Wetter sogar noch mehr. Andererseits muß man bei schwerem Boden vorsichtiger sein, um den Boden nicht zu verschlämmen.

Die Begrenzung des Gartens kann von verschiedenen Gesichtspunkten bestimmt werden

Die Einfriedung durch eine niedrige Hecke verbindet mit dem Nachbarn

Wer sich ungeniert bewegen will, wird eine höhere „Wand“ bevorzugen

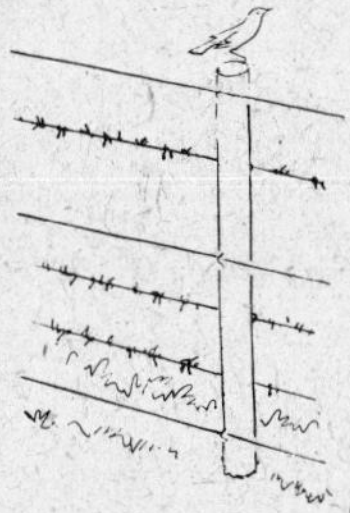

Notfalls muß Stacheldraht auf der Gartenseite des Pfahls gezogen werden

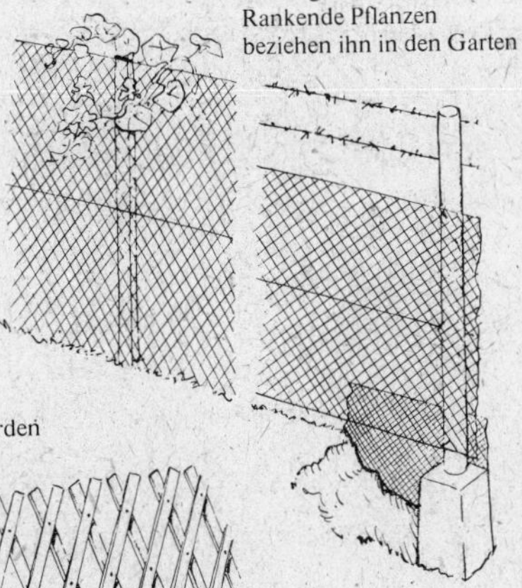

Maschendraht ist billig und dauerhaft. Rankende Pflanzen beziehen ihn in den Garten ein

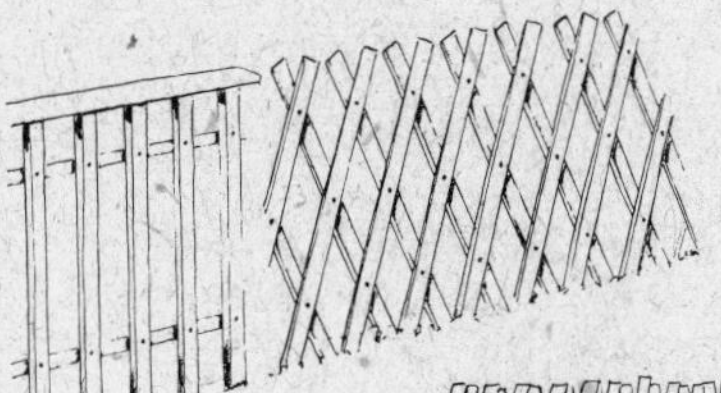

Als Ersatz für Holz wird Kunststoff mehr und mehr verwendet werden

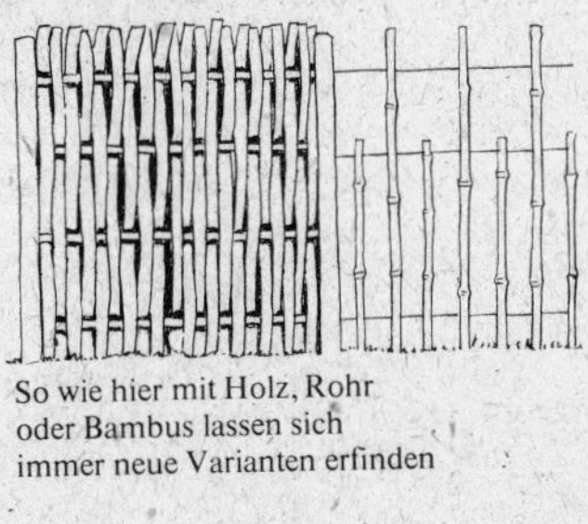

So wie hier mit Holz, Rohr oder Bambus lassen sich immer neue Varianten erfinden

Sicher war der „Garten Eden“ nicht wie unser „Gartenparadies“ von einem Holzzaun umgeben

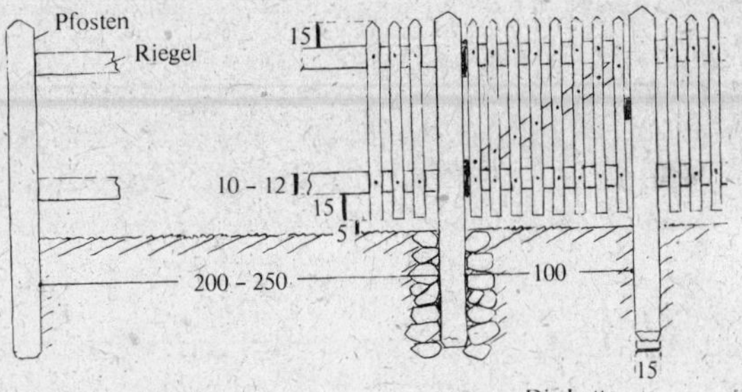

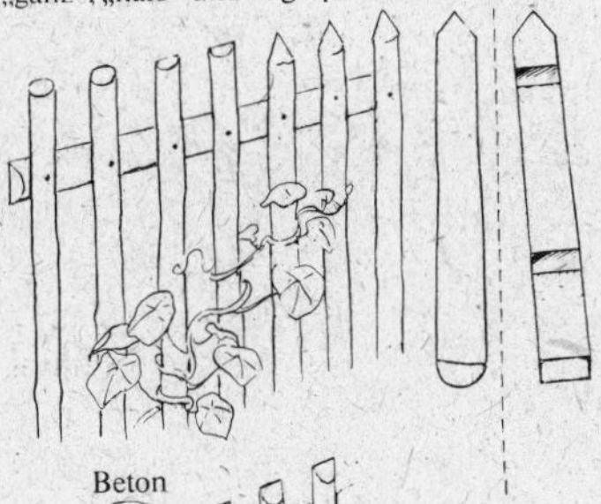

Die Waldstange „ganz“, „halb“ und zugespitzt

Die Latte oder Stakete

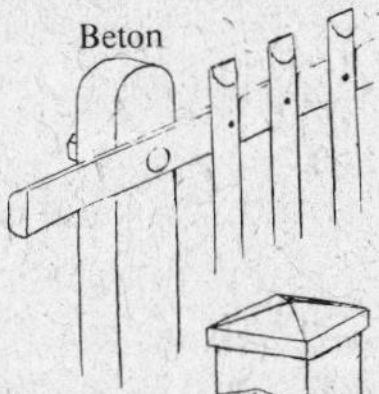

Es gibt alle möglichen Holzzäune, die mit Geschick aufgestellt werden können. Leider ist Holz nur begrenzt haltbar

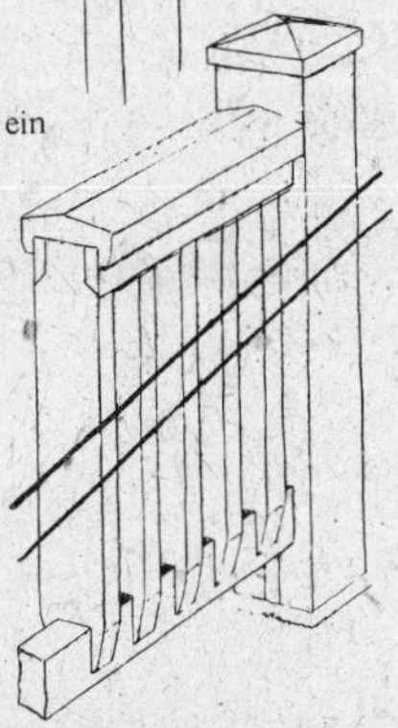

Der Holmzaun ist zu kostenaufwendig (Handwerker!)

Auf dem Lande gibt es diese einfachen „offenen“ Zäune

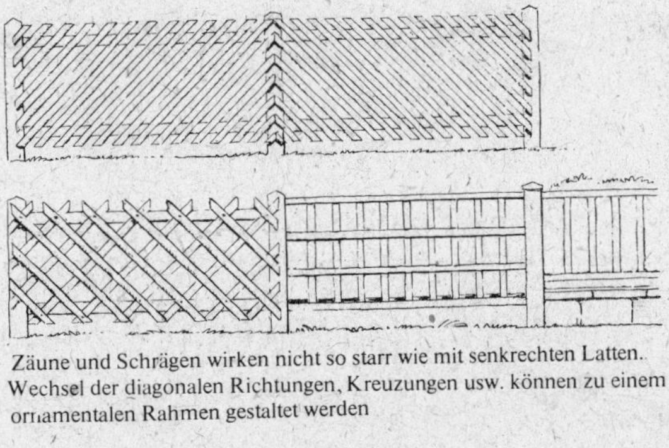

Zäune und Schrägen wirken nicht so starr wie mit senkrechten Latten. Wechsel der diagonalen Richtungen, Kreuzungen usw. können zu einem ornamentalen Rahmen gestaltet werden

845 Gießen und Spritzen sind zwei ganz verschiedene Kulturmaßnahmen, die man nicht verwechseln darf.
Das Gießen soll den Pflanzen die Möglichkeit geben, die Nährstoffe aus dem Boden zu nehmen und den Wasserbedarf zu decken. Das Spritzen kommt in der Regel nur bei heißem Wetter in Frage. Dabei werden nur die oberirdischen Pflanzenteile naß gemacht. Die dadurch entstehende Luftfeuchtigkeit verringert die Transpiration (Wasserverdunstung) der Blätter, so daß die Pflanzen nicht welken, wenn die Wurzeln den Wasserbedarf nicht bewältigen können.

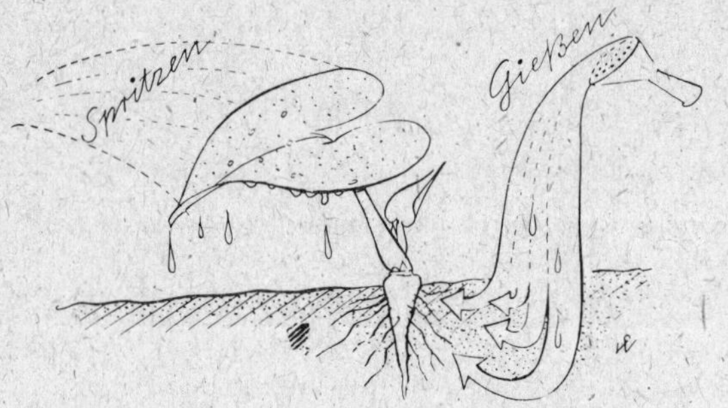

846 Da kaltes Leitungswasser keiner Pflanze dienlich ist, muß man stets für angewärmtes sorgen.
Es genügt, wenn das Gießwasser annähernd die Temperatur der Luft angenommen hat. Das wird erreicht, wenn wir nach jedem Gießen die Wasserbehälter wieder vollaufen lassen.

847 Die Nistkästen unserer Gartenvögel sind laufend zu überwachen, damit die Brut nicht gefährdet wird.
Die größten Feinde der Brut sind die Katzen. Wir müssen sie mit allen Mitteln von den Brutstätten fernhalten. Auch die Kinder muß man belehren, daß sie sich nicht in ihrer Nähe aufhalten. Die Kinder stören besonders bei der Fütterung der jungen Vögel. Wichtig ist vor allem, daß die Kinder nicht die Nistkästen öffnen und die Eier anfassen. Die Abbildung von Manschetten am Baum gegen Katzen und Marder siehe Ratschlag **313**.

848 Vogeltränken sind des öfteren mit frischem Wasser zu versehen. Noch fehlende sind aufzustellen.
Als Behelf legt man auf das Behälterwasser ein möglichst breites starkes Brett. Es dauert gar nicht lange, bis die Vögel diese Gelegenheit zum Trinken wahrnehmen. Die Umgebung der Tränken muß für die Vögel übersichtlich sein, damit sich Katzen nicht unbemerkt anschleichen können.

849 Mit dem Beginn warmen Wetters machen sich auch die Maulwurfsgrillen unangenehm bemerkbar.

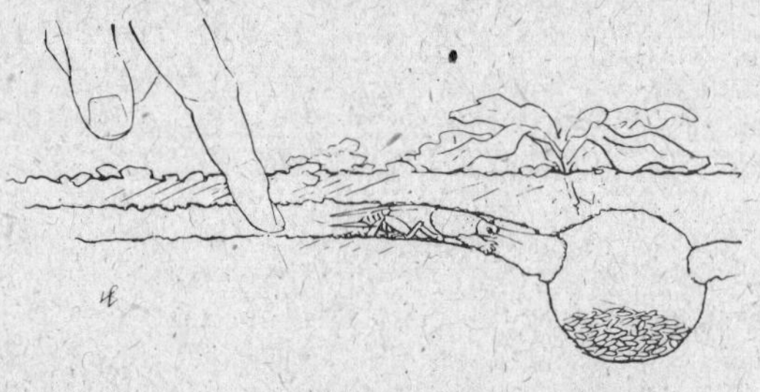

Die Bekämpfung ist durch das Vernichten der Nistplätze mit Brut am wirksamsten. Die Maulwurfsgrillen haben ihre Gänge dicht unter der Erdoberfläche. Sobald man Gänge feststellt, spürt man ihnen mit den Fingern nach. Auf diese Weise findet man auch die etwas tiefer liegenden Nistplätze, die ausgehoben und mit Inhalt vernichtet werden.

850 Maulwürfe gehören nicht zu den Schädlingen. Im Garten können sie jedoch sehr lästig werden.

Abgesehen von den unschönen Maulwurfshügeln ist bei starkem Auftreten auch mit Schäden an unseren Pflanzen zu rechnen. Durch die oft zahlreichen Gänge können Pflanzen gelockert werden, so daß sie eingehen. Maulwürfe dürfen nach dem Naturschutzgesetz nicht gefangen oder sogar getötet werden. Man darf nur versuchen, sie mit Hilfe von in die Gänge gesteckten zerschnittenen Knoblauchzehen oder anderen stark riechenden Dingen zu vertreiben.

851 Wer unter Wühlmäusen zu leiden hat, darf nichts unversucht lassen, um die gefährlichen Pflanzenschädiger zu vernichten.
Am sichersten fängt man sie mit sorgfältig aufgestellten Fallen. Gaspatronen sind nur wirksam, wenn man damit schlagartig alle Gänge behandelt. Wenn diese Maßnahme einige Male wiederholt wird, erzielt man zum mindesten, daß sich die Wühlmäuse aus dem vergasten Gebiet verziehen.

852 Zur Wühlmausbekämpfung eignen sich auch die Abgase von Kraftfahrzeugen.

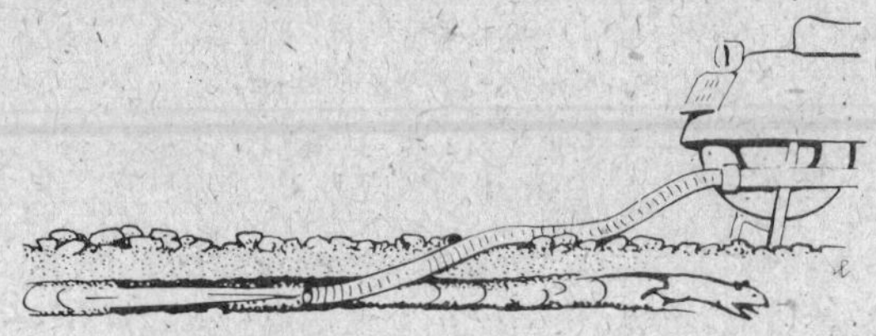

Mit dem Pkw kommt man natürlich nicht überall hin; auch nicht mit der notwendigen Schlauchverlängerung, die über den Auspuff gestülpt und daran befestigt wird. Günstiger lassen sich die Auspuffgase von Kleinkrafträdern verwenden, mit denen man bis in jeden Gartenwinkel kommt. Sieht man die Auspuffgase irgendwo aus dem Boden dringen, so muß man die Stellen mit Erde abdichten. Am wirksamsten ist die Bekämpfung, wenn sich mehrere Nachbarn zusammentun und die Bekämpfung gleichzeitig durchführen. Es ist so eher mit einer Vernichtung und nicht nur Vertreibung der Wühlmäuse zu rechnen.

Gemüsegarten

853 Bei der Pflege der Hausgurken gehört der Schnitt zu den wichtigsten Maßnahmen.

Etwa 3 bis 4 Wochen nach dem Anwachsen erreicht der Haupttrieb der Ende April gepflanzten Gurken den oberen Spanndraht. Hier wird er in lockerem Bogen über den Draht gelegt, gestutzt und festgebunden. Am Haupttrieb der Pflanze entwickeln sich in der Regel eine größere Anzahl sogenannte Stammfrüchte. Im Interesse einer besseren Pflanzenentwicklung sind die unteren Stammfrüchte bis in eine Höhe von mindestens 50 bis 60 cm rechtzeitig zu entfernen. Nach der ersten Ernte der Stammfrüchte entwickeln sich am Haupttrieb die Seitentriebe 1. Ordnung. Teilweise zeigen sich aber bereits kurze Zeit nach dem Anwachsen in Bodennähe kräftige Seitentriebe. Diese sind bis in eine Höhe von 30 cm unbedingt zu beseitigen, da sie das Wachstum des Haupttriebes hemmen. Ab 30 cm Höhe werden die Seitentriebe belassen und in der Regel nach 2 Fruchtansätzen bzw. weiblichen Blüten gestutzt. Entwickeln sich viele Seitentriebe, stutzt man bereits nach dem ersten Fruchtansatz, um die Pflanze nicht vorzeitig zu erschöpfen. Alle Schnittarbeiten erfolgen mit einem möglichst scharfen Messer etwa 2 cm oberhalb des betreffenden Blattes.

854 Beim Anbau von Hausgurken sollte man das Lüften auf ein Mindestmaß beschränken.

Es wird erst bei Temperaturen über 28 °C notwendig. Dabei ist zu bedenken, daß jedes Lüften ein Absinken der Luftfeuchtigkeit zur Folge hat und geringe Luftfeuchtigkeit wiederum das Auftreten von Spinnmilben begünstigt. Wenn gelüftet wird, ist deshalb der Feuchtigkeitsverlust unbedingt durch Spritzen auszugleichen.

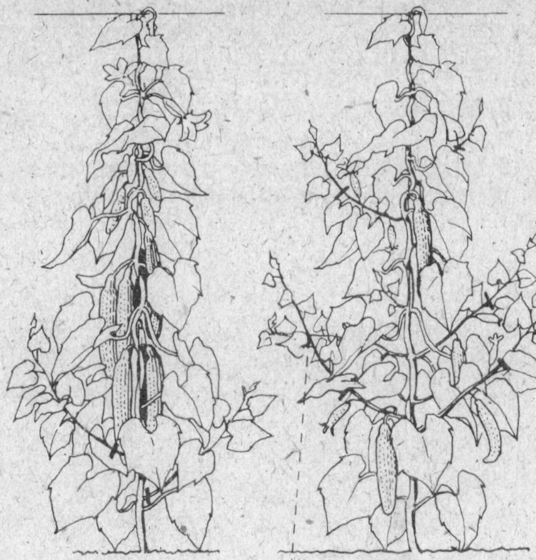

Stammfrüchte   Seitentriebe 1. Ordnung

855 Sehr hohe Ansprüche stellen Hausgurken an die Boden- und Luftfeuchtigkeit.

Dabei ist der Wasserbedarf abhängig vom Entwicklungszustand der Pflanzen sowie von den Licht- und Temperaturbedingungen. Naturgemäß liegt er in den Monaten Mai bis Juli am höchsten. Bei warmer Witterung sind deshalb tägliche Wassergaben von 2 bis 3 l je Pflanze notwendig. Am besten ist das Wässern in den Vormittagsstunden, um ein Abtrocknen der Pflanzenteile bis zum Abend zu gewährleisten. Bei hohen Temperaturen sollte außer dem Gießen noch mit Wasser gespritzt werden, damit die erforderliche Luftfeuchtigkeit erreicht wird.

Bei allen Bewässerungsmaßnahmen muß man darauf achten, daß der Wurzelhals und die Blätter möglichst wenig mit Wasser benetzt werden bzw. rasch wieder abtrocknen, um der gefährlichen Stengelfäule und anderen pilzlichen Erkrankungen vorzubeugen.

856 Die Haustomate stellt weniger hohe Ansprüche an die Temperatur als die Hausgurke.
Trotzdem ist eine den Ansprüchen der Tomate angepaßte Temperaturgestaltung ausschlaggebend zur Erzielung hoher und frühzeitiger Erträge. Mehrtägiges Absinken der Temperaturen unter 10 °C führt zu Wachstumsstockungen und verhindert die Befruchtung. Desgleichen müssen während der Blütezeit und zur Zeit der Fruchtreife Temperaturen über 32 °C vermieden werden, da sie den Fruchtansatz verringern und die Ausbildung gelbfleckiger Früchte fördern. Die Glas- und Folienhäuser sind deshalb bei entsprechender Außentemperatur reichlich zu lüften.

857 Entscheidend für eine gute Pflanzenentwicklung und Fruchtausbildung der Haustomate ist die Wasserversorgung.
Tomaten benötigen ein sehr reichliches und vor allem gleichmäßiges Wasserangebot, dabei aber keine hohe Luftfeuchtigkeit. Es kommt also darauf an, dem Boden reichlich Wasser zuzuführen und gleichzeitig die Verdunstung möglichst gering zu halten. Das erreicht man durch eine Bodenbedeckung mit organischem Material (Stroh o. ä.). Außerdem ist darauf zu achten, daß die Pflanzen beim Gießen nur wenig benetzt werden. Der tägliche Wasserbedarf liegt bei durchschnittlich 4 l/m^2. Stärkere Schwankungen in der Wasserversorgung führen zum Platzen der Früchte.

858 Zu den Pflegemaßnahmen beim Anbau der Haustomate gehört das rechtzeitige Anbinden und Ausgeizen.
Die in den Blattachseln erscheinenden Nebentriebe sind auszubrechen, sobald man sie gut fassen kann. Läßt man die Nebentriebe zu groß werden, beeinträchtigen sie das Wachstum des Haupttriebes und die Fruchtentwicklung. Das Anbinden der Pflanzen darf nicht zu fest erfolgen, um das Dickenwachstum der Pflanze nicht zu behindern. Nach der Ausbildung von 2 bis maximal 3 Blütenständen wird der Haupttrieb gestutzt. Dabei beläßt man über dem letzten Blütenstand ein Blatt.

859 Zur Verbesserung des Fruchtansatzes bei Haustomaten hat sich das Rütteln der Blütenstände als vorteilhaft erwiesen.

Die Pflanzen bzw. jeder einzelne Blütenstand sollten während der gesamten Blütezeit wöchentlich zwei- bis dreimal in den Mittagsstunden gerüttelt werden.

860 Hausgurken erhalten spätestens 4 Wochen nach der Pflanzung die erste Kopfdüngung.
Je m^2 gibt man 5 g N und 5 g K in Form einer 0,3%igen Nährlösung. Bei der Auswahl der Düngerarten ist zu beachten, daß Gurken stark kalibedürftig und außerdem chloridempfindlich sind. Bei Verwendung von stickstoffreichen Volldüngern muß evtl. noch zusätzlich ein Kalidünger eingesetzt werden.

861 Ende April gepflanzte Haustomaten erhalten in der letzten Maidekade die erste Kopfdüngung.
Dabei ist auf ein richtiges Stickstoff-Kalium-Verhältnis zu achten. Zu hohes Stickstoffangebot bei Wachstumsbeginn führt zu einer üppigen Blattentwicklung und wirkt sich ungünstig auf den Reifebeginn aus. Man wählt deshalb für die erste Kopfdüngung einen Volldünger mit hohem Kaliumgehalt und gibt davon etwa 40 g/m^2 in flüssiger Form (0,3%ig). Zu berücksichtigen ist, daß Tomaten chloridempfindlich sind.

862 Um in Glas- und Folienhäusern das Begehen der Wege zwischen Gurken- oder Tomatenreihen zu erleichtern, kann man sie mit einer Schicht Stroh bedecken oder legt einen Lattenrost aus.

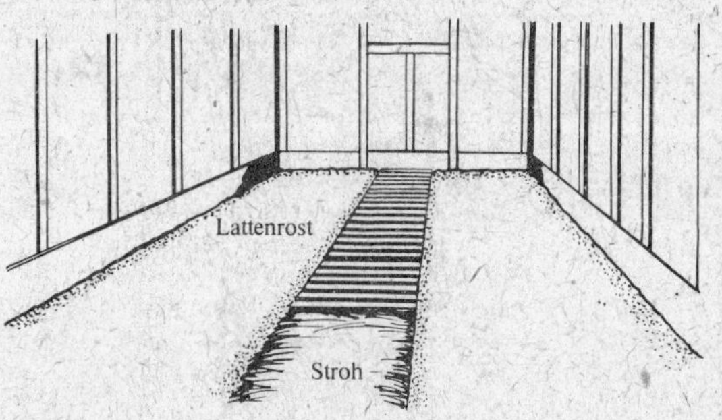

Durch das tägliche Wässern und Spritzen der Kulturen sind die Wege oft sehr schlammig bzw. aufgeweicht, wodurch das Betreten der Häuser erschwert wird. Ein entsprechend breiter Lattenrost oder auch eine dicke Lage Stroh beheben diesen Mangel und erleichtern die Pflege- und Erntearbeiten.

863 Ab Anfang Mai kann man ein kaltes Frühbeet mit Gurken bepflanzen.
Dazu kommen nur Topfballenpflanzen in Frage, die außer den Keimblättern mindestens ein normales Blatt haben. Das Frühbeet wird wie Freiland vorbereitet (s. Ratschlag **868**). Außer den Pflanzen ist Deckmaterial (Ratschlag **207** und **208**) unbedingt erforderlich, das die Temperaturunterschiede zwischen Tag und Nacht abfängt. Für kalte Frühbeete eignen sich nicht nur spezielle Kastengurkensorten, sondern auch Frei-

landsorten. Pflanzenabstand wie im Ratschlag 878 angegeben.

864 Beim Decken und Lüften der mit Gurken besetzten Frühbeete ist das Wetter ausschlaggebend.
Gelüftet wird nur bei sonnigem Wetter. Die Lufthölzer (Lattenstücke 20 cm × 6 cm × 4 cm) sind so unter die Fenster zu stellen, daß der Wind die Pflanzen nicht treffen kann. Gedeckt wird das Frühbeet jeden Abend. Früh sind die Decken zu entfernen, sobald es hell geworden ist, damit den Gurken kein Tageslicht verlorengeht. Schatten erhalten die mit Gurken besetzten Frühbeete nicht.

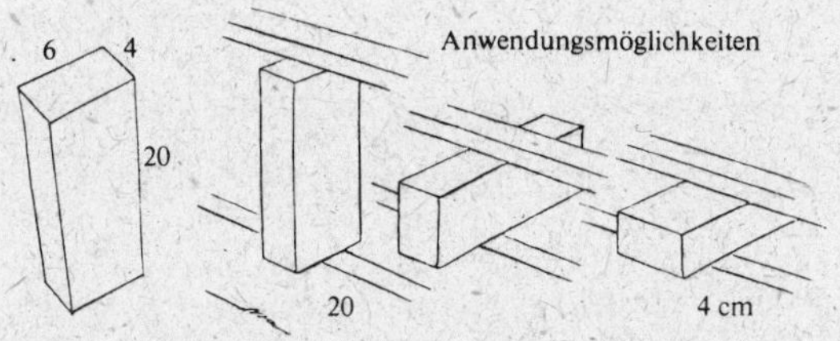

865 Von Frühbeetgurken sind gute Erträge nur zu erzielen, wenn man ihrem Wasser- und Nährstoffbedarf gerecht wird.
Das schnelle Austrocknen der Erde verhindert man am besten durch Bodenbedeckung mit halbverrottetem Stalldung oder feuchtem Torf. Diese Stoffe hält man ständig feucht, damit immer feuchte Luft im Frühbeet herrscht. Gedüngt wird, sobald die Gurken durch flottes Wachstum zeigen, daß sie gut eingewurzelt sind. Als Dünger verwendet man eine 0,1%ige Nährlösung aus Volldünger, die wöchentlich einmal gegeben wird. Die Gurkenblätter darf man damit nicht treffen.

866 Über die Zweckmäßigkeit des Schnittes der Kastengurken sind die Ansichten geteilt.

Tatsache ist, daß geschnittene Pflanzen früher erntefähige Früchte bringen und auch im Gesamtertrag günstiger liegen. Die Schnittmethoden sind recht unterschiedlich. Bewährt hat sich u. a. folgender Schnitt. Sobald die Pflanzen 4 bis 5 normale Blätter gebildet haben, entspitzt man sie auf 2 oder 3 Blätter. Die entstehenden Seitentriebe 1. Ordnung schneidet man über dem vierten Blatt. Dabei kann man es bewenden lassen. Wer die Mühe nicht scheut, schneidet noch die Seitentriebe 2. Ordnung jeweils über dem vierten oder fünften Blatt. Fruchtranken kann man zwei Blätter oberhalb des Fruchtansatzes entspitzen. Bei Hybridsorten kann der Schnitt unterbleiben. Für den Schnitt ist ein scharfes Messer erforderlich, mit dem man die Triebe in der Mitte zwischen zwei Blättern durchschneidet.

867 Für einen erfolgreichen Gurkenanbau im Freiland sind das Lokalklima und der Boden entscheidend.
Die Gurke gehört zu den witterungsempfindlichsten Gemüsearten. Sie ist vor allem kälte- und windempfindlich. Es ist jedoch in den meisten Fällen möglich, das erforderliche Kleinklima zu schaffen. Für den Gurkenanbau eignen sich am besten humusreiche sandige Lehme und Lehmböden. Stauende Nässe, Bodenverdichtung oder zur Verkrustung neigende Böden führen zu Mißerfolgen. Als Vorfrucht sind alle Kulturen geeignet, die eine Strukturverbesserung des Bodens bewirken. Besonders Porree, Sellerie, Zwiebeln oder Kartoffeln. Auch Gründüngungspflanzen sind gute Vorfrüchte. Nach sich selbst sollten Gurken nicht angebaut werden.

868 Beim Freilandanbau der Gurke ist gut vorbereiteter Boden der halbe Erfolg.
Gurken reagieren sehr gut auf hohe Stalldunggaben. Wer nicht über die notwendige Menge Stalldung oder anderen Humusdünger verfügt, um die gesamte Fläche damit zu versorgen, sollte wenigstens vor der Aussaat einen Streifen in der Beetmitte mit einer Humusschicht versehen. Der untergegrabene Humus sorgt für eine bessere Durchlüftung und leichtere Erwärmung des Bodens und fördert damit das Wachstum der Gurken ganz erheblich.

869 Gurkensamen sollte man vor der Aussaat verlesen, damit nur vollkeimfähige Körner in die Erde kommen.
Flache Gurkensamen keimen nur schwach. Die daraus hervorgehenden Pflanzen kümmern und gehen meist zugrunde. Gut ausgereifter Gurkensamen ist 6 bis 8 Jahre keimfähig, wenn er trocken und kühl gelagert wurde. 1 g enthält 25 bis 30 Körner.

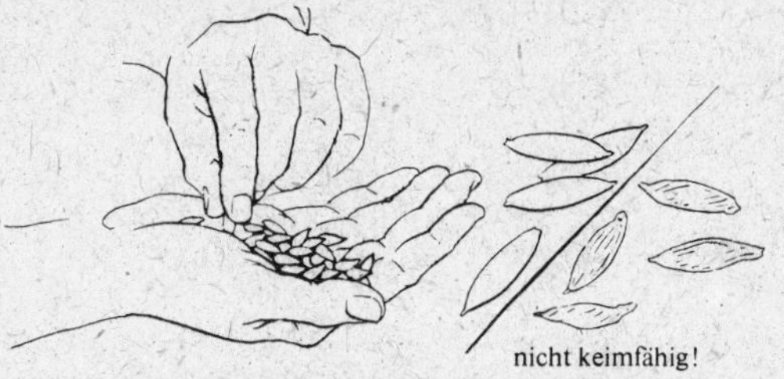

870 Mit der Freilandaussaat der Gurken sollte erst begonnen werden, wenn die Bodentemperaturen + 10 bis 12 °C erreichen.

Dieser Zeitpunkt ist in der Regel erst nach Mitte Mai erreicht. In kaltem Boden keimen die Samen nicht und verfaulen leicht. Es ist deshalb besser, notfalls auch bis Ende Mai oder Anfang Juni zu warten. Der zeitliche Rückstand wird durch schnelleren Aufgang und besseres Jugendwachstum meist wieder aufgeholt.

871 Die Aussaat der Gurken kann in fortlaufender Reihe (gedibbelt) oder horstweise erfolgen.

Ein Normalbeet erhält in der Regel nur eine Reihe Gurken. Die horstweise Aussaat ist der Reihensaat vorzuziehen, weil man bei ihr mit Schutzhauben (Ratschlag **874**) arbeiten kann. Die Horste werden mit 30 bis 35 cm Abstand angelegt. Auf jeden Horst bringt man 5 bis 6 Samen ganz flach in die Erde (etwa 1 cm). Beim Dibbeln beträgt der Abstand zwischen den einzelnen Körnern 5 bis 6 cm. Anschließend muß so gegossen werden, daß die Samen mit der sie umgebenden Erde eine gute Verbindung erhalten. Dazu ist vorgewärmtes Wasser vorteilhaft.

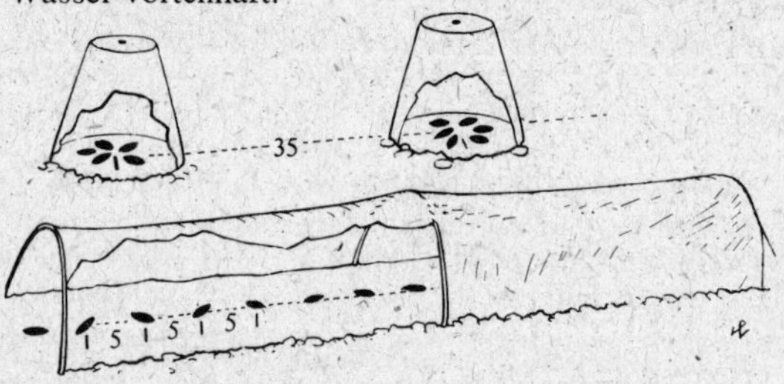

872 Für den Gurkenanbau im Freiland steht ein breites Sortiment zur Verfügung.

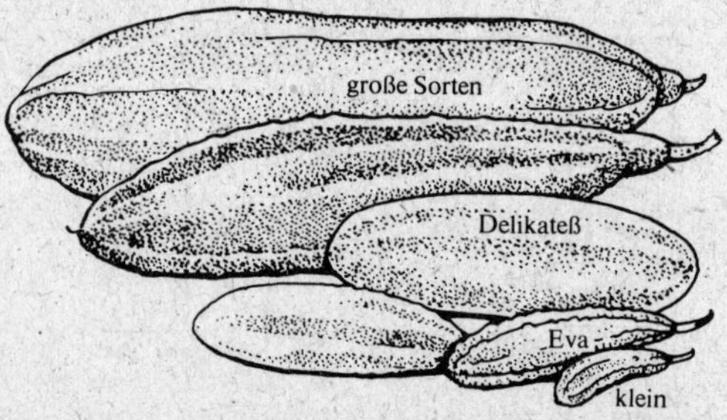

Dabei entscheidet der geplante Verwendungszweck über die Wahl der Sorte. Wer speziell auf Einlegegurken Wert legt, wählt eine der sehr ertragreichen Hybridsorten, die fast ausschließlich weibliche Blüten ansetzen und zeitig mit dem Ertrag beginnen. Dabei ist jedoch zu beachten, daß diese Sorten mindestens in Abständen von 2 bis 3 Tagen geerntet werden müssen, weil die Früchte relativ schnell dick werden. Wer nur am Wochenende ernten kann, sollte von diesen Sorten Abstand nehmen, da sich zu groß gewordene Früchte weder als Einleger noch als Salatgurken verwenden lassen. Man wählt in diesem Falle besser eine sogenannte „Zweinutzungsgurke", d. h. eine Sorte, deren Früchte sich für beide Zwecke gut eignen.

873 Wer großen Wert auf „Senfgurken" legt, dem stehen auch für diesen Zweck spezielle Sorten zur Verfügung.

Diese auch als Schälgurken bezeichnete Sortengruppe entwickelt sehr große, walzenförmige Früchte mit besonders dickem Fruchtfleisch. Sie werden im Stadium der „Gelbreife" geerntet, was frühestens 3 Monate nach der Aussaat erfolgen kann. In einem jüngeren Reifestadium geerntet, ergeben sie auch eine gute Salatgurke.

874 Bei horstweisem Auslegen der Gurkensamen sollte man die Aussaatstellen sofort mit Pflanzenschutzhauben überdecken (siehe Zeichnung Ratschl. 871).

Dadurch wird nicht nur jeder Sonnenstrahl zum Erwärmen der Erde ausgenutzt, sondern auch die Ausstrahlung der Bodenwärme in der Nacht verhindert. Die Bodentemperatur bleibt dann gleichmäßiger, was zum schnellen Keimen der Samen wesentlich beiträgt. Nach dem Erscheinen der Sämlinge auftretende Nachtfröste bleiben durch die Hauben ohne schädliche Wirkung. Anstelle der Hauben kann man auch mit einem Folienzelt oder -tunnel überbauen, womit noch eine bessere Wirkung erzielt wird. Hauben bzw. Folie bleiben bis Ende Mai/Anfang Juni auf den Gurken.

875 Wenn sich nach dem Aufgehen der Saat das erste normale Blatt entwickeln will, werden die Gurken verzogen.

Bei Dibbelsaat läßt man je laufenden Meter nur 4 bis 5 Pflanzen stehen und je Horst 1 bis 2 Stück. In erster Linie sind die schwachen zu entfernen. Fehlstellen können durch die überflüssigen Pflanzen ausgeglichen werden. Beim Herausnehmen muß man aber die Wurzeln schonen, damit das Einwachsen nicht in Frage gestellt wird. Zur Sicherheit überdeckt man die frischgepflanzten Sämlinge nach dem Angießen sofort mit einem nicht zu kleinen Blumentopf, bis sie eingewachsen sind.

876 In höheren Lagen und rauhen Gegenden sät man die fürs Freiland bestimmten Gurken vorteilhaft in kleinen Töpfen aus.

Das ist aber nur dann möglich, wenn ein Frühbeet zur Verfügung steht oder am hellen Küchenfenster genügend Platz für die Töpfe vorhanden ist. In 7-cm-Töpfen legt man in mit Torf angereicherte Komposterde 3 Samenkörner aus. Die Erde ist ständig feucht zu halten, darf aber nicht naß sein. Wenn man in den ersten Maitagen aussät, verfügt man Ende Mai über brauchbare Gurkenpflanzen (s. auch Ratschlag **878**).

877 Wer in normalen Lagen die Freilandgurken erst Ende Mai aussäen kann, verwendet am besten vorgekeimte Samen.

Zu diesem Zweck legt man vollkörnige Samen so zwischen Fließpapier wie bei Keimproben (s. Ratschlag **71**). Anstelle von Fließpapier ist dazu auch ein Woll-lappen geeignet. Die Samen sind in die Erde zu bringen, sobald das Würzelchen die Samenschalen durchbricht. Es darf aber beim Aussäen auf keinen Fall beschädigt werden oder gar abbrechen. Nach dem Auslegen verfährt man wie bei der normalen Aussaat (s. Ratschlag **874**).

878 In der zweiten Maihälfte kommt man mit Gurkenpflanzen schneller zum Ziel als mit der Aussaat.

Wenn man keine Gelegenheit hat, die Pflanzen selbst heranzuziehen (Ratschlag **876**), sollten nur Pflanzen mit Topfballen gekauft werden. Gute Erfolge zeigen aber nur solche, die gesund und wüchsig sind, was an der sattgrünen Blattfarbe erkennbar ist. Außer den Keimblättern sollten sie ein ausgewachsenes Blatt aufweisen. Die Töpfe müssen gut durchwurzelt sein, damit der Erdballen beim Austopfen erhalten bleibt. Von einwandfreien Pflanzen genügen je laufenden Meter etwa 3 Pflanzen, was einem Abstand von 30 bis 35 cm entspricht. In den ersten zwei Wochen ist es angebracht, die Pflanzen mit Schutzhauben zu versehen.

879 Da die ausgesäten und auch die gepflanzten Gurken in der ersten Zeit ihren Platz nicht benötigen, bepflanzt man beide Beetseiten mit Salat und Kohlrabi.

Auf jede Seite pflanzt man je eine Reihe. Auf die Außenreihen kommt 10 cm von der Beetkante entfernt Kohlrabi. Auf die inneren pflanzt man den Salat mit 25 cm Abstand von der Kohlrabireihe, weil er schneller fertig wird. So bleibt ein Streifen von 50 cm für die Gurken frei. Er genügt zu ihrer Entwicklung, bis das Gemüse geerntet ist. Auf der Reihe erhalten beide Arten einen Abstand von 20 bis 22 cm. Den Salat und Kohlrabi kann man schon im April auf die vorbereiteten Gurkenbeete pflanzen. Mit diesen Gemüsearten wird das Gurkenbeet besser ausgenutzt. Außerdem geben sie den Gurken in der ersten Zeit etwas Windschutz.

880 Als bester Schutz in windigen Lagen hat sich für Gurken der Mais erwiesen.

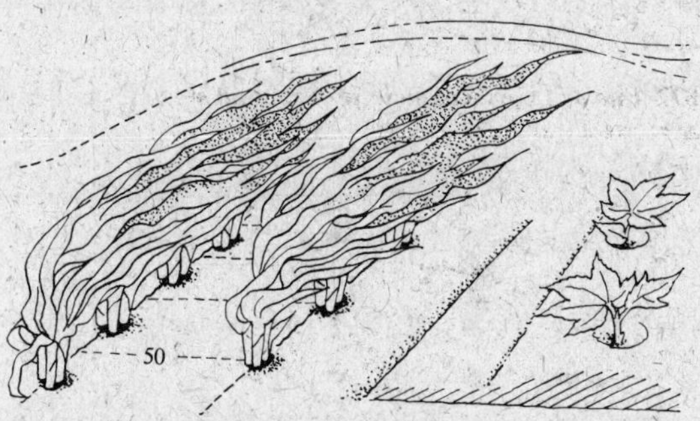

Ob man den gewöhnlichen Körnermais oder den als Gemüse verwertbaren Zuckermais verwendet, spielt keine Rolle. Wer für sein Kleinvieh Futter braucht, wird den zuerst genannten vorziehen. Der Mais wird nicht auf dem Gurkenbeet angebaut, sondern auf dem westlich danebenliegenden. In der Regel genügt ein zweireihiger Streifen. Die Aussaat fällt mit dem Säen bzw. Pflanzen der Gurken zusammen. Die beiden Reihen erhalten einen Abstand von 50 cm. Auf den Reihen werden je 4 Maiskörner horstweise zusammengelegt. Die Entfernung von Horstmitte zu Horstmitte sollte 35 bis 40 cm betragen, damit ein guter Windschutz entsteht. Die Horste werden wie die der Gurken mit Schutzhauben versehen. Das ist vor allem nötig, wenn vor Mitte Mai ausgesät wird. Nach dem Aufgehen bleiben vom Mais je Horst nur die beiden stärksten Pflanzen stehen (siehe auch Ratschlag **912**).

881 Anstelle von Kohlrabi und Salat kann man die Beetränder auch mit Sellerie bepflanzen.
Da Sellerie erst nach dem 15. Mai gepflanzt werden darf (s. Ratschlag **919**), können die Randstreifen Anfang April mit Radieschen besät werden. Sie sind bis Mitte Mai erntefertig. Jede Beetseite erhält nur eine Selleriereihe 20 cm von den Beeträndern entfernt. Auf der Reihe pflanzt man mit einem Abstand von 40 cm. Näheres zum Pflanzen von Sellerie ist unter Ratschlag **919** und **920** nachzulesen.

882 Auch im Mai besteht die Möglichkeit, Markerbsen auszusäen.
Dabei ist jedoch zu beachten, daß die Erträge um so geringer sind, je später die Aussaat erfolgt. Die notwendigen Hinweise zur Aussaat sind unter Ratschlag **326** bis **332** nachzulesen.

883 Chicorée gedeiht am besten auf einem tiefgründigen, gut mit Humus versorgten, mittleren Boden.

Zu leichten oder zu schweren Boden kann man durch Zusatz von Kompost oder Torf brauchbar machen. Frischen Stalldung verträgt Chicorée nicht, er gehört deshalb in die 2. Tracht. Wichtig ist vor allem eine tiefe Bodenlockerung, da Chicorée eine lange Pfahlwurzel entwickelt.

884 Die Aussaat von Chicorée sollte man in den ersten Tagen der zweiten Maihälfte vornehmen.

Je wärmer der Boden ist, um so schneller und sicherer geht der Samen auf. Außerdem sind die Jungpflanzen frostempfindlich. Die Aussaat des Chicorée ist auch noch im Juni möglich. Die Wurzeln erreichen dann aber nicht die Stärke wie die der Maiaussaat. Der Erfolg im Winter beim Treiben hängt aber wesentlich von der Stärke der Wurzeln ab.

885 Da die Chicoréereihen 30 cm auseinander stehen müssen, kommen auf ein Normalbeet nur vier Reihen.
Man sollte sich auf keinen Fall dazu verleiten lassen, die Reihen enger zu stellen. Hohes üppiges Blattwachstum und schwache Wurzeln wären die Folge davon. Damit die Randreihen nicht unter Trockenheit zu leiden haben, ist darauf zu achten, daß die Beetwege so flach wie möglich sind.

886 Bei der Chicoréeaussaat ist die horstweise der Dibbelsaat vorzuziehen.
Da Chicorée nach dem Aufgehen der Saat sowieso verzogen werden muß, ist das Aussäen in Horsten besser als die Dibbelsaat. Sie macht auch nicht soviel Arbeit. Der Samen darf nur flach in die Erde gelangen. Darum zieht man die Saatrillen mit dem Harkenstiel. Je Horst werden alle 8 bis 10 cm 4 bis 5 Samen ausgelegt. Nach dem Aufgehen läßt man auf jedem Horst nur die stärkste Pflanze stehen.

887 Der Anfang April ausgepflanzte Blumenkohl (s. Ratschlag 562) muß Anfang Mai eine starke Nährstoffgabe und anschließend viel Wasser erhalten.
Jetzt ist nämlich die Zeit gekommen, in der der Blumenkohl nicht ins Stocken geraten darf, wenn er große Blumen entwickeln soll. Zum Düngen eignet sich ein stickstoffreicher Volldünger am besten. Da die meisten Volldünger aber stickstoffarm sind, muß man ihnen einen reinen Stickstoffdünger zusetzen. Je m^2 kann man von diesem Gemisch unbedenklich 30 bis 40 g ausstreuen. Nach dem Düngen darf die Erde gar nicht mehr richtig trocken werden. Beachte auch die Ratschläge **609** und **949**.

888 Ab Mitte Mai wird der im warmen Frühbeet angezogene Brokkoli auf Freilandbeete gepflanzt.
Brokkoli gehört in die 1. Tracht und stellt hinsichtlich der Düngung die gleichen hohen Ansprüche wie Blumenkohl. Die Standweite soll 50 cm × 50 cm bis 60 cm × 50 cm betragen. Ansonsten ist wie beim Pflanzen des Blumenkohls zu verfahren.

889 Anfang bis etwa Mitte Mai kann noch Brokkoli auf Freilandsaatbeete ausgesät werden.
Man verfährt wie unter Ratschlag **570** angegeben. Die Pflanzung fällt bei diesem Saattermin in die zweite Junihälfte.

890 Buschbohnen stellen keine besonders hohen Ansprüche an den Boden.
Am besten eignen sich mittlere, kalkhaltige und humose Lehmböden. Extreme Sand- und Tonböden sowie Böden mit saurer Reaktion sind ungeeignet. Buschbohnen bevorzugen etwas wärmere, nicht zu regenreiche Lagen. An die Vorfrucht stellt die Buschbohne ebenfalls keine besonderen Ansprüche, jedoch sollten Hülsenfrüchte aller Art vermieden werden.

891 Buschbohnen sind chloridempfindlich, so daß man für die Mineraldüngung chloridarme oder -freie Dünger verwenden muß.
Zu beachten ist ferner, daß die Bohne stark magnesiumbedürftig ist und deshalb möglichst magnesiumhaltige Mineraldünger bevorzugt werden sollten.

892 Obwohl Buschbohnen auch eine halbschattige Lage vertragen, entwickeln sie sich in einer vollsonnigen besser und schneller.
An halbschattigen Stellen ausgesät, kann man nicht mit einer frühen Ernte rechnen. Der Ertrag bleibt ebenfalls gegenüber dem der in vollsonniger Lage angebauten zurück. Trotzdem sollte man halbschattige Lagen mit Buschbohnen ausnutzen. Die Aussaat wird in solchen Fällen aber erst in der zweiten Maihälfte vorgenommen.

893 Da Stalldung im allgemeinen Mangelware ist, sät man Buschbohnen grundsätzlich in Boden 2. Tracht.
Wer kein anderes Land für Bohnen zur Verfügung hat, kann sie aber unbedenklich in mit frischem Stalldung versehenen Boden anbauen. Sie entwickeln sich darin sogar noch besser, weil die Durchlüftung dieses Bodens in der Regel nichts zu wünschen übrig läßt.

894 Die Aussaat der Buschbohnen sollte man nicht vor dem 15. Mai vornehmen.

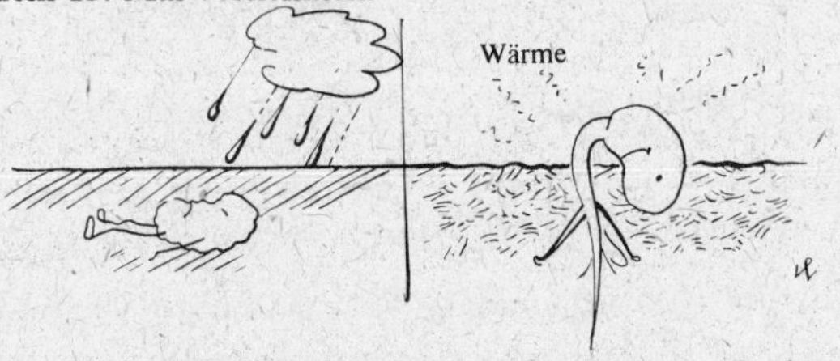

Buschbohnensamen können nur in warmem Boden keimen. In kaltem gehen sie im Quellstadium zugrunde. Zum mindesten ist ungleichmäßiges und lückenhaftes Aufgehen die Folge davon. Dasselbe ist der Fall, wenn nach dem Aussäen naßkaltes Wetter einsetzt. Man sollte sich nicht durch ein paar warme Tage in der ersten Maihälfte zum Aussäen verleiten lassen.

895 Wer unbedingt frühe Ernten von Buschbohnen erzielen will, überbaut das Saatbeet mit Folie oder provisorisch mit Frühbeetfenstern.
Damit die Erde zur Aussaat schon etwas vorgewärmt ist, überbaut man das Saatbeet schon mindestens 10 Tage vorher mit einem Folientunnel bzw. den Frühbeetfenstern. Unter diesen Bedingungen kann die Aussaat bereits Anfang Mai vorgenommen werden. Die Folie bzw. die Fenster verbleiben bis Ende Mai auf dem Beet.

896 In Dibbelsaat ausgelegte Buschbohnen bleiben bei regenreichem Wetter gesünder als die in Horsten.
In Horsten ausgelegte Bohnen entwickeln starke dichte Büsche, die bei nassem Wetter sehr schlecht im Innern austrocknen. Dadurch treten leicht Blattkrankheiten auf, die den Ertrag wesentlich vermindern und oft ganz in Frage stellen. Durch das Auftreten der Brennflecken- und der Fettfleckenkrankheit werden nicht nur die Blätter krank, sondern auch die Früchte (Bohnenhülsen) unbrauchbar. In fortlaufender Reihe ausgelegte Bohnen trocknen auch nach einem Dauerregen schnell ab, wenn sie nicht zu dicht stehen.

897 Für einen m² Anbaufläche Buschbohnen braucht man je nach Sorte 20 bis 30 g Samen, denn 1 g Samen enthält nur 3 bis 4 Korn.

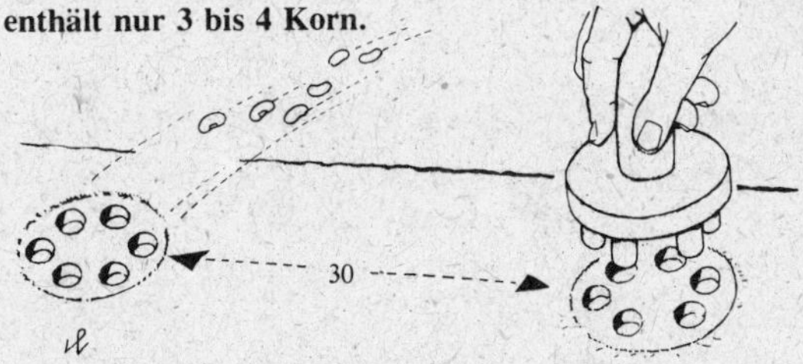

Beim Dibbeln zieht man flache Rillen, denn die Samen dürfen höchstens 2 bis 3 cm mit Erde bedeckt sein. Als Reihenabstand genügen 30 cm, so daß auf einem Normalbeet (1,20 m) 4 Rillen gezogen werden. Auf der Reihe legt man die Samen einzeln mit einem Abstand von etwa 6 cm aus. Bei der Horstaussaat erhält das Beet ebenfalls 4 Reihen. Die Horste auf der Reihe müssen 30 cm auseinanderliegen. Je Horst legt man 5 bis 6 Samen aus.

898 Buschbohnen eignen sich sehr gut zum Ausnutzen der neuangelegten Spargelbeete.
Da der Spargel schon im April gepflanzt wird, kann man die Bohnen nach dem 15. Mai auf die zwischen den Spargelreihen liegenden Streifen auslegen. Vorher wird der Grabenaushub (Ratschlag 376) geebnet. Auf jedem Streifen kann man 2 bis 3 Reihen Buschbohnen anbauen (s. Ratschlag 982).

899 Pflanzenschutzhauben und auf Rahmen gespannte Folien sind gute Schutzmittel für Buschbohnen, wenn nach dem Legen naßkaltes Wetter eintritt.
Die Hauben kann man nur dann verwenden, wenn horstweise ausgesät wurde. Bei Dibbelsaat muß das ganze Beet mit Folien bedeckt werden. Die bespannten Rahmen legt man aber nicht direkt auf die Erde, sondern auf flach unter die Rahmenschenkel gelegte Mauersteine. So entsteht zwischen Erde und Folie ein Luftraum, der Boden wird nicht zu naß und gibt auch seine Wärme langsam ab. Dadurch verfaulen keine Samen, und sie gehen früher auf als ohne diesen Schutz.

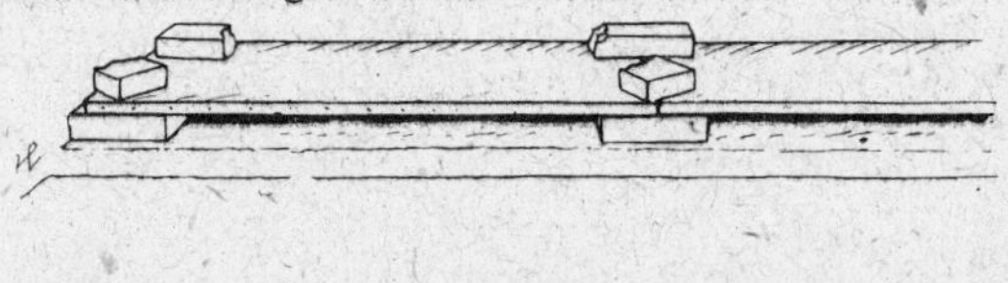

900 Stangenbohnen verlangen windgeschützte Lagen und warme humusreiche Böden.

Leichte trockene Böden mit viel Humus sind besser als schwere feuchte, auch wenn sie humusreich sind. Im Herbst tief bearbeiteter mit Kalk versorgter Boden, der in 2. Tracht steht, sagt den Stangenbohnen am besten zu.

901 Zum erfolgreichen Anbau von Stangenbohnen gehören etwa 3 m lange Stangen oder Latten, die vor der Aussaat aufzustellen sind.

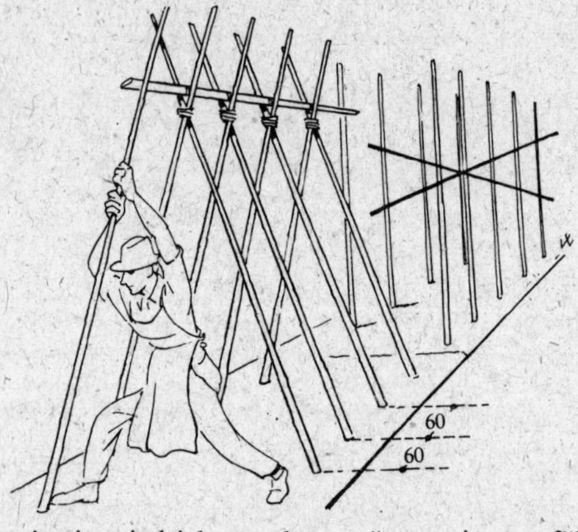

Damit sie windsicher stehen, müssen sie ungefähr 50 cm im Boden stecken. Zwei Reihen Stangen werden in einer Höhe von 1,80 bis 2,00 m zusammengenommen und mit längsgelegten Stangen oder Latten festgebunden (siehe Skizze). Ein so aufgestelltes Gerüst ist windsicherer als senkrecht eingesteckte Einzelstangen, die auch länger sein müssen, weil sie tiefer in den Boden kommen. Als Vorteil der nicht verbundenen Einzelstangen ist die bessere Durchlüftung bei lange andauerndem Regenwetter zu nennen. Die Stangenbohnen dürfen andere Kulturen nicht beschatten. Man baut sie aber gern so an, daß die Gurken in ihrem Windschatten stehen.

902 Gut geeignet für den Anbau von Stangenbohnen sind auch entsprechend lange Stäbe aus verzinktem Draht (∅ mindestens 6 mm), Glasfiber oder ähnlich stabilem Material.

Jeweils 3 oder 4 dieser Stäbe bindet man, nachdem sie ca. 40 cm tief in den Boden gesteckt wurden, am oberen Ende pyramidenförmig zusammen und erreicht damit eine genügende Standfestigkeit.

903 Stangenbohnen sollte man nur in der zweiten Maihälfte aussäen, wenn optimale Erträge erreicht werden sollen.

Spätere Aussaaten (Anfang bis Mitte Juni) sind nur in besonders günstigen Lagen zu empfehlen. Stangenbohnen benötigen bis zum Erntebeginn eine um mindestens 10 bis 12 Tage längere Entwicklungszeit als Buschbohnen. Sie bringen jedoch bedeutend höhere Erträge und können über einen längeren Zeitraum geerntet werden.

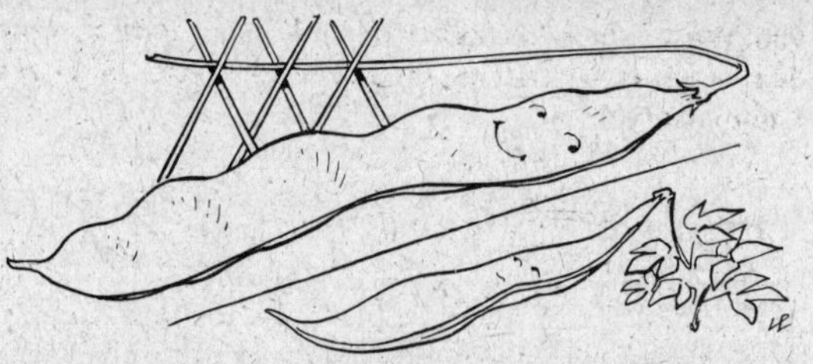

904 Da die Stangenbohnen einen Reihenabstand von 0,80 m verlangen, kommen auf ein Normalbeet (1,20 m) nur 2 Reihen.

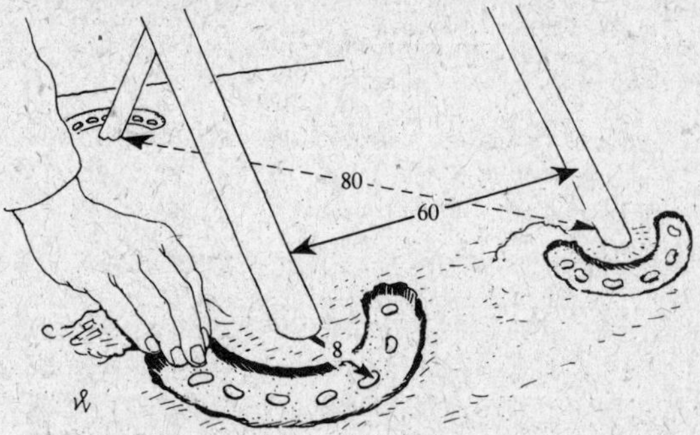

Für Stangenbohnen kommt nur Horstaussaat in Frage. Die einzelnen Horste werden auf der Reihe mit 60 cm Abstand angelegt. Die vorstehenden Maße sind schon beim Aufstellen der Stangen zu beachten. Zum Legen der Samen zieht man mit der Hand im Halbkreis um jede Stange eine flache Rinne. Der Abstand von der Stange muß etwa 8 cm betragen. Jeder Horst soll aus 6 bis 7 Bohnen bestehen. Näheres ist aus der Skizze zu ersehen.

905 Um die Stangenbohnenbeete zusätzlich auszunutzen, kann man als Zwischenfrucht Kohlrabi oder Kopfsalat anbauen.

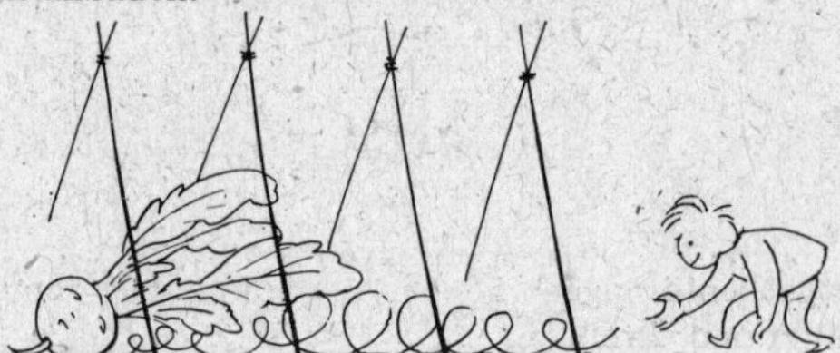

Damit beide Arten abgeerntet sind, wenn die Stangenbohnen in der Entwicklung größere Fortschritte gemacht haben, pflanzt man am besten etwa zwei Wochen vor dem Legen der Bohnen. Es können zwei Reihen auf die Mitte des Beetes gepflanzt werden. Sie müssen 25 cm auseinander stehen.

906 Wenn Speisekürbisse reichlich Nährstoffe vorfinden, wachsen sie auf allen Bodenarten gut, die etwas Humus aufweisen.

Da sie auch einen halbschattigen Standort gut vertragen, kann man sie an Stellen anbauen, die anderen Gemüsearten nicht zusagen. Zum Beranken von Zäunen eignen sie sich ebenfalls. Mit Kürbissen kann man auch Kompost und andere Erdhaufen beschatten. Sie dürfen aber nicht auf, sondern müssen neben die Haufen gepflanzt oder gesät werden.

907 Die Aussaat der Speisekürbisse sollte man frühestens Mitte und das Pflanzen erst Ende Mai vornehmen.

In zu kaltem Boden keimen die Samen nicht, sondern verfaulen. Der Samen wird nur 1 bis 2 cm mit Erde bedeckt. An jeder Aussaatstelle legt man sicherheitshalber 3 Kerne aus. Nach dem Aufgehen bleibt nur die stärkste Pflanze stehen. Alle Kürbisse brauchen von Pflanze zu Pflanze einen Abstand von etwa 1 m. Wer über Pflanzenschutzhauben verfügt, kann abgehärtete Pflanzen schon nach dem 15. Mai in die Erde bringen.

908 Der nichtrankende Gemüsekürbis, auch unter dem Namen Zucchini oder Squash bekannt, findet immer mehr Liebhaber.

Die gurkenförmigen Früchte werden als Feingemüse genutzt und bereits geerntet, wenn sie eine Länge von 18 bis 20 cm erreicht haben. Gemüsekürbis stellt die gleichen Ansprüche an Boden und Klima wie der Speisekürbis. Für die Aussaat gilt das zum Speisekürbis Gesagte. Der Pflanzenabstand beträgt je nach Sorte 60 cm bis 100 cm. Bereits im April ausgesäte, vorkultivierte Pflanzen können Ende Mai gepflanzt werden und bringen frühere Ernten.

909 Zuckermais gedeiht nur in vollsonnigen Lagen und in nährstoffreichem Mittelboden zufriedenstellend.
Kalte, nasse Böden sind für den Zuckermais völlig ungeeignet. Man kann ihn in 2. und 1. Tracht anbauen, denn er verträgt auch im Herbst eingegrabenen frischen Stalldung.

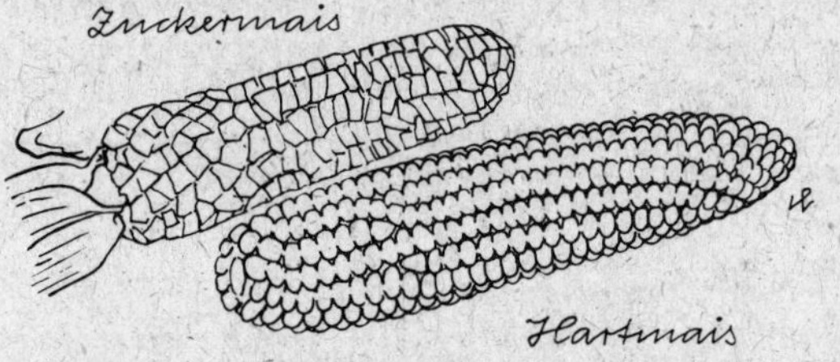

910 Beetweise angebaut, müssen beim Zuckermais die Reihen 60 cm auseinander liegen.
Auf einem Normalbeet (1,20 m) sind also nur zwei Reihen möglich. Von den Beeträndern bleibt man 30 cm weg. Auf der Reihe sollte man nicht unter 40 cm gehen.

911 Zuckermais ist frostempfindlich und darf darum im allgemeinen nicht vor dem 20. Mai ausgesät werden.

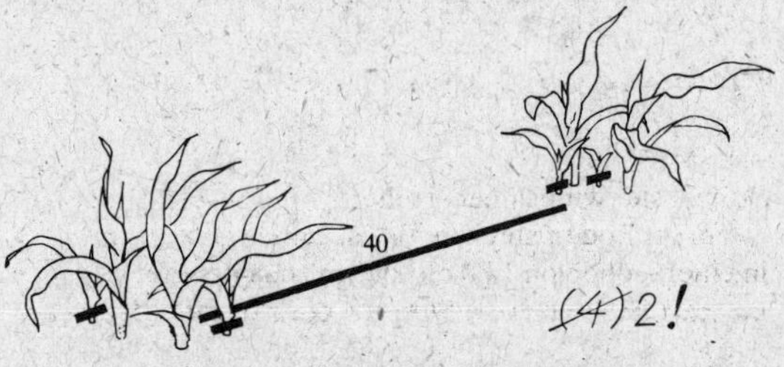

Nur besonders geschützte Lagen ermöglichen eine Aussaat zwischen dem 10. und 15. Mai. In diesem Falle sollte man aber die Horste gleich bei der Aussaat mit Pflanzenschutzhauben versehen. An jeder Aussaatstelle (s. Ratschlag **910**) legt man 4 Korn flach in die Erde. Nach dem Aufgehen wird so verzogen, daß je Horst nur die zwei stärksten Pflanzen stehenbleiben.

912 Zuckermais eignet sich sehr gut als Schutz für windempfindliche Gemüsearten.
Typische Beispiele dafür sind Gurken, Melonen, Eierfrüchte und Paprika. Als Windschutz wird der Zuckermais etwas enger gesät. Dabei muß man darauf achten, daß sich die Aussaatstellen der Doppelreihe auf Lücke gegenüberstehen. Andere Einzelheiten sind unter Ratschlag **880** nachzulesen.

913 Vom Bleichsellerie erntet man nur die gebleichten Blattstiele. Darum dürfen keine Knollen erwartet werden.
Über das Bleichen ist unter Ratschlag **1634** nachzulesen. Bleichsellerie sollte viel mehr angebaut werden. Die gebleichten Blattstiele sind nicht nur ein schmackhaftes, sondern auch ein gesundheitsförderndes Ge-

müse. Es steht vom September bis in den Winter hinein zur Verfügung. Besonders günstig ist, daß man auf kleiner Fläche große Mengen ernten kann.

914 Bleichsellerie gedeiht auf gut mit Humus versehenem Mittelboden am besten.
Er verlangt auch viel Wasser. Darum sind die Ernten auf nährstoffarmen Sandböden nie zufriedenstellend. Vor allem bleiben dort die Blattstiele zu schwach. Lehmböden sind dann für den Bleichsellerie geeignet, wenn sie durch viel Humusstoffe (Stalldung, Torf) luftdurchlässig gemacht werden.

915 Das Pflanzenmaterial ist beim Bleichsellerie für den Erfolg ausschlaggebend.
Schwache Bleichselleriepflanzen lohnen den Anbau nicht. Darum sollte man nur kräftige pikierte mit gutem Wurzelballen kaufen. Sie dürfen nach dem Pflanzen gar nicht erst ins Stocken geraten, denn schon dadurch kann der Erfolg fraglich werden.

916 Bleichsellerie muß 50 cm × 40 cm weit gepflanzt werden, so daß man je m² Anbaufläche nur 5 Pflanzen benötigt.
Als Reihenabstand nimmt man die 40 cm, so daß je Normalbeet 3 Reihen zu stehen kommen. Auf der Reihe wird mit 50 cm Abstand gepflanzt, und zwar nicht im Viereck, sondern auf Lücke (im Verband). Bleichsellerie darf nur so tief gepflanzt werden, wie er im Pikierbeet gestanden hat. Das ist für die Weiterentwicklung sehr wichtig.

917 Der Bleichsellerie darf nicht vor Mitte Mai gepflanzt werden, weil durch naßkaltes Wetter leicht Wachstumsstockungen eintreten.
Jede Pflanze soll nach dem Pflanzen sofort eine Pflanzenschutzhaube erhalten. Die Hauben läßt man so lange auf den Pflanzen, bis sie das Wachstum behindern. Die weitere Entwicklung wird sehr gefördert, wenn man den Boden im Anschluß an das Pflanzen mit einer etwa 3 cm starken Decke aus verrottetem Stalldung oder nassem Torf versieht.

918 Knollensellerie bevorzugt feuchte, humose Böden und reagiert sehr gut auf frische organische Düngung.
Er sollte deshalb möglichst in 1. Tracht stehen. An die Vorfrucht stellt Knollensellerie keine besonderen

Ansprüche, jedoch ist ein Anbau nach Wurzelgemüse zu vermeiden. Bei der Mineraldüngung ist zu beachten, daß Knollensellerie physiologisch sauer wirkende Dünger bevorzugt und bei Bormangel in verstärktem Maße Herz- und Trockenfäule auftritt.

919 Wer keine Schosser haben will, darf den Knollensellerie nicht vor dem 15. Mai pflanzen.
Was vom Bleichsellerie unter Ratschlag **917** gesagt wurde, ist zu beachten.

920 Große glatte Knollen kann man vom Knollensellerie nur erwarten, wenn er so flach wie möglich gepflanzt wird.
Einwandfreie Knollen können sich nur entwickeln, wenn die Basis der Blattstiele nach dem Pflanzen noch über der Erdoberfläche sichtbar ist. Dadurch entwickeln sich die Knollen so, daß sie etwa zur Hälfte über der Erde stehen. Die Wurzeln bilden sich dann nur an dem in der Erde stehenden Knollenteil, so daß die obere Hälfte glatt bleibt.

921 Gut ernährter Knollensellerie entwickelt sehr viel Blattwerk, was beim Pflanzen zu beachten ist.
Deshalb darf man nicht unter eine Pflanzweite von 40 cm × 40 cm heruntergehen. Das heißt, je Normalbeet (1,20 m) pflanzt man nur 3 Reihen und auf der Reihe mit 40 cm Abstand. Wie man mit Knollensellerie die Gurkenbeete ausnutzen kann, ist unter Ratschlag **881** beschrieben.

922 Tomaten verlangen eine freie vollsonnige Lage und warmen humusreichen Mittelboden.
Im Gegensatz zu den meisten anderen Gemüsearten kann man Tomaten mehrere Jahre an derselben Stelle

anbauen, ohne daß Bodenmüdigkeit eintritt. In 1. Tracht stehenden Boden vertragen sie zwar sehr gut, doch sollte man sie besser in Boden 2. Tracht anbauen.

923 Von Tomaten erzielt man die frühesten Ernten, wenn man sie an eine Südwand pflanzen kann.
Wenn es sich dabei um eine Haus- oder Laubenwand handelt, ist darauf zu achten, daß die Tomaten nicht unter der Traufe stehen. Wo eine dichte Dachrinne angebracht ist, spielt das keine Rolle. Im großen und ganzen sollte man aber in jedem Falle 50 bis 60 cm von der Wand entfernt bleiben. Wichtig ist auch, daß eine frühreifende Tomatensorte gewählt wird (siehe Tabelle Seite 360).

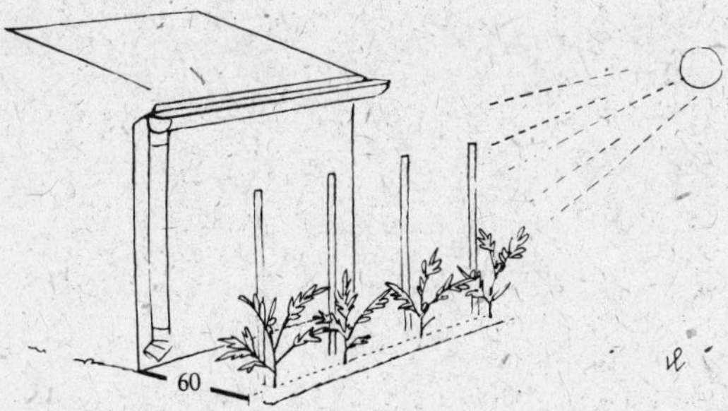

924 Zum erfolgreichen Tomatenanbau gehören gut abgehärtete Pflanzen mit festem Topfballen.
Auch schwache Pflanzen bringen Früchte, doch beginnt bei ihnen die Ernte viel zu spät. Die Mehrkosten guter Topfballenpflanzen machen sich mehr als bezahlt. Vermerkt sei auch, daß es bei Tomatenpflanzen nicht auf die Länge, sondern auf einen kräftigen Stamm ankommt, an dem die Blätter dicht übereinanderstehen.

925 Auch bei günstigem Wetterverlauf sollte man die Tomaten nicht vor dem 20. Mai pflanzen.
Tomaten überwinden Wachstumsstockungen nur sehr langsam. Diese treten aber unweigerlich ein, wenn nach dem Pflanzen naßkaltes Wetter einsetzt. Der Boden muß beim Pflanzen schon gut erwärmt sein, denn nur dann wachsen die Tomaten ohne Stockung weiter. Darum ist eine Woche späteres Pflanzen besser als zu frühes. In der Regel überholen die später gepflanzten die zu früh gepflanzten. Zu bedenken ist auch, daß Tomaten schon leichten Nachtfrösten zum Opfer fallen.

926 Damit die Topfballen nicht beschädigt werden, setzt man die Pfähle für Stabtomaten schon vor dem Pflanzen.

Da man die Tomatenpfähle 40 bis 50 cm in die Erde schlagen muß, sollte die Gesamtlänge nicht unter 1,40 m liegen. Gebrauchte Pfähle sind sicherheitshalber vor der Verwendung mit einem geeigneten Mittel zu desinfizieren, um vom Vorjahr anhaftende Krankheitserreger abzutöten. Günstiger als Holzpfähle sind Tomatenstäbe aus Plaste oder Glasfiber zu beurteilen, allein schon wegen der längeren Haltbarkeit.

927 Stabtomaten sollten nur eintriebig gezogen werden.
Zwei- oder mehrtriebige Kultur ist möglich, geht aber auf Kosten der Frühzeitigkeit und der Fruchtgröße. Bei eintriebigem Anbau genügen Pflanzenabstände von 50 cm. Die Reihen müssen aber 70 cm auseinander liegen. Tomaten sollte man etwas tiefer (5 cm) pflanzen, als sie im Topf bzw. Anzuchtbeet gestanden haben.

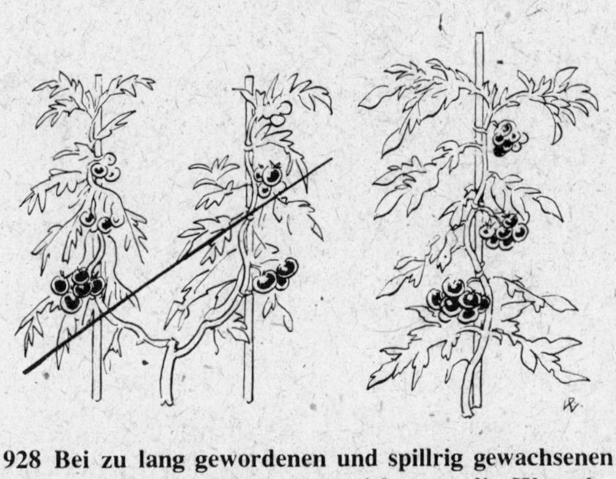

928 Bei zu lang gewordenen und spillrig gewachsenen Tomatenpflanzen bringt man nicht nur die Wurzeln, sondern auch den unteren Stengelteil in die Erde.

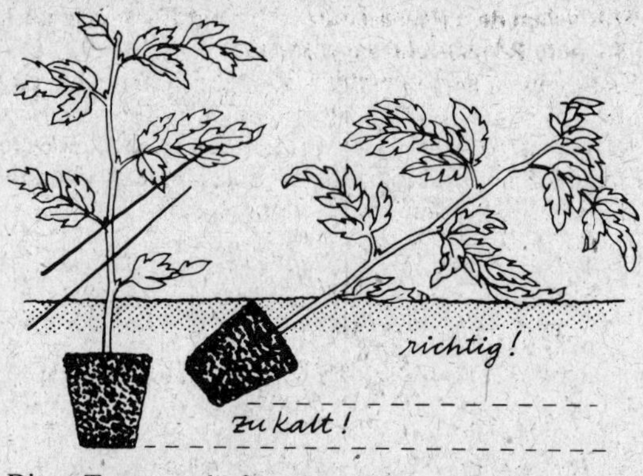

Diese Tomaten dürfen aber nicht senkrecht, sondern müssen schräg eingepflanzt werden. So vermeidet man, daß die Wurzeln in die kälteren Bodenschichten gelangen. Dort würden sie auch unter Sauerstoffmangel leiden, der das Wachstum stark behindert. Der über dem Boden stehende Pflanzenteil ist nach dem Pflanzen sofort an den Pfahl zu heften.

929 Die Stabtomate bietet im Freiland sehr gute Möglichkeiten zum Mischanbau mit Kopfsalat und (oder) Kohlrabi.
Der Platz zwischen den Tomatenpflanzen sollte bis zum Schließen der Bestände mit den genannten Gemüsearten genutzt werden. Entweder man pflanzt sie zur gleichen Zeit wie die Tomaten, oder man setzt die Tomaten in einen bereits vorhandenen Bestand von Kohlrabi bzw. Kopfsalat.

930 Das Ausgeizen der Tomatenpflanzen ist meist schon beim Pflanzen oder kurze Zeit danach nötig.
Unter Ausgeizen versteht man das Entfernen der Seitentriebe. Es muß schon durchgeführt werden, sobald diese greifbar sind. Größere schwächen den Haupttrieb ganz erheblich.

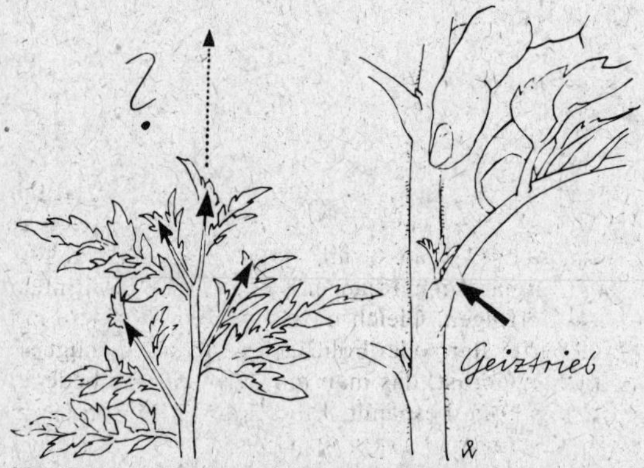

931 Bei Buschtomaten ist der Pflegeaufwand wesentlich geringer, jedoch gibt es einige Nachteile.
Da Buschtomaten, ihrem Wuchscharakter entsprechend, keine Pfähle benötigen, entfällt das Anbinden. Sie müssen auch nicht gegeizt werden. Nachteilig ist jedoch, daß die Früchte bei Regenwetter schmutzig werden und bei anhaltend feuchter Witterung auch leichter faulen. In der Fruchtqualität werden die Stabtomaten meist nicht erreicht.

932 Die Pflanzweiten bei Buschtomaten richten sich in erster Linie nach der Wuchskraft der Sorten.
Die Bodenverhältnisse spielen ebenfalls eine Rolle. Im allgemeinen pflanzt man die Buschtomaten 40 cm × 40 cm bis 50 cm × 50 cm auseinander. Zur Sortenwahl gibt die Tabelle Seite 360 Auskunft.

933 In ein kaltes Frühbeet kann man Buschtomaten schon Anfang Mai pflanzen, wenn genügend Deckmaterial (s. Ratschlag **207** und **208**) **zur Verfügung steht.**
Das Decken und Lüften wird wie bei den Gurken vorgenommen (vergleiche Ratschlag **864**). Als Entfernung sind 50 cm × 50 cm notwendig. Bodenbedekkung mit Torf ist zu empfehlen, weil dadurch nicht soviel Gießarbeit erforderlich wird.

934 Sommerendivien, auch Bindesalat genannt, wachsen auf leichten Böden besser als auf schweren, verlangen aber viel Humus.

Auch ausreichend Feuchtigkeit muß vorhanden sein, weil sie nur mit viel Wasser zarte und große Köpfe bilden. Ob der Boden in 1. oder 2. Tracht steht, spielt keine Rolle.

935 Da man die Pflanzen der Sommerendivien in der Regel selbst heranzieht (s. Ratschlag **611**), **beginnt man erst gegen Ende Mai mit dem Auspflanzen.**
Sommerendivien müssen nach dem Pflanzen schnell und ohne Stockung weiterwachsen. Darum muß der Boden durch die Sonne schon gut angewärmt sein.

936 Um von Sommerendivien gutentwickelte Köpfe zu erzielen, sollte man sie nicht enger als 30 cm × 30 cm pflanzen.
Auf ein Normalbeet (1,20 m) kommen dabei nicht mehr als vier Reihen. Jedes engere Pflanzen kann zur Schossbildung führen. Sommerendivien dürfen nicht tiefer gepflanzt werden, als sie im Saatbeet gestanden haben,

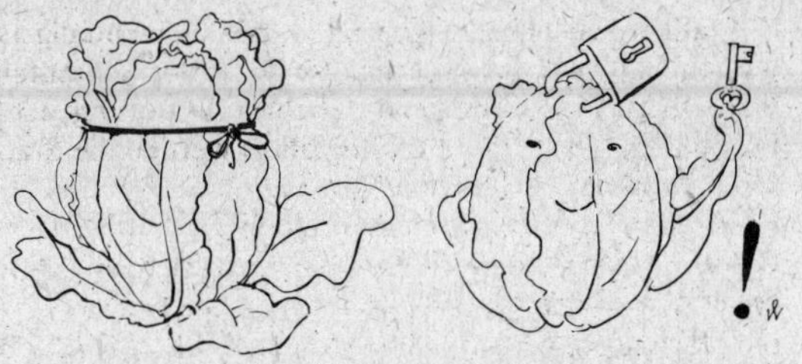

weil tieferes Pflanzen wie eine Wachstumsstockung wirkt. Um das Binden der Köpfe zu ersparen, sollte man eine selbstschließende Sorte anbauen.

937 Schwarze Zwirnfäden sind das sicherste Mittel, um Vögel von den Endivien- und Salatbeeten abzuhalten.

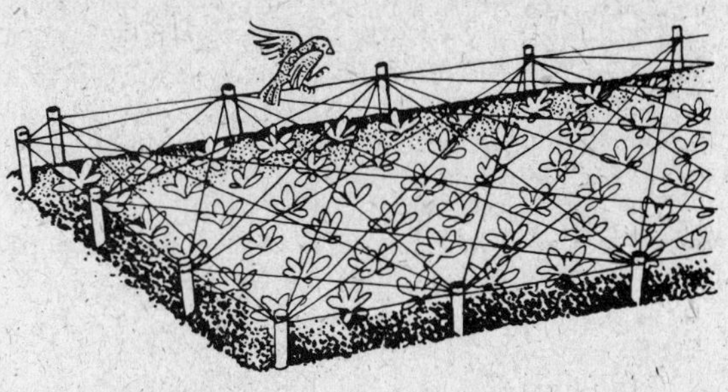

Ohne Schutz bleibt in sperlingsreichen Gegenden von diesen Pflanzen selten etwas übrig. Wenn alle anderen Mittel versagen, dann sollte man schwarze Zwirnfäden etwa 15 cm hoch kreuz und quer über die Beete spannen.

938 Eierfrüchte stellen noch höhere Temperaturansprüche als Tomaten und Paprika.

Auch in milderen Gebieten sollte deshalb der Anbau möglichst unter Glas oder Folienüberdachung erfolgen, um von Anfang an Regenschutz geben zu können und die nötigen Temperaturen zu gewährleisten. Wichtig ist auch ein hoher Humusgehalt und tiefe Bodenbearbeitung sowie gute Wasserdurchlässigkeit. Stehende Nässe ist Gift für Eierfrüchte.

939 Der Anbau der Eierfrucht (Aubergine) im Freiland ist nur erfolgreich, wenn eine vollsonnige und geschützte Lage zur Verfügung steht.
Darum sollte man sie nur dort pflanzen, wo ihr ein Platz an einer Südwand gegeben werden kann. Dabei ist das zu berücksichtigen, was unter Ratschlag 923 in bezug auf die Tomaten gesagt wurde.

940 Neben dem Regenschutz ist bei der Eierfrucht auch eine gute Bodendecke angebracht.
Dazu eignen sich in erster Linie verrotteter Stalldung oder grober Torf. Der Torf muß aber vor dem Aufbringen gut durchfeuchtet werden. Die Bodendecke gibt man im Anschluß an das Pflanzen, also vor dem Angießen. Sie kann etwa 5 cm hoch sein.

941 Im kalten Frühbeet und Folienhaus können Eierfrüchte Anfang Mai gepflanzt werden, sobald die Vorkultur abgeerntet ist.
Man pflanzt auf 50 cm × 50 cm. Eierfrüchte wachsen nicht so üppig wie Tomaten, erreichen meist nur Wuchshöhen von 50 bis 60 cm und benötigen keine Stütze. Gedüngt und gewässert wird wie bei Tomaten. Die Frühbeete erhalten nachts bis mindestens Ende Mai einen Schutz.

942 Im Freiland pflanzt man die Eierfrucht auch in günstigen Jahren erst Ende Mai.

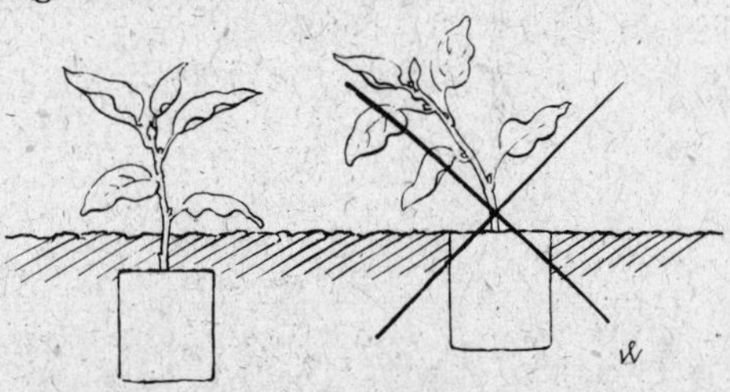

Der Pflanzenabstand ist genauso zu wählen wie im Frühbeetkasten. Eierfruchtpflanzen setzt man einige Zentimeter tiefer, als sie im Topf gestanden haben. Das Angießen nach dem Pflanzen sollte mit vorgewärmtem Wasser erfolgen. Gleich nach dem Pflanzen wird mit Frühbeetfenstern oder Folie überbaut. Dazu genügt ein einfaches Gerüst, das man mit den Fenstern bedeckt bzw. mit Folie bespannt. Eine Gerüsthöhe von 60 cm ist ausreichend.

943 Die Früchte der Eierfrucht sind je nach der Sorte ei- oder gurkenförmig und meist violett über blau bis schwarz gefärbt.

Trotz der Formen- und Farbunterschiede ist der Geschmack bei allen gleich. Die Früchte sind sehr vielseitig verwendbar.

944 Der Gemüsepaprika verlangt einen tief bearbeiteten, in der 2. Tracht stehenden warmen Humusboden und eine vollsonnige Lage.

Die Bodenreaktion sollte zwischen neutral und schwachsauer liegen. In ungeeigneten Böden kümmern die Pflanzen und bringen auch keine nennenswerten Erträge. Im übrigen ist das zu beachten, was bei der Eierfrucht unter Ratschlag **938** und **939** gesagt wurde.

945 Wo man in normalen Lagen den Gemüsepaprika nicht in den Schutz einer Südwand pflanzen kann, sollte er nur unter Glas oder Folie angebaut werden.

Beim Pflanzen an eine Südwand ist Ratschlag **923** zu beachten. Der Anbau in einem Frühbeet entspricht dem der Eierfrucht (vergleiche Ratschlag **941**). Als Pflanzenabstand genügen aber 40 cm × 40 cm.

946 Wer vom Gemüsepaprika reiche Ernten erzielen will, muß sich kräftige, abgehärtete Pflanzen mit Topfballen besorgen.
Pflanzen ohne Topfballen lohnen die Arbeit nicht. (Siehe auch Ratschlag **941**).

947 Dem Gemüsepaprika muß man einen Pflanzenabstand von 40 cm × 40 cm geben, wenn er sich optimal entwickeln soll.
Wer nicht gar zu wenig Land hat, sollte den Abstand auf 50 cm × 40 cm erweitern. In diesem Falle bleibt der Reihenabstand 40 cm, aber auf der Reihe pflanzt man alle 50 cm eine Pflanze. Bei etwas größerem Abstand reifen die Früchte schneller.

948 Gemüsepaprika wird erst in den letzten Maitagen gepflanzt. Anschließend erhält er eine Bodendecke.
Näheres ist bei der Eierfrucht (Ratschlag **940**) nachzulesen.

949 Mit dem Anhäufeln des im April gepflanzten Blumenkohls wird das Düngen verbunden.
In den ersten Maitagen ist der Zeitpunkt zum Anhäufeln des flach gepflanzten Blumenkohls gekommen. Er kann dann vom Wind nicht so leicht umgedrückt werden. Wer den Volldünger trocken streuen will, kann ihn vor dem Anhäufeln zwischen die Reihen geben. Das übliche Einhacken ist dann nicht nötig, weil er sich beim Anhäufeln mit der Erde vermischt. Eine Woche später wird eine 0,3%ige Volldüngerlösung zwischen die Reihen gegossen. In beiden Fällen ist darauf zu achten, daß die Blätter nicht getroffen werden. Notfalls wird mit klarem Wasser abgebraust.

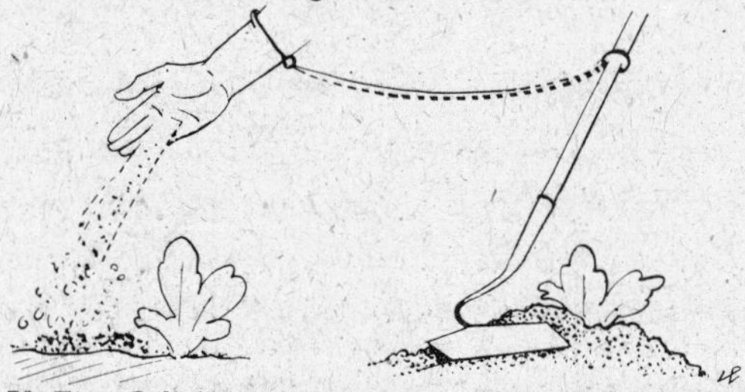

950 Zur Juli-/Augusternte von Blumenkohl braucht man ab Mitte Mai pikierte Pflanzen.
Die aus dem Saatbeet eignen sich nur dann, wenn recht weitläufig ausgesät und die Aussaaterde stark mit Torfmull angereichert wurde. Die Vorbereitungen und das Pflanzen entsprechen den Maßnahmen, die unter Ratschlag **564** bis **566** angegeben sind. Bei der Maipflanzung kann man aber etwas tiefer pflanzen, weil jetzt der Boden schon gut erwärmt ist. Damit spart man das spätere Anhäufeln. Auch für den Maianbau sollte man möglichst mittelfrühe Sorten verwenden, weil sie eine kürzere Entwicklungszeit haben.

951 Bei dem im Frühbeet ausgepflanzten Kohlrabi darf man das Lüften, Gießen und Düngen nicht vernachlässigen.

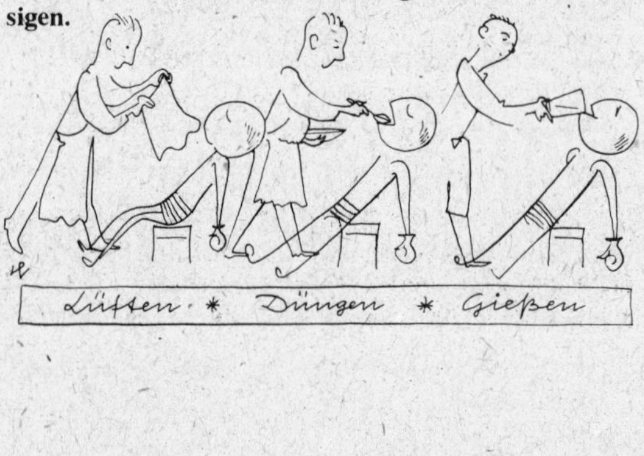

Kohlrabi braucht zur guten Entwicklung viel Luft. Darum kann man im Mai das Dauerlüften beginnen. Die Lufthölzer bleiben also auch in der Nacht unter den Fenstern. Die Erde darf in der Hauptentwicklungszeit gar nicht trocken werden, sonst kommt es leicht zu gerissenen Knollen. Gedüngt wird wöchentlich einmal mit einer 0,3%igen Volldüngerlösung bis etwa eine Woche vor dem Ernten.

952 Frühkohlrabi im Freiland braucht im Mai zur schnellen Entwicklung viel Wasser und Nährstoffe.
Was unter Ratschlag 951 vom Düngen und Gießen gesagt wurde, trifft auch auf den im Freiland stehenden Kohlrabi zu.

953 Zum laufenden Sommerverbrauch sät man Kohlrabi in den ersten und letzten Maitagen zur Pflanzengewinnung aus.

Das Saatbeet wird wie unter Ratschlag **581** beschrieben vorbereitet und besät. Auch beim Kohlrabi darf man je m² nur 2 bis 3 g aussäen. Die Aussaaten sind bis zum Aufgehen ständig feucht zu halten und bei Bedarf durch Netze, Spannen von Zwirnsfäden o.ä. vor Vogelfraß zu schützen.

954 Wenn die Ende April oder Anfang Mai ausgesäten Erbsen 10 bis 12 cm hoch sind, ist der richtige Zeitpunkt zum Reisern gekommen.

Späteres Reisern erschwert diese Arbeit. Reiser muß man so tief in die Erde stecken, daß sie auch bei Wind nicht umfallen können. Pflanzen, die sich schon umgelegt haben, sind an die Stützen heranzudrücken.

955 Niedrige Erbsensorten brauchen im allgemeinen keine Stützen und werden nur etwas angehäufelt.
Dadurch bekommen sie so viel Halt, daß sie sich auch bei Regenwetter aufrecht halten. Das Anhäufeln muß man vornehmen, wenn die Erbsen etwa 15 cm hoch sind.

956 Sobald die Triebe der im April gelegten Frühkartoffeln über der Erde stehen, muß man auf Nachtfröste achten.

Die jungen Triebe erfrieren schon bei leichtem Frost, der im Laufe des Mai in jedem Jahre eintreten kann. Der sicherste Frostschutz ist das Anhäufeln. Es wird so vorgenommen, daß von den Triebspitzen nichts mehr zu sehen ist. Das schadet den Kartoffeln nicht so stark wie leichtes Anfrieren.

957 Folgesaaten von Radieschen und Sommerrettichen werden auch im Laufe des Mai vorgenommen.
Dabei ist vor allem dafür zu sorgen, daß von der Aussaat an die mit Radieschen oder Rettichen besetzten Beete nie trocken werden. Das beugt auch dem Auftreten der Erdflöhe vor. Sie können die ganze Ernte in Frage stellen, weil sie schon die Keimblätter zerstören. Über Aussaat und Entfernungen ist unter Ratschlag **354** bis **356** und **598** nachzulesen.

958 Nur durch fleißiges Gießen und Düngen der Radieschen- und Rettichbeete erzielt man zarte Knollen.
Radieschen sollte man nach dem Aufgehen überhaupt nicht mit reinem Wasser gießen. Eine schwache Nährlösung (0,1%ig) eines schnell wirkenden Stickstoffdüngers ist viel angebrachter. Bei der kurzen Entwicklungszeit der Radieschen wirken sich andere Dünger gar nicht richtig aus. Rettiche gießt man wöchentlich einmal mit einer 0,3%igen Nährlösung eines mit Stickstoff angereicherten Volldüngers.

959 Späte Möhrensorten für die Herbsternte und die Einlagerung kann man noch von Anfang bis Mitte Mai aussäen.

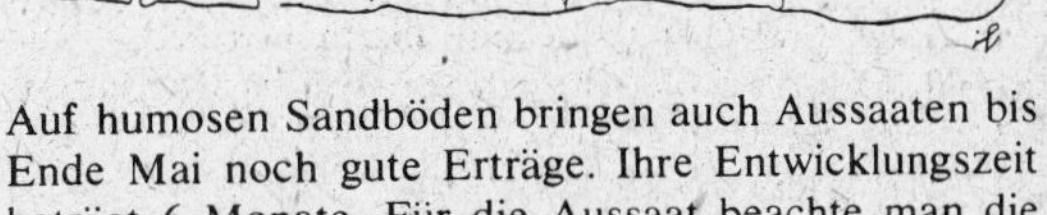

Auf humosen Sandböden bringen auch Aussaaten bis Ende Mai noch gute Erträge. Ihre Entwicklungszeit beträgt 6 Monate. Für die Aussaat beachte man die

Ratschläge **345** und **346**. Der Reihenabstand sollte aber auf 25 bis 30 cm erhöht und je m² nicht mehr als 0,4 g ausgesät werden.

960 Die im April (s. Ratschlag 607) zur Pflanzengewinnung ausgesäten Spätkohlsorten werden in der zweiten Maihälfte gepflanzt.

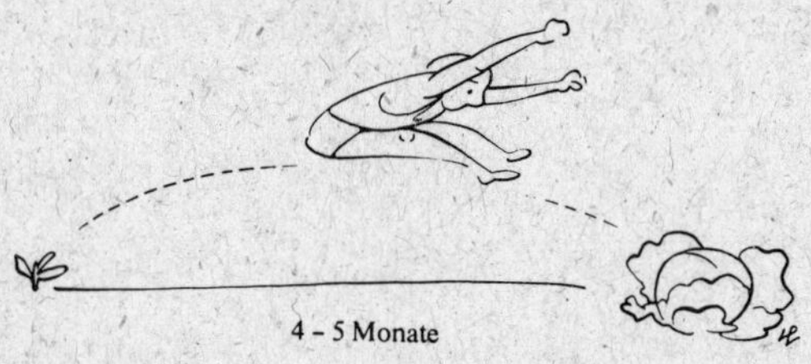

Alle Spätsorten benötigen von der Pflanzung bis zur Ernte 4 bis 5 Monate. Die meiste Zeit brauchen die späten Weiß- und Rotkohlsorten. Der Pflanzenabstand beträgt je nach Sorte 60 cm × 50 cm bis 60 cm × 60 cm.

961 Für den Herbst- und Frühwinterverbrauch kann man Frühkohlsorten noch Anfang bis Mitte Mai auf ein Freilandsaatbeet aussäen.

Damit man bis Ende Juni/Anfang Juli recht kräftige Pflanzen erhält, dürfen je m² Aussaatfläche nur 2 bis 3 g Samen ausgestreut werden. Dabei sind die Angaben unter Ratschlag **581** zu beachten. Durch ständiges Feuchthalten der Aussaatfläche und häufiges Lockern des Bodens zwischen den Reihen wird eine rasche Entwicklung der Pflanzen erreicht und gleichzeitig dem Befall durch Erdflöhe vorgebeugt.

962 Als Nachfrucht zu Kulturen, die bis Ende Juni abgeerntet sind, kann man im Mai Kohlrüben, Grünkohl, Porree und auch noch Rosenkohl aussäen.

Auch für diese Gemüsearten zieht man die Pflanzen auf einem Freilandsaatbeet heran. Bezüglich des Saatbeetschutzes ist unter Ratschlag **953** nachzulesen. Mit der Grünkohl- und Kohlrübenaussaat kommt man in der zweiten Maihälfte noch zurecht, doch sollte Rosenkohl und Porree schon Anfang Mai ausgesät werden.

963 Beim Gießen des im kalten Frühbeet stehenden Kopfsalates muß man sehr sorgfältig vorgehen.

Der Frühbeetsalat wird im Mai erntefähig. In diesem Stadium darf man ihn vor allem nicht bei Sonnenschein gießen, sonst entstehen leicht Blattrandschäden. Auch abends sollte man nicht die Brause nehmen, sondern mit dem Rohr zwischen die Reihen gießen. Wenn der Frühbeetsalat einmal richtig trocken geworden ist, entsteht beim nachfolgenden Gießen die gefürchtete Salatfäule. Nach jedem Gießen wird gelüftet, damit auch der Boden oberflächlich bald abtrocknet.

964 Im Laufe des Mai pflanzt man vom Kopfsalat nur hitzebeständige Sommersorten (siehe Tabelle Seite 358).

Der Pflanzenabstand dieser Sorten muß mindestens 25 cm × 25 cm betragen (besser ist 30 cm × 25 cm).

965 Der im April gepflanzte Kopfsalat wird Anfang Mai noch einmal gehackt und gedüngt.

Das Düngen führt man vor dem Hacken durch, und zwar mit einer 0,2%igen Lösung eines Stickstoffdüngers. Damit keine Schäden entstehen, darf die Lösung die Blätter möglichst nicht treffen. Auf jeden Fall ist mit reinem Wasser nachzuspülen. Sobald der Boden oberflächlich abgetrocknet ist, wird er flach gelockert.

966 Wenn die zweite Maihälfte recht heiß ist, kann es beim Kopfsalat schnell zur Schosserbildung kommen.

Dagegen helfen nur reichliche Wassergaben. Der Boden darf gar nicht erst trocken werden, damit den Kopfsalat durch das Verdunsten des Bodenwassers immer feuchte Luft umgibt. Abends schadet auch das Überbrausen nicht. Es ist so stark zu gießen, daß der Boden bis zum nächsten Abend feucht bleibt.

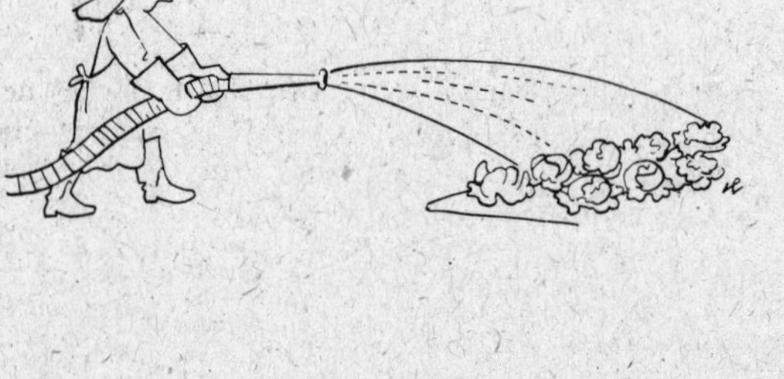

967 Schnittsalat ist ein guter Lückenbüßer, wenn im Mai abgeerntete Beete erst Ende Juni/Anfang Juli neu bepflanzt oder besät werden sollen.
Wer beispielsweise von Buschbohnen eine Spätaussaat machen will (Aussaat Juni/Juliwende), kann als Vorkultur Schnittsalat aussäen, vor allem, wenn die Buschbohnen nach Spinat (Frühjahrsaussaat) oder Radieschen angebaut werden sollen. Über die Aussaat von Schnittsalat ist unter Ratschlag **364** nachzulesen.

968 Rhabarber verlangt auch im Mai eine starke Düngung und viel Wasser.
Das Düngen verbindet man am besten mit dem Gießen. Mit reinem Wasser wird also überhaupt nicht gegossen. Dem Gießwasser werden je Liter 2 bis 3 g Volldünger zugesetzt. Ein bis zwei reine Stickstoffdüngungen sind im Mai ebenfalls angebracht.

969 Damit sich die Rhabarberpflanzen nicht erschöpfen, darf man beim Ernten keinen Raubbau treiben.

Der Rhabarber kann nur mit Hilfe vorhandener Blätter neue hervorbringen. Nimmt man ihm beim Ernten zuviel oder gar alle Blätter, dann geht die Entwicklung neuer auf Kosten des Wurzelstockes. Die Folge davon sind dünne Blattstiele, die kaum verwertbar sind. Als Regel gilt, daß man jedesmal nur die Hälfte der Blätter erntet und dann erst wieder den Nachwuchs abwartet.

970 Die Blattstiele des Rhabarbers werden an ihrer Basis ausgebrochen, nicht abgeschnitten.

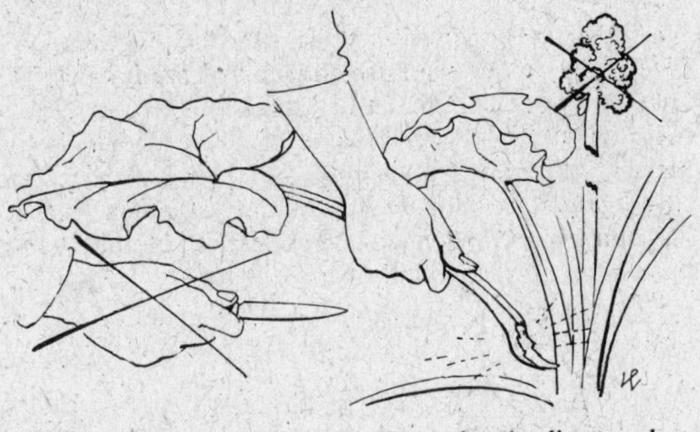

Das ist sehr wichtig, weil sonst durch die an den Pflanzen verbleibenden Stielreste Fäulnisherde entstehen. Die sich entwickelnden Blütenstände sind schon im Entstehen zu beseitigen.

971 Die im Februar (s. Ratschlag **197**) **durch Abdeckung zum verfrühten Austreiben gebrachten Rhabarberpflanzen macht man Anfang Mai wieder frei.**
Sie müssen sich nach der Ernte wieder erholen, damit sie gestärkt in den Winter gehen können. Das Gießen und Düngen nimmt man wie bei den übrigen Pflanzen vor (vergleiche Ratschlag **968**). Der zum Verpacken verwendete Stalldung ergibt gutes Material zum Bodenbedecken.

972 Läuse an Puffbohnen müssen sofort bekämpft werden.
Im allgemeinen handelt es sich bei Puffbohnen um die schwarze Bohnenlaus, die sich an den Triebspitzen ansiedelt und sehr schnell weiterverbreitet. Am besten wirkt das Spritzen mit einem systemischen Insektizid.

973 Mit Wasser und Dünger kann man die Erträge der Puffbohnen wesentlich steigern.
Die letzte Düngergabe fällt mit dem Entfernen der Triebspitzen zusammen (Ratschlag **974**). Man streut entweder je m^2 30 g eines schnell wirkenden Volldüngers vorsichtig zwischen die Reihen oder gießt mit einer 0,3 %igen Nährlösung. In beiden Fällen darf das Blattwerk nicht getroffen werden.

974 Sobald die ersten Hülsenansätze bei den Puffbohnen erkennbar sind, entfernt man die Triebspitzen der Pflanzen.
Diese Maßnahme trägt wesentlich zur schnellen Entwicklung der Hülsen bei. Auch ihre Größe wird günstig beeinflußt. Außerdem nimmt man dadurch den schwarzen Bohnenläusen die Gelegenheit zum Festsetzen.

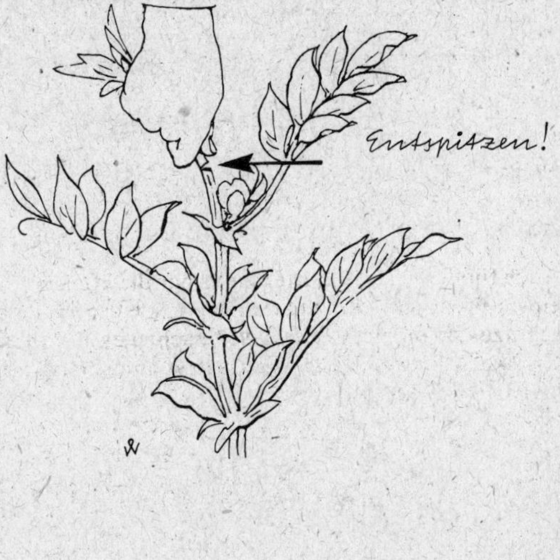

975 Zu dicht aufgegangene Schwarzwurzeln muß man so früh wie möglich verziehen, weil sonst die Wurzeln zu schwach bleiben.
Das Verziehen wird darum schon vorgenommen, wenn die Pflanzen gut und sicher zu fassen sind. Nach dem Verziehen müssen die Pflanzenabstände auf der Reihe 3 bis 5 cm betragen.

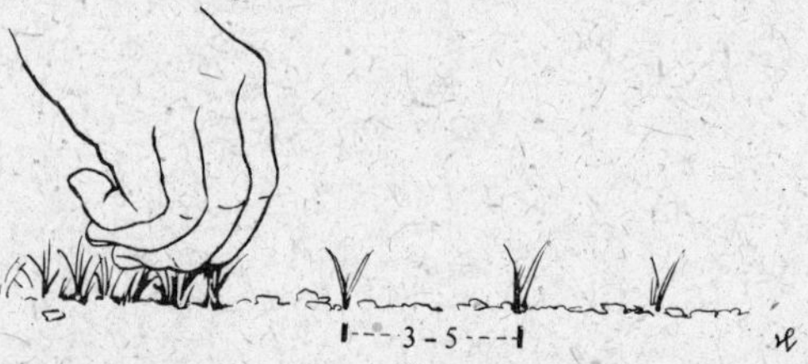

976 Bei Schwarzwurzeln ist Bodenbedeckung sehr zu empfehlen. Man wartet damit, bis die Pflanzen etwa 6 bis 8 cm hoch sind.
Da Schwarzwurzeln einen gleichmäßig feucht bleibenden Boden besonders lieben, macht sich die Bodenbedeckung sehr gut bezahlt. Vor dem Aufbringen des verrotteten Stalldungs oder des feuchten Torfes wird die Bodenoberfläche zwischen den Reihen gelockert. Später entfällt jede Hackarbeit.

977 Schwarzwurzeln werden im Mai mindestens zweimal gedüngt.
Dazu nimmt man einen Volldünger, der stickstoffarm, aber kalireich ist. Die Schwarzwurzeln vertragen eine Kopfdüngung sehr gut, wenn anschließend mit reinem Wasser stark nachgebraust wird. Bei jedem Düngen streut man je m^2 etwa 20 g.

978 Zwiebelbeete müssen immer unkrautfrei gehalten werden und sind im Laufe des Mai mehrmals zu düngen.

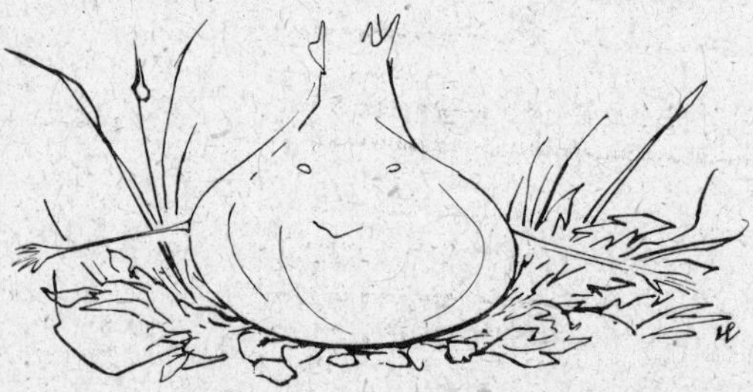

Wenn in dieser Hinsicht nichts versäumt wird, erzielt man auch durch Aussaat verhältnismäßig große Zwiebeln. Über das Düngen siehe unter Ratschlag **977**. Auch dieselben Dünger und Mengen kann man anwenden.

979 Die Spargelernte ist im Mai in vollem Gange und das Stechen täglich mindestens zweimal erforderlich.
Man darf nicht nur die starken Stangen ernten, sondern muß auch alle schwachen stechen. Beim Ernten des Spargels ist auch das zu beachten, was unter Ratschlag **623** bis **625** gesagt wird.

980 Bei Spargelanlagen, auf denen erstmalig geerntet wird, beendet man das Stechen in den letzten Maitagen.
Wer über diesen Termin hinausgeht, kann auch im folgenden Jahre noch keine Vollernte erzielen. Die verhältnismäßig jungen Pflanzen werden durch langes Ernten im ersten Jahre zu stark geschwächt. Wir müssen immer daran denken, daß sich jede Spargelstange auf Kosten des Wurzelstockes entwickelt hat.

981 Neuangelegter Spargel ist vor allem unkrautfrei zu halten und kann in der letzten Maiwoche eine Nährstoffgabe erhalten.
Wie in den bepflanzten Gräben, so darf man auch auf dem Land dazwischen kein Unkraut aufkommen lassen, damit kein Samen auf die Spargelgräben gelangt. Zum Düngen kann man einen stickstoffreichen Volldünger verwenden. Er wird so ausgestreut, daß je m^2 Grabenfläche höchstens 20 g kommen. Bei trockenem Wetter gießt man nach dem Düngen reichlich.

982 Als Zwischenfrucht bei neuangelegtem Spargel eignen sich in erster Linie Buschbohnen (s. auch Ratschlag **898**.)
Die Flächen zwischen den Gräben kann man schon in der zweiten Maihälfte besäen. Buschbohnen geben auch auf Spargelboden noch gute Ernten, wenn sie ab und zu etwas Wasser erhalten. Ihr Hauptwert liegt aber darin, daß sie den Boden beschatten, was sich auf die Entwicklung des Spargels sehr günstig auswirkt. Dibbelsaat mit einem Reihenabstand von 30 cm ist anzuraten.

983 Porree verträgt zwar keinen frischen Stalldung, verlangt aber einen humusreichen Mittelboden mit viel Nährstoffen.
Im Herbst tief bearbeiteter Boden ist am günstigsten, weil man den Porree recht tief pflanzen muß (vergleiche Ratschlag **985**). Die beste Bodenreaktion liegt zwischen pH 6 und 8. Der Boden darf also nicht sauer sein und

ist im Bedarfsfalle mit kohlensaurem Kalk zu versehen, den man noch kurz vor dem Pflanzen des Porrees geben kann. Je m^2 können unbedenklich 100 g ausgestreut werden.

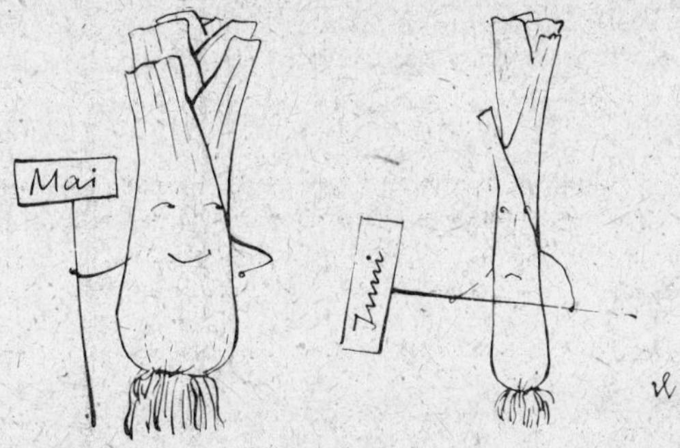

984 Recht dicke Stangen erzielt man, wenn der Porree schon in der zweiten Maihälfte, also als Hauptfrucht, angebaut wird.

Der Reihenabstand muß 30 cm betragen. Je Normalbeet (1,20 m) pflanzt man nur 4 Reihen. Auf der Reihe genügt ein Abstand von 15 cm.

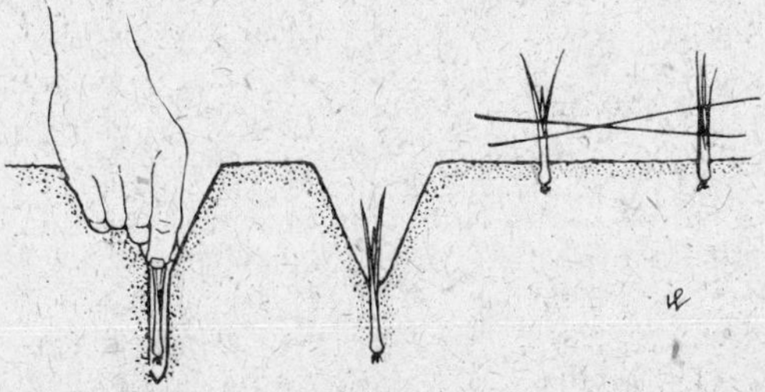

985 Der in der Erde steckende Teil der Porreepflanzen ist als Gemüse am wertvollsten. Darum ist recht tiefes Pflanzen von großem Vorteil.

Tiefes Pflanzen ist einfacher als späteres Anhäufeln. Vor dem Pflanzen zieht man 10 bis 15 cm tiefe Rillen, in die tief gepflanzt wird. Die Rillen bleiben nach dem Pflanzen vorerst offen. Blätter und Wurzeln kürzt man vor dem Pflanzen etwas. Das trägt zum schnellen Einwachsen wesentlich bei.

986 Rosenkohl ist bezüglich des Klimas recht anpassungsfähig. Seine Bodenansprüche ähneln denen des Kopfkohls.

Optimale Erträge werden auf mittleren, nährstoffreichen und tiefgründigen Böden erzielt. Der Wasserbedarf des Rosenkohls ist relativ hoch. Als Vorfrucht scheiden alle Kohlarten aus. Rosenkohl gehört auf Boden der 1. Tracht. Bei der Mineraldüngung ist der hohe Kali- und Phosphorbedarf zu beachten und eine gute Versorgung mit Spurenelementen zu sichern.

987 Wenn Rosenkohl als Hauptfrucht oder Schutzpflanzung für Gurken angebaut wird, ist Mitte Mai die beste Pflanzzeit.

So früh gepflanzt, verlangt Rosenkohl Pflanzweiten von 60 cm × 60 cm, weil er sich bei guter Kultur sehr üppig entwickelt. Als Schutzpflanzung für Gurken genügen Pflanzenabstände von 50 cm, weil an beiden Seiten des Gurkenbeetes nur je eine Reihe gepflanzt wird. Man geht dabei von den Beeträndern etwa 20 cm weg. Die Gurken haben so noch genügend Platz zur guten Entwicklung.

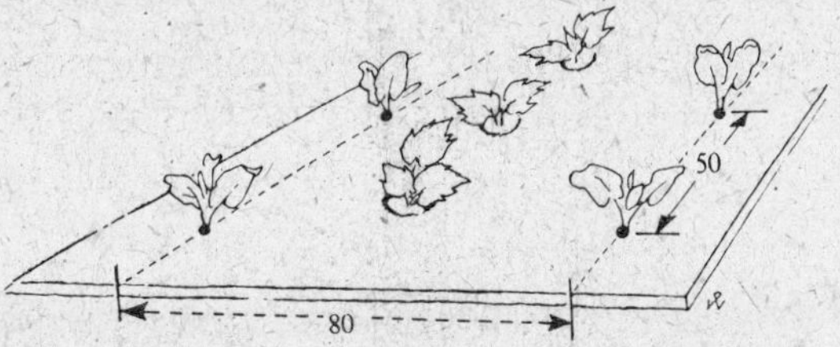

988 Wenn der Mai recht heiß und trocken ist, sind alle Kohlgewächse und auch Radieschen sowie Rettiche durch Erdflöhe gefährdet.

Beim Kohl betrifft das vor allem die auf den Saatbeeten stehenden Jungpflanzen. Das Stäuben mit Algenkalk ist aber vorzunehmen, bevor ernstlicher Schaden entstanden ist. Man muß also die Beete täglich auf das Vorhandensein von Erdflöhen überprüfen. Starkes Überbrausen mit Wasser hilft nur bedingt gegen diese Schädlinge (siehe auch Ratschlag **666**).

989 Alle ohne äußerlich erkennbaren Grund welkenden Gemüsepflanzen sind sofort zu untersuchen, um die Ursache festzustellen.

Wer Drahtwurmbefall im Garten bemerkt, muß die welkenden Pflanzen mit den Wurzeln und der sie umgebenden Erde vorsichtig herausnehmen. Nur auf diese Weise erwischt man auch den oder die Urheber mit. Außer den Drahtwürmern kann es sich auch um Erdraupen handeln, die sich am Tage dicht unter der Erdoberfläche aufhalten. Über den Schutz gegen die Kohlfliege und den Kohlgallenrüßler ist unter Ratschlag **567** und **579** nachzulesen.

990 Wenn auf Möhren- oder Zwiebelbeeten Pflanzen vergilben, sind sie meist durch Fliegenlarven geschädigt.
Bei den ersten derartigen Anzeichen sind die befallenen und die benachbarten Pflanzen mit der sie umgebenden Erde zu entfernen. Im übrigen ist für ein zügiges Wachstum zu sorgen und häufig zu hacken.

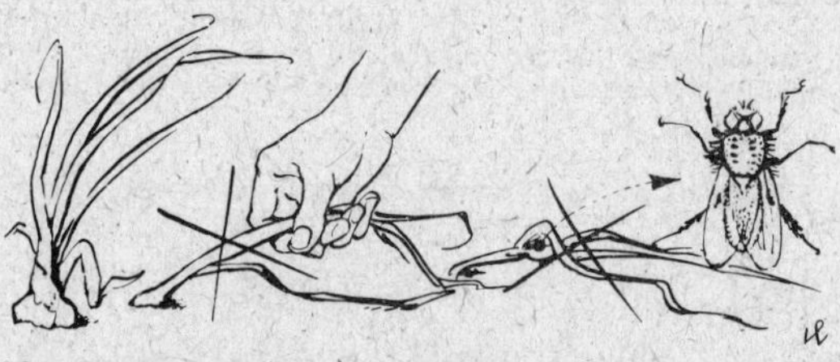

991 Gewürzpaprika stellt an Lage und Boden dieselben Ansprüche wie der Gemüsepaprika.
Darum ist Ratschlag **944** zu beachten.

992 Die beste Pflanzzeit für Gewürzpaprika liegt zwischen dem 20. und 30. Mai.
Gewürzpaprika braucht nur 25 cm × 25 cm weit gepflanzt zu werden. Gute Ernten kann man nur von Pflanzen mit Topfballen erwarten. Bei schwachen Pflanzen setzt sie zu spät ein. Das unter Ratschlag **945** bis **948** Gesagte ist sinngemäß anzuwenden.

993 Um von Gartenkresse und Kerbel laufend frisches Kraut ernten zu können, muß man Folgeaussaaten vornehmen.
Die Aussaatabstände betragen bei Gartenkresse 2 und bei Kerbel 4 Wochen. Gartenkresse benötigt einen Reihenabstand von 12 cm. Der Samen wird in ganz flache Rinnen ausgesät und nicht mit Erde bedeckt. Die Aussaatfläche drückt man mit einer flachen Schaufel an. Über die Aussaat von Kerbel ist unter Ratschlag **412** nachzulesen.

994 Die in Töpfen vorbereiteten Pflanzen der Kapuzinerkresse werden erst nach dem 20. Mai ausgepflanzt.
Die am Küchenfenster gezogenen Pflanzen sind meist sehr frostempfindlich. Darum bedeckt man sie nach dem Pflanzen mit Schutzhauben. Die nichtrankenden Sorten pflanzt man 30 cm × 30 cm auseinander und die rankenden 40 cm × 60 cm. An Zäunen genügen 20 cm (eine Reihe).

995 An Ort und Stelle kann man die Kapuzinerkresse ab Mitte Mai aussäen.
Dabei wendet man die horstweise Aussaat an. In dem unter Ratschlag **994** angegebenen Abstand werden je Horst 3 Samen ausgelegt. Nach dem Aufgehen läßt man aber nur die stärkste Pflanze stehen. An einem schattigen Standort blüht die Kapuzinerkresse nur spärlich.

996 Etwa Mitte bis Ende Mai erhält der Knoblauch eine Kopfdüngung.
Man verwendet dazu einen Volldünger und streut etwa 50 g/m². Es wird sofort flach eingehackt. Ein reiner Stickstoffdünger ist nicht zu empfehlen. Je nach der Pflanzenentwicklung kann 3 Wochen nach der ersten Kopfdüngung eine zweite Düngergabe erforderlich sein. Zur wichtigsten Pflegemaßnahme gehört das ständige Lockern der Beetoberfläche. Bei Trockenheit sind während der Hauptwasserbedarfszeit (Mai/Juni) 3 bis 4 Wassergaben von je 20 mm erforderlich.

997 Majoran gedeiht am besten auf warmen Böden mit hohem Humusgehalt und in vollsonnigen Lagen.
Frischen Stalldung verträgt der Majoran nicht. Darum in 2. Tracht anbauen. Auf Lehmböden geht der Majoran in nassen Sommern meist zugrunde. An schattigen Stellen angebaut, läßt die Würzkraft sehr zu wünschen übrig.

998 Majoran ist sehr frostempfindlich und darf darum nicht vor dem 20. Mai gepflanzt werden.
Die selbstgezogenen Pflanzen (s. Ratschlag **233** und **646**) muß man vor dem Auspflanzen gut abhärten. Das Frühbeet (Ratschlag **646**) ist jeden Tag reichlich zu lüften. Auch nachts bleibt es offen, wenn keine Nachtfröste zu befürchten sind.

999 Beim Pflanzen des Majorans ist darauf zu achten, daß er nicht tiefer in die Erde kommt, als er vorher gestanden hat.

Er wird sonst bei regnerischem kühlem Wetter wurzelhalskrank und geht zugrunde. Um starke Pflanzenbüsche zu erzielen, nimmt man 2 bis 3 Pflanzen zusammen. Der Reihenabstand muß 20 cm betragen. Auf der Reihe genügen aber 15 cm.

1000 Basilikum verlangt zum guten Gedeihen leichten warmen und humusreichen Boden sowie eine windgeschützte vollsonnige Lage.

Der Boden muß auch gut durchlüftbar sein, was durch Eingraben von grobem Torf erreicht wird. Man baut Basilikum am besten auf der Südseite einer Mauer oder südlich höherer Pflanzen an, die ihm Windschutz bieten.

1001 Auch nach dem 20. Mai gepflanztem Basilikum sollte man Schutz bieten, der das schnelle Einwachsen sichert.

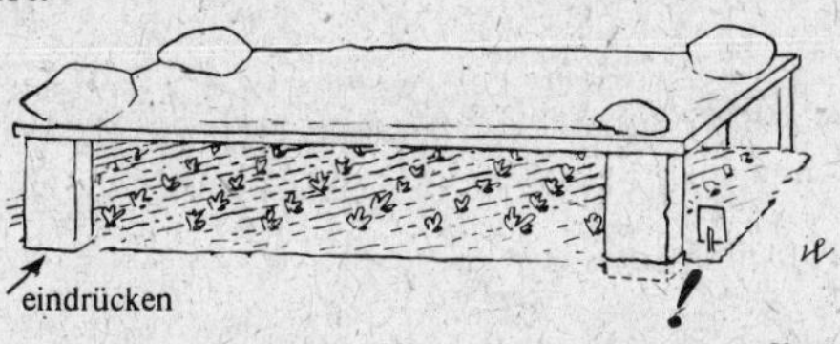

Dazu bezieht man am besten einen der bepflanzten Fläche entsprechenden Lattenrahmen mit Folie. Damit der Rahmen frei über den Pflanzen liegt, wird er mit hochgestellten Mauersteinen unterbaut, die nicht umfallen, wenn man sie einige Zentimeter in den Boden drückt. Kurze Holzpfähle verrichten dieselben Dienste.

1002 Bohnenkraut (Pfefferkraut) kann man zwar in der ersten Maihälfte noch aussäen, besser ist aber das Pflanzen nach Mitte Mai.

Was bei der Aussaat zu beachten ist, kann unter Ratschlag **652** bis **655** nachgelesen werden. Zum Pflanzen sind je m² Anbaufläche 20 kräftige Pflanzen erforderlich. Auf ein Normalbeet (1,20 m) kommen 5 Reihen. Auf der Reihe wird im Abstand von 20 cm gepflanzt. Je Pflanzstelle kann man 2 bis 3 Pflanzen zusammennehmen, wodurch kräftige Büschel entstehen. Bohnenkraut nicht tiefer pflanzen als es gestanden hat!

1003 Junges Kraut von Boretsch (Gurkenkraut) ist würzkräftiger als älteres. Darum nimmt man Ende Mai eine zweite Aussaat vor.
Siehe unter Ratschlag **648** bis **651**.

1004 Von den ausdauernden Gewürzkräutern Lavendel, Melisse, Salbei und Thymian muß man sich spätestens in der zweiten Maihälfte Jungpflanzen beschaffen und pflanzen.
Das ist aber in der Regel nur dort nötig, wo keine Teilpflanzen erhältlich sind, mit denen man im allgemeinen schneller zum Ziele kommt. Die Pflanzenabstände betragen bei Lavendel 30 cm × 20 cm, bei Melisse 30 cm × 30 cm, bei Salbei 40 cm × 40 cm, bei Thymian 20 cm × 20 cm. Über die Anbauverhältnisse ist unter Ratschlag **396**, **398**, **401**, **402**, **636** und **637** nachzulesen.

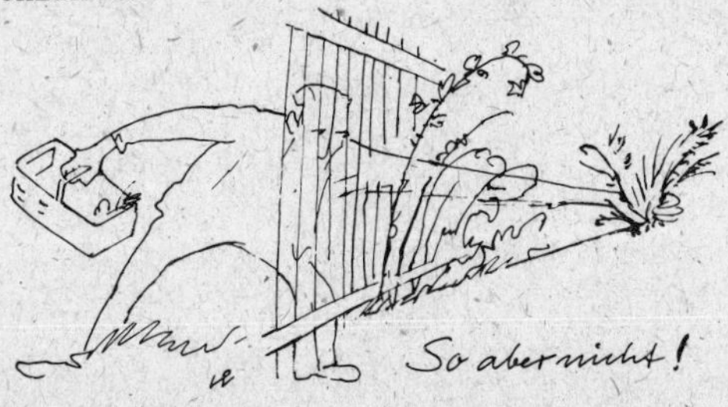

1005 Der Monat Mai ist besonders günstig für das Anlegen einer Kultur des Austernseitlings auf Laubholzklötzen.
Das Vorbereiten und Beimpfen der Holzklötze erfolgt wie im Ratschlag **672** dargelegt. Nach dem Impfen ist ständig darauf zu achten, daß die Holzstapel nicht trocken werden.

1006 Für die Kultur des Austernseitlings lassen sich auch Baumstubben verwenden, sofern sie noch nicht zu alt sind.
Die Oberfläche des Stubbens wird am besten noch einmal nachgeschnitten und dann in der gleichen Weise beimpft, wie es der Ratschlag **672** besagt. Die Pilzbrut deckt man mit Pappe oder einem passenden Holzklotz ab und beschwert mit einem Stein oder Rasensoden. Sollte der Stubben sehr ausgetrocknet sein, muß er vor dem Beimpfen entsprechend angefeuchtet werden. Nach dem Impfen ist er gegen Austrocknung zu schützen.

1007 Wer über geeignete Räume für die Champignonkultur verfügt, beginnt in der letzten Maidekade mit der Vorbereitung des Nährsubstrates.

Entscheidend für den Anbauzeitraum ist die Art der vorhandenen Räume. Für eine durchgängige Nutzung mit Champignons eignen sich am besten massive, gut zu lüftende Kellerräume, die im Winter geheizt werden können und in den Sommermonaten nicht zu hohe Temperaturen (12 bis 16 °C) aufweisen. In derartigen Räumen sind im Verlauf von 12 Monaten drei Anbaufolgen möglich (Mitte Juni bis Anfang Oktober, Mitte Oktober bis Anfang Februar und Mitte Februar bis Anfang Juni). Nicht heizbare, massive Räume gestatten maximal 2 Anbaufolgen (Anfang Mai bis Ende August und Anfang September bis Dezember), jedoch wird häufig nur eine Kultur möglich sein, die am besten Mitte Juli beginnt. Auch Gewächshäuser eignen sich für den Champignonanbau, wobei man die Kultur Ende Juli anlegt. Die Vorbereitungen beginnen jeweils 3 bis 4 Wochen vor den genannten Terminen, da man diese Zeit für die Herstellung des Nährsubstrates benötigt.

1008 Für die Champignonkultur gilt Pferdedung als das geeignetste Nährsubstrat.
Wichtig ist dabei, daß der Strohanteil aus Weizen- oder Roggenstroh besteht und der Dung frisch bzw. noch nicht zersetzt ist. Besonders stroharmen Dung sollte man mit gehäckseltem Weizen- oder Roggenstroh vermischen. Dagegen muß übermäßig strohiger Dung noch mit Nährstoffen angereichert werden. Man verwendet dazu entweder gut streufähigen Hühnerdung (3 bis 5 Schubkarren auf 1000 kg strohigen Pferdedung) oder 3 bis 7 kg Harnstoff und 3 bis 7 kg Superphosphat auf 1000 kg Stalldung. Außerdem empfiehlt sich ein Zu-

satz von 25 kg kohlensaurem Kalk. Steht kein Pferdedung zur Verfügung, kann man das Champignonsubstrat auch aus Stroh mit entsprechenden Zusätzen herstellen. Auf 100 kg möglichst frisches, trockenes und gehäckseltes Weizen- oder Roggenstroh benötigt man etwa 0,3 m^3 guten nährstoffreichen Hühnerdung sowie zur weiteren Nährstoffanreicherung 1 bis 3 kg Harnstoff, 1 bis 2 kg Superphosphat und etwa 3 kg kohlensauren Kalk.

1009 Zur Herstellung des Champignonsubstrates ist ein entsprechender Kompostierungsplatz erforderlich.
Werden nur kleinere Substratmengen benötigt, dann ist ein Schuppen oder ähnlicher luftiger Raum vorteilhaft, um zu vermeiden, daß sich die äußeren Schichten des Substrathaufens nur ungenügend erhitzen. Auf jeden Fall ist ein windgeschützter, möglichst schattiger Platz mit festem Untergrund notwendig. Grundsätzlich sollte man die Substratmenge nicht zu gering bemessen, da sonst die erforderlichen Temperaturen während der Kompostierung nicht erreicht werden. Zur ordnungsgemäßen Substrataufbereitung sind als Ausgangsmenge mindestens 12 bis 15 dt Stalldung oder 400 bis 600 kg trockenes Stroh anzustreben, woraus sich eine Anbaufläche von 13 bis 18 m^2 ergibt. Sollte der eigene Bedarf geringer sein, dann ist es besser, das Substrat gleich für mehrere Interessenten gemeinsam aufzubereiten, als mit kleineren Mengen zu arbeiten.

1010 Das zur Kompostierung vorgesehene Substrat setzt man zu einem rechteckigen, etwa 2 m breiten und 1,50 m hohen Haufen auf.

Die Substratmenge soll so bemessen sein, daß der Haufen eine Länge von mindestens 2 m erreicht. Werden an Stelle von Pferdedung Stroh und Hühnerdung oder andere geeignete Dungarten verwendet, dann sind diese beim Aufsetzen sorgfältig miteinander zu mischen sowie klumpige Bestandteile und Fremdkörper herauszulesen. Ist eine zusätzliche Nährstoffanreicherung erforderlich, dann erfolgt jetzt die Zugabe der vorgeschriebenen Harnstoffmenge als Nährlösung. Außerdem gibt man beim Aufsetzen so viel Wasser zu, daß alle Substratteile gleichmäßig befeuchtet sind. Zur regelmäßigen Temperaturkontrolle steckt man ein Thermometer etwa 50 cm tief in den fertigen Haufen. Bei sehr windigem Wetter schützt man die Seiten des Haufens durch Folie oder anderes Material vor zu starkem Wärmeverlust. Während starker Niederschläge ist ein Abdecken der Haufenoberfläche zweckmäßig.

1011 3 bis 4 Tage nach dem Aufsetzen des Substrathaufens muß im Inneren eine Temperatur von über 60 °C erreicht sein.

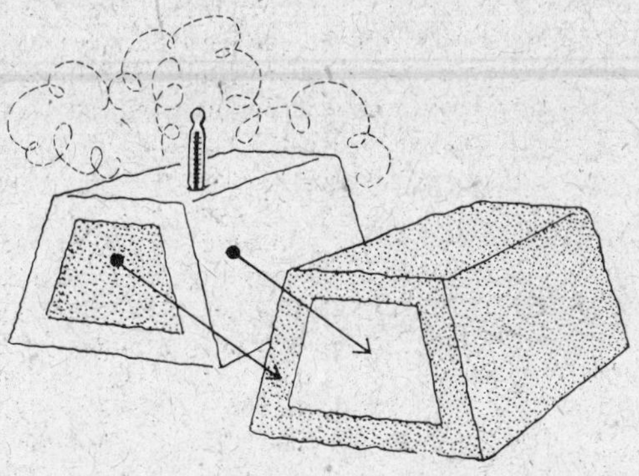

Diese Temperatur läßt man etwa 3 Tage auf das Substrat einwirken und setzt dann zum ersten Mal um. Es ist darauf zu achten, daß die bisher an den Außenseiten gelegenen Substratteile jetzt in das Innere des Haufens gelangen. Dabei wird gut gelockert und trockene Dungteile erneut leicht angefeuchtet. Außerdem erfolgt jetzt der Zusatz von Superphosphat. Den fertig umgesetzten Haufen schützt man wiederum vor Wärmeverlust bzw. starken Niederschlägen. Etwa 5 bis 6 Tage nach dem ersten Umsetzen wird in gleicher Weise ein zweites Mal umgesetzt.

1012 In jedem Garten läßt sich ein geeigneter Platz für den Anbau des Kulturträuschlings finden.
Die beste Zeit zur Anlage einer Träuschlingskultur sind die Monate Mai und Juni. Als Nährsubstrat dient Stroh aller Getreidearten (außer Mais). Andere Materialien sind ungeeignet. Das Stroh sollte von der vorjährigen Ernte stammen und noch eine glänzend goldgelbe bis stumpf gelbgraue Farbe aufweisen. Bereits zersetztes, fauliges und dunkel gefärbtes Stroh ist nicht verwendbar.

1013 Das Nährsubstrat ist vor seiner Verwendung gründlich anzufeuchten.
Man setzt das Stroh in Haufenform auf und bewässert es mehrmals gründlich mittels Schlauch oder Gießkanne. Durch öfteres Wenden und Umsetzen des Haufens wird eine gleichmäßige Befeuchtung erreicht. Das Stroh ist dann feucht genug, wenn eine Handvoll beim Zusammenpressen einige Wassertropfen abgibt. Der gesamte Vorgang des Anfeuchtens nimmt mehrere Tage in Anspruch.

1014 Für die Kultur des Träuschlings wählt man einen warmen, windgeschützten Standort aus.
Zur Gewährleistung einer optimalen Temperatur für das Myzelwachstum (20 bis 30 °C) eignet sich am besten ein sonniger Standort, an dem man durch künstliche Schattierung ein optimales Kleinklima schaffen kann. Auch halbschattige Standorte lassen sich erfolgreich nutzen. An diesem Platz baut man sich aus Brettern einen Holzrahmen, etwa 1 m breit und 25 cm hoch, während die Länge von dem Umfang der geplanten Kultur abhängt. In diesen Holzrahmen füllt man schichtweise das vorbereitete Substrat und tritt es sorgfältig fest. Fest gepacktes Stroh trocknet weniger schnell aus und begünstigt das Myzelwachstum. Je m^2 Beetfläche benötigt man etwa 20 kg Stroh (Trockengewicht). Selbstverständlich eignen sich für die Träuschlingskultur auch Frühbeetkästen, jedoch sollten diese durch den Anbau anderer Gemüsearten sinnvoller und vielseitiger genutzt werden.

1015 Sofort nach der Fertigstellung des Beetes erfolgt die Beimpfung mit der Pilzbrut.

Je m^2 Beetfläche benötigt man etwa 1 Rolle Pilzbrut. Diese zerbricht man in walnußgroße Stücke und drückt sie im Abstand von 20 cm × 20 cm etwa 5 cm tief in das Substrat. Danach ist die Beetoberfläche wieder gut anzudrücken und zum Schutz gegen Austrocknung mit perforierter Folie, alten Säcken, Wellpappe oder anderem luftdurchlässigem Material abzudecken. Man kann auch mit Brettern abdecken und diese mit Steinen beschweren, was sich vorteilhaft auf das Myzelwachstum auswirkt.

Obstgarten

1016 Neugepflanzte Obstbäume, die im Mai noch keinen Austrieb zeigen, kann man oft vor dem Eingehen retten.
Voraussetzung dazu ist, daß die Triebe nicht eingetrocknet sind. Am besten nimmt man die Bäume noch einmal aus der Erde. Die Wurzeln werden neu angeschnitten. Die Kronentriebe kürzt man ebenfalls noch einmal um etwa ein Drittel. Die so behandelten Bäume stellt man mit den Wurzeln bis 24 Stunden in Wasser. Anschließend werden sie wieder gepflanzt und tüchtig angegossen. Die oberirdischen Teile muß man bis zum Austrieb mehrmals am Tage spritzen. Besser ist das Einhüllen in Sackleinwand, die laufend feuchtgehalten wird.

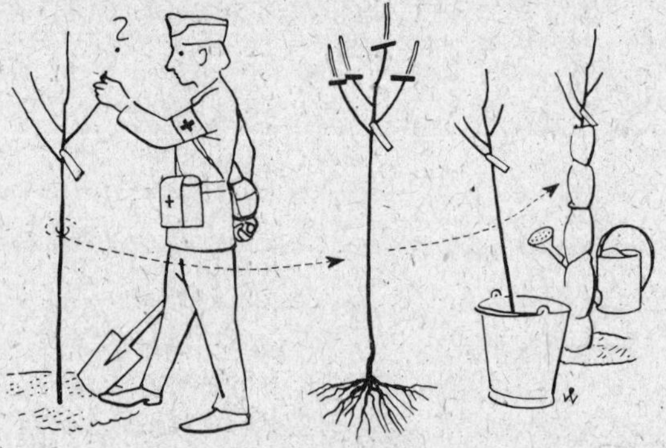

1017 An neugepflanzten Obstgehölzen läßt man im ersten Jahre keine Früchte zur Entwicklung kommen.
Sie würden das Wachstum schwächen. Darum entfernt man am besten alle sich zeigenden Blüten.

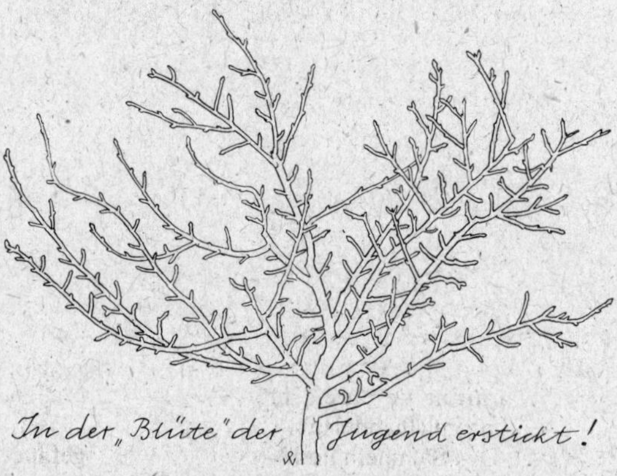

1018 Das Anwachsen und Austreiben der im Frühjahr gepflanzten Obstgehölze wird durch Gießen wesentlich gefördert.
Feuchtigkeit ist vor allem in einem trockenen Mai sehr wichtig. An heißen, trockenen Tagen sollte man auch den Stamm und die Triebe mehrmals bespritzen.

1019 Bei Trockenheit im Mai kann man an tragenden Obstgehölzen das spätere übermäßige Abfallen der Früchte durch Bewässern verhindern.
Ein Teil der reichlich vorhandenen jungen Früchte fällt immer ab. Das ist natürlich, weil die Bäume unmöglich alle ernähren können. Bei Trockenheit stoßen sie wegen Wassermangel aber mehr als nötig ab. Dem kann man durch ausgiebiges Gießen entgegenwirken. Das Wasser muß aber in den Bereich der Saugwurzeln gelangen. Also im Kronentraufenbereich und darüber hinaus wässern!

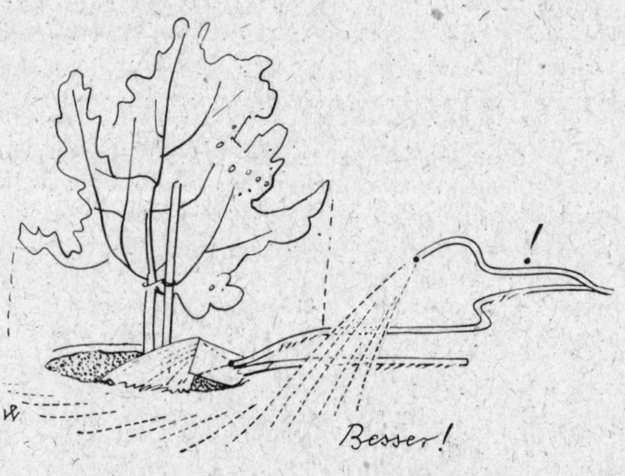

1020 Bis nach Mitte Mai muß man immer mit Spätfrösten rechnen, die bei spätblühenden Obstgehölzen die Ernte vernichten können.
Darum sind die Wetterberichte täglich zu verfolgen. Frostschutzmaterial ist immer bereitzuhalten. Was dazu erforderlich ist, kann in den Ratschlägen **714** und **715** nachgelesen werden.

1021 Im Mai muß man die 1. und auch die 2. Nachblütenspritzung vornehmen.

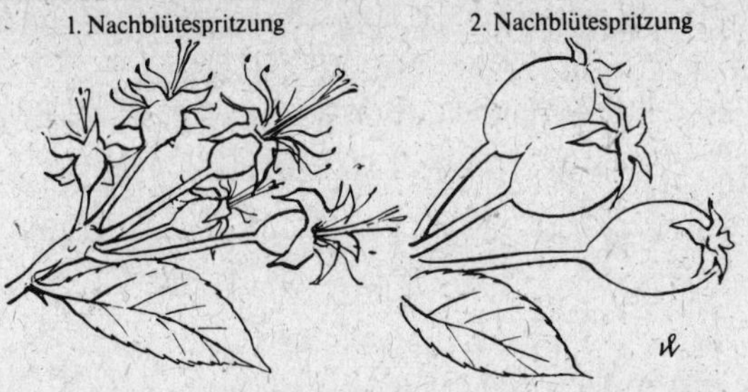

Die erste ist erforderlich, sobald die Blütenblätter abgefallen sind. Etwa zwei Wochen später spritzt man zum zweitenmal. Mit einer selbstzubereiteten Rainfarn-Brühe erzielt man den besten Erfolg gleichzeitig gegen Ungeziefer und Pilzkrankheiten.
Erforderlich sind 500 g frischer oder 50 g getrockneter Rainfarn, der in 10 l Wasser 24 Stunden angesetzt und danach etwa 30 Minuten leicht gekocht wird. Nach dem Erkalten seiht man die Brühe durch und verspritzt sie.

1022 Auf relativ leichten, gut durchlüfteten Böden kann der Sanddorn *(Hippophae rhamnoides* L.) kultiviert werden.
Der Sanddorn gehört zu den Obstarten mit dem höchsten Ascorbinsäuregehalt, ferner besitzt er weitere wertvolle Inhaltsstoffe von ernährungsphysiologischer Bedeutung. Ein Anbau dieser Obstart für die häusliche Verwertung zu Saft mit einem hohen gesundheitlichen Wert ist anzuraten.

1023 Von den Baumschulen werden heute bereits Sorten wie 'Leikora' und 'Hergo' sowie 'Pollmix' angeboten.

Beim Anbau von Sanddorn ist es jedoch wichtig, zu den weiblichen Sorten 'Leikora' und 'Hergo' auch männliche Pflanzen zu stellen, um die Befruchtung zu sichern. Der Pflanzabstand sollte in der Reihe 1,5 bis 2,0 m betragen. Sollten mehrere Reihen gepflanzt werden, ist ein Reihenabstand von 3 bis 4 m zu empfehlen. Durch die Ausläuferbildung kommt es später zu einer Hecke, die auch durch die orangefarbenen, leuchtenden Beeren einen hohen Schmuckwert besitzt.

1024 Die Obstmade läßt sich mit Schmierseifenlösung bekämpfen.
Eine Lösung von 200 g reiner Schmierseife in 10 l Wasser hilft ebenso wie die unter Ratschlag **1021** genannte Rainfarnbrühe.

1025 Neben den Larven der Pflaumensägewespe beginnen im Mai auch die des Pflaumensägebohrers ihr Zerstörungswerk.
Bei der ersteren handelt es sich um eine etwa 0,5 cm lange fliegenähnliche Wespe. Sie fliegt zur Zeit der Blüte und legt ihre Eier an die Kelchzipfel ab. Die Larven zerstören den Fruchtboden und wandern dann zu anderen Früchten. Eine Larve kann dadurch mehrere Früchte vernichten. Ähnlich schadet auch der Pflaumenbohrer. Sorgfältige Nachblütenspritzungen (Ratschlag **1021**) sind am wirksamsten.

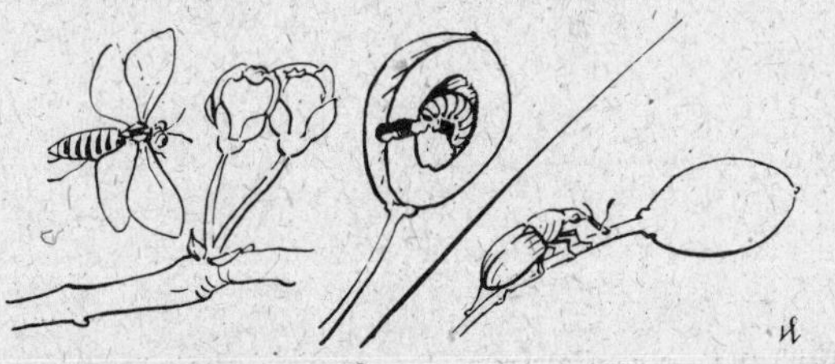

1026 Die Früchte der Pflaumen sind auch durch den Pflaumenwickler gefährdet.

Bei diesem Schädling handelt es sich um einen mottenähnlichen Schmetterling von etwa 1,5 cm Spannweite. Er legt seine Eier an die jungen Früchte. Die daraus hervorgehenden Larven dringen in die Früchte ein und bringen sie durch ihren Fraß zum Abfallen. Bekämpfung mit handelsüblichen Präparaten ist sehr wirksam. Das Sammeln und Vernichten der abgefallenen Früchte vermindert das Auftreten der 2. Generation.

1027 Ende Mai muß man auch mit den Maßnahmen gegen die Kirschfruchtfliege beginnen.
Sie ähnelt einer Stubenfliege von 1/2 cm Länge. Ihre Eier legt sie an die halbreifen Früchte ab. Die daraus

hervorgehenden Larven sind die Urheber der madigen Kirschen. Da die Kirschfruchtfliege meist erst Ende Mai mit der Eiablage beginnt, betrifft der Schaden häufig nur die späteren Sorten der Süßkirschen (Knorpelkirschen).
Das Spritzen von Wermut-Brühe, wie sie unter Ratschlag **1021** für Rainfarn beschrieben ist, verhindert, daß die Kirschfruchtfliege ihre Eier auf den gespritzten Kirschen ablegt.

1028 Die Bekämpfung der Blutlaus darf auch im Mai nicht vernachlässigt werden.

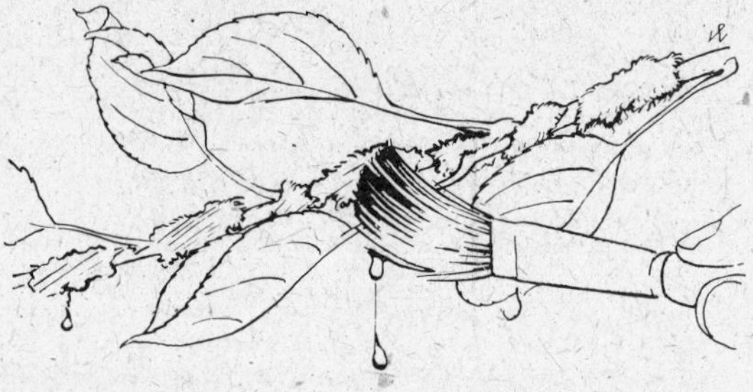

Auf blutlausanfällige Apfelsorten (Goldparmäne, James Grieve, Klarapfel, Cox Orangen) ist besonders zu achten, damit dort die Blutlausherde nicht überhandnehmen. Am besten hilft das Bepinseln der Blutlausherde mit Schmierseifen-Spirituslösung (Herstellung s. Ratschlag **1024** unter Zufügung von einem 3/4 l Brennspiritus). Auf ein biologisches Mittel wird unter Ratschlag **706** hingewiesen, das einen Versuch in jedem Falle lohnt.

1029 Sobald Ende Mai eine Trockenperiode einsetzt, besteht die Gefahr, daß die Spinnmilbe (Rote Spinne) auftritt.
In erster Linie sind es die Pflaumenbäume, die von ihr befallen werden. Mit dem Bekämpfen (Spritzen mit Rainfarn-, Schachtelhalm- oder Wermutbrühe nach Ratschlag **1024**) darf man aber nicht warten, bis dieser Schädling überhandgenommen hat. Darum sind die Unterseiten der Blätter laufend mit der Lupe zu prüfen. Mit dem bloßen Auge übersieht man die Spinnmilben leicht. Insbesondere sind die Blätter unter die Lupe zu nehmen, die eine leichte Vergilbung auf der Oberseite erkennen lassen. Wer den richtigen Moment zum Bekämpfen verpaßt, vermindert nicht nur den Pflaumenertrag, sondern schadet auch anderen Gartengewächsen. Die Spinnmilben gehen nämlich sehr schnell auf Gurken und Bohnen über und richten dort großen Schaden an, der zum Totalverlust führen kann (siehe auch Ratschläge **1127, 1145, 1485**).

1030 Das Heften der Ranken der Brombeersorte 'Thornfree' sollte so erfolgen, daß sie sich im Herbst gut lösen lassen.
Diese Sorte erfriert bei einer Temperatur von −16 °C. Daher ist anzuraten, die Ranken dieser Sorte im Herbst herunterzubinden und sie mit Fichtenreisig und anderem Material abzudecken.

1031 Damit von der Stachelbeerwespe keine zweite Generation auftritt, muß man die Raupen der ersten radikal vernichten.
Werden die Schädlinge nicht beachtet, fressen sie die Sträucher kahl.

1032 Das Erdbeerälchen verursacht einen zwergigen, verkrüppelten Wuchs.

Tritt diese Erscheinung auf, so sind erkrankte Pflanzen zu entfernen. Da sich die Älchen im Boden aufhalten, ist dieses Land in den nächsten vier Jahren nicht wieder mit Erdbeeren zu bepflanzen. Die Älchen lassen sich durch den Anbau der Sommerblume *Tagetes* bekämpfen.

1033 Durch den Birnengitterrost werden die Blätter der Birnbäume bei starkem Befall so geschädigt, daß die Assimilation beeinträchtigt wird.
Die Oberseiten der Blätter sind bei Befall mit orangefarbenen Flecken bedeckt, die einen Durchmesser von einigen Millimetern haben. Mehrmaliges Spritzen in Abständen von zwei Wochen ist anzuraten. Als Zwischenwirt des Krankheitserregers gilt der Sadebaum *(Juniperus sabina)*. In der Nähe des Obstgartens sollte er nicht geduldet werden.

1034 Gegen den Schorf *(Fusicladium)* an Kern- und Steinobst wirken auch biologische Präparate.
Dazu eignen sich die zwei biologischen Präparate Bio S und Ledax-san gut.
Sie wirken ausgezeichnet, wenn man die Spritzung nach der Blüte in zweiwöchentlichen Abständen durchführt.

1035 Beim Wein treten zwei Mehltauarten auf, die die ganze Ernte in Frage stellen können.
Dabei handelt es sich um den Echten *(Oidium tuckeri)* und den Falschen *(Peronospora viticola)* Mehltau. Der Echte verursacht auf den Blättern einen schimmelarti-

gen Überzug, der auch auf die Beeren übergreift, die nach dem Befall aufreißen. Der Falsche Mehltau macht sich anfangs durch schimmelige Stellen an der Unterseite der Blätter bemerkbar. Die Oberseiten bekommen gelblich-braune Flecken. Im späteren Verlauf fallen die Blätter ab. Die befallenen Beeren verfärben sich und schrumpfen. Zunächst sollte man vorbeugend mit Artanax spritzen, hat dies keinen Erfolg mehr, bleibt kaum etwas anderes übrig, als zu einem handelsüblichen Fungizid zu greifen.

1036 Mechanische und biologische Pflanzenschutzmaßnahmen sollten von allen Anliegern gemeinsam durchgeführt werden.
Werden die von Stachelbeermehltau befallenen Triebe, Mehltau beim Apfel oder von Monilia befallene Früchte nur von einem Gartenbesitzer entfernt, so kann er damit rechnen, daß die Sporen wieder zufliegen und ein Neubefall eintritt. Auch sollte man die erkrankten Pflanzenteile vernichten.

1037 Das Sammeln und Vernichten abgefallener Obstfrüchte hilft wesentlich die Ernte des nächsten Jahres zu sichern.
Dabei dürfen auch die kleinsten Früchte nicht übersehen werden. Soweit die Früchte nicht sofort als Viehfutter verwendbar sind, sollte man sie verbrennen. Nur dadurch ist man sicher, daß die Krankheitserreger bzw. Schädlinge an oder in ihnen abgetötet werden.

1038 Stachelbeeren sollte man viel mehr grün pflücken.
Die Beeren zeitig zu ernten ist vor allem dort wichtig, wo man unter dem Stachelbeermehltau zu leiden hat. Seine Ausbreitung wird dadurch wesentlich gehemmt. Die Sporen wirken sich erst an den reifen Früchten aus, die unbrauchbar werden und abfallen.

1039 Schon ab Ende Mai muß man bei den Erdbeeren die Pflanzen aussuchen, von denen man Jungpflanzen zur Neuanlage verwenden will.
Sie werden am besten durch Stäbe markiert. Nur Pflanzen, die sich durch reichen Fruchtbehang aus-

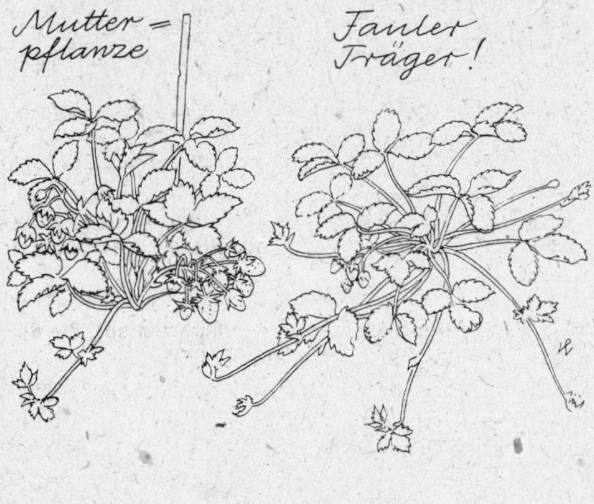

zeichnen, wählt man. Außerdem müssen ihre Früchte die typische Form der betreffenden Sorte aufweisen. In der Regel bringen faule Träger die besten Jungpflanzen in großer Zahl hervor. Wer sie zur Neuanlage verwendet, braucht sich über geringe Ernten nicht zu wundern.

1040 Die Früchte der Erdbeeren werden durch Regen stark beschmutzt und faulen sehr leicht. Das kann man durch Unterlegen geeigneten Materials verhindern.

Geschnittenes Stroh und Häcksel eignen sich am besten. An zweiter Stelle steht grober Torf. Diese Mittel schützen die Früchte der Erdbeeren auch gegen das Anfressen durch Schnecken und Tausendfüße, weil sie nach Regen schnell wieder abtrocknen.

1041 Erdbeerstützen machen sich nur dort bezahlt, wo es sich um kleine Flächen handelt oder wenn man die Stützen selbst herstellt.

Sie bestehen im allgemeinen aus einem der Skizze entsprechend gebogenem Draht. Damit stützt man die Fruchtstände der Erdbeeren so, daß die Früchte mit der Erde nicht in Berührung kommen. Die Stützen können schon angebracht werden, sobald sich die Blütenstände voll entwickelt haben. Zum Herstellen muß man unbedingt Draht verwenden, der nicht rostet.

1042 Wer zum Bodenbedecken zwischen Erdbeeren Laub verwendet, muß mit Fruchtfäule rechnen.
Das ist vor allem bei Laub von Obstbäumen der Fall, das sehr schnell verrottet. Dadurch wird es den Fäulniserregern zum Nährboden. Eine Ausnahme macht das Buchenlaub (s. Ratschlag **1962**).

Grauschimmel

1043 Wo die Früchte der Erdbeeren oft unter Grauschimmel (Fäulnis) leiden, sollte man dagegen vorbeugende Maßnahmen ergreifen.
Damit beginnt man, sobald sich ein Teil der Blüten geöffnet hat. Die Bekämpfung wird etwa zwei Wochen später wiederholt. Auch nach Abschluß der Blütezeit sollte man noch einmal spritzen. Man spritzt mit Algenpräparaten wie Bio-S, Bio-Blatt oder Ledax-san. Beim Spritzen muß man auch das Erdreich zwischen den Pflanzen sowie die abgestorbenen Blätter gut benässen. Vorbeugend gegen den Grauschimmel wirkt, wenn man die abgestorbenen Blätter unter den Pflanzen schon im April sorgfältig entfernt.

1044 An den Pfropfköpfen umveredelter Obstbäume ist darauf zu achten, daß die Edelreiser nicht durch Triebe der Unterlage im Wachstum behindert werden.
Mit dem Austrieb der Edelreiser entwickeln sich meist sehr viel üppig wachsende Triebe. Ein Teil davon muß schon jetzt entfernt werden. Das trifft vor allem auf die zu, die in der Nähe der Pfropfköpfe zum Vorschein kommen. Zu beachten ist auch, was unter Ratschlag **687** gesagt wurde.

1045 Die in den Vormonaten (s. auch Ratschlag 690 und 691) behandelten Stammschäden sind laufend zu kontrollieren.
Das trifft vor allem auf die Wildschäden (s. Ratschlag **691**) zu. Die Verbände dürfen auch jetzt nicht trocken werden und müssen festsitzen. Oft ist auch bei den unter Ratschlag **692** genannten Schäden nachzustreichen oder zu verschmieren.

1046 Die Ursache des Rieselns (Fruchtabfall) beim Beerenobst ist neben Wassermangel oft ungenügende Bestäubung.
In Trockenperioden, die häufig in der zweiten Maihälfte auftreten, dürfen wir darum auch das reichliche Wässern der Beerensträucher nicht vergessen. Bei schwarzen Johannisbeeren ist das Rieseln meist darauf zurückzuführen, daß die Bestäubung unzulänglich war. Deshalb ist es ratsam, möglichst mehrere Sorten anzubauen, weil manche zum Teil auf Fremdbestäubung angewiesen sind. Im allgemeinen kann das Rieseln auch durch Witterungseinflüsse (Spätfröste) ausgelöst werden.

Ziergarten

1047 Als Wind- oder Sichtschutz für Sitzplätze eignen sich nicht nur mit Schlingpflanzen (Efeu, Feuerbohnen, Glockenrebe) bepflanzte Spalierkästen, sondern auch Moos- bzw. Torfwände.

Sie bestehen aus einem dem Zweck entsprechend großen leichten Lattengestell, das mit grobmaschigem Draht- oder Perlongeflecht bespannt ist. Wie eine Wand gebaut wird, zeigt die Skizze. Zum Füllen verwendet man am besten eine Mischung, die aus gleichen Teilen grobem Torf und Sumpfmoos (Sphagnum) besteht. Das Gemisch muß gut durchfeuchtet sein. Gepflanzt wird durch das Drahtgeflecht. Die Wand kann man zwei- und auch einseitig bepflanzen. Petunien, Verbenen, Pelargonien, Salvien und Tagetes (Studentenblumen) haben sich gut bewährt. Für schattige Stellen nimmt man am besten Hängefuchsien, Begonia-Semperflorens-Hybriden (Gottesaugen) oder Impatiens (Fleißiges Lieschen). Gepflanzt wird, wenn im Mai die Spätfrostgefahr vorbei ist. Sobald die Pflanzen eingewachsen sind, ist laufend für Nährstoffzufuhren zu sorgen. Am besten gießt man dann nicht mehr mit reinem Wasser, sondern mit 0,1 bis 0,3%igen Nährlösungen aus Volldünger. Der Pflanzstoff darf nie völlig trocken werden. Als Wandstärke genügen 15 bis 20 cm.

1048 Einblumige Chrysanthemen lassen sich auch im Kleingarten kultivieren.

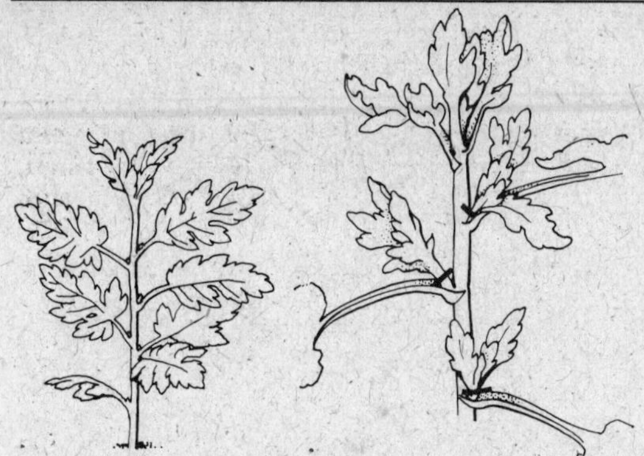

Dazu darf man aber nur bewährte, sicher im Freiland blühende Septemberblüher verwenden. Die Jungpflanzen werden Mitte Mai im Freien ausgepflanzt (20 cm × 20 cm). Anfang Mai ist das Auspflanzen möglich, wenn die Chrysanthemen mit Schutzhauben bedeckt werden. Alle Seitentriebe sind im Anfangsstadium auszubrechen. Wöchentlich erhalten die Pflanzen eine 0,3%ige Lösung eines Volldüngers. Bei regnerischem Wetter ist es aber besser, ihnen Anfang September einen Glasschutz zu geben. Dazu genügt auch auf Rahmen genagelte lichtdurchlässige Folie. Man kann auch die einzelnen Knospen, sobald sie Farbe zeigen, einbeuteln (Folienbeutel).

1049 Die Gerbera kann man auch im Garten zum Blühen bringen.

Dazu ist allerdings Glasschutz erforderlich, wobei aber einige hochgelegte Frühbeetfenster genügen. Sie werden auf einem 0,80 bis 1,00 m hohen Lattengerüst sturmsicher festgemacht. Das Auspflanzen ist nicht angebracht. Man pflanzt die Gerbera besser in Töpfe von etwa 20 cm Durchmesser und senkt sie bis an den Topfrand in den Boden. Bei Frostgefahr bringt man sie in den Keller, wo sie bei einigen Graden über Null fast trocken überwintert werden. Anfang Mai kommen sie wieder unter die Frühbeetfenster. Bis die Nachtfrostgefahr vorüber ist, sind die offenen Seiten des Gestells mit Tüchern oder Decken zu verhängen. Sobald reges Wachstum einsetzt, erhalten die Gerbera wöchentlich eine 0,2%ige Nährlösung eines Volldüngers.

1050 In der zweiten Maihälfte sollte man Stauden nur noch mit Topfballen pflanzen.

„Geballte Ladung" im Mehrfachtopf aus Plastik

Das trifft vor allem auf tiefwurzelnde Stauden, wie beispielsweise Türkenmohn zu. In Töpfen vorkultivierte kann man in jedem Entwicklungsstadium pflanzen.

1051 Wenn sich bei Pfingstrosen (Paeonien) ein Teil der Knospen nicht weiterentwickelt, leiden sie meist unter Grauschimmelbefall.

Durch den Erreger dieser Krankheit *(Botrytis paeoniae)* werden die äußeren Hüllen der Knospen zerstört oder so verklebt, daß sich die Blüten nicht entfalten können. Damit sich der Grauschimmel nicht weiterverbreiten kann, sind alle befallenen Knospen, auch andere Pflanzenteile, zu verbrennen. Grauschimmel tritt vor allem bei feuchtwarmem Wetter auf.

1052 Dem silberblättrigen Kreuzkraut *(Senecio cineraria)* wird als schöne Einfassungspflanze viel zuwenig Beachtung geschenkt.

Es ist zwar nicht winterhart, kann aber im Herbst eingetopft werden und ist dann über den Winter eine schöne Blattpflanze für kühle Räume. Die Anzucht erfolgt ab Anfang März aus Samen. Dazu ist aber ein Gewächshaus oder Frühbeet nötig. Darum kauft man besser ab Mitte Mai Pflanzen in kleinen Töpfen.

1053 Goldlack *(Cheiranthus)*, Glockenblumen *(Campanula medium)*, Fingerhut *(Digitalis)* und Malven *(Althaea)* müssen für die nächstjährige Blüte im Laufe des Mai gesät werden.

Dazu braucht man nicht unbedingt ein Frühbeet, aber ein windgeschütztes sonniges Aussaatbeet. Der Samen ist so weitläufig auszustreuen, damit Jungpflanzen genügend Platz zum guten Entwickeln haben. Bei den feinkörnigen Samen ist das besonders zu beachten. Fingerhutsamen zum Beispiel ist so klein, daß 10 000 Korn nur etwa 1 g wiegen. Deshalb den Samen nur ganz schwach mit Erde bedecken. Gleichmäßiges Aufgehen der Saat ist nur dann gesichert, wenn die Saatbeetoberfläche bis zu diesem Zeitpunkt nie trocken wird. Zeitweilige Trockenheit während der Keimzeit kann die ganze Aussaat gefährden.

1054 Alle im April angeführten Sommerblumen (Ratschläge 742 bis 762) können noch bis Mitte Mai ausgesät werden.

Der späte Termin wird vor allem meist in höheren Lagen notwendig. Bei der Aussaat ist alles das zu beachten, was in den vorgenannten Ratschlägen angegeben wurde. Weitere Verzögerungen der Aussaat bewirken bei den meisten Sommerblumen zu späten Blühbeginn.

1055 Die erste Maihälfte ist der letzte Termin zum Pflanzen von Levkojen, Chabaudnelken, Chinesernelken und Löwenmaul.

Alle vorstehend genannten Einjahrsblumen erleiden durch leichte Spätfröste keinen Schaden, wenn man

über gut abgehärtete Jungpflanzen verfügt. Darum gilt der angegebene Termin auch für höhere Lagen. Näheres darüber ist unter Ratschlag **793** bis **795** nachzulesen.

1056 Einjährige Sommerblumen eignen sich sehr gut als Lückenbüßer im Staudengarten.
Durch Auswintern entstandene Lücken, die man durch Neupflanzungen nicht schließen konnte, lassen sich gut mit Sommerblumen ausfüllen. Dasselbe gilt für die Stellen, die durch das Abblühen von Blumenzwiebelhorsten (Tulpen) entstehen. Die Sommerblumen müssen der Höhe der umstehenden Stauden angepaßt werden.

1057 Nach dem 15. Mai kann man die meisten im Frühbeet vorkultivierten Sommerblumengattungen auspflanzen (s. Ratschlag 513).
Das trifft vor allem auf Sommerastern, Sommermargeriten und ähnliche zu. Sie müssen aber gut abgehärtet sein. Nur dann überstehen sie auch gelegentliche Nachttemperaturen bis zum Gefrierpunkt. Stärkere Temperaturrückgänge sind durch leichten Schutz (Hauben, Zeitungspapier) zu überbrücken. Die Pflanzenabstände sind in den betreffenden Tabellen angegeben. (Seite 437 ff.)

1058 Dahlien entwickeln sich auch aus Stecklingspflanzen im ersten Jahre zu starken Büschen, wenn man sie im letzten Maidrittel pflanzt.

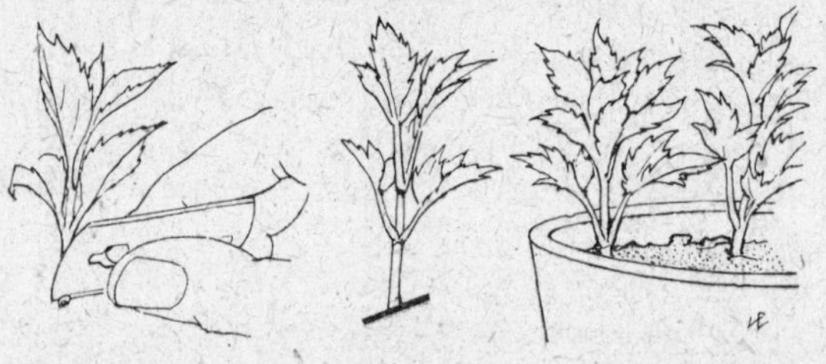

Stecklingspflanzen sind billiger als überwinterte Knollen. Das sollte man sich beim Anschaffen neuer Sorten zunutze machen. Über gute Sorten ist in der Dahlientabelle nachzulesen.

1059 Mit dem Pflanzen von Zinnien und Tagetes (Studentenblumen) sollte man unbedingt bis zum 20. Mai warten.

Diese beiden Einjahrsblumen fallen schon den geringsten Kältegraden zum Opfer. Außerdem verlangen sie zum schnellen und sicheren Anwachsen warmen Boden.

1060 Wer auf eine nicht alltägliche Trockenblume zum Vasenschmuck für den Winter Wert legt, sollte einjährigen Strandflieder *(Limonium suworowii)* auspflanzen.
Er fällt vor allem durch seine rosenrot gefärbten Blütenstände auf. Im Gegensatz zu den anderen Arten entwickelt er die Einzelblüten an langen verzweigten Trieben, die sie dichtstehend umgeben. Da die Blütenstände erst vollerblüht abgeschnitten werden, wirken sie auch am Standort ungemein reizvoll. Die im Frühbeet vorkultivierten und abgehärteten Pflanzen (Aussaat Anfang März) kann man Anfang Mai auspflanzen. Der Pflanzenabstand sollte 25 cm × 30 cm betragen.

1061 Sobald die Tulpen im Verblühen sind, schneidet man die Köpfe ab.
Sie setzen sonst Samen an, der die Entwicklung der neuen Zwiebel stark beeinträchtigt.

1062 Die abgeblühten Blumenzwiebelbeete kann man sehr gut durch Bepflanzen mit Sommerblumen (Einjahrsblumen) ausnutzen.
Das betrifft insbesondere die Beete, in denen man die Zwiebeln von Tulpen oder Narzissen im Boden läßt. Die Sommerblumen pflanzt man zwischen die Reihen. Da sie meist nur 20 cm auseinanderliegen, muß man den Pflanzenabstand auf der Reihe etwas reichlich bemessen, nicht unter 25 cm.

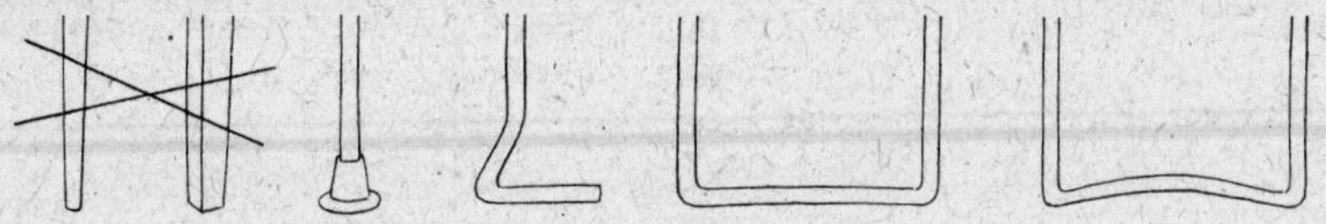

Spitzfüßigkeit ist eine Zier doch Stühle mit „Plattfüßen" schonen Wege und Rasen

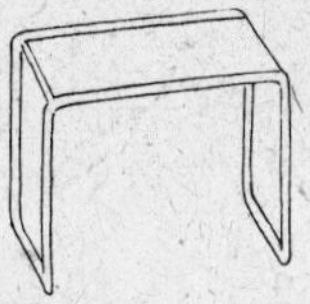

Kufen verteilen
den Druck
auf eine größere
Standstrecke

Es gibt dauerhafte Werkstoffe, z. B. Plaste.
Aber auch Korbmöbel
sind leicht und ziemlich
unverwüstlich

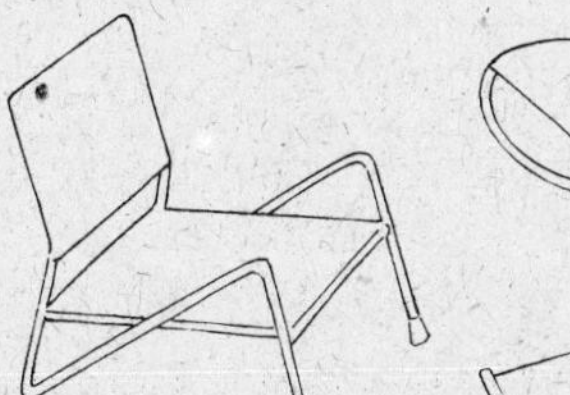

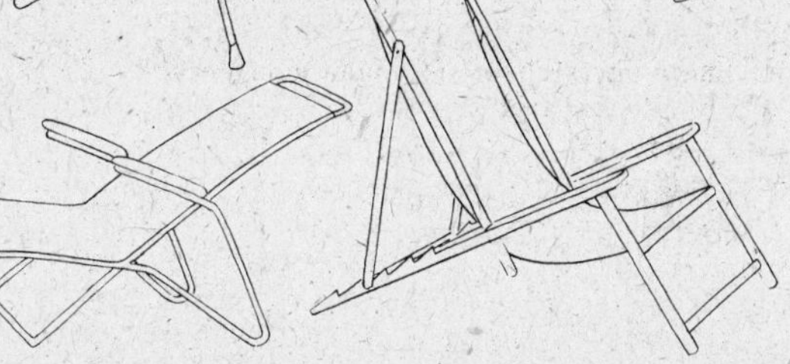

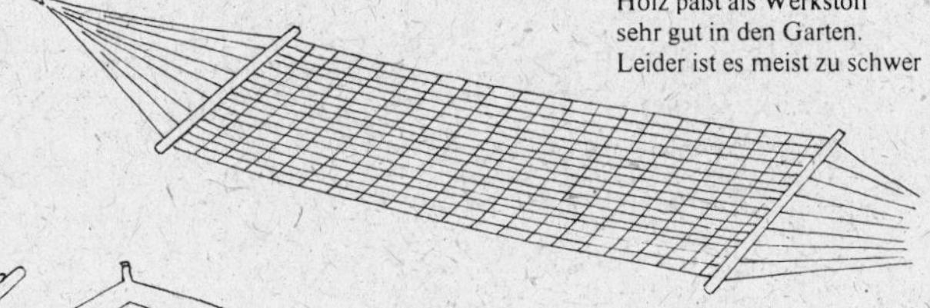

Holz paßt als Werkstoff
sehr gut in den Garten.
Leider ist es meist zu schwer

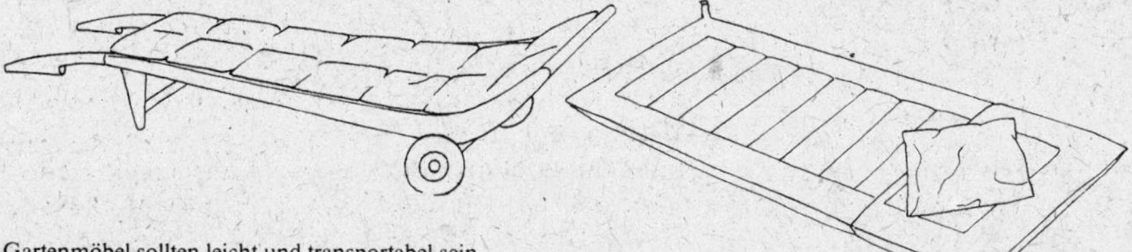

Gartenmöbel sollten leicht und transportabel sein.
Ein Regenguß sollte ihnen nicht gleich schaden

1063 Die wenig bekannte Ruhmeskrone *(Gloriosa rothschildiana)* ist eine etwa meterhohe Kletterpflanze und erfreut schon ab Ende Juni mit ihren lilienartigen Blüten.
Die Rhizome sollte man nicht vor dem 20. Mai in die Erde bringen. Sie müssen beim Legen sehr schonend behandelt werden. Die Ruhmeskrone wächst am besten lichtschattig an windgeschützter Stelle. Das Pflanzloch sollte man mit humusreicher Erde füllen. Die Pflanztiefe beträgt etwa 10 cm. Die Rhizome legt man waagerecht in die Erde. Entsprechend hohe Reiser sind zum Klettern beizustecken.

1064 Die sich bei Busch- und auch Stammrosen oft entwickelnden Wildtriebe sind an ihrer Basis abzuschneiden, sobald sie sichtbar werden.

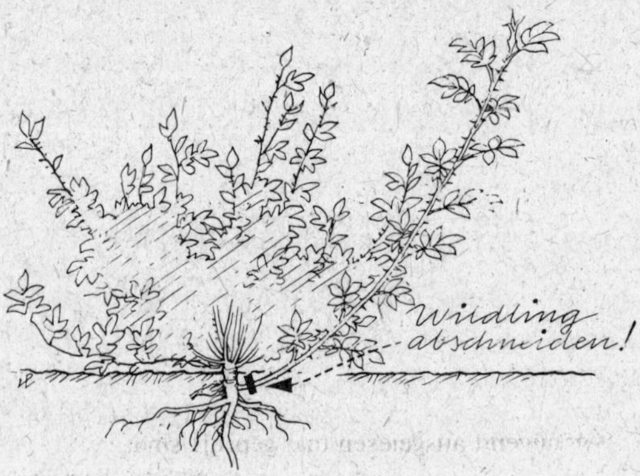

Da ihre Basis meist unter der Oberfläche liegt, muß man die hindernde Erde vorsichtig entfernen. Auch bei Kletterrosen ist auf Wildtriebe zu achten.

1065 Dem Auftreten des Echten Mehltaus an Rosen muß man so früh wie möglich Einhalt gebieten.
Mit den Abwehrmaßnahmen darf man nicht erst beginnen, wenn die Blätter wie mit Mehlstaub überzogen sind. Sobald sich die ersten Anfälle zeigen, werden alle Rosen vorsorglich mit gemahlenem Schwefel hauchfein eingestäubt. Das Schwefeln wirkt am besten, wenn die Temperaturen um 20 °C herum liegen. Man kann auch mit anderen Fungiziden spritzen, möglichst unter Zusatz von Netzmittel.

1066 Wo man die jungen Blätter der Rosentriebspitzen zusammengesponnen findet, sind die Larven des Rosenwicklers am Werke.

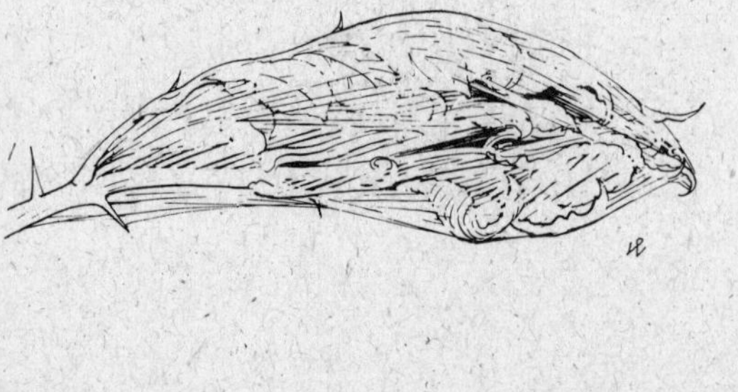

Wer diese Blattwickel untersucht, entdeckt grünliche Raupen von 1 bis 1,5 cm Länge. Die Bekämpfung ist durch Zerdrücken der in den Wickeln sitzenden Raupen möglich. Damit kein großer Schaden entsteht, sind die Triebspitzen der Rosen laufend zu beobachten. Bei Spritzungen mit Insektiziden ist Vorsicht geboten und die Gebrauchsanweisung genau einzuhalten.

1067 Längs zusammengerollte Teilblätter der Rosen sind das sichere Zeichen für den Befall durch die Blattroll-Rosenblattwespe.

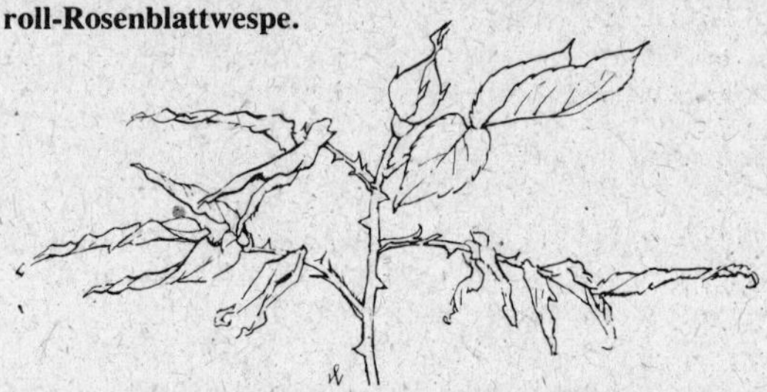

Ihre Larven, die man in den gerollten Blättern findet, fressen das Blattgewebe und können bei starkem Auftreten wesentlichen Schaden anrichten. Darum gerollte Blätter beizeiten entfernen und die etwa 8 mm langen Larven (Raupen) zerdrücken. Vorbeugende Spritzungen mit speziellen Insektiziden ab Mitte Mai. Wirksame Mittel sind sehr giftig, im Umgang damit ist äußerste Vorsicht geboten.

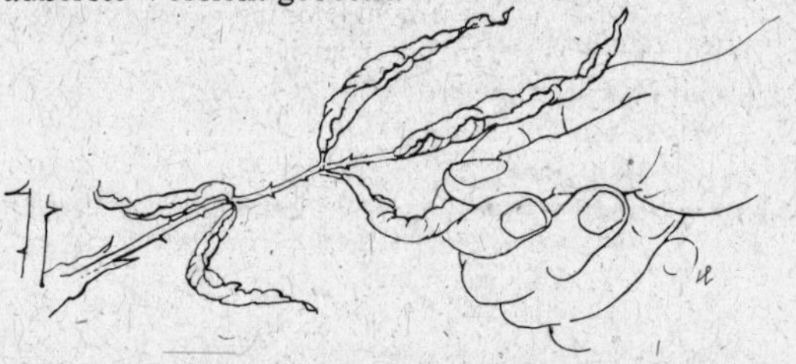

1068 Der Befall durch die Rosentriebbohrer macht sich durch welkwerdende Triebe oder Triebspitzen bemerkbar.

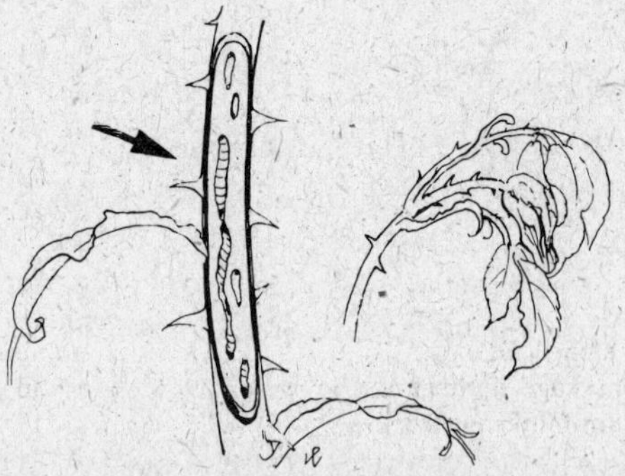

Man unterscheidet zwischen dem aufwärts und dem abwärts bohrenden Triebbohrer. Es handelt sich dabei um Blattwespenlarven, die im Mark der Rosentriebe fressen. Sie sind weißlich gefärbt und etwa 1 cm lang.

Als Bekämpfung hilft das Abschneiden und Verbrennen der Triebe im Anfangsstadium der Welke. Dabei muß man die Triebe bis zum gesunden Teil abschneiden, um die Larven zu entfernen. Die chemische Bekämpfung ist nur mit systemischen Insektiziden möglich, ab Ende April/Anfang Mai, erfordert aber Erfahrung mit diesen hochgiftigen Mitteln, und man sollte versuchen, mit der anfangs geschilderten Bekämpfung auszukommen.

1069 Heidekräuter, wie *Erica* und *Calluna*, sollte man in jedem Jahre nach der Blüte zurückschneiden.
Dabei nimmt man ihnen ein bis zwei Drittel ihrer Länge. So erzielt man schöne, von unten auf dichte Büsche, die in jedem Jahre reichlich blühen.

1070 Nadelgehölze (Koniferen) kann man, wenn sie einen festen Erd- oder Wurzelballen haben, im Frühjahr bis Mitte Mai pflanzen.
Beim Pflanzen ist das zu beachten, was unter Ratschlag **775** und **776** gesagt wurde. Nach dem 15. Mai gepflanzte werden bei der Ausbildung des Jahrestriebes wesentlich gehemmt. Wer den Pflanztermin verpaßt hat, sollte bis August warten.

1071 Frischgepflanzte immergrüne Laubgehölze und insbesondere Nadelgehölze mit Ballen erhalten bis zum Einwachsen einen Sonnenschutz.
Dazu umbaut man sie mit einem leichten Lattengerüst, das mit Sackleinen überspannt wird. Die Überspannung ist laufend feucht zu halten.

1072 An heißen, sonnigen Tagen darf man das Überbrausen aller neugepflanzten Gehölze nicht vergessen.

Damit sichert man das Einwachsen. Das Überbrausen muß am Tage mehrmals wiederholt werden, wenn es in vollem Umfange wirksam sein soll.

1073 Sobald der Flieder verblüht ist, sind die nun unansehnlichen Blütenstände vorsichtig auszubrechen.
Dabei darf man aber die neuen Blatttriebe nicht beschädigen, die an ihrem Ende die Knospen für die nächstjährige Blüte entwickeln. Diese Triebe werden in der Entwicklung gehemmt, wenn man die Blütenstände nicht entfernt, die häufig Samen ansetzen.

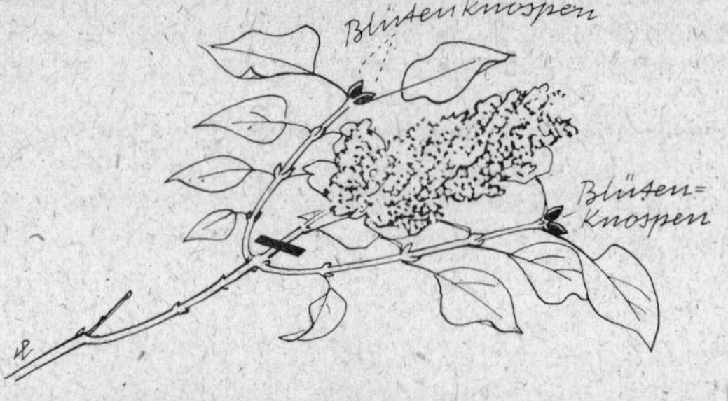

1074 Mandelbäumchen *(Prunus triloba)* schneidet man nach der Blüte stark zurück.
Dadurch werden für das folgende Jahr lange mit Knospen besetzte Triebe erzielt. Der Rückschnitt ist aber sofort nach dem Verblühen vorzunehmen.

1075 Ab Mitte Mai ist die beste Zeit, das Pampasgras *(Cortaderia selloana)* zu pflanzen.
Dies ist eines der schönsten Solitärgräser, verlangt aber Winterschutz, wie im Ratschlag **2002** beschrieben ist. Stauende Nässe schadet. Man wähle gleich einen Gartenplatz mit ausreichendem Wasserabzug. Es gibt reichblühende Sorten und kümmerlich blühende. Dies sind vor allem die weiblichen Formen des Pampasgrases, aber auch billige Saatpflanzen, die nicht genügend ausgelesen und geprüft sind.
Während der Vegetationszeit braucht das Pampasgras viel Wasser und einen ausreichend kräftigen Boden. Riesenbüsche mit über 50 Blütenrispen sind bei guter Pflege keine Seltenheit. Die um zwei Meter langen Blütenrispen sind ein vorzüglicher Trockenschmuck in Bodenvasen. Wenn sich auch die Blütenrispen erst im September hervorschieben, so bilden auch die Gräserhorste in den Monaten davor schon einen schönen Anblick. Bis zur vollen Entfaltung brauchen die Pflanzen meistens drei Jahre.

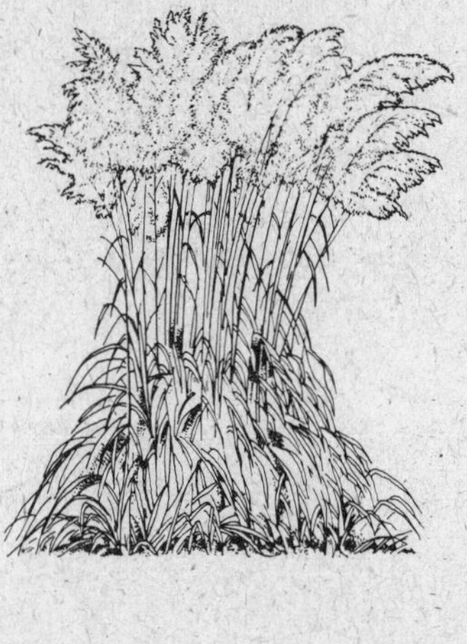

1076 Es ist auch jetzt noch Zeit, andere Solitärgräser und Stauden zu pflanzen, wenn sie in Töpfen oder Containern angeboten werden.
Stauden und vor allem Gräser wachsen jetzt schlecht mit angetrockneten Wurzeln an. Nur im eigenen Garten geteilte Pflanzen, deren Wurzeln frisch bleiben und die an ihrem neuen Standort gleich gut gepflegt werden, haben keine Schwierigkeit mit dem Anwachsen.

1077 Die vorgetriebenen Knollen der Begonien und die Rhizome des Blumenrohrs *(Canna)* darf man nicht vor dem 20. Mai auspflanzen.
Beide sind sehr frostempfindlich und fallen auch leichten Spätfrösten zum Opfer. Bei Knollenbegonien genügt ein Pflanzenabstand von 25 cm × 25 cm. Das Blumenrohr muß je nach Stärke des Wurzelstockes 40 bis 50 cm auseinander stehen.

1078 Die meisten Rabatten- und Beetpflanzen sind frostempfindlich. Darum muß man mit dem Auspflanzen bis nach dem 20. Mai warten.
Außer den bekannten Pelargonien (Storchschnabel) gehören dazu auch Semperflorens-Begonien, Ageratum und andere wärmeliebende Sommerblumen.

1079 Das Eisenkraut *(Verbena)*, der Hahnenkamm *(Celosia)* und die Goldblume *(Dimorphotheca)* sind viel zuwenig beachtete Beetpflanzen.
Was man von ihnen wissen muß, ist aus der Tabelle über Ein- und Zweijahrsblumen zu entnehmen.

1080 Die Begonia-Semperflorens-Hybriden (Eisblume, Gottesauge) eignen sich sehr gut für halbschattige bis schattige Stellen.
Dort entwickeln sie sich besser als in der Prallsonne. Wer mit ihnen eine dichte Einfassung erzielen will, darf stets nicht weiter als 15 cm auseinander pflanzen.

1081 Viel Arbeit kann man sich durch Bodenbedeckung auf Blumenbeeten ersparen.
Wer es irgendwie ermöglichen kann, den Boden zwischen Einjahrsblumen und anderen Pflanzen mit einer organischen Mulchdecke zu versehen, braucht nicht zu hacken. Außerdem hält sich die Erde unter der Decke lange feucht. Auch das Wachstum wird wesentlich gefördert. Neben Torf und anderen unkrautfreien organischen Abfällen eignet sich zur Bodenbedeckung auch verrotteter Stalldung.

1082 Ab Mitte Mai kann man auch alle empfindlichen Seerosenarten aus dem Winterquartier holen und in die Wasserbecken aussetzen (s. Ratschlag 798).
Wer sich Seerosen anschaffen will, sollte vorher die Tabelle gründlich durchlesen (Seite 464).

1083 Die im Februar (Ratschlag 291) oder später vorbereitete Sukkulentenecke besetzt man in den letzten Maitagen mit Pflanzen.
Dazu eignen sich robuste Arten der Gattungen *Opuntia, Heliocereus, Cereus, Trichocereus, Echinopsis* und *Chleistocactus*. Interessant wird die Anlage aber erst, wenn man andere sukkulente Pflanzen mit verwendet. Die Gattungen *Aeonium, Echeveria, Greenovia, Pachyphytum* und *Sempervivum* liefern dazu sehr schöne Arten. Die winterharten *Sempervivum*- (einschließlich ihren Hybriden) und winterharte Opuntienarten kann man schon im April pflanzen. Zweckmäßig ist es, diese winterharten Pflanzen als Gerüst der Sukkulentenecke nebeneinander zu pflanzen, so daß sie sich im Laufe der Jahre ungestört ausbreiten können.

Zimmergarten

1084 Die in den Balkon- und Fensterkästen stehenden Stiefmütterchen werden im letzten Monatsdrittel durch Sommerblüher ersetzt.
Länger sollte man die Stiefmütterchen nicht stehenlassen, weil sie unansehnlich werden. Außerdem dürfen die Sommerblüher nicht später als Ende Mai gepflanzt werden.

1085 Pelargonien und Petunien brauchen zum Entwickeln eine mittelschwere Erde und viel Nährstoffe.
Nährstoffreiche, nicht zu leichte Komposterde eignet sich am besten. Als Grund- oder Vorratsdüngung mischt man Hornspäne und Knochenmehl unter die Erde. Je Liter Erde können davon unbedenklich 3 bis 4 g gegeben werden.

1086 Wer seine Balkonkästen mit Fuchsien oder Begonien bepflanzen will, muß humusreiche Erde verwenden.
Am besten ist eine Mischung von Lauberde, Komposterde und Torf, die im Verhältnis 2:2:1 hergestellt wird. Die unter Ratschlag **1085** genannten organischen Dünger sollte man ebenfalls zwischenmischen.

1087 In den Fensterkästen sollte man jeder Pflanze den zur guten Entwicklung erforderlichen Platz einräumen.

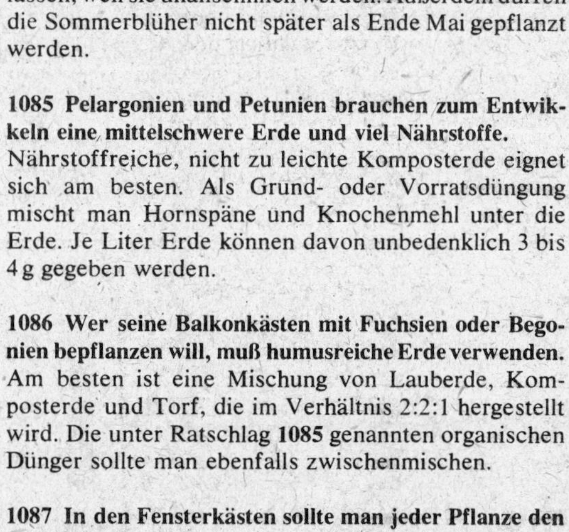

Zu schwach besetzte Kästen sehen den ganzen Sommer über kümmerlich aus. Zu eng gepflanzt, treiben sich die Pflanzen gegenseitig hoch und wirken unschön. Die richtigen Pflanzenabstände sind der Tabelle „Balkonpflanzen" zu entnehmen.

1088 Für sonnige Lagen eignen sich vor allem Pelargonien und Petunien.
Nur dort blühen sie üppig. Petunien vertragen aber keine zugigen Lagen. Dort werden durch den Wind Blätter und Blüten zerzaust.

1089 Fuchsien und Begonien sind für halbschattige bis absonnige Lagen die geeignetsten Fensterkästenpflanzen.
Von beiden gibt es aufrechte und hängende Sorten, so daß man mit ihnen sehr gute Wirkungen auch dort erzielen kann, wo andere Blütenpflanzen nicht gedeihen.

Tanzstunde der Fuchsia

1090 Die Gebirgshängenelken finden beim Bepflanzen der Fensterkästen viel zuwenig Beachtung.
Einmal angeschaffte Pflanzen lassen sich sehr gut mehrere Jahre verwenden. Schatten lieben diese Nelken nicht. Sie gedeihen aber an Ost- und Westseiten im allgemeinen besser, als wenn sie die pralle Mittagssonne erhalten. Ihre Überwinterung hat frostfrei, kühl und hell zu erfolgen.

1091 Das Wandelröschen *(Lantana)* ist eine Fensterkastenpflanze, die man viel mehr verwenden sollte.
Durch seinen Farbenreichtum bringt es eine schöne Abwechslung in das Einerlei des Fenster- und Balkonschmucks. Zur üppigen Blütenentwicklung ist eine Südlage am geeignetsten.

1092 Die buntblättrige Form vom Immergrün *(Vinca major* 'Variegata') eignet sich sowohl als Ampelpflanze als auch zur Bepflanzung von Blumenkästen.
Schmückend sind weniger die kleinen blauen Blütchen im Frühjahr, als das bunt-marmorierte glänzende Laubwerk. Sie gedeiht in hellen und schattigen Räumen, möchte als Balkonpflanze jedoch nicht zu zugig stehen und braucht in der Vegetationszeit genügend Feuchtigkeit. Da dieses Immergrün nicht absolut winterhart ist, muß man die Pflanzen bei Balkonbepflanzung vor Frost geschützt überwintern.

1093 Zum Beranken von Gitterwerk auf dem Balkon eignen sich vor allem die rankende Kapuzinerkresse und die Glockenrebe *(Cobaea scandens)*.
Schnelles Beranken erzielt man von beiden nur mit Topfballenpflanzen. Es gibt auch eine buschig wachsende Form der Kapuzinerkresse. Diese kann man schon im ersten Maidrittel direkt in die Balkonkästen aussäen. Wenn Spätfröste nach dem Aufgehen auftreten, muß man die jungen Pflanzen durch Bedecken mit Zeitungspapier schützen. Der Aussaatabstand entspricht dem unter Ratschlag **1094** angegebenen. Die Erde darf nicht zu leicht sein (s. Ratschlag **1085**).

1094 Wer größere Flächen zu beranken hat, sollte sich der Feuerbohne *(Phaseolus)* bedienen, die auch Prunkbohne genannt wird.
Von ihr kann man auch die jungen Hülsen als Gemüse verwenden. Feuerbohnen werden Mitte Mai direkt in die Kästen ausgelegt, am besten in einer Doppelreihe. Als Reihenabstand genügen 10 cm. Auf der Reihe legt man die einzelnen Bohnen mit 5 bis 6 cm Abstand, um eine dichte Wand zu erzielen.

Abstände beim Umgang mit Feuerbohnen beachten!

1095 Für rechtzeitiges Beschatten der Zimmerpflanzen ist vor allem dort Sorge zu tragen, wo das Blumenfenster Mittagssonne erhält.
Außer vielen Kakteen vertragen nur sehr wenige Zimmerpflanzen die volle Sonne. Sie wollen wohl hell stehen, doch darf sie die Mittagssonne nicht direkt treffen. Wo ihr Standort nicht geändert werden kann, muß man für Schatten sorgen. Am geeignetsten sind dazu Scheibengardinen, die man bei trübem Wetter beiseite ziehen kann.

1096 Zum Abbrausen kann man alle Zimmerpflanzen an einem warmen Tage im Freien aufstellen.
Das darf aber nicht in der Sonne und an einem zugigen Ort geschehen. Außerdem läßt man sie nicht länger im Freien stehen, als zum Abtropfen nötig ist. Das Abbrausen der Pflanzen ist bedeutend besser als das Abwaschen der Blätter. Siehe auch Ratschlag **1319**.

1097 Im Sommer brauchen die Rittersterne *(Hippeastrum)* viel Wasser, Nährstoffe und Licht.
Im Mai haben die verpflanzten Exemplare genügend neue Wurzeln entwickelt. Die Rittersterne dürfen nun nie mehr ganz trocken werden. Sie erhalten auch wöchentlich eine Nährlösung. Den Rittersternen ist im Sommer der hellste Platz einzuräumen. Für nicht verpflanzte Exemplare ist der Ratschlag **297** zu beachten.

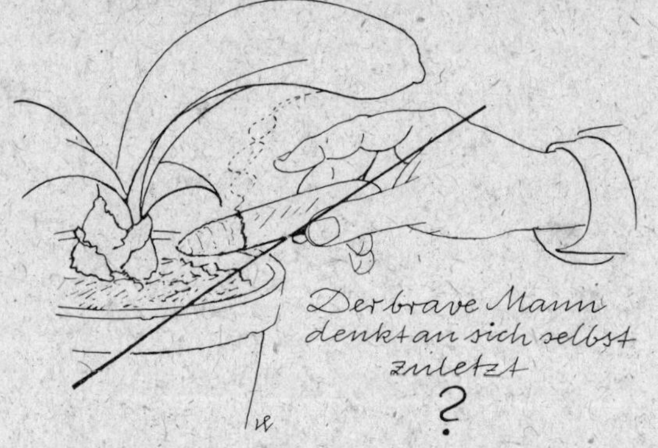

1098 Bei allen gesunden Zimmerpflanzen, die die Töpfe durchwurzelt haben, wird in zweiwöchentlichen Abständen gedüngt.
Dabei ist das zu beachten, was unter Ratschlag **525** und **824** gesagt wurde.

Allgemeines

1099 Wenn man dem Ackerschachtelhalm und der Winde nicht energisch zu Leibe geht, werden diese Unkräuter zu einer Plage im Garten.

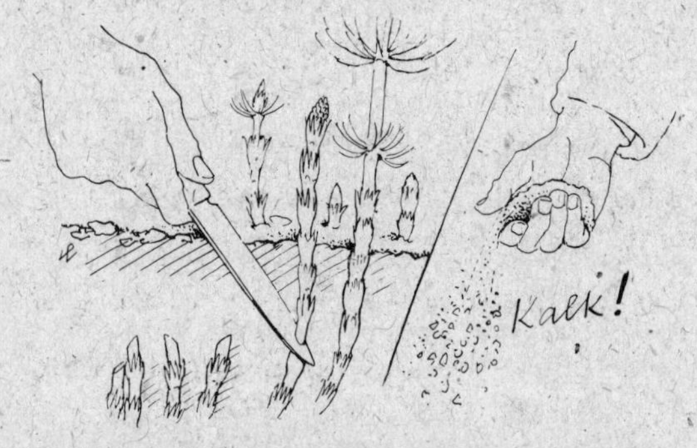

Diese lästigen Unkräuter wird man am besten los, wenn jede sich über der Erdoberfläche zeigende Triebspitze einige Zentimeter unter der Erde abgeschnitten wird. Zu diesem Zweck geht man den Garten wöchentlich einmal durch. Im übrigen deutet starkes Auftreten des Ackerschachtelhalms auf Kalkmangel hin.

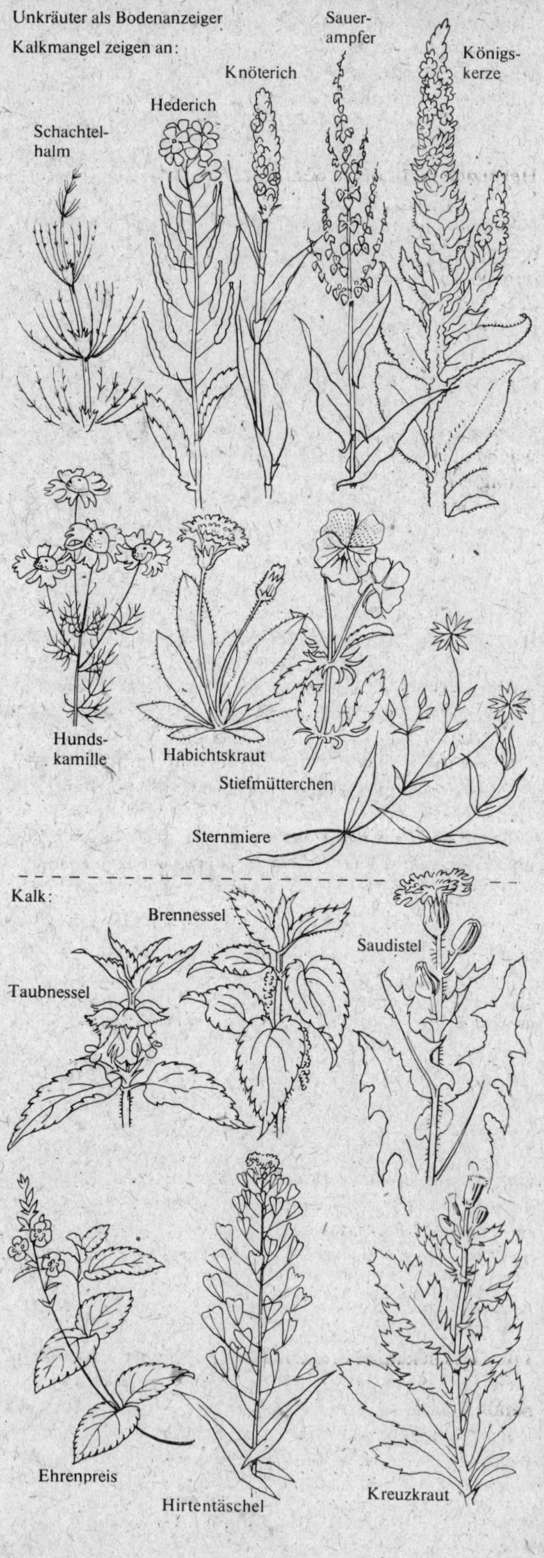

1100 Steht die Winde an einem freien Platz und nicht in unmittelbarer Nähe von Kulturpflanzen, so ist die chemische Bekämpfung einfacher.

Handelt es sich dabei um breite Wege und Plätze, so kann man Totalherbizide einsetzen. Man muß aber darauf achten, daß beim Streuen oder Gießen die Herbizide nicht bis in den Wurzelbereich der Pflanzen am Wegesrand gelangen. Streuen und Gießen der Herbizide darf man nur bei Windstille vornehmen, um nicht durch Windabdrift die Kulturpflanzen zu gefährden. Weniger gefährlich für die Nachbarpflanzen und auch günstiger für Bodenstruktur und Nachfolgekultur ist das Besprühen der Winde mit Wuchsstoffherbiziden. Das Besprühen von nur ein paar Blättchen hat jedoch nur wenig Wirkung. Es gelangt dann zu wenig Herbizid in die metertiefen Wurzelverzweigungen der Winde. Man muß die Winde also erst einmal etwas wachsen lassen, damit genug Blattfläche besprüht und genug Wuchsstoffherbizid in das Wurzelsystem gelangen kann. Vorbeugend sollte man die Behandlung nach zwei bis drei Wochen wiederholen. Auf jeden Fall, wenn die Winde wieder frische Blätter zeigen sollte. In der Wachstumsperiode des Mai bis Juni erzielt man mit dieser Methode die besten Ergebnisse.

1101 Auf den Erdhaufen darf man das Entfernen der Vogelmiere nicht verpassen.

Gerade dieses Unkraut setzt schon als junge Pflanze sehr viel Samen an, der durch den Wind weithin verstreut wird. Außerdem verseucht man sich damit die ganze Komposterde. Siehe auch Ratschlag **842**.

1102 Jede Ecke des Gartens sollte man laufend beobachten, damit kein Unkraut Samen ansetzen kann.

Gerade auf etwas versteckten Stellen, die man nicht täglich in Augenschein nimmt, wächst sehr häufig Unkraut heran, das Samen ansetzt. Für seine Verbreitung sorgt meist der Wind. Dadurch wird nicht nur der eigene Garten, sondern auch der des Nachbarn gefährdet.

1103 Das bekannte Franzosenkraut darf man im Garten nicht dulden, weil es oft von Spinnmilben (Rote Spinne) befallen wird.

Wer das nicht beachtet, braucht sich nicht zu wundern, wenn seine Gurken und Bohnen sowie Rosen und andere Zierpflanzen von diesem Schädling stark heimgesucht werden. Wirksame Maßnahmen gegen die Rote Spinne sind bei den betreffenden Kulturpflanzen und auch in der Tabelle über Schädlinge angegeben. Siehe auch Ratschlag **1029**.

1104 Die hervorragend günstige Wirkung, die die Bodenbedeckung auf alle Pflanzen ausübt, sollte sich jeder Kleingärtner zunutze machen.

Wo der verrottete Stalldung und Torf zum Bodenbedecken nicht ausreichen, kann man das beim Schneiden des Rasens anfallende Gras mit gleich gutem Erfolg anwenden. Wichtig ist, vorm Aufbringen der Bodendecke die Erde zwischen den Pflanzen gründlich zu lockern.

1105 Die Larven der Marienkäfer werden Blattlauslöwen genannt und tragen diesen Namen mit Recht.

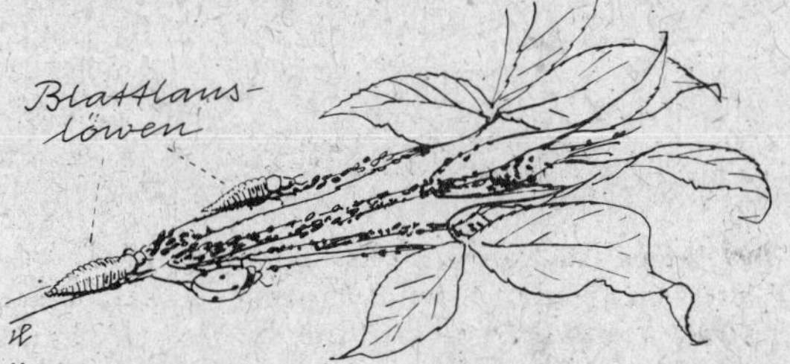

Überall, wo Marienkäfer stark auftreten, sind an den Pflanzen auch ihre Larven in großen Mengen zu finden. Sie deuten untrüglich auf das Vorhandensein von Blattläusen hin. Nicht nur die Larven, sondern auch die Marienkäfer selbst vertilgen große Mengen der Schädlinge. Darum sind beide zu schützen und auf jegliches Spritzen oder Stäuben mit Insektiziden ist zu verzichten.

1106 Marienkäferpuppen darf man nicht mit den Larven des Kartoffelkäfers verwechseln.

In der Farbe besteht zwar große Ähnlichkeit, doch bei näherem Hinsehen sind die Unterschiede leicht zu

erkennen. Die Puppen des Marienkäfers haften unbeweglich an den Blättern und sind beinlos. An den Kartoffelkäferlarven sind der Kopf und die Beine gut erkennbar. Sie bewegen sich und fressen an den Blättern.

1107 Im Kampf gegen Gartenschädlinge ist der Igel ein wertvoller Helfer.
Er geht auf die Jagd nach Kerbtieren und Schnecken. Darum sollte man ihn hegen und seine Ruheplätze nicht stören.

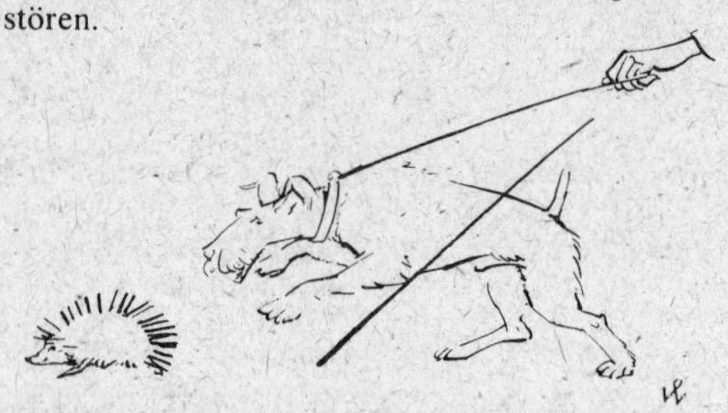

1108 Kröten und auch die Gartenfrösche sollten wir im Garten hegen, weil sie viel Schnecken und auch andere Schädlinge vernichten.
Kinder muß man aber belehren, daß sie die nützlichen Kröten nur unter Aufsicht anfassen. Diese sondern nämlich ein Sekret ab, das bei allergischen Personen Hautentzündungen hervorrufen kann.

1109 Im Laufe des ganzen Sommers fallen in Garten und Haus Abfälle an, die in möglichst bunter Mischung für den Schnellkompost in Silos geeignet sind.
Im Sommer ist mehr auf genügend Feuchtigkeit zu achten. Bei ausreichenden Bedingungen erreichen diese Schnellkomposte im Inneren eine Temperatur bis zu +75 °C. Bei +45 °C werden bereits die meisten Unkrautsamen abgetötet. Zur schnellen Verrottung benötigen die Bakterien auch viel Kohlenstoff, der vor allem in verholzten Pflanzenteilen, in Stroh und in Laub enthalten ist. Der benötigte Stickstoff ist besonders in den grünen Pflanzenteilen enthalten. Fehlt es an letzterem, so muß man mit organischen Stickstoffdüngern nachhelfen (siehe auch Ratschlag **10**).

1110 Für eine gleichmäßige Durchlüftung in den Kompostsilos sorgen gröbere organische Abfälle, wie dünne Zweige, die durch den Komposthäcksler (Shredder) zerkleinert werden.
Es gibt viele unterschiedliche Modelle mit unterschiedlicher Leistung. Danach richtet sich die Stärke der Zweige, die zerkleinert werden können. Natürlich gehören Glasscherben, Steine und Metall nicht in den Komposthäcksler. Stark befallene Pflanzenteile sollten vorsichtshalber nicht kompostiert werden.

1111 Wir denken auch jetzt an den Schutz unserer Gartenvögel. Dazu gehört, daß wir ihre Brutstätten niemandem verraten.
Gerade Kinder, aber auch Erwachsene, können ihre Neugier oft nicht zähmen. Die Vögel werden dadurch beunruhigt, was zum Verlassen des Nestes führen kann. Um die Brut ist es dann oft geschehen.

1112 Für Schäden, die Hühner in fremden Gärten anrichten, sind in jedem Falle die Besitzer der Tiere verantwortlich.

Das ist auch dann der Fall, wenn der Zaun nicht hühnerdicht ist und dem geschädigten Garteninhaber gehört. Der Hühnerhalter muß dafür sorgen, daß seine Tiere nicht in den Nachbargarten gelangen können. Das entbindet aber den anderen nicht von der Pflicht, seinen Zaun in der herkömmlichen Weise in Ordnung zu halten.

Gemüsegarten

1113 Um den Hausgurken ein gutes Wachstum zu ermöglichen, ist besonders auf regelmäßiges Wässern sowie die Regulierung der Lufttemperatur zu achten.
Was die Abdeckung des Wasserbedarfs betrifft, so gilt das unter Ratschlag **855** Gesagte. Als vertretbares Temperaturmaximum gelten etwa 32 °C, während das Minimum in den Nachtstunden bei 16 bis 18 °C liegen sollte.

Der in Kleingewächshäusern und Folienhäusern oft nur geringe Luftraum erhitzt sich bei starker Sonneneinstrahlung oft rasch über das genannte Maximum hinaus, wodurch Blattschädigungen und Wachstumsstockungen entstehen können. Man sollte deshalb bei Sonnenschein, in Abhängigkeit von der Außentemperatur, grundsätzlich lüften. Dabei kann es je nach Witterung erforderlich sein, tagsüber ständig etwas Luft zu geben. Bei anhaltend sonnigem Wetter lüftet man schon in den frühen Morgenstunden, damit sich das Glas- oder Folienhaus ausreichend abkühlen kann.

1114 Hausgurken sind mit Beginn der Fruchtentwicklung regelmäßig jede Woche einmal zu düngen.
Nährstoffmangel ist daran zu erkennen, daß besonders die jüngeren Blätter ihre gesunde Grünfärbung verlieren. In den meisten Fällen liegt Stickstoffmangel vor. Man stellt am besten aus einem Stickstoffdünger eine 0,3 %ige Nährlösung her und gibt davon jeder Pflanze wöchentlich 1 bis 2 Liter. Um die ausreichende Versorgung mit allen Nährstoffen und den wichtigsten Spurenelementen zu sichern, sollte nach ein bis zwei Stickstoffgaben jeweils eine Volldüngergabe verabreicht werden.

1115 Auch im Juni müssen die Schnittarbeiten an den Hausgurken sorgfältig weitergeführt werden.
An den Seitentrieben 1. Ordnung entwickeln sich neben den Blüten auch Seitentriebe 2. Ordnung. Von diesen wird jeweils nur der dem Haupttrieb am nächsten stehende belassen und ebenfalls nach 1 oder 2 Fruchtansätzen gestutzt. In der Folge beschränkt sich der Triebschnitt auf das Entfernen der Triebspitzen und gelegentliches Auslichten. Beim Schneiden der Triebe sind gleichzeitig kranke und gelbe Blätter zu entfernen. Wichtig ist außerdem, daß man alle Früchte, die Mißbildungen aufweisen, in einem möglichst frühen Entwicklungsstadium abschneidet. Auch zu groß gewordene bzw. schon überreife Früchte wirken sich nachteilig auf die Entwicklung der normalen Früchte aus.

1116 Haustomaten haben einen hohen Nährstoffbedarf und sind ab Anfang Juni wöchentlich einmal zu düngen.
Die Düngung kann in der gleichen Weise erfolgen wie bei den Hausgurken (s. Ratschlag **860**). Außerdem ist auf regelmäßige Durchführung aller übrigen Pflegemaßnahmen zu achten. Dazu gehören das Anbinden und Ausgeizen sowie ausreichende Lüftung und gleichmäßige Wasserversorgung, wobei die Hinweise der Ratschläge **856** und **857** zu beachten sind. Bei richtiger Sortenwahl beginnt die Ernte in den letzten Junitagen.

1117 Bei starker Sonneneinstrahlung sind Kleingewächshäuser zu schattieren, um Blattverbrennungen zu vermeiden.
Das gilt allerdings nur für den Anbau von Hausgurken, deren Pflanzen meist direkt bis unter das Glas wachsen und besonders empfindlich sind. Am besten eignen sich dazu Schattenleinen oder ähnliches Gewebe. Das Anstreichen mit Kalkbrühe oder einer anderen geeigneten Farbe ist ebenfalls möglich, muß jedoch nach einiger Zeit wiederholt werden, sobald die Schutzschicht vom Regen teilweise abgewaschen ist.

1118 Der Bleichsellerie darf in der Hauptwachstumszeit keinerlei Stockungen durchmachen.

Da man ihn noch Anfang Juni, also in der oft heißen Zeit, pflanzen kann, muß man dem Gießen große Beachtung schenken. Er darf auch nach dem Anwachsen nicht trocken werden. Durch das häufige Gießen wird vor allem bei lehmhaltigen Böden die Erdoberfläche fest, so daß es an Luftaustausch mangelt. Darum muß sofort gehackt werden, sobald der Boden oberflächlich abgetrocknet ist.
Alle zwei Wochen muß der Bleichsellerie eine Nährstoffgabe in Form von Nährstofflösungen erhalten. Da es beim Bleichsellerie insbesondere auf zarte und starke Blattstiele ankommt, gibt man abwechselnd Lösungen aus Volldüngern und reinen Stickstoffdüngern. Von den letzteren sind die schnell wirkenden Salpeterdünger vorzuziehen.

1119 Wenn Spätblumenkohl bis zum Herbst noch erntefertig werden soll, ist die Aussaat bis Mitte Juni vorzunehmen.
So erhält man bis Ende Juli kräftige Pflanzen, wenn das nachstehende Aussaatverfahren angewendet wird. Da in der Regel verhältnismäßig wenig Pflanzen benötigt

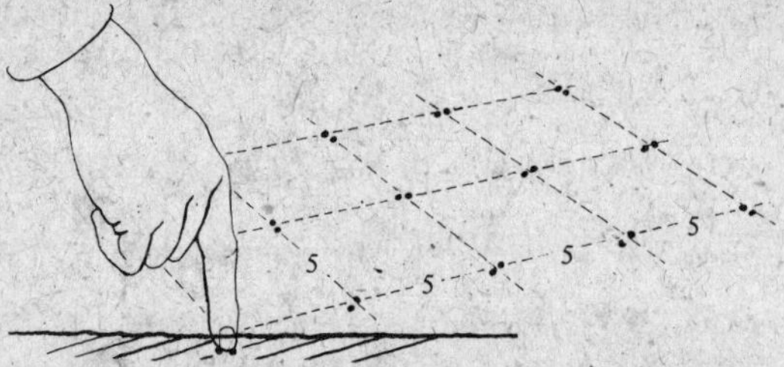

werden, lohnt sich das Einzelauslegen der Samen. Im Abstand von etwa 5 cm × 5 cm drückt man 2 Körner so tief in die Erde, daß sie ungefähr 1 cm mit Erde bedeckt sind. Nach dem Aufgehen verzieht man so, daß je Aussaatstelle nur eine Pflanze stehenbleibt. Vorbeugende Bekämpfung gegen Erdflöhe ist anzuraten. Für diesen späten Anbau verwendet man frühe bis mittelfrühe Sorten.

1120 Vor dem Pflanzen von Blumenkohl im Juni bringt man keinen Stalldünger oder andere organische Substanz in den Boden, sondern nützt sie besser als Bodenbedeckung.

Die Bodenbedeckung ist viel wichtiger, wenn der Boden sonst in gutem Kulturzustand ist. Die Bodendecke wird sofort nach dem Pflanzen gegeben. Dann gießt man die Pflanzen nicht nur an, sondern überbraust das ganze Beet durchdringend. Zur Bodenbedeckung eignet sich auch das frische Gras, das beim Mähen des Rasens anfällt.

1121 Der im Mai gepflanzte Blumenkohl (s. Ratschlag 950) braucht im Laufe des Juni viel Wasser und Nährstoffe.

Er verträgt wöchentliche Volldüngergaben, die man 0,3 %ig ansetzt. In jedem Falle sind Lösungen anzuraten, bei denen der Stickstoff überwiegt. Wer keinen Volldünger dieser Art hat, sollte mit einem reinen Stickstoffdünger gießen. Da die Pflanzen die Nährstoffe nur bei guter Bodenfeuchtigkeit aufnehmen können, ist der Boden ständig feucht zu halten.

1122 Um schöne weiße „Blumen“ vom Blumenkohl ernten zu können, müssen sie rechtzeitig gegen Sonne und Licht geschützt werden.

Am sichersten ist das Zusammenbinden der äußersten Blattspitzen, sobald der Ansatz der Blumen festzustellen ist. Wer nur Blätter einknickt, muß die Hauptblattrippen völlig durchbrechen, weil sie sich sonst wieder aufrichten. Die Blumen muß man ernten, bevor sie locker werden. Darum ist tägliche Kontrolle erforderlich.

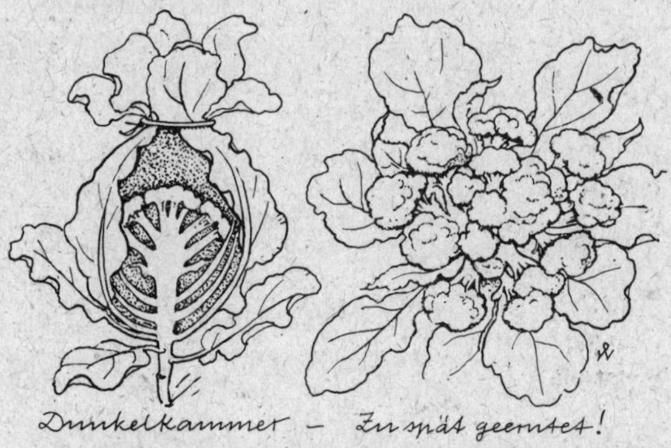

1123 Im Mai gepflanzter Brokkoli erhält spätestens Mitte Juni die erste Kopfdüngung.

Die Düngung erfolgt am besten in flüssiger Form (0,3 %ig) und wird wöchentlich wiederholt. Es ist zweckmäßig, wechselweise einen Volldünger und einen reinen Stickstoffdünger zu verabreichen. Neben der Düngung achte man besonders darauf, daß die Pflanzen ständig über ausreichende Feuchtigkeit verfügen.

1124 Wer laufend Buschbohnen ernten will, sollte auch im Juni ein bis zwei Aussaaten vornehmen.

Dabei sind Sorten mit kurzer Entwicklungszeit zu bevorzugen.

1125 Im Mai gesäte Buschbohnen erhalten kurz vor dem Schließen des Bestandes noch eine Stickstoffdüngung.

Von einem schnell wirkenden Stickstoffdünger gibt man 20 bis 30 g/m^2, den man aber zwecks Vermeidung von Verbrennungen auf den Blättern in Form einer Nährlösung zwischen die Reihen gießt. Danach wird noch mit klarem Wasser abgebraust. Man kann auch die Lösung eines Volldüngers verwenden, wobei zu beachten ist, daß Buschbohnen chloridempfindlich sind.

1126 Obwohl die Buschbohnen in nicht zu leichtem Boden mit wenig Wasser auskommen, sollte man Trokkenperioden durch reichliches Gießen überbrücken.
Den größten Wasserbedarf hat die Buschbohne zur Blütezeit, so daß bei im Mai ausgesäten Bohnen besonders in der Zeit von Ende Juni bis Mitte Juli für reichlich Feuchtigkeit gesorgt werden muß. Damit beugt man gleichzeitig dem Befall durch Spinnmilben (Rote Spinne) vor, deren Auftreten durch Trockenheit begünstigt wird.

1127 Der Befall durch Spinnmilben (Rote Spinne) an Bohnen wird schon durch leichte Vergilbungen an den Blättern erkennbar.
Normalerweise treten Spinnmilben nur bei länger anhaltenden Trockenperioden in verstärktem Maße auf. Wird Befall festgestellt, dann ist sofort mit einem anerkannten Insektizid zu spritzen. Die Spritzung sollte nach 7 bis 10 Tagen wiederholt werden.

1128 Die Eierfrucht (Aubergine) kann auch in den ersten Junitagen noch gepflanzt werden, wenn kräftige Topfballenware zur Verfügung steht.
Sie bringt die Ernte meist ebenso früh wie die im Mai gepflanzte (s. Ratschlag **939** bis **943**). Schwache Pflanzen setzen zu spät mit der Ernte ein, so daß der Anbau nicht lohnt.

1129 Den buschig wachsenden Eierfruchtpflanzen läßt man nur 3 bis 4 Triebe, wenn man schöne große Früchte erzielen will.

Die überflüssigen Triebe sind so zeitig wie möglich zu entfernen, damit die stehenbleibenden viel Aufbaustoffe erhalten. Natürlich entfernt man immer die schwächsten. Man schneidet sie an ihrer Basis ab. Auch alle spät erscheinenden schwachen Triebe läßt man nicht aufkommen.

1130 Für den Anbau im Freiland ist ab Mitte Juni mit der Aussaat von Winterendivien zu beginnen, damit Ende Juli kräftige Pflanzen zur Verfügung stehen.
Bei früheren Saaten besteht die Gefahr des Schossens. Von der Aussaat bis zur Pflanzung sind etwa 5 Wochen erforderlich. Wichtig ist, daß der Samen recht dünn ausgesät wird; 0,5 g genügen je m^2. Die Keimdauer beträgt etwa eine Woche. Nach dem Aufgang sollte auf 3 cm vereinzelt werden, um kräftige Jungpflanzen zu erzielen.

1131 Winterendivienpflanzen dürfen im Saatbeet keine Stockungen durchmachen.
Sonst führt das zum Verhärten und unter Umständen zur späteren Schosserbildung. Darum darf das Saatbeet bis zum Pflanzen nie richtig trocken werden. Kräftige Pflanzen erzielt man, wenn das Saatbeet etwa 2 Wochen nach dem Aufgehen mit einer 0,2 %igen Nährlösung eines schnellwirkenden Volldüngers gegossen wird. Ungefähr 2 Wochen später ist die Nährstoffgabe zu wiederholen.

1132 Die im Mai gepflanzten Sommerendivien (s. Ratschlag 934 bis 937) erhalten im Juni drei Nährlösungen in Abständen von etwa 10 Tagen.

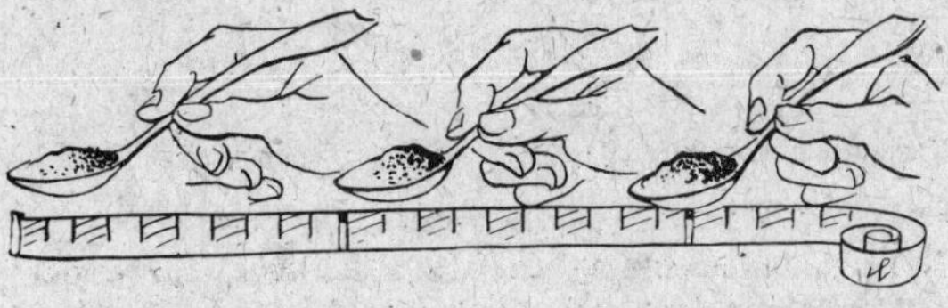

Da es bei den Sommerendivien auf üppiges, zartes Blattwerk ankommt, gießt man mit stickstoffreichen Volldüngerlösungen. Stickstoffarme Volldünger ergänzt man durch Zusatz eines reinen Stickstoffdüngers.

1133 Wer unbedingt Wert darauf legt, auch noch in den Sommermonaten grüne Erbsen zu ernten, kann noch bis Ende Juni Folgesaaten durchführen.
Allerdings muß dabei ein bedeutend geringerer Ertrag in Kauf genommen werden. Für diese Aussaattermine sind nur Markerbsen zu verwenden.

1134 Bis Mitte Juni ist die Aussaat von Grünkohl zur Pflanzengewinnung noch sehr gut möglich.
Das Pflanzen fällt dann etwa in die zweite Julihälfte. Dieser Termin ergibt zwar nicht ganz so hohe Erträge wie die Junipflanzung, ermöglicht aber das Ausnutzen der bis zu diesem Zeitpunkt abgeernteten Beete. Über die Aussaat siehe Ratschlag **953**.

1135 In der zweiten Junihälfte beginnt man, abgeerntete Beete mit im Mai ausgesätem Grünkohl (s. Ratschlag 962) zu bepflanzen.

Da sich der im Juni gepflanzte Grünkohl stark entwickelt, sind je Normalbeet (1,20 m) nur drei Reihen möglich. Auch auf der Reihe muß der Abstand von Pflanze zu Pflanze 40 cm betragen.

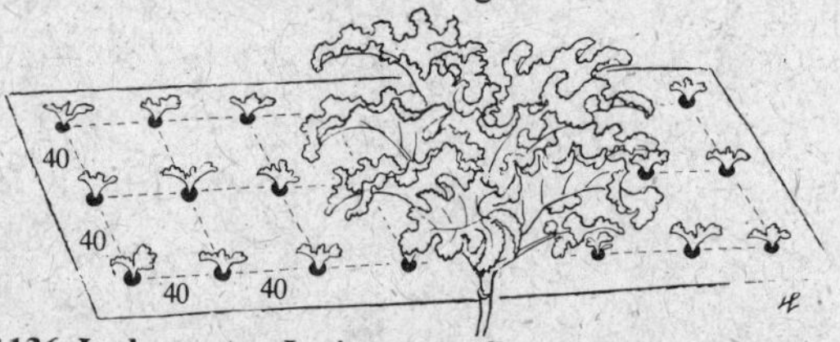

1136 In den ersten Junitagen gepflanzte Gurken bringen oft bessere Erträge als die im Mai an Ort und Stelle gesäten.

Das ist vor allem in höheren Lagen zu beachten, wo sich der Boden im Mai oft noch nicht genügend erwärmt hat. Zur Junipflanzung sind aber kräftige, wüchsige Topfballenpflanzen erforderlich. Sie werden im Mai im Frühbeet vorkultiviert (vergleiche Ratschlag **876**). Bei ihnen schadet es auch nicht, wenn sie schon das zweite normale Blatt entwickelt haben. Im übrigen ist das zu beachten, was unter Ratschlag **878** gesagt wurde.

1137 Spät gepflanzte Gurken überdeckt man bis zum Anwachsen am besten mit Blumentöpfen, nicht mit Pflanzenschutzhauben.

Das ist vor allem dann wichtig, wenn beim Pflanzen heißes, sonniges Wetter herrscht. Die Töpfe muß man so groß wählen, daß die Pflanzen darunter nicht beengt stehen. Was unter Ratschlag **1104** gesagt wurde, ist auch bei Gurken zu beachten.

1138 Die Kultur der Gurken an einem Spalier erfordert zwar zusätzliche Arbeit, bringt aber in regenreichen Sommern wesentliche Vorteile.

An Spalieren gezogene Gurken bleiben bei ungünstigem Wetter auffallend gesund und kommen auch etwas eher in Ertrag. Auch die Früchte können selbst bei langanhaltendem Regen nicht faulen. Für diese etwas aufwendige Anbauart eignen sich sowohl Salat- als auch Einlegegurken.

1139 Als Spalier zur Gurkenkultur kann man weitmaschiges Geflecht aus Draht oder Perlon, aber auch ein einfaches Lattengerüst mit gespannten Drähten verwenden.

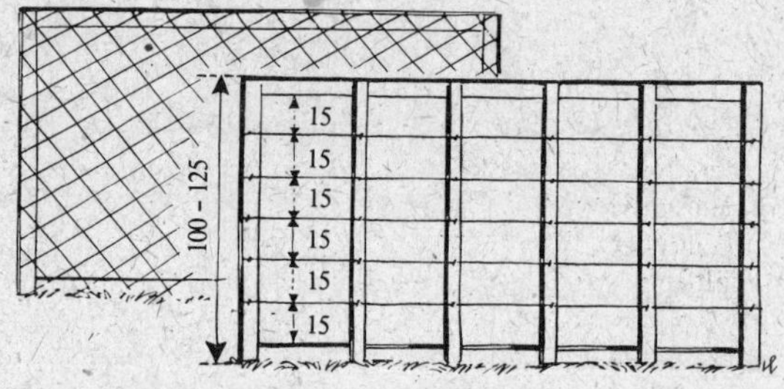

Die Maschenweite des Geflechtes sollte mindestens 10 cm betragen, kann jedoch wesentlich größer sein. Durch in entsprechender Entfernung eingeschlagene Pfähle erhält das Geflecht den nötigen Halt. Aus sogenannten Säumlingen kann man sich ein Spalier mit wenig Kosten errichten. Zunächst wird daraus ein der Beetlänge entsprechender Rahmen hergestellt. Für längere Beete sind mehrere Rahmen erforderlich. Die Länge der zur Verfügung stehenden Säumlinge ist dabei ausschlaggebend. Die Höhe des Spaliers sollte 1,00 bis 1,25 m betragen. Querlatten geben dem Rahmen einen guten Halt. Nun wird der ganze Rahmen mit Längsdrähten versehen. Starke Schnur verrichtet dieselben Dienste. Die Drähte erhalten einen Abstand von 15 bis 18 cm.

1140 Das Gurkenspalier wird nicht senkrecht, sondern etwas schräg aufgestellt.

Damit es nicht umfallen kann, erhält es auf der Rückseite einige Stützen. Die Neigung des Spaliers nach hinten bietet den Gurkenpflanzen und -früchten einen Halt. Die Ranken muß man anbinden. Die Vorderseite des Spaliers muß nach Süden, Südosten oder Südwesten zeigen.

1141 Kaltes Leitungswasser ist Gift für Gurken und auch andere wärmebedürftige Gemüsearten, wie Paprika, Melonen und Eierfrüchte.

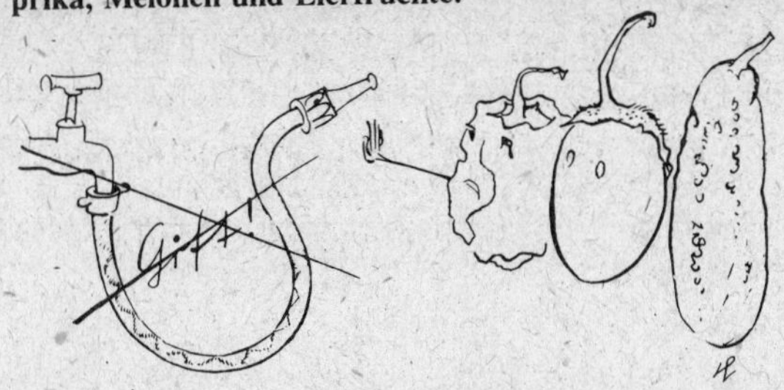

Darum sollte man diese Gemüse nicht mit dem Schlauch gießen. Wer sie kultiviert muß dafür sorgen, daß immer genügend erwärmtes Behälterwasser zur Verfügung steht. Man darf also nicht vergessen, die Behälter nach jedem abendlichen Gießen sofort wieder zu füllen. Auch zum Spritzen an heißen Tagen ist kaltes Wasser schädlich.

1142 Die erste Kopfdüngung erhalten die Freilandgurken, wenn sie das dritte normale Blatt voll entfaltet haben.

Neben dem hohen Kali- und Phosphorbedarf benötigen die Gurken zu ihrer Entwicklung der großen Blattfläche viel Stickstoff. Darum sind Volldünger mit erhöhtem Stickstoffanteil besonders wichtig. Wegen der Chlorempfindlichkeit der Gurken sind nur chloridarme oder -freie Dünger zu verwenden. Die Nährlösung stellt man 0,3 %ig her. Damit kann das Düngen alle 8 bis 10 Tage wiederholt werden.

1143 Im Laufe des Juni entwickeln sich die Gurken in günstigen Jahren so weit, daß man sie entspitzen kann. Samenechte Gurkensorten bringen an den Seitentrieben die meisten Früchte. Darum ist das Entspitzen des Haupttriebes nach dem fünften Blatt zu empfehlen.

Bei Hybridsorten mit fast ausschließlich weiblichen Blüten ist diese Maßnahme nicht erforderlich.

1144 Bei den Anfang Mai ins Frühbeet gepflanzten Gurken fällt auch das notwendige zweite Entspitzen in den Juni.
Im Gegensatz zu den Freilandgurken muß man die im Frühbeet zweimal entspitzen. Das erste Entspitzen erfolgt nach dem fünften Blatt. Das zweite ist vorzunehmen, wenn die Seitentriebe 3 bis 4 Blätter haben. Was darüber hinausgeht, wird weggeschnitten.

1145 Wenn im Juni trockenes, heißes Wetter herrscht, besteht für die Gurken die Gefahr des Spinnmilbenbefalls (Rote Spinne).

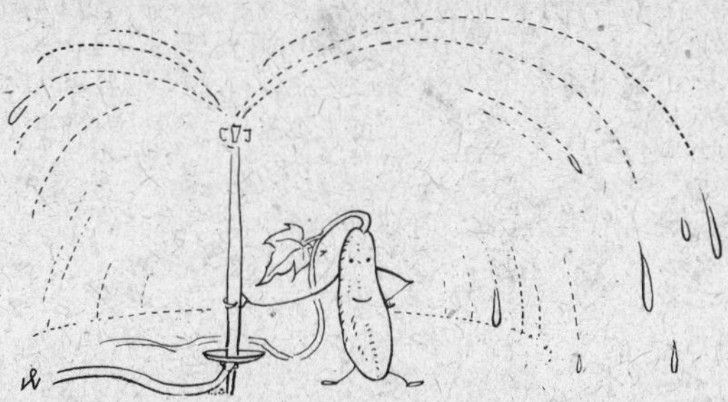

Die Spinnmilben befallen nicht nur die Freiland-, sondern auch die Frühbeetgurken. Um die Gefahr zu bannen, muß man laufend für feuchte Luft sorgen. Besser als das Bespritzen der Gurkenpflanzen mit Wasser ist das ständige Naßhalten ihrer Umgebung. Im Freiland ist das vor allem die Erde, einschließlich der Beetwege. Dazu kommen im Frühbeet noch die Seitenwände. Bei Befall ist sofort mit anerkannten Präparaten zu spritzen, wobei die Karenzzeit zu beachten ist.

1146 Wenn Frühkartoffeln hohe Erträge bringen sollen, sind Gießen und Düngen bis etwa 2 Wochen vor der Ernte das Wichtigste.

Im Kleingarten macht sich das Gießen der Frühkartoffeln immer bezahlt. Dadurch kommen sie auch in den Genuß der zusätzlichen Nährstoffe. Beim Gießen muß man sich aber hüten, die Blätter der Kartoffeln naß zu machen. Das könnte zu der gefürchteten Krautfäule

(Phytophthora) führen, die den Ertrag wesentlich schmälert. Zum Düngen eignen sich alle stickstoffarmen Volldünger, von denen man vor jedem Gießen etwa 20 g je m^2 ausstreuen kann.

1147 Die beste Pflanzzeit für Spätkohlrabi zum Winterverbrauch ist die zweite Hälfte des Juni.
Jedenfalls sollten Spätsorten bis Anfang Juli gepflanzt sein, denn sie brauchen vom Pflanzen bis zum Ernten etwa 2,5 bis 3 Monate. Voraussetzung sind kräftige Pflanzen, weil sich sonst die Ernte noch um einige Wochen verzögert. Als beste Sorte hat sich immer wieder 'Blauer Speck' bewährt. Diese Sorte sollte man aber mindestens 30 cm × 30 cm auseinander pflanzen. Auf schweren guten Böden sind Abstände bis zu 40 cm × 40 cm notwendig.

1148 Frühkohlrabibeete kann man Anfang Juni schon vor dem Abernten mit Porree bepflanzen oder mit Chicorée besäen.
Den Porree pflanzt man zwischen die Kohlrabireihen. Dazu ist ein möglichst langes Pflanzholz zu verwenden, denn der Porree muß tief in die Erde kommen (vergleiche auch Ratschlag **985**). Zum Aussäen des Chicorée zieht man zwischen den Kohlrabireihen etwa 2 cm tiefe Rillen. In sie legt man im Abstand von 10 cm 4 bis 5 Samen. Nach dem Aufgehen wird so verzogen, daß je Horst nur eine Pflanze stehenbleibt.

1149 Wechsel von Trockenheit und großer Feuchtigkeit verursachen beim Kohlrabi aufgerissene Knollen.

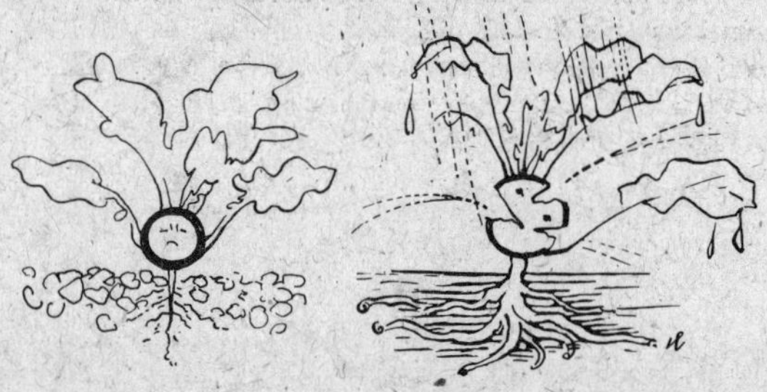

Bei längerer Trockenheit verhärten die Knollenaußenwände. Folgt darauf nasses Wetter, dann ist es kein Wunder, wenn sie reißen. Darum muß man regelmäßig gießen, damit der Kohlrabi nicht durch Trockenheit im Wachstum stockt. Auch auf die Nährstoffzufuhr müssen wir unser Augenmerk richten. Dabei geht man so vor, wie unter Ratschlag **1121** angegeben ist.

1150 Kohlrabi eignet sich gut als Nachfrucht auf abgeerntete Erbsenbeete.
Die oberirdischen Teile der Erbsen schneidet man dicht über dem Boden ab. Die Wurzeln bleiben also im Boden, wenn das Land zum Bepflanzen mit Kohlrabi gegraben wird. Die stickstoffsammelnde Tätigkeit der Wurzelbakterien wirkt sich auf die Nachfrucht sehr wachstumsfördernd aus und kommt in diesem Falle dem Kohlrabi zugute. Für diesen Zweck sind Sommersorten zu verwenden. Sie sind in etwa zwei Monaten erntefertig.

1151 Wer im Juli Kohlrüben pflanzen will, muß sie im ersten Junidrittel aussäen.
Da die Aussaat auf Saatbeeten im Freiland vorgenommen wird, ist alles das zu beachten, was unter Ratschlag **953** beim Kohlrabi gesagt wurde.

1152 Beim Pflanzen von Kopfsalat im Juni muß man auf hitzebeständige Sorten den größten Wert legen.
Sorten und Pflanzweiten wurden schon unter Ratschlag **964** genannt. Es ist aber immer wieder daran zu erinnern, daß Kopfsalat so flach wie möglich gepflanzt werden muß. Nur dadurch erzielt man große und feste Köpfe. Bei dieser Gelegenheit sei auch auf die sehr hitzebeständigen Krach- oder Eissalate hingewiesen. Die Blätter sind etwas gekraust und haben oft einen roten Anflug. Das Innere der Köpfe ist aber wie bei anderen Sorten gelb und sehr zart. Die Entwicklungszeit ist länger als bei den normalen Salatsorten.

1153 Starker Wechsel von Trockenzeit und Nässe während der Hauptentwicklung des Kopfsalates verursacht häufig das Faulen der fast fertigen Köpfe.
Darum muß man regelmäßig gießen. So schützt man den Kopfsalat am besten auch gegen Blattlausbefall.

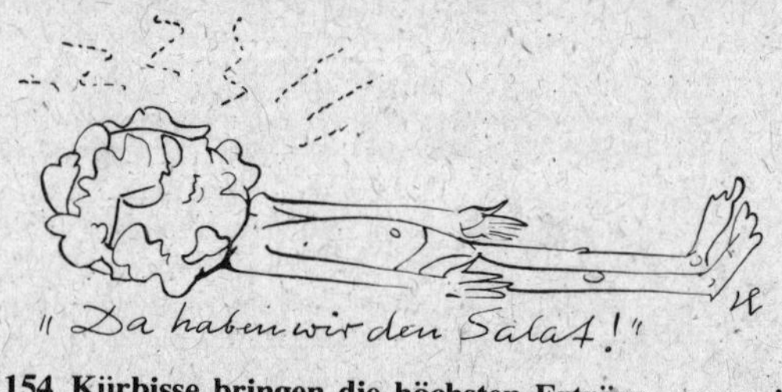

1154 Kürbisse bringen die höchsten Erträge, wenn sie laufend mit Nährlösungen gegossen werden.
Reines Wasser sollten sie überhaupt nicht erhalten. Die Nährlösungen dürfen natürlich nicht so stark wie üblich sein. Man setzt sie nur 0,05 bis 0,1 %ig an. Auf 10 Liter Wasser kommen also 5 bis 10 g eines stickstoffreichen Volldüngers. Steht der nicht zur Verfügung, dann wird abwechselnd mit einem reinen Stickstoff- und einem Volldünger gegossen.

1155 Auch der Anfang Juni ausgesäte Mangold bringt im Laufe des Jahres noch nennenswerte Erträge.
Zum Aussäen nützt man die bis dahin abgeernteten Beete. Was man über den Anbau und die Aussaat von Mangold wissen muß, ist unter Ratschlag **339** bis **341** angegeben.

1156 Vorjähriger Mangold muß abgeerntet werden, sobald er zum Blütenansatz übergeht.

Die Blätter sind dann geschmacklich nicht mehr einwandfrei. Die Beete lassen sich mit einer Nachfrucht (Kopfsalat, Kohlrabi, Radieschen, Rettich, Blumenkohl usw.) noch gut ausnutzen. Selbst Buschbohnen können noch dem Mangold folgen.

1157 Die im März (s. auch Ratschlag 407 und 408) gepflanzten Fechser von Meerrettich legt man Ende Juni frei und entfernt alle Seitenwurzeln.

Nur auf diese Weise sind bis zum Herbst starke Meerrettichstangen zu erzielen. Die Fechser macht man bis auf die an ihrem unteren Ende befindlichen Wurzeln frei. Am oberen Teil sitzende Wurzeln sind mit einem scharfen Messer abzuschneiden. Anschließend reibt man die Fechser mit einem rauhen Lappen ab, daß auch die feinen Wurzeln verschwinden. Erst dann ist die Erde wieder an die Stangen zu bringen.

1158 Halblange Möhrensorten bringen auch bei Aussaat in der ersten Junihälfte bis zum Herbst noch zufriedenstellende Erträge.
Sie benötigen von der Aussaat bis zur Ernte 3,5 bis 4 Monate. Anfang Juni ausgesät, sind sie also spätestens Anfang Oktober erntefertig. Zur Sortenwahl siehe Tabelle Seite 357.

1159 Wer seine Möhren in Trockenperioden nicht gießt, muß damit rechnen, daß ein Teil von ihnen aufreißt.

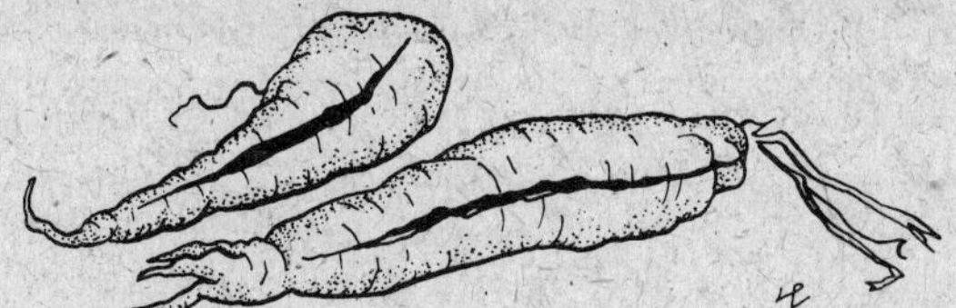

Möhren verhalten sich in dieser Hinsicht ähnlich wie der Kohlrabi (vergleiche Ratschlag **1149**). Um Schäden zu vermeiden, muß man Trockenperioden durch fleißiges Gießen überbrücken.

1160 Wer Gemüsepaprika im ersten Junidrittel pflanzt, hat das zu beachten, was unter Ratschlag 944 bis 947 gesagt wurde.

Ohne Glas- oder Folienschutz verzögert sich bei später Pflanzung die Ernte so, daß die Erträge zu gering sind. Über den Pflanzenabstand ist unter Ratschlag **947** nachzulesen.

1161 Im Juni gepflanzter Porree entwickelt sich bis zum Herbst noch so stark, daß je nach Sorte Reihenabstände von 25 cm bis 30 cm nötig sind.
Auf der Reihe genügen Pflanzenabstände von 15 cm. Was beim Pflanzen zu beachten ist, kann unter Ratschlag **984** und **985** nachgelesen werden.

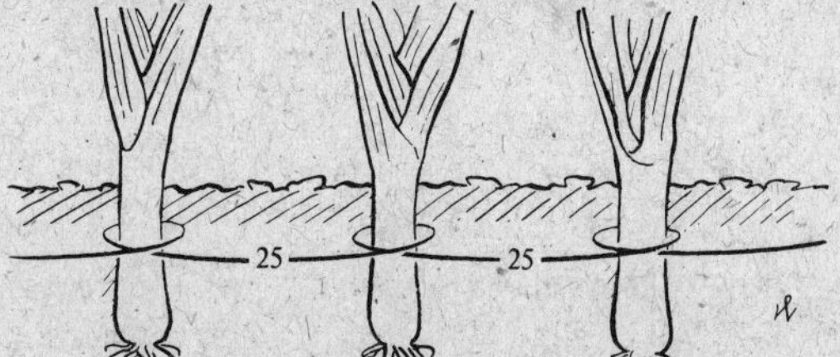

1162 Wenn bei Puffbohnen der Hülsenansatz beginnt, werden die beblätterten Triebspitzen abgebrochen.
Die Hülsen entwickeln sich dann bedeutend schneller. Außerdem wird der schwarzen Bohnenlaus die Gelegenheit zum Ansiedeln genommen. Sie bevorzugt nämlich die zarten Triebspitzen.

1163 Zur Ausbildung großer Hülsen mit zarten Kernen verlangen die Puffbohnen viel Wasser und Nährstoffe.
Das Düngen wird mit dem Gießen gekoppelt. Man verwendet am besten eine 0,1 %ige Volldüngerlösung, bis die ersten Hülsen erntefähig sind.

1164 Puffbohnenhülsen muß man ernten, wenn die Samen in ihnen fast völlig entwickelt, aber noch ganz zart sind.

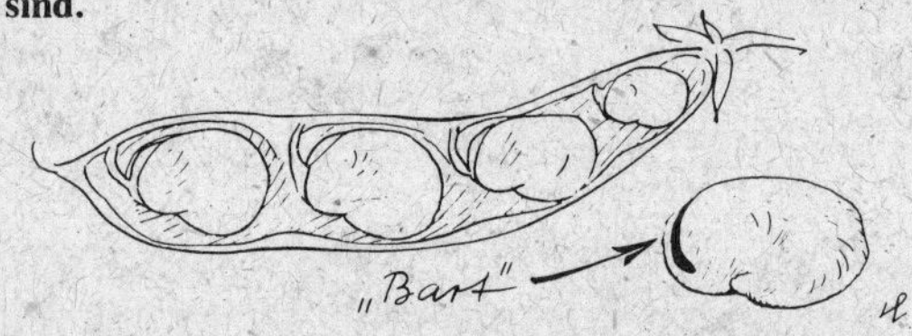

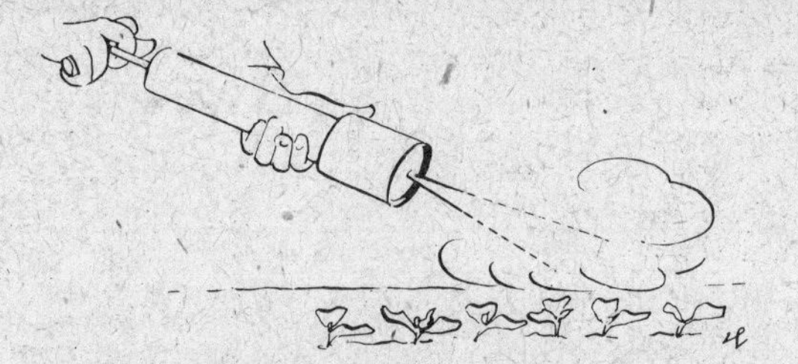

Den richtigen Zeitpunkt darf man nicht verpassen, denn nur weiche Körner ergeben ein schmackhaftes Gemüse. Die Körner dürfen in den Hülsen noch keinen schwarzen „Bart" haben. Bei etwas früheren Ernten sind zwar die Körner etwas kleiner, aber um so zarter.

1165 Die schwarze Bohnenlaus ist bei Puffbohnen beizeiten zu bekämpfen, weil sie den ganzen Ertrag in Frage stellt.

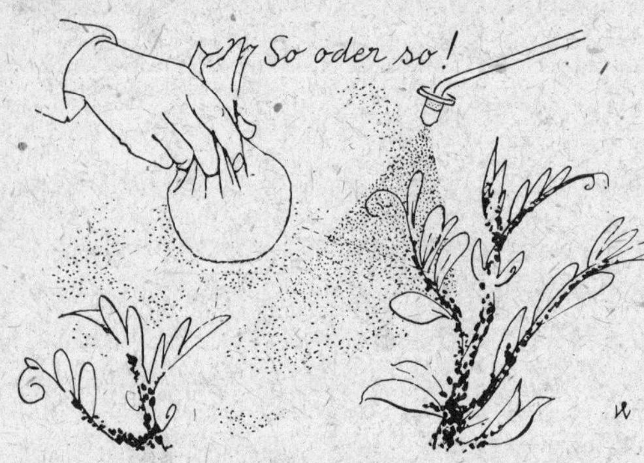

Ein vorbeugendes Mittel (Entfernen der Triebspitzen) wurde schon unter Ratschlag **1162** genannt. Darüber hinaus kann bei den ersten Zeichen von Befall mit einem anerkannten Mittel sorgfältig gepudert oder gespritzt werden.

1166 Auch im Juni kann man laufend Radies aussäen.
Sie benötigen von der Aussaat bis zur Ernte im Durchschnitt höchstens 30 Tage. Über Saatgutbedarf und Aussaatweise ist unter Ratschlag **355** und **356** nachzulesen. Zur Sortenwahl gibt die Tabelle Seite 357 Auskunft.

1167 Im Juni ist vor allem darauf zu achten, daß die Radieschen nicht unter Wasser- und Nährstoffmangel leiden.
Trocken und hungrig aufgewachsene Radieschen sind sehr scharf und nicht zart. Darum ist das zu beachten, was unter Ratschlag **958** angegeben wurde.

1168 Bei Juniaussaaten von Radieschen und Rettichen muß man vom Aufgehen an Maßnahmen gegen Erdflöhe ergreifen.
Am einfachsten ist Erdflohpulver anzuwenden. Es wird mit einem Verstäuber auf das ganze mit diesen Gemüsen besetzte Beet gleichmäßig verteilt. Man beginnt damit, sobald sich die ersten Keimblätter zeigen. Falls auch später Erdflöhe auftreten, ist das Verfahren zu wiederholen.

1169 Um den Rettichbedarf für Juli und August abzusichern, muß im Juni ausgesät werden.
Dazu eignen sich am besten mittelfrühe Sorten mit einer Entwicklungszeit von 50 bis 60 Tagen. Es genügt bei diesen Sorten ein Reihenabstand von 20 cm. In der Reihe sollte auf 8 bis 10 cm vereinzelt werden.

1170 Mitte Juni beginnt man mit der Aussaat der Herbstrettiche.

Sie benötigen zu ihrer Entwicklung je nach Sorte 12 bis 14 Wochen, so daß der Erntebeginn im September zu erwarten ist. Der Reihenabstand beträgt 30 cm. In der Reihe werden horstweise alle 15 cm 3 Samen ausgelegt, aber höchstens 2 cm tief. Sobald sich die Keimblätter voll entwickelt haben, wird auf 1 Pflanze je Horst vereinzelt.

1171 Für Herbstrettich gilt in bezug auf Wasser das, was bei den Radies gesagt wurde (s. Ratschlag 1167).
Beim Düngen muß man sich vor einer Überdüngung mit Stickstoff hüten. Man verwendet deshalb am besten Volldünger mit niedrigem Stickstoffgehalt.

1172 Wer von seinem Rhabarber im nächsten Jahr starke Stiele ernten will, sollte das Brechen der Stiele in den letzten Junitagen beenden.
Beim Ernteschluß düngt man den Rhabarber noch einmal stark. Je m^2 Anbaufläche kann man unbedenklich 15 g Volldünger und 15 g eines reinen Stickstoffdüngers ausstreuen. Der Dünger wird leicht eingehackt. Sofern kein Regen fällt, bringt man ihn durch starkes Gießen in den Wurzelbereich des Rhabarbers.

1173 Vom Rosenkohl erzielt man nur gute Ernten, wenn das Pflanzen bis Mitte Juni vorgenommen wird.
Bei später gepflanztem hängt der Ertrag wesentlich vom Verlauf des Herbstes ab. Beachte auch die Ratschläge **986** und **987**. Bei Junipflanzungen genügt im allgemeinen ein Abstand von 50 cm × 60 cm, also auf der Reihe 50 cm.

1174 Für den Winterverbrauch können Rote Rüben noch bis Ende Juni mit gutem Erfolg an Ort und Stelle ausgesät werden.
Über Entfernungen und Saatgutmenge gibt der Ratschlag **601** Auskunft.

1175 Obwohl Rote Rüben wenig Wasser brauchen, sollte man Trockenperioden mit Gießen überbrücken. Auch zusätzliche Nährstoffe muß man ihnen geben.
Zum Welken der Blätter darf es auf keinen Fall kommen. Die im April ausgesäten Roten Rüben für den Sommerbedarf erhalten im Juni mindestens noch eine Nährstoffgabe. Stickstoffreiche Volldünger in einer 0,3%igen Lösung sind angebracht. Wo sie fehlen, setzt man einen reinen Stickstoffdünger zu.

1176 Im Mai gepflanzte Spätsorten von Rotkohl, Weißkohl und Wirsing (s. auch Ratschlag 960) brauchen auch im Juni viel Wasser und Nährstoffe.

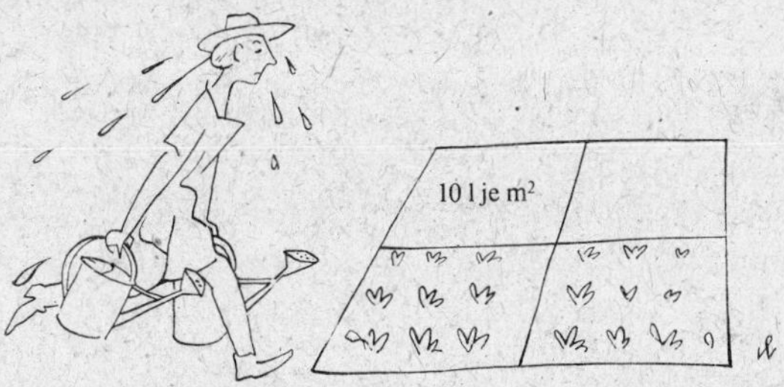

Den Boden darf man gar nicht erst trocken werden lassen. Nur so können die Pflanzen die in ihm vorhandenen Nährstoffe aufnehmen. In Abständen von 2 Wochen zu düngen ist besser, als einmalig hohe Düngermengen zu geben. Im Juni gibt man einmal einen reinen Stickstoffdünger und das andere Mal einen Volldünger. Ob man die Düngesalze trocken ausstreut oder Lösungen herstellt, spielt eine untergeordnete Rolle. Die jeweilige Ausstreumenge beträgt je m² 30 g. Die Lösungen stellt man 0,3 %ig her und gibt je m² 10 Liter.

1177 In der heißen Jahreszeit ist beim Rotkohl besonders auf den Befall durch die Kohlblattlaus zu achten.
Sie kann den ganzen Anbau in Frage stellen, weil sie sich in allen Blattschichten der Köpfe einnistet. Früh befallene Pflanzen kommen gar nicht zur Weiterentwicklung. Darum muß man diesen Schädling schon bekämpfen, wenn sich die ersten Zeichen seiner Anwesenheit feststellen lassen. Vorsorgliches Spritzen mit einem systemischen Insektizid ist die sicherste Abwehr. Es muß bei Bedarf wiederholt werden.

1178 Nur laufendes Hacken, Gießen und Düngen im Juni führt bei Schwarzwurzeln zu gutem Erfolg.
Wo den Schwarzwurzeln eine Bodenbedeckung gegeben wurde, entfällt das Hacken. Das Düngen nimmt man in Abständen von 2 Wochen vor. Der verwendete Volldünger sollte die drei Nährstoffe Stickstoff, Phosphorsäure, Kali in etwa gleicher Höhe enthalten. Ein kalireicher ist aber ebenfalls brauchbar. Der Dünger kann bei Schwarzwurzeln trocken ausgestreut werden. Dabei gibt man jeweils 20 g je m². Anschließend wird gegossen, damit der Dünger sich auflöst.

1179 Bei feuchtwarmem Wetter leiden die Schwarzwurzeln sehr leicht unter Mehltau.
Wenn diese Pilzkrankheit stark auftritt, wird die Entwicklung der Wurzeln sehr behindert. Darum muß man schon bei den ersten Anzeichen mit einem Schwefelpräparat spritzen oder mit gemahlenem Schwefel stäuben. Diese Mittel wirken am besten, wenn die Temperaturen über 20 °C liegen.

1180 Das Entfernen von Sellerieblättern im Laufe der Entwicklung beeinträchtigt das Knollenwachstum.

Allein die Blätter sind in der Lage, die Aufbaustoffe für die Knollen zu bilden, so daß jedes einzelne Blatt wichtig ist. Siehe auch Ratschlag **1503**.

1181 Sellerie darf nie im Wachstum stocken. Darum ist auf das Gießen und Düngen großer Wert zu legen.
Die mit Sellerie bestellten Beete dürfen in der ganzen Vegetationszeit nicht trocken werden. Diese Gemüseart sollte man aber nicht mit reinem Wasser gießen, sondern immer mit einer schwachen Nährlösung. Am besten sind kalireiche Volldünger, die zur Haltbarkeit der Knollen im Winter wesentlich beitragen. Von ihnen stellt man zu jedem Gießen eine 0,1 %ige Lösung her. In Regenperioden gießt man nur alle zwei Wochen mit einer 0,3 %igen.

1182 Im Juni sollte der Sellerie vorbeugend gegen die Blattfleckenkrankheit (Septoria) und gegen Schorf behandelt werden.

Beide Krankheiten beeinträchtigen das Knollenwachstum und die Knollenqualität, können aber durch Spritzen mit speziellen Fungiziden wirksam bekämpft werden. Die Behandlung ist in Abständen von 3 bis 4 Wochen zu wiederholen.

1183 Nach Abschluß der Bleichspargelernte (22. VI.) sind die Dämme sobald wie möglich einzuebnen.

Als Vorarbeit lockert man die beim Ernten festgetretenen Wege zwischen den Dämmen mit der Grabegabel. Beim Einebnen der Dämme hat Vorsicht zu walten. Jeder Spargeltrieb ist für die nächstjährige Ernte wichtig. Nach dem Einebnen wird das Spargelland mit verrottetem Dünger oder feuchtem Torf bestreut und umgegraben (Grabegabel), aber nicht geharkt.

1184 Erntefähiger Bleichspargel (auch der Grünspargel) erhält die Hauptdüngung (Mineraldünger) im Anschluß an das Einebnen der Dämme bzw. nach Abschluß der Ernte.
Nachdem die Humusstoffe (s. Ratschlag **1183**) eingegraben sind, streut man einen stickstoffreichen Volldünger oder ein Gemisch von Volldünger und schnell wirkendem Stickstoffdünger auf das Spargelland. Dabei kann man je m^2 unbedenklich 60 bis 80 g geben. Der Dünger wird nur oberflächlich eingehackt. Durch den Regen oder durch Gießen kommt er in den Bereich der Wurzeln.

1185 In windreichen Gegenden kann man das Einebnen der Spargeldämme auch bis zum Herbst verschieben.
Das sich nach Ernteschluß entwickelnde Kraut fällt dann nicht so leicht um, da die Triebe in der Dammerde einen guten Halt haben. Die im Ratschlag **1183** erwähnten Humusstoffe gräbt man in diesem Falle nur zwischen den Dämmen ein. Der Dünger (s. auch Ratschlag **1184**) wird so gegeben, daß er dicht an die Dämme gelangt.

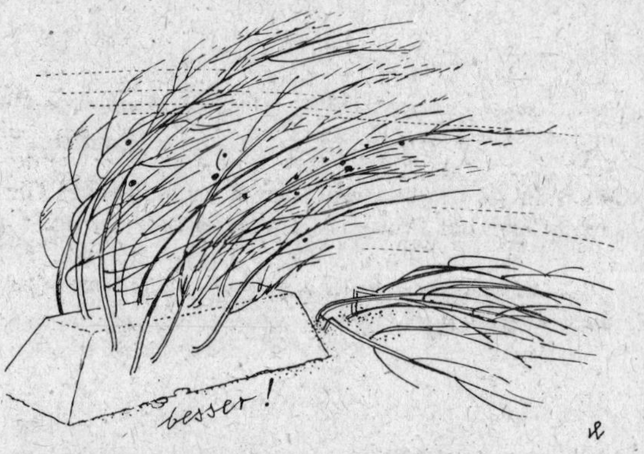

1186 Die ein- und zweijährigen Spargelanlagen, auch die im Frühjahr angelegten, erhalten im Juni zwei Volldüngergaben.
Wenn kein stickstoffreicher Volldünger zur Verfügung steht, gibt man Anfang des Monats einen reinen Stickstoffdünger und gegen Ende einen stickstoffarmen Volldünger. Bei jedem Düngen geht man aber über 20 g je m^2 Grabenfläche nicht hinaus.

1187 In der ersten Junihälfte macht sich die Spargelfliege auch an den dreijährigen Spargelanlagen, auf denen nur bis 1. Juni geerntet wird, sehr oft bemerkbar.
Grundsätzlich sollten alle Spargelanlagen bis Mitte Juni wöchentlich mit anerkannten Mitteln behandelt werden. Dabei ist darauf zu achten, daß beim Einstäuben bzw. Spritzen vor allem die Triebköpfe getroffen werden.

1188 Der Spargelkäfer und seine Larven richten in manchen Jahren großen Schaden am Spargelgrün an.

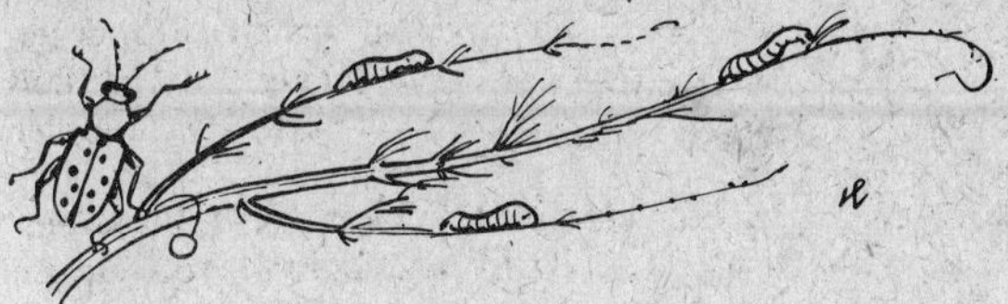

Die Käfer fallen sehr leicht auf, weil sie rot gefärbt und gelb, grün oder rot-schwarz gezeichnet sind. Die Larven haben eine graugrüne Farbe. Kleine Anlagen kann man täglich kontrollieren und die Käfer ablesen.

1189 Wo beim Spargel Rostgefahr besteht, kann man durch vorbeugende Maßnahmen die Krankheit eindämmen.

Die ersten Spritzungen mit handelsüblichen Präparaten muß man bereits vornehmen, bevor sich das Spargelkraut entfaltet hat. Die Spritzungen sind in zweiwöchigen Abständen zu wiederholen. Dabei müssen die Vorschriften der Hersteller genau beachtet werden.

1190 Stangenbohnen dürfen nicht unter Nährstoffmangel leiden, wenn sie viele und große Hülsen liefern sollen.

Darum erhalten sie im Juni mindestens zwei Düngergaben. Dazu kann man unbedenklich einen stickstoffarmen Volldünger benutzen. Bei Stangenbohnen kann man das Düngesalz trocken ausstreuen, muß sich aber sehr hüten, dabei die Blätter zu treffen. Je m^2 werden jedesmal 20 g ausgestreut. Durch nachfolgendes Gießen gelangt der Dünger in den Bereich der Wurzeln.

1191 Die aufgegangenen Stangenbohnen muß man oft an die Stangen heranleiten.

Da die Stangenbohnen Linkswinder sind, erleichtert man den Pflanzen das Umwinden der Stangen, wenn die Spitzen nach links um die Stangen gelegt werden.

1192 Bei Stabtomaten darf das Ausbrechen der Seitentriebe sowie das Anheften der Haupttriebe nicht vernachlässigt werden.

Da die Seitentriebe in den Blattwinkeln sitzen, muß man beim Ausbrechen darauf achten, daß die Blätter unbeschädigt bleiben. Darum sollte man dazu kein Messer, sondern die Finger nehmen. Ausgebrochen wird, sobald die Seitentriebe mit den Fingern faßbar sind. Manchmal entwickeln sich auch an den Spitzen der Blütenstände Triebe. Man muß sie beizeiten abschneiden. Beim Anbinden der Haupttriebe ist der Dickenzuwachs zu bedenken. Darum nie zu fest anheften, weil sonst wachstumshemmende Einschnürungen entstehen.

1193 Tomaten erhalten Volldünger, bei denen die drei Hauptnährstoffe (Stickstoff, Phosphorsäure, Kali) in etwa gleicher Menge enthalten sind.

Stickstoffarme Volldünger sind durch einen schnell wirkenden Stickstoffdünger zu ergänzen. Davon werden alle zwei Wochen je m^2 Anbaufläche etwa 20 g ausgestreut. Die Tomatenblätter darf man dabei nicht treffen. Anschließendes Einhacken und Gießen bringt die Nährstoffe in den Wurzelbereich.

1194 Damit die Früchte der Buschtomaten durch Regen nicht beschmutzt werden oder faulen, empfiehlt sich eine Unterlage aus Stroh oder anderem geeigneten Material.

Dazu eignet sich z. B. auch Fichtenreisig, das im Winter zum Abdecken benutzt wurde und nun keine Nadeln

mehr hat. Es ist schon im Juni auszulegen, weil später Schäden an den Pflanzen kaum vermeidbar sind.

1195 Spätsorten von Weißkohl und Wirsing können in den ersten Junitagen noch gepflanzt werden.
Über geeignete Sorten gibt die Tabelle Seite 356 Auskunft. Die Pflanzweiten beim Spätkohl sind 60 cm × 60 cm.

1196 Chicorée (Zichorie) sollte man nur bis Anfang Juni aussäen, weil sonst die Wurzeln zu schwach bleiben.
Alles Nähere über die Anzucht des Chicorée ist den Ratschlägen 883 bis 886 zu entnehmen.

1197 Von dem im Mai (s. Ratschlag 911) ausgesäten Zuckermais läßt man nur die zwei stärksten Pflanzen je Horst stehen und gibt ihnen im Juni zweimal Volldünger.
Am geeignetsten sind Volldünger, bei denen der Stickstoff gegenüber den anderen Nährstoffen nicht überwiegt. Der Dünger wird trocken ausgestreut und eingehackt. Bei jeder Düngung gibt man 20 g/m².

1198 Im Juni können die ausgesäten und auch die gepflanzten Zwiebeln noch eine stickstoffreiche Nährstoffgabe erhalten.
Der Dünger kann trocken ausgestreut und durch nachfolgendes Gießen in den Wurzelbereich gebracht werden. Bewährt hat sich eine Mischung aus Volldünger und einem schnell wirkenden Stickstoffdünger. Davon streut man 30 g/m² aus. Beim Düngen Ende Juni bleibt der Stickstoffdünger weg.

1199 Die Zwiebelfliege muß man auch in der ersten Junihälfte noch bekämpfen (siehe auch Ratschlag 990).

In höheren Lagen und bei ungünstigem Frühjahrsverlauf fliegt die Zwiebelfliege (1. Generation) oft noch bis Mitte Juni.

1200 Auch im Juni kann man noch Folgeaussaaten von Dill, Gartenkresse und Kerbel vornehmen.
So erhält man von diesen begehrten Gewürzkräutern laufend junges Grün. Beachte auch Ratschlag 993!

1201 Ende Juni kann man von Boretsch schon laufend Blätter zum Würzen ernten. In den ersten Junitagen ist sogar noch eine Aussaat möglich.

Beim Boretsch ist die Würzkraft der Blätter auch gut, wenn die Pflanzen blühen. Zur Aussaat genügen 4 bis 5 g gut keimender Samen je m².

1202 Dill und Bohnenkraut sind in jedem Wachstumsstadium als Gewürz verwendbar.
Man kann sie schon als junge Pflanzen ernten. Die Hauptsache ist, daß man genügend angebaut hat, weil kleine Pflanzen nicht sehr ergiebig sind. Bei Dill kann man sich durch laufende Folgesaaten helfen (s. auch Ratschlag 1200).

1203 Kleine Mengen von Estragonkraut fallen schon im Laufe des Juni an.
Besser als das Pflücken einzelner Blätter ist die Entnahme kleiner schwacher Triebe, weil die Pflanzen so am wenigsten geschwächt werden.

1204 Von neuangebauten Gewürzkräutern, wie Liebstöckel und Melisse, sollte man im Juni nur einzelne Blätter entnehmen.
Dasselbe trifft auf Lavendel, Salbei und Thymian zu. Im übrigen sind diese Kräuter so aromareich, daß man immer nur einige Blätter benötigt.

1205 Die Kapuzinerkresse liefert von früher Aussaat schon Ende Juni würzige Blätter und manchmal auch Knospen.
Die Würzkraft dieser Pflanze ist noch viel zuwenig bekannt. Es lohnt sich auf jeden Fall, einen Versuch hier zu machen. Die Knospen sind, in gutem Essig angesetzt, ein vorzüglicher Kapernersatz.

1206 Von Meerrettich deckt man den Sommerbedarf mit den schwachen Seitenwurzeln, die beim Freilegen Ende Juni anfallen.
Hierzu ist der Ratschlag 1157 zu beachten. Damit die

abgeschnittenen Seitenwurzeln nicht vertrocknen, schlägt man sie im Keller in feuchtem Sand ein.

1207 Im Laufe des Juni erhalten alle ausdauernden und auch die einjährigen Gewürzpflanzen ein bis zwei Nährstoffgaben.
Am besten stellt man 0,2%ige Nährstofflösungen eines stickstoffarmen Volldüngers her. Mit Stickstoff überfüttert, geht die Würzkraft der Kräuter wesentlich zurück.

1208 Sobald bei der Pfefferminze die ersten Anzeichen von Rostbefall bemerkbar sind, schneidet man alle Triebe bis dicht über der Erde ab.

Diese Krankheit tritt vor allem bei nassem Wetter auf. Das erste Anzeichen sind kleine bräunliche Flecken an den Blättern. Nach dem Zurückschneiden treibt die Pfefferminze in den meisten Fällen wieder gesund aus. Das befallene Kraut ist sofort zu verbrennen (siehe auch Ratschlag 1519).

1209 Im ersten Kulturjahr erfordert der Kümmel viel Hackarbeit und eine Kopfdüngung.
Da Kümmel in verhältnismäßig schwerem Boden angebaut wird, ist laufendes Hacken zum Durchlüften unbedingt erforderlich. Vor allem muß man dafür sorgen, daß das Kümmelbeet vom Unkraut frei bleibt. Die Kopfdüngung wird im Juni gegeben. Der dazu verwendete Volldünger (30 g je m^2) darf nur wenig Stickstoff enthalten, damit die Pflanzen nicht zu mastig in den Winter gehen. In Trockenperioden ist für Überbrausen zu sorgen.

1210 Ein an Kümmel oft zu treffender Schädling ist die Kümmelmotte, deren Larven erheblichen Schaden anrichten können.
Die Larven (Raupen) der Kümmelmotte fressen an den Blüten und Früchten. Ihre Anwesenheit erkennt man sehr leicht. Im Kleinanbau schützt man sich durch Ablesen der Raupen vor Verlusten. Diese zeitraubende Arbeit ist besser als Verwenden chemischer Mittel.

1211 Spätestens in den ersten Junitagen muß das zur Kompostierung aufgesetzte Champignonsubstrat ein zweites Mal umgesetzt werden.
Etwa 2 Tage nach dem ersten Umsetzen erreichen die Temperaturen im Haufeninneren erneut Werte von 55 bis 60 °C. Man läßt sie wiederum 3 Tage einwirken, setzt dann zum zweiten Mal um und verfährt wie im Ratschlag 1011 beschrieben. Dabei befeuchtet man nur noch die wirklich trockenen Substratteile. Die Temperaturen im Haufen sollen etwa die gleiche Höhe wie nach dem ersten Umsetzen erreichen. Etwa 2 bis 3 Tage danach prüft man das Nährsubstrat auf seine Beschaffenheit.

1212 Fertig kompostiertes Champignonsubstrat soll eine gleichmäßig braune Färbung, weißgrau gesprenkelte Strohteile und einen angenehm milden Geruch aufweisen.
Stellt man noch intensiven, stechenden Ammoniakgeruch fest oder sind die Strohteile noch gelb- bzw. hellbraun gefärbt, muß die Kompostierung weitergeführt werden. Man setzt dann ein 3. oder auch 4. Mal um, bis die erforderliche Beschaffenheit des Substrates erreicht ist. Dabei wird die Breite des Haufens entsprechend des Substanzverlustes auf 1,50 m und die Höhe auf etwa 1,20 m verringert. Wichtig ist auch die richtige Feuchtigkeit. Fertiges Substrat soll sich nur feucht anfühlen, aber niemals naß sein. Bei der Aufbereitung von Strohsubstrat ohne Stalldung muß man mit 1 bis 2 Umsetzungen mehr rechnen. Dabei erfolgt beim 2. Umsetzen die Zugabe von Superphosphat, beim 3. Umsetzen die Zugabe von Kalk.

1213 Nach beendeter Kompostierung formt man in dem dafür vorgesehenen Raum aus dem fertigen Substrat die Beete für die Champignonkultur.
Man kann die Beete entweder direkt auf dem Boden oder auf entsprechenden Stellagen in mehreren Schichten übereinander anlegen. Die Höhe der Substratschicht soll 20 bis 25 cm betragen. Bei kaltem

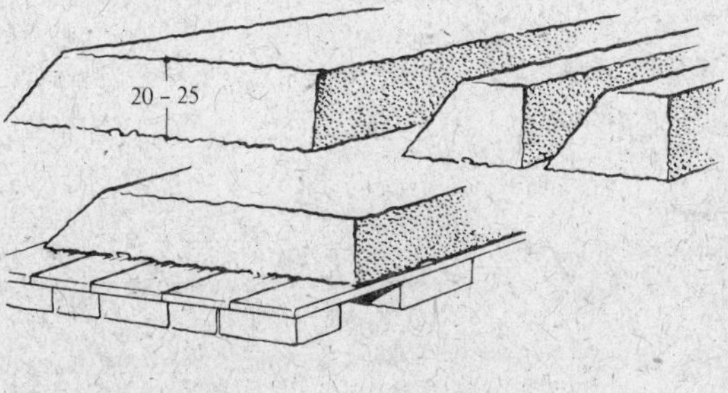

Untergrund ist es vorteilhaft, das Beet nicht direkt auf dem Boden, sondern auf Platten oder aneinandergelegte Bretter zu packen, die man mit Ziegelsteinen o. ä. unterbaut, um ein zu starkes Abkühlen des Substrates zu verhindern. Bei Stellagenkultur achtet man darauf, daß zwischen den Substratschichten ein ausreichender Abstand verbleibt, um die Pflege- und Erntearbeiten zu erleichtern. Man kann das Substrat auch in Kisten füllen, die jedoch mindestens 12 bis 15 cm hoch und alle gleich groß sein müssen. Sie werden am besten schachbrettartig übereinandergestapelt, wobei für einen Abstand von mindestens 15 cm zwischen Substratoberfläche und dem Boden der nächsten Kiste zu sorgen ist.

1214 Sofort nach Fertigstellung der Beete bzw. Substratkisten wird das Substrat mit der Champignonbrut gespickt.

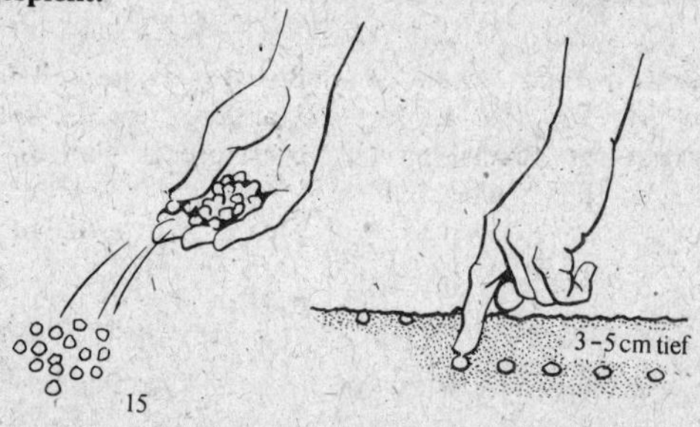

Bei Verwendung von Düngerbrut bricht man die Brutrollen in walnußgroße Stücke und steckt diese im Abstand von 20 cm × 20 cm etwa 3 bis 5 cm tief in das Substrat. Eine Rolle Brut reicht für 1 bis 1,5 m² Beetfläche. Steht Körnerbrut zur Verfügung, dann legt man jeweils etwa 15 Körner in die Spickstellen. Man kann die Körnerbrut auch gleichmäßig über die Beetoberfläche verteilen und dann 3 bis 5 cm tief einarbeiten oder gleich beim Aufsetzen der Beete unter das Substrat mischen. Mit 1 Liter Körnerbrut können 1,5 bis 2 m² Beetfläche beimpft werden. Nach der Beimpfung der Beete sollte die Lufttemperatur bei 18 bis 22 °C liegen und die Beettemperatur 23 bis 24 °C nicht überschreiten. In dieser Zeit darf außerdem nicht gelüftet werden. Durch wiederholtes Befeuchten des Fußbodens ist für eine hohe Luftfeuchtigkeit (95 %) zu sorgen. Notfalls übersprüht man das Substrat etwas.

1215 Zwei bis drei Wochen nach dem Spicken sind etwa zwei Drittel des Substrates vom Champignonmyzel durchwachsen.

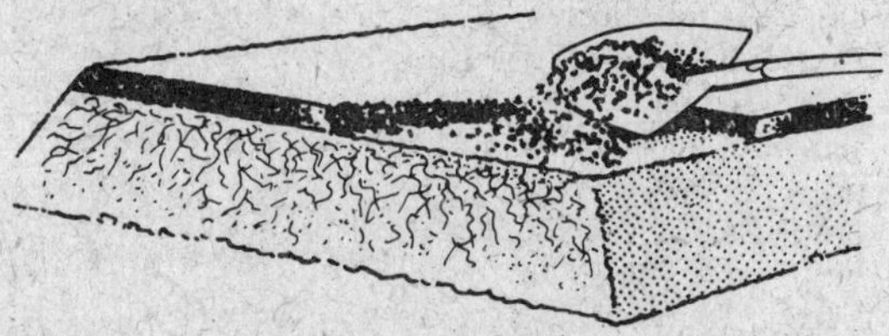

Das ist der günstigste Zeitpunkt, die Beetoberfläche mit einer 4 cm dicken Schicht Deckerde zu überziehen. Für 10 m² Beetfläche benötigt man etwa 0,4 m³ Erde. Am besten eignet sich sandige Erde mit möglichst geringem Humusgehalt sowie einem Zusatz von bereits zersetztem Torfmull im Verhältnis 2:1 und 3 bis 5 Teilen kohlensaurem Kalk auf 100 Teile Deckerde. Durch entsprechende Lüftungsmaßnahmen wird die Raumtemperatur nach dem Abdecken auf etwa 16 bis 18 °C, nach Erntebeginn auf 15 bis 16 °C verringert. Die Temperaturschwankungen sind möglichst gering zu halten. Nach wie vor ist auf eine hohe Luftfeuchtigkeit zu achten und die Beetoberfläche durch vorsichtiges Überbrausen gleichmäßig feucht zu halten. Besteht der Verdacht, daß die verwendete Erde Krankheitskeime enthält, dann wird sie rechtzeitig vorher desinfiziert. Man verwendet dazu Formalin (3 l/m³) und muß die behandelte Erde 3 Wochen liegen lassen, bevor sie zur Abdeckung verwendet werden kann.

1216 Mitte bis Ende Juni beginnt man mit der Substratherstellung für die Champignonkultur in nicht heizbaren Räumen oder Kleingewächshäusern.
Die Kompostierung erfolgt, wie es in den Ratschlägen **1008** bis **1011** beschrieben wurde.

1217 Wer im Oktober die ersten Austernseitlinge ernten möchte, kann noch im Juni geeignete Holzklötze mit Pilzbrut beimpfen.
Dabei wird nach den im Ratschlag **672** gegebenen Hinweisen verfahren. Falls kein geeigneter Raum bzw. Ort für die Vorkultur zur Verfügung steht, kann im Juni eine sogenannte Impfmiete angelegt werden, deren Größe sich nach der verwendeten Holzmenge richtet. Nach dem Aufstellen und Beimpfen der Holzklötze deckt man die Miete mit Brettern ab und bringt darüber eine 15 bis 20 cm starke Erdschicht. Um die Miete zieht man einen 20 cm tiefen Graben, der alle 14 Tage mit Wasser gefüllt wird. Es besteht auch die Möglichkeit, die Holzklötze gleich am späteren Zuchtort zu beimpfen und einzugraben, jedoch ist die Vorkultur in feuchten Räumen am sichersten.

1218 Etwa 4 Wochen nach der Beimpfung mit dem Kulturträuschling ist das Substrat von dem weißen, angenehm duftenden Myzel des Pilzes durchwachsen.

Hat man sich durch das Sichtbarwerden des Myzels an der Beetoberfläche von dessen normalem Wachstum überzeugt, entfernt man den Schutzbelag und überzieht das Beet mit einer 4 bis 5 cm dicken Erdschicht. Die Deckerde soll kalkarm, humusreich und von dauerhafter Krümelstruktur und guter Wasserhaltefähigkeit sein. Gut geeignet ist feuchte, kalkfreie Laub-, Nadel- oder Komposterde mit einem Zusatz von 50 % Torfmull. Das Myzel des Pilzes wächst in die Deckerde hinein und bildet darin die Anlagen für die Fruchtkörper. Die Deckerde ist ständig feucht zu halten und evtl. auftretendes Unkraut zu entfernen. Wichtig ist, die Wassergaben so zu bemessen, daß sie nicht in das unter der Deckerde liegende Substrat eindringen. Falls es nicht schon bei der Anlage der Beete erfolgte, sind diese jetzt durch künstliche Schattierung vor direkter Sonneneinstrahlung zu schützen.

Obstgarten

1219 Beim Formobst und auch bei den Spindeln der Äpfel und Birnen beginnt man im Juni mit dem Entspitzen (Pinzieren).
Das Entspitzen hat den Zweck, daß sich die unteren Augen der diesjährigen Triebe so gut wie möglich kräftigen und nicht verkümmern. Aus ihnen erwarten wir ja später Fruchtholz, das dicht an den Trieben sitzt.

1220 Das Entspitzen (Pinzieren) kann nicht in einem Arbeitsgang durchgeführt werden, weil sich die Triebe ungleich entwickeln.
Bei Birnen kann man damit meist schon im ersten Junidrittel beginnen. Aber auch bei ihnen hängt das von der Sorte und ihrer Wuchskraft ab. Apfeltriebe erreichen die Trieblänge zum Entspitzen oft erst in der zweiten Junihälfte und auch noch später. Man beginnt bei den Trieben, die eine Länge von etwa 12 cm erreicht haben. Bei starkwachsenden Sorten sollte man 5 bis 6 Blätter stehenlassen. Bei schwachtriebigen genügen 3 bis 4.

1221 Das Entspitzen im Juni oder auch noch im Juli ist besser, als wenn der Sommerschnitt mit einem Male im August vorgenommen wird.
Durch diesen Eingriff nehmen wir den Bäumen Blätter weg. Die brauchen sie aber dringend zur Assimilation (Bildung von Aufbaustoffen). Wenn das Entspitzen auf einen längeren Zeitraum verteilt wird (s. Ratschlag **1220**), fällt das nicht so stark ins Gewicht.

1222 Bevor man einen Trieb entspitzt, sollte man sich auch die Augen in den Blattwinkeln etwas genauer ansehen.

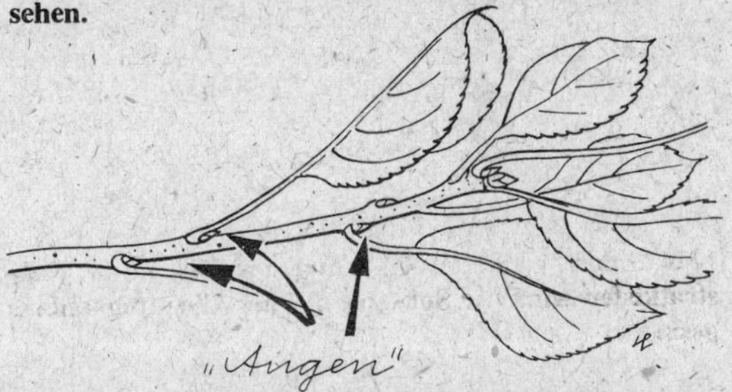

Dabei wird man feststellen, daß sie bei einem Teil der Triebe schon sehr kräftig, bei anderen jedoch sehr schwach entwickelt sind. Ist das erstere der Fall, dann darf man die Triebe nicht zu stark zurückschneiden. Man läßt etwa 5 bis 6 Blätter stehen. Zur Kräftigung der schwachen Augen beläßt man dem Trieb nur 3 Blätter.

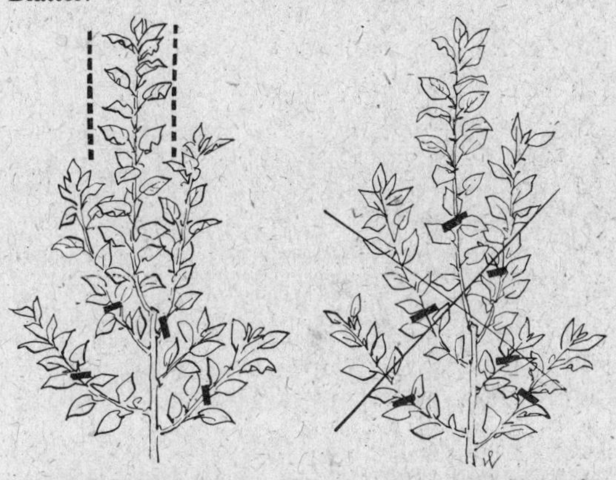

1223 Der diesjährige Austrieb, der die Verlängerung des Leittriebes bildet, bleibt beim Entspitzen unberührt.
Ihm darf man also die Spitze nicht nehmen. Das gilt auch für die Seitentriebe, die sehr kurz sind und mit

dem Wachstum abgeschlossen haben. Das erkennt man daran, daß an ihrem Ende eine kräftige Knospe sitzt.

1224 Wo die Leittriebverlängerung (diesjähriger Austrieb) beschädigt oder sonstwie minderwertig ist, ersetzt man sie durch einen der ihr am nächsten stehenden Seitentriebe.

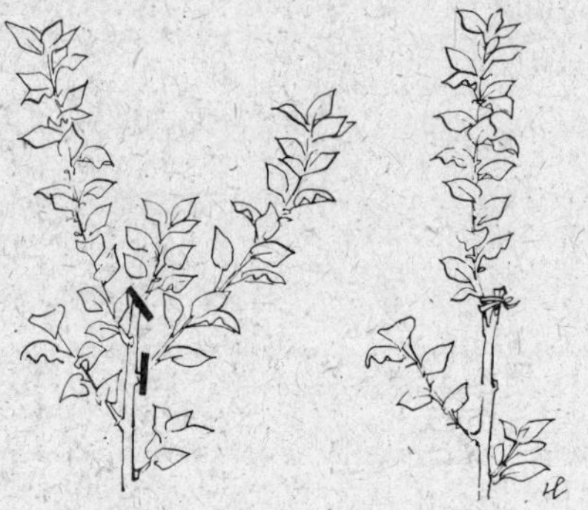

Meist wird man dazu den Afterleittrieb (Konkurrenztrieb) verwenden, der dann aber nicht entspitzt werden darf. Er ist an einem Zapfen anzuheften, wie das die Skizze zeigt. Den ihm nachfolgenden schneidet man aber ganz weg (Astring).

1225 Wenn Pfirsiche und Aprikosen einen sehr großen Teil der Früchte abwerfen, leiden sie meist unter Kalkmangel.
Diese Erscheinung sollte man sich notieren, um dem Boden im Herbst reichlich Kalk zuzuführen.

1226 Bei im zeitigen Frühjahr umveredelten Bäumen kann man schon im Laufe des Juni das Zugholz (Zugäste) etwas verringern.
Die Zugäste werden nicht ganz weggeschnitten, sondern stark ausgelichtet. Diese Maßnahme trägt wesentlich zur Stärkung der Pfropfreiser bei. Mit Früchten behangene Zugäste werden nur ausgelichtet, wenn keine Fruchtverluste entstehen (siehe Ratschlag **686**).

1227 Mit dem Auslichten der Zugäste (Ratschlag 1226) verbindet man das Entfernen der nachgekommenen Triebe in der Nähe der Pfropfköpfe.
Dabei sind die Ratschläge **687** und **1044** zu beachten.

1228 Bei den diesjährigen Umveredelungen ist der Verband unbedingt zu lösen, falls das bisher versäumt wurde.
Nach einem Schnitt mit scharfem Messer wird der ganze Verband entfernt. Dabei sollte man auch den Schutz der aufgesetzten Edelreiser (s. auch Ratschlag **250**) nachprüfen, die nun ausgetrieben haben. Der Schnitt darf aber die Rinde nicht verletzen.

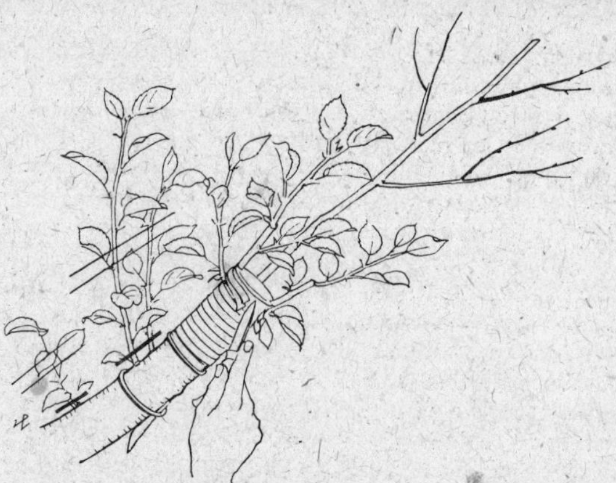

1229 Wer von Spindelbüschen oder Formobst besonders saubere und gesunde Früchte ernten will, kann sie einbeuteln.
Dazu muß man entsprechend große wasserabweisende Pergamentbeutel verwenden. Das Einbeuteln wird nach dem Junifruchtfall vorgenommen. Es kommen nur völlig einwandfreie Früchte in Frage. Die Beutel müssen am Holz befestigt (zugebunden) werden, also nicht am Fruchtstiel.

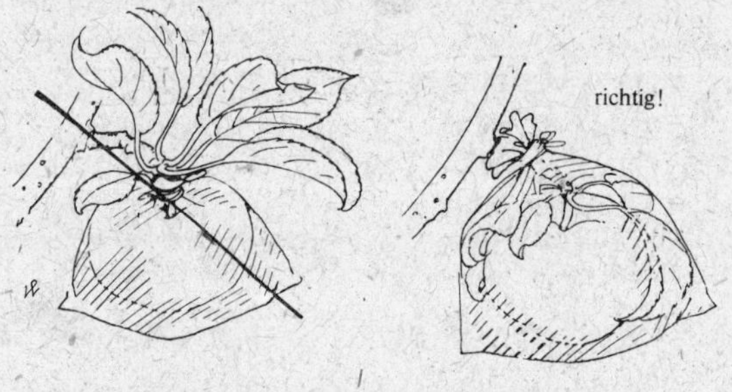

Die Beutel werden 20 bis 40 Tage vor der Ernte entfernt, damit sich die Früchte noch etwas färben. Das Auspacken erfolgt an Tagen mit bedecktem Himmel. Durch diese Maßnahme kann ein Teil der Spritzungen mit Fungiziden und Insektiziden eingespart werden.

1230 Den auf schwachwachsenden Unterlagen stehenden Formbäumen (auch Spindeln) des Kernobstes sollte man bei starkem Behang nicht alle Früchte lassen.

Man entfernt einen Teil der Früchte, wenn sie etwa Haselnußgröße erreicht haben. Dadurch erzielt man vor allem Qualitätsfrüchte, ohne daß der Gesamtertrag gewichtsmäßig geringer wird. Am besten läßt man beim Ausdünnen je Fruchtbüschel nur eine Frucht am Baum, und zwar die beste. Beim Entfernen der überflüssigen darf die Stielbasis der stehenbleibenden nicht beschädigt werden.

1231 Das Ausdünnen der Früchte ist auch bei Pfirsichen und Aprikosen am Spalier zu empfehlen.
Bei diesen Obstarten muß man damit aber warten, bis die Früchte walnußgroß sind. Im Gegensatz zum Kernobst werfen sie nämlich bis zu dieser Größe noch von sich aus Früchte ab. Als Anhalt kann bei Pfirsichen dienen, daß man etwa alle Handbreit eine Frucht hängen läßt. Bei Aprikosen kann dieser Abstand etwas geringer sein. Das Ausdünnen lohnt bei diesen Obstarten aber nur, wenn es sich um großfrüchtige Edelsorten handelt.

1232 Bei Pfirsichen und Aprikosen an Spalieren sollte man mit dem Ausdünnen (s. Ratschlag 1231) das Anheften der jungen Triebe verbinden.

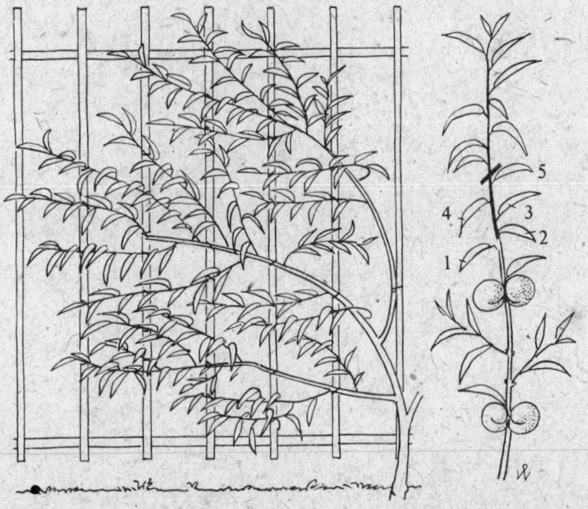

Durch das Anheften erzielt man einen gleichmäßigen Flächenbesatz. Die jungen Triebe werden fächerförmig so verteilt, daß sie bestehende Lücken füllen. Auch über kahle Stellen der älteren Triebe kann man sie heften. Oft haben neue Triebe ihre Basis am Fruchtansatz. Um die Entwicklung dieser Früchte zu fördern, entspitzt man sie so, daß nur 4 bis 5 Blätter stehenbleiben.

1233 An den frisch gepflanzten Bäumen hängende Etiketten sind zu überprüfen, ob sie fest und so befestigt sind, daß sie das Dickenwachstum des betreffenden Astes oder Stammes nicht behindern.
Eine sehr gute Lösung ist, das Etikett an einer Drahtspirale zu befestigen, die jedem Zuwachs nachgibt, ohne einzuschnüren. Dazu wird aber rostfreier Draht (verzinkter oder Kupferdraht) – auch isolierter – gebraucht. Man wickelt ihn auf einen etwa 1 cm starken Stab, z. B. den Stiel eines Quirls, dicht aneinander, schiebt ihn herunter, und die Spirale ist fertig.

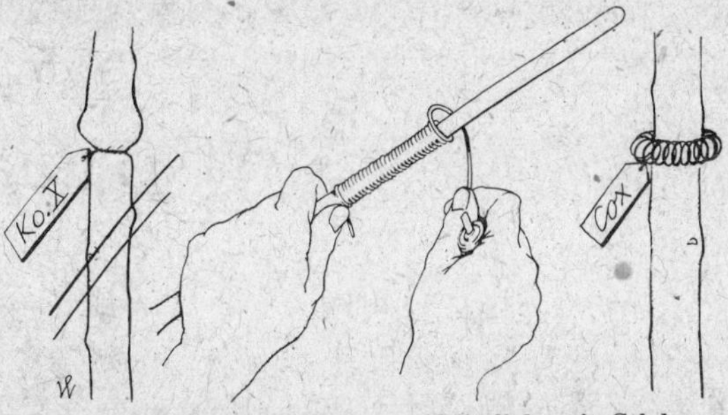

1234 Süßkirschen werden grundsätzlich mit Stiel gepflückt, aber bei Sauerkirschen empfiehlt sich das Pflücken ohne Stiel.
Wer Sauerkirschen, auch die frühreifende 'Diemitzer Amarelle' (2. bis 3. Kirschenwoche) gehört dazu, unvorsichtig mit dem Stiel pflückt, schadet dem Baum. Das an der Basis der Fruchtstiele sitzende Auge wird meist mit abgerissen. Zum sofortigen Verbrauch bestimmte Früchte erntet man ohne Stiel.

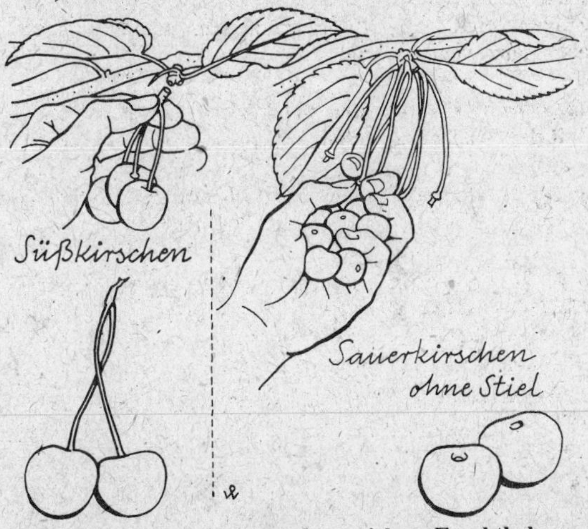

1235 Obstgehölze mit besonders reichem Fruchtbehang muß man auch im Juni ausgiebig bewässern und düngen, damit sie ihre Früchte ernähren können.
Man gibt also in Trockenperioden kein reines Wasser, sondern eine etwa 0,3 %ige Nährlösung aus einem schnell aufnehmbaren Volldünger. Beachte Ratschlag **1019.**

1236 Bei allen Formen unserer Obstbäume sollte man ständig darauf achten, daß sich keine Stock- bzw. Wurzelausschläge entwickeln.
Alles, was sich an der Stammbasis oder seitlich davon an Trieben zeigt, ist sofort zu entfernen. Dabei muß

man meist etwas Erde beseitigen, damit der Austrieb direkt an der Basis abgeschnitten werden kann. Wenn diese Triebe in auffallender Menge an der Unterlage entstehen, dann ist das ein Zeichen, daß am Baum irgend etwas nicht in Ordnung ist.

1237 Unkraut unter Obstgehölzen sollte man nicht ziehen, sondern abmähen und als Bodenbedeckung (Mulchen) verwenden.
Mit dem Mähen darf man aber nicht warten, bis das Unkraut Samen ansetzt. Im übrigen sollte man das beim Zierrasen anfallende Gras unter die Obstgehölze bringen.

1238 Die Ruten ohne Gescheine werden beim Wein ausgebrochen oder bis auf 2 bis 5 Blätter zurückgeschnitten.
Wie man verfährt richtet sich im allgemeinen danach, ob das Weinspalier gut besetzt ist oder nicht. In vielen Fällen braucht man das Blattwerk der Ruten, um dem Spalier ein geschlossenes Aussehen zu geben. Darum werden nur völlig überflüssige ganz entfernt.

1239 Sobald die Gescheine (Blütenstände) beim Wein sichtbar sind, beginnt man mit der Behandlung der Tragruten (Triebe mit Gescheinen).

Damit sich die späteren Trauben gut entwickeln können, schneidet man die Spitzen der Tragruten ab. Dabei muß man zwei Blätter über dem letzten Geschein stehenlassen. Zu beachten ist, daß beim Wein der Trieb immer zwischen zwei Blättern durchgeschnitten wird.

1240 Beim Wein entstehen am alten Holz sehr oft Jungtriebe. Von ihnen läßt man einige stehen.
Sie werden zwar in der Regel restlos entfernt, aber es gibt Fälle, wo man sie später verwenden kann. Wo größere Kahlstellen entstanden sind, greift man gern auf den einen oder anderen dieser Jungtriebe zurück.

1241 Bei auf reblausfester Unterlage veredelten Weinreben ist peinlich darauf zu achten, daß die Edelrebe keine Wurzeln hervorbringt.
Wo es geschieht, muß man diese Wurzeln sauber abschneiden. Andernfalls würde sich die Edelrebe von der Unterlage frei machen, und das Veredeln wäre sinnlos gewesen. In durch die Reblaus gefährdeten Gebieten hätte dieser Schädling in den Wurzeln der Edelreben sofort wieder einen Angriffspunkt.

In vino veritas – und da setzt die Reblaus eben an der Wurzel an!

1242 In manchen Gegenden und bei frühen Weinsorten ist das Ausdünnen der Fruchtstände (Trauben) oft schon Ende Juni nötig.
Durch das Ausdünnen erzielt man vor allem schöne großbeerige Trauben. Außerdem ist bei den ausgedünnten Trauben auch die spätere Fäulnisgefahr nicht mehr groß. Das Ausdünnen hat aber nur Sinn, wenn es vorgenommen wird, sobald die einzelnen Beeren so groß sind wie etwa ein Senfkorn. Zum Ausdünnen gibt es Spezialscheren.

1243 Beim Ernten der Erdbeeren darf man angefaulte und beschädigte Früchte auf keinen Fall hängen lassen.
Sie würden sonst die noch in der Entwicklung befindlichen Beeren infizieren und unbrauchbar machen. Am besten nimmt man beim Ernten immer noch ein zweites Körbchen, in das die nicht einwandfreien Früchte gesammelt werden (Ratschlag **1041**).

1244 Wer es bisher unterlassen hat, seine Erdbeerfrüchte gegen Schmutz zu schützen (s. Ratschlag 1040), muß das nun unbedingt nachholen.
Wenn es an geeignetem Unterlagematerial mangelt, genügt es auch, unter jeden Fruchtstand, der der Erde nahe kommt, eine Handvoll Stroh zu legen. Im übrigen ist Ratschlag **1040** zu beachten.

1245 In Trockenperioden sollte man seine Erdbeeren auch während der Erntezeit durchdringend wässern.

Das vergrößert die Folgefrüchte wesentlich. Bei Trokkenheit bleiben sie viel zu klein oder entwickeln sich überhaupt nicht. Das Gießwasser wird ohne Brause zwischen die Reihen gegossen.

1246 Bei den zweimaltragenden Erdbeersorten ist dafür zu sorgen, daß sie laufend zusätzliche Nährstoffe erhalten.

Das ist nicht verwunderlich, denn zur Ausbildung der vielen Früchte werden auch viel Nährstoffe gebraucht. Darum gießt man alle zwei Wochen mit einer 0,2 bis 0,3 %igen Lösung eines Volldüngers. Beim Gießen ist Ratschlag **1245** zu beachten.

1247 Das Pflücken grüner und auch reifer Stachelbeeren kann man sich mit einem für diese Arbeit hergerichteten Topf wesentlich erleichtern.

Am besten eignet sich dazu ein 0,25- bis 0,5-Liter-Topf aus Aluminium, das sich leicht bearbeiten läßt. Der Topf muß einen Henkel haben. Wie der hergerichtete Topf aussehen muß und wie damit gearbeitet wird, zeigt die Skizze. Bei einiger Übung geht das Pflücken mit dem Topf schneller als mit der Hand. Da ungeschicktes Arbeiten zu Blattverlusten führt, muß man in der ersten Zeit vorsichtig pflücken.

1248 Jungtiere von Schildläusen verlassen im Juni das Mutterschild. Das ist die beste Gelegenheit zu ihrer Bekämpfung.

Gefährliche „Schildbürger"

Sobald das Wandern der Jungläuse durch Beobachten festgestellt wird, wäscht man befallene Pflanzen mit Schmierseifenlösung ab. Vor allem sollte man aber das Auftreten von Raubwanzen fördern, die durch ihren stilettartigen Rüssel dazu in der Lage sind, den Rückenschild der Insekten zu durchbohren und sie besser als jedes Insektizid zu vertilgen.

1249 Ist Anfang Juni Mehltau an den Apfelbäumen zu erkennen, schneiden wir alle befallenen Triebe bis in den gesunden Bereich zurück.
Wir verhindern damit einen weiteren Befall und ersparen uns komplizierte chemische Bekämpfungsmaßnahmen (siehe Ratschlag **703**).

1250 An Erdbeerfrüchten können Schnecken beträchtliche Schäden anrichten.
Zu bekämpfen sind die Schnecken sehr schwer, da es sich um nachtaktive Tiere handelt. Deshalb sollte man die unter Ratschlag **548** beschriebenen Bierfallen aufstellen. Die Gefäße sind ab und zu zu entleeren und mit frischem Bier zu versehen.

1251 Die Steinzellenbildung in den Früchten der Birnbäume ist in den meisten Fällen sortenbedingt, aber auch auf Trockenheit während der Fruchtentwicklung zurückzuführen.

Wenn in diese Zeit eine Trockenperiode fällt, sollte man auch die Birnbäume ausgiebig mit Wasser versorgen. Oberflächliches Gießen hat aber keinen Zweck. Das Wasser kann man nur in den Bereich der Wurzeln bringen, wenn mit einem Locheisen das Eindringen in den Boden erleichtert wird. Die Gießlöcher verteilt man im gesamten Kronentraufenbereich und füllt sie mehrmals mit Wasser oder einer 0,2 %igen Nährlösung. Im gleichen Bereich eingegrabene schwache Dränagerohre (8 bis 10 cm Durchmesser) erleichtern das zusätzliche Gießen. Sie lassen auch das Regenwasser sicher in den Wurzelbereich gelangen.

1252 Der oft schon Ende Juni beginnende Blattfall bei Stachel- und Johannisbeeren rührt sehr häufig von einem Pilz her, der schwer zu bekämpfen ist.
Diese Krankheit zeigt sich meist nach längeren Regenperioden. Da manche Stachelbeersorten kupferempfindlich sind, sollte man organische Fungizide zum Spritzen besorgen. Wichtiger ist aber das restlose Aufsammeln und Verbrennen der abgefallenen Blätter, weil sie mit Krankheitserregern behaftet sind.

1253 Es kann nicht oft genug daran erinnert werden, daß das meiste Fallobst von Schädlingen befallen ist, die auch die nächstjährige Ernte gefährden.
Darum ist das sorgfältige Sammeln und Vernichten auch der kleinsten Früchte eine wirkungsvolle Maßnahme zum Niederhalten der Schädlinge.

1254 Die Larven der Birnengallmücke verursachen an den jungen Birnenfrüchten Mißwuchs, und es kommt zum Fruchtabfall.

Die befallenen Früchte sehen dicker aus als die gesunden. Wer solche Früchte vor allem am Spalier beobachtet, muß sie sorgfältig abpflücken und vernichten. Sie fallen sonst ab und die Larven verpuppen sich in der Erde. Die daraus entstehenden Gallmücken setzen ihr Zerstörungswerk im folgenden Jahr fort.

1255 Die Fanggürtel gegen die Larven des Apfelwicklers (Obstmaden) legt man vorsorglich schon in der ersten Junihälfte um die Baumstämme.

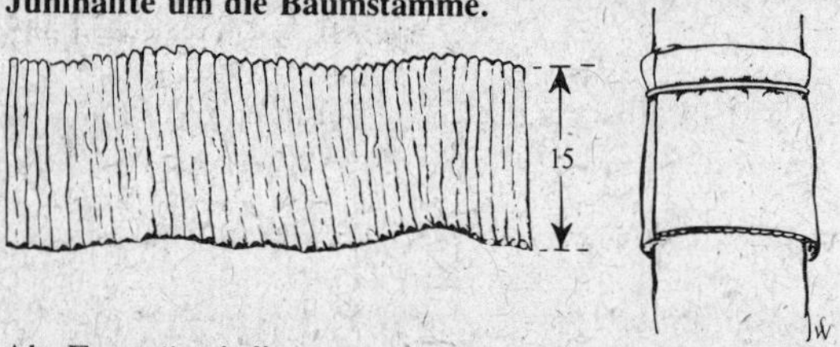

Als Fanggürtel dienen etwa 15 cm breite Streifen der üblichen Wellpappe. Es gibt aber auch speziell für diesen Zweck hergestellte, die eine wasserabweisende Oberfläche haben. Gewöhnliche Wellpappe muß man mit wasserdichtem Papier oder Kunststoffolie umgeben, damit die Pappe bei Regen nicht aufweicht. Die glatte Seite der Wellpappe kommt nach außen. Der Fanggürtel wird nur oben am Baumstamm festgemacht, damit die Obstmaden von unten freien Zutritt haben. Die Gürtel sollen nicht höher als 1 m vom Erdboden angebracht werden.

1256 Im Juni muß man auch den Kampf gegen alle Wespen aufnehmen, die später am Obst viel Schaden anrichten können.
In diesem Monat ist das Fangen in aufgehängten Flaschen am aussichtsreichsten. Die Flaschen füllt man zu einem Drittel mit Obstsäften. In den nächsten Monaten nehmen die Wespen diese Fanggläser nicht mehr an, weil es dann ihnen zusagendes Obst gibt.

1257 Das Töten der Wespen in ihren Nestern ist wirkungsvoller als das Fangen in mit Fruchtsäften gefüllten Flaschen (vergleiche Ratschlag **1256**).
Um Wespennester zu vernichten, ist es ratsam, die meist an Dachsparren aufgehängten Kugelnester am Abend mit einer Plastiktüte zu umschließen und abzuschneiden. Die schnellstens zugebundene Tüte kann man dann am besten durch Tiefkühlen oder Verbrennen in einem geschlossenen Ofen vernichten. Um Wespen in Erdlöchern zu bekämpfen, sollte man diese mit kochendem Wasser anfüllen.
Nicht verwechseln darf man aber die gelb-schwarz gezeichneten Wespen mit den gelb-braun gezeichneten, viel größeren Hornissen, die bei uns stark gefährdet sind und unter Naturschutz stehen. Sie sind dem Gärtner eher hilfreich als schädlich, denn sie vertilgen zahlreiche Schadinsekten.
Übrigens, kein Hornissenstich ist gefährlicher, nur etwas schmerzhafter als ein Wespen- oder Bienenstich.

1258 Sollten im Juni noch Krankheiten und Schädlinge an den Bäumen zu beobachten sein, müssen sie bekämpft werden.
Dabei achten wir darauf, die richtigen Mittel in der richtigen Konzentration anzuwenden (s. Ratschlag **1021**).

1259 Wer die Larven von der Apfelbaumgespinstmotte nicht rechtzeitig bekämpft, muß mit einer starken Schmälerung seiner Ernte rechnen.

Dieser Schädling kann so stark auftreten, daß ganze Bäume mit den Gespinsten überzogen sind und die Blätter wie verbrannt aussehen. Die Folge davon ist, daß der größte Teil der Früchte vorzeitig abfällt. Wer nur wenig Apfelbäume sein Eigen nennt, kann die noch kleinen Raupen in den Gespinsten zerdrücken. Als wirksame Mittel zur chemischen Bekämpfung gelten die organischen. Bevor man zum Gift greift, sollte man jedoch prüfen, ob die Raupen nicht durch Schlupfwespen parasitiert sind und so auf natürliche Weise vernichtet werden.

1260 Die Ernte der reifen Erdbeerfrüchte erfolgt am günstigsten in den frühen Morgen- und Abendstunden. Danach werden die Früchte auf 2 bis 3 °C gekühlt, um größere Verluste zu vermeiden und den Verwertungszeitraum zu verlängern.

Erdbeeren früh oder abends ernten

1261 Zur Verhinderung einer Infektion der noch gesunden Erdbeerfrüchte werden auch alle vom Grauschimmel befallenen sowie die angefaulten geerntet. Diese Früchte kommen in ein besonderes Gefäß und werden anschließend vergraben. Bleiben sie im Quartier, schaffen wir eine neue Infektionsquelle.

1262 Wer nur am Wochenende Zeit zur Erdbeerernte hat, sollte die Sorten 'Fratina' und 'Fracunda' anbauen. Beide Sorten folgern nicht so stark in der Reife. Sie reifen konzentriert. Die Früchte können ohne zu verderben einige Tage im reifen Zustand an der Pflanze verbleiben, so daß nur 2, höchstens 3 Pflücken im Abstand von 5 bis 8 Tagen notwendig sind. Die Sorte 'Fratina' ist mehr für leichte, 'Fracunda' für mittlere bis gute Böden geeignet.

1263 Erdbeerbeete, die für die Vermehrung vorgesehen sind, werden besonders behandelt. Während der Ernte werden die Ranken vorsichtig an die Stöcke gelegt. Sofort nach der Ernte wird der Boden zwischen den Reihen gelockert. Torf, Kompost und etwas Mineraldünger werden eingearbeitet. Die Ranken werden danach wieder vorsichtig in die Reihen gelegt. Die Jungpflanzen entwickeln sich in kürzester Zeit zu kräftiger Pflanzenware. Sie können Ende Juli/Anfang August unmittelbar von den Mutterstöcken entnommen werden.

1264 Der Feuerbrand *(Erwinia amylovora)*, eine bakterielle Erkrankung an Birne, Apfel und Quitte, hat sich in den letzten Jahren in Europa verbreitet. Es handelt sich dabei um eine Krankheit, die, sofern sie auftritt, dem Staatlichen Pflanzenschutzdienst gemeldet werden muß.
Zu erkennen ist der Feuerbrand am Verfärben der befallenen Gewebe von braun bis schwarz und an einem Abkrümmen der Triebspitzen. An den Befallstellen tritt Schleim aus. Die Erkrankung kann zum Absterben der Gehölze führen. In der Regel wird das Roden der infizierten Gehölze durch den staatlichen Pflanzenschutzdienst angeordnet.

1265 Wachsen bei Himbeeren im Juni reichlich Bodentriebe heran, so werden diese auf 8 bis 10 Ruten je laufenden Meter vereinzelt. Dabei werden alle schwachen Jungtriebe herausgeschnitten, die verbleibenden werden nicht mehr so stark beschattet. Sie können sich besser entwickeln und bilden die Grundlage für eine gute Ertragsleistung des nächsten Jahres.

1266 Bei rankenden Brombeeren müssen die im Sommer erscheinenden Ranken laufend nach oben gebunden werden. Damit erreichen wir eine Kräftigung der Triebe, und eine stärkere Entwicklung von Geiztrieben aus den Nebenknospen wird vermieden. Treten Geiztriebe auf, so sind diese, wenn sie eine Länge von 70 bis 90 cm erreicht haben und der Trieb an der Basis zu verholzen beginnt, zurückzuschneiden. Ein zu früher Schnitt führt zu erneutem Austrieb.

1267 Ende Juni beginnt die Ernte der Himbeeren. Vollreif sind die Früchte, die sich leicht vom Fruchtboden lösen. Sie haben dann ihren höchsten Geschmackswert erreicht. Die beste Erntezeit ist während der frühen Morgenstunden.

1268 Der Einsatz von Pflanzenschutzmitteln bei Temperaturen von über 25 °C ist untersagt.
Im Umgang mit Pflanzenschutzmitteln bei den obengenannten Temperaturen können gesundheitliche Schäden beim Anwender eintreten. Zum anderen verdampfen die Mittel sehr rasch, und sie werden dadurch in ihrer Wirksamkeit gemindert, oder bei bestimmten Mitteln treten Verbrennungen am Laub und an den Früchten auf.

1269 Beim Steinobst ist auf das Auftreten der Schrotschußkrankheit zu achten.
Auf dem Laub befinden sich rotgerandete Flecke, die später ausfallen (Schrotschußeffekt). Die weitere Ausbreitung des Befalls kann mit organischen Fungiziden verhindert werden.

1270 Um eine gute Assimilationsleistung zu erreichen, ist gesundes Blattwerk notwendig.
Dieses erreicht man durch entsprechende Pflegemaßnahmen, wie eine gute Humusversorgung, entsprechende Düngervorgaben, eine sinnvolle Bewässerung und die erforderlichen Pflanzenschutzmaßnahmen. Da im Juni die Blütenbildung für das nächste Jahr einsetzt, ist gesundes Laub für eine hohe Stoffproduktion von besonderer Bedeutung, da ja die hängenden Früchte ernährt werden müssen und neue Blütenknospen angelegt werden.

1271 Bei der Spritzung der Obstbäume dürfen Unterkulturen, die unmittelbar danach erntereif werden, nicht von den Spritzmitteln getroffen werden.
Diese Kulturen lassen sich mit Hilfe von Planen oder Folie schützen. Zum anderen ist stets die auf den Pflanzenschutzmittel-Packungen angegebene Karenzzeit zu beachten. Das ist die Zeit, in der das Mittel teilweise abgebaut wird und die von den zuständigen Behörden festgesetzten, für den menschlichen Verzehr noch verträglichen Höchstmengen unterschritten werden.

1272 Die Ernte der Kulturheidelbeeren beginnt bei den frühen Sorten Mitte Juni und endet mit den Spätsorten im September.
Frühreifende Sorten sind 'Earlyblue', 'Pioneer', mittelfrüh reifen 'Stanley', 'Blauweiß Rekord', 'Blauweiß Goldtraube', 'Rubel', 'Pemperton', spät reifen 'Dixi', 'Herbert' und 'Burlingten'. Die Beeren sollen, wenn sie voll blau ausgefärbt sind, noch eine Woche am Strauch verbleiben, da sie erst dann ihr volles Aroma erreichen. Die Früchte folgern in der Reife, so daß mehrmals durchgepflückt werden muß.

Ziergarten

1273 Bei Stammrosen ist laufend zu kontrollieren, ob sie gegen Windbruch gesichert sind.
Dazu gehört nicht nur die Untersuchung der Befestigungsstellen, sondern auch die Kontrolle der Pfähle. Das ist vor allem bei mehrmals gebrauchten wichtig. Sie brechen oft dicht am Erdboden ab. Rosenstämme sind so fest an den Pfahl zu binden, daß auch bei starkem Wind keine Reibstellen entstehen können.

1274 Damit die Rosen nach dem ersten Flor (Blütezeit) schnell wieder den zweiten bringen können, darf man beim Schneiden der Blüten die Triebe nicht zu stark kürzen.

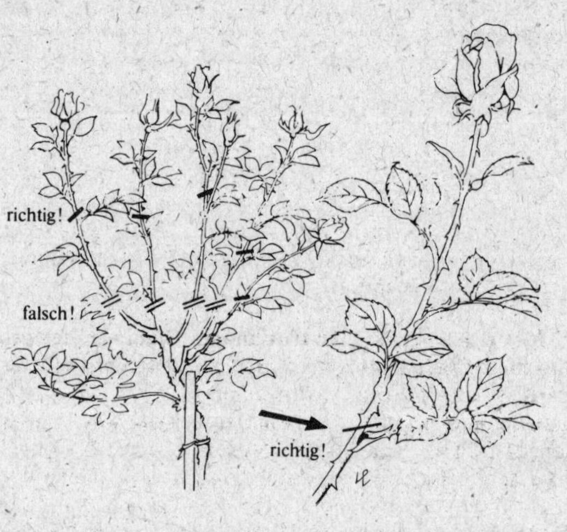

Vor allem darf nicht der ganze Jahrestrieb abgeschnitten werden. Der neue Austrieb müßte sich dann aus den nur schwach entwickelten oder schlafenden Augen aufbauen. Als Anhalt dient, daß man die Blütenstiele nur bis zum ersten starken Auge abschneidet.

1275 Wer seine Rosenblüten an der Pflanze er- und verblühen läßt, darf den Zeitpunkt zum Entfernen der unansehnlich gewordenen Blüten nicht verpassen.
Je länger sie an den Pflanzen bleiben, um so mehr verzögert sich der Neuaustrieb und damit der Beginn der zweiten Blütezeit. Darum sollte man sie nicht zu lange am Stock lassen. Über die Schnittstelle beim Entfernen ist unter Ratschlag **1274** nachzulesen.

1276 Auch an den Kletterrosen schneidet man die verblühten Blütenbüschel beizeiten ab (s. Ratschlag 1275).
Dabei ist darauf zu achten, daß die diesjährigen Langtriebe nicht beschädigt werden. Man darf sie auf keinen Fall zurückschneiden. Ende Juni sind sie oft schon so lang, daß Anheften nötig wird.

1277 Zur Förderung des zweiten Austriebes gibt man allen Rosen eine ausgiebige Nährstoffmenge.
Der zu verwendende stickstoffreiche Volldünger wird am besten trocken um die Pflanzen ausgestreut und leicht eingehackt. Bei Regenmangel bringt man die Nährstoffe durch nachfolgendes Gießen in den Wurzelbereich. Je m^2 sind 30 bis 40 g auszustreuen. Da die wichtigsten Volldünger zwar kalireich, aber stickstoffarm sind, ist ein Zusatz von Natronsalpeter oder Kalkammonsalpeter anzuraten.

1278 Wer bei Rosen und anderen Zierpflanzen Blattläuse entdeckt und keine Marienkäfer, Florfliegen oder deren Larven, die sogenannten Blattlauslöwen, hat, weil in den Nachbargärten zuviel mit hochgiftigen Insektiziden gespritzt wird, muß sich anders behelfen.
Einerseits kann man den Ohrwürmern, die auch große Blattlausvertilger sind, in umgekehrten Tontöpfen Schlafstellen schaffen. Die Tontöpfe werden dazu mit Heu oder Holzwolle gefüllt und mit einem Stückchen Maschendraht gegen das Herausfallen der „Schlafsäcke" gesichert, aufgehängt. Andererseits lassen sich die befallenen Triebe der Pflanzen mit einem Kaltwasserauszug direkt besprühen. Dazu werden für 1 l Wasser 1 kg Brennesseln benötigt, die etwa 12 bis 24 Stunden in dem Wasser ziehen müssen. Nach dem Abseihen wird die Brennesselbrühe unverdünnt auf die Läuse gespritzt.

1279 Bei heißem Wetter tritt an den Gladiolen der gefürchtete Gladiolenthrips auf, der die Weiterentwicklung der Pflanzen in Frage stellen kann.
Sobald man an den Gladiolen schwarze, etwa 1 mm lange strichförmige Insekten feststellt, ist mit Sicherheit anzunehmen, daß es sich um Thrips (Blasenfuß, Schwarze Fliege) handelt. In ihrer Gesellschaft befinden sich die gelblichen Larven von ähnlicher Form. Der Gladiolenthrips schädigt bei starkem Auftreten nicht nur die Gladiolenblätter, sondern auch die Blütenstände schon im Knospenzustand. Sie kommen dann gar nicht zum Aufblühen. Zum Bekämpfen dieses Schädlings eignen sich die üblichen Insektizide. Da sie an den Gladiolenblättern schlecht haften, muß der Spritzbrühe ein Haftmittel zugesetzt werden. Das Spritzen ist in wöchentlichen Abständen zu wiederholen, bis keine lebenden Blasenfüße mehr festzustellen sind.

1280 Mit dem intensiven Gießen der Gladiolen sollte man erst beginnen, wenn sich die Blütentriebe aus der Knolle herausgeschoben haben.

Das ist leicht festzustellen, indem man die flachen Seiten der Gladiolentriebe zwischen Daumen und Zeigefinger nimmt. Vom Erdboden nach oben fühlend, merkt man an einem Absatz, wie weit der Blütentrieb ist. Ist kein Absatz festzustellen, dann sitzt er noch zu tief.

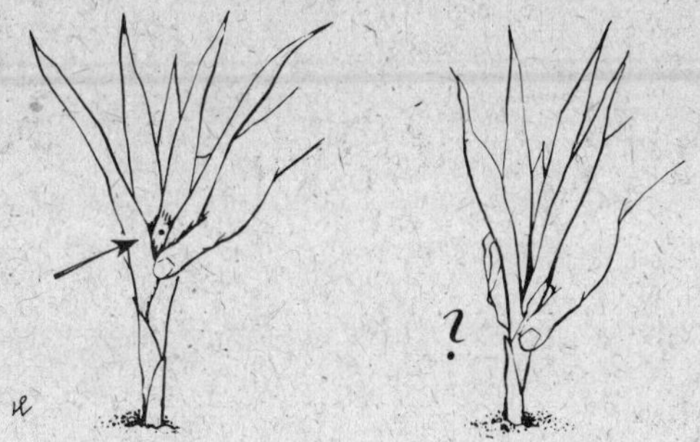

1281 Um im September Gladiolen in Blüte zu haben, kann man in den ersten Junitagen noch Knollen auslegen.
Dazu muß man aber größere Knollen nehmen, weil die kleinen meist mehr Zeit zur Entwicklung benötigen. Ihre Blüte würde in den Oktober fallen und durch Frühfröste gefährdet sein. Wie Gladiolenknollen gelegt werden, ist unter Ratschlag **765** bis **768** angegeben.

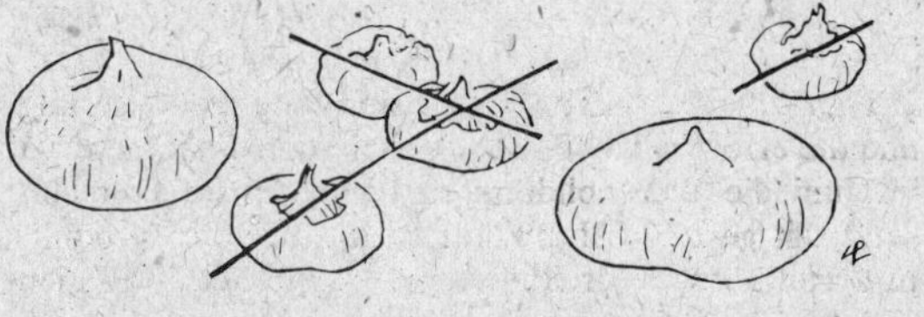

1282 Hohe Dahliensorten müssen gegen Windbruch geschützt werden. Deswegen bindet man sie an Pfähle.
Wo noch keine Pfähle beim Pflanzen der Knollen (s. Ratschlag **805**) gesetzt wurden, muß man sie nun so einschlagen, daß die Knollen nicht beschädigt werden. Tiefes Einschlagen ist erforderlich, damit die Pflanzen einen ausreichenden Halt bekommen. Die Länge der Pfähle ist so zu berechnen, daß sie später nicht über die Dahlientriebe hinausragen. Zum Anbinden nimmt man möglichst starken Bindfaden.

1283 Riesenblumen erzielt man an Dahlien, wenn den im Mai gepflanzten Stecklingspflanzen (s. auch Ratschlag 1058) nur der Haupttrieb belassen wird.
Man unterdrückt also nicht nur alle schwachen Triebe, sondern auch alle Seitentriebe des Haupttriebes. Das Experiment lohnt aber nur bei ausgesprochen großblumigen Sorten (siehe Dahliensorten-Tabelle Seite 465).

1284 Hohe Stauden fallen meist auch in weniger windigen Gegenden auseinander, so daß man ihnen vorsorglich entsprechende Pfähle geben sollte.
Das Anbinden ist so geschickt vorzunehmen, daß die Pfähle gar nicht sonderlich bemerkt werden. Die

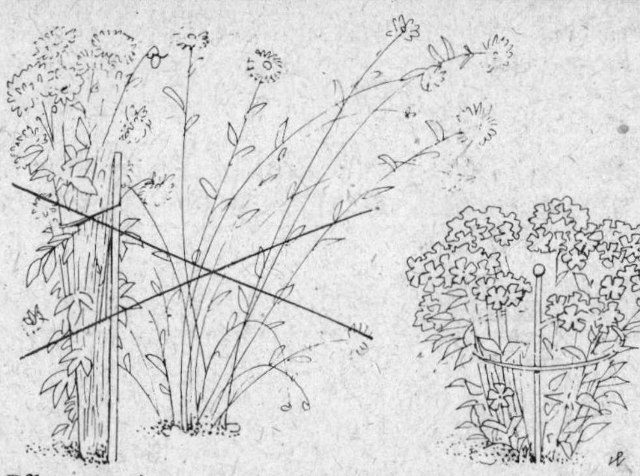

Pflanzen nimmt man beim Anbinden nur leicht zusammen, damit die natürliche Wuchsform nicht verlorengeht.

1285 Den Rittersporn *(Delphinum)*, die Trollblume *(Trollius)* und den Feinstrahl *(Erigeron)* sollte man nach dem ersten Blütenflor sofort bis auf etwa 10 cm über dem Boden zurückschneiden, damit der neue Austrieb angeregt wird.
Diese Stauden blühen dann in günstigen Lagen Anfang Herbst noch einmal. Nach dem Rückschnitt darf man aber das Gießen und Düngen nicht vergessen.

1286 Polsterstauden, deren Blüte im Laufe des Juni zu Ende geht, kürzt man so ein, daß ihr Umfang nicht über den ihnen zugedachten Platz hinausgeht.

Das ist vor allem bei älteren Pflanzen nötig. Wo die zu entfernenden, auf der Erde liegenden Triebe schon Wurzeln haben, lassen sie sich gut zur Vermehrung verwenden. Sie werden gepflanzt, in der ersten Zeit feucht gehalten und beschattet.

1287 Das Umpflanzen und Teilen der im Frühjahr blühenden Stauden sollte man schon im Laufe des Juni vornehmen.
Dabei ist zu beachten, was in den Ratschlägen **481** und **482** gesagt wurde. Im Juni geteilte Stauden entwickeln sich bis zum Herbst so kräftig, daß sie im kommenden Frühjahr den zugedachten Platz ausfüllen. Für Sonnenschutz muß solange gesorgt werden, bis die Teilpflanzen eingewachsen sind. Auch an Wasser darf es ihnen nicht fehlen.

1288 Das Blaukissen *(Aubrieta)*, das Hornkraut *(Cerastium)* und der teppichbildende Phlox *(Phlox subulata)* lassen sich schlecht teilen, weil ihre Kriechtriebe nur selten Wurzeln bilden.
Am besten nimmt man von ihnen kleine Triebbüschel und pflanzt sie in ein Frühbeet in gut mit Sand gemischte Komposterde. Das Frühbeet bleibt bis zur Bewurzelung der Triebe geschlossen und wird bei Sonnenschein beschattet. Zusammengestellte Glasscheiben sind Frühbeetersatz.

1289 In der heißen Jahreszeit kann man den Wasserhaushalt in der Staudenanlage durch regelmäßiges Hacken wesentlich beeinflussen.
Das ist vor allem dort wichtig, wo die Wasserverdunstung nicht durch Bodenbedeckung (s. Ratschlag **1104**) vermindert wurde. Man darf es nicht erst zum Verkrusten der Bodenoberfläche kommen lassen. Also nach jedem Regen und nach jedem Gießen die Hacke in die Hand nehmen!

1290 Wer sich besonders für Irissorten interessiert, sollte die Irisblüte in Spezialgärtnereien nicht verpassen.
Sie haben meist so große Sortimente, daß man immer wieder etwas Neues für den Garten vorfindet. In Katalogen lassen sich die Farben der einzelnen Sorten schwer beschreiben. Wer an Ort und Stelle aussucht, erspart sich manche Enttäuschung.

1291 Alle Neuaustriebe der Kletterpflanzen muß man von Zeit zu Zeit nachbinden, damit sie den ihnen zugedachten Platz nicht überschreiten.

»Laokoon«

Das ist vor allem bei dem starkwuchernden Gehölz *(Bilderdykia aubertii)* wichtig. Dabei leitet man es so an, daß die damit besetzte Fläche gleichmäßig ausgefüllt ist und keine Fehlstellen entstehen.

1292 Die wohlriechenden Wicken *(Lathyrus)* blühen am üppigsten, wenn man die im Verblühen begriffenen Blütenstände laufend entfernt.
Da die Wicken zu den Selbstbefruchtern gehören, setzen sie regelmäßig Samen an. Die Ausbildung der

Samen erfordert aber sehr viel Aufbaustoffe, und diese fehlen den Pflanzen zum Entwickeln neuer Blütenstände.

1293 In Trockenperioden müssen besonders die im Frühjahr gepflanzten immergrünen Gehölze viel Wasser erhalten.

Sie sind im Juni gewöhnlich noch nicht so eingewurzelt, daß sie das Wasser aus der Umgebung aufnehmen können. Bei den mit festen Wurzelballen ist das Gießen besonders wichtig. Einmal völlig ausgetrocknet, nehmen diese festen Ballen schwer wieder Wasser an. Das kann zum Sterben der Pflanzen führen. Rhododendren sind in dieser Hinsicht besonders empfindlich.

1294 Ende Juni beginnt man mit dem Schneiden der laubabwerfenden Hecken.
Vor dem Schnitt sollte überprüft werden, ob noch besetzte Nester unserer Singvögel vorhanden sind. Ist dies der Fall, muß der Schnitt verschoben werden. Es wird nicht ins alte Holz geschnitten, sondern man

entfernt nur die Spitzen des Neutriebes. Damit die Hecken ein gutes Aussehen erhalten, sollte man sich beim Schneiden immer gespannter Schnuren bedienen.

1295 Wenn im Frühjahr neuangelegte Hecken kräftige Triebe machen sollen, darf man das Gießen nicht vergessen.
Das ist vor allem bei den Hecken wichtig, die im Wurzelbereich älterer Bäume stehen. Diese entnehmen dem Boden mehr Wasser, als man im allgemeinen glaubt. Auch bei älteren Hecken sollte man das beachten.

1296 Bei allen Blütensträuchern, an denen nicht auch die Früchte zieren, muß man die Reste der Blütenstände nach dem Verblühen entfernen.
Das muß geschehen, bevor sie Samen ansetzen, weil sonst der Jahrestrieb geschwächt wird (siehe auch Ratschlag **1073**).

1297 Das Zurückschneiden der verblühten Blütenstände gilt besonders für winterharte Blütenstauden.
Es wird auch hier der Saatansatz verhindert, die Pflanzen sammeln Kraft für die Blüte im nächsten Jahr. Darüber hinaus blühen einige Blütenstauden willig nochmal im gleichen Jahr (= remontieren). Das gilt für Rittersporn *(Delphinium)*, Berufskraut *(Erigeron)* und die großblütige Margerite *(Chrysanthemum maximum)*. Auch eine frühe Sonnenbraut *(Helenium* 'The Bishop' = *bigelovii* 'Superbum') gehört dazu. Bei dem Mädchenauge *(Coreopsis)* bringt der Rückschnitt der einzelnen verblühten Blumen einen Flor von unwahrscheinlicher Dauer hervor.

1298 Im späten Frühjahr angelegte Rasenflächen müssen gemäht werden, wenn die jungen Halme knapp 10 cm hoch sind.
Erst nach diesem Schnitt bestockt sich der Rasen. Den ersten Schnitt sollte man nur auf etwa 5 cm Höhe einstellen, damit genügend Blattmasse zum Aufbau der Gräser verbleibt. Spätere Schnitte können bei guter Rasenpflege auch tiefer durchgeführt werden. Bei spät angelegten Rasenflächen ist auf rechtzeitige Bewässerung besonders zu achten.

1299 Nach jedem Schnitt muß man dem Rasen Nährstoffe und in Trockenperioden auch reichlich Wasser zuführen (siehe Ratschlag 738).

Bei neuangelegtem Rasen unterläßt man das Düngen nach dem ersten Schnitt. Es ist später jedoch sehr wichtig, da die Rasengräser starke Zehrer sind. Fehlstellen im Rasen und das Aufkommen einjähriger Unkräuter sind oft auf ungenügende Ernährung der Gräser zurückzuführen.

1300 Anfang Juni ist im allgemeinen der günstigste Zeitpunkt zum Aussäen von Stiefmütterchen (*Viola-Wittrockiana*-Hybriden), Tausendschönchen (*Bellis*) und Vergißmeinnicht (*Myosotis*).
Wer dazu ein Frühbeet verwendet und bis zum Aufgehen Fenster auflegen kann, kommt mit der Aussaat bis Mitte Juni zurecht. Beim Fertigmachen des Saatbeetes ist es angebracht, in die obere Erdschicht etwas feinen feuchten Torf einzuarbeiten. Er trägt wesentlich zu guter Bewurzelung der Jungpflanzen bei.

1301 Die Samen von Stiefmütterchen, Vergißmeinnicht und Tausendschönchen sind verhältnismäßig klein, was bei der Aussaat zu beachten ist.
Zu dicht gesät, erhält man nur spärliche, langaufgeschossene Jungpflanzen. Sie sind zum Pflanzen unbrauchbar. Darum sät man nicht mit der Tüte aus, sondern nimmt immer nur wenige Samen zwischen Daumen und Zeigefinger und läßt sie einzeln fallen. Der Raum zwischen den einzelnen Körnern sollte etwa 1 cm betragen. Zu dicht aufgegangen, muß verzogen werden, sobald die Sämlinge zu fassen sind.

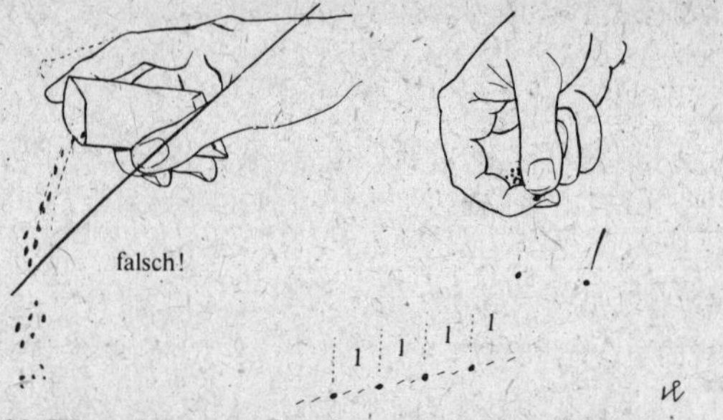

1302 Wer sich von Stauden seine Jungpflanzen aus Samen selbst ziehen will, muß in den ersten Junitagen aussäen.
Dafür sind jedoch nur die Sofortkeimer geeignet. Im Zweifelsfall lasse man sich von einem versierten Fachmann beraten. Nur auf diese Weise erhält man bis zum Frühjahr starke Jungpflanzen, die im ersten Anbaujahr gute Blüten hervorbringen. Der Samen ist recht weitläufig auszusäen und das Aussaatbeet bis zum Aufgehen ständig feucht zu halten. Im übrigen gilt für die Aussaat das, was in den Ratschlägen **1300** und **1301** gesagt wird.

1303 Bevor man Blumenzwiebeln (Tulpen, Narzissen) aus der Erde nimmt, müssen die oberirdischen Teile vergilbt sein.

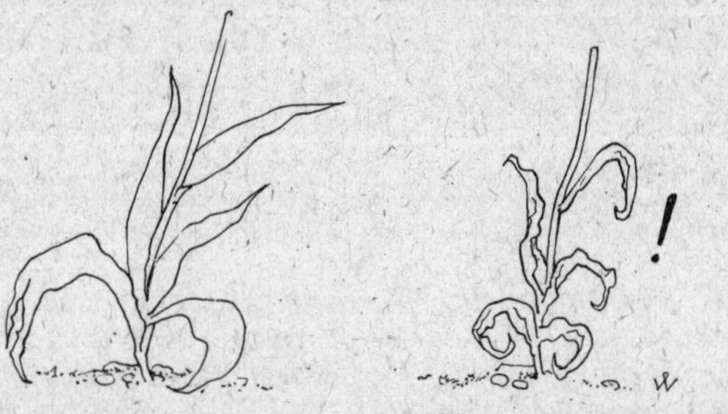

Erst dann haben sich die Zwiebeln vollständig entwickelt. Jedes zu frühe Roden geht auf Kosten der nächstjährigen Blüte.

1304 Wer den vorgesehenen neuen Standort beim Roden der Blumenzwiebeln schon frei hat, kann sie sofort wieder in den Boden bringen.

In diesem Fall braucht man die Zwiebeln nicht zu trocknen. Es werden nur die etwaigen Reste der alten entfernt. Die neuen Zwiebeln sortiert man am besten in zwei oder auch mehr Größen. Auf diese Weise kann man die kleineren, nichtblühfähigen gesondert pflanzen. Nach einem Jahr sind sie dann meist zu blühfähigen herangewachsen.

1305 Um das Beschädigen der Blumenzwiebeln zu vermeiden, nimmt man zum Roden eine Grabegabel, und nicht den Spaten.
Daß die meisten Blumenzwiebeln tief im Boden stekken, muß man beim Roden gut beachten. Die Grabegabel also lieber etwas tiefer als nötig in den Boden drücken. Auch dadurch kann man das Verletzen der Zwiebeln verhindern.

1306 Nach dem Roden muß man die Blumenzwiebeln sehr gut trocknen, weil sie sonst beim Aufbewahren stocken und zugrunde gehen.
Der Sonne setzt man sie aber möglichst nicht aus, sondern nimmt das Trocknen an einem schattigen, aber recht luftigen Ort vor. Dabei dürfen sie nur in einer Schicht ausgebreitet liegen. Die Unterlage muß trocken sein.

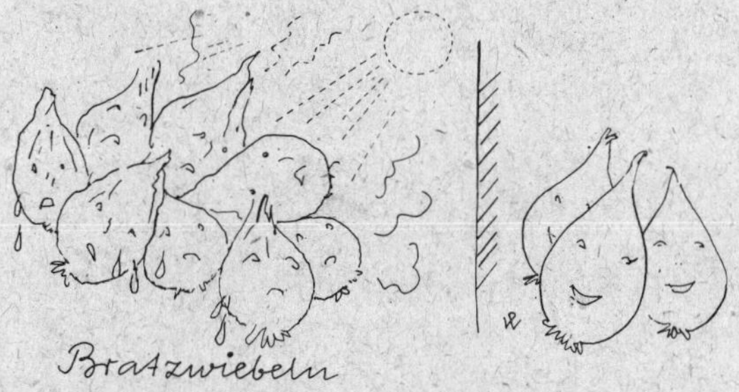

1307 Obwohl man Narzissen meist eine ganze Reihe von Jahren hintereinander im Boden läßt, sollten Tulpen alle zwei Jahre gerodet werden.
Wurden während der Blütezeit Krankheiten an den Tulpen beobachtet, muß das Roden im gleichen Jahre vorgenommen werden. Sie müssen dann einen Platz erhalten, auf dem noch keine Tulpen oder anderen Blumenzwiebeln gestanden haben. Krank erscheinende Zwiebeln darf man nicht wieder pflanzen. Alle gesunden werden vor dem Legen mit einem pilztötenden Pflanzenschutzmittel gebeizt. Die Vorschriften der Hersteller sind beim Bereiten der Beizbrühe zu beachten. Wer in solchen Fällen nicht beizt, läuft Gefahr, Krankheitserreger an den neuen Standort zu übertragen.

1308 Beim Lagern bis zur normalen Pflanzzeit (siehe Ratschlag 1699) dürfen die Blumenzwiebeln auf keinen Fall feucht stehen.
Die völlig trockenen Zwiebeln legt man am besten in flache Kisten in nicht mehr als zwei Schichten. Sollen die Kisten übereinander gestapelt werden, dann muß zwischen jeder ein etwa 5 cm hoher Zwischenraum geschaffen werden. Der Lagerraum sollte etwa 20 °C oder etwas darüber aufweisen. Die Zwiebeln also nicht im Keller, sondern auf dem Hausboden oder in einem ähnlichen Raum mäusesicher aufbewahren!

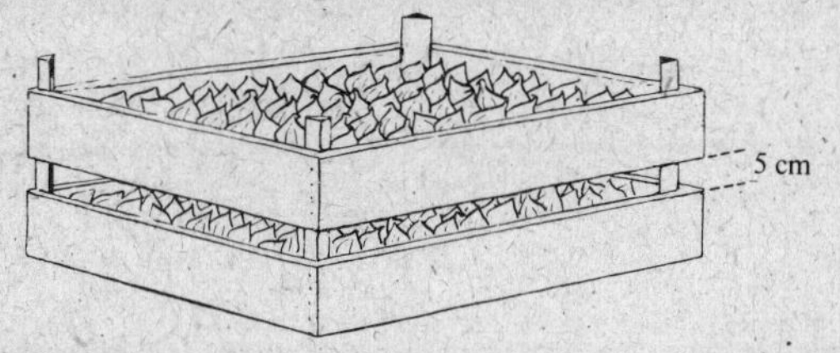

1309 Anfang Juni kann man noch sehr gut bewurzelte Stecklinge (auch Teilpflanzen) von winterharten Chrysanthemen pflanzen.

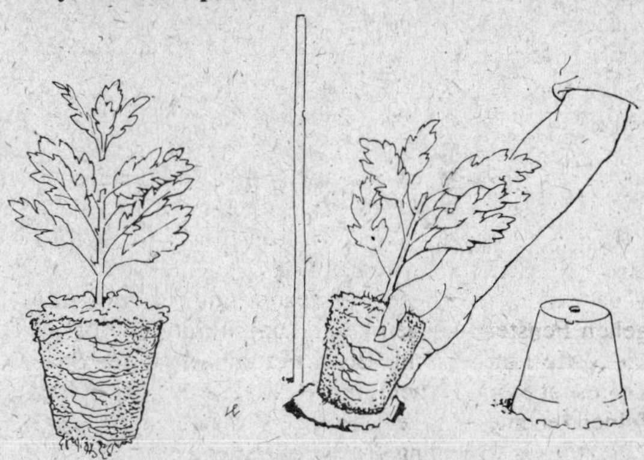

Beiden kann man die Triebspitze nehmen, damit sie von Anfang an mehrtriebig wachsen. Man sollte auch nur Sorten anpflanzen, die spätestens im September blühen. Bei Spätblühern fallen die Blumen meist dem Frost zum Opfer. Alle winterharten Chrysanthemen (Winterastern) müssen einen Abstand von 25 cm × 25 cm erhalten.

1310 Die ersten Junitage sind am geeignetsten, um Blumenbeete mit in Töpfen gezogenen Fuchsien, Pelargonien und Heliotrop zu bepflanzen.
Mit Ausnahme der Fuchsien wünschen alle einen sonnigen Standort. Für Pelargonien darf der Boden nicht zu nährstoffreich sein. Sie entwickeln sonst zu üppiges Blattwerk und blühen schlecht. Die Blüten der einfachen Sorten vertragen Regenwetter besser als gefülltblühende.

1311 Obwohl es von den Sommerastern welkefreie Sorten gibt, leiden in manchen Jahren auch sie unter der sogenannten Asternwelke.
Da es sich dabei um eine sehr schwer zu bekämpfende Pilzkrankheit handelt, muß man alles vermeiden, was ihre Verbreitung fördert. Dazu gehört in erster Linie das Entfernen aller Pflanzen, die auch nur die kleinste

Welkeerscheinung zeigen. Die Welke beginnt sehr oft nur an einzelnen Pflanzenteilen. Nach und nach wird aber die ganze Pflanze zugrunde gerichtet. Die Asternwelke kann in jedem Wuchsstadium auftreten. Wer unter Asternwelke zu leiden hat, sollte 4 bis 5 Jahre keine Sommerastern anbauen. In dieser Zeit ist das Land mehrmals zu kalken.

1312 Sommerastern leiden im Juni häufig so stark unter Blattlausbefall, daß sich alle Blätter stark kräuseln.
Das behindert das Wachstum der Pflanzen. Aus diesem Grunde muß man den Schädlingen zu Leibe gehen, bevor Schaden entsteht. Die Läuse sitzen unter den Blättern. Wenn die natürlichen Feinde der Blattläuse fehlen – Marienkäfer und deren Larven, Ohrwürmer, Florfliegen und deren Larven, die sogenannten Blattlauslöwen –, muß man mit Brennesselsud sprühen. Im Ratschlag **1278** wird die Herstellung erklärt. Da die Läuse bei den Sommerastern vorrangig an den Unterseiten der Blätter sitzen, so müssen diese vor allem von dem Brennesselsud getroffen werden. Nicht vergessen sollte man das Sauberhalten der Pflanzungen von Unkräutern, die zu einem großen Teil Zwischenträger der Blattläuse sind. Das trifft besonders für das „Gemeine Kreuzkraut" *(Senecio vulgaris)* zu.

Zimmergarten

1313 In den ersten Junitagen liegt der letzte Termin zum Bepflanzen der Balkon- und Fensterkästen.
Was dabei zu beachten ist und welche Pflanzen sich eignen, kann in den Ratschlägen **1085** bis **1094** nachgelesen werden.

1314 Im Laufe des Juni erhalten die in Balkon- und Fensterkästen stehenden Pflanzen die ersten zusätzlichen Nährstoffe.
Der Zeitpunkt richtet sich nach ihrer Entwicklung. Er ist gekommen, sobald die Pflanzen zumindest Knospen zeigen. Pelargonien sollte man vorher grundsätzlich nicht düngen. Sie entwickeln sonst zuviel Blattwerk, bevor sie mit dem Blühen beginnen. Alle gesunden, in gutem Wachstum befindlichen Pflanzen erhalten wöchentlich einmal eine 0,2%ige Nährlösung aus gut wasserlöslichem Volldünger. Damit werden die Kästen gründlich gegossen, ohne daß Nährlösung auf die Pflanzen gelangt.

1315 Alle im Verblühen begriffenen Blütenstände der Balkon- und Fensterpflanzen entfernt man. Das trägt wesentlich zum guten Aussehen bei.
Außerdem werden dadurch die Pflanzen zu reichem Blühen veranlaßt. Bei Pelargonien ist es angebracht, nicht den ganzen Blütenstand, sondern erst einmal alle schlechten Einzelblüten zu entfernen, denn sie blühen noch nach. Bei Petunien ist das Abpflücken der welken Blüten besonders wichtig. Diese Sommerblumen setzen leicht Samen an, worunter die Blühwilligkeit leidet.

1316 Das Düngen aller gesunden Zimmerpflanzen wird auch im Juni fortgesetzt.
Was dabei zu beachten ist, wird in den Ratschlägen **525** und **822** gesagt.

1317 Von verschiedenen Hängepflanzen: Efeutute, Hängephilodendron, Zimmerefeu und ähnliche kann man auch im Juni Stecklinge machen.
Über das Schneiden und Stecken der Stecklinge gibt der Ratschlag **825** Auskunft.

1318 Das im Juni öfter erforderliche Gießen der Topfpflanzen legt die Erdoberfläche so fest, daß die Durchlüftung der Topferde ungenügend ist.
Die Wurzeln leiden dadurch an Sauerstoffmangel. Darum ist die Erdoberfläche in etwa wöchentlichen Abständen zu lockern. Dazu verwendet man am besten einen spatelartig angespitzten Blumenstab von etwa 1 cm Dicke. Beim Auflockern der Erde dürfen aber keine Wurzeln beschädigt werden.

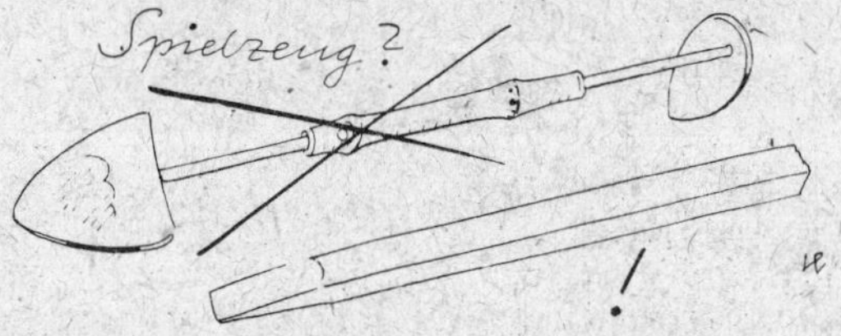

1319 An einem warmen Regentage ist es angebracht, die Zimmerpflanzen einige Zeit ins Freie zu stellen.
Der Regen besorgt vor allem das Abwaschen des Staubes, der sich im Laufe der Zeit auf den Blättern festgesetzt hat. Feiner Regen schadet auch empfindlichen Pflanzen nicht. Blühende Pflanzen sollte man dem Regen aber nicht aussetzen.

1

'Paris'

'Nordhäuser Winterforelle'

'Boscs Flaschenbirne'

'Jeanne d'Arc'

'Konferenzbirne'

'Gute Luise'

Birnen sollten für den Selbstversorgeranbau mehr gepflanzt werden

'Helios'

'Idared'

'Roba'

'Gelber Köstlicher'

'Auralia'

'Jonathan'

'Jonagold'

'Alkmene'

Diese Tafelapfelsorten eignen sich gut für kleine Baumformen

3

'Spartan'

'Breuhahn'

'James Grieve'

'Herma'

'Gloster'

'Carola'

'McIntosh'

'Rogo'

Bei der Sortenwahl muß die Kombination Unterlage/Sorte beachtet werden

'Hönigs Früheste'

'Grüne Flaschen'

'Red Lake'

'Werdavia'

'Hauszwetsche'

'Frigga'

Diese Obstsorten sind im Haushalt vielseitig verwendbar

5

'Schattenmorelle'

'Fanal'

'Altenburger Melonenkirsche'

'Van'

'Red Gauntled'

'Havelland'

Bei Erdbeeren und Kirschen ist die Sorte für die Verwendung entscheidend

Pfirsich 'South Haven'

Apfelquitte 'Wudonia'

Birnenquitte 'Reas Mammoth'

Pfirsiche und Quitten gedeihen nur sicher in warmen Lagen

Gemüsepaprika

Stabtomate 'Harzfeuer'

Buschtomate 'Edelrot'

Stabtomate 'Dominator'

Tomaten und Paprika gehören zu den beliebtesten Fruchtgemüsearten

Radies 'Bicolor'

Porree 'Kamusch'

Radies 'Ilka'

Zuckermais 'Süße Ernte'

Herbstrettich 'Münchner Bier'

Sellerie 'Galina'

Gute Anbaubedingungen für diese Gemüsearten lassen sich in jedem Garten schaffen

Möhre 'Karsa'

Zwiebel 'Wolska'

Möhre 'Carola'

Zwiebel 'Frühe Blaßrote'

Möhre 'Rotetta'

Zwiebel 'Stuttgarter Riesen'

Möhren und Zwiebeln sind als vielseitige Gemüsearten nicht zu entbehren

Markerbse 'Gloriosa'

Prunkbohne 'Rotblühende'

Buschbohne 'Berggold'

Buschbohne 'Saxanova'

Puffbohne 'Juno'

Stangenbohne 'Bodegold'

Hülsenfrüchte lassen sich gut konservieren und vielseitig verwenden

11

Salatgurke 'Pixi'

Salatgurke 'Saladin'

Einlegegurke 'Kardia'

Speisekürbis 'Riesenmelonen'

Besondere Standortansprüche sind beim Anbau von Gurke und Kürbis zu beachten

Kopfsalat 'Start'

Chicorée 'Witloof'

Kopfsalat 'Gravitas'

Chinakohl 'Kantoner'

Kopfsalat 'Muck'

Kohlrabi 'Ideal'

Richtige Anbaumethoden gestatten Salat und Kohlrabi ganzjährig zu nutzen

Weißkohl 'Kontiki'

Rotkohl 'Granat'

Blumenkohl 'Delfter Markt'

Rosenkohl 'Rosella'

Wirsingkohl 'Markee'

Grünkohl 'Vitessa'

Kohlgemüse läßt sich in allen Lagen erfolgreich kultivieren

Salbei 'Extra'

Pfefferminze 'Multimentha'

Melisse 'Quedlinburger Niederliegende'

Wermut 'Großblättriger'

Eine Gewürzkräuterecke gehört in jeden Garten

Dill 'Herkules'

Majoran

Bohnenkraut 'Einjähriges Blatt'

Waldmeister

Beim Gewürzkräuteranbau sind die unterschiedlichen Ansprüche zu berücksichtigen

Kulturträuschling 'Winnetou'

Champignon 'Blondine'

Austernseitling 'Sommerauster'

Champignon 'Schneeköpfchen'

Möglichkeiten für den Pilzanbau lassen sich überall schaffen

Primula vulgaris 'Rote Auslese'

Adonis vernalis

Primula vulgaris 'Gelbe Auslese'

Pulsatilla vulgaris 'Rubra'

Primula vulgaris 'Blaue Auslese'

Pulsatilla vulgaris 'Alba'

Beliebte Frühlingsblüher sind Frühlingsprimel, Kuhschellen und Adonisröschen

Erythronium dens-canis

Muscari armeniacum

Crocus tomasinianus 'Ruby Giant'

Iris-Reticulata-Hybride 'Harmony'

Crocus vernus

Crocus chrysanthus 'Blue Pearl'

Bewährte Blumenzwiebeln des Frühlings, die in keinem Garten fehlen sollten

Tulipa tarda

Tulipa-Kaufmanniana-Hybride 'Stresa'

Darwin-Hybride 'Apeldoorn'

'Gelbe Oxford' und 'Dover'

Lilienblütige Tulpen 'China Pink' und 'Golden Sun'

Tulipa kaufmanniana

Überraschend ist die Vielfalt der Wildtulpen und der Tulpenklassen

'Wild Ginger'

'Rippling Waters'

'Fuji's Mantle'

'Debby Rairdon'

'Lime Fizz'

'Rosenquarz'

Die neuen Züchtungen der hohen Bartiris sollten mehr Beachtung finden

'Pinnacle'

'Bernsteindom'

'Wabash'

'Frost and Flame'

Überraschend sind die Farbkombinationen der Bartiris-Züchtungen

Allium giganteum und *Eremurus stenophyllus*

Astilbe-Arendsii-Hybride 'Fanal' und *Rodgersia aesculifolia*

Bei Benachbarungen sollten stets die Ansprüche der Pflanzen berücksichtigt werden

Der Blaustrahlhafer zählt zu den langlebigen, schönen Staudengräsern

Lilium speciosum

Lilium-Hybride 'Goldstaub'

Lilium henryi

Lilium-Hybride 'Andromeda'

Lilium-Hybride 'Roter Sarafan'

Lilium-Hybride 'Festivalflamme'

Lilienarten und ihre neuen Hybriden bereichern den Blütenflor des Sommers

'Stern von Rio'

'Atlas'

'Pink Damask'

'Bess Ross'

'Praerie Charmer'

'Frans Hals'

Taglilien-Hybriden zeichnen sich durch lange Blütezeiten und Lebensdauer aus

'Lachsjuwel'

'BS Schaumkrone'

'Nachbars Neid'

'Feuerspiegel'

Hohe Staudenphloxe blühen im Spätsommer wochenlang

Bartiris-Blüte im Frühsommer

Allium christophii

Lilium bulbiferum var. *croceum*

Der Lilienflor beginnt während der Bartirisblüte und dauert bis zum Frühherbst

Aster novi-belgii 'Korallenkuppel'

Anemone japonica 'Honorine Jobert'

Rudbeckia nitida 'Goldschirm'

Lythrum virgatum 'Rose Queen'

Delphinium-Belladonna-Hybride 'Piccolo'

Rudbeckia fulgida var. *deamii*

Schöne bewährte Blütenstauden in Sorten für Sommer und Herbst

Aster amellus 'Festgeschenk'

Macleaya cordata

Helium-Hybride 'Septembergold'

Monarda didyma 'Präriebrand'

Astilbe chinensis var. *taquetii* 'Purpurkerze'

Sedum spectabile

Eine Auswahl besonders leicht gedeihender Blütenstauden

Iris orientalis 'Snow Queen'

Ligularia × hessei

Nymphaea-Hybride 'Gloriosa'

Nymphaea-Hybride 'Marliacea Chromatella'

Seerosen sind unentbehrlich für Wasserbecken. Gräseriris passen als Partner gut dazu

Mehrjährige Pflanzen als Wegbegleiter

Carlina acaulis ssp. *simplex*

Eryngium bourgatii

Trockenheitsverträgliche mehrjährige Pflanzen in gelungener Benachbarung

'Sprint'

'Jacksonville Gold'

'Sungold'

'Brautstrauß'

Neue Gladiolensorten bereichern das bekannte Sortiment

'Ballett'

'Gloria Dei'

'Apollo'

'Karl Herbst'

'Sutters Gold'

'Bonjour'

Die Teehybriden sind besonders für den Schnitt geeignet

'Orange Triumph'

'Goldenes Prag'

'Masquerade'

'iga Erfurt'

'Lilli'

'Köpenicker Sommer'

Die Rosenklassen eignen sich für verschiedene Verwendungszwecke

'Schneewittchen'

'Meteor'

'Arabella'

'Mini Rosa'

'Wartburg'

'Mosaik'

Gruppen- und Strauchrosen blühen langanhaltend mehrere Monate

'Rubens'

'Negerkopf'

'Olympic Fire'

'Rosali'

'Don Lorenzo'

'Opalfeuer'

Nach wie vor zählen Dahlien zu den beliebtesten Spätsommerblühern

'Apache'

'Enzett Sonett'

'Corinna'

'Dahlia 70'

'Humor'

'Severi'

Allen Dahliensorten ist Reichblütigkeit und lange Blütenzeit gemeinsam

Prunus triloba 'Plena'

Viburnum carlesii

Deutzia scabra

Lonicera × brownii

Blütengehölze sind als Gerüst einer Pflanzung zu empfehlen

Weigelia-Hybride 'Eva Radke'

Forsythia × intermedia

Berberis stenophylla

Rhododendron-Catawbiense-Hybride

Magnolia stellata

Pyracantha coccinea

Neben der Blüte zieren viele Gehölze mit ihrem Beerenschmuck

'Jackmanni'

'Rotes Ordensband' (ein vorläufiger Name)

'Lasurstern'

'Mazal Moser'

Werden die hohen Ansprüche der Clematis erfüllt, blühen sie zuverlässig

Reiherfedergras und Königslilien

Kniphofia-Hybride

Echinacea purpurea

Gräser und Blütenstauden geben dem Garten im Hochsommer einen besonderen Charakter

Coreopsis 'Grandiflora Bicolor'

Campanula medium 'Mischung'

Viola wittrockiana 'Spezialmischung'

Delphinum ajacis 'Hohe Gefüllte'

Papaver nudicaule 'Mischung'

Dianthus caryophyllus 'Johannistag'

Diese leichtgedeihenden Sommerblumen benötigen wenig Pflege

Immer wieder überrascht die Farbenvielfalt der Sommerblumen

Chrysanthemum spectabile 'Cecilia'

Dorotheantus bellidiformis

Lathyrus odoratus 'Spencer Mischung'

Dimorphoteca sinnuata 'Tetra Goliath'

Nemesia strumosa 'Triumph Mischung'

Dianthus barbatus 'Mischung'

Die Sommerblumen zählen zu den farbenfreudigsten und sollten mehr verwendet werden

Tagetes-Patula-Hybride 'Bonita-Serie Del Sol'

Tages-Erecta-Hybride 'Orange Prinz'

Callistephus Borntaler Schnittaster 'Dunkelrot'

Zinnia elegans 'Dahlienblütige Mischung'

Gazania-Hybriden 'Großblumige Hybriden'

Iberis umbellata 'Scharlachfeuer'

Beim Anbau von Sommerblumen die Standortansprüche beachten

Acanthocalycium violaceum

Echinocereus baileyi var. *albispinus*

Mammillaria zeilmanniana

Trichocereus thelegonaoides

Lobivia graulichii

Rebutia violaciflora

Ein kühler, heller Standort im Winter ist für diese reichblühenden Kakteen nötig

Gymnocalycium denudatum var. *roseiflorum*

Digitorebutia orurensis

Wigginsia tephracantha

Parodia microthele

Neochilenia imitans

Notocactus ottonis

Immer wieder überrascht die Vielgestaltigkeit der Kakteen

Faucaria spec.

Delosperma crassuloides

Kalanchoe blossfeldiana

Ceropegia distingta

Euphorbia pugniformis

Monanthes muralis

Diese Sukkulenten lassen sich am hellen Fenster leicht pflegen

1320 Das Gießen der Zimmerpflanzen kann man vereinfachen, wenn man sie in reichlich Wasser fassende Untersetzer stellt.
Sobald das Gießen nötig ist, gießt man jeden Untersetzer voll Wasser. Nach etwa einer Stunde wird kontrolliert, ob die Pflanzen das Wasser aufgenommen haben. Alle noch in den Untersetzern vorhandenen Reste sind zu entfernen. Wer das unterläßt, läuft Gefahr, daß die Pflanzen wurzelkrank werden.

1321 Vorjährige Alpenveilchen muß man ab Anfang Juni wieder in Kultur nehmen, wenn sie im Winter erneut blühen sollen.
Bis Juni stehen sie meist trocken und haben keine Blätter. Da die meisten Wurzeln abgestorben sind, nimmt man die Knollen aus dem Topf und pflanzt sie in frische Erde, die man sich am besten in einer Gärtnerei besorgt. Die Töpfe braucht man nicht größer zu nehmen. Frisch eingepflanzt, erhalten die Alpenveilchen einen hellen Fensterplatz. Die Erde wird anfangs nur mäßig feucht gehalten. Erst wenn mehrere Blätter vorhanden sind, darf man normal gießen. Das Düngen muß unterbleiben, bis die Topferde mit neuen Wurzeln dicht durchzogen ist. Beachte auch Ratschlag **530**!

Allgemeines

1322 Ehe der heiße Sommer kommt, sollte man für ausreichend Regenwasser sorgen. Das gilt speziell für die Gärten, die keinen Brunnen haben bzw. wo das Wasser aus dem städtischen Netz sehr chlorhaltig ist.

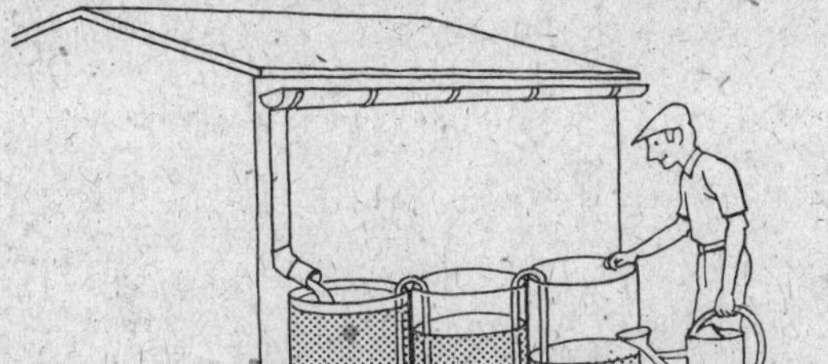

Eine Regentonne, die das Dachwasser auffängt, reicht da selten aus. Man kann aber zwei, drei oder auch mehr Tonnen nebeneinanderstellen und mit Hilfe des Prinzips des Saughebers die Tonnen zugleich vollfüllen. Es genügen dazu je folgender Tonne Schlauchstücken, die doppelt so lang sind, wie die Tonnen hoch sind. Wir füllen die Schläuche mit Wasser, wobei wir die Enden mit dem Daumen zuhalten. Ein Schlauchende wird in die vorderste vollere Tonne gesteckt, das andere Schlauchende in die leere Tonne. So füllen sich dank einem physikalischen Gesetz alle Tonnen gleichmäßig mit Wasser.

1323 Für den Herbstbedarf sollte man sich schon im Sommer den benötigten Stalldung beschaffen.
In dieser Jahreszeit ist das Beschaffen am aussichtsreichsten. Man sollte danach trachten, für schweren Boden Pferdedung und für Sandboden Kuh- oder Schweinedung anzuschaffen. Ein Gemisch dieser Dünger eignet sich für alle Böden.

1324 Im Juli beschaffter Stalldung muß während des Lagerns so behandelt werden, daß er im Herbst angerottet in den Boden gebracht werden kann.
Er läßt sich dann besser eingraben und kann auch dort verwendet werden, wo tiefes Graben nicht möglich ist. Das trifft vor allem auf Staudenanlagen, Rosen, Beerensträucher und Formobst (Spindeln) zu. Außerdem ist angerotteter Stalldung im Boden sehr beständig und kann als Dauerhumus angesehen werden.

1325 Natürlich kann auch Dung aus der Kleinviehhaltung zur Bodenverbesserung genommen werden.
Dieser Dung ist oft leichter zu beschaffen als der von Pferd, Rind oder Schwein, darf aber keinesfalls direkt auf das Land gebracht werden. Die wesentlich höhere Nährstoffkonzentration des Kleintierdungs kann leicht zu Pflanzenschädigungen führen. Es ist also ratsam, diesen zu kompostieren. Um den Humusanteil zu vergrößern, kann man außer den üblichen Kompostschichten auch Hobelspäne, Rindenabfälle oder Abfälle aus Wollfabriken dazwischenbringen.

1326 Das Stalldunglager bringt man möglichst an einer halbschattigen Stelle unter, wo der Dünger nicht zu schnell austrocknet.

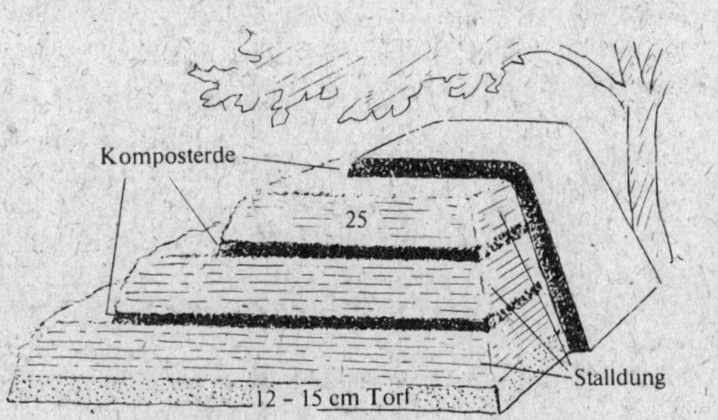

Den Lagerplatz bedeckt man erst mit einer 12 bis 15 cm hohen Torfschicht. Der Torf fängt die durch Regen ausgelaugten Stoffe auf, so daß sie nicht verlorengehen. Der Stalldunghaufen wird schichtweise locker aufgesetzt. Jede Schicht sollte 25 cm nicht übersteigen. Zwischen jede Schicht wird einige Zentimeter hoch Komposterde gestreut, mit der zum Schluß auch der ganze Haufen abgedeckt wird. Die Gesamthöhe des

Haufens beschränkt man auf 1 m. Die aufgebrachte Erdschicht darf während der Lagerzeit nie ganz trokken werden.

1327 Einen guten Dauerhumus kann man sich aus einem Gemisch von Stalldung, Komposterde und Torf herstellen.

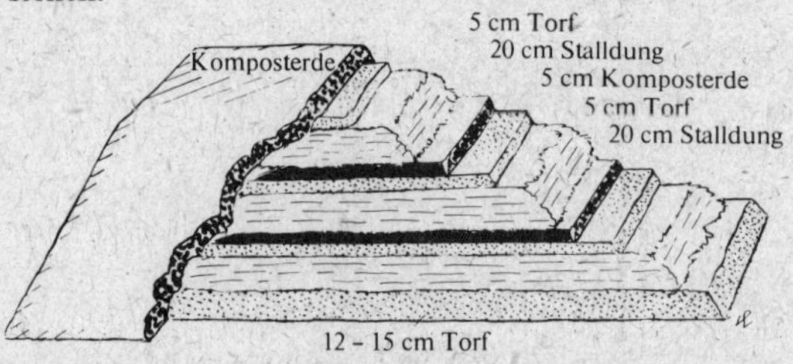

Frischer Stalldung wird im Boden, vor allem im Sandboden, meist sehr schnell abgebaut. Zum Unterschied von Ratschlag **1326** macht man die Düngerschicht nur 20 cm stark. Dazwischen kommen Komposterde und Torf, und zwar jeder Stoff etwa 5 cm hoch. Mit diesen beiden wird auch der Haufen abgedeckt. Als letzte Schicht ist die Erde aufzubringen. Fehlt Komposterde, so kann man sie durch nicht zu leichte Landerde ersetzen. Mitte September ist der Haufen umzusetzen, wobei alle Stoffe gut gemischt werden.

1328 Die Wasserbehälter im Garten werden oft zu Brutstätten der an Sommerabenden sehr lästigen Mükken.

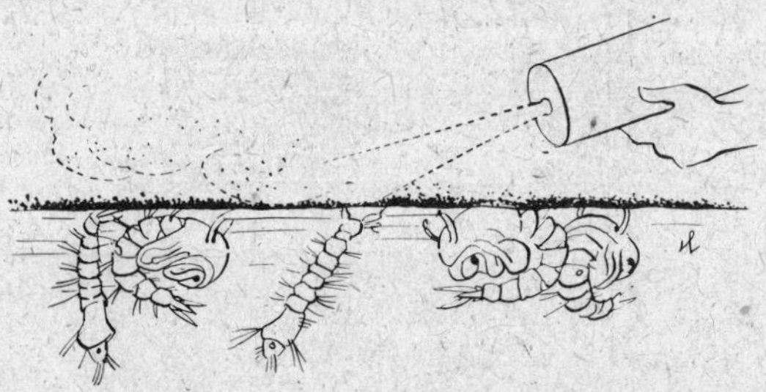

Der beste Schutz dagegen ist ein dichtschließender Deckel, mit dem man den Behälter zudeckt. Stellt man trotzdem Mückenlarven fest oder ist das Zudecken nicht möglich, ist der Behälter vor dem Nachfüllen ganz zu entleeren.

1329 In der heißen Jahreszeit gehört das Lockern der Erdoberfläche zu den wichtigsten Kulturmaßnahmen.
Das gilt nicht nur für die Gemüsebeete, sondern für alle Teile unseres Gartens. Hacken muß man nach jedem Regen oder wenn gegossen wurde. Man wartet nur, bis der Boden oberflächlich etwas abgetrocknet ist und nicht mehr an der Hacke haftet. Durch das Hacken erhält man die Bodenfeuchtigkeit recht lange. Wer von der Bodenbedeckung (s. Ratschlag **1104**) den richtigen Gebrauch gemacht hat, braucht nicht zu hacken.

1330 Die gegen Fliegen, Mücken usw. im Handel angebotenen Spritzmittel darf man auf keinen Fall bei der Schädlingsbekämpfung im Garten anwenden.
Sie enthalten fast immer pflanzenschädigende Stoffe, so daß die damit behandelten Pflanzen zugrunde gehen. Beim Einkauf von Schädlingsbekämpfungsmitteln muß man dem Verkäufer auf alle Fälle den Verwendungszweck nennen. Nur so kann man sich vor Schaden bewahren.

1331 Die Erdhaufen sind im Sommer mindestens einmal umzuarbeiten. Man sollte diese Arbeit möglichst im Juli vornehmen.
Dabei ist dafür zu sorgen, daß das Innere der Haufen nach außen und das Äußere nach innen kommt. Wichtig ist, daß jeder neue Lagerplatz eine etwa 12 bis 15 cm hohe Torfschicht erhält, die alle durch Regen aus der Erde gelaugten Stoffe auffängt. Beachte auch die Ratschläge **8** und **194**!

Gemüsegarten

1332 Hausgurken befriedigen in ihren Ertragsleistungen nur dann, wenn alle erforderlichen Pflegemaßnahmen gewissenhaft durchgeführt werden.
Neben den regelmäßigen Wasser- und Düngergaben betrifft das auch die Beachtung der Lufttemperaturen sowie die Durchführung der Schnittmaßnahmen. Dazu sind die Hinweise in den Ratschlägen **853** bis **855** zu beachten.

1333 Frei werdende Gemüsebeete werden nicht tief umgegraben, sondern nur mit der Grabegabel flach gelockert.

Durch tiefes Graben zerstört man die Struktur des Bodens und tötet auch einen Teil der für das Pflanzenwachstum so wichtigen Bodenbakterien. Außerdem wird die Bodenfeuchtigkeit unnötig verringert.

1334 Beim Bleichsellerie darf neben dem Gießen und Bodenlockern das Düngen nicht vernachlässigt werden (s. auch Ratschlag 1118).

Die Blattstiele sind bei dieser Gemüseart am wichtigsten. Damit sie recht stark werden, wendet man beim Düngen stickstoffreiche Volldünger an. Stickstoffarme reichert man mit reinen Stickstoffdüngern an. Gedüngt wird alle zwei Wochen. Solange die Reihen noch nicht zugewachsen sind, streut man den Dünger trocken aus, ohne die Blätter zu treffen. Anschließend wird gewässert. Bei jeder Düngung gibt man auf 1 m^2 etwa 20 g Dünger oder gießt mit einer 0,2 %igen Nährlösung aus den genannten Düngern.

1335 Das letzte Julidrittel ist der äußerste Termin, bis zu dem Spätblumenkohl gepflanzt sein muß.

Verwendet werden die Pflanzen, die man sich durch Aussaat im Juni (s. Ratschlag 1119) selbst herangezogen hat. Das Saatbeet muß einen Tag, bevor man die Pflanzen entnimmt, gründlich gegossen werden, damit sie einen kleinen Erdballen behalten.

1336 Spätblumenkohl pflanzt man so, wie es im Ratschlag 1120 erläutert ist.

Vor allem muß fest gepflanzt und anschließend angegossen werden. Wer Bodenbedeckung anwendet, gießt erst nach dem Aufbringen. In diesem Falle überbraust man das ganze Beet durchdringend.

1337 Wer seine Pflanzen zum Spätanbau von Blumenkohl nicht selbst anzieht, muß beim Einkauf ganz besonders auf ihre Beschaffenheit achten.

Das betrifft nicht nur die Qualität, sondern auch ihren Gesundheitszustand. Pflanzen mit kleinen Verdickungen an den Wurzeln sind entweder von der Kohlhernie oder vom Kohlgallenrüßler befallen und darum abzulehnen. Auch die richtige Sorte ist wichtig.

1338 Im Laufe des Juli erntefertig werdender Blumenkohl muß etwa 2 Wochen vorher noch eine Nährstoffgabe erhalten.

Man gibt sie am besten als stickstoffreiche Nährlösung aus einem Düngergemisch (siehe Ratschlag **1334**) in 0,3 %iger Konzentration.

1339 Etwa Mitte Juli erreicht der im Mai gepflanzte Brokkoli die Schnittreife.

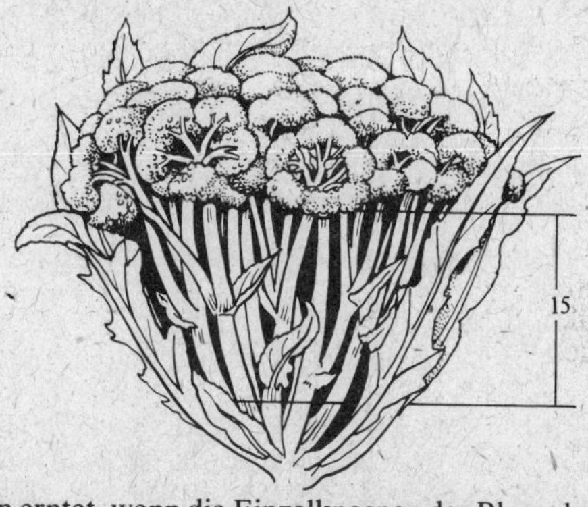

Man erntet, wenn die Einzelknospen der Blume bereits gut ausgebildet, aber noch fest geschlossen sind. Besonders bei sehr warmer Witterung darf dieser Zeitpunkt nicht verpaßt werden, weil die Blumen bzw. auch die Einzelknospen relativ schnell auflockern und damit an Qualität verlieren. Bei der Ernte ist zu beachten, daß vom Brokkoli außer der „Blume" auch die dickfleischigen, zarten Stengel verwendet werden („Spargelkohl"). Man schneidet deshalb etwa 15 cm unterhalb der Blume.

1340 Nach der Ernte der Mittelblume treibt Brokkoli aus den Blattachseln wieder Nebensprosse mit kleineren Blumen.

Dadurch kann sich die Ernte bei guter Pflanzenentwicklung bis in den September erstrecken. Vorausset-

zung ist, daß die Pflanzen regelmäßig bis Ende August gedüngt und bewässert werden.

1341 Die zweite Julihälfte ist der günstigste Termin für die Aussaat des Chinakohls.
Bei Aussaaten vor dem 15. Juli besteht die Gefahr des Schossens, während eine Saat nach dem 1. August zu ungenügender Kopfentwicklung führen kann. Chinakohl ist also eine ausgesprochene Nachfruchtkultur, bringt aber, gemessen an der kurzen Entwicklungszeit, einen sehr hohen Ertrag.

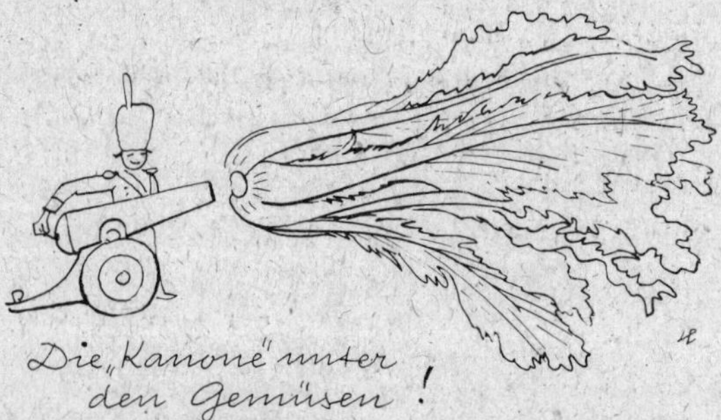

1342 Chinakohl stellt relativ hohe Ansprüche an Klima, Boden und Vorfrucht.
Er verträgt naßkalte Witterung nicht gut und reagiert darauf mit Wachstumsstockungen und Fäulnis. Außerdem gehört er zu den windempfindlichsten Gemüsearten, so daß er in etwas geschützter Lage angebaut werden sollte. Kurze Nachtfröste von −6 °C übersteht er, längere Kälte jedoch nicht. Die Bodenansprüche gleichen denen des Blumenkohls.
Voraussetzung für den Anbauerfolg ist ein hoher Humusgehalt sowie gute Wasserversorgung. Chinakohl läßt sich nach allen Gemüsearten anbauen, die bis Juli geerntet sind. Ein Anbau nach Kohlarten muß allerdings unterbleiben.

1343 Zwecks Einsparung von Saatgut sät man Chinakohl am besten in Horsten aus.

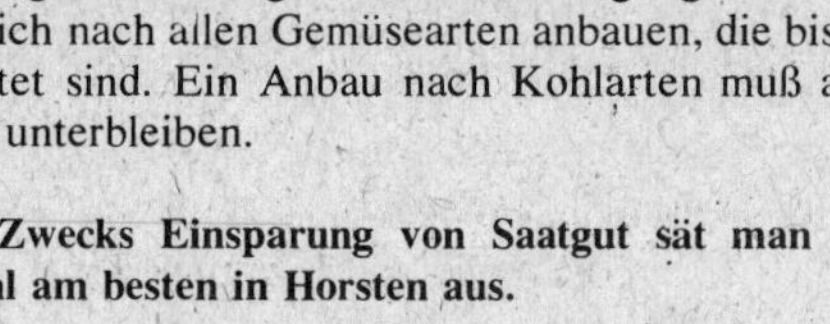

Der Reihenabstand beträgt 40 cm. In der Reihe legt man im Abstand von 30 oder 40 cm 3 bis 4 Körner. Nach dem Auflaufen wird auf eine Pflanze vereinzelt.

1344 Vollernten von Buschbohnen aus dem Spätanbau kann man nur erwarten, wenn der 15. Juli als Aussaattermin nicht überschritten wird.

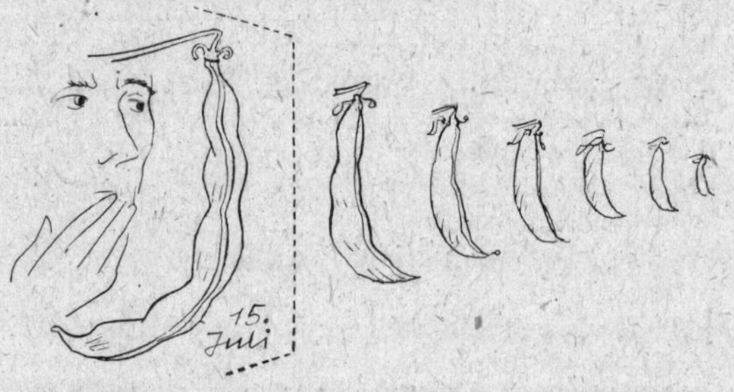

Alle später ausgesäten Buschbohnen ergeben nur einen kümmerlichen Ertrag, weil nach dem 15. September vor allem die Nächte schon zu kalt sind. Die Früchte (Hülsen) der Bohnen entwickeln sich dann nicht mehr. Über die Aussaat ist unter Ratschlag **897** nachzulesen. Für diesen Spätanbau sind nur Sorten mit kurzer Entwicklungszeit zu verwenden.

1345 Das Kraut der abgeernteten Buschbohnen sollte man nicht ausreißen, sondern dicht über dem Boden abschneiden.
Auf diese Weise bleiben die Wurzeln im Boden und mit ihnen der von den Knöllchenbakterien produzierte Stickstoff. Er kommt der Nachfolgekultur zugute. Außerdem bereichert das Wurzelwerk den Boden mit Humusstoffen.

1346 Bei den Eierfrüchten erscheinen ab Ende Juli an den Seitentrieben die Blüten.
Nachdem sie angesetzt haben, schneidet man den oberen Teil des Haupttriebes weg. Die Seitentriebe schneidet man ebenfalls über dem jeweils 2. Fruchtansatz, um die Fruchtentwicklung zu fördern. Alle unnützen und nichtfruchtenden Triebe werden unterdrückt und gestutzt. Bei großfrüchtigen Sorten sollte man je Pflanze nicht mehr als 3 bis 4 Früchte belassen.

1347 Wenn man große saftige Früchte ernten will, müssen die Eierfrüchte (Auberginen) im Laufe des Juli zwei Nährlösungen erhalten.

Zum Ansetzen der 0,3 %igen Nährlösungen verwendet man einen Volldünger, der die 3 Hauptnährstoffe Stickstoff, Phosphorsäure und Kali in etwa gleichem Verhältnis enthält. Mit der Nährlösung darf man die Blätter der Pflanzen nicht treffen.

1348 Winterendivien gedeihen am besten auf mittelschweren bis leichten Böden mit hohem Humusgehalt.
Sie bevorzugen eine geschützte, sonnige Lage und haben einen hohen Wasserbedarf. Winterendivien stehen sehr gut nach Erbsen, auch nach Frühmöhren und anderen Gemüsearten, die bis dahin die Fläche räumen. Ein Anbau nach Salat ist zu vermeiden. Winterendivien wünschen eine neutrale bis schwach alkalische Bodenreaktion.

1349 Winterendivien werden am besten ab Mitte Juli gepflanzt.
Dazu verwendet man die im Juni (s. Ratschlag **1130**) auf einem Freilandsaatbeet herangezogenen Pflanzen. Winterendivien breiten sich flach am Boden aus und verlangen darum Abstände von 30 cm × 30 cm. Je m^2 sind also nur etwa 10 Pflanzen erforderlich. Vor dem Pflanzen sind 30 bis 40 g/m^2 Volldünger einzuarbeiten.

1350 Flaches Pflanzen ist die Vorbedingung zur optimalen Entwicklung der Winterendivien.
Tiefer, als sie im Saatbeet gestanden haben, dürfen sie nicht in die Erde kommen. Zu tiefes Pflanzen wirkt sich wie eine Wachstumsstörung aus. Es kann sogar zur Schosserbildung führen.

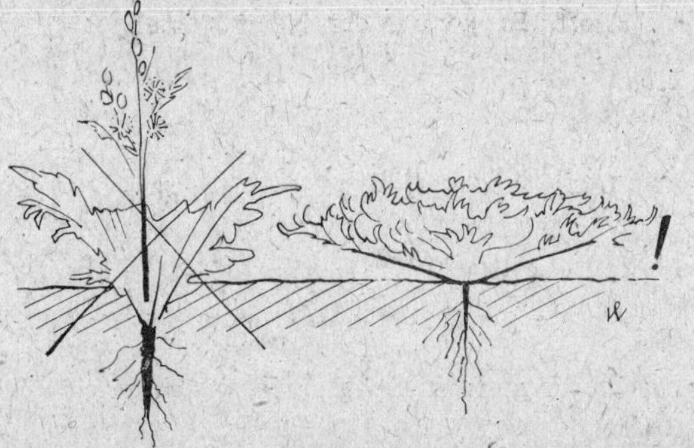

1351 Die nicht selbst schließenden Sorten der Sommerendivien muß man etwa 8 bis 10 Tage vor der Ernte binden.

Durch das Binden werden vor allem die Innenblätter besonders zart und schmackhaft. Sommerendivien nennt man auch Bindesalat. In manchen Gegenden bezeichnet man sie als Römischen Salat.

1352 Wer sein Frühbeet oder Kleingewächshaus mit Winterendivien nutzen möchte, muß in der ersten Julihälfte auf ein Freilandsaatbeet aussäen.
Von der Aussaat bis zur Pflanzung vergehen 4 bis 6 Wochen, so daß die fertigen Pflanzen ab Mitte August zur Verfügung stehen. Was man bei der Aussaat zu beachten hat, ist unter Ratschlag 1130 gesagt.

1353 Im Juli erntefertig werdende Markerbsen muß man grün pflücken, denn sie eignen sich nicht zum Trocknen.
Im Gegensatz zu den Schalerbsen werden getrocknete Körner von Markerbsen beim Kochen nicht weich. Darum darf man bei den Markerbsen den richtigen Zeitpunkt zum Grünpflücken nicht verpassen. Er ist gekommen, wenn die Körner wohl gut ausgebildet, aber noch weich sind. Die Hülsen müssen noch frischgrün aussehen.

1354 Wenn man auf den abgeernteten Erbsenbeeten die Wurzeln beim Abräumen im Boden läßt, kommt die Nachfrucht in den Genuß zusätzlichen Stickstoffs.

Man schneidet darum das Kraut dicht über dem Erdboden ab. Die Wurzeln der Erbsen sind wie die der Bohnen mit Knöllchen der stickstoffsammelnden Bakterien besetzt.

1355 Grünkohl kann noch im ganzen Juli gepflanzt werden.
Ende Juli kann man den Abstand in der Reihe auf 30 cm verringern.

1356 Bei den Gurken gehören Gießen und Düngen zu den wichtigsten Juliarbeiten.
Dazu sind die im Ratschlag **1142** gemachten Angaben zu beachten. Beim Bodenlockern durch Hacken ist Vorsicht am Platze, weil Gurkenwurzeln sich dicht

unter der Oberfläche hinziehen. Wo Bodenbedeckung gegeben wurde, ist das Hacken nicht nötig.

1357 Je früher man die Gurkenfrüchte erntet, um so schneller entwickeln sich die nachfolgenden.

Läßt man sie zu lange an der Pflanze, dann kann es passieren, daß sie einen Teil der Folgefrüchte im Jugendstadium abstößt. Darum ist auch falsch, einzelne Gurken als Samenfrüchte oder Senfgurken hängenzulassen. Wer diese Absicht hat, muß an einer oder mehreren Pflanzen alle Gurken hängenlassen.

1358 Gurkenfrüchte darf man nicht von den Ranken reißen, sondern muß sie mit einem Messer abschneiden.
Beim Abreißen ist das Beschädigen der Triebe kaum zu vermeiden. Es kann zum Absterben ganzer Ranken führen.

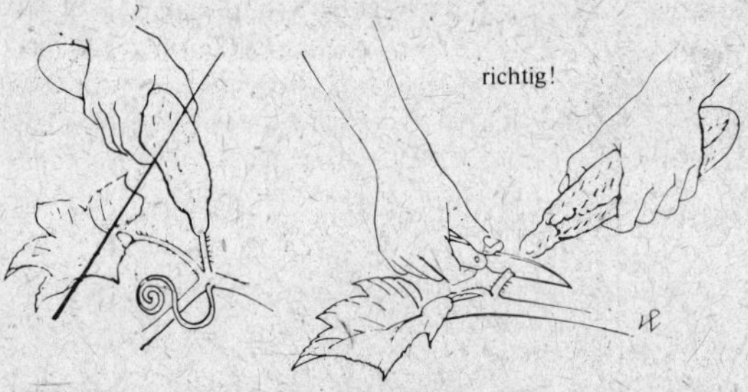

1359 Wachstumsstockungen führen bei den Gurken häufig zum Bitterwerden der Früchte.
Sie können durch wechselhaftes Wetter entstehen, aber auch durch unsachgemäße Behandlung. Darum ist vor allem Ratschlag **1142** zu beachten.

1360 Frühkartoffeln sollte man erst ernten, wenn die Knollen gut ausgereift sind.

Am besten wartet man, bis das Kraut sich gelblich verfärbt. Die Kartoffelknollen sind dann viel schmackhafter und auch ergiebiger. Man glaubt gar nicht, wie groß die Gewichtszunahme innerhalb von zehn Tagen ist.

1361 Wo der Platz für den Spätanbau von Kohlrabi erst Ende Juli frei wird, sollten nur Sorten mit kurzer Entwicklungszeit gepflanzt werden.
Der letzte Pflanztermin für Sorten vom Typ „Blauer Speck" liegt in der Zeit um den 10. Juli. Der Pflanzabstand beträgt 30 cm × 30 cm. Nach Mitte Juli sind nur noch Frühsorten zu verwenden. Bei ihnen genügt eine Standweite von 25 cm × 25 cm.

1362 Der Juli ist der geeignetste Zeitpunkt zum Pflanzen von Kohlrüben für Speisezwecke.

Bei Kohlrüben für Speisezwecke kommt es nicht auf die Größe an, sondern auf die Zartheit und den Wohlgeschmack. Diese Eigenschaften lassen bei den früher gepflanzten Kohlrüben oft zu wünschen übrig.

1363 Kohlrüben müssen recht fest gepflanzt werden und verlangen Pflanzabstände von 40 cm × 30 cm.

Je m² braucht man nur etwa 8 Pflanzen. Von der Beschaffenheit der Pflanzen hängt es ab, ob die Kohlrüben schnell ein- und weiterwachsen. Sie dürfen auf keinen Fall zu groß, überständig oder geil gewachsen sein. Pflanzen mit diesen Mängeln wachsen nicht nur schwer ein, sondern neigen auch oft zur Schosserbildung. Sie liefern verholzte, für die Speisezwecke ungeeignete Knollen.

1364 Obwohl die Kohlrüben in bezug auf Bodenverhältnisse nicht wählerisch sind, darf es ihnen nicht an Nährstoffen fehlen.
Mit Ausnahme von reinem Sand und Ton gedeihen Kohlrüben auf allen Bodenarten, sofern ihnen Wasser und Dünger zur Verfügung stehen. Frischen Stalldung vertragen sie aber schlecht und gehören deshalb in die 2. Tracht.

1365 Zum Augustanbau von Kopfsalat kann man ab Anfang Juli wieder Frühsorten aussäen.
Die Hauptentwicklung des Salats fällt dann in die nicht mehr zu heiße Zeit, so daß es auch bei ausgesprochenen Frühsorten zur guten Kopfbildung kommt. Voraussetzung ist, daß man genügend Wasser und Nährstoffe geben kann. Über Aussaat siehe Ratschlag **611**.

1366 Anfang Juli ist der letzte Termin zum Entfernen der Seitenwurzeln beim Meerrettich (vergleiche Ratschlag 1157).
Die abgeschnittenen Seitenwurzeln lassen sich zum Einlegen von Gurken verwenden. Sie halten sich längere Zeit frisch, wenn man sie in feuchten Sand einschlägt.

1367 Starke Meerrettichstangen erzielt man nur, wenn im Juli mindestens zweimal gedüngt wird.
Mit dem Düngen kann man etwa eine Woche nach dem Entfernen der Seitenwurzeln beginnen (Ratschlag **1366**). Zu jeder Düngung streut man auf 1 m^2 etwa 30 g eines stickstoffreichen Düngergemischs (s. Ratschlag **1334**) aus. Nachfolgendes Einhacken und Gießen bringt die Nährstoffe in den Wurzelbereich des Meerrettichs.

1368 Möhrenaussaat ist auch Anfang Juli noch möglich, wenn man frühe Sorten verwendet.
Für diesen Aussaattermin eignen sich kurze und mittellange Sorten. Sie benötigen vom Aufgang bis zur Ernte, je nach Sorte, 75 bis 95 Tage und bringen im Oktober noch Vollernten (Sorten siehe S. 357).

1369 Die auf Seite 357 genannten Möhrenarten benötigen nur einen Reihenabstand von 15 bis 18 cm.
Trotzdem sollte man je m^2 Anbaufläche nur reichlich 0,5 g ausstreuen. Was sonst zur Aussaat zu sagen ist, kann unter Ratschlag **344** bis **346** nachgelesen werden.

1370 Im Mai und früher ausgesäte Möhren für den Herbst- und Winterbedarf erhalten im Juli wöchentlich eine Nährstoffgabe.
Dabei darf man aber den Stickstoff nur vorsichtig anwenden. Mit Stickstoff überfütterte Möhren halten sich nämlich nicht und faulen in der Miete. Am wichtigsten ist das Kali für Möhren. Darum verwendet man einen Volldünger, der wenig Stickstoff und viel Kali enthält. Aus diesem Dünger stellt man eine 0,2 %ige Nährlösung her und überbraust damit die Möhrenbeete. Anschließend ist mit reinem Wasser stark nachzubrausen.

1371 Um im August große und saftige Paprikafrüchte ernten zu können, darf man im Juli nicht mit Nährstoffen sparen.

Als Nährlösungen verwendet man die unter Ratschlag **1370** angegebenen. Sie dürfen aber nicht auf die Blätter der Pflanzen gelangen. Gedüngt wird wöchentlich einmal.

1372 Wer den Paprika im Kleingewächshaus, Frühbeetkasten oder Folienhaus kultiviert, kann bereits in der letzten Julidekade mit der ersten Ernte rechnen.
Das gilt besonders für frühreifende Sorten mit schwächerem Wuchs und meist kegelförmigen gelben oder gelblich-grünen Früchten. Die Paprikafrüchte können geerntet werden, sobald sie eine Länge von etwa 8 cm sowie 4 bis 5 cm Durchmesser erreicht haben.

1373 Wer seinen Porree erst Anfang Juli pflanzt, kommt mit Reihenabständen von 20 cm aus.
Über das Pflanzen ist in den Ratschlägen **983** bis **985** nachzulesen. So tief wie dort angegeben, braucht er aber nicht gepflanzt zu werden. Es genügt eine Tiefe von 10 cm, weil er weder so starke noch so lange Stangen entwickelt wie bei der Maipflanzung. Der Abstand auf der Reihe bleibt aber der gleiche (15 cm).

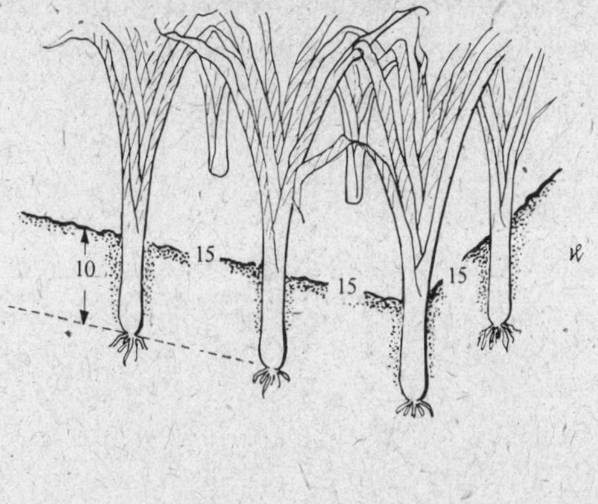

1374 Der im Mai und Anfang Juni gepflanzte Porree verlangt im Juli viel Nährstoffe, Wasser und laufende Hackarbeit.
Beim Porree kann man im Juli noch stickstoffreiche Volldünger anwenden. Zum Bereiten der 0,3%igen Nährlösung verwendet man am besten ein Gemisch von Volldünger (s. auch Ratschlag **1370**) und einem reinen Stickstoffdünger im Verhältnis 1:1. Damit wird wöchentlich einmal gegossen. Da der Porree mit den Wurzeln sehr tief steht, ist für gute Durchlüftung des Bodens zu sorgen. Darum nach jedem Regen und Gießen bzw. Düngen hacken, sobald der Boden oberflächlich abgetrocknet ist.

1375 Für Puffbohnen gilt auch im Juli das, was in den Ratschlägen 1163 bis 1165 gesagt wird.
Die Hauptsache ist also das Bekämpfen der schwarzen Bohnenlaus, das Düngen und ausreichendes Gießen. Während der Erntezeit düngt man die Puffbohnen aber nur noch wöchentlich einmal und verwendet dazu eine 0,2%ige Lösung.

1376 Für Radieschen braucht man bei Juliaussaaten keinen besonderen Platz, wenn man sie mit dem Chinakohl (Ratschlag 1343) zusammen aussät.

Man benutzt dazu die Zwischenräume, die bei der Horstaussaat (Ratschlag **1343**) entstehen. Zwischen den einzelnen Horsten bleiben mindestens 35 cm auf den Reihen frei, so daß man etwa 6 Radieschensamen auslegen kann. Auch zwischen den Reihen kann man eine Reihe Radieschen dibbeln. Die Radieschen sind erntefertig, bevor der Platz vom Chinakohl benötigt wird.

1377 In den letzten Julitagen beginnt man mit der Aussaat von Feldsalat (Rapünzchen) für den Herbstverbrauch.

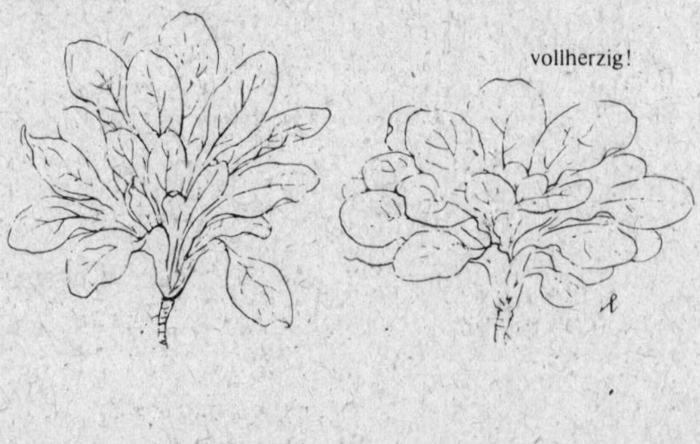

Sie werden in der zweiten Oktoberhälfte erntefertig. Da Feldsalat unter den in dieser Zeit oft auftretenden Frösten nicht leidet, hat man bis in den Dezember hinein frisches wohlschmeckendes Salatgemüse.

1378 Reihenweise Aussaat ist bei Feldsalat bedeutend besser als die oft noch angewandte Breitsaat.

Die Reihen braucht man nur 12 cm auseinander zu legen, so daß auf ein Normalbeet (1,20 m) 10 gehen. Auf der Reihe muß der Samen so weitläufig ausgestreut werden, daß 3 g auf 1 m^2 Aussaatfläche reichen. Feldsalatsamen darf nur flach in die Erde gelangen. Die Rillen zieht man darum nur mit dem Harkenstiel.

1379 Außer auf schweren Lehmböden gedeiht Feldsalat auf jedem Gartenboden, der einigermaßen nährstoffreich ist.
Es spielt auch keine Rolle, ob der Boden in 1. oder 2. Tracht steht. Die Hauptsache ist eine freie, sonnige Lage. Am besten wächst Feldsalat auf sandigen Lehmböden mit viel Humus.

1380 Anfang bis Mitte Juli ist die günstigste Zeit für die Aussaat der Herbst- und Winterrettiche.
An Boden und Klima stellt der Herbst- bzw. Winterrettich keine besonderen Ansprüche. Extrem leichte und besonders schwere Böden sind allerdings weniger gut geeignet und können sich negativ auf die äußere und innere Knollenqualität auswirken.

1381 Herbst- und Winterrettiche benötigen je nach Sorte bis zur Ernte eine Entwicklungszeit von 90 bis 120 Tagen.

Die Knollen werden recht groß und entwickeln sich nur optimal bei entsprechendem Pflanzenabstand. Auf einem Normalbeet (1,20 m) sät man 4 Reihen aus, was einem Abstand von 30 cm entspricht. In der Reihe wird horstweise mit 15 cm Abstand gesät. Je Horst legt man 2 bis 3 Samen aus, aber nicht tiefer als 2 cm. Sobald sich die Keimblätter voll entwickelt haben, verzieht man auf eine Pflanze je Horst.

1382 Für Herbst- und Winterrettiche gilt in bezug auf das Wasser, was bereits zu den Radies gesagt wurde (s. Ratschlag 958).

Beim Düngen ist zu beachten, daß der Winterrettich nicht zu viel Stickstoff erhält, damit sich die Knollen im Lager gut halten. Darum sind stickstoffarme Volldünger am geeignetsten. Die erste Nährlösung erhalten die Herbst- und Winterrettiche bereits beim Verziehen.

1383 Das Düngen des Rhabarbers im Juli trägt wesentlich zu einer guten Ernte im nächsten Jahre bei.

Die Julidüngung ist beim Rhabarber die letzte des Jahres und darf darum auf keinen Fall versäumt werden. Je m² Anbaufläche rechnet man 20 g Volldünger und dieselbe Menge eines schnell wirkenden Stickstoffdüngers. Nach dem Ausstreuen wird der Dünger flach eingehackt und anschließend durch Gießen in den Bereich der Wurzeln gebracht. In Form einer Nährlösung kann man den Dünger ebenfalls geben.

1384 Rosenkohl setzt gutentwickelte Röschen nur an, wenn er im Juli reichlich Wasser und Nährstoffe erhält.

Bis zum Ansatz der Röschen kann man mit stickstoffreichen Düngermischungen arbeiten, wie sie im Ratschlag **1383** vorgeschlagen werden. Beim Rosenkohl stellt man daraus 0,2%ige Lösungen her, die einmal wöchentlich zu geben sind. Jede auch noch so kurze Trockenperiode muß durch reichliche Wasserzufuhr überbrückt werden.

1385 Wer über einwandfreie Pflanzen verfügt, kann Rote Rüben auch noch in der ersten Julihälfte pflanzen.

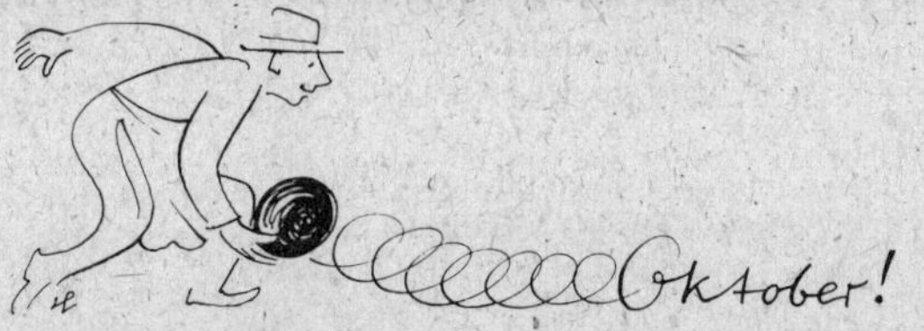

Die Rüben werden dann bis Anfang Oktober noch so groß, daß der Anbau lohnt. Je Normalbeet kann man 4 Reihen pflanzen, wenn auf der Reihe ein Abstand von 20 cm gegeben wird. Je m² braucht man rund 17 Pflanzen. 100 Pflanzen reichen also für ein 5 m langes Beet.

1386 Wenn Rotkohl erst Anfang Juli gepflanzt wird, erzielt man nur mit kräftigen Pflanzen einer frühen Sorte gute Erträge.

Man darf also nur die Sorten mit der kürzesten Entwicklungszeit verwenden, die in ungefähr 95 bis 110 Tagen erntefertig sind. Sie sind mit Pflanzenabständen von 50 cm × 50 cm zufrieden. Engeres Pflanzen verzögert die Entwicklung.

1387 Das Gießen und Düngen der im Mai gepflanzten Spätkohlsorten darf man auch im Juli nicht vernachlässigen.

Was dabei zu beachten ist, kann im Ratschlag **1175** nachgelesen werden. Auch der Ratschlag **1176** ist wichtig.

1388 Beim Flug des Kohlweißlings sind alle Kohlarten, auch der Kohlrabi, durch die Eiablage gefährdet.

In manchen Jahren kommt es durch die Raupen des Kohlweißlings zum Kahlfraß. Dem ist leicht vorzubeugen, wenn man anstatt der Raupen die Eier vernichtet. Man findet sie als größere oder kleine Häufchen an der Unterseite der Kohlblätter. Durch ihre gelbe Färbung sind sie kaum zu übersehen. Sie lassen sich leicht zerdrücken.

1389 Wer das Eierlegen seiner Hühner fördern will, sollte auf jedes freie Plätzchen im Juli noch einmal Pflück- und Schnittsalat aussäen.
Pflücksalat erhält Reihenabstände von 20 bis 25 cm. Beim Schnittsalat genügen 15 cm. Auf den Reihen wird so dünn ausgesät, daß je m^2 Anbaufläche 2 g Samen notwendig sind.

1390 Schwarzwurzeln verlangen auch im Juli laufend Nährstoffgaben und viel Hackarbeit.
Zum Düngen im Juli nimmt man einen kalireichen und stickstoffarmen Volldünger. Ob man je m^2 20 g trocken ausstreut oder als 0,2%ige Nährlösung gibt, spielt keine Rolle. Alle zwei Wochen ist eine Düngung notwendig. Regelmäßige Bodenlockerung trägt wesentlich zur guten Entwicklung der Wurzeln bei.

1391 Beim Sellerie beginnt im Juli das Hauptwachstum. Darum sind jetzt Wasser und Nährstoffe die Hauptsache.
Da kalireiche Dünger für die Haltbarkeit der Knollen sehr wichtig sind, verwendet man die unter Ratschlag **1370** genannten. Im Juli kann ihnen noch ein reiner Stickstoffdünger (s. auch Ratschlag **1374**) beigegeben werden. Im übrigen geht man beim Düngen des Selleries so vor, wie im Ratschlag **1181** angegeben ist. Bei der Behandlung des Selleries sind die Ratschläge **1180** und **1182** zu beachten.

1392 Öfteres Hacken fördert die Entwicklung des Spargelkrautes und trägt wesentlich zur Erhöhung der nächstjährigen Ernte bei.
Das gilt für den Bleichspargel ebenso wie für den Grünspargel. Die Spargeltriebe darf man beim Hacken nicht beschädigen.

1393 Den Spargelschädlingen und -krankheiten gehört auch im Juli unsere besondere Aufmerksamkeit.
Näheres darüber ist aus den Ratschlägen **1188** und **1189** zu ersehen.

1394 Ende Juli kann man mit der Spinataussaat für den Herbstbedarf beginnen.

Reihenabstände von 15 cm sind ausreichend. Auf der Reihe wird der Samen so dünn ausgestreut, daß je m^2 Anbaufläche nicht mehr als 5 g zu liegen kommen. Die Aussaatrinnen macht man so tief, daß die Samen etwa 2 cm mit Erde bedeckt sind.

1395 Zum Erzielen einer großen Ernte bei Stangenbohnen sind regelmäßige Nährstoffgaben unerläßlich.
Beim Düngen kann man wie im Juni vorgehen (s. Ratschlag **1190**). Bei Nährstoffmangel bleiben die Hülsen zu klein.

1396 Bei den Tomaten sind Düngen und Ausbrechen der Seitentriebe die wichtigsten Maßnahmen im Juli.
Darüber berichten die Ratschläge **1192** und **1193**. Wer Buschtomaten angebaut hat, sollte den Ratschlag **1194** besonders beachten.

1397 Zum Pflanzen von Weißkohl und Wirsing eignen sich im Juli nur Frühsorten mit kurzer Entwicklungszeit.

Soweit man die Pflanzen nicht selbst herangezogen hat (s. Ratschlag **1195**), sollte man beim Pflanzenkauf auf diesen Punkt besonders achten.
Sie brauchen vom Pflanzen bis zur Ernte nur reichlich zwei Monate, so daß sie auch bei einem ungünstig verlaufenden Herbst bis zum Oktober noch fertig werden. Die genannten Sorten eignen sich nicht zum Aufbewahren für den Winterbedarf.

1398 Chicorée verlangt zwar selten zusätzliche Wassergaben, aber regelmäßige Nährstoffzufuhren und Bodenlockerung.
Im Juli gibt man ihnen einmal einen reinen Stickstoffdünger und etwa zwei Wochen später einen Volldünger mit viel Kali (s. auch Ratschlag **1370**). Der Dünger wird trocken zwischen die Pflanzen gestreut und leicht eingehackt. In Trockenperioden bringt man ihn durch gründliches Gießen in den Wurzelbereich. Beim Aus-

streuen des Düngers dürfen die Blätter des Chicorée nicht getroffen werden. Das Hacken ist mindestens einmal wöchentlich notwendig.

1399 Damit der Zuckermais große saftige Kolben entwickeln kann, muß er auch im Juli zwei Nährstoffgaben erhalten und mehrmals gehackt werden.

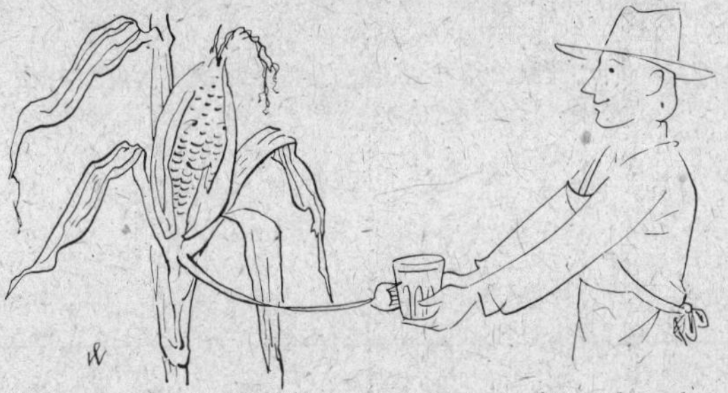

Ob man dazu Nährlösungen verwendet oder den Dünger trocken zwischen die Pflanzen streut, ist unwichtig. Die Hauptsache ist, daß die Nährstoffe durch öfteres Gießen in den Bereich der Wurzeln gebracht werden. Hacken sollte man in wöchentlichen Abständen, sofern keine Bodenbedeckung gegeben wurde.

1400 Die ausgesäten Zwiebeln muß man im Juli noch in flottem Wachstum erhalten und entsprechend düngen.

Zum Düngen verwendet man aber Volldünger mit wenig Stickstoff, wie sie unter Ratschlag **1370** genannt sind. Im Juli düngt man zweimal mit einer 0,2%igen Lösung. Steckzwiebeln erhalten im Juli keine zusätzlichen Nährstoffe. Den Zwiebeln, die als Steckzwiebeln für das nächste Jahr angebaut wurden, gibt man die vorgenannte Lösung im Juli nur einmal.

1401 Basilikum erntet man im Laufe des Juli zum Trocknen, wenn die Pflanzen mit dem Blühen gerade beginnen.
In diesem Zustand hat Basilikum die beste Würzkraft. Um sie zu erhalten, muß sehr schnell getrocknet werden. Darum macht man von dem kurz über dem Boden abgeschnittenen Kraut nur kleine Bündel. Sie werden recht luftig, aber schattig aufgehängt. Wer die Blätter von den Trieben abstreift, muß auf Sieben trocknen. Das völlig getrocknete Erntegut wird in luftdichten Gefäßen aufbewahrt. Die Behälter sind dunkel aufzustellen.

1402 Das Basilikum treibt nach dem ersten Schnitt noch einmal durch und liefert einen zweiten, wenn es ihm nicht an Nahrung fehlt.
Darum gibt man gleich nach dem Abschneiden eine Nährlösung. Dazu wird eine Düngermischung verwendet, wie sie unter Ratschlag **1374** erwähnt wurde. Die Nährlösung ist 0,3%ig anzusetzen. Nach zwei Wochen ist das Düngen zu wiederholen.

1403 Vom Basilikum sollte man bei der Ernte einige Pflanzen stehen lassen, um ständig frische Blätter zur Verfügung zu haben.
Von diesen Pflanzen kann man später auch die ausgereiften Samen verwenden. Getrocknet haben sie einen feinen, pfefferartigen Geschmack und lassen sich in der Küche recht gut entsprechend verwenden.

1404 Beim Bohnenkraut liegt die beste Würzkraft in der Zeit kurz vor dem Knospenansatz und dann noch einmal in der Vollblüte.
Zum Trocknen für den Winterbedarf wartet man am besten die Vollblüte ab. Aromatisches Trockengut erhält man vom Bohnenkraut nur, wenn das beachtet wird, was beim Basilikum (s. Ratschlag **1401**) gesagt ist.

1405 Bohnenkraut muß beim Abschneiden trocken sein.
Es darf auch nicht gewaschen werden. In staubdichten Beuteln aufbewahrt, behält es seine Würzkraft bis zur nächsten Ernte.

1406 Vom Kerbel (Gartenkerbel) kann man auch im Juli noch Folgeaussaaten machen.
Je m^2 Anbaufläche braucht man 1 g Samen. Im Juli

kommt man mit einem Reihenabstand von 15 cm aus. Zu beachten ist, daß der Samen nur ganz wenig mit Erde bedeckt wird.

1407 Die Reife und damit auch die Ernte der Kümmelfrüchte fällt im allgemeinen in die Monatswende Juni/Juli.

Sie richtet sich wesentlich nach dem Wetterablauf. Da die Kümmelfrüchte sehr leicht ausfallen, darf man den richtigen Erntetermin nicht verpassen. Er ist gekommen, sobald sich die Früchte braun färben. Beim Ernten schneidet man mit der Gartenschere nur die Fruchtstände ab. Sie werden in Taschenschürzen gesammelt, damit keine Verluste entstehen. Wichtig ist, daß man in den frühen Morgenstunden schneidet, wenn noch der Tau auf den Pflanzen liegt. Zum Nachreifen und gründlichen Trocknen legt man das Erntegut in dünner Schicht auf Tücher. Der Raum muß trocken und luftig sein. Damit die Kümmelkörner nicht schimmeln, muß das Erntegut laufend gewendet werden. Mit Fliegengaze bespannte Holzrahmen eignen sich zum Trocknen noch besser als Tücher, weil bei ihnen die Luft auch von unten Zutritt hat. Bevor die Kümmelkörner in die Gefäße zum Aufbewahren kommen, müssen sie vollkommen trocken sein.

1408 Beim Majoran nimmt man den ersten Schnitt zum Trocknen vor, sobald sich die Blütenknospen entwickelt haben.

Man geht dabei so vor wie beim Basilikum (s. Ratschlag **1401**). Auch beim Majoran kann man die Blätter von den Trieben streifen. Das geschieht aber am besten erst, nachdem die Bündel ganz trocken sind. Die trockenen Blätter muß man sofort in luftdicht schließende Behälter geben, damit keine Würzkraft verlorengeht. Die getrockneten Bündel halten sich in gelochten Folienbeuteln sehr gut.

1409 Der Gewürzpaprika erhält im Juli nur Nährlösungen aus stickstoffarmen Volldüngern.

Die im Ratschlag **1370** genannten eignen sich dazu sehr gut. Wenn man davon nur 0,1%ige Lösungen herstellt, ist wöchentlich eine Gabe anzuraten. Das ist besser, als stärkere Lösungen in größeren Abständen anzuwenden. Beim Düngen und auch beim Gießen sollte man bestrebt sein, die Erde um den Stamm herum trocken zu halten. Andernfalls kann es leicht zur Stammfäule kommen, die die Pflanzen zugrunde richtet.

1410 Wer seine Pfefferminze im Juli zum Trocknen abschneidet, kann bis zum Herbst mit einer weiteren guten Ernte rechnen.

Die Pfefferminze wird abgeschnitten, sobald erkennbar ist, daß die Triebe mit Knospen abschließen wollen, also vor dem Knospenansatz. Der Schnitt erfolgt einige Zentimeter über dem Boden. Beim Ernten müssen die Blätter trocken sein. Man darf sie auch nicht waschen. Pfefferminze muß sehr schnell getrocknet werden, weil sonst Aromaverluste eintreten. Man trocknet nur die von den Trieben abgestreiften Blätter. Zum Trocknen eignen sich Siebe mit entsprechender Maschenweite am besten. Die Siebe sind an einem schattigen, luftigen Ort so aufzustellen, daß die Luft auch von unten einwirken kann. In luftdicht schließenden Gefäßen behalten die trockenen Blätter ihr Aroma am längsten.

1411 Schnittlauch verlangt nach jedem Rückschnitt nicht nur viel Wasser, sondern auch Nährstoffe.
Wenn man Schnittlauch auch gerade nicht braucht, muß er vor der Knospenbildung abgeschnitten werden.

Zum Düngen genügt jeweils bis zum nächsten Rückschnitt eine 0,3%ige stickstoffreiche Nährlösung.

1412 Von den meisten Gewürzkräutern kann man während der ganzen Vegetationsperiode Pflanzenteile ernten.
Darüber ist in den Ratschlägen **1201** bis **1203** nachzulesen.

1413 Auch im Juli darf man das Düngen der Gewürzkräuter nicht außer acht lassen, wenn man gute Ernten erzielen will.

Das trifft vor allem auf die zu, die uns bis zum Herbst die Gewürze für die Küche liefern. Man düngt sie alle zwei Wochen einmal mit einer 0,2%igen Nährlösung. Der dazu verwendete Volldünger oder das Düngergemisch sollte nicht besonders stickstoffreich sein. Durch zuviel Stickstoff leidet fast bei allen die Würzkraft.

1414 Etwa 3 Wochen nach dem Aufbringen der Deckerde kann man mit der ersten Champignonernte rechnen.

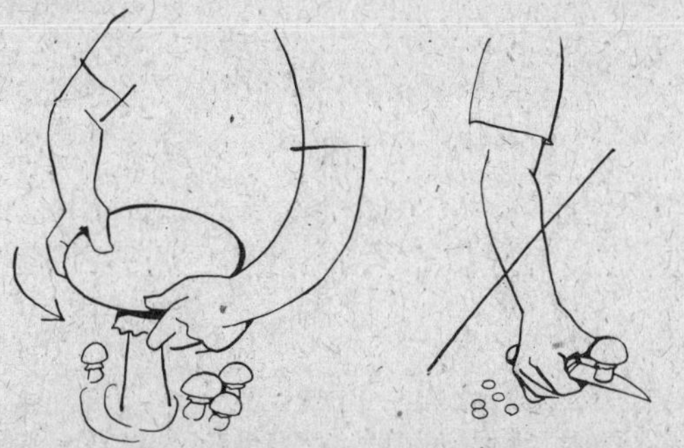

Man läßt die Pilze möglichst groß werden und dreht sie sorgfältig aus dem Beet heraus. Abgeputzte Teile, kranke oder abgestorbene Pilze dürfen nicht auf den Beeten liegen bleiben. Die Pilze erscheinen in mehreren Ertragswellen, und die gesamte Ernteperiode erstreckt sich über einen Zeitraum von 8 bis maximal 12 Wochen. Bei einem normalen Verlauf der Kultur kann man mit einem Ertrag von 5 bis 6 kg/m^2 rechnen.

1415 Während der Ernteperiode darf die Raumtemperatur weder über 18 °C ansteigen noch unter 12 °C absinken.
Man muß gleichzeitig für eine ausreichende Be- und Entlüftung sorgen, um dem Frischluftmangel vorzubeugen, der sich nachteilig auf den Ertrag auswirken kann.
Außerdem ist die Deckerde gleichmäßig feucht zu halten. Bei hoher Luftfeuchtigkeit wird man mit zwei- bis dreimaligem Gießen pro Woche auskommen. Für jede Bewässerung rechnet man mit etwa 1 l Wasser je m^2 Beetfläche und muß darauf achten, daß kein Wasser durch die Erdschicht in das Substrat eindringt. Von Zeit zu Zeit sind die Beetoberflächen gründlich zu säubern und entstandene Löcher in der Erdschicht mit frischer Deckerde zu überziehen.

1416 Mitte bzw. Ende Juli werden in nicht heizbaren Räumen bzw. Kleingewächshäusern die Beete für die Champignonkultur angelegt.
Kleingewächshäuser muß man unbedingt schattieren und reichlich lüften, um die vorgeschriebenen Temperaturen zu gewährleisten. Ansonsten sind die Ratschläge **1211** bis **1214** zu beachten.

1417 Die Beetoberfläche der Träuschlingskulturen ist ständig etwas feucht zu halten bzw. vor dem Austrocknen zu bewahren.
In regelmäßigen Zeitabständen ist die Deckerde so zu gießen, daß das Wasser nicht in die darunterliegende Substratschicht eindringen kann.

Obstgarten

1418 Bei Erdbeerbeeten, die nur für die Fruchtgewinnung vorgesehen sind, ist nach der Ernte sofort abzuranken.

In Versuchen wurde nachgewiesen, daß das sofortige Abranken im nächsten Jahr einen höheren Ertrag erwarten läßt. Dabei sind die Ranken mit einem Messer vorsichtig von der Mutterpflanze zu trennen. Hand in Hand mit dieser Maßnahme entfernt man das Unkraut und lockert auch den Boden. Das Abranken ist bei Neuzuwachs zu wiederholen.

1419 Über die Wirkung des Entblätterns der Erdbeeren nach der Ernte liegen für unsere Verhältnisse keine eindeutigen Erkenntnisse vor.
Nur bei der Sorte 'Senga Sengana' wurde ab 2. Erntejahr ein Mehrertrag erzielt, wenn sofort nach der Ernte, spätestens bis 20. Juli, die Entblätterung erfolgte. Die Entblätterung davor bzw. danach führt stets zu Mindererträgen. Da auf diese Maßnahme die Sorten unterschiedlich reagieren, sollte nur bei starkem Schädlingsbefall oder bei starker Verunkrautung ein Abmähen des Laubes erfolgen.

1420 Erdbeeranlagen sollte man nur zwei, im Höchstfall drei Jahre stehenlassen und dann sofort nach der Beerenernte abräumen.
Auf älteren Pflanzungen geht der Ertrag auch bei bester Pflege so stark zurück, daß die Betreuung nicht mehr lohnt. Bekanntlich erzielt man in der Regel im zweiten Jahr nach der Neupflanzung die höchsten Erträge.

1421 Die Jungpflanzen für geplante Neuanlagen sollte man nur von einjährigen Anlagen nehmen und schon im Juli für das Pflanzen vorbereiten.

Beim Abranken (vergleiche Ratschlag **1418**) sortiert man alle als Jungpflanzen in Betracht kommenden Ausläuferpflanzen in einen Korb für sich. Sie müssen schon Wurzelansätze haben. Schutz gegen Sonne sowie Anfeuchten sind unbedingt erforderlich. Die Jungpflanzen dürfen auf keinen Fall welken. Man pikiert (pflanzt) sie im Abstand von 8 cm × 8 cm bis 10 cm × 10 cm sobald wie möglich auf ein freies Beet, wo sie bis zum Pflanzen stehenbleiben können. Beim Vorbereiten des Beetes arbeitet man recht viel feuchten Torf in die obere Bodenschicht ein. Er beschleunigt und begünstigt die Wurzelentwicklung. Beachte auch Ratschlag **1039**!

1422 Die Erdbeermilbe kann in Trockenperioden große Schäden an den Erdbeerpflanzen anrichten.
Wo sich die jungen Blätter der Erdbeeren nicht richtig entfalten und verunstaltet sind, ist die gefährliche Weichhautmilbe am Werke. Diese Insekten sind weißlich gefärbt und so klein, daß man sie mit dem bloßen Auge nicht erkennen kann. Sie sind nur mit den üblichen Insektiziden erfolgreich zu bekämpfen. Das Spritzen ist mit Abständen von einer Woche mindestens zweimal zu wiederholen. Wo im Sommer die oben beschriebenen Merkmale beobachtet wurden, sollte man im nächsten Jahre vorbeugend damit spritzen. Damit beginnt man etwa zwei Wochen vor der Blüte und spritzt nach einer Woche noch einmal. Jungpflanzen mit nicht normal entwickelten Blättern darf man auf keinen Fall zu Neupflanzungen verwenden.

1423 Der Sommerschnitt der Formobstbestände (auch der Spindeln), der sich in der Hauptsache auf das Entspitzen (Pinzieren) beschränkt, ist im Juli fortzusetzen. zen.
Dabei muß man alles beachten, was in den Ratschlägen **1219** bis **1224** erläutert wurde.

1424 Nährstoffgaben im Juli fördern beim Kern- und Steinobst die Entwicklung der Blütenknospen für das nächste Jahr, die sich schon jetzt bilden.

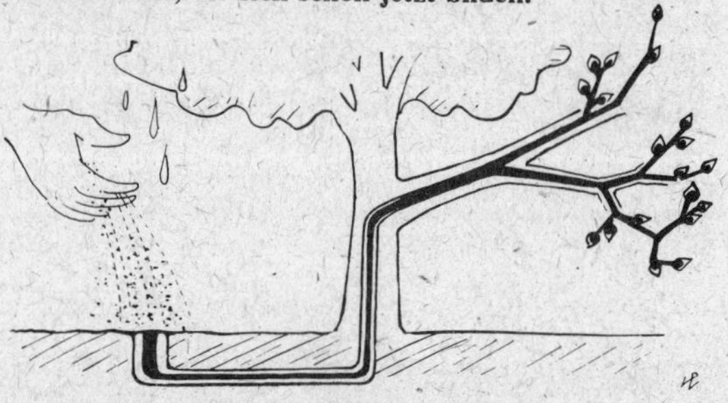

Im Juli sollte man nicht nur das Formobst, sondern alle Obstbäume düngen. Der Dünger wird im Bereich der Kronentraufe und darüber hinaus so ausgestreut, daß auf den Quadratmeter etwa 50 bis 60 g zu liegen kommen. Er muß eingehackt und notfalls durch Gießen in den Wurzelbereich gebracht werden.

1425 Von den im Juli gegebenen Nährstoffen (s. Ratschlag 1424) profitieren auch die noch im Wachstum begriffenen Früchte.
Darum sollte man diese Düngung auf keinen Fall hinauszögern. Auf diese Weise wird manche Frucht am

Baum gehalten, die sonst wegen Nahrungsmangels abgestoßen würde. Das ist vor allem bei Bäumen mit starkem Fruchtbehang wichtig.

1426 An Süßkirschen notwendiges Schneiden sollte man sofort nach der Ernte vornehmen.
Die durch den Schnitt entstehenden Wunden heilt der Baum noch so weit aus, daß Winterschäden unterbleiben. Vor allem wird auch dem Gummifluß vorgebeugt.

1427 Wer an seinen Walnußbäumen aus irgendeinem Grunde Äste abschneiden muß, erledigt dies am besten im Laufe des Juli.
An Walnußbäumen schneidet man nicht gern herum. Das ist auch meist nicht nötig. Den Winterschnitt vertragen sie auf keinen Fall, weil dadurch ganze Astpartien eintrocknen können. Im Juli kann man aber schlecht oder im Wege stehende Äste unbedenklich entfernen. Auch alle abgestorbenen Äste schneidet man jetzt an ihrer Basis ab. Alle Sägewunden werden bei den Walnußbäumen mit dem Messer glattgeschnitten und sorgfältig mit Baumwachs geschlossen.

1428 Durch das rechtzeitige Stützen stark mit Früchten besetzter Obstbäume verhindert man folgenschwere Astbrüche.

Die Stützen sind so anzubringen, daß bei Wind an der Rinde der Äste keine Scheuerschäden entstehen können. Zwischen Stütze und Ast legt man am besten ein Stück alte Fahrraddecke oder ähnliches. Damit die Last der Äste die Stütze nicht in den Boden drückt, wird eine Querlatte angenagelt.

1429 Der 'Klarapfel' wird im allgemeinen schon im Juli erntereif. Er schmeckt am besten, wenn er bis zur Genußreife am Baum bleibt.
Darum sollte man das Ernten so weit wie möglich hinausschieben. Zu früh geerntet, verliert diese Apfelsorte an Geschmack. Außerdem kann man bei den etwa eine Woche länger am Baum gelassenen Früchten eine wesentliche Gewichtszunahme feststellen. Genußreif gepflückte Früchte sind sehr druckempfindlich. Da die Sorte in der Reife folgert, sind nur jeweils die reifen Früchte zu ernten.

1430 Die im Juli reifenden Pfirsische sollte man nicht zu früh ernten, weil sonst das Aroma und auch der Wohlgeschmack leiden.

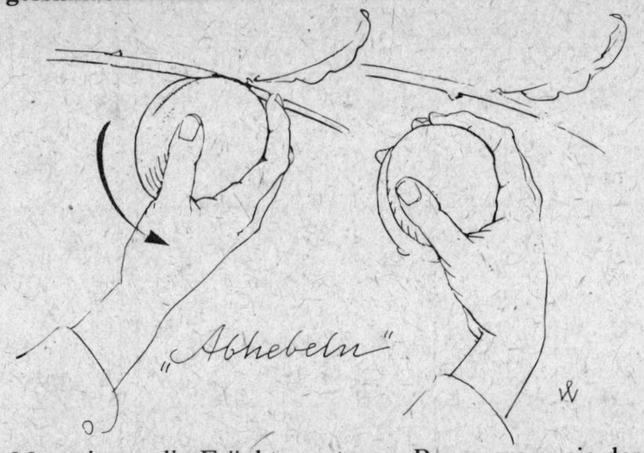

Man nimmt die Früchte erst vom Baum, wenn sie der Sorte entsprechend völlig ausgefärbt sind. Bis zur Genußreife dauert es dann nur einige Tage. Beim Ernten und Lagern muß man die Pfirsiche sehr schonend behandeln. Jede leichte Druckstelle schadet dem Ansehen der Früchte.

1431 Frühbirnen, wie 'Bunte Julibirne' und 'Petersbirne', sind kurz vor der Genußreife zu ernten.
Später gepflückt, werden die meisten Frühbirnen mehlig und teigig. Eine Ausnahme macht die 'Petersbirne'. Sie läßt sich auch etwa 8 bis 10 Tage lagern, ohne an Wert einzubüßen. Alle Frühsorten sollte man nur im pflückreifen Zustand transportieren.

1432 Von den Pflaumen reifen Ende Juli 'Emma Leppermann', 'Frigga' und 'Lützelsachser'.
Da einige Sorten in der Reife folgern, lohnt sich das Durchpflücken. Alle Pflaumen sollte man bis zur Genußreife am Baum lassen. Nur dann haben sie das sortenbedingte Aroma und den guten Geschmack.

1433 Beim Pflaumenpflücken muß man daran denken, daß das Holz dieser Obstart besonders brüchig ist.
Die Leiter muß darum sehr vorsichtig in oder an den Baum gelegt werden. Man versieht sie am besten mit zwei Stützen, so daß die Äste des Baumes entlastet werden. Das sollte man sich auch beim Pflücken anderer Obstarten zur Pflicht machen. Unfälle und Astbrüche lassen sich dadurch weitgehend vermeiden.

1434 Von den Aprikosen werden nur die Sorten 'Ambrosia' und 'Marena' Ende Juli pflückreif, doch nur in günstigen Jahren.

Ähnlich den Pfirsichen sind Aprikosen erst kurz vor der Vollreife zu ernten. Zu früh geerntet, bleiben sie fest und sind ohne Wohlgeschmack. Die genannten Sorten lassen sich pflückreif sehr gut transportieren.

1435 Um Schäden an den Sträuchern zu vermeiden, muß man die Johannisbeeren recht vorsichtig ernten.

Bei manchen Sorten löst sich nämlich der Fruchtstandstiel schwer vom Trieb. Unvorsichtiges Abreißen kann erheblichen Schaden hervorrufen. Das Blatt wird mit abgerissen und das im Blattwinkel sitzende Auge beschädigt.

1436 Walnüsse kann man schon um die Monatswende Juni/Juli grün zum Einmachen ernten.

In diesem Falle darf man sie nicht abschlagen, sondern muß sie pflücken. Dabei ist aber sehr sorgfältig vorzugehen. Vor allem dürfen keine Rindenschäden an den Ästen entstehen.

1437 Alle im Juni begonnenen Arbeiten an den Weinspalieren sind im Juli fortzusetzen.

Darüber ist in den Ratschlägen **1238** bis **1242** nachzulesen. Während der Blütezeit sollte man aber alle Arbeiten am Wein einstellen.

1438 Wichtig ist das Entfernen der Unkräuter, die als Wasserkonkurrenten auftreten.

Gerade das Wasser ist für die Obstbäume in dieser Zeit für die Aufnahme der Nährstoffe sehr wichtig. Muß gewässert werden, so gibt man je m^3 20 bis 30 mm, das heißt 20 bis 30 l Wasser je m^2.

1439 Gegen Ende Juli müssen die Anfang Juni angelegten Wellpappgürtel (s. Ratschlag 1255) sorgfältig geprüft werden.

Alle darunter befindlichen Larven und Puppen sind zu vernichten, auch etwa in Rindenritzen sitzende. Vor allem darf man keine Puppen übersehen. Es könnten die des Apfelwicklers sein, aus denen Anfang August die zweite Generation dieses Schädlings hervorgeht.

1440 Wenn Sommerspritzungen mit Insektiziden an im Gemüsegarten stehenden Obstbäumen notwendig werden, muß man mit der Spritzbrühe sehr vorsichtig umgehen.

Da Insektizide gesundheitsschädlich sind, dürfen sie nicht an das Gemüse gelangen, vor allem nicht an das erntefertige. Am besten erntet man das in der nächsten Zeit zum Verbrauch bestimmte vor dem Spritzen. Noch im Ertrag stehende Erdbeeren werden mit Planen oder ähnlichem Material zugedeckt.

1441 Erdbeeren lassen sich sehr gut auf schwarzer Folie kultivieren.

Unter günstigen Bedingungen kann ein wesentlicher Mehrertrag erreicht werden. Die Früchte bleiben sauber. Die Unkrautbekämpfung entfällt, Wurzelbeschädigungen werden vermieden und eine gute Bodengare erreicht. Nachteilig ist eine erhöhte Blütenfrostgefahr. Als vorteilhaft hat sich die Dammkultur erwiesen. Es werden Dämme von 15 bis 25 cm Höhe und 80 bis 100 cm Breite in beliebiger Länge hergestellt, die mit organischem und mineralischem Dünger versehen werden. Sie werden danach mit schwarzer Folie überzogen, die an den Rändern eingegraben wird. Auf diesen Dämmen werden in einem Reihenabstand von 25 bis 35 cm und einem Abstand in der Reihe von 20 bis 25 cm mit dem Messer Kreuzschnitte in der Folie angebracht. In diese Einschnitte wird gepflanzt.

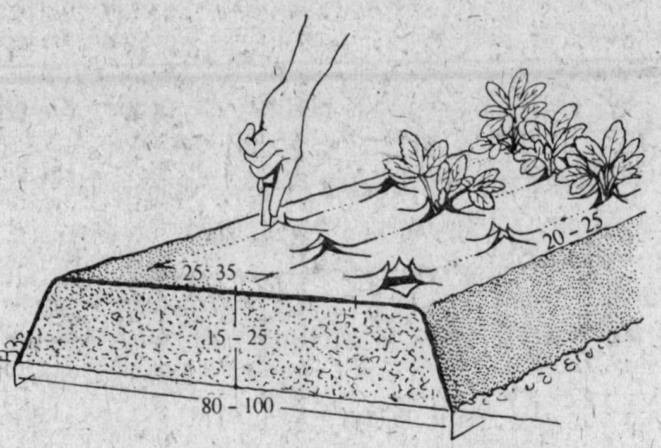

1442 Die einjährige Kultur bei Erdbeeren bringt verschiedene Vorteile.
Einjährige Pflanzen bringen besonders große Früchte, auch ist der Grauschimmelbefall nicht so hoch, da der Bestand nicht so dicht ist und schnell abtrocknet.

1443 Für die einjährige Erdbeerkultur eignen sich alle, aber insbesondere frühe Sorten.
Voraussetzung dafür ist die Verwendung von erstklassigem Pflanzgut.
1. aus der Frostlagerung, die aber bereits Mitte Juni gepflanzt werden müssen, oder
2. die Verwendung von frischem Pflanzgut, das bis Ende Juli gepflanzt sein sollte.
Als Pflanzentfernung genügt ein Abstand von 40 cm × 20 cm. Will man die Erdbeeren ein weiteres Jahr stehenlassen, kann jede 2. Reihe unmittelbar nach der Ernte entfernt werden.

1444 Bei mehrjährigem Anbau der Erdbeeren sollte man im Kleinanbau die Reihenabstände nicht breiter als 60 cm wählen.
Der Pflanzabstand in der Reihe sollte sich nach der Wüchsigkeit der Sorte richten; schwach wachsende pflanzt man 20 cm weit auseinander, stärker wachsende, wie 'Senga Sengana', verlangen einen Abstand von 30 cm.

1445 Pfirsiche sind besonders 14 Tage vor der Reife dankbar für eine zusätzliche Wassergabe.
Das ist insbesondere notwendig, will man bei starkem Behang eine ausreichende Fruchtgröße erhalten. Eine einmalige Gabe von 20 bis 30 l/m^2 ist günstiger als mehrmaliges Wässern mit geringen Gaben.

1446 Will man Erdbeerpflanzen selbst gewinnen, so ist jetzt schon an die Anzucht der Jungpflanzen zu denken.
Es werden dafür grundsätzlich nur einjährige Bestände ausgewählt und wie in den Ratschlägen **1530** und **1539** beschrieben verfahren.

Ziergarten

1447 Alle Rosen erhalten im Laufe des Juli die letzten Düngergaben, damit die Triebe bis zum Herbst gut ausreifen.
Unausgereifte Rosentriebe fallen dem Frost sehr leicht zum Opfer, so daß man auch in verhältnismäßig milden Wintern mit einem starken Zurückfrieren rechnen muß. Darum verwendet man auch beim Düngen im Juli keine stickstoff-, sondern kalireiche Volldünger, bei denen der Stickstoffanteil gering ist. Diesen Dünger streut man so zwischen die Rosen, daß je m^2 30 bis 40 g eingehackt werden können. Sofern mit Regen nicht zu rechnen ist, muß der Dünger durch Gießen in den Wurzelbereich gebracht werden.

1448 Bei nur einmal im Jahr blühenden Kletterrosen schneidet man die abgeblühten Triebe stark zurück.
Dadurch erzielt man Platz für die diesjährigen Triebe, die im nächsten Jahre die Blütentriebe hervorbringen. Sie werden nach dem Rückschnitt auf dem Spalier verteilt und so angeheftet, daß es lückenlos ist.

1449 Die auf Wege überhängenden Triebe von Parkrosen sollte man beizeiten entfernen, damit niemand Schaden erleidet.

Viele von diesen Rosen sind stark bestachelt, so daß man sich daran ernstlich verletzen kann. Besonders sind spielende Kinder gefährdet, wenn sie schnell auf den Wegen laufen.

1450 Zum Veredeln der Rosen braucht man: voll im Saft stehende zu veredelnde Wildlinge, ausgereifte Edelreiser bzw. Augen sowie ein scharfes Messer.
Das Veredeln (Okulieren) ist erfolgreich, wenn sich die Rinde vom Holz einwandfrei löst. Die Edelreiser sind in der Regel ausgereift, sobald die an ihrem Ende befindliche Blüte im Verblühen begriffen ist. Als Edelreiser eignen sich nur diesjährige Triebe.

1451 Das Veredeln der Rosen (Okulieren) ist für viele Gartenfreunde eine der interessantesten Arbeiten.
Es ist verhältnismäßig leicht durchzuführen, wenn man mit den Handgriffen gut vertraut ist. Bei sorgfältigem Arbeiten zum richtigen Zeitpunkt bleibt der Erfolg nicht aus.

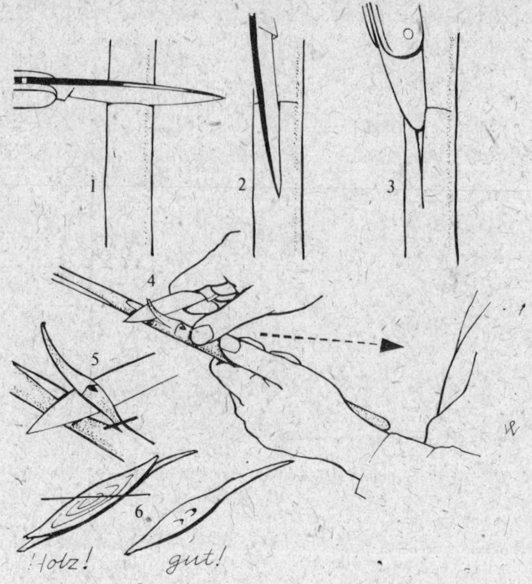

1452 Die ersten Vorbereitungen zum Okulieren der Rosen sind der Schnitt und das Fertigmachen der Edelreiser.

Die Edelreiser schneidet man erst kurz vor dem Okulieren ab. Die Triebspitze wird bis zu den ersten gut entwickelten Augen weggeschnitten. Dann entfernt man alle Blätter bis auf Blattstielreste von reichlich 1 cm Länge. Die blattartigen Gebilde an ihnen werden ebenfalls entfernt. Die so vorbereiteten Edelreiser schlägt man in ein nasses Leinenstück ein.

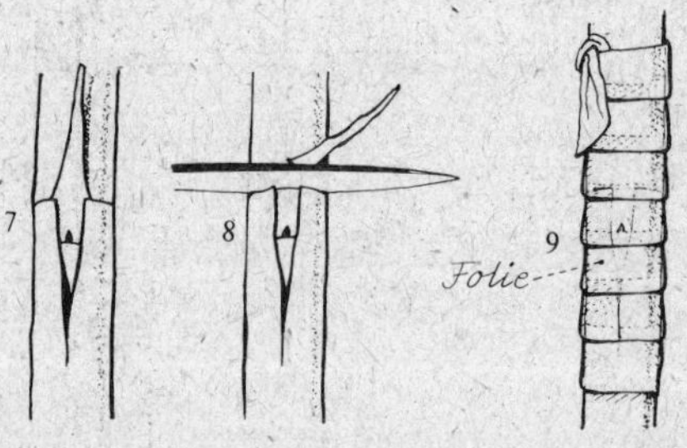

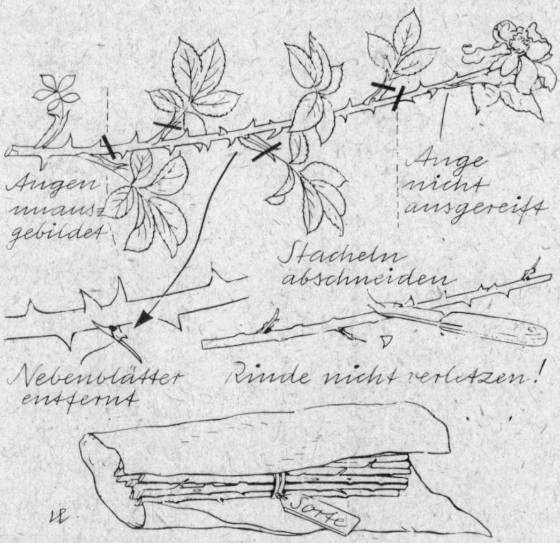

1453 Die Handgriffe beim Okulieren der Rosen sind in nachstehender Reihenfolge vorzunehmen: T-Schnitt am Wildling, Edelauge aus dem Reis schneiden, Einsetzen des Edelauges, Verbinden der Veredelungsstelle.

Den T-Schnitt macht man etwa 2 cm lang. Die Rindenlappen am Querschnitt hebt man mit dem am Okuliermesser befindlichen Löser etwas an. Beim Ausschneiden des Edelauges hält die linke Hand das Edelreis so, daß sein oberes Ende nach dem Körper zeigt. Die rechte Hand setzt das Messer etwa 1 cm unter einem gut entwickelten Auge an und schneidet das Auge aus. Es muß holzfrei sein, nur am Ansatz des Auges darf auf der Innenseite ein dünner Span an der Rinde bleiben. Nun wird das Edelauge in den Längsschnitt eingeschoben und sein über den Querschnitt ragender Rindenteil abgeschnitten. Zum Verbinden eignet sich der bekannte Raffiabast am besten. Neuerdings gibt es auch Veredelungsband aus Kunststoff. Der Verband muß Wildling und Edelreis fest aneinanderbringen. Der T-Schnitt darf nach dem Verbinden nicht mehr zu sehen sein. Das Auge muß frei stehen und darf durch den Verband nicht beeinträchtigt werden. Das Bestreichen des Verbandes mit Baumwachs ist bei Rosen nicht nötig.

1454 Die über der Veredelungsstelle befindlichen Triebe des Rosenwildlings dürfen beim Veredeln nicht gekürzt werden.

Das würde eine Saftstauung zur Folge haben, in der das Edelauge ersticken kann. Bei Rosenstämmchen entfernt man etwaige Triebe unterhalb der Veredelungsstelle vor dem Okulieren.

1455 Wo das Schneiden der Laubholzhecken wegen Vogelnestern bisher unterbleiben mußte, wird es in der ersten Julihälfte nachgeholt.
Wie man Hecken schneidet, ist aus dem Ratschlag **1294** ersichtlich.

1456 Für die Bart-Iris, auch Schwertlilien genannt, ist die zweite Julihälfte der beste Zeiptunkt zum Teilen und Pflanzen.

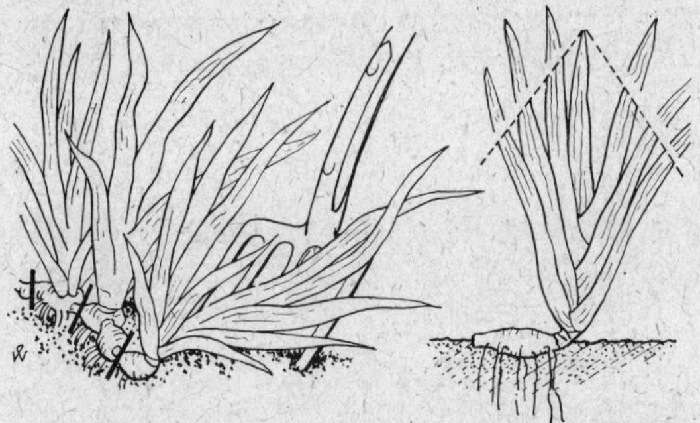

Alte Pflanzen mit verzweigten Wurzelstöcken (Rhizome) hebt man mit der Grabegabel aus und schüttelt die ihnen anhaftende Erde ab. Danach wird der Wurzelstock geteilt. An den Teilstücken kürzt man die Blätter um etwa ein Drittel. Die Wurzeln kürzt man auf etwa eine Handbreit ein, breitet sie fächerförmig aus und drückt sie fest an. Gepflanzt wird so, daß die obere Hälfte des Rhizomes sichtbar bleibt. Das ist besonders bei schweren Böden zu beachten. Nach dem Pflanzen gießt man an, damit die Wurzeln in enge Verbindung mit dem Boden kommen.

1457 Die Sibirische Schwertlilie *(Iris sibirica)* liebt mehr Feuchtigkeit.
Deshalb werden ihre Sorten so tief wie alle übrigen Stauden gepflanzt. Nach Möglichkeit wählen wir einen Standort, der ihren natürlichen Ansprüchen entspricht, also nicht zu trocken. Sie sind jedoch genügsam, auch wenn sie gern feucht am Rande von Wasser stehen. Auch vertragen sie so den lichten Halbschatten und die Trockenheit am Rande von Gehölz- oder Baumgruppen. Im Handel sind fast nur noch Züchtungen, die sich durch Blütengröße und Blütenreichtum von der Wildform bedeutend unterscheiden.

1458 Bei den abgeblühten Stauden darf man keinen Samenansatz dulden, weil er die Pflanzen wesentlich schwächt.
Außerdem machen die halbverdorrt wirkenden Blütenstände meist keinen guten Eindruck. Schon aus diesem Grunde muß man sie bis auf die gesunden Teile der Pflanzen beizeiten abschneiden.

1459 Heidekräuter und andere immergrüne Laubgehölze sowie Astilben brauchen in Trockenperioden besonders viel Wasser.
Wenn ihre Wurzelballen einmal völlig ausgetrocknet sind, ist es schwer, sie wieder richtig feucht zu bekommen. So weit darf man es aber gar nicht erst kommen lassen und muß es durch reichliches Gießen verhindern. Astilben werden schnell unansehnlich, wenn sie bei heißem Wetter zu trocken stehen.

1460 Goldfische im Wasserbecken tragen wesentlich zur Verminderung der Mückenplage bei.
Die Mücken bevorzugen stehendes Wasser zur Eiablage. Goldfische dezimieren die daraus hervorgehenden Larven und Puppen so, daß nicht viele übrigbleiben. Fischbesatz schließt jedoch eine Anwendung von Insektiziden aus, da jegliches tierisches Leben abgetötet wird. Besonders werden dadurch die Kaulquappen unserer Froschlurche betroffen.

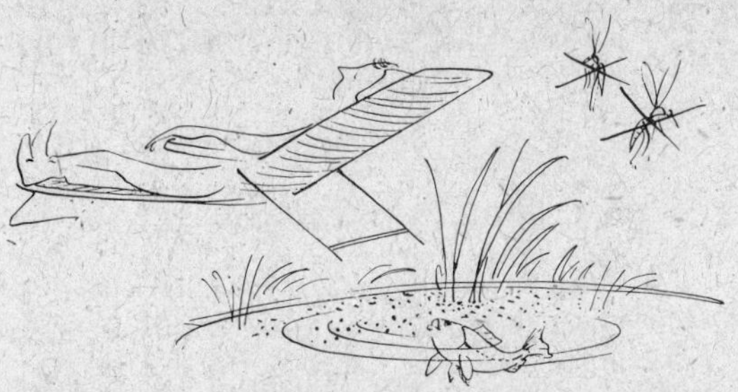

1461 Bei den Wasserbecken sollte man im Sommer möglichst keinen Wasserwechsel vornehmen und Frischwasser nur so viel zuführen, wie unumgänglich ist.
Wasserwechsel vertragen manche Wasserpflanzen nicht gut. Außerdem treten immer wieder Trübungen des Wassers ein.

1462 Im Juli haben fast alle frühblühenden Zwiebelgewächse eingezogen und können aus der Erde genommen werden.
Wie das gemacht wird und was dabei zu beachten ist, geht aus den Ratschlägen **1303** bis **1308** hervor.

1463 Schneeglöckchen, Krokus, Traubenhyazinthen, Märzenbecher und Blausternchen sollte man mehrere Jahre am Standort sich ausbreiten lassen.
Diese Zwiebel- und Knollengewächse wirken nur zu mehreren. Schon nach einigen Jahren haben sie sich

durch Brutzwiebeln bzw. -knollen so stark vermehrt, daß dichte, wirkungsvolle Blütentuffs entstehen. Dazu müssen sie sich aber ungestört entwickeln können.

1464 Bei Krokus und Wildarten von Zwiebel- und auch Knollengewächsen entfernt man vorhandene Fruchtstände nicht.
Sie säen sich vor allem selbst aus und unterstützen die im Ratschlag **1463** erwähnte vegetative Vermehrung. Da diese Gewächse meist im Steingarten stehen, stören die aus Samen auch nicht, wenn sie an verschiedenen Stellen auftauchen, weil sie wenig Platz brauchen. Sie sind sogar erwünscht, weil sie zu den frühesten Blühern im Steingarten gehören und ihn durch ihre Blüten bereichern.

1465 Den Winterling *(Eranthis hyemalis)* sollte man nur umpflanzen, wenn es die örtlichen Platzverhältnisse erfordern. Ungestört entwickelt er sich am besten und sät sich auch selbst aus.
Der Winterling gedeiht sonnig und auch im Halbschatten. Der beste Standort ist vor einem lockeren Laubgehölz. Beim Ausgraben der Knöllchen muß man sehr aufpassen, weil sie erdgrau gefärbt sind. Der Winterling wirkt nur in Trupps von 10 bis 12 Stück und mehr. Die Knöllchen pflanzt man etwa 5 cm tief und auch so weit auseinander. Der Boden muß sehr humusreich sein. Zu spät gelegte Knöllchen vertrocknen oft oder treiben nur mangelhaft.

1466 Wer vorher anderweitig genutzte Flächen als Rasenplatz verwenden will, kann im Juli die Aussaat noch vornehmen.
Was dabei zu beachten ist, geht aus den Ratschlägen **722** bis **731** hervor. Bei der Juliaussaat ist vor allem der letzte sehr wichtig. Wenn die besäte Fläche nicht regelmäßig feucht gehalten wird, erzielt man bei heißem Wetter keine geschlossene Rasendecke.

1467 Der Seidenmohn *(Papaver nudicaule)* gehört zu den zweijährigen Sommerblumen und muß in der ersten Julihälfte ausgesät werden.
Der Samen ist sehr fein, was bei der Aussaat zu beachten ist. Er wird nur ganz schwach mit Erde bedeckt. Das Saatbeet sollte man bis zum Sichtbarwerden der Pflanzen mit Fichtenreisig oder Schattenleinen gegen Sonneneinwirkung schützen. Nachdem die Sämlinge größer geworden sind, müssen sie vereinzelt werden. Der Seidenmohn blüht in roten, weißen und orangen Farbtönungen von Juni bis Oktober. Er eignet sich zum Schnitt. Dieser muß, wenn sich die Knospen öffnen, erfolgen.

1468 Dahlienblumen werden oft durch Ohrwürmer stark beschädigt. Am einfachsten vernichtet man sie mit Hilfe von Fallen.
Als Fallen genügen Blumentöpfe von etwa 10 cm ∅, die man auf die Dahlienpfähle stülpt. Das Bodenloch wird mit Lehm oder Kitt verklebt. Das Innere der Töpfe stopft man mit feiner Holzwolle aus. Die Fallen sind jeden Morgen zu kontrollieren.

Zimmergarten

1469 Gummibäume und die größeren Philodendronarten brauchen zum guten Wachstum im Juli besonders viel Wasser und auch Nährstoffe.
Sie dürfen auf keinen Fall trocken werden. Vergilben und Abwurf der unteren Blätter sind die Folge von Trockenheit. Sie vertragen wöchentliche Düngergaben sehr gut und danken durch üppiges Wachstum. Die Konzentration entnehme man den Gebrauchsanweisungen.

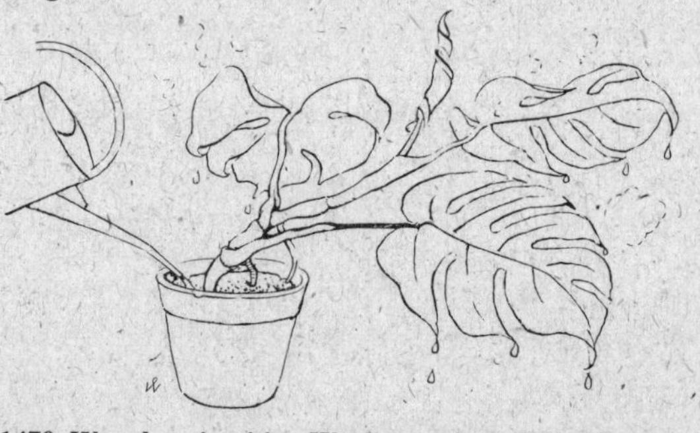

1470 Wer das einseitige Wachsen seiner Grünpflanzen verhindern will, muß sie in regelmäßigen Abständen drehen.

Auch bei gutem Licht am Fenster stehende Pflanzen neigen zum Einseitigwerden. Diesem Übel kann man nur begegnen, wenn die Pflanzen fast täglich gedreht werden. Sie behalten dann ihre normale Form. Nur in längeren Zeitabständen gedreht, wirken sie unschön.

1471 Wo die Zimmerpflanzen während des Urlaubs sich selbst überlassen bleiben, muß man das Vertrocknen unmöglich machen.
Am besten helfen tiefe Untersetzer, die man mit Sand vollfüllt. Sie müssen einen etwa 4 cm größeren Durchmesser haben als der Topfboden. Um ihn bleibt also ein etwa 2 cm breiter Rand. Die Töpfe senkt man etwa 2 cm tief in den Sand ein und umgibt den unteren Topfteil mit Moos, das auf den Sand gelegt wird. Außerdem erhält die Topfoberfläche eine starke Moosschicht. Der Untersetzer wird am Tage der Abreise mit Wasser gefüllt und das Moos gründlich durchfeuchtet. Auf diese Weise hält sich die Feuchtigkeit etwa 2 Wochen, so daß die Pflanzen nicht unter Trockenheit leiden.

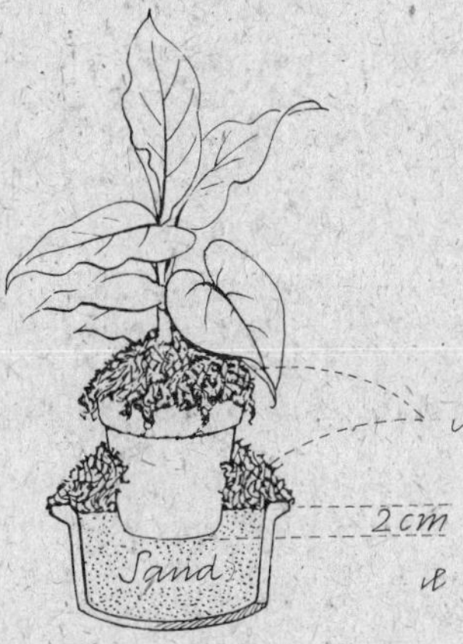

1472 Zu den schönsten im Sommer blühenden Zimmerpflanzen gehören die Gloxinien.
Obwohl sie direkte Sonnenbestrahlung nicht vertragen, wollen sie hell stehen. Mitten im Zimmer entwickeln sich die nachfolgenden Blüten schlecht und verlieren den leuchtenden Farbton. Gloxinien verlangen verhältnismäßig viel Wasser.

1473 Die Becherprimeln *(Primula obconica)* werden schon ab Juli blühend angeboten und eignen sich sehr gut als Zimmerpflanzen.
Sie wollen recht hell, aber nicht sonnig stehen. Nur gießen, wenn die Erdoberfläche trocken ist! Werden sie zu naß gehalten, vergilben die Blätter, und die Pflanzen gehen zugrunde. Empfindliche Menschen dürfen die Blätter nicht berühren. Wie vorstehend behandelt, blühen die Becherprimeln viele Monate lang.

Allgemeines

1474 Im August nicht mehr benötigte Frühbeetfenster sind so zu stapeln, daß ihre Rahmen nicht unter Nässe leiden.

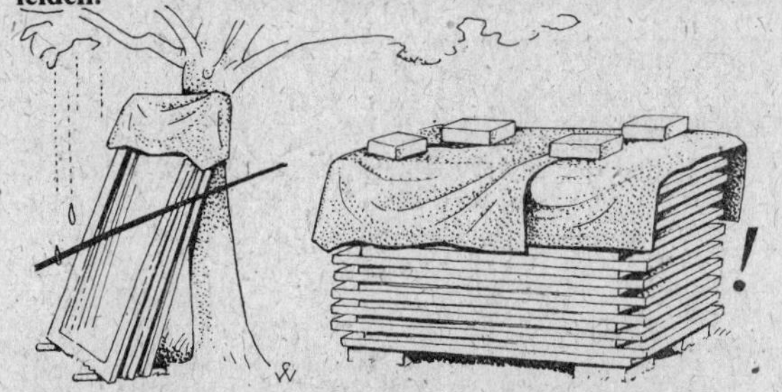

Der beste Aufbewahrungsort ist zwar ein regendichter Schuppen, doch kann man die Frühbeetfenster auch im Freien stapeln. Das unterste Fenster darf nicht auf der Erde liegen. Darum legt man unter jede Schenkelecke einen Ziegelstein. Damit die Rahmen nicht aufeinanderliegen und verstocken, erhält jede Ecke eine Unterlage. Dazu genügen 1 cm starke Lattenstücke. Wo das Holz fehlt, nimmt man alte Wäscheklammern (ohne Feder). Sie lassen sich leicht teilen, so daß je Fenster zwei Stück genügen. Das oberste Fenster bedeckt man mit Dachpappe, die auf der Wetterseite herunterhängt. Damit der Wind die Pappe und auch die Fenster nicht wegweht, beschwert man den Fensterstapel mit Steinen.

1475 Den Sommerausgang sollte man auch zum Neuanstrich der zur Zeit freien Frühbeetfenster ausnutzen.
Soweit die Fensterrahmen nicht imprägniert sind, erhalten sie einen Farbanstrich. Bleiweißfarbe ist dazu gut geeignet. Ihr setzt man aber etwas Schwarz zu, damit der Anstrich einen grauen Ton erhält. Ein zweimaliger Anstrich mit Leinölfirnis leistet die gleichen Dienste. Bei imprägnierten Rahmen ist der Anstrich ebenfalls zu wiederholen.

1476 Wasserschläuche darf man nicht in der Sonne liegenlassen, weil sie sonst brüchig und porös werden.
Am besten wickelt man sie nach jedem Gebrauch auf eine Schlauchrolle. Es genügt aber auch, wenn man den Schlauch zusammenrollt und an eine schattige Stelle

legt. Aufhängen an einem Nagel oder Holzpflock ist nicht ratsam, weil der Schlauch dadurch Knicke bekommt, die ihn nach kurzer Zeit unbrauchbar machen.

1477 Steinkohlenteer ist eins der besten Rostschutzmittel für Drahtgeflechtzäune.
Heiße Augusttage sind zum Streichen der Zäune am geeignetsten. Der Teer ist dann auch dünnflüssig, so daß er sich mit einem Pinsel aufbringen läßt. Wer das Streichen sorgfältig durchführt und nach etwa zwei Wochen wiederholt, verhilft dem Drahtzaun zu einer langen Lebensdauer. Für größere Flächen nimmt man am besten einen frischen Teerbesen.

1478 Zaunpfähle aus Eisen werden auch im Sommer unmittelbar über dem Erdboden oft vom Rost befallen.
Da an diesen Stellen die Bodenfeuchtigkeit einwirkt, muß man die unteren Teile besonders im Auge behalten und immer mit einem guten Rostschutzanstrich versehen. Auch dazu eignet sich der unter Ratschlag **1477** erwähnte Steinkohlenteer.

1479 Die meist heißen, trockenen Tage der ersten Augusthälfte sollte man zum Teeren der Schuppen- und Laubendächer ausnutzen.
Vor dem Teeranstrich werden die Dächer gründlich mit Wasser gesäubert. Dabei kann man am besten feststellen, ob undichte Stellen vorhanden sind, die das Ausbessern mit Dachpappe erforderlich machen. Ein im August gut geteertes Dach gewährleistet für die Wintermonate einen trockenen Schuppen oder eine wetterfeste Laube.

1480 Lücken und schadhafte Stellen im Zaun verleiten vor allem Kinder zum Früchtediebstahl.
Um das zu vermeiden, sollte man auch im Sommer dafür sorgen, daß schadhafte Stellen sofort ausgebessert werden. Dabei sind vor allem die Zaunteile öfter zu kontrollieren, die durch vorgepflanzte Sträucher oder Stauden nicht ständig im Blickfeld liegen.

1481 An Lauben- und Schuppenwänden, auch an Holzzäunen, findet man oft schon im August verendete Raupen, die mit kleinen gelben Kokons besetzt sind.

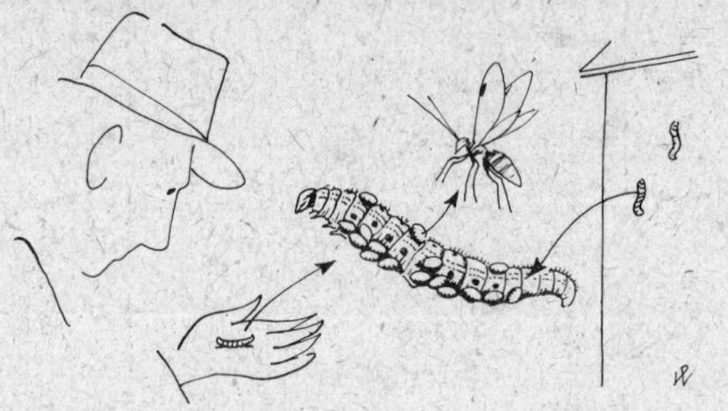

Aus Unkenntnis werden die Kokons oft als Raupeneier bezeichnet und vernichtet. Es handelt sich aber um Puppen von Schlupfwespen. Diese legen ihre Eier in die lebenden Raupen. Die aus den Eiern schlüpfenden Larven der Schlupfwespen ernähren sich vom Innern der Raupen und bringen sie zum Absterben. Auf diese Weise helfen uns die Schlupfwespen, Schädlinge zu vernichten. Die Kokons müssen also unbedingt geschont werden.

1482 Kinder sind darauf aufmerksam zu machen, daß die Marienkäfer zu den nützlichen Insekten gehören, damit sie sie nicht fangen und töten.
Nicht nur die Marienkäfer selbst sind nützlich, sondern auch ihre Larven. Beide ernähren sich in der Hauptsache von Blattläusen. Man findet sie immer dort in Massen, wo unsere Kulturpflanzen stark mit Läusen besetzt sind (siehe auch die Ratschläge **1105** und **1106**).

Gemüsegarten

1483 Alle im Juni und früher gepflanzten Kohlarten (auch Kohlrüben und Kohlrabi) müssen im August gut mit Wasser und Nährstoffen versorgt werden.
Über das Düngen sind die Ratschläge **1121**, **1176** und **1384** nachzulesen. Die dort gemachten Angaben gelten sinngemäß.

1484 Wo sich beim Ernten von Kohl (auch Kohlrabi) an den Wurzeln auch nur die geringsten Anzeichen von knollenartigen Gebilden zeigen, sind alle Strünke zu verbrennen.

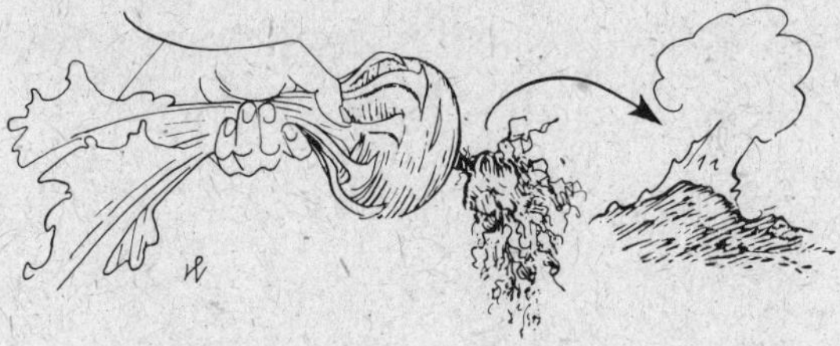

Es handelt sich dann meist um die gefürchtete Kohlhernie. Auch die Larven des Kohlgallenrüßlers können die Ursache sein. In jedem Falle sind die Strünke mit allen Wurzeln sorgfältig auszugraben und möglichst durch Feuer zu vernichten. Sie dürfen keinesfalls auf den Komposthaufen gelangen.

1485 Von Spinnmilben (Rote Spinne) befallene oberirdische Teile der Buschbohnen (Triebe, Blätter) sind nach dem Abernten sorgfältig zu verbrennen.

Blätter, die vorzeitig vergilben, sind immer verdächtig. Bei Befall sieht man vor allem auf der Unterseite der Blätter kleine rötliche und gelbe Tierchen, die mit dem bloßen Auge gerade noch erkennbar sind.

1486 Bis Mitte Juli gelegte Buschbohnen erhalten im August zweimal eine Nährstoffgabe.
Mit dem Düngen beginnt man im ersten Augustdrittel und wiederholt es etwa zwei Wochen später. Wie dabei vorgegangen wird, ist aus dem Ratschlag **1125** ersichtlich.

1487 Der im Juli ausgesäte Chinakohl (s. Ratschlag 1342 und 1343) ist so zu verziehen, daß je Horst nur eine Pflanze stehenbleibt. Das Düngen soll etwa sechs Tage später erfolgen.

Mit dieser Arbeit darf man nicht zu lange warten, weil sich sonst die Pflanzen gegenseitig hochschieben und spillrig werden. Der beste Zeitpunkt zum Verziehen ist gekommen, wenn sich nach den Keimblättern das erste normale Blatt entwickelt. Es bleibt immer die kräftigste Pflanze je Horst stehen. Sie darf beim Herausziehen der überflüssigen nicht gelockert werden. Am besten gießt man das Beet vor dem Verziehen gründlich durch. Die erste Gabe der Nährlösung wird am besten sechs Tage nach dem Verziehen verabreicht. Das Düngen ist in drei Wochen zu wiederholen.
Beim ersten Düngen kann man den Dünger trocken ausstreuen, wenn man anschließend durchdringend gießt. Es genügen je m^2 20 g eines Volldüngers, bei dem der Stickstoffgehalt überwiegen kann. Eine Nährlösung wird 0,2 %ig angesetzt. Beim zweiten Düngen ist sie besser angebracht als das Ausstreuen des trockenen Düngers.

1488 Die reifen Früchte der Eierfrucht (Aubergine) muß man beizeiten ernten, damit sich die nachfolgenden schneller entwickeln.
Die reifen werden durch langes Hängenlassen nicht schmackhafter. Darum pflückt man die Früchte, sobald sie einigermaßen ausgefärbt sind.

1489 Die im Juli gepflanzten Winterendivien (s. Ratschlag 1348 bis 1350) sind im August fleißig zu hacken. Sie erhalten auch die erste Nährstoffgabe.
Die Bodenoberfläche ist dauernd offenzuhalten, denn die Wurzeln der Winterendivien sind sehr sauerstoffhungrig. Da sie oft gegossen werden, wird die obere Erdschicht immer wieder fest. Gedüngt wird am besten mit Nährlösungen, die man aus stickstoffreichen Volldüngern 0,2 %ig ansetzt.

1490 Im August ist der Gurkenernte besondere Aufmerksamkeit zu widmen.
Die Erntefolge richtet sich nach dem Verwendungszweck der Früchte. Für die Nutzung als Gewürz- bzw. Dillgurken erntet man sie vorwiegend in der Größe von 6 bis 9 cm. Zur Herstellung saurer Gurken eignen

sich Früchte von 9 bis maximal 15 cm am besten. Die Verwendung kleinerer Früchte erfordert ein relativ häufiges Ernten. Das gilt besonders für viele Hybridsorten, die man alle 2 bis 3 Tage ernten muß, weil die Früchte schnell dick werden und dann sehr an Qualität verlieren.

1491 Das Kraut der Frühkartoffeln ist nach der Ernte sofort zu verbrennen, wenn sich an den Blättern auch nur die geringsten Zeichen von Krankheiten erkennen lassen.

Das Kartoffelkraut wird sehr oft von der sogenannten Krautfäule (Phytophthora) befallen. Die Erreger dieser Krankheit richten auch an den Blättern und Früchten der Tomaten in feuchten Sommern großen Schaden an. Dem kann man durch Verbrennen am besten begegnen.

1492 Der im Juli ausgesäte Kopfsalat ist in der zweiten Augusthälfte so weit, daß er gepflanzt werden kann.
Vor der Entnahme der Jungpflanzen ist das Aussaatbeet (s. auch Ratschlag **1365**) durchdringend zu gießen, damit die Erde an den Wurzeln hängenbleibt. Das fördert das Anwachsen der Pflanzen ganz erheblich. Als Pflanzenabstände genügen 20 cm × 20 cm. Beim Pflanzen ist vor allem das zu beachten, was bei den Winterendivien (s. Ratschlag **1349** und **1350**) gesagt wurde.

1493 Bei Speisekürbissen sollte beizeiten darauf geachtet werden, daß man sich je Pflanze nur 2 bis 3 Früchte entwickeln läßt.
Die Früchte werden dann sehr groß, ohne daß der Ertrag je Pflanze gewichtsmäßig zurückgeht. Mit dem Entfernen der überflüssigen Früchte wartet man, bis die anderen etwa tennisballgroß sind. Gleichzeitig werden alle Triebe so gekürzt, daß nach der letzten Frucht, die hängenbleiben soll, noch zwei Blätter an den Ranken verbleiben.

1494 Mangold kann man als Nachfrucht auf den Beeten aussäen, die in der ersten Augusthälfte abgeerntet sind.

Von dieser Spätaussaat darf man allerdings bis zum Eintritt des Winters keine großen Ernten erwarten. Der spätgesäte Mangold treibt aber im Frühjahr sehr zeitig aus, wenn er im Winter entsprechend geschützt wird (beachte Ratschlag **1774**).

1495 Zu dicht aufgegangene Möhren der Juliaussaat (s. auch Ratschlag 1368) sind unbedingt zu verziehen, wenn sie sich bis zum Frostbeginn gut entwickeln sollen.
Sobald die Pflanzen zu fassen sind, entfernt man die überflüssigen. Das Verziehen erleichtert man sich wesentlich, wenn das Beet vorher durchdringend gegossen wird. Die weitere Entwicklung ist am gesichertsten, wenn nur etwa alle 2 cm eine Pflanze stehenbleibt.

1496 Die Früchte von Gemüsepaprika kann man schon grün ernten, sobald sie die normale Größe erreicht haben.

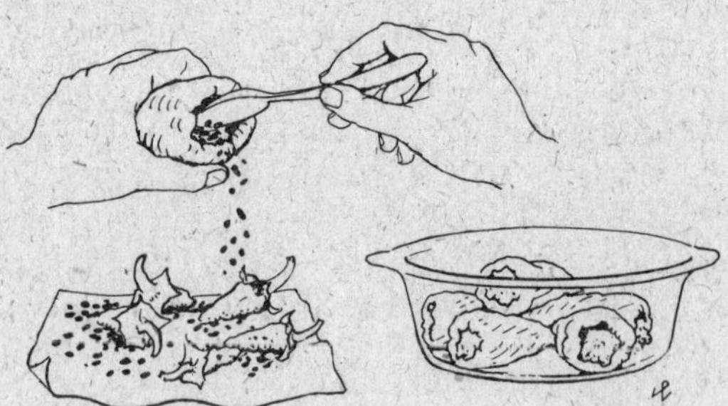

In diesem Reifestadium eignen sie sich besonders zur Verwendung als „Füllpaprika". Für Salate sind die vollreifen roten oder gelben Früchte geeigneter.

1497 Die Maßnahmen zum Erzielen starker Porreestangen sind im August die gleichen wie im Juli (vergleiche Ratschlag 1374).

Bei der zweiten Augustdüngung läßt man den reinen Stickstoff weg. Es kommt also nur einer der stickstoffarmen Volldünger in Frage. Zwischen der ersten Nährstoffgabe (erstes Augustdrittel) und der zweiten kann man drei Wochen vergehen lassen.

1498 Sobald der im Juli ausgesäte Feldsalat (Ratschlag 1378) die ersten Blättchen entwickelt hat, erhält er eine stickstoffreiche Nährstoffgabe.
Da der Feldsalat schnell wächst und bis zum Oktober viel Blattwerk entwickeln soll, gießt man wöchentlich mit einer 0,2 %igen Nährlösung. Zu ihrer Herstellung verwendet man Volldünger und einen reinen Stickstoffdünger im Verhältnis 1:1.

1499 Nur schnellwachsende Winterrettiche bleiben zart. Darum müssen sie auch im August viel Wasser und Nährstoffe erhalten.

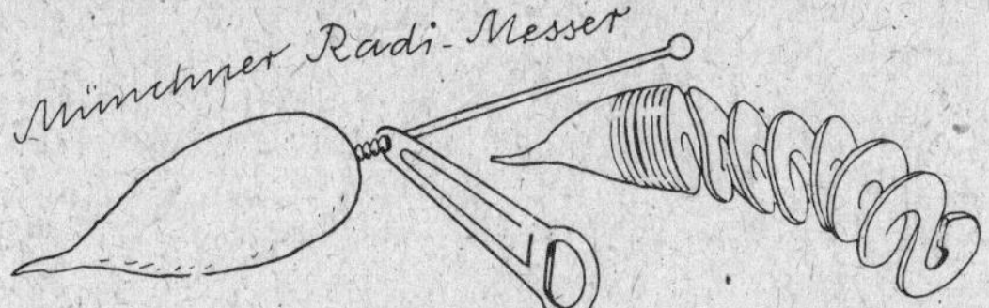

Man düngt so, wie bei dem Feldsalat unter Ratschlag **1498** angegeben wurde. Das gilt aber nur für den August. Die Rettichbeete dürfen gar nicht richtig trocken werden.

1500 Wenn Anfang Juli gepflanzte Rote Rüben (vergleiche Ratschlag 1385) eine gute Ernte ergeben sollen, muß man sie im August mit Wasser und Nährstoffen versorgen.
Sie erhalten die Nährstoffe am besten als 0,2 %ige Lösungen, und zwar wöchentlich einmal. Das entspricht dem Düngen des Feldsalats und der Winterrettiche (Ratschlag **1498** und **1499**). Darum kann man alle drei Gemüsearten gleichzeitig düngen.

1501 Das Düngen der Schwarzwurzeln muß Ende August beendet werden, wenn sie sich im Winter gut halten sollen.
Es wird genauso vorgenommen, wie es im Juli unter Ratschlag **1390** angegeben ist.

1502 Nährstoffgaben und Wasser im August sind die Garanten für große Sellerieknollen (s. auch Ratschlag 1391).

Auch jetzt schaden stickstoffreiche Dünger. Vor allem sollte man das Düngen mit Jauche unterlassen, weil dadurch die Anfälligkeit gegen Krankheiten gefördert wird. Die Nährlösungen setzt man 0,3 %ig an und gibt sie alle zwei Wochen.

1503 Daß man durch Entfernen von Sellerieblättern oder gar -wurzeln größere Knollen erzielt, ist ein großer Irrtum.

Gewiß kann man ab und zu ein Blatt von reichbeblätterten Pflanzen als Suppenwürze verwenden. Im übrigen wird aber jedes Blatt und jedes Würzelchen zum Aufbau der Knollen gebraucht. Nur Pflanzen mit viel gesunden Blättern ergeben große Knollen. Siehe auch Ratschlag **1180**!

1504 Wenn der im Juli (s. Ratschlag 1394) ausgesäte Spinat bis zum September eine gute Ernte bringen soll, braucht er im August viel Wasser und zwei bis drei Nährstoffgaben.
Die Spinatbeete dürfen gar nicht richtig trocken werden. Die Nährlösungen gibt man am besten Anfang, Mitte und Ende August. Wer keinen Volldünger zur Verfügung hat, kann für Spinat unbedenklich einen schnellwirkenden Stickstoffdünger verwenden. Man gibt jedesmal eine 0,3 %ige Lösung.
Auch im Laufe des August ausgesäter Spinat wird bis zum Winterbeginn noch erntefertig. Bei der Aussaat geht man wie im Ratschlag **1394** vor.

1505 Die unteren Tomatenblätter entfernt man nur, wenn sie Krankheitsbefall erkennen lassen.

Man muß sie aber schon abschneiden und verbrennen, sobald sich die ersten Flecken zeigen, dann können die Krankheitserreger nicht auf die gesunden Blätter übergreifen. Durch Kürzen der unteren Blätter kann man auch die ersten entwickelten Fruchtstände dem Sonnenlicht zugänglich machen. Im übrigen sind die Blätter beim Entwickeln der Früchte unentbehrlich.

1506 An den Tomaten schneidet man Anfang August die Spitzen der Haupttriebe ab, weil die nachfolgenden Fruchtstände nicht mehr erntefertig würden.

Dabei läßt man über dem letzten gut entwickelten Blütenstand nur ein Blatt stehen. Im übrigen ist auch im August jeder sich zeigende Nebentrieb an den Tomaten beizeiten zu entfernen. Siehe auch Ratschlag 1192.

1507 Die Behandlung der Buschtomaten ist der der Stabtomaten (Ratschlag 1506) ähnlich.
Da die Büsche meist zahlreiche Triebe haben, kann man etwas schärfer vorgehen als bei den Stabtomaten. Jede Triebspitze wird nach dem Blütenstand entfernt, der schon den Fruchtansatz erkennen läßt. Außerdem schneidet man die nichtfruchtenden Triebe ganz ab.

1508 Der Chicorée erhält im Laufe des August die letzten zusätzlichen Nährstoffe.
Die Dünger und die Konzentrationen der Lösungen entsprechen denen der Möhren. Es sind aber drei Gaben angebracht, und zwar Anfang, Mitte und Ende August.

1509 Die Anfang Juli gesäten Winterendivien für den Anbau im Frühbeet oder Kleingewächshaus können in der zweiten Augusthälfte gepflanzt werden.
Beim Pflanzen sind die Hinweise zu beachten, die unter den Ratschlägen **1348** bis **1350** genannt wurden.

1510 Die aus Steckzwiebeln gezogenen Speisezwiebeln erntet man für den Winterbedarf erst nach gutem Absterben der oberirdischen Triebe.
Sie sind dann gut ausgereift und halten sich im Winter besser als früh geerntete. Das oft angewandte Niedertreten der noch grünen Schlotten hat auf das Ausreifen der Zwiebeln keinen Einfluß und sollte unterbleiben.

1511 Die ausgesäten und gepflanzten Zwiebeln für Speisezwecke wachsen bis in den September hinein und können im August noch eine Nährlösung erhalten.

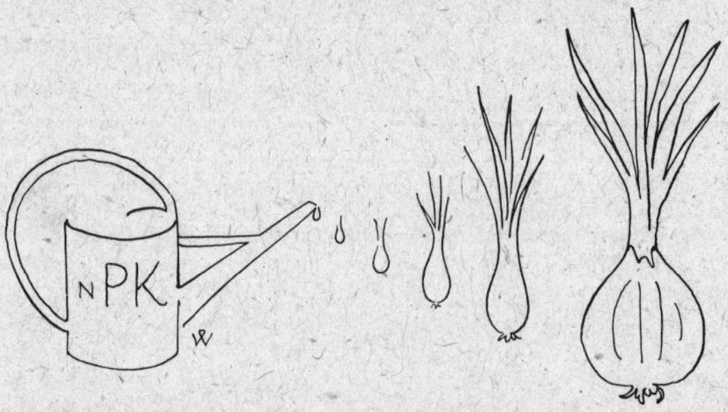

Die Zwiebeln werden dadurch wesentlich größer. Als Dünger darf man aber nur stickstoffarme Volldünger verwenden. Die 0,2 %igen Lösungen gibt man Anfang August. Bei Zwiebeln, die Steckzwiebeln für das nächste Jahr ergeben sollen, unterläßt man die Augustdüngung.

1512 Wenig bekannt ist, daß neben den Blättern auch die Blüten der Kapuzinerkresse sehr würzkräftig sind.

Die Kapuzinerkresse blüht in der Regel so reich, daß man laufend einen Teil der Blüten pflücken kann, ohne den Schmuckwert der Pflanzen zu verringern.

1513 Wer die Knospen und Früchte der Kapuzinerkresse als Kapern einlegen will, darf den richtigen Zeitpunkt nicht verpassen.

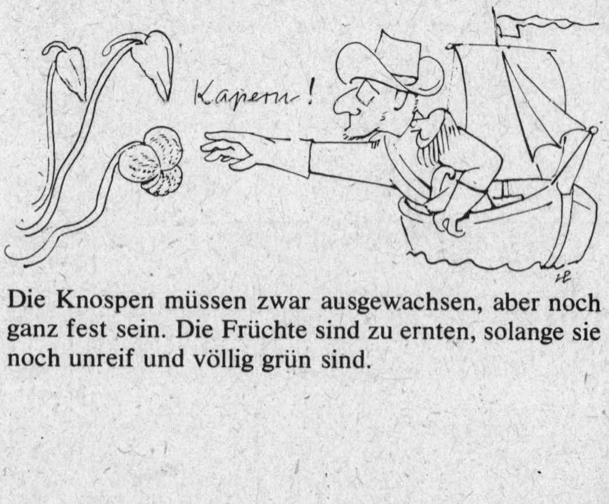

Die Knospen müssen zwar ausgewachsen, aber noch ganz fest sein. Die Früchte sind zu ernten, solange sie noch unreif und völlig grün sind.

1514 Anfang August ist der Termin für die letzte Aussaat des Kerbels im Freiland.
Er wird dann bis Ende September noch erntefertig. Wie ausgesät wird, ist im Ratschlag **1406** nachzulesen.

1515 Knoblauch darf man erst ernten, wenn das Kraut vollkommen abgestorben ist.

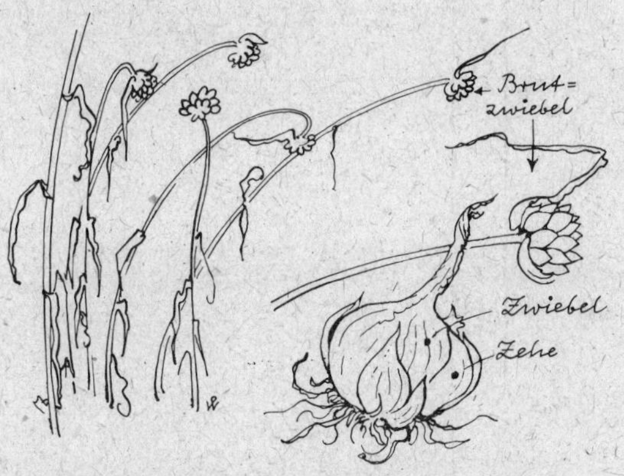

Die Zwiebeln müssen gut ausgereift sein, wenn sie sich im Winter gut halten sollen. Man hebt sie mit der Grabegabel aus dem Boden und lagert sie zum Trocknen an einem luftigen Platz. Danach wird geputzt und sortiert. Für den Anbau im kommenden Jahr wählt man möglichst die größten Zwiebeln aus. Auch die in den Blütenständen gebildeten Brutzwiebeln können für diesen Zweck Verwendung finden.

1516 In Gegenden mit milden Wintern kann die Pfefferminze Ende August geteilt und neu angepflanzt werden.
Von der Pfefferminze erzielt man nur gute Erträge, wenn man sie alle drei Jahre an einer anderen Stelle anbaut. Wer sich Pflanzen neu besorgen muß, sollte nur eine Sorte mit guter Würzkraft nehmen. Als beste gilt die Mitcham-Pfefferminze mit der Sorte 'Polymentha'. Außerdem ist darauf zu achten, daß die Teilpflanzen aus gesunden Beständen stammen und nicht unter Pfefferminzrost leiden (siehe Ratschlag **1519**).

1517 Die Pfefferminze bildet unterirdisch rhizomartige Wurzelsprosse, die man beim Teilen auseinanderreißt.

Die Teilstücke macht man nicht zu klein. Jedes sollte 3 bis 5 Triebe aufweisen. Auf ein Normalbeet pflanzt man nur 3 Reihen mit je 40 cm Abstand. Auf der Reihe genügt ein Pflanzenabstand von 20 cm, so daß je laufenden Meter Beet 15 Pflanzen gebraucht werden. Flaches Pflanzen und anschließendes Gießen sind wichtig.

1518 Feuchte Böden sind für die Pfefferminze besser als zu trockene. Die Erde muß in jedem Falle humusreich sein.
Frischen Stalldung verträgt die Pfefferminze nicht. Darum muß man entweder verrotteten Stalldung oder Torf in den Boden bringen. Pfefferminze gedeiht zwar auch in einer vollsonnigen Lage, doch ist ein warmer halbschattiger Platz besser. Darum pflanzt man sie gern zwischen locker stehende Beerensträucher oder auf Beete, die nur vormittags oder nachmittags von Sonne getroffen werden.

1519 In nassen Sommern tritt der Pfefferminzrost manchmal so stark auf, daß die Blätter unbrauchbar werden.

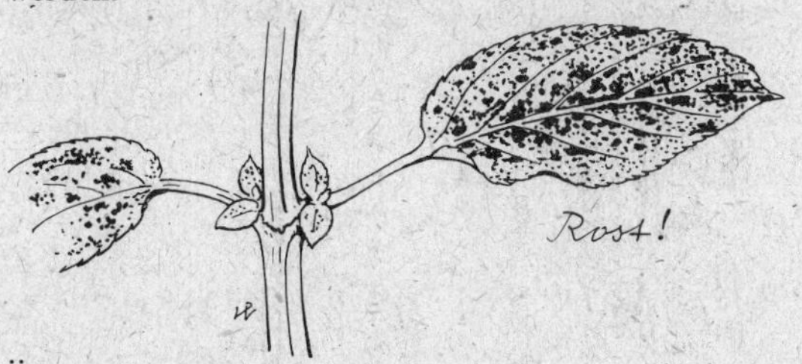

Öfteres Lockern und Freihalten der Beete von Unkraut sind wirksame vorbeugende Maßnahmen. Der Rost äußert sich durch dunkle Flecken und rotbraune Sporenlager an den Blättern. Beim geringsten Anzeichen von Befall schneidet man alle Triebe dicht über dem Erdboden ab und verbrennt sie. Auf den Beeten dürfen keine Blatt- und Triebreste liegenbleiben. Der auf den Rückschnitt folgende Neuaustrieb ist in der Regel rostfrei (siehe auch Ratschlag **1208**).

1520 Lavendel muß im Laufe des August bis etwa zur Hälfte zurückgeschnitten werden, damit er noch einmal austreibt.

So behandelt, kommt er am besten durch den Winter. Den Rückschnitt nimmt man vor, wenn alle Blüten abgeerntet sind, aber spätestens nach Mitte August.

1521 Die Früchte des Gewürzpaprika muß man völlig ausreifen lassen, weil sie erst dann die beste Würzkraft haben.

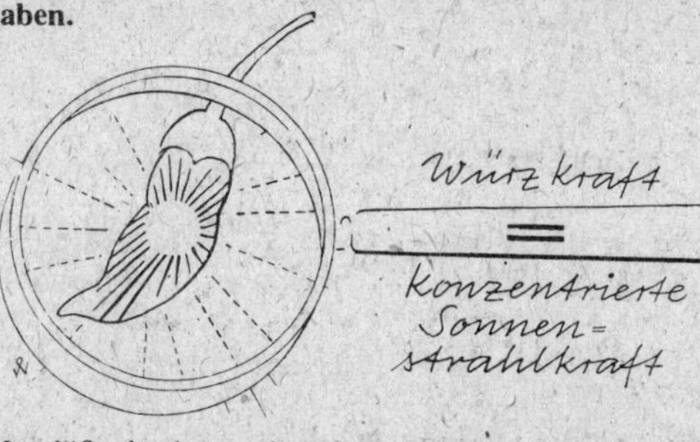

Man läßt sie also an der Pflanze richtig rot werden. Zum Aufbewahren trocknet man sie ganz scharf; so behalten sie ihre Würzkraft mindestens zwei Jahre.

1522 Für den Winterbedarf sollte man den Salbei nicht später als Ende August schneiden.
Es handelt sich dabei um die zweite Ernte, wenn man Ende Juni schon Triebspitzen abgeschnitten hat. Am besten trocknet man nur die von den Triebspitzen abgeschnittenen Blätter. Salbeiblätter müssen schnell an einem schattigen Ort getrocknet werden, damit ihre Würzkraft erhalten bleibt.

1523 Beim Thymian liegt der letzte Erntetermin Ende August, damit der Neuaustrieb nicht zu jung in den Winter kommt.

Die Thymiantriebe schneidet man beim Ernten bis etwa 8 cm über dem Erdboden ab. Das Erntegut wird gebündelt und wie Majoran (s. Ratschlag **1408**) und Basilikum (Ratschlag **1401**) getrocknet. Das Trockengut behält die Würzkraft in gut schließenden Gefäßen sehr lange.

1524 Im April/Mai mit Austernseitlingsbrut beimpfte Holzklötze werden im August am vorgesehenen Zuchtort in den Boden eingegraben.
Als Zuchtort eignen sich windgeschützte, schattige Lagen unter Bäumen am besten. Dabei ist zu beachten, daß sich die Ernte über 4 bis 5 Jahre erstreckt. Man gräbt die Klötze in Abständen von 20 cm etwa zur Hälfte in den Boden. Die notwendigen Pflegemaß-

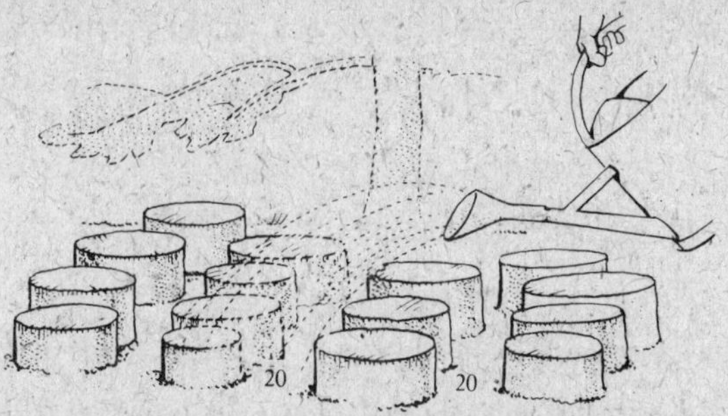

nahmen beschränken sich auf das Feuchthalten des Bodens in der Umgebung der Holzklötze.

1525 Besonders günstig ist der August für die Anlage einer Kultur des Austernseitlings auf Strohsubstrat.
Als Substrat eignet sich das Stroh aller Getreidearten. Wichtig ist die Zerkleinerung des Materials und die richtige Feuchtigkeit. Das zerkleinerte Stroh wird durch mehrmaliges Begießen und Mischen bis zur Sättigung befeuchtet. Die richtige Anfangsfeuchtigkeit (65 bis 75 %) ist ausschlaggebend für die gesamte Kultur, da während des Myzelwachstums nicht gegossen werden darf. Anschließend packt man das Material möglichst fest in alte Foliensäcke. Die Beimpfung erfolgt gleich beim Packen des Substrates. Man benötigt für 6 kg trockenes bzw. 20 kg nasses Substrat 1 l Substratbrut. Die in etwa eigroße Stücke zerkleinerte Brut wird an der Sackinnenwand verteilt. Danach stellt man die beimpften Säcke zunächst in einem Raum bei Temperaturen zwischen 15 und 25 °C auf. Hier wächst das Pilzmyzel innerhalb von 4 bis 5 Wochen bis in das Innere des Substrates.

1526 Die Kultur des Austernseitlings auf Strohsubstrat kann auch in Kisten erfolgen.
Das angefeuchtete Substrat wird bis zum oberen Rand fest in die Kisten gepreßt. Man kann mehrere Kisten übereinander stellen. Zum Schutz gegen Austrocknung empfiehlt sich das Auslegen der Kisten mit Folie. Auch die Oberfläche wird damit abgedeckt. In den Kisten erhitzt sich das Strohsubstrat kurzzeitig auf 40 bis 50 °C. Nach etwa 8 Tagen geht die Temperatur wieder unter 30 °C zurück. Erst dann wird beimpft. Je nach den Abmessungen benötigt man für 1 bis 2 Kisten 1 l Substratbrut. Die zerkleinerte Brut wird etwa 5 cm unter der Substratoberfläche verteilt. Danach stapelt man die Kisten in einem warmen Raum oder auch im Freiland an schattiger Stelle mit entsprechender Abdeckung gegen Feuchtigkeitsverlust.

1527 In den Champignonkulturen dürfen während der Ernteperiode die notwendigen Pflegemaßnahmen nicht vernachlässigt werden.
Das betrifft neben der Be- und Entlüftung vor allem das Feuchthalten der Deckerde und die Säuberung der Beetoberfläche (s. Ratschlag **1415**).

1528 Träuschlingskulturen, die im Mai angelegt wurden, bringen ab Mitte August die ersten Pilze.

In der Regel erscheinen die ersten Pilze an den Beeträndern. Die Fruchtkörper sind nicht abzuschneiden, sondern vorsichtig herauszudrehen, wobei benachbarte, noch kleine Pilze nicht gestört werden dürfen, da sie sonst verkümmern. Die Ernte verläuft nicht kontinuierlich. In etwa 14 bis 20tägigem Rhythmus wechseln Ertragswellen mit Ertragspausen. Der Träuschling kann sehr groß werden. Hutdurchmesser von 20 cm und Einzelgewichte von 500 g sind keine Seltenheit.
Man erntet spätestens, wenn die Pilzhüte waagerecht aufgeschirmt sind. Der Putzabfall ist sehr gering, da ein Abziehen der Huthaut nicht erforderlich ist und nur das Stielende verputzt werden muß. Träuschlinge sind sehr schmackhaft und vielseitig verwendbar.

Obstgarten

1529 Von allen Beerenobstarten sind die Erdbeeren am beliebtesten und verdienen darum, in jedem Garten angebaut zu werden.
Man kann ihnen im kleinsten Garten einen Platz zuweisen, weil sie so niedrig sind, daß sie ihre Nachbarn nicht beschatten. Auch ihre Kultur ist verhältnismäßig leicht.

1530 Wer Erdbeeren Ende Juli/Anfang August bis spätestens Mitte August pflanzt, erzielt schon im nächsten Jahr hohe Erträge.
Dazu gehören kräftige, gut bewurzelte, am besten von reichtragenden Mutterstöcken selbst herangezogene Pflanzen. Nach Möglichkeit sollten diese mit Wurzelballen aus dem Vermehrungsbeet genommen und so verpflanzt werden. Bringen Anfang August gepflanzte Erdbeeren im ersten Ertragsjahr 100 % Ertrag, so bringen Mitte September gepflanzte nur noch 30 %.

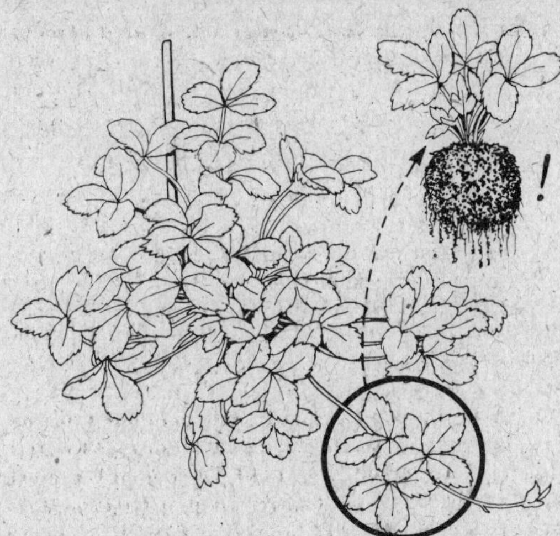

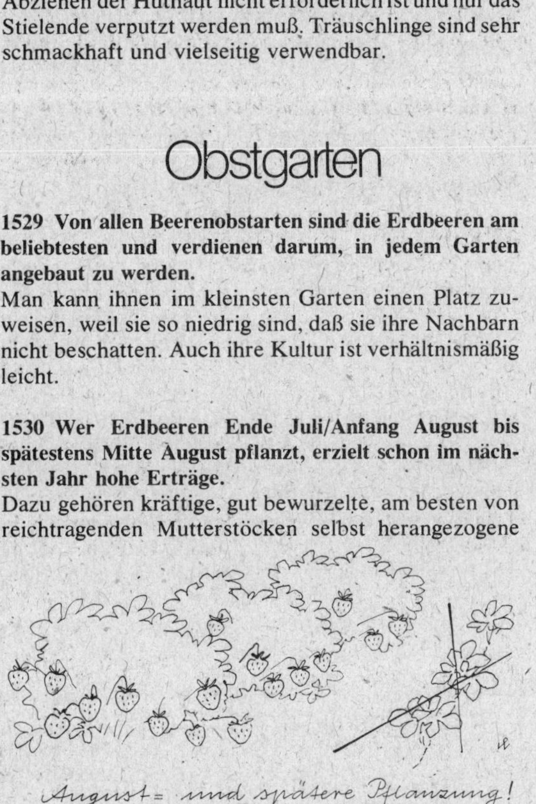

1531 Unter den Erdbeersorten gibt es einige, z. B. Mieze Schindler, deren Blüten nur weibliche Organe hervorbringen, was beim Anbau besonders zu beachten ist.
Diesen Blüten fehlen die den Blütenstaub (Pollen) liefernden männlichen Organe. Das Befruchten, dem das Bestäuben vorangeht, ist bei diesen Sorten sehr erschwert, wenn in unmittelbarer Nähe keine pollenliefernden Sorten stehen. Die diesbezüglichen Angaben in der Beerenobsttabelle sind darum zu beachten.

1532 Wo eine länger anhaltende Erdbeerernte gewünscht wird, ist der Anbau mehrerer Sorten notwendig (siehe Sortentabelle Seite 390).
Die sehr früh fruchtenden und darum auch als erste blühenden Sorten sind aber in höheren Lagen nicht angebracht. Infolge der dort fast regelmäßig spät auftretenden Nachtfröste gehen die Blüten oft zugrunde. Das trifft auch auf Lagen zu, die man allgemein als Frostlöcher bezeichnet.

1533 Zu den ertragreichsten Erdbeersorten gehören 'Red Gauntlet' und 'Senga Sengana'.

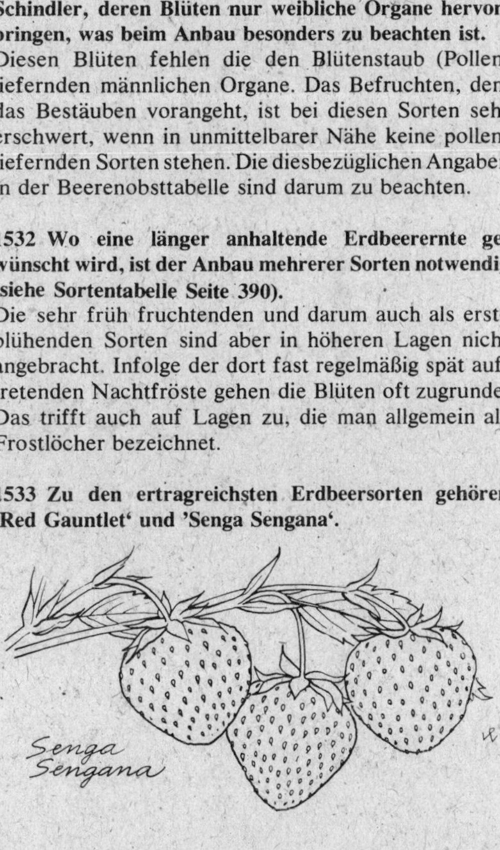

Beide Sorten sind mittelfrüh. Während 'Red Gauntlet' mehr für den Frischgenuß zu bevorzugen ist, handelt es sich bei 'Senga Sengana' um eine der besten Sorten für die Konservierung. Sie wird im Glas nicht grau, sondern behält die rote Farbe und das Erdbeeraroma. Leider ist 'Senga Sengana' anfällig für den Grauschimmel, daher beachte Ratschlag **1043**.

1534 Monatserdbeeren verwendet man gern als Einfassung. Sie sollten aber auch nicht länger als 3 bis 4 Jahre stehenbleiben. Beachte Ratschlag **695!**
Am besten hat sich die Sorte 'Rügen' bewährt. Da sie keine Ausläufer bildet, muß man sich von ihr Sämlingspflanzen beschaffen. Je nach Bodenart genügt für Monatserdbeeren ein Pflanzenabstand von 20 cm × 20 cm bis 25 cm × 20 cm. In einer Reihe gepflanzt, genügen in jedem Falle 20 cm.

1535 Auch die zweimaltragenden Erdbeeren haben sich im Kleingartenbau nicht besonders ausbreiten können.
Als gute Sorten haben sich bewährt: 'Ostara' und 'Machern'. Die zweite Ernte fällt ab August an.

1536 Im allgemeinen gedeihen Erdbeeren in allen Bodenarten, wenn sie nicht zu trocken, doch nährstoff- und humusreich sind.
Sandiger Lehm- oder lehmiger Sandboden sagt ihnen am besten zu. Da Erdbeeren im Durchschnitt drei Jahre stehenbleiben, ist eine starke Gabe von Humusstoffen bei der Neuanlage sehr wichtig. Da Pferdedung in leichten Böden sehr vergänglich ist, gibt man ihn nur bei etwas schwereren Bodenarten. Kuh- und Schweinedung ist im allgemeinen die beste Humusgrundlage für Erdbeeren. Von jedem dieser Dünger kann man 10 bis 15 kg je m^2 in den Boden bringen. Anorganische Dünger werden den Erdbeeren besser während der Kultur verabreicht.

1537 Das Bearbeiten des Bodens ist für Neuanlagen von Erdbeeren besonders wichtig, um gute Erträge zu erzielen.
Dazu gehört insbesondere eine tiefgründige Lockerung. Wer es irgend ermöglichen kann, sollte holländern. Dabei wird der Boden zwei Spatenstiche tief bearbeitet, was für Erdbeeren genügt. Beim Holländern muß man aber aufpassen, daß der Stalldung, oder was sonst zum Humusanreichern verwendet wird, nicht zu tief in den Boden gelangt. Diese Stoffe verrichten ihren Zweck nur, wenn sie in der obersten Erdschicht bleiben, also in den ersten Spatenstich eingearbeitet werden.

1538 Ein freier vollsonniger Standort sagt zwar den Erdbeeren am besten zu, doch bringen sie auch in halbschattigen Lagen gute Erträge.

Tiefschattige Stellen sollte man aber vermeiden, weil dort der Ertrag wesentlich zurückgeht. Freie Streifen zwischen sonstigem Beerenobst kann man jedoch unbedenklich mit Erdbeeren bepflanzen. Auch zwischen jungen Obstbäumen kann man das Land mit ihnen ausnutzen.

1539 Soweit man die Erdbeerjungpflanzen nicht eigenen Anlagen entnehmen kann, ist darauf zu achten, daß sie aus milbenfreien Beständen stammen (beachte Ratschlag 1422).

Gekräuselte oder schlecht entfaltete Blätter sind immer verdächtig. Rote und weiße rotumrandete Flecken an den Blättern deuten auf eine Blattkrankheit hin, die unliebsame Folgen nach sich ziehen kann. Auch solche Pflanzen sind abzulehnen.

1540 Erdbeeren bilden Ende September/Anfang Oktober bereits ihre Blütenknospen für das kommende Jahr.

Zur Förderung der Blütenknospenbildung ist daher Ende August/Anfang September eine 2- bis 3malige Wassergabe notwendig. Dabei kann gleichzeitig ein Teil des Düngers mit eingebracht werden.

1541 Beim Pflanzen der Erdbeeren ist zu beachten, daß das Herz der Jungpflanzen dicht über dem Boden stehen muß.

zu tief — richtig — zu hoch!

Zu tief gepflanzte bringen in der Regel im ersten Jahr keinen Blütenstand. Bei zu hoch gepflanzten besteht im Winter die Gefahr des Erfrierens des Wurzelhalses und des Auswinterns.

1542 Erdbeeren wachsen nach dem Pflanzen schnell und sicher an und kommen auch verlustlos durch den Winter, wenn man ihnen sofort eine Bodenbedeckung gibt.
Geeignete Bodenbedeckungsmittel sind: gut verrotteter Stalldung, feuchter Torf, gehäckseltes Stroh oder die Abfälle aus Spinnereien (Wollstaub) Die letzteren sollten aber etwa ein Jahr kompostiert werden, damit eventuell vorhandene chemische Stoffe durch den Regen ausgelaugt werden. Die Bodenbedeckung gibt man vor dem Angießen (s. Ratschlag **1543**). Die Pflanzen darf man nicht mit bedecken.

1543 Damit die Wurzeln der Erdbeerpflanzen in innige Verbindung mit der sie umgebenden Erde gelangen, wird nach dem Pflanzen gründlich gegossen.
Beim Pflanzen ohne Bodenbedeckung (vergleiche Ratschlag **1542**) gießt man jede Pflanze erst einzeln ohne Brause an. Danach wird das ganze Beet mit der Brause übergossen. Wo Bodenbedeckung gegeben wurde, ist das Einzelgießen nicht nötig.

1544 Im August gepflanzte Erdbeeren müssen an heißen Tagen mehrmals überbraust werden, bis sie eingewachsen sind.
Überbrausen vermindert die Transpiration (Verdunstung) der Blätter wesentlich. Die Pflanzen dürfen auf keinen Fall welken.

1545 Den bis zum Herbst tragenden Erdbeeren aus vorjähriger und früherer Pflanzung sollte man im August noch eine Nährstoffgabe verabreichen.
Bei dieser Düngung ist aber nur ein schnellwirkender Stickstoffdünger von Nutzen.

1546 Da die rankenden Brombeersorten bis zum Herbst Früchte entwickeln, erhalten sie in den ersten Augusttagen noch eine Nährlösung.
Dazu verwendet man am besten Spezialdünger oder einen anderen Volldünger mit Spurenelementen. Die Lösungen werden 0,3%ig angesetzt.

1547 Alte Johannisbeer- und Stachelbeersträucher kann man schon nach der Ernte auslichten.
Dabei wird nach Ratschlag **111** verfahren. Das Auslichten im August hat den Vorteil, daß man bei den Sträuchern im belaubten Zustand besser erkennt, was zu dicht steht. Im unbelaubten sieht der Strauch viel luftiger aus.

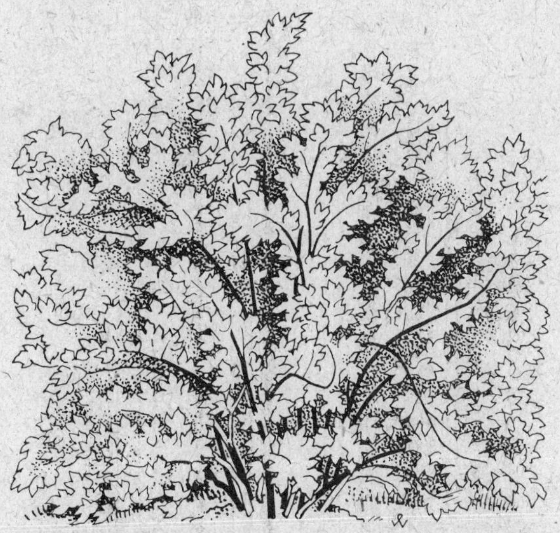

Johannisbeerdickicht! auslichten
Zahlreiche Triebe beschatten sich gegenseitig

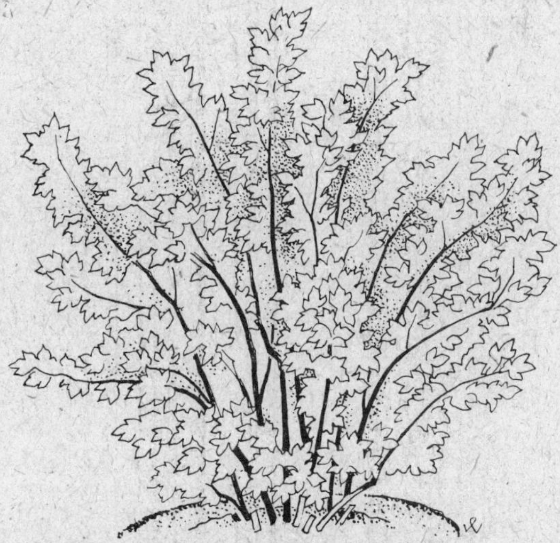

Der ausgeschnittene Strauch gleicht einem Lichttrichter
Luft und Sonne können ungehindert eindringen

1548 Die Früchte des Kernobstes sind pflückreif, wenn sie sich beim seitlichen Anheben leicht lösen.
Als erstes Anzeichen der Pflückreife gilt das Abfallen einiger Früchte, die gesund, also nicht madig sind. Pflückreife Früchte haben an der Ansatzstelle des Stieles (Fruchtkuchen) eine Korkschicht gebildet und lassen sich darum ohne Schaden an Frucht und Baum ernten.

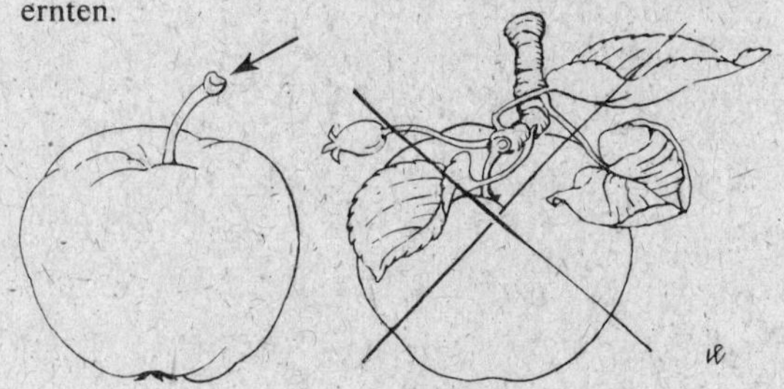

1549 Die Frühsorten der Äpfel und Birnen halten sich länger, wenn man sie beim Pflücken sorgsam behandelt.
Ihre Lagerfähigkeit ist sowieso sehr beschränkt, so daß man sie nicht noch durch Unachtsamkeit verkürzen sollte. Vor allem muß man alles vermeiden, was Druckstellen hervorrufen kann. In dieser Hinsicht sind Birnen besonders empfindlich. Ihr Wert wird durch Druckstellen wesentlich vermindert.

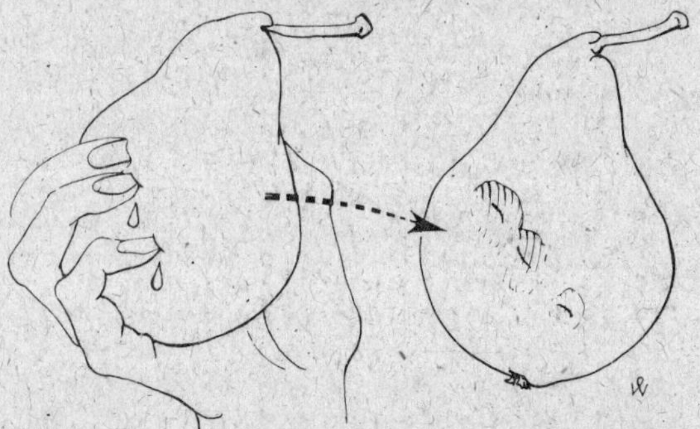

1550 Für die Ernte des Obstes haben sich Pflückbeutel sehr gut bewährt.
Die Beutel sind unten offen und lassen sich mit Hilfe einer Schnur, die oben durch einen Haken eingehängt

werden kann, schließen. Nach dem Lösen des Hakens öffnet sich der gefüllte Beutel unten, und es ist damit möglich, die Früchte, ohne sie nochmals anzufassen, behutsam in die Steigen gleiten zu lassen. Zudem läßt sich der Beutel gut im Baum aufhängen, so daß mit beiden Händen gepflückt werden kann.

1551 Im August werden die Apfelsorten 'Helios', 'Jerseymac' und 'Gravensteiner' pflückreif.
'Helios' ist ertraglich, in der Fruchtqualität sowie geschmacklich ein hervorragender heller Frühapfel, der um den 8. August pflückreif ist. Über eine große ökologische Anbaubreite verfügt 'Jerseymac'. Die Früchte sind intensiv rot gefärbt, mittelgroß, im Geschmack angenehm. Der altbekannte 'Gravensteiner' bringt nur befriedigende Ernten an ihm zusagenden Standorten mit hoher Luftfeuchtigkeit.

1552 Von den Birnensorten, die im Laufe des August pflückreif werden, sind vor allem 'Clapps Liebling', 'Jules Guyot', 'Trevoux' und 'Williams Christ' zu nennen.

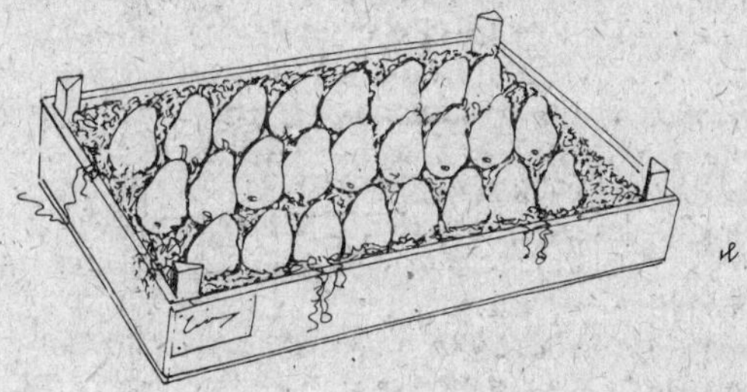

Alle sind nur pflückreif versandfähig und hartreif oder grün zu ernten. Die im Ratschlag **1548** angegebenen Merkmale der Pflückreife sind aber zu beachten. Von den genannten Sorten ist 'Williams Christ' die beste zum Einwecken. Ihr Fleisch bleibt weiß, während sich das der anderen Sorten bräunlich färbt.

1553 Neben den im Juli genannten Pflaumensorten (vergleiche Ratschlag 1432) reifen im August die Sorten 'Bühler Frühzwetsche', 'Czar' und 'Zimmers Frühzwetsche'.
Am schmackhaftesten ist 'Czar'. Bei ihr lohnt auch das Durchpflücken, obwohl man es mehrmals wiederholen muß, weil diese Sorte sehr ungleich reif wird. Bei Neupflanzung ist 'Czar' den beiden anderen vorzuziehen.

1554 In der 5. bis 6. Pfirsichwoche reifen die gelbfleischige Pfirsichsorte 'Redhaven', in der 6. bis 7. die weißfleischigen Sorten 'Bero' und 'Pilot'.
'Redhaven' gedeiht an allen für den Pfirsich geeigneten Standorten. Die Früchte eignen sich vorzüglich zur Konservierung. 'Pilot' ist sehr wüchsig, gesund im Wuchs und reichtragend, ebenso 'Bero'. Beide sind für den Frischgenuß und die häusliche Verwertung geeignet.

1555 Die Ernte der Aprikosensorte 'Marena' beginnt im allgemeinen schon im August.
Der Ertrag setzt bei dieser Sorte früh ein und ist höher als bei den anderen Aprikosensorten. 'Marena' ist den anderen Sorten im Anbau unbedingt vorzuziehen.

1556 Die abgetragenen Himbeerruten sind so früh wie möglich dicht am Erdboden abzuschneiden.

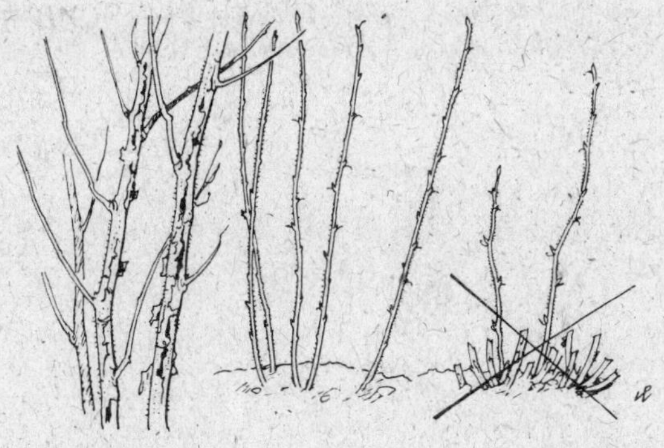

Da bei Himbeeren immer die Gefahr der Rutenkrankheit besteht, sind alle abgeschnittenen Triebe sofort zu verbrennen. Das sollte man sich auch dort zur Regel machen, wo keine Anzeichen dieser Krankheit vorhanden sind.

1557 Nach dem Abschneiden der abgetragenen Himbeerruten muß das Haltegerüst in Ordnung gebracht werden.
Mit dieser Arbeit sollte man nicht bis zum Winter warten. Bei Frost macht das Einschlagen neuer Pfähle Schwierigkeiten. Außerdem sieht ein defektes Gerüst nicht gut aus.

1558 Nach dem Ausbessern des Haltegerüstes (s. Ratschlag 1557) der Himbeeren bindet man auch gleich die einjährigen Ruten an.
Dabei ist zu beachten, daß nur die 4 bis 6 kräftigsten Triebe je Pflanze stehenbleiben. Gekürzt werden die jungen Ruten vorläufig nicht. Man verteilt sie so am Gerüst, daß es gleichmäßig besetzt ist.

1559 Gegen Ende August sind auch die aufrecht wachsenden Brombeersorten abgeerntet, so daß der Schnitt durchgeführt werden kann.
Sie werden beim Schnitt genauso behandelt wie die Himbeeren. Darum sind die Ratschläge 1556 bis 1558 sinngemäß anzuwenden.

1560 Am Formobst muß man die Verlängerungen der Leitäste in die richtige Stellung bringen, bevor sie verholzen.
Das bezieht sich nicht nur auf die am Spalier, sondern auch auf die frei stehenden. Bei den waagerechten Kordons ist es am wichtigsten. Im August sind die Triebe noch ziemlich weich und lassen sich an die Stelle biegen, die für sie vorgesehen ist.

1561 An den Spindelbüschen sind die einjährigen Triebe der Stammverlängerung im Laufe des August waagerecht zu binden.
Dadurch sollen sich alle Augen dieser Triebe, und zwar vor allem die unteren, gleichmäßig ausbilden. Dann steht das spätere Fruchtholz dicht am Stamm.

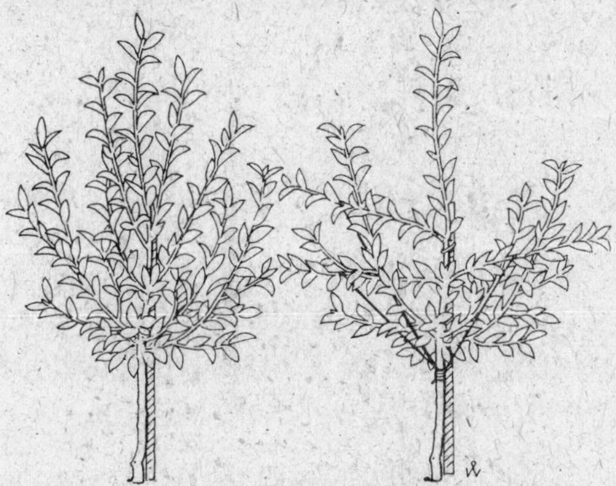

1562 Der Schnitt an den Schattenmorellen sollte unbedingt im Laufe des August vorgenommen werden.
Die entstehenden Wunden heilen dann noch gut und sind dadurch gegen Infektionen mit Moniliaerregern geschützt. Schnittwunden am älteren Holz sollte man aber vorsichtshalber mit Baumwachs sorgfältig verschließen.

1563 Schattenmorellen, die nicht geschnitten werden, bekommen mit der Zeit ein trauerweidenähnliches Aussehen. Man muß sie einem Verjüngungsschnitt unterwerfen.
Diesen Eingriff sollte man aber auf etwa 3 Jahre verteilen, damit die Ertragseinbuße nicht zu groß ist. Wer über mehrere Schattenmorellenbüsche verfügt, verjüngt von ihnen in jedem Jahr etwa ein Drittel mit derselben Auswirkung. Beim Verjüngungsschnitt müssen alle kahl gewordenenen Triebteile fallen. Man muß auf junge Austriebe zurückgehen, denen aber auch etwa die Hälfte ihrer Länge genommen wird. Wo keine

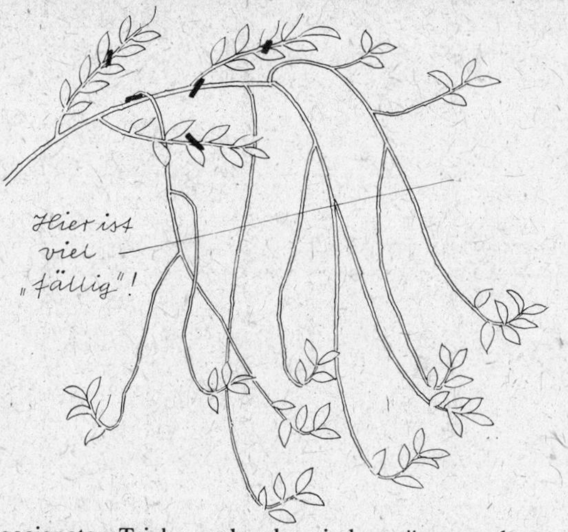

geeigneten Triebe vorhanden sind, genügen auch gut entwickelte Augen. So behandelte Schattenmorellenbüsche tragen im zweiten Jahr nach dem Schnitt schon wieder voll.

1564 Schattenmorellen kann man zwar einem regelmäßigen jährlichen Rückschnitt unterziehen, aber einfacher ist der Auslichtungsschnitt.

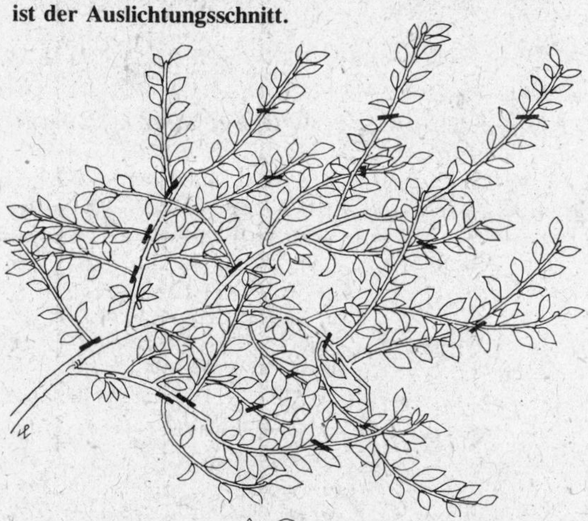

Rückschnitt

Bei regelmäßigem Rückschnitt werden erst einmal alle nach dem Innern des Busches wachsenden Triebe ganz entfernt. Außerdem schneidet man alle diesjährigen Triebe bis auf ungefähr 0,66 bis 0,6 ihrer Länge zurück. Lediglich die Verlängerungen der Hauptäste behalten etwa 0,75 ihrer Länge. Der Auslichtungsschnitt ist ebenfalls jährlich vorzunehmen. Dabei ist alles zu entfernen, was im Innern des Busches zu dicht steht. Das ist im belaubten Zustand viel besser zu beurteilen als im unbelaubten. Auch was an den Hauptästen nach innen wächst, schneidet man ganz weg. Von den einjährigen Trieben schneidet man aber nur die zurück, die am Verlängerungstrieb der Hauptäste stehen. Dieser Rückschnitt wird wie beim regelmäßigen vorgenommen.

1565 Soweit an tragfähigen Pfirsichen etwas zu schneiden ist, muß es gleich nach der Ernte geschehen.
Im August betrifft das vor allem die Frühsorten, die Anfang des Monats abgeerntet wurden. Beim Schnitt handelt es sich nur um das Auslichten. Es werden also keine Triebe gekürzt, sondern zu dicht stehende ganz entfernt. Außerdem werden trockene Zweige sorgfältig bis ins gesunde Holz abgeschnitten.

1566 Ab Anfang August kann man unter den Bäumen Gründüngung aussäen.
Dafür eignen sich Senf und Leguminosen. Die Leguminosen sammeln den Luftstickstoff, der im nächsten Jahr den Bäumen zugute kommt. Im Herbst entziehen sie den Bäumen das Wasser, so daß das Holz der Obstgehölze besser ausreifen kann. Die abgestorbenen Teile bilden im Winter einen guten Frostschutz für die Wurzeln der Bäume und zudem wird dem Boden Humus zugeführt.

1567 Das Stützen stark mit Früchten besetzter Niederstämme geschieht am besten mit Hilfe eines Pfahles und entsprechender Stricke.
Dabei geht man so vor, wie es in der Skizze gezeigt wird. Anstelle der Stricke kann man auch Drähte verwenden. Am Ast muß dann aber etwas untergelegt werden, damit der Draht die Rinde nicht verletzt.

1568 Alle großen Schnittwunden, die beim Steinobst infolge des Auslichtungsschnittes entstehen, sollten verschlossen werden.
Dazu läßt sich sehr gut farblose Latexfarbe verwenden. Man überstreicht damit die gesamte Wunde. Verhindert wird dadurch das Aufreißen und Vertrocknen sowie das Eindringen von holzzerstörenden Pilzen. Die Kallusbildung wird dadurch günstig beeinflußt. Auch nach dem Schnitt im Winter läßt sich Latex verwenden.

1569 Sollten im August schon moniliakranke Früchte an den Bäumen hängen, sind diese sofort zu entfernen.
Sorten, die stärker zu Moniliabefall neigen, z. B. 'Cox' Orangen' und 'Karmijn', sind besonders zu beobachten. Durch das Entfernen der kranken Früchte wird eine Ansteckung der gesunden vermieden.

1570 Die im Juni angelegten Fanggürtel (s. Ratschlag 1255) werden im August verbrannt und durch neue ersetzt.

Das ist einfacher als das Säubern der Gürtel. Beim Transport der abgenommenen Gürtel zum Verbrennungsort ist darauf zu achten, daß von den anhaftenden Schädlingen nichts verlorengeht. Beachte auch Ratschlag 1439.

1571 Oft werden nach der Ernte Beerenobststräucher sich selbst überlassen.
Doch legen wir mit der Gesunderhaltung und weiteren Pflege der Sträucher den Grundstein für die Ernte des nächsten Jahres. Daher ist es notwendig, die erforderlichen Pflege- und Pflanzenschutzmaßnahmen weiterhin durchzuführen.

1572 Das Frühobst mit der nur einige Tage langen Haltbarkeit sollte man nicht im Lagerraum für das Winterobst unterbringen.
Damit werden nur Erreger für die verschiedenen Lagerkrankheiten eingeschleppt.

1573 Der Raum für das Lagerobst wird schon Ende August vorbereitet und gründlich gesäubert.

Alle Fenster oder andere Lüftungseinrichtungen müssen dicht schließen, aber auch leicht zu öffnen sein. Der ganze Raum wird ausgespritzt bzw. -gewaschen. Regale, Horden und Steigen zur Aufnahme des Obstes sind der gleichen Behandlung zu unterziehen. Dem Wasser setzt man ein desinfizierendes Mittel zu, das aber möglichst geruchfrei sein muß. Das Auspinseln des ganzen Raumes mit Kalkmilch ist ebenfalls anzuraten. Bei größeren Räumen nimmt man zum Verteilen dieses Mittels eine Obstbaumspritze. Nach dem Desinfizieren wird der Raum gründlich gelüftet, bis etwaiger Geruch restlos verflogen ist.

1574 Zum Lagern des Winterobstes eignen sich alle Räume, die kühl, aber frostfrei und gut lüftbar sind.
Da die Luftfeuchtigkeit eine große Rolle spielt, wird das Obstlager oft im Keller eingerichtet. Die zum guten Lagern erforderlichen 85 bis 90% Luftfeuchtigkeit lassen sich in ihm meist besser erzielen als in Räumen mit Holzfußboden. Er würde das öftere Anfeuchten wohl sehr übelnehmen. Kellerräume, durch die ein Rohr der Zentralheizung geht, scheiden durch zu hohe Temperaturen aus. Räume, die Temperaturen von 1 bis 6 °C aufweisen, sind für das Lagern des Obstes am besten geeignet. Wärmere beschleunigen die Reife so, daß sich das Obst kaum bis Weihnachten hält.

1575 Das Winterobst darf man auf keinen Fall im Kartoffel- oder Gemüsekeller lagern.
Obst nimmt den Geruch anderer Stoffe sehr leicht an, so daß der Geschmack stark beeinträchtigt wird.

1576 Wo der Lagerraum für das Obst nicht voll ausgenutzt wird, kann man in ihm das im Laufe des Sommers eingeweckte Obst und Gemüse mit unterbringen.

Die niedrigen Temperaturen im Obstlagerraum sind auch für das Aufbewahren des Eingeweckten günstig. Die hohe Luftfeuchtigkeit schadet den Gläsern nicht.

1577 Das im August gepflückte Frühobst (s. Ratschläge 1551 und 1552) ist auf dem Lager täglich zu überprüfen.

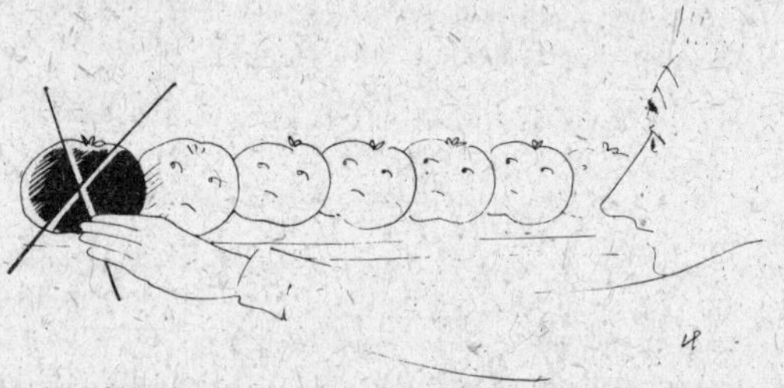

Andernfalls kann es zu großen Verlusten kommen, weil vor allem die Birnen (Ratschlag 1552) nur sehr kurze Zeit lagerfähig sind. Hinzu kommt, daß alle Früchte einer Sorte in der Regel gleichzeitig reif sind. Bei den Äpfeln ist es vor allem die Monilia-Schwarzfäule, die bei Unachtsamkeit große Opfer fordert. Auch das Frühobst ist so zu lagern, daß man Schäden ohne Umpacken erkennen kann.

1578 Im August reifen die ersten Brombeeren.
Die Ernte sollte in den frühen Morgenstunden erfolgen, so sind die Früchte leichter frisch zu halten. Hartreif sind sie für den Rohgenuß geeignet, weiche, überreife Brombeeren sollten sofort der Verwertung zugeführt werden.

1579 Bereits beim Pflücken des Kernobstes sortieren wir die Früchte.
Alle geschädigten Früchte mit Schorf, Insektenbefall oder anderen Mängeln sind von den einwandfreien zu trennen und sofort dem Verbrauch zuzuführen.

1580 Geerntetes Kernobst ist vorsichtig zu transportieren.
Man verwendet dazu Steigen, die mit Wellpappe, Holzwolle usw. ausgelegt sind. Für den Transport benutzen wir ein luftbereiftes Fahrzeug.

1581 Mitte Juli/Anfang August erhalten die Erdbeeren zwei Drittel der vorgesehenen Düngermengen.
Wir streuen pro m^2 50 bis 60 g Piaphoskan blauextra oder einen anderen Volldünger und arbeiten diesen mit ein. Damit wird das Wurzelwachstum gefördert, und wir unterstützen die Anlage von Blütenknospen, die im September gebildet werden.

1582 Zur Unterstützung der Blütenknospenbildung sind die Erdbeeren Ende August/Anfang September nochmals kräftig zu wässern.
Man gibt pro m^2 20 bis 30 mm, d. h. 20 bis 30 l/m^2, in einer Gabe.

1583 Im Handel werden häufig neue Erdbeersorten angeboten.
Vor dem Kauf einer neuen Sorte sollte man jedoch prüfen, ob sie sich auch für den benötigten Verwendungszweck eignet. So ist die Sorte 'Senga Sengana' insbesondere für die Frostung und Konservierung geeignet. Andere Sorten fallen bei der Frostung zusammen, oder sie nehmen einen eigenartigen Metallgeschmack an. Dasselbe trifft für die Naßkonservierung zu. Ungeeignete Sorten verfärben sich grau im Glas, und der Geschmack läßt dann zu wünschen übrig. Für den Rohgenuß sind alle geeignet, jedoch gibt es auch hier erhebliche Unterschiede in der Geschmacksqualität.

Ziergarten

1584 Zum Schneiden der Nadelgehölzhecken ist der August der beste Monat.
Bei diesen Hecken dürfen keinesfalls die Seitenwände ganz senkrecht verlaufen. Die Hecke muß sich nach oben etwas verjüngen. Andernfalls dauert es nicht lange, bis sie von unten her verkahlt und am guten

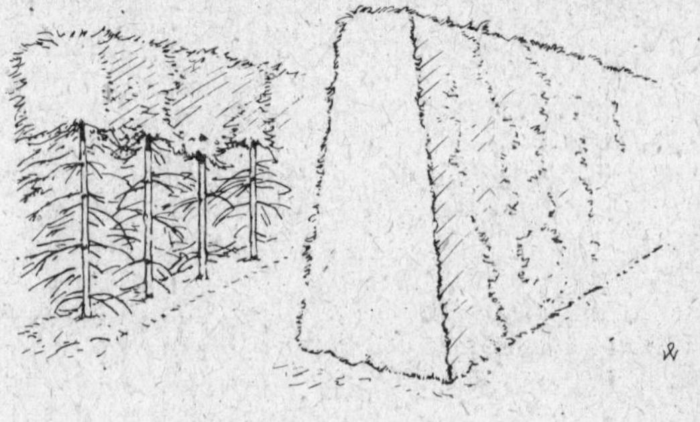

Aussehen einbüßt. An den Seitenwänden und auch oben treten oft einzelne Triebe stark hervor. Diese schneidet man vor dem Schnitt mit der Gartenschere einige Zentimeter stärker zurück. Erst dann greift man zur Heckenschere. Für Wachstumskorrekturen einzeln stehender Nadelgehölze nimmt man nur die Gartenschere.

1585 Große Exemplare der Eibe *(Taxus)* lassen sich verpflanzen, wenn Anfang August die Vorbereitungen für das nächste Jahr getroffen werden.

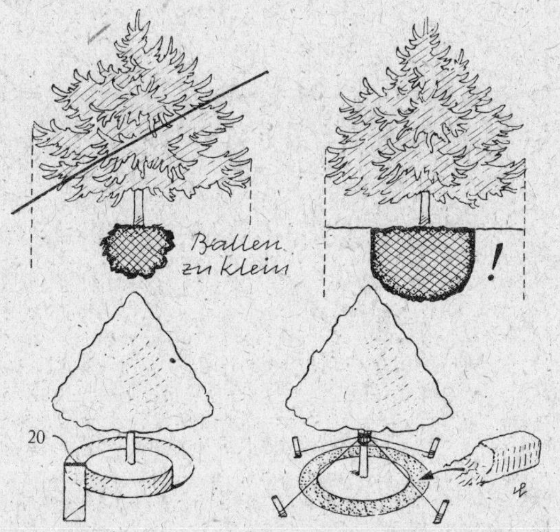

Der Durchmesser des Wurzelballens muß der Größe der Pflanze entsprechen. Als Anhalt gilt der reichlich halbe Durchmesser der Pflanze. Eine Eibe mit beispielsweise 2 m Durchmesser erhält also einen etwa 1,10 m breiten Wurzelballen. Im Abstand von 55 cm wird in diesem Falle um die Eibe herum ein etwa 20 cm breiter Graben ausgehoben. Alle Wurzeln innerhalb dieses Bereiches sind glatt abzustechen. Der Graben wird so tief gemacht, wie Wurzeln nach unten gegangen sind. Anschließend füllt man den Graben mit feuchtem Torf, der fest anzutreten ist. Außerdem erhält die Eibe bis in den September hinein reichlich Wasser. Die so vorbereitete Pflanze ist gegen Winddruck zu schützen, was am besten durch etwa vier kurze Pfähle erfolgt. Sie sind mit der Eibe so zu verbinden, daß sie sich nicht hin und her bewegen kann.

1586 Für im Vorjahr vorbereitete große Eiben (Ratschlag 1585) ist der August der beste Zeitpunkt zum Umpflanzen.
Im Anschluß an den mit Torf gefüllten Graben (s. Ratschlag **1585**) wird ein breiterer ausgehoben. Er muß so tief sein, daß man den Ballen unterhöhlen kann. Da die Pflanze in dem Torf sehr viel Faserwurzeln entwickelt hat, hält der Wurzelballen meist ohne sonstige Maßnahmen. Ist das nicht sicher, muß man ihn mit einer Art Lattengestell oder Drahtgeflecht umgeben, das fest anliegt. Mit Hilfe unter den Ballen geschobener Bretter zieht man die Pflanze aus ihrem Bett. Je nach den örtlichen Verhältnissen erfolgt der Transport zum neuen Standort mit Hilfe eines niedrigen Fahrzeuges oder von Holzrollen, die man unter die Bretter schiebt.

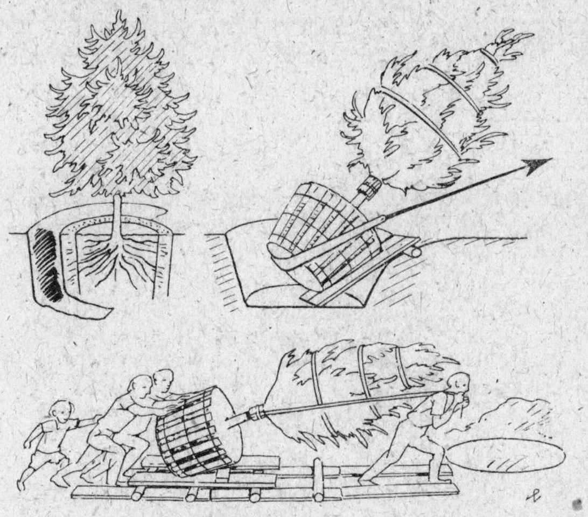

Am neuen Standort muß das entsprechend große Pflanzloch schon vorbereitet sein. Zum Auffüllen des Zwischenraumes, der nach dem Einsetzen der Eibe bleibt, verwendet man eine Mischung von Erde und Torf im Verhältnis 1:1. Gründliches Wässern und Stützen der Pflanze (beachte Ratschlag **1585**) sind die wichtigsten Maßnahmen nach dem Pflanzen.

1587 Alle jungen Nadelgehölze kann man ab Ende August normal pflanzen und auch umpflanzen.
Das Umpflanzen ist aber nur bei jungen Pflanzen mit gutem Wurzelballen möglich. Es eignen sich daher meist nur die, die erst vor ein oder höchstens zwei Jahren gepflanzt wurden. Das in den Ratschlägen **1585** und **1586** genannte Verfahren ist in der Hauptsache bei Eiben erfolgreich. In der Baumschule kann man auch von Tannen, Kiefern usw. sehr große Exemplare erhalten. Sie sind umpflanzbar, weil sie dort von jung auf alle zwei Jahre umgepflanzt werden. Auf diese Weise bildet sich ein geschlossener Wurzelballen, der auch beim Umpflanzen gut zusammenhält.

1588 Aus der Baumschule bezogene Nadelgehölze (große und kleine) müssen so transportiert und gepflanzt werden, daß der Wurzelballen erhalten bleibt.
Die Wurzelballen sind in der Regel mit Sackleinen umhüllt. Es bleibt an der Pflanze, bis sie in der Pflanzgrube steht. Wie beim Pflanzen vorgegangen wird, ist im Ratschlag **776** beschrieben.

1589 Alle größeren frisch gepflanzten Nadelgehölze muß man gegen Winddruck schützen, bis sie fest im Boden eingewurzelt sind.

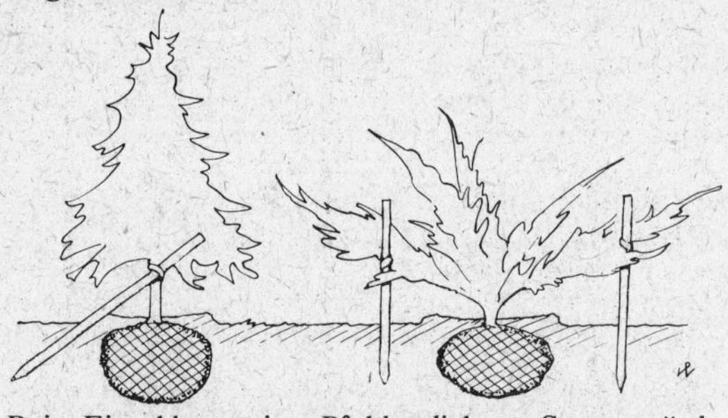

Beim Einschlagen eines Pfahles dicht am Stamm würde der feste Wurzelballen zerstört, und das Anwachsen wäre fraglich. Darum schlägt man den Haltepfahl schräg am Ballen vorbei in die Erde, wie das in der Skizze gezeigt wird.

1590 Im August herrscht oft noch sehr sonniges heißes Wetter. Das Einwachsen der frisch gepflanzten Nadelgehölze ist dann nur gesichert, wenn sie gegen starke Transpiration (Verdunstung) geschützt sind.

Fleißiges Gießen allein genügt nicht. Am besten ist das Einhüllen der ganzen Pflanze in sogenanntes Schattenleinen, das in den Gärtnereien zum Beschatten der Frühbeete verwendet wird. Das Schattenleinen muß an heißen Tagen laufend feucht gehalten werden. Wo das Einhüllen nicht möglich ist, stellt man auf der Sonnenseite der Pflanzen ein leichtes Gerüst auf, das man mit Tüchern oder ähnlichen Stoffen behängt. In diesen Fällen muß man die Pflanzen tagsüber mehrmals mit Wasser überspriihen.

1591 Fast alle abgeblühten Stauden kann man ab Ende August teilen und umpflanzen.
Sie haben dann bis zum Herbst noch genügend Zeit zum Einwurzeln, so daß sie den Winter gut überstehen. Das Einwachsen wird wesentlich gefördert, wenn der Boden zwischen den frisch gepflanzten Stauden mit einer etwa 3 cm starken Torfschicht bedeckt wird. Auch gut verrotteter Stalldung eignet sich dazu. Die Schicht kann auch stärker sein. Wird gleich nach dem Aufbringen der Bodendecke durchdringend gegossen, bleibt die Erde darunter sehr lange gleichmäßig feucht.

1592 Die an den Stengeln der Tigerlilie *(Lilium tigrinum)* sitzenden Brutzwiebeln werden gesammelt und im August in die Erde gebracht.

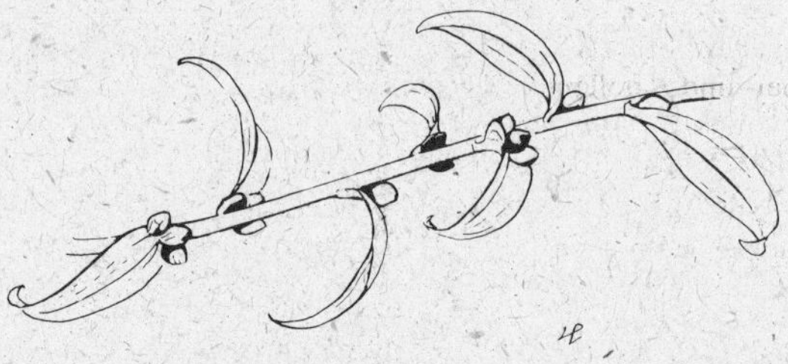

Zum Legen der Brutzwiebeln braucht man nur wenig Platz, weil ein Reihenabstand von 12 bis 15 cm genügt. Auf der Reihe gibt man ihnen gleich einen Abstand von etwa 5 cm und drückt sie nicht ganz so tief in den Boden ein. Einfacher und übersichtlicher ist das Ziehen einer 4 cm tiefen Rille, in die man die Brutzwiebeln legt und die dann zugezogen wird. Anschließend erhält die mit Brutzwiebeln belegte Fläche eine Bodendecke aus einem Sand-Torf-Gemisch, dem etwas Kompost zugesetzt werden kann.

1593 Die Madonnenlilien *(Lilium candidum)* muß man verpflanzen, bevor der neue Trieb erscheint, was ungefähr Ende August der Fall ist.

Diese Lilienart treibt nach dem Absterben der oberirdischen Teile wieder aus und überwintert mit den dann über der Erde stehenden Blattschöpfen. Bei ihr darf man den richtigen Zeitpunkt zum Umpflanzen nicht verpassen. Also in der ersten Augusthälfte die Zwiebeln aus dem Boden nehmen und am neuen Standort einpflanzen. In Tuffs gepflanzt, wirkt auch diese Lilienart am schönsten. Der Standort muß sonnig sein. Die Zwiebelspitze darf nur 3 bis 5 cm mit Erde bedeckt sein.

1594 Beim Pflanzen und Umpflanzen von Blumenlauch, Schneeglanz, Krokus, Schachbrettblume (auch Kiebitzei genannt), Schneeglöckchen und Blaustern ist darauf zu achten, daß die Knollen bzw. Zwiebeln nach dem Legen etwa 5 bis 10 cm mit Erde bedeckt sind.

Alle hier genannten Zwiebel- und Knollengewächse pflanzt man in der zweiten Augusthälfte. Näheres darüber ergibt sich aus der Tabelle (Seite 432 ff.).

1595 Die Zwiebeln von Märzenbecher, Traubenhyazinthe und verschiedenen Zwiebeliris *(Iris danfordiae, I. reticulata, I. histrioides)* müssen jetzt im August etwa 7 bis 10 cm in die Erde.
Weitere Angaben sind der Tabelle „Winterharte Zwiebel- und Knollengewächse" zu entnehmen.

1596 Wer Schneeglöckchen, Märzenbecher, Krokus, Narzissen und frühblühende niedrige Tulpen in seinem Rasen unterbringen will, sollte die Zwiebeln nur an die Ränder oder Ecken pflanzen.
Auf die ganze Rasenfläche verstreut, fallen sie sehr leicht der Sense oder dem Rasenmäher zum Opfer, die meist schon im April in Funktion treten müssen. Das ist auch für die Arten nicht gut, deren Blüte dann schon vorbei ist. Sie brauchen ja ihre Blätter, um die verbrauchten Aufbaustoffe zu ergänzen. An den Rändern und Ecken sollte man die Zwiebeln auch nur in größeren Tuffs pflanzen. Dadurch sind sie beim Rasenmähen gut zu sehen.

1597 Die Zwiebeln der Sternblume *(Camassia)* legt man am besten im August, und zwar 18 bis 20 cm tief.
Sie sind gegen Nässe empfindlich und verlangen darum einen wasserdurchlässigen leichten Boden, wenn sie gut durch den Winter kommen sollen. In rauhen Lagen gibt man ihnen eine gute Schutzdecke aus Laub oder Torf.

1598 Die rhizomartigen, fleischigen Wurzeln der Steppenkerze *(Eremurus)* darf man in Boden mit guter Dränage etwa 15 cm tief pflanzen.

Sandige trockene Böden sagen dieser dekorativen Pflanze am besten zu. Außerdem verlangt sie volle Sonne. Beim Pflanzen (im August) sollte man die Rhizome seesternartig in Sand einbetten und damit bedecken. Ein lockerer Winterschutz ist ratsam. Weiteres ist aus der Tabelle (S. 433) zu entnehmen.

1599 Wenn man die Herbstzeitlosen *(Colchicum)* im August pflanzt, blühen sie schon in der Monatswende September/Oktober. Das Laub erscheint erst im Frühjahr.
Sie wirken am besten in Tuffs. Darum pflanzt man immer 3 Stück in einem Trupp zusammen. Der Zwiebelabstand braucht nur 15 cm zu betragen. Die Zwiebeln legt man 15 bis 20 cm tief in den Boden, der mehr schwer als humusreich sein sollte. Obwohl die Herbstzeitlosen vollsonnige Lagen sehr gut vertragen, gedeihen sie auch im Halbschatten. Man sollte sie nur umpflanzen, wenn es unbedingt notwendig ist. Längere Zeit ungestört gelassen, blühen sie am besten. Beim Umpflanzen sondert man die kleinen Zwiebeln von den starken und pflanzt sie für sich.

1600 Die im Herbst blühenden Krokusse sollte man schon Anfang August in den Boden bringen, so daß sie im Oktober blühen.
Beim Pflanzen ist im großen und ganzen das zu beachten, was bei den Herbstzeitlosen gesagt wurde (vergleiche Ratschlag 1599). Die Krokusknollen legt man nur 5 bis 10 cm tief. Auch der Knollenabstand soll geringer sein und nur 6 bis 8 cm betragen. Mindestens 10 Knollen sollte man in einem Trupp zusammenlegen.

1601 Von den Kaiserkronen (*Fritillaria imperialis*) sollte man beim Ankauf nur reichblühende Typen wählen.
Der Kaiserkrone sagt ein sonniger Standort und kräftiger humusreicher Boden am besten zu. Die Zwiebeln legt man etwa 20 cm tief in den Boden und wenigstens 25 cm auseinander. In lockeren, leichten Böden muß die Pflanztiefe 30 cm betragen.

1602 Dem Boden entnommene Tulpenzwiebeln (s. Ratschlag 1303) und ähnliche muß man mäuse- und rattensicher aufbewahren.
Ratten und Mäuse scheinen vor allem für Tulpenzwiebeln eine Vorliebe zu haben. Wer nicht aufpaßt,

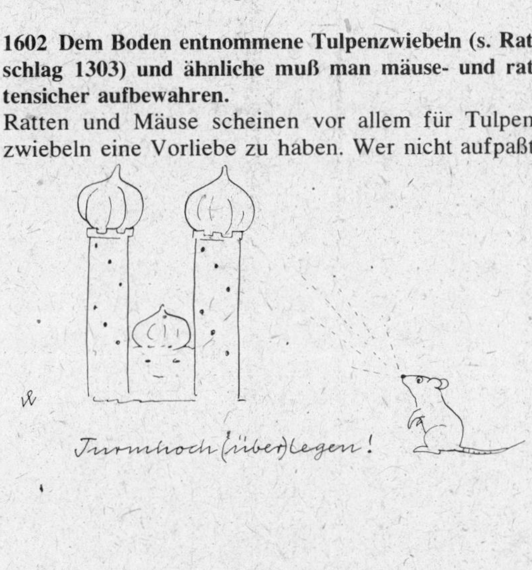

muß mit großen Verlusten rechnen. Am besten hilft das Dichtmachen des Aufbewahrungsortes. Fallen und Köder beachten die Tiere wenig, wenn sie Tulpenzwiebeln haben.

1603 Beim Pflanzen oder Umpflanzen von Pfingstrosen ist insbesondere darauf zu achten, daß die Wurzelkrone höchstens 5 cm mit Erde bedeckt wird.

Das Umpflanzen, bei dem auch gleich geteilt wird, sollte man nur vornehmen, wenn es unbedingt sein muß. Es dauert dann gewöhnlich zwei Jahre, bevor die Pfingstrosen wieder richtig blühen. Zu tief gepflanzte blühen überhaupt nicht. Man sollte den Pfingstrosen immer einen vollsonnigen Platz zuweisen. Das Pflanzen und Umpflanzen ist Ende August vorzunehmen, auch der September eignet sich dazu noch.

1604 Wo die Asternwelke (s. Ratschlag 1311) stark auftritt, sind die Pflanzen restlos, also einschließlich der Wurzelballen, zu entfernen und zu verbrennen.
Außerdem ist es wichtig, das Land zu entseuchen. Der Erreger der Welke hält sich im Boden auf. Am besten eignen sich zum Entseuchen die bekannten Naßbeizmittel, deren Anwendungsvorschriften strikt eingehalten werden müssen. Mit ihnen wird der verseuchte Boden durchdringend gegossen.

1605 Wer von Goldlack, Malven, Land- und Bartnelken (s. Ratschlag 1053) für das nächste Jahr starke Pflanzen erzielen will, muß sie im ersten Augustdrittel pflanzen.
Alle verlangen eine möglichst sonnige Lage. An den Boden stellen sie keine großen Ansprüche, wenn er nur humus- und nährstoffreich ist. Den Pflanzenabstand darf man nicht unter 25 cm × 25 cm wählen.

1606 Die im Juni (s. Ratschlag 1300) ausgesäten Stiefmütterchen, Tausendschönchen und Vergißmeinnicht werden in der zweiten Augusthälfte auf Beete gepflanzt.
An den endgültigen Standort pflanzt man sie erst im Frühjahr, weil nicht alle Pflanzen gut durch den Winter kommen. Die Schmuckanlagen wären dann ungleichmäßig und lückenhaft besetzt. Auf ein Normalbeet (1,20 m) pflanzt man 6 Reihen, was einen Abstand von 20 cm bedeutet. Auf der Reihe genügt ein Pflanzenabstand von 15 bis 18 cm.

1607 Efeu *(Hedera helix)* und der Selbstklimmende Wein *(Parthenocissus tricuspidata)* überziehen in ein paar Jahren oft ganze Häuserwände.
Es wird beiden Selbstklimmern zu Unrecht nachgesagt, daß sie den Putz der Häuserwände zerstören. Sie halten sich ja nur mit den Haftscheiben fest und dringen nicht in den Putz oder das Mauerwerk ein. Da die Blätter dachziegelartig übereinanderliegen, schützen sie sogar das Mauerwerk vor zu großer Feuchtigkeit. Eine besonders schöne Form des selbstklimmenden Wilden Weins ist die Sorte 'Veitchii'. Sie überdeckt in ihren Hauptwachsjahren jährlich 6 bis 8 Quadratmeter. Nicht so schnell wachsen die Formen des Efeus. Dafür sind sie aber anspruchsloser und wachsen in tiefem Schatten genauso willig wie in der Sonne. Nur die buntblättrigen Sorten sind etwas heikler, wachsen noch langsamer und können in geschützten Lagen auch Flächen über 10 Quadratmeter bedecken.

1608 Da auch der August noch sehr heiße Tage bringen kann, ist bei allen Zierpflanzen auf das Gießen großer Wert zu legen.
Dabei darf man auch die schon abgeblühten Stauden nicht vernachlässigen. Sie haben durch das Blühen viel Kräfte verbraucht, die sie durch Aufnahme von Nährstoffen aus dem Boden ersetzen müssen. Dazu ist aber Wasser nötig. Neu angepflanzte Stauden sind an heißen Tagen mehrmals zu überspritzen. Sie wachsen dann sicher an.

1609 Dahlien blühen um so reicher, je öfter man die unansehnlichen und verblühten Blumen entfernt.
Das trifft vor allem auf die einfachen zu. Sie setzen sehr leicht Samen an und hemmen dadurch die Entwicklung weiterer Blumen.

1610 Bei den im Juli (Ratschlag 1450 bis 1453) veredelten Rosen sind die Augen bis Mitte August angewachsen, und der Verband muß gelöst werden. Wildteile (vergleiche Ratschlag 1454) erst im Frühjahr abschneiden!

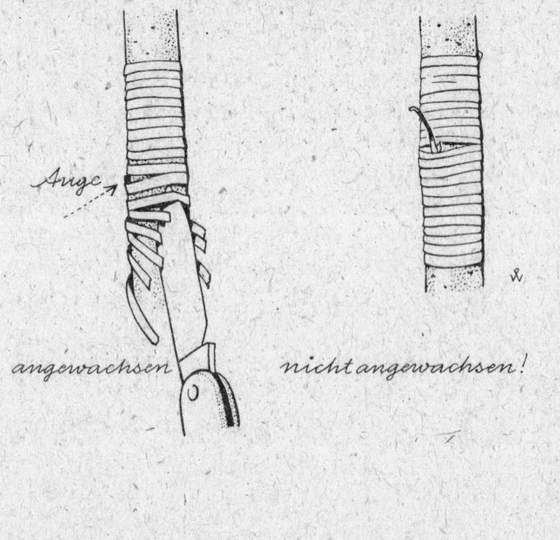

Das Anwachsen erkennt man am abgestoßenen Blattstielrest (s. Ratschlag **1452**) und am frischgrünen Auge. Zum Lösen des Bastes schneidet man den Verband an der dem Auge entgegengesetzten Triebseite durch. Dazu ist ein scharfes Messer nötig. Die Rinde des Triebes darf aber nicht verletzt werden.

1611 Rosen, bei denen die im Juli eingesetzten Edelaugen nicht angewachsen sind, kann man im August nachveredeln.
Dabei geht man genauso vor, wie in den Ratschlägen **1450** bis **1453** angegeben ist. Die neue Veredelungsstelle kann unter oder hinter der alten liegen. Im übrigen kann das Okulieren der Rosen im Laufe des ganzen August vorgenommen werden.

1612 Wer sich für das nächste Jahr Dahlien anschaffen oder sein Sortiment erweitern will, muß die Dahlienschauen in den Gärtnereien besuchen.

In den Anlagen größerer Städte findet man neuerdings ebenfalls größere Sortimente angepflanzt. Am Standort kann man sich am besten über die Eigenschaften der einzelnen Sorten orientieren. Anhand von Preislisten ist das auch bei guter Beschreibung nicht immer möglich.

Zimmergarten

1613 Wer seine Rittersterne *(Hippeastrum)* früh zum Blühen bringen will, muß schon im August mit den Vorbereitungen beginnen.

Ab Mitte August gießt man immer weniger, bis die Wassergaben in den letzten Augusttagen ganz eingestellt werden. Der Standort muß auch in dieser Zeit recht sonnig sein. Damit die Blätter nicht zu schnell vergilben und absterben, übersprüht man sie an sonnigen Tagen. Die vorstehenden Maßnahmen erfüllen aber nur bei blühfähigen Exemplaren ihren Zweck. Als Anhalt kann gelten, daß Pflanzen mit vier gut ausgebildeten Blättern bestimmt blühen.

1614 Damit der Gliederkaktus *(Zygocactus)* Knospen ansetzt, muß man im August die Wassergaben nach und nach verringern.

Es wird nur so viel gegossen, daß die Erde nicht staubtrocken wird. Der Standort muß vollsonnig sein. Nicht voll ausgereifte Glieder entfernt man an der Ansatzstelle, weil sie keine Knospen ansetzen. Meist zeigen sich die Knospen erst im Oktober. Sobald man die Knospen an den Gliedenden gut erkennen kann, wird dem gewöhnlichen Bedarf entsprechend weitergegossen.

1615 Im Garten eingesenkte oder am Fenster stehende Azaleen und Kamellien brauchen auch im August noch sehr viel Wasser.
Im August wird nicht mehr gedüngt. Wassermangel darf aber nicht entstehen, sonst werfen die Kamellien die Knospen ab, und bei den Azaleen kommen sie gar nicht zur Entwicklung.

1616 Die Balkonpflanzen stehen im August auf dem Höhepunkt ihres Wachstums und brauchen darum viel Wasser und Nährstoffe.

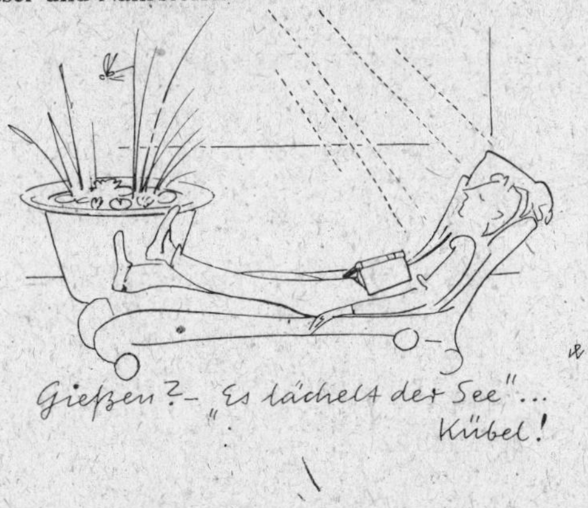

Gedüngt wird wöchentlich einmal. Dazu macht man sich eine 0,3 %ige Lösung aus einem schnellwirkenden Volldünger zurecht. Stickstoffreiche Volldünger oder reine Stickstoffdünger sollte man im August nicht anwenden.

1617 Unansehnlich gewordene Blüten oder Blütenstände an den Balkonpflanzen sind beizeiten zu entfernen.
Die Pflanzen sehen dann besser aus und bringen immer neue Blüten hervor. Das ist nicht der Fall, wenn man Verblühtes zu lange an den Pflanzen läßt. Manche Balkonpflanzen, vor allem Petunien, setzen leicht Samen auf Kosten neuer Blüten an.

1618 Der August ist der letzte Monat zum verlustlosen Verpflanzen (Umtopfen) unserer Zimmerpflanzen.
Später verpflanzte durchwurzeln bis zum Spätherbst die Töpfe nicht mehr. Dadurch können im Winter Verluste eintreten, weil solche Pflanzen sehr leicht wurzelkrank werden. Was beim Verpflanzen zu beachten ist, geht aus den Ratschlägen **814** bis **816** hervor.

1619 *Primula vulgaris (acaulis)* eignen sich sehr gut als Winterblüher für kühle Räume. Zu diesem Zweck pflanzt man sie im August in Töpfe.
Zum Eintopfen lohnen aber nur kräftige, gesunde Pflanzen. Schwache bringen zu wenig Blüten. Vor dem Eintopfen gießt man die Primel durchdringend, damit der Wurzelballen gut erhalten bleibt. Zum Ausgraben wird ein Handspaten genommen. Den Wurzelballen läßt man so groß, daß er in einen 10- bis 11-cm-Topf paßt. Zum vollständigen Auffüllen des Topfes genügt Landerde. Nach dem Eintopfen werden die Töpfe bis zum Rand am bisherigen Standort der Pflanzen eingesenkt und regelmäßig gegossen.

1620 Auf der Topferde der Zimmerpflanzen machen sich im Sommer oft die Springschwänze unangenehm bemerkbar.

Ihr Auftreten ist ein Zeichen, daß die Erde zu naß gehalten wird. Sie leben nämlich nur auf ständig nasser Erde und vermehren sich auch dort zu großen Mengen. Wo sie stark auftreten, schaden sie durch Benagen der Wurzeln den Pflanzen. Wer dafür sorgt, daß die Erde der Zimmerpflanzen, vor allem an der Oberfläche, bis zum nächsten Gießen immer wieder abtrocknet, wird unter diesen Schädlingen kaum zu leiden haben. Zum Bekämpfen kann man die Erdoberfläche der Töpfe mit Parathion- oder Phosphorsäureester-Mitteln einstäuben. Das ist aber im Zimmer nicht ratsam. Einfacher ist das Aufstreuen von Sand. Er wird nach jedem Gießen schnell wieder trocken und entzieht den Springschwänzen die Lebensgrundlage.

1621 Ende August kann man mit dem Beschatten sonnenempfindlicher Zimmerpflanzen nachlassen.
In fast allen Fällen genügt es, wenn sie in den Mittagsstunden etwas Schatten erhalten. Wo die Doppelfenster auch im Sommer eingesetzt bleiben, brauchen die Zimmerpflanzen ab Mitte August keinen Schatten mehr.

1622 Zur Anzucht junger Pelargonienpflanzen für das kommende Jahr kann man bereits im August Stecklinge machen.

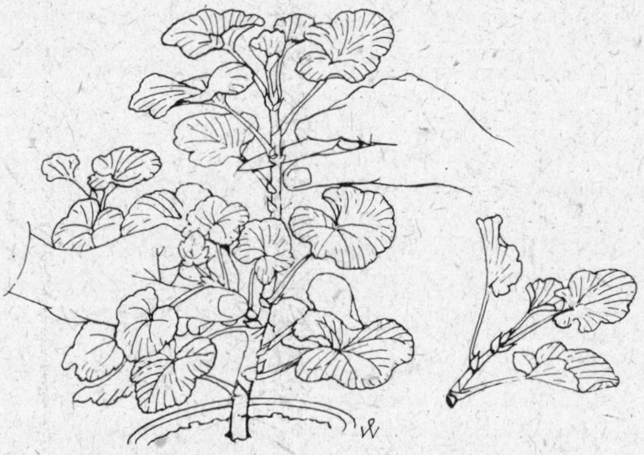

Als Stecklinge benutzt man am besten kurze Seitentriebe. Sie werden an ihrer Basis vorsichtig abgebrochen. Solche Stecklinge bewurzeln sich sehr leicht und ohne Ausfall. Kopfstecklinge, die man langen Trieben entnimmt, muß man direkt unterhalb eines Blattstielansatzes mit einem scharfen Messer glatt abschneiden. Die Schnittstelle darf weder zu hart noch zu weich sein. Diese Stecklinge bleiben einen Tag liegen, damit sie etwas anwelken und die Schnittfläche abtrocknet. So behandelt, faulen sie nicht so leicht und bewurzeln sich schneller. Vorhandene Blütentriebe müssen in jedem Falle stets ausgekniffen werden. Werden sie belassen, ist das Bewurzelungsergebnis ungünstig.

1623 Die Stecklinge der Pelargonien (Ratschlag 1622) steckt man gleich in Töpfe mit einem Druchmesser von 7 bis 8 cm, die mit sandiger Komposterde gefüllt werden.
Der Sandanteil sollte etwa ein Viertel betragen. Die Erde drückt man in den Töpfen fest an. Andernfalls fallen die verhältnismäßig schweren Stecklinge beim Gießen um. Man darf sie nämlich höchstens 1 cm in die Erde stecken. Nach dem Einstecken der Stecklinge wird die Erde nochmals festgedrückt.

Allgemeines

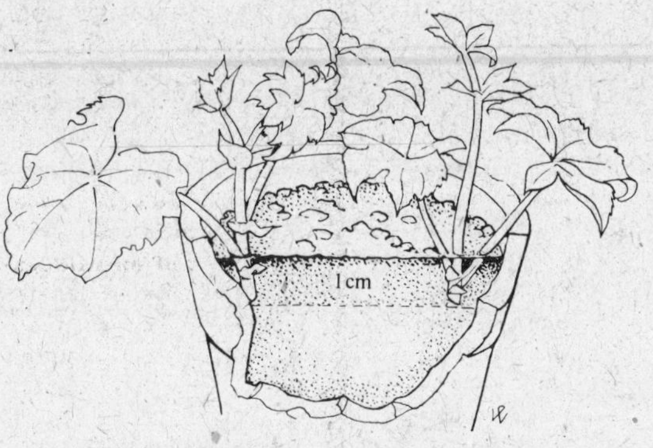

1624 Die eingetopften Stecklinge der Pelargonien (Ratschlag 1623) erhalten einen Platz am hellen Fenster und dürfen bis zum Bewurzeln nur sehr mäßig gegossen werden.
Am besten gießt man sie nach dem Stecken gleich kräftig an und läßt sie so stehen, bis die Erdoberfläche richtig trocken ist. Bei weiterem Gießen darf die Erde nur mäßig feucht werden. Sonne schadet den Pelargonienstecklingen nicht. Welkende Blätter sind laufend vorsichtig zu entfernen.

1625 Den Zimmerefeu kann man im August durch Stecklinge selbst vermehren.
Dazu schneidet man von den Trieben etwa 8 bis 10 cm lange Spitzen ab. Der Schnitt erfolgt zwischen zwei Blattknoten. Gesteckt wird in 8 bis 9 cm weite Töpfe, die man mit der unter Ratschlag **1623** genannten Erde fest füllt. In jeden Topf steckt man 3 bis 5 Stecklinge und drückt sie recht fest an, damit sie beim Gießen nicht umfallen. Sie sind so tief zu stecken, daß der Ansatz des unteren Blattes mindestens 1 cm mit Erde bedeckt ist. Das unterste Blatt schneidet man am besten ab, weil das das Stecken erleichtert.
Efeustecklinge müssen immer feucht gehalten werden. Sie dürfen auf keinen Fall welken. Darum gibt man ihnen einen Standort, der von der Sonne nicht getroffen wird.

1626 Vom Hängenden Philodendron *(Philodendron scandens)*, Syngonium *(Syngonium podophyllum)* und von der Efeutute *(Rhaphidophora)* kann man auch im August noch Stecklinge schneiden.
Am einfachsten ist das Einstellen bis handlanger Triebspitzen in ein Wasserglas. Nach dem Bewurzeln pflanzt man immer 3 Stück in einen 10-cm-Topf. Als Erde verwendet man stark mit Torf angereicherte Lauberde. Siehe auch Ratschlag **825.**
Neuerdings ist die Efeutute auf den neuen Namen *Epipremnum* umgetauft worden.

1627 Wer im September in seinem Garten gegen Mäuse energisch vorgeht, verringert den Schaden, den sie im Winter anrichten können.

Giftgetreide wird von ihnen selten angenommen, weil sie im September noch viel andere Nahrung finden. Man sollte Fallen mit schmackhaften Ködern aufstellen oder den Ratschlag **852** beachten.

1628 Eine wirksame Wühlmausfalle kann man mit Hilfe eines Schlossers herstellen.
Dazu braucht man nur zwei Rohrstücke mit einem lichten Durchmesser von etwa 4 bis 5 cm bzw. 1,5 bis 2 cm und einer Länge von 25 bzw. 15 cm. Ob die Rohre aus verzinktem Eisen, Zinkblech oder Kunststoff bestehen, spielt keine Rolle. Wie die daraus gefertigte Falle aussieht, veranschaulicht die Skizze. Der Erfolg

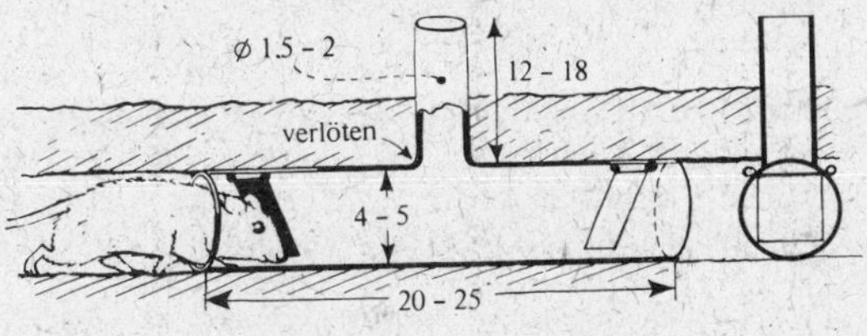

hängt vom sauberen Einbauen in einen befahrenen Gang ab. Das aufgesetzte schwache Rohrstück muß bis über die Erdoberfläche ragen. Seine Öffnung darf nicht verschlossen werden. Die im Handel üblichen Fallen haben sich im allgemeien auch gut bewährt.

1629 Schon Ende September müssen wir daran gehen, für die Vögel Futterplätze anzulegen.
Dazu sind Stellen auszusuchen, wo das unbemerkte Anschleichen von Katzen unmöglich ist. Wenn man die Futterhäuschen auf Bäumen anbringt, sind die Stämme mit Vorrichtungen zu versehen, die die Katzen nicht überklettern können. Näheres ist im Ratschlag **60** nachzulesen.

1630 Die im September anfallenden Holunder- und Ebereschenfrüchte sollte man sammeln und trocknen. Sie ergeben ein gutes Winterfutter für Vögel.
Die Fruchtstände werden an einem luftigen, gegen Regen geschützten Ort aufgehängt, bis sie vollständig trocken sind. Im Winter kann man sie dem übrigen Vogelfutter beimischen.

1631 Im September muß man alle Vogeltränken noch einmal gründlich säubern und dafür sorgen, daß sie ständig mit Wasser gefüllt sind.
Das ist vor allem bei trockenem warmem Wetter notwendig. Die Vögel haben dann den gleichen Durst wie im Hochsommer.

1632 Wer die Absicht hat, seine Hühner nach der Ernte frei herumlaufen zu lassen, darf sie nicht in den Ziergarten hineinlassen.

Durch das Scharren der Hühner wird in Staudenrabatten oder im Steingarten großer Schaden angerichtet. Man kann die Hühner also nur in einen abgeernteten Gemüse- oder Obstgarten lassen, der genügend vom Ziergarten getrennt ist. Provisorische Umzäunungen lassen sich leicht aus Kunststoff-Maschendraht herrichten. Die Flughöhe der Hühner kann man durch einseitiges Zusammenheften eines Flügelsegmentes durch ein breites Pflasterband einschränken.

Gemüsegarten

1633 Um Kleingewächshäuser und Folienhäuser rechtzeitig für den Anbau von geeigneten Gemüsearten zur Herbstnutzung vorbereiten zu können, muß man die Ernte der Sommerkulturen spätestens Anfang September beenden.
Die abgeernteten Pflanzen werden sorgfältig entfernt und der Boden gründlich gelockert. In den meisten Fällen wird es zweckmäßig sein, 3 bis 4 Tage vor der Bestellung der Herbstkulturen den Wassergehalt des Bodens durch reichliches Wässern (40 bis 50 l/m^2) wieder aufzufüllen. Man erleichtert dadurch das Anwachsen der Pflanzen. Für die Herbstnutzung eignen sich in erster Linie Kopfsalat, Kohlrabi, Winterendivien und Radies. Die erforderlichen Pflanzen sind rechtzeitig durch Aussaat, Anfang August auf Freilandsaatbeete, anzuziehen. Spätester Pflanztermin ist der 10. bis 15. September. Für diesen Anbau darf man selbstverständlich nur Sorten mit kurzer Entwicklungszeit verwenden.

1634 Der Bleichsellerie ist im allgemeinen in der ersten Septemberhälfte so weit entwickelt, daß er gebleicht werden muß.

Wenn die Blattstiele zart und schmackhaft werden sollen, darf während der Bleichzeit kein Licht an sie gelangen. Darum umhüllt man sie mit lichtdichten Stoffen. Dazu eignen sich am besten Packpapier und Wellpappe. Mit ihnen umwickelt man jeweils alle Blattstiele einer Pflanze so, daß die Umhüllung bis dicht an die Erdoberfläche reicht. Diese Stelle macht man mit Erde völlig lichtdicht. Die Blätter bleiben frei. Die Umhüllung wird oben und unten fest verschnürt. Auch 15 bis 20 cm weite Blech-, Plaste- oder Dränrohre, die man über die zusammengebundenen Pflanzen steckt, sind gut geeignet. Es gibt auch selbstbleichende Sorten, bei denen lediglich die Blattstiele zusammengebunden werden. Dachpappe darf man zum Umhüllen der Blattstiele nicht verwenden, weil sie sonst deren Geruch annehmen.

1635 Anfang September erhält der Spätblumenkohl noch eine Nährstofflösung.
Dazu verwendet man eine 0,3 %ige Lösung aus einem Volldünger sowie einem schnell wirkenden Stickstoffdünger. Diese Dünger werden im Verhältnis 1:1 gemischt.

1636 Ende September noch nicht voll entwickelter Blumenkohl ist vor Frühfrösten zu schützen.

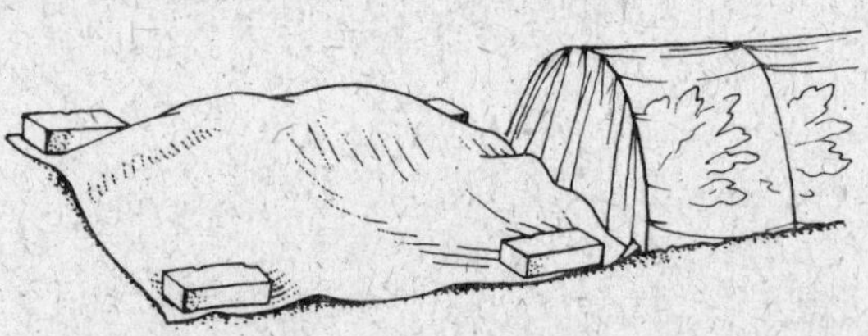

Wenn Nachtfröste zu befürchten sind, überbaut man am besten mit Folie. Dazu kann man auch die im Frühjahr verwendeten transportablen Folientunnel bzw. -zelte verwenden, falls man entsprechend große Blumenkohlbestände hat. Es genügt auch schon das Bedecken mit starkem Packpapier, das natürlich gegen Wind gesichert sein muß.

1637 Trockenbohnen erntet man im September, sobald die Hülsenschalen eingeschrumpft und trocken sind.
Dazu werden die Pflanzen dicht am Boden abgeschnitten. Man hängt sie mit den Hülsen an einem

trockenen, luftigen Ort so lange auf, bis sie völlig trocken sind. Diese Art des Trocknens hat sich besser bewährt als das Abpflücken der Hülsen.

1638 Chinakohl steht im September in der Hauptentwicklung und braucht darum viel Wasser und Nährstoffe.
Beim Düngen Anfang, Mitte und Ende September geht man so vor, wie beim Spätblumenkohl (s. Ratschlag **1635**) angegeben ist.

1639 Da die Winterendivien erst im Oktober geerntet werden, gibt man ihnen Anfang September noch eine Nährstofflösung.
Dazu verwendet man eine 0,3%ige aus den im Ratschlag **1635** angegebenen Düngern.

1640 Um die Winterendivien im Oktober ernten zu können, beginnt man Ende September mit dem Bleichen.

Dazu nimmt man die flach auf der Erde liegenden Blätter der einzelnen Pflanzen schopfartig zusammen und umbindet sie an den äußersten Spitzen mit einem Faden. Man bleicht immer nur so viel Pflanzen, wie man in nächster Zeit braucht. Zum Bleichen genügen zwei Wochen. Das Binden ist überflüssig, wenn man die Pflanzen mit lichtdichten Matten, Tüchern oder schwarzer Folie bedeckt. Unter ihnen verkürzt sich die Bleichzeit fast um die Hälfte.

1641 Zum Trockenernten angebaute Schalerbsen sind durch Taubenfraß gefährdet und darum beizeiten zu ernten.
Man erntet sie am besten schon, sobald erkennbar ist, daß die ersten Hülsen aufspringen wollen. Meist merken die Tauben erst dann, daß es sich um Erbsen handelt. Im Gegensatz zu den Trockenbohnen (vergleiche Ratschlag **1637**) pflückt man die Hülsen und trocknet sie in Sieben oder auf Tüchern. Um Körnerverluste zu vermeiden, erntet man an einem Morgen, an dem die Hülsen vom Nachttau noch feucht sind.

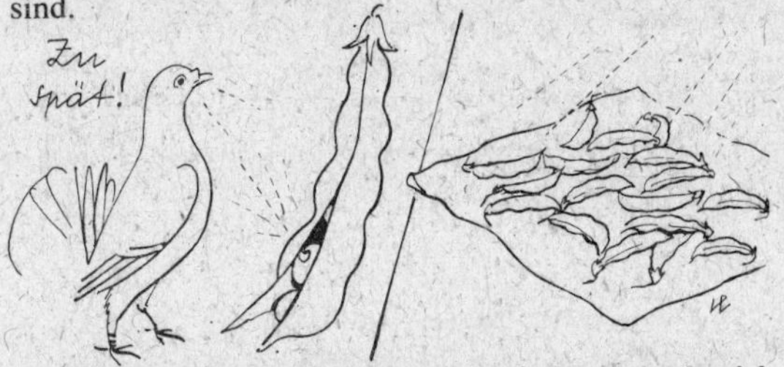

1642 Damit der Grünkohl bis zum Frostbeginn recht viel Blattmasse entwickeln kann, sind im September wöchentliche Nährstoffgaben erforderlich.
Düngerlösungen sind besser als trocken ausgestreuter Dünger. Mit ihnen erhält der Grünkohl auch gleich das erforderliche Wasser, das die Nährstoffe wirksam macht. Die Lösungen werden 0,2%ig angesetzt. Damit sie stickstoffreich sind, verwendet man dazu die im Ratschlag **1635** angegebenen Dünger.

1643 Zur Samengewinnung bestimmte Gurkenfrüchte muß man ernten, bevor sich an ihnen Faulstellen bemerkbar machen.

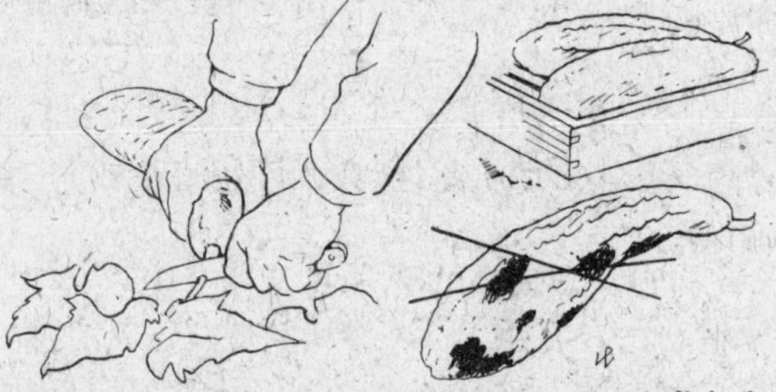

Sie müssen zwar gut ausgereift, aber im Fruchtfleisch noch fest sein. Die Samen reifen in den Früchten nach, wenn man diese an regengeschützter Stelle aufbewahrt, bis das Fruchtfleisch weich wird. Erst dann werden die Samen den Früchten entnommen. Siehe auch Ratschlag **1767**.

1644 Zum Winterverbrauch bestimmter Spätkohlrabi (s. auch Ratschlag 1147) verträgt auch im September noch zusätzliche Nährstoffe.
Damit sich der Kohlrabi im Winter gut hält, verwendet man im September nur stickstoffarme Volldünger. Die Nährlösungen werden 0,3%ig angesetzt und Anfang, Mitte und Ende September verabreicht.

1645 Wohlschmeckende Kohlrüben erzielt man nur mit viel Wasser und genügend Nährstoffen.
Anfang September erhalten die Kohlrüben noch einmal eine stickstoffreiche Nährlösung aus Volldünger und

Stickstoffdünger 1:1. Mitte und Ende September düngt man wie beim Kohlrabi (s. Ratschlag **1644**). Alle Nährlösungen werden 0,3%ig angesetzt.

1646 Kopfsalat, der bis Ende September noch nicht erntereif ist, sollte man mit Frühbeetfenstern oder Folie überbauen.
Dadurch geht die Kopfbildung schneller und sicherer vor sich, wenn es sich um Frühsorten handelt. Das Gerüst zum Auflegen der Fenster braucht nur 25 cm bis 30 cm hoch zu sein. Anstelle von Frühbeetfenstern kann man mit Folie bespannte Rahmen oder die im Frühjahr benutzten Folienzelte bzw. -tunnel verwenden.

1647 Wintersalat sollte man nur dort anbauen, wo mittlere Bodenarten zur Verfügung stehen, die nicht zu naß sind.
Es kommen also in der Hauptsache sandige Lehm- oder lehmige Sandböden in Frage. Der Boden muß auch humusreich sein.

1648 Den Wintersalat sollte man erst nach dem 1. September, aber nicht später als bis zum 10. aussäen.

Die Aussaat erfolgt wie beim übrigen Kopfsalat auf Freilandbeete. Was dabei zu beachten ist, kann unter Ratschlag **611** nachgelesen werden.

1649 Die Kürbisfrüchte sind gegen Nachtfröste sehr empfindlich, die oft schon in der zweiten Septemberhälfte auftreten.
Man muß sie also ernten, sobald Nachtfrostgefahr besteht. An einem frostfreien luftigen Ort reifen sie nach und halten sich dort bis etwa Dezember. Laufende Kontrollen sind aber notwendig, damit keine Fäulnis auftritt.

1650 Der im August ausgesäte Mangold (s. Ratschlag 1494) ist nach dem Aufgehen zu verziehen.

Da Mangold horstweise ausgesät wird (s. auch Ratschlag **341**), bleibt beim Verziehen je Horst nur die stärkste Pflanze stehen.

1651 Die Spätaussaaten von Mangold (s. auch Ratschlag 1494) brauchen im Laufe des Septembers viel Wasser und Nährstoffe.
Die erste Nährlösung wird etwa 8 Tage nach dem Verziehen (Ratschlag **1650**) verabreicht. Das Düngen wird wöchentlich wiederholt. Es genügen 0,2%ige Lösungen eines stickstoffarmen Volldüngers.

1652 Spätestens Ende September sollte man die Spätaussaat von Mangold mit einer Bodenbedeckung versehen.
Die Pflanzen müssen aber 6 bis 8 cm hoch sein, damit man die Bodenbedeckung etwa 3 cm stark geben kann. Das Wachstum wird durch die Decke wesentlich gefördert.

1653 In günstigen Gebieten kann man Anfang September Möhren zur Überwinterung aussäen.
Diese Anbaumethode ist allerdings nur für Gebiete mit milden Wintern und auf leichten Böden zu empfehlen. Bei der Aussaat ist zu beachten, was unter den Ratschlägen **345** und **346** genannt wurde. Man verwendet frühe bis mittelfrühe Sorten.

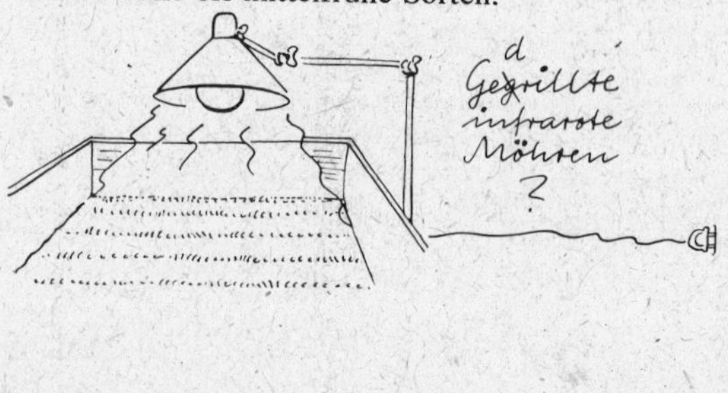

1654 Vom Porree erzielt man im September noch einen wesentlichen Zuwachs, wenn das Düngen nicht vernachlässigt wird.
Beim Düngen gilt das im Ratschlag **1642** Gesagte. Auch die Konzentrationen der Lösungen und der Abstand, in dem sie gegeben werden, sind die gleichen.

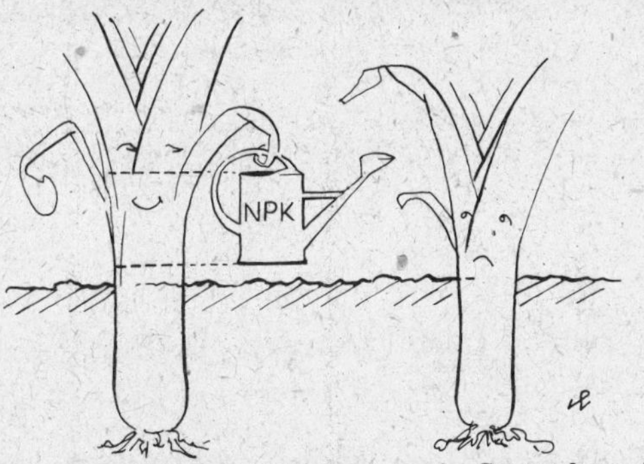

1655 Freier Platz in Frühbeeten kann im September mit Radieschen ausgenutzt werden.
Eine schnellwüchsige Sorte eignet sich dazu am besten. Die Aussaat muß unbedingt gedibbelt werden (vergleiche Ratschlag **215**).

1656 In warmen, geschützten Lagen und leichten Humusböden werden bis Mitte September gesäte Radieschen auch im Freiland noch erntefertig.
Dabei ist alles zu beachten, was unter Ratschlag **1655** gesagt wurde.

1657 Den zur Frühjahrsernte bestimmten Feldsalat sollte man bis spätestens Mitte September aussäen.

Später ausgesät, gehen sie meist zu klein in den Winter, was den Ertrag im Frühjahr wesentlich schmälern kann. Über die Aussaat ist unter Ratschlag **1378** nachzulesen.

1658 Sobald die Blätter des Rhabarbers gelb werden, kann man ihn teilen und verpflanzen.

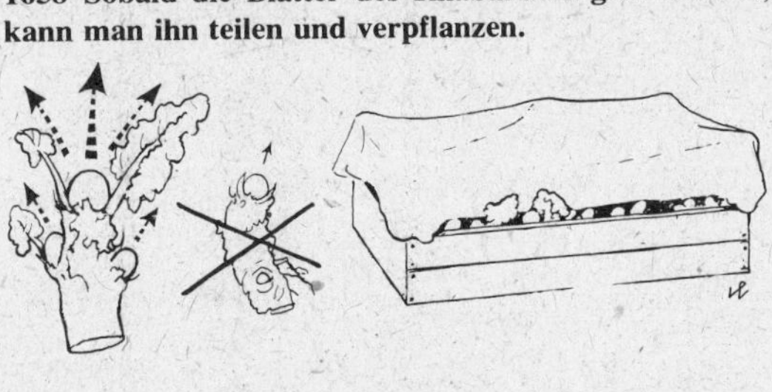

Ende September gepflanzter Rhabarber ergibt schon im kommenden Jahr eine kleine Ernte. Zu beachten ist, daß die ausgegrabenen Wurzelstöcke nicht lange der Luft ausgesetzt werden. Wenn nicht gleich gepflanzt wird, deckt man sie mit nassen Säcken oder ähnlichem Material zu. Alte Wurzelstöcke werden so geteilt, daß jedes Teilstück mindestens einen starken Kopf hat.

1659 Vor dem Pflanzen des Rhabarbers muß man das Land möglichst zwei Spatenstiche tief bearbeiten und mit reichlich Humus versehen.
Die Humusstoffe (verrotteter Stalldung oder Torf) dürfen aber nur in die obere Schicht eingearbeitet werden. Rhabarber gedeiht in allen Bodenarten. In leichten Böden setzt die Ernte im Frühjahr bedeutend früher ein als in schweren.

1660 Beim Pflanzen des Rhabarbers muß man daran denken, daß er sehr viel Blattmasse entwickelt.
Darum müssen die Pflanzen einen Abstand von etwa 1 m erhalten. Andernfalls entwickeln sie nur schwache Blattstiele. Weiteres über Rhabarber kann in den Ratschlägen **359** bis **363** nachgelesen werden.

1661 Vollentwickelter Herbstweißkohl platzt sehr leicht. Zum Aufbewahren eignet er sich nicht, kann aber sehr gut zu Sauerkohl verarbeitet werden.

Von dieser Möglichkeit sollte man auch sonst viel mehr Gebrauch machen. In den Gemüsemieten und auch im Einschlag im Keller treten beim Weißkohl immer Verluste ein. Das ist beim Verwerten als Sauerkohl nicht der Fall.

1662 Dem Chicorée darf man im September nur eine Nährstofflösung verabreichen.
Man gibt sie im ersten Monatsdrittel als stickstoffarme 0,3%ige Volldüngerlösung. Späteres Düngen verringert

die Haltbarkeit der nach dem Ernten eingeschlagenen Wurzeln (siehe Ratschlag **1796** und **1797**).

1663 Beim Spinat für den Frühjahrsbedarf sind die Aussaaten bis etwa 15. September vorzunehmen.
Später ausgesät, kommt der Spinat zu klein in den Winter und leidet oft durch Auswinterung. Bei der Aussaat ist das zu beachten, was im Ratschlag **1394** gesagt wurde.

1664 Vom Beulenbrand befallene Maiskolben müssen beizeiten entfernt und vernichtet werden.
Diese Krankheit macht sich durch beulenartig aufgetriebene Auswüchse bemerkbar, die sich nach und nach braun färben. Am besten vernichtet man immer die ganze Pflanze durch Feuer.

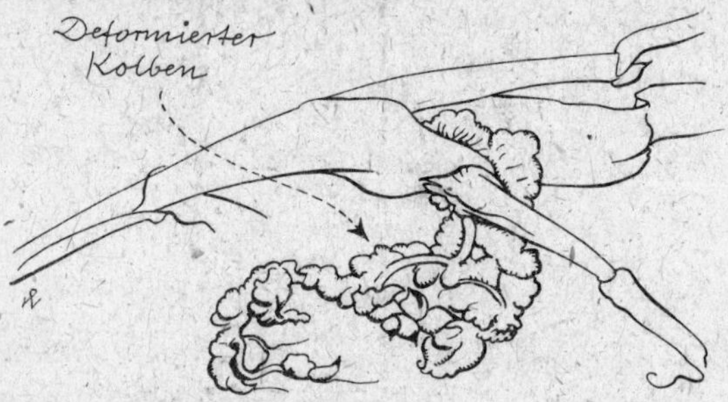

1665 Die gepflanzten und die gesäten Zwiebeln sind im Laufe des September zu ernten.

Sind die Schlotten nach regenreichen Sommern noch grün, dann hebt man die Zwiebeln mit der Grabegabel etwas an. Dadurch zerreißt ein großer Teil der Wurzeln, und die Reife wird beschleunigt. Das oft angewandte Niedertreten der Schlotten ist auf keinen Fall zu empfehlen.

1666 Spätaussaaten von Bohnenkraut muß man bis etwa Mitte September ernten und für den Winterbedarf trocknen.
Wenn man damit länger wartet, kann das Bohnenkraut Frühfrösten zum Opfer fallen. Wie beim Ernten und Trocknen vorgegangen wird, ist in den Ratschlägen **1401** und **1404** nachzulesen.

1667 Vom Dill kann man einige Pflanzen bis zur Vollreife der Früchte stehenlassen und die Samen zur Anzucht im nächsten Jahr ernten.
Wer die Samen ausfallen läßt, braucht im nächsten Jahr gar nicht auszusäen. Der Dillsamen übersteht den Winter sehr gut und geht im Frühjahr auf, wenn er beim Graben nicht zu tief in die Erde kommt. Die Pflanzen stehen dann aber meist dort, wo wir sie nicht haben wollen. Darum ist das Ernten der Samen sicherer.

1668 Kerbel für den Winterbedarf sät man gegen Ende September in Töpfe oder Schalen.

Die besäten Gefäße läßt man bis zum Beginn von Nachtfrösten im Freien stehen. Anschließend kommen sie an das Fenster eines hellen Raumes. Wer über ein Frühbeet verfügt, gräbt sie darin bis an den Gefäßrand in die Erde ein. Zehn Töpfe genügen für den Winterbedarf eines Haushaltes. Man sät in Abständen von 14 Tagen je zwei Töpfe. Nachdem sie angetrieben haben, bringt man sie in einen hellen, warmen Raum. Zur Aussaat eignet sich sandige Komposterde am besten. Sie ist ständig feucht zu halten.

1669 Wer vom Liebstöckel (Maggipflanze) Blätter für den Winterbedarf trocknen will, muß sie im Laufe des Septembers ernten.

Die Blätter darf man nicht in der Sonne trocknen, weil sonst ein großer Teil der Würzkraft verlorengeht. Dieser Verlust tritt auch ein, wenn das Trockengut nicht in luftdicht schließenden Behältern aufbewahrt wird.

1670 Ende September wird der zweite Schnitt vom Majoran getrocknet.

Was beim Trocknen wichtig ist, kann man in den Ratschlägen **1401** und **1408** nachlesen. Beim zweiten Schnitt kommt es meist nicht zum Knospenansatz. Darauf darf man also mit dem Ernten nicht warten, sondern muß den angegebenen Zeitpunkt beachten.

1671 Um im Winter laufend frische Petersilie ernten zu können, pflanzt man sie im September in Töpfe.

Dazu kann man die Blatt- und auch die Wurzelpetersilie verwenden. Die letztere hat aber keine gekrausten Blätter. Für sie muß man auch tiefere, also größere Töpfe nehmen, weil die Wurzeln bedeutend länger sind als bei der Blattpetersilie. Die Pflanzen werden unter Schonung der Wurzeln aus dem Boden genommen und sofort eingetopft. Sie leiden beim Lagern an der Luft. Eingepflanzt wird nur so tief, wie die Pflanzen vorher gestanden haben. Für die Blattpetersilie genügen Töpfe mit 12 cm Durchmesser. Er muß bei der Wurzelpetersilie etwa 14 cm betragen. In jedem Topf kommen soviel wie möglich Pflanzen. Es genügt, wenn der Abstand bei Blattpetersilie 3 und bei der Wurzelpetersilie 5 cm beträgt. Zum Einpflanzen verwendet man Land- oder sandige Komposterde.

1672 Die eingepflanzte Petersilie bleibt bis zum Frostbeginn im Freien oder wird in das Frühbeet gestellt. Die Töpfe werden bis an den Topfrand eingesenkt.
Nach dem Einsenken muß man die Petersilie gründlich angießen, damit die Wurzeln mit der Erde in innige Verbindung gelangen. Solange die Töpfe im Freien stehen, darf die Erde nicht trocken werden. Der Einsenkort darf von der Sonne nicht getroffen werden, weil die Pflanzen sonst welken.

1673 Wer seinen Schnittlauch im Laufe des Septembers in Töpfe pflanzt, kann davon im ganzen Winter ernten.
Zum Einpflanzen lohnen nur starke Büsche. Im übrigen geht man so vor, wie im Ratschlag **1672** angegeben.

1674 Anfang bis Mitte September können noch Kulturen des Austernseitlings auf Strohsubstrat angelegt werden.
Die Vorbereitung und Beimpfung des Substrates erfolgt entsprechend den Hinweisen im Ratschlag **1525** und **1526**. Wichtig ist, daß die gefüllten Säcke oder Kisten an einem Ort aufgestellt werden, der für 4 bis 5 Wochen Temperaturen zwischen 15 und 25 °C gewährleistet, damit ein rasches Myzelwachstum gesichert ist.

1675 Mitte bis Ende September kann man die im August mit dem Austernseitling beimpften Behälter (Säcke, Kisten) im Freiland aufstellen.
Geeignet sind schattige Stellen unter Bäumen oder an Hecken. Von den Säcken wird die Folie ganz oder teilweise und von den Kisten die Abdeckung auf der Oberseite entfernt.

1676 Um eine Winternutzung von geeigneten, heizbaren Räumen mit Champignons durchführen zu können, muß man spätestens Mitte September mit der Vorbereitung des Substrates beginnen.
Dabei sind die in den Ratschlägen **1008** bis **1011** gegebenen Hinweise zu beachten. Besonders wichtig ist der Schutz vor Wärmeverlusten.

Obstgarten

1677 Da im Laufe des Septembers die Haupternte des Kernobstes beginnt, sollte man die Festigkeit der Ernteleitern noch einmal überprüfen.

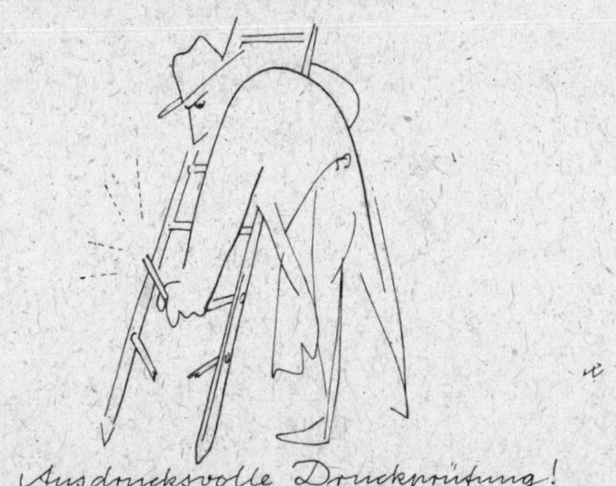

Ausdrucksvolle Druckprüfung!

Das bezieht sich in erster Linie auf die Sprossen. Man sieht ihnen ihre Schwäche meist gar nicht an. Darum sind sie einer Druckprüfung zu unterziehen.

1678 Äpfel auf M 9 und Birnen auf Quitte werden im allgemeinen etwas früher pflückreif, als die auf Sämling veredelten.
Daran sollte man beim Beginn der Ernte denken und die auf Sämling etwas länger hängenlassen. Als Anhalt sei gesagt, daß es sich bei ihnen fast ausschließlich um Halb- oder Hochstämme handelt. Auch ein großer Teil der Viertelstämme stehen auf Sämling. Früchte von den

zuerst genannten Unterlagen (schwachwüchsige) sind auch fast nie solange haltbar wie die der anderen. Darum muß man beide auch getrennt lagern.

1679 Das im September oft reichliche Fallobst darf man nicht zu lange auf der Erde liegenlassen.

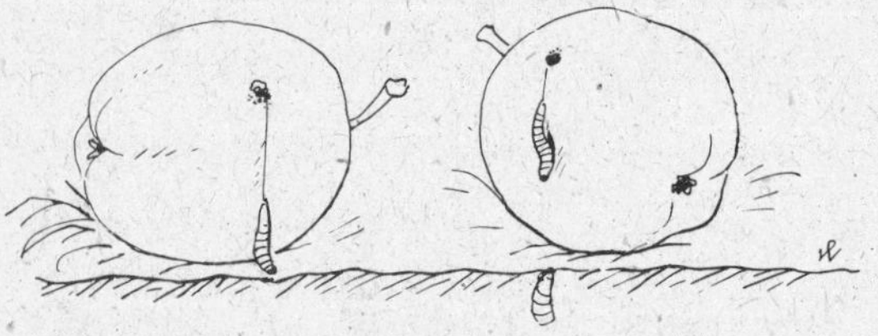

Da es sich in dieser Zeit um madiges Obst handelt, besteht die Gefahr, daß die Larven auskriechen und sich in der Erde verpuppen. Das muß durch mindestens tägliches Auflesen verhindert werden. Das Septemberfallobst wird im allgemeinen zu Mus oder Gelee verarbeitet.

1680 Das gepflückte Obst und insbesondere das wertvolle Tafelobst muß man aus dem Pflückbehälter gleich sortiert in flache Steigen einlegen und sehr vorsichtig transportieren.

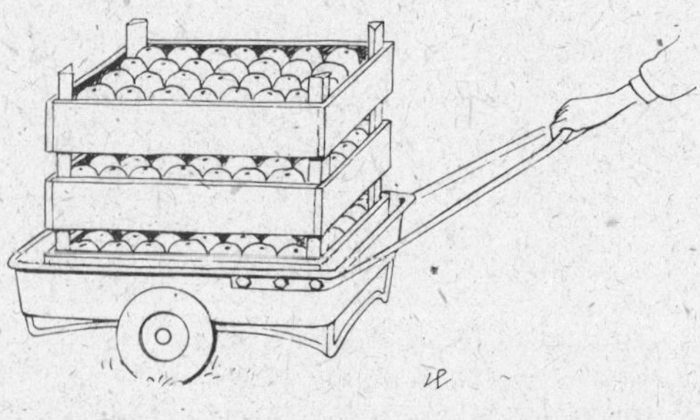

Jedes Umpacken kann zum Verletzen der Früchte führen. Druckempfindliche Sorten leiden durch jedes Anfassen. Sofern man die Steigen bis zum Lagerraum nicht tragen kann, müssen die Transportgeräte luftbereift oder innen stark gepolstert sein.

1681 Beim Verwenden eines Obstpflückers darf man immer nur eine Frucht vom Baum nehmen.

Wer mehrere in den Pflücksack fallen läßt, braucht sich nicht zu wundern, daß alle Früchte Druckstellen haben. Wenn wir den Obstpflücker zur Hand nehmen, handelt es sich meist um einzeln hängende Früchte. Erfahrungsgemäß haben die sich aber am besten entwickelt. Es wäre dann wirklich schade, wenn wir ihre Haltbarkeit durch unsachgemäßes Handhaben des Obstpflückers verminderten.

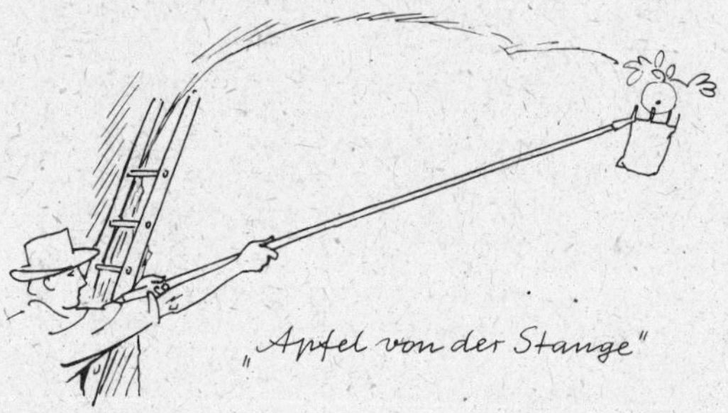

1682 Zum Pflücken des Buschobstes und anderer niedriger Baumformen sind die sogenannten Doppelleitern am geeignetsten.

Außerdem gibt es noch eine Reihe von Spezialleitern und Ernteböcken, die das Abernten von Spindeln bis zu den Viertelstämmen erleichtern sollen. Bei diesen Baumformen entsteht mit den sonst üblichen einfachen Leitern sehr leicht Astbruch.

1683 Kranke Früchte bleiben nicht am Baum, sondern sind mit zu pflücken.

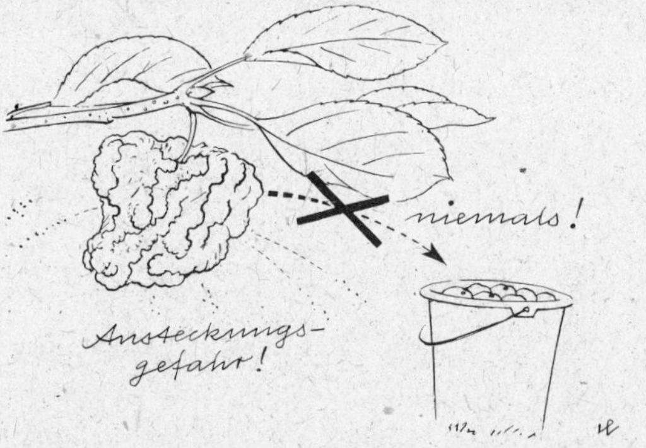

An ihnen würden sich die Krankheitserreger weiterentwickeln und Sporen ausbilden, die die Krankheit weiterverbreiten. Die kranken Früchte mit in den Pflückkorb zu den gesunden zu legen, wäre ebenfalls falsch. Man wirft sie am besten herunter und sammelt sie sobald wie möglich, um sie zu vernichten.

1684 Im Laufe des Septembers sind auch schon einige Lagerobstsorten pflückreif. Darum ist der Lagerraum nochmals auf seine Sauberkeit hin zu überprüfen.

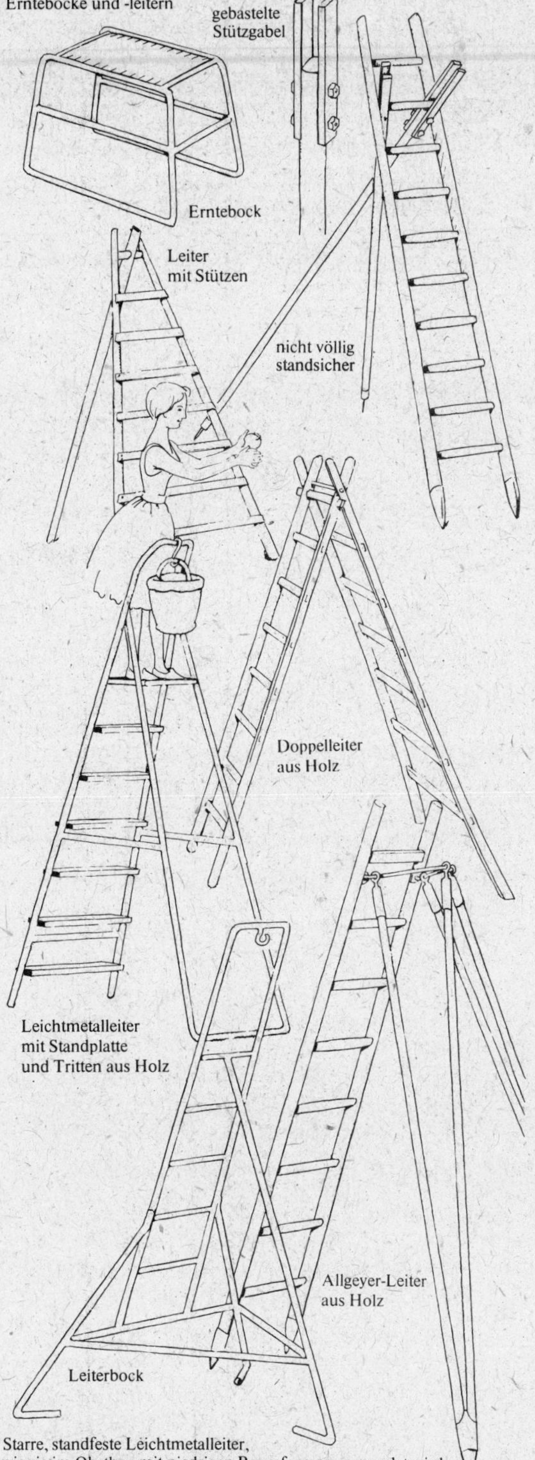

Erntebböcke und -leitern

Vor allem sollte man die Stellagen, Horden oder Steigen noch einmal mit einer 5%igen Sodawasserlösung abwaschen. Im übrigen ist das in den Ratschlägen **1573** und **1574** Gesagte zu beachten.

1685 Die Lüftungseinrichtungen des Obstlagerraumes sind so zu sichern, daß auch beim Lüften weder Nagetiere noch Insekten und auch keine Blätter oder sonstige Stoffe eindringen können.
Dazu eignet sich haltbare Fliegengaze sehr gut. Man nagelt sie am besten sauber auf Rahmen, die anstelle der Fenster beim Lüften eingesetzt werden können. Diese Rahmen muß man im Anschluß an das Reinigen des Raumes einsetzen.

1686 Von den Mitte bis Ende September pflückreif werdenden Apfelsorten sind vor allem folgende zu nennen: 'Goldparmäne', 'Rogo', 'Red McIntosh', 'Spartan' und 'Breuhahn'.
Alle genannten Sorten neigen mehr oder weniger zu Vorerntefruchtfall. Wer den optimalen Pflücktermin verpaßt, erntet nur noch Fallobst. Daher sind gerade diese Sorten ab Mitte des Monats täglich zu beobachten, und bei stärker einsetzendem Fruchtfall ist die Ernte sofort vorzunehmen.

1687 Von den Birnen reifen im September die Sorten: 'Boscs Flaschenbirne' (1), 'Gellert' (2), 'Gute Luise' (3), 'Charneu' (4), 'Poiteau' (5) und 'Marianne' (6).
Die Sorten 2, 3 und 6 sind Mitte September pflückreif. Die beiden ersten halten sich etwa 4 und die letzte nur 3 Wochen. In der zweiten Septemberhälfte reift die Sorte 4 und hält sich 6 bis 7 Wochen. Ebensolange ist die Sorte 1 haltbar, die aber erst Ende September pflückreif wird. 5 wird ebenfalls erst Ende September geerntet. Sie hält sich aber nur etwa 4 Wochen. Durch ihre Farbe darf man sich nicht täuschen lassen. Sie ist auch noch grün, wenn sie von innen teigig wird.

1688 Im September kommen noch drei der bekanntesten Pflaumensorten zur Reife, und zwar 'Anna Späth', 'Große Grüne Reneklode' und die 'Hauspflaume' ('Hauszwetsche').

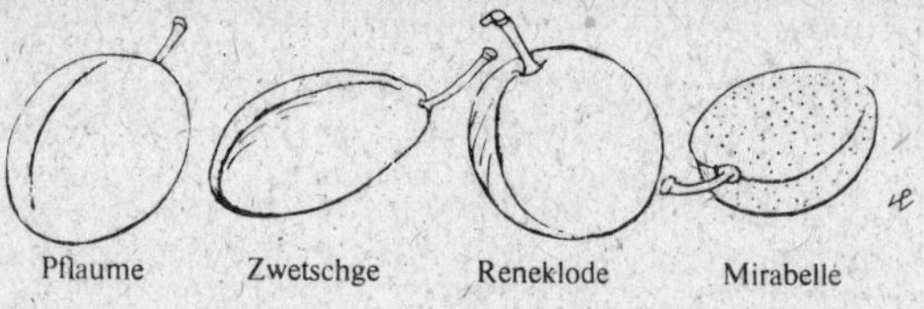

Die Reneklode ist schon Anfang des Monats genußreif, während die beiden anderen erst Ende September zu reifen beginnen.

1689 Im September reifen die Pfirsichsorten 'Proskauer' und 'Vorgebirgspfirsich'.
Beide Sorten können an allen Standorten, wo noch Pfirsiche gedeihen, angebaut werden. Der Ertrag setzt früh ein, ist hoch und regelmäßig. Für Verwertung und Frischgenuß geeignet.

1690 Wer im Oktober Obstgehölze anpflanzen will, sollte die vorgesehenen Pflanzstellen und möglichst auch deren Umgebung im Laufe des Septembers zweimal mit einem Mittel gegen Bodenschädlinge behandeln.
Das ist eine vorsorgliche Maßnahme, um etwa vorhandene Engerlinge abzutöten, die an den Wurzeln junger Bäume wesentlichen Schaden anrichten können. Über wirkungsvolle Mittel und ihre Anwendung gibt jede Pflanzenschutzstelle Auskunft.

1691 Im letzten Septemberdrittel darf man nicht versäumen, gegen den Birnenknospenstecher vorzugehen.

Er legt seine Eier um die Monatswende September/ Oktober in die Knospen der Birnbäume. Die ausschlüpfenden Larven fressen die Knospen aus. Bei starkem Auftreten dieses Schädlings kann großer Schaden entstehen. Nur dann sollte man gegen diesen Schädling mit Insektiziden vorgehen.

1692 Spätestens Anfang September ist eine Aufstellung der im Oktober zu pflanzenden Obstgehölze zu machen und die Bestellung einer Baumschule einzureichen.
Nur so ist es den Baumschulen möglich, spezielle Wünsche in bezug auf Formen und Sorten zu berücksichtigen. Beim Bestellen sollte man sich an die Empfehlungen halten, die in den Ratschlägen **1828** bis **1838** im Oktober zum Ausdruck kommen.

1693 Haselnüsse erntet man entsprechend dem Reifezustand der Sorte.
Ende September bis Anfang Oktober, sofern sich die Früchte leicht aus den Hülsen lösen lassen. Danach sind sie luftig zu trocknen und aufzubewahren.

1694 Wer seine Roten oder Schwarzen Johannisbeeren selbst vermehren will, kann ab September Steckholz schneiden.

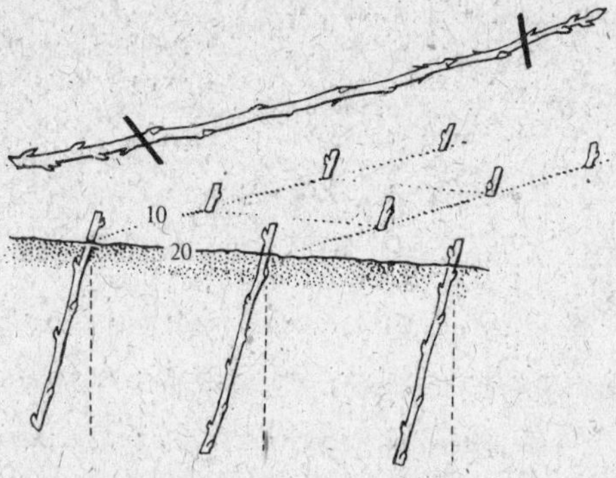

Dazu verwenden wir gut ausgereifte einjährige Triebe, die nicht zu schwach sein sollten. Aus diesen Trieben werden 18 bis 20 cm lange Triebe geschnitten. Am unteren Ende wird unmittelbar unter einer Knospe leicht schräg mit einem scharfen Messer angeschnitten. Am oberen Ende schneiden wir 1 cm über einer Knospe an. Das Holz wird in ein gut vorbereitetes Beet im Abstand von 10 cm × 20 cm leicht schräg bis an die obere Knospe gesteckt.

Ziergarten

1695 Während man die Madonnenlilie (*L. candidum*) schon im August verpflanzen muß, ist für alle anderen Lilien jetzt die beste Zeit zum Pflanzen oder Verpflanzen.
Fast alle diese Lilien lieben einen warmen sonnigen Standort und vor allem ausreichenden Wasserabzug. Wo der Boden lehmig und schwer ist, muß man ihn mit

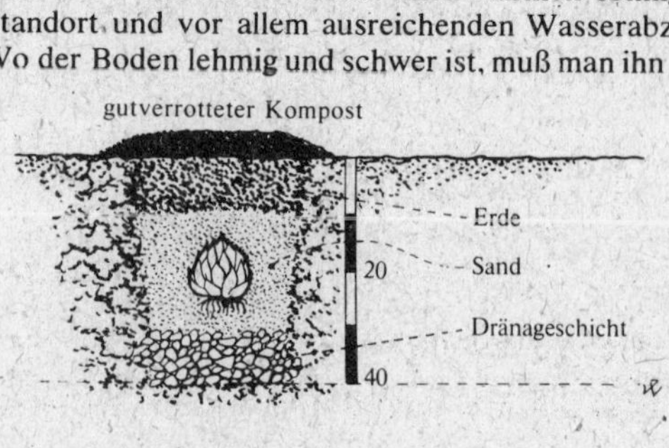

Sand und leichtem Kompost verbessern. Zuunterst kommt in die Pflanzgrube eine Schicht Kies, darauf Sand, in den die Zwiebel eingebettet wird. So wird auch in schweren Böden der Wasserabzug gesichert. Oberhalb der Zwiebelspitze soll der Boden leicht, aber auch nährstoffreich sein, damit die Stengelwurzeln genügend Nahrung finden. Zur Humusanreicherung dieser Schicht nehme man jedoch keinen Stalldung, sondern nur Kompost mit Torf und Sand vermischt. Die Lilien lieben eine Beschattung direkt am Erdboden, die in der Natur durch die benachbarten Pflanzen gegeben wird. Ist eine solche natürliche Beschattung des Bodens im Garten noch nicht möglich, hilft man sich durch eine Abdeckung des Bodens mit Torfmull. Man wähle jedoch den Standort gleich so, daß später angrenzende bodenbedeckende Pflanzen diese Aufgabe übernehmen. Als Pflanztiefe gilt im allgemeinen, daß die Deckschicht über der Zwiebelspitze das Doppelte der Zwiebelhöhe betragen soll. Große, mehr flache Zwiebeln pflanzt man tiefer, dort muß die Zwiebelspitze 3- bis 4mal der Zwiebelhöhe mit Substrat bedeckt sein.

1696 Die unter den Ratschlägen 1594 und 1595 aufgeführten Zwiebel- und Knollengewächse können auch noch im September gepflanzt werden.

Damit sie bis zum Frostbeginn genügend Wurzeln bilden können, muß das Pflanzen um den 10. September herum beendet sein.

1697 Narzissen gedeihen in sandigen Lehmböden mit gutem Humusgehalt am besten.

Frischen Stalldung vertragen sie aber nicht. Wo es dem Boden an Humus fehlt, darf man also nur stark verrotteten Stalldung oder feuchten Torf geben. In nassen und kalkarmen (sauren) Böden versagen Narzissen.

1698 Der günstigste Zeitpunkt zum Legen der Narzissenzwiebeln fällt in den September.

Wer beetweise pflanzt, gibt einen Reihenabstand von etwa 20 cm. Auf der Reihe werden die Zwiebeln 10 bis 15 cm auseinander gelegt. Bei truppweisem Legen der Zwiebeln genügt ein allseitiger Abstand von 15 cm. Pflanztiefe 15 cm.

1699 Obwohl die Hauptpflanzzeit der Tulpenzwiebeln in den Oktober fällt, kann man sie schon im letzten Septemberdrittel in den Boden bringen.

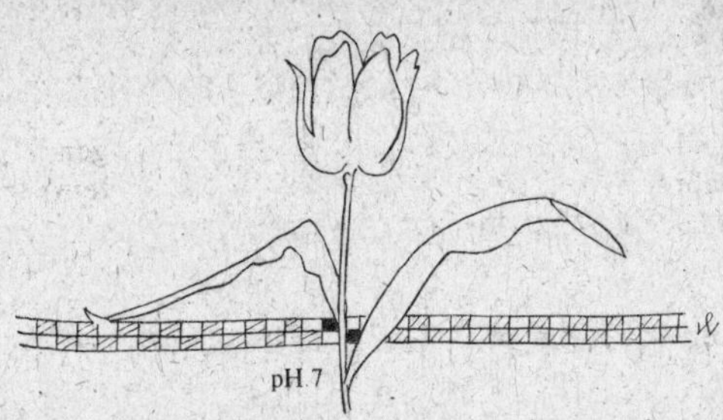

Tulpen sind bezüglich der Bodenverhältnisse nicht besonders anspruchsvoll und gedeihen auf leichten und schweren Böden. Ein leichter sagt ihnen zwar mehr zu, er darf aber im Frühjahr nicht zu trocken sein. Eine neutrale Bodenreaktion (etwa pH 7) ist optimal. Die Pflanztiefe für Tulpenzwiebeln beträgt 10 cm. In schweren Böden genügen 8 cm. Als Reihenabstand sind 20 cm erforderlich. Auf der Reihe genügen 10 cm. In Trupps gelegt, genügt ein allseitiger Abstand von 10 bis 12 cm. Kleinen, nicht blühbaren Zwiebeln gibt man jeweils die halben Abstände. Die Zwiebeln müssen jedoch bis spätestens Ende Oktober gepflanzt sein.

1700 Beim Legen der Hyazinthenzwiebeln muß man aufpassen, daß der Wurzelkranz am Zwiebelboden nicht verletzt wird.

Die Pflanztiefe der Hyazinthen hängt von den Bodenverhältnissen ab. In schwereren Böden darf man sie nur 10 cm tief legen, in leichten sind aber 15 cm angebracht. Als Zwiebelabstand genügen bei starken Zwiebeln 15 und bei schwachen 12 cm. Hyazinthen wirken am besten, wenn man sie in Trupps zusammenlegt.

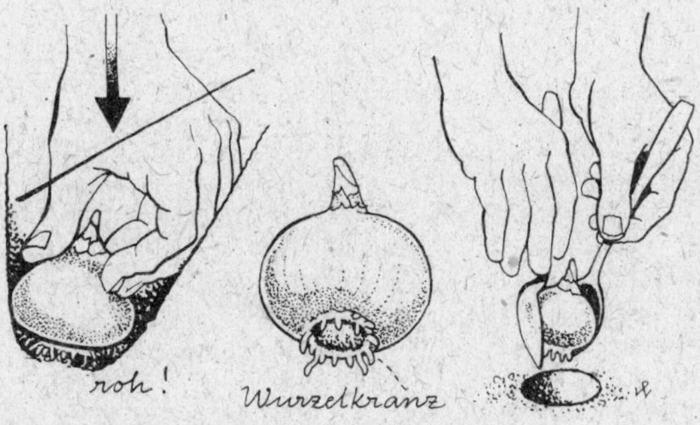

1701 Allen unter den Ratschlägen 1697 bis 1700 erwähnten Zwiebel- und Knollengewächsen gibt man im Abschluß an das Legen eine Bodenschutzdecke (s. Ratschlag 1104).

Unter ihr bleibt der Bogen gleichmäßig und sehr lange feucht, was sich auf das Wohlbefinden dieser Gewächse sehr günstig auswirkt. Die meisten brauchen

vorsorglich die Bodenschutzdecke, damit keine Winterverluste eintreten. Außer den im Ratschlag 1104 genannten Stoffen kann man für die Zwiebel- und Knollengewächse auch Laub verwenden. Die Laubdecke kann 10 cm stark sein. Sie muß aber im zeitigen Frühjahr auf die Hälfte verringert werden.

1702 Mit Ausnahme der Spätherbstblüher (Herbst- und Winterastern) können alle Rabattenstauden im September geteilt und gepflanzt werden.
Beim Teilen werden alle oberirdischen Teile kurz über der Erde abgeschnitten. Die Wurzeln kürzt man etwa um die Hälfte. Die Teilstücke dürfen nicht zu klein sein, weil sie sonst im ersten Jahre nur spärlich blühen. Beim Pflanzen muß man das Pflanzloch so groß graben, daß die Wurzeln senkrecht in die Erde kommen. Festes Einpflanzen und anschließendes Gießen ist bei allen notwendig. Sicheres Einwachsen erzielt man mit einer Bodenbedeckung im Anschluß an das Pflanzen (s. auch Ratschlag **1701**). Die Pflanzenabstände sind aus der Staudentabelle ersichtlich (Seite 409 ff.).

1703 Empfindliche Stauden, wie *Anemone japonica, Helianthemum* und *Kniphofia,* sollte man im Herbst nicht anrühren und erst im Frühjahr verpflanzen.
Dadurch schützt man sich vor Verlusten, die man auch durch eine gute Winterschutzdecke nicht immer vermeiden kann.

1704 In den Staudenrabatten werden Ende September alle als Lückenbüßer verwendeten Einjahrsblumen entfernt.
Die meisten von ihnen sind bis zu diesem Zeitpunkt unansehnlich geworden. Bei dieser Gelegenheit schneidet man auch die oberirdischen Teile der Stauden ab, die nicht mehr blühen und deren Blattwerk im Absterben begriffen ist.

1705 Trockenmauern müssen wir Ende September noch einmal überprüfen und dabei besonders darauf achten, daß alle Fugen gut mit Erde ausgefüllt sind!
Ein Gemisch von verrottetem Stalldung und sandiger Lehmerde ist am geeignetsten. Gleichzeitig sind zu umfangreich gewordene Polsterstauden, die oft andere überwuchern, einzukürzen.

1706 Wer in seinem Garten winterharte Nelken hat, sollte schon im September an die Maßnahme denken, die sie gegen Kaninchenfraß schützen.
Kaninchen fressen die Nelken im Winter besonders gern. Am wirksamsten ist das Überziehen oder Umgeben der Nelken mit Maschendraht.

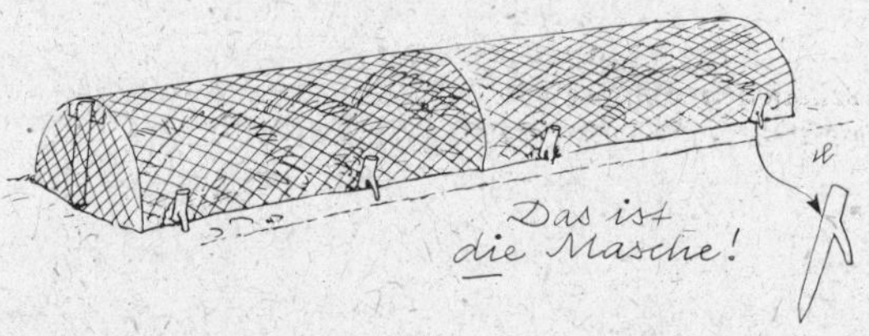

1707 Die Blütenentwicklung der sogenannten Winterastern ist sehr schlecht, wenn die Pflanzen unter Wassermangel leiden.

Als Winterastern bezeichnet man die winterharten Formen von *Chrysanthemum indicum,* die im September und später ihre Blüten im Freien entfalten. Beim Gießen muß man das Naßmachen der Blätter vermeiden, weil sonst sehr leicht Blattkrankheiten entstehen.

1708 Wenn man die unansehnlich gewordenen Blütenstände bei der Goldrute (*Solidago*) nicht beizeiten entfernt, kann diese an sich brauchbare Staude zum lästigen Unkraut werden. Das gilt jedoch nur für die weitverbreitete gewöhnliche Goldrute, nicht für die im Handel angebotenen Züchtungen der Staudengärtner.

Sie setzt nämlich sehr leicht und in großen Mengen Samen an, der vom Wind in der ganzen Umgebung verstreut wird. Die Samenkörner sind völlig winterhart und gehen hochprozentig auf. Die Blütenstände muß man abschneiden, sobald die Einzelblüten ihre Farbe verloren haben.

1709 Zum Pflanzen von Stiefmütterchen, Tausendschönchen und Vergißmeinnicht ist das erste Septemberdrittel der letzte Termin.
Was dabei zu beachten ist, kann im Ratschlag **1606** nachgelesen werden.

1710 Die Knollen der frühblühenden Gladiolensorten sollte man schon im Laufe des Septembers aus dem Boden nehmen.

Man wartet nicht, bis die oberirdischen Teile restlos vergilbt oder abgestorben sind. Es hat sich nämlich erwiesen, daß die Entwicklung von Krankheitserregern an den in der Erde befindlichen Knollen sehr schnell fortschreitet. Durch frühes Ernten der Knollen wird das verhindert, zum mindesten unterbrochen. Das darf uns aber nicht dazu verleiten, die Knollen zu früh aus der Erde zu nehmen. Den frühesten Zeitpunkt erkennt man an den Wurzeln. Sobald sie die ersten Absterbeerscheinungen zeigen, kann geerntet werden. Um das festzustellen, nimmt man eine Knolle probeweise aus der Erde oder legt auf einer Knollenseite die Wurzeln frei. Abgestorbene Wurzeln sind innen braun.

1711 Zum Ausgraben der Gladiolenknollen muß man eine Grabegabel nehmen. Der Spaten ist dazu weniger geeignet, weil man damit an den Knollen Schaden anrichten kann.
Beim Ernten der Knollen muß aber jede Beschädigung vermieden werden. Schon die kleinste Abschürfung bietet den Erregern der Knollenkrankheiten einen Angriffspunkt. Alle beschädigten Knollen gehen meist auf dem Winterlager zugrunde und stecken die gesunden an. Die an den Knollenwurzeln haftende Erde wird sauber abgeschüttelt.

1712 Die oberirdischen Teile werden beim Ausgraben der Gladiolenknollen bis auf einen Rest von etwa 10 cm abgeschnitten. Das Abbrechen an ihrer Basis führt zu Knollenschäden.
Die abgeschnittenen Teile muß man sofort verbrennen. An ihnen haften fast immer Krankheitserreger oder Schädlinge, die im Boden überwintern oder auf die Knollen übersiedeln. Das letztere gilt vor allem für den Gladiolenthrips. Er überwintert nicht nur an den Knollen, sondern vermehrt sich auch auf dem Winterlager.

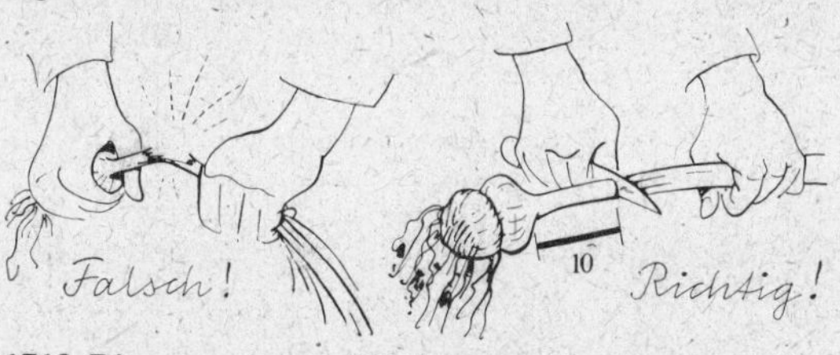

1713 Die geernteten Gladiolenknollen kommen fürs erste in einen recht luftigen, trockenen Raum zum Abtrocknen.
Damit sie nicht verstocken, legt man sie am besten in flache Stiegen, die auch beim Übereinanderstellen viel Luft durchlassen. In jede Stiege darf man höchstens zwei Schichten legen. Sie werden öfters umgewendet, bis sie abgetrocknet sind.

1714 Die beim Ernten der Gladiolenknollen anfallenden Brutknöllchen sind sortenweise zu ernten, damit das vorhandene Sortiment nicht einseitig verändert wird.

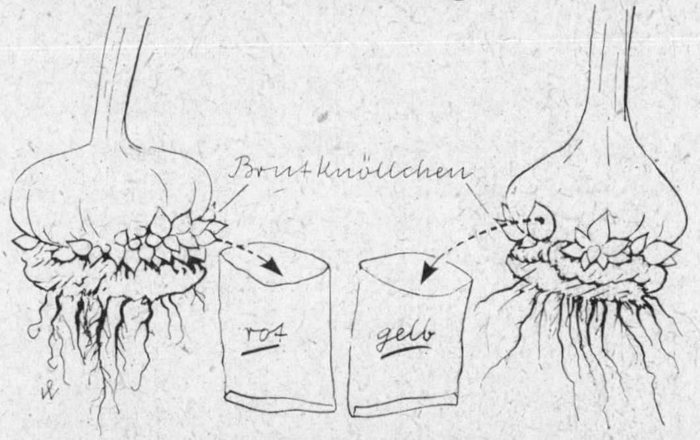

Wer das nicht beachtet, braucht sich nicht zu wundern, wenn er nach einigen Jahren von einem Teil der Sorten sehr viel und von den anderen fast nichts mehr hat. Das trifft vor allem dort zu, wo nur die größeren Brutknöllchen zur Nachzucht verwendet werden. Manche Sorten liefern nämlich viel und große Brutknöllchen und andere wenig und kleine.

1715 Die Brutknöllchen der Gladiolen werden wie die großen Knollen an einem luftigen Ort getrocknet, bevor sie auf das Winterlager kommen.
Sie dürfen aber nicht ganz so scharf getrocknet werden wie die großen. Sonst verhärten sie und treiben im Frühjahr schlecht und vor allem ungleichmäßig aus. Von den Brutknöllchen kann man in eine Stiege eine

etwa 6 cm hohe Schicht geben. Sie müssen dann aber jeden Tag mit den Händen umgearbeitet werden, damit sie gleichmäßig trocknen.

1716 Wenn man die Blüten der Herbstzeitlosen und herbstblühenden Krokusse nicht schützt, können Schnecken großen Schaden anrichten.

Den besten Schutz bieten Schneckenköder, die man um die meist in Trupps stehenden Pflanzen auslegt. Vorsorglich sollte man das auch dort tun, wo bisher keine Schnecken bemerkt wurden.

1717 Dahlienblumen halten sich länger in den Vasen, wenn sie im richtigen Stadium geschnitten werden.

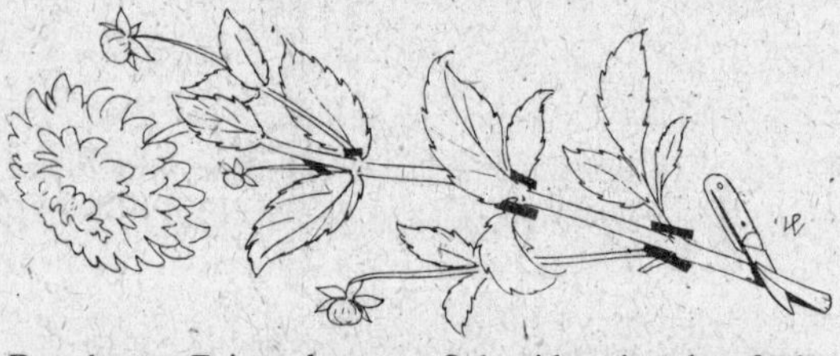

Der beste Zeitpunkt zum Schneiden ist der frühe Morgen. Nur die Blumen werden geschnitten, die sich voll entfaltet haben. Alle Nebenknospen schneidet man ab. Sie entfalten sich in der Vase sowieso nicht und verringern nur die Haltbarkeit der Blumen. Den Blumenstielen darf man nur so viel Blätter lassen, daß die dekorative Wirkung gewahrt bleibt. Abgeschnittene Dahlienblumen gehören sofort ins Wasser und dürfen keinem Luftzug ausgesetzt werden. Sie müssen recht tief im Wasser stehen. Das Wasser ist täglich zu wechseln.

1718 Dahlien blühen bis in den Oktober hinein, wenn man sie gegen eventuell schon im September auftretende Nachtfröste schützt.
Die Septemberfröste sind meist so gering, daß über die Pflanzen gehängte leichte Tücher als Schutz ausreichen.

1719 Wenn man von den Sonnenrosen Samenkörner ernten will, muß man sie gegen Vogelfraß schützen.
Am einfachsten ist das Umhüllen der Fruchtstände mit Tüll oder einem ähnlichen luftdurchlässigen Stoff. Das hat aber zu geschehen, sobald der Samenansatz bemerkbar ist.

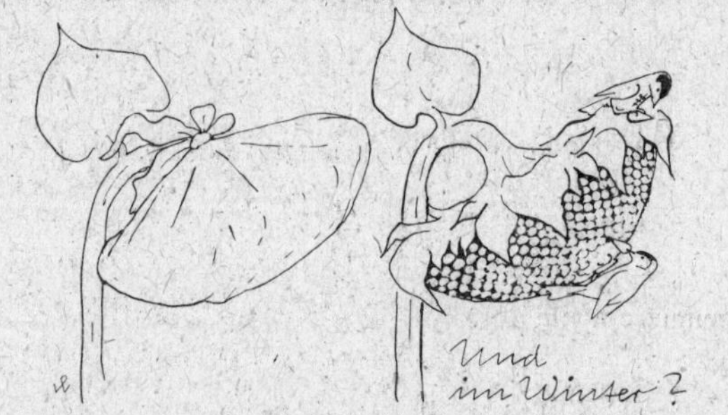

1720 Strohblumen *(Helichrysum)* sind beizeiten abzuschneiden und zu trocknen, wenn sie ihre leuchtenden Farben behalten sollen.
Die Strohblumen muß man abschneiden, bevor die Blumen voll entwickelt sind. Dazu muß trockenes Wetter abgepaßt werden. Zum Trocknen macht man kleine Bündel und hängt sie an einem luftigen Ort auf, der möglichst dunkel sein soll.

1721 Im Gegensatz zu den Strohblumen (s. Ratschlag 1720) müssen Gelbes Ageratum *(Lonas)*, Sonnenflügel *(Helipterum)* und Strandflieder *(Limonium)* zum Trocknen voll erblüht sein.
Man schneidet sie am besten am Mittag eines sonnigen Tages. Getrocknet wird wie unter Ratschlag 1720 angegeben.

1722 Die mit Früchten besetzten Triebe der Lampionpflanze *(Physalis)*, auch Judenkirsche genannt, schneidet man erst ab, wenn die orangeroten Fruchthüllen gut ausgefärbt sind.

Sie ergeben eine dauerhafte Vasenfüllung. Beim Schneiden entfernt man die Blätter, so daß nur die Früchte an den Trieben bleiben. Man kann sie in mit trockenem Sand gefüllte Vasen stecken. Die Lampionblume wuchert stark und kann zwischen schwächer wachsenden Pflanzen sehr lästig werden. Da sie gut Halbschatten verträgt, pflanzt man sie zweckmäßigerweise in die Gesellschaft von Baum und Strauch. Sie bildet dort einen dichten Bestand, in dem weder Vogelmiere noch Kreuzkraut hochkommen können.

1723 Es ist noch viel zuwenig bekannt, daß sich die Früchte der Mahonien im Haushalt verwenden lassen.

Als Zusatz zu Marmeladen sind sie sehr gut brauchbar und verbessern den Geschmack wesentlich. Die Geschmacksrichtung des einzelnen mag aber dabei eine Rolle spielen. In jedem Erstfalle sollte man darum eine Probe machen. Zu beachten ist, daß das Rohessen der Beeren für Kinder gefährlich sein kann.

1724 Einige Ziersträucher sind im Herbst mit lebhaft gefärbten Früchten besetzt. Da sie zum Teil giftig sind, muß man Kinder vor dem Genuß warnen.

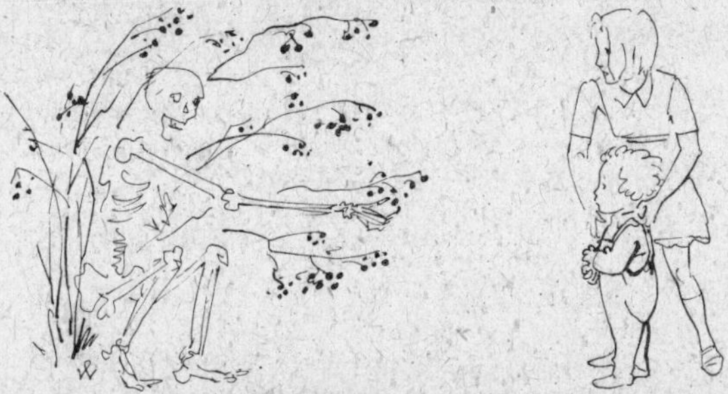

Mehr oder weniger giftig sind vor allem die Früchte vom Seidelbast *(Daphne mezereum)*, vom Efeu *(Hedera)*, der Berberitze *(Berberis)*, dem Pfeifenstrauch *(Philadelphus)* und dem Pfaffenhütchen *(Euonymus)*.

1725 Nadelgehölze (Koniferen) und alle wintergrünen Gehölze muß man ab Ende September ohne Rücksicht auf das Wetter mit Wasser versorgen, wenn sie gut über den Winter kommen sollen.

Wenn an diesen Gewächsen im Winter Schäden entstehen, dann ist meist nicht der Frost, sondern Trokkenheit die Ursache. Nadelgehölze transpirieren (s. Ratschlag 1727) auch im Winter. Dadurch entstehen in den Pflanzen Wasserverluste, die sie mit Hilfe der Wurzeln aus dem Boden ersetzen. Das können sie aber nur, wenn im Boden genügend Feuchtigkeit enthalten ist. Andernfalls vertrocknen die Pflanzen (siehe auch Ratschläge **1930** und **2048**).

1726 Beschädigte oder verkümmerte Spitzentriebe von Tannen *(Abies)*, Fichten *(Picea)* und Kiefern *(Pinus)* kann man durch einen Seitentrieb ersetzen.

Den bisherigen Spitzentrieb verwendet man dabei als Zapfen, an den der Seitentrieb angeheftet wird. Wo die Spitze abgebrochen ist, macht man sich mit Hilfe eines Stabes einen Ersatzzapfen. Näheres ist aus der Skizze ersichtlich.

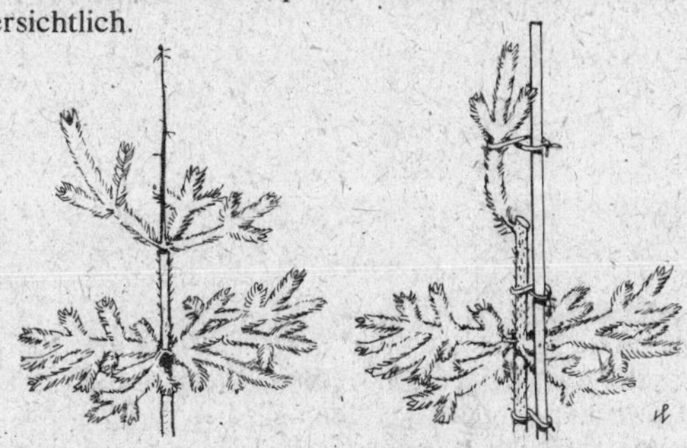

1727 Ende September sollte man an die empfindlichen Pflanzen denken und das nötige Reisig bestellen.

Für sie sind Fichtenreisigzweige der beste Sonnenschutz im Winter. Das gilt für alle Immergrünen im Steingarten und an Trockenmauern sowie für die immergrünen Gehölze. Ihre Transpiration (Verdunstung) wird dadurch wesentlich herabgesetzt (siehe Ratschlag **1725**).

1728 Verschiedene Beetpflanzen (s. Ratschlag 1310) blühen noch lange, wenn man sie vor den ersten Nachtfrösten Ende September in Töpfe pflanzt.

Das Einpflanzen vertragen vor allem Pelargonien, Fuchsien, Heliotrop, Knollen- und andere Begonien. Man hebt die Pflanzen mit einem Handspaten unter Schonung des Wurzelballens aus der Erde und drückt sie in entsprechend große Töpfe. Anschließend erhalten sie in einem kühlen Raum einen hellen Fensterplatz und müssen reichlich gegossen werden.

1729 In der zweiten Septemberhälfte im Freiland ausgesäte einjährige *Papaver* (Mohn), *Delphinium* (Rittersporn), *Calendula* (Ringelblume) und *Nigella* (Jungfer im Grünen) blühen im nächsten Jahr bedeutend früher als Frühjahrsaussaaten.

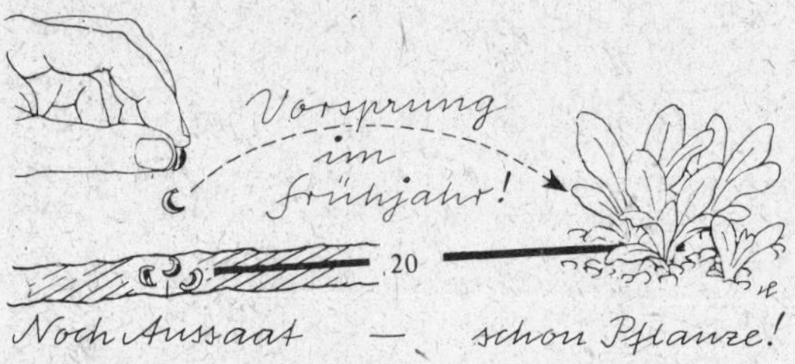

Die jungen Pflanzen dieser Sommerblumen überstehen den Winter gut, wenn sie nicht an besonders windigen Stellen stehen. Auf ein Normalbeet (1,20 m) sät man in jedem Falle 5 Reihen. Auf der Reihe wird der Samen horstweise ausgelegt. Der Abstand von Horst zu Horst muß 20 bis 22 cm betragen. Je Horst legt man 4 bis 5 Samen. Nach dem Aufgehen wird vorerst nicht verzogen. Das wird erst im Frühjahr nachgeholt. Auch für diese Beete sollte man sich beizeiten um Fichtenreisigzweige kümmern (vergleiche Ratschlag 1727).

1730 Alle im Frühsommer ausgesäten Stauden sind nun im Saat- oder Pikierbeet so weit erstarkt, daß man sie auf Freilandbeete pflanzt (s. Ratschlg 1302).
Das trifft auch auf den im Juli ausgesäten Seidenmohn *(Papaver nudicaule)* zu. Er muß Anfang September gepflanzt werden. Der Reihenabstand beträgt 25 cm, und auf der Reihe genügen 20 cm.
Da die im Frühsommer ausgesäten Stauden erst im nächsten Jahre an den endgültigen Standort gepflanzt werden können, genügen fürs erste Abstände von 15 cm × 15 cm.

Zimmergarten

1731 Im Laufe der zweiten Septemberhälfte kann man blühstarke Hyazinthenzwiebeln auf Gläser setzen oder in Töpfe pflanzen.
Die Hyazinthengläser werden nur so hoch mit Wasser gefüllt, daß zwischen Zwiebelboden und Wasser etwa 1 cm frei bleibt. Andernfalls faulen die Hyazinthen. Die

besetzten Gläser müssen vorerst mindestens 2 Monate kühl stehen (6 bis 8 °C). Jede Zwiebel erhält sofort nach dem Aufsetzen eine lichtdichte Tüte. Zum Einpflanzen in Töpfe verwendet man sandige, gut abgelagerte Komposterde. Der innere Durchmesser der Töpfe darf nur 2 bis 3 cm größer sein als der der Zwiebeln. Bevor man die Hyazinthenzwiebeln in die locker mit Erde gefüllten Töpfe drückt, wird eine 0,5 bis 1 cm starke Sandschicht aufgestreut. Sie verhindert Fäulnis am Wurzelkranz. Nach dem Einpflanzen muß die obere Hälfte der Zwiebeln über der Erde stehen. Weiterbehandlung wie bei den Zwiebeln auf Gläsern. Die Hyazinthentöpfe kann man aber auch in die Erde im Garten eingraben, wie das bei den Tulpen (s. Ratschlag 1732) angegeben ist.

1732 Niedrige Tulpensorten ergeben ab Januar schöne Topfpflanzen, wenn man starke Zwiebeln Ende September in Töpfe pflanzt.

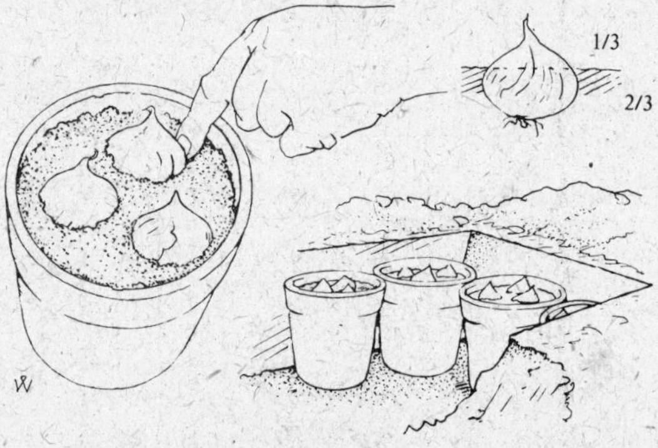

Dazu eignen sich vor allem Frühsorten wie 'Brillant Star'. Sandige Komposterde ist zum Einpflanzen am geeignetsten. In jeden Topf pflanzt man 3 Zwiebeln. Der Zwischenraum braucht nur 2 bis 3 cm zu betragen. Die Töpfe müssen so groß sein, daß zwischen den Zwiebeln und dem Topfrand ein etwa fingerbreiter Streifen bleibt. Die Zwiebeln werden nur bis etwa zwei Drittel ihrer Höhe in die Erde gedrückt. Nach dem Einpflanzen gießt man so, daß die Erde im Topf gut durchfeuchtet ist. Die mit Zwiebeln besetzten Töpfe erhalten einen Platz in einem dunklen Keller, dessen Temperatur etwa 6 bis 8 °C beträgt. Besser ist aber der

Einschlag im Freiland. Dazu wird die Erde des Standortes etwa 15 cm tief ausgegraben. In diese Grube stellt man die Tulpentöpfe dicht aneinander. Nun erhält die Oberfläche aller Töpfe eine etwa 1 cm starke Sandschicht. Nach dem Aufbringen des Sandes wird noch einmal gründlich gegossen. Anschließend schippt man die ausgehobene Erde darüber. Weiteres siehe Ratschläge **2025** und **2055.**

1733 In den letzten Septembertagen muß man alle im Garten stehenden Kübel- und Topfpflanzen in frostsicheren Räumen unterbringen.
Das gilt vor allem für Oleander, Agaven, nicht winterharte Yucca, Euonymus und Cordylinen. Obwohl die Aukuben etwas Frost vertragen, sollte man sie ebenfalls aus dem Garten nehmen. Vor dem Einräumen putzt man die Pflanzen gründlich durch, damit keine kranken Pflanzenteile in den Überwinterungsraum gelangen. Der Raum muß hell und luftig sein.

1734 Im Garten über Sommer aufgestellte Kakteen und andere sukkulente Topfpflanzen (Fettpflanzen) sind schon gegen geringe Nachtfröste empfindlich und darum Ende September in Sicherheit zu bringen.

Die „Einmanntrage"

Wenn man sie dem Frost aussetzt, ist Fäulnis nicht zu verhindern, und die Pflanzen gehen im Laufe des Winters zugrunde. Mit dem Einräumen verringert man auch die Wassergaben.

1735 Gliederkakteen *(Zygocactus,* früher *Epiphyllum),* bei denen der Knospenansatz gut sichtbar ist, müssen wieder normal gegossen werden.
Das Trockenhalten bis zu diesem Zeitpunkt wurde unter Ratschlag **1614** erläutert. Das Gießen richtet sich nach der Temperatur des Standortes. Zuviel Wasser und niedrige Temperaturen verursachen Wurzelschäden, die nur selten wieder gutzumachen sind.

1736 Die im Herbst blühenden *Erica* (Heidekraut) halten sich sehr lange, wenn sie hell sowie luftig stehen und recht viel Wasser erhalten.
Nur einmal richtig ballentrocken geworden, schrumpfen die Pflanzen zusammen, und mit ihrer Schönheit ist es vorbei. Im Zimmer verlieren die Blüten sehr schnell ihre Farbe. Diese Herbstblüher eignen sich aber sehr gut zum Bepflanzen von Balkon- und Fensterkästen oder zum Aufstellen am offenen Fenster.

1737 Wer mit frostempfindlichen Pflanzen besetzte Balkon- und Fensterkästen über die ersten Nachtfröste hinwegbringt, kann sich in der Regel noch lange an ihren Blüten erfreuen.

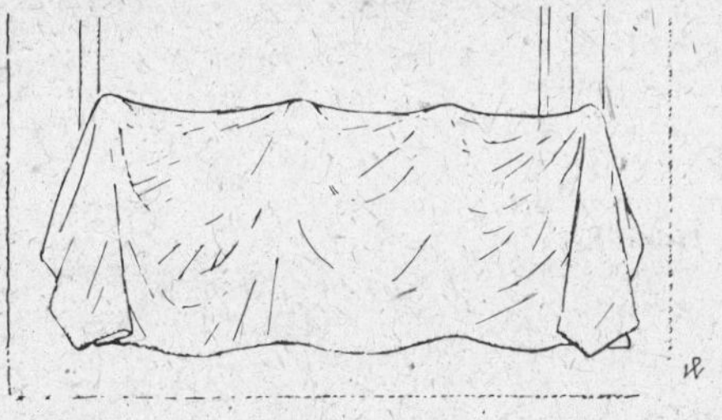

Über die Pflanzen gehängte Tücher genügen gegen leichte Nachtfröste. Durch darunter gesteckte Stäbe verhindert man das Aufliegen auf den Blüten. Einzelne Kästen kann man in vielen Fällen auch über Nacht hereinnehmen.

1738 Gegen Ende September gibt es oft schon kühle Nächte, ohne daß im Zimmer geheizt wird. Zimmerpflanzen nehmen das übel, wenn man ihnen in der Zeit zuviel Wasser gibt.
Das trifft vor allem auf Gummibäume, Bogenhanf *(Sansevieria),* Pfeffergesicht *(Peperomia)* und auf Zimmerpflanzen mit ähnlichen Ansprüchen zu. Mit den abgleitenden Nachttemperaturen müssen auch die Wassergaben verringert werden. Die Übergangszeit bis zum Heizen ist immer die schwierigste Periode für die Gesundheit der Zimmerpflanzen. Als Regel kann empfohlen werden, daß geringe Wassergaben besonders bei sukkulenten Pflanzen, wie z. B. Bogenhanf, ratsam sind.

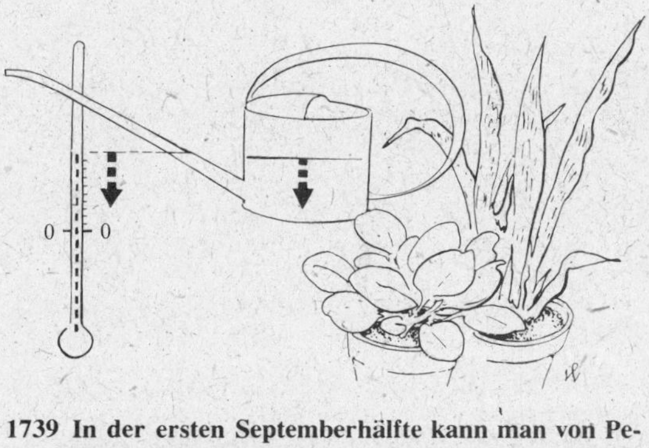

1739 In der ersten Septemberhälfte kann man von Pelargonien und Zimmerefeu noch Stecklinge schneiden.
Wie dabei vorgegangen wird, ist in den Ratschlägen **1622** bis **1625** nachzulesen.

Allgemeines

1740 Alle im Oktober freiwerdenden Gartenflächen, die im Herbst nicht bepflanzt werden, sind sobald wie möglich tief umzugraben.

Dazu wird der Spaten und nicht die Grabegabel verwendet. Das gegrabene Land wird nicht geharkt, sondern bleibt in grober Scholle liegen. Die bei jedem Spatenstich entstehende Erdscholle bleibt also unzerkleinert. Damit der Boden tief genug gelockert wird, drückt man das ganze Spatenblatt in die Erde. Das Graben wird erleichtert, wenn man den Spaten dabei nicht senkrecht, sondern ein wenig schräg hält.

1741 Das Graben in grober Scholle (Ratschlag 1740) hat den Zweck, dem Frost und den Winterniederschlägen das Eindringen in den Boden zu erleichtern.

Mit Hilfe des gefrorenen Regen- oder Schneewassers zersprengt der Frost die einzelnen Bodenpartikel und macht die Erde mürbe.

1742 Bei schweren Böden muß man nach längerem Regen so lange mit dem Graben warten, bis sie einigermaßen abgetrocknet sind.

Andernfalls treten wir den Boden so fest, daß die einzelnen Spatenstiche wie ungebrannte Mauersteine nebeneinander liegen.

1743 Wenn das Land im nächsten Jahre mit tiefwurzelnden Gewächsen bepflanzt werden soll, muß man mindestens zwei Spatenstiche tief graben (holländern) oder rigolen.

Die Grabenfurche muß beim Holländern zwei Spatenstiche breit sein, damit man sie ebenfalls graben kann. Dabei stellt man sich rechtwinklig zur Grabenfurche. Beim Beginn des Holländerns legt man die ersten zwei oberen Spatenstiche beiseite. Sie werden am Schluß in den entstandenen Graben gebracht. Organische Stoffe dürfen nur in die obere Schicht eingegraben werden (beachte Ratschlag **1745**).

1744 Unter Rigolen versteht man eine Tiefenlockerung des Bodens auf mindestens drei Spatenstiche, wobei mit einem Dreigrabensystem gearbeitet wird.

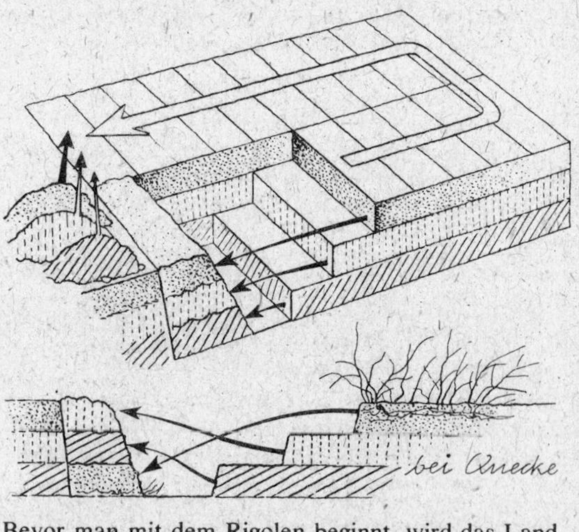

Bevor man mit dem Rigolen beginnt, wird das Landstück geteilt. Dadurch braucht der Erdaushub der ersten Gräben am Schluß nicht weit transportiert zu werden. Beim Rigolen kommt jede Bodenschicht wieder an die Stelle, an der sie vorher gelegen hat. Der Mutterboden darf auf keinen Fall in die unteren

Schichten gelangen. Durch Rigolen kann man stark verquecktes Land von dem Unkraut frei machen. In diesem Falle kommt die mit Quecken durchsetzte Oberschicht ganz nach unten, so daß aus der zweiten Schicht die erste und aus der dritten die zweite wird. Die Stärke der einzelnen Schichten hängt davon ab, wie tief man rigolen will. In den meisten Fällen genügen 60 bis 75 cm, so daß die Schichten 20 bzw. 25 cm stark sind.

1745 Wer beim Rigolen seinen Boden mit organischen Stoffen zur Humusvermehrung versorgen will, darf sie nicht zu tief einarbeiten.

Sie gehören in die oberste Schicht, weil sie sonst vertorfen und wertlos werden. Am besten ist es, wenn man die organischen Stoffe (Stalldung, Kompost, Torf) erst auf dem fertig rigolten Land ausbreitet und eingräbt. Kalk streut man ebenfalls erst nach dem Rigolen aus und hackt ihn ein. Er darf aber nicht mit Stalldung zusammen gegeben werden, weil sonst dessen Stickstoff verlorenginge.

1746 Eine ganze Reihe Gewächse vertragen keinen frischen Stalldung im Boden. Man darf ihn darum nur dort eingraben, wo für das kommende Jahr Pflanzen geplant sind, die ihn vertragen.

Misteriöse Abneigung !

Zu den gegen frischen Stalldung empfindlichen gehören vor allem alle Wurzel-, Knollen- und Zwiebelgewächse. Beispiele sind Gladiolen (Ratschlag **765**), Tulpen, Lilien und beim Gemüse Meerrettich, Möhren, Pastinaken, Radieschen, Rettiche, Rote Rüben und Schwarzwurzeln.

1747 Die im Vorjahr mit frischem Stalldung versorgten Flächen erhalten nur Ätzkalk oder kohlensauren Kalk (Kalkmergel).
Kalkmergel kann man zwar für alle Bodenarten verwenden, doch gibt man auf schweren Böden besser Ätzkalk. Bei ihm genügen im allgemeinen 150 g/m². Vom kohlensauren kann man aber unbedenklich 200 bis 250 g geben. Wird der Kalk ausgestreut und nicht gleich eingegraben, dann sollte man ihn wenigstens oberflächlich einhacken.

1748 Wer seinen Boden schon im Herbst mit Nährstoffen durch anorganische Dünger (Mineraldünger) versorgen will, sollte sich auf Kali und Phosphorsäure beschränken.

Ach ich habe ihn (N) verloren......

Stickstoff wird im Laufe des Winters in den Untergrund gewaschen, weil ihn der Boden nicht festhalten kann. Als bester Phosphorsäuredünger hat sich das bekannte Thomasmehl bewährt. (30 bis 50 g/m²). Mit ihm führt man dem Boden auch wirksamen Kalk zu. Von den Kalidüngern kommen nur Kalimagnesia (Patentkali) und Schwefelsaures Kali (20 bis 25 g/m²) in Frage, weil alle anderen mehr oder weniger Chlor enthalten, das viele Pflanzen nicht vertragen. Wer über organische Handelsdünger, wie Knochenmehl, Hornspäne, Fischmehl und ähnliche verfügt, kann sie im Herbst unbedenklich eingraben (60 bis 80 g/m²).

1749 Kohlenstaub ist zur Verbesserung des Bodens geeignet, doch sollte man auf einmal höchstens 250 g/m² ausstreuen und eingraben.

Kohlenstaub fällt in jedem Haushalt an, wo Kohlen gelagert werden. Er gehört nicht in die Aschengrube, sondern auf das Land oder auf den Komposthaufen. Auch den Ruß sollte man in dieser Weise verwenden.

1750 Von den Aschearten sollte man nur die Holzasche zur Bodenverbesserung verwenden.
Die Asche von Braunkohlen (Briketts) ist ungeeignet, weil sie den Boden verschmiert und dadurch die Bodengare verschlechtert.

1751 Regenwürmer sind für die Bodenstruktur sehr nützlich. Es ist darum falsch, sie beim Graben zu sammeln und zu vernichten.

Diese Tiere leben nur von Humusstoffen, die durch ihren Darm wandern und dem Boden wieder zugute kommen. Gesunde Wurzeln oder andere Pflanzenteile können sie nicht verzehren. Bei der Nahrungssuche durchziehen sie den Boden mit unzähligen Gängen. Dadurch verschaffen sie dem Sauerstoff der Luft ungehindert Zugang zu den Pflanzenwurzeln. Viel Regenwürmer sind immer ein Zeichen von humusreichem Boden. Wo sie fehlen, ist er humusarm. Regenwürmer sind also zu schonen, wenn sie im Frühjahr auch manchmal lästig werden.

1752 Ende Oktober sollten alle Erdhaufen noch einmal umgesetzt werden, bevor stärkerer Frost einsetzt.
Diese Arbeit kann man natürlich den ganzen Winter über verrichten, doch wird sie wesentlich erschwert, wenn die Haufen gefroren sind. Im Ratschlag 8 wurde auf das Umsetzen näher eingegangen.

1753 Wer Gelegenheit hat, Rasensoden zu erhalten, sollte sie in Haufen ansetzen, denn sie ergeben einen vorzüglichen Kompost.

Die Haufen macht man höchstens 75 cm hoch und bis 1 m breit. Die Länge spielt keine Rolle. Beim Aufsetzen ist zu beachten, daß die Grasseiten nach unten kommen. Wird im Frühjahr und Sommer einmal umgesetzt und jedesmal Thomasmehl und Kalkstickstoff dazwischen gestreut (von jedem 3 bis 4 kg/m^3), dann hat man bis zum Herbst verwertbaren Kompost. Er ist für leichte Böden besonders wertvoll. Rasensoden, die im Winter mit Lauge oder Streusalzen behandelt worden sind, dürfen wegen der hohen Salzkonzentration nicht für die Kompostbereitung verwendet werden. Derartiger Kompost führt meist zu Pflanzenschäden.

1754 Wasserschläuche und Regner werden ab Ende Oktober nicht mehr benötigt und sind unter Dach und Fach zu bringen.
Die Schläuche dürfen auf keinen Fall dem Frost ausgesetzt werden, wenn sie noch nicht völlig entleert sind. Regner nimmt man am besten auseinander. Die Einzelteile werden trockengewischt und eingefettet oder eingeölt. Wieder zusammengesetzt, ist das Gerät im Frühjahr sofort gebrauchsfähig.

1755 Gartenmöbel darf man nicht zu lange im Freien lassen, weil sie durch feuchtes Herbstwetter sehr leiden.

Vor dem Einräumen muß man sie gründlich abwaschen. Wer sie im Schuppen übereinanderstapelt, sollte Stoffreste dazwischen legen, damit bei gestrichenen die Farbe nicht leidet.

1756 Kupfervitriol ist das billigste Imprägniermittel für frisch geschlagenes Holz, das zu Pfählen verarbeitet werden soll.
Zum Imprägnieren macht man sich in einem Holzgefäß eine 2- bis 3 %ige Lösung zurecht. Die Stangen werden geschält, in die richtigen Längen zerschnitten und die Pfähle angespitzt. So stellt man sie etwa 40 bis 50 cm tief in die Lösung, die in den Pfählen ohne unser Zutun hochsteigt. Sobald die obere Schnittstelle eine Verfärbung erkennen läßt, ist das Imprägnieren beendet.

1757 Wenn Ende Oktober schon reichlich Schnee fällt und der Frost anhält, beginnen bei unseren Gartenvögeln Nahrungssorgen. Die Meisen sollte man auch schon vor dem Schneefall an den Futterplatz gewöhnen.

Wir dürfen dann die Futterplätze mit etwas Futter beschicken. Vor allem sollte man dabei an die Meisen denken und auch einen Meisenring aufhängen. Das Füttern dürfen wir aber in dieser Jahreszeit nicht übertreiben. An milden Tagen und auch bei geringem Frost sollen gerade die Meisen noch viel Insekten vernichten. Bei zu reichlichem Füttern vernachlässigen sie ihre gewünschte Aufgabe.

Gemüsegarten

1758 Der bis zum Eintritt des Frostes nicht verbrauchte Bleichsellerie wird im Keller eingeschlagen.
Dazu nimmt man die Pflanzen mit den Wurzeln aus dem Boden und schlägt sie einschließlich der Umhüllung in feuchten Sand oder Erde ein. Wenn der Keller dunkel ist, sind die Hüllen zu entfernen. Die gebleichten Stiele verstocken dann nicht so leicht. Im Keller muß für gute Durchlüftung gesorgt werden.

1759 Als Einschlag für den bis zum Frostbeginn nicht fertig gewordenen Blumenkohl eignet sich ein tiefes Frühbeet oder ein heller Keller.

Der Blumenansatz muß aber schon vorhanden sein. Beim Ausgraben der Pflanzen muß soviel wie möglich Erde an den Wurzeln bleiben. Eingepflanzt wird so, daß die Pflanzen senkrecht stehen und sich gegenseitig berühren. Blätter dürfen nicht entfernt werden. Im Keller braucht man zum Einschlag keine Erde. Feuchter Torf verrichtet dieselben Dienste. Gegossen wird so, daß die Blätter und der Blumenansatz nicht naß werden. Wer über ein Kleingewächshaus verfügt, kann den Blumenkohl auch dort einschlagen.

1760 Mit dem Ernten des Chinakohls braucht man nicht ängstlich zu sein, denn er verträgt Fröste von 6 bis 8 °C.

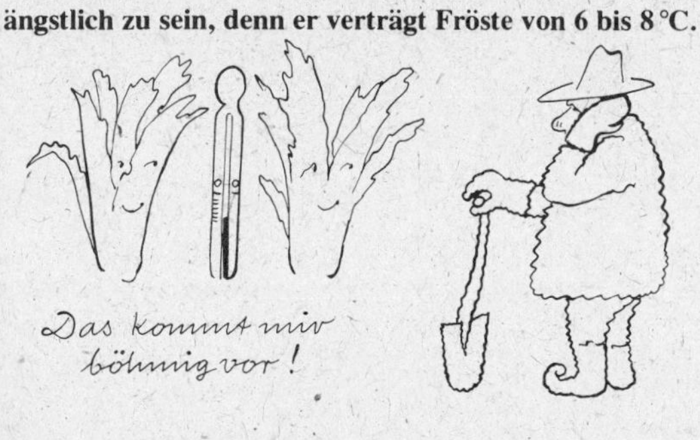

Was nicht gleich verbraucht wird, kommt in den Einschlag. Der Chinakohl darf aber nicht im gefrorenen Zustand geerntet werden. Mit den Wurzeln ausgegraben, kommt er in einen luftigen Keller. Feuchter Sand oder sandige Erde eignen sich am besten zum Einschlagen. Die walzenförmigen Köpfe dürfen sich nicht berühren. Es kommt sonst leicht zu Faulstellen. Darum kann auch nur bei trockenem Wetter geerntet werden. Damit die Köpfe nicht welken, muß man das Einschlagmaterial immer feucht halten.

1761 Die unter Glasschutz kultivierten Eierfrüchte sind abzuernten, bevor stärkere Fröste auftreten.
Noch nicht völlig ausgereifte Früchte reifen nach. Grüne können wie die Tomaten eingelegt werden.

1762 Der Mitte September im Frühbeet ausgesäte Feldsalat erhält im Oktober noch eine Nährstoffgabe.
Man verwendet am besten einen stickstoffreichen Volldünger in Form einer 0,2 %igen Nährlösung. Das Frühbeet ist vor stärkeren Frösten entsprechend zu schützen, bei frostfreiem Wetter jedoch reichlich zu lüften.

1763 Die Ende September zum Bleichen vorbereiteten Winterendivien sind Mitte Oktober erntefertig.
Mit dem Ernten braucht man sich nicht zu beeilen, denn Winterendivien vertragen Fröste bis etwa 4 °C. Wer zum Bleichen Matten verwendet, kann die Endivien bis Ende Oktober im Freien lassen.

1764 Für den Winterverbrauch kann man die Winterendivien in einem luftigen Keller aufbewahren.
Bei trockenem frostfreiem Wetter nimmt man sie mit möglichst viel Erde aus dem Boden. Feuchter Sand ist das beste Einschlagmaterial. Soweit sie nicht schon im Freien zusammengebunden wurden, muß man es jetzt nachholen. Die Endivien nehmen sonst zuviel Platz ein. Beim Binden werden die Blätter schopfartig zusammengefaßt.

1765 Winterendivien kann man bis Januar/Februar aufbewahren, wenn man sie im Keller nicht einschlägt, sondern in Töpfe pflanzt.
Dazu braucht man allerdings mehr Platz, hat aber die Gewißheit, daß sie nicht so leicht faulen. Zwischen den

locker aufgestellten Töpfen kann die Luft gut zirkulieren. Beim Gießen muß man das Anfeuchten der Blätter peinlich vermeiden.

1766 Grünkohl wird im Oktober geerntet, wenn er einige Frostnächte durchgemacht hat.
Er ist dann viel schmackhafter. Im übrigen braucht man nicht ängstlich zu sein, denn er übersteht auch stärkere Fröste. Als bester Schutz gegen Kaninchen gilt das Umlegen mit Weißdornzweigen oder anderen stacheligem Gestrüpp.

1767 Aus den im Laufe des September (s. Ratschlag 1643) geernteten Samengurken werden im Oktober die Samenkörner gewonnen.

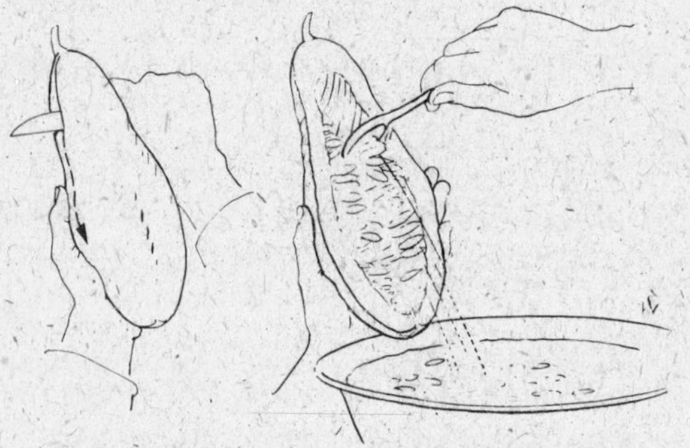

Man schneidet die Gurken in zwei Längshälften und kratzt das weiche Gewebe mit den Samenkörnern aus. Damit sich die Samen gut auswaschen lassen, wird das Ganze in ein Gefäß mit reichlich Wasser getan und an einen warmen Ort bei etwa 15 °C gestellt. Durch die eintretende Gärung löst sich das Fruchtfleisch von den Samen, und man kann sie leicht auswaschen.

1768 Der für den Winterverbrauch bestimmte Kohlrabi ist zu ernten, bevor er durch stärkere Nachtfröste gefährdet wird.
Dabei werden die Blätter bis auf die jungen Herzblätter entfernt. Die Strünke schneidet man kurz unter der

Knolle ab. So vorbereitet, kann der Kohlrabi in Erdmieten untergebracht werden (s. Ratschlag 1770). Wenn man ihn im Keller einschlagen will, bleiben die Strünke mit den Wurzeln an den Knollen. Der Einschlag erfolgt in feuchte Erde oder in Sand.

1769 Kohlrüben läßt man so lange wie möglich in der Erde. Stärkeren Frösten dürfen sie aber nicht ausgesetzt werden.

Die Kohlrüben darf man beim Ernten nicht beschädigen, weil sie sonst faulen. Die Blätter werden einige Zentimeter über dem Rübenkopf glatt abgeschnitten. Das Ernten ist bei trockenem Wetter vorzunehmen. Naß geerntete Rüben faulen leicht. Der beste Aufbewahrungsort ist eine Erdmiete (Ratschlag 1770). Kleinere Mengen kann man auch im Keller aufbewahren. Er muß aber kühl sein, weil die Rüben sonst austreiben und unbrauchbar werden.

1770 Erdmieten für Kohlrüben dürfen nur 10 bis 15 cm tief ausgehoben werden und sind gegen Mäuse abzuschirmen.

Die Kohlrüben schichtet man in einem sich nach oben verjüngenden Haufen auf und bedeckt sie mit trockenem Stroh. Auf der Strohschicht wird die ausgehobene Erde gleichmäßig verteilt. Die Erddecke wird erst verstärkt, wenn stärkere Fröste zu befürchten sind. Zum Belüften der Miete verwendet man etwa 10 cm starke Strohbündel, die mit der Strohschicht auf den Rüben Verbindung haben müssen. Näheres ist aus der Skizze ersichtlich.
Gegen Mäuse hilft engmaschiges Drahtgeflecht am besten, das auch unter die Rüben zu legen ist (s. auch Ratschlag **2050**).

1771 Kleinere Mengen Kohlrüben werden am besten im Keller eingelagert.
Dabei ist zu beachten, was zur Einlagerung des Kohlrabi gesagt wurde (s. Ratschlag 1768). Der Keller sollte allerdings nicht zu warm sein.

1772 In der ersten Oktoberhälfte muß der Anfang September ausgesäte (s. Ratschlag 1648) Wintersalat gepflanzt werden.
Später gepflanzter wächst nicht mehr genügend ein und leidet so stark unter den Winterfrösten, daß die Pflanzen zugrunde gehen.

1773 Wintersalat wird in 8 bis 10 cm tiefe Rillen gepflanzt, die ihm gegen Winterwinde Schutz bieten.

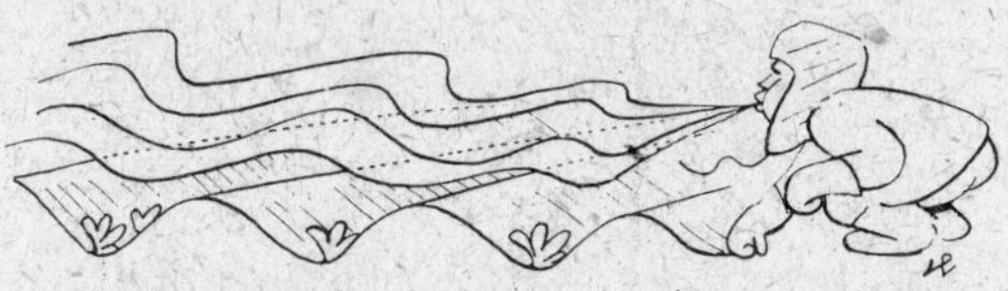

Die Reihen erhalten einen Abstand von 20 cm. Auch auf der Reihe wird in diesem Abstand gepflanzt. Die Rillen muß man etwa 10 cm breit ziehen, damit sich der Salat im Frühjahr unbeengt entwickeln kann. Wichtig ist, daß die Salatpflanzen nur so tief in der Erde stehen wie vorher im Saatbeet.

1774 Um Winterverluste zu vermeiden, wird der Mangold Ende Oktober stark angehäufelt.

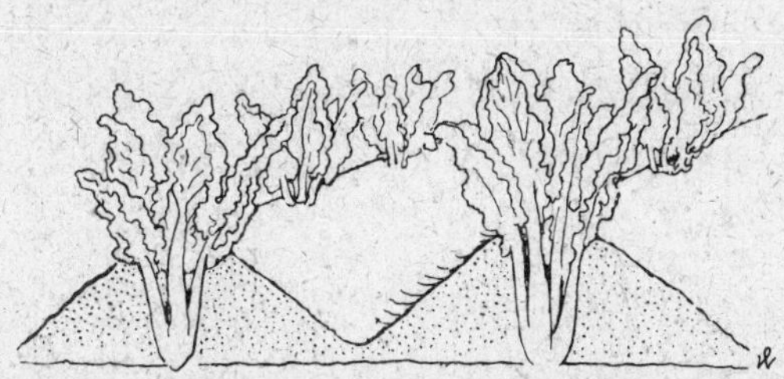

Wer im Frühjahr sehr zeitig frisches Gemüse ernten will, sollte die Mühe des Anhäufelns nicht scheuen. Es wird so hoch vorgenommen, daß die Blattstiele nicht mehr zu sehen sind.

1775 In den letzten Oktobertagen nimmt man alle Meerrettichwurzeln aus der Erde und schichtet sie im Keller in feuchten Sand ein.
Meerrettich ist zwar völlig winterhart, läßt sich aber bei Bodenfrost nicht ausgraben. Im Keller kann man jederzeit darüber verfügen. Der Keller muß aber kühl sein, damit der Meerrettich nicht austreibt, da er sonst wertlos wird. Beim Ausgraben aus dem Boden muß man darauf achten, daß auch die kleinsten Wurzelstücke mit erfaßt werden. Sie treiben sonst im nächsten Jahr aus und entwickeln sich zu einem sehr lästigen Unkraut.

1776 Die Septemberaussaaten von Möhren (s. auch Ratschlag 1653) müssen Ende Oktober eine Frostschutzdecke erhalten.
Dazu verwendet man entweder stark verrotteten Stalldung oder trockenen Torf. Laub ist ungeeignet. Die Schutzdecke wird etwa 5 bis 8 cm stark aufgebracht.

1777 Durch eine Aussaat von Möhren Ende Oktober kann man ungünstige Aussaatbedingungen im Frühjahr umgehen.
Wichtig dabei ist, daß die Aussaat erst unmittelbar vor Frosteintritt erfolgt, damit die Keimung nicht vor Winter, sondern erst im zeitigen Frühjahr einsetzt. Bei der Aussaat ist zu beachten, was zu den Ratschlägen **345** und **346** gesagt wurde. Diese Anbaumethode ist jedoch nur auf leichten Böden zu empfehlen, die sich im Frühjahr schnell erwärmen. Es sind frühe bis mittelfrühe Sorten zu verwenden. Mit der Ernte kann dann bereits Anfang bis Mitte Juni gerechnet werden.

1778 An einem trockenen Tage der zweiten Oktoberhälfte nimmt man die für den Winterbedarf bestimmten Möhren aus dem Boden.

Die Grabegabel ist dazu das geeignetste Werkzeug. Trotz Vorsicht beschädigte Möhren muß man auslesen. Sie würden nur faulen und die anderen anstecken. Das Möhrenkraut darf man nicht abschneiden, sondern muß es abdrehen, weil sonst die Köpfe der Möhren leicht faulen.

1779 Die Wintermöhren überwintert man am besten in einer Erdmiete und die zum baldigen Verbrauch bestimmten im Keller.
Die Erdmiete wird so eingerichtet wie die unter Ratschlag **1770** beschriebene. Auf guten Mäuseschutz ist ganz besonderer Wert zu legen. Auch im Keller sind die Möhren durch Mäuse gefährdet. Dort stellt man am besten Mäusefallen auf. Beim Auslegen von Giftgetreide kann es passieren, daß sich die Mäuse zwischen den Möhren verkriechen und verenden. Im Keller erfolgt der Einschlag am besten in feuchten Sand.

1780 Die Früchte des unter Glas angebauten Gemüsepaprikas sollte man im Laufe des zweiten Oktoberdrittels abernten.
Die Temperaturen sind dann trotz Glasschutz so niedrig, daß kein Zuwachs mehr zu erwarten ist. Auch die halbentwickelten Früchte sind als Gemüse verwendbar.

1781 Vom Porree erntet man Ende Oktober am besten nur so viel, wie in absehbarer Zeit verbraucht wird.
Man schlägt ihn in feuchten Sand im Keller ein, nachdem man Wurzeln und Blätter etwas gekürzt hat. Den übrigen läßt man im Freien stehen, denn Porree ist winterhart, falls die entsprechenden Sorten gewählt wurden. Wenn man den Boden zwischen den Pflanzen mit verrottetem Stalldung oder Torf bedeckt, wird die Erde nicht so schnell frosthart.

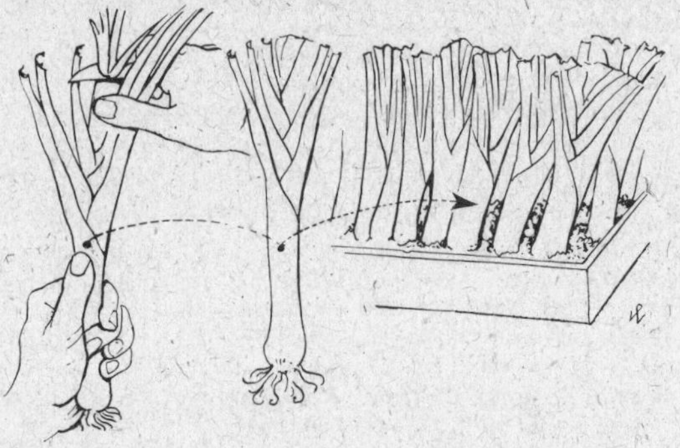

1782 Zu früh geerntete Winterrettiche halten sich schlecht. Darum erntet man sie erst, wenn stärkere Fröste bevorstehen.
Rettiche müssen bei trockenem Wetter geerntet und dürfen nicht beschädigt werden. Die ihnen anhaftende Erde wird vorsichtig entfernt und das Kraut sauber abgedreht. Ob man sie im Keller oder in einer Erdmiete (s. auch Ratschlag **1770**) über Winter aufbewahrt, hängt von der Menge ab. Der Keller muß frostfrei sein. Einige Grade über Null sind die besten Temperaturen. In mäßig feuchten Sand eingeschichtet, halten sie sich bis zum Frühjahr.

1783 Beim Ernten der Roten Rüben muß man ganz besonders vorsichtig zu Werke gehen. Sie dürfen auf keinen Fall verletzt werden.

Auch die Blätter dürfen nicht abgeschnitten werden. Am besten dreht man sie ab, damit der Rübenkopf nicht beschädigt wird. Die Roten Rüben muß man so ausgraben, daß die Hauptwurzel unverletzt bleibt. Jede Beschädigung des Rübenkörpers hat Saftverlust zur Folge. Fäulnis ist dann unvermeidbar. Das Einmieten nimmt man wie bei den Kohlrüben vor (s. Ratschlge **1769** und **1770**).

1784 Obwohl Schwarzwurzeln auch bei starkem Frost im Boden nicht erfrieren, sollte man sie gegen Ende Oktober ernten.
Das Ernten nach Bedarf macht große Schwierigkeiten, sobald die Erde stark gefroren ist. Man kann das Eindringen des Frostes nur verhindern, wenn das Schwarzwurzelbeet und die nähere Umgebung mit einer starken Schutzdecke versehen wird. Dazu kann man verrotteten Stalldung, Torf oder auch Laub verwenden. Die Schutzdecke muß aber in strengen Wintern mindestens 20 cm stark sein.

1785 Auf sorgfältiges Ernten kommt es an, wenn sich die Schwarzwurzeln im Einschlag gut halten sollen.

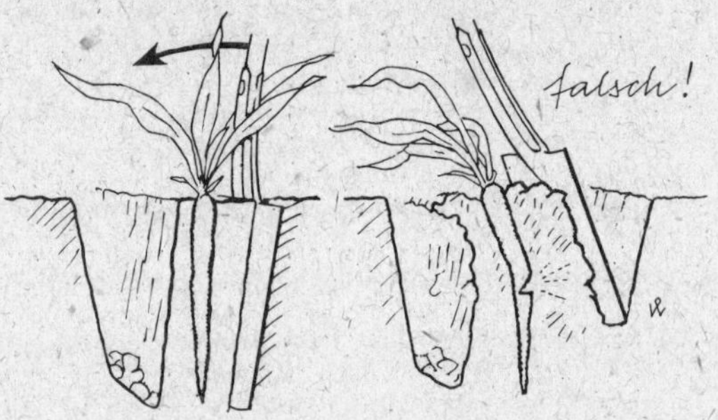

Zum Ernten verwendet man einen Spaten. An der Reihe entlang wird dicht neben den Wurzeln ein Graben ausgeworfen. Er muß mindestens so tief sein, daß auch die Wurzelspitzen frei werden. Dann wird der Spaten auf der anderen Seite der Reihe so tief eingestochen, daß man die Wurzeln ohne Beschädigung in den Graben drücken kann. Der Blätterschopf wird sorgfältig abgedreht. Die Schwarzwurzeln schlägt man reihenweise und aufrechtstehend in mäßig feuchten Sand in einem recht kühlen Keller ein. Auch im Freiland kann man sie dicht einschlagen. Dann ist aber die unter Ratschlag **1784** angegebene Schutzdecke nötig, wenn man die Wurzeln jederzeit zur Verfügung haben will.

1786 Der Knollensellerie wächst zwar bis in den Oktober hinein, doch muß er vor dem Auftreten wesentlicher Fröste geerntet werden.
Da die Knollen zum Teil über dem Boden stehen, leiden sie schon bei einigen Graden unter Null. In gefrorenem Zustand darf der Sellerie nicht geerntet werden. Man läßt ihn dann erst wieder völlig auftauen.

1787 Beim Ernten des Selleries dürfen weder die Knollen noch die Herzblätter beschädigt werden.
Die Grabegabel ist das geeignetste Gerät zum Ernten. Damit sticht man reichlich tief unter die Knollen und drückt sie aus dem Boden. Ihnen anhaftende Erde wird durch vorsichtiges Abklopfen oder durch Ausschütteln entfernt. Dabei darf man aber die Knollen nicht verletzen.

1788 Aus der Erde genommener Sellerie muß sofort für den Einschlag fertiggemacht werden und darf nicht im Freien liegenbleiben.

Läßt man ihn mit den Blättern an der Luft liegen, entziehen diese den Knollen Feuchtigkeit, so daß sie welken. Die Blätter darf man nicht abschneiden, sondern muß sie (bis auf die Herzblätter) mit den Händen entfernen. Die Herzblätter bleiben auch im Einschlag an den Knollen. Die Reste der anderen Blätter schabt man mit einem stumpfen Messer oder zurechtgeschnittenen Holz ab. Die Wurzeln kürzt man mit einem scharfen Messer bis auf einige Zentimeter.

1789 Als Aufbewahrungsort für die Sellerieknollen eignet sich ein kühler Keller, ein kaltes Frühbeet oder auch ein Beet im Garten.

Im Keller nimmt man als Einschlagsubstrat am besten feuchten Sand. In ihn pflanzt man die Knollen dicht aneinander so ein, daß die Herzblätter und auch der Knollenkopf frei bleiben. Im Frühbeet oder Freiland geht man genauso vor. Als Substrat wird aber die dort vorhandene Erde genommen. Da die Sellerieknollen sehr frostempfindlich sind, bedeckt man den Einschlag im Frühbeet oder Freiland mit einer etwa 20 cm starken Torfschicht. Auch die nähere Umgebung ist damit zu bedecken, damit der Frost nicht von den Seiten her eindringen kann. Der Torf muß grob und trocken sein. Damit er auch später trocken bleibt, überdeckt man den Einschlag mit Dachpappe oder Folie.

1790 Das Abschneiden des Spargelkrautes von dem im Frühjahr gepflanzten Bleichspargel verbindet man mit dem Nachfüllen von Erde.

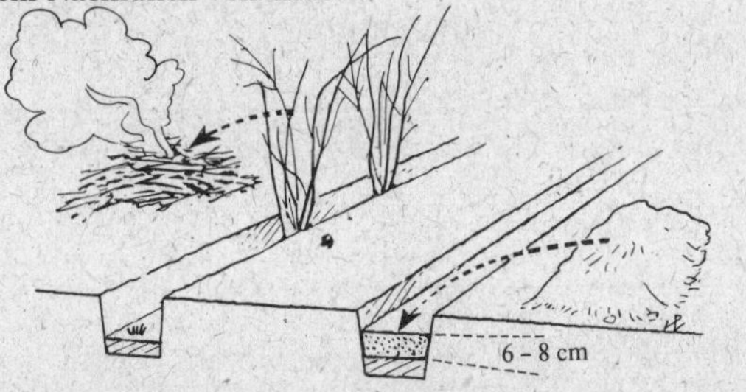

Bei diesen einjährigen Pflanzungen stehen die Köpfe der Pflanzen nur einige Zentimeter unter der Erde. Um sie nicht zu beschädigen, schneidet man das Kraut dicht über der Erde ab. Anschließend werden die Gräben mit einer 6 bis 8 cm starken Erdschicht aufgefüllt. Dazu verwendet man einen Teil des neben den Gräben liegenden Aushubes, den man etwa zur Hälfte mit stark verrottetem Stalldung mischt.

1791 Das gelb gewordene Spargelkraut ist etwa 2 cm unter der Erdoberfläche abzuschneiden und zu verbrennen.

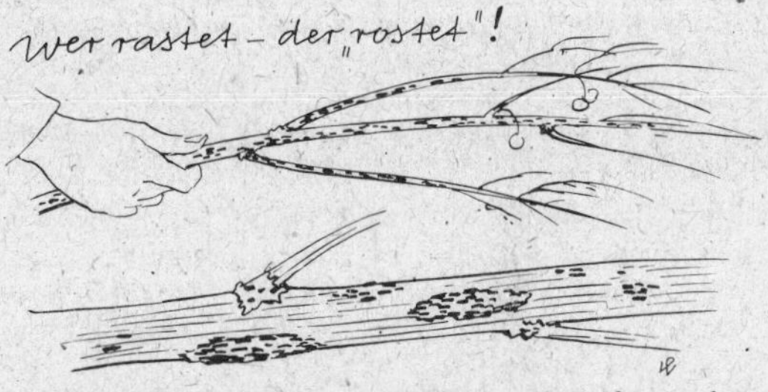

Spargelkraut darf nicht als Winterschutz für andere Pflanzen verwendet werden. An ihm können Krankheitserreger, z. B. der gefährliche Spargelrost, haften, der sich im folgenden Jahr stark ausbreiten würde.

1792 Im September ausgesäter Spinat (Ratschlag 1663) sowie Feldsalat (Ratschlag 1657) erhalten in den letzten Oktobertagen einen leichten Winterschutz.
Fichtenzweige sind dazu das geeignetste Material. Damit begegnet man der Gefahr, daß bei Barfrost Winterverluste entstehen.

1793 Grüne Tomaten erfordern zum Nachreifen ganz bestimmte Temperaturen, wenn gute Ergebnisse erzielt werden sollen.
Am günstigsten ist eine Temperatur von 18 bis 25 °C. Ist sie tiefer, leidet der Geschmack, und auch die Fruchtfarbe befriedigt nicht.

1794 Der Winterkohl (s. Ratschlag 1795) wird am besten im Keller aufbewahrt. In Erdmieten entstehen oft erhebliche Verluste.

Kohlhorde

Zum Einschlagen im Keller hebt man den Kohl mit den Wurzeln aus der Erde. Die Außenblätter werden bis auf einige, den Kopf schützende entfernt. Das Material zum Einschlagen kann aus Sand, Torf oder Erde bestehen und muß feucht sein. Der eingeschlagene Kohl muß aufrecht stehen, damit die Luft zwischen den nackten Strünken zirkulieren kann. Die Köpfe dürfen sich leicht berühren. Zum Überwintern in Erdmieten schneidet man den Strunk bis zu den Außenblättern ab. Eingemietet wird wie unter Ratschlag **1770** angegeben (Schnittstelle nach oben).

1795 Weiß-, Rot- und Wirsingkohl vertragen zwar einige Kältegrade, doch sollte man sie in den letzten Oktobertagen ernten.

Den Kohl darf man nicht in gefrorenem Zustand ernten. Durch das Anfassen und den Transport entstehen sonst erhebliche Druckstellen, die nach dem Auftauen sehr schnell faulen. Auch naß geernteter Kohl hat in den Mieten sowie im Keller nur eine sehr beschränkte Haltbarkeit.

1796 Nach Mitte Oktober kann mit der Ernte der Chicoréewurzeln begonnen werden.

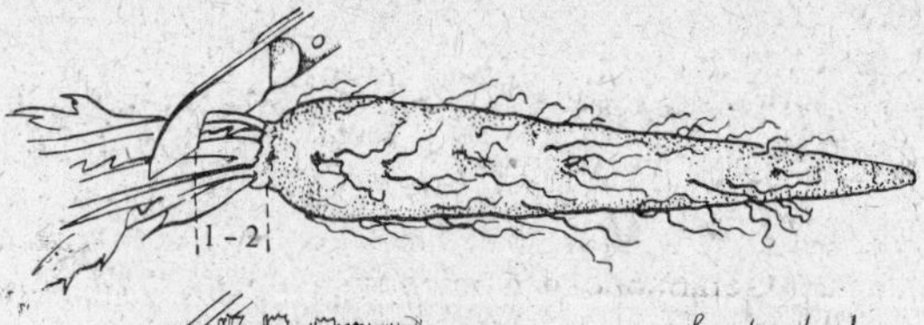

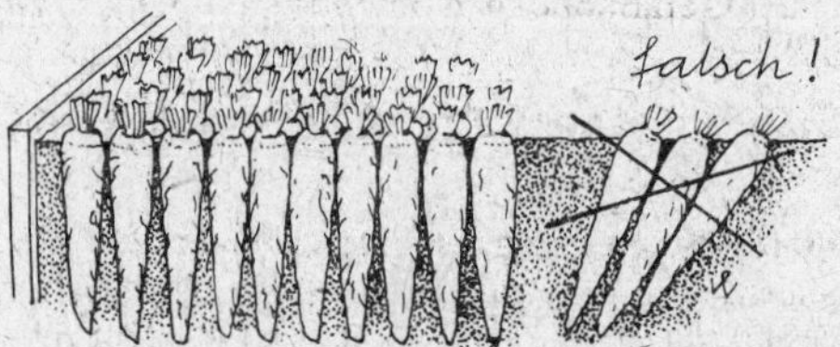

Beim Ausgraben darf man die Wurzeln nicht beschädigen, deshalb gilt, was bereits zu den Möhren gesagt wurde (s. Ratschlag **1778**). Das Kraut wird 1 bis 2 cm über dem Wurzelkopf abgeschnitten. So vorbereitet, werden die Wurzeln zunächst zur Zwischenlagerung eingeschlagen. Ein möglichst kühler, aber frostfreier Raum ist am zweckmäßigsten, damit die Wurzeln jederzeit dem Einschlag entnommen werden können. Auch ein Frühbeet eignet sich dazu, wenn man die eingeschlagenen Wurzeln mit entsprechendem Material frostsicher abdeckt. Es sind nur Wurzeln zu verwenden, deren Durchmesser am Wurzelkopf über 3 cm beträgt. Schwächere Wurzeln sind für die Treiberei ungeeignet.

1797 Wer bereits ab Dezember die ersten Chicoréesprosse ernten möchte, kann Ende Oktober mit der Treiberei beginnen.

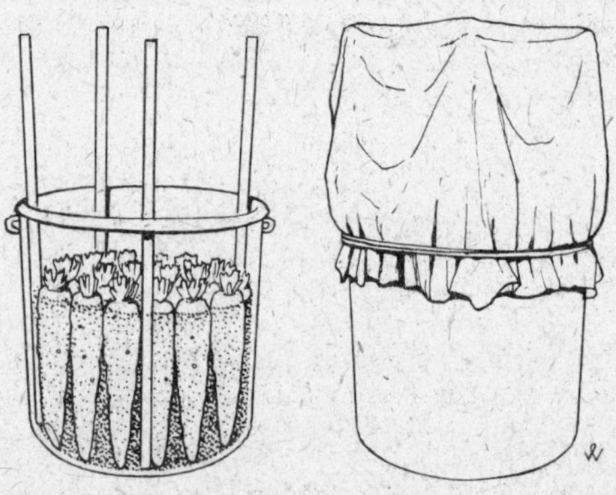

Die für diesen frühen Treibtermin bestimmten Wurzeln muß man vor dem Treiben kurze Zeit tiefen Temperaturen aussetzen. Maß läßt sie am besten nach dem Roden im Freien liegen und deckt bis zur weiteren Verwendung nur leicht mit den abgeschnittenen Blättern ab. Für die Treiberei eignen sich sehr gut große Steinguttöpfe, Eimer und ähnliche Gefäße. Die Wurzeln werden dicht bei dicht in die Gefäße gestellt und die Zwischenräume mit Sand oder Erde gefüllt. Danach wird gut angegossen und das Gefäß in einem geeigneten Raum mit Temperaturen von 15 bis 18 °C aufgestellt.

Die Wurzeln müssen immer über ausreichend Feuchtigkeit verfügen. Entscheidend ist, daß die Chicoréesprosse in völliger Dunkelheit austreiben. Das kann man erreichen, indem man 4 Stäbe in das Gefäß steckt, mit einem lichtdichten Tuch o. ä. abdeckt und unter dem Gefäßrand zusammenbindet. Bei ausreichender Gefäßhöhe, d. h. mindestens 18 bis 20 cm von den Wurzelköpfen bis zum oberen Gefäßrand, genügt irgendein dichtschließender Deckel, dem man zwecks besserer Abdichtung noch ein Tuch unterlegt.

1798 Die gut getrockneten Speisezwiebeln bewahrt man an einem trockenen luftigen Ort mit niedrigen Temperaturen auf.
Wer sie auf dem nicht immer frostsicheren Hausboden lagert, legt sie in flacher Schicht auf Stroh aus. Wenn stärkere Fröste zu erwarten sind, bedeckt man auch die Zwiebeln mit Stroh. Anstelle von Stroh kann auch trockener Torf verwendet werden. Gefrorene Zwiebeln darf man nicht berühren. Sie sind nach dem Auftauen unverändert brauchbar.

1799 Die Blätter und Triebe von Boretsch fallen den ersten Nachtfrösten zum Opfer.
Darum muß man sie vorher ernten. Zum Trocknen eignen sie sich nicht.

1800 Liebhaber von Gartenkresse und Kerbel können auch im Oktober eine Aussaat in Töpfen, Tonschalen oder flachen Kisten vornehmen.
Nur sehr weitläufiges Aussäen und heller Standort führen zum Erfolg. Diese beiden vitaminreichen Gewürzkräuter sollten viel mehr beachtet werden (s. auch Ratschlag 1668).

1801 Da Kapuzinerkresse schon den ersten Frösten zum Opfer fällt, sollte man Anfang Oktober noch einmal alle Knospen und halbreifen Früchte ernten.
In Essig eingelegt, ergeben sie eine sehr gute Würze, vor allem für Kartoffelsalat, Hering und ähnliche Gerichte.

1802 Damit der im April (s. Ratschlag 661) ausgesäte Kümmel im Winter nicht ausfriert, erhält er in den letzten Oktobertagen einen leichten Schutz.
Dicht mit Fichtenzweigen (Deckreisig) zugedeckt, übersteht der Kümmel auch harte Winter.

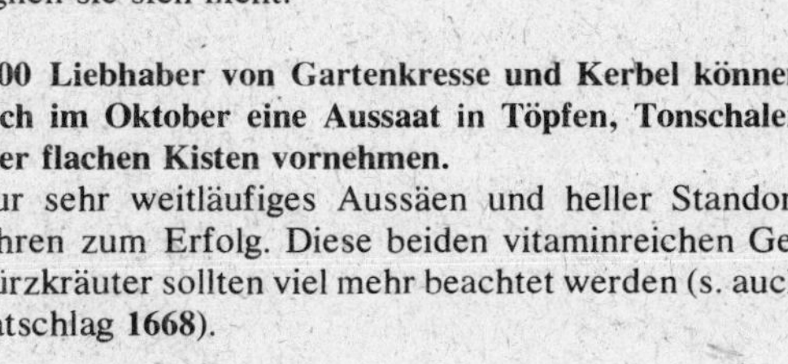

1803 Der im August zurückgeschnittene Lavendel (s. Ratschlag 1520) und auch der Salbei (Ratschlag 1522) bekommen in den letzten Oktobertagen den Winterschutz.
Zwischen den Pflanzen wird der Boden 6 cm hoch mit verrottetem Stalldung oder grobem Torf bedeckt. Anschließend legt man eine Lage Fichtenzweige auf die Pflanzen.

1804 Wer die Wurzeln vom Liebstöckel im Winter zum Würzen verwenden will, muß sie im Laufe des Oktober ausgraben und trocknen.
Zum Trocknen schneidet man die gründlich gereinigten Wurzeln in dünne Streifen und reiht sie am besten auf einem Faden auf. An einem luftigen Ort aufgehängt, trocknen sie sehr schnell. Das Trockengut ist in luftdicht schließenden Behältern aufzubewahren, damit die Würzkraft nicht verlorengeht. Über das Trocknen der Blätter ist unter Ratschlag 1669 nachzulesen.

1805 In den letzten Oktobertagen stellt man die in Töpfe gepflanzte Petersilie (beachte Ratschlag 1671) und auch den Schnittlauch (s. auch Ratschlag 1673) an ein helles Küchenfenster.

Kandidaten für Butterbrot mit Quark!

In der ersten Zeit wird die Erde nur mäßig feucht gehalten. Im Gegensatz zum Schnittlauch braucht die Petersilie auch nach dem Austreiben nur wenig Wasser. Um laufend Schnittlauch ernten zu können, stellt man etwa alle zwei Wochen nur einen oder zwei Töpfe auf das Fensterbrett. Die übrigen bleiben an einem frostfreien Ort.

1806 Petersilienwurzeln nimmt man aus dem Boden, bevor das Ernten durch Frost behindert wird.
Das Kraut wird abgedreht und nicht abgeschnitten. Wer die Wurzeln als Suppengrün verwenden will, schlägt oder mietet sie wie die Möhren ein. In Töpfe gepflanzt (vergleiche Ratschlag 1671), kann man im Winter auch Blätter ernten. Allerdings sind die Blätter nicht gekraust wie bei der Schnittpetersilie.

1807 Von Gewürzpaprika muß man bis Mitte Oktober alle Früchte ernten, auch wenn er im September Glasschutz erhalten hat.

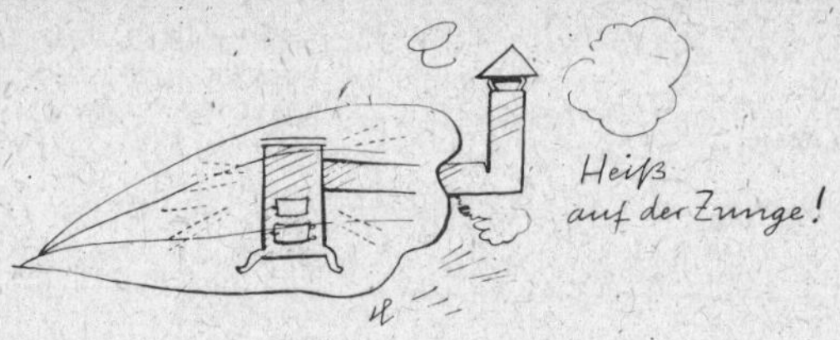

Auch alle halbentwickelten Schoten (grüne) werden abgepflückt. Sie reifen noch nach und haben dann gute Würzkraft. Gewürzpaprika muß in der Nähe eines Ofens scharf getrocknet werden. Der Aufbewahrungsbehälter braucht nicht luftdicht zu schließen.

1808 Sofern Ende Oktober stärkere Fröste zu erwarten sind, bedeckt man die Pfefferminze mit Fichtenzweigen.
Laub ist dazu ungeeignet und Stroh ein Notbehelf. Die Fichtenzweige muß man in zwei Lagen auflegen, damit in einem schneearmen Winter keine Verluste entstehen.

1809 Beim Thymian ist guter Winterschutz unbedingt erforderlich, weil er sonst in schneearmen Wintern zugrunde geht.
Vor allem darf die Wintersonne nicht auf die Pflanzen einwirken können. Darum bedeckt man den Thymian mit einer doppelten Lage Fichtenreisigzweigen.

1810 Beim Graben des Gemüselandes muß man die Fruchtfolge beachten, damit keine Bodenmüdigkeit eintritt. Siehe auch Ratschlag 63 und 64.
Am einfachsten ist die Bodenmüdigkeit durch regelmäßigen Fruchtwechsel zu verhindern. Ein Teil der Beete werden mit frischem Stalldung versorgt und die anderen nur mit Kalk. Auf die frisch gedüngten pflanzt man alle Gemüsearten, die frischen Stalldung vertragen oder sogar verlangen. Dazu gehören in erster Linie alle Kohlarten, alle Salatarten, Gurken, Melonen, Kürbisse und Bleichsellerie. Alle anderen kommen auf das nur mit Kalk versorgte Land. Wo anstelle von Stalldung nur mit Torf gearbeitet wird, braucht man diese Unterschiede nicht genau zu nehmen. Dann muß man aber trotzdem mit den Gemüsearten wechseln. Alles andere über die Bodenbearbeitung ist in den Ratschlägen **1740** bis **1749** nachzulesen.

1811 Anfang bis Mitte Oktober erscheinen die ersten Austernseitlinge auf den Holzklötzen bzw. dem Strohsubstrat.
Der Austernseitling benötigt zur Fruchtkörperbildung die kurzzeitige Einwirkung kühler Temperaturen, die ab Anfang Oktober zu erwarten sind. Danach kann man die Säcke oder Kisten auch im Kleingewächshaus bzw. Folienhaus, oder in anderen hellen Räumen, aufstellen. Die Kisten stellt man dabei am besten zu einer ein- oder doppelseitigen „Pilzwand" übereinander. Durch regelmäßiges Spritzen des Bodens in den Häusern ist für die nötige Luftfeuchtigkeit zu sorgen. Günstige Temperaturen für die Ernte sind 10 bis 15 °C, jedoch erscheinen die Pilze im Freiland bis zum Frostbeginn, in Glas- und Folienhäusern sowie anderen Räumen bis Dezember.

1812 Etwa Mitte Oktober dürfte die Kompostierung des Champignonsubstrates für die Winterkultur in heizbaren Räumen abgeschlossen sein, so daß die Beete angelegt werden können.
Rechtzeitig bzw. gleich nach Abschluß der Vorkultur sind der Raum, die Ausrüstungsgegenstände und Werkzeuge gründlich zu reinigen und zu desinfizieren. Für diesen Zweck eignet sich Formalin recht gut. Bei seiner Verwendung müssen die Vorschriften des Herstellers sorgfältig beachtet werden.
Die Anlage der Beete erfolgt entsprechend den Hinweisen in den Ratschlägen **1213** und **1214**.

Obstgarten

1813 Das Winterobst (Lagerobst) muß am Baum gut ausreifen. Die ausgesprochenen Dauersorten sollte man darum nicht vor Mitte Oktober pflücken.
Zu früh gepflückt, schrumpfen die Früchte auf dem Lager, werden saftlos, und der Geschmack läßt zu wünschen übrig. Leichte Bodenfröste schaden den Früchten auf den Bäumen nicht. Die Pflücktermine

verschieben sich in jedem Jahre etwas, weil sie vom Verlauf des Sommers beeinflußt werden. Darum kann man die in den Ratschlägen **1818** bis **1827** angegebenen nur als Anhalt werten. Beachte auch Ratschlag **1548**.

1814 Von der Sauberkeit der Pflückgefäße, Erntegeräte und Obstlagerräume hängt die Haltbarkeit des Winterobstes (Lagerobst) wesentlich ab.
Darüber ist alles Wichtige in den Ratschlägen **1550**, **1573** bis **1576**, **1677**, **1678**, **1684** und **1685** erläutert.

1815 Für das Ernten und Behandeln der Früchte sind die Ratschläge 1680 bis 1682 zu beachten.

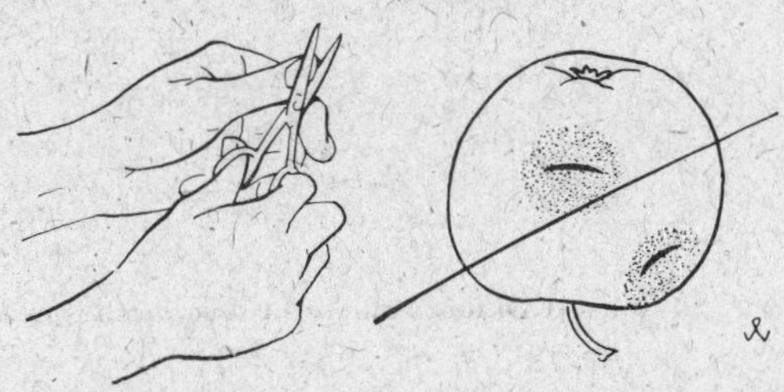

Da sich die Dauersorten zum Teil bis März und noch länger halten sollen, kommt es darauf an, die dort erläuterten Maßnahmen ganz genau einzuhalten.

1816 Im Lagerraum wird das Winterobst auf den festen Brettstellagen, Obsthorden oder in Steigen nur in einer Schicht ausgelegt.

Nur auf diese Weise hat man die nötige Übersicht und kann den Zustand der Früchte ohne Berühren und Umschichten feststellen. Kranke Früchte lassen sich dann beizeiten ausmerzen.

1817 Wer keinen geeigneten Lagerraum für das Winterobst hat, kann es in Kisten zwischen Torf schichten. Der Torf muß recht grob, vor allem aber völlig trocken sein. Jede Obstschicht wird durch eine 2 bis 3 cm starke Torfschicht getrennt. Die Früchte dürfen sich nicht berühren. Der Raum zwischen Kistenwand (dazu gehören auch Boden und Deckel) und Früchten muß etwa 5 cm betragen. Der gesamte Kisteninhalt ist also von einer 5 cm starken Torfschicht umgeben. So verpackt, können die Kisten auch in einen Raum gestellt werden, in dem die Temperatur gelegentlich auf einige Grade unter Null sinkt. Voraussetzung für gute Haltbarkeit der Früchte ist, daß nur völlig einwandfreie verpackt werden.

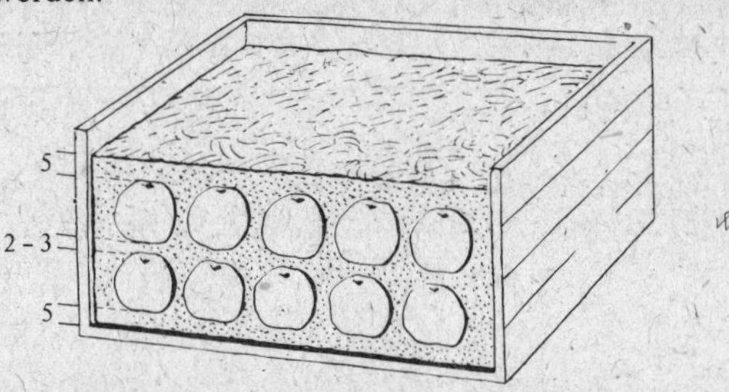

1818 Ab Mitte Oktober werden folgende Hauptsorten pflückreif: 1. 'Gelber Köstlicher', 2. 'Boskoop', 3. 'Clivia', 4. 'Herma', 5. 'Jonathan', 6. 'Idared', 7. 'Starkrimson'.
Dabei können die beiden letztgenannten bis Ende des Monats hängen bleiben.

1819 Die folgenden Sorten sollte man nicht vor Ende Oktober pflücken: 'Gelber Bellefleur' (1), 'Golden Delicious' (Gelber Köstlicher) (2), 'Landberger' (3), 'Ontario' (4), 'Bohnapfel' (5) und 'Zucclamaglio' (6).
Die Genußreife erstreckt sich bei 1 von Anfang Dezember bis Anfang März, bei 2 von Mitte Dezember bis Ende März, bei 3 von Mitte November bis Mitte Februar, bei 4 von Mitte Dezember bis Ende April, bei 5 von Ende Dezember bis Mitte Juni und bei 6 von Ende November bis Mitte März.

1820 Bei den Birnen ist die Zahl der Lagersorten sehr beschränkt. Anfang Oktober ist 'Alexander Lucas' (1) pflückreif. Mitte des Monats folgen 'Madame Verte' (2) und 'Winterforelle' (3). 'Gräfin von Paris' (4) sollte man erst Ende Oktober pflücken.

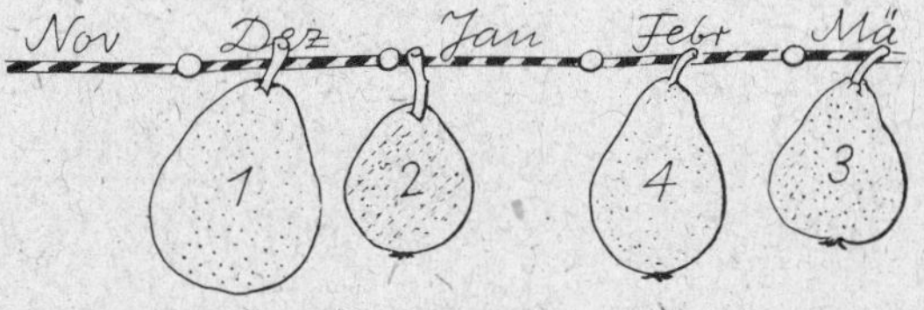

Magenfahrplan mit Birnen=Endstationen

1 ist im November und Dezember genußreif, 2 von November bis Anfang Januar, 3 von Mitte Dezember bis Anfang März und 4 von Mitte Dezember bis Mitte Februar.

1821 Von den nicht mehr in der Sortenliste angeführten Birnensorten, die man aber noch viel angebaut findet, wird 'Birne von Tongern' Anfang und 'Josephine von Mecheln' Ende Oktober pflückreif.

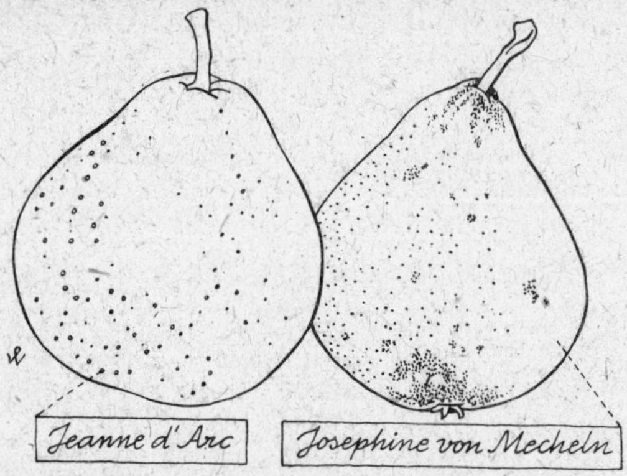

Die Genußreife der ersteren erstreckt sich über die Monate Oktober und November. Die zweite wird erst Anfang Januar genußreif und hält sich bis in den März hinein.

1822 Die Genußreife des Winterobstes (Lagerobst) hängt nicht nur vom Pflücktermin und den Unterlagen (s. Ratschlag 1678) ab. Die klimatischen Verhältnisse (Höhenlage), der Wetterverlauf und der Aufbewahrungsort spielen ebenfalls eine große Rolle.

Darum ist die Spanne oft schon kleiner, wenn nur einer der genannten Faktoren ungünstig in Erscheinung tritt. Die angegebenen Zeiten sind also nur als Anhalt zu betrachten (s. auch Ratschläge **1819** bis **1821**).

1823 Ab Mitte Oktober werden die Quitten reif.
Setzt der erste Fruchtfall ein, beginnen wir mit der Ernte. Die birnenförmigen Quitten werden in der Regel früher reif. Gefallene, beschädigte Früchte sollten sofort verbraucht werden, da sie sehr schnell in Fäulnis übergehen.

1824 Wer seine Walnüsse so lange am Baum läßt, bis sie allein abfallen, erzielt Früchte von bester Qualität.
Dadurch erstreckt sich die Ernte auf einen längeren Zeitraum, und es muß mehrmals am Tage aufgelesen werden, wenn es nicht durch Unbefugte geschehen soll. Bei Bäumen, die auf einem Platz stehen, der jedem zugänglich ist, kann man diese Methode nicht anwenden. In solchen Fällen muß man die Nüsse vom Baum schlagen, wenn ihr Fallen die Reife anzeigt. Das Schlagen muß so vorsichtig geschehen, daß der Baum keinen Schaden erleidet. Man sollte es möglichst hinausschieben, denn leichte Nachtfröste schaden den Nüssen nicht.

1825 Die Walnüsse trocknet man in einem trockenen, recht luftigen Raum auf Horden, deren Böden aus schwachen Latten oder Drahtgeflecht bestehen. Auch Siebe kann man verwenden.

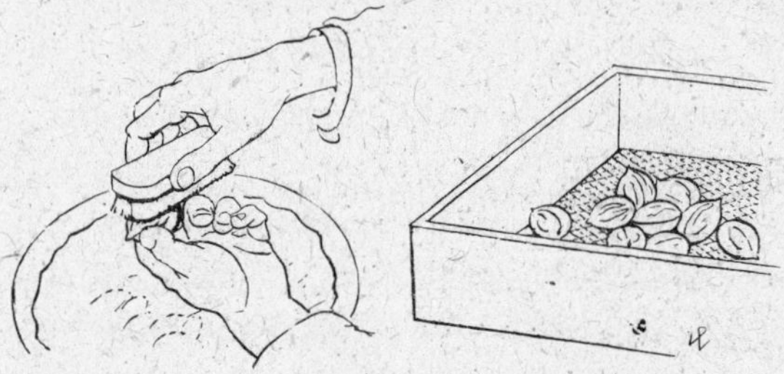

Bevor das Trocknen beginnt, legt man die Nüsse nach dem Entfernen der äußeren Hüllreste in Wasser und reinigt sie mit einer steifen Bürste. In die Horden oder Siebe legt man nur eine Schicht Nüsse. Damit sie gleichmäßig trocknen, muß man sie öfter durchschütteln. Nach dem Trocknen werden die Nüsse in Säcken aus luftdurchlässigem Gewebe aufbewahrt. Bei nicht richtig getrockneten Walnüssen wird der Kern schwarz und ungenießbar.

1826 Haselnüsse erntet man im Laufe des Oktobers, sobald sich die Früchte leicht aus den Hüllen lösen.
Wenn man die Haselnüsse in mäßig feuchten Sand schichtet, halten sie sich länger als luftig aufbewahrt. Sie müssen kalt, aber frostfrei stehen.

1827 Die Früchte der Mispeln muß man so lange an den Sträuchern hängenlassen, bis sie einem stärkeren Frost ausgesetzt waren.
Nur durch Frost weich und braun gewordene Früchte sind genießbar.

1828 Der Oktober ist der geeignetste Monat zum Pflanzen der meisten Obstgehölze.
Nur in nassen Böden sollte man damit bis zum Frühjahr warten.

1829 Pfirsiche, Aprikosen, Wein, Quitten, Walnüsse und Brombeeren pflanzt man besser im Frühjahr.
Diese Obstarten leiden bei Herbstpflanzung durch die Wintereinflüsse häufig so stark, daß sie meist nicht anwachsen.

1830 Die Bodenbearbeitung gehört beim Pflanzen von Obstgehölzen zu den wichtigsten Maßnahmen.
Da es sich beim Kleingartenbau meist nur um das Pflanzen einiger Bäume oder Sträucher handelt, kann man sich bei der Bodenbearbeitung auf die Pflanzstellen beschränken. Ihr Umfang und die Tiefe richten sich nach der Obstgehölzform. Wie eine Pflanzstelle für Obstgehölze vorbereitet wird, ist im Ratschlag **117** eingehend beschrieben. Die ausgehobenen Gruben werden bei der Herbstpflanzung sofort wieder mit dem Aushub gefüllt, nachdem er mit Humus und Nährstoffen angereichert wurde (Ratschlag **117**). Damit sich die Erde bis zum Pflanzen etwas setzen kann, erledigt man die Bodenbearbeitung 2 bis 3 Wochen vor dem Pflanzen.

1831 Bevor man an das Pflanzen von Obstgehölzen geht, sollte man sich über die Grundwasserverhältnisse seines Gartens informieren.
Der günstigste Grundwasserstand für Obstgehölze liegt bei 1,00 m. 2,00 m sind noch erträglich. In schwerem Boden ist 1,50 m als gut anzusehen. Höher als 0,80 m sollte er auch nicht bei Bäumen auf schwachwachsenden Unterlagen und bei Beerenobst sein. Eine Ausnahme machen Erdbeeren, die auch bei einem Grundwasserstand von 50 bis 60 cm sehr gutes Wachstum zeigen.

1832 Sobald ein Obstgehölz im Garten eingepflanzt ist, wird es Bestandteil des Grundstückes.

Das müssen vor allem Pächter von Gärten wissen, deren Pachtzeit bald abläuft. Im allgemeinen wird beim Pachtablauf für vom Pächter gepflanzte Bäume eine angemessene Abfindung gezahlt. Sie wird durch unparteiische Sachverständige festgelegt. Trotzdem sollte der Pächter möglichst nur solche Obstgehölze pflanzen, von denen noch während der Pachtzeit Erträge zu erwarten sind (Beerenobst, Spindelbüsche).

1833 Um Streitigkeiten mit den Nachbarn zu vermeiden, sollte man Obstgehölze nicht zu dicht an die Gartengrenze pflanzen.

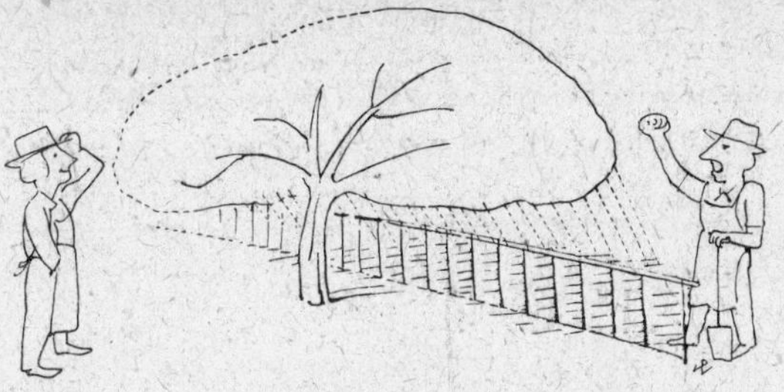

Am besten ist es, wenn man so weit von der Grenze abbleibt, daß später beim Nachbar keine wesentliche Beeinträchtigung (z. B. Beschattung) entsteht. Das ist vor allem dort wichtig, wo an die Südgrenze des nachbarlichen Gartens Bäume gepflanzt werden sollen (Hoch-, Halb- und Viertelstämme sowie Büsche). Bei Beerenobststräuchern und Spindelbüschen tritt das nicht so stark in Erscheinung. Trotzdem sollte man auch bei ihnen mindestens 1 m von der Grenze bleiben. Bei größeren Obstgehölzen richtet man sich nach dem zu erwartenden Kronendurchmesser. Auf jeden Fall sollte der Abstand von der Grenze so groß sein, daß vom ausgewachsenen Baum keine Zweige überhängen.

1834 In Kleingärten mit vielseitigen Kulturen sollte man beim Pflanzen von Obstgehölzen darauf achten, daß sie die Beeteinteilung nicht behindern. Auch die Schattenwirkung ist zu beachten.

Beerenobst und Spindeln lassen sich in den meisten Fällen an den Grenzen des Gartens unterbringen. Die Reihen stehen am besten von Norden nach Süden. Auf diese Weise wirkt sich der Schatten am geringsten aus. Auch der Gartennachbar wird nicht belästigt. Wer Hochstämme pflanzen will, muß sie besonders weit auseinander stellen. Dann ist Unterkultur mit Aussicht auf Erfolg auch noch nach vielen Jahren möglich.

1835 Beim Einkauf von Obstgehölzen muß man sich vergewissern, wieviel Platz sie im tragfähigen Alter beanspruchen.

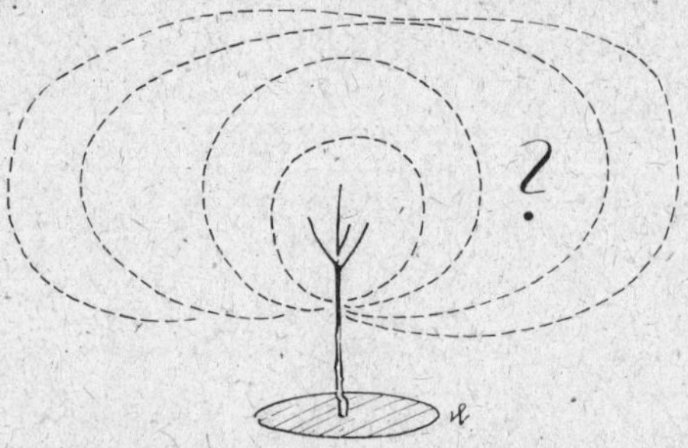

Das muß vor allem dort beachtet werden, wo man trotz der Obstbäume auch noch Gemüse oder ähnliche Nutzpflanzen anbauen will. Bei zu enger Pflanzung ist das unmöglich.

1836 Bei zu eng gepflanzten Obstbäumen vergrößert sich die Gefahr, daß sie von Krankheiten und Schädlingen befallen werden.
Dadurch erhöhen sich die Unterhaltungskosten, und von normalen Ernten kann keine Rede sein.

1837 Bei der Wahl der Obstsorten sollte man die als Anhalt nehmen, die in der unmittelbaren Nachbarschaft gleichmäßig gute Ernten bringen.
Wer diesen Rat befolgt, braucht sich auch nicht sonderlich um Pollenspender zu kümmern, denn sie sind dann bestimmt in der Nähe.

1838 Bei Neuanpflanzungen von Obstgehölzen sind auch die befruchtungsbiologischen Verhältnisse zu beachten.
Das gilt ganz besonders für Anpflanzungen, die isoliert

stehen. Ein großer Teil unserer Obstarten ist selbststeril. So benötigt zum Beispiel beim Apfel eine diploide Sorte eine weitere diploide mit möglichst übereinstimmender Blütezeit zur wechselseitigen Befruchtung. Kommt eine triploide Sorte, z. B. 'Boskoop' dazu, sind ebenfalls zwei diploide notwendig, da die triploide Sorte gering keimfähigen Pollen entwickelt.
Welche Obstarten auf Pollenspender angewiesen sind, ist aus der Obstsortentabelle zu entnehmen. Wichtig ist die Anwesenheit von Honigbienen in der Zeit der Blüte, die die Pollenübertragung vornehmen.

1839 Wo es in der Nähe an geeigneten Pollenspendern fehlt, kann man sich durch Umveredeln eines Haupttriebes oder auch mehrerer helfen.

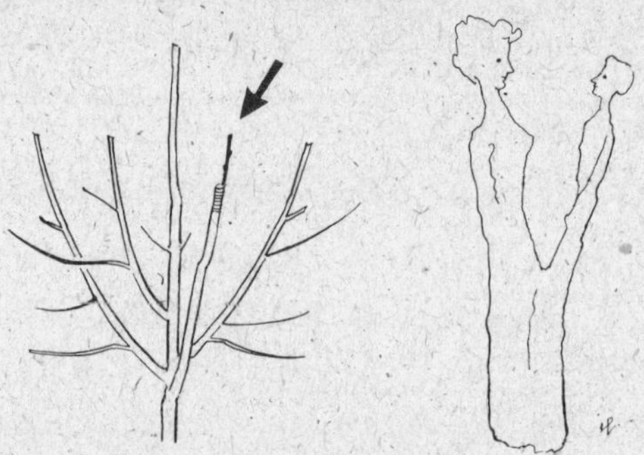

Man hat dann zwei Sorten auf einem Baume. Das Umveredeln nimmt man im zweiten oder dritten Standjahre vor. Es ist im Ratschlag **250** beschrieben.

1840 Bei umveredelten Obstbäumen kann man sehr oft eine Veränderung der Fruchtmerkmale feststellen.
Die Abweichungen sind geschmacklich oft unerheblich, können sich aber sehr stark in der Form der Früchte bemerkbar machen. Das bestätigt die Tatsache, daß die Unterlage (in diesem Fall die Zwischensorte) die Edelsorte erheblich beeinflußt.

1841 Der sortenfremde Pollen verändert nur die Erbeigenschaft der Obstkerne, aber nicht die Früchte (Scheinfrucht).

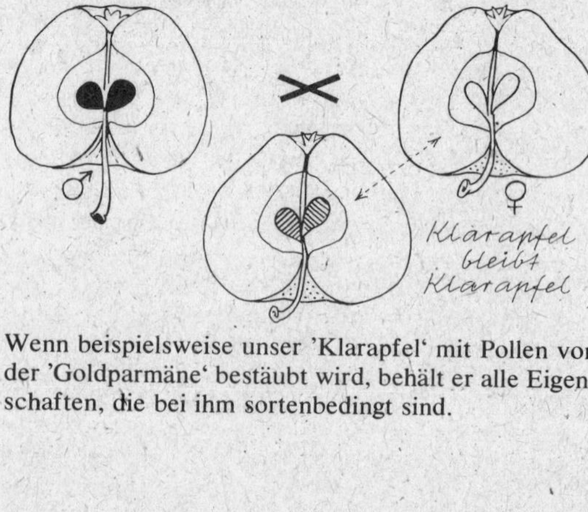

Wenn beispielsweise unser 'Klarapfel' mit Pollen von der 'Goldparmäne' bestäubt wird, behält er alle Eigenschaften, die bei ihm sortenbedingt sind.

Pflanzgut

Halbstamm, Viertelstamm und Busch beanspruchen viel Raum, werden spät ertragreich und erschweren die Ernte durch ihre Höhe und den Kronenumfang.
Die „Gartenzwerge“ unter den Obstbäumen liefern bald gutes, vielseitiges Obst von kleiner Standfläche.
Die Ernte geschieht teilweise vom Erdboden aus.
Sie werden etwa 15 bis 20 Jahre lang Freude machen.

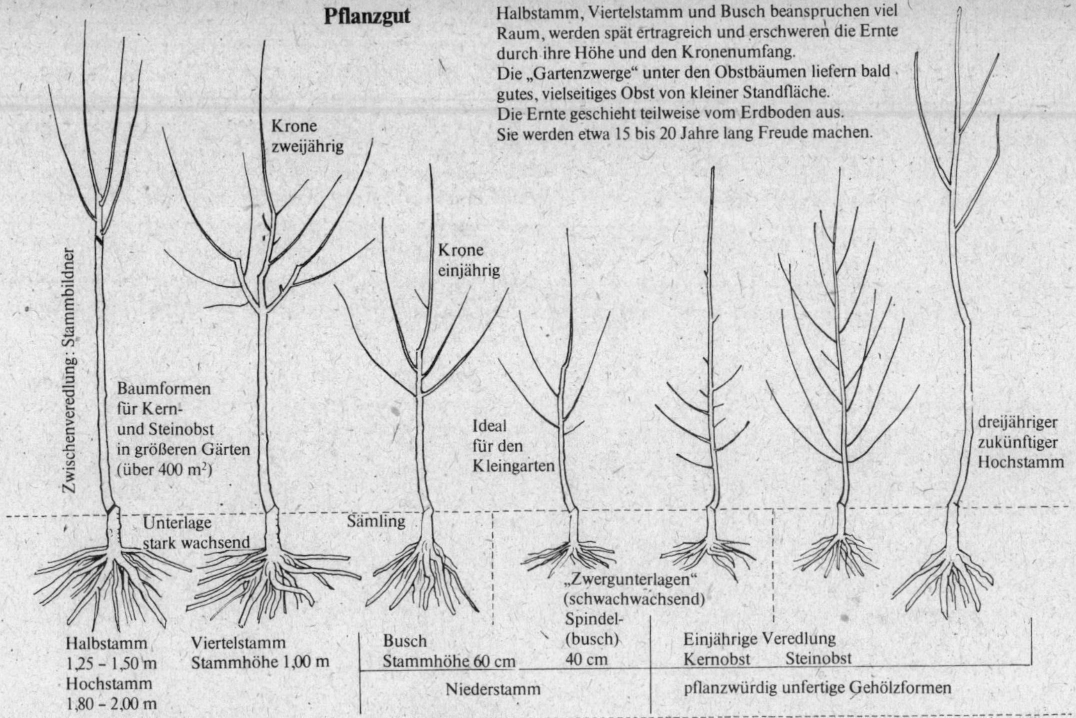

Möglichkeit der Erziehung

Baum Spalier

Der Busch ist im kleinen Garten oft schon zu groß.
Er wird für Schattenmorellen und Pfirsich verwendet.
Der Spindelbusch (Kernobst), kurz als „Spindel“ bezeichnet, wurde der Baum des Kleingärtners.
Er wird lockerer als die strengen Formen des Spalierobstes erzogen.

Busch
Baumkronen sind im Grundriß „rund“ angelegt

Die „freie“ Erziehung gelingt bei guter Beobachtung und Einfühlung in den Baum

Flachkrone: Hecke, Fächer Palmetten . . .

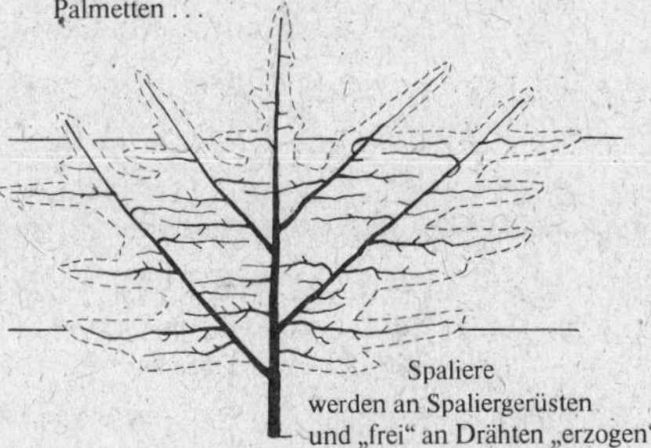

Spaliere werden an Spaliergerüsten und „frei“ an Drähten „erzogen“

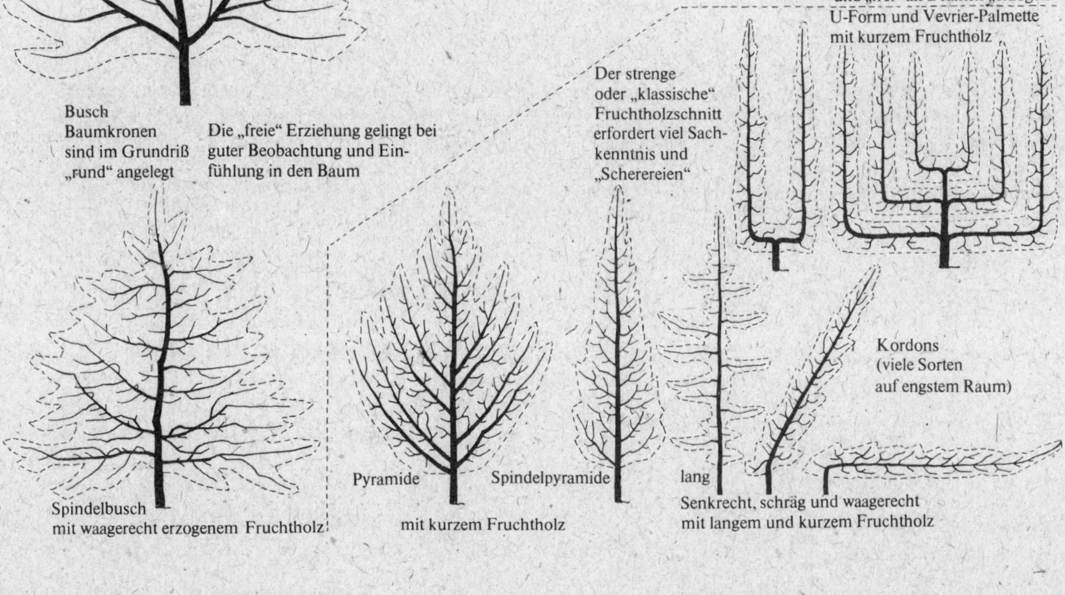

Spindelbusch mit waagerecht erzogenem Fruchtholz

mit kurzem Fruchtholz

Senkrecht, schräg und waagerecht mit langem und kurzem Fruchtholz

1842 Beim Transport der Obstgehölze aus der Baumschule bis zum Pflanzort muß man ihre Wurzeln feucht einpacken.

Wer das nicht beachtet, braucht sich auch nicht zu wundern, wenn sich die Bäume nur kümmerlich entwickeln oder überhaupt nicht anwachsen. Das feuchte Material (Sackleinen) nimmt man sich beim Einkauf in die Baumschule mit. In der Pflanzzeit wird das Personal der Baumschulen so stark in Anspruch genommen, daß sie die Bäume nicht verpacken können.

1843 Eine Obstbaumsendung, die auf dem Transport von einem stärkeren Frost überrascht wird, darf man nicht gleich auspacken.
Man legt sie in einen kühlen, aber frostfreien Raum und läßt sie dort langsam auftauen, erst dann wird ausgepackt und gepflanzt oder eingeschlagen (s. Ratschlag **1845**).

1844 In Kleingärten bis zu einer Größe von etwa 400 m^2 sollte man von Obstgehölzen nur die Busch- oder Spindelformen pflanzen.
Die ersteren kommen vor allem für Sauerkirschen und Pfirsiche in Frage. Büsche von Kernobst wachsen für diese Größenverhältnisse schon zu stark. Darum pflanzt man besser nur Spindelbüsche.

1845 Wer nicht gleich zum Pflanzen gekaufter Obstbäume kommt, muß sie in feuchter Erde einschlagen.
Dabei ist darauf zu achten, daß die Erde auch zwischen die Wurzeln gelangt. Nach dem Einschlagen wird die Erde leicht angetreten und tüchtig naß gemacht.

1846 Beim Pflanzen von Bäumen im Herbst werden nur die verletzten Wurzeln angeschnitten.
Alle gesunden Wurzeln werden gelassen, ohne sie einzukürzen. In den Wurzeln befinden sich Reservestoffe, die zum Austrieb und Anwachsen benötigt werden.

1847 Der Kleingärtner sollte nur Obstgehölze der Güteklasse A kaufen, wenn sie auch etwas teurer sind.
Dadurch hat er die Gewähr, daß sie gut anwachsen und die zum normalen Aufbau nötige Krone haben.

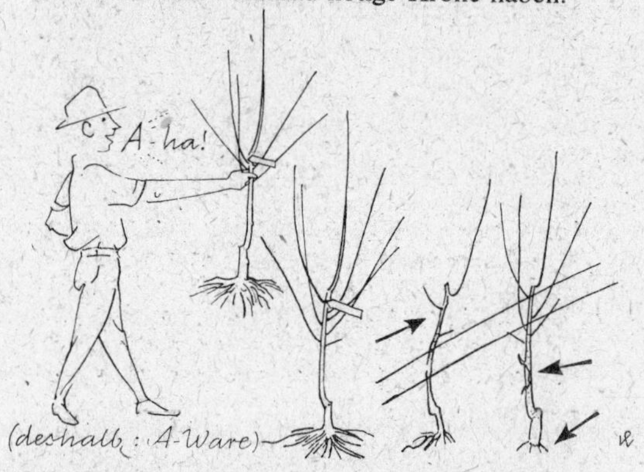

1848 Spindeln vom Kernobst werden in den Baumschulen auf schwachwachsende Unterlagen veredelt.
Da die Unterlage den Wuchs der darauf verdelten Sorte stark beeinflußt, entspricht der Kronenaufbau der Wuchskraft der Unterlage. Der Kronendurchmesser des Hoch-, Halb- oder Viertelstammes ist darum um ein Vielfaches größer als der der Spindel. Im Flächenvergleich sieht das so aus, daß man etwa 10 Spindeln anstelle eines Hochstammes pflanzen kann.

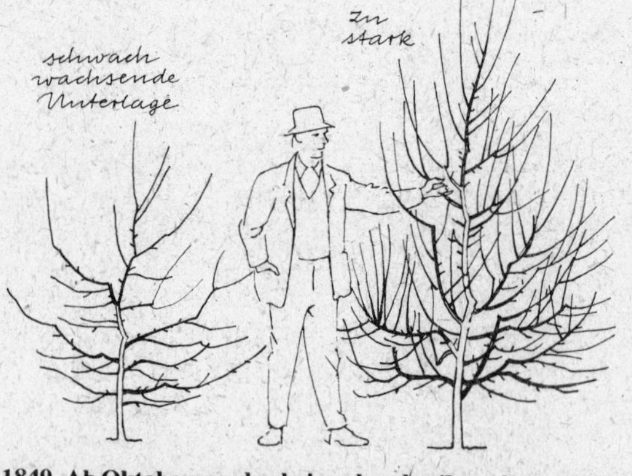

1849 Ab Oktober werden bei rankenden Brombeeren die abgetragenen Ranken entfernt.
Dabei werden gleichzeitig die Jungtriebe neu am Spalier verteilt und angeheftet. Die sich an den Ruten befindlichen Seitentriebe sind bis auf die letzte kräftige Knospe zurückzuschneiden.

1850 Bei den Obstgehölzen muß man wie beim Gemüse Wechselwirtschaft betreiben.
Wo beispielsweise ein Apfelbaum jahrzehntelang gestanden hat, darf man keinen neuen hinpflanzen. Am besten wechselt man in solchen Fällen Kern- mit Steinobst und umgekehrt.

1851 Die früher viel angepflanzten Zierformen (Formobst), wie Schnurbäume (Kordons), U-Formen, Verrierpalmetten und Pyramiden, sind nur für spezielle Obstliebhaber zu empfehlen.

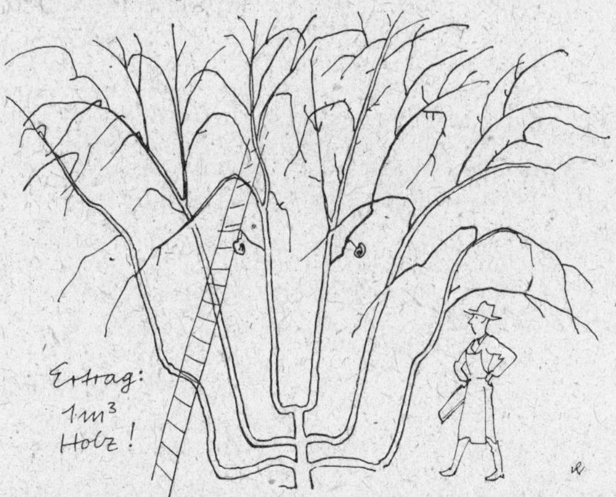

Sie verlangen ständig einen ziemlich komplizierten Schnitt, wenn sie ihren Zweck erfüllen und gute Erträge bringen sollen.

1852 Zum Bepflanzen von Spalieren formiert man sich im allgemeinen Büsche (Steinobst) und Spindeln (Kernobst).

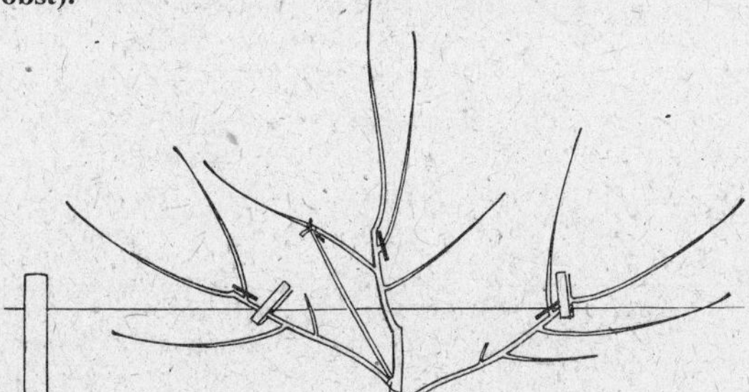

Pflanzen mit einjährigen Kronen eignen sich am besten dazu. Die Triebe sind bei ihnen noch so biegsam, daß man sie wunschgemäß verteilen kann.

1853 Auf Süßkirschen sollte man in Gärten unter 500 m² verzichten, weil ihr Kronendurchmesser zu groß wird.
Süßkirschen sind nur als Hoch- und Halbstamm erhältlich, deren Kronen in späteren Jahren sehr weit ausladen. Außerdem ist zu bedenken, daß die meisten Sorten auf fremden Pollen angewiesen sind. Sie blühen wohl, bringen aber keine Früchte (beachte Ratschlag 1838 und 1857).

1854 Alle Obstgehölze verlangen Böden, die mehr nach der basischen Seite neigen, also nicht sauer sind.
Der Reaktionsgrad sollte darum vor jeder Neupflanzung festgestellt werden. Bei Steinobst darf man das auf keinen Fall versäumen. Wo Kalk im Boden fehlt, läßt ihr Wachstum oft zu wünschen übrig.

1855 Obst sollte vor dem Verzehr aus gesundheitlichen Gründen gewaschen werden.
Die durch den gewachsenen Kraftverkehr stärker auftretenden Abgase und andere Industrierückstände setzen sich zum Teil auf den Früchten fest. Sie können zu gesundheitlichen Schäden führen. Dies gilt auch für Rückstände von Pflanzenschutzmitteln. Daher ist es notwendig, diese Schadstoffe durch Waschen zu entfernen.

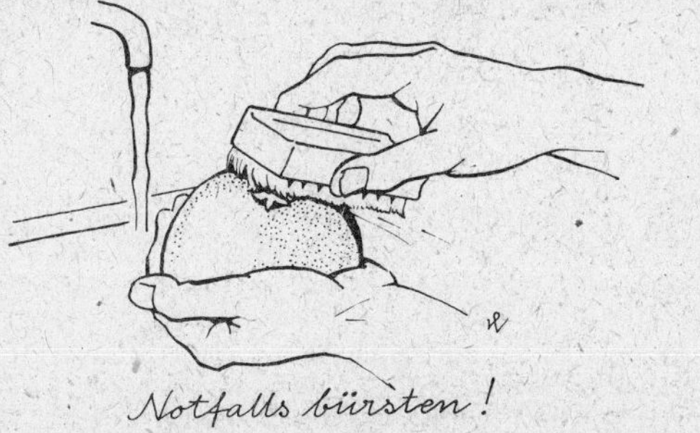

1856 Während sich Äpfel in humosen, etwas feuchten Böden am wohlsten fühlen, kommen für Birnen recht tiefgründige und mehr trockene, warme in Frage.
In Gegenden mit hoher Luftfeuchtigkeit leiden beide sehr häufig unter Schorfbefall.

1857 Süßkirschen sind in bezug auf die Bodenverhältnisse bedeutend anspruchsvoller als die Sauerkirschen.
Die zuerst genannten gedeihen am besten in warmen Böden, die sehr gut luftdurchlässig sind. Ausgesprochene Spätfrostlagen sind für Süßkirschen ungeeignet, weil sie sehr früh blühen. Bei Sauerkirschen ist das nicht so gefährlich, da ihre Hauptblüte erst später ein-

setzt. Darum kann man sie auch in Höhenlagen mit gutem Erfolg anbauen. Trockene Sandböden sagen den Sauerkirschen genauso zu wie Böden mit einem Grundwasserstand (vergleiche Ratschlag **1831**) von etwa 70 cm. Die Hauptsache ist, daß sie genügend Nährstoffe vorfinden. Die ideale Vorkultur für Sauerkirschen ist der Spargel.

1858 Pflaumen sowie Pfirsiche und Aprikosen gedeihen in warmen, gut durchlüfteten Böden am besten. Siehe auch Ratschlag 428 und 429.
Außerdem müssen die Böden nährstoffreich sein und einen guten Humusgehalt aufweisen. Sehr trockene Böden sagen ihnen nicht zu. Besonders schwere aber auch nicht. In regelmäßig von Spätfrösten heimgesuchten Gegenden werden oft die Blüten von Pfirsichen und Aprikosen vernichtet.

1859 Wer Pfirsiche im Oktober pflanzt, muß sie sehr gut einpacken, damit sie dem Frost nicht zum Opfer fallen.

Am besten verwendet man dazu Fichtenzweige, mit denen die ganze Pflanze eingebunden wird. Ein starker Bodenbelag auf die Pflanzstelle ist unerläßlich.

1860 Pfirsiche sind die geeignetste Obstart für Spaliere mit Südlage.
Dort lassen sie sich auch am besten gegen den Winterfrost schützen. Außerdem hat man es in der Hand, Spätfröste von den Blüten abzuhalten (s. Ratschlag 253).

1861 Kernechte Pfirsiche sind im Holz auch gegen starke Frosteinwirkungen ziemlich unempfindlich.
Darum sollte man sie in stark frostgefährdeten Lagen den veredelten vorziehen. Frieren sie aber doch einmal sehr stark zurück, dann kann man mit Hilfe der Stockausschläge den Busch bald wieder tragfähig machen. Bei veredelten Pfirsichen ist das unmöglich.

1862 Um sich gegen Frostschäden zu sichern, sollte man veredelte Pfirsiche in jedem Herbst mit einem Frostschutz versehen.
Wer nur einige Pfirsichbüsche im Garten stehen hat (auch an Spalieren), sollte die damit verbundene Mühe nicht scheuen. Um jeden Busch steckt man vier entsprechend lange Pfähle (Stangen) und umzieht sie mit großmaschigem Drahtgeflecht. Es wird recht dicht mit Fichtenzweigen besteckt. Der so entstehende Mantel kann oben offenbleiben. Bei Spalieren geht man so vor, wie es unter Ratschlag **253** beschrieben wird.

1863 Quitten stellen keine besonderen Ansprüche an den Boden.
Sie gedeihen am besten auf warmen, feuchten, mittelschweren Böden, wachsen jedoch ebensogut auf Sand- wie auf Lehmböden. An nassen Standorten versagen sie.

1864 Die Mispeln sind in bezug auf die Bodenverhältnisse nicht sehr wählerisch, wenn sie nur genügend Nährstoffe vorfinden.
Diese noch zu wenig beachtete Obstart liefert auch halbschattig stehend gute Ernten.

1865 Das Beerenobst wächst und fruchtet auf allen Bodenarten gut, wenn diese mit reichlich Humus versehen sind.
Zugige Lagen verträgt das Beerenobst schlecht. Wo regelmäßig mit dem Auftreten von Spätfrösten zu rechnen ist, kommt es oft zu Mißernten, weil die Blüten erfrieren. In solchen Gegenden sollte man Vorkehrungen treffen, die das verhindern (beachte Ratschlag 715).

1866 Die Pfähle, die fast alle Obstbäume beim Pflanzen erhalten müssen, sind grundsätzlich vor dieser Arbeit einzuschlagen.
Andernfalls kommt es zu Wurzelbeschädigungen, weil der Pfahl dicht neben dem Stamm stehen muß. Über die Pfahllänge ist unter Ratschlag **454** nachzulesen.

1867 Johannis- und Stachelbeeren vertragen Halbschatten. In freien sonnigen Lagen liegt aber ihr Ertrag wesentlich höher.
Darum sollte man sie nicht zu dicht unter junge Obstbäume (Hochstämme) pflanzen. Mit der Entwicklung deren Kronen geht der Ertrag der Beerensträucher erheblich zurück.

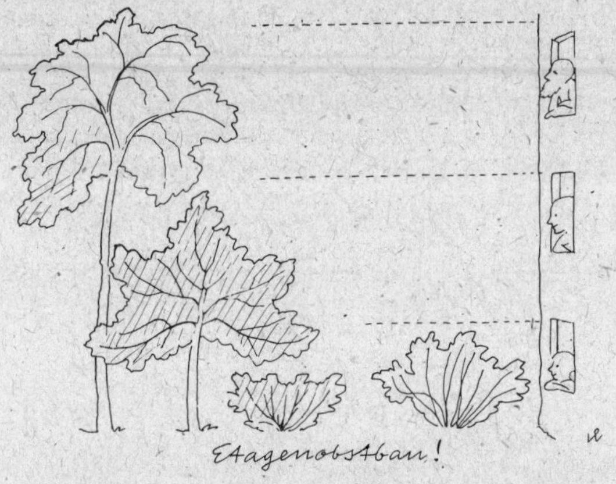

1868 Zu eng oder mehrreihig gepflanzte Johannis- und Stachelbeeren erschweren das Ernten und die Bodenbearbeitung.
Als günstiger Abstand gelten bei Büschen 1,50 m. Bei schwarzen Johannisbeeren muß man ihn auf 2,00 m vergrößern. Hochstämme erhalten nur 1,00 m Abstand, da man sie meist als einzelne Reihe pflanzt.

1869 Büsche von Johannis- und Stachelbeeren bringen höhere Erträge als Hochstämme.
Die Unterlage der Hochstämme *(Ribes aureum)*, auf die sie veredelt sind, läßt keine so starke Entwicklung zu, wie es den auf eigener Wurzel stehenden Büschen möglich ist.

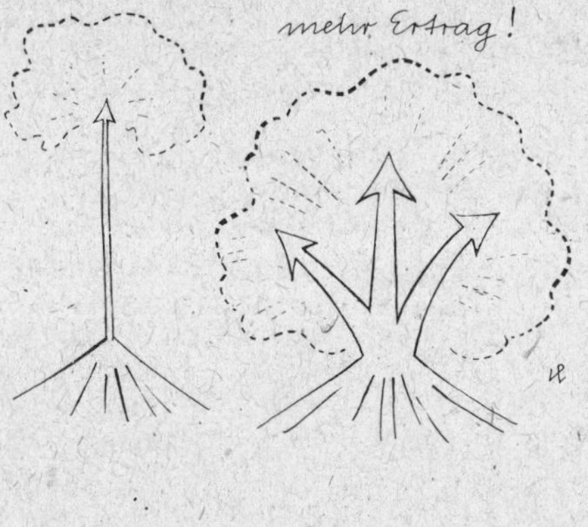

1870 Zum Spannen der Himbeerdrähte kann man sich einen einfachen Drahtspanner selbst herstellen.
Dazu braucht man nur ein 2 cm × 4 cm starkes und etwa 10 cm langes Hartholzstück. Wie es zurechtgemacht und angewendet wird, zeigen die Skizzen. Mit der flachen Seite am Pfahl anliegend, kann es nicht wieder zurückkanten.

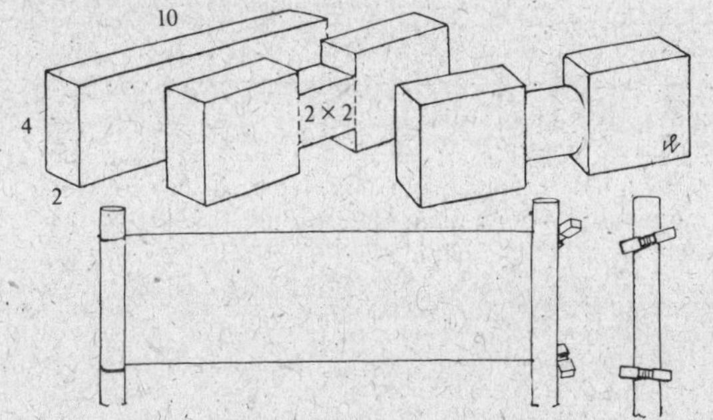

1871 Wer die Pflanzstellen richtig vorbereitet hat (s. Ratschlag 1830), braucht das Pflanzloch nur so groß zu machen, wie es der Umfang der Wurzeln erfordert.
Es wird so ausgehoben, daß in der Mitte ein kleiner Erdhügel entsteht, auf dem man die Wurzeln ausbreitet.

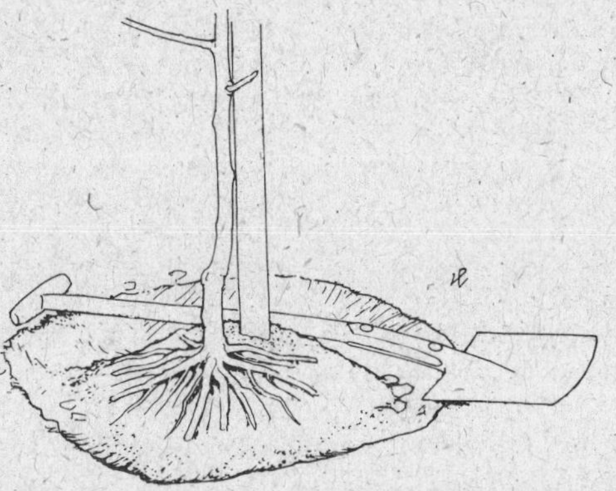

1872 Das Einwachsen der Obstbäume wird begünstigt, wenn man die Wurzeln vor dem Pflanzen in Lehmbrei taucht.
Das ist vor allem bei leichten Böden anzuraten. Der Lehmbrei muß so dick sein, daß an den Wurzeln eine Schicht hängenbleibt. Das Eintauchen nimmt man vor, nachdem die verletzten Wurzeln glattgeschnitten wurden (beachte Ratschlag **455**).

1873 Beim Pflanzen der Obstbäume ist vor allem darauf zu achten, daß die Veredelungsstellen frei über der Erde stehen.
Kirschenhochstämme sind in der Regel nicht unten, sondern oben veredelt (Kronenveredelung). Die Veredelungsstelle befindet sich dicht unter der Krone. Auch diese Bäume darf man nicht tiefer pflanzen, als sie in der Baumschule gestanden haben. Näheres über die Pflanztiefe ist unter Ratschlag **458** nachzulesen.

1874 Die Wurzeln der Obstgehölze müssen beim Pflanzen sorgfältig in die Erde eingebettet werden.
Um das Beschädigen der Wurzeln auszuschließen, nimmt man zum Ausfüllen der Zwischenräume die Hände. Wie man beim Pflanzen vorgeht, ist im Ratschlag **459** eingehend behandelt.

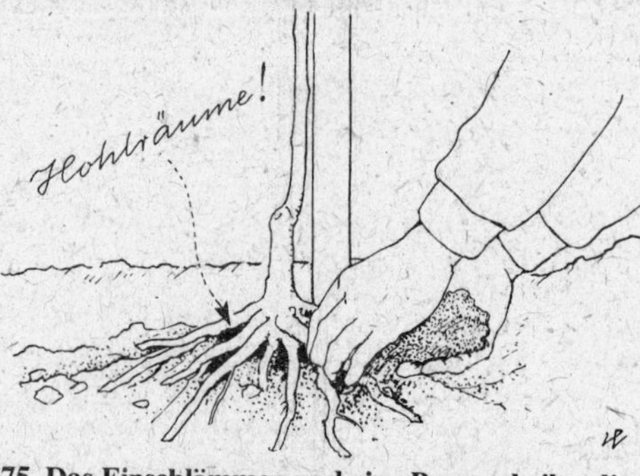

1875 Das Einschlämmen und eine Baumscheibe, die mit Torf, Stroh oder verrottetem Stalldung bedeckt wird, sichern das Einwachsen der gepflanzten Obstgehölze.
Nach welchen Gesichtspunkten dabei zu verfahren ist, vermitteln die Ratschläge **459** und **460**.

1876 Das Anbinden an die Pfähle ist so vorzunehmen, daß sich die frischgepflanzten Bäume nicht aufhängen.
In der ersten Zeit nach dem Pflanzen setzt sich das Erdreich der Pflanzstelle im allgemeinen noch etwas. Das ist beim Anbinden zu berücksichtigen (s. auch Ratschlag **454**).

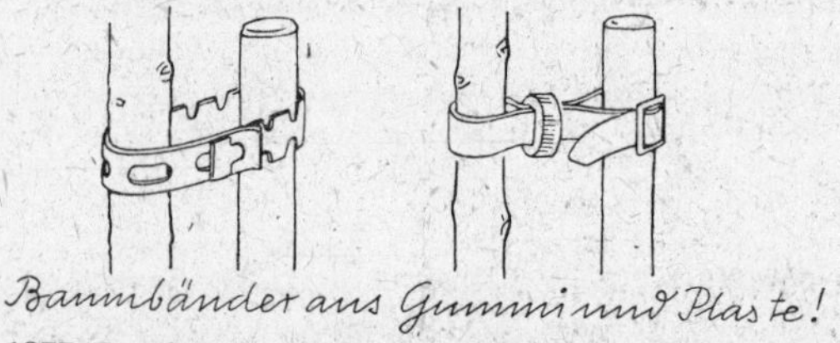

1877 Den Stammschutz gegen Wildverbiß sollte man bei Obstbäumen schon im Anschluß an das Pflanzen anbringen.
Im allgemeinen verwendet man dazu verzinktes, engmaschiges Drahtgeflecht, das mindestens 1 m hoch ist.

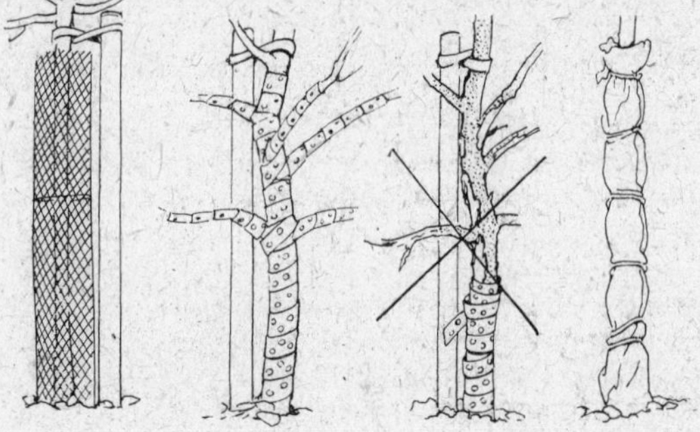

Es muß so angebracht werden, daß die Kaninchen auch von unten nicht an den Stamm gelangen können. Kunststoff mit eingestanzten Löchern ist ebenfalls gut brauchbar. Er schützt die Stämme gleichzeitig gegen Frostschäden (Frostrisse). Das Einbinden der Stämme mit Stroh ist ein Notbehelf. In starker Schicht verhindert das Stroh zwar Wildverbiß, es bildet aber auch einen Unterschlupf für Schädlinge aller Art und Mäuse.

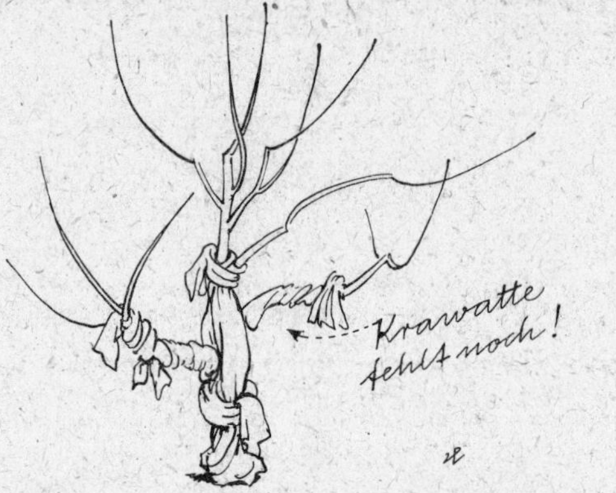

1878 Die Früchte der Quitten (s. Ratschlag 1823) halten sich unter günstigen Verhältnissen bis Dezember.
Im Laufe der Zeit verringert sich das Aroma stärker, zum anderen bauen die Früchte verhältnismäßig schnell ab. Solche mit Fleckenbildung oder angeschlagene sind sofort zu verbrauchen.

1879 Quitten lassen sich vielseitig im Haushalt verwenden.

So als Gelee, Marmelade, Kompott, Quittenbrot, Saft, Quittenlikör usw. Die Birnenquitten eignen sich besonders gut für die Kompottbereitung. Die stärker aromatischen Apfelquitten sind mehr für die anderen Verwendungsarten zu empfehlen.

1880 Als neue Beerenobstart ist eine Kreuzung zwischen der Schwarzen Johannisbeere mit der Stachelbeere interessant.
Die neue Art kam als Jostabeere in den Handel. Sie benötigt etwa 4 m^2 Standraum. Die Früchte sind etwas größer, sie sind schwarz, säuerlich, es fehlt der strenge Geschmack der Schwarzen Johannisbeere, der Vitamin-C-Gehalt ist relativ hoch. Die Ertragsleistung ist hoch. Die Früchte sind für Saft und Konfitüre geeignet.

Die Jostabeere ist sehr frohwüchsig, stachellos, relativ widerstandsfähig gegen Krankheiten und wächst etwas stärker als die Schwarzen Johannisbeer-Sorten. An die Pflege stellt sie dieselben Ansprüche wie die anderen Beerenobstarten.

1881 Für spätfrostgefährdete Lagen sind Sorten mit geringer Blütenfrostempfindlichkeit zu wählen.
Dazu gehören beim Apfel 'Auralia', 'Gelber Köstlicher', 'Gloster' und 'Ontarioapfel'; bei der Birne 'Clapps Liebling', 'Konferenzbirne' und 'Trévoux'.

1882 Auf zu nassen Böden sollten krebsgefährdete Apfelsorten nicht gepflanzt werden.
Dazu gehören 'James Grieve', 'Goldparmäne', 'Rogo' und 'Ontarioapfel'.

1883 An ausgesprochenen luftfeuchten Standorten sollten keine schorfempfindlichen Obstsorten gepflanzt werden.
Schorfempfindlich sind u. a. beim Apfel 'McIntosh', 'Schweizer Orangenapfel', 'Cox' Orange'; bei den Birnen 'Jeane d' Arc', 'Gute Luise', 'Präsident Drouard' und 'Nordhäuser Winterforelle'.

1884 Zunehmend sind Rindenerkrankungen, besonders hervorgerufen durch Pilze und Bakterien, zu beobachten.
Es zeigt sich durch das Absterben einzelner Triebe oder das Aufreißen und Absterben von Rindenpartien an älteren Ästen. Pflanzenschutzmaßnahmen sind unbedingt erforderlich. Alle befallenen Triebe werden bis auf das gesunde Holz zurückgeschnitten bzw. die erkrankten Rindenteile entfernt. Die Wunden sind mit Baumwachs zu verstreichen, danach ist eine Spritzung mit Kupferpräparaten anzuraten.

1885 Besonders am Steinobst tritt der Rindenbrand auf.
Es handelt sich um ein Bakterium, das ganze Astpartien zum Absterben bringt. Dabei tritt verstärkt, ausgelöst durch das Bakterium, Gummifluß auf. Da sich der Bakterienbrand am stärksten in den Monaten Oktober bis November ausbreitet, ist es zweckmäßig, den Rückschnitt der befallenen Triebe in die Spätwintermonate zu verlegen. Eine Spritzung mit Kupfer 0,5 % ist ebenfalls zu empfehlen. Die Bäume sind dabei gründlich zu waschen.

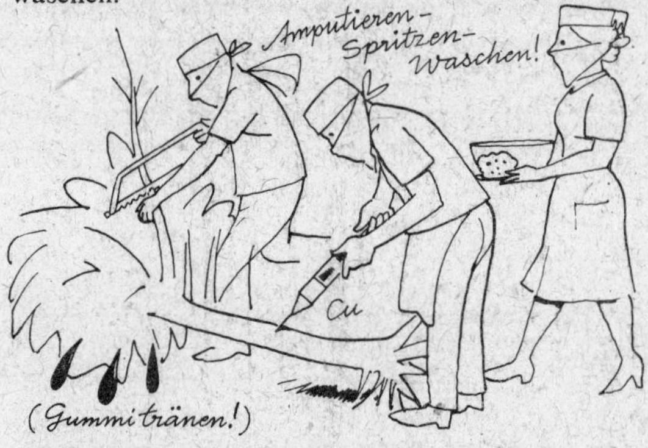

1886 An Sauerkirschen finden wir im entlaubten Zustand oft noch an den Zweigen hängende mit Monilia infizierte Blütenreste.
Diese sind restlos zu entfernen, da sich in ihnen im nächsten Jahr neue Sporen bilden, die zu einer verstärkten Infektion führen.

1887 Beim Vorkommen von Mäusen ist es wichtig, bereits jetzt Bekämpfungsmaßnahmen einzuleiten.

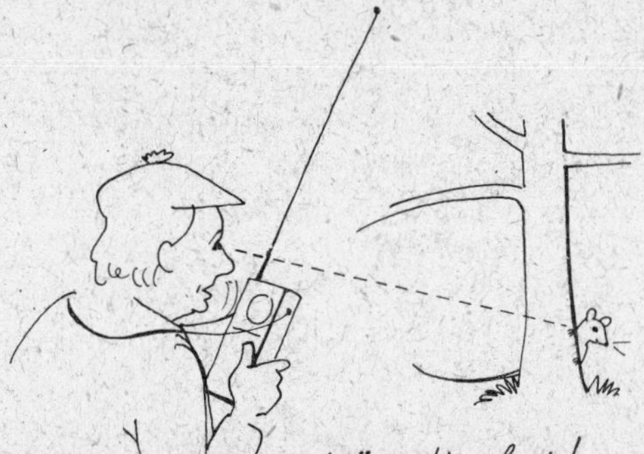

Mäuse können, besonders unter dem Schutz einer Schneedecke, an den Obstbäumen durch das Abnagen der unteren Rindenteile großen Schaden anrichten und die Bäume zum Absterben bringen. Zur Bekämpfung ist Giftgetreide an überdeckten Köderstellen auszulegen.

1888 Den Kronenschnitt (Pflanzschnitt) verschiebt man bei im Herbst gepflanzten Obstbäumen aufs Frühjahr.
Wenn auch die Ansichten darüber auseinandergehen, sollte man den Pflanzschnitt nur dann beim Pflanzen vornehmen, wenn die Obstbäume schlecht bewurzelt

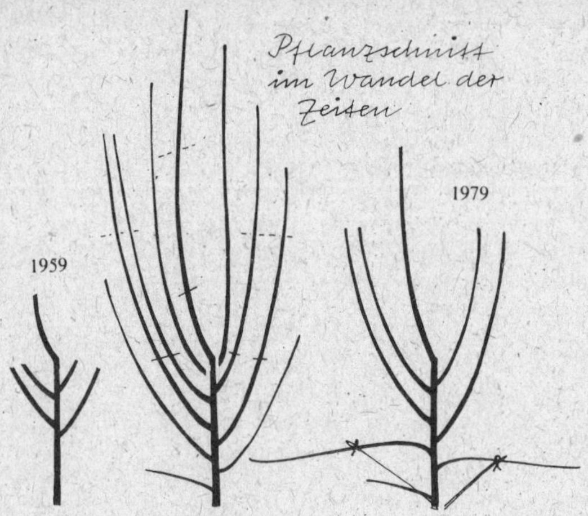

sind. Wie er ausgeführt wird, ist unter Ratschlag **455** ausführlich beschrieben.

1889 Wer über viel gebrauchte Korken verfügt, kann sich daraus ein brauchbares Baumband anfertigen.

Zum Auffädeln der Korken nimmt man am besten einen Kupferdraht oder einen verzinkten, der nicht gleich rostet. Bindfaden ist nicht lange haltbar. Der mit Korken besetzte Draht wird so befestigt, wie das die Skizze zeigt.

1890 Durch den Frostspanner kann es im Frühjahr zu Kahlfraß kommen, wenn man keine Vorkehrungen gegen ihn trifft (s. Ratschlag 1891).

Bei diesem Schmetterling kann nur das Männchen fliegen. Das Weibchen hat nur Flügelstummel. Um die Eier in den Baumkronen (Triebspitzen) abzulegen, muß es am Stamm hochklettern.

1891 Als Schutz gegen den Frostspanner erhalten alle Obstbäume spätestens in der ersten Oktoberhälfte Leimringe.

Die Leimringe müssen so dicht am Stamm liegen, daß das Weibchen des Frostspanners nicht darunter durchkriechen kann. Rissige Borke ist also vorher abzukratzen. Als Unterlage für den Leim muß man wasserfestes Papier verwenden. Einfacher sind die im Handel erhältlichen fertigen Leimringe. Sie werden oben und unten festgebunden. Die Baumpfähle müssen ebenfalls durch Leimringe gesichert werden, weil das Frostspannerweibchen sonst über das Baumband an den Baum gelangen kann.

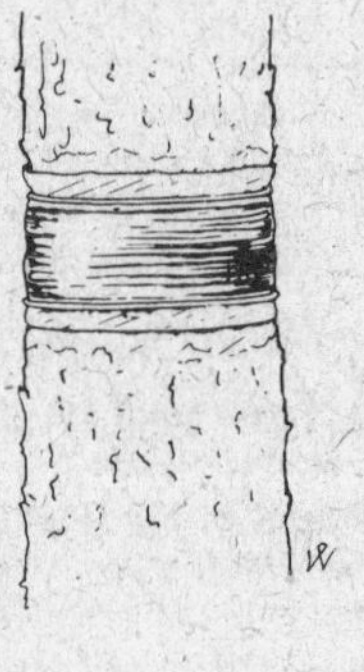

1892 Wer einen säurehaltigen Apfel liebt, sollte dies beim Kauf eines Baumes beachten.

Zu den säurehaltigen Sorten gehören 'Roter Boskoop', 'Undine', 'Ontario', 'James Grieve' und 'Karmijn', der auch gleichzeitig ein ausgezeichnetes Aroma besitzt. Einen hohen Ascorbinsäuregehalt haben die Sorten 'Ontario', 'Schweizer Orangenapfel', 'Idared', 'Undine', 'Jonagold' und 'Jerseymac'. Der absolute Ascorbingehalt ist in seiner Höhe vom Hang der Äpfel am Baum, der Fruchtgröße und dem Witterungsablauf abhängig.

1893 Für Diabetiker ist der Zuckergehalt der Früchte wichtig.

Einen hohen Zuckergehalt besitzen die Sorten 'Karmijn', 'Jonagold', 'Richared', 'James Grieve', 'Starking', 'Red Delicious' und 'Boskoop'. Einen relativ niedrigen Zuckergehalt haben die Sorten 'Jerseymac', 'Alkmene', 'Helios', 'Schweizer Orangenapfel', 'Breuhahn' und 'Spartan'.

1894 Wer Johannisbeeren selbst ziehen will, kann noch im Oktober Steckholz schneiden.

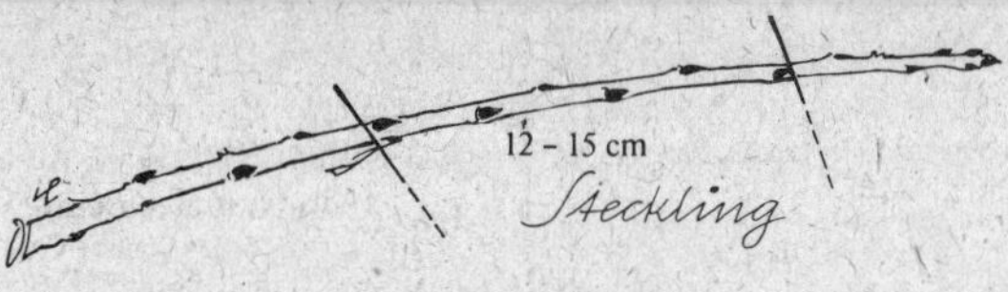

Dazu werden ausschließlich einjährige Triebe verwendet. Man schneidet sie etwa 12 bis 15 cm lang. Der Schnitt am unteren Ende muß direkt unter einem Auge erfolgen und am oberen dicht darüber. Wer nur einige Pflanzen benötigt, kommt mit Anhäufeln und Ablegen schneller ans Ziel (beachte Ratschlag **682**).

1895 Zum Stecken des Steckholzes von Stachel- und Johannisbeeren gräbt man in die obere Bodenschicht reichlich feinen Torf ein.

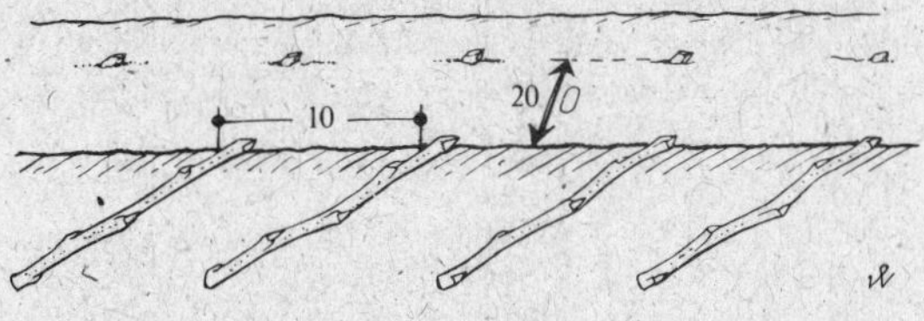

Dadurch erhält man eine gute Bewurzelung. Die Reihen auf den Anzuchtbeeten brauchen nur 20 cm auseinander zu liegen. Auf der Reihe genügen 10 cm Abstand. Das Steckholz drückt man nicht senkrecht, sondern schräg in den Boden. Es wird so tief gesteckt, daß nur das obere Auge über der Erde steht. Im Anschluß an das Stecken wird das Beet mit der Brause stark angegossen. Empfehlenswerter ist, die Steckhölzer schon im September zu schneiden (Ratschlag **1694**).

1896 Obstbäume, die noch nicht länger als 3 bis 4 Jahre stehen, kann man im Oktober ohne Bedenken umpflanzen, wenn beim Ausgraben die Wurzeln geschont werden.

Dabei kommt es vor allem auf die feinen Wurzeln an. Je mehr davon unbeschädigt bleiben, um so sicherer wächst der Baum ein.

1897 Das Pflanzloch für umzupflanzende Bäume (s. Ratschlag 1896) muß fertig sein, bevor man sie ausgräbt.
Die Wurzeln dürfen der Luft nicht lange ausgesetzt werden und müssen schnell wieder in die Erde kommen. Man muß das Loch gleich so groß machen, daß Nacharbeiten nicht nötig sind.

1898 Erdbeeren sollte man im Oktober noch einmal abranken und, wo es noch nicht geschehen ist, mit Bodenbedeckung versehen.
Die Bodenbedeckung erhalten die Erdbeerbeete aller Jahrgänge. Geeignete Mittel dazu sind: gut verrotteter Stalldung, feuchter Torf, gehäckseltes Stroh oder die kompostierten Wollabfälle aus Spinnereien.

1899 Nach dem Umpflanzen dürfen die Bäume nicht tiefer stehen als vorher und müssen tüchtig eingeschlämmt werden.

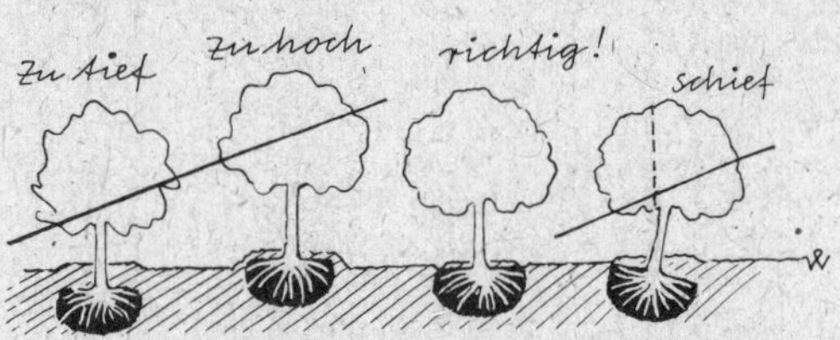

Zwischen und um die Wurzeln bringt man reichlich mit Torf vermischte Komposterde. Diese Mischung trägt wesentlich zum Bilden neuer Faserwurzeln bei.

1900 Als Windsicherung braucht man einen langen, starken Pfahl oder Drähte zum Verankern der umgepflanzten Bäume.

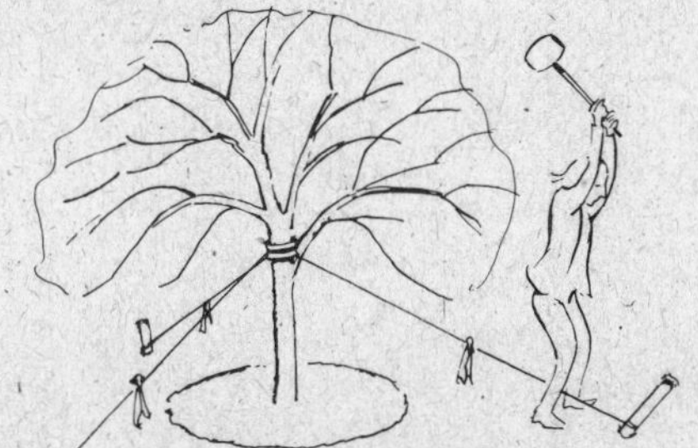

Da ältere Bäume eine verhältnismäßig große Krone haben, muß der Pfahl recht tief in den gewachsenen Boden eingeschlagen werden. In leichten Böden nimmt man besser eine Drahtverankerung. Wie sie angebracht wird, ist aus der Skizze zu ersehen.

1901 Bei älteren umgepflanzten Bäumen schneidet man die Krone so stark zurück, daß nur etwa zwei Drittel der Trieblängen stehenbleiben.
Der Rückschnitt ist unbedingt nötig, damit das Gleichgewicht zwischen Wurzeln und Krone hergestellt wird.

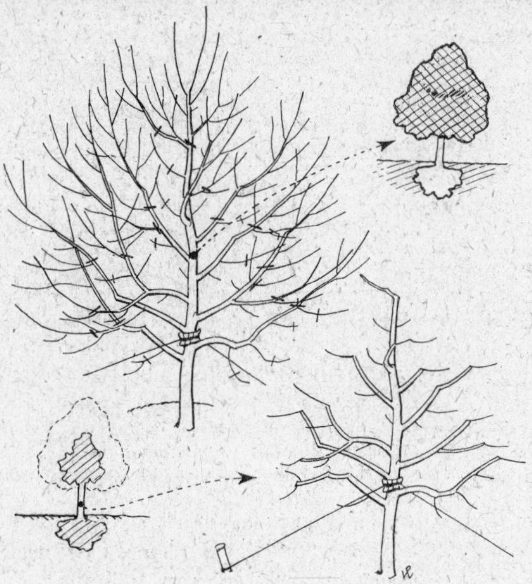

Gekürzt werden nicht nur die Haupt-, sondern auch alle Nebentriebe. So behandelte Bäume wachsen sicher ein und treiben im Frühjahr wieder stark aus.

Ziergarten

1902 Wenn ein Garten in einer windreichen Gegend liegt, sollte man sich zum Anlegen von Windschutzhecken entschließen.
Die Hecken sollen aber den Wind nicht aufhalten, sondern nur seinen Druck vermindern. Darum sind völlig dichte Hecken für diesen Zweck ungeeignet. Sie würden wohl den Wind fürs erste nach oben lenken, könnten aber nicht verhindern, daß er von dort wieder ungebrochen in den Garten einfällt. Lichte Hecken bremsen aber den Wind so, daß er nur mit halber Stärke durch den Garten weht. Windschutzhecken müssen immer rechtwinklig zur Hauptwindrichtung stehen.

1903 Zur Anlage einer Windschutzhecke eignen sich vor allem Gehölze mit aufrechtem Wuchs.
Da die Windschutzhecke einen Streifen Gartenland beansprucht, kommen für kleinere Gärten nur Pflanzen in Frage, die sich nicht breit entwickeln. Als Beispiel sei die Reifweide *(Salix daphnoides)* genannt. Sie hat als Kätzchenweide einen besonderen Wert. Für sehr große Gärten eignen sich die Pappelarten mit säulenartigem Wuchs sehr gut als Windschutzpflanzung. Sie haben nur den Nachteil, daß durch ihre weitverzweigten Wurzeln den benachbarten Kulturflächen sehr viel Nährstoffe entzogen werden.

1904 Für Hecken zum Formschnitt und auch für Windschutzhecken liegt im Oktober die beste Pflanzzeit, sofern es sich um laubabwerfende Pflanzen handelt.
Immergrüne Heckenpflanzen, insbesondere Nadelgehölze, pflanzt man besser Ende April (s. Ratschlag 778) oder im August (s. Ratschlag 1587).

1905 Der Streifen Erde, auf den die Hecke gepflanzt werden soll, muß mindestens zwei Spatenstiche tief bearbeitet werden (vergleiche Ratschlag 497).
Da die Hecken unter Umständen jahrzehntelang stehenbleiben, muß die Erde der Pflanzstelle beim Bearbeiten vor allem mit Humus angereichert werden. Darum arbeitet man in den oberen Spatenstich reichlich verrotteten Stalldung oder Torf ein. Humusreiche Komposterde verrichtet den gleichen Zweck. Wenn die Erde zum Sauerwerden neigt, streut man nach der Bodenbearbeitung Kalk auf und hackt ihn oberflächlich ein.

1906 Die Heckenpflanzen müssen gut bewurzelt sein und je nach Pflanzengattung 5 bis 8 kräftige Triebe haben.
Es handelt sich in der Regel um 2- bis 3jährige Pflanzen. Ältere wachsen schwer an, und es kann Ausfall geben, was auch bei zu schwachen schlechtbewurzelten ein-

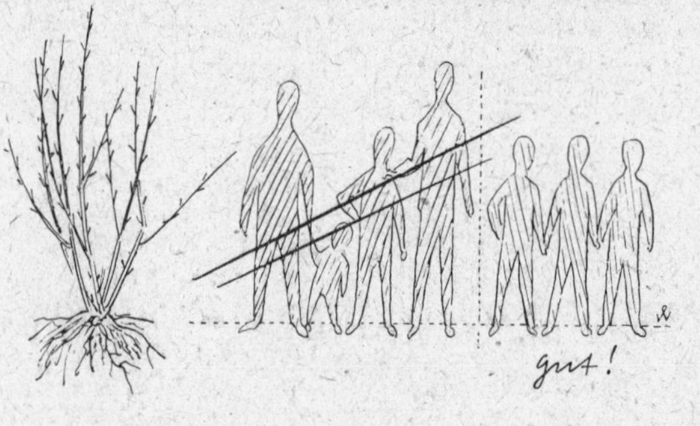

treten kann. Je gleichmäßiger Heckenpflanzen beschaffen sind, um so besser läßt sich mit ihnen eine lückenlose Hecke aufbauen.

1907 Zum Anlegen einer Hecke aus Weißbuchen *(Carpinus betulus)* oder Rotbuchen *(Fagus sylvatica)* eignen sich nur mehrmals verpflanzte Heister.

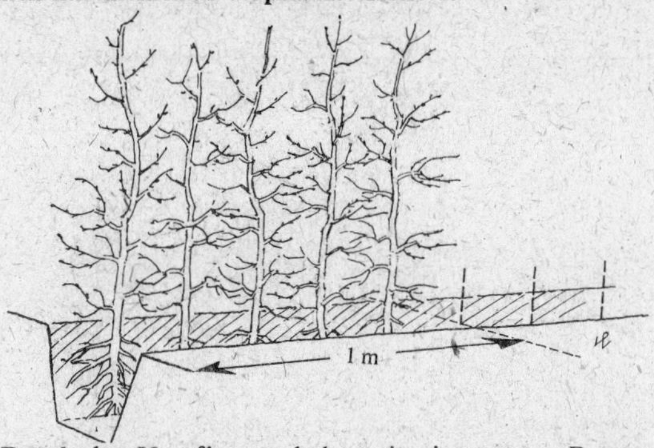

Durch das Umpflanzen haben sie einen guten Besatz von Faserwurzeln, der das verlustlose Weiterwachsen sichert. Weißbuchen, auch Hainbuchen genannt, eignen sich sehr gut zur Abgrenzung kleinerer Gärten, weil sie sehr schmal im Schnitt zu halten sind. Die Heister sollte man gleich in einer Höhe von 1,00 bis 1,40 m kaufen. Näheres ist in der Tabelle (Seiten 406 bis 409) nachzulesen.

1908 Die Wurzeln der Heckenpflanzen sind bis zum Pflanzen gegen Austrocknen zu schützen.
Das ist vor allem beim Transport von der Baumschule bis zur Pflanzstelle zu beachten. Man sollte sich genügend Säcke mitnehmen. Sie sind naß auf die Wurzeln zu decken. Wer nicht sofort pflanzt, muß die Wurzeln in feuchte Erde einschlagen.

1909 Wer recht bald eine breite Hecke erzielen will, muß zweireihig pflanzen. Im allgemeinen genügt eine Reihe.
Bei einreihigem Pflanzen genügen je laufenden Meter 5 Stück. Zweireihig gepflanzt, braucht man 6 bis 8 Stück. Die Stückzahl richtet sich auch nach der Stärke der Pflanzen. Weniger als angegeben darf man auf keinen Fall nehmen. Besser eine mehr als eine zuwenig (beachte auch Ratschlag **498**).

1910 Heckenpflanzen müssen recht fest und dürfen nicht tiefer gepflanzt werden, als sie in der Baumschule gestanden haben.
In bezug auf die Tiefe machen Liguster eine Ausnahme. Man kann sie bis zur unteren Verzweigung einpflanzen.

1911 Nach dem Pflanzen und Angießen wird die Hecke dem ersten Schnitt unterworfen.
Damit das Gießwasser nicht wegläuft, erhöht man die Ränder der Pflanzstellen etwas. Über den Pflanzschnitt ist unter Ratschlag **499** nachzulesen.

1912 Wie allen frischgepflanzten Gehölzen, sollte man auch den Hecken eine Bodenbedeckung geben.
Der Frost kann dann nicht so schnell und so tief eindringen. Außerdem hält sich die Bodenfeuchtigkeit länger, die zum Einwachsen der Heckenpflanzen unbedingt nötig ist. Als Material zum Bedecken der Erde kann man bei Hecken unbedenklich Laub verwenden, wie es im Herbst anfällt.

1913 Empfindliche Ziersträucher, die man besser im Frühjahr pflanzt, sind unter anderen Sommerflieder *(Buddleja)*, Edelginster *(Cytisus)* und Johanniskraut *(Hypericum)*.
Sie müßten bei der Herbstpflanzung besonderen Schutz erhalten. Aus demselben Grunde sollten auch die nachstehenden Schling- und Klettergewächse erst im Frühjahr gepflanzt werden: Waldrebe *(Clematis)*, Osterluzei *(Aristolochia)*, Knöterich *(Polygonum = Bilderdykia)* und Glycine *(Wisteria)*.

1914 Von einigen Ausnahmen abgesehen, liegt im Monat Oktober die beste Pflanzzeit für Ziersträucher.

Wenn die Pflanzen bis Mitte Oktober in die Erde kommen, entwickeln sie bis zum Eintritt stärkerer Fröste noch so viel Faserwurzeln, daß das Wachstum im Frühjahr gleich stark einsetzt. Das gilt auch für die robusten Schling- und Klettergewächse wie Efeu, Wilder Wein und Jelängerjelieber *(Lonicera)*.

1915 Jedem Zierstrauch müssen wir so viel Platz einräumen, daß er sich seiner Wuchsform entsprechend entwickeln kann.
Außerdem sind die möglichen Höhen zu berücksichtigen, damit die niedrigen Sträucher von den höheren

nicht unterdrückt werden. Näheres darüber ist aus der entsprechenden Tabelle zu ersehen (Seite 394 ff.).

1916 Die Bodenvorbereitungen und Düngung sind für Ziersträucher genauso wichtig wie für die Obstgehölze.
Darum ist alles zu berücksichtigen, was im Ratschlag **1830** gesagt wird.
Frischen Stalldung arbeitet man bei Neupflanzungen von Ziersträuchern nicht in den Boden ein, sondern verwendet ihn besser als Bodenbedeckung. Er kommt den Sträuchern trotzdem zugute, wenn im nächsten Herbst zwischen ihnen gegraben wird. Vorerst verrichtet er die unter Ratschlag **1912** angegebenen Zwecke.

1917 Alle im Herbst gepflanzten Ziersträucher schneidet man etwas zurück, damit das Gleichgewicht zwischen ober- und unterirdischen Teilen einigermaßen hergestellt wird.

Je nach Wuchskraft nimmt man alle Triebe auf zwei Drittel oder die Hälfte ihrer Länge zurück. Schwachwachsende werden stärker zurückgeschnitten als starkwachsende.

1918 Die wichtigsten Maßnahmen beim Pflanzen der Ziersträucher sind: Feuchthalten der Wurzeln bis zum Pflanzen, Eintauchen in Lehmbrei, festes Einpflanzen und gründliches Gießen.
Die in den Ratschlägen **1872, 1908** und **1910** darüber gemachten Angaben sind sinngemäß anzuwenden.

1919 Das Pflanzen der Rosen ist im Oktober möglich, wenn dabei die nötigen Schutzmaßnahmen getroffen werden. Ende Oktober gepflanzte Rose bilden schon neue Wurzeln, bevor der Boden durchfriert. Darum treiben sie auch im Frühjahr stärker aus als erst dann gepflanzte. Über die Schutzmaßnahmen gibt der Ratschlag **1924** Auskunft.

1920 Der Pflanzenabstand muß bei Stammrosen 75 bis 100 cm betragen. Bei Buschrosen genügen 40 bis 50 cm.
In mehreren Reihen gepflanzt, läßt man zwischen jeder einen Abstand von 100 bzw. 60 cm. Siehe auch Ratschlag **770**.

1921 Buschrosen pflanzt man so tief, daß die Veredelungsstelle mit Erde bedeckt ist. Stammrosen werden schräg, also nicht senkrecht gepflanzt.

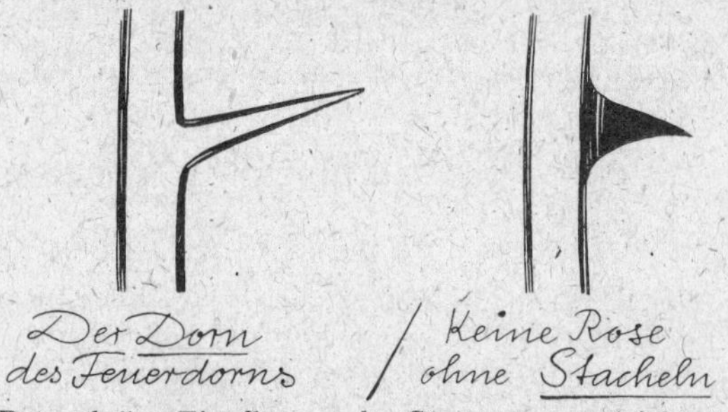

Das schräge Einpflanzen der Stammrosen erleichtert das Niederlegen und verhindert Bruch. Der Winkel zum Erdboden muß etwa 60° betragen. In diesem Winkel muß sich auch die Aufputzstelle des Stämmchens befinden (siehe Skizze bei Ratschlag 771).

1922 Festes Einpflanzen und anschließendes Gießen gewährleisten bei Rosen das sichere Einwachsen.

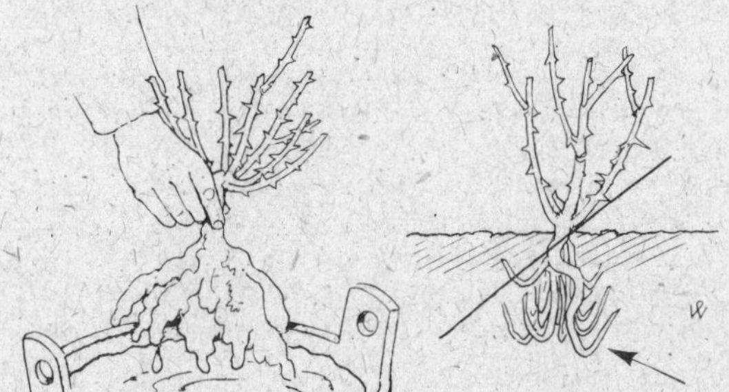

Die beim Roden verletzten Wurzeln kürzt man vor dem Pflanzen mit einem scharfen Messer etwas ein. Anschließend kann man sie in Lehmbrei tauchen (vergleiche Ratschlag **1872**). Vor allem ist beim Pflanzen darauf zu achten, daß die Wurzeln senkrecht in die Erde kommen.

1923 Die Triebe der im Oktober gepflanzten Rosen schneidet man erst im Frühjahr auf die endgültige Länge zurück.

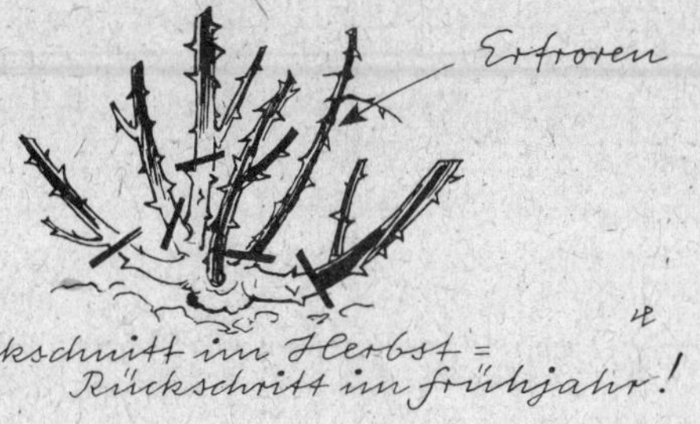

Nach dem Pflanzen kürzt man sie um etwa ein Viertel ihrer Länge. Beim sofortigen normalen Schnitt besteht die Gefahr, daß sie im Laufe des Winters noch weiter zurückfrieren.

1924 Stammrosen werden im Anschluß an das Pflanzen umgelegt und ihre Kronen mit Erde bedeckt. Die Buschrosen häufelt man stark an.

Damit die Kronen fest liegen, heftet man sie mit einem Holzhaken (Astgabel) am Boden an. Erde wird so viel aufgebracht, daß die Triebe der Kronen allseitig etwa 10 cm bedeckt sind. Die Stämme kann man ebenfalls mit Erde bedecken. Es genügt aber auch, wenn sie durch aufgelegte alte Säcke oder Fichtenzweige geschützt werden. Zum Anhäufeln der Buschrosen nimmt man am besten Komposterde und nicht die Erde in unmittelbarer Nähe der Pflanzstelle. Die Wurzeln könnten sonst unter Frost leiden. Die Hügel müssen so hoch sein, daß etwa 15 cm der unteren Triebteile geschützt sind.

1925 Gegen Ende Oktober muß man auch die schon länger stehenden Rosen mit dem Winterschutz versehen.
Dabei ist wie im vorigen Ratschlag angegeben vorzugehen. Auch die Triebe dieser Rosen darf man nur etwas kürzen und auf keinen Fall endgültig zurückschneiden.

1926 Zum Verdecken unschöner Stellen im Garten ist die Apfelrose (*Rosa rugosa*) besonders gut geeignet.
Sie baut sich schön buschig auf und erfreut uns mit ihren großen zahlreich erscheinenden, einfachen rosa Blüten. Von besonderem Wert sind ihre große Hagebutten, die man nutzbringend im Haushalt verwenden kann.

1927 Sobald der Laubfall einsetzt, muß man die Rasenflächen mindestens alle zwei Tage abharken.
Dazu kann man auch einen Drahtbesen (Fächerbesen) benutzen. Wer das Laub auf dem Rasen liegenläßt, muß mit Faulstellen rechnen.

1928 Ab Mitte Oktober wird der Rasen letztmalig geschnitten, damit er gut durch den Winter kommt.
Bei dieser Gelegenheit sticht man auch die etwa vorhandenen Unkräuter aus. Außerdem muß das abgemähte Gras sorgfältig abgeharkt werden. So behandelte Rasenflächen machen auch im Winter einen guten Eindruck.

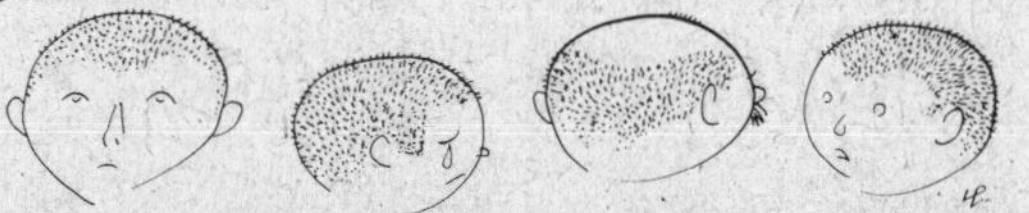

1929 Das Teilen und Pflanzen robuster Stauden kann man bis zum Eintritt von Frostwetter auch im Oktober noch vornehmen.
Zu den robusten Stauden gehören die Herbstastern, Astilben, Bergenien, Centaurea, Doronicum, Phlox, Rudbeckia und Trollius. Nach dem üblichen gründlichen Angießen kann man die Pflanzstelle noch mit einer Bodendecke aus Torf, evtl. mit Kompost gemischt, versehen.

1930 Alle immergrünen Gehölze (auch die Nadelgehölze) erhalten im Laufe des Oktobers noch einmal reichlich Wasser.
Auf diese Weise für den Winter vorbereitete Pflanzen kommen gesund durch den Winter. Siehe auch, was unter Ratschlag **1725** darüber gesagt wird.

1931 Im Steingarten ist dafür zu sorgen, daß vor allem die wintergrünen Stauden nicht mit verwehtem Laub bedeckt sind.
Für diese Pflanzen ist Laub immer gefährlich, vor allem, wenn es naß auf ihnen liegt. Fäulnis ist dann meist unvermeidlich. Beim Entfernen des Laubes zieht man auch gleich etwa vorhandenes Unkraut aus dem Boden. Das leicht erfrierende Franzosenkraut ist ge-

nauso gefährlich wie verwehtes Laub, sofern es sich nach dem Erfrieren auf die wintergrünen Pflanzen legt.

1932 Die Dahlienknollen sollte man aus der Erde nehmen, sobald die oberirdischen Teile durch Frost unansehnlich geworden sind.

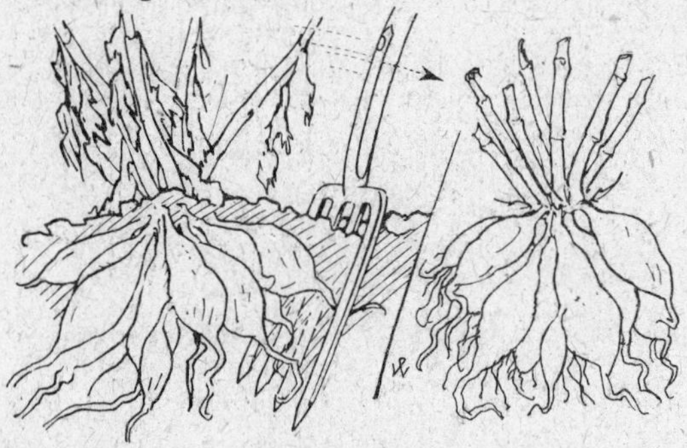

Sie dürfen beim Ausgraben nicht verletzt werden, weil sie sonst auf dem Winterlager faulen. Darum verwendet man nur eine Grabegabel. Die Erde zwischen und an den Knollen wird entfernt. Die oberirdischen Teile sind bis auf einen Rest von etwa 10 cm abzuschneiden. So behandelt, bringt man die Knollen in einen luftigen, trockenen, frostfreien Raum zum Abtrocknen.

1933 Nur gut abgetrocknete Dahlienknollen darf man an den endgültigen Überwinterungsort bringen.

Er muß kühl, aber frostfrei und darf nicht zu feucht sein. Dort kann man sie auch in einem Haufen aufsetzen. Dabei ist darauf zu achten, daß die Knollenhälse frei bleiben. Wenn kein völlig frostfreier Raum zur Verfügung steht, kann man die Dahlienknollen in trockenen Torf einschichten. Die umhüllende Torfschicht muß aber etwa 20 cm stark sein. Beim Einwintern dürfen keine Blatt- oder sonstige Reste an den Triebstümpfen vorhanden sein.

1934 Sobald gegen Ende Oktober stärkere Fröste bevorstehen, sind auch die spätblühenden Gladiolensorten aus der Erde zu nehmen.
Man darf auf keinen Fall warten, bis der Boden gefroren ist. Was beim Roden und Trocknen zu beachten ist, kann in den Ratschlägen **1711** bis **1715** nachgelesen werden.

1935 Von der Ruhmeskrone (*Gloriosa*) muß der Wurzelstock ausgegraben werden, sobald die oberirdischen Teile im Absterben begriffen sind.
Die fleischigen Rhizome muß man besonders vorsichtig ausgraben, daß sie keine Verletzungen erleiden. Darum eine Grabegabel verwenden! Sie sind gut abzutrocknen und werden dann in Torf (trocken) eingeschlagen und bei 20 °C warm überwintert.

1936 Das Blumenrohr (*Canna*) muß man nach dem ersten stärkeren Nachtfrost aus dem Boden nehmen.

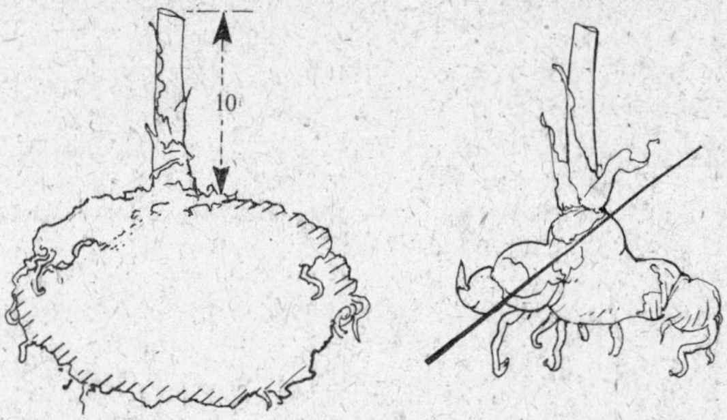

Die Erde am rhizomartigen Wurzelstock wird dabei nicht abgeschüttelt. Die oberirdischen Teile schneidet man bis auf einen Rest von 10 cm ab. Alle Blattreste sind zu entfernen. Der Aufbewahrungsort darf nicht zu kühl sein. Am besten überwintert das Blumenrohr bei 10 bis 12 °C. Die Wurzelstöcke kommen so in das Winterlager, wie sie ausgegraben wurden, und werden vorher nicht getrocknet.

1937 Die Knollen der Montbretien (*Crocosmia*) können über Winter in der Erde bleiben, wenn man ihnen eine Winterschutzdecke aus trockenem Laub oder Torf gibt, die in rauhen Lagen etwa 25 cm stark sein muß.
An Ort und Stelle gelassen, blühen sie am reichsten. Wer sie aus der Erde nimmt, muß sie wie die Gladiolen behandeln (vergleiche Ratschläge **1711** bis **1715**).

1938 Die Zwiebeln bzw. Knollen der Sterngladiolen (*Acidanthera*), Tigerblume (*Tigridia*), Jakobslilie (*Sprekelia*) und der Freesien (*Freesia*) sind aus der Erde zu nehmen, bevor der Boden frosthart wird.
Sie werden wie die Gladiolen (s. Ratschlag **2000**) behandelt und ebenso überwintert. Eine Ausnahme bildet die Sterngladiole. Ihr Aufbewahrungsort muß Temperaturen von etwa 20°C aufweisen.

1939 Winterastern (Chrysanthemen) darf man nicht im Herbst teilen und umpflanzen, sondern erst im Frühjahr.
Bei im Herbst geteilten und gepflanzten treten in strengen Wintern oft starke Verluste auf, so daß große Lücken entstehen.

1940 Das Einpflanzen der Tulpenzwiebeln sollte bis Ende Oktober beendet sein (s. Ratschlag 1699).
Das gilt auch für alle anderen im September erwähnten Blumenzwiebeln.

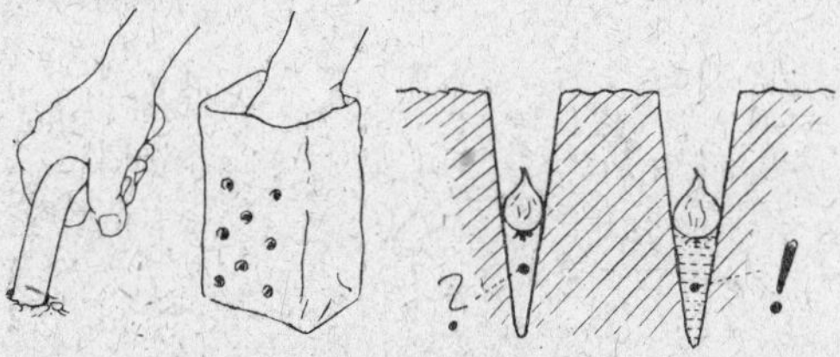

1941 Bei den Freiland-Alpenveilchen muß man den Winterschutz recht sorgfältig durchführen.
Der beste Werkstoff sind Kiefernnadeln. Für normale Winter genügt eine 5 cm starke Schicht, die man mit doppelt gelegten Fichtenzweigen verstärkt. Als dauerhafte Art haben sich bewährt: *Cyclamen coum, C. purpurascens* und *C. hederifolium* (früher *C. neapolitanum).*

Zimmergarten

1942 Von unansehnlich gewordenen Tradescantien kann man auch im Oktober noch Stecklinge schneiden.
Unter einem Blattknoten mit einem scharfen Messer glatt geschnitten, bewurzeln sich die Triebspitzen am besten in einem Wasserglas. Das Blatt am unteren Blattknoten wird vor dem Einstellen vorsichtig entfernt, damit es im Wasser nicht fault.

1943 Wenn Ananasgewächse (*Bromelien*) im stark geheizten Zimmer stehen, muß man die Blattrosetten auch im Winter stets mit Wasser füllen.
Das bereichert vor allem die Zimmerluft an Feuchtigkeit und kommt auch den anderen Pflanzen zugute.

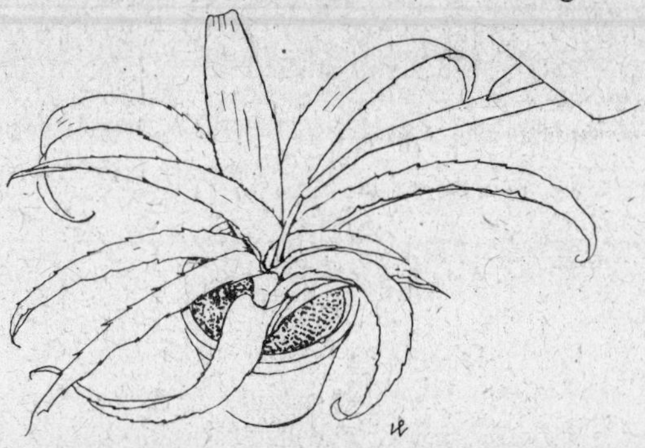

1944 Alpenveilchen halten sich im Zimmer nur, wenn sie einen hellen Fensterplatz erhalten.
Andernfalls werden die Blätter in ganz kurzer Zeit gelb, und die Pflanzen gehen zugrunde. Der beste Platz ist zwischen den Doppelfenstern.

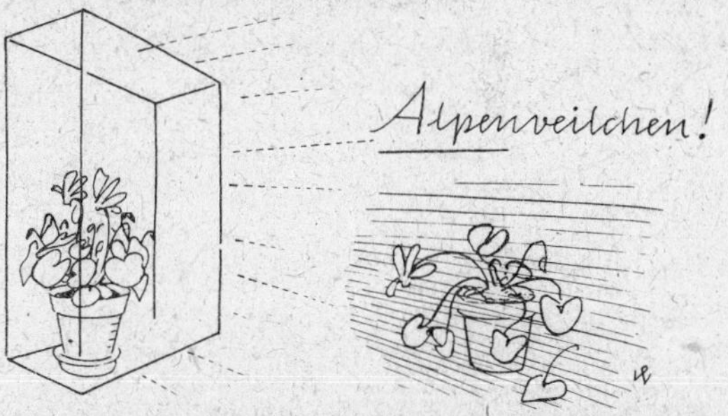

1945 Wer Pelargonien, Fuchsien und Hängenelken im nächsten Jahre wieder als Fensterkastenschmuck verwenden will, muß sie beizeiten in den Überwinterungsraum bringen.
Sie dürfen nicht durch Frost gelitten haben, weil sie sonst faulen. Ein frostfreier, aber heller und luftiger Keller eignet sich am besten zum Überwintern. Man läßt sie in den Kästen und hält die Erde trocken. Alle im Absterben begriffenen Pflanzenteile sind laufend zu entfernen.

1946 Aukuben, auch Fleischerpflanzen genannt (*Aucuba japonica*), sind die geeignetsten Blattpflanzen für ungeheizte helle Räume.

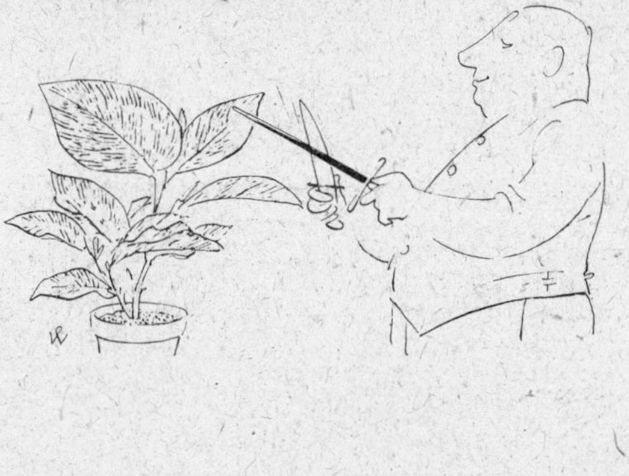

Auch wenn diese nicht ganz frostfrei sind, halten sich die Pflanzen gut. Darum verwendet man sie gern auf Treppen usw. Wenn sie kalt stehen, brauchen sie sehr wenig Wasser, doch darf die Erde nicht ganz trocken werden.

1947 Knollenbegonien überwintert man am besten ganz trocken in grobem Torf.

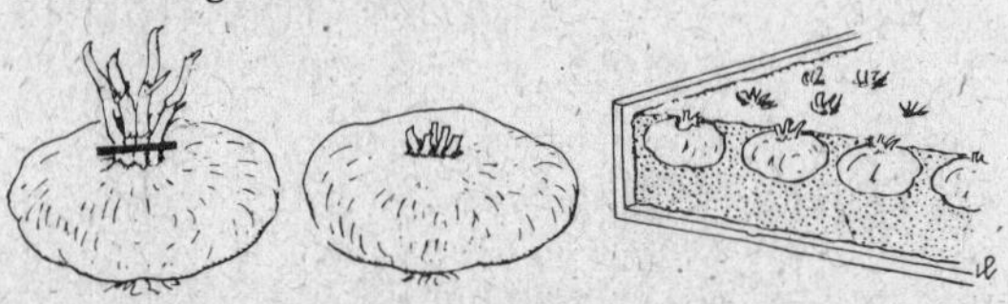

Bei aus der Erde genommenen Pflanzen läßt man die oberirdischen Teile erst etwas einziehen und schneidet sie etwa 1 cm über der Knolle ab. Gut nachgetrocknet, werden sie in den Torf eingeschichtet und in einem warmen Raum (15 bis 18 °C) überwintert.

1948 Knollen von Krokussen und Zwiebeln von Schneeglöckchen kann man Anfang Oktober in Töpfe pflanzen, um sie im Zimmer zum Blühen zu bringen.

Das Einpflanzen geschieht wie bei den Tulpen (s. Ratschlag **1732**). Auch der vorläufige Standort ist derselbe. Gut durchwurzelt stellt man die Töpfe in einem kühlen Raum (6 bis 10 °C) auf, wo die Pflanzen sicher zum Blühen kommen. Wärmer aufgestellt, entwickeln sie nur Blätter. Die Blüten bleiben stecken.

1949 Da die Lichtverhältnisse ab Ende Oktober immer schlechter werden, läßt das Wachstum der meisten Zimmerpflanzen erheblich nach.
Das macht sich auch im geringen Wasserverbrauch bemerkbar. Darum muß man viel vorsichtiger gießen als im Sommer. Grundsätzlich sollte man nur gießen, wenn die Erde an der Oberfläche trocken geworden ist. Das gilt für die Pflanzen in sehr warmen wie auch in kühleren Räumen. Wenn gegossen wird, muß sich die Erde richtig vollsaugen können. Eine Stunde nach dem Gießen im Untersetzer stehendes Wasser ist zu entfernen.

1950 Ob man seine Zimmerpflanzen von oben oder das Wasser in den Untersetzer gießt, spielt keine Rolle.
Wichtiger ist, daß das Blattwerk in kühlen Zimmern stehender Pflanzen im Winter nicht naß gemacht wird. Das gilt vor allem für Alpenveilchen, weil sonst Fäulnis entsteht. Wer in den Untersetzer gießt, muß das beachten, was im Ratschlag **1949** gesagt wird.

1951 Zum Gießen der in warmen Zimmern stehenden Pflanzen nimmt man Wasser mit Zimmertemperatur.
Kaltes Wasser direkt aus der Leitung schadet den Wurzeln, es darf aber auch nicht wärmer sein als die Zimmerluft.

1952 In stark geheizten Räumen ist die Luft für die Zimmerpflanzen zu trocken.
Für feuchte Luft sorgt man am besten durch Besprühen der Pflanzen. Das ist vor allem den Blattpflanzen sehr dienlich. Bei blühenden Pflanzen, wie Alpenveilchen, Primeln und ähnlichen, muß man es aber unterlassen, weil sonst die Blüten schlecht werden. Feuchte Luft entsteht auch, wenn man zwischen die Pflanzen flache Schalen mit Wasser stellt. Noch besser ist es, Wassergefäße auf dem Ofen oder Heizkörper aufzustellen.

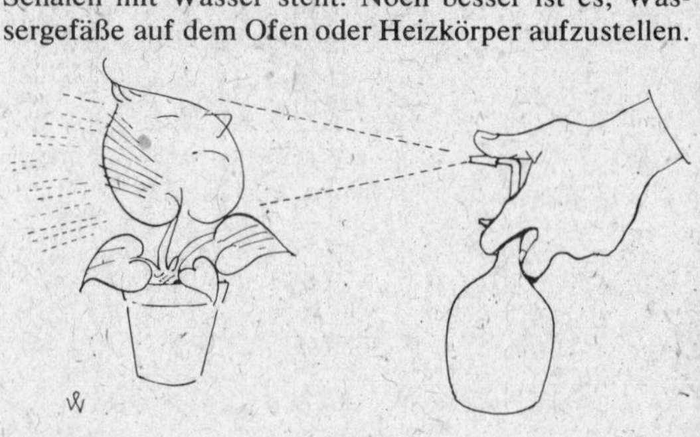

Allgemeines

1953 Im November wird es höchste Zeit, die Einzäunung dicht zu machen.
Hasen und Kaninchen finden auch die kleinste Lücke. Beim Reparieren und Abdichten muß auch die eventuelle Schneehöhe beachtet werden.

1954 Solange die Komposterde noch nicht gefroren ist, sollte man sich die Aussaaterde für das Frühjahr dämpfen.
Gefrorene Erde erfordert beim Dämpfen zuviel Dampf. Er kondensiert zu Wasser, das die Erde in Schlamm verwandelt. Solche Erde ist zur Aussaat ungeeignet, weil sie ihre Struktur verliert. Diese ist auch durch nachfolgendes Trocknen nicht wiederherzustellen.

1955 Durch das Dämpfen der Erde werden vor allem Krankheitserreger, tierische Schädlinge und Unkrautsamen abgetötet. Außerdem mobilisiert man damit eventuell in der Erde festliegende Nährstoffe.
Zum Dämpfen verwendet man am einfachsten den Waschkessel. Dazu wird ein engmaschiges Sieb be-

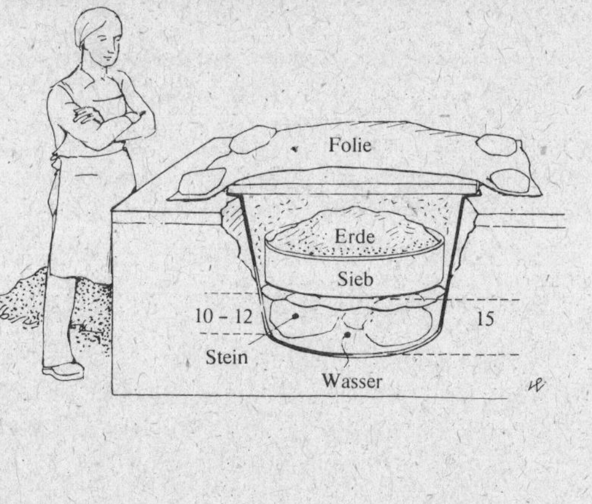

nötigt, das in den Kessel paßt. Zwischen Kessel- und Siebboden muß ein Abstand von etwa 15 cm entstehen, den man durch unter den Rand des Siebes gelegte Steine erzielt. Der Kesselboden wird 10 bis 12 cm hoch mit Wasser gefüllt. Dann setzt man das mit lockerer Erde gefüllte Sieb auf die Steine. Damit der sich durch Feuern im Kessel entwickelnde Dampf nicht entweichen kann, wird der Kessel dicht verschlossen. Der gewöhnliche Kesseldeckel genügt dazu nicht. Man muß ihn mit einem zeltbahnähnlichen Stoff bedecken.

1956 Der im Kessel entwickelte Dampf muß etwa 1 Stunde auf die Erde einwirken, wenn der im Ratschlag 1955 genannte Zweck erreicht werden soll.
Die so behandelte Erde wird im Freien aufbewahrt. Um neue Infektionen unmöglich zu machen, muß der Lagerplatz sauber sein. Das erreicht man am besten durch Unterlegen einer Kunststoffolie. Bewährt haben sich zum Erdedämpfen auch in der Landwirtschaft übliche Kartoffeldämpfer.

1957 Alle Schlösser, Türbänder und ähnliches im Gartenbereich sollte man im November ölen oder einfetten, damit sie im Winter nicht einrosten.

Staufferfett ist dazu am geeignetsten. Es wirkt viel nachhaltiger als das Einölen. Vorhängeschlösser schützt man nach dem Einfetten mit einem wasserdichten Beutel aus Leder oder Kunststoff gegen Witterungseinflüsse.

1958 Aus den Wasserbehältern ist das Wasser im Laufe des Novembers zu entfernen, damit sie bei stärkerem Frost nicht leiden und undicht werden.

Nach dem gründlichen Entleeren muß man die Behälter wasserdicht zudecken. Sind sie mit trockenem Torf gefüllt, ist diese Maßnahme nicht nötig. Er saugt das

Schnee- oder Regenwasser auf, so daß es seine sprengende Wirkung beim Gefrieren verliert. Nicht fest im Boden verankerte Wasserbehälter dreht man nach dem Entleeren am besten um. Durch Unterlegen von Steinen sorgt man dafür, daß die Ränder nicht mit der Erde in Berührung kommen.

1959 Bevor die Erde gefriert, sollte man sich im Laufe des Novembers vom Reaktionsgrad seines Gartenbodens überzeugen.
Das ist durch eine Bodenuntersuchung möglich. Von jeder zu prüfenden Fläche entnimmt man verschiedenen Stellen etwas Erde und mischt diese gut, bevor man sie mit einem der unter Ratschlag **1960** genannten Untersuchungsmittel in Verbindung bringt.

1960 Die einfachsten Mittel zum Feststellen des Kalkbedarfs im Boden sind Lackmuspapier und die in den letzten Jahren entwickelten Reaktionskarten.

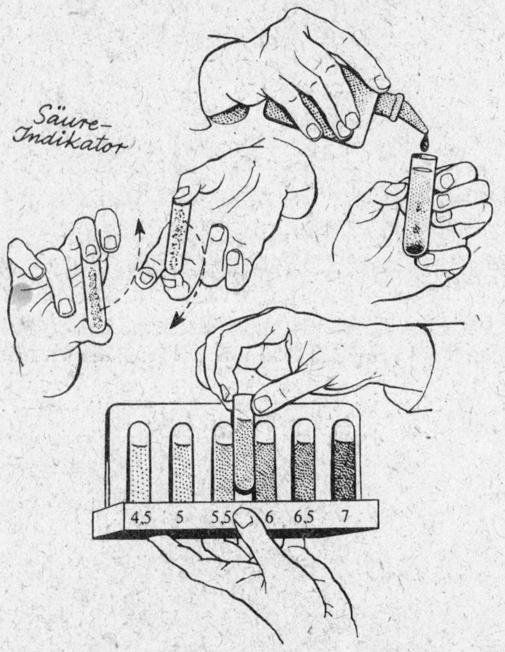

In jedem Falle ist ein dünner Erdbrei herzustellen. Dazu darf man aber nur destilliertes Wasser verwenden. Blaues Lackmuspapier färbt sich in sauren Böden rot und rotes in alkalischen (kalkhaltigen) blau. Die Karten gibt es mit verschiedenen Reaktionsbereichen. Nach dem Eintauchen in den Erdbrei kann man den Reaktionsgrad an ihnen ablesen. Ein einfaches Gerät für Bodenuntersuchungen ist ein pH-Meter, der nach Vorschrift der Hersteller anzuwenden ist.

1961 Die Wasserleitungen sind vor dem Eintritt stärkerer Fröste abzustellen und zu entleeren.

Das ist vor allem dort zu beachten, wo die Rohre nicht frostsicher verlegt sind. Trotz Entleerung ist es angebracht, die Zapfstellen (Standrohre) dicht mit Stroh einzupacken. Hähne aus Messing muß man besonders gut verpacken oder abschrauben und frostsicher lagern. Auf keinen Fall darf man die Hähne nach der Entleerung zudrehen, sondern muß sie stets aufgedreht lassen.

1962 Wer sich Buchenlaub beschaffen kann, sollte sich diese Gelegenheit zunutze machen.
Das Buchenlaub spielt als Schutzdecke und auch bei der Bodenbedeckung eine sehr große Rolle. Es verrottet sehr langsam und ist in gewissen Grenzen auch wasserabweisend. Man kann es im Garten für alle Zwecke verwenden, wo im allgemeinen Torf oder andere Mulchsubstrate in Frage kommen.

Gemüsegarten

1963 Bevor starke Fröste auftreten, sollte auch der letzte Chinakohl im Keller eingeschlagen werden.
Näheres darüber ist im Ratschlag **1760** nachzulesen. Der Chinakohl hält sich im Kellereinschlag besser als im Freien.

1964 Im Keller eingeschlagene Winterendivien (s. auch Ratschlag 1763 bis 1765) sind laufend zu prüfen, damit keine Verluste eintreten.
Sie faulen sehr leicht und stecken die Nachbarpflanzen an. Die Erde ist immer wieder anzufeuchten, damit die Winterendivien nicht welken.

1965 Mit Ausnahme von Grün- und Rosenkohl sind alle noch im Freien stehenden Kohlarten zu ernten, bevor das der Frost unmöglich macht.
Über die Behandlung des Erntegutes sind die Ratschläge **1768** bis **1770**, **1794** und **1795** nachzulesen.

1966 Ende November erhält der im Oktober (Ratschläge 1772 und 1773) gepflanzte Wintersalat den Winterschutz.

Wintersalat leidet unter Barfrost sehr stark. Darum gibt man ihm eine Schutzdecke aus Fichtenzweigen. Dadurch kann die Wintersonne nicht auf die Pflanzen einwirken, so daß sich die Transpiration (Verdunstung) der Blätter wesentlich verringert.

1967 Der im Oktober (vergleiche Ratschlag 1774) angehäufelte Mangold erhält Ende November noch einen zusätzlichen Schutz.
Dazu verwendet man am besten Fichtenreisig, das die Blätter gegen die Wintersonne schützt.

1968 Wo für das Frühjahr die Anlage von Spargel oder Meerrettich geplant ist, kann man die Vorbereitungen schon im Laufe des Novembers treffen.
Das dafür vorgesehene Land wird rigolt (Bleichspargel) oder geholländert (Grünspargel, Meerrettich). Zum Anreichern mit Humus verwendet man verrotteten Stalldung oder Torf. Wie dabei vorgegangen wird, ist in den Ratschlägen **1745** bis **1747** nachzulesen.

1969 Gegen Ende November sollte man sich noch einen Porreevorrat im Keller oder Frühbeet einschlagen.
Das muß aber geschehen, bevor die Erde stark gefriert. Siehe auch Ratschlag **1781**.

„Einschlag" von Porree im Keller!

1970 Wer ab Januar im Keller Rhabarber treiben möchte, sollte die Wurzelstöcke bereits im Spätherbst aus dem Boden nehmen.
Am besten eignen sich 3- bis 4jährige kräftige Pflanzen dazu. Man kann aber auch ältere Pflanzen verwenden, die sowieso durch junge ersetzt werden müssen. Sobald die Blätter abgestorben sind, gräbt man die Wurzelstöcke mit Erdballen aus und legt sie zunächst in einem kalten Schuppen oder ähnlichen Raum ab. Der Frost macht die Stöcke treibwilliger. Hier verbleiben sie bis zum Beginn der Treiberei im Januar. Es ist lediglich darauf zu achten, daß die Wurzelballen nicht austrocknen.

1971 Die Röschen des Rosenkohls leiden unter scharfen Ostwinden, wenn man sie nicht dagegen schützt.
Sie werden braun und zumindest die äußeren Hüllenblättchen unbrauchbar. Im allgemeinen genügt es, die durch Ostwinde gefährdete Beetseite durch in die Erde gesteckte, entsprechend lange Fichten- oder Kiefernzweige zu schützen.

1972 Wer seine Schwarzwurzeln im Boden läßt, muß sie im Laufe des Novembers mit einer etwa 20 cm starken Torfschicht versehen.
Als Behelf kann man auch verrotteten Stalldung oder möglichst trockenes Laub verwenden. Das Material muß aber locker auf die Schwarzwurzeln gebracht werden. Dadurch erhöht sich die Isolierwirkung wesentlich. So geschützte Schwarzwurzeln kann man auch im Winter nach Bedarf ernten (s. auch Ratschlag **1784**).

1973 Beim Eintritt strenger Fröste muß die Schutzdecke der Gemüsemieten (s. Ratschlag 1770 und 1779) verstärkt werden.
Ob dazu Stroh, Torf oder Erde verwendet wird, spielt keine Rolle. Die beiden zuerst genannten Schutzmittel sind aber vorzuziehen, weil man sie bei mildem Wetter besser entfernen kann.

Obstgarten

1974 Die Weinreben leiden in harten Wintern oft stark durch den Frost und sollten darum geschützt werden.
Am einfachsten ist, die Pflanzen vom Spalier zu lösen und umzulegen. Jede Pflanze wird locker zusammengebunden und mit Stroh umwickelt. Alte, hohe Reben muß man mit Fichtenreisig behängen. Bei ihnen würde das Lösen vom Spalier und das Anbinden im Frühjahr sehr viel Arbeit erfordern.

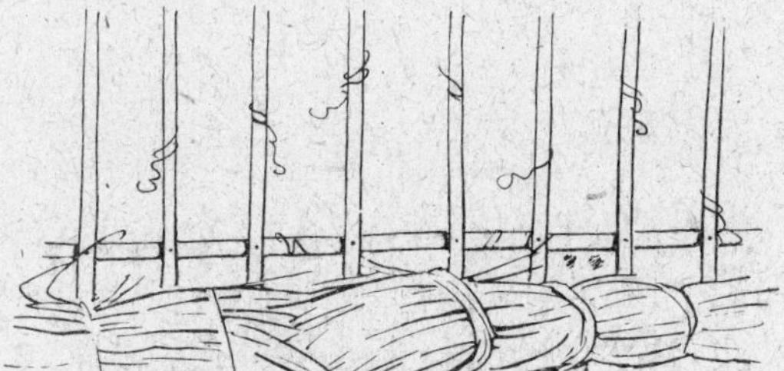

1975 Bevor die Weinreben umgelegt und eingepackt werden, sind sie zu schneiden.
Beim Auspacken im Frühjahr ist es dazu meist zu spät, und die Reben werden durch starken Saftverlust (Bluten) geschwächt. Über den Schnitt ist in den Ratschlägen **251** und **442** nachzulesen.

1976 Auf dem Lager angefrorenes Obst muß man langsam auftauen lassen. Es darf auf keinen Fall berührt werden.
Mit dem Anfrieren geht die Haltbarkeit verloren, auch wenn das Obst scheinbar ohne Folgen aufgetaut ist. Am besten ist baldiger Verbrauch. Größere Mengen verwerte man zu Mus oder Marmelade, bevor Verluste durch Faulen eintreten.

1977 Im Obstlager muß man bei der Kontrolle sowohl auf faulende als auch auf stippige Früchte achten.
Stippige Früchte muß man schon verbrauchen, sobald die ersten kleinen gelbbräunlichen Flecken an ihnen sichtbar werden. Später sind die Früchte mitunter ungenießbar, weil oft das ganze Fruchtfleisch bitter schmeckt. Die Stippigkeit tritt vor allem bei den Sorten 'Carola', 'Blenheim' und 'Jakob Lebel' auf.

1978 Wer seine Obstbäume kalken will, muß vorher alle rissige, abgestorbene Rinde von den Stämmen und starken Zweigen abkratzen.

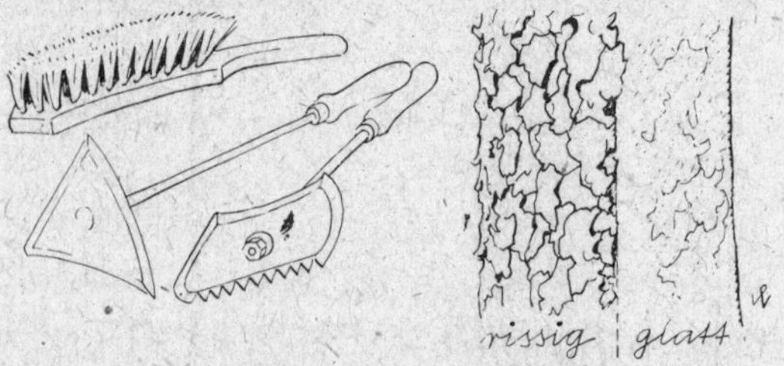

Dabei darf man aber die junge Rinde nicht verletzen. Außerdem ist das Unterlegen von Tüchern notwendig, denn unter der rissigen Rinde hält sich mancher Schädling verborgen. Darum muß auch alles, was auf den Tüchern liegt, sofort verbrannt werden.

1979 Das Kalken der Obstbäume ist ein guter Schutz gegen Frostrisse und Frostplatten.

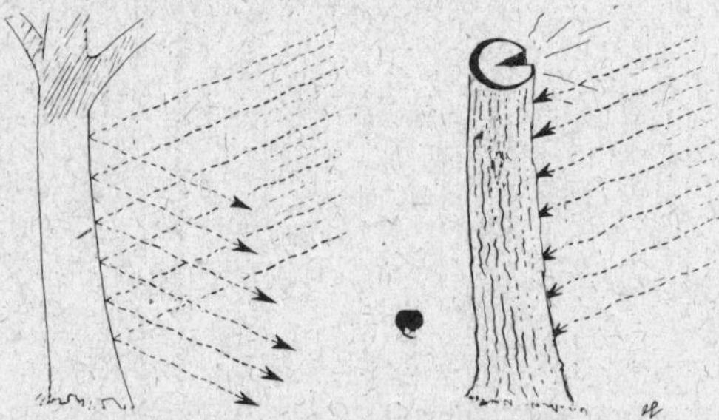

Der Anstrich mit Kalkmilch wirkt nicht nennenswert als Abtötungsmittel für Krankheitserreger oder Schädlinge. Er hat lediglich den Zweck, die Sonnenstrahlen von der Rinde abzuhalten, so daß sie nicht am Tag stark erwärmt wird und nachts dem Frost ausgesetzt ist. Wo zur Winterspritzung der Obstbäume Obstbaumkarbolineum verwendet wird, kann man etwas Kalkmilch zusetzen. Dadurch ist nach der Spritzung leicht zu kontrollieren, ob jeder Teil der Bäume mit der Spritzbrühe getroffen wurde.

1980 Der Stamm ist spätestens im November bei allen Obstbäumen gegen Wildverbiß zu schützen.
Welcher Mittel man sich dazu bedient, ist im Ratschlag 1877 nachzulesen. Das Material muß die Bäume so schützen, daß Hasen und Kaninchen auch bei einer starken Schneedecke nicht an die Rinde gelangen können.

1981 Im Laufe des Novembers sollte man die Leimringe gegen den Frostspanner laufend überprüfen, damit ihre Fängigkeit immer gut ist.

Angewehtes Laub kann sehr leicht zur Brücke für die Spannerweibchen werden. Die Klebfähigkeit des Leimes verringert sich manchmal durch Witterungseinflüsse. Wo sie nachgelassen hat, muß man sofort einen Neuanstrich vornehmen. Im übrigen bieten die Leimringe eine gute Kontrollmöglichkeit über die Häufigkeit des Frostspannervorkommens.

1982 Bevor Schnee fällt, muß unter den Obstbäumen noch einmal nachgesehen werden, ob man abgefallene kranke Früchte übersehen hat.

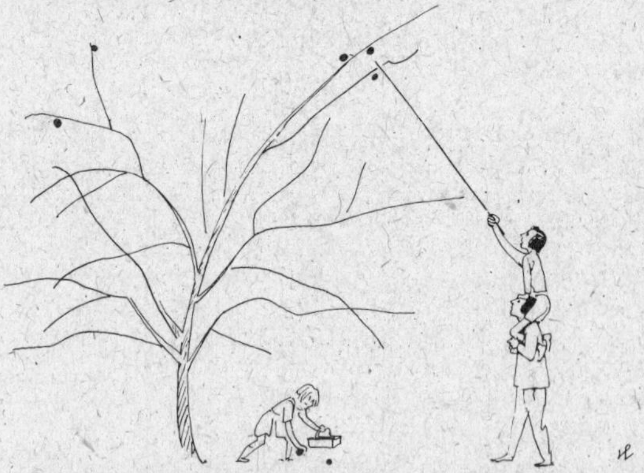

Die Kontrolle muß sich auch auf die Krone der Bäume erstrecken. Dort hängen oft noch mit Monilia befallene Früchte, die beim Hängenbleiben die Krankheit verbreiten helfen.

1983 In allen windigen und sonstigen exponierten Lagen ist bei den Erdbeeren ein zusätzlicher Winterschutz angebracht.
Mit einer einfachen Fichtenzweigdecke kommen die Erdbeeren viel besser durch den Winter. Sie ist zusätzlich zur Bodenbedeckung (s. Ratschlag **1542**) zu geben.

1984 Die günstigste Zeit zum Pflanzen der Himbeeren ist der Herbst.
Je zeitiger wir pflanzen, um so besser wachsen die Pflanzen an. Dabei ist darauf zu achten, daß die an der Basis sitzenden Knospen nicht ausbrechen. Vom Austrieb dieser Knospen hängt die weitere Entwicklung der Pflanzen ab.

1985 Der Pflanzschnitt der Himbeeren erfolgt unmittelbar nach dem Pflanzen.

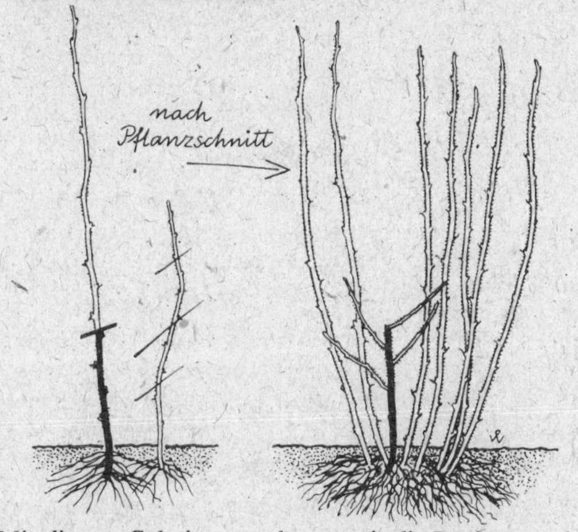

Mit diesem Schnitt veranlassen wir die Basisaugen im Frühjahr zum Austrieb, aus denen sich die neuen Ruten entwickeln. Wir schneiden die Ruten auf etwa 30 cm zurück. Sollten zwei Triebe vorhanden sein, belassen wir nur einen, der andere wird bis zur Basis entfernt.

1986 Für die Obstlagerung eignen sich am besten kühle Keller. Stehen diese nicht zur Verfügung, so haben Kleingärtner in der Laube oft günstigere Lagerbedingungen als in der Stadtwohnung.

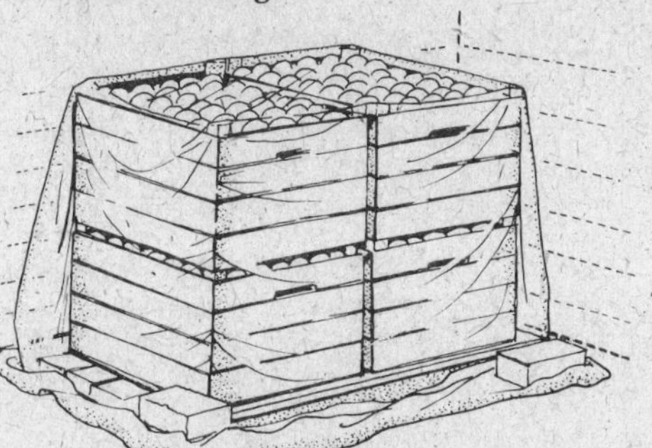

Gegen Frost hilft das Abdecken mit Alttextilien. Der Raum ist vor der Lagerung zu säubern und nach Möglichkeit zu desinfizieren. Bei 3 bis 4 °C lagert Winterobst am besten. Da sich in den Räumen die entsprechende Luftfeuchtigkeit nicht hält und daher die Früchte schrumpfen, ist es angebracht, die Steigen oder Gefäße mit Folie abzudecken.

1987 Im Normallager halten sich besonders gut die Apfelsorten 'Breuhahn', 'Idared' und 'Ontario'.
Die Verluste dieser Sorten durch Fäulnis sind in der Regel sehr gering. Sie neigen auch nicht zum Schrumpfen und Welken. Aus diesem Grunde sind sie ganz ausgezeichnet für die Langzeitlagerung, unter den Bedingungen wie wir sie beim Selbstversorger vorfinden, geeignet.

1988 Spindeln lassen sich im Kleingarten je nach der Wuchsstärke der Kombination im Abstand von 3,0 m mal 2,0 m bis 1,5 m pflanzen.

Zu beachten ist, daß man beim Kauf die entsprechende Sorten-Unterlagen-Kombination erwirbt. Starkwachsende Sorten, auf starkwachsende Unterlagen veredelt, lassen sich nicht kleinkronig halten. Diese entwickeln sich zu Büschen, die dann auf Grund der engen Abstände stärker geschnitten werden. Dies hat eine stärkere Holzproduktion und ein Ausbleiben des Ertrages zur Folge.

1989 Spindeln verlangen bedeutend weniger Platz als Büsche.
Daher ist es möglich, anstelle eines Busches 2 bis 3 Spindeln zu pflanzen. Auch der Sortenspiegel läßt sich dadurch erweitern. Der Vorteil der hohen Ertragsleistung kleinkroniger, gut belichteter Bäume, die sich besser bewirtschaften lassen, wird dabei ebenfalls genutzt.

1990 Beim Kauf von Obstgehölzen, insbesondere beim Apfel, achten wir auf eine standortgerechte Wahl der Sorten-Unterlagen-Kombination.

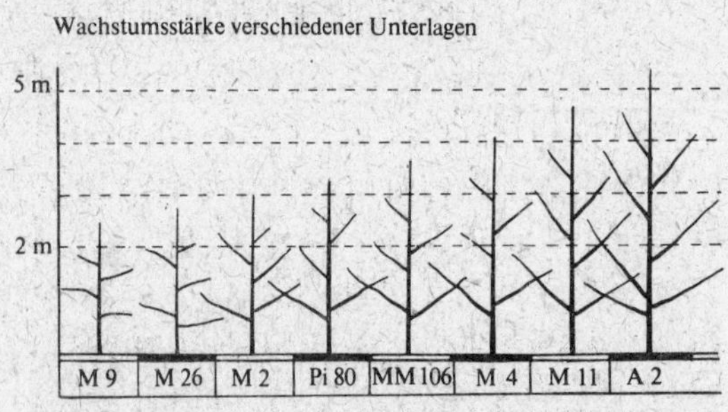

Die Unterlage hat starken Einfluß auf Wüchsigkeit, Standfestigkeit, Ertragsbeginn und Ertragsleistung sowie auf die Qualität der Früchte und deren Lagerverhalten.
Wesentlich ist, daß durch die Unterlagenwahl unter Beachtung der Bodenqualität die zukünftige Größe des Baumes mit voraus bestimmt wird.

1991 Die Obstgehölze benötigen zu ihrer optimalen Entwicklung auch eine entsprechende Versorgung mit organischem Dünger.
Wir verwenden dazu reifen oder halbfertigen Kompost oder Seeschlamm. Ist Stalldung vorhanden, kann dieser ebenfalls eingesetzt werden. Die organischen Stoffe bringen wir im November/Dezember aus und arbeiten sie flach ein. Mit dieser Humusversorgung schaffen wir eine langsam fließende Nährstoffquelle und verbessern den physikalischen Zustand des Bodens

1992 Ein Nachbau von Obstgehölzen der gleichen Art sollte vermieden werden.
Wir pflanzen daher im Garten Steinobst nach Kernobst und umgekehrt. Sollte dies nicht möglich sein, so kann auch die Birne auf den Apfel und der Apfel auf die Birne folgen. Auch kann man Sauerkirschen und Aprikosen nach Pflaumen, Pfirsiche und Sauerkirschen nach Aprikosen, sofern andere Unterlagen Verwendung finden, anbauen. Am günstigsten ist jungfräulicher Boden, d. h. Boden, auf dem noch keine Obstbäume gestanden haben. Daher ist es sinnvoller, die Gemüsefläche für Obstbäume zu verwenden und nach 12 bis 15 Jahren wieder zu wechseln.

1993 Beerenobst reagiert hinsichtlich der Ertragsleistung besonders positiv auf eine Bodenabdeckung.
Dazu eignen sich besonders Laub, Stroh, Kartoffelkraut, Säge- und Hobelspäne sowie andere organische Stoffe. Günstig ist es, die Bedeckung im Spätherbst vorzunehmen, sie ergibt damit noch einen gewissen Winterschutz. Da die Wurzeln in die Abdeckungsschicht hineinwachsen, ist es notwendig, die Deckschicht jährlich zu erneuern.

Ziergarten

1994 Die Gladiolenknollen bringt man erst dann in den Überwinterungsraum, wenn sie völlig trocken und geputzt sind.
Die Zeit zum Putzen ist gekommen, wenn sich die alte Knolle vom Boden der neuen leicht lösen läßt und die Hüllen der Knollen beim Bewegen rascheln. Der vorerst an der Knolle verbliebene Stengelteil wird beim Putzen entfernt.

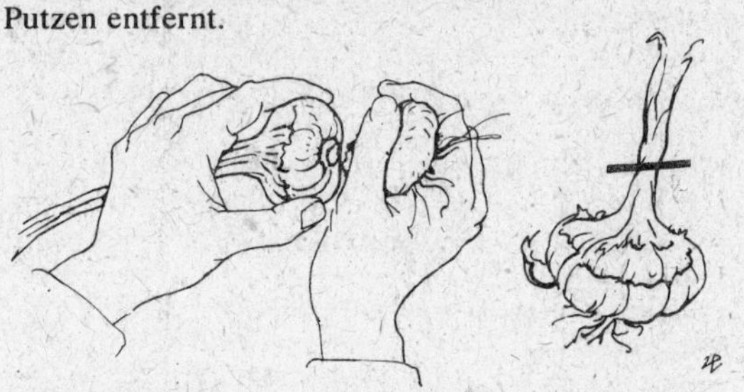

1995 Alle kranken und beschädigten Gladiolenknollen sind beim Putzen auszusortieren.
Sie dürfen auf keinen Fall mit den gesunden in das Winterlager kommen. Sie würden diese anstecken. Soweit es sich um geringfügig beschädigte handelt, bewahrt man sie in einem besonderen Raum auf, denn sie sind oft noch zu verwenden. Sie sind aber wie im nachfolgenden Ratschlag zu beizen.

1996 Nach dem Putzen und vor dem Lagern ist es angebracht, alle Gladiolenknollen zu beizen.
Dazu legt man die Knollen nach Vorschrift des Herstellers in Tecto FL-Lösung. Anschließend müssen sie in einem warmen, trockenen Raum sehr schnell getrocknet werden. Die leicht erkrankten Knollen (s. Ratschlag **1995**) bleiben länger in der Lösung, nachdem man vorher ihre Hüllschalen entfernt hat.

1997 Die Hart- und Trockenfäulen sind Gladiolenknollenkrankheiten, die großen Schaden anrichten.
Man erkennt diese Krankheiten schon im Herbst an den Knollen. Sie haben braune, etwas eingesunkene Flekken mit teilweise erhabenem Rand. Stark befallene Knollen trocknen mit der Zeit zu braunen bis schwarzen Mumien zusammen. Um größere Schäden durch Verseuchen des Landes im Frühjahr zu vermeiden, sind die Empfehlungen in den Ratschlägen **1995** und **1996** streng zu beachten.

1998 Die Lagerfäulen an Gladiolenknollen sind meist die Folge unsachgemäßer Lagerung.
Nach den bisherigen Feststellungen treten die Krankheitserreger, die zur Lagerfäule führen, in der Regel an beschädigten Knollen auf. Darum muß man schon beim Ernten auch jede geringe Beschädigung vermeiden. Durch andere Erreger verursachter Gewebeschaden ist für die Lagerfäulen ebenfalls ein Angriffspunkt. Wenn man alle Knollen vor dem Einlagern beizt (beachte Ratschlag **1996**), so wirkt das vorbeugend auch gegen Lagerfäulen. Darüber hinaus muß man aber genau einhalten, was im Ratschlag **1999** über den Aufbewahrungsort gesagt wird.

1999 Gladiolenknollen verlangen einen trockenen, luftigen Überwinterungsort, der Temperaturen von 8 bis 12 °C aufweist.

Man legt die Knollen am besten in flache Stiegen, wie sie für Tomaten verwendet werden. In jede Stiege kommen nur zwei Schichten. Die Stiegen können übereinandergestellt werden, so daß man wenig Platz benötigt. In etwa vierwöchentlichen Abständen stapelt man die Stiegen um. Dabei sollte man auch die Knollenschichten umwechseln. Der Ratschlag **1994** ist beim Einbringen in den Lagerraum besonders zu beachten.

2000 Das Aufbewahren von Gladiolenknollen in Plastikbeuteln hat sich gut bewährt.

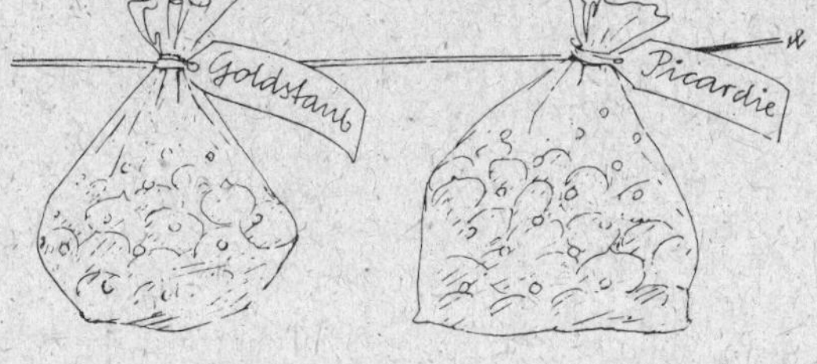

Dabei sind aber gelochte Beutel zu verwenden. In den anderen kommt es zur Schwitzwasserbildung, was sich nachteilig auf die Knollen auswirkt. Die Beutel werden luftig hängend aufbewahrt. In jeden steckt man ein Namensschild der Sorte.

2001 Wer für Gladiolenknollen keinen frostsicheren Raum hat, kann sie in Torf schichten.
Dazu sind luftig gebaute Kisten notwendig. Der Torf muß völlig trocken sein. Von der Kistenwand, dazu gehören auch Boden und Deckel, müssen die Knollen mindestens 5 cm entfernt liegen. Sämtliche Knollen sind also mit Torf zu umgeben. Sie werden in Schichten eingelegt. Die Knollen dürfen sich nicht berühren. Die einzelnen Schichten sind durch eine etwa 2 cm starke Torfschicht zu trennen. So aufbewahrt, schaden ihnen auch Raumtemperaturen von minus 5 bis 6 °C nicht.

2002 Nachdem wir von dem Pampasgras *(Cortaderia selloana)* die langen Blütenrispen abgeschnitten und sie in eine Bodenvase gestellt haben, müssen wir für den Winterschutz sorgen.
Das Pampasgras braucht ausreichenden Wasserabzug. Darum binden wir die Halme oben zusammen. So kann der Regen an den Halmen abfließen. Da aber die Pflanzen im Winter auch frostempfindlich sind, umgeben wir sie mit einer höheren trockenen Laubschicht. Wir umstellen dann die Pflanzen mit Fichtenreisig, damit der Wind das Laub nicht wegwirbeln kann. Junge Pflanzen kann man auch in einem hellen Raum frostfrei in Töpfen überwintern.

2003 In ungünstigen Lagen ist es angebracht, die Palmlilie *(Yucca)* mit einem Winterschutz zu versehen.

Das gilt vor allem dort, wo diese schöne Staude scharfen Ostwinden ausgesetzt ist. Neben einer Bodenbedeckung aus Laub oder Torf ist Sonnenschutz wichtig. Dazu eignet sich Schilf oder Fichtenreisig. Dieses wird um die Pflanze herum dicht in den Boden gesteckt und über der Pflanze zusammengebunden.

2004 Alle in der Erde überwinternden Zwiebel- und Knollengewächse sollte man im Laufe des Novembers mit einer Schutzdecke versehen.
Verrotteter Stalldung oder Torf eignen sich dazu besser als Laub, das man aber als Behelf verwenden kann. Die Schutzdecke bringt man 5 bis 6 cm hoch auf.

2005 In rauhen Lagen ist es ratsam, den wintergrünen Steingartenstauden eine lockere Schutzdecke aus Fichtenreisig zu geben.
Diese wintergrünen Steingartenstauden leiden nicht unter der Winterkälte, sondern nur in schneearmen Wintern unter der Frühjahrssonne, die die Stauden zur Assimilation anregt, während der Boden noch tief gefroren ist und die Pflanzen ihm keine Feuchtigkeit entnehmen können. So kann es zu Vertrocknungserscheinungen bei den Pflanzen kommen.

2006 Im Sumpfgärtchen werden Anfang November die Pflanzen ausgeputzt und in extremen Lagen mit Winterschutz versehen.
Die über Winter einziehenden Sumpfpflanzen schneidet man dicht über dem Boden ab. Anschließend erhält alles eine dichte Decke aus Fichtenzweigen.

2007 In den ersten Novembertagen sollte man die Wasserbecken einschließlich der Planschbecken entleeren und gegen die Einwirkung des Frostes schützen.

Damit der Frost an den Wandungen keinen Schaden anrichten kann, füllt man die Becken mit Laub oder noch besser mit Torf. Torf ist auch zum Schutz der eventuell im Wasserbecken ausgepflanzten Pflanzen geeigneter.

2008 Die in Gefäßen stehenden Seerosen und sonstigen Wasserpflanzen bringt man nach dem Entleeren der Becken (Ratschlag 2007) in das Winterquartier.

Dafür eignet sich am besten ein frostfreier Keller, der aber nicht zu warm sein darf. Temperaturen zwischen 1 und 5 °C sind am besten. Wenn sie höher liegen, kommt es zu einem unerwünschten Austrieb der Pflanzen. Vor dem Einräumen schneidet man alle schlechten Pflanzenteile sauber ab, damit keine Fäulnis entsteht.

2009 Bei natürlichen oder künstlichen Wasserbecken mit genügend hohem Wasserstand ist ein Herausnehmen der Seerosen nicht nötig.
Das Wasser muß so tief sein, daß es nicht bis zum Grund gefriert, was je nach Lage sehr verschieden sein kann.

2010 In manchen Jahren macht sich auch im November noch ein Rasenschnitt nötig.
Je kürzer der Rasen in den Winter geht, um so geringer sind die Schäden durch Auswintern. Siehe Ratschlag 1928.

2011 Eine etwa 4 bis 6 mm starke Erdschicht auf dem kurz geschnittenen Rasen verhindert das Auswintern.
Komposterde eignet sich dazu am besten. Sie muß gesiebt und nach dem Ausstreuen gleichmäßig verharkt werden. Die Hauptsache ist, daß die Komposterde möglichst keine Unkrautsamen enthält. Man sollte sie also vorher dämpfen oder die Unkrautsaat chemisch abtöten.

2012 Die für das Frühjahr vorgesehene Neuanlage einer Rasenfläche sollte man möglichst schon im November durch Graben vorbereiten.
Dann hat sich die Erde bis zum Frühjahr gesetzt, was für die Rasenaussaat sehr günstig ist. Das gegrabene Land bleibt aber in rauher Scholle liegen (s. Ratschlag 1741). Im Frühjahr braucht es dann nur glattgeharkt zu werden.

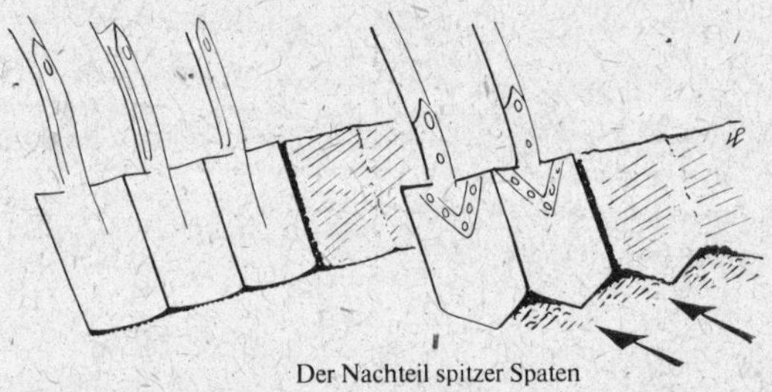

Der Nachteil spitzer Spaten

2013 Da die meisten Gräser in gut durchlüftbarem Boden am besten gedeihen, muß man beim Graben (s. Ratschlag 2012) an die Bodenverbesserung denken.
Diesen Zustand des Bodens erreicht man durch Einarbeiten von Komposterde oder Torf. Ob Kalk eingebracht werden muß, ergibt eine Bodenprobe (Ratschlag **1959** und **1960**). Anorganische Dünger bringt man ebenfalls in den Boden (beachte Ratschlag **1748**).

2014 Solange der Boden nicht gefroren ist, kann man auch im November zu groß gewordene Ziergehölze noch entfernen und durch neue ersetzen.
Dabei ist vor allem darauf zu achten, daß nicht dieselbe Pflanzengattung gepflanzt wird. Beachte auch die Ratschläge **1913** bis **1918**.

2015 Sobald das Laub restlos gefallen ist, wird der Boden unter den Ziersträuchern gelockert.
Um Schäden an den oft flach verlaufenden Wurzeln zu

vermeiden, nimmt man dazu die Grabegabel. Unter den Sträuchern liegendes Laub wird oberflächlich eingegraben.

2016 Ende November kann man mit dem Schnitt der Ziergehölze beginnen.
Es ist aber besser, damit zu warten, bis der Boden trittfest gefroren ist, sofern man unter den Sträuchern schon gelockert hat (s. Ratschlag **2015**). Wie der Schnitt vorgenommen wird, ersieht man aus den Ratschlägen **135** und **137**.

2017 Ende November erhalten die zweijährigen Sommerblumen, die im kommenden Frühjahr blühen sollen, eine Schutzdecke aus Fichtenzweigen.
Sie ist vor allem beim Vergißmeinnicht unerläßlich. Diesen Schutz sollte man auch der Glockenblume, dem Goldlack, dem Stiefmütterchen und ähnlichen nicht vorenthalten. Sonst sind in schneearmen Wintern die Verluste unvermeidlich.

2018 Die Sommerflieder *(Buddleja)*, der Eibisch *(Hibiscus)*, die Tamariske *(Tamarix)* und der Schneeflokkenstrauch *(Chionanthus)* frieren in schneearmen Wintern bis zum Boden zurück.
Um das zu verhindern, bedeckt man den Boden unter diesen Ziergehölzen etwa 20 cm stark mit Laub. Zusätzlich wird jede Pflanze mit Laub in derselben Stärke angehäufelt.

2019 Rhododendren, Stechpalmen *(Ilex)*, Lorbeerkirschen (Kirschlorbeer, *Prunus laurocerasus)* und Eiben *(Taxus)* sollte man im November in extremen Lagen mit einem leichten Gerüst überbauen, das mit Fichtenzweigen behängt wird.
Dadurch wird die winterliche Transpiration (Verdunstung) der Blätter wesentlich herabgesetzt. Es gilt also, in erster Linie die Wintersonne und scharfe Ostwinde von den Pflanzen abzuhalten. Im übrigen sind alle genannten winterhart. Vor dem Bau des Gerüstes erhält der Boden unter den Pflanzen eine mindestens 10 cm starke Laub- oder Torfschicht, um auch Frostschäden an den Wurzeln zu verhüten.

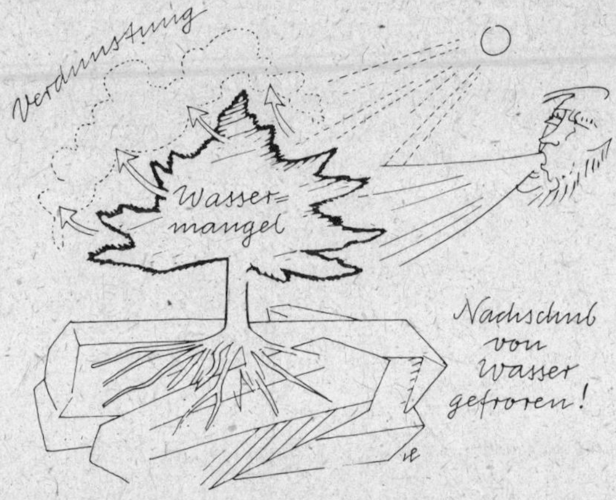

2020 Als Winterschutz für die großblütigen Waldrebensorten *(Clematis)* genügt im allgemeinen ein lokkeres Umhüllen mit Stroh oder Fichtenreisig.
Obwohl die meisten Sorten winterhart sind, empfiehlt sich diese Maßnahme, wo die Pflanzen den Ostwinden ausgesetzt sind. Umhüllen bis zu einer Höhe von etwa 1,50 m genügt. Die Pflanzen frieren dann wenigstens nicht bis zum Erdboden zurück.

2021 Vom Kinderspielplatz sollte man schon jetzt alle Kleingeräte vor Witterungsunbilden sichern.
Beim Einräumen ist das zu beachten, was im Ratschlag **1755** gesagt wird. Bereits dabei ist an mögliche Reparaturen und an eine dem Alter der Kinder angepaßte Ergänzung der Geräte zu denken.

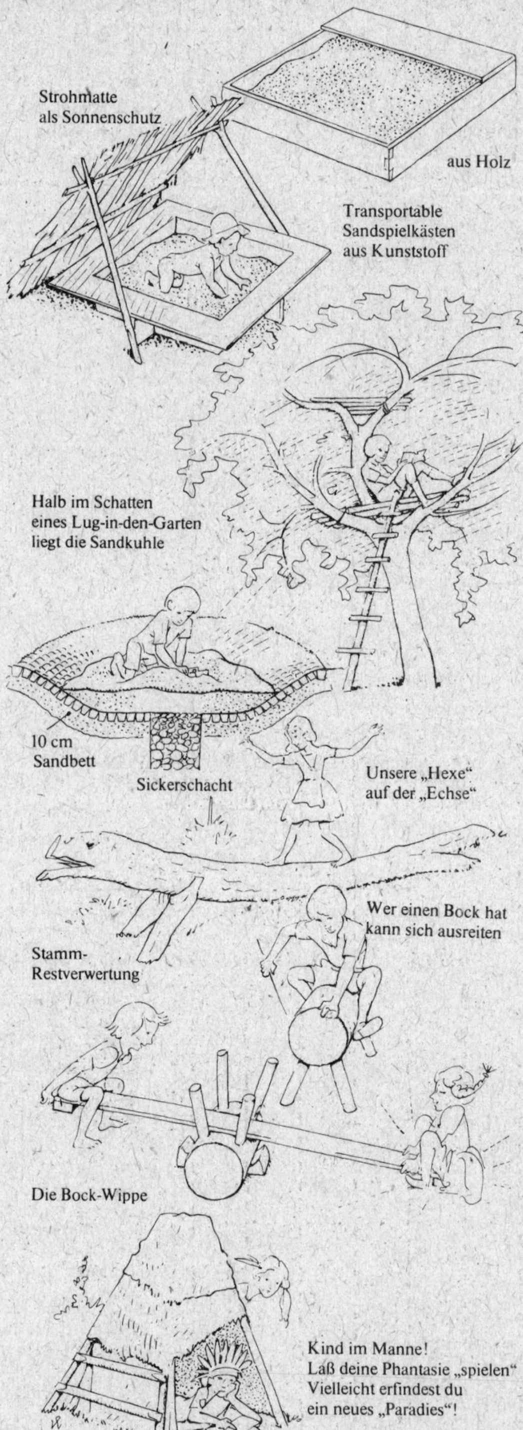

Zimmergarten

2022 Auch im November ist der Pflege der Zimmerpflanzen viel Sorgfalt zu widmen.
Das bezieht sich in erster Linie auf die Wasserversorgung, die der Zimmertemperatur anzupassen ist. Siehe auch die Ratschläge **1949** bis **1952**.

2023 Die Zimmertanne *(Araucaria)* wächst gleichmäßig, wenn sie regelmäßig gedreht wird (s. Ratschlag 1470).

Man muß sie aber das ganze Jahr über in etwa wöchentlichen Abständen drehen. Die Maßnahme ist auch für viele andere Zimmerpflanzen mit Erfolg anzuwenden. Als Beispiel seien nur Dieffenbachien und Kolbenfäden *(Aglaonema)* genannt. Im übrigen muß ich immer wieder darauf hinweisen, daß die Zimmertanne eine Kalthauspflanze ist, die sich nur in mäßig warmen Räumen gut entwickelt (siehe Ratschlag **164**).

2024 Wer gut mit Knospen besetzte Kamellien hat, darf sich nicht verleiten lassen, sie warm zu stellen.

In stark geheizten Räumen ist die Luft im allgemeinen sehr trocken. Es dauert dann gar nicht lange, bis die Pflanzen die Knospen fallen lassen. Einige Grade über Null sagen den Kamellien am besten zu. In kühlen Räumen blühen sie zwar bedeutend später, aber sicher. Wichtig ist, daß die Erdballen niemals völlig austrocknen.

2025 Ende November kann man die ersten Hyazinthen und Tulpen wärmer stellen.

Das setzt aber voraus, daß die Blütenstände bzw. Blütentriebe schon außerhalb der Zwiebeln festzustellen sind. Der Standort muß immer noch dunkel sein, oder man bedeckt die Gläser und Töpfe mit lichtdichten Tüten. Wer die Töpfe in diesem Stadium nicht mit genügend Wasser versorgt, muß mit dem Steckenbleiben der Blüten rechnen. Siehe auch Ratschlag **1731** und **1732**!

Allgemeines

2026 Da im Dezember nur noch selten Bodenbearbeitung möglich ist, werden alle nicht mehr benötigten Geräte gut gesäubert und eingefettet.

Wer rastet, bei dem rostet's!

Das ist vor allem bei den Spaten, Grabegabeln und Hacken notwendig. Vor dem Einfetten sind sie aber gründlich blank zu reiben. Das Fett oder Öl wird nur in einer hauchdünnen Schicht mit einem Lappen aufgetragen. Gießkannen werden nur entleert und umgekehrt aufgestellt oder besser aufgehängt.

2027 Um die Haltbarkeit der Gartenschnur zu erhöhen, sollte man sie über Winter mit Firnis einreiben.

Vati – „zieh Leine"!

Dazu muß sie aber vollständig trocken und sauber sein. Dann tränkt man einen Lappen stark mit Leinölfirnis, umfaßt mit ihm die Schnur und zieht sie langsam durch. Bewährt haben sich als Gartenschnur auch im Handel erhältliche Wäscheleinen aus Kunststoff, bei denen natürlich diese Pflegemaßnahmen überflüssig sind.

2028 Im Laufe des Dezembers finden sich in den Lauben und Schuppen oft Mäuse ein, die über Winter viel Schaden anrichten können.

„Schuppenwild"

Sie gehen nicht nur an Sämereien, sondern zerstören unter Umständen auch die bei der Gartenarbeit benötigte Kleidung, die in diesen Räumen oft aufbewahrt wird. Beizeiten ausgelegtes Giftgetreide oder aufgestellte Fallen verhüten den Schaden.

2029 Das Betreuen der Futterplätze ist für unsere Gartenvögel eine lebenswichtige Maßnahme.
Geeignete Futtermittel wurden im Ratschlag **61** angegeben. Sie sind so auszulegen, daß sie nicht naß werden können

2030 Frühbeete, die man schon im Laufe des Februars in Betrieb nehmen will, müssen im Dezember gegen starkes Einfrieren geschützt werden.
Frisches Laub ist das beste Mittel dazu, wenn es nicht zu naß ist. Eine etwa 30 cm starke Schicht ist im allgemeinen ausreichend. Mit ihr muß man auch die Umgebung des Frühbeetes bedecken, sonst dringt der Frost von der Seite her ein.

2031 Wer in seinem Garten Spaliere anbringen will, sollte sich beizeiten um das erforderliche Material kümmern und es entsprechend vorbereiten.
Alle Latten müssen vor dem Aufstellen der Spaliere zweimal mit Ölfarbe gestrichen werden. Es kommt nur Weiß oder ein anderer heller Farbton in Frage. Die Pfeiler für freistehende und die Mauerhaken für Wandspaliere sind durch Anstrich gegen Rost zu schützen. Drähte sollte man nur verzinkt verwenden.

2032 Am Anfang und Ende freistehender Spaliere – bei längeren auch zwischendurch – braucht man Pfeiler. Eisenrohre sind für diesen Zweck besser als Hölzer, die sehr schnell abfaulen.

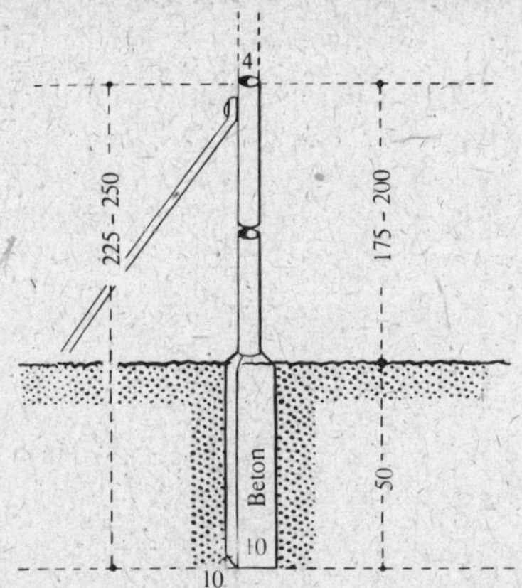

Der Durchmesser der Rohre sollte mindestens 4 cm betragen. Da die Spaliere in der Regel 1,75 bis 2,00 m hoch sind, braucht man Rohre von 2,25 bis 2,50 m Länge, da sie mindestens 0,50 m eingegraben werden. In recht lockerem Boden muß man 0,10 bis 0,20 m zulegen. Betonsockel von 0,50 m Länge und 0,10 × 0,10 m Stärke, in die man die Rohrenden einbettet (siehe Ratschlag **185**), sorgen für guten Stand. Die oberen Öffnungen der Rohre sind wasserdicht zu schließen. Die Anfangs- und Schlußpfeiler erhalten Verstrebungen.

2033 Das einfachste Spalier besteht aus waagerecht gezogenen verzinkten Drähten, die an Mauerhaken oder zwischen Pfeilern befestigt sind.

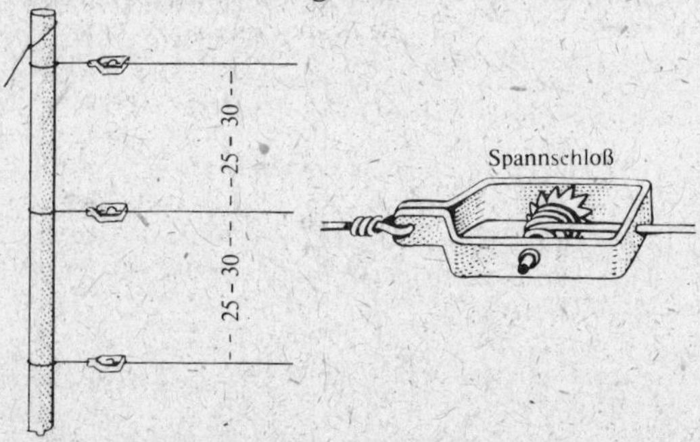

Die Drähte sind in Abständen von 0,25 bis 0,30 m anzubringen. Genügend straff werden sie nur, wenn man Spannschlösser benutzt. Die Mauerhaken sind so lang anzufertigen, daß die Drähte mindestens 15 cm von der Mauer abstehen.

2034 Als Gitterspaliere bezeichnet man die, bei denen schwache Latten senkrecht und waagerecht oder schräg (nach beiden Seiten) angebracht sind, so daß Vierecke entstehen.
Die Vierecke sollten Seitenlängen von 20 bis 25 cm erhalten (nicht darunter). Für diese Spaliere genügen im allgemeinen 1 cm × 2 cm starke Latten, die an jeder Kreuzung mit einem schwachen Drahtstift zusammengehalten werden.

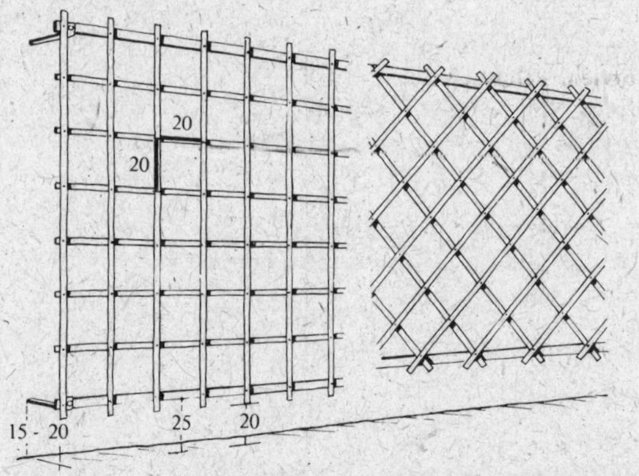

2035 Bei normalen Spalieren befestigt man die senkrechten Latten an Querdrähte oder -latten. Die letzteren nimmt man 2 × 4 cm oder 3 × 5 cm stark. Im allgemeinen genügen die schwächeren.

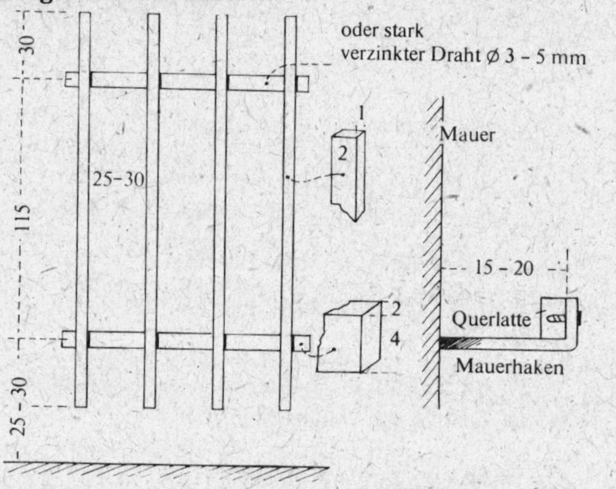

Von Ausnahmen abgesehen, macht man Spaliere 2,00 m hoch. Die unteren Lattenenden sollten immer 20 bis 25 cm vom Erdboden abstehen. Darum sind Lattenlängen von 1,75 oder 1,80 m erforderlich. Als Stärke genügen 1 × 2 cm bis 2 × 3 cm. Die Abstände von Latte zu Latte betragen 25 bis 30 cm. Damit die Luft zwischen Spalier und Mauerwerk gut zirkulieren kann, sind Zwischenräume von 15 bis 20 cm erforderlich.

2036 Alle beschriebenen Spaliere eignen sich für Obstgehölze (Pfirsiche, Weinreben) und Zierpflanzen (Kletterrosen, Echter Jasmin, Glyzine, Jelängerjelieber, Knöterich, Pfeifenwinde, Wilder Wein).
Für Brombeeren genügen die einfachsten Spaliere. Man sollte sie aber ebenfalls 2,00 m hoch machen. Spaliere für Himbeeren siehe Ratschlag **1870**. Wer von Obstgehölzen U-Formen oder Verrier-Palmetten (Seite 315) anpflanzen will, muß die senkrechten Spalierlatten so anbringen, daß man die Leittriebe daran befestigen kann.

Gemüsegarten

2037 Frühbeete, die noch mit Gemüse, z. B. Winterendivien, Feldsalat u. a. besetzt sind, muß man bei frostfreier Witterung reichlich lüften.
Damit wird dem Fäulnis- bzw. Mehltaubefall vorgebeugt.

2038 Im Keller aufbewahrtes Gemüse ist laufend zu überprüfen, damit sich keine Fäulnisherde bilden können.
Darüber hinaus ist jeder frostfreie Tag zum Lüften des Kellers zu nutzen. Gemüse mit Faulstellen muß man sofort verbrauchen.

2039 Auf den Gemüsemieten wird die Schutzdecke je nach Wetterlage verändert.

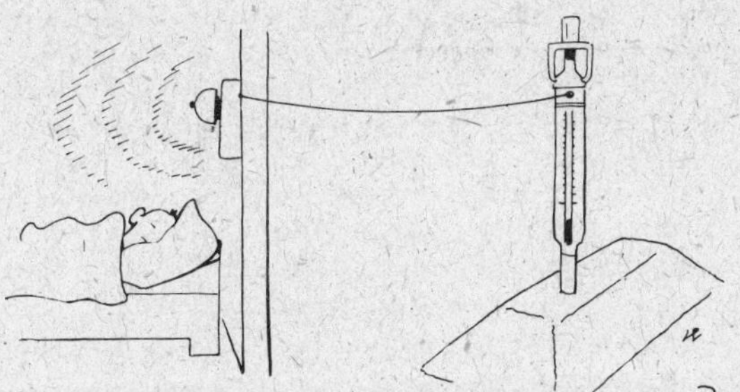

Warum nicht mit Kontaktthermometer?

Bei strengem Frost ist sie zu verstärken (beachte Ratschlag **1973**). Sobald aber frostfreies Wetter eintritt, muß man den zusätzlichen Schutz entfernen. Sonst wird es in den Mieten zu warm, und Fäulnis ist die Folge.

2040 Damit Grünkohl durch scharfe Ostwinde nicht braun wird, gibt man ihm eine leichte, luftige Decke aus Fichtenzweigen oder anderem Abdeckmaterial.
Das ist vor allem bei schneelosem Frostwetter wichtig. Auch das Ernten wird durch die Schutzdecke erleichtert. Außerdem gehen die Hasen und Kaninchen nicht so leicht an den Grünkohl.

2041 Wer im Gemüsegarten noch gräbt, wenn Schnee gefallen ist, darf ihn nicht mit eingraben.
Eingegrabener Schnee verzögert im Frühjahr die Erwärmung des Bodens. Als Decke auf der Erde ist Schnee aber sehr erwünscht. Beim Graben schippt man die ersten Spatenstiche frei von Schnee.
Vom nächsten und folgenden Bodenstreifen wird der Schnee auf das gegrabene Land geworfen, so daß es nach dem Graben wieder mit ihm bedeckt ist. Siehe auch Ratschlag **16**.

Obstgarten

2042 Wer im Frühjahr ältere Obstbäume umveredeln (umpfropfen) will, schneidet Ende Dezember die dazu erforderlichen Edelreiser.

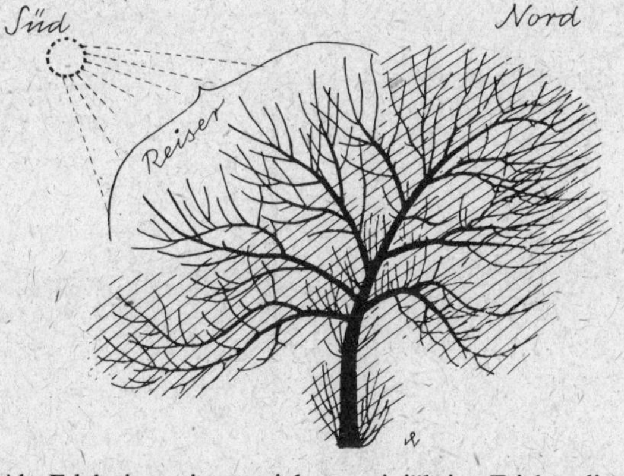

Als Edelreiser eignen sich nur einjährige Triebe, die man am besten von der Südseite eines Baumes der gewünschten Sorte nimmt. Wasserschosse darf man nicht zum Veredeln verwenden. Nach dem Schneiden werden die Edelreiser an einer gegen Sonne geschützten Stelle im Freien eingeschlagen. Siehe auch Ratschlag **98**.

2043 Das eingelagerte Obst ist mindestens einmal wöchentlich nach Faulstellen durchzusehen.
Außerdem muß jeder frostfreie Tag zum Lüften der Lagerräume benutzt werden (s. Ratschlag **1977**).

2044 Obstsorten, deren Genußreife im Laufe des Dezembers zu Ende geht, sollte man beizeiten verbrauchen.
Bei längerem Lagern verlieren sie wesentlich an Geschmack und Aussehen. Bei den Äpfeln sind es vor allem die Sorten 'Carola', 'Dülmener Rosenapfel', 'McIntosh', 'Oldenburg', 'Herrnhut' und 'Albrecht'. Von den Birnen muß die Sorte 'Alexander Lucas' spätestens im Dezember verbraucht werden.

2045 Den Winterschnitt der Obstbäume kann man bei frostfreiem Wetter schon im Dezember vornehmen.
Dabei muß man Erziehungs- und Auslichtungsschnitt auseinanderhalten. Näheres darüber ist in den Ratschlägen **106** bis **111** und **249** nachzulesen.

2046 Die im Oktober angelegten Leimringe sind gewöhnlich im Dezember nicht mehr gut fängig und sollten darum erneuert werden.
Ihnen anhaftender Staub und anderer Schmutz würden es den auch im Dezember noch vorhandenen Frostspannerweibchen möglich machen, die Leimringe zu überkriechen. Die alten sind zu verbrennen. Eventuell

unter ihnen am Stamm vorhandene Schädlinge muß man bei dieser Gelegenheit vernichten.

2047 An den laubfreien Obstgehölzen kann man Fruchtmumien und Raupennester gut erkennen.
Vor allem sollte man die Fruchtmumien sobald wie möglich entfernen und vernichten (s. Ratschlag 122). Über Raupennester ist unter Ratschlag **119** nachzulesen.

Ziergarten

2048 Wenn in der ersten Dezemberhälfte frostfreies Wetter herrscht, gibt man den immergrünen Gehölzen noch einmal Wasser.
Das gilt vor allem, wenn der Herbst an Niederschlägen arm war. Siehe Ratschlag **1725**.

2049 Bei starkem Schneefall ist darauf zu achten, daß bei den immergrünen Gehölzen kein Schaden entsteht.
Was man dabei beachten muß, ist im Ratschlag **147** zu finden.

2050 Im Winterschutz unserer Gehölze und Stauden machen sich oft Mäuse breit und können erheblichen Schaden anrichten.
Bevor wir den z. T. notwendigen Winterschutz bei Stauden und Gehölzen aufbringen, ist der Boden um die Pflanzen herum zu lockern und auf Gänge der Feld- und Wühlmäuse zu kontrollieren. Die Gänge sind mit Fallen zu verstellen (s. Ratschlag **1628**). Gerade in den selten bearbeiteten Gehölzpflanzungen legen die Mäuse ihre Nester und Vorratsläger an. Bevorzugt werden von den Mäusen weiche Blumenzwiebeln. Junge, noch nicht fest eingewurzelte Blumenzwiebeln werden in die Vorratslager geschleppt und treiben an Stellen noch aus, wo wir sie nie hingepflanzt haben.

Zimmergarten

2051 Lorraine-Begonien vertragen zwar Wärme sehr gut, werfen aber in trockener Zimmerluft leicht die Blätter und Blüten ab.
Man stellt sie darum am besten dicht ans Fenster, wo die Temperaturen nicht so hoch und die Luftfeuchtigkeit höher als im Zimmer ist. Kleine Exemplare halten sich auch im Doppelfenster sehr gut, wenn dort die Temperaturen nicht unter 12° sinken. Bei diesen Begonien darf der Topfballen nie ganz austrocknen.

2052 Ab 10. Dezember kann man gut mit Knospen besetzte Forsythienzweige im Garten abschneiden und im Zimmer zum Blühen bringen.
Sie blühen in etwa 3 Wochen sicher, wenn man sie nach dem Abschneiden etwa 12 Stunden in ihrer ganzen Länge in warmes Wasser legt. Es muß aber in der ganzen Zeit 35 bis 40 °C aufweisen. Im Anschluß an das Wasserbad stellt man die Zweige in eine Vase. Je wärmer der Aufstellraum ist, um so schneller entwikkeln sich die Blüten. Das Vasenwasser muß Zimmertemperatur haben und ist täglich zu erneuern.

2053 Ein Teil der Blattbegonien, vor allem die sogenannten Rexbegonien, werfen in der lichtarmen Zeit meist die Blätter ab.
Im blattlosen Zustand darf man sie nur sehr wenig gießen, sonst werden sie wurzelkrank und gehen zugrunde. Den warmen Platz müssen sie aber behalten.

2054 Wer Gliederkakteen (*Zygocactus*, früher *Epiphyllum* genannt) mit weit entwickelten Knospen hat, kann sie Mitte Dezember warm stellen, damit sie zu Weihnachten oder Neujahr blühen.
Je wärmer sie stehen, um so öfter muß man gießen. Wenn die Erde einmal völlig austrocknet, werfen die Pflanzen ihre Knospen und Blüten ab. Ein besonders heller Fensterplatz ist nicht nötig.

2055 Sobald bei warmgestellten Hyazinthen und Tulpen die Knospen in Höhe der Blattspitzen stehen, kann man die aufgesetzten Tüten (s. Ratschlag 2025) abnehmen.
Wer sich an den Blüten dieser Pflanzen recht lange erfreuen will, sollte sie im Doppelfenster zur Entwicklung kommen lassen.

2056 Das Überbrausen der Zimmer-Blattpflanzen ist besser als das Abwaschen.
Beim Abwaschen entstehen häufig auch dann Schäden an den Blättern, wenn man dazu einen weichen Schwamm verwendet. Darum sollte man die Blattpflanzen etwa alle zwei Wochen in die Badewanne stellen und mit etwa 20 °C warmem Wasser kräftig abbrausen. Das ist auch für die Gummibäume die geeignetste Maßnahme zum Entfernen des Staubes.

2057 Im Dezember gilt für die Zimmerpflanzen alles das, was in den Ratschlägen des Januars angegeben ist.
Darüber hinaus sind die Ansprüche aller Zimmerpflanzen in einer Tabelle niedergelegt (Seite 446 ff.).

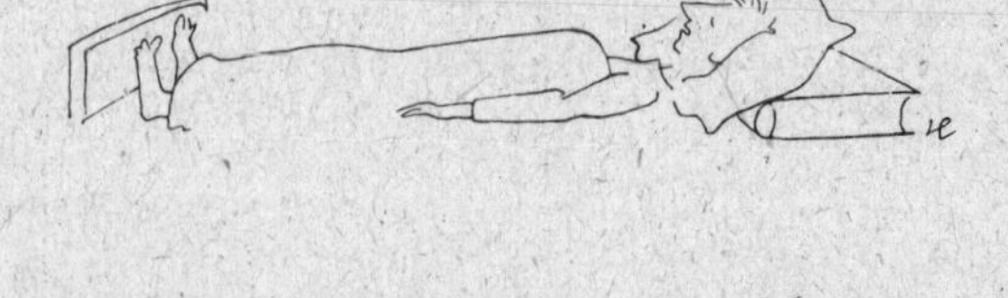

Tabellen und Listen

Die wichtigsten Kulturböden und ihre Eigenschaften

Bodenart	Gute Eigenschaften	Schlechte Eigenschaften	Maßnahmen zum Verbessern
Sandboden	Schnelle Erwärmung. Sehr gute Durchlüftung. Regen wird gut aufgenommen (bis zur Sättigung). Läßt sich bei jedem Wetter bearbeiten.	Schnelle Abkühlung. Schlechte wasserhaltende und -steigende Kraft. Eingebrachter Stalldünger verrottet sehr schnell und verschwindet in den Untergrund. Mineraldünger werden in die Tiefe gewaschen. Erfordert sehr viel Gießarbeit.	Nur Rinder- oder Schweinedünger verwenden. Mineraldünger nur in kleinen Mengen, aber öfter geben. Verrotteten Stalldünger oder Torf nicht eingraben, sondern als Bodenbedeckung verwenden.
Humoser Sandboden	Schnelle anhaltende Erwärmung. Läßt sich gut bearbeiten. Gute Durchlüftung. Mineraldünger halten sich zufriedenstellend. Wasserhaltende Kraft ist gut. Er wird zu den besten Kulturböden gerechnet.	Bei Trockenheit verweht der Wind den Boden, wenn er sehr feinkörnig ist. Darunter leiden die Pflanzen. Oberfläche trocknet schnell aus.	Nach Möglichkeit nur Rinderdünger eingraben. Mineraldünger nur in kleinen Mengen, aber öfter geben. Verrotteten Stalldünger oder Torf nicht eingraben, sondern als Bodenbedeckung verwenden.
Lehmiger Sandboden (Mittelboden)	Läßt sich für fast alle Kulturen verwenden. Durchlüftung ist fast gut. Mineraldünger halten sich besser als in Sandböden. Auch der Stalldünger wird besser ausgenutzt. Bodenbearbeitung ist normal.	Erwärmt sich etwas langsamer als humoser Sandboden. Hält die Feuchtigkeit nicht lange.	Bei dieser Bodenart sollte man ebenfalls den Rinderdünger dem Pferdedünger vorziehen. Außerdem ist Bodenbedeckung sehr wichtig, um die Bodenfeuchtigkeit lange zu erhalten.
Sandiger Lehmboden (Mittelboden)	Ist für fast alle Kulturen verwendbar. Wasserhaltende und -steigende Kraft ist gut. Durchlüftung ausreichend. Stalldünger wird gut ausgenutzt. Bodenbearbeitung ist normal.	Besitzt keine nennenswerten schlechten Eigenschaften, wenn regelmäßig für Humuszufuhren gesorgt wird.	Auch für diese Bodenart ist es angebracht, mit Bodenbedeckung zu arbeiten, weil dadurch viel Hack- und Gießarbeit eingespart wird. Kohlensaurer Kalk ist besser als Ätzkalk.
Lehmboden	Wasserhaltende und -steigende Kraft ist sehr gut. Mineraldünger werden ausreichend festgehalten. Die Ausnutzung des Stalldüngers ist sehr gut. Stark mit Humus versorgt, ist er einer der besten Kulturböden.	Durchlüftung läßt zu wünschen übrig. Erwärmt sich im Frühjahr verhältnismäßig langsam. Bearbeitet sich schwer. Verlangt viel Hackarbeit.	Mit Hilfe von Bodenbedeckung wird die Oberfläche durch Regen und Gießen nicht verschlämmt, was der Durchlüftung zugute kommt. Zum Eingraben nur Pferdedünger verwenden. Regelmäßiges Kalken mit Ätzkalk macht ihn besser durchlüftbar.
Moorboden	Sehr gut wasserhaltend. Für Moorbeet- und Heidepflanzen besonders gut geeignet. Mineraldünger werden ausgezeichnet festgehalten. Einbringen von Stalldünger erübrigt sich.	Meist sauer und schlecht durchlüftbar. Oft auch sehr kalt, wenn kein durchlässiger Untergrund vorhanden ist.	Je nach Mächtigkeit tief rigolen, damit man einen durchlässigen Untergrund erhält. Reichlich mit Kalk versorgen. Groben erdefreien Sand in die obere Schicht einarbeiten.

Anmerkung:

* Als guten Gartenboden bezeichnet man alle Bodenarten, die durch jahrzehntelange intensive Bearbeitung, regelmäßige reichliche Zufuhr von Humus, Kalkungen und gute Fruchtfolge den Ursprungscharakter fast verloren haben. Er hat in der Regel nur gute Eigenschaften.

Umrechnung der Reinnährstoffe N, P, K in Handelsdüngermengen

Stickstoffdünger	Nährstoffbedarf N in g/10 m²								
	25	50	80	100	140	150	200	220	300
Schwefelsaures Ammoniak	119	238	381	476	666	714	952	1 047	1 428
Kalkammonsalpeter	100	200	320	400	560	600	800	880	1 200
Kaliammonsalpeter	167	335	536	670	938	1 005	1 340	1 474	2 010
Harnstoff	54	108	174	217	304	325	434	477	651

Phosphordünger	Nährstoffbedarf P in g/10 m²					
	25	35	40	50	55	65
Superphosphat	312	438	500	625	688	838
Thomasphosphat	418	585	668	835	919	1 086
Alkalisinterphosphat	227	318	364	455	500	609

Kalidünger	Nährstoffbedarf K in g/10 m²				
	125	150	170	200	240
Kalidüngesalz 50 %	298	357	408	476	571
Kalidüngesalz 60 %	250	300	340	400	480
Kamex	379	455	515	606	727
Schwefelsaures Kali	298	357	408	476	571

Pflanzenbedarf je m²

Reihen-abstand (cm)	Abstand auf der Reihe (cm) 10	15	20	25	30	35	40	45	50	60
10	100	67	50	40	33	29	25	23	20	17
15	67	45	33	27	23	20	17	15	13	11
20	50	33	25	20	17	15	13	11	10	8
25	40	27	20	16	13	11	10	9	8	7
30	33	23	17	13	11	10	9	8	7	6
35	29	20	15	11	10	9	7	6	6	5
40	25	17	13	10	9	7	6	6	5	4
45	23	15	11	9	8	6	6	5	5	4
50	20	13	10	8	7	6	5	5	4	3
60	17	11	8	7	6	5	4	4	3	3

Pflanzenbedarf je lfm Normalbeet (1,20 m)

Reihen-zahl	Reihen-abstand (cm)	Entfernung auf der Reihe (cm) 5	10	15	20	25	30	35	40	45	50	60
15	8	300	150	100	75	60	50	43	38	34	30	25
12	10	240	120	80	60	48	40	34	30	27	24	20
10	12	200	100	67	50	40	33	29	25	22	20	17
8	15	160	80	53	40	32	27	23	20	18	16	13
6	20	120	60	40	30	24	20	17	15	13	12	10
5	25	100	50	33	25	20	17	14	12	11	10	8
4	30	80	40	27	20	16	13	11	10	9	8	7
3	40	60	30	20	15	12	10	9	8	7	6	5
2	60	40	20	13	10	8	7	6	5	5	4	3

Richtwerte für die Düngung der Gemüsearten im Freiland in g/10 m²

Die Richtwerte geben den Bedarf in Reinnährstoffen an. Die erforderliche Umrechnung in Handelsdüngermengen kann an Hand der Tabelle vorgenommen werden. Bei Stickstoff darf die Einzelgabe 50 g N/10 m² nicht überschreiten. Diese Menge gibt man am besten bei der Vorbereitung der Saat- bzw. Pflanzfläche. Den übrigen Stickstoff erhalten die Pflanzen während der Vegetationsperiode in mehreren Gaben, je nach Bedürftigkeit. Dabei kann man mit der Einzelgabe auch unter 50 g N/m² bleiben und entsprechend häufiger düngen. Bei Kali darf die Einzelgabe nicht über 200 g/10 m² liegen. Bei höherem Bedarf muß der Rest während der Vegetation, zusammen mit der Stickstoffkopfdüngung gegeben werden.

1 Versorgungsstufen des Bodens: I = hoher Gehalt, II = mittlerer Gehalt, III = niedriger Gehalt
2 Die Richtwerte gelten für die Hauptertragszeit auf mittleren Böden.

Gemüseart	Stickstoff (N)		Phosphor (P) und Kali (K)						
	Bedürftigkeit	Richtwert	Bedürftigkeit	Richtwert je nach Versorgungsgrad					
		g		I		II		III	
				P	K	P	K	P	K
Blumenkohl	sehr stark	220—300	stark	40	170	50	200	65	240
Brokkoli	sehr stark	220—300	stark	35	170	50	200	65	240
Buschbohnen	schwach	50— 80	mittel	30	125	40	170	50	200
Chicorée	stark	150—200	mittel	30	125	40	170	50	200
Chinakohl	stark	150—200	stark	40	170	50	200	65	240
Eierfrucht	mittel	100—140	mittel	30	125	40	170	50	200
Erbsen	schwach	50— 80	mittel	30	125	40	170	50	200
Feldsalat	schwach	50— 80	schwach	20	80	30	125	40	170
Gartenkresse	schwach	50	schwach	20	80	30	125	50	170
Grünkohl	mittel	100—140	mittel	30	125	40	170	50	200
Gurken	mittel	100—140	stark	40	170	50	200	65	240
Kartoffeln	stark	150—200	stark	40	170	50	200	65	240
Kohlrabi	mittel	100—140	mittel	30	125	40	170	50	200
Kohlrüben	stark	150—200	mittel	30	125	40	170	50	200
Kopfsalat	mittel	100—140	mittel	30	125	40	170	50	200
Kürbis	sehr stark	220—300	stark	40	170	50	200	65	240
Mangold	stark	150—200	mittel	30	125	40	170	50	200
Möhren, früh	mittel	100—140	mittel	30	125	40	170	50	200
Möhren, spät	stark	150—200	stark	40	170	50	200	65	240
Paprika	stark	150—200	stark	40	170	50	200	65	240
Petersilie	mittel	100—140	mittel	30	125	40	170	50	200
Porree	sehr stark	220—300	mittel	30	125	40	170	50	200
Prunkbohnen	mittel	100—140	stark	40	170	50	200	65	240
Puffbohnen	mittel	100—140	mittel	30	125	40	170	50	200
Radies	schwach	50— 80	schwach	20	80	30	125	40	170
Rettich	mittel	100—140	mittel	30	125	40	170	50	200
Rhabarber	sehr stark	220—300	stark	40	170	50	200	65	240
Rosenkohl	sehr stark	220—300	stark	40	170	50	200	65	240
Rote Rüben	mittel	100—140	mittel	30	125	40	170	50	200
Rotkohl	sehr stark	220—300	stark	40	170	50	200	65	240
Salat	mittel	100—140	mittel	30	125	40	170	50	200
Schnittlauch	stark	150—200	mittel	30	125	40	170	50	200
Schwarzwurzeln	mittel	100—140	stark	40	170	50	200	65	240
Sellerie	stark	150—200	mittel	30	125	40	170	50	200
Sommerendivien	mittel	100—140	mittel	30	125	40	170	50	200
Spargel	sehr stark	220—300	stark	40	170	50	200	65	240
Spinat	schwach	80	mittel	30	125	40	170	50	200
Stangenbohnen	mittel	100—140	mittel	30	125	40	170	50	200
Tomaten	mittel	100—140	mittel	30	125	40	170	50	200
Weißkohl, früh	stark	150—200	stark	40	170	50	200	65	240
Weißkohl, spät	sehr stark	220—300	stark	40	170	50	200	65	240
Winterendivien	mittel	100—140	mittel	30	125	40	170	50	200
Wirsingkohl	stark	150—200	stark	40	170	50	200	65	240
Zuckermais	mittel	100—140	stark	30	170	40	200	50	240
Zwiebeln, Sä-	mittel	100—140	mittel	30	125	40	170	50	200
Zwiebeln, Lauch-	schwach	50— 80	schwach	20	80	30	125	40	170

Richtwerte für die Düngung des Obstes in g/10 m^2

Obst	Stickstoff (N)		Phosphor (P) und Kali (K)						
	Bedürftigkeit	Richtwert g	Bedürftigkeit	Richtwert je nach Versorgungsgrad[1]					
				I		II		III	
				P	K	P	K	P	K
Kernobst[2]	mittel	100—140	stark	30	170	45	200	60	220
Steinobst[2]	mittel	100—140	stark	35	180	50	200	65	240
Strauchbeerenobst[2]	schwach	50—80	normal	25	125	40	170	55	200
Erdbeeren	schwach	50—80	normal	25	125	40	170	55	200

Fruchtfolge

Während bei fast allen Gartenfreunden über die Bedeutung der Bodenbearbeitung, Düngung und Sortenwahl für den Anbauerfolg Klarheit herrscht, muß man immer wieder feststellen, daß der Fruchtfolge noch zuwenig Aufmerksamkeit geschenkt wird. Tatsache ist jedoch, daß die Einhaltung einer zweckmäßigen Fruchtfolge mindestens den gleichen Einfluß auf das Anbauergebnis hat wie z. B. die Düngung. Fruchtfolgefehler können sich nachteiliger und vor allem nachhaltiger auswirken als Düngungsfehler, die sich relativ schnell korrigieren lassen. Grundsätzlich sollte man vermeiden, zweimal nacheinander die gleiche Gemüseart auf der gleichen Stelle anzubauen. Aber auch Gemüsearten, die botanisch eng verwandt sind, also Zwiebeln und Porree, Radies und Rettich, Blumenkohl und Rosenkohl oder Tomaten und Kartoffeln, dürfen nicht nacheinander angebaut werden. Jede Pflanze beansprucht den Boden in artspezifischer Weise. Sie hinterläßt durch ihre Wurzeltätigkeit Stoffe im Boden, die für nachfolgende Pflanzen der gleichen Art unverträglich sind und sich wachstumshemmend auswirken. Je weiter auseinander zwei Gemüsearten im botanischen Verwandtschaftssystem stehen, um so besser lassen sie sich nacheinander oder miteinander kultivieren. Diese Erkenntnis ist auch für den Mischanbau wichtig. Kopfsalat und Radies bzw. Rettich, Gurken und Sellerie oder Tomaten und Salat vertragen sich beispielsweise im Mischanbau recht gut. Die Möglichkeiten geeigneter Anbaufolgen und Kombinationen im Misch- und Zwischenfruchtanbau sind groß und steigen mit der Anzahl der verwendeten Gemüsearten. Aus der grafischen Darstellung auf Seite 349 sind die Verträglichkeitsbeziehungen der einzelnen Gemüsearten innerhalb der Fruchtfolge zu ersehen.

Die Auswirkungen von Fruchtfolgefehlern äußern sich im erhöhten, artspezifischen Krankheits- und Schädlingsbefall sowie in einem teilweise beachtlichen Ertragsrückgang. So können die Erträge bei mehrmaligem Nachbau der gleichen Gemüseart auf derselben Fläche im Vergleich zum Fruchtwechsel bis auf 50% des Normalertrages absinken. Kommt dazu noch Krankheits- und Schädlingsbefall, so treten teilweise noch höhere Verluste auf. Zu beachten ist außerdem, daß für die einzelnen Gemüsearten unterschiedlich lange Anbaupausen einzuhalten sind, um Fruchtfolgeschäden sicher zu vermeiden. Nachstehend werden für die wichtigsten Gemüsearten die notwendigen Anbaupausen genannt:

Bohnen	2 bis 3 Jahre
Endivien	2 Jahre
Erbsen	4 bis 5 Jahre
Feldsalat	1 bis 2 Jahre
Gurken	3 bis 5 Jahre
Kohlarten	3 bis 4 Jahre
Kopfsalat	1 bis 2 Jahre
Mangold	3 bis 4 Jahre
Möhren	3 bis 4 Jahre
Paprika	3 bis 4 Jahre
Porree	2 bis 3 Jahre
Radies, Rettich	2 bis 3 Jahre
Rote Rüben	3 bis 4 Jahre
Schwarzwurzeln	4 Jahre
Sellerie	3 bis 4 Jahre
Spargel	10 bis 12 Jahre
Spinat	1 bis 2 Jahre
Tomaten	3 bis 4 Jahre
Zwiebeln	4 bis 5 Jahre

Die Einhaltung der Anbaupausen wird bedeutend erleichtert, wenn man den Gemüsebau möglichst vielseitig gestaltet und auch die Erdbeeren, Frühkartoffeln und Zierpflanzen mit in die Gemüsefruchtfolge einbezieht. Unerläßlich ist außerdem eine exakte, jährliche Anbauplanung mit einfacher Skizze über die Aufteilung der Gemüsefläche. Nur so ist es möglich, über Jahre hinweg zu verfolgen, wann welche Gemüseart an welcher Stelle gestanden hat.

Fruchtfolge für gärtnerische Kulturen (nach Reinhold)

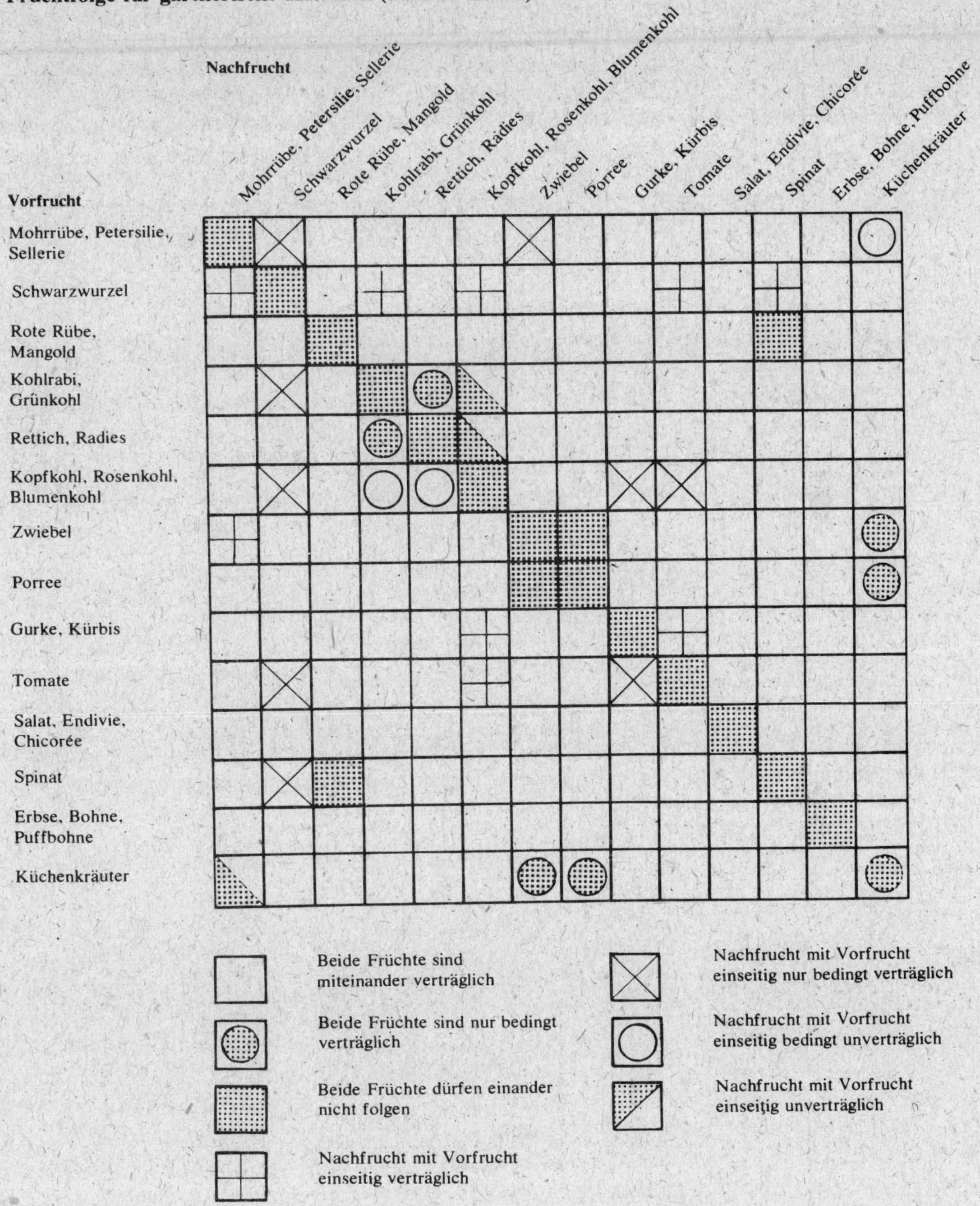

Saat- und Pflanztabelle für Gemüse und Gewürzkräuter

Gemüse- und Gewürzkräuterart	Kornzahl in g	Keimfähigkeit Jahre	Samenbedarf g/10 m²	Aussaat Monat	Reihenabstand cm	Pflanzenbedarf Stck/10 m²	Pflanzzeit Monat	Pflanzenabstand cm
Basilikum	700—800	2	—	—	—	200	M.V	25 × 20
Bleichsellerie	1 500—2 000	2—3	—	—	—	50	V	50 × 40
Blumenkohl	280—320	3—4	0,4	—	—	—	—	—
unter Glas und Folie	—	—	—	—	—	60	III	40 × 40
Frühanbau	—	—	—	II—M.III	—	40	E.III—A.V	50 × 50
Sommeranbau	—	—	—	IV	—	40	E.V—A.VI	50 × 50
Herbstanbau	—	—	—	E.IV—M.V	—	30—40	M.VI—A.VII	50 × 50 bis 60 × 50
Bohnenkraut	1 200—1 500	1	2—3	IV	20	20	M.V	25 × 20
Boretsch	60—80	2—3	40—50	IV—V	25—30	—	—	—
Brokkoli	260—300	3—4	0,5	E.II—A.VI	—	40—50	E.IV—A.VII	50 × 40 bis 50 × 50
Buschbohnen	2—4	3—4	140—250	M.V—M.VII	30	—	—	—
Chinakohl	280—320	3—5	2—3	M.—E.VII	40	—	—	—
Chicorée	500—600	2—3	7—8	A.V—M.VI	30	—	—	—
Dill	500—600	2—3		IV—VI	25	—	—	—
Eierfrucht	240—280	3—4	—	—	—	40	M.—E.V	50 × 50
Endivien, Sommer	800—1 000	3—4	5	M.IV—M.VI	—	110	M.V—E.VII	30 × 30
Endivien, Winter	600—850	4—5	5	M.VI—A.VII	—	110	VII—A.VIII	30 × 30
Erbsen	3—5	2—3	250—300	M.III—E.V	30	—	—	—
Estragon	5 000—6 000	2	—	—	—	80—90	IV	40 × 30
Feldsalat	1 000	3—5	15	VIII—IX	12—15	—	—	—
Gartenkresse	250—300	2—3	15	E.III—VI	12	—	—	—
Grünkohl	280—320	3—4	0,6	M.V—M.VI	—	50	E.VI—E.VII	50 × 40
Gurken	30—35	6—8	10	—	—	—	—	—
unter Glas und Plaste	—	—	—			20—30	IV—A.V	100 × 40
Freiland	—	—	—	M.V—A.VI	80	—	—	—
Kerbel	450—500	2	10	III—E.VII	20	—	—	—
Knoblauch	—	—	—	—	—	400	III—IV	20—15 × 15
Kohlrabi	280—320	3—4	2	—	—	—	—	—
unter Glas und Plaste	—	—	—	-	—	250	III	20 × 20
Frühanbau —	—	—	—	M.—E.II	—	160	III—A.VI	25 × 25
Sommeranbau	—	—	—	A.IV—M.VI	—	160	M.V—A.VII	25 × 25
Herbstanbau	—	—	—	M.VI	—	90—110	A.—M.VII	30 × 30 bis 40 × 30
Kohlrüben	280—320	3—4	1	IV—E.V	—	90	V.—A.VII	40 × 30
Kopfsalat	600—800	3	0,8	—	—	—	—	—
unter Glas und Plaste	—	—	—	—	—	250	E.II—III	20 × 20
Frühanbau	—	—	—	II	—	160—250	III—M.IV	20 × 20 bis 25 × 25
Sommeranbau	—	—	—	E.III—M.VI	—	110—160	IV—A.VII	25 × 25 bis 30 × 30
Herbstanbau	—	—	—	VII	—	160	M.—E.VIII	25 × 25
Kümmel	200—250	2	10	IV	30	—	—	—
Kürbis	2—3	4—5	10	M.V	100	10	E.V	100 × 100
Majoran	4 000—5 000	2	—	—	—	350	E.V	20 × 15
Mangold	60—75	5—6	10	III—IV	30—40	—	—	—
Möhren	800—900	3—4	5—10	III—VI	20—30	—	—	—

Gemüse- und Gewürzkräuterart	Kornzahl in g	Keimfähigkeit Jahre	Samenbedarf g/10 m²	Aussaat Monat	Reihenabstand cm	Pflanzenbedarf Stck/10 m²	Pflanzzeit Monat	Pflanzenabstand cm
Paprika, Gemüse-	200— 250	3—4	0,1	A.—M.III	—	40—50	M.—E.V	50 × 40 bis 60 × 40
Paprika, Gewürz-	200— 250	3—4	0,1	—	—	70— 90	M.—E.V	40 × 30 bis 50 × 30
Petersilie	600— 700	2—3	5—6	III—IV	15—30	—	—	—
Porree	350— 400	2—3	2	III—M.IV	—	250	V—VI	30 × 15
Puffbohnen	0,5— 1	3—4	200—300	III	50	—	—	—
Radies	100— 160	4—5	50	III—VIII	8—15	—	—	—
Rettich	100	4—5	20— 25	III—VIII	10—30	—	—	—
Rhabarber	—	—	—	—	—	10	IX od. III	100 × 100
Rosenkohl	280 320	4—5	0,4	IV	—	30— 40	E.V—M.VI	60 × 50 bis 60 × 60
Rote Rüben	60— 75	4—6	30	E.IV—E.VI	30	—	—	—
Rotkohl	280— 320	4—5	0,4	—	—	—	—	—
Frühsorten	—	—	—	E.II	—	40— 50	IV	50 × 40 bis 50 × 50
mittelfrühe und Spätsorten	—	—	—	IV	—	30— 40	E.V—A.VI	60 × 50 bis 60 × 60
Schnittlauch	800— 900	1—2	5	III—VI	—	250	V—VI	20 × 20
Schnitt- und Pflücksalat	600— 800	3—4	20	III—V	15—25	—	—	—
Schwarzwurzeln	70— 90	1—2	20— 30	III	25—30	—	—	—
Sellerie	1 800—2 100	2—3	0,06	A.III	—	50— 70	M.—E.V	50 × 30 bis 50 × 40
Spargel	—	—	—	—	—	20	E.III—M.IV	120 × 40
Spinat	80— 120	1—2	30— 50	II—III od. VII—IX	20	—	—	—
Stangenbohnen	2— 4	3	100—150	M.—E.V	80	—	—	—
Thymian	4 000	2	—	—	—	250	IV	20 × 20
Tomaten	300— 350	2—4	0,1	—	—	—	—	—
unter Glas und Plaste	—	—	—	—	—	25 bzw. 70	IV—A.V	80 × 50 50 × 30°)
Tomaten/Freiland	—	—	—	E.II—A.III	—	25	M.—E.V.	80 × 50
Weißkohl	280— 320	4—5	0,4	—	—	—	—	—
Frühsorten	—	—	—	E.II	—	40— 50	IV	50 × 40 bis 50 × 50
Mittelfrühe und Spätsorten	—	—	—	IV	—	30— 40	E.V—A.VI	60 × 50 bis 60 × 60
Wirsingkohl	280— 320	4—5	0,4	—	—	—	—	—
Frühsorten	—	—	—	E.II	—	50— 60	IV	40 × 40 bis 50 × 40 50 = 40
Mittelfrühe und Spätsorten	—	—	—	IV	—	30— 40	E.V—A.VI	60 × 50 bis 60 × 60
Zwiebeln	220— 250	1—2	5—8	A.III—M.IV	20	—	—	—

°) Stutztomaten

Übersicht über mögliche Saat-, Pflanz- und Erntezeiträume für Freilandgemüse

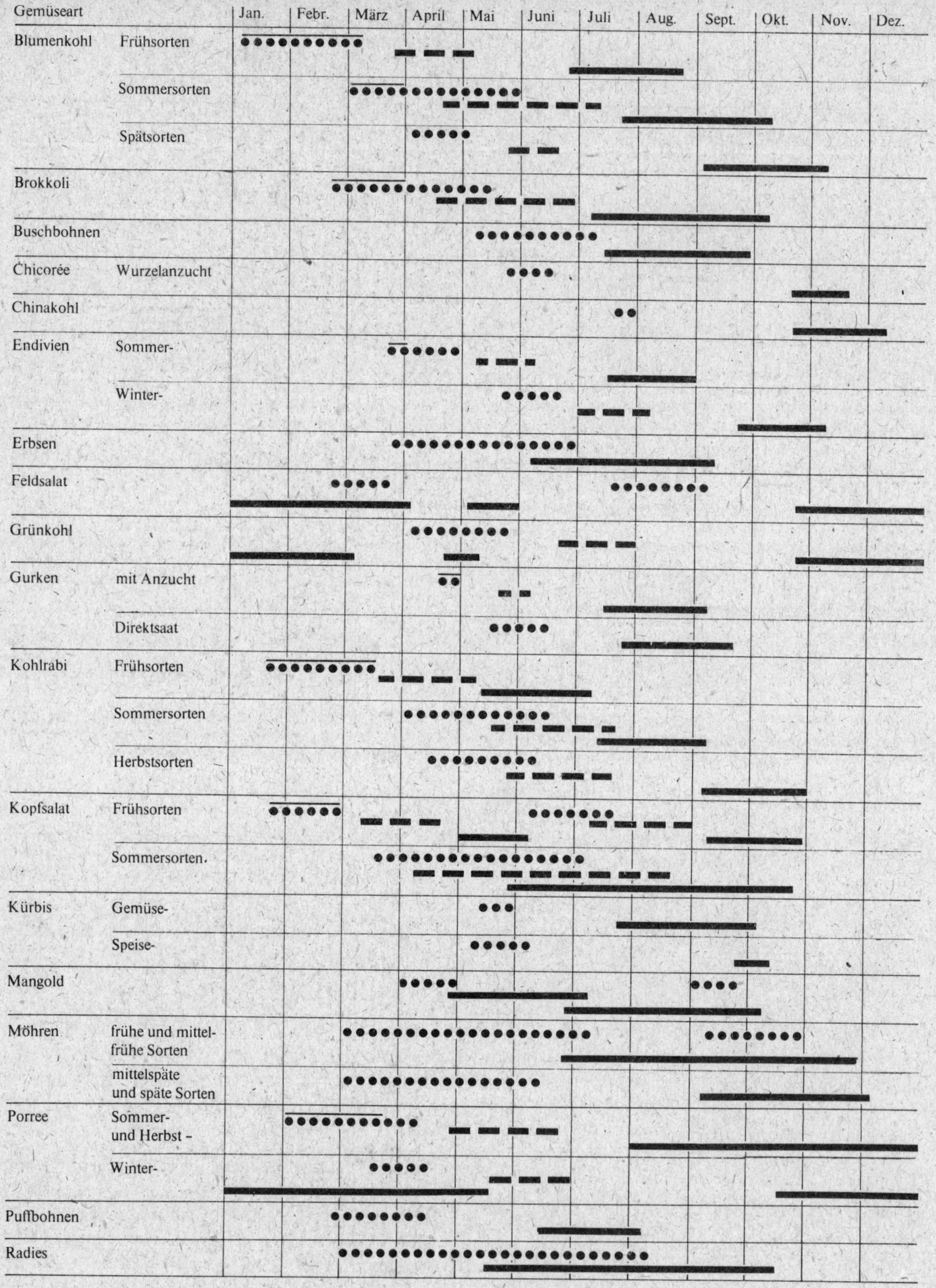

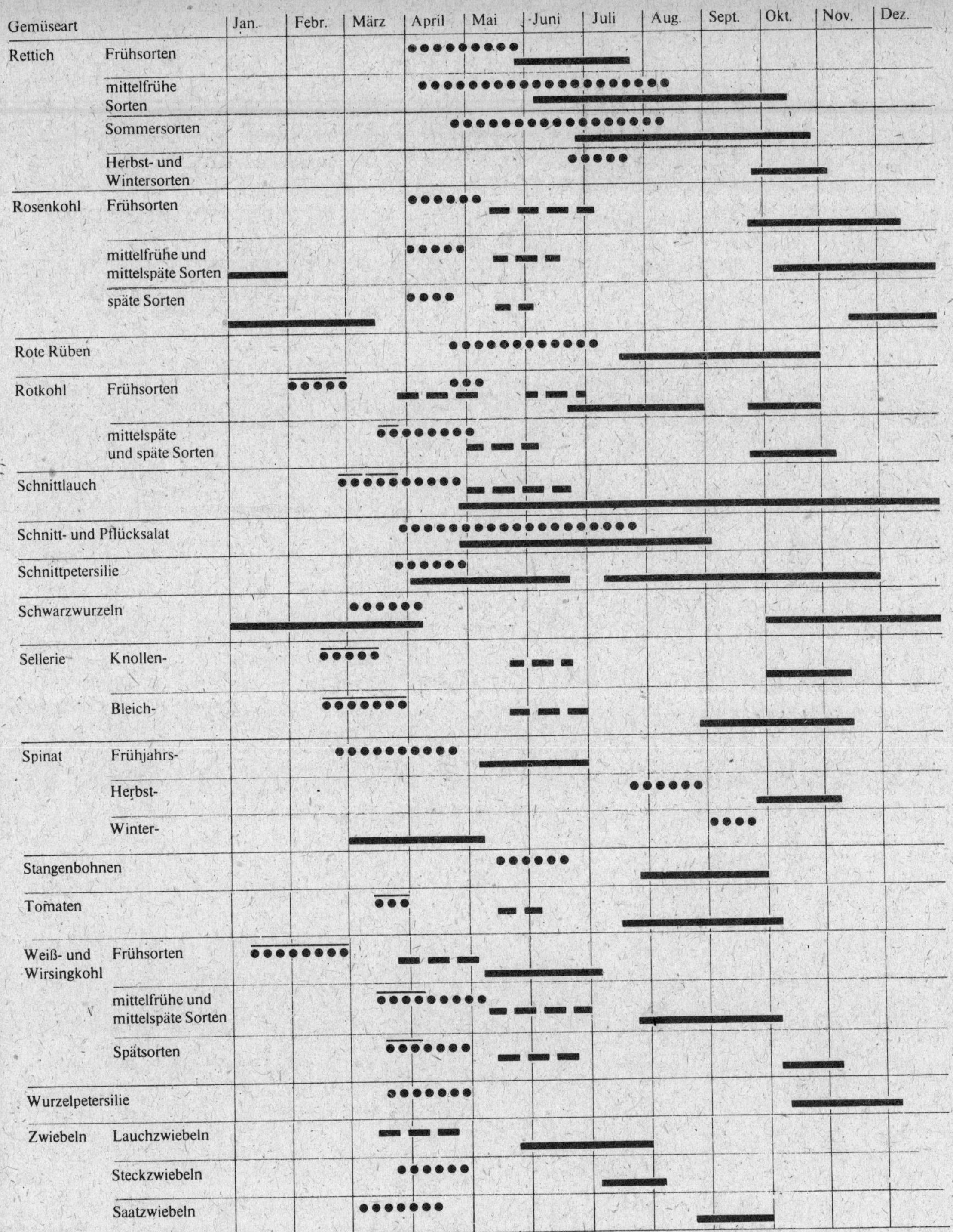

●●●●● möglicher Aussaatzeitraum
●●●●● (überstrichen) Aussaat unter Glas
▬ ▬ ▬ möglicher Pflanzzeitraum
▬▬▬▬ möglicher Erntezeitraum

Beispiel:
Wenn bei Kopfsalat beginnend mit der Pflanzung Ende März laufend Folgepflanzungen vorgenommen werden, kann kontinuierlich von Ende Mai bis Ende Oktober geerntet werden.

Bodenreaktionszahlen wichtiger Kulturpflanzen

Pflanzenname	pH-Werte
Gemüse	
Blumenkohl	6,5 bis 7,5
Bohnen	5,8 bis 7,0
Erbsen	6,0 bis 7,0
Feldsalat	5,6 bis 7,0
Grünkohl	5,5 bis 7,0
Gurken	5,6 bis 7,5
Kartoffeln	5,0 bis 7,0
Kohlrabi	5,5 bis 7,0
Kopfsalat	5,6 bis 7,5
Kürbis	5,6 bis 7,5
Mangold	6,0 bis 8,0
Meerrettich	6,0 bis 7,5
Möhren	6,0 bis 8,0
Petersilie	6,0 bis 8,0
Porree	6,0 bis 8,0
Puffbohnen	6,0 bis 8,0
Radieschen	5,6 bis 7,0
Rettiche	5,6 bis 7,0
Rhabarber	5,5 bis 7,0
Rosenkohl	5,5 bis 7,0
Rote Rüben	6,5 bis 7,5
Rotkohl	6,0 bis 7,5
Schwarzwurzeln	6,0 bis 7,5
Sellerie	6,2 bis 7,5
Spargel	6,0 bis 7,5
Spinat	5,5 bis 7,0
Tomaten	5,0 bis 7,0
Weißkohl	6,0 bis 7,5
Gemüse	
Wirsing	6,0 bis 7,5
Zwiebeln	6,5 bis 7,5
Obst	
Beerenobst	6,0 bis 8,0
Kernobst	6,0 bis 7,5
Steinobst	6,0 bis 8,0
Walnüsse	6,0 bis 8,0
Zierpflanzen	
Akelei	6,0 bis 7,0
Anemonen	6,0 bis 8,0
Dahlien	6,0 bis 8,0
Deutzien	6,0 bis 8,0
Flammenblumen	6,0 bis 7,0
Flieder	6,0 bis 8,0
Forsythien	6,0 bis 8,0
Gladiolen	6,0 bis 8,0
Glockenblumen	6,0 bis 8,0
Goldlack	6,0 bis 8,0
Herbstastern	6,5 bis 7,5
Levkojen	6,0 bis 8,0
Lilien	6,0 bis 8,0
Löwenmaul	6,0 bis 8,0
Lupinen	5,0 bis 8,0
Mohn	6,0 bis 8,0
Narzissen	6,0 bis 8,0
Nelken	6,5 bis 8,0
Pfingstrosen	6,0 bis 8,0
Primeln	5,5 bis 7,5
Purpurglöckchen	5,0 bis 6,0
Rhododendron	4,5 bis 6,0
Ringelrose	7,0 bis 8,0
Rittersporn	6,0 bis 7,5
Rosen	6,0 bis 8,0
Schleifenblume	6,0 bis 8,0
Schwertlilien	6,0 bis 8,0
Sommerastern	6,0 bis 8,0
Sonnenrosen	6,0 bis 8,0
Spiersträucher	6,0 bis 8,0
Steinkraut	6,0 bis 8,0
Taglilie	6,0 bis 8,0
Tränendes Herz	5,0 bis 7,5
Tulpen	6,0 bis 8,0
Veilchen	6,0 bis 8,0
Vergißmeinnicht	6,0 bis 8,0
Wicken	6,5 bis 7,5
Winterastern	6,5 bis 7,5
Zinnien	6,0 bis 8,0

Gemüsesorten

Für die Anbaueignung der Gemüsesorten in den Tabellen ist folgende Zeichenerklärung zu beachten:

+	**geeignet**	o	**bedingt geeignet**
++	**gut geeignet**	oo	**nicht geeignet bzw. nicht zu empfehlen**

Kohlgemüse

Sorte	Entwicklungsdauer in Tagen	Anbaueignung unter Glas und Plaste	Freiland Frühjahr	Freiland Sommer	Freiland Herbst	Bemerkungen
Blumenkohl						
Sitta	55— 65	++	o	oo	oo	sehr starke Vorblüherneigung, relativ gleichmäßige Reife
Korso	57— 68	++	+	oo	oo	starke Vorblüherneigung, relativ gleichmäßige Reife
Frühernte	62— 75	oo	++	oo	oo	Hauptsorte für frühen Freilandanbau
Delfer Markt	65— 78	oo	++	++	++	für Folgepflanzungen von A. IV—A. VII
Clivia	67— 82	oo	++	++	++	für Folgepflanzungen von A. IV—E. VI
Roba	70— 85	oo	oo	++	++	für Pflanzungen von E. V—M. VI
Sollux	78— 95	oo	oo	+	++	nur bedingt für Kleingärten, zu lange Entwicklungszeit
Edelstein	75— 92	oo	oo	+	++	nur bedingt für Kleingärten, zu lange Entwicklungszeit
Consista	85—105	oo	oo	o	++	nicht für Kleingärten
Brokkoli						
Delikata	55— 65	oo	+	o	++	
Chinakohl						
Cantoner	85— 95	oo	oo	oo	++	Aussaat nicht vor 20. Juli
Grünkohl						
Niedriger	115—130	oo	oo	oo	++	besonders für Winterernte
Vitessa	120—135	oo	oo	oo	++	bevorzugt für Ernte bis E. XII/A. I
Kohlrabi						
Frühweiß	45— 55	++	+	oo	o	bevorzugt für Gewächshaus und Frühbeet, neigt im Freiland stark zum Platzen
Ideal	46— 55	+	++	oo	+	blaue Sorte mit guter Knollenqualität
Nichtschießender	48— 60	+	++	oo	oo	weiße Sorte, Knollen platzen relativ leicht
Blusta	50— 62	oo	++	+	+	blaue Sorte für Folgepflanzungen bis E. VII
Delikateß Weißer	60— 70	oo	o	++	++	für Pflanzungen von M. V bis A. VII
Delikateß Blauer	60— 70	oo	o	++	++	für Pflanzungen von M. V bis A. VII
Speck Blauer	75— 95	oo	oo	o	++	gut lagerfähig, Pflanzung M. bis E. VII
Gigant	110—130	oo	oo	oo	++	Knollengewicht 2—3 kg und darüber, gut lagerfähig
Böhmischer Strunk Weißer	110—130	oo	oo	oo	+	besonders für Kleintierhalter (Futter), gute Lagerfähigkeit

Kohlgemüse

Sorte	Entwicklungsdauer in Tagen	Anbaueignung Frühjahr	Sommer	Herbst	Bemerkungen:
Rosenkohl					
Rosella	125—145	oo	oo	++	für Ernte von E. IX bis M. XII, nicht frosthart
Rosmarie	130—150	oo	oo	++	für Ernte von E. IX bis A. I, Ertrag und Rosenqualität besser als Rosella
Merkator	185—210	oo	oo	+	rel. frosthart, für Ernte ab M. XII bis M. II
Rotkohl					
Amarant	85—105	++	+	+	sehr platzfest, bei Herbsternte bis XII lagerfähig
Topas	95—110	++	+	+	sehr platzfest, bei Herbsternte bis XII lagerfähig
Granat	125—145	oo	oo	++	lagerfähig bis E. I/A. II, hohe Ertragsleistung
Dauerrot	130—150	oo	oo	+	lagerfähig bis M. II/A. III, für Kleingarten nicht zu empfehlen
Maxilla	140—150	oo	oo	++	lagerfähig bis M. III/A. IV
Weißkohl					
Dithmarscher	55— 70	++	oo	oo	neigt sehr stark zum Platzen, Ernte A.—E. VI
Juniriesen	60— 75	++	oo	oo	neigt stark zum Platzen, Ernte A.—E. VI
Astacus	65— 75	++	+	oo	rel. platzfest, für Ernten von M. VI bis A. VIII
Glückstädter	75— 95	oo	++	+	für Ernte von M. VIII bis E. IX
Braunschweiger	85—115	oo	+	++	für Ernte von M. IX bis M. X, für Kleingarten nicht zu empfehlen
Amager	115—135	oo	oo	++	Ernte ab A. X, lagerfähig bis E. XII
Türkis	130—150	oo	oo	++	gut lagerfähig bis M. III/E. III
Dauerweiß	130—150	oo	oo	+	lagerfähig bis E. II, nicht für Kleingarten
Kontiki	140—150	oo	oo	++	spezielle Lagersorte, lagerfähig bis E. III/M. IV
Wirsingkohl					
Vorbote	50— 65	++	oo	oo	sehr früh, neigt stark zum Platzen
Frigga	85—100	oo	+	++	für Ernten ab M. VIII
Markee	90—115	oo	o	++	Pflanzung bis M. VII möglich, dann für Ernte bis XII
Vertus	100—125	oo	oo	++	für Ernten ab M. IX, wenig anspruchsvoll
Grüner Dauer	130—150	oo	oo	++	Ernte ab A. X, lagerfähig bis M./E. I

Wurzelgemüse

Sorte	∅ Knollengewicht g	Knollenqualität	Anfälligkeit gegenüber Septoria	Bemerkungen
Knollensellerie				
Frigga	700–750	sehr gut	hoch	neigt zum Schossen, Pflanzung nicht vor E. V
Apia	600–650	mittel	sehr gering	schwache Belaubung, engere Standweite (50 cm × 30 cm) möglich
Galina	750–800	gut–sehr gut	gering	starke Belaubung, für alle Anbaugebiete
Oderdörfer	730–780	mittel	mittel	starke Belaubung, für alle Anbaugebiete

Sorte	Entwicklungsdauer in Tagen	Anbaueignung unter Glas und Plaste	Freiland Frühjahr	Sommer	Herbst	Bemerkungen
Radies						
Korund	25– 30	++	+	o	+	für Aussaaten von A. II–E. IV und E. VIII–M. X
Bicolor	27– 32	+	o	oo	oo	für Aussaaten von A. II–E. IV; wird schnell überständig
Ilka	32– 38	oo	++	++	++	für Freilandsaaten von III–A. IX, sehr gute Knollenqualität
Eiszapfen	42– 50	oo	+	+	oo	Aussaaten von E. III–M. VI, wird schnell überständig
Rettich						
Runder Weißer	30– 40	++	o	oo	oo	Aussaaten von A. II–E. IV, wird schnell überständig
Ostergruß	42– 50	+	+	o	o	Knollen walzenförmig spitz, karminrosa, Aussaaten von A. II–E. V
Remo	50– 65	o	++	++	+	Knollen walzenförmig, weiß; Aussaat A. IV–M. VIII
Münchner Bier	90–120	oo	oo	oo	++	Knollen breit kegelförmig, weiß; Aussaat E. VI–M. VII, gut lagerfähig
Runder Schwarzer	95–125	oo	oo	oo	++	Aussaat E. VI–M. VII, gut lagerfähig
Rote Rüben						
Rote Kugel	90–100	oo	oo	oo	++	Aussaat M. V–A. VII, gut lagerfähig
Schwarzwurzeln						
Schwarzer Peter	200–230					Aussaat A. III–A. IV

Sorte	Entwicklungsdauer in Tagen	∅ Wurzellänge cm	Anbaueignung unter Glas und Plaste	Freiland früh	mittelfrüh	spät	Bemerkungen
Speisemöhren							
Gonsenheimer	115–135	10–12	++	++	o	oo	Aussaat II (unter Glas und Plaste) und A. III–E. V
Fanal	118–135	11–13	+	++	o	oo	dto., gute Innenqualität
Carola	120–140	8– 9	+	+	o	oo	dto.
Rotetta	130–150	12–14	oo	o	++	+	sehr gute Innenqualität, Aussaat III–A. VII
Marktgärtner	140–160	14–16	oo	o	++	+	Aussaat III–E. VI/A. VII, Lagerung bis E. XII möglich
Rotherz	170–180	11–14	oo	oo	+	++	Aussaat III–E. VI, Lagerung bis E. XII möglich, platzt leicht
Karsa	175–185	14–18	oo	oo	o	++	Aussaat III–M. VI, Lagerung bis E. XII möglich, gute Innenqualität
Lange Rote Stumpfe	185–200	17–22	oo	oo	oo	++	Aussaat A. IV–A. VI, gut lagerfähig
Rote Riesen	185–200	16–20	oo	oo	oo	++	Aussaat A. IV–A. VI, vorzugsweise für Kleintierhalter
Wurzelpetersilie							
Halblange	180–190	12–16	oo	oo	oo	++	Aussaat A. III–M. IV, gut geeignet für Treiberei

Zwiebelgemüse

Sorte	Entwicklungsdauer in Tagen	Anbaueignung	Bemerkungen
Porree			
Kamusch	100—120	Sommer- und Herbstporree	Schaftlänge 25—32 cm, Ernte IX bis M. XII
Elefant	150—180	Herbst- und Winterporree	Schaftlänge 11—12 cm, Ernte ab M. X bis V
Poros	180—200	Winterporree	Schaftlänge 11—12 cm, für Frühjahrsernte
Schnittlauch			
Welta	—	Freiland und Treiberei	Aussaat A. IV, Wuchshöhe 25—30 cm
Zwiebeln			
Frühe Blaßrote	140—148	frühe Säzwiebel	Zwiebeln flachrund, weinrot, lagerfähig bis E. XII
Stuttgarter Riesen	140—146	Steck- und Säzwiebel	Zwiebeln flachrund, bronzefarbig; als Säzwiebeln lagerfähig bis VI
Zittauer Gelbe	150—160	Säzwiebel	Zwiebeln hochrund; lagerfähig bis A. V
Wolska	145—155	Säzwiebel	Zwiebeln rund-hochrund, gelbbraun, lagerfähig bis IV
Calbenser Gerlinde	148—155	Säzwiebel	Zwiebeln hochrund, gelbbraun; lagerfähig bis E. V
Zerlina	142—150	Säzwiebel	Zwiebeln rund-hochrund, braungelb, lagerfähig bis E. V

Blatt- und Stielgemüse

Sorte	Anbaueignung unter Glas und Plaste		Freiland				Bemerkungen
	Frühjahr	Herbst	Frühjahr	Sommer	Spätsommer	Überwinterung	
Kopfsalat							
Muck	++	++	o	oo	oo	oo	vorzugsweise für Anbau unter Glas
Divalo	++	++	o	oo	oo	oo	gleich gut für Anbau unter Glas und Plaste, mehltauresistent
Start	++	++	o	oo	oo	oo	vorzugsweise für Anbau unter Plaste
Dua	+	oo	+	oo	oo	oo	im Freiland besonders für kurzzeitige Folienabdeckung
Bianka	+	+	+	oo	oo	oo	im Freiland besonders für kurzzeitige Folienabdeckung
Sonata	oo	oo	+	oo	oo	oo	nur für Pflanzung bis M. IV
Verna	oo	oo	++	oo	oo	+	nur für Pflanzung bis M. IV, bei Überwinterung E. IX bis M. X
Ramses	oo	oo	++	++	++	oo	für Folgepflanzungen von E. III—E. VIII
Mona	oo	oo	+	++	++	oo	dto.
Pirat	oo	oo	oo	++	++	oo	Äußere Blätter braunrot getuscht, für Pflanzung von A. VI—E. VIII
Gravitas	oo	oo	oo	++	oo	oo	Pflanzung A.—E. VI, Entwicklungsdauer 46—50 Tage
Format	oo	oo	oo	++	oo	oo	„Krachsalat", Kopfgewicht über 500 g, Entwicklungsdauer 50—55 Tage
Winter Butterkopf	oo	oo	oo	oo	oo	+	Pflanzung E. IX—M. X oder Direktsaat E. VIII—A. IX

Sorte	Anbaueignung	Bemerkungen
Chicoree		
Witloof	vorzugsweise für kalte Treiberei im Frühbeet od. and. frostfreien Räumen	Treibzeitraum ab M. XII; Treibdauer 40—50 Tage
Pegasus	für Treiberei in heizbaren bzw. temperierten Räumen	Treibzeitraum A. XII—M. II; Treibdauer 25—35 Tage, Treibtemperatur 10—14 °C bis 10 Tage vor Ernte, danach 18—20 °C
Feldsalat		
Deutscher	Herbsternte und Überwinterung im Freiland und unter Glas	Aussaat im Freiland E. VII—A. IX, im Kasten A.—M. IX, mehltauanfällig
Dunkelgrüner Vollherziger	dto.	Aussaat wie „Deutscher", wenig mehltauanfällig
Mangold		
Lukullus	Blatt- und Rippenmangold	Entwicklungsdauer Aussaat—Ernte etwa 90 Tage
Pflücksalat		
Amerikanischer Brauner	für Folgesaaten von A. IV—M. VII	spät schossend, gutes Nachtriebsvermögen
Schnittsalat		
Grünetta	für Folgesaaten von A. IV—M. VII	mittelspät schossend, gutes Nachtriebsvermögen
Schnittpetersilie		
Gärtnerstolz	für Freiland und Treiberei unter Glas und Plaste	Aussaat ab E. III
Rhabarber		
Viktoria	sehr früh, gut für Treiberei	Ertrag mittel, für Kompott- und Weinbereitung
Holsteiner Blut	mittelfrüh	Ertrag mittel-hoch, besonders für Kompott
The Sutton	mittelspät	Ertrag hoch, für Kompott-, Süßmost- und Weinherstellung
Dawes Challenge	mittelspät	Ertrag hoch, bevorzugt für Süßmostherstellung
Spargel		
Ruhm von Braunschweig	Bleichspargel	für leichte Böden
Start	Bleich- und Grünspargel	für leichte und mittlere Böden, gute Stangenqualität bei Anbau als Grünspargel
Eros	Bleich- und Grünspargel	für leichte und mittlere Böden, entwickelt besonders dicke und schwere Stangen
Spinat		
Industra	für Herbstanbau	Aussaat nicht vor E. VIII bis A. IX
Jolina	für Herbstanbau und Überwinterung	Aussaat M. VIII—M. IX, mehltau- und virusresistent
Matador	für Überwinterung und Frühjahrsanbau	Aussaat A.—M. IX und M. III—M. IV
Consista	dto.	Aussaat A.—M. IX und M. III—M. IV, mehltauwiderstandsfähig, sehr ertragssicher

Fruchtgemüse

Sorte	Anbaueignung unter Glas	unter Plaste	Freiland	Bemerkungen
Gurken				
Saladin	++	++	oo	F_1-Hybride, Salatgurke
Polo	++	++	oo	F_1-Hybride, Salatgurke
Marcelina	++	++	oo	F_1-Hybride, Salatgurke, empfindlich gegenüber Temperaturen unter 20 °C
Trix	++	+	oo	F_1-Hybride, Salatgurke
Quix	++	++	oo	F_1-Hybride, Salatgurke
Qualitas	+	oo	o	Salatgurke, speziell für Anbau im Frühbeetkasten
Moneta	oo	oo	++	Salatgurke
Pixi	oo	oo	++	F_1-Hybride, Salatgurke
Eva	oo	oo	++	für Mehrfachnutzung (Salat-, Einlege-, Senfgurke)
Libelle	oo	+	++	F_1-Hybride, Einlegegurke, Ernte alle 3—4 Tage
Adretta	oo	+	++	F_1-Hybride, Einlegegurke, Ernte alle 2—3 Tage
Bitretta	oo	+	++	F_1-Hybride, Einlegegurke, Ernte alle 2—3 Tage
Perenta	oo	+	++	F_1-Hybride, Einlegegurke, Ernte alle 2 Tage
Kardia	oo	+	++	F_1-Hybride, Einlegegurke, schwarzstachlig, Ernte alle 2—3 Tage
Dickfleischige Gelbe	oo	oo	++	speziell für Senfgurken

Sorte	Entwicklungsdauer in Tagen	Anbaueignung unter Glas	unter Plaste	Freiland	Bemerkungen
Buschtomaten					
Edelrot	70—74	oo	oo	++	rel. standfest, Standweite 60 × 30 cm
Petito	73—78	oo	oo	++	rel. standfest, Standweite 50 × 30 cm, gute Fruchtqualität
Rotkäppchen	75—80	oo	oo	++	hoher, sicherer Ertrag, Standweite 60 × 30 cm
Eros	80—85	oo	oo	+	hoher Ertrag, breiter, sparriger Wuchs, Standweite 60 × 50 cm
Stabtomaten					
Nadja	68—72	+	++	+	schwachwüchsig, vorzugsweise als Stutztomate unter Plaste, Pflanzen nach 3 Blütenständen stutzen
Harzfeuer	70—74	++	++	++	F_1-Hybride, Frühsorte für alle Anbauarten, auch als Stutztomate
Tamina	72—76	++	++	++	spezielle Stutztomate mit hohem Ertrag, Stutzen nach 3 (unter Glas und Plaste) bzw. 5 Blütenständen (Freiland), platzfest
Grit	78—82	oo	oo	++	hoher Ertrag, sehr gute Fruchtqualität
Hellperle	82—86	oo	oo	++	ertragreichste Sorte, rel. platzfest
Dominator	85—90	oo	oo	+	wegen späten Reifebeginns nur bedingt für Kleingärten
Goldene Königin	80—85	oo	oo	+	gelbe Früchte, Liebhabersorte

Sorte	Entwicklungs-dauer in Tagen	Hülsen-länge cm	Hülsenquer-schnitt	Bemerkungen
Buschbohnen				
Grünhülsig				
Saxanova	72— 75	11—13	rund	Aussaat M. V—M. VII
Esto	71— 74	12—14	breitoval	Aussaat M. V—M. VII, sehr gute Hülsenqualität
Lusia	75— 77	12—15	rundoval	Aussaat M. V—A. VII, Hülsen rechtzeitig ernten
Jutta	77— 80	12—14	rundoval	Aussaat M. V—A. VII, gute Hülsenqualität
Valja	80— 83	10—12	rund	Aussaat M. V—E. VI, ertragreichste Sorte, Hülsen rechtzeitig ernten
Selenta	82— 85	13—15	rundoval	Aussaat M. V—E. VI, geringe Krankheitsresistenz
Gelbhülsig				
Hacogold	74— 76	12—15	flachoval	Aussaat M. V—M. VII, ertragssicher, Hülsen rechtzeitig ernten
Lada	76— 78	12—14	rund	Aussaat M. V—A. VII, gute Hülsenqualität
Berggold	79— 82	12—15	rundoval	Aussaat M. V—E. VI, sehr ertragreich, gute Hülsenqualität
Prunkbohnen				
Rotblühende	100—110	12—14	flach	robuste, starkwachsende Sorte, auch für ungünstige Klimabedingungen
Puffbohnen				
Juno	94— 98	14—16	—	sehr gute Grünkornqualität
Stangenbohnen				
Apollo	80— 87	18—22	flachoval	grünhülsig
Quedlinburger Speck	82— 90	19—21	rund	grünhülsig, sehr gute Hülsenqualität
Bodegold	80— 87	20—23	flachoval	gelbhülsig, sehr ertragreich

Sorte	∅ Entwicklungs-dauer in Tagen	∅ Wuchs-(cm)	Grünkornfarbe	Grünkorngröße	Ertrag höhe
Gemüseerbsen					
Schalerbsen					
Frühe Harzerin	79	60	hell—mittelgrün	mittelgroß	mittelhoch
Markerbsen					
Picardie	78	60	hellgrün	mittelgroß—groß	mittelhoch—hoch
Gloriosa	82	68	mittelgrün	groß	hoch
Pilot	82	61	mittel—dunkelgrün	groß	mittelhoch
Bördi	84	62	dto.	mittelgroß—groß	hoch
Cornel	87	81	dto.	groß	hoch
Desi	90	74	dto.	groß	hoch—sehr hoch
Citrina	90	76	dto.	mittelgroß	hoch—sehr hoch
Hyrada	90	74	mittelgrün	mittelgroß—groß	hoch—sehr hoch
Moni	91	74	dunkelgrün	mittelgroß—groß	sehr hoch
Manuela	92	78	mittel—dunkelgrün	mittelgroß	hoch—sehr hoch
Sirena	95	87	hellgrün	mittelgroß	hoch
Zuckererbsen					
Ambrosia	80	86	hellgrün	mittelgroß—groß	mittelhoch

Kulturpilze

Sorte	Hutfarbe	Ertrag	Bemerkungen
Champignons			
Schneeköpfchen	weiß	gut bis sehr gut	etwas druckempfindlich; für nicht zu feuchte Räume
Cremeweißling	cremeweiß	gut bis sehr gut	Fruchtkörper fester und weniger druckempfindlich
Blondine	creme	sehr gut	schnellwüchsiger und weniger feuchtigkeitsempfindlich
Philine	braun	gut	Fruchtkörper fest und ziemlich groß, etwas eiweißreicher als andere Sorten
Sommerfreude	weiß	gut bis sehr gut	wenig druckempfindlich, speziell für Sommeranbau, benötigt Temperaturen von 23—28 °C, maximal 30 °C
Kulturträuschling			
Winnetou	rotbraun	mittel	Myzel neigt bei etwas ungünstigen Bedingungen zur Zersetzung
Gelbschopf	gelb bis gelbbraun	mittel bis gut	bringt frühere und höhere Erträge als Winnetou, weniger empfindlich
Austernseitling			
Silberauster	hellgrau	sehr gut	benötigt zur Fruchtkörperbildung kurzfristigen Kühleschock (unter 8 °C)
Sommerauster	hellgraubraun	sehr gut	Ernte beginnt etwas früher; benötigt keinen Kühleschock

Wichtige Schädlinge im Gemüsegarten

Bezeichnung des Schädlings	Schadbild	Verhütung und Bekämpfung
Blattläuse	Blattlauskolonien an und zwischen den Blättern. Blätter zeigen Vergilbungen, Herzblätter verkrüppeln oder kräuseln sich.	Mehrmaliges Spritzen bzw. Stäuben mit Insektiziden (alle 3 bis 4 Tage), Mittel wechseln, Karenzzeit beachten!
Bohnenfliege	Schlechtes Auflaufen der Saaten, Fraßgänge in Keimblättern, Herz der Keimpflanzen zerstört; Schäden besonders bei ungünstiger, kühler Witterung.	Richtige Fruchtfolge einhalten; auflauffördernde Maßnahmen (Frostschutzhauben, Aussaat erst nach 20. 5.); Saatgutbehandlung oder Gießen mit Spezialpräparaten.
Drahtwurm (Larve der Schnellkäfer), vornehmlich an Salat	Salatpflanzen welken plötzlich. An den Wurzeln frißt eine drahtharte gelbliche Larve mit dunklem Kopf.	Intensive Bodenbearbeitung, Köder auslegen, Bodeninsektizide ausstreuen und einhacken.
Drehherzmücke (besonders an Blumenkohl)	Von den Larven der Mücke zerstörte Herzblätter, dadurch keine Blumenbildung.	Einige Tage nach dem Pflanzen mit systemischen Insektiziden spritzen. Behandlung mehrmals wiederholen.
Erbsenwickler	Beim Ernten der Hülsen sind die Köpfe zerfressen, bis 12 mm lange gelbgrüne Raupen und Kotkrümel in den Hülsen.	Fruchtfolge einhalten; sehr frühe und späte Sorten aussäen, vorbeugender Einsatz von Insektiziden mit kurzer Karenzzeit.
Erbsenblasenfuß	Vollinsekten und ihre Larven saugen an allen Pflanzenteilen. Blätter und Blüten werden unansehnlich und verkümmern.	Trockenheit fördert das Auftreten. Wie Blattläuse bekämpfen, weitgestellte Fruchtfolge.
Erdflöhe (an Jungpflanzen von allen Kohlarten, Radieschen und Rettichen)	Anfangs durchlöcherte, später völlig zerfressene Blätter. Etwa 2 bis 3 mm große, springende, glänzende Käfer.	Boden immer feucht halten und lockern, Ausstreuen oder Spritzen von Spezialpräparaten, Saatgutinkrustierung.

Bezeichnung des Schädlings	Schadbild	Verhütung und Bekämpfung
Erdraupen (an Kohl, Salat, Möhren und gelegentlich auch an Spargel)	Nackte graue Raupen (Larven von Eulenarten) fressen an Wurzeln und Wurzelhals.	Verwendung von Fangpflanzen, Köder auslegen, Raupen unter geschädigten Pflanzen aufsuchen und vernichten, Anwendung zugelassener Präparate.
Kohlfliege	Die Fliegen legen ihre Eier an den Wurzelhals junger Kohlpflanzen (insbesondere Blumenkohl). Die Larven zerfressen die unterirdischen Teile.	Vorbeugend wird Kohl gleich beim Pflanzen mit einem Kohlfliegenmittel angegossen. Das Gießen ist nach acht bis zehn Tagen zu wiederholen.
Kohlschabe (Kohlmotte)	Die Larven der Motte fressen an der Unterseite der Kohlblätter, wobei die Oberhaut erhalten bleibt (Fensterfraß).	Behandlung mit Blattlausbekämpfung kombinieren. Es können die gleichen Mittel eingesetzt werden.
Kohlweißling	Durch den Fraß der Raupen an den Kohlblättern (auch Kohlrabi) kann es zum Kahlfraß kommen.	Zerdrücken der auffälligen gelben Eierhäufchen. Raupen ablesen, Spritzen mit systemischen Mitteln.
Maulwurfsgrille (Werre)	Frißt an den unterirdischen Pflanzenteilen vieler Gemüsearten. Lebt in Gängen dicht unter der Erde.	Mit den Fingern den Gängen nachgehen, um auf die Nistplätze zu stoßen, die etwas tiefer liegen. Auf diese Weise kann man die Brut vernichten. Auch spezielle Ködermittel haben sich bewährt.
Möhrenfliege	Fraßgänge der Larven in den äußeren Schichten des Rübenkörpers.	Mischanbau, sehr frühe Aussaat, befallene Pflanzen entfernen, Saatreihen mit anerkanntem Präparat gießen.
Nacktschnecken	Fraßschäden besonders an Jungpflanzen vieler Gemüsearten.	Auslegen von speziellen Schneckenködern.
Rote Spinne (Spinnmilben)	Bohnen- und Gurkenblätter werden vorzeitig gelb. Auf der Unterseite der Blätter findet man gelbliche und rötliche Tiere, die mit bloßem Auge kaum erkennbar sind.	Durch häufiges Gießen für feuchte Luft sorgen; mit anerkannten Präparaten spritzen.
Rettichfliege	Braune Fraßgänge in den äußeren Schichten der Knollen. Bei Radies z. T. auch im Inneren der Knolle.	Intensives Gießen verhindert den Befall; evtl. handelsübliche Mittel mit kurzer Karenzzeit einsetzen.
Rübenfliege (besonders an Spinat)	Minierende Larven in den Blättern.	Befallene Pflanzen entfernen und vernichten; für zügiges Wachstum sorgen.
Spargelfliege	Ihre Larven zerstören die Triebe schon in der Entwicklung. Triebspitzen krümmen sich seitwärts, Triebe welken und sterben ab. In Trieben Maden oder braune Puppen.	Befallene Triebe ab Juli ständig entfernen (dicht über dem Wurzelstock abschneiden), Spritzen mit handelsüblichen Mitteln.
Spargelkäfer	Käfer und Larven fressen am Spargellaub. Die Käfer sind rot, gelb oder rot-schwarz gezeichnet.	Bekämpfung bei Erscheinen der Käfer oder mit Beginn des Larvenfraßes. Während der Blüte bienenungefährliche Mittel verwenden!
Weiße Fliege (besonders an Gurken und Tomaten unter Glas und Plasten)	Blätter vergilben und welken. Auf der Unterseite etwa 1,5 mm große weiße Insekten.	Nach dem ersten Auftreten mit Spezialpräparaten spritzen. Behandlung nach 5 bis 6 Tagen wiederholen.
Zwiebelfliege	Ihre Larven fressen im Herz der jungen Zwiebelpflanzen. Pflanzen verkümmern und sterben ab.	Mischanbau, sehr frühe Aussaat, befallene Pflanzen entfernen, Saatreihen mit anerkannten Präparaten gießen.

Wichtige Gemüsekrankheiten

Bezeichnung der Krankheit	Schadbild	Verhütung und Bekämpfung
Blattfleckenkrankheit (an Sellerie)	An den Blättern zeigen sich gelblichgraue bis braune Flecke. Die Folgen der Blattschäden sind kleine Knollen.	Vorbeugend ist das Saatgut zu beizen. Spritzen mit Kupferpräparaten im Anfangsstadium hält die Krankheit nieder. Bei der Knollenernte alle befallenen Blätter verbrennen. Sortenunterschiede in der Anfälligkeit beachten.
Blattrandbräune (Durch zu hohe Stickstoff- und Kaligaben hervorgerufener Kalziummangel)	Verbräunung an den Blatträndern der an der Kopfbildung beteiligten Blätter	Sofort nach Erkennen Spritzung mit Kalziumsalzen. Stickstoff als Nitritstickstoff geben. Chlorhaltige Dünger vermeiden.
Bohnenrost (vorwiegend an Stangenbohnen)	Unterseiten der Blätter zeigen rundliche weißliche Pusteln. Auf den Oberseiten entwikkeln sich später rotbraune Pusteln und verursachen dunkelbraune Flecke. Bei starkem Befall sind auch die Hülsen voller Pusteln.	Bohnensamen vor der Aussaat beizen. Befallene Pflanzen verbrennen. Auch die vorzeitig abgefallenen Blätter. Bohnenstangen desinfizieren, Fruchtwechsel einhalten.
Bormangel (besonders bei Rosenkohl, Blumenkohl, Kopfkohl, Kohlrabi und Sellerie)	Bei Rosenkohl geringer Rosenansatz, vorzeitiges Öffnen der Röschen, braunverfärbte Blumen bei Blumenkohl, bei Sellerie werden jüngste Blätter schwarz und sterben ab, braune Flecken im Knolleninneren.	Zu hohe Kalkgaben sowie übermäßige Kali- und Stickstoffdüngung vermeiden. Borhaltige Dünger verwenden. Bodenuntersuchung!
Brennfleckenkrankheit (an Bohnen und Erbsen)	An Blättern und Hülsen unregelmäßige runde braune Flecke, die mehr oder weniger dunkel umrandet sind. Der Pilz greift auch auf die Samen in den Hülsen über und macht sie unbrauchbar.	Verwendung gesunden Saatgutes, Saatgut beizen. Nicht zu dicht aussäen. Nach der Ernte auch die nur wenig befallenen Pflanzen verbrennen. Weite Fruchtfolge einhalten.
Eckige Blattfleckenkrankheit (an Freilandgurken)	Zunächst durchscheinende, schwärzlich grüne, später braune, eckig begrenzte Blattflecken. Bakterienhaltige Schleimtropfen auf Unterseite bei feuchtem Wetter. Früchte verkrüppeln.	Weitgestellte Fruchtfolge. Wiederholte Spritzungen mit Kupferpräparaten in Abständen von 8 bis 12 Tagen. Befallene Pflanzen vernichten.
Fettfleckenkrankheit (an Bohnen)	Hellgrüne Flecke auf den Blättern, die sich schnell ausbreiten. Die Blätter werden gelb und vertrocknen. Auf den Hülsen sehen die mehr rundlichen Flecke wie von Fett durchtränkt aus. Auch die Samen werden krank und unbrauchbar.	Keine kranken Samen aussäen. Die gesunden beizen. Nicht zu dicht aussäen. Alle kranken Pflanzenteile verbrennen. Resistente Sorten anbauen.
Gurkenmosaik	An jüngsten Blättern mosaikartige Scheckung, gestauchter Wuchs, Pflanzen bilden weniger Blüten, Früchte bleiben klein und zeigen gelbgrüne Scheckung. Einzelne Blätter, Triebe oder ganze Pflanzen können welken und absterben.	Regelmäßige Blattlausbekämpfung. Verdächtige bzw. kranke Pflanzen entfernen.
Gurkenwelke (Fusarium-Welke unter Glas und Plasten)	Von unten beginnende Vergilbungserscheinungen an den Blättern, die sich später braun verfärben. Allmähliches Welken und Eintrocknen der ganzen Pflanze.	Boden desinfizieren. Veredlung auf Feigenblattkürbis, Jungpflanzen nach der Pflanzung mit Benomyl gießen, Wiederholung nach 14 Tagen. Befallene Pflanzen sofort entfernen.
Knollenschorf (am Sellerie)	An den Knollen schorfige braune Stellen, die später in Fäulnis übergehen. Die äußeren Blätter werden gelb.	Einseitige Stickstoffdüngung vermeiden. Keinen frischen Stalldung verwenden. Nicht zu eng und recht flach pflanzen.

Bezeichnung der Krankheit	Schadbild	Verhütung und Bekämpfung
Kohlhernie (auch an Kohlrabi)	Knollige Wucherungen an den Wurzeln. Blätter verfärben sich blaugrau und welken.	Auf verseuchtes Land etwa 4 Jahre keine Kohlarten pflanzen. In der Zwischenzeit stark kalken. Kohlstrünke sauber ausgraben und verbrennen. Den Boden mit pilztötenden Mitteln vor der Pflanzung behandeln.
Kraut- und Braunfäule (an Tomaten vorwiegend im Freiland)	An Blättern und Früchten zuerst graugrüne, später braune bis schwarze Flecken. Fruchtfleisch an Befallsstellen hart.	Ab Anfang Juni vorbeugend mit Kupfer- o. a. Mitteln in 10tägigem Abstand behandeln. Kranke Pflanzen nach der Ernte verbrennen.
Mehltau, Echter (besonders an Schwarzwurzeln und Gurken)	Grauweiße, mehlige Flecke auf den Blättern. Sie fließen später zusammen und bedecken das ganze Blatt.	Bei Erscheinen der ersten Flecke mit Netzschwefel oder anderen organischen Fungiziden im 14tägigen Abstand spritzen. Nur bei warmem Wetter spritzen.
Mehltau, Falscher (an Spinat und Salat)	Graue Flecken auf der Unterseite der Blätter. Beim Salat werden schon junge Pflanzen befallen.	Spinat nicht zu dicht aussäen. Salat recht flach pflanzen. Spritzung mit anerkannten Fungiziden. Widerstandsfähige Sorten anbauen. Fruchtwechsel einhalten.
Molybdänmangel (besonders bei Blumenkohl, aber auch bei Rosen- und Kopfkohl)	Reduzierte Blattspreiten, Herzblätter drehen sich, verkümmern oder fehlen ganz.	Bodenuntersuchung! Kalkung erforderlich. Ammonium- oder Natriummolybdat anwenden.
Salatfäule	Weichfaule, hellbraune Flecken auf den Blattrippen, die auf den Wurzelhals übergreifen, der verbräunt und abfault. Pflanzen lassen sich leicht abheben. Bei Spätbefall welkt der fertige Salatkopf.	Ausreichend lüften, wenig gießen. Kranke Pflanzen entfernen. Boden mit Desinfektionsmitteln behandeln.
Schwarzbeinigkeit (an den Jungpflanzen aller Kohlarten)	Die Pflanzen fallen im Saatbeet um. Der Wurzelhals ist dicht über dem Boden schwarz.	Vermeidung hoher Bodenfeuchtigkeit. Beizung des Saatgutes. Wechsel der Anzuchtflächen. Bodendesinfektion mit pilztötenden Mitteln.
Selleriemosaik	Im Spätsommer kleiner Wuchs, junge Blätter zeigen Aufhellung der Blattadern. Kranke Pflanzen bringen nur kleine Knollen.	Regelmäßige Blattlausbekämpfung. Befallene Pflanzen beseitigen.
Spargelrost	Der Pilz schadet dem Spargelkraut, so daß es gelb wird und vorzeitig abstirbt. Anfangs am unteren Stengelteil orangefarbene Pusteln, später dunkelbraune Rostflecken an den Stengeln.	Wo Rostgefahr besteht, muß man mit organischen Fungiziden spritzen, sobald die Entwicklung des Krautes beginnt. Das Spritzen ist alle zwei Wochen zu wiederholen. Befallenes Kraut verbrennen.
Stengelfäule (an Tomaten)	Plötzliches Welken der ganzen Pflanze. Der Wurzelhals ist schwarz und nicht mehr fest. Frühzeitig befallene Pflanzen sterben ab. An älteren Pflanzen werden untere Blätter gelb und welken.	Den Wurzelhals trocken halten und mit Fungiziden angießen. Pflanzen beim ersten Anzeichen anhäufeln. Sie bilden dann über der Befallstelle neue Wurzeln.
Tomatenwelke	Beginnt mit dem Welken einzelner Triebe oder Blätter. Greift später auf die ganze Pflanze über.	Pflanzen vorbeugend mit einer 0,25%igen Beizmittellösung wöchentlich einmal gießen, Tomatenpfähle vor dem Verwenden mit einer 5%igen Formaldehydlösung gründlich abwaschen. Kranke Pflanzen verbrennen.
Zwiebelbrand	Die Blätter verfärben sich blaugrün, platzen auf und werden schwärzlich. Die meisten Pflanzen gehen ein. Die übrigen bleiben klein und sind schwärzlich verfärbt.	Einpudern des angefeuchteten Saatgutes mit Spezialpräparaten. Nach Auftreten dieser Krankheit in unmittelbarer Nähe 6 bis 10 Jahre keine Zwiebeln anbauen.

Wichtige Apfelunterlagen, deren Eigenschaften und ihr Einfluß auf die vegetative und generative Leistung der Edelsorten

Unterlage	Wuchs der Unterlage	Standfestigkeit	geeignet in Kombination mit (Wüchsigkeit der Sorten)	Ertragsbeginn
M 9	schwach	nicht ausreichend	stark- bis mittelstarkwachsend	früh
M 26	schwach	nicht ausreichend	stark- bis mittelstarkwachsend	früh
Pi 80	schwach	bedingt ausreichend	stark- bis mittelstarkwachsend	früh
MM 106	mittelstark	bedingt ausreichend	stark- bis schwachwachsend	früh
M 7	mittelstark	bedingt ausreichend	stark- bis schwachwachsend	früh
M 4	mittelstark	bedingt ausreichend	stark- bis schwachwachsend	früh
M 11	stark	sehr gut	schwach- bis mittelstarkwachsend	spät
A 2	stark	sehr gut	schwach- bis mittelstarkwachsend	mittelfrüh
Sämling	sehr stark	sehr gut	schwach- bis mittelstarkwachsend für Hoch- und Halbstämme	spät

* KV = Kronenvolumen

Wichtige Apfelsorten

Sortenname	Frucht	Pflückreife	Genußreife	Lagereigenschaften (Normallager)	Beginn und Höhe des Ertrages
1. **Albrechtapfel**	mittelgroß bis groß, rund; Grundfarbe: gelbgrün, Deckfarbe: trüb rot; saftig, säuerlich, ohne Aroma	E. IX bis A. X	XI bis XII	bis E. XII neigt zum Welken, auch zu Fruchtfäule 3 bis 4 °C	früh, hoch, regelmäßig
2. **Alkmene**	mittelgroß, rund; Grundfarbe: gelb, Deckfarbe: rötlich orange gestreift; feinzellig, süßsäuerlich, aromatisch	A. IX	IX bis X	bis E. X 2 bis 3 °C	früh bis mittel, mittelhoch bis hoch
3. **Apollo**	mittelgroß, rund; Grundfarbe: gelb, Deckfarbe: zinnober bis scharlachrot; mittelfeinzellig, süßsäuerlich, stark aromatisch	A. IX	A. IX bis M. IX	6 bis 10 Tage	spät bis mittelfrüh, mittelhoch
4. **Auralia** (Syn. Tumanga)	mittelgroß, flachrund; Grundfarbe: gelbgrün, Deckfarbe: hellorange; mittelfeinzellig, saftig, spritzig, angenehm süßsäuerlich	A. bis M. X	E. XI bis III	bis E. III Neigung zu Fruchtfäule und Welken 0 bis 1 °C	früh, sehr hoch

Ertrag	Ertrag kg/KV*	Fruchtfarbe	Größe der Frucht	Lagerfähigkeit der Früchte
sehr hoch	sehr hoch	sehr gut	sehr groß	begrenzt
sehr hoch	sehr hoch	sehr gut	sehr groß	mittel
sortenbedingt mittel bis hoch	hoch	gut	groß	mittel
hoch bis sehr hoch	hoch	gut	groß	gut
mittelhoch bis hoch	mittel-hoch	gut	groß	gut
hoch bis sehr hoch	hoch	mittel	groß	gut
sortenbedingt mittel bis gut	gering	schwach	mittel	sehr gut
hoch	mittel	mittel	mittel bis groß	sehr gut
sortenbedingt mittel bis hoch	gering	mittel	mittel bis groß	sehr gut

Wuchs des Baumes und geeignete Unterlage	Anfälligkeit	Ansprüche an den Standort	Befruchtersorten	Besondere Hinweise
mittelstark M 9 bis A 2	Holz und Blüte relativ frosthart, kaum schorfanfällig	große ökologische Anbaubreite für trockene Böden	12, 20	Wirtschaftsapfel, auch zum Frischgenuß. Für Höhenlagen und weniger günstige Standorte geeignet.
stark M 9 bis M 26	blüten-, frost- u. schorfempfindl. Rote Spinne	große ökologische Anbaubreite für nährstoffreiche warme Böden	4, 6, 7, 12	Geschmacklich hervorragende Frühherbstsorte. Holz wird gern von Wild verbissen.
stark bis sehr stark M 9 bis M 26	kaum schorf- und mehltauanfällig	große ökologische Anbaubreite, für alle Böden geeignet	nicht geprüft	Ein an Cox' Orangen erinnernder Frühherbstapfel, wohlschmeckend, nicht druckempfindlich. Nur auf schwachwachsenden Unterlagen ertraglich sicher.
stark M 9 bis M 4	gering schorf- und mehltauanfällig	große ökologische Anbaubreite, für alle Standorte geeignet	2, 6	Die Sorte besitzt einen hohen Anbauwert. Wertvolle Wintersorte für den Selbstversorger.

Sortenname	Frucht	Pflückreife	Genußreife	Lagereigenschaften (Normallager)	Beginn und Höhe des Ertrages
5. **Breuhahn**	mittelgroß bis klein; Grundfarbe: gelbgrün, Deckfarbe: gelblichrot; feinzellig, saftig, süßsäuerlich	M. IX bis A. X	XI bis IV	bis E. IV sehr gut, schrumpft nicht 0 bis 1 °C	mittel, mittel
6. **Carola** (Syn. Kalco)	mittelgroß bis groß, Grundfarbe: grünlichgelb, Deckfarbe: trüb rot bis trüb purpurrot; feinzellig, schaumig, sehr saftig, süßsäuerlich	M. IX	IX bis XII	XI bis XII Neigung zur Stippe und zum Mehligwerden 2 bis 3 °C	früh, mittelhoch bis hoch, alternierend
7. **Cox' Orangen**	mittelgroß bis klein, rundlich; Grundfarbe; gelbgrün, Deckfarbe: rötlich orange; mittelfeinzellig, saftig, angenehm süßsäuerlich, aromatisch gewürzt	E. IX bis A. X	E. IX bis II	bis A. II neigt zum Welken, zu kühl gelagert Neigung zu Fleischbräune 3 bis 4 °C	mittelfrüh, mittel bis gering
8. **Gelber Köstlicher** (Syn. Golden Delicious)	mittelgroß, konisch; Grundfarbe: hellgrünlichgelb, Deckfarbe: gelblich orange; grobzellig, mittelsaftig, aromatisch	A. bis E. X	XI bis II	A. II neigt zum Schrumpfen und zur Fleischbräune 0 bis 1 °C	früh, sehr hoch
9. **Gloster**	mittelgroß bis groß; konisch; Grundfarbe: grünlichgelb, Deckfarbe: bräunlichrot; feinzellig, saftig, feinsäuerlich, schwach aromatisch	M. bis E. X	XI bis II	E. II gut	früh, schwach
10. **Helios**	mittelgroß, rundlich; Grundfarbe: hell strohgelb, Deckfarbe: rot gestreift; feinzellig, saftig, spritzig, säuerlich süß	M. VIII	M. VIII	Sofortverbrauch 8 bis 10 Tage	mittelfrüh, hoch
11. **Idared**	mittelgroß bis groß, kugelig rund; Grundfarbe: hellgrün, Deckfarbe: leuchtend hellrot; grobzellig, mittelsaftig, säuerlich, mäßig aromatisch	M. bis E. X	I bis IV	bis E. IV sehr gut, kaum Verluste	früh bis mittel, mittelhoch
12. **James Grieve**	mittelgroß, hochrund; Grundfarbe: grünlichgelb, Deckfarbe: orange bis gelblich rot; saftig, schaumig, süßsäuerlich, aromatisch	E. VIII bis A. IX	IX bis X	bis E. X 3 bis 4 °C	früh, mittel bis hoch
13. **Jonagold**	groß, konisch; Grundfarbe: grünlichgelb, Deckfarbe: hellrot; mittelgrobzellig, saftig, süßsäuerlich, aromatisch	E. IX bis M. X	X bis III	bis E. III wird durch Pflücktermin beeinflußt	früh, hoch

Wuchs des Baumes und geeignete Unterlage	Anfälligkeit	Ansprüche an den Standort	Befruchtersorten	Besondere Hinweise
mittelstark M 9 bis M 4	kaum Schorf und andere Krankheiten	große ökologische Anbaubreite, nahrhafte feuchte Böden in warmen Lagen	12, 16	Wertvolle Spätwintersorte. Bei zu hohem Ertrag ausdünnen. Neigt zu Vorerntefruchtfall, termingerecht ernten.
mittelstark bis schwach M 4 bis A 2	Holz etwas frostempfindl., gering schorf- u. mehltauanfällig	große ökologische Anbaubreite für nährstoffreiche feuchte Böden	2, 4, 7, 8, 12, 16, 17	Sorte verlangt intensive Pflege. Besonders für Vorgebirgslagen geeignet.
mittelstark M 9 bis MM 106	anfällig für Mehltau und Schorf, Holz und Blüte frostempfindl.	nur für Gebiete mit hoher Luftfeuchtigk. u. ausreichend gleichmäßig feuchten Böden	2, 5, 8, 12, 14, 16, 17, 22	Stellt sehr hohe Ansprüche an den Standort und die Pflegeintensität. Nur an zusagenden Standorten anbauen.
mittelstark M 9 bis M 4	schorfanfällig, schwefel- und kupferempfindlich	große ökologische Anbaubreite für wärmere nährstoffr. feuchte Böden	2, 4, 5, 6, 10, 11, 12, 14, 21, 22, 24, 7	Stellt hohe Ansprüche an die Wärme und verlangt eine intensive Pflege.
sehr stark M 9	gering schorf-, kaum mehltauanfällig	für ausreichend feuchte, nährstoffreiche Böden	7, 8, 13	nur in Kombination mit M 9 anbauwürdig
stark M 26 bis M 4	Eine besondere Anfälligkeit wurde noch nicht beobachtet	große ökologische Anbaubreite für ausreichend nährstoffr. feuchte Böden	2, 4, 6, 7	Hervorragender Sommerapfel, der sich vorzüglich für die Naßkonserve eignet. Für Vorgebirgslagen.
schwach MM 106 bis A 2	stark mehltauanfällig	Sorte mit großer ökologischer Anbaubreite für nährstoffreiche feuchte Böden	8, 14	Für mehltaufreie Lagen geeignet, bleibt kleinkronig.
mittelstark M 26 bis M 4	anfällig f. Blutlaus, Krebs, Rote Spinne und Kragenfäule	große ökologische Anbaubreite für nährstoffreiche feuchte Böden	1, 2, 5, 6, 7, 8	Ertragssichere Frühherbstsorte, die trotz der Druckempfindlichkeit der Früchte ihre Anbaubedeutung für den Selbstversorger behält.
stark M 9 bis M 26	etwas mehltauanfällig, Blüte frostempfindlich	für warme, feuchte, nährstoffreiche Böden	7, 8, 5, 14, 18	Nur in Kombination mit schwachwachsenden Unterlagen anbauwürdig. Die Sorte ist triploid.

Sortenname	Frucht	Pflückreife	Genußreife	Lagereigenschaften (Normallager)	Beginn und Höhe des Ertrages
14. **Jonathan**	mittelgroß bis klein, rund; Grundfarbe: dunkel purpurrot; mittelfeinzellig, saftig, süß, aromatisch	M. X	XI bis III	E. III neigt zu Schalenerkrankungen, laufende Kontrolle 2 bis 3 °C	früh bis mittel, mittel
15. **Juno**	groß bis klein (variabel), breitrund; Grundfarbe: hellgrüngelb, Deckfarbe: bräunlichrot; feinzellig, schaumig, saftig, süßsäuerlich, aromatisch	M. X	I bis IV	E. IV sehr gut	früh, mittel
16. **Klarapfel**	mittelgroß bis klein, uneinheitlich; Grundfarbe: hell gelbgrün, Deckfarbe: hellgelb; feinzellig, saftig, säuerlich, erfrischend	E. VII bis A. VIII	E. VII bis M. VIII	Sofortverbrauch, sonst mehlig 6 bis 8 Tage	früh, mittelhoch
17. **Ontario**	groß bis sehr groß, breitrund; Grundfarbe: hellgrünlichgelb, Deckfarbe: braunviolett; feinzellig, saftig, erfrischend säuerlich	M. bis E. X	I bis V	bis E. V Neigung zur Fleischbräune, 4 °C, nicht darunter	früh, mittel, periodisch
18. **Red McIntosh**	mittelgroß, unregelmäßig in der Form; Grundfarbe: hellgrün, Deckfarbe: dunkelrot bis dunkelblaurot, saftig, schaumig, süßsäuerlich, aromatisch	M. IX	M. IX bis XII	bis E. XII neigt zu Fruchfäule 2 bis 3 °C	auf M 9 früh, mittelhoch
19. **Roba**	mittelgroß, rund; Grundfarbe: gelb, Deckfarbe: trüb bräunlichrot; mittelfeinzellig, säuerlich, saftig, erfrischend	A. X	XII bis II	bis E. II welkt nicht, Schale wird klebrig 0 bis 1 °C	früh, mittelhoch
20. **Roter Boskoop**	groß, rundlich; Grundfarbe: trüb grünlichgelb, Deckfarbe: rot bis bräunlichrot; grobzellig, saftig, säuerlich, aromatisch	A. bis M. X	M. XII bis E. III	bis E. III Neigung zu Fleischbräune und Welken 3 bis 4 °C	spät, mittel
21. **Schweizer Orangen**	mittelgroß, flach kugelig; Grundfarbe: rötlichgelb, Deckfarbe: rötlichorange; mittelfeinzellig, saftig, süßsäuerlich, schwach aromatisch	M. bis E. X	XII bis III	E. III gut	spät, mittel
22. **Spartan**	mittelgroß, rund; Grundfarbe: olivgrün, Deckfarbe: bläulich dunkelrot; feinzellig, saftig, süßsäuerlich	E. IX bis A. X	XI bis III	E. III gut, welkt nicht	früh, mittel

Wuchs des Baumes und geeignete Unterlage	Anfälligkeit	Ansprüche an den Standort	Befruchtersorten	Besondere Hinweise
mittelstark M 9 bis MM 106	stark mehltauanfällig, Holz und Blüte relativ frostwiderstandsfähig	große ökologische Anbaubreite für warme, nährstoffreiche Böden	4, 5, 7, 8, 17, 23, 24	Die Sorte ist nur bedingt zu empfehlen. Sehr nachteilig ist der starke Mehltaubefall. Sie stellt hohe Ansprüche an die Pflegeintensität. Früchte vor den ersten Frühfrösten ernten. Frucht oft kleinbleibend.
mittelstark M 9 bis M 4	gering schorf- und mehltauanfällig	für ausreichend warme, nährstoffreiche Böden	2, 4, 5, 8	Bei entsprechender Fruchtgröße geschmacklich wertvolle Spätwintersorte. Druckempfindlich.
mittelstark, später schwach M 9 bis M 4	anfällig für Mehltau, Schorf, Krebs, Blutlaus	große ökologische Anbaubreite für nährstoffreiche gute Böden	5, 6, 7, 12	Folgert in der Reife. Nur vollreife Früchte ernten. Im Alter periodisch tragend und Neigung zur Kleinfrüchtigkeit sowie zum Vorerntefruchtfall. Nur einen Baum pflanzen.
mittelstark M 9 bis M 4	anfällig für Krebs und Mehltau	große ökologische Anbaubreite für nährstoffreiche feuchte Böden	6, 7, 8, 12, 14	Eine für den Selbstversorger relativ gut lagernde Spätwintersorte. Druckempfindlich.
mittelstark bis stark M 9 bis M 26	anfällig für Schorf u. Rindennekrosen, Holz frosthart	große ökologische Anbaubreite f. Standorte mit ausreichend feuchten Böden	7, 8, 12, 14	Stellt hohe Ansprüche an die Pflegeintensität. Neigt zu Vorerntefruchtfall, daher Pflücktermin beachten.
mittelstark M 9 bis M 26	Holz und Blüte frostempfindl., kaum Mehltau und Schorf	ausreichend warme Standorte mit nährstoffreichen feuchten Böden	nicht geprüft	Nur in Kombination mit schwachwachsenden Unterlagen und dem der Sorte zusagenden Standort anbauen. Neigt zu Vorerntefruchtfall.
sehr stark M 9	gering schorfanfällig	große ökologische Anbaubreite, verlangt aber gute, ausreichend feuchte Böden	7, 8, 16	Nur in Kombination mit M 9 anbauwürdig. Die Sorte ist triploid.
mittelstark M 9 bis M 4	anfällig für Schorf und Mehltau	ausreichend nährstoffreiche feuchte Böden	4, 5, 8, 9, 16	Früchte sind gut für die häusliche Verwertung geeignet. Nur an zusagenden Standorten anbauen.
mittelstark M 9 bis M 4	gering schorf- und mehltauanfällig	große ökologische Anbaubreite für ausreichend feuchte, nährstoffreiche Böden	7, 8, 12, 11, 14	Ein für den Versorgungszeitraum Februar/April farbiger Tafelapfel.

Sortenname	Frucht	Pflückreife	Genußreife	Lagereigenschaften (Normallager)	Beginn und Höhe des Ertrages
23. **Starkrimson**	mittelgroß bis groß; konisch; Grundfarbe: gelblichgrün, Deckfarbe: dunkelbraunrot; feinzellig, saftig, süß, ohne Aroma	A. bis M. X	XII bis III	bis E. III Neigung am Ende der Lagerperiode zum Bitterwerden	früh, mittelhoch
24. **Undine**	groß bis mittelgroß, hochrund; Grundfarbe: hellgelbgrün, Deckfarbe: trüb rötlich-orange; mittelfeinzellig, saftig, säuerlich süß, aromatisch	E. X	II bis III	bis E. III neigt zum Welken und zu Fleischbräune 0 bis 1 °C	früh, mittel, periodisch
25. **Yellowspur**	mittelgroß, konisch; Grundfarbe: hellgrünlichgelb, Deckfarbe: gelblich orange, grobzellig, mittelsaftig, aromatisch	A. bis E. X	XI bis II	A. II neigt zum Schrumpfen und zur Fleischbräune 0 bis 1 °C	früh, sehr hoch

Wichtige Birnensorten

Sortenname	Frucht	Pflückreife	Genußreife	Lagereigenschaften (Normallager)	Beginn und Höhe des Ertrages
1. **Alexander Lucas**	groß bis sehr groß, birnenförmig, dickbauchig; Grundfarbe grünlichgelb, reif rötlichgelb, orange; halbschmelzend, saftig, süßsäuerlich	E. IX bis A. X	X bis XII	bis A. XII Neigung zur Fruchtfäule, jahresabhängig	früh, hoch
2. **Boscs Flaschenbirne**	mittelgroß bis groß, flaschenförmig, kelchbauchig; Grundfarbe trüb gelblichgrün, wird von einem bräunlichen Rost überzogen; schmelzend süß, mäßig säuerlich	M. bis E. IX	X bis M. XI	bis M. XI, wird dann teigig	mittelfrüh, mittelhoch bis hoch
3. **Bunte Julibirne**	klein bis mittelgroß, stumpfkegelförmig; Grundfarbe grünlichgelb, rötlich orange gestreift; schmelzend, saftig, säuerlich süß	M. bis E. VII	E. VII bis A. VIII	4 bis 5 Tage Sofortverbrauch	früh bis mittel, mittel bis hoch
4. **Clapps Liebling**	groß bis mittelgroß, dickbauchig; Grundfarbe gelblichgrün, rot verwaschen gestreift; schmelzend, sehr saftig, säuerlich süß	M. bis E. VIII	M. VIII bis A. IX	12 bis 14 Tage Neigt zum Teigigwerden	früh, sehr hoch

Wuchs des Baumes und geeignete Unterlage	Anfälligkeit	Ansprüche an den Standort	Befruchtersorten	Besondere Hinweise
mittelstark bis schwach M 26 bis MM 106	blütenfrostempfindlich, wenig mehltauanfällig	für wärmere Standorte mit ausreichend nährstoffreichen Böden	5, 7, 8, 14, 18	Nur für warme Lagen, nicht für die Vorgebirgslagen.
stark M 9 bis MM 106	mehltauanfällig	ausreichend feuchte, nährstoffreiche Böden	2, 4, 5, 6, 8, 14, 15	Geeignet für Vorgebirgslagen und die nördlichen Bezirke. Nur an zusagenden Standorten anbauen.
schwach M 26 bis A 2	schorfanfällig, schwefel- und kupferempfindlich	für wärmere, nährstoffreiche, feuchte Böden	2, 4, 5, 6, 7, 10, 11, 12, 14, 21, 22, 24	s. Gelber Köstlicher. Nicht für Vorgebirgslagen.

Anmerkung:
Die Malus-Unterlagen sind nach zunehmender Wuchsstärke geordnet:
M 9, M 26, M 2, Pi 80, MM 106, M 4, M 11, A 2.

Je nach den Bodenverhältnissen ist die entsprechende, für den jeweiligen Standort geeignete Kombination zu wählen.

Wuchs des Baumes und geeignete Unterlage	Anfälligkeit	Ansprüche an den Standort	Befruchtersorten	Besondere Hinweise
mittelstark Cydonia A Sämling	Blüte gering, Holz mittel frostwiderstandsfähig	große ökologische Anbaubreite, nur für warme nährstoffreiche Böden	4, 7, 9, 11, 12, 15	Nur als Niederstamm pflanzen. Neigt zu Vorerntefruchtfall. Für häusliche Verwertung geeignet. Wichtigste Sorte für den Frischgenuß November/Anfang Dezember.
mittelstark Sämling Cydonia A	gering schorfanfällig	große ökologische Anbaubreite für warme, nährstoffreiche Böden	3, 4, 7, 8, 9, 12, 14, 15	Neigt zu Vorerntefruchtfall, geschmacklich hervorragende Herbstsorte, die sich einige Wochen lagern läßt. Stellt keine spezifischen Ansprüche an den Standort.
schwach Sämling Cydonia A	kaum schorfanfällig	für warme, nährstoffreiche Böden, auf trockenen Böden versagt sie	4, 11, 12, 13, 15	Eine der frühesten Tafelbirnen. Die Ertragsleistung ist standortabhängig. Noch für Höhenlagen.
stark Cydonia A Sämling	etwas schorfanfällig, Holz frostempfindlich	große ökologische Anbaubreite für nährstoffreiche, nicht zu trockene Böden	3, 9, 12, 13, 15	Reichtragende Herbstsorte. Nur einen Baum pflanzen. Früchte hartreif ernten

Sortenname	Frucht	Pflückreife	Genußreife	Lagereigenschaften (Normallager)	Beginn und Höhe des Ertrages
5. **Gute Luise**	mittelgroß bis groß, kelchbauchig; Grundfarbe trüb grünlichgelb, Deckfarbe trüb rötlich orange; schmelzend, süßsäuerlich, aromatisch	A. IX	E. IX bis A. X	bis M. X bei früher Ernte bis E. XI	früh, sehr hoch, regelmäßig
6. **Jeanne d'Arc**	groß, birnenförmig, dickbauchig; Grundfarbe trüb grün, grünlichgelb bis trüb orange	E. X	XII bis I	bis E. I reife Früchte werden nicht teigig und sind 14 Tage haltbar	früh, mittelhoch, regelmäßig
7. **Konferenzbirne**	mittelgroß bis groß, flaschenförmig; Grundfarbe grünlichgelb, orangerot, bräunlich berostet	E. IX bis A. X	X bis XI	bis M. XI	früh, sehr hoch, regelmäßig
8. **Köstliche von Charneu**	mittelgroß, mittel- bis kelchbauchig; Grundfarbe schwach trüb gelbgrün, Deckfarbe gelb orange; süß, schwach säuerlich, aromatisch	M. IX	X bis M. XI	M. XI	mittelspät, hoch
9. **Madame Verté**	klein bis mittelgroß, stumpfkreiselförmig; Grundfarbe trüb grünlichgelb von olivbraunem Rost überzogen; schmelzend, aromatisch, fein süßsäuerlich	M. X	XI bis XII	bis E. XII reift unterschiedlich, deshalb laufende Kontrolle	mittelfrüh, mittelhoch bis hoch, standortabhängig
10. **Marianne**	mittelgroß, birnenförmig; Grundfarbe trüb grünlichgelb, Oberfläche stark berostet; schmelzend, mittelsaftig, säuerlich, süß.	M. IX	E. IX bis M. X	E. IX bis M. X 10 bis 14 Tage Neigt zum Teigigwerden	früh bis mittel, mittel bis hoch
11. **Nordhäuser Winterforelle**	mittelgroß, stumpfkreiselförmig; Grundfarbe hellgrünlichgelb, flächig, rot; halbschmelzend, mäßig saftig, säuerlichsüß	A. bis M. X	I bis III	bis E. III vereinzelt tritt Fruchtfäule auf	früh, mittelhoch, regelmäßig
12. **Paris**	mittelgroß bis groß, birnenförmig; Grundfarbe trüb grünlichgelb, hellbraun berostet; halbschmelzend, saftig, süß	E. X	XII bis I/II	I bis A. II Bei zu trockenem Lager besteht Neigung zum Welken	früh bis mittel, mittelhoch bis hoch, regelmäßig
13. **Trévoux**	mittelgroß bis groß, glockenförmig; Grundfarbe gelblichgrün, trüb orangerot; halbschmelzend, saftig, säuerlich bis süß	A. bis M. VIII	A. bis E. VIII	2 bis 3 Wochen	früh, hoch, regelmäßig

Wuchs des Baumes und geeignete Unterlage	Anfälligkeit	Ansprüche an den Standort	Befruchtersorten	Besondere Hinweise
mittelstark Cydonia A Sämling	schorfanfällig, Holz und Blüte gering frostwiderstandsfähig	große ökologische Anbaubreite für genügend feuchte, nährstoffreiche Böden	3, 4, 7, 8, 13, 14	Für Höhenlagen geeignet. Als Tafelfrucht und für die häusliche Verwertung zu verwenden.
schwach bis mittelstark Sämling Cydonia A	standortabhängig schorfanfällig	für warme, nährstoffreiche, feuchte Böden	14, 15	Eine wohlschmeckende Winterbirnensorte für den Versorgungszeitraum Dezember/Januar, die mehr Verbreitung finden sollte
mittelstark Cydonia A Sämling	gering anfällig für Krankheiten und Schädlinge	große ökologische Anbaubreite für nährstoffreiche warme Böden	3, 14, 15	Wohlschmeckende, reichtragende Birnensorte mit großer Anbaubreite, die größere Verbreitung finden sollte.
stark Cydonia A Sämling	anfällig für Schorf, Holz frostempfindlich	große ökologische Anbaubreite für feuchte nährstoffreiche Böden	2, 3, 4, 5, 12, 15	Im Kleingarten nur in Kombination mit Cydonia A aufpflanzen, auf Sämling wächst die Sorte zu stark
schwach bis mittelstark Sämling Cydonia A	standortbedingt schorfanfällig	für warme, nährstoffreiche, ausreichend feuchte Böden	12, 14, 15	Geschmacklich wertvolle Winterbirne für alle birnenfähige Böden.
schwach Sämling	kaum anfällig für Krankheiten und Schädlinge	für alle birnenanbaufähige Böden geeignet	noch nicht geprüft	Anspruchslose Herbstsorte. Besonders für Höhenlagen zu empfehlen.
mittelstark Cydonia A Sämling	schorfanfällig, Holz frostempfindlich	nur für warme, nährstoffreiche, genügend feuchte Böden	3, 5, 15	Nur für ausgesprochen warme, feuchte Standorte, an denen die Früchte voll ausreifen. Neigt zu Vorerntefruchtfall.
mittelstark Cydonia A Sämling	Blüte nur mittel frostwiderstandsfähig	nur für warme, nährstoffreiche Böden	3, 4, 8, 9, 15	An nicht zusagenden Standorten reifen die Früchte nicht aus und bleiben rübig. Neigung zur Steinzellenbildung.
mittelstark Cydonia A Sämling	wenig anfällig für Krankheiten	große ökologische Anbaubreite, auch für leichte Böden	2, 3, 9, 15	Reichtragende Frühbirnensorte, die keine hohen Ansprüche an den Standort stellt. Auch für Höhenlagen

Sortenname	Frucht	Pflückreife	Genußreife	Lagereigenschaften (Normallager)	Beginn und Höhe des Ertrages
14. **Vereinsdechantsbirne**	groß bis sehr groß, birnenförmig, dickbauchig; Grundfarbe trüb grünlichgelb, Deckfarbe gelblich orange; schmelzend, sehr saftig, aromatisch, süßsäuerlich	M. X	XI	reife Früchte sind 14 Tage haltbar	mittelfrüh, mittel, regelmäßig
15. **Williams Christ**	mittelgroß bis groß, birnenförmig, dickbauchig; Grundfarbe gelblichgrün, Deckfarbe rötlichorange; schmelzend, aromatisch, angenehm säuerlich-süß	E. VIII bis A. IX	E. VIII bis M. IX	10 bis 14 Tage wird schnell teigig	früh, hoch, regelmäßig

Wichtige Kirschsorten

Sortenname	Frucht	Reife in Kirschwoche*)	Beginn und Höhe sowie Regelmäßigkeit des Ertrages
1. **Altenburger Melonen**	Knorpelkirsche; groß bis sehr groß; rötlichgelb mit dunkelroter, braunroter Deckfarbe; süßsäuerlich, aromatisch	5.	früh, hoch, alljährlich
2. **Badeborner**	Knorpelkirsche; mittelgroß bis groß; dunkelbraunrot-schwarz; süß mit geringer Säure, würzig	5.	mittelfrüh, mittelhoch
3. **Große Prinzessin**	Knorpelkirsche; groß bis sehr groß; rötlichgelb braunrot; süßsäuerlich, aromatisch	4.	mittelfrüh, mittelhoch, alljährlich
4. **Große Schwarze Knorpel**	Knorpelkirsche; mittelgroß bis groß; rotbraun; süß, mäßig säuerlich, aromatisch	5.	mittelfrüh, mittelhoch, alljährlich
5. **Hedelfinger**	Knorpelkirsche; groß; dunkelbraunrot; süßsäuerlich, aromatisch	5.	spät, sehr hoch, alljährlich
6. **Kassins**	Herzkirsche; mittelgroß; rot-schwarzrot; süßsäuerlich, aromat.	1. bis 2.	früh, hoch, alljährlich
7. **Knauffs Schwarze**	Herzkirsche; groß bis sehr groß; braunviolett; weichfleischig; süßsäuerlich, aromatisch	3.	früh, hoch bis sehr hoch, alljährlich
8. **Maibigarreau**	Herzkirsche; groß; gelblichrot mit roter Deckfarbe; weichfleischig; angenehm süßsäuerlich	3.	spät, hoch, alljährlich

Wuchs des Baumes und geeignete Unterlage	Anfälligkeit	Ansprüche an den Standort	Befruchtersorten	Besondere Hinweise
mittelstark Cydonia A	Blüte frostempfindlich	für warme, nährstoffreiche, feuchte Böden	2, 3, 4, 5, 7, 8, 13, 15	Wertvolle Spätherbstsorte
mittelstark Cydonia A Sämling	Holz frostempfindlich, anfällig für Schorf	große ökologische Anbaubreite für warme, nährstoffreiche Böden	2, 3, 4, 7, 8	Ausgezeichnete Sorte für die häusliche Verwertung und den Frischverzehr.

Wuchs des Baumes	Anfälligkeit	Ansprüche an den Standort	Befruchtersorten	Besondere Hinweise
stark, mit hochkugeliger Krone	Früchte wind- und mäßig regenempfindlich	für alle Lagen mit kirschfähigen Böden	5, 7, 8	Für alle Standorte geeignet
sehr stark, breit gewölbte Kronen	Frucht nicht wind- und regenempfindlich	verlangt nährstoffreiche, leichte bis mittelschwere Böden	5, 6, 8, 12	Besonders für Höhenlagen geeignet
mittelstark bis stark, mit breitpyramidaler Krone	gegen Nässe empfindlich; virusanfällig	verlangt ausreichend nährstoffreiche, gute Böden	5, 6, 8	Nur für geschützte Lagen geeignet
stark, breitkugelig	Früchte regenempfindlich	verlangt leichte bis mittelschwere Böden mit gutem Nährstoffgehalt	3, 5, 6, 8	Nicht für rauhe Lagen geeignet
stark, mit breitpyramidaler Krone, im Alter hängend	Frucht regenempfindlich; neigt zum Platzen	stellt an den Boden keine besonderen Ansprüche	1, 2, 3, 4, 12	Auch für geschützte Höhenlagen geeignet
mittelstark, breitpyramidal	Frucht regenempfindlich; neigt zum Platzen	verlangt warme, nährstoffreiche, durchlässige Böden	2, 3, 4, 5, 8, 12	Nur für geschützte Lagen geeignet
schwach bis mittelstark, im Alter breit ausladend	Frucht nässeempfindlich	verlangt mittlere, durchlässige, warme Böden	1, 8	Auch für Höhenlagen geeignet
sehr stark, aufrecht mit hoch gewölbter Krone	Frucht wind-, regen- und druckempfindlich	zusagend sind mittlere bis leichte, warme Böden	1, 2, 3, 5, 6, 7, 10, 12	Auch für Höhenlagen geeignet

Sortenname	Frucht	Reife in Kirschwoche*)	Beginn und Höhe sowie Regelmäßigkeit des Ertrages
9. **Schneiders Späte Knorpel**	Knorpelkirsche; sehr groß; dunkelbraunrot; angenehm süßsäuerlich, aromatisch	5. bis 6.	mittel, mittelhoch, alljährlich
10. **Teickners Schwarze Herzkirsche**	Herzkirsche; mittelgroß bis groß; dunkelbraunrot; weichfleischig; süßsäuerlich, aromatisch	3.	früh, hoch, regelmäßig
11. **Van**	Knorpelkirsche; groß bis sehr groß; dunkelbraunrot; süßsäuerlich, aromatisch	4. bis 5.	früh, sehr hoch, regelmäßig
12. **Werdersche Braune**	Herzkirsche; groß bis sehr groß; dunkelbraunrot; rel. festfleischig; säuerlichsüß, aromatisch	3.	früh, hoch bis sehr hoch, regelmäßig
13. **Fanal** (Syn. Heimanns Konservenweichsel)	Sauerkirsche; mittelgroß bis groß; dunkelbraunrot; Säuregehalt hoch, gutes Aroma	5. bis 6.	früh, hoch, regelmäßig
14. **Kelleriis** Nr. 16 (Syn. Morellenfeuer)	Sauerkirsche; mittelgroß; braunrot; mittelfest; mäßig sauer, aromatisch	5. bis 6.	früh, sehr hoch, regelmäßig
15. **Schattenmorelle**	Sauerkirsche; groß; dunkelbraunrot; Säuregehalt hoch mit mäßigem Aroma	5. bis 6.	früh, sehr hoch, regelmäßig

* Die Reifezeit der Kirschen wird nach Kirschwochen angegeben. Sie beginnt in jedem Jahr mit der Reife der frühesten Sorte. Im allgemeinen fällt die 1. Kirschwoche mit der 1. Juniwoche zusammen.

Wichtige Pflaumensorten

Sortenname	Frucht	Pflückreife	Beginn und Höhe bzw. Regelmäßigkeit des Ertrages
1. **Althann** (Reneklode)	Reneklode; groß bis sehr groß; Grundfarbe gelb bis hellorange, Deckfarbe rötlichbraun bis purpurrot, süßsäuerlich; aromatisch; steinlösend	E VIII bis A IX	früh, mittel bis hoch, regelmäßig
2. **Anna Späth**	Hauszwetsche; mittelgroß bis groß; rundlich bis oval; blauviolett bereift; süßsäuerlich, würzig; mäßig steinlösend	E IX bis A X	früh, mittelhoch bis hoch, unregelmäßig
3. **Bühler Frühzwetsche**	Zwetsche; mittelgroß; eirund; braunviolett, bereift; säuerlich süß; mäßig steinlösend	A bis M VIII	früh, hoch, regelmäßig
4. **Czar**	Halbzwetsche; mittelgroß bis groß; ovalrundlich; dunkelblau; süßsäuerlich, aromatisch; steinlösend	A bis M VIII	früh, hoch, regelmäßig

Wuchs des Baumes	Anfälligkeit	Ansprüche an den Standort	Befruchtersorten	Besondere Hinweise
sehr stark mit hochpyramidaler Krone	Frucht regenempfindlich; neigt zum Platzen	geeignet für leichte bis mittlere, nährstoffreiche, warme Böden		Noch für mittlere Höhenlagen geeignet; qualitativ eine der besten Kirschen
mittelstark, breitpyramidal	Frucht gering regenempfindlich	für alle süßkirschfähigen Böden geeignet	8, 12	Gedeiht auch in Höhenlagen
mittelstark, breitpyramidal	auf Grund des dichten Fruchtbehanges Fäulnis möglich	geeignet für alle süßkirschfähigen Böden		Blüte relativ frosthart; ertragssichere Sorte
stark, hochpyramidal	rel. wind- und regenfest	verlangt nährstoffreiche, sandiglehmige Böden	5, 6, 8, 10	Auch für höhere Lagen geeignet. Früchte können reif lange hängen
mittelstark, breitpyramidal bis rund	widerstandsfähig gegen Monilia, anfällig für Bakterienbrand	auf allen sauerkirschfähigen Böden für den Anbau geeignet	selbstfruchtbar	Reift vor der 'Schattenmorelle' und neigt nicht, wie diese, zum Verkahlen
mittelstark bis stark, breitpyramidal	gering anfällig für Krankheiten	für alle sauerkirschfähigen Böden geeignet	selbstfruchtbar	Neigt nicht zum Verkahlen. Früchte ausgezeichnet für die Naßkonserve geeignet
mittelstark, rundkronig	anfällig für Monilia und Schorf	ausreichend nährstoffreiche, mittlere bis leichte Böden. Auf feuchtem Boden versagt sie	selbstfruchtbar	Triebe neigen zum Verkahlen, daher regelmäßiger Schnitt, nicht in Grasnarbe pflanzen

Wuchs des Baumes	Anfälligkeit	Ansprüche an den Standort	Befruchtersorten	Besondere Hinweise
stark mit breitkugeliger Krone	neigt bei starken Niederschlägen zum Platzen; Früchte hochanfällig für Scharka	gedeiht am besten auf ausreichend feuchten, nährstoffreichen Böden	6, 8, 11, 13	Auch für Höhenlagen geeignet; gut für die häusliche Verarbeitung geeignet.
mittelstark bis stark, breit oval	gering anfällig; neigt bei starken Niederschlägen zum Platzen; Früchte scharkatolerant	verlangt ausreichend nährstoffreiche, feuchte Böden, auf trockenen versagt sie	selbstfruchtbar	Nicht für Höhenlagen; für Rohgenuß, Konserve und Mus
stark, kugelig	gering anfällig	benötigt zum Gedeihen warme, ausreichend feuchte Standorte, auf trockenen Böden keine ansprechende Fruchtqualität	selbstfruchtbar	Nicht für Höhenlagen, nur für zusagende Standorte; für Rohgenuß
stark, hochpyramidal	in nassen Jahren Fruchtfäule; Früchte schwach anfällig für Scharka	gedeiht am besten auf feuchten, nährstoffreichen Böden; nicht für trockene Böden	selbstfruchtbar	Auch für mittlere Höhenlagen. Früchte folgern in der Reife, es muß mehrmals geerntet werden

Sortenname	Frucht	Pflückreife	Beginn und Höhe bzw. Regelmäßigkeit des Ertrages
5. Frigga	Rundpflaume; groß; rotviolett; süßsäuerlich, aromatisch; gut steinlösend	E VII bis A VIII	früh, hoch, regelmäßig
6. **Große Grüne Reneklode**	Reneklode; mittelgroß; gelbgrün mit rötlicher Deckfarbe; süß, fein säuerlich, hoch aromatisch; je nach Herkunft Steinlöslichkeit unterschiedlich	A bis M IX	mittelspät, mittelhoch, unregelmäßig
7. **Hauszwetsche**	Zwetsche; mittelgroß bis groß; dunkelblau; süßsäuerlich, aromatisch; gut steinlösend	IX	mittelfrüh, hoch, regelmäßig
8. **Lützelsachser**	Zwetsche; groß; blau, bereift; süßsäuerlich; steinlösend	M VII bis A VIII	früh, mittel- bis hoch, unregelmäßig
9. **Nancy Mirabelle**	Mirabelle; klein bis mittelgroß; gelb mit rötlichem Hauch; süß, aromatisch; steinlösend	M bis E VIII	früh, hoch, regelmäßig
10. **Ontariopflaume**	Rundpflaume; groß bis sehr groß, oval; grünlichgelb, bereift; süß, schwach aromatisch; Steinlöslichkeit gering	A bis M VIII	früh, hoch, regelmäßig
11. **Qullins**	Reneklode; groß bis sehr groß, rund; gelbgrün, auch rötlichgelb; süß, etwas aromatisch; mäßig steinlösend	M VIII bis A IX	früh, hoch, regelmäßig
12. **Stanley**	Zwetsche; groß bis sehr groß, länglich oval; bräunlichviolett; süßsäuerlich, etwas aromatisch; Stein löst mittelgut	M bis E IX	früh, hoch, regelmäßig
13. **Wangenheim**	Halbzwetsche; mittelgroß bis groß, oval bis eirund; violettblau, bereift; süß, aromatisch; steinlösend	E VIII bis A IX	mittelfrüh, sehr hoch, regelmäßig
14. **Zimmers Frühzwetsche**	Zwetsche; groß, länglichrund; violettblau, bereift; süßsäuerlich, aromatisch; Steinlöslichkeit mittel	A bis M VIII	früh, hoch, regelmäßig

Wuchs des Baumes	Anfälligkeit	Ansprüche an den Standort	Befruchtersorten	Besondere Hinweise
mittelstark, breitrunder,	gering anfällig, Früchte schwach anfällig für Scharka	für alle für Pflaumen geeignete Standorte zu empfehlen	4, 6, 7, 9, 13	Für Frischgenuß geeignet
mittelstark, breitkugelig	regenempfindlich; Früchte neigen zum Platzen; gering anfällig für Scharka	gedeiht am besten auf nährstoffreichen, feuchten, warmen Böden	1, 3, 7, 11, 13	Nur für geschützte Lagen; ausgezeichnete Konservenfrucht
mittelstark, mit hochrunder Krone	stark anfällig für Scharka	verlang nährstoffreiche, feuchte Böden, trockene Standorte nicht geeignet	selbstfruchtbar	Verschiedene Typen mit unterschiedlicher Reife im Anbau. Beste Sorte für die häusliche Verwertung
mittelstark bis stark mit breitrunder Krone	Früchte anfällig für Scharka	gedeiht am besten in Lagen mit hoher Luftfeuchtigkeit, mit nährstoffreichen Böden	3, 4, 10, 15	Nicht für Höhenlagen geeignet; für Frischverzehr
mittelstark mit breitrunder sparriger Krone	Früchte kaum anfällig für Scharka	verlang nährstoffreiche, warme, nicht zu trockene Böden	selbstfruchtbar	Nur für geschützte Lagen; ausgezeichnet für die Konservierung geeignet
stark, breitrund, sparrig	Frucht neigt nach starken Niederschlägen zum Platzen, gering scharkaanfällig	verlangt nährstoffreiche, warme Böden	selbstfruchtbar	Zum Frischverzehr; auch für mittlere Höhenlagen geeignet
stark, breitrund	Frucht neigt zum Platzen und zu Monilia, gering scharkaanfällig	gedeiht am besten auf warmen, nährstoffreichen Böden. Kalte, nasse Böden sind ungeeignet	selbstfruchtbar	Zum Frischverzehr und zur Kompottbereitung
stark, hochpyramidal	Frucht weitgehend scharkatolerant	verlangt ausreichend feuchte, nährstoffreiche Böden	selbstfruchtbar	Für Frischverzehr, auch Konservierung; Früchte färben sich bereits 2–3 Wochen vor der Baumreife, nur vollreif ernten
stark, breitrund	in nassen Jahren und bei dichtem Hang der Früchte Fäulnis, Früchte hochanfällig für Scharka	verlangt nährstoffreiche, feuchten, kräftigen Boden, auf trockenen bleiben die Früchte zu klein	selbstfruchtbar	Für häusliche Verwertung; auch Kuchenbelag; für Höhenlage geeignet
schwach bis mittelstark, rundlich	Neigung der Früchte zum Faulen bei stärkerem Niederschlag; Früchte wenig anfällig für Scharka	verlangt nährstoffreiche, warme Böden	4, 7, 11, 12, 13	Für Rohgenuß; auch für mittlere Höhenlagen geeignet

Wichtige Pfirsichsorten

Sortenname	Frucht	Mittlere Reifezeit	Erntedurchgänge	Wuchs des Baumes
1. **Alexander**	mittelgroß; hellgrünlichgelb mit roter Deckfarbe; Fleischfarbe gelblichweiß; säuerlich süß, aromatisch; schlecht steinlösend	M bis E VII	2 bis 3	stark, aufrecht, ausladend
2. **Amsden**	mittelgroß; hellgelb mit hellrotbrauner Deckfarbe; Fleischfarbe gelblichweiß; süßsäuerlich, aromatisch; mäßige Steinlöslichkeit	M bis E VII	2	mittelstark, hochpyramidal
3. **Anneliese Rudolph**	groß; gelblichgrün mit bräunlichroter Deckfarbe; Fruchtfleisch gelblichweiß; säuerlich süß, aromatisch; Stein löst gut	M VIII	2 bis 3	stark, breitpyramidal
4. **Elma**	mittelgroß; gelblichhellrot; Fruchtfleisch gelblichweiß; süßsäuerlich; steinlösend	A bis M VIII	3	mittelstark, breitpyramidal
5. **Kernechter vom Vorgebirge**	mittelgroß bis groß; grünlichgelb mit bräunlichroter Deckfarbe; Fruchtfleisch gelblichweiß; süßsäuerlich, etwas aromatisch; steinlösend	M bis E IX	2 bis 3	stark, breit, hochpyramidal
6. **Mayflower**	mittelgroß; grünlichgelb mit purpurroter Deckfarbe; Fruchtfleisch hellgelb; süßsäuerlich, aromatisch; schlecht steinlösend	A VII	2 bis 3	stark, breitpyramidal
7. **Naundorfer Kernechter**	groß, grünlichgelb mit bräunlichroter Deckfarbe; Fruchtfleisch gelblichweiß; süßsäuerlich, stark aromatisch; gut steinlösend	E VIII bis A IX	2	mittelstark bis stark, hochpyramidal
8. **Proskauer**	mittelgroß; gelblich mit bräunlichroter Deckfarbe; Fruchtfleisch gelblichweiß; süßsäuerlich, stark aromatisch; gut steinlösend	M IX	2 bis 3	mittelstark, breitausladend
9. **Redhaven**	mittelgroß bis groß; hellorange mit orangeroter Deckfarbe; Fruchtfleisch orangegelb; vorwiegend süß, schwach arømatisch; gut steinlösend	M VIII	3	stark, aufrecht
10. **Sieger**	mittelgroß bis groß; grünlichgelb mit roter Deckfarbe; Fruchtfleisch gelblichweiß; süßsäuerlich, schwach aromatisch; schlecht steinlösend	M VII	2 bis 3	stark, breitrund, sparrig
11. **South Haven**	mittelgroß bis groß; hellorangegelb mit orangeroter Deckfarbe; Fruchtfleisch orangegelb; süßsäuerlich, schwach aromatisch; gut steinlösend	E VIII bis A IX	2	mittel bis stark, breitrund
12. **Sunhaven**	mittelgroß; hellorange mit roter Deckfarbe; Fruchtfleisch orangegelb; vorwiegend süß, schwach aromatisch; gut steinlösend	A bis M VIII	3	mittelstark, aufrecht

Anfälligkeit	Ansprüche an den Standort	Besondere Hinweise
gering; gegen Kräuselkrankheit widerstandsfähig; im Holz frostempfindlich	gedeiht auf warmen, durchlässigen Böden, auch für leichte Böden	Für Konserve und Frischverzehr; für geschützte Lagen
kaum anfällig für Krankheiten; Holz frostempfindlich	verlangt humus- u. nährstoffreiche Böden	Für Frischverzehr; gedeiht noch in mittleren Höhenlagen
anfällig für Kräuselkrankheit und Milben; Holz frostwiderstandsfähig	verlangt warmen, durchlässigen, humosen Boden	Für Frischverzehr und die Konservierung
gering	für alle pfirsichanbauwürdigen Standorte geeignet	Vorwiegend für den Frischverzehr
mäßig frostwiderstandsfähig; relativ widerstandsfähig gegen die Kräuselkrankheit	gedeiht gut auf leichten bis mittleren Böden	Gut für Konservierung und Frischverzehr. Nur veredelte Bäume verwenden. Sämlinge spalten stark auf
gering, auch für die Kräuselkrankheit	verlangt nährstoffreichen, warmen, durchlässigen Boden	Für Frischverzehr; verlangt intensive Pflege
auf schweren Böden Neigung zu Gummifluß	gedeiht auf allen für den Pfirsich geeigneten Böden	Für Konserve und Frischverzehr
gering anfällig für die Kräuselkrankheit	verlangt nährstoffreiche, warme Böden	Für höhere Lagen als Wandspalier möglich; für häusliche Verwertung und Frischverzehr
gering	für alle Pfirsichstandorte mit ausreichend warmen, nährstoffreichen Böden	Sehr gute Konservenfrucht
anfällig für Kräuselkrankheit und Pilzkrankheiten	verlangt nährstoffreiche, warme, durchlässige Böden	Für Frischverzehr
gering	für alle Pfirsichstandorte mit ausreichend warmen, nährstoffreichen, durchlässigen Böden	Sehr gute Konservenfrucht
gering	für alle Standorte, an denen Pfirsiche gedeihen	Gute Konservenfrucht

Wichtige Aprikosensorten

Sortenname	Frucht	Mittlere Reifezeit	Ernte-durchgänge	Wuchs des Baumes
1. **Ambrosia**	groß; gelblichorange mit rötlichoranger Deckfarbe; süßsäuerlich; gut steinlösend	M bis E VII	3	stark bis mittelstark
2. **Aprikose von Breda**	mittelgroß; gelblich-orange, Deckfarbe orangegelb bis rot; süßsäuerlich, aromatisch; gut steinlöslich	M bis E VII	3	mittelstark bis stark, sparrig gedrungen
3. **Große Frühaprikose**	groß; hellorangegelb, sonnenseits gerötet; süß, aromatisch; steinlösend	M bis E VII	3	stark, große breite Krone
4. **Marena**	groß bis sehr groß; gelblichorange mit rötlichoranger Deckfarbe; säuerlich, aromatisch; steinlösend	A VIII	2	stark, breite Krone
5. **Nancyaprikose**	groß; hellorgangegelb, sonnenseits gerötet; süßsäuerlich, angenehm aromatisch; steinlösend	A bis M VIII	2 bis 3	stark mit sparriger Krone
6. **Ungarische Beste**	mittelgroß bis groß; hellrötlichgelb, sonnenseits rötlichorgane; süß, schwach aromatisch; gut steinlöslich	A bis M VIII	2 bis 3	schwach mit rundlicher Krone

Wichtige Beerenobstsorten

Stachelbeeren

Sortenname	Frucht	Genußreife	Höhe des Ertrages	Wuchsstärke und Wuchsform
1. **Delamere**	groß bis mittelgroß; oval; hellgrün; Schale dünn, glatt; säuerlich, ohne Aroma	A bis M VII	hoch, regelmäßig	sehr stark, dichtkronig
2. **Gelbe Triumphbeere**	mittelgroß; oval; gelbgrün; Schale glatt; säuerlich, ohne Aroma	M VII	sehr hoch, regelmäßig	mittelstark, breitrund, überhängend
3. **Hönings Früheste**	mittelgroß; rundlich bis oval; gelb; Schale dünn, viele Drüsenborsten; süßsäuerlich, angenehm aromatisch	E VI bis A VII	gering bis hoch, standortabhängig	stark bis sehr stark, dicht, aufrecht
4. **Rote Preisbeere**	sehr groß; oval, auch eiförmig; dunkelrot; Schale glatt, etwas bereift, dick; süßsäuerlich, aromatisch	E VII	spät, gering bis hoch	mittelstark, ausladend, überhängend, breitrund
5. **Rote Triumphbeere**	mittelgroß bis groß; rundlich-oval; dunkelrot; Schale hart, dick mit Drüsenborsten bedeckt; süßsäuerlich, aromatisch	M bis E VII	mittelhoch bis gering	mittelstark, stark, breitrund
6. **Weiße Triumphbeere**	mittelgroß bis groß; oval rundlich; weißlichgrün; Schale dünn, flaumig behaart; süßsäuerlich, aromatisch	M VII	hoch und regelmäßig	stark bis sehr stark, mitteldicht, breitrund
7. **Weiße Volltragende**	mittelgroß; rundlich-oval; weißlichgrün; Schale dünn, glatt, süßsäuerlich, ohne Aroma	M VII	spät, hoch, regelmäßig	stark ausladend, breitrund

Anfälligkeit	Ansprüche an den Standort	Besondere Hinweise
Früchte regenempfindlich	für Standorte, an denen Aprikosen gedeihen; stellt keine besonderen Ansprüche	Für Konserven und Frischverzehr
Blüte spät; gegen naßkalte Witterung empfindlich	gedeiht in jedem Boden	Tafel- und Kompottfrucht
Blüte früh; frostempfindlich	stellt an den Boden keine besonderen Ansprüche	Gute Konservenfrucht
gering	gedeiht auf allen Böden und Standorten, die für Aprikosen geeignet sind	Tafel- und Konservenfrucht
im Holz frosthart	keine besonderen Ansprüche an den Boden. In rauhen Lagen versagt sie	Tafel- und Konservenfrucht
im Holz frosthart	stellt keine besonderen Ansprüche an den Boden und die Lage	Gute Konservenfrucht, stark gelierfähig

Anfälligkeit	Ansprüche an den Standort	Besondere Hinweise
anfällig für Mehltau; Früchte leiden unter Sonnenbrand	gedeiht auf allen nährstoffreichen Böden; auch für höhere, etwas geschützte Lagen	Vorwiegend für die Grünpflücke, weniger für Frischverzehr; schlecht am Strauch haltbar
für Mehltau und Blattranddürre anfällig	gedeiht auf allen ausreichend nährstoffreichen, feuchten Böden	Vorwiegend für die Grünpflücke; reif geschmacklich nicht besonders wertvoll
für Mehltau und die Blattranddürre anfällig; Holz und Blüte frostempfindlich	für alle nährstoffreichen, ausreichend feuchte Böden	Vorwiegend für den Frischgenuß, nicht zur Grünpflücke geeignet
gering anfällig	Ansprüche an den Boden sind gering, doch sind auf besseren Böden höhere Erträge zu erwarten	Für Frischgenuß und zur Grünpflücke geeignet; reift spät; besonders als Hochstamm zu empfehlen
für Mehltau und Blattranddürre anfällig	verlangt nährstoffreiche, genügend feuchte, gute Böden	Vorwiegend für die Grünpflücke und vollreif für die Marmelade; weniger für den Frischgenuß geeignet
nicht anfällig	verlangt humusreiche, ausreichend nährstoffreiche, feuchte Böden	Für alle Formen der Verwertung geeignet; empfehlenswerte Stachelbeersorte
etwas anfällig für Mehltau und Blattfallkrankheit	verlangt humusreiche, ausreichend nährstoffreiche, feuchte Böden	Vorwiegend für Grünpflücke

Johannisbeeren

Sortenname	Frucht und Fruchtstand	Genußreife	Höhe des Ertrages	Wuchsstärke und Wuchsform
rotfrüchtig				
1. **Fays Fruchtbare**	sehr groß; dunkelrot; säuerlich aromatisch; Fruchtstand mittellang	A bis M VII	mittelhoch bis hoch	mittelstark bis stark (mehrere Typen im Handel)
2. **Heros**	groß bis sehr groß; mittelrot; süßsäuerlich, aromatisch; Fruchtstand lang	A bis M VII	mittelhoch bis niedrig	schwach bis mittelstark, mitteldicht, aufrecht
3. **Jonkheer van Tets**	mittelgroß; rot; süßsäuerlich, aromatisch; Fruchtstand mittellang	A VII	mittelhoch bis hoch	mittelstark, hochrund, etwas überhängend
4. **Red Lake**	mittelgroß bis groß; rundlich; mittelrot, glänzend; süßsäuerlich, aromatisch; Fruchtstand lang	A VII	mittelhoch bis hoch	mittelstark, aufrecht bis breitrund, im Ertrag überhängend
5. **Rondom**	groß; dunkelrot, glänzend; rundlich; säuerlich; Fruchtstand mittellang bis lang; dicht hängend	M bis E VII	sehr hoch, regelmäßig	stark bis sehr stark, hochrund, bei starkem Fruchtbehang auseinanderfallend
6. **Rote Holländische**	mittelgroß bis klein; mittelrot; birnenförmig; säuerlich; Fruchtstand mittellang	M bis E VII	hoch bis sehr hoch, regelmäßig	sehr stark, aufrecht, breitrund
7. **Rote Spätlese**	mittelgroß; hell- bis dunkelrot; säuerlich, mit hohem Kernanteil; Fruchtstand sehr lang	M VIII bis M IX	sehr hoch, regelmäßig	stark bis sehr stark, breitrund
8. **Vierländer**	mittelgroß; birnenförmig; dunkelrot; süßsäuerlich mit gutem Aroma; Fruchtstand lang	M VII	mittelhoch bis gering	stark, dicht, hochrund, aufrecht
weißfrüchtig				
1. **Weiße Versailler**	mittelgroß; rundlich gelblichweiß; süßsäuerlich, angenehm aromatisch; Fruchtstand mittellang	VII	gering bis mittelhoch	mittelstark, rundlich, ausladend
2. **Werdavia**	mittelgroß bis groß; flachrund; weißlichgelb; angenehm süßsäuerlich; Fruchtstand mittellang bis lang	A bis M VII	hoch, regelmäßig	stark, rundlich bis breitrund
3. **Zitavia**	mittelgroß bis groß; breitrundlich; weißlichgelb; mild süßsäuerlich; Fruchtstand sehr lang	A bis M VII	hoch, regelmäßig	stark bis sehr stark, breitrund, ausladend
schwarzfrüchtig				
1. **Bogatyr**	groß bis sehr groß; kugelig; schwarz; aromatisch, mild, säuerlich; Fruchtstand mittellang	A VII	hoch, regelmäßig	stark, breitrund
2. **Lowes Auslese**	groß; kugelig; schwarz; säuerlich, aromatisch; Fruchtstand mittellang bis lang.	M VII	mittlhoch	mittelstark bis stark, breitrund

Anfälligkeit	Ansprüche an den Standort	Besondere Hinweise
anfällig für Blattfallkrankheit; widerstandsfähig gegen Blattranddürre	verlangt ausreichend gute, humose, nährstoffreiche Böden	Für Frischgenuß und Verwertung; nicht für rauhe Lagen
anfällig für Blattfallkrankheiten	gedeiht nur ausreichend auf guten, humosen, nährstoffreichen Böden	Für alle Formen der Verwertung geeignet
neigt zum Rieseln	große ökologische Anbaubreite; für alle johannisbeeranbaufähige Böden	Für Frischgenuß und Verwertung
gering anfällig für Krankheiten; im Holz brüchig	für alle Böden geeignet	Für alle Formen der Verwertung geeignet
anfällig für Johannisbeergallenlaus und Blattgallmilben	für alle Böden geeignet	Vorwiegend zur Saftherstellung, weniger für den Frischverzehr geeignet; reife Früchte halten sehr lange am Strauch
stärker anfällig für Blattranddürre	für alle Standorte und Böden geeignet	Vorwiegend zur Saftherstellung und Marmelade geeignet
anfällig für Blattranddürre	verlangt ausreichend nährstoffreiche, humose, feuchte Böden; nicht für karge Böden	Vorwiegend für die Verwertung, weniger zum Frischgenuß geeignet
anfällig für Blattranddürre	geeignet für mittlere nährstoffreiche, humose Böden	Gut geeignet für alle Formen der Verwertung und Gefrierkonservierung
anfällig für Blattfallkrankheit	verlangt humosen, nährstoffreichen Boden; für geschützte Lagen	Für Frischverzehr, Most- und Weinherstellung geeignet
gering	besitzt eine große ökologische Anbaubreite, für alle Böden	Für Frischverzehr, Most- und Weinherstellung geeignet
Neigung zum vorzeitigen Fruchtfall	gedeiht auf allen Böden	Für den Frischverzehr und die häusliche Verwertung
für Mehltau gering anfällig; rel. widerstandsfähig gegen Knospengallmilbe; Holz und Blüten rel. frosthart	verlangt ausreichend nährstoffreiche, feuchte Böden	Für alle Formen der Verwertung geeignet, auch für Gefrierkonservierung; ertragssichere Sorte
gering mehltauanfällig; widerstandsfähig gegen Knospengallmilbe; Blüte frostempfindlich	für alle Böden, bei guter Humusversorgung auch für leichte geeignet	Vorwiegend für die Verwertung geeignet; reife Früchte halten rel. lange gut am Strauch

Sortenname	Frucht	Genußreife	Höhe des Ertrages	Wuchsstärke und Wuchsform
3. Rosenthals Schwarze	variabel klein-groß; schwarz; herb aromatisch, säuerlich; Fruchtstand lang	A VII	mittelhoch, regelmäßig	stark bis sehr stark, breitrund, ausladend
4. Silvergieters Schwarze	mittelgroß bis groß; blauschwarz; mild aromatisch, säuerlich; Fruchtstand lang	E VI bis A VII	mittelhoch bis hoch	mittelstark bis stark, hochrund
5. Tinker	groß; kugelig; bläulichschwarz; angenehm säuerlich; Fruchtstand mittel bis lang	M VII	mittlhoch, regelmäßig	stark, breitrund
6. Wusil	mittelgroß bis groß; blauschwarz; mild aromatisch, säuerlich; Fruchtstand lang	E VI bis A VII	mittelhoch bis hoch, regelmäßig	mittelstark bis stark, hochrund

Brombeeren

1. **Theodor Reimers**	groß, große Einzelbeeren; rundlich; glänzend schwarzrot; vollreif süß, stark aromatisch	A VIII bis E IX	hoch	sehr stark, bildet lange starke Ranken
2. **Thornfree**	groß; Einzelbeeren rundlich; schwarz; vollreif süßaromatisch	A VIII bis E IX	hoch	stark, rankend
3. **Thornless Evergreen**	groß; schwarz; vollreif süß, aromatisch	A VIII bis E IX	hoch	stark, rankend
4. **Wilsons Frühe**	klein bis mittelgroß; rundlich; schwarz; süßlich, kaum aromatisch	E VII bis E VIII	mittelhoch	mittelstark; aufrecht; Ruten mittellang

Himbeeren

1. **Bulgarski Rubin**	groß; stumpfkegelförmig; mittel- bis dunkelrot; süßsäuerlich, aromatisch	A VII	hoch, regelmäßig	stark bis sehr stark, schräg aufrecht
2. **Schönemann**	groß bis sehr groß; langkegelförmig; dunkelrot; süßsäuerlich, aromatisch	M VII	mittelhoch bis hoch	mittelstark; halbaufrecht
3. **Zeva 2**	mittelgroß bis groß; rundlich; leuchtend dunkelrot; süßsäuerlich, aromatisch	A VII	mittelhoch bis hoch	stark bis sehr stark; schräg aufrecht

Anfälligkeit	Ansprüche an den Standort	Besondere Hinweise
anfällig für Knospengallmilbe und die Blattfallkrankheit; Holz und Blüte frostempfindlich	für alle Böden mit ausreichender Nährstoffversorgung geeignet	Vorwiegend für die Verwertung geeignet, weniger für den Frischgenuß; reife Früchte fallen schnell ab
etwas widerstandfähig gegen Knospengallmilbe; anfällig für Blattfallkrankheit	für alle Böden mit ausreichender Nährstoffversorgung	Für Frischverzehr, Gefrierkonservierung und allgemeine Verwertung geeignet
gering anfällig für Knospengallmilbe; mehltauanfällig; Blüte frostwiderstandsfähig	für ausreichend nährstoffreiche feuchte Böden	Für Frischgenuß und häusliche Verwertung; hoher Vitamin-C-Gehalt
kaum anfällig für Blattfallkrankheit und Knospengallmilbe; Holz rel. frosthart	geeignet für ausreichend feuchte, nährstoffreiche Böden	Für alle Formen der Verwertung geeignet
Holz frostempfindlich; anfällig für Brombeergallmilbe	für alle Böden geeignet, gedeiht auch noch an trockenen Standorten	Ausgezeichnete Frucht für die häusliche Verwertung; Frostschutz ist notwendig
Holz frostempfindlich	für alle Böden geeignet	Stachellose Sorte; im Abstand 1,50 bis 1,75 m zu pflanzen
Holz frostempfindlich	für alle Böden geeignet	Stachellose Sorte; im Abstand von 1,25 m zu pflanzen
frosthart im Holz; wird gern vom Wild verbissen	gedeiht am besten auf schweren bis mittelschweren, nährstoffreichen, feuchten Böden mit ausreichender Humusversorgung	vorwiegend zum Frischgenuß geeignet, weniger zur häuslichen Verwertung
gering widerstandsfähig gegen die Rutenkrankheit	verlangt ausreichend humose, feuchte, mittlere bis schwere Böden	Früchte für alle Formen der Verwertung, ausgezeichnet für die Gefrierkonservierung geeignet
gering anfällig für Blattmosaikvirus; widerstandsfähig gegen die Rutenkrankheit	gedeiht gut in ausreichend nährstoffreichen, humosen Böden	Für Saft und Gefrierkonservierung geeignet
widerstandsfähig gegen Rutenkrankheit	die Sorte gedeiht auf leichten wie auf schweren Böden gleich gut	Für die Verwertung und den Frischgenuß geeignet

Erdbeeren

Sortenname	Fruchtreife	Fruchtgröße und -farbe	Besondere Hinweise
Fracunda	früh	mittelgroß, dunkelrot	Gedeiht am besten auf mittelschweren bis schweren Böden mit ausreichender Humusversorgung; konzentrierte Fruchtreife, besonders geeignet für Wochenendgärten.
Fratina	früh	mittelgroß, dunkelrot	Für alle Böden geeignet; konzentrierte Fruchtreife, für Wochenendgärten geeignet.
Gorella	früh	groß, leuchtend hellrot	Verlangt nährstoffreiche, warme Böden; ihr Wert liegt in der frühen Ernte; Ertrag befriedigt nicht überall; vorwiegend für Frischgenuß.
Machern	früh und spät	klein bis mittelgroß, dunkelrot	Stellt an den Boden keine besonderen Ansprüche, braucht aber viel Nährstoffe, Humus und auch Wasser, wenn die Späternte (VIII–X) gut sein soll.
Mieze Schindler	spät	mittelgroß, dunkel-, fast schwarzrot	Verlangt nährstoff- und humusreiche, feuchte Böden. Da sie nur weibliche Blüten hervorbringt, benötigt sie eine Befruchtersorte. Früchte bleiben beim Einwecken rot.
Red Gauntlet	mittelfrüh	mittelgroß, leuchtend mittelrot	Sorte mit großer ökologischer Anbaubreite; Massenträger; nur für den Frischgenuß.
Rügen	früh	sehr klein, rot	Verlangt humusreiche, feuchte Böden; Früchte nur für Bowlen verwendbar; sie erscheinen bis zu den ersten Frösten; bildet keine Ausläufer, wird aus Samen gezogen.
Senga Sengana	mittelfrüh	groß, fast dunkelrot	Stellt an den Boden keine besonderen Ansprüche, benötigt aber viel Nährstoffe und Wasser; ertragreiche Sorte; für die Konservierung geeignet; es besteht Neigung zu Botrytisbefall.
Tenira	mittelfrüh	groß bis mittelgroß, leuchtend rot	Für alle Böden geeignet, auch für häusliche Verarbeitung.

Die wichtigsten Schädlinge im Obstgarten

Bezeichnung des Schädlings	Schadbild	Verhütung und Bekämpfung
Apfelblütenstecher (befällt auch Birnen)	Blüten bleiben geschlossen. Blütenblätter werden braun. Im Innern der Blüten fressen kleine Larven.	Wiederholtes Spritzen mit zugelassenen Insektiziden, sobald sich die Knospen entfalten. Vorblütespritzung.
Apfelgespinstmotte (geht auch an Aprikosen, Pfirsiche und Quitten)	Ab Anfang Juni Gespinste an den Triebspitzen mit zahlreichen Larven, die die Blätter fressen. Bei starkem Befall sehen die Kronen wie verbrannt aus.	Da die Larven an den Bäumen überwintern, ist die Winterspritzung mit den dafür empfohlenen Mitteln nur wirksam, wenn man sie sorgfältig vornimmt. Beim Spritzen müssen die darin befindlichen Larven getroffen werden.
Apfelwickler (geht auch an Birnen)	Madige Früchte, die meist notreif vom Baum fallen.	Eine Spritzung bei Haselnuß- und eine bei Walnußgröße der Früchte mit zugelassenen Insektiziden. Anlage von Wellpappgürteln um die Stämme (im Juni).

Bezeichnung des Schädlings	Schadbild	Verhütung und Bekämpfung
Birnengallmücke	Im ersten Entwicklungsstadium findet man zwischen den gesunden Früchten rund aufgetriebene mit mehreren kleinen Larven im Inneren. Sie fallen einige Wochen nach Befall vom Baum.	Beim Beobachten von Befall kranke Früchte durch Abschütteln oder Abpflücken entfernen, sorgfältig auflesen und durch Feuer vernichten. Bei der Vorblütespritzung zugelassene Insektizide verwenden.
Birnenknospenstecher	Er legt seine Eier in die Knospen der Birnbäume. Die Larven zerstören das Innere der Knospen, so daß sie nicht austreiben.	Etwa am 20. September mit handelsüblichen Präparaten spritzen. Die Maßnahme ist nach etwa 10 Tagen zu wiederholen.
Blattläuse (an allen Obstarten)	Blattläuse treten vor allem bei trockenem, heißem Wetter stark auf. Meist rollen sich die befallenen Blätter (Pfirsiche) oder treiben blasig auf und verfärben sich (Johannisbeeren).	Innertherapeutische (systemische) Mittel sind wirkungsvoll. Bei der Winterspritzung werden nur die unmittelbar getroffenen Eier abgetötet. Daher muß bei Befall erneut mit geeigneten Mitteln bekämpft werden.
Blutläuse (hauptsächlich an Apfelbäumen)	Sie sind in erster Linie an Wunden der Triebe, Zweige und Stämme in Kolonien zu finden. Auch am Wurzelhals dicht unter der Erde (Winter). Durch die Saugtätigkeit entstehen an den Befallstellen Wucherungen (Blutlauskrebs).	Am wirkungsvollsten ist das Bepinseln der Befallsstellen mit zugelassenen Insektiziden. Im laublosen Zustand der Bäume geht das am besten (Frühjahr). Blutläuse am Wurzelhals schon im Winter bei frostfreiem Boden durch Pinseln vernichten.
Erdbeerblütenstecher (auch an Himbeeren und Brombeeren)	Die Stiele der Knospen sind angenagt. Die Knospen entfalten sich nicht zu Blüten und vertrocknen. Im Innern frißt eine Larve.	Vorbeugend werden die Blütenstände mit zugelassenen Insektiziden gespritzt, sobald sich die ersten Knospentriebe entwickeln. Trotzdem befallene Knospen sind abzupflücken und zu verbrennen.
Erdbeermilbe (Weichhautmilbe)	Nach der Ernte entwickeln sich die neuen Blätter schlecht und verkrüppeln. Bei starkem Befall verkümmert die ganze Pflanze und auch die Ausläufer.	Am besten ist es, die befallenen Pflanzen zu entfernen und nur aus gesunden Beständen Jungpflanzen zu gewinnen.
Frostspanner (Kern- und Steinobst)	Blattfraß schon bei Beginn der Vegetation. Bei starkem Befall kann es zu Kahlfraß kommen.	Leimringe müssen spätestens Anfang Oktober angelegt werden (auch um die Baumpfähle). Sie sind ständig fängig zu halten. Das Spritzen beim Schwellen der Knospen mit zugelassenen Insektiziden ist ebenfalls wirksam.
Goldafter	Blattfraß bei Vegetationsbeginn. „Raupennester" im Winter auf den Bäumen (an den Triebspitzen).	Die Raupennester sind nach dem Laubfall gut zu erkennen, abzuschneiden und zu verbrennen. Zusätzlich wird kurz vor Knospenaufbruch mit zugelassenen Insektiziden gespritzt.
Himbeerkäfer	Angefressene Blütenknospen (Fraßschäden des Käfers). „Madige" Himbeeren (Larven des Käfers).	Wiederholtes Spritzen der Knospen mit zugelassenen Insektiziden, um die Käfer abzutöten. Zur Zeit der Blüte nur Endosulfan-Präparate verwenden (bienenungefährlich)!
Kaninchen (auch Hasen)	An Stämmen und Ästen ist die Rinde abgenagt.	Die gefährdeten Stämme mit Maschendraht, Kunststoff oder anderem fraßfestem Stoff schützen (Schneehöhe beachten). Dichte Zäune sind sicherster Schutz.
Kirschblattwespe (befällt auch Birnen)	Die oberen Schichten der Blätter sind abgenagt. Auf den befallenen Blättern nacktschneckenähnliche, schwarze Larven der Wespe.	Am wirksamsten ist das Spritzen befallener Bäume mit zugelassenen Insektiziden.

Bezeichnung der Krankheit	Schadbild	Verhütung und Bekämpfung
Kirschfruchtfliege (befällt in der Regel nur Süßkirschen).	„Madige" Kirschen.	Befallene Früchte darf man nicht auf dem Baume hängen- und auch nicht auf der Erde liegenlassen. Die Baumscheiben bestreut man bis über die Kronentraufe hinaus mit empfohlenen Mitteln in Staubform (Anfang Mai und nach vier Wochen wiederholen). Sie werden ganz flach eingegrubbert. Durch diese Maßnahme werden Puppen und schlüpfende Fliegen vernichtet.
Nacktschnecken (vorwiegend an Erdbeeren)	Angefressene Früchte der Erdbeeren.	Auslegen von käuflichen Schneckenködern. Die meist nur betäubten Schnecken sind jeden Morgen zu sammeln und zu vernichten. Das Eingraben von mit Bier gefüllten Behältern ist zu empfehlen.
Pflaumensägewespe	Abfallen der Früchte im Jugendstadium. An ihnen ist ein kleines Loch festzustellen.	Am wirkungsvollsten sind zwei Spritzungen mit zugelassenen Insektiziden. Die erste wird 3 Tage nach dem Abfallen der meisten Blüten vorgenommen. Die zweite 3 bis 4 Tage später.
Pflaumenwickler (befällt auch Aprikosen)	Notreife Früchte (Ende Juni) und reife „madige" (kurz vor Erntebeginn und später).	Abschütteln und sofortiges, sorgfältiges Sammeln und Vernichten der notreifen Früchte verringert das Auftreten der 2. Generation. Die 2. Nachblütespritzung richtet sich gegen die 1. Generation.
Ringelspinner (insbesondere am Kernobst)	In Gespinsten an den jungen Blättern fressende Raupen (Frühjahr). Später treten sie einzeln auf.	Die an jungen Trieben befindlichen in spiraligen Ringen angeordneten Eier vernichten (im Winter). Raupenkolonien mit zugelassenen Insektiziden bekämpfen.
Rote Spinne (an allen Obstarten)	Gelbliche Blätter, an deren Unterseite zahlreiche, etwa 1 mm große, rötliche und gelbliche Spinnmilben und ihre Larven saugen.	1. und 2. Nachblütespritzung sorgfältig durchführen. Später nur mit zugelassenen Mitteln spritzen.
Schildläuse (fast an allen Obstarten)	An jungen Stämmen und Zweigen an der Rinde festsitzende, kommaförmige oder ovale Gebilde. Sie sind meist bräunlich gefärbt und etwa 2–3 mm lang.	Bei kleinen Befallsherden kann man die Schildläuse mit einem messerähnlichen Holz abkratzen (im Winter). Spritzen mit zugelassenen Insektiziden wirkt nur gegen wandernde Jungläuse (Anfang Mai bis Ende Juni).
Schwammspinner (insbesondere am Kernobst)	Blattfraß schon bei Beginn der Vegetation. Schwammartig mit rötlichen Härchen bedeckte Eihäufchen an Baumstämmen.	Bei sorgfältig durchgeführter Winterspritzung vernichtet man die Eigelege. Im Frühjahr wie beim Ringelspinner gegen Raupen vorgehen.
Stachelbeerblattwespe (selten an Johannisbeeren)	Durch grünliche Raupen verursachter Kahlfraß. Im Mai erscheint die 1. und im Juli die 2. Generation der Raupen. Manchmal auch eine 3. (August/September).	Am wichtigsten ist das Vernichten der 1. Generation. Beim ersten Anzeichen von Befall muß man die Sträucher mit zugelassenen Insektiziden spritzen.
Wühlmaus	An jungen Bäumen sind die Wurzeln oft so stark beschädigt, daß die Pflanzen zugrunde gehen. Auch an älteren wirkt sich der Wurzelfraß sehr schädlich aus.	'Wühlmauskegel' zum Vertreiben in den Gängen auslegen. Durch den abstoßenden Duft verlassen die Wühlmäuse das Gebiet.

Die wichtigsten Obstkrankheiten

Bezeichnung des Schädlings	Schadbild	Verhütung und Bekämpfung
Apfelkrebs	Eingesunkene Rindenstellen an den Zweigen und jungen Stämmen. Zweige sterben über der Befallsstelle ab. Überwallungswulste am Rande der Befallsstellen.	Auf die Standortbedürfnisse der Sorten achten. Die Bäume nicht überwiegend mit Stickstoff düngen. Krebsstellen bis in die gesunden Rinden- bzw. Holzteile sauber ausschneiden und verschließen. Kleinere mit Baumwachs und größere mit Baumteer.
Blattfallkrankheit (an Johannisbeeren, selten an Stachelbeeren)	Vergilben und Abfallen der Blätter, oft schon vor der Fruchtreife.	Vorbeugend mit Kupferpräparaten spritzen, sobald nach der Blüte der Fruchtansatz erkennbar ist. Nach Abschluß der Ernte ist das Spritzen mit zugelassenen Fungiziden zu wiederholen. Abgefallene kranke Blätter sorgfältig sammeln und verbrennen.
Grauschimmel (insbesondere an Erdbeeren)	Angefaulte und verfaulte Früchte, die mit einer grauen filzigen Schicht mehr oder weniger überzogen sind.	Verhindern, daß die Früchte die Erde berühren (Unterlegen von Stroh, Rapsrückständen, die beim Dreschen anfallen, Wollstaub, trockenem Torf, Holzwolle).
Kräuselkrankheit (insbesondere an Pfirsichen)	Die Blätter verunstaltet (gekräuselt), färben sich meist rot und fallen ab. Nicht mit Blattlausbefall verwechseln (siehe „Blattläuse“).	Kupferpräparate (spritzen). Aber nur im Winter bis zum Schwellen der Knospen. Auch im Herbst nach Blattfall. Abgefallene kranke Blätter sammeln und vernichten.
Monilia (insbesondere am Stein-, aber auch am Kernobst)	Faulstellen an den Früchten, die mit meist ringförmig angeordneten Sporenpolstern besetzt sind (Fruchtfäule). An Schattenmorellen und auch Aprikosen von den Spitzen her eingetrocknete Triebe (Zweigmonilia).	Alle befallenen Früchte sind zu entfernen und zu vernichten (nicht auf den Komposthaufen). Auf den Bäumen keine Fruchtmumien dulden. Befallene Zweige bis tief ins gesund erscheinende Holz zurückschneiden und verbrennen.
Rutenkrankheit (an Himbeeren)	Silbrig glänzende, bräunlichblaue Stellen an der Rutenrinde, die sich bis zum Herbst oft über die ganze Rute ausbreiten.	Himbeeren nicht zu dicht pflanzen. Beim Austrieb nur die vier bis sechs stärksten Triebe je Pflanze entwickeln lassen. Keine Jungpflanzen mit kranken Ruten kaufen. Im Herbst jede verdächtige Rute abschneiden und verbrennen. Abgetragene Ruten gleich nach der Ernte entfernen. Für die Gegend geeignete Sorten pflanzen.
Schorf (Fusicladium) (insbesondere an Kernobst, aber auch an Kirschen und Pfirsichen)	Braune samtartige Flecken auf Blättern und Früchten. Bei den Birnen auch Schäden an jungen Trieben. Birnenfrüchte werden rissig.	Keine befallenen Früchte und Blätter liegen lassen. Bäume immer gut auslichten, damit die Luft in den Kronen gut zirkulieren kann. Keine Obstbaumwälder dulden. Bei Knospenaufbruch noch einmal mit Kupferpräparaten, nach der Blüte nur mit zugelassenen Fungiziden spritzen.
Schrotschußkrankheit (insbesondere an Kirschen und Pflaumen)	Auf den Blättern rötliche, später braunwerdende Flecke mit 2 bis 3 mm Durchmesser. Das abgestorbene Gewebe fällt heraus. An den Früchten sind die Flecke rötlich umrandet.	Laub von befallenen Bäumen sorgfältig sammeln und verbrennen. Im übrigen sind alle beim „Schorf“ angegebenen Maßnahmen durchzuführen.

Bezeichnung der Krankheit	Schadbild	Verhütung und Bekämpfung
Stachelbeermehltau (amerikanischer)	Verkümmerte einjährige Triebe. Weißlich-mehliger Belag auf Blättern und Früchten. Befallene Früchte platzen und sind ungenießbar.	Alle befallenen Triebspitzen abschneiden und verbrennen. Sobald Befall erkennbar, Früchte grün verwerten. Stachelbeersträucher immer gut auslichten. (siehe Ratschlag).
Stachelbeerrost (auch an Johannisbeeren)	Orangerote Pusteln auf Blättern (Unterseiten) und Früchten. Blätter fallen vorzeitig ab.	Befallene Blätter sammeln und verbrennen. Keine Weymouthkiefern in der Nähe von Beerenobst anpflanzen.
Weißfleckenkrankheit (an Erdbeeren)	Auf den Blättern zahlreiche, rot umrandete Flecke, die bei starkem Befall die Blätter zum Absterben bringen.	Am wirksamsten ist das Abmähen und restlose Sammeln sowie Verbrennen der befallenen Blätter (nur bei starkem Befall anwenden). Nur gesunde Jungpflanzen kaufen. Vor Neuaustrieb mit zugelassenen Präparaten spritzen.

Schöne Laubgehölze für den Garten

Botanischer Name Deutscher Name	Wuchsform Höhe (cm)	Besondere Hinweise Blütezeit, Eignung
Acer Ahorn, 1. *japonicum* 'Aconitifolium' 2. *palmatum* mit Kulturformen	strauchartig, 1. 200 bis 400 2. 100 bis 200 (auch höher) sehr gedrungen	Zieren vor allem durch Blattformen und auffallende Blattfärbung nicht nur im Herbst, sondern bei einigen Sorten bereits vom Austrieb an. Bevorzugt wird durchlässiger, humoser Gartenboden und geschützter, warmer Standort. In sonniger Lage besonders intensive Laubfärbung. An exponierten Standorten ist bei 2. in den ersten Jahren Winterschutz geraten. Schönste Sorte von A. japonicum ist 'Ornatum' (= dissectum 'Atropurpureum'). Diese und andere schwachwüchsige Sorten sind auch für den Steingarten geeignet. Alle sind gute Solitärs.
Amelanchier Felsenbirne, 1. *canadensis* 2. *laevis*	aufrecht, buschig, 1. 200 bis 500 (und höher) 2. 200 bis 500	Blüten weiß (E. IV/V), Früchte dunkelpurpurn, schöne Blattfärbung im Herbst. Geeignet für jeden mittleren Gartenboden. 1. Auch für leichten Halbschatten geeignet. 2. Wächst auch gut auf sauren Böden. Alle sind Bienenpflanzen.
Azalea siehe Rhododendron (Sorten in der Sonderliste S. 457.)		
Berberis Berberitze, 1. *candidula* 2. *gagnepainii* var. *lanceifolia* 3. *julianae* 4. × stenophylla 5. *thunbergii* 'Atropurpurea'	buschige Sträucher, 1. 40 bis 60 2. 120 bis 150 3. 150 bis 200 4. 100 bis 150 5. 100 bis 150	Jeder mittlere Gartenboden ist geeignet, auch leichtere Böden genügen noch. Den immergrünen Arten gebe man möglichst einen Gartenplatz, an dem sie vor scharfen Winden und mittäglicher Wintersonne geschützt sind. Auch Halbschatten wird noch vertragen. Blüten gelb, V/VI, Früchte meist blau bis blauschwarz. 1. Blüten mehr unter dem Laub, gedrungener Wuchs, auch für Steingärten geeignet. Immergrün. 2. Malerischer Wuchs, in zunehmendem Alter überhängend. Industriefest, immergrün. 3. Aufrechter Wuchs, starke Dornen. Immergrün. 4. Überhängender lockerer Wuchs, zierliche Belaubung. Immergrün. 5. Korallenrote Früchte, purpurrote Belaubung. Alle sind gute Bienenpflanzen. Beliebt für Hecken, siehe Sonderliste „Für Hecken geeignete Gehölze" S. 406 ff.
Buddleja davidii Sommerflieder, Sorten	aufrecht mit langen, überhängenden Jahrestrieben, 200 bis 250 cm	Blüten in endständigen langen Rispen rosa, purpurn bis dunkelviolett, auch weiß. Anspruchslos an den Standort, nur stauende Nässe wird nicht vertragen. Sonnige Lage bevorzugt. Industriefest. Friert meist im Winter zurück, treibt aber im Frühjahr willig wieder aus und blüht – nach Rückschnitt auf einige kräftige Triebe – von Juli bis zum Oktober. Junge Pflanzen sind empfindlich, daher möglichst Frühjahrspflanzung und Winterschutz im ersten Jahr. Für Einzelstellung geeignet. Stark von Tagfaltern beflogen.

Botanischer Name Deutscher Name	Wuchsform Höhe (cm)	Besondere Hinweise Blütezeit, Eignung
Calluna siehe Sonderliste Heidekräuter S. 459.		
Calycanthus floridus Echter Gewürzstrauch	etwas sparrig, 150 bis 200 cm	Blüten rötlichbraun mit würzigem Duft. Bevorzugt frischen, humosen Gartenboden und geschützten Stand, der möglichst sonnig sein soll. Auch halbschattige Lage wird noch vertragen. Industriefest. Blütezeit Juni–Juli. Auch als Solitärpflanze geeignet.
Caryopteris Bartblume, 1. × *clandonensis* 2. *incana* Sorten	aufrecht, buschig, 70 bis 100 cm	Reichblühend, blau bis tiefviolettblau, August bis September. Wertvoll durch die späte Blütezeit, auch für Steingärten geeignet. Leichter bis mittlerer Gartenboden, sonniger, geschützter Standort. Meist nur halbstrauchig, friert im Winter zurück, treibt im Frühjahr nach Rückschnitt wieder kräftig aus. Winterschutz aus Laub und Reisig ist notwendig. Für Solitärpflanzung geeignet.
Ceanothus Säckelblume, 1. *fendleri* 2. Hybriden	niederliegender, etwas aufstrebender Busch, 70 bis 100	Alle Säckelblumen benötigen einen geschützten, sonnigen Gartenplatz und sandig-humosen Gartenboden. Möglichst nur Frühjahrspflanzung. Auch für Steingärten geeignet. Winterschutz aus Torf oder Laub mit Reisig. Im Frühjahr leichter Rückschnitt. Blütezeit Juli bis September. 1. Blüten weiß. 2. Blüten blau bis dunkelblau, auch rosa oder weiß. Für Solitärpflanzung.
Chaenomeles Scheinquitte, 1. *japonica* und Hybriden 2. *speciosa (= lagenaria)* 3. Hybriden	breitbuschig, etwas sparrig, 70 bis 200	Blütenfarben zinnoberrot, orange- bis dunkelrot, auch rosa oder weiß. Auch gefüllt blühende Sorten. Blütezeit IV/V. Früchte (gelb, groß) IX/X. Gute Heckenpflanze mit schmückenden Beeren, auch für Schnitt geeignet, (siehe Sonderliste). Zweige meist dornig. Industriefest. Jeder leichte oder kräftige Gartenboden. Bevorzugt wird sonniger Stand, aber auch etwas Schatten wird vertragen. Für den Steingarten eignet sich vor allem japonica var. alpina, flach am Boden aufliegend. Die Früchte lassen sich gut zu Gelee verarbeiten (am besten angefroren). Gute Bienenfutterpflanze.
Cornus Hartriegel, 1. Kulturformen von *C. alba*, 2. *florida*, Blumenhartriegel, 3. *mas*, Kornelkirsche	aufrecht, buschig, 1. 150 bis 250 2. und 3. 300 bis 400, auch höher	1. Zierend sind vor allem die weißlich bis hellblauen Früchte und die roten Triebe. Die etwas schwächer wachsende Form 'Späthii' mit buntem Laubschmuck, industriefest. Keine besonderen Bodenansprüche. 2. Blüten weiß bis hellrosa, V, die Form 'Rubra' mit rosa bis roten Hochblättern. Die Früchte sind rot. Bevorzugt frischen, humosen Boden und sonnigen bis halbschattigen, geschützten Standort. Herrliche Laubfärbung im Herbst, scharlachrot bis violett. 3. Blüten in sehr zahlreichen kleinen Dolden, goldgelb, III/IV. Sie erscheinen vor den Blättern. Früchte rot, eßbar. Industriefest. Anspruchslos an den Standort. Die Blütenzweige sind als Vasenschmuck sehr dekorativ und haltbar.
Cotoneaster Zwergmispel, 1. *bullatus* 2. *congestus* 3. *horizontalis* 4. *praecox* 5. *salicifolius* var. *floccosus*	1. locker verzweigt, 200 bis 300 2. niederliegend, dicht, bis 50 cm hoch. 3. flach und breit wachsend, bis 100 cm hoch 4. niedrig, breit, bis 50 cm hoch. 5. Zweige überhängend, bis 300 cm hoch.	1. Industriefest. Blüten rötlichweiß (V/VI), rote Früchte VIII/IX. Bevorzugt frischen Boden und sonnige bis halbschattige Lage. 2. Blüten weißlich-rosa (VI), rote Früchte (IX/X). Immergrün. Die Sorte 'Jürgl' ist ein besonders starkwachsender wertvoller Bodenbedecker. 3. Industriefest. Regelmäßige fischgrätenartige Verzweigung, dekorativ an Wänden und Felspartien. Blüten weiß bis rötlich, Früchte scharlachrot (IX/XII). Starke rötliche Herbstfärbung der Blätter. 4. Blüten rosa (V), Früchte leuchtendrot (VIII/IX), lebhaft rote Herbstfärbung des Laubes. Beliebte Bienenweide. 5. Industriefest, immergrün. Blüten weiß (VI), Früchte hellrot (IX bis XII).
Cytisus Ginster, 1. *x praecox* Elfenbeinginster, mit Sorten, 2. *scoparius* Besenginster, mit Sorten	1. dichtbuschig, etwas überhängend, 150 bis 200 2. dicht, aufstrebend, bis 200 cm hoch	Ginster bevorzugt durchlässigen, leichten Gartenboden und warme, etwas geschützte Lage. 1. Industriefest. Blüten der Art schwefelgelb, Sorten auch goldgelb oder purpurrot (IV/V). 2. Kalkfeindlich! Die Art blüht lebhaft gelb, die Sorten goldgelb, rosa, rot, rotbraun, auch zweifarbig. Wertvolle Bienenweide. Für Einzelstellung im Heidegarten geeignet.

Botanischer Name Deutscher Name	Wuchsform Höhe (cm)	Besondere Hinweise Blütezeit, Eignung
Daphne mezereum Seidelbast	aufrecht, strauchig, 70 bis 120 cm, auch höher	Blüht rosarot vor Laubaustrieb, III/IV, auch eine weiße Form ist im Handel. Beeren sind leuchtend rot, VI, und sehr giftig; verlangt frischen, humosen Gartenboden, verträgt Halbschatten besser als volle Sonne. Auch für Steingärten gut geeignet. Kalkliebend. Duftpflanze.
Deutzia Deutzie, 1. *x hybrida* 'Mont Rose' 2. *x magnifica* 3. *scabra* 'Candidissima'	aufrecht, strauchig, 1. 200 bis 250 2. u. 3. 200 bis 300	Deutzien sind anspruchslos an den Standort, jeder ausreichend frische Boden sagt ihnen zu. In voller Sonne sind sie am schönsten, aber auch etwas Schatten wird vertragen. 1. Blüht rosa mit auffallend gelben Staubgefäßen, VI. 2. und 3. reinweiß, gefüllt, VI/VII. Bei alten Büschen fördert ein Auslichten nach dem Flor die Blühwilligkeit.
Erica, Heide, siehe Sonderliste „Bewährte Heidekräuter" S. 459.		
Euonymus Spindelbaum, 1. *alatus*, 2. *europaeus*, Pfaffenhütchen 3. *phellomanus*	aufrechte Sträucher, 1. buschig, 150 bis 200 cm, selten höher, 2. 300 bis 400 cm, auch höher, 3. 200 bis 300	Industriefest. Blüten unscheinbar. Leuchtende Herbstfärbung. 1. Geflügelter Spindelbaum. Zweige mit breiten, flügelartigen Korkleisten. Rote Früchte, IX/X. Herbstfärbung rot oder rosa, langanhaltend. Bevorzugt frischen Boden, ist aber nicht anspruchsvoll. 2. Stellt keine Ansprüche an den Standort, wertvoller mehr durch die gute Schattenverträglichkeit als durch den Zierwert. 3. Korkleisten noch stärker ausgebildet als bei E. alatus. Korallenrote Früchte. Ähnlich E. alatus. Gute Bienenweide.
Exochorda racemosa Prunkspiere, Perlbusch	Wuchs sparrig, 250 bis 300 cm, auch höher	Blüht im Mai reinweiß in endständigen Trauben. Geeignet für jeden durchlässigen guten Gartenboden, der Standort sollte möglichst sonnig und etwas geschützt sein. Die langen Triebe kann man nach der Blüte etwas einkürzen, um einen buschigen Wuchs zu erreichen. Für solitären Stand geeignet. Gute Bienenfutterpflanze.
Forsythia Forsythie, Goldglöckchen, 1. *x intermedia*, mit Sorten 2. *ovata*, mit Sorten	aufrecht, leicht überhängend, 1. 150 bis 200 2. 100 bis 200	Blüten erscheinen vor den Blättern, gelb bis goldgelb, ab Ende April (2. ist die früher blühende Art). Forsythien gedeihen am besten an warmen, sonnigen Gartenplätzen, etwas Schatten wird vertragen. An den Boden werden keine besonderen Ansprüche gestellt. Wichtiger Blumenschnitt-Lieferant, da die Zweige sich schon nach den ersten stärkeren Frösten leicht antreiben lassen. Bienenfutterpflanze.
Genista tinctoria Färberginster	lockerer Busch, bis 100 cm hoch	Goldgelbe lange Blütenrispen von Ende Juni bis August. Magerer, trockener Gartenboden ist besonders geeignet. Volle Sonne. Schön in Heidegärten und größeren Steingärten. Auch für solitären Stand. Wertvolle Bienenfutterpflanze.
Hamamelis Zaubernuß, 1. *japonica* 2. *mollis*	strauch- oder baumartig, 1. 150 bis 250 2. 200 bis 300, beide auch höher	Langsame Wachser, erreichen meist nur die angegebenen Höhen. Verlangen frischen, nahrhaften, humosen Gartenboden, der nicht kalkhaltig sein darf. Der Standort sollte vor rauhen Winden geschützt und sonnig bis halbschattig sein. Blüten gelb bis goldgelb, bei milder Witterung ab Januar erblühend. Vertragen zusammengerollt bis zu 10 °C Frost. Der Wuchs ist bizarr malerisch. Lebhaft gelbe Herbstfärbung des Laubes.
Hibiscus syriacus Roseneibisch, mit Sorten	straff aufrecht, bis 200 cm hoch, auch höher	Blüten (je nach Sorte) weiß, rosa, rot oder blauviolett, einfach oder gefüllt (VIII/IX). Die einfachblühenden Sorten sind frosthärter als die gefüllt blühenden. Die jungen Pflanzen sind besonders frostempfindlich und brauchen Winterschutz. Mit zunehmendem Alter werden die Pflanzen frosthärter. Wichtig ist ein warmer, windgeschützter, sonniger Gartenplatz. Der Boden soll durchlässig, nahrhaft und frisch sein.
Holodiscus discolor Scheinspiere, mit Varietät ariifolius	breitbuschig, leicht überhängend, 200 bis 300 cm, auch höher	Blüten in großen (bis 25 cm) Rispen, überhängend, rahmweiß (VII/VIII). Bevorzugt etwas frischen Gartenboden, stellt aber keine besonderen Ansprüche. Standort sonnig bis halbschattig. Bei der Varietät sind die Blätter tiefer gelappt als bei der Art. Wichtiger Spätsommerblüher. Gute Solitärpflanze.

Botanischer Name Deutscher Name	Wuchsform Höhe (cm)	Besondere Hinweise Blütezeit, Eignung
Hydrangea Hortensie, 1. *arborescens* 'Grandiflora' 2. *macrophylla*, Gartensorten 3. *paniculata* 'Grandiflora'	dicht, buschig, 1. und 3. bis 200 cm, 2. etwa 100 cm	1. Industriefest. Blüten grünlichweiß, bis 18 cm breite Dolden, gefüllt aussehend, VII/IX. Die „Schneeballhortensie" braucht nahrhaften, frischen, humosen Gartenboden und einen windgeschützten Standort. Halbschatten bis Schatten liebend. 2. Die Gartensorten sind Geschwistersorten der Topfhortensien. Blütenfarben rosa, rot oder blau. Bevorzugt für geschützte, warme Standorte. Erleiden sie in kalten Wintern Frostschaden, so treiben sie im Frühjahr doch willig wieder durch, blühen jedoch erst im darauffolgenden Jahr. Schattenliebend, wachsen in jedem frischen, humosen Gartenboden. 3. Industriefest. Blüten in endständigen Rispen (bis 35 cm lang), anfangs weiß, später rosa, VIII/IX. Für leichten, frischen, humosen Boden, möglichst etwas sauer. Alle für Einzelstellung geeignet.
Hypericum patulum Johanniskraut, Form 'Hidcote'	locker, buschig, 70 bis 100	Sehr reichblühend mit großen goldgelben Blüten (VIII/X). Winterhärter als die Art. Jeder nicht zu trockene humose Gartenboden. Lichter Halbschatten ist besser als volle Sonne. An ungünstigen Standorten ist Winterschutz nötig. Treibt nach ev. Frostschaden im Frühjahr willig wieder aus. Zur Pflanzung in kleinen Gruppen geeignet.
Ilex aquifolium Stechpalme, mit zahlreichen Kulturformen	pyramidal, buschig, 120 bis 200 cm, im Alter noch höher	Industriefest, immergrün. Für frischen, humosen, nährstoffreichen Boden. Der Standort sollte gegen scharfe Winde und gegen Wintersonne geschützt sein. Blüten unscheinbar. Glänzendes Laub. Es gibt auch gelb- und weißbunte Gartenformen. Leuchtendroter Beerenschmuck nur, wenn außer weiblichen Pflanzen auch männliche Pflanzen in der Nähe wachsen (zweihäusig).
Jasminum nudiflorum siehe Sonderliste Schling- und Kletterpflanzen S. 405.		
Kalmia latifolia Lorbeerrose	buschigbreit, 150 bis 200 cm, selten höher	Industriefest, immergrün. Bis 10 cm lange, lorbeerähnliche Blätter. Blüten weiß, rosa, auch karmin (V/VI). Kalkfeindlich, der Boden muß ausreichend mit Humus versehen und frisch sein. Auch in den Sommermonaten muß für ausreichende Feuchtigkeit gesorgt werden. Halbschattige Lage ist unbedingt erforderlich.
Kerria Ranunkelstrauch, 1. *japonica* 2. jap. 'Pleniflora'	1. dicht breitbuschig, 100 bis 150 cm 2. aufrecht, 150 bis 200 cm	Industriefest. Durchlässiger, etwas nahrhafter Gartenboden, sonst keine besonderen Ansprüche. 1. Von Mai bis Juli sehr reichblühend, gelb. Verträgt mehr Schatten als die gefüllte Form. 2. Goldgelb gefüllt, (V/VI). Nicht so reichblühend wie die Art.
Laburnum Goldregen, 1. *anagyroides* (= vulgare) 2. *x wateri* 'Vossii'	strauchartig oder baumartig, straff aufrecht, 300 bis 500 cm, auch höher	Blüten in hängenden Trauben, gelb (V/VI). 'Vossi' besonders reichblühend mit bis zu 50 cm langen Blütentrauben. Jeder durchlässige mittlere Gartenboden ist geeignet, stellt keine besonderen Ansprüche. Sowohl sonniger als auch absonniger Standort wird vertragen. Gute Solitärs. Bienenfutterpflanzen. Alle Teile vom Goldregen sind giftig. Deshalb nicht an Spielplätzen pflanzen.
Lonicera ledebourii Heckenkirsche	langtriebig, breit, 150 bis 200 cm, selten höher	Industriefest. Blüten gelb oder orangegelb mit rot, Mai/Juni. Früchte schwärzlichpurpurn VII/IX. Jeder mittlere Gartenboden, stellt keine besonderen Ansprüche an den Standort. Auch leichter Halbschatten wird vertragen.
Magnolia Magnolie, 1. *kobus* 2. *Soulangiana* – Hybriden 3. *stellata*	1. und 2. baumartig oder Großsträucher, 500 bis 800 cm hoch, selten höher, 3. breitbuschig, 200 bis 300 cm	Industriefest. Verlangen frischen, stark humosen, sauren Boden. Die Lage soll möglichst geschützt sein, da Spätfröste leicht der Blüte schaden können, besonders bei M. stellata, deren Blütezeit schon im März beginnt. Die Blüten erscheinen bei allen vor oder mit dem Laubaustrieb. 1. weiß (IV/V), im Herbst walzenförmige rote Früchte. 2. Blüten innen weiß oder hellpurpurn, außen rosa bis dunkelpurpurn (IV/V). 3. Blüten weiß, auch rosa und purpurn blühende Sorten (III/IV). Magnolien möglichst im Frühjahr pflanzen und in den ersten Jahren etwas Schutz geben. Alle hervorragend als Solitär!

Botanischer Name Deutscher Name	Wuchsform Höhe (cm)	Besondere Hinweise Blütezeit, Eignung
Mahonia aquifolium Mahonie	dichtbuschig, bis 100 cm, selten höher	Industriefest, immergrün. Blüten in aufrechten Trauben, gelb IV/V. Früchte blau bereift. Blätter glänzend. Geeignet für jeden nicht zu trockenen Gartenboden, sonnig oder schattig. Bei Schäden durch Wintersonne schließt sich der Busch im Frühjahr wieder schnell.
Malus Zierapfel, zahlreiche Kulturformen	aufrecht, buschig, Höhe und Breite richtet sich nach der Art oder nach der Veredelungsunterlage.	Blütenfarben weiß über rosa bis rot oder weinrot. Blüten einfach, halbgefüllt oder gefüllt. Blütezeit Mai bis Juni, selten schon ab Ende April. Sehr zierend sind auch die gelben bis roten Früchte. Anspruchslos an Boden und Standort, auch auf mageren, sandigen Böden blühen sie gut, erreichen nur langsamer die normale Höhe.
Paeonia suffruticosa Strauchpaeonie, Kulturformen *(Suffruticosa* -Hybriden)	dichtbuschig, breit, 100 bis 150 cm, auch höher	Auch Baumpaeonie genannt. Langsam wachsend. Blüten weiß über rosa bis dunkelrot, scharlach oder purpur, einfach bis gefüllt blühend. Blüten bis 15 cm breit, Mai bis Juni. Sonnige bis halbschattige, etwas geschützte Lage. Tiefgründiger, nährstoffreicher, frischer Boden, der aber auch durchlässig sein muß, da die Strauchpaeonien gegen stauende Nässe empfindlich sind. Der Laubaustrieb ist spätfrostgefährdet. Gutes Solitärgehölz.
Philadelphus Pfeifenstrauch, Falscher Jasmin, 1. *coronarius* 2. *Lemoinei-Hybride* 'Belle Etoile' 3. *Virginalis* -Hybride 'Albatre'	aufrecht, strauchig, 1. bis 300 cm, 2. und 3. bis 200 cm hoch	1. rahmweiß, einfach, stark duftend, V/VI, etwas überhängend, 2. milchweiß, duftend, einfache Blüten, leicht gefranst, VI, 3. weiß, halbgefüllt, duftend, VII. Die Pfeifensträucher stellen keine besonderen Ansprüche an den Boden, sie wachsen in jedem normalen Gartenboden, der nicht zu trocken ist. Alle zwei Jahre müssen ältere Triebe ausgelichtet werden, damit die jüngeren mehr Platz haben. Auch schattige Lage wird noch vertragen, jedoch leidet die Blühwilligkeit.
Pieris japonica (= Andromeda *japonica)* Lavendelheide	buschig, 150 bis 200 cm, selten höher	Industriefest, immergrün. Weiße Blütenrispen, elegant überhängend (IV/V). Nur für frische bis feuchte, stark humose Gartenböden und windgeschützten, halbschattigen Standort. Begleitpflanze zu Rhododendron.
Potentilla fruticosa Fingerstrauch, viele Sorten	buschig, aufrecht oder breitbuschig, auch fast kriechend, meist 50 bis 100 cm hoch, auch bis 150 cm	Blütenfarbe gelb bis goldgelb, auch weiß, langblühender Strauch, von Mai bis zum Oktober hin. Anspruchslos an den Boden, jeder durchlässige Gartenboden, der nicht zu nährstoffarm ist. Sonniger Stand bevorzugt. Die niedrigen Sorten sind für Steingärten geeignet. Auch für Gruppenpflanzung. Bienenfutterpflanze.
Prunus 1. *laurocerasus*, Lorbeerkirsche, Gartenformen, 2. *serrulata, subhirtella*, Japanische Blütenkirsche, Sorten, 3. *tribola* 'Plena', Mandelbäumchen	1. buschig, breit, 100 bis 150 cm hoch, auch höher, 2. strauch- oder baumartig, aufrecht oder überhängend, 400 bis 500 cm, auch höher, 3. breitbuschig, 150 bis 200 cm	1. Immergrün, glänzend grüne Blätter, Blüten weiß (V), blauschwarze Früchte. Kann in strengen Wintern etwas zurückfrieren, treibt aber willig wieder aus. Bevorzugt schwereren, humosen Boden und halbschattigen Standort (auch schattig). 2. Oft als Hochstamm veredelt. Industriefest. Blüten weiß, rosa bis dunkelrosa, halbgefüllt oder gefüllt, auch einfach, IV/V. Dekorativer Vasenschnitt. Einige Sorten mit schöner Herbstfärbung. Tiefgründiger, frischer Gartenboden. 3. Industriefest, auch als Halb- oder Hochstamm veredelt im Handel. Blüte rosa, stark gefüllt, IV vor Blattaustrieb, blüht am vorjährigen Holz. Durchlässiger Gartenboden, geschützter, auch halbschattiger Standort. Die langen Triebe nach der Blüte zurückschneiden (Monilia – Krankheit).
Pyracantha coccinea Feuerdorn, 'Andenken an Heinrich Bruns', 'Kasan'	sparrige Büsche, 150 bis 250 cm hoch, selten höher	Industriefest, wintergrün. Blüten weiß (V/VI), Früchte mennigrot (IX/XI). Liebt tiefgründigen Gartenboden und sonnigen bis halbschattigen Standort. Schutz vor Wintersonne ratsam. Auch gute Heckenpflanze. Siehe Sonderliste S. 408. Die Fruchtzweige sind in nicht zu warmen Räumen schöner, haltbarer Vasenschmuck.
Rhododendron x praecox Vorfrühlingsrhododendron	buschig, gedrungen, 100 bis 150 cm hoch	Immergrün, manchmal nur wintergrün. Karminrosa Blüten III/IV. Ganz winterharte Art, nur die Blüten sind durch Spätfröste gefährdet. Gedeiht am besten in leicht saurem, frischem Humusboden an etwas geschütztem Gartenplatz.

Botanischer Name Deutscher Name	Wuchsform Höhe (cm)	Besondere Hinweise Blütezeit, Eignung
Großblumige Rhododendren und Winterharte Azaleen siehe Sonderliste „Winterharte Rhododendron" S. 457.		
Rhus typhina Essigbaum, Hirschkolbensumach, mit 'Laciniata'	sparrig, baumartig oder Großstrauch, 300 bis 400 cm, auch höher	Sehr raschwüchsig, malerischer Wuchs. Große fiedrige Blätter, leuchtend rote Herbstfärbung. Blüten grün, auch rötlich angelaufen. Rote Früchte in großen kolbenartigen Fruchtständen. Gedeiht in jedem durchlässigen Gartenboden, der auch nährstoffarm sein kann, in sonniger Lage. Bildet lange Ausläufer, die dann strauchig bleiben, sich aber auch schnell entfernen lassen. 'Laciniata' ist schwachwachsender. Für Einzelstellung gut geeignet.
Ribes sanguineum Blutjohannisbeere, mit Sorten	aufrecht, buschig, 120 bis 200 cm, selten höher	Blüten in hängenden Trauben, hell- bis dunkelrot (IV/V). Wächst in jedem gut bearbeiteten Gartenboden. In voller Sonne blühen sie am besten, vertragen aber auch Halbschatten
Robinia hispida Rosenakazie,	strauchig, 120 bis 150 cm, auch höher	Blüten rosa bis tiefpurpurn in großen lockeren Trauben (VI/VII). Wachsen in jedem durchlässigen, selbst stark sandigen Gartenboden. Der Standort muß windgeschützt sein, da das Holz brüchig ist. Bildet Ausläufer und wächst in die Breite. Die Sorte 'Macrophylla' blüht zehn Tage früher und wird etwas höher. Solitärgehölz. Bienenfutterpflanze.
Rosa Rose, 1. *centifolia* 'Muscosa' Moosrose, 2. *hugonis*, Goldrose 3. *moyesii*, Mandarinrose	strauchig. 1. 120 bis 150 cm 2. locker überhängend, bis 200 cm hoch, 3. sparrig, 250 bis 300 cm	1. rosa, dicht gefüllt, würzig duftend, die Sorte 'Parkjuwel' blutrot. 2. Goldgelb, einfach, sehr früh, ab A. V bis VI blühend. Laubfärbung im Herbst dunkelrot, Hagebutten schwärzlichrot. 3. blutrot, einfach blühend, auch weiße und rosa Sorten. Die aufgeführten Rosen mit Wildrosen-Charakter stellen keine besonderen Ansprüche an den Boden. Jeder normale Gartenboden ist geeignet. In voller Sonne blühen sie am schönsten. R. hugonis eignet sich für solitären Stand. Andere Rosen siehe Sonderliste „Bewährte Rosensorten" S. 455 ff.
Spiraea Spierstrauch, 1. *x arguta* 2. *Bumalda*-Hybride 'Anthony Waterer' 3. *x vanhouttei*	1. strauchig, überhängend, bis 200 cm, 2. strauchig, bis 80 cm, 3. aufrecht, überhängend, bis 200 cm hoch	Alle haben keine besonderen Ansprüche an den Boden, sie vertragen auch gut etwas Trockenheit. 1. Industriefest. Weiß, reichblühend (IV/V). 2. Blüten karminrot (VII/VIII) in Doldentrauben. 3. Sehr reichblühend, weiß, V/VI. Industriefest. Alle sind auch gut als freistehende Hecken zu gebrauchen, siehe Sonderliste S. 409.
Stephanandra Kranzspiere, 1. *incisa* 2. *tanakae*	buschig, zierlich, 1. 100 bis 150 cm 2. 150 bis 200 cm	Blüten weiß, braunrote, langanhaltende Herbstfärbung des Laubes. Wachsen in jedem normalen, frisch-humosen Gartenboden. 1. VI, 2. VI/VII. St. incisa ist auch gut für freiwachsende Hecken brauchbar.
Symphoricarpos Schneebeere, 1. *albus* var. *laevigatus* (= racemosus) 2. *x chenaultii*	aufrecht, leicht überhängend, 100 bis 150 cm, selten höher	1. Blüten unscheinbar, weiß bis rosa (VII/VIII). Die weißen Früchte, weiße große Beeren, halten sich an den Sträuchern bis tief in den Winter hinein. Anspruchslos, jeder in Kultur befindliche Gartenboden. Auch als freiwachsende Hecke schön. 2. Blüten rosa, VI/VII, Beeren rot mit weißen Punkten. Schöner als die Schneebeere, aber etwas anspruchsvoller an den Standort.
Syringa-Vulgaris-Hybriden Flieder	straff aufrecht, je nach Sorte 250 bis 400 cm	Blüten in endständigen Rispen. 'Andenken an L. Späth' dunkelpurpurrot, einfach. 'Charles Joly', purpurrot, gefüllt. 'Michel Buchner' große lila gefüllte Blüten. 'Mme Lemoine' beste weiße gefüllte Sorte. Jeder humose mittlere Gartenboden ist geeignet, keine besonderen Ansprüche. In voller Sonne am schönsten. Gedeiht aber auch in absonniger Lage. Begehrter Vasenschmuck.
Tamarix Tamariske, 1. *parviflora* 2. *pentandra*	locker, aufrecht, z. T. überhängend, 1. 300 bis 400 2. 300 bis 450	Blätter schuppenförmig am Trieb. Bevorzugt werden leichte, durchlässige Böden, auch mager oder kalkhaltig, warmer, etwas geschützter Standort. 1. Blüten hellrosa im Mai 2. Blüten lebhaft rosa in langen Rispen VII/VIII. Gut für Einzelstellung geeignet.

Botanischer Name Deutscher Name	Wuchsform Höhe (cm)	Besondere Hinweise Blütezeit, Eignung
Viburnum Schneeball, 1. *carlesii* 2. *opulus* 'Roseum' (= sterile) 3. *plicatum* var. *tomentosum* (= tomentosum) 4. *rhytidophyllum*	1. buschig, locker, 100 bis 150 cm 2. breit, locker, bis 400 cm hoch, 3. breit, dicht, bis 300 cm, 4. steifästig, bis 400 cm hoch	Industriefeste Sträucher. 1. Koreanischer Schneeball, langsam wachsend. Blüten weiß, außen rosa, wohlriechend, in halbkugeligen Trugdolden, IV/V. Früchte blauschwarz. Bevorzugt frischen Boden und warmen, geschützten Stand, der aber nicht heiß und trocken sein darf. Schattenliebend. 2. Blüten weiß, ballartig (der „echte Schneeball"), im Verblühen zartrosa, bis 10 cm breit. Verlangt frischen Gartenboden, an zu trockenem Standort starker Blattlausbefall. Herbstfärbung wein- bis feuerrot. 3. Blüten weiß (V/VI), bis 10 cm breite Doldenrispen. Für frische Gartenböden. Weinrote Herbstfärbung. 4. Bis 20 cm breite Doldenrispen, rahmweiß, V/VI. Früchte rot bis schwarz, VII/IX. Braucht frischen bis feuchten, nahrhaften Gartenboden. Verträgt eher schattigen als sonnigen Standort. Immergrün.
Weigelia Weigelie, zahlreiche Kulturformen	aufrecht, dichtbuschig, 100 bis 250 cm hoch, selten höher	Blüten rosa bis rot, auch weiß, V/VI. Wachsen in jedem durchlässigen, etwas nahrhaften Gartenboden und sonniger bis halbschattiger Lage. Gelegentliches Auslichten nach der Blüte verjüngt die Sträucher.

Schöne Gehölze für den Steingarten

Abies Tanne 1. *balsamea* 'Nana' 2. *koreana*, Koreatanne	1. breitwüchsig, fast kugelig, 80 bis 100 cm, 2. pyramidal, selten höher als 200 cm	Nadelgehölze. Für frische, nährstoffreiche Böden. 1. nicht für warmen, trockenen Standort. 2. Schwachwachsend, anfangs kissenförmig. Schöne violettpurpurne Zapfen schon als junger Baum. Verlangt gut humosen Boden, kalkfeindlich. Solitärgehölze.
Acer palmatum Japanischer Ahorn, Kulturformen	sehr gedrungen, 100 bis 200 cm, auch höher	Laubgehölz für solitären Stand. Die Kulturformen zieren vor allem durch die schöne Laubfärbung, auch durch die Blattform. Gedeihen am besten in durchlässigem, humosem Gartenboden in geschützter, warmer Lage (lichter Schatten). An exponierten Standorten ist in den ersten Jahren Winterschutz geraten. Schönste Kulturform ist 'Ornatum' (= dissectum 'Atropurpureum).
Berberis Berberitze, *thunbergii* 'Atropurpurea Nana'	kompakt, bis 30 cm, auch etwas höher	Laubgehölz. Industriefest. Blüten gelb (V), Früchte korallenrot. Vor allem aber durch die rotbraunen, im Herbst leuchtendroten Blätter zierend. Für frische, lehmhaltige Gartenböden geeignet. Sonniger Standort bevorzugt. Sehr schön auch die immergrüne Art **B. candidula.**
Chamaecyparis Scheinzypresse 1. *obtusa* 'Nana Gracilis' 2. *pisifera* 'Filifera Nana'	1. breit kegelförmig, bis 150 cm hoch, selten höher, 2. dichtbuschig, 80 bis 100 cm, auch höher	Nadelgehölze. Keine besonderen Ansprüche, jeder nicht zu trockene Gartenboden. Sonniger bis halbschattiger Standort. 1. Muschelzypresse, schwachwachsend, dichte muschelförmig gedrehte Zweige. Benadelung moosgrün. 2. Haarzypresse, fadenförmig überhängend, frischgrün. Die Form **'Aurea'** mit goldgelber Benadelung (Gold-Haarzypresse).
Cotoneaster Zwergmispel, 1. *adpressus* 2. *dammeri* 3. *salicifolius* 'Parkteppich'	1. niederliegend, bis 25 cm hoch, 2. kriechend, bis 20 cm hoch, 3. teppichartig, 20 cm hoch	Laubgehölze, industriefest. Wachsen in jedem nicht zu trockenen (aber auch nicht nassen) Gartenboden in sonniger und halbschattiger Lage. 1. Bedeckt dicht den Boden. Blüten rötlich (VI), Früchte hellrot. 2. Immergrün, mit wenig verzweigten Trieben kriechend. Blüten weiß bis rötlich (V), Früchte korallenrot. 3. Immergrün. Blüten weiß (VI), Früchte hellrot (IX/XII). Andere Zwergmispel-Arten siehe Sonderliste „Schöne Gehölze für den Garten" S. 395
Cytisus Ginster, 1. *decumbens* 2. *x kewensis* 3. *purpureus*	1. niederliegend, 10 bis 20 cm hoch, 2. kriechend, 30 bis 50 cm hoch, 3. breitwachsend, 40 bis 60 cm hoch	Laubgehölze. Alle lieben durchlässigen, leichten Gartenboden und warme, sonnige Lage. 1. Flach, dicht, starkwüchsig. Reichblühend, goldgelb V/VI. Kalkliebend. 2. Etwa 1 m lange dünne Zweige überhängend, Blüten schwefelgelb (V). Kalkliebend. 3. Robust, sehr anspruchslos, leichter, aber auch frischerer, humoser Boden. Blüten purpurn V/VI. Auch absonnige Gartenplätze werden vertragen.

Botanischer Name Deutscher Name	Wuchsform Höhe (cm)	Besondere Hinweise Blütezeit, Eignung
Deutzia gracilis Zierliche Deutzie	dichtbuschig, 50 bis 70 cm, auch etwas höher	Laubgehölz, industriefest. Blüten weiß in aufrechten Rispen (V). Wächst in jedem ausreichend frischen Gartenboden. In voller Sonne am schönsten, aber auch etwas Schatten vertragend.
Erica siehe Sonderliste „Bewährte Heidekräuter" S. 459		
Euonymus fortunei Spindelbusch, Kulturformen	niederliegend, kriechend, bis 30 cm hoch	Laubgehölze, immergrün. Blüten unscheinbar, aber sehr schöner Bodendecker, sich an Steine oder Boden anschmiegend, deckend. Auch buntlaubige Formen, die lieber etwas sonniger stehen wollen. Geeignet für jeden etwas frischen, humosen Gartenboden in absonniger oder schattiger Lage
Genista sagittalis Flügelginster	niederliegend, bis 30 cm hoch	Laubgehölz, immergrün. Blüten goldgelb, VI. Sehr anspruchslos, bevorzugt trockene, warme, auch magere Gartenplätze. Schön auch im Heidegarten.
Hedera helix 'Conglomerata' Zwergefeu	niederliegend, Triebspitzen aufrecht, bis 30 cm hoch	Laubgehölz, immergrün. Zierwert durch die tiefgrünen krausgewellten Blätter und gestauchten Triebe. Gedeiht in jedem frischen Gartenboden, am besten in halbschattiger Lage. Die Sorte **'Erecta'** ist ähnlich, jedoch nicht niederliegend teppichbildend, sondern nur aufrecht.
Hypericum calycinum Johanniskraut	buschig, 30 bis 40 cm hoch	Halbstrauch, industriefest. Blüten goldgelb, VII/VIII. In milden Wintern immergrün, treibt bei Frostschaden im Frühjahr willig wieder aus und ist schnell wieder bodenbedeckend. Da Ausläufer treibend, auch für flächige Pflanzung. Wächst am besten auf frischem, humosem Gartenboden, halbschattig, ist aber auch mit weniger optimalen Gartenplätzen zufrieden.
Juniperus Wacholder, 1. *communis* 'Repanda' 2. *horizontalis* 'Glauca' 3. *squamata* 'Blue Carpet'	flach ausgebreitet, 15 bis 30 cm hoch	Nadelgehölze, immergrün. Wachsen am besten in durchlässigen leichten Gartenböden in sonniger Lage. 1. Rußfest, mattenbildend, dunkelgrüne Benadelung. Bis 1,5 m breit. Die Sorte 'Hornibrookii' ist ebenfalls sehr robust, hat hellgrüne Nadeln, wird bis 50 cm hoch und bis 2 m breit. 2. Nadeln intensiv blau, langsam wachsend, bis 1,5 m breit. Verträgt keine Beschattung. 3. Niedrige Form des Blauzedernwacholders, blauweiße Nadeln, langsam wachsend.
Lavandula siehe Sonderliste „Winterharte Blütenstauden für Rabatten" S. 414		
Lonicera pileata Heckenkirsche	ausgebreitet, dicht, etwa 40 bis 50 cm hoch	Laubgehölz, immergrün, industriefest. Blüten unscheinbar (V), aber schöne elegant überhängende Zweige. Wächst am besten in durchlässigen, frischen, humosen Böden und etwas geschützter Lage. Wenn sie in kalten Wintern leiden, so treiben sie doch willig wieder aus. An trockenen, windungeschützten Gartenplätzen sollte man besser auf diese Sträucher verzichten.
Microbiota decussata Mikrobiota	breit verzweigt, bis 10 cm hoch	Nadelgehölz, immergrün. Starkwüchsig, mit etwas überhängenden Triebspitzen, frischgrüne schuppenförmige Benadelung. Im Winter kupferbraun verfärbt. Bevorzugt durchlässigen, leichten, humosen Gartenboden. Verträgt Sonne und Schatten. Robust, bis 2 m breit wachsend.
Picea Fichte, 1. *abies* (= excelsa) 'Echiniformis' 2. *abies* 'Procumbens' 3. *glauca* 'Conica' 4. *pungens* 'Glauca Globosa'	1. kugelig, bis 60 cm hoch, 2. ausgebreitet, bis 100 cm hoch, 3. spitzkegelig, dicht, bis 150 cm, selten höher, 4. mehr breit als hoch, bis 100 cm hoch	Nadelgehölze. Verlangen durchlässigen, frischen, humosen Gartenboden und freien sonnigen Stand. 1. Igelfichte. Langsamer Wuchs, jährlich etwa 2 cm, hellgrüne Nadeln. 2. Kriechfichte, wird sehr breit, Triebe in übereinander geschobenen Lagen. 3. Zuckerhutfichte, langsamer Wuchs, geschlossen, hellgrüne Nadeln. Leidet an trockenen Stellen sehr. 4. Kugel-Blaufichte, bis 150 cm breit. Eine weitere sehr schöne Blaufichte für den Steingarten ist die Sorte 'Procumbens', flach auf dem Boden aufliegend.

Botanischer Name Deutscher Name	Wuchsform Höhe (cm)	Besondere Hinweise Blütezeit, Eignung
Pinus Kiefer, 1. *mugo* ssp. *pumilio*, Zwergkiefer, 2. *pumila* 'Glauca' Japanische Bergkiefer 3. *strobus* 'Nana' Zwerg-Weymouthskiefer	1. breitwüchsig, bis 100 cm, selten höher 2. strauchig, bis 200 cm hoch, 3. strauchig, bis 200 cm hoch	Nadelgehölze. Anspruchsloser als Tanne und Fichte, jeder leichte oder mittlere Gartenboden, der nicht zu naß ist, in sonniger Lage. 1. Langsam wachsend. Niederliegend, Zweige aufwärts gerichtet. Bis drei Meter breit. 2. Langsam wachsend. Ohne Hauptstamm, breit niederliegend, blaugrüne Benadelung. 3. So breit wie hoch wachsend, blaugrüne, lange (8 bis 9 cm) Nadeln.
Potentilla fruticosa Fingerstrauch, Kulturformen	breitbuschig, auch fast kriechend, 30 bis 100 cm hoch	Laubgehölze. Blütenfarbe gelb bis goldgelb, auch weiß, von Mai bis Oktober. Für den Steingarten eignen sich nur die niedrigen Sorten. Sie stellen keine besonderen Ansprüche an den Boden und wachsen in jedem durchlässigen Gartenboden, der nicht zu nährstoffarm ist. Bevorzugen sonnigen Standort. Gute Bienenfutterpflanze.
Prunus tenella Zwergmandel	strauchig, bis 100 cm hoch, auch höher	Laubgehölz, ausläufertreibend. Reichblühend rosa (bis 3 cm breite Blüten) IV/V. Bevorzugt durchlässige, leichte Böden und trockenere, warme Gartenplätze. Kalkliebend.
Taxus 1. *baccata* 'Repandens' Tafeleibe 2. *cuspidata* 'Nana' Japanische Zwergeibe	1. ausgebreitet, bis 60 cm hoch, 2. breit, dicht, bis 100 cm, auch höher	Nadelgehölze, immergrün. Langsam wachsend. Bevorzugen frische, nährstoffreiche Böden (auch kalkhaltige). Wenig geeignet für trockene, heiße Böden und für Standorte mit stauender Nässe. Sehr schattenverträglich. Die Pflanzenteile sind giftig! 1. Im Alter bis über 2 m breit. Dunkelblaugrüne Nadeln. 2. Bis 3 m breit werdend, dunkelgrüne Nadeln. Sehr wertvoll.
Thuja occidentalis Lebensbaum, 'Ellwangeriana Rheingold'	kegelig, bis 150 cm, selten höher	Nadelgehölz, immergrün. Benadelung goldgelb, im Austrieb zartrosa, im Winter bräunlich. Wächst in jedem ausreichend feuchten Boden, sonst keine besonderen Ansprüche. Langsam wachsend. Gut für Einzelstellung geeignet.
Tsuga canadensis Hemlockstanne, 'Nana'	kompakt, bis 100 cm hoch	Nadelgehölz, immergrün. Sehr dekorative dunkelgrüne Benadelung. Zweige fast waagerecht, etwas niederliegend. Verlangt ausreichend Feuchtigkeit und etwas geschützten Standort. An trockenen, heißen Gartenplätzen leiden sie leicht. Sehr schön auch die Form **'Pendula'**. flach sich am Gestein anschmiegend oder hochgebunden stark hängend.

Bewährte Nadelgehölze

Abies Tanne, 1. *concolor*, 2. *lasiocarpa* var. *arizonica* 3. *procera* 'Glauca' (= *nobilis* 'Glauca') 4. *veitchii*	1. pyramidal, 25 bis 30 m, 2. schmal, 8 bis 12 m, 3. breit pyramidal, 8 bis 10 m, auch höher 4. schlank, bis 20 m	Alle Tannen gedeihen am besten in absonniger Lage und tiefgründigen, nährstoffreichen Böden mit ausreichender Feuchtigkeit. Trockenheit vertragen sie nicht. 1. Koloradotanne. Starkwachsend, verträgt trockeneren Boden noch verhältnismäßig gut. Industriefest. Große, bis 6 cm lange, bläulichgrüne Nadeln. Die Form 'Violacea' mit bläulichen Nadeln. 2. Arizona – Korktanne. Langsam wachsend, schmal säulenförmig. Die Form 'Glauca' besonders schöne bläuliche Nadeln. 3. Die bekannte Silbertanne, Edeltanne, industriefest. Wuchs zunehmend rascher, anfangs nur langsam. Nadeln dichtstehend, silbrig dunkelblau. Kalkfeindlich, verträgt aber auch keine stauende Nässe. 4. Veitchs Weißtanne. Industriefest. Nadeln oft verdreht. Bis zu etwa 10 m üppig wachsend, dann langsamer. Liebt feuchten Boden, aber keinen Kalk.
Cedrus atlantica 'Glauca' Blaue Atlaszeder	pyramidal, bis 20 m	Immergrün. Industriefest. Wuchs locker, langsam, Nadeln stahlblau. Kann bei starken Frösten die Nadeln verlieren, begrünt sich jedoch wieder. In den ersten Jahren ist Winterschutz geraten. Wichtig ist, gleich einen vor Wintersonne geschützten, doch nicht schattigen Gartenplatz zu wählen. Gedeiht am besten in durchlässigen, kalkhaltigen Böden. Verträgt eher Trockenheit als stauende Nässe. Ausgesprochenes Solitärgehölz.

Botanischer Name Deutscher Name	Wuchsform Höhe (cm)	Besondere Hinweise Eignung
Chamaecyparis Scheinzypresse, 1. *lawsoniana* 'Alumii' 2. *lawsoniana* 'Ellwoodii' 3. *nootkatensis* 'Pendula' 4. *pisifera* 'Squarrosa Boulevard'	1. kegelförmig, 5 bis 10 m, 2. kegelförmig schmal, bis 2,5 m 3. schlank aufrecht, 10 bis 15 m, 4. breitpyramidal, bis 1,5 m hoch	Die immergrünen Nadelgehölze wachsen in jedem durchlässigen, humosen Gartenboden, der nicht zu trocken ist, in sonniger und absonniger Lage. 1. Industriefest. Blaue Benadelung, fächerartig aufstrebend. Auch für Hecken geeignet. Die Sorte 'Glauca Spek' in besonders schöner blauer Benadelung. Die Sorte 'Lane' ist die beste goldgelbe Form. 2. Bildet schmale Säulen, schwachwachsend. Blaugrüne, dichte Benadelung. 3. Hängezypresse, Industriefest. Steil abwärts gerichtete Äste, weit gestellt, schlaff senkrecht hängende Triebe, frischgrün. Am schönsten freistehend. 4. Industriefest. Langsam wachsend. Stahlblaue Benadelung. Schöne neue Sorte.
Juniperus Wacholder, 1. *chinensis* 'Pfitzeriana' 2. *communis* 'Hibernica' 3. *sabina* 4. *virginiana* 'Skyrocket'	1. breitausladend, bis 2 m hoch, selten höher, 2. 2 bis 3 m, auch höher, 3. ausgebreitet, 1 bis 1,5 m hoch, 4. schmal aufrecht bis 4 m hoch, selten höher	Wacholder gedeihen am besten in durchlässigen Gartenböden, sind sehr anspruchslos. Am schönsten entwickeln sie sich freistehend. 1. Bis 4 m breit, raschwüchsig, frischgrüne Nadeln. Ähnlich die Sorte 'Hetzii' mit lockerem Aufbau, blaugrünen Nadeln. Goldgelbe Nadeln haben die Sorten 'Aurea' (schwachwüchsiger, bis 1,5 m hoch) und 'Old Gold', langsam wachsend, bis 1 m hoch. 2. Irischer Säulenwacholder, dicht, blaugrüne Nadeln. Ähnlich 'Suecica' (Schwedischer Säulenwacholder) mit überhängenden Spitzen und hellgrünen Nadeln. 'Pendula' breit aufsteigend, Zweige malerisch lang herabhängend. 3. Sadebaum, 2 bis 3 m breit, bläulichgrüne Nadeln, kalkliebend. 'Tamariscifolia' besonders schön. 4. Auffallend schlank, bläulichgrüne Nadeln.
Larix Lärche, 1. *decidua* Europäische Lärche 2. *kaempferi* (= leptolepis) Japanische Lärche	breitpyramidal, bis 30 m hoch	Lärchen lieben frische, nährstoffreiche Gartenböden. Freistehend entwikkeln sie sich am schönsten. In der Jugend schnellwüchsig. Leuchtend gelbe Herbstfärbung. 1. Industriefest, locker hängende Zweige. Verträgt mehr Trockenheit als die japanische Lärche. 2. Breiter als die heimische Lärche, Zweige weniger hängend. Geeignet für Gebiete mit hoher Luftfeuchtigkeit.
Metasequoia glyptostroboides Urwelt-Mammutbaum	breit pyramidal, 30 m, auch höher	Industriefest. Sehr raschwüchsig. Äste kandelaberartig angeordnet. Frischgrüne Nadeln, die im Herbst abgeworfen werden. Bevorzugt frische, durchlässige Böden. Nur bei freiem Stand bleiben die Bäume bis unten beastet und wirken prachtvoll.
Picea Fichte, 1. *abies* (= excelsa) 'Acrocona' 2. *omorika* 3. *pungens* 'Glauca'	1. breitkegelig, bis 4 m hoch, 2. pyramidal, schmal, bis 35 m hoch, 3. kegelförmig, bis 20 m hoch	Fichten lieben mittelschweren, nicht zu armen und zu trockenen Boden. Sie sind weniger anspruchsvoll an den Standort als Tannen, aber anspruchsvoller als Kiefern, bevorzugen Sonne. 1. Rotfichte. Die Sorte 'Inversa' (Hängefichte) mit stark herabhängenden Zweigen wird 5 bis 10 m hoch. 2. Serbische Fichte. Industriefest. Schnellwüchsig, dunkelgrüne Nadeln. Für alle Gartenböden. Verträgt eher sommerliche Trokkenheit als stagnierende Nässe. 3. Blaufichte. Aus Sämlingen ausgelesen und in der blauben Farbe der Nadeln etwas variierend. Die veredelten Formen wie 'Hoopsii', mit gleichmäßig silberblauer Benadelung und waagerecht abstehenden Zweigen. Alle sind gute Solitärgehölze. P. pungens 'Glauca' wegen der Farbe mit Vorsicht verwenden.
Pinus Kiefer, 1. *cembra* 2. *mugo* ssp. *mugo* (= montana mughus) 3. *nigra* ssp. *nigra* (= austriaca) 4. *strobus* 5. *sylvestris* 'Pumila'	1. schmalpyramidal, bis 10 m und höher, 2. breitausladend, 2 m, auch höher, 3. breitkegelig, bis 20 m, selten höher, 4. pyramidal, 20 m, auch höher. 5. breitkegelig, bis 2 m, auch höher	Bevorzugen frische, leichte Gartenböden, wachsen aber auch gut auf sandigen, ärmeren Böden in sonniger Lage. Nur bei freiem Stand bleiben die Kiefern bis unten grün. 1. Zirbelkiefer. Langsamer Wuchs. Dunkelgrüne Nadeln. 2. Krummholzkiefer. Schwachwachsend, mehr breit als hoch. Verträgt Schnitt, wächst wieder nach. 3. Industriefest. Österreichische Schwarzkiefer. Dunkelgrüne Nadeln. Benötigt viel Platz. Besonders anspruchslos an den Boden. 4. Weymouthskiefer. Raschwachsend. Bevorzugt frische Böden, ungeeignet für heiße, trockene oder nasse Böden. 5. Wertvolle Form der Gemeinen Kiefer (Föhre). Fast so breit wie hoch. Blaugrüne Nadeln. Sehr anspruchslos, auch für arme, magere Böden.

Botanischer Name Deutscher Name	Wuchsform Höhe (cm)	Besondere Hinweise Eignung
Pseudotsuga menziesii f. caesia Douglasfichte, Douglasie	breit, locker, 20 bis 30 m hoch	Raschwüchsig. Wächst am besten in frischem, leicht humosem Gartenboden, gedeiht aber auch in weniger guten Böden ausreichend. Nur auf nassen oder ganz mageren Sandböden kümmert sie. Die Äste sind breiter und lockerer als bei unserer Fichte, fast waagerecht. Nur freistehend behält der Baum die Benadelung bis zum Boden hin.
Taxus Eibe, 1. *baccata* mit Kulturformen 2. *x media* 'Hicksii'	aufrecht oder breit, 1 bis 4 m hoch, je nach Sorte, im Alter auch höher	Geeignet für jeden durchlässigen, nahrhaften Gartenboden. Unbrauchbar für trocken heiße oder nasse Standorte. Sehr gut schattenverträglich. Die ganze Pflanze ist sehr giftig! 1. 'Adpressa', bildet niedrige, unregelmäßige Büsche, breit. 'Nissens Corona', flach, bis 1,5 m hoch und 7 m breit, hellgrüne Nadeln. 'Overeynderi', breite, glatte Pyramiden bildend, bis 4 m hoch. 'Semperaurea' (Goldeibe), breit aufstrebend, bis 2 m hoch, goldgelbe Nadeln. 2. schmal, aufrecht, geschlossen, 2 bis 3 m hoch.
Thuja occidentalis Lebensbaum	aufrecht oder breit, 10 bis 15 m, auch höher, je nach Sorte	Lebensbäume stellen keine besonderen Ansprüche, sie wachsen in jedem ausreichend feuchten Boden. Schnitt vertragen sie sehr gut. Zweigspitzen und Zapfen sind giftig! 'Columna', kräftiger Wuchs, schmal säulenförmig, 6 bis 15 m, dunkelgrüne Benadelung. 'Ellwangeriana Rheingold', langsam wachsend, bis 1,5 m, kegelig, goldgelbe Benadelung. 'Holmstrupi', langsam wachsend, schmal säulenartig, bis 3 m, sattgrüne Benadelung. Alle für Einzelstellung geeignet.
Tsuga canadensis Hemlockstanne	aufrecht, breit, 15 m, auch höher	Immergrün. Industriefest. Zweige fast waagerecht mit überhängenden Triebspitzen und feiner Benadelung. Verlangt etwas geschützten Standort und ausreichend Feuchtigkeit. An trockenen, heißen Gartenplätzen kümmern sie. Schwachwachsende Formen eignen sich gut für Steingärten.

Bewährte Schling- und Klettergehölze

Akebia quinata Fünfblättrige Akebie	Schlinger, bis 10 m hoch	Starkwachsend. Blüten bräunlichviolett, unscheinbar. Auffallend die hellvioletten, etwa 10 cm langen Früchte (VIII/X). Laub dunkelgrün, fünfzählig, meist auch noch im Winter grün. Für leichtere Gartenböden, zur Begrünung von Mauern, Pergolen, auch absonnig. Duftpflanze.
Aristolochia macrophylla *(= durior)* Pfeifenwinde	Schlinger, windend, 500 bis 600 cm, (auch bis 10 m hoch)	Industriefest, völlig winterhart. 30 cm breite herzförmige Blätter. Blüten klein, verdeckt (gelbgrün u. purpurbraun), V/VI. Verlangt tiefgründigen, nahrhaften, ausreichend feuchten Boden, besonders bei sonnigem Stand. Verträgt auch Halbschatten. Bildet an Hauswänden (an Gerüsten oder mit Draht) geschlossene grüne Wände. Auch für Säulen und Baumstämme.
Bilderdykia aubertii (= Polygonum aubertii) Schlingknöterich	Schlinger, windend, bis 800 cm, auch höher	Sehr starkwüchsig. Blüten weiß, reichblühend (IX), in lockeren Rispen. Früchte fast schwarz, schmückend. Keine besonderen Ansprüche an Boden oder Standort, jeder nahrhafte Boden ist geeignet. Berankt in kurzer Zeit große Flächen (in einem Jahr bis zu 5 Meter). Für Pergolen, Lauben, Zäune, an Lauben und Mauern mit Hilfe von Drähten oder einem starken Gerüst. Gute Bienenfutterpflanze.
Celastrus orbiculatus Rundblättriger Baumwürger	Schlinger, windend, bis 12 m hoch	Blüten unscheinbar (grünlichgelb, VI). Gelbe Früchte ab IX haften aufgeplatzt (mit roten Samen) bis in den Winter hinein. Zweihäusig, fruchtet nur, wenn männliche und weibliche Pflanzen beieinander stehen. Anspruchslos, wächst in jedem Gartenboden, in Sonne und Halbschatten. Bringt andere Gehölze zum Absterben. Braucht an Mauern ein starkes Gerüst. Fruchtzweige sind dekorativer Vasenschmuck.

Botanischer Name Deutscher Name	Wuchsform Höhe (cm)	Besondere Hinweise Blütezeit, Eignung
Clematis Waldrebe, Arten und Sorten	mit Blattranken kletternd, 200 bis 800 cm hoch, je nach Art oder Sorte	Blüten weiß, rosa bis rot, blaßlila über blau bis dunkelblau und dunkelviolett, auch gelb. Waldreben benötigen durchlässigen, nährstoffreichen, frischen Gartenboden. Der Wurzelbereich muß kühl sein, was bei Fehlen natürlicher Beschattung (Umpflanzung mit schwachzehrenden Stauden) durch Bedecken der Wurzelscheibe mit Laub oder Torf erreicht wird. Der belaubte Teil der Pflanze verträgt Sonne und Halbschatten gleich gut, leidet aber an heißen Südwänden oder im tiefen Schatten. Die Pflanzgrube muß tief gelockert sein (Tiefwurzler), der Wurzelhals soll bei der Pflanzung 5 bis 10 cm mit Erde bedeckt sein. Arten und Sorten siehe Sonderliste „Bewährte Clematis" S. 458
Hedera helix Efeu	mit Haftwurzeln kletternd, bis 30 m hoch	Industriefest, immergrün. Blüten IX/X grünlichgelb in großen Dolden nur an älteren Pflanzen. Die Früchte reifen erst im nächsten Frühjahr. Geeignet für jeden genügend feuchten und nahrhaften Boden. Kalkliebend. Auch im vollen Schatten rankender Bodenbedecker oder kletternd an Mauern und Bäumen. Die Sorte 'Baltic' gilt als besonders geeignet für extrem frostgefährdete Standorte.
Hydrangea anomala ssp. petiolaris (= petiolaris)	Selbstklimmer durch Haftwurzeln, 500 cm und höher (7 m)	Blütenweiß in bis 25 cm breiten, flachen Doldenrispen (VI/VII). Wächst am besten in frischem bis feuchtem Gartenboden, an etwas geschütztem Standort. Für Mauern, Baumstämme, Felsen, aber auch als Bodendekker. Freistehend wird dieser schöne Strauch bis etwa 2 m hoch.
Jasminum nudiflorum Winter-Jasmin	Spreizklimmer, bis 300 cm	Industriefest. Die gelben Blüten erscheinen vor den Blättern, in geschützten Lagen schon im Dezember, sonst je nach Witterung im Februar oder März. Für geschützte, sonnige Wände, an Spalieren. Gedeiht am besten in durchlässigen, etwas humösen Gartenböden. Auch freistehend sehr schön, dann locker überhängend, etwa 2 m hoch. Die Zweige lassen sich im Winter schnell antreiben. Zum Schnitt geeignet.
Lonicera Geißblatt, 1. *brownii* 'Dropmore Scarlet Trumpet' 2. *caprifolium*, Jelängerjelieber, 3. *x heckrottii* 4. *x tellmanniana*	Schlinger, windend, 1. und 3. bis 300 cm, 2. und 4. bis 500 cm	Alle bevorzugen nährstoffreiche, nicht zu trockene Gartenböden und gedeihen in Sonne und Halbschatten. An Drähten oder Spalieren schlingend, begrünen sie Mauern, Pergolen und Lauben. 1. Kräftiger Wuchs, Blüten außen rot, innen gelborange VI/X. 2. Blüten cremegelb, rötlich überlaufen, stark duftend, V/VI. Früchte korallenrot VIII/IX. Sehr dichte Begrünung. Stellt an den Boden und Standort die wenigsten Ansprüche. 3. Schwach windend, sehr reichblühend, Blüten innen gelb, außen rötlich (VI/IX), stark duftend. 4. Industriefest. Stark windend, bekleidet Wände rasch und dicht. Blüten orangegelb V/VI, Früchte hellrot. Etwas frostempfindlich.
Parthenocissus 1. *quinquefolia*, Wilder Wein, 2. *tricuspidata* 'Veitchii' Selbstklimmer	1. Schlinger, stark windend, 8 bis 10 m 2. selbstklimmend mit Haftscheiben, 10 bis 12 m	Industriefest. Beide sind anspruchslos an den Standort, er darf nur nicht zu trocken sein. Bedecken schnell große Flächen an Wänden, Pergolen oder Zäunen. Blüten grünlich, Früchte IX/X blauschwarz. Intensiv rote Herbstfärbung. 1. Obgleich einige Haftscheiben an den Trieben sind, brauchen die Pflanzen ein Gerüst, an dem sie klimmen und sich halten können. Nur die Varietät *engelmannii* braucht keine Stützen, kann sich mit den Haftscheiben selbst halten. Sonst gleiche Eigenschaften wie die Art. 2. Dicht anliegend, besonders für warme Wände zu empfehlen. Gute Bienenfutterpflanzen.
Polygonum aubertii siehe unter Bilderdykia aubertii		
Wisteria sinensis Glycine	Schlinger, windend, 600 cm, auch noch höher	Industriefest. Blüten in blauvioletten, bis 30 cm langen Trauben (V/VI). Verlangt frischen, nährstoffreichen Boden und geschützten Standort. Bei der Pflanzung reichlich wässern und gegen starke Sonnenstrahlung schützen. Im ersten Jahr auch weiterhin für genügend Feuchtigkeit sorgen. Für Begrünung von Mauern (an Gerüsten), Pergolen und Zäunen. Spätfrostgefährdet. Duft- und Bienenpflanze.

Für Hecken geeignete Gehölze

Botanischer Name Deutscher Name	a) Beste Heckenhöhe (cm) b) Pflanzenbedarf je lfm (Stück) c) Beste Pflanzzeit (Monat)	Besondere Hinweise Eignung
Acer 1. *campestre,* Feldahorn 2. *ginnala,* Feuerahorn	a) 200 bis 300 (auch höher) b) 3 c) III bis IV und X	Industriefest! Nur gut mit Seitentrieben besetzte Heister pflanzen. Anspruchslos, jeder nicht zu kalte und zu saure Gartenboden, 1. Auch für strengen Schnitt. 2. Rote Herbstfärbung des Laubes, nicht so stark wachsend wie 1.
Berberis Berberitze, Sauerdorn 1. *buxifolia* 'Nana' 2. *thunbergii* 3. *thunbergii* 'Atropurpurea' 4. *verruculosa*	1. a) 20 bis 30 b) 6 c) III bis IV 2. a) 60 bis 80 b) 3 bis 4 c) III bis IV 3. a) 60 bis 100 b) 3 bis 4 c) III bis IV 4. a) 60 bis 80 b) 4 c) III bis IV	1. Immergrün, industriefest, friert aber in zu trockenen Lagen leicht aus. Verträgt gut Halbschatten. 2. und 3. lieben Sonne, vertragen auch noch absonnigen Standort, Industriefest. Auch für strengen Schnitt. 3. tief braunrotes Laub. 4. Immergrün, glänzendes Laub. Die angeführten Berberitzen stellen an den Boden keine besonderen Ansprüche.
Buxus Buchsbaum, *sempervirens* 'Suffruticosa'	a) 15 bis 50 b) 6 bis 15 c) IV oder IX	Für Einfassungen und niedrige Hecken, verträgt strengen Schnitt. Industriefest, immergrün, keine besonderen Ansprüche, aber bevorzugt alkalischen Boden. Auch höhere Kulturformen sind für Hecken geeignet. Verträgt Sonne und Schatten.
Carpinus betulus Hainbuche, Weißbuche	a) 100 bis 400 b) 3 bis 4 c) III bis IV	Industriefest. Verträgt starken Schnitt, so daß man die Hecke sehr schmal halten kann. Nur Heister verwenden, die bis unten gut mit Seitentrieben besetzt sind. Jeder nährstoffreiche Gartenboden. Für Sonne und lichten Schatten geeignet.
Chaenomeles Scheinquitte, 1. *japonica* und Hybriden 2. *speciosa* (= lagenaria) 3. Hybriden	a) 80 bis 120 b) 3 bis 4 c) IV, besser A. X	Industriefest. Verträgt strengen Schnitt, blüht aber bei gelenktem natürlichem Wuchs besser. Lieben guten, tiefgründigen Gartenboden. Wertvoller Blütenstrauch (Mai). Die Früchte ergeben angefroren ein gutschmeckendes Gelee. 2. Wächst stärker, kann als Hecke etwas höher gehalten werden. 3. Unterscheiden sich in Blütenfarbe und Wuchs.
Chamaecyparis Scheinzypresse, *lawsoniana* 'Ellwoodii'	a) 100 bis 200 b) 3 bis 4 c) IV oder IX	Industriefest. Verträgt strengen Schnitt. Humoser, sandiger Lehmboden ist am besten. Sonnenbrand im Winter wächst wieder aus. Nur mit festem Wurzelballen pflanzen. Schattenverträglich.
Cornus mas Kornelkirsche	a) 200 bis 250 b) 2 bis 3 c) IV oder IX/X	Läßt sich gut im Schnitt halten. Nur für hohe, breite Hecken geeignet. Jeder nicht zu trockene, nährstoffreiche Gartenboden in sonniger Lage. Kalkliebend. Früchte sehr schmückend. Gute Bienenfutterpflanze.
Cotoneaster Zwergmispel 1. *acutifolius* 2. *dielsianus* 3. *divaricatus*	1. a) 100 bis 250 b) 3 bis 4 c) IV u. IX 2. a) 100 bis 200 b) 3 bis 4 c) IV u. IX 3. a) 100 bis 200 b) 3 bis 4 c) IV u. IX	Jeder normale Gartenboden in nicht zu trockener, sonniger und halbschattiger Lage. 1. Freiwachsende und geschnittene Hecken. Sehr robust. 2. u. 3. Industriehart, nur für freiwachsende Hecken. Beide mit Beerenschmuck im Herbst.
Crataegus pedicellata (= coccinea) Scharlachdorn	a) 100 bis 200 b) 3 bis 4 c) IV oder IX/X	Industriefest. Ergibt sehr dichte dornige Hecken. Jeder nicht zu trockene, fruchtbare Gartenboden in sonniger, auch absonniger Lage. Wertvolles Vogelschutzgehölz. Der Scharlachdorn ist in gleicher Weise brauchbar wie der Weißdorn (Cr. monogyna), der leider für viele Pflanzenkrankheiten eine Wirtspflanze ist und daher nicht empfohlen werden kann. Ebenfalls schöner Beerenschmuck.

Botanischer Name Deutscher Name	a) Beste Heckenhöhe (cm) b) Pflanzenbedarf je lfm (Stück) c) Beste Pflanzzeit (Monat)	Besondere Hinweise Eignung
Elaeagnus multiflora Ölweide	a) 150 bis 250 b) 2 bis 3 c) IV oder IX/X	Industriefest. Jeder nicht zu trockene, humose Gartenboden. Liebt sonnige Lage. Bildet dichte Heckenwände. Fruchtet bei geringem Schnitt sehr gut. Die Früchte sind eßbar, lassen sich zu würzigem Kompott verarbeiten.
Fagus sylvatica Rotbuche	a) 200 bis 400 b) 3 bis 4 c) III bis IV	Industriefest, verträgt starken Schnitt. Die Pflanzware sollte bis zum Boden dicht mit Seitentrieben besetzt sein. Liebt frischen, tiefgründigen Gartenboden, möglichst kalkhaltig. Verträgt keine stauende Nässe. Die Rotbuche ist empfindlich, wenn sie als älteres Gehölz freigestellt wird und die Sonne auf den Stamm trifft.
Forsythia Goldglöckchen, *x intermedia* 'Spectabilis'	a) 150 bis 250 b) 2 bis 3 c) IV oder IX/X	Industriefest. Mehr als freiwachsende Hecke zu verwenden. Durch Rückschnitt nach der Blüte kann geformt werden, auch als Schnitt zur Blütezeit. Lieben sonnigen, warmen Standort, sind aber anspruchslos an die Bodenverhältnisse.
Gleditsia triacanthos Dreidorniger Lederhülsenbaum, Christusdorn	a) 200 bis 300, auch höher, b) 2 bis 3 c) IV und X	Industriefest, kann stark geschnitten werden und ergibt eine stark dornige, verhältnismäßig schmale Hecke. Jeder tiefbearbeitete nährstoffreiche Gartenboden ist geeignet. Verträgt Trockenheit verhältnismäßig gut, ist dann nur schwachwüchsiger.
Iberis sempervirens Schleifenblume	a) 15 bis 20 b) 5 bis 6 c) IV und IX	Immergrüner Halbstrauch, der meist als Staude gehandelt wird. Verträgt als niedrige Einfassung gut scharfen Schnitt. Der Schnitt erfolgt nach der Blüte. Ebenso schön auch freiwachsend. Sonnige und absonnige Lagen.
Ilex aquifolium Stechpalme, Hülse	a) 100 bis 200 b) 2 bis 3 c) IV	Industriefest. Am schönsten sind freiwachsende Hecken. Nur für frischen, humosen, nährstoffreichen Boden. Der Standort sollte gegen scharfe Winde und gegen die Wintersonne mittags geschützt sein. Immergrün. Glänzendes Laub. Beerenschmuck nur, wenn außer weiblichen Pflanzen auch männliche Pflanzen in der Nähe wachsen (zweihäusig).
Juniperus Wacholder *x chinensis* 'Pfitzeriana'	a) 150 bis 200 b) 2 bis 3 c) IV oder IX	Industriefest. Schön sind nur freiwachsende Hecken. Man muß aber die Triebe aufbinden. Sehr anspruchslos an den Standort, in leichteren oder schwereren Böden gut wachsend. Vogelschutzgehölz. Für sonnige aber auch für leicht halbschattige Gartenplätze.
Kerria japonica Ranunkelstrauch mit 'Pleniflora'	a) 80 bis 120 b) 2 bis 4 c) IV oder X	Industriefest. Sehr reichblühende Sträucher, daher nicht streng schneiden, nur formen. Durchlässiger, etwas nahrhafter Gartenboden. Lieben warmen Standort, wachsen aber auch noch im Halbschatten. Die Art blüht von Mai bis Juli sehr reich, die Sorte 'Pleniflorum' blüht goldgelb gefüllt, aber nicht so reich wie die Art, wird aber höher.
Larix Lärche 1. *decidua* 2. *kaempferi* (= leptolepis)	a) 100 bis 300 (und höher) b) 1 bis 3 c) III/IV vor Austrieb!	Für strengen Schnitt geeignet. Im Oktober (evtl. auch am Winterende) streng bis dicht an den Stamm zurückschneiden. Später bis auf die gewünschte Breite. Lärchen wünschen tiefgründigen, frischen Gartenboden und sonnige, möglichst luftfeuchte Lage. 1. Verträgt mehr Trokkenheit. 2. ist gegen Spätfröste unempfindlicher. Schöne Herbstfärbung.
Lavandula angustifolia Lavendel, mit Sorten	a) 25 bis 30 b) 4 bis 6 c) IV und IX	Als freiwachsende Einfassung oder streng geschnitten. Der Lavendel ist ein graubelaubter immergrüner Halbstrauch, der meist im Staudensortiment geführt wird. Nur für durchlässige, leichte Gartenböden und vollsonnigen Stand zu empfehlen.

Botanischer Name Deutscher Name	a) Beste Heckenhöhe (cm) b) Pflanzenbedarf je lfm (Stück) c) Beste Pflanzzeit (Monat)	Besondere Hinweise Eignung
Ligustrum Liguster 1. *obtusifolium* var. *regelianum* 2. *vulgare* 'Atrovirens' 3. *vulgare* 'Lodense'	1. 2. a) 60 bis 120 b) 4 bis 5 c) IV oder X 3. a) 30 bis 40 b) 5 bis 6 c) IV oder X	1. Industriefest, mehr als freiwachsende Hecke, sehr frosthart, breitwachsend, verlangt gute Böden. 2. und 3. Mehr für streng geschnittene Hecken. Das Laub hält sich meist noch den ganzen Winter am Strauch. Anspruchsloser an die Bodenverhältnisse. 3. wichtig als niedrige Hecke. Alle vertragen sowohl Sonne als auch Halbschatten.
Lonicera Heckenkirsche 1. *nitida* 'Elegant' (= pileata 'Yunnanensis') 2. *xylosteum*	1. a) 50 bis 80 b) 3 bis 4 c) IV und IX/X 2. a) 120 bis 200 b) 2 bis 3 c) III/IV und X	1. Industriefest. Immergrün. Kann streng geschnitten werden, schön auch als freiwachsende Hecke. Verlangt guten Boden und etwas geschützte Lage. In strengen Wintern eingetretener Frostschaden wird schnell überwachsen. 2. Industriefest. Nur als freiwachsende Hecke zu empfehlen. Sehr anspruchslos an den Standort und die Bodenverhältnisse. Verträgt Sonne und Schatten.
Mahonia aquifolium Mahonie	a) 50 bis 80 b) 3 bis 4 c) IV/V	Industriefest. Kann streng geschnitten werden, ist aber als freiwachsende Hecke besonders schön durch Blüte und blaue Früchte. Ist für jeden nicht zu trockenen Gartenboden und Standort geeignet. Immergrün.
Philadelphus Falscher Jasmin, Pfeifenstrauch, Lemoinei-Hybride 'Erectus'	a) 80 bis 150 b) 2 bis 4 c) IV oder X	Eignet sich als streng geschnittene Hecke. Freiwachsend (bis 2,50 m) schön durch die reiche Blüte. Wächst in jedem mittleren Gartenboden, keine besonderen Ansprüche, bevorzugt jedoch sonnige Lage.
Potentilla Fingerstrauch 1. *fruticosa* 2. *fruticosa* 'Jackmann'	a) 70 bis 100 b) 3 bis 4 c) III/IV und X	Nicht streng schneiden! Nur formen, reichblühender Strauch. Jeder nährstoffreiche Gartenboden ist geeignet, der etwas durchlässig ist. Sonnige Lage wird bevorzugt. Es gibt viele Sorten mit unterschiedlichen Wuchsformen und Höhen, die alle gut geeignet sind.
Pyracantha coccinea Feuerdorn, 'Kasan'	a) 100 bis 150 b) 2 bis 4 c) IV	Industriefest, wintergrün. Verträgt strengen Schnitt. Schöner ist der Feuerdorn freiwachsend (bis 300 cm). Man kann ihn gut formen. So bleibt der reiche Beerenschmuck im Herbst erhalten. Liebt tiefgründigen Boden. Gedeiht in Sonne und Halbschatten. Es gibt noch andere Sorten mit unterschiedlicher Härte und Höhe.
Ribes 1. *alpinum*, Alpenjohannisbeere 'Schmidt' 2. *sanguineum* Blutjohannisbeere mit Sorten	1. a) 80 bis 120 b) 3 bis 4 c) IV und X 2. a) 150 bis 200 b) 3 bis 4 c) IV und X	1. Industriefest, verträgt strengen Schnitt. Die niedrigeren Sorten sind ebenfalls für Hecken geeignet. Alle anspruchslos an den Standort und an die Bodenverhältnisse. Auch für Schatten. 2. Mit dunkelroten Blütentrauben (IV/V), erst nach der Blüte schneiden. Liebt sonnigen Standort (Halbschatten wird vertragen) und gute Gartenböden. Nur für freiwachsende Hecken.
Rosa 1. *rubiginosa*, Schottische Zaunrose 2. *rugosa*, Kartoffelrose, mit Sorten	1. a) 120 bis 150 b) 2 bis 3 c) III/IV und X 2. a) 100 bis 150 b) 3 bis 4 c) III/IV und X	1. Für strengen Schnitt geeignet. Als freiwachsende Hecke bis 300 cm hoch. Durchlässiger Boden, sonst keine besonderen Ansprüche. 2. Nur als freiwachsende Hecke schön. Ab Mai purpurrosa große einfache Blüten, später große scharlachrote Hagebutten. Wächst auf jedem durchlässigen Gartenboden. Sonnige Lage bevorzugt. Im Handel sind auch noch höhere Sorten.

Botanischer Name Deutscher Name	a) Beste Heckenhöhe (cm) b) Pflanzenbedarf je lfm (Stück) c) Beste Pflanzzeit (Monat)	Besondere Hinweise Eignung
Salix purpurea 'Nana' (= 'Gracilis') Kugelweide	a) 80 bis 100 b) 2 bis 3 c) IV und X	Zierliche silbergraue Belaubung, rotbraunes Holz. Breiter Wuchs, der streng geschnitten werden kann. Verträgt große Trockenheit. Auch sonst anspruchslos an den Standort.
Spiraea Spierstrauch 1. *x arguta* 2. *Bumalda*-Hybride 'Anthony Waterer' 3. *x vanhouttei*	1. a) 100 bis 150 b) 2 bis 3 c) IV oder X 2. a) 60 bis 80 b) 3 bis 4 c) IV oder X 3. a) 150 bis 200 b) 1 bis 2 c) IV oder X	Alle sind sehr dankbare Blütensträucher und für freiwachsende Hecken geeignet. Sie vertragen verhältnismäßig gut Trockenheit und haben keine besonderen Bodenansprüche. Besonders für sonnige Gartenplätze, etwas Halbschatten wird vertragen. 1. und 3. sind industriefest. 1. blüht weiß April/Mai. 2. blüht dunkelrot Juni/Juli. 3. blüht weiß Mai/Juni.
Stephanandra incisa Kranzspiere	a) 120 bis 150 b) 3 bis 4 c) IV oder X	Industriefest, winterhart. Nur für freiwachsende Hecken. Die Hecke kann man seitlich etwas in Grenzen halten. Grünlichweiße Blütenrispen im Juni. Lange braunrote Herbstfärbung. Liebt durchlässigen, humosen Gartenboden und warmen, sonnigen Standort.
Taxus baccata Eibe	a) 80 bis 200 (und höher) b) 3 bis 4 c) IV/V und IX	Industriefest, immergrün. Für strengen Schnitt. Nur mit festem Wurzelballen pflanzen. Da Eiben langsam wachsen, kauft man möglichst in der gewünschten Heckenhöhe. Gutes Einwässern ist wichtig. Geeignet für jeden humosen Gartenboden, allerdings nicht für sauren Boden oder warme, trockene Standorte.
Teucrium chamaedrys Gamander	a) 20 bis 30 b) 8 bis 10 c) IV und IX	Dieser kleine immergrüne Halbstrauch ergibt schöne Einfassungen, die man gut in strengem Schnitt halten kann. Jeder durchlässige, humose Gartenboden.
Thuja occidentalis Lebensbaum 1. 'Ellwangeriana'	a) 100 bis 200 b) 3 bis 4 c) IV/V oder IX	Industriefest, immergrün. Verträgt strengen Schnitt sehr gut, so daß man die Hecke sehr schmal halten kann. Nur mit festem Wurzelballen pflanzen, gut einwässern. Jeder nicht zu trockene humose Gartenboden. Sonne und Halbschatten vertragend. Die Sorte 'Rheingold' wird nur 150 cm hoch, hat goldgelben Austrieb.

Winterharte Blütenstauden für Rabatten

Gattung, Art, Deutscher Name, Sorten	Blütenfarbe Blütezeit (Monat) Höhe (cm)	Pflanzweite (cm)	Ansprüche und besondere Hinweise
Achillea filipendulina Schafgarbe Sorten	zitronengelb bis goldgelb VI bis IX 60 bis 120 cm	25 bis 30 cm	Jeder normale Gartenboden, volle Sonne. Sehr gute Trockenblume. Alte Stauden im Frühjahr teilen und verpflanzen. Bienenpflanze.
Aconitum Eisenhut 1. *vulparia* 2. andere Arten und Sorten	1. gelb, VI bis VII 60 bis 80 cm 2. blau bis violett, VII bis X 80 bis 150 cm	25 bis 30 cm	Alle wachsen in jedem Gartenboden, der nicht zu trocken ist. Auch schwerer Boden ist möglich. Sonne und Schatten vertragend. Zur Unterpflanzung oder solitär verwendbar. Für Schnitt geeignet.

Gattung, Art, Deutscher Name, Sorten	Blütenfarbe Blütezeit (Monat) Höhe (cm)	Pflanzweite (cm)	Ansprüche und besondere Hinweise
Anemone Anemone 1. *sylvestris* 2. *japonica* und *hupehensis* m. Sorten 3. *tomentosa* mit Sorten	1. weiß, V bis VI, 30 bis 40 cm, 2. weiß, rosa bis weinrot 3. zartrosa 2. und 3. VIII bis X 60 bis 100 cm	1. 15 bis 20 cm 2. 30 bis 40 cm	1. Jeder mittlere Gartenboden. 2. und 3. möglichst im Frühjahr pflanzen. Winterschutzdecke aus Laub und Reisig im ersten Pflanzjahr und in extremen Lagen. Sorten von 3. am wüchsigsten. Alle vertragen Sonne bis Halbschatten. Als Gehölzvorpflanzung und für Schnitt geeignet.

Anemone pulsatilla siehe Sonderliste „Stauden für Steingärten“ unter **Pulsatilla vulgaris** S. 421

Aquilegia Akelei *caerulea* mit Sorten	weiß, gelb, rot, blau, meist zweifarbig V bis VI 60 bis 80 cm	20 bis 30 cm	Jeder sandig-lehmige Gartenboden in halbschattiger Lage. Für Steingärten kann die Rasse 'Biedermeier' (30 cm) empfohlen werden. Schöne Schnittblume.
Aster amellus Bergaster, viele Sorten	hellblau bis dunkelviolett, auch rosa, VIII bis IX 40 bis 60 cm	20 bis 30 cm	Verträgt auch trocknere Böden, bevorzugt für vollsonnige Standorte. Sehr schön in Heidegärten. Größere Büsche können im Frühjahr nach Austrieb geteilt werden. Bienenfutterpflanze. Auch für Blumenschnitt. Sorten siehe Sonderliste S. 460
Aster dumosus Kissenaster, viele Sorten	weiß, rosa, rot, lila, blau, IX bis X 15 bis 40 cm	15 bis 30 cm	Wächst in jedem normalen Gartenboden. Als Einfassung hervorragend geeignet. Sonne ist wichtig! Bienenfutterpflanze. Sorten siehe Sonderliste S. 460
Aster novae-angliae Rauhblattaster, viele Sorten	blau, rosa, rot und lachs IX bis X 100 bis 150 cm	30 bis 50 cm	Liebt nährstoffreichen Gartenboden in sonniger Lage. Sowohl in Gruppen als auch solitär wirkungsvoll. Bienenweide. Standfester als die Sorten von Aster novibelgii. Sorten siehe Sonderliste S. 461
Aster novi-belgii Glattblattaster, viele Sorten	von weiß über rosa bis dunkelrot, blau bis violett IX bis X 80 bis 130 cm	30 bis 50 cm	Volle Sonne ist notwendig, stellen sonst wenig Ansprüche an den Standort. Alte Büsche im Frühjahr teilen und verpflanzen. Bienenfutterpflanze. Gute Schnitteignung. Sorten siehe Sonderliste S. 461
Aster tongolensis Sommer-Staudenaster mit Sorten	hellblau bis violettblau VI 25 bis 50 cm	20 bis 25 cm	Liebt frischen Boden und volle Sonne. Sehr gute Schnittblumen! Bienenfutterpflanze. Sorten siehe Sonderliste S. 461
Astilbe Prachtspiere in Arten und Sorten	weiß über rosa bis dunkelrot, VII bis VIII 25 bis 100 cm	25 bis 40 cm	Humusreicher, feuchter Gartenboden. Vertragen wenig Trockenheit. Wirkungsvoll in Nachbarschaft von Gehölzen. Gutes Bienenfutter. Alte Stauden im Herbst teilen und verpflanzen. Sorten siehe Sonderliste S. 461

Aubrieta siehe Sonderliste „Stauden für Steingärten“ S. 418

Bergenia cordifolia Bergenie, mit Sorten und Hybriden	weiß, rosa, rot IV bis V 30 bis 50 cm	25 bis 30 cm	Anspruchslos an die Bodenart. An exponierten Standorten können Spätfröste vor allem einigen Hybriden schaden. Jedoch sind die Bergenien robust, treiben wieder aus. Dekoratives Laub! Immergrün. Für Steingärten. Gut zur Unterpflanzung von Gehölzen.
Campanula persicifolia Glockenblume Sorten	weiß, blau VI bis VII 60 bis 80 cm	15 bis 25 cm	Durchlässiger Gartenboden und volle Sonne sind zu empfehlen. Für Gruppenpflanzungen und Blumenschnitt geeignet. Absonnige Lage noch vertragend. Rückschnitt wegen teilweiser starker Selbstaussaat nötig.

Gattung, Art, Deutscher Name, Sorten	Blütenfarbe Blütezeit (Monat) Höhe (cm)	Pflanzweite (cm)	Ansprüche und besondere Hinweise
Campanula andere Arten siehe Sonderliste „Stauden für Steingärten“ S. 418			
Centaurea Kornblume 1. *dealbata* 'Steenbergii' 2. *montana*	1. purpurrot VI bis VII 60 bis 70 cm 2. blau, weiß V bis VII 30 bis 50 cm	1. 50 cm 2. 40 cm	Durchlässiger Gartenboden. Volle Sonne! 1. Ausgezeichnete Blattschmuckstaude. Auch für Blumenschnitt. Bienenfutterpflanze.
Chrysanthemum coccineum Pyrethrum, Buntc Margerite, mit vielen Sorten	weiß über rosa bis dunkelrot, einfach und gefüllt V bis VI 40 bis 80 cm	20 bis 30 cm	Nährstoffreicher Gartenboden in sonniger Lage. Bei Nachlassen der Blühwilligkeit Anfang April teilen und umpflanzen. Nicht im Herbst verpflanzen! Beliebte Schnittblume.
Chrysanthenum-Indicum-Hybriden Winteraster zahlreiche Sorten	weiß über rosa zu rot, gelb, bronze, kupferfarben, einfach und gefüllt IX bis X 30 bis 90 cm	30 bis 50 cm	Jeder humushaltige Gartenboden. Liebt sonnige Lage. Winterhärte der Sorten unterschiedlich. Winterschutz aus Torf oder Laub und Reisig. Alte Büsche nur im Frühjahr teilen und verpflanzen. Für kleinere und größere Pflanzengruppen. Begehrter Vasenschmuck.
Chrysanthemum maximum Margerite viele Sorten	weiß, einfach und gefüllt VII bis VIII 20 bis 80 cm	25 bis 30 cm	Nahrhafter Gartenboden, volle Sonne. Niedrige Sorten auch für Steingärten. Es ist ratsam, etwa alle drei Jahre im Frühjahr zu teilen und umzupflanzen. Schöne Schnittblume.
Cimicifuga Silberkerze Arten und Sorten	weiß, VII bis X je nach Art, 80 bis 200 cm	40 bis 70 cm	Verlangen humusreichen, lockeren Boden (mehr feucht als trocken). Halbschattig bis leicht sonnig. Auch Schatten vertragend. In Gruppen, zwischen Gehölze, aber auch solitär.
Coreopsis Mädchenauge 1. *grandiflora* 2. *verticillata* beide mit Sorten	gelb und goldgelb, 1. auch mit Auge VI bis VIII 25 bis 80 cm	25 bis 35 cm	Leichter Gartenboden, volle Sonne! Müssen etwa alle drei Jahre im Frühjahr geteilt und neu gepflanzt werden. Zum Schnitt nur die höheren Sorten von 1. geeignet. Für kleinere und größere Pflanzengruppen. Rückschnitt im Frühherbst erforderlich.
Delphinium Rittersporn mit vielen Sorten (siehe Sonderliste)	weiß, creme, hell- bis dunkelbau, violett, rosa, VI bis VII und IX 70 bis 160 cm	30 bis 50 cm	Jeder gute Gartenboden, volle Sonne! Remontieren durch rechtzeitigen Rückschnitt nach der Blüte. Standfestigkeit nach Sorten unterschiedlich. Teilen und Verpflanzen im zeitigen Frühjahr. In Gruppenpflanzung und solitär. Dekorative Schnittblume.
Dianthus plumarius Federnelke mit Sorten	gefüllt, weiß, rosa bis rot V bis VI 20 bis 30 cm	20 cm	Liebt warmen, guten Gartenboden, der vor allem durchlässig sein sollte. Eignet sich für Einfassungen. Beliebt auch für Blumenschnitt.
Dicentra spectabilis Fliegendes oder Tränendes Herz Arten	rosa oder weiß V bis VI 60 bis 80 cm	40 bis 50 cm	Nahrhafter Gartenboden. Halbschatten ist besser als volle Sonne. Winterschutz nur in sehr extremen Lagen. Für Gruppenpflanzung und als Solitär. Vasenschmuck.
Dictamnus albus Diptam Arten und Sorten	rosa oder weiß VI bis VII 60 bis 80 cm	30 bis 40 cm	Leichter Gartenboden, verträgt viel Trockenheit, auch leichten Halbschatten. Eignet sich zur Pflanzung in Gruppen, aber auch als Solitärstaude.

Gattung, Art, Deutscher Name, Sorten	Blütenfarbe Blütezeit (Monat) Höhe (cm)	Pflanzweite (cm)	Ansprüche und besondere Hinweise
Digitalis Fingerhut Arten und Sorten	weiß, gelb, rosa bis rot, lachs bis rostrot VI bis VIII 80 bis 170 cm	30 bis 40 cm	Jeder Gartenboden in Sonne und Halbschatten. Die meisten sterben nach der Blüte ab. Rückschnitt vor Samenansatz läßt sie meist weiterleben. Selbstaussaat sonst meist häufig. Wirkungsvoll in Nachbarschaft von Gehölzen, aber auch solitär.
Doronicum Gemswurz Arten und Sorten	gelb bis goldgelb, auch gefüllt IV bis V 30 bis 70 cm	30 cm	Jeder nahrhafte Gartenboden in sonniger und halbschattiger Lage. Niedrige Sorten sind für Steingärten geeignet, höhere für den Schnitt.
Echinacea purpurea (= Rudbeckia purpurea) Purpurrudbeckie Sorten	rosa bis weinrot VII bis IX 70 bis 100 cm	30 bis 50 cm	Liebt frischen bis feuchten Boden, volle Sonne. Auf trockenen oder mageren Böden versagen die Stauden. Schöne Solitärstaude. Für Schnitt geeignet. Bienenfutterpflanze, wird stark von Tagfaltern beflogen.
Echinops Kugeldistel Arten und Sorten	blaue und violette Farbtöne VII bis IX 80 bis 120 cm	30 bis 50 cm	Jeder mittlere Gartenboden eher trocken als naß. Für Trockensträuße geeignet. In Pflanzengruppen und solitär. Bienenfutterpflanze.
Epimedium Elfenblume Arten und Sorten	weiß, gelb, rosa, rot IV bis V 20 bis 30 cm	20 bis 25 cm	Humusreiche Gartenböden. Sehr guter Bodendecker unter lichten Bäumen. Auch für Steingärten geeignet. Schöne Blattschmuckstaude.
Erigeron-Hybriden Berufskraut viele Sorten	weiß, rosa, rot, blau und violett, auch gefüllt VI bis VII und VIII bis IX 50 bis 60 cm	25 bis 35 cm	Jeder mittlere Gartenboden. Volle Sonne ist wichtig. Remontieren, wenn sofort nach der Blüte zurückgeschnitten wird. Alte Stauden im April teilen und verpflanzen.
Eryngium Edeldistel Arten und Sorten	blaue Farbtöne VI bis IX 40 bis 70 cm	30 bis 50 cm	Durchlässiger Gartenboden, Trockenheit vertragend. Beliebte Trockenblumen. Bienenfutterpflanze. Für Gruppenpflanzung und als Solitär.
Euphorbia polychroma Wolfsmilch	gelbe Hochblätter IV bis V 40 cm	30 cm	Wächst in jedem normalen Gartenboden. Volle Sonne ist wichtig. Für Steingärten geeignet.
Gaillardia Kokardenblume Sorten	meist mehrfarbig (gelb-rot) auch gelb oder weinrot VII bis IX 20 bis 70 cm	20 bis 30 cm	Jeder Gartenboden, der nicht zu feucht ist. Bevorzugen sonnige Lage. Niedrige Sorten sind für Steingärten geeignet. Auch für Schnitt. Bienenfutterpflanze. Meist nicht langlebig.
Geranium siehe Sonderliste „Stauden für Steingärten“ S. 420			
Geum Nelkenwurz Arten und Sorten	gelb, orange, rot, auch halbgefüllt V bis VIII 30 bis 50 cm	20 bis 25 cm	Jeder Gartenboden, der frisch bis feucht ist. Remontierend. Sonne und Halbschatten vertragend. Für Pflanzengruppen geeignet, auch für Steingärten.
Gypsophila Schleierkraut Arten und Sorten	weiß, rosa, einfach und gefüllt VI bis VIII 30 bis 80 cm	30 bis 60 cm	Jeder normale Gartenboden. Verträgt Trockenheit. Für Trockensträuße geeignet. Niedrige Sorten können im Steingarten verwendet werden.

Gattung, Art, Deutscher Name, Sorten	Blütenfarbe Blütezeit (Monat) Höhe (cm)	Pflanzweite (cm)	Ansprüche und besondere Hinweise
Helenium-Hybriden Sonnenbraut viele Sorten	von gelb über kupfer und braunrot zu dunkelrot, auch zweifarbig VII bis IX 60 bis 150 cm	40 bis 60 cm	Alle nicht zu trockenen, sonnigen Gartenplätze sind geeignet. Die frühen Sorten remontieren bei rechtzeitigem Rückschnitt. In Pflanzengruppen und als Solitärstaude. Auch für Schnitt. Bienenfutterpflanze. Leider zu wenig verwendet.
Helianthemum siehe Sonderliste „Stauden für Steingärten" S. 420			
Helianthus decapetalus mit Sorten	gelb, auch gefüllt, VIII bis X 120 bis 150 cm	40 bis 60 cm	Jeder gute Gartenboden in sonniger Lage. Sehr gute Schnittblumen. Winternässe kann schaden. Für Gruppenpflanzung und Einzelstellung geeignet.
Heliopsis helianthoides Sonnenauge Sorten der Varietät 'scabra'	gelbe Farben, einfach oder halbgefüllt VII bis IX 120 bis 150 cm	40 bis 50 cm	Jeder nährstoffreiche Gartenboden. Sehr dankbare Schnittblumenspender. Lieben volle Sonne. Neue Züchtungen besonders großartig.
Helleborus Christrose Arten und Sorten	weiß, rosa bis purpurn X bis III je nach Art, 20 bis 30 cm	25 bis 35 cm	Kalk- und lehmhaltiger, frischer Gartenboden ist optimal. Schattige bis halbschattige Lage bevorzugend. Für Schnitt im Vorwinter wähle man die Sorte 'Praecox' (weiß). Zur Unterpflanzung in Gruppen. Bienenfutterpflanze.
Hemerocallis-Hybriden Taglilien viele Sorten	creme über gelb, rosa, orange, braun- und schwarzrote Farbtöne, auch zweifarbig VI bis IX 50 bis 120 cm	40 bis 50 cm	Jeder mittlere Gartenboden, der nicht zu trocken ist. Sonnige bis halbschattige Lage. Wirkungsvoll neben Gehölzen, auch am Rande von Wasserbecken. Gartenwürdigkeit der Sorten sehr unterschiedlich. Nur bei Nachlassen der Blühwilligkeit im Frühjahr teilen und verpflanzen. Schöne Schnittblume. Sorten siehe Sonderliste S. 462
Heuchera Purpurglöckchen *sanguinea* mit Sorten und Hybriden	rot, rosa, weiß, auch zweifarbig VI bis VII 40 bis 60 cm	20 bis 30 cm	Humusreicher, frischer bis feuchter Gartenboden in Sonne oder Halbschatten. An exponierten Plätzen Winterschutz aus Fichtenreisig gegen winterliches Vertrocknen. Für Steingärten geeignet. Reizender Vasenschmuck.
Hosta Funkie, Herzlilie Arten und Sorten	weiß oder lila VII bis VIII 30 bis 70 cm	30 bis 40 cm	Wachsen in jedem frischen Gartenboden. Bevorzugen schattige bis halbschattige Lage. Zieren vorrangig durch die Blätter, die auch weiß oder gelb gerandet, gescheckt oder auch blaugrün sein können. Für Einfassungen, schön, auch in Nachbarschaft von Gehölzen.
Iberis siehe Sonderliste „Stauden für Steingärten" S. 420			
Inula orientalis Alant	orangegelb VI bis VII 40 bis 60 cm	30 bis 40 cm	Durchlässiger, nicht zu feuchter Gartenboden und sonnige Lage. Für Schnitt geeignet. Bienenfutterpflanze.
Iris Schwertlilie 1. *Barbata*-Elatior -Gruppe 2. *barbata*-Media -Gruppe viele Sorten	1. und 2. alle Farbtöne von weiß über gelb bis dunkelblau, rosa und rotbraun 1. VI 70 bis 100 cm 2. V bis VI 35 bis 70 cm	1. 40 bis 50 cm 2. 30 bis 40 cm	Jeder nicht zu nasse Gartenboden ist geeignet. Sonniger Standort bevorzugt. Flach pflanzen – die obere Hälfte des Rhizoms darf nicht mit Erde bedeckt sein. Siehe Ratschlag Nr. 1456. Verblühte Blüten in der Vase gleich ausbrechen, um Tropfenfall zu verhindern. Alte Stauden im Juli teilen und verpflanzen.

Gattung, Art, Deutscher Name, Sorten	Blütenfarbe Blütezeit (Monat) Höhe (cm)	Pflanzweite (cm)	Ansprüche und besondere Hinweise
Iris sibirica Sibirische Iris viele Sorten	hellblau bis dunkel- und violettblau, auch weiß VI 60 bis 100 cm	30 bis 40 cm	Frischer Gartenboden, der auch feucht und schwer sein kann. Sonnige Lage. Solitär und als Gehölzvorpflanzung. Sehr dekorativ an Wasserrändern.
Kniphofia uvaria Fackellilie Arten, Sorten und Hybriden	gelb über orange bis rot, auch zweifarbig VI bis IX 60 bis 100 cm	30 bis 40 cm	Durchlässiger, warmer Gartenboden, volle Sonne. Die Sorten sind unterschiedlich winterhart. Am meisten schadet zu große Winternässe. Winterschutz deshalb erforderlich. Dekorative Schnittblume.
Lavandula angustifolia Lavendel Sorten	violettblau VII bis VIII 40 bis 60 cm	25 bis 30 cm	Liebt durchlässigen Gartenboden, verträgt Trockenheit. Schöne Staude für Einfassungen und niedrige Hecken. Bienenpflanze. Botanisch ein Halbstrauch.
Leontopodium siehe Sonderliste „Stauden für Steingärten" S. 420			
Liatris spicata Prachtscharte Gartenformen	purpurrot, selten weiß VII bis IX 40 bis 70 cm	15 bis 20 cm	Durchlässiger Gartenboden, möglichst volle Sonne. Blüht von oben nach unten auf. Zum Schnitt geeignet. Bienenfutterpflanze.
Ligularia Ligularie 1. *dentata* mit Sorten 2. *× hessei* 3. *przewalskii*	gelb oder orangegelb VII bis VIII 120 bis 150 cm 2. auch höher	70 bis 80 cm 3. 50 cm	Frischer, nahrhafter Gartenboden und schattige bis halbschattige Lage. Nur für größere Rabatten. Laub meist sehr dekorativ. Wirkungsvoll in Einzelstellung, auch am Rand von Wasserbecken. Bienenfutterpflanze.
Lupinus Lupine Polyphyllus -Hybriden in Sorten und Rassen	weiß, gelb, rosa, rot, blaue Farben, auch zweifarbig VI bis VII 80 bis 120 cm	30 bis 40 cm	Jeder Gartenboden ohne stehende Nässe in sonniger und halbschattiger Lage. Rechtzeitiger Rückschnitt nach der Blüte begünstigt zweiten Flor. Dekorativer Vasenschmuck.
Lychnis Lichtnelke 1. *chalcedonica* 2. *viscaria* 'Plena'	1. zinnoberrot 2. karminrot, gefüllt 1. VII 100 cm 2. VI 30 bis 40 cm	1. 25 bis 30 cm 2. 15 bis 20 cm	Jeder normale Gartenboden, der gut durchlässig ist. Liebt sonnigen Standort.
Lythrum Weiderich 1. *salicaria* mit Sorten 2. *virgatum* mit 'Rose Queen'	rosarot bis karminrot VII bis VIII 60 bis 130 cm	25 bis 30 cm	Normaler Gartenboden, der nicht zu trocken sein darf. Auch sumpfig. 2. verträgt etwas mehr Trockenheit. Geeignet zur Pflanzung an Wasserbecken. Bienenfutterpflanze.
Monarda Indianernessel mehrere Sorten (Hybriden)	weiß, rosa, rot bis dunkellila VI bis VIII 80 bis 120 cm	40 bis 50 cm	Jeder nicht zu trockene Gartenboden. In Sonne und Halbschatten. Robust und pflegearm. Alte Horste können im Frühjahr geteilt und verpflanzt werden. Bienenfutterpflanze. Auch Schnittblume.
Oenothera Nachtkerze *tetragona* mit Sorten	gelb bis bronzegelb VI bis VII 50 bis 60 cm	20 bis 30 cm	Wächst in jedem guten Gartenboden. Bevorzugt sonnige Lage. Lange Blütezeit. Einige Sorten mit glänzendem Laub. Bienenfutterpflanze.

Gattung, Art, Deutscher Name, Sorten	Blütenfarbe Blütezeit (Monat) Höhe (cm)	Pflanzweite (cm)	Ansprüche und besondere Hinweise
Paeonia Pfingstrose 1. *Lactiflora*-Hybriden viele Sorten 2. *officinalis* mit Sorten	weiß, rosa, rot, einfach und gefüllt 1. VI 2. V bis VI 1. 60 bis 100 cm 2. 60 bis 80 cm	60 bis 90 cm	Nahrhafter Gartenboden in Sonne und Halbschatten. Möglichst wenig umpflanzen, aber öfters nachdüngen. Blühfaulheit bei zu tiefem Pflanzen, Blühwilligkeit sortenunterschiedlich. Wirkungsvoll in Einzelstellung. Als Schnittblume begehrt.
Papaver Mohn *orientale* und *bracteatum* Sorten	weiß, rosa, rot, blutrot, auch zweifarbig oder gefüllt VI bis VII 60 bis 100 cm	30 bis 40 cm	Jeder durchlässige Gartenboden ist geeignet. Liebt sonnigen Standort. Auch für Einzelstellung. Laub zieht nach der Blüte ein, treibt aber im Herbst wieder aus.
Phlox-Paniculata-Hybriden Flammenblume, zahlreiche Sorten	von weiß über rosa, orange und rot bis dunkelviolett VII bis VIII 70 bis 120 cm	40 bis 50 cm	Humoser, frischer Gartenboden. Einige Sorten vertragen keinen kalkhaltigen Boden. Sonniger Standort erwünscht. Angenehmer Blütenduft. Teilung älterer Horste im April.
Phlox subulata siehe Sonderliste „Stauden für Steingärten“ S. 421			
Physostegia virginiana Gelenkblume, mit Sorten	weiß, rosa, weinrot VIII bis IX 60 bis 100 cm	25 bis 30 cm	Der Gartenboden sollte gut frisch, der Standort sonnig sein. Die Winterhärte ist sortenunterschiedlich. In extremen Lagen Winterschutz bei Kahlfrost. Bienenpflanze, auch für Blumenschnitt.
Platycodon grandiflorum Ballonblume, mit Sorten	blau, weiß, rosa, VII bis VIII 20 bis 60 cm	30 cm	Durchlässiger Gartenboden. Leichter Halbschatten wird vertragen. Für Steingärten nur niedrige Sorten.
Primula Primel, 1. *denticulata* 2. *Elatior*-Hybriden 3. *japonica* 4. *Juliae*-Hybriden 5. *vulgaris* (= acaulis)	1. weiß, blau, rosa, purpurrot, IV bis V, 20 bis 40 cm 2. weiß, gelb, blau, rot, IV bis V, 25 cm 3. rosa bis rot, V bis VI, 40 cm 4. weiß, gelb, rot, bis violett, IV bis V, 10 bis 20 cm 5. weiß, gelb, rot über blau bis violett IV bis V, 10 cm	10 bis 15 cm	Frischer, humoser Boden, möglichst halbschattig. *Pr. japonica* sowie andere Etagenprimeln sind anspruchsvoll an den Standort. Die anderen aufgeführten Primeln weniger. Die Juliae-Hybriden sind meist als Pr. x pruhoniciana im Handel. Die auricula-Hybriden werden als Pr. x pubescens gehandelt. Auch diese Aurikeln sind weniger anspruchsvoll. Alle für Steingärten geeignet, sofern die angegebenen Standortbedingungen gegeben sind.
Pulsatilla siehe Sonderliste „Stauden für Steingärten“ S. 421			
Rodgersia Schaublatt, einige Arten	weiß und hellrosa VI bis VIII 100 bis 150 cm	70 bis 100 cm	Nahrhafter, frischer bis feuchter Gartenboden. Schatten liebend. Blattwerk ist sehr dekorativ, deshalb besonders wirkungsvoll als Solitär, aber auch in Nachbarschaft von Gehölzen. Spätfrostgefährdet.

Gattung, Art, Deutscher Name, Sorten	Blütenfarbe Blütezeit (Monat) Höhe (cm)	Pflanzweite (cm)	Ansprüche und besondere Hinweise
Rudbeckia Sonnenhut, 1. *fulgida* 'Goldsturm' 2. *nitida* mit Sorten	1. goldgelb, schwarz gesternt, VII bis IX 60 cm 2. gelb, VII bis IX 200 cm	1. 30 cm 2. 60 bis 80 cm	Nährstoffreicher Gartenboden. 1. verträgt leichten Halbschatten, als Schnittblume wenig haltbar. 2. Gute Schnittblumen, auch für Bodenvasen. Alle für Einzelstellung geeignet. Bienenfutterpflanzen.
Rudbeckia purpurea siehe unter Echinacea purpurea.			
Salvia nemorosa Salbei, Sorten und Hybriden	violett bis dunkelviolett V bis IX 40 bis 50 cm	20 bis 30 cm	Durchlässiger Gartenboden, volle Sonne. Rechtzeitiger Rückschnitt nach der Blüte bewirkt eine zweite Blüte. Ab Ende Mai blüht nur die Sorte 'Mainacht', die anderen erst ab Juni. Zur großflächigen Pflanzung geeignet. Gute Bienenweide.
Scabiosa caucasica *Skabiose*, mehrere Sorten	weiß, hell- bis dunkelblau VI bis IX 60 bis 80 cm	25 bis 35 cm	Jeder durchlässige nahrhafte Gartenboden in sonniger Lage. Wertvolle Schnittblume von langer Haltbarkeit. Wird der Samenansatz verhindert, kann sich der Flor bis in den Oktober hineinziehen.
Sedum Fetthenne, 1. *spectabile* mit Sorten 2. *telephium* 'Herbstfreude'	1. rosarot bis purpurrot 2. rostrot 1. und 2. VIII bis IX 30 bis 40 cm	25 bis 30 cm	Liebt sonnige, nicht zu feuchte Lage. Sonst anspruchslos. 2. ziert mit Fruchtstand bis in den Winter hinein. Steingartenpflanze. Auch für größere Flächen. Liefert Bienenfutter.
Sedum, andere Arten siehe Sonderliste „Stauden für Steingärten" S. 422			
Solidago Hybriden Goldrute, Sorten	hell- bis goldgelb VII bis IX 40 bis 80 cm	20 bis 30 cm	Keine besonderen Bodenansprüche, aber sonnigen Stand bevorzugend. Verblühte Blütenstände abschneiden, um Selbstaussaat vorzubeugen. Dekorativer Schmuck für Bodenvasen. Gute Bienenweide.
Thalictrum aquilegifolium Wiesenraute Gartenformen	weiß bis rosa VI bis VII 100 bis 120 cm	30 bis 40 cm	Frischer, humoser Gartenboden, auch feuchter. Liebt sonnige Lage. Staude für Wasserränder. Auch zur Unterpflanzung. Bienenfutterpflanze.
Tradescantia Andersoniana – Hybriden Dreimasterblume, Sorten	weiß, blaue und violette bis purpurrote Farben VI bis VIII 50 bis 60 cm	30 bis 40 cm	Jeder normale Gartenboden. Sät sich leicht selbst aus. Verträgt Sonne und Halbschatten. Eignet sich zur Pflanzung an Wasserränder.
Trollius Trollblume, 1. *chinensis* 2. Hybriden und ihre Sorten	gelb bis goldgelb 1. VI bis VII 80 bis 90 cm 2. V bis VI 60 bis 80 cm	30 cm	Frischer bis feuchter, humusreicher Gartenboden in sonniger bis halbschattiger Lage. Die Blüten sind bei 1. mehr schalenförmig, bei 2. mehr ballförmig, die Sorten unterschiedlich in Farbe, Blütenform und Verzweigung. Für Schnitt geeignet.

Gattung, Art, Deutscher Name, Sorten	Blütenfarbe Blütezeit (Monat) Höhe (cm)	Pflanzweite (cm)	Ansprüche und besondere Hinweise
Veronica Ehrenpreis 1. *incana* 2. *longifolia* 3. *spicata* 4. *teucrium* 5. *virginica*, alle Arten mit Sorten	1. dunkelblau, auch rosa VI bis VII 15 bis 25 cm 2. blau, weiß, VII bis VIII 60 bis 80 cm 3. rosa bis rot, VII bis VIII 15 bis 30 cm 4. blau, V bis VI, 25 cm 5. blau, weiß, zartrosa, VII bis IX 120 bis 160 cm	1. 3. 20 cm 2. 5. 40 cm 4. 20 bis 25 cm	1. 2. 3. 4. lieben durchlässigen, eher trockenen Boden. 1. 3. auch für größere Flächen geeignet. 5. diese Sorten wollen frischen, humosen Boden, vertragen auch Halbschatten, sind zum Schnitt geeignet. Bienenfutterpflanzen.
Yucca filamentosa Palmlilie, mit Sorten und Hybriden	weiß, VII bis VIII Pflanze 50 bis 60 cm hoch, Blütenstand 100 bis 160 cm hoch	60 bis 80 cm	Durchlässiger Gartenboden. Trockenheit vertragend. Winterschutz in extremen Lagen notwendig. Winterhärte, aber auch sortenunterschiedlich. Schöne Solitärstaude.

Stauden für Steingärten

Achillea Schafgarbe 1. *ageratifolia* ssp. *serbica* 2. *tomentosa* (= aurea) 3. *umbellata*	1. und 3. weiß VI bis VII 15 bis 20 cm 2. goldgelb VI bis VII 15 bis 20 cm	15 bis 20 cm	Wachsen in jedem durchlässigen Gartenboden. Teilung im Frühjahr. 1. und 3. Kalkliebend. Alle Trockenheit vertragend, für Heidegärten und Trockenmauern geeignet. Immergrün.
Adonis vernalis Adonisröschen	goldgelb IV bis V 20 cm	20 bis 25 cm	Jeder mittlere Gartenboden ist geeignet. Verträgt Sonne und Trockenheit. Vermehrung durch Teilung oder Aussaat schwierig. Bienenfutterpflanze.
Ajuga reptans mit Kulturformen	blauviolett IV bis V 10 bis 15 cm	15 bis 20 cm	Liebt frischen, humosen Gartenboden und Halbschatten. Bildet schnell dichte Teppiche. Teilung im Frühjahr oder Herbst leicht. Immergrün.
Alyssum Steinkraut 1. *montanum* 2. *saxatile* mit Sorten	hell- bis goldgelb, bei 2. auch eine gefüllte Sorte V bis VI 15 bis 30 cm	20 bis 30 cm	Leichter Gartenboden, nicht zu feucht. Verträgt Trokkenheit. Die gefüllte Sorte blüht besonders lange. Für Trockenmauern geeignet. Bienenfutterpflanze.
Anaphalis triplinervis Silberimmortelle, Perlkörbchen	weiß VII 15 bis 20 cm	15 bis 20 cm	Blätter silbrig behaart. Leichter Gartenboden, Trockenheit vertragend. Blütenstände für kleine Trockengestecke geeignet. Teilung Frühjahr oder Herbst. Für großflächige Pflanzungen empfehlenswert.
Androsace sarmentosa Mannsschild	rosa V bis VI 10 cm	10 bis 15 cm	Humoser, leichter Gartenboden, nicht zu trocken. Ausläufer lassen sich leicht abtrennen und vermehren. Für Trockenmauern geeignet. Immergrün. Bienenfutterpflanze.

Anemone pulsatilla siehe Pulsatilla vulgaris

Gattung, Art, Deutscher Name, Sorten	Blütenfarbe Blütezeit (Monat) Höhe (cm)	Pflanzweite (cm)	Ansprüche und besondere Hinweise
Antennaria Katzenpfötchen 1. *dioica* 'Rubra' 2. *dioica* var. *borealis* (= tomentosa)	1. rosarot 2. zartrosa VI 10 bis 15 cm	10 bis 15 cm	Leichter Boden, Trockenheit gut vertragend. Teppichbildend. Im Frühjahr oder September leicht zu teilen. Weißgraues Laub. Immergrüne Pflanze.
Anthemis marschalliana (= biebersteiniana) Silberkamille	goldgelb V bis VI 20 cm	15 bis 20 cm	Silbergraues feinzerteiltes Laub. Leichter Gartenboden, verträgt keine stauende Nässe, aber sommerliche Trokkenheit. Für Einfassungen geeignet.
Arabis Gänsekresse 1. × *arendsii* mit Sorten 2. *caucasica* mit Sorten	1. rosa 2. weiß, auch gefüllt IV bis V 15 bis 20 cm	15 bis 20 cm	Humoser, durchlässiger Gartenboden und sonnige Lage. Die gefüllte Form hat Schnittwert. Verjüngung alter Polster durch Rückschnitt nach der Blüte. Für Einfassungen und Trockenmauern. Bienenfutterpflanze.
Armeria maritima Grasnelke mit Sorten	weiß, rosa, rot V bis VI 15 bis 20 cm	10 bis 15 cm	Sehr anspruchslos an den Standort, der Boden kann sowohl lehmig-frisch als auch sandig oder trocken sein. Sonnige Lage bevorzugt. Für Einfassungen und Trokkenmauern. Immergrüne Pflanze.
Aster alpinus Alpenaster mit Sorten	weiß, blau, rosa, auch gefüllt V bis VI 15 bis 20 cm	15 bis 20 cm	Humoser Gartenboden und sonnige Lage. Kalkliebend. Pflanzen wachsen aus dem Boden heraus, darum alle 2 bis 3 Jahre Erde auffüllen. Zum Schnitt geeignet. Bienenfutterpflanze.
Aster dumosus siehe Sonderliste „Winterharte Blütenstauden für Rabatten" S. 410			
Aubrieta-Hybriden Blaukissen (= × *cultorum*)	blau, violett, rosa, rot IV bis V 10 cm	15 bis 20 cm	Durchlässiger, humoser Gartenboden und sonnige Lage. Bildet flächige Polster. Bei alten Pflanzen erfolgt Verjüngung durch Rückschnitt nach der Blüte. Für Einfassungen und Trockenmauern. Gutes Bienenfutter.
Bergenia siehe Sonderliste „Winterharte Blütenstauden für Rabatten" S. 410			
Campanula Glockenblume 1. *carpatica* mit Sorten 2. cochlearifolia (= *pusilla*) mit 'Alba' 3. *portenschlagiana* und *poscharskyana* mit Sorten und Hybriden	1. blau, weiß, violett VI bis VII 15 bis 20 cm 2. blau, weiß VI bis VII 10 cm 3. weiß, blau und violett VI bis VIII 15 bis 20 cm	15 bis 20 cm	Die C. carpatica-Sorten brauchen volle Sonne! Alle anderen vertragen auch leichten Halbschatten. Jeder humose, durchlässige Gartenboden ist geeignet. 3. bildet flächige Polster, Wüchsigkeit ist sortenunterschiedlich, nicht neben schwachwachsende Stauden pflanzen. 1. und 3. auch für Rabatten geeignet. Alle für Trockenmauern.
Carlina acaulis Silberdistel var. simplex	silberweiß VII bis VIII 20 bis 30 cm	20 bis 25 cm	Verlangt trockenen, gut durchlässigen Boden und sonnige Lage. Die silberweißen Blütenköpfe sind gut für Trockengestecke zu gebrauchen. Zur Pflanzung in Gruppen und solitär. Auch für den Heidegarten. Bienenfutterpflanze.
Cerastium tomentosum Hornkraut	weiß, Blätter weißfilzig V bis VI 10 bis 15 cm	20 bis 30 cm	Leichter Gartenboden und sonnige Lage, sonst keine besonderen Ansprüche. Wuchert! Nicht in die Nachbarschaft niedriger Stauden pflanzen. Möglichst Begrenzung durch feste Einfassung. Die Varietät columnae wuchert nur wenig, ist daher mehr zu empfehlen. Immergrün. Eignung für Trockenmauern.

Gattung, Art, Deutscher Name, Sorten	Blütenfarbe Blütezeit (Monat) Höhe (cm)	Pflanzweite (cm)	Ansprüche und besondere Hinweise
Chiastophyllum oppositifolium Goldtröpfchen	goldgelb VI bis VII 15 cm	10 bis 15 cm	Möglichst absonnig bis halbschattig pflanzen. Humoser Gartenboden. An zusagenden Standorten dichte Teppiche bildend. Teilung im Frühjahr oder Herbst leicht. Immergrün.
Chrysanthemum arcticum Nordland-Margerite, mit Sorten	weiß, rosa, hellgelb IX bis X 25 bis 30 cm	15 bis 20 cm	Wertvoll als später Blüher im Steingarten. Bildet dichte Polster. Läßt die Blühwilligkeit nach, so teile man im Frühjahr die Stauden und pflanze sie an einen anderen Gartenplatz. Verträgt Sonne und Halbschatten. Schöne Schnittblume.
Dianthus Nelke 1. *deltoides* mit Sorten 2. *gratianopolitanus* (= caesius) mit Sorten und Hybriden	1. dunkelrot VI bis VII 15 bis 20 cm 2. rosa, rot, auch zweifarbig und mit weiß V bis VII 15 bis 20 cm	15 bis 20 cm	Alle Nelken lieben durchlässigen Gartenboden und vertragen Trockenheit. 1. Heidenelke, Dauerblüher. 2. Felsennelke, alle Sorten mit mehr oder weniger blaugrauem Laub, das große Polster bildet. Immergrün. Geeignet für Trockenmauern.
Dicentra eximia Kleines „Tränendes Herz" mit Sorte 'Alba'	rosa, weiß V bis VII 20 bis 25 cm	25 bis 30 cm	Frischer Gartenboden. Bei ausreichend Feuchtigkeit und gutem Boden ist auch sonniger Stand möglich. Die weiße Sorte 'Alba' ist schwachwachsender und nur für gute Gartenplätze geeignet. Empfehlenswert in Nachbarschaft von Gehölzen.
Dodecatheon meadia Götterblume, mit Sorten	weiß über rosa zu roten Farbtönen V bis VI 25 bis 35 cm	15 bis 20 cm	Alpenveilchenähnliche hübsche Blüten. Zieht im Sommer ein, vor allem bei sonnigem Stand sehr früh. Humoser Boden und ausreichende Feuchtigkeit sind wichtig. Halbschatten ist besser als Sonne.
Doronicum siehe Sonderliste „Winterharte Blütenstauden für Rabatten" S. 412.			
Dryas Silberwurz 1. *octopetala* 2. × *suendermannii*	elfenbeinweiß V bis VI 10 bis 15 cm	15 bis 20 cm	Jeder mittlere Gartenboden und sonniger Standort. Wertvoller Bodendecker, auch für flächige Pflanzung. Fedrige Fruchtstände zieren nach der Blüte. Meist ist die starkwüchsigere Gartenform 2. im Handel. Immergrün.
Draba Hungerblümchen 1. *bruniifolia* 2. *haynaldii*	goldgelb IV bis V 5 bis 10 cm	10 bis 15 cm	Humoser, durchlässiger Gartenboden. Bildet flache, reichblühende Polster. Verträgt viel Trockenheit. Teilung gleich nach der Blüte oder IX bis X. Für Trockenmauern. Immergrüne Bienenpflanze.
Epimedium siehe Sonderliste „Winterharte Blütenstauden für Rabatten" S. 412.			
Euphorbia myrsinites Walzenwolfsmilch	hellgelb V bis VI 10 bis 15 cm	15 bis 20 cm	Blaugrüne Blätter walzenförmig angeordnet. Jeder durchlässige Gartenboden. Verträgt Trockenheit. Gartenfreunde mit empfindlicher Haut müssen mit Handschuhen krauten! Immergrüne Pflanze, auch für Trockenmauern.
Gentiana Enzian 1. *Acaulis*-Hybriden 2. *septemfida* mit Sorten 3. *sino-ornata*	blau bis dunkelblau 1. V bis VI 5 bis 10 cm 2. VII bis VIII 10 bis 15 cm 3. IX bis X 10 bis 15 cm	1. 10 cm 2. und 3. 15 cm	Alle lieben frischen Gartenboden, möglichst absonnigen Stand. 1. Alpen-Enzian, kalkliebend, 2. Sommerenzian, kalkliebend. 3. Herbstenzian, kalkfeindlich, braucht starken Humusanteil (Torf oder Waldboden).

Gattung, Art, Deutscher Name, Sorten	Blütenfarbe Blütezeit (Monat) Höhe (cm)	Pflanzweite (cm)	Ansprüche und besondere Hinweise
Geranium subcaulescens Storchschnabel, 'Splendens'	tiefkarminrot VI bis VIII 15 cm	15 bis 20 cm	Sommerlicher Dauerblüher für den Steingarten und für Heidegärten. Nach der Hauptblüte machen die Pflanzen eine kleine Pause und blühen dann weiter. Wächst in jedem mittleren Gartenboden. Bevorzugt sonnige Lage.
Geum siehe Sonderliste „Winterharte Blütenstauden für Rabatten" S. 412.			
Gypsophila repens Schleierkraut, viele Sorten und Hybride 'Rosenschleier'	weiß, rosa, auch gefüllt VI bis VIII 10 bis 40 cm	15 bis 25 cm	Durchlässiger, leichter Gartenboden, sehr viel Trockenheit vertragend. Die höheren auch für Rabatten und zum Schnitt. Die flachen Sorten blühen früher und können in geringerem Abstand gepflanzt werden. Das Schleierkraut eignet sich auch für Trockenmauern.
Helianthemum-Hybriden Sonnenröschen viele Sorten	weiß, gelb, rosa, rot, orange, bronze, auch gefüllt VI bis VIII 15 bis 20 cm	15 bis 20 cm	Liebt durchlässigen, leichten Gartenboden und sonnige Lage. Verjüngung älterer Pflanzen durch Rückschnitt nach der Blüte. An ungeschützten Standorten ist bei Kahlfrost eine Schutzdecke aus Reisig zu empfehlen. Immergrüner Halbstrauch. Auch für Einfassungen.
Hepatica Leberblümchen 1. *nobilis* (= triloba) mit Sorten 2. *transsilvanica* (= *angulosa*) mit Sorten	1. blau, weiß, rot, auch gefüllt 2. blau, weiß 1. 2. III bis IV 10 bis 15 cm	10 bis 15 cm	Humoser Waldboden, kalkliebend. Ausreichende Beschattung ist wichtig! Möglichst in Gruppen pflanzen. Nachbarschaftspflanzen: Cyclamen, Phyllitis, Asplenium, Primula-Juliae-Hybriden, im lichten Schatten von Gehölzen.
Heuchera siehe Sonderliste „Winterharte Blütenstauden für Rabatten" S. 413.			
Hieracium x rubrum Habichtskraut	orangerot VI bis VIII 10 bis 20 cm	15 cm	Blätter weißfilzig behaart. Jeder Gartenboden, der nicht zu naß ist, und sonnige Lage. Wertvoller immergrüner Bodendecker im Heidegarten.
Iberis Schleifenblume 1. *saxatilis* 2. *sempervirens* mit Sorten	weiß 1. IV bis V 10 bis 15 cm 2. V bis VI 15 bis 25 cm	1. 15 cm 2. 20 bis 25 cm	Jeder mittlere Gartenboden ist geeignet. Sowohl in sonniger als absonniger Lage gedeihend. 1. Ausgesprochene immergrüne Pflanze (eigentlich ein Gehölz) für den Steingarten. 2. Auch für flächige Pflanzung in der Rabatte oder auf Trockenmauern.
Incarvillea delavayi Freilandgloxinie var. *grandiflora*	rosarot VI bis VII 20 bis 30 cm	15 bis 20 cm	Große Trompetenblüten. Durchlässiger Gartenboden. Etwa 10 cm tief pflanzen. Das schmückende fiederschnittige Laub zieht im Spätsommer ein. Verträgt Trockenheit.
Inula ensifolia Zwergalant mit 'Compacta	goldgelb VII bis VIII 20 cm	20 bis 25 cm	Durchlässiger Gartenboden. Verträgt viel Trockenheit. Dankbarer Dauerblüher, auch für den Heidegarten. Für Schnitt geeignet. Bienenfutterpflanze.
Iris Barbata-Nana (= pumila) Zwergschwertlilie viele Sorten	weiß, gelb, blau, violett, auch zweifarbig IV bis V 10 bis 40 cm	15 bis 20 cm	Durchlässiger Gartenboden. Keinen frischen Stalldung! Verträgt viel Trockenheit. Die höheren Sorten eignen sich auch für Rabatten. Teilung nach der Blüte.
Leontopodium Edelweiß 1. *alpinum* 2. *souliei*	weißfilzig 1. VI bis VIII 15 cm 2. VI bis VII 10 bis 15 cm	15 cm	Durchlässiger Gartenboden und sonnige Lage, keine stauende Nässe! Kalkliebend. 1. Alpenedelweiß 2. Chinesisches Edelweiß, teppichbildend. Schöne Pflanze für Trockenmauern, auch zum Schnitt.

Gattung, Art, Deutscher Name, Sorten	Blütenfarbe Blütezeit (Monat) Höhe (cm)	Pflanzweite (cm)	Ansprüche und besondere Hinweise
Linum flavum Goldflachs mit Sorten	gelb bis goldgelb VI bis VII 10 bis 20 cm	15 bis 20 cm	Wertvoller Sommerblüher des Steingartens. Durchlässiger Boden, sonst anspruchslos. Verträgt auch trockenen Standort. Für Heidegärten!
Nepeta x faassenii (= mussinii hort.) Katzenminze mit Sorten	lavendelblau VI bis VIII 20 bis 25 cm	20 bis 25 cm	Graugrüne Belaubung. Durchlässiger Gartenboden, verträgt viel Trockenheit. Rückschnitt nach der Hauptblüte bringt einen zweiten Flor. Wichtig für Heidegärten. Auch schön für Einfassungen. Bienenfutterpflanze.
Oenthera missouriensis Teppichnachtkerze	gelb VI bis IX 15 bis 20 cm	20 bis 30 cm	Guter, durchlässiger Gartenboden in sonniger Lage. Gut als Nachbar von frühblühenden Blumenzwiebeln, deren Standort nach dem Absterben des Laubes von den langen Trieben der Nachtkerze überrankt wird. Für Trockenmauern. Bienenfutterpflanze.
Phlox subulata Teppichphlox viele Sorten	weiß, rosa, rot V bis VI 10 bis 15 cm	15 bis 20 cm	Lockerer, humoser Gartenboden und sonniger Stand. An zusagenden Gartenplätzen große flächige Polster bildend. Auch für Rabatten und Einfassungen geeignet, ebenso für Trockenmauern. Immergrüne Pflanze.
Potentilla Fingerkraut 1. *atrosanguinea* mit Sorten 2. *aurea* mit Sorten 3. *nepalensis* mit Sorten	1. scharlachrot VI bis VII 40 cm 2. gelb-orange V bis VI 10 bis 15 cm 3. rosa, lachs, rot mit gelb VII bis VIII 30 bis 40 cm	1. 30 cm 2. 15 cm 3. 30 cm	Hübsches, erdbeerartiges Laub. Durchlässiger Boden, sonst keine Ansprüche. Vertragen verhältnismäßig trockene Standorte noch gut. In kleinen oder größeren Gruppen pflanzen.
Primula siehe Sonderliste „Winterharte Blütenstauden für Rabatten" S. 415.			
Prunella Braunelle 1. *grandiflora* mit Sorten 2. *x webbiana*	1. rosa, weiß, hellila 2. violett 1. 2. VII bis VIII 10 bis 20 cm	15 bis 20 cm	Wächst in jedem Gartenboden, der ausreichend feucht ist, in Sonne und Halbschatten. Bildet flächige Polster, ohne zu wuchern. Außer der langen Blütezeit zieren noch die sattgrünen Blätter und die braunen Fruchtstände. Bienenfutterpflanze.
Pulsatilla vulgaris (= Anemone pulsatilla) Kuhschelle, Küchenschelle, Sorten	weiß, gelb, violett bis rot IV bis V 20 bis 25 cm	20 bis 30 cm	Auch die feinfiedrigen Blätter und die Samenstände sind dekorativ. Wächst in jedem mittleren Gartenboden, verträgt sommerliche Trockenheit, aber keine stehende Nässe. Die gelbe Form (var. caucasica) ist schwachwüchsig, nur für Liebhaber. Pflanzen für kleinere oder größere Pflanzengruppen.
Saxifraga Moossteinbrech 1. *Arendsii* -Hybriden 2. *trifurcata*	1. weiß, hellgelb, rosa bis rubinrot IV bis V 10 bis 20 cm 2. weiß V bis VI 10 bis 15 cm	10 bis 15 cm	Alle lieben frischen, humosen Gartenboden und halbschattige Lage. Bei ausreichender Feuchtigkeit gedeihen sie auch noch in der Sonne. Die Sorte 'Rosenzwerg' von 1. wird nur 5 cm hoch. Alle eignen sich auch für Einfassungen bei entsprechenden Standortbedingungen.
Saxifraga Rosettensteinbrech, Arten, Sorten und Hybriden der Sektion *Euaizoonia*	weiß bis rosa V bis VI 10 bis 15 cm selten höher	10 cm	Kleinere oder größere Rosetten, Blätter mehr oder weniger silbrig mit Kalk überkrustet. Immergrün. Lieben durchlässigen, meist kalkhaltigen Boden und sonnigen Standort. Für Fugen, Steintröge oder andere Gefäße mit ausreichendem Wasserabzug. Auch in Gruppen.

Gattung, Art, Deutscher Name, Sorten	Blütenfarbe Blütezeit (Monat) Höhe (cm)	Pflanzweite (cm)	Ansprüche und besondere Hinweise
Saxifraga Schattensteinbrech, 1. *cuneifolia* mit Sorten 2. *umbrosa* mit Sorten	weiß, rosa 1. VI bis VII 15 cm 2. V bis VI 20 bis 30 cm	10 bis 15 cm	Lieben frischen, humosen Gartenboden. Vertragen viel Schatten. Bilden bei zusagendem Standort dichte, unkrauthemmende Teppiche. Von 2. auch buntlaubige Gartenform. Teilung im Frühjahr leicht. Alle auch für Einfassungen geeignet.
Sedum Steinbrech, Fetthenne 1. *album* 'Coral Carpet' 2. *cauticolum* 'Robustum' 3. *sieboldii* 4. *spurium* mit Sorten	1. cremeweiß VI bis VII 5 cm 2. karminrot VIII bis IX 20 cm 3. rosa IX bis X 15 cm 4. weiß, rosarot VII bis VIII 10 cm	10 bis 15 cm	Alle lieben durchlässigen Gartenboden, Trockenheit vertragend. 1. Guter Teppichbildner, immergrün, im Herbst bronzerot verfärbt. 2. Blaugrüne Blätter, bei Trockenheit stärkere Färbung. 3. Blaugraue Blätter, nicht wuchernd. 4. Sorten mit unterschiedlichen Blattfarben, von grün bis dunkelpurpur. Die grünen sind meist starkwachsend und im Steingarten vorsichtig zu verwenden, eignen sich mehr für flächige Begrünung. Alle Sorten sind immergrün und kriechen. Für Trockenmauern geeignet. Gute Bienenpflanze.

Sedum hybridum 'Immergrünchen' siehe Sonderliste „Bodendecker für Sonne" S. 423.

Sedum spectabile und telephium siehe Sonderliste „Winterharte Blütenstauden für Rabatten" S. 416.

Gattung, Art, Deutscher Name, Sorten	Blütenfarbe Blütezeit (Monat) Höhe (cm)	Pflanzweite (cm)	Ansprüche und besondere Hinweise
Sempervivum Dachwurz, Steinwurz, Hauswurz, viele Arten, Hybriden und Sorten	gelb, rosa, rot VI bis VII 10 bis 20 cm	10 bis 15 cm	Leichter Gartenboden. Vertragen Trockenheit. Hauptzierwert haben die farbigen dickfleischigen Blattrosetten, die z. T. silbrig übersponnen sind. Die blühenden Rosetten sterben ab, haben aber vorher schon an Nebentrieben neue Rosetten ('Kindel') gebildet. Wertvoll für Trogbepflanzung und Trockenmauern! Immergrün.
Silene Leimkraut 1. *maritima* mit Sorten 2. *schafta*	1. weiß und rosa VI bis VIII 10 bis 15 cm 2. tiefrosa VIII bis IX 10 cm	1. 15 cm 2. 10 cm	Anspruchslos an den Boden, sofern er ausreichend durchlässig ist. Sonnige Lage bevorzugend. 1. Graugrüne flächige Polster bildend. Besonders wertvoll die Sorte 'Weißkehlchen'. Alle sind kalkliebend und für Trockenmauern geeignet.
Teucrium chamaedrys Gamander	purpurrosa VII bis IX 30 cm	20 bis 25 cm	Durchlässiger Gartenboden und sonnige Lage. Kalkliebend. Schön in Heidegärten. Immergrüner Halbstrauch, der sich bei Einfassungen auch als Hecke schneiden läßt. Gute Bienenfutterpflanze.
Thymus Thymian 1. *praecox* var. *pseudolanuginosus* (= lanuginosus) 2. *serpyllum* mit Sorten	1. rosa VI bis VII 5 cm 2. weiß, rosa bis rot VII bis IX 5 cm	10 bis 15 cm	Leichter Gartenboden, Trockenheit wird gut vertragen. Bildet kriechende flache Polster. Schön in Heidegärten in größeren Flächen. 1. Woll-Thymian, Blätter sind wollig grau behaart. Botanisch richtig ist er eine Varietät von Thymus drucei. Gutes Bienenfutter.
Veronica Ehrenpreis 1. *incana* 2. *prostrata* mit Sorten 3. *spicata* mit Sorten	1. dunkelblau VI bis VII 15 bis 25 cm 2. blau, weiß, rosa V bis VI 10 cm 3. rosa bis rot, blau VII bis VIII 15 bis 30 cm	15 bis 20 cm	Keine stauende Nässe! Sonst anspruchslos an den Standort, Trockenheit vertragend. Alle sind auch gut für Heidegärten und Rabatten geeignet. 1. silbergrau belaubt, auch für große Flächen. Immergrün. 2. Etwas kriechend, aber nicht wuchernd. 3. Graugrüne Blätter, als späte Blüher des Steingartens wichtig.

Bodenbedeckende Stauden für sonnige Standorte

Botanischer Name Deutscher Name	Blütenfarbe Blütezeit	Höhe cm	Ansprüche und besondere Hinweise
Acaena Arten und Sorten Stachelnüßchen	Blüten unscheinbar VI bis VII	5	Trockene, leichte Gartenplätze. Laubschmuck. Ausläufer bildend.
Achillea (Polsterarten) Schafgarbe	weiß, gelb VI bis VII	10 bis 15	Trockene, leichte, sonnige Gartenböden, Heidegärten. Immergrün.
Antennaria dioica Katzenpfötchen	rosa bis rot VI	10 bis 15	Magerer, leichter Gartenboden. Immergrüne Pflanze, die sich durch Ausläufer ausbreitet.
Arabis procurrens Schaumkresse	weiß IV bis V	10	Leichter Gartenboden, nicht zu trocken. Etwas Halbschatten wird vertragen. Immergrün. Ausläufer bildend.
Armeria maritima Sorten Grasnelke	weiß, rosa, rot V bis VI	15	Jeder mittlere Gartenboden. Immergrüne Pflanze.
Campanula poscharskyana Glockenblume	violettblau V bis VIII	15	Normaler Gartenboden, trocken oder frisch. Sonne und Halbschatten. Ausläufer bildend.
Cerastium tomentosum Hornkraut	weiß V bis VI	10 bis 15	Magerer, leichter Gartenboden. Die immergrüne Pflanze bildet zahlreiche Ausläufer.
Cotula squalida Fiederpolster	gelb, unscheinbar V	5	Frischer bis feuchter Gartenboden. Auch etwas Halbschatten vertragend. Immergrün. Ausläufer bildend.
Dryas x suendermannii Silberwurz	elfenbeinweiß V bis VI	10 bis 15	Mittlerer Gartenboden, frisch, auch trockner. Immergrüner Halbstrauch. Bildet Ausläufer.
Hieracium x rubrum Habichtskraut	orangerot VI bis VIII	15	Leichter Gartenboden, trocken oder frisch. Durch Ausläufer sich ausbreitende immergrüne Staude.
Origanum vulgare 'Compactum' Heidegünsel	lilarosa VII bis IX	15 bis 20	Leichter Boden, typische Heidegartenpflanze. Wertvolle Bienenfutterpflanze.
Phlox subulata, Sorten Teppichphlox	weiß, rosa, rot V bis VI	10 bis 15	Lockerer, humoser Gartenboden. Immergrüne Staude.
Polygonum affine Knöterich	rosa bis rot VII bis IX	20	Frischer bis feuchter, mittlerer Gartenboden, sonnige und halbschattige Lage. Ausläufer bildend.
Potentilla neumanniana 'Nana' (= verna 'Nana')	gelb IV bis VI	5	Leichter, auch magerer Gartenboden in sonniger Lage. Verbreitet sich durch Ausläufer.
Prunella x webbiana Braunelle	violett VII bis VIII	15 bis 20	Jeder ausreichend feuchte Gartenboden in Sonne und Halbschatten. Gutes Bienenfutter.
Sagina subulata Sternmoos	weiß VI bis VII	5	Frischer, humoser Gartenboden. Immergrüne Pflanze. Auch Halbschatten vertragend.
Sedum hybridum 'Immergrünchen' Fetthenne	gelb VI bis VIII	10 bis 15	Anspruchslos, auch auf armen Böden. Etwas Halbschatten vertragend. Immergrün.
Sedum spurium Sorten Fetthenne	weiß, rosa, rot VII bis VIII	10	Anspruchslos, auch auf armen Böden. Die immergrüne Pflanze verbreitet sich durch Ausläufer. Verträgt auch noch etwas Halbschatten.

Botanischer Name Deutscher Name	Blütenfarbe Blütezeit	Höhe cm	Bodenansprüche und besondere Hinweise
Stachys byzántina (= lanata) Wollziest	rosig, klein. VI bis VII	25 bis 30	Weißfilzige Blätter. Durchlässiger Boden, sonst keine besonderen Ansprüche. Bildet Ausläufer. Gutes Bienenfutter.
Thymus serpyllum Sorten Thymian	weiß, rosa bis rot VII bis VIII	5	Durchlässiger Gartenboden, auch arme Böden. Immergrüne, ausläuferbildende Staude. Bienenfutterpflanze.
Veronica incana Ehrenpreis	dunkelblau VI bis VII	15 bis 25	Durchlässiger Boden, sonst anspruchslos. Immergrüne Pflanze für sonnige Lage.

Bodenbedeckende Stauden für halbschattige bis schattige Standorte

Ajuga reptans Günsel	blauviolett IV bis V	10 bis 15	Frischer, humoser Gartenboden. Absonnige Lage bevorzugend. Immergrüne Pflanze, die sich durch Ausläufer ausbreitet.
Asarum europaeum Haselwurz	braun III bis IV	10	Frischer Waldhumusboden. Ausläuferbildende immergrüne Pflanze. Schöne Blattschmuckstaude.
Astilbe chinensis 'Pumila' Prachtspiere	rosa VIII bis IX	25	Mindestens mäßig feuchter Gartenboden. Für sonnige und schattige Standorte geeignet.
Brunnera macrophylla Kaukasusvergißmeinnicht	tiefblau IV bis V	40 bis 50	Jeder frische Gartenboden. Verträgt Sonne und Schatten.
Buglossoides purpurocaerula (= Lithospermum) Steinsame	rötlich-blau IV bis VI	30	Kalkliebend, Trockenheit sowie Sonne und Schatten vertragend. Anspruchslos, für große Flächen. Durch Ausläufer sich ausbreitend.
Chiastophyllum oppositifolium Goldtröpfchen	goldgelb VI bis VII	15	Humoser Gartenboden. Immergrüne Pflanze für halbschattige Lage.
Convallaria majalis Maiglöckchen	weiß V	20	Humoser Gartenboden. Breitet sich durch Ausläufer aus.
Corydalis lutea Lerchensporn	gelb V bis X	20 bis 25	Anspruchslos, sät sich selbst aus. Absonnige Lage, gern in Mauerfugen.
Epimedium Elfenblume	weiß, gelb, rosa, rot IV bis V	20 bis 30	Humoser, nicht zu trockener Gartenboden. Zierender Blattschmuck.
Galium odoratum (= Asperula odorata) Waldmeister	weiß V	15	Frischer, humoser Gartenboden. Breitet sich durch Ausläufer aus.
Lamium galeobdolon 'Variegatum' (= 'Florentinum') Goldnessel	gelb V bis VI	20	Buntblättrig. Anspruchslos, für große Flächen. Ausläufer bildend, sehr starkwachsend. Nicht neben schwachwachsende Nachbarn. Bienenfutterpflanze.
Linaria pallida (= Cymbalaria pallida) Leinkraut	blauviolett VI bis IX	5	Leichter, humoser Gartenboden. Auch für Steingärten und Mauerfugen. Absonnige, halbschattige Lage. Bildet Ausläufer. Selbstaussaat.

Botanischer Name Deutscher Name	Blütenfarbe Blütezeit	Höhe cm	Bodenansprüche und besondere Hinweise
Lysimachia nummularia Münzkraut, Pfennigkraut	gelb V bis VII	5	Frischer, auch feuchter, humoser Gartenboden, dann auch Sonne vertragend. Ausläufer bildend.
Omphalodes verna Gedenkemein	blau, auch weiß, IV bis V	10 bis 15	Frischer, humoser Gartenboden. Durch Ausläufer schöne Teppiche.
Pachysandra terminalis Ysander	grünweiß IV bis V	20 bis 25	Frischer, humoser Gartenboden, auch für große Flächen. Durch Ausläuferbildung sich ausbreitender immergrüner, dauerhafter Halbstrauch.
Polygonatum multiflorum Salomonssiegel	weiß V bis VI	60	Jeder nicht zu trockene Gartenboden. Blattschmuckstaude.
Pulmonaria angustifolia 'Azurea' Lungenkraut	enzianblau IV bis V	25 bis 30	Mittlerer humoser Gartenboden, frisch.
Saxifraga *cuneifolia* und *umbrosa*, Schattensteinbrech	rosa, weiß VI	15 bis 25	Frischer, humoser Gartenboden, siehe auch Sonderliste Steingarten S. 422 f. Immergrüne Staude, auch für absonnige Lage.
Sedum hybridum 'Immergrünchen' Fetthenne	gelb VI bis VIII	10 bis 15	Anspruchslos auch auf armen Böden. Für sonnige und halbschattige Lage geeignet.
Tiarella cordifolia Schaumblüte	weiß IV bis V	20 bis 30	Humoser Gartenboden, gegen längere Trockenheit empfindlich.
Vinca minor Immergrün	weiß, blau, purpur IV bis V	10	Humoser Gartenboden. Robust, auch für große Flächen. Breitet sich durch Ausläufer aus.
Waldsteinia geoides Waldsteinie	gelb IV bis V	20	Keine besonderen Ansprüche. Robust. Keine Ausläufer bildend.
Waldsteinia ternata Waldsteinie	gelb IV bis V	10	Keine besonderen Ansprüche. Auch für größere Flächen. Immergrüne Pflanze, die Ausläufer bildet.

Ausdauernde Wasser- und Sumpfpflanzen

Gattung, Art Deutscher Name, Sorten	Blütenfarbe Blütezeit (Monat) Höhe (cm)	Vermehrung	Verwendung und besondere Hinweise
Acorus calamus mit 'Variegatus'	hellgrüner Kolben, VI bis VII 60 bis 90	Teilung im Frühjahr, kurz nach dem Austrieb.	Gedeiht in Sonne und Schatten. Für Teichränder und größere Sumpfmulden geeignet. Wassertiefe bis 30 cm. Die Sorte 'Variegatus' mit weißgrünen, längsgestreiften irisartigen Blättern.
Alisma plantago-aquatica Froschlöffel	weiß bis blaßrosa, VI bis VIII 40 bis 70	Teilung im Frühjahr. Sät sich auch selbst aus.	Sumpfmulden, Teich- und Wasserbeckenränder. Wasserstand bis zu 30 cm. Der trockene Blütenstand eignet sich für Trockengestecke. Sonnige bis halbschattige Lage.
Butomus umbellatus Blumenbinse	rötlich-weiß VI bis VIII 80 bis 100	Teilung im Frühjahr. Sät sich auch selbst aus.	Teichufer, Wurzelstock muß im Wasser stehen. Wassertiefe bis zu 40 cm. Verlangt lehmig-moorigen Untergrund. Verträgt Sonne. Auch für Schnitt geeignet.

Gattung, Art Deutscher Name, Sorten	Blütenfarbe Blütezeit (Monat) Höhe (cm)	Vermehrung	Verwendung und besondere Hinweise
Calla palustris Sumpf-Calla	weißliche Blütenscheide VI bis VII rote Beeren-Kolben IX 15 bis 25	Vorsichtiges Teilen größerer Pflanzen	Beeren giftig! Sumpfmulden und Teichufer. Verträgt Wasserstand bis zu 10 cm Tiefe. Gedeiht in Sonne und Halbschatten.
Caltha palustris Sumpfdotterblume	gelb, auch weiß und gefüllt blühend, IV bis VI 20 bis 40	Teilung des Wurzelstockes im Sommer nach der Blüte	Ideale Blütenpflanze für Sumpf und Teichränder, aber auch für feuchten, kräftigen Boden einer Rabatte. Verträgt Sonne bis Halbschatten.
Cyperus longus Zypergras	papyrusartig wirkendes Gras VI bis IX 80 bis 100	Leicht durch Aussaat oder durch Teilung im Frühjahr	sumpfig bis zu 20 cm Wasserstand. Wuchert leicht, muß daher in kleinen Becken eingegrenzt werden (Pflanzung in Gefäßen). Liebt Sonne und Halbschatten. Schönes Schnittgrün.
Eichhornia crassipes Wasserhyazinthe	blauviolett VI bis IX	Teilung im Sommer	Schwimmpflanze mit dekorativen Schwimmblasen. Muß vor dem Frost in einen hellen, warmen Raum (10 bis 15 °C) gebracht und dort in feuchten Torf eingeschlagen werden. Oder dort in einem Becken schwimmen lassen. Nur für Sonne.
Hippuris vulgaris Tannenwedel	Blüten unscheinbar, VII bis VIII 30 bis 50	Ausläuferteilung im Frühjahr nach Austrieb	Sehr schöne Grünpflanze, nadelartige Blätter. Für Wassertiefen bis zu 50 cm. Wuchert schnell, daher in Gefäße pflanzen. In Sonne und Halbschatten gedeihend.
Iris 1. *kaempferi* Japanische Sumpfschwertlilie mit Sorten 2. *laevigata* mit Sorten	1. purpurn, blau, weiß VI bis VII 70 bis 100 2. blau, rosa VII bis VIII 60 bis 80	Teilung nach der Blüte, auch IV/V	Liebt sonnige Lage. 1. von Frühjahr bis Herbst feucht, dann trocken (im Frühsommer auch im Wasser), möglichst in kalkarmem Boden. Viele schöne Züchtungen! 2. braucht sehr feuchten bis sumpfigen Boden. Für Blumenschnitt sind 1. und 2. geeignet.
Iris pseudacorus Wasserschwertlilie	hell- bis goldgelb V bis VI 60 bis 80	Teilung nach der Blüte, auch IV/V	Wächst in jedem frischen Boden, auch sumpfig, verträgt bis 30 cm Wasserstand. Gedeiht in Sonne und Schatten. Sehr schön die buntlaubige Sorte 'Variegata'.
Juncus Binse 1. *inflexus* (= *glaucus*) 2. *maritimus*	Blüten unscheinbar, Früchte dunkelbraun 1. 40 bis 60 2. 60 bis 80	Teilung im Frühjahr	Frischer, auch sumpfiger Boden, bis zu 20 cm Wassertiefe. Die blaugrünen Halme mit dem dunkelbraunen Fruchtstand sind lange zierend.
Lysichiton americanum Scheinkalla	Blütenscheide gelb IV bis V 50	Teilung im Sommer nach der Blüte	Sumpfig. Verträgt nur flaches Wasser (10 cm). Etwas Winterschutz durch Laub und Fichtenreisig ist nötig. Halbschattige Lage bevorzugt.
Menyanthes trifoliata Fieberklee	weiß bis rosa VI bis VII 20 bis 30	Grundsprosse im Frühjahr oder Spätsommer in Körbe pflanzen	Sumpfmulden, Ufer- und Teichränder bis 30 cm Wasserstand. Wuchert etwas, daher in Körbe oder andere Gefäße pflanzen. Liebt sonnige bis halbschattige Lage.
Myosotis palustris Sumpfvergißmeinnicht Sorten	blaue Farbtöne V bis IX 30	Teilung im Frühjahr oder nach der Blüte	Nur für die sumpfige Uferzone geeignet, verträgt keinen dauernden Wasserstand, aber auch keine Trockenheit. Boden lehmig-torfig. Für sonnige und halbschattige Lagen. Geeignet für Blumenschnitt.

Gattung, Art Deutscher Name, Sorten	Blütenfarbe Blütezeit (Monat) Höhe (cm)	Vermehrung	Verwendung und besondere Hinweise
Nuphar lutea Gelbe Teichrose, Mummel	gelb VI bis VIII kurz über dem Wasser blühend	Teilung der Rhizome Ende April bis Mai (Teilstücke mit Triebkopf)	Wassertiefe möglichst 40 bis 200 cm. Winterschutz nur bei Becken, deren Wasser abgelassen ist und wenn die Rhizome frei dem Frost ausgesetzt sind. Im allgemeinen wird sowohl Sonne als auch Schatten vertragen.
Nymphaea Seerose Arten, Sorten	weiß, gelb, kupfer, rosa, rot Sommer auf dem Wasser schwimmend	Teilung kurz nach Austrieb (Teilstücke mit Triebkopf) Ende April bis Mai	Sorten für jede Wassertiefe (siehe Sonderliste). Lieben sonnigen Stand. Winterschutz empfindlicher Sorten in flachen Wasserbecken durch Schaffung eines Luftpolsters zwischen Eis und Wasser (10 cm Wasser abschöpfen, Eisloch zustopfen). Auch Abdecken des Eises mit Folie und Laub oder Überwinterung der Seerosen im Keller (kühl, mit Torf bedeckt) möglich.
Nymphoides peltata Seekanne	gelb, VII bis VIII 5 cm über dem Wasser	Rhizomteilung im Frühjahr	Wuchernd, daher in Gefäße pflanzen oder in abgetrennte Abteilungen größerer Wasserbecken. Verlangt einen Wasserstand von mindestens 10 bis 15 cm. Pflanzsubstrat: Lehmiger Gartenboden. Sonnige bis halbschattige Lage.
Orontium aquaticum Goldkeule, Goldkolben	goldgelbe Blütenkolben V bis VI 30 cm	Teilung im Frühjahr	Wassertiefe 10 bis 50 cm. Breitet sich rasch aus. Tiefwurzler, Erdschicht soll mindestens 35 cm betragen. Frostempfindlich, daher Winterschutz wie bei Nymphaea angegeben. Verträgt Sonne und Schatten.
Pontederia cordata Hechtkraut	blaue Blütenähren VII bis VIII 50 bis 60	Teilung im Frühjahr	Für Uferränder, Wassertiefe 20 bis 40 cm. Nicht winterhart, bei abgelassenem Wasser starke Laubdecke oder Winterschutz wie bei Nymphaea angegeben. Sonne und Schatten vertragend. Schmückendes Blattwerk.
Ranunculus 1. *aquatilis* Wasserhahnenfuß 2. *lingua* Sumpfhahnenfuß	1. weiß VI bis VIII Blüten über dem Wasser 2. goldgelb VI bis VIII 100 bis 150	1. Aussaat in Töpfe unter Wasser 2. Teilung im Frühjahr	1. Unterwasserpflanze, Wasserstand 30 bis 50 cm. Kann durch Wuchern lästig werden. Dient aber auch zur Reinhaltung des Wassers. In kleineren Wasserbecken in Gefäße pflanzen. 2. sumpfig, bis zu 30 cm Wasserstand vertragend. Die Pflanzen lieben Sonne und vertragen Halbschatten.
Sagittaria Pfeilkraut 1. *latifolia* 2. *sagittifolia*	weiß VI bis VII 50 bis 70	Sät sich selbst aus	Kiebitzeierähnliche Knollen. Austrieb erst Mitte Mai. Wassertiefe 10 bis 50 cm. Auch Blattwerk dekorativ. Zu 1. gibt es eine gefüllte Form. In Sonne und Halbschatten gedeihend.
Scirpus Teichsimse 1. *lacustris* mit Form 'Albescens' 2. *tabernaemontani* 'Zebrinus'	bräunliche Blütenähren VII bis VIII 1. 150 bis 200 2. 100 bis 120	Teilung im Frühjahr	Sumpfigen, kräftigen Boden. 1. bis 100 cm Wasserstand, Form 'Albescens' gelblichgrün längsgestreift. 2. bis 40 cm Wasserstand, gelbweiß quergestreift. Vertragen Sonne und Halbschatten.
Stratiotes aloides Wasseraloe	weiß Sommer 15 bis 25	Brutknospen im Herbst, überwintern im Schlamm	Schwimmpflanze für Wasserbecken ab 20 cm Tiefe. Bildet Ausläufer, die man nur ins Wasser zu werfen braucht. Liebt Sonne und verträgt Halbschatten.
Trapa natans Wassernuß	Blüten weiß, unscheinbar	Aussaat im Herbst oder Frühjahr an Ort und Stelle	Schmückend sind die schwimmenden Blattrosetten, die sich im Herbst rötlich färben. Sät sich immer wieder selbst aus, obwohl nur eine einjährige Pflanze.

Gattung, Art Deutscher Name, Sorten	Blütenfarbe Blütezeit (Monat) Höhe (cm)	Vermehrung	Verwendung und besondere Hinweise
Typha Rohrkolben 1. *angustifolia* 2. *latifolia* 3. *laxmannii* 4. *minima*	Schmuck durch braune Kolben 1. VII 150 bis 200 2. VII 150 bis 250 3. VII 120 4. V bis VI 30 bis 50	Teilung im Frühjahr	Allen genügt sumpfiger Stand. 1. 2. 3. auch Wasserstand bis zu 40 cm. 4. nur bis zu 10 cm. Alle sind gut für Trockensträuße zu gebrauchen.

Ausdauernde Ziergräser

Gattung, Art Deutscher Name, Sorten	Wuchseigenschaften	Verwendung und besondere Eigenschaften
Avena sempervirens siehe Helictotrichon sempervirens S. 429		
Bouteloua gracilis (= *oligostachya*) Moskitogras	braune, waagerecht abstehende Ähren VII bis IX 30 cm	Standort muß sonnig und der Boden durchlässig sein. In Gruppen auch für Heide- und Steingärten.
Calamagrostis × acutiflora 'Stricta' Gartensandrohr	aufrechte gelbe Ährenstände VII bis VIII 120 bis 140 cm	Wächst in jedem mittleren Gartenboden in sonniger und halbschattiger Lage. Nicht wuchernd! Ist auch unter dem Namen 'Karl Foerster' im Handel. Sehr schön als Solitärpflanze in Nachbarschaft von Gehölzen.
Carex grayi Morgensternsegge	Fruchtstände morgensternartig VII bis VIII 50 bis 70 cm	Liebt frischen bis feuchten, auch sumpfigen Boden sowie sonnige bis halbschattige Lage. Verwendung in Gruppen an Teichrändern oder in lichtem Baumschatten.
Carex morrowii Japansegge 'Variegata'	tiefgrüne Halme mit gelbem Rand, straffe Ähren IV bis V 30 bis 40 cm	Bei ausreichender Feuchtigkeit ist die immergrüne Japansegge ein guter Bodendecker unter hohen Gehölzen.
Carex pendula Riesensegge	Blätter und braune Ähren überhängend VI bis VII 60 bis 90 cm	Immergrüne Segge, bevorzugt Schatten bis Halbschatten. Liebt humosen, frischen Waldboden. In Gruppen oder auch solitär wirksam.
Cortaderia selloana Pampasgras	Silberweiße Wedel über 2 m hoch IX bis X 100 bis 200 cm und höher	Nur Frühjahrspflanzung! Durchlässiger Gartenboden in sonniger Lage, keine stehende Nässe. Im Sommer großer Wasser- und Nährstoffbedarf. Wenn stärkere Fröste zu erwarten sind, die Halme zu einem Schopf zusammenbinden. Der Winterschutz aus trockenem Torf oder Laub muß so dicht sein, daß der Frost nicht den Wurzelhals erreichen kann. Zusätzlich mit Fichtenreisig abdecken. Rückschnitt des trockenen Laubes kurz vor Beginn des Frühjahrsaustriebes. Wirkungsvoll in Einzelstellung. Zierender Vasenschmuck.
Deschampsia cespitosa Waldschmiele mit Kulturformen	gelbliche, lockere Blütenrispen VI bis VIII 70 bis 90 cm	Liebt frischen Boden, verträgt aber auch Trockenheit, Sonne und Halbschatten. Wichtiges Waldgras.

Gattung, Art, Deutscher Name, Sorten	Wuchseigenschaften	Verwendung und besondere Eigenschaften
Festuca cinerea (= glauca) Blauschwingel Kulturformen	blaugraue Halme im Polster zierend VI bis VII 15 bis 25 cm	Je trockener und sonniger der Standort, desto intensiver die Farbe des immergrünen Grases. Als Gruppe gepflanzt, besonders wirksam.
Festuca scoparia Bärenfellschwingel	sattgrüne Polster bildend 15 bis 20 cm	Anspruchslos an Standortbedingungen. Verträgt Sonne und Halbschatten. Dichtes Polster gab dem immergrünen Gras den Namen.
Festuca valesiaca Zwergblauschwingel 'Glaucantha'	blaugrüne Halme bilden flaches Polster VI bis VII 10 bis 15 cm	Diese schöne Gartenform ist für flächige Pflanzung an sonnigen, trockenen Gartenplätzen, aber auch im Steingarten sehr gut geeignet. Immergrün.
Helictotrichon sempervirens (= *Avena sempervirens*) Blaustrahlhafer	blaugraue Blatthalme bogig überhängend VI bis VII 60 bis 150 cm	Der Boden muß gut durchlässig sein, verträgt Sonne und Trockenheit. Blütenhalme sehr dekorativ. Deshalb gut für Einzelstellung geeignet.
Juncus siehe Sonderliste „Ausdauernde Wasser- und Sumpfpflanzen" S. 425 ff.		
Luzula nivea Schneemarbel Art und Gartenformen	weiße Blütenstände VI bis VII 30 bis 50 cm	Zur Begrünung unter Bäumen und vor Gehölzen, auch in größeren Gruppen, geeignet. Wächst in jedem Gartenboden. Verträgt Schatten und Halbschatten. Immergrün.
Luzula sylvatica Waldmarbel Gartenformen	breite Ähren, frischgrünes Laub V bis VI 20 bis 30 cm	Für Gruppenpflanzung unter Gehölzen. Anspruchslos an den Boden. Setzt sich auch gegen Wurzeldruck durch. Geeignet für schattige und halbschattige Lagen. Immergrün.
Miscanthus floridulus (= *japonicus*) Riesenchinaschilf	blüht nur in günstigen Jahren bei günstiger Lage IX bis X 250 bis 350 cm	Liebt frischen, nahrhaften Boden und sonnige Lage. Schilfartig überhängendes Blätterdach auf hohen Stielen. Schön am Uferrand als Solitärpflanze.
Miscanthus sacchariflorus Silberfahnengras Gartenformen	silberweiße Wedel VIII bis IX 200 cm	Jeder mittlere Gartenboden in sonniger Lage ist für dieses ausläuferbildende Gras geeignet. Vorteilhaft ist es, das Silberfahnengras in Gruppen an Wasserbecken zu setzen. Die Wedel sind in Trockensträußen sehr reizvoll. Bei Nachlassen der Blühwilligkeit im Frühjahr teilen und neu aufpflanzen.
Miscanthus sinensis Chinaschilf Kulturformen	Silbrige Blütenstände VIII bis X 150 bis 200 cm	Laub sehr dekorativ, bei den Gartenformen gelb- oder weißgestreift. Jeder mittlere Gartenboden und sonnige Lage. Die Blütenstände der Sorte 'Silberfeder' sind beliebte Trockenblumen. Dekorativ an Uferrändern. Laub erst im Frühjahr zurückschneiden.
Molinia caerulea Pfeifengras Sorten	schmale Rispen auf drahtigen Stielen VIII bis X 40 bis 80 cm	Laub sehr zierend, Herbstfärbung. Die weißbunte Form 'Variegata' auch für Steingärten. Alle Formen eignen sich für Natur- und Heidegärten, auch in Gruppen zwischen Gehölze. Keine besonderen Bodenansprüche. Verlangt sonnigen oder halbschattigen Standort. Rückschnitt im Frühjahr.
Molinia caerulea ssp. altissima Riesenpfeifengras mit Sorten	dekorative Blütenrispen VIII bis IX 150 bis 180 cm	Schöne Herbstfärbung. Samenstände zieren bis in den Winter hinein. Erst im Frühjahr zurückschneiden. Wächst in jedem Gartenboden. Bevorzugt sonnigen Stand. Auch für Schnitt geeignet.
Panicum virgatum Rutenhirse	braune Ähren VII bis IX 100 bis 180 cm	Graziöse Gräser für Natur- und Heidegärten, in Gruppen oder solitär. Für jeden nicht zu feuchten Gartenboden geeignet. Gedeihen in Sonne und Halbschatten. Schnitt für Trockensträuße.

Gattung, Art, Deutscher Name, Sorten	Wuchseigenschaften	Verwendung und besondere Eigenschaften
Pennisetum alopecuroides (= *compressum*)	Lampenputzerähnliche Blütenähren VIII bis IX 40 bis 80 cm	Für alle durchlässigen Böden geeignet. Bevorzugt sonnige Lage. In Gruppen oder solitär für Heidegärten. Gutes Trockengras. Rückschnitt im Frühjahr.
Spartina pectinata (= *michauxiana*)	gelbbraune überhängende Ähren VIII bis IX 120 bis 150 cm	Die überhängenden, gelbgerandeten Halme zieren auch im Rauhreif des Winters. Sie eignen sich vorzüglich für Trockensträuße. Anspruchslos an den Boden, starkwachsend, nur für größere Gartenpartien, auch an Wasserbecken zu setzen. Wirkungsvoll in Einzelstellung. Lieben sonnigen Stand.
Stipa barbata Reiherfedergras	lange, fedrige Blütengrannen VI bis VII 50 bis 80 cm	Jeder durchlässige Gartenboden ist geeignet. Verträgt Sonne und Trokkenheit und liebt Kalk. Schön im Heidegarten, besonders solitär. Frühzeitiger Schnitt der Blütenrispen ergibt wertvollen Trockenschnitt.
Stipa capillata Büschelhaargras	Blütenrispe mit aufrechten, büscheligen Grannen VII bis VIII 60 bis 80 cm	Ansprüche und Verwendung wie bei Stipa barbata. Ebenfalls frühzeitiger Schnitt, um ein Ausfallen der langgrannigen Saat zu verhindern.

Farne für den Garten

Gattung und Arten Deutscher Name	Wuchseigenschaften	Verwendung und besondere Hinweise
Adiantum pedatum Hufeisenfarn, Pfauenradfarn	Handförmig gefiederter Farn. 50 bis 60 cm hoch	Sehr wertvoller Farn, auch für feuchte, humose Plätze im Steingarten für größere und kleinere Pflanzengruppen geeignet. Feuchter Waldhumusboden (mit Torf oder Lauberde angereichert) und schattiger Standort sind nötig. Die dekorativen Wedel sind für Schnittzwecke gut zu gebrauchen.
Asplenium trichomanes Steinfeder	Wedel dunkelgrün mit glänzend schwarzbraunen Blattstielen. 10 bis 15 cm hoch	Farn für feuchte, absonnige Fugen im Steingarten. Benötigt zum guten Gedeihen frischen Waldhumusboden. Ältere Pflanzen sind teilbar. Immergrün.
Athyrium filix-femina Frauenfarn, mit Kulturformen	Zwei- bis dreifach gefiederte hellgrüne Wedel. 60 bis 80 cm hoch	Nur für größere Gärten als Unter- oder Zwischenpflanzung für Gehölze. Anspruchslos an den Boden, der nicht zu trocken sein darf. Für schattige oder halbschattige Lage. Teilung im Frühjahr. Die Gartenformen sind meist feinfiedriger oder haben kammartige Wedel.
Blechnum spicant Rippenfarn	Die glänzenden dunkelgrünen Wedel sind einfach gefiedert. Immergrün. 30 bis 40 cm hoch.	Zum Begrünen größerer Flächen, aber auch für Steingärten geeignet. Verlangt feuchten Humusboden und Schatten oder Halbschatten. Kalkfeindlich. Gut teilbar.
Cystopteris bulbifera Bulbenblasenfarn	Doppelt gefiederte hellgrüne Wedel, bis 40 cm lang. Grüne Brutknospen an oberen Fiedern.	Für größere Unterpflanzung geeignet, da sie anspruchslos sind und sich an zusagenden Plätzen selbst ausbreiten. Jeder nicht zu trockene Waldhumusboden in Schattenlage.

Gattung, Art, Deutscher Name, Sorten	Wuchseigenschaften	Verwendung und besondere Eigenschaften
Dryopteris 1. *erythrosora* Rotschleierfarn 2. *filix-mas* Wurmfarn, mit Sorten	1. Stiel und Jungwedel rotbraun. Sporenbehälter vor der Reife hellrot. 80 cm, wintergrün. 2. trichterförmige Wedel. 80 bis 100 cm	1. Besonders schöne Art, aber auch anspruchsvoller an Boden (Waldhumus) und Feuchtigkeit. 2. Anspruchslose heimische Art, die bei ausreichender Feuchtigkeit auch Sonne verträgt. Die Sorten sind meist stärker gefiedert, z. T. an der Spitze gegabelt. Schön für solitären Stand, aber auch zur Pflanzung in Gruppen geeignet.
Matteuccia struthiopteris Straußfarn Trichterfarn	Hellgrüne Wedel bilden einen Trichter. Kleinerer Sporenwedel in der Mitte des Trichters. 80 cm hoch	Leichtwachsender Farn. Bildet Ausläufer und kann dadurch in kleinen Gärten lästig werden. Wertvoll für flächige Unterpflanzung von Bäumen oder Strauchgruppen. Waldhumusboden in Schatten und Halbschatten.
Onoclea sensibilis Perlfarn	Hellgrüne, doppelt gefiederte Wedel. 40 bis 50 cm hoch	Für flächige Pflanzung geeignet. Breitet sich durch Rhizome aus. Waldhumusboden muß ausreichend feucht sein. Verträgt seichten Wasserstand, auch sonnig, aber Schattenlage ist günstiger.
Osmunda regalis Königsfarn	Wedel gelbgrün, doppelt gefiedert. 100 bis 120 cm hoch. Dunkelbraune Fruchtfiedern.	Anspruchsvoll an den Standort. Stark humoser Gartenboden mit ausreichender Feuchtigkeit ist nötig. Für Wasserufer geeignet, auch als Solitärpflanze im Schattenbeet.
Phyllitis scolopendrium Hirschzungenfarn, viele Sorten	breitlanzettliche, lederartige Wedel, immergrün. 25 bis 35 cm hoch	Im Alpinum in feuchten, schattigen Felsspalten zu verwenden. Unter günstigen humosen und feuchten Bedingungen auch in Gruppen bodendeckend. Die Sorten sind meist gewellt oder gekraust.
Polypodium vulgare Tüpfelfarn	Die etwas ledrigen Blätter entspringen einem kriechenden Rhizom. 20 bis 30 cm hoch.	Schöner, aber langsam wachsender Farn, immergrün. Kalkfeindlich. Nur für humose, feuchte und schattige Gartenplätze als Bodendecke oder in Felsspalten des Alpinums. Teilung im Frühjahr leicht.
Polystichum 1. *aculeatum* Glanzschildfarn 2. *setiferum* Filigranfarn mit Sorten	1. Wedel lederig, glänzend grün 2. Filigranartige feingefiederte Wedel. 1. 60 bis 80 cm 2. 40 bis 60 cm	Geeignet für schattige Gehölzränder, bei ausreichend feuchtem und humosem Boden. Die Sorten von P. setiferum sind besonders schön. Immergrün. Wirkungsvoll in Einzelstellung, aber auch in Pflanzengruppen.
Thelipteris phegopteris Buchenfarn	Kriechendes Rhizom mit 15 bis 20 cm langen einfach gefiederten Wedeln.	Eignet sich zur Bodenbedeckung an feuchten und humosen Gartenplätzen zwischen lichtem Gehölz. Durch Rhizome leicht zu vermehren.

Winterharte ausdauernde Zwiebel- und Knollengewächse

Gattung, Art, Deutscher Name Formen und Sorten	Blütenfarbe Blütezeit (Monat) Höhe (cm)	Pflanzzeit (Monat) Pflanztiefe (cm)	Ansprüche und besondere Hinweise
Allium christophii (= albopilosum) Sternkugellauch	hellviolett VI bis VII 40 bis 50 cm	VIII bis IX 5 bis 10 cm tief	Verträgt gut Trockenheit. Die bis zu 20 cm ∅ großen Samenstände sind beliebter Trockenschnitt. Schöne Pflanze für Steingärten.
Allium giganteum Riesenlauch	purpurrosa Blütendolden VI bis VII 160 cm	VIII bis X 10 cm tief	Wächst in jedem durchlässigen Gartenboden. Liebt sonnigen Stand. In extremen Lagen Winterschutz aus trockenem Laub und Reisig. Geeignet für Einzelstellung. Für Trockenschnitt brauchbar.
Allium karataviense Blauzungenlauch	hellviolett V 20 cm	VI bis X 5 bis 10 cm tief	Wächst in jedem durchlässigen Gartenboden in sonniger Lage. Stahlblaue breite Blätter. Steingartenpflanze.
Allium moly Goldlauch	goldgelb VI 20 bis 25 cm	VII bis X 5 bis 10 cm tief, in Gruppen	Wächst sowohl auf feuchteren als auch auf trockneren Gartenplätzen, in Sonne und Halbschatten.
Allium oreophilum (= ostrowskianum) Rosenlauch mit Sorten	karminrosa V bis VI 20 cm	VII bis X 5 bis 10 cm tief, in Gruppen	Liebt warmen, durchlässigen Boden. Sehr dauerhaft. Schöne Pflanze für Steingärten.
Alstroemeria aurantiaca Inkalilie mit Sorten	goldgelb, orangegelb bis rot VII bis VIII 50 cm	Teilung im Frühjahr, 20 cm tief pflanzen	Liebt warmen, durchlässigen Boden. Verträgt auch noch Halbschatten. Winterschutz bei Kahlfrost und an exponiertem Standort aus trockenem Laub und Reisig. Schöne Schnittblume.
Anemone Anemone 1. *apennina* 2. *blanda* mit Sorten	1. azurblau, weiß, IV bis V 10 bis 15 cm 2. blau, weiß, rosa, III bis IV 10 bis 15 cm	Teilung gleich nach dem Verblühen, 5 bis 8 cm tief pflanzen	Beide Arten lieben frischen, humosen Waldboden. 2. Winterschutz aus Torf oder Laub. Beide Arten für trockene sonnige Standorte ungeeignet.
Camassia Prärielilie 1. *cusickii* 2. *quamash* mit Sorten	1. hellblau, IV bis V 80 bis 100 cm 2. blau bis dunkelblau, auch weiß und violett IV bis V 30 bis 60 cm	Brut im August/Sept. 15 cm tief legen.	Die Prärielilien lieben nahrhaften, im Frühjahr frischen Gartenboden, wollen im Sommer aber sonnig und trocken stehen. Vermehrt sich auch durch Selbstaussaat. Dekorative Schnittblume.
Chionodoxa Schneeglanz 1. *luciliae* mit Sorten 2. *sardensis*	1. blau, weiß, rosa, III bis IV 10 bis 15 cm 2. enzianblau III bis IV 10 bis 15 cm	Brutzwiebeln im Aug./Sept. 5 bis 10 cm tief legen, in Gruppen	Beide Arten lieben warmen, durchlässigen Boden, der aber im Frühjahr frisch sein sollte. Sie gedeihen in Sonne und Halbschatten und eignen sich auch für Steingärten.
Colchicum Herbstzeitlose in Arten und Sorten	hellrosa bis violett, auch weiß und gefüllt VII bis VIII 15 bis 20 cm	Pflanzung im August, 10 bis 20 cm tief	Alle lieben frischen, tiefgründigen Boden in sonniger bis halbschattiger Lage. Das derbe Laub erscheint erst im Frühjahr, etwa 30 cm hoch.

Gattung, Art, Deutscher Name Formen und Sorten	Blütenfarbe Blütezeit (Monat) Höhe (cm)	Pflanzzeit (Monat) Pflanztiefe (cm)	Ansprüche und besondere Hinweise
Crocosmia × crocosmiflora Garten-Montbretie mit vielen Sorten	goldgelb über orange bis rot VII bis VIII 60 bis 90 cm	III bis IV 10 bis 15 cm tief legen.	Jeder Gartenboden und sonnige Lage. Winterschutz aus Laub oder Torf. In extrem kalten Gebieten vor dem Frost herausnehmen und wie Gladiolen behandeln. Beliebte Schnittblume.
Crocus Krokus in Arten und Sorten	weiß, gelb, blau bis violett, auch gestreift II bis IV, C. speciosus VIII bis X 10 bis 15 cm	Brut in größeren Tuffs VIII bis X C. speciosus VI bis VIII 5 bis 10 cm tief	Durchlässiger, humoser Boden. Sonnige bis halbschattige Lage. Im Rasen setzen sich nur wenige Arten durch. Es darf dann erst nach Vergilben des Crocus-Laubes gemäht werden. Die meisten Arten und Sorten lassen sich getopft verfrühen. Für Steingärten geeignet. Bienenfutterpflanze.
Cyclamen Alpenveilchen 1. *coum* Gartenformen 2. *hederifolium* (= neapolitanum) 3. *purpurascens*	1. weiß, rosa, karmin II bis III 10 cm hoch 2. weiß, rosa, kamin, VIII bis IX 10 bis 15 cm 3. rosarot VIII bis IX 10 cm	Pflanzung in Gruppen, 5 cm tief, 2. 10 cm tief	Verlangt humusreichen, frischen Standort, der gegen Sonne und austrocknende Winde geschützt sein muß. Bei Barfrost und in exponierten Lagen ist Winterschutz anzuraten. Auch als schöne Steingartenpflanze geeignet, wenn die Standortbedingungen gegeben sind.
Eranthis Winterling in Arten und Sorten	gelb II bis III 10 cm	Pflanzung in größeren Gruppen, 5 bis 8 cm tief	Humoser, frischer Gartenboden (besser Waldboden). Sowohl in Sonne und Schatten gedeihend. Zieht im Sommer zeitig ein. An zusagenden Standorten Selbstaussaat.
Eremurus Lilienschweif in Arten, Hybriden und Sorten	weiß, gelb, orange und rosa VI bis VII 80 bis 200 cm	Pflanzung VIII bis IX 15 bis 20 cm tief auf einem Sandbett	Wächst in jedem guten Gartenboden, der genügend durchlässig ist. Bevorzugt sonnigen Stand. Die Pflanzen leiden weniger durch Frost als durch stauende Nässe. Winterschutz nur im ersten Jahr der Pflanzung. Wirkungsvoll in Einzelstellung. Für Blumenschnitt besonders geeignet.
Erythronium Hundszahn 1. *dens-canis* 2. *tuolumnense* Sorten und Hybriden	weiß, gelb, rosa, hellpurpur IV bis V 15 bis 30 cm	Pflanzung nach dem Verblühen, in Gruppen 10 bis 12 cm tief	Verlangt frischen, humosen Waldboden, der aber auch durchlässig sein soll. Winterschutz aus trockenem Torf nur im ersten Jahr der Pflanzung. Auch für Steingärten.
Fritillaria imperialis Kaiserkrone mit Sorten	orange, rot, auch gelb IV bis V 70 bis 100 cm	VII bis IX große Zw. 30 cm tief, sonst flacher	Tiefgründiger Gartenboden, aber keine stehende Nässe! Sonnige und halbschattige Lage. Zieht nach der Blüte ein. Dekorativ in Einzelstellung.
Fritillaria meleagris Schachbrettblume mit Sorten	weiß und purpur, gemustert IV bis V 30 cm	VII bis IX in Tuffs, 10 cm tief	Frischer bis feuchter Boden ist günstig sowie sonnige bis halbschattige Lage. Auch für Steingärten empfehlenswert. Sät sich oft selbst aus.
Galanthus Schneeglöckchen 1. *elwesii* 2. *nivalis* auch gefüllte Form	weiß, II bis III 15 bis 20 cm	V bis IX in Gruppen, 10 cm tief	Die Schneeglöckchen wachsen in jedem normalen Gartenboden. G. elwesii braucht mehr Sonne. Sonst wird Schatten und Halbschatten vertragen.

Gattung, Art, Deutscher Name Formen und Sorten	Blütenfarbe Blütezeit (Monat) Höhe (cm)	Pflanzzeit (Monat) Pflanztiefe (cm)	Ansprüche und besondere Hinweise
Galtonia candidans Sommerhyazinthe	reinweiß VII bis VIII 100 bis 120 cm	IX bis X 15 bis 20 cm tief	Sonnige Lage, auch absonnig. Liebt frischen Gartenboden. Vorsorglich Winterschutz aus trockenem Laub und Reisig. Gute Wirkung in Einzelstellung. Auch beliebte Schnittblume.
Hyacinthus orientalis Hyazinthe mit Sorten	rosa, rot, blau, weiß, zartgelb IV bis V 20 bis 25 cm	VII bis IX in Gruppen 10 bis 12 cm tief	Guter durchlässiger Gartenboden und sonniger Standort. Bei starken Frösten ist Winterschutz aus Torf oder Laub mit Reisig erforderlich.
Iris Zwiebeliris 1. *danfordiae* 2. *histrioides* und *reticulata* mit Sorten	1. gelb 2. hellblau bis dunkelblau und purpurviolett 1. und 2. III bis IV, 10 bis 20 cm	VI bis IX in Tuffs etwa 10 cm tief	1. und 2. lieben sandighumosen Gartenboden und geschützten, sonnigen Standort. Winterschutz ist nur an extremen Standorten notwendig. Schöne Steingartenpflanze.
Ixiolirion Blaulilie 1. *montanum* 2. *tataricum*	violettblau mit rosa V bis VI 40 bis 50 cm	VIII bis X in Gruppen, 10 bis 15 cm tief	Die Blaulilien wünschen durchlässigen, humosen Boden und Sonne. Für Schnitt ist vor allem I. montanum geeignet. Beide Arten für Steingärten zu empfehlen.
Leucojum vernum Märzbecher	weiß mit grünen Spitzen III bis IV 15 bis 20 cm	V bis IX 7 bis 10 cm tief	Standort auch noch absonnig, aber möglichst frischen bis feuchten Boden in halbschattiger Lage. Zum Blumenschnitt geeignet.
Lilium candidum Madonnenlilie	weiß VI bis VII 100 bis 150 cm	VIII Zwiebel darf nur knapp 5 cm mit Erde bedeckt sein	Nahrhaften und durchlässigen Boden, nicht sauer, möglichst kalkhaltig, sowie sonnige Lage. Schöne Schnittblume.
Lilium davidii var. willmottiae Chinesische Türkenbundlilie mit Sorten und Hybriden	orangerot mit braunen Sprenkeln VI bis VII 100 bis 130 cm	IX bis X 10 bis 20 cm tief, je nach Boden und Zwiebelgröße	Sonnige Lage bevorzugend. Wie alle folgenden Lilien sollte man die Zwiebeln in Sand einbetten sowie für kleinere Zwiebeln und in schweren Böden die flachere Pflanztiefe wählen. Dekorative Schnittblume.
Lilium martagon Heimischer Türkenbund mit Formen	weinrot variierend, auch weiß VI 80 bis 150 cm	VIII bis X Pflanztiefe 10 bis 15 cm	Sonnig bis halbschattig, zumindest soll der Fuß der Pflanze beschattet sein, evtl. durch Abdeckung mit Torf oder organischem Streumaterial. Kalkfreundlich.
Lilium regale Königslilie mit Sorten und Hybriden	weiß, Sorten auch gelb und rötlich VII 120 bis 200 cm	IX bis X 10 bis 20 cm tief, je nach Boden und Zwiebelgröße	Die Blüten duften sehr stark, daher als Schnittblume für kleinere Räume ungeeignet. Boden und Pflanztiefe siehe *L. dav.* var *willmottiae*.
Lilium speciosum Prachtlilie mit Sorten und Hybriden	karmin auf weißem Grund, auch rote und weiße Sorten VIII bis IX 80 bis 150 cm	IX bis X 10 bis 20 cm tief, je nach Boden und Zwiebelgröße	Verträgt Sonne und Halbschatten. Wünscht sandighumosen Boden. Kalkfeindlich. An extremen Standorten ist Winterschutz ratsam. Wertvolle Schnittblume.
Lilium tigrinum Tigerlilie mit Formen und Hybriden	orangerot, gefleckt, Hybriden gelb und rot VII 100 bis 180 cm	IX bis X 10 bis 20 cm tief, je nach Böden und Zwiebelgröße	Wächst in jedem mittleren Gartenboden in sonniger Lage. Wie bei allen übrigen Lilien ist für Wasserabzug zu sorgen. Vermehrung bei der Art und einigen Hybriden durch Blattachselbulben. Gut für Blumenschnitt.

Gattung, Art, Deutscher Name Formen und Sorten	Blütenfarbe Blütezeit (Monat) Höhe (cm)	Pflanzzeit (Monat) Pflanztiefe (cm)	Ansprüche und besondere Hinweise
Muscari Traubenhyazinthe in Arten und Sorten	hellblau bis dunkelviolett, auch weiß IV bis V 10 bis 20 cm	VIII bis IX in Tuffs 5 bis 10 cm tief	Anspruchslos an den Boden, vertragen viel Wurzeldruck. Verwildern leicht, daher in Steingärten mit Vorsicht zu verwenden. Lieben Sonne, vertragen aber auch noch Halbschatten.
Narcissus Gartennarzissen in vielen Sorten, Hybriden und Wildarten	weiß, gelb, mit weißen, gelben, rosa und roten Kronen IV bis V 30 bis 40 cm	VIII bis IX 10 bis 15 cm tief	Jeder normale Gartenboden. Die Wildnarzissen müssen flacher gepflanzt werden und sind für Steingärten geeignet. Vertragen sonnige und halbschattige Lage. Beliebter Vasenschmuck.
Ornithogalum umbellatum Milchstern	weiß, sternförmig IV bis V 15 bis 20 cm	VIII bis X 10 cm tief	Jeder nicht zu schwere Gartenboden ist geeignet. Neigt zum Verwildern, nicht neben schwachwachsende Pflanzen setzen. Gedeiht in Sonne und Halbschatten.
Puschkinia scilloides mit var. *libanotica* Puschkinie	blau und rahmweiß IV bis V 15 bis 20 cm	VII bis IX 10 cm tief	Jeder mittlere Gartenboden in sonniger und halbschattiger Lage. Die Varietät libanotica ist größer in Pflanze und Blüte, sollte mehr verwendet werden. Für Steingärten geeignet.
Scilla Blaustern in Arten und Sorten	blaue, rosa und weiße Formen III bis V 10 bis 30 cm	VII bis IX in Tuffs 5 bis 10 cm tief	Anspruchslos an den Standort, neigt zum Verwildern. Setzt sich auch gegen Wurzeldruck von Bäumen durch.
Tulipa Tulpe mit vielen Wildarten und Sorten	von weiß, gelb, rosa und rot zu violettrot, auch zweifarbig und gefüllt III bis V 10 bis 50 cm	VIII bis X in Tuffs 10 bis 15 cm tief	Jeder nicht mit frischem Dung versehene Gartenboden ohne stauende Nässe. Für den Steingarten eignen sich vornehmlich die Wildarten. Sonnige Lage wird bevorzugt.

Nicht winterharte Zwiebel- und Knollengewächse

Acidanthera bicolor Sterngladiole	weiß mit sternförmigem zentralem braunrotem Fleck VII bis VIII 50 bis 70 cm	Ende IV in Gruppen 10 cm tief	Jeder humose, warme Gartenboden in sonniger Lage. Nach Vergilben der Blätter herausnehmen und bei 15 bis 18 °C in trockenem Torf überwintern. Stark duftende Blüten für Blumenschnitt.
Anemone coronaria Kronenanemone in Rassen und Sorten	weiß, gelb, rosa, rot, blau, violett, auch zweifarbig VI bis IX 20 bis 30 cm	IV bis V in Gruppen 5 bis 7 cm tief Knollen 24 Stunden vorquellen	Gefüllte und ungefüllte Sorten für Blumenschnitt. Jeder humose Gartenboden und sonnige Lage. Nach Absterben der Blätter bei etwa 10 °C trocken überwintern. Knollen können auch IX/X gelegt werden, dann ist aber eine mindestens 15 cm starke Torfdecke unbedingt erforderlich. Auch in Containern. Schöne Pflanze für Steingärten.
Begonia-Knollenbegonien-Hybriden Knollenbegonie in vielen Sorten	rot, rosa, orange, gelb, weiß, einfach und gefranst, gefüllt und halbgefüllt VI bis X 15 bis 25 cm	V in Gruppen 5 cm tief	Humusreicher, warmer Boden. Leichter Halbschatten ist am günstigsten. Knollen bei 10 bis 15 °C trocken überwintern. In entsprechender Lage auch für Balkonkästen gut geeignet.

Gattung, Art Deutscher Name Formen und Sorten	Blütenfarbe Blütezeit (Monat) Höhe (cm)	Pflanzzeit (Monat) Pflanztiefe (cm)	Ansprüche und besondere Hinweise
Canna-Indica-Hybriden Blumenrohr in Sorten	gelb, orange, rosa und rot, auch zweifarbig VII bis X 50 bis 140 cm	Ende IV/V 10 cm tief, 40 bis 50 cm weit	Für sonnigen Standort und humusreichen, nahrhaften Gartenboden (nicht trocken). Nach erstem Frost aus dem Boden nehmen, Trieb auf 15 cm zurückschneiden. Erde nicht abschütteln! Mit Sand abdecken. Bei 12 bis 16 °C trocken überwintern.
Dahlia-Hybriden Dahlie (Sorten siehe Seite 465 f.)	viele Farben und Formen VII bis Frost 20 bis 80 und 80 bis 150 cm	Knollen Ende IV 5 bis 10 cm tief. Jungpflanzen ab Mitte V 5 cm tief	Jeder gute Gartenboden. Sonnige Lage bevorzugend. Nach erstem Frost aus dem Boden nehmen, bis auf etwa 10 cm zurückschneiden. Bei 4 bis 10 °C im Keller überwintern. Ablüften lassen und mit trockenem Torf bedekken. In sehr trockenen Kellern sollte man zusätzlich den Torf mit Folie abdecken Sehr dekorativ in Einzelstellung. Nicht alle Sorten eignen sich als Vasenschmuck.
Erythrina crista-galli Korallenstrauch	kirschrot VIII bis Frost 80 bis 100 cm	ab Ende IV, auch in Kübeln	Lehmiger Humusboden. Nur in voller Sonne gute Entwicklung. Braucht im Sommer viel Wasser und Nährstoffe (Düngen im Juli beenden). Oktober bis Pflanzung bei 3 bis 8 °C trocken überwintern. Wirkungsvoll bei solitärem Stand.
Freesia-Hybriden mit vielen Sorten Freesie	viele Farben VII bis IX 40 bis 70 cm	IV in Gruppen, 5 cm tief	Humusreicher, durchlässiger Gartenboden. Kein frischer Stalldung! Sonnige bis halbschattige Lage. Knollen im Boden gut ausreifen lassen. Trocken und warm überwintern, etwa 15 bis 20 °C. Begehrte Schnittblume.
Gladiolus-Hybriden Gladiole (Sorten siehe Seite 466)	viele Farben VII bis X 80 bis 100 cm	IV bis Mitte V 10 cm tief	Jeder Gartenboden in sonniger Lage. Jährlich Standort wechseln. Nach dem Vergilben der Blätter aus der Erde nehmen. Blätter bis auf 10 cm abschneiden. Zwiebeln warm und luftig abtrocknen lassen. Anschließende Überwinterungstemperatur 5 bis 7 °C, luftig. Weitverbreitete, beliebte Schnittblume.
Iris-Hollandica-Hybriden Holländische Iris mit vielen Sorten	weiß, gelb, bronze, blau, violett VII 60 bis 80 cm	IV in kleinen Gruppen, 10 bis 15 cm tief	Optimal ist sandiger, humoser Gartenboden in sonniger Lage. Nach Vergilben der Blätter herausnehmen und Behandlung wie Gladiolen. Wertvolle Schnittblume.
Ornithogalum thyrsoides Milchstern	weiß VII bis IX 30 bis 40 cm	V in Trupps 5 bis 8 cm tief	Jeder durchlässige, sonnige, aber nicht zu trockene Standort. Verausgabt sich in der Blüte und muß neu vom Fachmann erworben werden. Beliebt als Vasenschmuck.
Oxalis deppei Glücksklee	dunkelrosa mit gelbem Auge Sommer 15 bis 20 cm	V in Gruppen 2 bis 3 cm tief, auch in Containern	Jeder Gartenboden. Im September herausnehmen und bei 3 bis 5 °C überwintern. Auch für Topfkultur geeignet. Verträgt Sonne und Halbschatten.
Ranunculus asiaticus Ranunkel in Sorten	weiß, gelb, rosa und rote Farben, gefüllt VII bis VIII 20 bis 40 cm	IV in Trupps 5 bis 8 cm tief, auch in Containern	Sonnige Lage und humusreicher Gartenboden. Nach Einzug der Blätter bei 6 bis 8 °C trocken überwintern. Die Knollen sind trocken sehr brüchig. Für Blumenschnitt geeignet.
Sprekelia formosissima Jakobslilie	karminrot VII 30 cm	V Spitze der Zwiebel muß gerade noch mit Erde bedeckt sein. Auch in großen Containern!	Warmer, geschützter Standort, durchlässiger, humoser Boden. Frostfrei, anfangs warm, dann kühler (7 bis 8 °C) überwintern.

Gattung, Art Deutscher Name Formen und Sorten	Blütenfarbe Blütezeit (Monat) Höhe (cm)	Pflanzzeit (Monat) Pflanztiefe (cm)	Ansprüche und besondere Hinweise
Tigridia pavonia Pfauenlilie in Sorten	weiß, gelb, rosa und rote Farben, am Schlund gesprenkelt VII bis IX 40 bis 60 cm	Ende IV 7 bis 10 cm tief, in Gruppen. Auch in Containern	Bevorzugt sonnigen Standort und nahrhaften Gartenboden, der durchlässig sein muß. Im Herbst aus dem Boden nehmen und wie Gladiolen überwintern.

Ein- und Zweijahrsblumen, Gruppenpflanzen

Botanischer Name Deutscher Name	Blütenfarbe Blühbeginn (Monat) Höhe (cm)	Aussaat-Ort Monat Entfernung (cm)	Pflanzzeit (Monat) Abstand (cm)	Ansprüche und besondere Hinweise
Adonis aestivalis Adonisröschen	rot, E. V, 25 bis 40	an Ort und Stelle, IX bis X, 20 × 15		Jeder humusreiche Gartenboden. Sonne wichtig! Boden möglichst kalkhaltig.
Ageratum houstonianum Leberbalsam, Sorten	blaue Farben, E. V, 15 bis 60	Warmhaus, A. II	nach M. V, 15 × 15 bis 25 × 25	Warmer, durchlässiger Gartenboden und sonniger Stand, auch für größere Flächen.
Althaea rosea Malve, Stockmalve, mit mehreren Sorten	weiß, gelb, rosa, rot, schwarzrot, E. VII, 80 bis 150 (auch höher)	Frühbeet, auch Saatbeet im Freiland, V bis VI	VII bis VIII 80 × 50	Nährstoffreicher Gartenboden in sonniger Lage. Blüht erst im Jahr nach der Pflanzung (zweijährig). Vertragen keine Winternässe. Wirkungsvoll als Solitär, aber auch in Gruppen.
Amaranthus caudatus Fuchsschwanz, mit Sorten	Blütenstände und Blätter rot, VII, auch Herbst, 60 bis 90	Frühbeet A. IV oder im Mai an Ort und Stelle	E. V, 50 × 50, (niedrige 40 × 30)	Nährstoffreicher, leichter Gartenboden, verträgt keine Nässe. Sonnige Lage bevorzugt. Solitär und in Gruppen.
Antirrhinum majus Löwenmaul, viele Sorten	alle Farben, VII, 20 bis 30, 40 bis 50 und 60 bis 80	Frühbeet, A. III bis A. IV	ab E. IV 20 × 15 bis 30 × 25	Sonnige Lage und nährstoffreicher Gartenboden. Hohe Sorten windgeschützt, niedrige Sorten auch flächiger. Beliebte Schnittblume.
Arctotis venusta Bärenohr, Sorten	gelb, orange, kupferfarben, scharlachrot, E. VI, 40 bis 50	Frühbeet, E. III bis A. IV	E. V, 25 × 25	Durchlässiger, warmer Gartenboden. Volle Sonne ist wichtig. Für Gruppen. Auch für Schnitt.
Begonia – Semperflorens – Hybriden Begonie, Eisbegonie, viele Sorten	weiß, rosa bis rot, M. bis E. V, 12 bis 25 cm	Warmhaus, XII bis II	nach M. V 10 × 15 bis 15 × 20	Begonien lieben frischen, humosen Gartenboden und unbedingt absonnige Lage. Für große Flächen sind besonders die niedrigen Sorten zu empfehlen.
Bellis perennis Tausendschön, viele Sorten	weiß, rosa bis dunkelrot A. V, 15	Frühbeet, VI bis VII	IV, 15 × 20	Blühen erst im Jahr nach der Aussaat, müssen mit Reisig geschützt werden. Wachsen in jedem mittleren Gartenboden in Sonne und Halbschatten. Auch für großflächige Pflanzung.

Gattung, Art Deutscher Name Formen und Sorten	Blütenfarbe Blühbeginn (Monat) Höhe (cm)	Aussaat-Ort Monat Entfernung (cm)	Pflanzzeit (Monat) Pflanztiefe (cm)	Ansprüche und besondere Hinweise
Calendula officinalis Ringelblume, Gartensorten	gelb bis orange, einfach bis gefüllt, E. V, 40 bis 80	An Ort und Stelle, III bis IV, 20 bis 30		Jeder Gartenboden. Gedeiht sowohl in sonniger als auch absonniger Lage. Sät sich leicht selbst aus. Die niedrigen Sorten auf den geringeren Abstand verziehen. Schnittblume.
Callistephus chinensis viele Sorten	alle Farben, einfach bis gefüllt, VII 20 bis 80	Frühbeet, ab E. III	M. V, 20 × 25 bis 30 × 35	Nährstoffreicher Gartenboden. Volle Sonne ist wichtig. Standort jährlich wechseln (Welkekrankheit!). Für größere und kleinere Pflanzengruppen. Gut zum Schnitt geeignet.
Campanula medium Glockenblume, Sorten	blau, weiß, rosa, einfach bis gefüllt, VI, 70 bis 100	Frühbeet V bis VI, auch Saatbeet im Freiland	VII bis VIII 30 × 40	Humus- und nährstoffreicher Gartenboden in sonniger Lage. Im Winter Schutz der jungen Pflanzen mit Fichtenreisig. Sowohl solitär als auch in Gruppen wirkungsvoll. Beliebt für bunte Sträuße.
Celosia argentea Hahnenkamm, Federbusch, Gartenformen	goldgelb, orange, rot, bis violett, VII, 20 bis 35	Gewächshaus, III bis A. IV	E. V, 25 × 25	Leichter, humoser Gartenboden, warmer Standort, auch für Balkonkästen geeignet. Auch für kleinere und größere Gruppenpflanzungen.
Cheiranthus cheiri Goldlack, 1. zweijährig 2. einjährig	gelb bis dunkelbraun, scharlach, purpurviolett 1. E. IV 30 bis 60 2. VIII 60	1. Frühbeet oder Saatbeet im Freiland, V/VI 2. An Ort und Stelle, III, 20 × 25	1. VII 30 × 30	Humus- und nährstoffreicher Gartenboden, möglichst kalkhaltig, in voller Sonne. 1. verlangt über Winter starken Fichtenreisigschutz. Sehr begehrter, duftender Vasenschmuck.
Chrysanthemum Wucherblume 1. *carinatum* mit Sorten 2. *segetum* mit Sorten	1. weiß über gelb bis kupferrot (auch zweifarbig) VI 50 bis 60 2. weiß bis goldgelb VII, 40 bis 60	Frühbeet ab III oder an Ort und Stelle IV bis V, 30 × 35	Nach M. V 30 × 35	Jeder kräftige, mittlere, warme Gartenboden, verträgt keine stauende Nässe. Höhere Sorten windgeschützt pflanzen. Nicht mit Stickstoff überdüngen! Schön in Gruppenpflanzungen, auch für Blumenschnitt.
Chrysanthemum parthenium Goldkamille, Gartenformen	gelb und weiß, VI 30 bis 60	Frühbeet ab III oder an Ort und Stelle, IV bis V	30 × 30	Jeder kräftige mittlere Gartenboden, aber keine Nässe vertragend. Wünscht sonnigen Stand. Die Blüten sind bei den neuen Sorten alle gefüllt und ergeben einen begehrten Vasenschmuck.
Clarkia unguiculata (= *elegans*) Mandelröschen, Sommerfuchsie, Sorten	weiß, lachs, rosa, orange, rot, gefüllt VII, 50 bis 60	ab E. III an Ort und Stelle 20 × 20 bis 25 × 25		Jeder leichtere humose Gartenboden, der aber auch nicht mager sein sollte, in sonniger und absonniger Lage. Auch für Schnitt.
Convolvulus tricolor Dreifarbige Winde, Sorten	blaue, weiße und rosa Farbtöne, VI, 30	IV bis M. V an Ort und Stelle 20 × 20		Durchlässiger, leichter Gartenboden, sonniger, warmer Standort, nicht zu nährstoffreich.

Gattung, Art Deutscher Name, Formen und Sorten	Blütenfarbe Blühbeginn (Monat) Höhe (cm)	Aussaat-Ort Monat Entfernung (cm)	Pflanzzeit (Monat) Pflanztiefe (cm)	Ansprüche und besondere Hinweise
Coreopsis tinctoria Schöngesicht, Sorten	gelb, goldgelb, rot VI, 30 bis 100	An Ort und Stelle, E. IV, 20 × 20		Leichter, humoser Gartenboden, volle Sonne ist wichtig. Zierende Schnittblume.
Cosmos bipinnatus Schmuckkörbchen, Sorten	weiß, rosa, lilarosa, rot, VII, 60 bis 100	Frühbeet, E. III bis A. IV	E. V. 40 × 40	Leichter Gartenboden, volle Sonne! Frischer Gartenboden, aber keine stauende Nässe! Wirkungsvoll auch solitär. Schnittblume.
Delphinium Rittersporn, Sorten von *D. ajacis* und *consolida*	weiß, rosa, blau und karmesinrot, VI, 50 bis 120	III/IV an Ort und Stelle 20 × 20		Nährstoffreicher, durchlässiger Gartenboden. Volle Sonne ist wichtig. Hohe Sorten möglichst windgeschützt. Auch für Einzelstellung geeignet. Dekorativer Vasenschmuck.
Dianthus Nelke 1. *barbatus,* Bartnelke, Gartenformen 2. Garten- oder Landnelke, (Sorten von *D. caryophyllus*)	1. rosa, rot, auch weiß, mehrfarbig, VI 25 bis 50	Frühbeet oder Saatbeet im Freiland, V	VII, 30 × 25 bis 30 × 30	Humusreicher sandiger Lehmboden. Volle Sonne ist wichtig. Die Blüten sind einfach oder gefüllt. Winterschutz ist ratsam (Fichtenreisig). Zweijährig. Sehr beliebte Schnittblume.
Dianthus Nelke 1. Chabaudnelke, mehrere Sorten 2. *chinensis,* Sommernelke	weiß, gelb, rosa, rot, meist gefüllt, 1. VI/VII 50 bis 60 2. VI 25 bis 40	1. Warmhaus I bis II 2. Frühbeet III bis IV	M IV 25 × 25	Humusreicher, sandiger Lehmboden. Volle Sonne ist wichtig. Möglichst kalkhaltig. Einjährige Schnittblume.
Dimorphotheca – Hybriden Goldblume, Sorten	weiß über gelb bis kräftig orange, E. VI, 30 bis 40	An Ort und Stelle, M. IV bis A. V 15 × 20 bis 20 × 20		Durchlässiger, humoser Gartenboden, eher trocken als naß. Volle Sonne ist wichtig!
Dorotheanthus bellidiformis Mittagsblume	weiß, gelb, orange, rosa, karminrot, VI, 10	Gewächshaus III, (später in kleine Töpfe pflanzen)	E. V, 15 × 15 bis 20 × 20	Warmer, trockener, sandig-humoser Boden. Volle Prallsonne. Schöne Pflanze für Einfassungen.
Eschscholtzia californica Goldmohn	weiß über gelb, orange, rosa bis karminrot, ab VI, 30 bis 40	An Ort und Stelle, E. III bis A. IV 20 × 25		Durchlässiger, leichter Gartenboden. Volle Sonne ist wichtig. Auch Aussaat E. Sept. ist möglich. Blüte dann im folgenden Jahr ab E. Mai.
Euphorbia marginata Wolfsmilch	schmückend vor allem durch die weißgrünen oberen Blätter, ab VII 60 bis 80	Frühbeet E. III oder an Ort und Stelle E. IV 20 × 25	Nach M. V, 20 × 25	Jeder durchlässige Gartenboden. Volle Sonne. Sät sich oft selbst aus. Auch zum Schnitt geeignet.
Gaillardia pulchella Kokardenblume, mehrere Sorten	gelb, scharlach bis weinrot, auch zweifarbig, ab VI, 40 bis 50	Frühbeet A. IV	M. V 25 × 30	Jeder nicht zu feuchte Gartenboden, kalkfreundlich. Volle Sonne ist wichtig. Schöne Schnittblume.

Gattung, Art Deutscher Name Formen und Sorten	Blütenfarbe Blühbeginn (Monat) Höhe (cm)	Aussaat-Ort Monat Entfernung (cm)	Pflanzzeit (Monat) Pflanztiefe (cm)	Ansprüche und besondere Hinweise
Gazania – Hybriden Mittagsgold, Gartenformen	weiß, creme, gelb, orange, braunrot, ab E. VI, 20 bis 40	Gewächshaus, E. II bis A. III, später in kleine Töpfe pflanzen	20 × 20 bis 30 × 30	Durchlässiger, nahrhafter Gartenboden. Geschützter, warmer Standort. Bei uns nur einjährig kultiviert.
Gypsophila eiegans Schleierkraut	weiß, auch rosa, ab VII 40 bis 50	An Ort und Stelle, III bis IV 20 × 20		Durchlässiger, möglichst kalkhaltiger Gartenboden, der nicht zu feucht sein darf. Volle Sonne. Schöne Pflanze für Blumensträuße.
Helianthus Sonnenblume 1. *annuus* mit Sorten 2. *debilis* mit Sorten	1. gelb, braun, rot, auch gefüllt und zweifarbig, ab VII, 50 bis 250 2. gelb bis bronze und kupfer, ab VII, 50 bis 150	An Ort und Stelle, ab E. IV, etwa 5 Korn je Standort		Nährstoffreicher, humoser Gartenboden, volle Sonne. Auf jeder Aussaatstelle nur eine Pflanze entwickeln lassen. Dekorativ in Bodenvasen.
Helichrysum bracteatum Strohblume, viele Sorten	weiß über gelb und orange bis rosa und rot sowie violett, ab VII, 70 bis 90, auch 30	Frühbeet, A. IV	nach M. V, 25 × 25	Warmer, durchlässiger, humoser Gartenboden, volle Sonne. Sehr gute Trockenblume. (siehe auch S. 454)
Iberis umbellata Schleifenblume Sorten	weiß über rosa bis purpurviolett ab VI, 20 bis 30	An Ort und Stelle III/IV, 15 × 15		Jeder mittlere, humose Gartenboden in sonniger Lage. Rückschnitt nach erster Blüte ergibt einen zweiten Flor. Auch für Einfassungen geeignet. Bienenfutterpflanze.
Impatiens 1. *balsamina*, Gartenbalsamine 2. *walleriana*, Fleißiges Lieschen, Sorten	1. weiß, gelb, blau, violett bis purpurrot, ab E. VI, 50 bis 70 2. weiß über rosa, orange bis scharlach, ab E. VI, 15 bis 70	Gewächshaus ab E. III bis M. IV	nach M. V 1. 50 × 50 2. 20 × 20	Humoser, nährstoffreicher Gartenboden. 2. für halbschattige Standorte wichtig. Auch beliebte Topfpflanze.
Ipomoea Prunkwinde, 1. *purpurea* 2. *violacea* (= *tricolor*) Sorten	1. purpurrot, ab E. VII, 200 bis 300 2. himmelblau, weiße Mitte, Blütensaum anfangs rötlich ab E. VII 200 bis 300	Gewächshaus III 1. auch ab E. IV an Ort und Stelle	E. V, 40 bis 60	Warmer, humoser Gartenboden. Volle Sonne! Geschützter Standort. An Spalieren oder Drähten hochranken lassen.
Kochia Sommerzypresse *scoparia* 'Trichophylla'	Laub hellgrün, im Herbst tief rot gefärbt, Blüten unauffällig, 60 bis 90	Frühbeet A. IV	nach M. V, 50 × 50 bis 60 × 60	Jeder nicht zu trockene Gartenboden, möglichst nährstoffreich, in sonniger und absonniger Lage. Auch für solitären Stand.
Lathyrus odoratus Duftwicke, viele Sorten	Alle Farben, ab VI 100 bis 180	An Ort und Stelle ab E. III, alle 25 cm 3 bis 4 Körner einzeln 5 cm tief legen.		Tiefgründiger, möglichst kalkhaltiger Gartenboden und sonniger Stand. Bei Samenansatz geht die Blütenbildung stark zurück. An Gitterwerk und Zäunen hochziehen. Auch zum Schnitt geeignet.

Gattung, Art Deutscher Name Formen und Sorten	Blütenfarbe Blühbeginn (Monat) Höhe (cm)	Aussaat-Ort Monat Entfernung (cm)	Pflanzzeit (Monat) Pflanztiefe (cm)	Ansprüche und besondere Hinweise
Limonium Statice 1. *sinuatum* mit Sorten 2. *suworowii*	1. weiß, gelb, rosa, rote und blaue Farben, ab VII, 60 bis 90 2. rosarot, 80	Frühbeet M. III bis A. IV	nach M. V, 25 × 30	Warmer, gut durchlässiger Gartenboden. Volle Sonne! Beliebte Trockenblume, siehe auch S. 454.
Linum grandiflorum Lein 'Rubrum'	blutrot, ab VI, 30 bis 40	An Ort und Stelle E. IV 15 × 15		Jeder durchlässige, warme Gartenboden. Volle Sonne ist wichtig. Auch für Schnitt.
Lobelia erinus Lobelia, Männertreu, Sorten	Blaue Farben, ab VI, 10	Gewächshaus, II bis III	M. V 10 × 15	Durchlässiger, mittlerer Gartenboden sowie sonnige und absonnige Lage. Nach der Hauptblüte auf 2/3 der Höhe zurückschneiden, bewirkt einen zweiten reichen Flor.
Lobularia maritima Steinkraut, Sorten	weiß, rosa, violett bis karmin, ab VI, 6 bis 15	An Ort und Stelle M. V, 15 × 15		Leichter bis mittlerer Gartenboden, möglichst kalkhaltig. Volle Sonne! Nach Hauptflor zurückschneiden, remontiert dann. Auch für Einfassungen.
Matthiola incana 'Annua' Sommerlevkoje, Sorten	alle Farben, einfach bis gefüllt, ab E. VI 35 bis 90 cm, je nach Rasse	Frühbeet III/IV	M. IV, 10 × 15 bis 30 × 30	Nährstoffreicher, sandiger Lehmboden mit Humus. Verträgt aber keinen frischen Stalldung. Sonne ist wichtig. Für die eintriebigen Levkojen wählt man den kleineren Pflanzabstand. Schöne Schnittblume.
Mimulus-Hybriden mit Sorten	orange, rosa, rot, getigert, gefleckt, ab VI 20 bis 30	Gewächshaus III später in kleine Töpfe pflanzen	E. V, 20 × 20	Frischer, guter Gartenboden. In der Sonne nur bei ausreichender Feuchtigkeit, dürfen nicht austrocknen.
Myosotis alpestris (= *sylvatica*) Vergißmeinnicht	blau bis dunkelblau, A. V, 15 bis 35	Frühbeet, VI/VII	IV, 20 × 20	Frischer, ausreichend feuchter Gartenboden. Auch für leichten Schatten geeignet, ebenso für Balkonkästen. Winterschutz aus Fichtenreisig. Zweijährig. Vorkultur erforderlich.
Nemesia strumosa-Hybriden Nemesie	weiß, gelb über orange bis rot, auch blau, VI 20 bis 30	Frühbeet, A. IV	nach M. V, 20 × 15	Durchlässiger, humusreicher, recht lockerer Gartenboden, ausreichende Feuchtigkeit und sonnige Lage. Nach der ersten Blüte zurückschneiden, blühen dann ein zweites Mal. Auch für Schnitt.
Nigella damascena Jungfer im Grünen	gefüllt, blau, weiß, auch rosa ab VI 40 bis 45	Frühbeet oder an Ort und Stelle, ab A. IV, 25 × 20		Anspruchslos, jeder mittlere Gartenboden, nicht sauer. Volle Sonne. Als Schnitt eine Woche haltbar.

Gattung, Art Deutscher Name Formen und Sorten	Blütenfarbe Blühbeginn (Monat) Höhe (cm)	Aussaat-Ort Monat Entfernung (cm)	Pflanzzeit (Monat) Pflanztiefe (cm)	Ansprüche und besondere Hinweise
Papaver 1. *nudicaule*, Island-Mohn, 2. *rhoeas*, Klatschmohn, 3. *somniferum*, Schlafmohn	1. weiß, gelb, orange, rot, 2. und 3. weiß, rosa, rot, auch gefüllt, ab VI, 1. 30 bis 50, 2. 60 bis 70, 3. 80 bis 100	An Ort und Stelle, 25 × 15 bis 30 × 25		Wachsen in jedem durchlässigen, frischen Gartenboden, in voller Sonne am schönsten. Als Schnitt nur im Aufblühen haltbar, allerdings nicht sehr lange.
Penstemon-Hybriden (= *gentanoides*) Bartfaden	weiß, rosa, rot, blau, ab VII, 50 bis 80	Gewächshaus, II bis III, (später in kleine Töpfe pflanzen)	E. V, 35 × 30 (mit Topfballen)	Jeder frische, durchlässige, humose Gartenboden. Volle Sonne. Als Schnitt mehrere Tage haltbar.
Phacelia tanacetifolia Bienenfreund	hell- bis violettblau, ab VI, 60 bis 90	An Ort und Stelle, III bis VI 20 × 15		Sehr anspruchslos, wachsen in jedem Boden, der nicht zu naß ist. Lieben Sonne. Mehr Bienenweide als Schmuckpflanze, aber als Begrüner für magere Plätze wertvoll.
Phlox drummondii Sommerphlox, Sorten	alle Farben, ab E. VI, 20 bis 30	Frühbeet, III/IV,	M. V, 20 × 20	Durchlässiger, warmer Gartenboden, volle Sonne. Bei Trockenheit wässern. Sehr leuchtende Farben. Diese einjährige Art auch für Steingärten.
Portulaca grandiflora Portulacröschen	weiß, gelb, orange, rot, purpurrot, ab VII, 10 bis 15	Frühbeet, A. IV, (nach Aufgehen in 7-cm-Töpfe pikieren)	E. V, 20 × 15	Trockener, sandig-humoser Gartenboden. Volle Sonne. Fault leicht bei Nässe. Für Steingärten geeignet.
Reseda odorata Gartenreseda, Sorten	kupferrot bis rosenrot, ab VII, 30 bis 40	An Ort und Stelle, M. IV, 20 × 20		Nährstoffreicher, humoser mittlerer Gartenboden. Auch leichter Halbschatten wird vertragen. Die Jungpflanzen werden leicht von Erdflöhen befallen, was sofort mit Insektiziden bekämpft werden muß. Einjährige Duft- und Bienenfutterpflanze.
Rudbeckia hirta Sonnenhut, Sorten	goldgelb über bronze bis mahagonirot, ab VII, 60 bis 100	Frühbeet, III/IV,	ab M. V, 25 × 25	Durchlässiger, frischer Gartenboden, warmer Standort. Durch Entfernen der abgeblühten Stiele wird verlängerte Blütezeit erreicht. Nur einjährig, auch für solitären Stand geeignet.
Salpiglossis sinuata Trompetenzunge, Sorten	bunt, weiß, gelb, braun, rot, violett, ab E. VI, 60 bis 80	Frühbeet A. IV, oder an Ort und Stelle, A. V, 25 × 20	nach M. V, 25 × 20	Jeder gutbearbeitete Gartenboden, der nicht zu sauer ist. Volle Sonne. Anfällig für Pilzkrankheiten in feuchten Jahren. Schnittwert nur für den eigenen Gebrauch. Auch für Einzelstellung.
Salvia splendens Feuersalvie, Sorten	scharlachrot, ab VI, 20 bis 35	Gewächshaus, II, dann in 7-cm-Töpfe pikieren	nach M. V, 25 × 25	Jeder nahrhafte, mittlere Gartenboden und sonniger Stand. Pflanzen am besten beim Gärtner kaufen. Bei Trockenheit leicht Spinnmilbenbefall. Abgeblühte Blütenstände regelmäßig entfernen.

Gattung, Art Deutscher Name Formen und Sorten	Blütenfarbe Blühbeginn (Monat) Höhe (cm)	Aussaat-Ort Monat Entfernung (cm)	Pflanzzeit (Monat) Pflanztiefe (cm)	Ansprüche und besondere Hinweise
Sanvitalia procumbens Goldrandblume	gelb mit dunkler Mitte, ab VI, 10 bis 15	Ab V an Ort und Stelle, 20 × 25		Durchlässiger, humoser Gartenboden, warmer Standort. Nicht zu naß! Guter Bodendecker. Auch für Steingärten geeignet.
Scabiosa atropurpurea Purpurskabiose	weiß, rosa, rot, blau, dunkelpurpur, auch gelb, ab VII, 40 bis 60	Frühbeet, E. III bis M. IV	Nach M. V, 30 × 25	Jeder durchlässige, nahrhafte Gartenboden in sonniger Lage ist geeignet. Schnitt erst bei vollem Erblühen, sonst ist die Haltbarkeit gering. Auch für solitären Stand.
Schizanthus-Wisetonensis-Hybriden Schmetterlingsblume	weiß, lila, rosa und hell oder dunkel gefleckt, ab VII, 20 bis 30	Frühbeet, III oder an Ort und Stelle IV, 20 × 30	Nach M. V, 20 × 30	Verlangt frischen, humosen Gartenboden, der aber nicht naß sein darf. Vor allem ist ein geschützter, warmer Standort notwendig.
Tagetes Studentenblume, 1. 'Erecta-Hybriden' 2. 'Patula-Hybriden'	gelb bis orange, ab VII 1. gefüllt, 45 bis 70 2. auch mit braunrot, gefüllt und ungefüllt, 15 bis 35	Frühbeet, IV	Nach M. V, 1. 30 × 40 2. 20 × 20	Anspruchslos, jeder mittlere Gartenboden, nicht zu feucht, sonnig ist besser als halbschattig. Auch für Balkonkästen und Schalen gut geeignet. Abschneiden verblühter Blumen verlängert den Blütenflor. Zum Schnitt nur schwach duftende Sorten von 2.
Tropaeolum majus Kapuzinerkresse, 1. kletternde Sorten, 2. niedrig-buschige Sorten	gelb über orange bis rot, ab E. VI, 1. 200 bis 300 2. 20 bis 30	An Ort und Stelle, A. V alle 20 cm horstweise 3 bis 4 Korn legen		Von den horstweise stehenden Jungpflanzen bleibt nur die kräftigste stehen. Jeder mittlere, nicht zu mastige oder zu trockene Gartenboden ist geeignet. In voller Sonne reichblühender als im Halbschatten. Die kletternden Sorten können an Drähten hochgezogen, aus Blumengefäßen herabhängend oder am Boden aufliegend verwendet werden.
Verbena Eisenkraut, 1. Hybriden 2. *rigida* (= *venosa*)	1. von weiß über rosa bis scharlachrot, auch blau, 2. fliederblau, 1. und 2. ab VI/VII, 25 bis 45	Gewächshaus III, später in kleine Töpfe pflanzen	Nach M. V, 20 × 20 bis 30 × 30	Humusreicher, warmer Gartenboden, volle Sonne. Pflanzenkauf beim Gärtner ist vorteilhafter als eigene Anzucht. Für Steingärten, auch für Balkonkästen und Schalen gut geeignet.
Viola-Wittrockiana-Hybriden 'Wittrockiana-Hybriden' Stiefmütterchen	alle Farben, ein- oder zweifarbig, ab III/IV, 10 cm	Frühbeet, VI	IX oder III/IV, 15 bis 20	Anspruchslos, jeder nicht zu nasse oder zu trockene Gartenboden, volle Sonne ist günstiger als Halbschatten. Winterschutz aus Reisig ist vor allem bei Barfrost zu empfehlen. Gute Wirkung als großflächige Pflanzung. Zweijährig, deshalb Vorkultur erforderlich.
Zinnia Zinnie, 1. *angustifolia*, Gartensorten, 2. *elegans*, Gartensorten	1. braunrot mit gelb, 2. alle Farben außer rein blauen, 1. und 2. ab VII, 30 bis 80	Frühbeet, A. IV	E. V, 20 × 20 bis 30 × 30	Humoser, warmer, nahrhafter Gartenboden. In naßkalten Jahren empfindlich gegen Pilzkrankheiten. Möglichst jährlich die Standorte wechseln. Schöne Schnittblume für bunte Sommersträuße.

Balkonpflanzen

Botanischer Name Deutscher Name Standort	a) Pflanzzeit b) Blühbeginn (Monat) c) Pflanzenbedarf (St./lfm)	Bodenansprüche und besondere Hinweise
Ageratum houstonianum Leberbalsam	a) E. V b) E. V c) 5 bis 6	Leichter, humoser Boden, etwas geschützter Standort. Blüht fast bis zum Frost, wenn man die verblühten Blumen laufend entfernt. Blütenfarbe blau in verschiedenen Tönungen.
Begonia-Semperflorens-Hybriden Begonie, Eisbegonie	a) nach M. V b) E. V c) 5 bis 7	Leichter, stark humoser Boden, absonnig ist besser als vollsonnig, also für die Südseite weniger geeignet, es sei denn, man sorge immer für ausreichend feuchten Boden. Weiße, rosa und rote Farben.
Begonia-Knollenbegonien-Hybriden	a) E. V b) VI c) 4 bis 5	Leichter, nährstoffreicher Humusboden. Am schönsten in halbschattiger, aber nicht windiger Lage. Blüten rot, orange, gelb, weiß, einfach gefranst oder mehr oder weniger gefüllt. Überwinterung der Knollen frostfrei bei 10 bis 12 °C, in trockenem Torf.
Coreopsis tinctoria Schöngesicht	a) Aussaat E. IV b) VII c) 6 bis 7	Man sät Coreopsis gleich in den Balkonkasten und vereinzelt dann auf etwa 15 cm Abstand. Geeignet sind vor allem die niedrigeren Sorten, goldgelb, auch mit rot blühend. Jeder leichte, etwas humose Boden ist geeignet. Der Flor kann bis August anhalten. Bevorzugt Sonne.
Dahlia-Hybriden Dahlie, nur Mignon-Dahlien	a) nach M. V b) E. VI c) 4 bis 5	Auch von den Mignon-Dahlien kann man nur niedrige Sorten pflanzen. Auch Aussaat an Ort und Stelle ist möglich, A. V. Sehr anspruchslos an den Boden, aber mit fortschreitender Entwicklung ist der Wasserbedarf steigend, evtl. auch Zusatzdüngung nötig. Lieben sonnigen Stand. Das Ausbrechen der verblühten Blumen verlängert den Flor wesentlich. Überwinterung siehe Ratschlag 1933. Im kommenden Jahr nur Teilstücke mit je 1 bis 2 Trieben pflanzen.
Dianthus caryophyllus-Hybride Gebirgshängenelke	a) E. IV b) VI c) 3 bis 5	Nur für Gebiete mit größerer Luftfeuchtigkeit, Großstadtluft mögen sie nicht. Obwohl Sonne vertragend, sollte man sie besser für Ost- oder Westlagen verwenden. Sie gedeihen am besten in leichtem, humosem (aber nicht saurem) Boden. Frostfrei und hell überwintern, alle 2 bis 3 Jahre erneuern.
Dorotheanthus bellidiformis Mittagsblume	a) nach M. V b) VI c) 7 bis 8	Verlangt warmen, sandig-humosen Boden, vollsonnigen Stand. Hält man sie zu feucht, faulen sie leicht. Blühen in bunter Mischung von weiß, gelb, orange, rosa und karminrot. Nur bei ganz armem Boden vorsichtig düngen.
Fuchsia -Hybriden Fuchsie	a) E. V b) E. V/A. VI c) 4 bis 5	Fuchsien bevorzugen halbschattigen Standort, vertragen auch volle Sonne, jedoch keinen heißen, trockenen Platz (windig oder vor hellen Wänden). Sie gedeihen am besten in leichten, humosen Böden, die ausreichend feucht gehalten werden müssen. Überwinterung bei +5 °C im Keller (dürfen nicht austrocknen). Besonders geeignet sind Hängefuchsien.
Hedera helix Efeu	a) IV b) – c) 3 bis 4	Wertvoll, weil Sonne und tieferen Schatten vertragend. Größere Blumenkästen mit nahrhafter Erde auf den Balkon-Boden stellen und den Efeu an Gestellen oder an der Wand hochziehen (hält sich mit Haftscheiben selbst fest). Für ausreichend Feuchtigkeit sorgen! An wind- und sonnengeschütztem Standort die Erde mit Torf vor Austrocknen schützen und den Efeu über Winter stehen lassen. Anderenfalls frostfrei überwintern.

Botanischer Name Deutscher Name Standort	a) Pflanzzeit b) Blühbeginn (Monat) c) Pflanzenbedarf (St./lfm)	Bodenansprüche und besondere Hinweise
Impatiens walleriana Fleißiges Lieschen	a) nach M. V b) VI c) 5 bis 6	Humoser, nahrhafter Gartenboden. Halbschattig gedeihen die Pflanzen am besten. Für ausreichend Feuchtigkeit ist zu sorgen. Überwinterung von Mutterpflanzen bei + 10 °C (vorsichtig gießen), Vermehrung durch Stecklinge im Frühjahr leicht in sandig-humoser Erde. Auch Aussaat im April unter Glas.
Lobelia erinus Lobelie, Männertreu	a) nach M. V b) E. V c) 7 bis 9	Durchlässiger, humoser Gartenboden, keine besonderen Ansprüche. Am geeignetsten sind die rankenden Sorten, Trieblängen bis 30 cm. Blütenfarbe meist blau, daher am besten in Mischpflanzung mit andersfarbigen Balkonpflanzen.
Myosotis alpestris (= *sylvatica*) Vergißmeinnicht	a) IV b) A. V c) 5	Entwickelt sich am besten in humosem, nahrhaftem Boden, der immer feucht gehalten werden muß. Leichter Halbschatten ist gut geeignet, an vollsonnigem Stand verblühen sie sehr schnell. Mischpflanzung mit anderen Gattungen ist auch bei diesen blau blühenden Balkonpflanzen zu empfehlen.
Nemesia-Strumosa -Hybriden Nemesie	a) nach M. V b) VI c) 7 bis 8	Wachsen am besten in leichtem, humosem Boden, der ausreichend gewässert wird. Standort möglichst sonnig, geschützt. Bunte Pastellfarben von weiß über gelb bis orange und rot, auch blau sind diesen zierlichen Blühern zu eigen. Man pflanzt sie besser getrennt von anderen Balkonpflanzen. Nach der ersten Blütezeit zurückschneiden, blühen dann ein zweites Mal.
Pelargonium -Peltatum -Hybriden Hänge-Geranien	a) M. V b) E. V c) 4	Anspruchslos, jeder etwas lockere und nahrhafte Boden ist geeignet. Bevorzugen Sonne. Um Bruchgefahr zu vermindern, schräg einpflanzen. Blütenfarben sind rosa, lachs und rot. Nicht die Sorten durcheinander pflanzen! Überwinterung frostfrei in einem hellen Raum bei 4 bis 6 °C.
Petunia -Hybriden Petunie	a) nach M. V b) E. V c) 4 bis 5	Anspruchslos, jeder leichte, humose Gartenboden ist geeignet. Sie wachsen sogar in reinem Torf, wenn mineralischer Dünger untergemischt ist. Im Sommer sind ausreichendes Wässern und zusätzliche Düngegaben von großem Einfluß auf Wachstum und Blühwilligkeit. Sonniger Stand ist günstig. Blütenfarben von weiß zu rosa und rot sowie blauviolett, auch zweifarbig. Sehr schön auch die Hängepetunien.
Tropaeolum majus Kapuzinerkresse	a) Aussaat A. V b) VI c) alle 15 bis 20 cm 3 bis 4 Korn legen	Nur die kräftigsten Jungpflanzen stehen lassen. Jeder nicht zu mastige Boden ist geeignet. Die rankenden Formen müssen laufend an ein Gerüst angebunden werden, für windige Plätze eignen sie sich nicht. Da eignen sich besser die buschig wachsenden Sorten. Volle Sonne ist besser, absonnig wird noch vertragen. Blütenfarben gelb, orange, rot.
Verbena -Hybriden Eisenkraut	a) M. V b) E. VI c) 5 bis 6	Verlangt durchlässigen, leichten Boden und warmen Standort. Werden sie zu naß gehalten, gedeihen sie schlecht. Verblühte Blumen soll man laufend entfernen, um die Blütezeit zu verlängern. Blütenfarben weiß, rosa bis scharlachrot, auch blau. Die niedrigen Sorten sind am geeignetsten.

Zimmerpflanzen

Botanischer Name Deutscher Name Heimat	Temperatur- und Lichtansprüche Blütezeit	Pflege- und sonstige Hinweise
Adiantum Haarfarn, Tropische Gebiete	12 bis 22 °C verlangt viel Licht	Vermehrung erfolgt in Gärtnereien durch Sporen. Größere Pflanzen kann man selbst teilen (Frühjahr). *Adiantum* ist ein schön gefiederter Farn mit hohem Schmuckwert. Kulturerde:Lauberde, Torf, Sand = 3:1:1. Verlangt hohe Luftfeuchtigkeit.
Aechmea Lanzenrosette, Tropisches Südamerika	12 bis 22 °C braucht nicht den hellsten Platz Sommer	Buntblättrige Ananasgewächse von großer Haltbarkeit. Besonders schön sind *A. fasciata* und *A. comata* 'Makoyana'. Neben der Wirkung als Blattschmuckpflanze haben beide sehr lange haltbare schöne Blütenstände. Beste Temperaturen 15 bis 18 °C. Kulturerde: Lauberde, Torf, Sand = 3:1:1.
Agave Agave, Mittelamerika	5 bis 10 °C verlangt viel Licht	Agaven sind Wüstengewächse. Darum müssen sie bei uns im Winter fast trocken gehalten werden. Als Wintertemperaturen genügen 5 bis 8 °C. Buntblättrige Formen sind am schönsten und wachsen auch nicht so wuchtig. Verpflanzen nur alle 2 bis 3 Jahre in Komposterde, Torf, Sand = 4:1:1. Vermehren durch Seitensprosse. Im Sommer als Kübelpflanze für den Hausgarten geeignet.
Aglaonema Kolbenfaden, Ostindien	18 bis 22 °C muß nicht am Fenster stehen	Vertragen keine direkte Sonne, aber hellen Standort. Bei Temperaturen unter 16 °C werden sie krank. Für gleichmäßige Feuchtigkeit – aber keine stauende Nässe – muß gesorgt werden. Zieren durch ihren Blattschmuck. Kultursubstrat: Lauberde, Torf, Sand = 2:1:1.
Aloe Aloe, Südliches Afrika	12 bis 18 °C verlangt viel Licht	Aloe dürfen wärmer stehen als Agaven (12 bis 15 °C). Vertragen trokkene Luft. Nur im Sommer viel Wasser. Im Winter fast trocken. Kulturerde wie Agaven. Nicht zu große Töpfe verwenden. *A. variegata*, *A. aristata* und *A. ferox* sind die schönsten. Vermehrung durch Seitensprosse.
Anthurium Flamingoblume, Tropisches Südamerika	18 bis 22 °C braucht nicht den hellsten Platz I/IV	Schon bei Temperaturen unter 15 °C kommt es zu Schäden an der Pflanze. Wollen hellen Standort, vertragen aber keine direkte Sonne. Gute Topfdrainage ist erforderlich. Feuchte Luft durch Übersprühen. Im Winter wenig gießen. Kultur in reinem Moostorf oder Lauberde, Sphagnum, Torf = 1:1:1. Vermehrung und Umpflanzen soll man besser den Gärtnern überlassen.
Aphelandra Glanzkölbchen, Subtropisches Amerika	18 bis 22 °C verlangt viel Licht	Im Winter muß das Glanzkölbchen recht hell stehen und nicht unter 15 °C. Man muß für ausreichend Feuchtigkeit sorgen. Nur nach der Blüte können sie etwas trockener stehen, man kann aber auch durchkultivieren. Am schönsten sind die Formen von *A. squarrosa* mit silbergezeichneten Blättern. Kulturerde: Lauberde, Torf, Sand = 2:2:1.
Araucaria Zimmertanne, Norfolkinsel	5 bis 18 °C braucht nicht den hellsten Platz	Zimmertannen dürfen im Winter nicht zu warm stehen, die Temperaturen sollen dann etwa 3 bis 10 °C betragen. In dieser Zeit nur mäßig gießen, aber ab und zu übersprühen. Im Sommer stehen sie am besten im Freien oder in einem ständig gelüfteten Zimmer, dürfen aber nicht der direkten Sonne ausgesetzt werden. Dann ist auf gleichmäßige Feuchtigkeit zu achten. Kulturerde: Lauberde, Torf, Sand = 2:1:1.
Asparagus Zierspargel, Südafrika	12 bis 22 °C braucht nicht den hellsten Platz	1. *A. densiflorus* 'Sprengeri' anpassungsfähig, anspruchslos. Günstig ist eine Ruhezeit von November bis Anfang März, wo die Pflanzen kühler (8 bis 10 °C) und etwas trockener gehalten werden. Sie treiben danach um so besser wieder mit frischem Grün aus. Nicht für sehr warme Räume! 2. *A. setaceus* (= *plumosus*), anspruchsvoller, verlangt feuchtere Luft, etwas Schatten und mehr Wärme. Winterliche Ruhezeit bei etwa 15 °C. Beide Arten am besten im Frühjahr vor Neuaustrieb umpflanzen. Kulturerde: Komposterde, Torf, Sand = 4:2:1.

Botanischer Name Deutscher Name Heimat	Temperatur- und Lichtansprüche Blütezeit	Pflege- und sonstige Hinweise
Asplenium nidus Nestfarn, Tropisches Asien	12 bis 22 °C muß nicht am Fenster stehen	Die optimale Temperatur liegt bei 18 bis 22 °C. Vor allem ist für ausreichende Luftfeuchtigkeit zu sorgen, daher hält man sie am besten im Pflanzenfenster. Häufiges Austrocknen sowie stauende Nässe verträgt der Nestfarn nicht. Kulturerde: Laub, Torf, Sand = 4:2:1, wenn möglich mit Zusatz von Sphagnum.
Begonia Schiefblatt, Tropen und Subtropen	12 bis 22 °C muß nicht am Fenster stehen	Viele Arten und Sorten, Blüten- und Blattpflanzen, auch buntblättrige. Direkte Sonne vertragen sie nicht. Ruhezeit im Winter, dann nur mäßig warm und feucht halten. Ein Teil der älteren Blätter fällt in dieser Zeit ab. Beste Zeit zum Umpflanzen ist Ende März. Kulturerde: Lauberde, Torf, Sand = 3:1:1.
Billbergia Billbergie, Brasilien	12 bis 22 °C muß nicht am Fenster stehen I/III	Viele Arten und Hybriden, oft mit bunt gezeichneten Blättern, deren Lichtbedürfnis größer als das der grünblättrigen ist. Bevorzugt für Temperaturen von 18 bis 20 °C. Vorübergehend kann die Temperatur auf 12 bis 15 °C absinken, doch nicht allzu lange. Im Winter etwas weniger Wasser geben. Kulturerde: grobe Lauberde, Torf, Sand = 3:1:1, die empfindlicheren Arten benötigen außerdem einen Teil Sphagnum (Sumpfmoos) dazu.
Calceolaria Pantoffelblume, Südamerika	5 bis 18 °C verlangt viel Licht III/V	Die verschiedenen Rassen der Pantoffelblumen werden nur einjährig gezogen. Hohe Temperaturen beschleunigen die Blüte, aber auch das Längenwachstum. Es ist besser, sie etwas kühler und gedrungener zu halten. Anzucht nur in Gärtnereien.
Camellia Kamellie, Japan	5 bis 18 °C verlangt viel Licht I/III	Verlangen einen hellen Standort, aber im Sommer keine volle Sonne. Brauchen viel Wasser. Wenn der Jahrestrieb abschließt (Juni/Juli), nur spritzen, nicht gießen. Erst nach Knospenansatz wieder normal gießen. Bei Lufttrockenheit Knospenabfall. Bis zur Blütenentfaltung möglichst kühl stellen (8 bis 10 °C). Verpflanzen nur alle zwei Jahre in sandige Torf- oder Moorerde. Vermehrung besser in Gärtnereien.
Campanula Glockenblume, Mittelmeergebiet	5 bis 18 °C verlangt viel Licht V/VIII	Anspruchslose Hängepflanze. Im Winter ganz wenig Wasser und 10 bis 12 °C. Im übrigen recht hell und luftig. Verpflanzen bei Neuaustrieb im Frühjahr in lehmige Komposterde, Torf, Sand = 3:1:1. Vermehrung im Sommer leicht durch Stecklinge oder Teilen.
Chlorophytum Grünlilie, Südafrika	12 bis 22 °C braucht nicht den hellsten Platz	Schön sind nur die Formen mit gelb oder weiß gestreiften Blättern. Temperaturen im Winter nicht unter 12 °C. Im übrigen anspruchslos. Kulturerde: Kompost-, Lauberde, Torf, Sand = 2:2:1:1. Vermehrung leicht durch Ausläuferpflanzen.
Cissus Klimme, Australien, Djawa	1. 5 bis 18 °C braucht nicht den hellsten Platz 2. 18 bis 22 °C verlangt viel Licht	1. *antarctica*, Russischer Wein, stark rankend, auch schön am Spalier gezogen. Optimale Temperatur 12 bis 15 °C im Winter, verträgt aber auch bis 20 °C, Mindesttemperatur 5 °C. Im Winter nur mäßig gießen. 2. *discolor*, farbig marmorierte Blätter, rankend. Nur für warme Räume, bis 25 °C. Leidet unter zu trockener Luft. Bei Laubfall warm und etwas trocken überwintern, treibt unter günstigen Bedingungen im Frühjahr wieder aus. Kulturerde: Lauberde, Torf, Sand = 3:1:1.
Clivia Clivie, Südafrika	5 bis 10 °C muß nicht am Fenster stehen II/III	Während der Vegetationszeit im Frühjahr und Sommer für ausreichend Feuchtigkeit sorgen, sie können dann auch etwas wärmer stehen, bis 20 °C. Im Herbst brauchen sie eine Ruheperiode mit ganz wenig Wasser. Verpflanzen nur alle 2 bis 3 Jahre. Kulturerde: Komposterde, Torf, Sand = 3:1:1. Vermehrung leicht durch Abtrennen der Seitensprosse.
Coffea Kaffebaum, Afrika	12 bis 22 °C verlangt viel Licht VIII/X	Weiße Blüten und rote Früchte. Im Sommer reichlich wässern, im Winter nur mäßig. Temperaturen von 16 °C sind ausreichend. Nur sehr frischer Samen keimt, Aussaat warm in sandig-humoser Erde. Später in kräftigere Erde pflanzen, Lauberde, Lehm, Torf, Sand = 3:1:1:1.

Botanischer Name Deutscher Name Heimat	Temperatur- und Lichtansprüche Blütezeit	Pflege- und sonstige Hinweise
Coleus Buntnessel, Tropisches Afrika und Asien	12 bis 18 °C verlangt viel Licht	Möglichst hell halten, bei schattigem Stand verblaßt die intensive bunte Färbung der Blätter. Mäßig feucht halten, vertragen keine stauende Nässe. Kulturerde: Lauberde, Torf, Sand = 3:1:1.
Columnea Columnee, Tropisches Amerika	12 bis 22 °C braucht nicht den hellsten Platz I/IV	Ampelpflanze, sowohl Blüten- als auch Blattpflanze. Im Sommer reichlich wässern, sonst nur mäßig. Beim Gießen das Benetzen der Blätter vermeiden, da es sonst häßliche Flecken gibt. Um einen guten Blütenansatz zu erreichen, muß man die Pflanzen im Herbst kühler halten (8 bis 12 °C). Durch entsprechende Kulturmaßnahmen kann man die Blütezeit auch auf den Sommer verlegen. Kulturerde: Kompost- oder Lauberde, Torf, Sand = 3:1:1.
Cryptanthus Cryptanthus, Brasilien	12 bis 22 °C muß nicht am Fenster stehen	Buntblättrige Formen wollen warm stehen und auch heller als die grünen. Erde und Pflegemaßnahmen wie Billbergien. Am besten zu mehreren in flache Schalen pflanzen. Vermehren durch Seitensprosse.
Cyperus Cypergras, Madagaskar	12 bis 22 °C braucht nicht den hellsten Platz	Verträgt im Winter trockene Zimmerluft. Der Topfuntersetzer muß aber immer voll Wasser sein. Eignet sich auch für Aquarien. Die Blattschöpfe, auf Wasser gelegt, treiben Wurzeln. Kulturerde: Kompost-, Lauberde, Torf, Sand = 2:2:1:1.
Cyclamen Alpenveilchen, Griechenland	12 bis 18 °C verlangt viel Licht X/II	Je wärmer Alpenveilchen stehen, um so heller muß der Standort sein. Am besten halten sie sich zwischen Doppelfenstern oder am Fenster bei 12 bis 15 °C. Kulturerde: Laub, Torf, Sand = 4:1:1. Nach der Blüte langsamer Wasserentzug. Ab Juni wieder gießen. Im Winter richtet sich das Gießen nach der Raumtemperatur. Im ganzen mäßig. Im Untersetzer darf kein Wasser stehen bleiben.
Dieffenbachia Dieffenbachie, Tropisches Amerika	18 bis 22 °C braucht nicht den hellsten Platz	Dieffenbachien sind sehr haltbare und schnellwachsende Zimmerpflanzen mit meist weiß bis silbern gefleckten Blättern. Die Raumtemperaturen aber nicht unter 15 °C sinken lassen. Brauchen im Sommer viel Nährstoffe. Der Wasserbedarf ist Sommer und Winter groß. Kulturerde: Lauberde, Torf, Sand = 2:2:1. Vermehrung in Gärtnereien (Kopf- und Stammstecklinge).
Echeveria Echeverie, Mexiko	5 bis 18 °C verlangt viel Licht Frühjahr oder Sommer	Besonders schön die bereiften und die zweifarbigen Arten. Im Winter Ruhezeit bei 6 bis 8 °C, sonst 10 bis 12 °C. Immer nur mäßig wässern, im Sommer reichlich lüften. Kulturerde: Lauberde (oder Kompost), Lehm, Torf, Sand = 2:2:1:1. Vermehrung leicht durch Blattstecklinge oder Seitensprosse.
Euphorbia Weihnachts- stern, Mexiko	12 bis 22 °C braucht nicht den hellsten Platz XII	*Pulcherrima*, auch Poisettie oder Adventsstern genannt. Besonders zieren die roten Hochblätter. Während der Blütezeit reichlich gießen, aber stauende Nässe vermeiden, da sonst Blattabfall. Kulturerde: Lauberde, Torf, Sand = 4:1:1.
Fatshedera Efeuaralie, Hybride	5 bis 18 °C braucht nicht den hellsten Platz	Die Efeuaralie ist eine Kreuzung zwischen der Aralie und dem Efeu. Optimale Temperatur sind 12 bis 15 °C. Für Räume mit großer Lufttrokkenheit ungeeignet. Im Winter nur mäßig gießen. Kulturerde: Komposterde, Torf, Sand = 4:1:1. Besonders schön die buntblättrige Form.
Fatsia Aralie, Japan	5 bis 18 °C verlangt viel Licht	Aralien müssen im Winter sehr hell stehen, sonst leidet die Wuchsform. Als Wintertemperaturen genügen 8 bis 10 °C, höher als 15 °C dürfen sie nicht gehen. Im Winter nur mäßig gießen, dafür im Sommer reichlich. In der Wachstumszeit mit stickstoffreichen Nährlösungen gießen. Kulturerde wie Agave. Vermehrung in Gärtnereien durch Aussaat.

Botanischer Name Deutscher Name Heimat	Temperatur- und Lichtansprüche Blütezeit	Pflege- und sonstige Hinweise
Ficus Gummibaum, Tropisches Asien	12 bis 22 °C braucht nicht den hellsten Platz	Neben dem üblichen Gummibaum gibt es auch hängende bzw. kletternde Arten mit grünen und weißbunten Blättern. *F. rubiginosa* verlangt nur 12 bis 15 °C im Winter. Alle anderen 18 bis 20 °C. Im Winter alle wenig gießen. Erde wie Dieffenbachie. Vermehrung durch Stecklinge.
Fittonia Fittonie, Peru	18 bis 22 °C muß nicht am Fenster stehen	Hängepflanzen mit schönem Blattschmuck. Es gibt Arten mit silberner und roter Aderung. Temperaturen dürfen im Winter nicht unter 16 °C sinken. Vertragen keine trockene Luft. Darum mehr für geschlossene Pflanzenfenster geeignet. Für gleichmäßige Feuchtigkeit muß gesorgt werden. Stauende Nässe wird jedoch nicht vertragen. Erde wie Dieffenbachia.
Fuchsia Fuchsie, Mittel- und Südamerika	12 bis 18 °C braucht nicht den hellsten Platz IV/IX	Bevorzugt für Plätze, an denen die Fuchsien nicht durch die Mittagssonne zu warm stehen. Im Winter können sie jedoch hell bei optimalen Temperaturen von 12 bis 15 °C gehalten werden. Kulturerde: Lauberde, Torf, Sand = 3:2:1. Im Sommer Verwendung als Balkonpflanze, siehe Sonderliste „Balkonpflanzen" S. 444.
Gasteria Gasterie, Südafrika	5 bis 18 °C braucht nicht den hellsten Platz	Gasterien sind sehr haltbare Zimmerpflanzen, die trockene Luft und auch Temperaturschwankungen gut vertragen. Es genügen ihnen 10 bis 12 °C, im Winter auch weniger, dann trockener stehen lassen. *G. verrucosa* mit silbrigen Warzen auf den Blättern.
Hedera Efeu, Europa	5 bis 18 °C braucht nicht den hellsten Platz	Kletterpflanzen mit schmückendem Blattwerk. Halbschattig gedeihen sie am besten, optimale Temperaturen zwischen 10 und 15 °C, sind aber auch unter weniger guten Bedingungen noch gute Zimmerpflanzen, vor allem die Sorte 'Gloire de Marengo'. Auch unter Lichtmangel gedeihen sie noch gut, nur zu trockene Luft sagt ihnen nicht zu. Für ausreichend Feuchtigkeit ist immer zu sorgen. Vermehrung leicht durch Stecklinge.
Hibiscus Eibisch, Ostindien, China	12 bis 22 °C braucht nicht den hellsten Platz V/XI	*H. rosa sinensis* 'Cooperi', buntblättrig, eine schöne Blatt- und Blütenpflanze. Blüten erscheinen immer nur vereinzelt. Muß hell stehen, damit sich die bunten Blätter ausfärben, vor der heißen Mittagssonne der Sommermonate soll man sie jedoch schützen. Immer für genügend Feuchtigkeit sorgen. Im Winter haben die Pflanzen eine Ruhezeit, in der nur mäßig gewässert werden darf. Kulturerde: Lauberde, Torf, Sand = 3:1:1.
Hippeastrum Ritterstern, Peru	12 bis 22 °C verlangt viel Licht I/III	Dieses Zwiebelgewächs ist als Amaryllis allgemein bekannt. September bis Dezember Ruhezeit (völlig trocken halten). Pflanzen, die im Sommer mindestens vier normale Blätter entwickelt haben, blühen sicher. Auch in der Ruhezeit sind 16 bis 20 °C erforderlich. Kulturerde: Komposterde, Torf, Sand = 4:2:1. Vermehrung durch Brutzwiebeln.
Hoya Porzellanblume, Australien, China	12 bis 22 °C verlangt viel Licht	Altbekannte Zimmerpflanze für Topfspaliere. Im Winter 16 bis 18 °C und sehr wenig Wasser. Nach dem Abblühen verbleibende Stummel nicht entfernen. Sie bringen wieder Blütenstände hervor. Nur alle 2 bis 3 Jahre verpflanzen in Erde wie Monstera. Es gibt auch eine buntblättrige Form.
Hydrangea Hortensie, Asien	5 bis 18 °C verlangt viel Licht III/V	Im Zimmer wollen sie hell stehen. Im Sommer, nach der Blüte, kann man sie im Freien an einen geschützten Standort auspflanzen oder nur die Töpfe dort einsenken. Will man die Hortensien als Topfpflanzen weiterkultivieren, so ist vorher in größere Töpfe umzupflanzen. Kulturerde: Moorerde, Lauberde, Torf, Sand = 3:2:1:1.
Impatiens Fleißiges Lieschen, Tropisches Ostafrika	5 bis 18 °C braucht nicht den hellsten Platz Frühjahr bis Winter	Für hellen oder halbschattigen Zimmerplatz. Dauerblüher. Von März bis Oktober ausgiebig wässern, Temperatur etwa zwischen 13 und 18 °C, danach lieben die Pflanzen eine Ruhepause mit Temperaturen zwischen 7 und 13 °C, es darf dann nur mäßig gewässert werden.

Botanischer Name Deutscher Name Heimat	Temperatur- und Lichtansprüche Blütezeit	Pflege- und sonstige Hinweise
Kakteen viele Gattungen, Meist warme Trockengebiete Amerikas	5 bis 22 °C unterschiedlich, verlangen viel Licht	Große Unterschiedlichkeit der Gattungen an Gestalt, Blüte und Bedornung. Im Winter Temperaturbedarf im allgemeinen von 5 bis 10 °C, um eine bessere Blühwilligkeit zu erreichen. Während dieser Winterruhe nur wenig und sehr selten gießen. Der Lichtbedarf ist immer groß. Beste Zeit zum Umpflanzen ist der Frühling, wenn das neue Wachstum einsetzt. Möglichst wenig umtopfen, immer nur wenig größere Töpfe wählen. Kultursubstrat ist eine etwas humose, sehr stark sandige Erde. Vor dem Einpflanzen von Senkern diese an der Luft völlig abtrocknen lassen.
Kalanchoe Kalanchoe, Madagaskar, Abessinien	5 bis 18 °C verlangt viel Licht II/IV	*K. marmorata* hat grau bereifte, mit braunen Flecken bedeckte Blätter und will auch im Winter bei 8 bis 10 °C stehen. Wärmebedürftiger sind die aus *K. bloßfeldiana* hervorgegangenen Formen (16 bis 18 °C). Sie zieren vor allem durch die sehr lange haltbaren Blüten. Erde wie Agaven. Stecklinge wachsen leicht. Im Winter alle wenig Wasser.
Maranta Pfeilwurz Brasilien	18 bis 22 °C muß nicht am Fenster stehen	*M. leuconeura*, schön vor allem die Sorten 'Massangeana' und 'Kerchoveana' durch ihren Blattschmuck. Vertragen keine direkte Sonnenbestrahlung. Im Winter während der Ruhezeit weniger wässern, sonst für gleichmäßig ausreichende Feuchtigkeit sorgen. Optimale Temperaturen zwischen 18 und 22 °C. Beste Zeit zum Umpflanzen ist das Frühjahr. Kulturerde: Lauberde, Torf = 1:1.
Monstera Monstera, Mexiko	18 bis 22 °C braucht nicht den hellsten Platz	Die Monstera mit ihren geschlitzten Blättern wird meist fälschlich als Philodendron bezeichnet. Die kleinblättrige klettert stärker als die Stammform. Im Winter 18 bis 20 °C und recht oft spritzen. Kulturerde: Komposterde, Torf, Lauberde, Sand = 2:2:1:1. Vermehrung in Gärtnereien.
Neoregelia Neoregelie, Südamerika	12 bis 22 °C braucht nicht den hellsten Platz	Dieses schöne Ananasgewächs verdient als Zimmerpflanze größte Beachtung, vor allem die buntblättrigen Arten bzw. Formen. Im Winter recht hell stellen und für feuchte Luft sorgen (Blattrosetten ständig mit Wasser füllen). Beste Temperaturen 16 bis 20 °C. Kulturerde: Lauberde, Torf, Sphagnum, Sand = 3:1:1:1. Vermehrung nur in Gärtnereien.
Nephrolepis Schwertfarn, Tropische Gebiete	12 bis 22 °C braucht nicht den hellsten Platz	*N. exaltata* mit Kulturformen. Ist empfindlich gegen trockene Luft und direkte Sonneneinstrahlung. Für gleichmäßige Feuchtigkeit muß gesorgt werden. Verliert in den Wintermonaten leicht die Blätter, treibt aber im Frühjahr willig wieder aus.
Nidularium Nestbromelie, Brasilien	18 bis 22 °C braucht nicht den hellsten Platz Frühjahr	Sowohl Blatt- als auch Blütenpflanze. Optimale Temperatur 18 bis 25 °C. Empfindlich gegen direkte Sonneneinwirkung. Sonst anpassungsfähig und dauerhaft. Kulturerde: Lauberde, Torf, Sphagnum, Sand = 3:1:1:1. Vermehrung durch Kindel (Teilung).
Pandanus Schraubenbaum, Malaiische Archipel	18 bis 22 °C verlangt viel Licht, aber keine direkte Sonneneinstrahlung	Brauchen viel Licht und gleichmäßige Feuchtigkeit, Wintertemperaturen nicht unter 18 °C. Bei höheren Temperaturen auch höhere Luftfeuchtigkeit. Für Räume mit trockener Luft ungeeignet. Auch direkte Sonneneinstrahlung muß vermieden werden. Zieren durch ihr Blattwerk.
Parthenocissus Jungfernrebe, Nordamerika	12 bis 18 °C verlangt viel Licht	*P. inserta*, immergrün, rankend. Heller, aber nicht direkt sonniger Zimmerplatz und Temperaturen um 18 °C sind wichtig. Gleichmäßige Feuchtigkeit und flüssige Düngung in der Hauptwachstumszeit ebenfalls. Kulturerde: Lauberde, Torf, Sand = 3:2:1.

Botanischer Name Deutscher Name Heimat	Temperatur- und Lichtansprüche Blütezeit	Pflege- und sonstige Hinweise
Passiflora Passionsblume, Südamerika	5 bis 18 °C braucht nicht den hellsten Platz Frühjahr bis Sommer	Blütezeit ist im Frühjahr oder im Sommer. Am Spalier ziehen. Im Winter Ruhezeit, nur wenig gießen, etwa 2 Monate lang. Optimale Temperaturen dabei 12 °C, im Sommer 16 bis 18 °C. Kulturerde: Lauberde, Torf, Sand = 4:1:1. Vermehrung durch Ableger.
Pelargonium Storchschnabel, Südafrika	5 bis 18 °C braucht nicht den hellsten Platz IV/VIII	Altbekannte Zimmerpflanze. Siehe 'Balkonpflanzen'. Die sogenannten Edelpelargonien verlangen im Winter 16 bis 18 °C, aber nur wenig Wasser. Erde wie Monstera. Vermehrung durch Stecklinge im Sommer.
Peperomia Zwergpfeffer, Südamerika	12 bis 22 °C braucht nicht den hellsten Platz	Sehr dauerhafte Zimmerpflanzen. Im Winter etwas trockener halten bei etwa 14 bis 18 °C, im Sommer etwa um 21 °C, gleichmäßig feucht halten. Vertragen eher gelegentliche Trockenheit als stagnierende Nässe. Bevorzugen hellen, aber nicht vollsonnigen Zimmerplatz.
Philodendron Tropisches Amerika	18 bis 22 °C braucht nicht den hellsten Platz	Große Zahl von verschieden wachsenden Arten, aufrecht oder hängend, kletternd. Optimale Temperaturen liegen um 18 bis 20 °C. Besser für halbschattige als für sonnige Zimmerplätze. Gleichmäßig feucht halten, aber nicht naß, vertragen eher mal etwas Trockenheit als stauende Nässe. Kulturerde: Komposterde, Torf, Lauberde, Sand = 2:2:1:1.
Phönix Dattelpalme, Afrika, Vorderasien	5 bis 18 °C verlangt viel Licht	Im Sommer sollte man diese Kübelpflanze am besten ins Freie stellen, dort reichlich wässern. Im Winter frostfrei überwintern, nur mäßig gießen. Wachsen am besten in nahrhafter, humoser Erde. Zeigen schmückendes Blattwerk.
Pilea Kanonierblume, Tropisches Amerika	12 bis 22 °C verlangt viel Licht	Wintertemperaturen nicht unter 16 °C. Am schönsten ist *P. cadieri* mit breiten Silberstreifen. Im Winter recht hell stellen und wenig gießen. Erde wie Monstera. Vermehrung (Stecklinge) im Warmbeet.
Piper Pfeffer, Tropische Gebiete	12 bis 22 °C braucht nicht den hellsten Platz	Anspruchslose Hängepflanze mit schönen Blättern, allerdings ist sie gegen niedrige Temperaturen und zu trockene Luft empfindlich. Durchschnittstemperatur etwa 18 bis 20 °C. Geringer Lichtbedarf. Die Erde nur frisch halten, nicht naß. Kulturerde: Lauberde, Torf, Sand = 4:1:1. Man kann statt Lauberde auch lockeren Kompost nehmen.
Platycerium Geweihfarn, Tropisches Asien	12 bis 22 °C braucht nicht den hellsten Platz	Geweihartige Blätter. Am besten in Lattenkörbe pflanzen und hell – aber nicht sonnig – aufhängen. Direkte Sonne und ein Austrocknen vertragen sie nicht. Die Blätter beim Gießen nicht benetzen. Am schönsten ist *P. bifurcatum*. Optimale Temperatur etwa 18 bis 22 °C. Kultursubstrat muß sehr durchlässig sein, grober Torf, halbverrottete Lauberde, Sphagnum (Sumpfmoos) und etwas Sand. Keine winterliche Ruhezeit. Für Düngung dankbar.
Primula Primel, China	5 bis 22 °C braucht nicht den hellsten Platz I/IV	Haltbar und ausdauernd ist nur *P. obconica* im Zimmer. Alle anderen nur mehr oder weniger einjährig. Die genannte Art blüht bei sehr hellem Standort auch im Winter. Direkte Sonne verträgt sie aber nicht. Erde muß sehr gut verrottet sein (Komposterde, Torf, Sand = 3:1:1). Vermehrung durch Aussaat nur in Gärtnereien.
Pteris Saumfarn, Tropen und Subtropen	12 bis 18 °C muß nicht am Fenster stehen	Dieser Farn ist sehr gut haltbar. Direkte Sonne verträgt er nicht. Am härtesten ist *P. cretica* mit ihren Formen (auch weißbunt). Wintertemperaturen 16 bis 18 °C. Erde wie Alpenveilchen. Vermehrung durch Teilung.
Rhaphidophora (jetzt **Epipremnum**) Efeutute, Malaiisches Gebiet	18 bis 22 °C muß nicht am Fenster stehen	*R. aurea*, sehr dankbare Hängepflanze mit gelb- oder weißgefleckten Blättern. Am besten hält man sie halbschattig, vor allem nicht zu kühl. Die weißbunte Form 'Marble Queen' ist nicht so stark wachsend und etwas empfindlicher. Kulturerde: Lauberde, Torf, Sand = 2:2:1. (R. aurea ist neuerdings in Epipremnum aureum umbenannt worden.)

Botanischer Name Deutscher Name Heimat	Temperatur- und Lichtansprüche Blütezeit	Pflege- und sonstige Hinweise
Rhododendron Zimmerazalee, Ostasien	5 bis 18 °C braucht nicht den hellsten Platz I/IV	Simsii-Hybriden, brauchen im Winter sehr viel Wasser und dürfen nie ganz trocken werden. Je kühler sie im Winter stehen, um so länger blühen sie. Im Sommer recht luftig und hell im Zimmer oder im Freien halbschattig aufstellen bzw. in die Erde einsenken. Immer für ausreichend Feuchtigkeit sorgen. Saure Kulturerde aus grober Waldhumuserde oder Heideerde mit Torf.
Rhipsalidopsis Osterkaktus Brasilien	5 bis 18 °C braucht nicht den hellsten Platz IV	Im Sommer ist die Hauptwachstumszeit. Im Winter mindestens fünf Wochen kühl halten (etwa 10 °C), dann etwas wärmer stellen. Man kann die Pflanzen hell, aber nicht vollsonnig stellen. Vorsichtig wässern, gegen zu große Nässe empfindlich. Vermehrung leicht durch abgetrennte Glieder, die nicht zu weich oder zu hart sein dürfen. Durchlässige Erde.
Saintpaulia Usambara- veilchen, Usambara- gebirge	12 bis 22 °C braucht nicht den hellsten Platz III/V oder VI/IX	Das Usambaraveilchen darf wohl hell stehen, aber nicht sonnig. Wintertemperaturen 16 bis 20 °C. Verträgt trockene Luft nicht gut. Erde wie Alpenveilchen. Vermehrung nur in Gärtnereien.
Sanchezia Sanchezie, Tropisches Amerika	11 bis 22 °C braucht nicht den hellsten Platz	Sehr schön sind die buntblättrigen Formen, doch brauchen sie sehr viel Luftfeuchtigkeit und sind mehr für geschlossene Pflanzenfenster geeignet. Optimale Temperatur bei 18 bis 22 °C. Große Temperaturschwankungen werden nicht vertragen. Gleichmäßig feucht, aber nicht naß halten. Prallsonne sagt ihnen nicht zu. Kulturerde: Lauberde, Torf, Sand = 4:1:1.
Sanseveria Bogenhanf, Mittelafrika, Indien	12 bis 22 °C braucht nicht den hellsten Platz	Sehr dauerhafte Zimmerpflanzen, die gut trockene Luft vertragen. Gut geeignet auch für Hydrokultur. Stehen gern hell, doch nicht in der Prallsonne. Im Winter wollen sie trockener stehen, die Temperatur sollte nicht unter 16 °C sein. Keinesfalls darf man sie kühl und feucht halten. Kulturerde: Kompost-, Lauberde, Torf, Sand = 2:2:1:1. Vermehrung leicht durch Rhizome möglich.
Saxifraga Judenbart, Ostasien	5 bis 18 °C braucht nicht den hellsten Platz	*S. stolonifera* wird durch die vielen Ausläuferpflanzen zur Hängepflanze. Es genügen Temperaturen von 10 bis 15 °C, nur die Form 'Tricolor' (Blätter dreifarbig) will etwas wärmer stehen, etwa 15 bis 18 °C. Anpassungsfähig bei den Lichtverhältnissen, jedoch mögen sie keine große Wärme mit trockener Luft. Vermehrung leicht durch die Ausläufer. Kulturerde: Lauberde oder Komposterde, Torf, Sand = 4:1:1.
Senecio Cinerarie, Kanarische Inseln	5 bis 18 °C verlangt viel Licht II/IV	Im Volksmund auch Lauseblume genannt. Die Cinerarien-Hybriden sind zwar mehrjährig, doch lohnt keine Weiterkultur. Vermehrung durch Aussaat in Gärtnereien.
Sinningia Gloxinie, Südamerika	12 bis 22 °C muß nicht am Fenster stehen V/VII	Vertragen keine direkte Sonne. Vorsichtig wässern, die Blätter sollen trocken bleiben. Diese schönen Blütenpflanzen läßt man nach der Blütezeit durch langsamen Wasserentzug einziehen. Die Knollen trocken im Torf überwintern (15 bis 18 °C). Bei Triebbeginn recht hell stellen. Erde wie bei Alpenveilchen angegeben. Vermehrung (Aussaat) nur in Gärtnereien.
Streptocarpus Drehfrucht, Südafrika	12 bis 22 °C muß nicht am Fenster stehen V/IX	Die Drehfrucht gehört zu den haltbarsten Blütenpflanzen. Sie läßt sich in jedem Jahre leicht zum Blühen bringen. Nach der Blütezeit macht sie bis etwa Februar eine Ruhezeit durch, in der sie nur sehr spärlich mit Wasser versorgt wird. Dann umtopfen in Kompost-, Lauberde, Torf, Sand = 2:2:1:1. Vermehrung durch Aussaat.
Syngonium Syngonium, Mittel- amerika	18 bis 22 °C braucht nicht den hellsten Platz	Aufrechte, hängende oder kletternde Formen, auch buntblättrig. Optimale Temperatur ist etwa 20 bis 22 °C, kurzfristig vertragen sie auch niedrigere Temperaturen. Vollsonnige Zimmerplätze vertragen sie nicht. Gleichmäßig feucht halten. Kulturerde wie bei Monstera.

Botanischer Name Deutscher Name Heimat	Temperatur- und Lichtansprüche Blütezeit	Pflege- und sonstige Hinweise
Tradescantia Tradeskantie, Südamerika	12 bis 22 °C verlangt viel Licht	Die grünblättrigen Formen vertragen Schatten, die buntblättrigen färben sich am besten bei viel Licht. Beste Temperatur ist etwa 15 bis 18 °C, da sie aber sehr anpassungsfähig sind, wachsen sie auch gut bei weniger optimalen Temperaturen. Ampelpflanzen. Vermehrung leicht durch Senker oder Stecklinge. Kulturerde: Komposterde, Torf, Sand = 3:1:1.
Vallota Vallote, Südafrika	12 bis 22 °C verlangt viel Licht Sommer oder Herbst	Im Winter 10 bis 15 °C und ganz wenig Wasser (aber nicht ganz trocken). Blütenstand wie Ritterstern, aber mit kleineren Einzelblüten (rot). Erde und Vermehrung wie Ritterstern (Hippeastrum).
Vriesea Vriesea, Brasilien	12 bis 22 °C braucht nicht den hellsten Platz Sommer	Die meisten Arten sind zugleich schöne Blüten- und Blattpflanzen. Mindesttemperaturen etwa 15 bis 20 °C. Bevorzugt für helle Standorte, aber nicht in voller Sonne. Die Blatttrichter sollen stets mit Wasser gefüllt sein. Kulturerde: Grobe (halbverrottete) Lauberde, Torf, Sand = 3:1:1. Besonders schön und wenig anspruchsvoll ist *V. splendens.*
Zebrina Zebra- tradeskantie	12 bis 22 °C braucht nicht den hellsten Platz	Rankende Pflanzen mit zierenden Blättern. Sind den Tradeskantien sehr ähnlich, äußerlich und in ihrer Kultur, nur bevorzugen sie etwas wärmere Plätze. (Kultur siehe bei *Trandescantia*).
Zygocactus Weihnachts- kaktus, Glieder- kaktus, Brasilien	12 bis 22 °C braucht nicht den hellsten Platz XI/I	Besonders geeignet für helle, aber nicht vollsonnige Standorte. Nach der Blüte kühler und trockener halten. Ab Ende März kann umgetopft werden, anschließend wieder etwas reichlicher wässern, aber nicht zu naß halten! Von August bis Oktober brauchen die Pflanzen eine zweite Ruheperiode, in der sie weniger Wasser und Licht brauchen. Pflanzenstellungen nicht verändern, sonst werfen sie die Knospen ab. Vermehrung leicht durch abgetrennte, nicht zu weiche oder zu harte Glieder. Durchlässiger, leicht humoser und leicht saurer Boden ist zu empfehlen.

Die wichtigsten Orchideen für das Blumenfenster

(bei sorgsamer Pflege teilweise für Kultur im Zimmer geeignet)

Botanischer Name	Winter- tempe- raturen	Blütezeit	Ruhezeit	Allgemeines
Coelogyne cristata	10 bis 12 °C	I bis IV	X bis XII	Leichtes Schrumpfen der Scheinbulben während der Ruhe schadet nicht.
Cymbidium lowianum	12 bis 15 °C	III bis V	X bis III	Im Winter Pflanzstoff nur durch Besprühen leicht anfeuchten.
Laelia pumila	15 bis 18 °C	IX bis X	XI bis II	Schrumpfen der Scheinbulben ist durch feines Übersprühen während der Ruhezeit zu verhindern.
Lycaste skinneri	12 bis 15 °C	XI bis III	Nach der Blüte	Sobald die Blätter abfallen, nur wie bei Laelia für Feuchtigkeit sorgen.
Odontoglossum grande	12 bis 15 °C	IX bis XII	XII bis III	Auch während der Ruhe nicht ganz trocken halten. Siehe Laelia.
– cirrhosum	15 bis 18 °C	IV bis VI	X bis Blühbeginn	Während der Ruhe ganz trocken halten. Erst beim Erscheinen der Blütentriebe mit Gießen beginnen.
Paphiopedilum callosum **– insigne** **– villosum**	15 bis 18 °C 12 bis 15 °C 15 bis 18 °C	II bis III XII bis III XII bis IV		Pflanzstoff nie stark austrocknen lassen. Das wird im Winter durch Übersprühen verhindert. Wasser darf nicht zwischen die Blätter gelangen.
Stanhopea hernandezii (trigina)	10 bis 12 °C	VII bis IX	X bis III	Im Winter Pflanzstoff wie bei Laelia behandeln. Blütenstände kommen durch den Gefäßboden. Darum nur Draht- oder Lattenkörbe verwenden.

Einjährige Trockenblumen und Trockengräser

Botanischer Name Deutscher Name	Blütenfarbe Blühbeginn (Monat) Höhe (cm)	Aussaat-Ort, Monat, Entfernung (cm)	Pflanzzeit (Monat) Abstand (cm)	Ansprüche und besondere Hinweise
Briza maxima Großes Zittergras	gelblich-weiße Ähren, ab VI, bis 40 cm hoch	An Ort und Stelle, A. IV, auf 15 × 15 verziehen		Sehr anspruchslos, jeder nicht zu nasse Gartenboden. Am schönsten in voller Sonne. Stiele kurz vor der Reife schneiden und luftig-trocken im Schatten aufhängen.
Bromus macrostachys Trespe	lockere Ähren, ab VII, bis 60 cm hoch	An Ort und Stelle, A. IV, auf 15 × 15 verziehen		Anspruchslos, jeder nicht zu nasse Gartenboden. Volle Sonne. Stiele kurz vor der Reife schneiden und luftig-trocken im Schatten aufhängen. Alles abschneiden, da die Trespe leicht verwildert.
Celosia argentea Hahnenkamm, Federbusch	goldgelb, orange, rot bis violett, VII, 20 bis 35	Gewächshaus III bis A. IV	E./V, 25 × 25	Leichter, humoser Gartenboden, warmer Standort. Schneiden und trocknen, wenn die Kämme oder Federbüsche voll ausgebildet sind.
Gomphrena globosa Kugelamarant	weiß, rosa und purpurn, ab VI, 15 bis 30	Frühbeet, E. III	E./V, 25 × 25	Warmer, humusreicher Gartenboden. Volle Sonne, geschützter Standort. Aufgeblüht schneiden, in kleinen Bündeln im Schatten luftig trocknen. Auch als Rabattenpflanze brauchbar.
Helichrysum bracteatum Strohblume	weiß, rosa, rot, orange, gelb, violett, ab VII, 70 bis 90	Frühbeet, A. IV	nach M./V, 25 × 25	Warmer, durchlässiger, humoser Gartenboden, volle Sonne. Zum Trocknen schneiden, wenn sich die ersten Hüllblätter gerade abspreizen, solange die Blüte noch eine Kugel bildet. In kleinen Bunden schattig und luftig aufhängen.
Helipterum manglesii Sonnenflügel	gelb, rosa, purpurn, rot, ab VI, 25 bis 40	Frühbeet, A. IV,	M V, 20 × 15	Leichter, humoser Gartenboden, etwas sauer. Volle Sonne und freier Stand. Zum Trocknen erst schneiden, wenn die Blumen gut gefärbt sind. Im Schatten luftig in kleinen Bündeln aufhängen.
Lagurus ovatus Samtgras, Hasenschwanzgras	samtigweiche Scheinähren, ab VII, 25 bis 40	Frühbeet, A. IV	M. V 20 × 15	Anspruchslos, jeder Gartenboden, der nicht zu naß ist, ist geeignet. Entwickelt sich am besten in voller Sonne.
Limonium Statice, 1. *sinuatum* 2. *suworowii*	1. weiß, gelb, rosa, rot, blau, ab VII. 60 bis 90 2. rosarot, 80	Frühbeet, M. III bis A. IV	nach M. V, 25 × 30	Warmer, gut durchlässiger Gartenboden. Volle Sonne! Man schneidet die Blütenstände, sobald sie voll erblüht sind. In möglichst kleinen Bunden schattig und luftig trocknen. Man kann sie auch frisch geschnitten in Vasen ohne Wasser stellen.
Xeranthemum annuum Papierblume	weiß, rosa, purpur, gefüllt, ab VII, 50 bis 60	An Ort und Stelle, E. IV, 25 × 20		Jeder lockere, leicht sandige Gartenboden. Volle Sonne. Die Farben werden kräftiger, wenn die Blüten gleich nach dem Schneiden in eine Salzsäure-Lösung (1:10) getaucht werden. Danach überflüssige Lösung abschwenken und an einem trockenen, luftigen Ort trocknen lassen.

Botanischer Name Deutscher Name	Blütenfarbe Blühbeginn (Monat) Höhe (cm)	Aussaat-Ort, Monat, Entfernung (cm)	Pflanzzeit (Monat) Abstand (cm)	Ansprüche und besondere Hinweise
Zea mays **'Japonica Amero'** Ziermais	buntkörnige Kolben, gelb, braun, orange, violett, 150 bis 180	An Ort und Stelle, A. V, horstweise 3 bis 4 Korn legen, 30×30		Braucht nahrhaften, frischen, nicht zu trockenen Boden, sonnigen Standort. Bei zusätzlicher Wässerung und Düngung besonders üppig und als Sichtschutz zu gebrauchen. Schnitt und Trocknung bei voller Ausfärbung der Körner.

Bewährte Rosensorten

Sorte	Blütenfarbe	Besondere Merkmale
Teehybriden (Edelrosen)		
'Abu'(S)	rosa	gute Schnittsorte
'Alte Liebe'(S)	lachsrot, Mitte heller	große gefüllte Blüten, mittelhoch
'Apollo'	gelb	stark gefüllt, lange Stiele
'Ballet'	leuchtend rosa	große Blüten, sehr gute Blütenform, kaum Mehltau.
'Capistrano'	leuchtend rosa	großblütig, starker Duft, hoch, Schnittsorte
'Coronado'	innen hellorangerot, außen gelb	großblütig, langstielig, wenig Mehltau
'Dezent'(S)	weiß, Mitte creme	starkwüchsig, sehr gesund, langstielig
'Ena Harkness'	leuchtend scharlachrot	großblütig, mittelhoch
'Gloria Dei'	hellgelb mit rosa	große Blüten, lange Stiele, gut haltbar
'Goldenes Prag'	dunkelgelb, Ränder rot	große Blüten, mittelhoch
'Josephine Bruce'	dunkelrot bis schwarzrot	starker Duft, mittelhoch
'Karl Herbst'	scharlachrot	sehr große Blüten, hoch
'Karneol Rose'	schwärzlichrot	große, gut gefüllte Blüten, langstielig
'Kasbek'(S)	cremeweiß, Mitte cremegelb	mittelgroße Blüten, drahtige Stiele
'Katrin'(S)	lachsrosa	große Blüten, mittelhoch bis hoch
'Komet'(S)	kräftiges Rosa	sehr gute Schnittsorte
'Michèle Meilland'	zart lachsrosa	edle, große Blüten, straffe Stiele
'Montezuma'	lachsrot	reichblütig, sehr gesund
'New Yorker'	leuchtend dunkelrot	große, gut gefüllte Blüten
'Ovation'(S)	dunkelrosa	Gruppensorte, intensiv duftend
'Permoser'	Mitte weiß, breiter dunkelrosa Rand	große Blüten, langstielig
'Professor Knöll'	blutrot	großblütig, starker Duft, langstielig
'Roter Stern'	leuchtend rot	sehr gute Schnittsorte, starkwachsend
'Salzperle'(S)	rosa	widerstandsfähig gegen Mehltau
'Salzaquelle'(S)	hellilla	gefüllt bis stark gefüllt
'Soliman'(S)	karmesin, Rand johannisbeerrot	stark gefüllt, langstielig
'Spek's Yellow'	leuchtend gelb	lange spitze Knospen, Blüten mittelgroß
'Super Star'	lachsorange	langstielig, Blüten lange haltbar
'Sutter's Gold'	goldgelb	langstielig, stark duftend
'Virgo'	reinweiß	lange, spitze Knospen, reichblühend
'Volcano'	leuchtend kirschrot	sehr großblütig, gesund, mittelhoch
Polyantharosen, Polyantha-Hybriden (Beetrosen) Gruppenrosen		
'Aladin'(S)	signalrot	mittelgroße Blüten
'Alain'	leuchtend blutrot	leicht gefüllt, reichblühend, mittelhoch
'Bernstein'	bernsteinfarben	mittelgroße Blüten, halbgefüllt, mittelhoch
'Brennpunkt'	ziegelrot	Blüten mittelgroß, halbgefüllt, mittelhoch
'Charme'	leuchtend lachsrosa	großblütig, reichblühend, kräftiger Wuchs

Sorte	Blütenfarbe	Besondere Merkmale
'Elbeglut'	kardinalrot	schwach gefüllt
'Fanal'	leuchtend rot Orangeton	große, halbgefüllte Blüten, reichblühend
'Fashion'	lachsrosa	großblütig, halbgefüllt, mittelhoch
'Gabrielle Privat'	reinrosa	kleinblütig, gefüllt, niedrig
'Goldteppich'	leuchtend gelb	großblütig, leicht gefüllt, niedrig
'Margo Koster'	lachsorange	buschig, gut verzweigt, niedrig
'Masquerade'	von goldgelb bis rot variierend	leicht gefüllt, gesund, buschig
'Opus'(S)	mohnrot	halbgefüllt, nicht duftend
'Orange Triumph'	orangescharlach	leicht gefüllt, starkwachsend
'Revolution'(S)	rot	Blüten mittelgroß, leicht gefüllt, niedrige Sorte
'Romanze'	hellrosa	leicht gefüllt, gesund, mittelhoch
'Salmon Perfection'	lachsrot	Blüten mittelgroß, gefüllt, gesunder Wuchs
'Tantaus Überraschung'	tiefrot	mittelgroße, leicht gefüllte Blüten, gesunder Wuchs
'Ulrike'	orangegelb	gefüllt, stark duftend, mittelhoch
'Weißes Meer'(S)	weiß mit creme Basis	gesünder Wuchs, Blüten halbgefüllt
Floribundarosen		
'Blickfang'	ziegelrot	großblütig, gesund, mittelhoch
'Elisabeth-Rose'	silberrosa	großblütige gut gefüllte Blüten, gesunder hoher Wuchs
'Feurio'	feurig zinnoberrot	mittelgroße Blüten, reichblühend, kompakter Wuchs
'Izetka Köpenicker Sommer'	gelb	mittelgroße gefüllte Blüten, reichblühend
'Lilli'	samtigfeurigrot	großblütig, reichblühend, verzweigt, wüchsig
'Meteor'	scharlachzinnoberrot	gefüllte große Blüten, niedriger Wuchs
'Odette'(S)	rosa	Blüten mittelgroß, reichblühend
'Papagena'(S)	gelb, in rot übergehend	früh- und reichblühend
'Präsent'	gelborange	gut gefüllte Blüten, gesunder Wuchs, mittelhoch
'Rodeo'	zinnoberrot	gefüllte Blüten, reichblühend, gesunder Wuchs, niedrig
'Roko-Rose Altenburg'(S)	signalrot	gefüllt, nicht duftend, sehr gesund
'Spartan'	orangerot	gefüllte, duftende Blumen, kräftiger Wuchs
'Variant'(S)	lachsrosa bis dunkelrosa	mittelgroße Blüten, sehr gesund, mittelhoch
Kletterrosen		
'Climbing Orange Triumph'	orangescharlach	leicht gefüllte Blüten, gesunde Belaubung, Höhe 3 bis 4 m
'Dorothy Perkins'	lachsrosa	kleine Blüten in großen Blütenrispen, starkwüchsig, 4 bis 5 m
'Excelsa'	blutrot	gefüllte Blüten, reichblühend, starker Wuchs, 4 bis 5 m
'Golden Climber'	goldgelb	großblütig, leicht gefüllt, starkwüchsig, 3 bis 4 m
'Golden Glow'	goldgelb	Blüten groß, gefüllt, starker, gesunder Wuchs, 3 bis 4 m
'Golden Showers'	zitronengelb	gefüllte, große Blüten, gesunde Belaubung, sattgrün, 2 bis 3 m
'Gruß aus Heidelberg'	feurigrot	Blumen groß, gefüllt, reichblühend, 2 bis 3 m hoch
'Guinèe'	schwärzlich scharlachrot	große, gefüllte Blüten, starker Duft, 2 bis 3 m hoch
'New Dawn'	zartrosa	Blüten gefüllt, unermüdlicher Blüher, 2 bis 3 m hoch
'Paul's Scarlett Climer'	leuchtend scharlachrot	leicht gefüllte Blüten, reichblühend, 3 bis 4 m hoch
'Schwarzer Samt'	schwarzrot	leicht gefüllte Blüten, Laub dunkelgrün, 2,5 bis 3 m hoch
'Weiße New Dawn'	cremeweiß, zartrosa Tupfen	Blüten gefüllt, unermüdlicher Blüher, 2 bis 3 m
Park- und Lambertianarosen		
'Abraxas'(S)	leuchtend rot	großblütig, leicht gefüllt, hoch
'Berlin'	lachs- bis zinnoberrot	große, einfache Blüten, sehr gesund, 1,5 m hoch
'Conrad Ferdinand Meyer'	silbrigrosa	gefüllte Blüten, stark duftend, 2 bis 3 m hoch
'Elmshorn'	hellrot	Blüten gefüllt, mittelgroß, sehr gesundes Laub, 1,5 bis 2 m hoch
'Fortissimo'(S)	lachs-scharlachrot	großblütig, gefüllt, bis 1,5 m hoch
'Frühlingsgold'	hellgelb, goldgelbe Mitte	große, einfache Blüten, duftend, gesund, 2 bis 2,5 m

Sorte	Blütenfarbe	Besondere Merkmale
'Frühlingsmorgen'	hellrosa bis rosa	große, einfache Blüten, gesundes Laub, 1,5 bis 2 m
'Lichtblick'	gelblichrosa	große, gefüllte Blüten, kräftiger Wuchs, 1,2 bis 1,5 m
'Omul'(S)	gelb	große, gefüllte Blüten, 1,0 bis 1,5 m hoch
'Schneewittchen'	weiß	mittelgroße, leicht gefüllte Blüten, bis 1 m hoch
'Wartburg'(S)	hellgelb	Blüten stark gefüllt, duftend, bis 2 m hoch
Zwergrosen		
'Minirosa'(S)	dunkelrosa mit weiß	kegelförmige Blütenstände, kompakter Wuchs, 20 bis 30 cm
'Minirot'(S)	kräftig karminrosa mit weiß	kegelförmige Blütenstände, kompakter Wuchs, 20 bis 30 cm

Winterharte Rhododendron (Alpenrosen)

Alle aufgeführten Arten und Sorten lieben frischen, humosen Gartenboden, der leicht sauer ist, jedoch keine stauende Nässe. Unzureichende Bodenbedingungen müssen unbedingt durch Zugabe von Torf oder anderen Humusstoffen entsprechend verbessert werden. Der Standort sollte möglichst vor scharfen Winden und vor der Mittagssonne geschützt sein. Lichter Halbschatten sagt den Alpenrosen am meisten zu. Trockenheit wird nicht vertragen. Wurzeldruck und Vollschatten beeinträchtigen die Blühwilligkeit.

Sorte	Farbe	Blütezeit	Bemerkungen
Auswahl großblättriger immergrüner Sorten			
'Alfred'	lila, grüngelbe Zeichnung	M. Mai	Blütenränder gekräuselt, bis 200 cm hoch
'Caracactus'	purpur mit heller Mitte	E. Mai	kräftiger, geschlossener Wuchs, bis 250 cm hoch
'Christian Schröder'	hellpurpur mit roter Zeichnung	M. Mai	kompakter breiter Wuchs, bis 300 cm hoch
'Cunningham's White'	weiß mit zartgelber Zeichnung	A. Mai	starkwüchsig, breit, bis 350 cm hoch
'Eidam'	weiß mit rosa Tönung	M. Mai	Wuchs gedrungen, bis 200 cm hoch
'Everestianum'	hellpurpurviolett	E. Mai	Blütenränder gekräuselt, bis 200 cm hoch
'Humboldt'	hellpurpurviolett mit tief dunkelrotem Fleck	M. Mai	kräftiger Wuchs, breit, bis 200 cm hoch
'Peter Seidel'	leuchtend violett	M. Mai	kräftiger Wuchs, bis 300 cm hoch
'Raphael'	dunkelrubinrot	M. Mai	breiter, etwas lockerer Wuchs, bis 200 cm hoch
'Ursula Seidel'	leuchtend rosa	M. Mai	etwas lockerer, kräftiger Wuchs, bis 300 cm hoch
Auswahl kleinblättriger Sorten (Winterharte japanische Azaleen)			
Kurume-Hybriden (*obtusum- kiusianum* Abstammung)			
'Buzi'	dunkelrosa	A. Mai	sehr flach wachsend, bis 40 cm hoch
'Enzett-Königstein'	leuchtend dunkelviolett	M. Mai	stark gedrungener Wuchs
'Enzett-Lilienstein'	leuchtend violett	M. Mai	sehr flacher Wuchs und gedrungen
'Enzett-Rauschenstein'	rosa	M. Mai	kleinblütig, reichblühend, niedriger, gedrungener Wuchs
'Enzett-Wildenstein'	ziegellachsfarben	M. Mai	buschig, aufstrebender Wuchs
'Fiener'	leuchtend kirschrot	M. Mai	mittelhoch, bis 60 cm
'Fläri'	leuchtend rosa	E. April	mittelhoch, bis 60 cm
'Lavenda'	leuchtend lavendelblau	A. Mai	mittelhoch, bis 60 cm
'Luzi'	reinweiß	A. Mai	mittelhoch, bis 60 cm
'Mizi'	rot	A. Mai	mittelhoch, bis 60 cm
'Popzi'	leuchtend dunkelrot	A. Mai	mittelhoch, bis 60 cm

Bewährte Clematis (Waldrebe)

Art bzw. Sorte (Gruppe)	Blütenfarbe	Blütezeit	Bemerkungen
'Crimson King' (Lanuginosa-Hybride)	leuchtend weinrot	VII bis VIII	großblütig, reichblühend, bis 200 cm hoch
+ 'Ernest Markham' (Viticella-Hybride)	leuchtend dunkelrot	VII bis IX	großblütig, reichblühend, starkwüchsig, bis 400 cm hoch
+ 'Gipsy Queen' (Jackmannii-Hybride)	samtig dunkelpurpurn	VII bis X	mittelgroße Blüten, wüchsig, bis 400 cm hoch
+ × 'Jackmannii' (jackmannii-Hybride)	dunkelviolettpurpur	VII bis X	reichblühend, robust, hart, bis 400 cm hoch
+ 'Lady Betty Balfour' (Viticella-Hybride)	tief samtig purpurn	IX bis X	großblütig, starkwüchsig, bis 400 cm hoch
'Lasurstern' (Patens-Hybride)	dunkelblau, weiße Staubgefäße	V bis VI	sehr großblütig, schwächerer Wuchs, bis knapp 300 cm hoch
'Mme. le Coultre' (Patens-Hybride) (= 'Marie Boisselot')	reinweiß	VI bis VIII	sehr großblütig, bis 200 cm hoch
montana 'Rubens'	leuchtend rosarot	V bis VI	5 bis 6 cm große Blüten, aber überreich blühend, bis 800 cm hoch
'Nelly Moser' (Lanuginosa-Hybride)	zartlilarosa, rotes Mittelband	VI bis IX	Blüten mittelgroß, Höhe 150 bis 200 cm
'The President' (Patens-Hybride)	dunkelviolett, Rückseite heller, gestreift	VI bis VII und X	Nachblüte Okt. nur bei günstigem Klima, etwa 300 cm hoch
+ tangutica (Wildart)	goldgelb (Goldwaldrebe)	VI und Herbst	Bl. 8 cm breit. reichblühend, hart und robust, bis 300 cm hoch
+ 'Ville de Lyon' (Viticella-Hybride)	tief karminrot, dunkler Saum	VII bis IX	Blüten mittelgroß, reichblühend, robust, bis 400 cm hoch

Beim Schnitt der Waldreben beachten

\+ Die so gekennzeichneten Sorten blühen am einjährigen Trieb, der möglichst stark sein sollte. Deshalb schneidet man im zeitigen Frühjahr alle schwachen Triebe heraus. Bei älteren Pflanzen soll man auch mal verjüngen und ins alte Holz hineinschneiden (auf etwa 50 bis 60 cm), bzw. die überständigen Triebe bis auf ein Drittel einkürzen.

Die nicht gekennzeichneten Sorten blühen am vorjährigen Holz, man darf sie also im Frühjahr nicht zurückschneiden. Es wird nur nach Bedarf nach der Blüte ausgelichtet.

Bewährte Heidekräuter

Botanischer Name Deutscher Name	Blütenfarbe Blütezeit (Monat)	Besondere Hinweise
Calluna vulgaris Besenheide	Industriefest. Immergrüne Charakterpflanze der norddeutschen Heidegebiete. Wächst amam besten in sandigen, stark humosen Gartenböden (optimal 3,5 bis 5,5 pH). Kalkfeindlich. Bei weniger zusagendem Boden ist Bodenverbesserung mit Torf und Sand nötig. Verträgt volle Sonne, Rückschnitt um ein Drittel im zeitigen Frühjahr ist empfehlenswert. Für Steingärten geeignet. Liefert gutes Bienenfutter.	
'Alba Plena'	weiß, gefüllt, VIII bis IX	feinzweigig, locker, 30 cm hoch
'Alportii'	rotviolett, VIII bis IX	aufrecht, starkwüchsig, 40 bis 60 cm hoch
'C. W. Nix'	tiefviolett IX bis X	locker, graziös, 50 bis 60 cm hoch
'Cuprea'	hellviolett, VIII bis IX	kupfrige Herbstfärbung, 15 bis 30 cm hoch
'H. E. Beale'	silberrosa, gefüllt, IX bis X	aufrecht, 40 bis 60 cm
'J. H. Hamilton'	lachsrosa VIII bis IX	breitwachsend, 20 bis 30 cm hoch
Erica herbacea (= carnea) Schneeheide	Die Schneeheide entwickelt sich in leichtem, humosem Boden am besten, ist aber nicht so anspruchsvoll und verträgt sogar etwas kalkhaltigen Boden. Bodenverbesserung durch Sand und Torf vor der Pflanzung ist aber von Vorteil bei schweren Böden. Gedeiht in sonnigen und absonnigen Lagen. Die Knospen bilden sich schon im Herbst des Vorjahres, und der Beginn der Blütezeit ist ganz vom Winter abhängig, an warmen Gartenplätzen kann die Blüte schon im Januar einsetzen. Geringer Frost wird auch in der Blüte überstanden. Der beste Winterschutz ist eine Schneedecke. Bei Barfrost ist Winterschutz aus Reisig zu empfehlen. Rückschnitt gleich nach der Blüte, vor Neuaustrieb, ist ratsam. Schöne immergrüne Pflanze für den Steingarten. Bodenbedeckend. Bienenfutterpflanze.	
'Atrorubra'	karminpurpur, IV bis V	gedrungener Wuchs, bis 20 cm hoch
'James Backhouse'	hellrosa, IV bis V	großblütig, starkwüchsig, bis 40 cm hoch
'Springwood'	weiß, II bis IV	starkwüchsig, hellgrüne Belaubung, bis 30 cm hoch
'Vivellii'	karminrot, II bis IV	Laub im Winter bronzefarben, bis 25 cm hoch
'Winter Beauty'	tiefrosa, I bis III	früheste Sorte, gedrungener Wuchs, bis 25 cm hoch
Erica tetralix Moorheide, Glockenheide,	rosa, VI bis IX	Die Glockenheide verlangt leichten, stark humosen Gartenboden und ausreichende Feuchtigkeit. Verträgt volle Sonne. Kalkfeindlich. Schwachwachsend, selten höher als 30 cm werdend. Meist mit silbergrauem Laub. Die Form 'Alba' mit weißen Blüten. Immergrüne Pflanze als Bodenbedecker, auch für Steingärten. Gutes Bienenfutter liefernd.
Erica vagans Sommerheide, Cornwallheide	Bevorzugt für sandig-humose Böden. Aber auch weniger optimale Bodenverhältnisse reichen zum Gedeihen der Sommerheide aus. Außer in milden Gegenden ist Winterschutz nötig, (Fichtenreisig). Rückschnitt der alten Blütenstände erst im Frühjahr vor Austrieb.	
'Lyonesse'	weiß, VII bis IX	gedrungener Wuchs, bis 30 cm hoch
'Mrs. D. F. Maxwell'	dunkel lachsrosa, VIII bis IX	kompakter Wuchs, bis 40 cm hoch
'St. Keverne'	lachsrosa, VIII bis IX	gedrungener Wuchs, 30 bis 40 cm hoch

Schöne Rittersporne (Delphinium)

Typ Sorte	Blütenfarbe	Blütezeit	Höhe (cm)
Belladonna-Gruppe			
		Juni/Juli und Sept./Okt.	
'Firmament' (Saatrasse)	blaue Farben, auch weiß	mittel	70 bis 100
'Kleine Nachtmusik'	dunkellila	mittel	80
'Piccolo'	mittelblau	mittel	90
'Völkerfrieden'	enzianblau	mittel	100
Elatum- und Pacific-Gruppe			
		Juni/Aug. und Sept./Okt.	
'Abgesang'	kornblumenblau	spät	160 bis 180
'Azurriese'	azurblau, weißes Auge	mittel bis spät	170 bis 200
'Blauwal'	dunkelblau, dunkles Auge	früh	170 bis 200
'Blue Bird' (Pacific)	mittelblau, weißes Auge	mittel	160 bis 200
'Finsteraarhorn'	dunkelblau, dunkles Auge	mittel bis spät	150 bis 170
'Galahad' (Pacific)	reinweiß	mittel	160 bis 200
'Jubelruf'	himmelblau, weißes Auge	mittel bis spät	160 bis 180
'Lichtsäule'	gelb	mittel	140 bis 160
'Malvine'	amethystfarben, braunes Auge	mittel	160 bis 180
'Morgentau'	hellblau, rosa getuscht	früh	160 bis 180
'Parsival'	weiß, dunkles Auge	mittel	140 bis 160
'Sommernachtstraum'	dunkelenzianblau, dunkles Auge	früh bis mittel	130 bis 150
'Sternennacht'	dunkelblau, weißes Auge	mittel bis spät	140 bis 160
'Tropennacht'	dunkelblau, weißes Auge	mittel	130 bis 150
'Zauberflöte'	blau mit rosa, weißes Auge	spät	150 bis 170

Bewährte Staudenastern für den Garten

Botanischer Name Deutscher Name Sorte	Blütenfarbe	Blütezeit (Monat)	Besondere Merkmale und Höhe
Aster alpinus Alpenaster, Sorten	weiß, blau, auch rosa	V/VI	einfach- und gefülltblühend, 15 bis 20 cm hoch
Aster amellus Bergaster			
'Blütendecke'	hellblau	VIII/IX	sehr reichblühend, 50 cm hoch
'BS-Aquarell'	lavendelblau	VIII/IX	starkwüchsig, 60 cm hoch
'BS-Silbersee'	hellblau	VIII/IX	sehr frühblühend, 40 bis 50 cm hoch
'Glücksfund'	blauviolett	VIII/IX	sehr haltbare Blüten, 50 cm hoch
'Lady Hindlip'	rosa	VIII/IX	beste rosa Sorte, 50 bis 60 cm hoch
'Veilchenkönigin'	dunkelviolett	VIII/IX	schönste dunkelblaue Sorte, 40 bis 50 cm hoch
Aster dumosus Kissenaster			
'Herbstgruß vom Bresserhof'	rosa	VIII/IX	sehr großblütig, 40 cm hoch
'Jenny'	purpurrot	VIII/IX	sehr leuchtende Farbe, 30 cm hoch
'Kristina'	weiß	IX	reichblühend, 30 bis 40 cm hoch
'Lady in Blue'	reinblau	VIII/IX	Blüten halbgefüllt, 30 cm hoch
'Silberteppich'	silberblau	IX	starkwüchsig, 40 cm hoch
'Starlight'	dunkelkarminrot	IX	schönste rote Kissenaster, 30 cm hoch

Aster novae-angliae			
Herbstaster, Rauhblattaster			
'Alma'	lachsrot	IX/X	sehr leuchtend, 80 bis 100 cm hoch
'Barr's Blue'	tiefviolettblau	IX/X	standfest, 140 bis 160 cm hoch, spät
'Rosa Sieger'	lachsrosa	IX/X	wetterfeste Blüten, 140 bis 150 cm hoch
'Rubinschatz'	rubinrot	IX/X	standfest, 120 cm hoch
'Rudelsburg'	tieflachsrosa	IX/X	sehr leuchtend, 100 bis 120 cm hoch
Aster novi-belgii			
Herbstaster, Glattblattaster			
'Arctic'	reinweiß	IX/X	standfest, früh, 100 cm hoch
'Brigitte'	hellavendelblau	IX/X	standfest, gut verzweigt, 100 cm hoch
'BS-Karminkuppel'	karminrot	IX/X	geschlossener Wuchs, 80 bis 100 cm hoch
'BS-Violetta'	violettblau	IX/X	reichblühend, 80 bis 100 cm hoch
'Crimson Brocade'	weinrot	IX/X	leuchtende Blütenfarbe, spät, 90 cm hoch
'Dauerblau'	blau	IX/X	sehr reichblühend, 140 bis 150 cm hoch
'Fellowship'	hellrosa	IX/X	großblütig, leuchtende Blütenfarbe, 100 cm hoch
'Korallenkuppel'	korallenrot	IX/X	standfest, leuchtende Blütenfarbe, 90 cm hoch
Aster tongolensis			
Frühsommeraster			
'Berggarten'	hellviolett	V/VI	sehr großblütig, 40 bis 50 cm hoch
'Berggarten-Zwerg'	hellviolett	V/VI	sehr großblütig, gedrungen, bis 20 cm hoch
'Leuchtenburg'	leuchtendviolett	V/VI	großblütig, feinstrahlig, 40 bis 50 cm hoch
'Napsbury'	violettblau	V/VI	besonderer Schnittwert, bis 50 cm hoch

Schöne Astilben

Gruppe Sorte	Blütenfarbe	Blütezeit	Höhe (cm)
Arendsii-Hybriden			
'Brautschleier'	weiß	VII/VIII	70
'Cattleya'	dunkelrosa	VII/VIII	100
'Feuer'	feurig rot	VII/VIII	80
'Glut'	dunkelrot	VII/VIII	80
'Hildegard'	hellrosa	VII	80
'Hyacinth'	lilarosa	VII/VIII	90
'Martha Illing'	dunkelrosa	VII/VIII	80
Japonica-Hybriden			
'Bronzelaub'	cremeweiß	VI/VII	60
'Federsee'	karminrot	VII/VIII	70
'Irrlicht'	weiß	VI/VII	60
'Red Sentinel'	leuchtend dunkelrot	VII	50
Chinensis mit Sorten u. Hybriden			
'Finale'	hellrosa	VIII	40 bis 50
'Pumila'	hellrosa	VIII/IX	30 bis 40
'Purpurkerze'	hellpurpur	VIII/IX	110
'Spätsommer'	hellrosa	VIII/IX	50
Simplicifolia-Hybriden			
'Aphrodite'	leuchtend hellrot	VII/VIII	40
'Atrorosea'	rosea	VII/VIII	40
'Praecox Alba'	weiß	VII	50
Thunbergii-Hybriden			
'Prof. van der Wielen'	weiß	VII/VIII	100
'Straußenfeder'	rosa	VII/VIII	80

Bewährte Hemerocallis-Sorten (Taglilien)

Sorte	Blütenfarbe	Blütezeit (Monat)	Besondere Merkmale und Höhe
'Atlas'	hellgelb	VII/VIII	sehr großblütig, 90 bis 110 cm hoch
'Bess Ross'	leuchtend rot	VII/VIII	großblütigste rote Sorte, 60 bis 80 cm hoch
'Burning Daylight'	orangegelb	VIII/IX	großblütig, sehr intensive Farbe, 60 bis 70 cm
'Canari'	zitronengelb	VII/VIII	sternförmige Blüten, 90 bis 100 cm hoch
'Frans Hals'	ockergelb mit braun	VIII/IX	reichblühend, großblütig, 90 bis 100 cm hoch
'Hesperus'	dunkelgelb	VII/VIII	sternförmige Blüten, 90 bis 100 cm hoch
'Knighthood'	dunkel mahagonirot	VII/VIII	starkwüchsig, 100 bis 120 cm
'Luxury Lace'	hellrosa, Schlund grüngelb	VI/VII	sehr reichblühend, 70 bis 90 cm hoch
'Maikönigin'	goldgelb	ab E. V/VI	reichblühend, 60 bis 70 cm hoch
'Pink Damask'	zartrosa	VII/VIII	wüchsig, reichblühend, 70 bis 90 cm hoch
'Rajah'	orangerot mit braun	VIII/IX	reichblühend, 80 bis 100 cm
'Resplendent' ('Stern von Rio' ist ähnlich)	rotbraun	VII/VIII	reichblühend, Blüten mit goldgelbem Mittelnerv, 80 bis 100 cm hoch

Bewährte Schwertlilien-Sorten

Iris Barbata-Elatior-Gruppe und Barbata-Media-Gruppe

Hohe und mittelhohe Bartiris *(Iris germanica)*

'Allegiance'	samtig dunkelblau	VI (mittel)	goldgelber Bart, reichblühend, 100 cm hoch
'Bernsteindom'	bernsteingelb	VI (mittel)	wüchsig und reichblühend, 90 cm hoch
'Cliffs of Dover'	reinweiß	VI (früh bis mittel)	elegante Blütenform, 80 cm hoch
'Eleanor's Pride'	himmelblau	VI (früh bis mittel)	Besonders gute Verzweigung, 90 cm hoch
'Findelkind'	goldgelb	V/VI (sehr früh)	orange Bart, sehr reichblühend, nur 50 cm hoch
'Fuji's Mantle'	Dom weiß, hellblaue Petalen	VI (mittel)	sehr moderne Form, schwebende Petalen, 80 cm hoch
'Goldfackel'	goldgelb	VI (früh bis mittel)	sehr reichblühend, 90 cm hoch
'Irenka'	reinweiß	VI (mittel)	gewellte Blütenform, reichblühend, 90 cm hoch
'Libellula'	hellblau	V/VI (sehr früh)	sehr reichblühend, nur 50 cm hoch
'Müggelsee'	hellblau	VI (früh bis mittel)	sehr schöne Verzweigung, 90 cm hoch
'Pink Plume'	cattleyenrosa	VI (mittel)	reichblühend, gut verzweigt, 80 cm hoch
'Pinnacle'	Dom weiß, Petalen hellgelb	VI (spät)	sehr wüchsig und reichblühend, 80 cm hoch
'Rosenquarz'	helles Lachsrosa	VI (früh bis mittel)	zuverlässig blühende Sorte, 90 cm hoch
'Schwarzatal'	schwarzviolett	VI	reichblühend, wüchsig, 90 cm hoch
'Stepping Out'	weiß mit breiten dunkelvioletten Rändern	VI (mittel)	sehr schöne Blütenform, regenfest, wüchsig, 100 cm hoch
'Wabash'	Dom weiß, Petalen dunkelblau	VI (mittel-spät)	sehr reichblühend, bis 100 cm hoch

Iris Barbata-Nana-Gruppe

Niedrige Bartiris *(Iris pumila)*

'Blazon'	dunkles Weinrot	V (mittel)	besonders niedrig, nur 10 cm hoch
'Cyanea'	violettblau	V (früh)	sehr reichblühend, 15 cm hoch
'Green Spot'	weiß mit grünen Adern	V (mittel)	dunkler Fleck (Spot) auf den Petalen, 30 cm hoch
'Jerry Rubin'	weinrot	V (mittel)	goldgelber Bart, sehr reichblühend, 20 cm hoch
'Knick Knack'	weiß mit blauer Randzeichnung	V (früh bis mittel)	weißer Bart, sehr reichblühend, nur 15 cm hoch
'Lilli White'	reinweiß	V (mittel)	schwebende Petalen, sehr reichblühend, 20 cm hoch

Sorte	Blütenfarbe	Blütezeit (Monat)	Besondere Merkmale und Höhe
'Nachtmahr'	rötlich-violett	V (spät)	schön verzweigt, 35 cm hoch
'Path of Gold'	goldgelb	V (mittel)	sehr reichblühend und wüchsig, 20 cm hoch
'Tinkerbell'	hellblau	V (spät)	dunkler Fleck auf den Petalen, 30 cm hoch

Petalen = Hängeblätter oder Schwingen der Iris-Blüten
Dom = aufrecht stehende Blütenblätter der Iris-Blüten

Schöne Tulpensorten

Sorte	Farbe	Blütezeit	Höhe (cm)	Gruppe
'Apeldoorn'	orangescharlach	E. IV	60	Darwin-Hybride
'Brillant Star'	scharlach	M- IV	25	Einfache frühe
'China Pink'	rosa, weiße Basis	M. V	55	Lilienblütige
'Clara Butt'	lachsrosa	M. V	60	Darwin
'Dover'	feurig mohnrot	E. IV	50	Darwin-Hybride
'Edith Eddy'	purpurkarmin, weißer Rand	A. V	30	Triumph
'Emmy Peeck'	tief lilarosa	A. V	65	Triumph
'Golden Eddy'	rot mit gelbem Rand	A. V	30	Triumph
'Golden Harvest'	zitronengelb	M. V	65	Einfache späte
'Inglescombe Yellow'	gelb	M. V	50	Cottage
'Kansas'	weiß	A. V	40	Triumph
'Lustige Witwe'	tiefrot, weißer Rand	A. V	50	Triumph
'Marietta'	tief atlasrosa	M. V	60	Lilienblütige
'Olaf'	scharlach	A. V	35	Triumph
'Orient-Expreß'	karminrot	A. V	45	Triumph
'Oxford'	rot, gelber Blütenboden	A. V	60	Darwin-Hybride
'Paris'	orangerot, gelber Rand	A. V	40	Triumph
'Peach Blossom'	tiefrosa	M. IV	25	Gefüllte frühe
'Preludium'	rosa, weiße Basis	A. V	45	Triumph
'Red Matador'	karminscharlach, zinnober Rand	E. IV	50	Darwin-Hybride
'Rheinland'	karmesinrot, gelber Rand	A. V	50	Triumph
'Rose Copland'	fuchsienrosa	M. V	60	Darwin
'Sweet Harmony'	zitronengelb, cremeweißer Rand	M. V	55	Darwin-Hybride
'Van der Eerden'	lebhaft rot	E. IV	45	Mendel
'White Triumphator'	reinweiß	M. V	65	Lilienblütige
Tulpen für den Steingarten				
Tulipa clusiana	innen weiß, außen karminrosa	III bis IV	25	Botanische
T. fosteriana mit Sorten und Hybriden	blutrot, rosa, gelb und weiß	IV	25 bis 40	Botanische mit Gartenformen
T. greigii mit Sorten und Hybriden	rot, rosa, gelb	IV	25 bis 40	Botanische mit Gartenformen
T. kaufmanniana mit Sorten und Hybriden	weiß-rosa, rot, lachs, gelb	A. bis M. IV	15 bis 40	Botanische mit Gartenformen
T. praestans mit Sorten	orange bis rot	IV	20 bis 30	Botanische mit Formen
T. tarda	weiß, gelbe Mitte	IV	10 bis 15	Botanische

A. = Anfang, M. = Mitte, E. = Ende, III bis V = Monate März bis Mai

Seerosen *(Nymphaea)*

Wasser-tiefe (cm)	Art bzw. Sorte	Blütenfarbe	Sonstiges
Für flaches Wasser			
30 bis 50	'Atropurpurea'	dunkelkarmin	Blätter dunkel gefleckt
15 bis 50	'Aurora'	kupfrigrosa	voll erblüht kupferfarben, dann in dunkelorange übergehend
20 bis 40	'Ellisiana'	hell- bis feuerrot	kleinblütig, reichblühend
20 bis 50	'Fröbeli'	karminrot	noch bei kühlerer Witterung zuverlässig blühend
20 bis 70	'James Brydon'	kirschrot	Blüten dicht gefüllt, sicherer Blüher
20 bis 40	'Laydekeri Purpurata'	hell- mit dunkelkarmin schattiert	Blätter schwarzbraun gefleckt
30 bis 60	'Sioux'	kupferrosa	im Aufblühen gelb, braucht sonnigen, geschützten Standort
10 bis 30	*tetragona* 'Alba' (= *pygmaea* 'Alba')	weiß	kleinste Seerose, junge Pflanzen nur bis 20 cm Wassertiefe
Für mittleren und tiefen Wasserstand			
30 bis 150	*alba*	weiß	heimische Seerose, duftend, robust
40 bis 100	'Escarboucle'	leuchtend karminrot	blüht bis in den Spätherbst hinein, Ausdehnung 200 bis 300 cm²
60 bis 100	'Gladstoniana'	weiß	sehr große Blüten und Blätter, Ausdehnung 150 bis 300 cm²
40 bis 100	'Gloriosa'	johannisbeerrot	duftend, großblütig, Ausdehnung 100 bis 200 cm²
40 bis 80	'Marliacea Albida'	reinweiß	reichblühend, duftend, Ausdehnung 100 bis 200 cm²
50 bis 90	'Marliacea Chromatella'	hellgelb	großblütig, Blätter dunkel marmoriert, Ausdehnung 100 bis 170 cm²
50 bis 100	'Marliacea Rosea'	zartrosa	großblütig, zuverlässiger Blüher
50 bis 80	'Masaniello'	purpurrosa, karmin schattiert	großblütig, Ausdehnung 80 bis 150 cm²
30 bis 70	*odorata* 'Rosennymphe'	rosa	sternförmige Blüten, reichblühend, Ausdehnung 60 bis 120 cm²
40 bis 80	'René Gérard'	karminrosa	zuverlässiger Blüher, Ausdehnung 70 bis 150 cm²

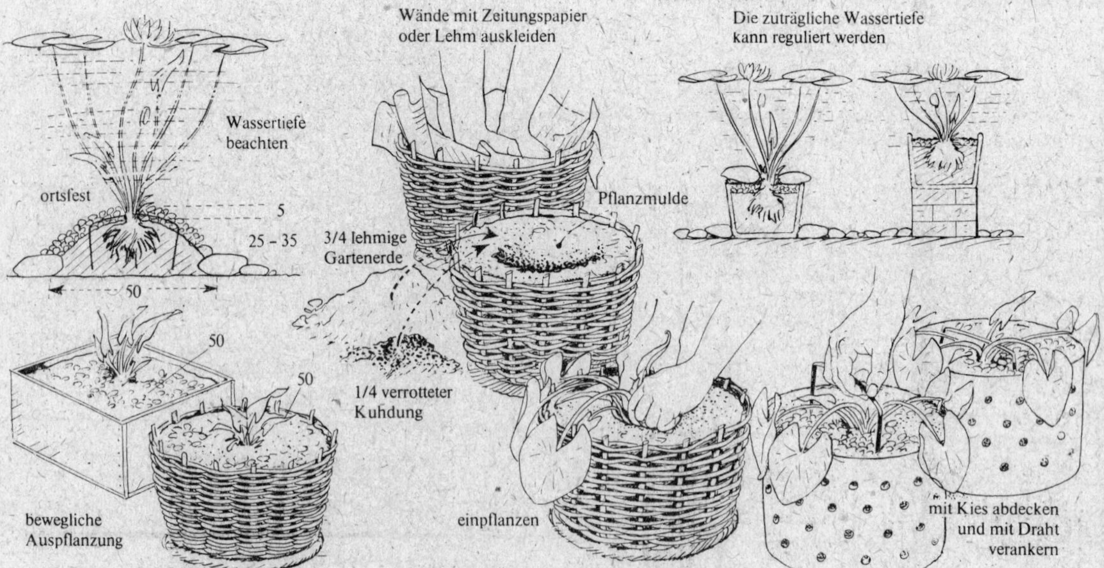

Schöne Dahliensorten

Sortennamen	Farbe	Höhe (cm)	Gruppe
Kaktus- und Semikaktusdahlien			
'Apache'	feuerrot	110	Hirschgeweihdahlie
'Arabella'	lilarosa	140	Kaktusdahlie
'Bergers Rekord'	feuerrot	110	Semikaktusdahlie
'Carrara'	leuchtend rot	130	Riesen-Semikaktusdahlie
'Corinna'	rosa, gelbe Mitte	110	Hirschgeweihdahlie
'Dittersdorfer Höhe'	hellviolett	130	Semikaktusdahlie
'Elkeling'	lachsgelb	150	Kaktusdahlie
'Enchantement'	scharlachrot mit gelber Mitte	150	Kaktusdahlie
'Enzett-Carola'	lachskarmin	130	Kaktusdahlie
'Enzett-Flamingo'	karminrosa, gelbe Mitte	110	Semikaktusdahlie
'Enzett-Goldschatz'	gelb mit lachskarmin	120	Kaktusdahlie
'Enzett-Kerstin'	hellgelb	100	Kaktusdahlie
'Enzett-Musketier'	orangerot	120	Kaktusdahlie
'Feuerschiff'	leuchtendrot	110	Kaktusdahlie
'Franz Woditschka'	lachsrot mit gelb	130	Hirschgeweihdahlie
'Fraureuth'	lachsrosa	120	Semikaktusdahlie
'Gildehaus'	lila	110	Kaktusdahlie
'Golden Touch'	gelb	120	Hirschgeweihdahlie
'Goldorange'	hellorange	110	Kaktusdahlie
'Guiding Star'	orangerot	120	Semikaktusdahlie
'Humor'	ockergelb	130	Semikaktusdahlie
'Jägersgrün'	chromgelb	120	Semikaktusdahlie
'Katzenstein'	rot, gelbe Mitte	120	Hirschgeweihdahlie
'Lettner'	kupferfarben	120	Kaktusdahlie
'Mad. C. Andries'	hellorange	130	Kaktusdahlie
'Maitre Royer'	dunkelviolett	140	Kaktusdahlie
'Meester Ghybe'	dunkelrot	120	Kaktusdahlie
'Negerkopf'	schwarzrot	110	Kaktusdahlie
'Nepal'	kupferlachsrosa	140	Semikaktusdahlie
'Salmon Rays'	lachsrosa	110	Kaktusdahlie
'Sans Rival'	weinrot	120	Kaktusdahlie
'Severi'	schwefelgelb	120	Kaktusdahlie
'Sizilia'	orange	140	Kaktusdahlie
'Smarty'	gelb, orange Ränder	140	Riesen-Semikaktusdahlie
'Talisman'	goldgelb, lachsfarbene Spitzen	120	Semikaktusdahlie
'Tu Tu'	weiß	130	Kaktusdahlie
'Vuurvogel'	gelb, rot geflammt	130	Semikaktusdahlie
Schmuckdahlien			
'Croydon Dignity'	dunkelfeurigrot	120	Riesen-Schmuckdahlie
'Croydon Snowtop'	reinweiß	120	Riesen-Schmuckdahlie
'Dahlia 70'	lachsrot	140	Schmuckdahlie
'Enzett-Cupra'	orange	70	Kleine Schmuckdahlie
'Hollands Festival'	orange mit weißen Spitzen	110	Riesen-Schmuckdahlie
'Siedlerfreude'	violettpurpur, weiße Spitzen	80	Schmuckdahlie
'Siedlerstolz'	rot, weiße Spitzen	90	Schmuckdahlie
Ball- und Pompon-Dahlien			
'Doxy'	weiß	110	Pompondahlie
'Lilofee'	hellila	80	Balldahlie
'Pleißenperle'	rotviolett	120	Balldahlie
'Red Cap'	scharlach	130	Balldahlie
'Rotball'	dunkelrot	120	Pompondahlie

Sortennamen	Farbe	Höhe (cm)	Gruppe
Halskrausendahlien und Mignondahlien			
'Don Lorenzo'	scharlachrot, gelbe Krause	160	Halskrausendahlie
'Irene van der Zweet'	gelb	40	Mignondahlie
'Nelly Geerlings'	scharlachrot	40	Mignondahlie
'Schmetterling'	dunkelrot, weiße Krause	120	Halskrausendahlie

Bewährte Gladiolensorten

Sortenname	Farbe	Blütezeit
'Alfred Nobel'	lachsrot, rahmweißer Schlund	mittelfrüh
'Bon Voyage'	lachsrosa	früh
'Cordula'	rot	mittelfrüh
'Enzett-Brautstrauß'(S)	weiß-gelblich-rosa, rot gefleckt	mittelfrüh
'Enzett-Flammenrot'(S)	leuchtend rot	mittelfrüh
'Enzett-Müggelperle'(S)	lachsrosa	mittelfrüh
'Enzett-Spreeflamme'(S)	lachsrosa, hellgelber Schlund mit karminrotem Fleck	früh
'Flowersong'	dottergelb	früh
'Friedship' rosa	rosa	mittelfrüh
'Friendship' weiß	weiß	mittelfrüh
'Frührot'	leuchtend scharlachrot	sehr früh
'Happy End'	lachsfarbig, karmesinrosa	früh
'Hunting Song'	orange	früh
'Lovely Melody'	kräftig rosa	mittelfrüh
'Oscar'	dunkelrot	mittelfrüh
'Peter Pears'	hellachsorange	sehr früh
'Praha'	rosa	mittelfrüh
'Sanssouci'	dunkelscharlach, gelber Schlund	spät
'Schneeprinzessin'	reinweiß, rahmgelber Schlund	früh
'Spic and Span'	lachsrosa	mittelfrüh
'Springsong'	hellrosa, großer gelber Fleck	mittelfrüh
'Sprint'	rot	mittelfrüh
'Sunpoint'	gelb	spät
'Tradberhorn'	rot	mittelfrüh
'Wildrose'	hellrosa	mittelfrüh

Die wichtigsten Schädlinge der Zierpflanzen

Bezeichnung des Schädlings	Schadbild	Verhütung und Bekämpfung
Blasenfuß Thrips an Azaleen	Blätter werden durch das Saugen der Schädlinge silbrig glänzend und fallen später ab. An der Unterseite gelbliche und dunkle, etwa 1 mm lange Tierchen.	Blätter, vor allem im Sommer, laufend mit Wasser bespritzen. Im Winter für feuchte Luft sorgen. Pflanzen kühl aufstellen. Befallene mit der Krone in eine Lösung eines Insektizids, möglichst auf Pyrethrum-Basis, kurz eintauchen, nach etwa 8 Tagen wiederholen (s. auch Ratschlag 827).
Blasenfuß Thrips an Zierspargel	Kräuselartige Verunstaltung der Triebe durch das Saugen der Schädlinge.	Immer für feuchte Luft sorgen. Befallene Triebe verbrennen. Die Pflanzen mit Insektiziden besprühen, s. Ratschlag 827.
Blattläuse an fast allen Zierpflanzen	Grüne (auch schwarze) ungeflügelte und geflügelte kleine, zarte Insekten. Meist an jungen Trieben und Blättern in Massen.	Rechtzeitig mit Insektiziden besprühen. Durch Wahl schwachgiftiger Mittel natürliche Feinde (Marienkäfer u. a.) schonen.
Blattroll-Rosenblattwespe	Die einzelnen Fiederblättchen sind röhrenförmig zusammengerollt. In ihnen findet man etwa 8 mm große Räupchen, die die Blätter durch Fraß zerstören.	Abpflücken und Verbrennen der gerollten Blatteile. Bei stärkerem Befall Spritzung mit Insektiziden auf Pyrethrum-Basis. Ab Mitte Mai vorbeugende Spritzung.
Blattwanzen an Dahlien, Winterastern und anderen Korbblütlern (auch an Nelken)	Blätter und Triebspitzen werden durch die saugenden Wanzen verunstaltet. Sie sind 5 bis 10 mm lang. Es gibt graue, bräunliche, grüne und auch mehrfarbige Blattwanzen.	Die Wanzen treten vor allem in heißen, trockenen Sommern sehr stark auf. Vorbeugend rechtzeitige Unkrautbekämpfung. Spritzen und Stäuben mit Insektiziden. Sie müssen in den frühen Morgenstunden angewandt werden, weil dann die Wanzen noch nicht voll beweglich sind.
Drahtwürmer an den verschiedensten Zierpflanzen (auch im Rasen)	Die Larven der Schnellkäfer fressen an den Wurzeln der Zierpflanzen und bringen sie zum Welken. Die Schädlinge sind etwa 1,5 bis 2 cm lang.	Pflanzen, die ohne erkennbaren Grund welken, aus der Erde nehmen und die Wurzelballen untersuchen. Die gelben Drahtwürmer mit dunklem Kopf sind sehr hart. Sie lassen sich nur auf fester Unterlage zertreten. Anlocken mit Scheiben von rohen Kartoffeln oder Möhren, die 1 cm im feuchten Boden liegen müssen, alle 48 Std. absammeln.
Engerlinge an verschiedenen Zierpflanzen (auch im Rasen)	Die Larven der Maikäfer können durch Abfressen der Wurzeln großen Schaden anrichten. Die befallenen Pflanzen welken. Im Rasen werden fast kreisrunde Stellen plötzlich gelb.	Pflanzen, die ohne ersichtlichen Grund welken, aus der Erde nehmen und die Engerlinge suchen und vernichten. Nur bei sehr starkem Befall schnell abbaubare Bodenstreumittel verwenden.
Fliederminiermotte (auch an Liguster)	Die Larven dieser Motte minieren in den Blättern, die braun werden. In manchen Jahren ist der Befall so stark, daß die Sträucher großen Schaden erleiden. Die Räupchen sind weißlichgrün, bis 7 mm lang. Anfangs rollen sich die Blätter nur etwas.	Sobald der Befall sichtbar wird, sollte man die Larven in den Blättern zerdrücken. Der Schaden wird dann nicht zu groß. Vor allem tritt die zweite Generation nicht so stark auf.
Gallmückenlarven an Gänsekresse (Arabis)	Verunstaltete Triebspitzen (löffelartig verkrümmt), in deren Innern die Larven fressen. In jeder Galle 2 bis 3 mm lange Larven, weiß oder rosa gefärbt.	Die befallenen Triebe abpflücken und verbrennen.

Bezeichnung des Schädlings	Schadbild	Verhütung und Bekämpfung
Gladiolenthrips	Etwa 0,8 bis 1 mm große, längliche Tiere an den Blättern (gelbliche Larven und dunkle Vollinsekten). Durch ihr Saugen werden die Blätter gelb.	Spritzen mit Parathion-Mittel (E-Mittel), in Verbindung mit Haftmittel, in zehntägigem Abstand mehrmals wiederholen. Auch kann mit systemischen Insektiziden gegossen oder gespritzt werden. Da der Thrips an den Knollen überwintert, diese mit Parathion-Mitteln flüssig behandeln oder einstäuben.
Große und kleine Narzissenfliege	Befallene Narzissenzwiebeln treiben im Frühjahr nur kümmerlich oder gar nicht aus. Die Blätter sterben schnell ab. Die Larven der Fliegen haben die Zwiebeln zerstört.	Narzissen, die nebenstehend angeführte Merkmale zeigen, muß man ausgraben und mit der sie umgebenden Erde vernichten. Wo Narzissenfliegen auftreten, sollte man von Ende April bis Ende Juli alle 10 Tage mit einem Lindan-Präparat spritzen, um soviel wie möglich Fliegen abzutöten.
Kakteen-Schmierläuse	Sie fallen durch die weißen, wolligen Wachsausscheidungen auf, unter denen sie sitzen.	Am einfachsten sind die Läuse durch Bepinseln mit einem Parathion-Mittel (E-Mittel) abzutöten. Bei sehr starkem Befall wiederholen. Die Wachsausscheidungen der Schmierläuse müssen dabei zerstört werden.
Kräuselkrankheit an Sommerastern	Die Blätter der jungen Asterpflanzen kräuseln sich. Als Ursache findet man an den Blattunterseiten Läuse.	Mit Parathion-Mittel (E-Mittel) stäuben oder spritzen. Besonders wirksam, wenn die Unterseite der Blätter ebenfalls getroffen wird. Spritzung wiederholen.
Maulwürfe	Sie fressen zwar keine Wurzeln, lockern aber durch ihre Gänge die Pflanzen so, daß sie oft zugrunde gehen.	Durch petroleumgetränkte Lappen, die man in die Gänge stopft, oder durch Karbidstückchen, die man in die Gänge legt, vertreiben. Nur in Ausnahmefällen durch Fallen fangen, da sie sonst nützlich sind.
Nacktschnecken an verschiedenen Zierpflanzen	Fraßstellen, vor allem an zarten Pflanzenteilen (Jungpflanzen), im Blumengarten	Spezielle Schneckenköder auslegen. Die meist nur betäubten Schnecken jeden Morgen ablesen und vernichten.
Ohrwürmer insbesondere an Dahlien und Winterastern	Die 1,5 bis 2 cm langen Tiere (Zange am Hinterteil) befressen nicht nur die Blätter, sondern mit Vorliebe die Blüten.	In den Pflanzen aufgehängte Holzwolle- oder Strohbündel benutzen die Ohrwürmer nachts als Schlupfwinkel. Sie sind am frühen Morgen zu kontrollieren. Man kann auch die Pflanzen mit Kontaktinsektiziden einstäuben. ben.
Pantoffelblumenläuse (auch an Zinerarien)	Die grünen Blattläuse saugen nicht nur an den Blättern, sondern auch an den Blütenständen.	Beide Pflanzen dürfen nicht in warmen Räumen aufgestellt werden. Befall durch Blattläuse ist mit Parathion-Mittel (E-Mittel) gut zu bekämpfen.
Rosen-Bürstenhornwespen	Ihre Larven sind etwa 2 cm lang und lebhaft gefärbt. Sie fressen die Blätter vom Rande her bis zur Mittelrippe ab. Dabei sind die Raupen meist S-förmig gekrümmt.	Die Raupen kann man durch Spritzen mit Parathion-(E-Mittel)-Mitteln leicht abtöten. Das muß geschehen, bevor sie großen Schaden angerichtet haben.
Rosenwickler	Die jungen Blätter der Triebspitzen sind zusammengesponnen. In dem Gespinst sind etwa 1,5 cm große Räupchen zu finden. Durch ihren Fraß kann sich die Triebspitze nicht weiterentwickeln.	Die sicherste Bekämpfungsmaßnahme ist das Zerdrücken der Räupchen in den Gespinsten oder das Abschneiden und Verbrennen der Gespinste. Vorbeugend kann man im April/Mai mit Parathion-Mittel oder Dimethoat-Mittel spritzen.

Bezeichnung des Schädlings	Schadbild	Verhütung und Bekämpfung
Schildläuse vor allem an Gummibäumen, Farnen, Philodendron, Palmen und Blütenschweif (Anthurium)	Die Schildläuse erkennt man an dem runden oder länglichen braunen Schild, mit dem die ausgewachsenen Tiere bedeckt und darum unbeweglich sind. Jungtiere haben keinen Schild und sind in der ersten Zeit beweglich.	Mit weicher Bürste und Seifenwasser abwaschen. Die Pflanzen dabei auf die Seite legen, damit die Flüssigkeit nicht auf die Topferde gelangt. Bei Bekämpfung mit Parathion-(E-Mittel), Dimethoat- oder Malathion-Mitteln vorsichtig sein, da einige Zimmerpflanzen (z. B. Anthurien) gegen diese Mittel empfindlich sind.
Schmierläuse vor allem an Clivien	Zwischen den Blättern (in der Nähe der Basis) wollige weiße Häufchen (Wachsausscheidungen), unter denen die Läuse in der Regel sitzen.	Die Häufchen mit einer Parathion-Lösung (E-Mittel), unter Zusatz von einem Netzmittel, betupfen. Dazu nimmt man einen kleinen Pinsel. Die Läuse sterben nur ab, wenn die Wachsausscheidungen beim Betupfen zerstört werden. Bei wenigen Tieren genügt ein mechanisches Entfernen, bei starkem Befall wiederholtes Sprayen mit systemischen Insektiziden.
Spinnmilben (Rote Spinne) an vielen Zierpflanzen (auch Kakteen) mit behaarten Blattunterseiten	An den Unterseiten der Blätter etwa 0,5 mm große gelbliche und rötliche Tiere (Larven und Vollinsekten). Die Oberseiten der Blätter zeigen bei stärkerem Befall gelbliche Verfärbungen.	Trockene Luft fördert die Vermehrung der Spinnmilben. Darum auch im Winter ständig für feuchte Luft sorgen. Vorsichtige Anwendung von Akariziden (z. B. Dimethoat- oder Mevinphos-Mittel), da die Verträglichkeit der Pflanzen gegenüber diesen Mitteln unterschiedlich ist.
Springschwänze auf der Erde von Zimmerpflanzen	In großen Mengen auftretende, springende, sehr kleine Tiere, die an den Wurzeln Schaden verursachen können.	Zu ihrer Vernichtung genügt in der Regel das zeitweilige Trockenhalten der Erdoberfläche in den Töpfen. Bei stärkerem Auftreten dieser Insekten vorsichtiges Gießen oder Stäuben mit Dimethoat- oder Parathion-Mitteln. Verträglichkeit dieser Mittel testen, vor allem bei Zimmerpflanzen.
Stockälchen insbesondere an Staudenphlox	Die in den Trieben lebenden, etwa 1 mm langen Älchen (Fadenwürmer) verursachen Verunstaltungen und Verfärbungen an allen Pflanzenteilen. Bei starkem Befall kommen die Blüten nicht zur Entfaltung.	Schlecht behandelte hungrige Pflanzen fallen den Älchen zuerst zum Opfer. Im übrigen hilft nur schnellstes Entfernen oder Verbrennen der befallenen Pflanzen. Bei leichtem Befall ist öfteres Gießen mit systemischen Mitteln anzuraten. An verseuchte Stellen keinen Phlox pflanzen!
Triebbohrer vor allem an Rosen	Die Larven von Blattwespen zerstören das Mark der Triebe. Es gibt auf- und abwärts bohrende. In jedem Falle werden die Triebspitzen plötzlich welk.	Das Abschneiden und Verbrennen der befallenen Triebe ist die sicherste Bekämpfungsmaßnahme. Spritzungen mit systematischen Insektiziden sind nur bei rechtzeitiger Anwendung voll wirksam.
Weichhautmilben insbesondere an Zimmerefeu und russischem Wein	Durch die Saugtätigkeit der mit dem bloßen Auge nicht erkennbaren weißlichen Tiere verkümmern die jungen Blätter. Die Triebspitzen sind verunstaltet.	Diesen Schädling kann man nur mit Temik 10 G erfolgreich bekämpfen. Am besten wirkt das Eintauchen in eine Lösung. Es muß in wöchentlichen Abständen mehrmals wiederholt werden.
Wühlmäuse besonders an Tulpen und anderen Zwiebelgewächsen	Oft reihenweise an- und aufgefressene Zwiebeln. Dicht unter der Erdoberfläche sich hinziehende Gänge deuten auf Anwesenheit der Wühlmäuse hin.	Am sichersten ist das Fangen mit Fallen. Mit Räucherpatronen werden die Wühlmäuse fast nur vertrieben. Wenn sie Tulpenzwiebeln zur Verfügung haben, nehmen sie Giftköder selten an. Beachte die Ratschläge 852 und 1628!

Die wichtigsten Zierpflanzenkrankheiten

Bezeichnung der Krankheit	Schadbild	Verhütung und Bekämpfung
Asternsterben (Asternwelke) an Sommerastern (auch an Zinnien)	Die Astern welken (oft nur einzelne Teile) und gehen zugrunde. Der Wurzelhals ist dunkel bis schwarz verfärbt.	Welkende Astern mitsamt dem Wurzelballen sofort entfernen und verbrennen. Auf verseuchtem Land mindestens 4 Jahre keine Astern anbauen. Nur welkeresistente Sorten anbauen. Vorbeugend ausreichend mit Kali und Kalk düngen, hohe Stickstoffgaben vermeiden.
Blattdürre und -brand an Gladiolen	Beide Krankheiten zeigen fast die gleichen Schäden. Die letztere geht auch auf die Knollen über. Zeichen der Krankheiten sind verfärbte Blätter, die vorzeitig gelb werden.	Gegen beide Krankheiten helfen nur vorbeugende Maßnahmen. Platzwechsel, lockerer Stand, gute Ernährung. Außerdem öfteres Spritzen mit Fungiziden.
Dahlien-Blattfleckenkrankheit	Auf den älteren Blättern entstehen gelblichgrüne Flecke, die später braun werden.	Gedrückter Standort und enges Pflanzen begünstigen diese Krankheit. Sonniger, freier Stand läßt diese Krankheit nicht aufkommen. In üppigen Jahren die Dahlien ausschneiden und frei schneiden.
Dahlien-Virus	Verunstaltete, gefleckte, graugrüne Blätter, gestauchter (zwergiger) Wuchs und kleine Blumen sind im allgmeinen die Zeichen dieser Krankheit.	Befallene Pflanzen sofort restlos vernichten. Der Krankheitserreger (Virus) wird durch saugende Insekten auf gesunde Pflanzen übertragen. Darum keine Blattläuse, Blattwanzen usw. aufkommen lassen.
Echter Mehltau an Akelei, Ringelblume (Calendula), Rittersporn, Rosen	Grauweißer, mehliger Belag auf den Blättern.	Die befallenen Pflanzen mit Schwefelpräparaten spritzen oder einstäuben, vor allem Kulturfehler beseitigen, wie zu dichten Stand und unausgeglichene Düngung.
Falscher Mehltau	Schimmelartiger Pilzrasen auf den Unterseiten der Blätter. Oberseits bräunliche Flecke.	Bei anfälligen Arten feuchte Standorte und Lichtmangel meiden. In Ausnahmefällen Einsatz von milden Fungiziden.
Fusarium — Wurzel-, Zwiebel- und Stengelfäule an Gladiolen, Lilien, Tulpen	Frühzeitiges Welken und Absterben der Pflanzen. Fäule geht vom Zwiebelboden oder von den Wurzelansatzstellen aus, die Zwiebeln verfaulen vollständig. Krankheit besonders auf nassen Böden. Auch Freesien und Krokus können befallen werden. Gladiolenknollen schrumpfen im Winterlager ein, sind fleckig und haben braune Gefäßbündel.	Diese Krankheit breitet sich besonders bei feuchtem, warmem Wetter schnell aus. Sofortiges Entfernen kranker Zwiebeln und der sie umgebenden Erde. Nichts darf auf den Kompost! Gesunde neue Zwiebeln an neue Gartenplätze pflanzen. Nasse Standorte vermeiden. Evtl. durch ausreichend Sand für Wasserabzug sorgen. Bei Gladiolen vorbeugend jährlicher Standortwechsel.
Grauschimmelfäule an Schneeglöckchen	Die im Frühjahr austreibenden Teile sind verunstaltet und bestehen aus schimmligen Klumpen dicht auf der Erde.	Gegen diese Krankheit hilft nur sauberes Ausgraben und Vernichten der befallenen Pflanzen einschließlich der anhaftenden Erde. Auf verseuchtes Land keine Schneeglöckchen pflanzen.
Hart- und Trockenfäule an Gladiolen	An den Blättern bräunliche bis rotbraune Flecke. Die Knollen haben eingesunkene, dunkelbraune bis schwarze Stellen und schrumpfen bei starkem Befall zu Mumien zusammen.	Kranke Knollen durch Feuer vernichten. Nur gebeizte Knollen in den Boden bringen. Jedes Jahr den Standort wechseln.

Bezeichnung der Krankheit	Schadbild	Verhütung und Bekämpfung
Knospenfall bei Kamellien	Knospen, in jedem Stadium, fallen ab (oft auch Blätter).	Wird durch große Temperaturschwankungen und Ballentrockenheit verursacht. Kamellien muß man in kühlen Räumen zum Blühen bringen. In wärmeren sollte man die Blätter täglich mit Wasser bespritzen, das Zimmertemperatur hat.
Lackschorf an Gladiolen	An den Hüllen der Knollen sieht man beim Roden braune bis schwarze Flecke und darunter eingesunkene Stellen mit erhöhtem Rand. Die dort ausgeschiedene lackartige Masse ist mit Erde verklebt.	Befallene Knollen mit Brut vernichten. Bereits an den Blättern erkennbar kranke Pflanzen mit rötlich-braunen Flecken, die zu schwärzlichen Faulstellen werden, vernichten. Erst nach 5 Jahren kann man an die verseuchten Plätze wieder Gladiolen pflanzen. Schweren, nassen Boden für die Gladiolen mit Sand verbessern.
Lagerfäulen an Gladiolenknollen	Der Boden der befallenen Knollen läßt sich leicht eindrücken. Das Knollenfleisch ist braun und weich. Oft zeigen sich auch äußerlich eingesunkene Stellen mit Schimmelüberzug.	Auf das Winterlager dürfen keine feuchten, verletzten oder kranken Knollen gelangen. Die gesunden vor dem Lagern beizen und schnell trocknen. Der Lagerraum muß völlig trocken sein. Verschiedene pilzliche Ursachen.
Löwenmaulrost	An den Blättern, in der Hauptsache an den Unterseiten, bilden sich dunkelbraune pustelförmige Flecke. Sie greifen auf die ganze Pflanze über.	Die oberirdischen Teile darf man beim Gießen nicht naß machen. Kranke Pflanzen vernichten. Rostresistente Sorten pflanzen. Vorbeugend nur Samenvermehrung, keine Pflanzen überwintern lassen.
Nelkenrost vor allem an Bartnelken	Die braunen, pustelähnlichen Flecke findet man an den Unterseiten der Blätter. Oberseits leuchten sie hell durch.	Wasser auf den Blättern begünstigt das Ausbreiten der Krankheit. Befallene Pflanzen vernichten. Bartnelken nicht zu eng pflanzen. Sie müssen luftig stehen. Für ausreichende Kali- und Phosphordüngung sorgen. Bei starkem Befall nimmt man milde Fungizide.
Rosenrost	An den Unterseiten der Blätter gelbe, später schwarze Pusteln, die auf den Oberseiten als gelbliche Flecke sichtbar sind. Befallene Blätter sterben vorzeitig ab.	Ausreichende Kaliversorgung ist die beste Vorsorge. Feuchte Lagen oder Gartenplätze mit stauender Nässe vermeiden. Die Anfälligkeit ist sortenunterschiedlich. Beim Spritzen mit Fungiziden vor allem die Blattunterseiten gut benetzen.
Roter Brenner an Ritterstern (Hippeastrum)	Rotbraune, aufgetriebene, auch rissige Stellen an den Blütenschäften, Blättern und Zwiebelhüllen. Verunstaltete Knospen und Blüten.	Alle kranken Pflanzenteile vernichten. Sind bereits rote Pusteln auf den Zwiebeln, müssen diese behandelt werden. Bewährt hat sich eine Warmwasserbehandlung bei +43,5 °C, etwa 120 bis 150 Min. Vorbeugend vermeide man zu hohe Temperaturen und übergroße Bodenfeuchtigkeit während der Hauptwachstumszeit, in der sie hell stehen sollen.
Schwarzfleckenkrankheit an Christrosen	Auf den Ober- und Unterseiten der Blätter bilden sich, unregelmäßig verteilt, schwarze Flecke, die zum Absterben der Blätter führen.	Befallene Pflanzenteile abschneiden und verbrennen. Kranke Blätter nicht auf der Erde liegen lassen. Anfang Oktober alle oberirdischen Teile abschneiden und vernichten. Wichtig ist ein etwas geschützter Platz und frischer, lehmiger Boden, neutral bis leicht alkalisch. Stehende Nässe und sauren Boden vermeiden. Einsatz von Fungiziden ist nur bei größeren Beständen sinnvoll.

Bezeichnung der Krankheit	Schadbild	Verhütung und Bekämpfung
Sklerotienkrankheit an Tulpen	Die Tulpenzwiebeln treiben im Frühjahr nicht oder nur kümmerlich aus. Oft gehen sie auch erst nach dem Abblühen zugrunde.	Diese Krankheit ist in erster Linie auf Bodenmüdigkeit zurückzuführen. Sie entsteht durch jahrelangen Anbau an derselben Stelle. Darum nach 2 bis 3 Jahren den Platz wechseln. Kranke Zwiebeln vernichten. Vorbeugend vor dem Pflanzen die Zwiebeln beizen.
Stammfäule an Azaleen	Dicht über der Erde ist der Stamm braun verfärbt. Die Pflanzen welken und gehen zugrunde.	Die Azaleen darf man beim Umpflanzen nicht tiefer setzen, als sie vorher gestanden haben. Vorbeugend krasse Temperaturschwankungen und zu starke Düngung vermeiden.
Stengelfäule an Pfingstrosen	Die Triebe werden dicht über der Erde schwarz und sterben ab. Derselbe Pilz bewirkt auch, daß sich die Blütenknospen nicht öffnen. Die Außenhüllen sind durch ihn verklebt.	Alle kranken Teile entfernen und verbrennen. Im nächsten Frühjahr ab Triebbeginn mit Captan-, Thiuram- oder Zinebpräparaten spritzen. Das Spritzen ist alle 10 Tage vier- bis fünfmal zu wiederholen.
Sternrußtau an Rosen	Auf den Blättern bilden sich zahlreiche braune Flecke mit gefranstem Rand. Die Blätter vergilben und fallen ab.	Kranke Blätter sammeln und verbrennen. Die Rosen im Frühjahr stark zurückschneiden, bei dem Austrieb mit Zineb- oder Kupferpräparaten unter Netzmittelzusatz in zweiwöchentlichen Abständen spritzen. Die Erde unter den Rosen mitspritzen.
Waldreben-(Clematis)-Krankheit	Ohne ersichtlichen Grund welken die Pflanzen plötzlich und sterben im vollen Wachstum ab.	Hohe Feuchtigkeit und schwerer Boden sollen die Ursache sein. Empfohlen wird tiefes Pflanzen und Beschatten der unteren Pflanzenteile.
Wurzelbräune an wohlriechenden Wicken	Bräunung der Wurzeln und des Wurzelhalses. Ähnliche Erscheinungen bewirken Fußkrankheiten und Stengelfäule. In jedem Falle welken die Pflanzen und gehen zugrunde.	Diese Krankheiten sind meist Zeichen von Bodenmüdigkeit. Bei Wicken sollte man in jedem Jahre den Platz wechseln. Meist genügt es, einen Teil des Bodens durch alte Komposterde zu ersetzen. Vorbeugend Beizung des Saatgutes mit Thiuram, Gießen junger Pflanzen mit Zineb-Brühe.
Wurzelhalsfäule (Fußkrankheit) an Löwenmaul und Goldlack	Der Wurzelhals (unterster Stengelteil) verfärbt sich dunkel. Die betroffenen Pflanzen welken und sterben ab.	Pflanzen mit Welkeerscheinungen sofort entfernen und vernichten. Jährlicher Platzwechsel ist anzuraten. Vorbeugend ist Saatgutbeizung.

Register und Bildnachweis

Ratschläge

Tabellen und Listen

Pflanzennamen

Kursiv sind alle gültigen Pflanzennamen gesetzt.

Abbildungen

Bildnachweis

Archiv Neumann Verlag, Leipzig · Radebeul
S. 8 (l); S. 11 (4); S. 17 (2); S. 23; S. 38 (1 und 2); S. 39 (3 bis 6); S. 42 (5);

Dr. K. Brückner, Leipzig
S. 14 (1 bis 4); S. 15 (1 bis 4);

F. Dölling, Berlin
S. 21 (4); S. 26 (1 und 4); S. 29 (1 und 6); S. 34 (2, 4, 5 und 6); S. 38 (3); S. 39 (1 und 2); S. 40 (1, 3 und 4);

P. Florstedt, Halle
S. 1 (5); S. 4 (1 und 2);.

GPG Quedlinburg (A. Weinreich)
S. 17 (4 und 6); S. 20 (1, 3 bis 6); S. 21 (2); S. 24 (2); S. 25 (4); S. 26 (2); S. 27 (2); S. 28 (1 bis 6); S. 29 (5); S. 30 (3 und 4); S. 41 (2)

Dr. E. Haenchen, Cossebaude
S. 33 (1 bis 6); S. 34 (1 und 3); S. 35 (1 bis 6);

R. Leutert, Leipzig
S. 18 (1 bis 6); S. 19 (1 bis 6); S. 20 (2); S. 21 (1 und 4); S. 22 (1 und 2); S. 24 (1, 2, 3 bis 6); S. 25 (1, 2, 3, 5 und 6); S. 26 (3); S. 27 (1 und 3); S. 29 (2, 3 und 4); S. 30 (1); S. 31 (1 bis 3); S. 41 (1 und 3);

H. Neumann, Potsdam-Rehbrücke
S. 38 (4)

W. Niestradt, Potsdam-Babelsberg
S. 46 (1 bis 6); S. 47 (1 bis 6); S. 48 (1 bis 6);

G. Pätzold, Wurzen
S. 1 (1 bis 4 und 6); S. 2 (1 bis 6); S. 3 (1 bis 6); S. 4 (4 bis 6); S. 5 (1 bis 6); S. 6 (1 bis 3); S. 40 (2);

VEB Erfurter Blumensamen, Erfurt
S. 7 (1 bis 4); S. 8 (2 bis 6); S. 9 (1 bis 6); S. 10 (1 bis 6); S. 11 (1 bis 3); S. 12 (1 bis 6); S. 13 (1 bis 6); S. 16 (1 bis 4); S. 17 (1, 3 und 5); S. 37 (1 bis 6); S. 42 (1, 2, 3, 4 und 6); S. 43; S. 44 (1, 3, 4 und 6); S. 45 (1 bis 6);

T. Wengel, Berlin
S. 30 (2)

11

6,00 Deutschland

KnowWare

Basics!

Word 2010

für Studenten und Schüler

Facharbeit, Studienarbeit, Bachelorarbeit, Seminararbeit

www.KnowWare.de

Word 2010 für Studenten und Schüler

KnowWare Basics!

Thorsten Weiß

ISBN: 978-3-943252-03-3

9783943252033 00600

Word 2010
■ für Studenten und Schüler

Thorsten Weiß, info@weiss-heit.com
ISBN: 978-3-943252-03-3

Schlussredaktion und Lektorat: Thomas Barkow
Published by KnowWare Vertrieb GmbH

Bestellung für Endverbraucher und für den Buchhandel

KnowWare Vertrieb GmbH
Postfach 3920
D-49029 Osnabrück
Tel.: +49 (0)541 33145-20
Fax: +49 (0)541 33145-33
E-Mail: bestellung@knowware.de
Web: www.knowware.de

Worum es geht

Hinter KnowWare steht der Gedanke, Wissen leicht verständlich und preisgünstig zu vermitteln.

Wo sind die Hefte erhältlich

Neue Hefte sind im Allgemeinen zwei Monate bei Kiosken, im Bahnhofs-Buchhandel und in verschiedenen Buchhandlungen vorrätig.

Alle beim Verlag vorrätigen Titel kannst du immer bestellen.

Bestellungen:

- am einfachsten über unsere Webseite www.knowware.de
- oder mit dem Bestellformular am Ende dieses Heftes
- oder per Fax, Telefon sowie E-Mail, Details siehe oben

Unter www.knowware.de findest du:

- Beschreibungen und Bilder aller Hefte.
- Bei unseren Heften stehen dir die ersten 15-20 Seiten pro Titel als kostenlose PDF-Datei zur Verfügung. So lässt sich jedes Heft online testen.
- Ausverkaufte Hefte: Viele Titel sind als PDF-Datei - teilweise sogar kostenlos - herunterladbar
- Online-Bestellung
- Kostenloser Newsletter mit vielen Vorteilen und Informationen
- Interne Suchfunktion nach Schlagworten. Du findest schnell, was du suchst.

Thorsten Weiß, Dipl.-Ing. (FH), M.Sc.

ist im Allgäu ansässig und studierte neben Maschinenbau auch Elektro- und Informationstechnik. Er hat als Systemadministrator gearbeitet und ist seit mehreren Jahren als Dozent tätig. Als Autodidakt im Bereich Informatik versucht er Anderen das Wissen lebendig und einfach zu vermitteln.
info@weiss-heit.com

www.knowware.de

Inhaltsverzeichnis

Beispieldateien für das Heft

Die begleitenden Übungsdateien zum Heft stehen für dich zum Herunterladen bereit. Ich erwähne den Dateinamen und Nummer immer im Heft an der entsprechenden Stelle. Du kannst dir das gesamte Paket auf der Webseite zu diesem Heft unter www.knowware.de oder unter www.weiss-heit.com herunterladen.

Patrick Kobus
Willenberg 34
49356 Diepholz
Tel.: 05441 5007118

Vorwort

Über den Autor

Ich bin zwar kein Informatiker, jedoch Ingenieur und war als Administrator und Seminarleiter über Jahre hinweg ein steter Anlaufpunkt für viele Probleme und Wünsche der Teilnehmer und Kollegen. Auch in Sachen Word. Mit meiner Tätigkeit als Lehrbeauftragter an der Hochschule Kempten bekam ich zudem viel von den Schwierigkeiten mit den Abschlussarbeiten mit. So nahm ich die Problematiken in Word auf und schnürte daraus ein Kurspaket für einen Word Crashkurs, den ich auch an anderen Hochschulen mit freudiger Resonanz abhielt.

Seit 2008 arbeite ich als freiberuflicher Dozent und Ingenieur. Meine Schwerpunkte liegen neben der EDV-Schulung in technischen Bereichen, vorwiegend in der Ladungssicherung. Auch hier ist das Textverarbeitungsprogramm ein wichtiges Werkzeug, mit dem große Dokumente geschrieben werden.

Außerdem gebe ich auch EDV-Kurse in Word, Excel, Indesign, Internet usw.

Falls du Fragen oder weiteres Interesse hast oder mir ein Feedback zukommen lassen willst, dann kontaktiere mich doch unter info@weiss-heit.com oder schau im Internet mal bei mir vorbei: www.weiss-heit.com.

Thorsten Weiß

Warum dieses Heft?

Jeder von uns kennt die Situation: du bekommst ein Thema zum Ausarbeiten und den zugehörigen Abgabetermin. Aber was erwartet unser Lehrer, Ausbilder, Betreuer, Professor damit von dir? Er gibt dir eine Aufgabe und möchte in absehbarer Zeit eine ausgefeilte Arbeit zurückbekommen.

Das Fachliche ist ja oft noch zu bewältigen, aber wie das alles zusammenschreiben und darstellen? Du hast doch Word auf deinem Notebook, denkt sich dein Lehrer. Wie so oft im Leben ist auch dabei der erste Eindruck der Wichtigste. Das hat aber eigentlich nichts mit fachlicher Qualifikation zu tun. Das ist die äußere Form. Was ist, wenn dein Lehrer eine fachlich super geschriebene Arbeit in den Händen hält und die Form dabei nicht stimmt? Dann habe ich auch schon erleben müssen, dass nur wegen dieser äußeren Form eine Arbeit nicht besonders gut bewertet wird.

Nach der Abgabe muss sich unser Lehrer oder Professor unsere Arbeit mühsam durchlesen. Bedenke, dass er nicht nur deine Arbeit lesen muss. Dabei ist es egal, ob es sich nun um eine Abschluss-, Seminar-, Bachelor-, Diplom- oder Doktorarbeit oder Masterthesis handelt. Es ist eine qualvolle Aufgabe, viele Arbeiten mit so viel Text in einer bestimmten Zeit durchzublättern und blättern und blättern und dann zu beurteilen. Immer wieder liest er Ähnliches, und dann auch noch in so manch übler Form. Was meinst du, wenn er dann deine Arbeit in den Händen hält, die sich von den anderen durch ihr Äußeres wesentlich hervorhebt?

Das wird ihm sicherlich ein Schmunzeln auf seine Lippen zaubern. Und was liegt da näher, als dass es für dich spricht und sich in deiner Note niederschlagen wird?

Ich zeige dir in diesem Heft, wie du diese äußere, gute Form erreichen kannst. Wie du

- verschiedene Fußzeilen mit unterschiedlicher Beschriftung oder
- Kopfzeilen mit Kapitelüberschriften erstellst,
- ein schönes Inhaltsverzeichnis, Tabellenverzeichnis oder Abbildungsverzeichnis kreierst,
- Grafiken sauber an die gewünschte Position einbindest usw.

Dies erspart dir garantiert Ärger und Frust und dadurch Zeit und Energie beim Erstellen deiner Ausarbeitung; du wirst statt dessen Spaß beim Erstellen deiner nächsten Arbeit haben.

Mindestvoraussetzungen

Für diese Arbeit ist ein einfacher Computer oder Notebook voll ausreichend. Meist reicht für die Arbeit sogar ein alter Computer aus. Die genauen Voraussetzungen von Microsoft für die Verwendung von Microsoft Office kannst du auf Seite 51 nachlesen.

Grundkenntnisse

Du kannst mit Word umgehen und hast schon Briefe und kleine Dokumente erstellt? Nun möchtest du ein großes Dokument erstellen: mit Gliederung, unterschiedlichen Kopf- und Fußzeilen und all den anderen Features, die du irgendwo gesehen hast. Vielleicht hast du es selbst schon mal versucht und dich bei der Ausführung immer wieder geärgert und gefragt, wie das alles funktioniert. Hierfür werden spezielle Word-Kenntnisse gefordert, die ich dir in den folgenden Kapiteln zeigen werde.

Ein paar Begriffe, die in diesem Heft verwendet werden möchte ich dir am Anfang mit an die Hand geben:

[Shift]	das ist die Umschalt- oder Großschreibtaste
[Tab]	ist die Tabulatortaste
[Enter]	= Return, ist die Eingabetaste
[Strg]	bedeutet Steuerung (Ctrl auf der englischen Tastatur, bedeutet Control)
[Backspace]	Entfernen Taste, direkt über der [Enter]-Taste
[Strg]+[Backspace]	bedeutet z.B., dass du die [Strg]-Taste drückst und gedrückt hältst und dann die [Backspace] Taste zusätzlich noch drückst.
Datei-01, Datei-02...	Das sind die Dateien, in denen die im Heft genannten Punkte zu diesem Zeitpunkt umgesetzt sind. Diese Dateien stehen unter www.knowware.de oder www.weiss-heit.com zum Herunterladen bereit.
erweitertes Menü 	Das ist im Menüband innerhalb einer Gruppe ein ab und zu vorhandenes Icon, um ein erweitertes Menü aufzurufen.
Kursiv Geschriebenes	Die Namen der Menüs, Untermenüs, Dialogfelder, Schaltflächen und auch Befehle werden in *kursivem Text* geschrieben. Um in manchen Bereichen die Lesbarkeit zu gewährleisten, habe ich Dateinamen ebenfalls kursiv geschrieben.

Es gibt sehr oft viele verschiedene Wege, die genau dasselbe Ziel verfolgen und erreichen. Wenn ich dir mehr zeigen würde, als hier genannt, dann würde ich dich wohl eher verwirren. Probier's doch einfach mal aus. Wenn du weißt, wie etwas geht, dann wirst du dich auch immer selbstständiger durchhangeln und neue Wege finden.

Der Anfang gehört dem Drumherum

Ergonomie an der Tastatur

Schau mal genau, wo sich deine Hände befinden, wenn du vor deinem Rechner sitzt. Ja wirklich. Auch wenn du nun schmunzelst, wirst du doch überlegen müssen, um die nächste Frage beantworten zu können. Wahrscheinlich wirst du erst mal auch keine Antwort darauf geben können. Welche Hand bewegt sich, wenn du etwas markierst oder du eventuell eine Tastenkombination, wie z.B. [Strg]+[c] drückst. Ich möchte dir nun nicht erklären, wie du vor dem PC zu sitzen hast. Das kannst du im Internet nachgooglen.

Das Ziel ist, deine Hände so unter Kontrolle zu bringen, dass du damit Zeit gewinnst. Als Rechtshänder ist es am besten, wenn du deine linke Hand an der Tastatur und deine rechte Hand an der Maus hast. Im Normalfall können die meisten Tastenkombinationen mit der linken Hand ausgeführt werden. Allgemein ist das Arbeiten mit Tastenkombinationen, oder kurz Tastenkombis, sehr zu empfehlen. Du sparst dir damit viel Zeit und oftmals mehrere Mausklicks bzw. einen langen Weg mit der Maus zurückzulegen.

Eigenen Ordner in *Datei öffnen* integrieren

Du verwendest meistens denselben Ordner zum Speichern deines Dokuments und legst dort auch deine anderen Worddokumente ab?

Dann kannst du dies im "Datei öffnen"-Dialog in Word auch gleich in die Liste auf der linken Seite einfügen. Das erleichtert dir ohne viel Geklicke einen schnellen Zugriff auf deine Dateien. Wie dies genau aussieht, ist abhängig von deinem Betriebssystem.

■ Eigene Ordner aufnehmen bei Windows XP

1. Öffne Word
2. Im Menüband auf DATEI klicken

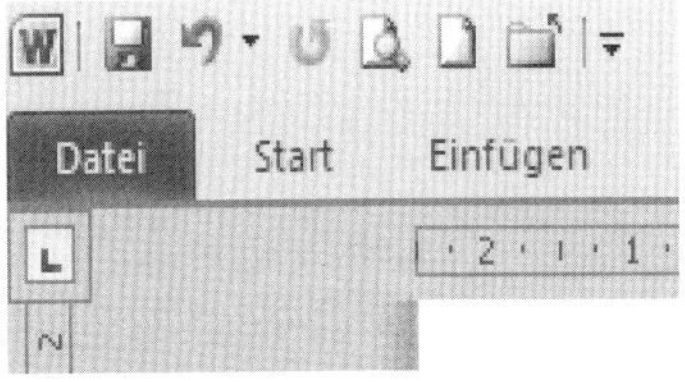

3. ÖFFNEN wählen.
4. Der Dialog *Datei öffnen* erscheint als neues Fenster.
5. In *Datei öffnen* wählst du dir dein Verzeichnis auf der rechten Seite aus, das du danach auf der linken Seite hinzufügen möchtest. Das ist wichtig, dass du auch genau den Ordner auswählst. Markiere ihn mit einem einfachen Mausklick, so dass es blau unterlegt ist.

6. Klicke mit der rechten Maustaste in den linken Bereich des Fensters und wähle den Punkt: *'ausgewählten Ordner' hinzufügen* (im Beispiel ist temp der ausgewählte Ordner). Zusätzlich kannst du nun anstelle der großen, kleine Icons am linken Rand anzeigen lassen. Dafür klickst du mit rechts auf eines der Icons in dieser Leiste und änderst die Ansicht von kleine auf große Icons.

Siehst du danach deinen Ordner in der linken Spalte?

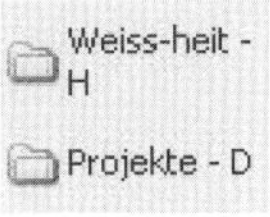

Hier siehst du den Unterschied von kleinen und großen Icons. Bei den großen Icons musst du eventuell nach oben und unten scrollen, weil der Platz zum Anzeigen nicht ausreicht.

■ Eigene Ordner aufnehmen bei Windows 7:

In Windows 7 nimmst du deinen Ordner am besten in die Bibliothek auf. Dann hast du immer leichten

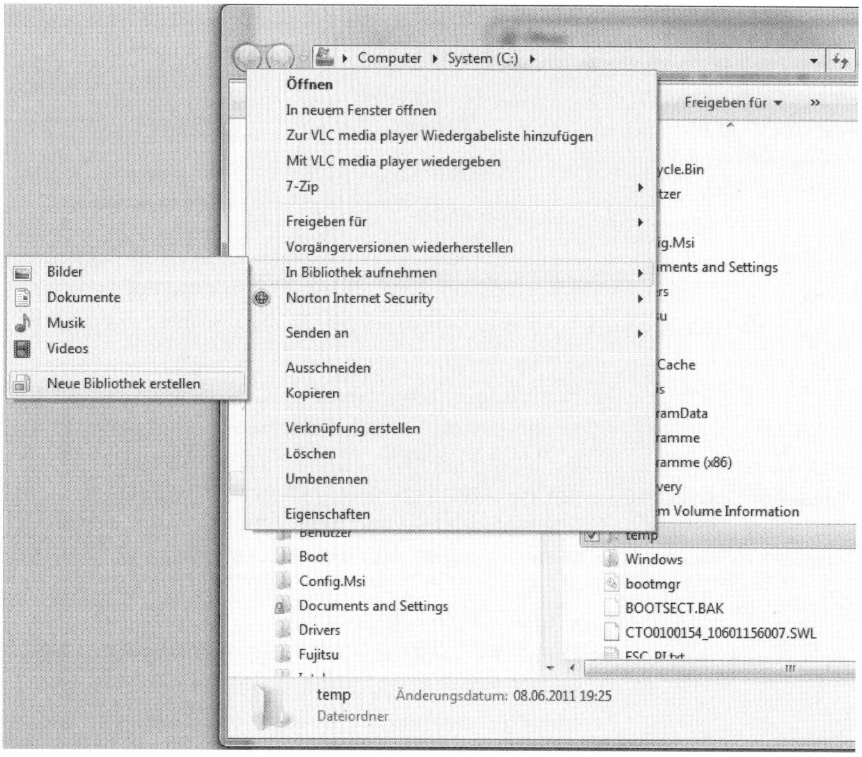

Zugriff auf deine Dateien. Dies kannst du wie bei Windows XP mit einem Rechtsklick im Dialogfenster *Öffnen* machen. Führe dafür die Schritte 1 bis 3 vom vorigen Punkt *Eigene Ordner aufnehmen bei Windows XP* aus und übernehme dann deinen Ordner in die Bibliothek, indem du *Neue Bibliothek erstellen* anwählst. Hast du das gemacht, kannst du von dem Moment an deinen Ordner ganz schnell über die Bibliothek erreichen. Dies hat vor allem auch den entscheidenden Vorteil, dass Bibliothek immer oben steht im Gegensatz zu Computer mit Laufwerk C: oder D:

■ Größere Ansicht

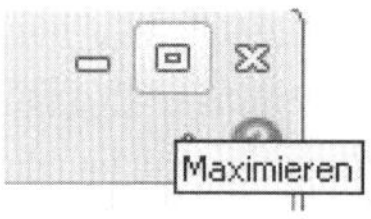

Kauf dir nicht gleich einen neuen und größeren Monitor. Schau doch erst einmal, ob du das Word-Fenster schon maximiert hast.

Nutze diese Funktion! Es mag zwar lächerlich klingen, doch alles, was du auf deinem Monitor und um dein Dokument herum sehen musst(!), belastet dich und deine Konzentration auf deine fachliche Arbeit. Deine persönliche Energiebilanz wird es dir danken. Somit kannst du einen Beitrag zum (persönlichen) Energiesparen leisten…

Du meinst, dass sowieso schon viele bunte Icons am Bildschirm oben sichtbar sind und es dann sowieso nichts mehr ausmacht? Ok, dann blende diese viele bunten Icons einfach mit der Tastenkombination [Strg]+[F1] oder mit einem Doppelklick auf ein Register (z.B. *Start* oder *Einfügen…*) aus. Du kannst dafür auch auf das kleine "v" rechts oben neben dem Fragezeichen klicken.

Tipp
Das gesamte Menüband kannst du mit einem Doppelklick auf ein Register aus- und wieder einblenden.

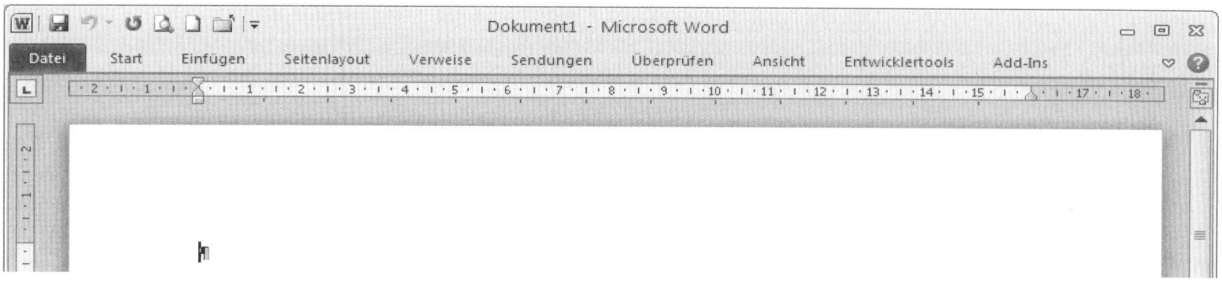

So hast du eine noch bessere Sicht auf dein gesamtes Dokument, ohne dabei Unnötiges sehen zu müssen und deine Augen damit zu belasten. Also keine Ausrede, einfach alles ausblenden, was nicht benötigt wird, es ist ruckzuck wieder eingeblendet!

Steuerzeichen anzeigen

Es gibt eine ganze Anzahl von nicht sichtbaren Zeichen. Dazu gehören Leerzeichen und Umbrüche, Absatzmarken und Formatierungssymbole. Eine berechtigte Frage ist, warum überhaupt anzeigen, wenn sie sowieso beim Ausdruck nicht sichtbar sind?

Zwei versehentlich gemachte Leerzeichen in deinem Dokument sind im Ausdruck später gut als größerer Zwischenraum sichtbar und schauen nicht schön aus. Auf dem Bildschirm konntest du es aber nicht sehen. Das kannst du erst, indem du die unsichtbaren Zeichen anzeigen lässt.

Die Steuerzeichen werden auch für die Layoutgestaltung gebraucht. Dann kannst du sehen, ob sich im Text, an genau der Stelle eine Leerzeile befindet oder wo sich deine Grafik verankert hat.

Zum Einblenden der Steuerzeichen gehst du unter der Registerkarte *Start* in den Bereich *Absatz* und klickst auf das spiegelverkehrte "P". ¶

Um diese schneller an- und auszuschalten, bietet sich die Tastenkombination: [Strg]+[Shift]+[*] an.

Eine Übersicht für die wichtigsten Steuerzeichen siehst du in der folgenden Tabelle:

¶	Spiegelverkehrtes P; neuer Absatz
↵	Geknickter Pfeil nach links; neue Zeile
→	Pfeil nach rechts; Tabulator
·	Punkt; Leerzeichen

Mach doch mal ein neues Worddokument auf, schalte die Steuerzeichen ein und drücke [Enter], [Shift]+[Enter], [Tab], [Leerzeichen]. Nun kannst du die verschiedenen Steuerzeichen sehen.

Absatz oder neue Zeile?

Kennst du schon den Unterschied zwischen einem Absatz und einer neuen Zeile? Was für eine seltsame Frage, doch es ist sehr hilfreich, wenn du dies weißt. Leider wird es oft falsch verwendet. Eigentlich ist es sehr einfach, du musst es nur wissen.

Welche Taste drückst du, wenn du in die nächste Zeile möchtest? Klar doch [Enter], oder? Nein... [Enter] macht immer einen neuen Absatz. Wenn du nur eine neue Zeile möchtest, dann drücke besser [Shift]+[Enter]. Du hast ja dein Worddokument noch geöffnet. Probiere den Unterschied von Absatz und neuer Zeile doch gleich mal aus und mache eine kleine Aufzählung, in der die Aufzählungspunkte 2-zeilig sind, so wie rechts oben dargestellt.

1)→ Punkt·A↵
aaa¶
2)→ Punkt·B↵
bbb¶
3)→ Punkt·C¶
4)→ ccc¶

Nach "Punkt A" wurde [Shift]+[Enter] gedrückt. Dies kannst du an dem Steuerzeichen dahinter erkennen, in diesem Fall ist es ein gebogener Pfeil wie auf der [Enter]-Taste.

Hast du ein spiegelverkehrtes P, dann ist das ein neuer Absatz. Dann würden die "aaa" automatisch zu Punkt 2) werden. Für die Verwendung von Formatvorlagen (vgl. S. 21) ist es wichtig, dies zu unterscheiden. Denn die Formatvorlagen werden oftmals ganzen Absätzen zugewiesen.

Word 2010-Oberfläche

Damit du weißt, wovon ich spreche und du gleich eine Vorstellung davon hast, zeige ich dir im Bild oben auf der gegenüberliegenden Seite, wie was in der Oberfläche von Word 2010 heißt.

PDF-Datei erstellen

Um eine Word-Datei an einem anderen Rechner genauso auszudrucken, wie du sie an deinem Rechner siehst, solltest du sie unbedingt als PDF-Datei abspeichern. Dann weißt du, dass der Ausdruck auch wirklich genauso aussieht, wie du das erwartest. Denn machst du das nicht und ist an dem Rechner, an dem du deine Arbeit ausdrucken möchtest, ein anderer Drucker installiert, dann kann es sein, dass sich der Inhalt deiner DOCX-Datei verschiebt. Wenn es sich dann nur ein bisschen verschiebt, rutscht auf einer Seite eine Grafik auf die nächste Seite und dann nimmt es seinen Lauf wie bei den Dominosteinen. Je mehr Seiten und Objekte du darin eingebunden hast, desto schlimmer sieht das Ergebnis dann aus. Meistens passiert das dann kurz vor der Abgabe und ...

Der Grund hierfür ist, dass an dem anderen Rechner ein anderer Drucker installiert ist. Du könntest also dieses Problem umgehen, indem du denselben Drucker auch auf deinem Rechner installierst. Doch empfehle ich dir lieber, eine PDF-Datei zu erstellen.

Um deine Datei als PDF-Datei zu speichern gehst du folgendermaßen vor (vgl. Bild unten auf der nächsten Seite:

1. Gehe zu: Datei → Speichern unter
2. Wähle den Dateityp: PDF (*.pdf) aus und klicke auf *Speichern*.(siehe nächste Seite: unteres Bild)

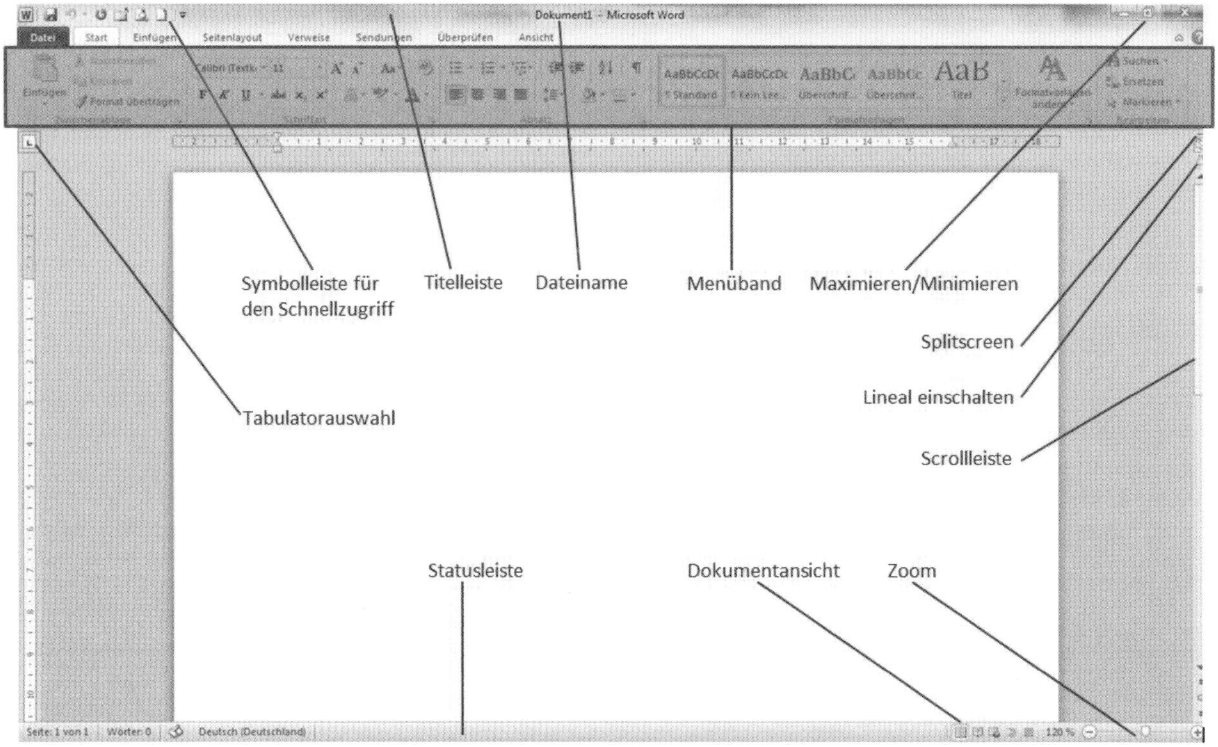
Dokument1 - Microsoft Word
Symbolleiste für den Schnellzugriff
Titelleiste
Dateiname
Menüband
Maximieren/Minimieren
Splitscreen
Lineal einschalten
Tabulatorauswahl
Scrollleiste
Statusleiste
Dokumentansicht
Zoom

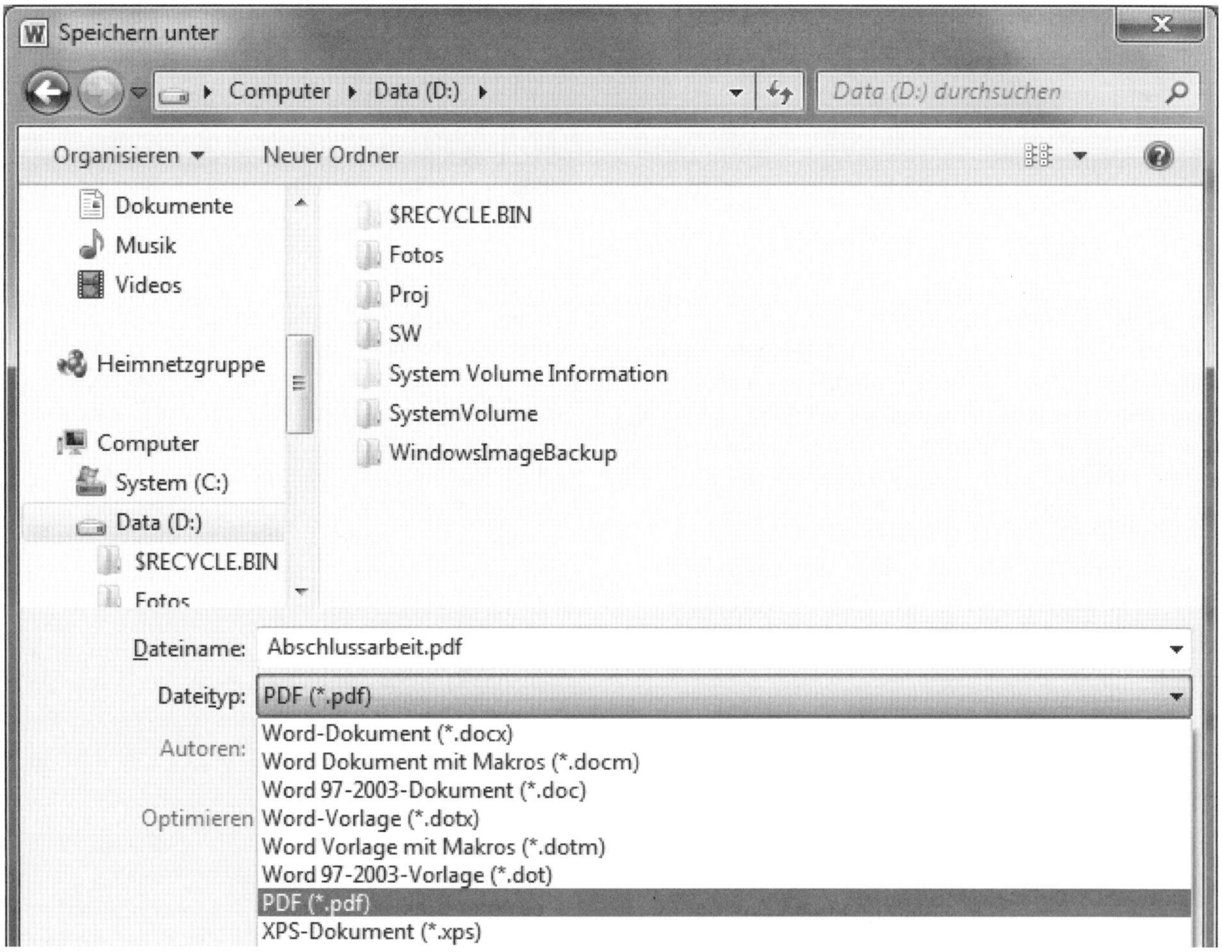
Speichern unter
Computer ▸ Data (D:) ▸
Data (D:) durchsuchen
Organisieren
Neuer Ordner
Dokumente
Musik
Videos
Heimnetzgruppe
Computer
System (C:)
Data (D:)
$RECYCLE.BIN
Fotos
$RECYCLE.BIN
Fotos
Proj
SW
System Volume Information
SystemVolume
WindowsImageBackup
Dateiname: Abschlussarbeit.pdf
Dateityp: PDF (*.pdf)
Autoren:
Optimieren
Word-Dokument (*.docx)
Word Dokument mit Makros (*.docm)
Word 97-2003-Dokument (*.doc)
Word-Vorlage (*.dotx)
Word Vorlage mit Makros (*.dotm)
Word 97-2003-Vorlage (*.dot)
PDF (*.pdf)
XPS-Dokument (*.xps)

Bewegen und Verschieben im Dokument

Um die folgenden kurzen Themen auszuprobieren, brauchst du schnell viel Text. Schreiben? Nein, dafür sitzen wir am Rechner, der uns die Arbeit abnimmt. Denke immer daran, der Rechner ist dein elektronischer Sklave und nimmt dir Arbeit ab.

1. Nimm wieder dein Worddokument und gib gleich am Zeilenanfang folgendes ein:
   `= rand(5,8)`
2. Beende die Eingabe mit [Enter]. Nun erhältst du einen Blindtext. Die erste Zahl gibt dabei die Anzahl der Absätze und die zweite Zahl die Anzahl der Sätze innerhalb des Absatzes an.

Mit diesem Text kannst du gleich das folgende Kapitel ausprobieren.

Maus effizient nutzen

(Nicht lachen ...!)

Wie oft muss du ein Wort oder einen Text markieren und löschen oder einfügen? Um dies schnell umzusetzen, sind nur wenige Kenntnisse erforderlich.

Markieren von Text:

- **Doppelklick** markiert das **Wort**
- **3-facher Klick** markiert den **Absatz**
- Klick mit gedrückter **[Shift]-Taste,** markiert **ab dem Cursor** bis zum Mauspfeil
- Klick mit gedrückter **[Strg]-Taste,** markiert den **kompletten Satz**

Kannst du das Ergebnis an deinem Blindtext schon sehen? Noch nicht probiert? Also gleich mal einen Blindtext erstellen und ausprobieren.

Zoomfunktion

Wie oft zoomst du? So gut wie nie? Du gehst lieber näher an den Monitor heran, um etwas zu sehen? Versuche doch mal. öfter die Zoomfunktion zu verwenden. Diese kannst du bei Word 2007/2010 unten rechts bei dem "–" und "+" finden.

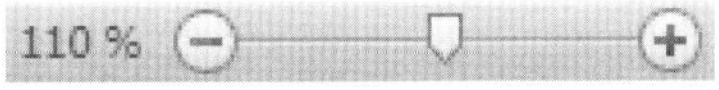

Damit kannst du die Ansicht des Dokuments verkleinern und vergrößern.

> **Tipp**
> Wenn du die [Strg]-Taste gedrückt hältst und dabei das Mausrad drehst, kannst du genauso vergrößern und verkleinern, nur noch viel schneller!

Text verschieben oder kopieren

Wenn du einen Text markiert hast, kannst du ihn sehr schnell an eine andere Stelle verschieben.

1. Markiere den Textbereich.
2. Klicke mit der linken Maustaste auf die Markierung und halte die Maustaste gedrückt.
3. Schiebe den Mauspfeil an die Stelle, an den du den Text haben möchtest.
4. Nachdem du die Maustaste losgelassen hast, steht der Text an genau dieser Stelle.

Dies nennt man auch "Drag and Drop" (Ziehen und Fallenlassen). Du musst dabei noch nicht einmal auf Leerzeichen zum angrenzenden Wort achten. Diese werde automatisch eingefügt. Probiere es gleich an dem Blindtext aus!

> **Tipp**
> Wenn du Texte oder Objekte schnell kopieren möchtest, dann verschiebe den Text oder das Objekt und drücke gleichzeitig die [Strg]-Taste. Du wirst dann am Cursor ein Pluszeichen sehen. Das bedeutet, dass es kopiert wird. An der Einfügestelle lässt du zuerst die linke Maustaste los und zuletzt die [Strg]-Taste.

Strg und Backspace

Löschen, immer wieder löschen...

Wenn ein Wort links vom Cursor steht, kannst du mit der Tastenkombination [Strg]+[Backspace] dieses Wort komplett entfernen. Steht der Cursor mitten im Wort, wird von der Cursorposition an bis zum Wortanfang gelöscht. Im Gegensatz dazu entfernt die Tastenkombination [Strg]+[Entf] die Zeichen bis zum Wortende.

Tipps gleich zu Anfang

Gliederungsansicht – eine klare Struktur erstellen

Eine Möglichkeit mit deiner Arbeit zu beginnen, ist das Sammeln und Aufschreiben von Wörtern zu deinem Thema in ein Worddokument. Viele davon wirst du zu einer Überschrift machen wollen. Wenn du nun diese Überschriften hernimmst, sind sie wirr durcheinander. Sortierst du sie, bringst du gleich von Anfang an eine klare Struktur in deine Arbeit.

Schreibe alles auf, was dir in den Sinn kommt. Drücke nach jedem Eintrag die [Enter]-Taste. Dann beginne die erstellten Einträge zu sortieren, indem du die Aufzählungspunkte mit der gedrückten linken Maustaste an die gewünschte Position schiebst.

Übung:

1. Mach ein neues Worddokument auf.
2. Sammle wahllos Begriffe zu deinem Thema und drücke nach jedem Begriff [Enter]
3. Schau dir die Begriffe an und entscheide, was eine Überschrift oder Unterüberschrift werden soll. Lösche den Rest raus.
4. Schiebe nun, wie unter *Text verschieben/kopieren* erwähnt, die Überschriften in die richtige Position.
5. Wechsel nun in die Gliederungsansicht über *Ansicht → Dokumentenansicht → Gliederung.*

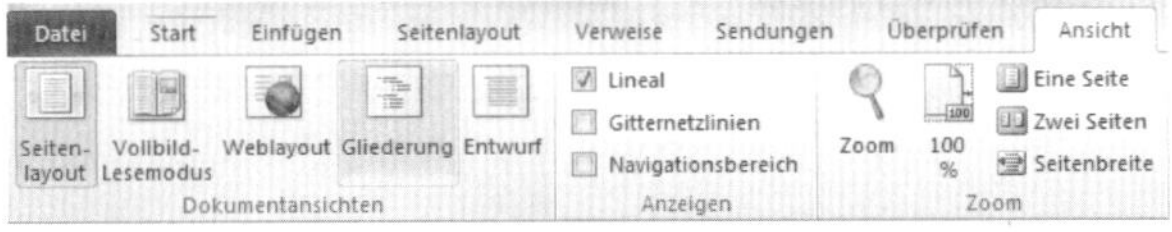

6. Um ein Thema zu einem Unterthema zu machen, klickst du auf das gewünschte Thema und drückst auf die [Tab]-Taste.
   Mit [Shift]+[Tabulator] steigt ein Thema in der Hierarchie wieder eine Stufe höher.

Jeder Gliederungseintrag wird bei einer Änderung der Ebene automatisch mit einer Formatvorlage versehen. Dabei geht Word davon aus, dass es sich bei allen Einträgen "Ebene x" um Überschriften handelt. Formatiere deine Einträge deinen Wünschen entsprechend um. In dieser Ansicht kannst du sehr schnell den einzelnen Absätzen deiner Arbeit eine bestimmte Formatvorlage zuweisen (siehe Seite 21).

Du kannst auch die Ebenen sehr einfach zuweisen, indem du deinen Cursor in den entsprechenden Begriff setzt und dann im Aufklappfeld eine Ebene auswählst.

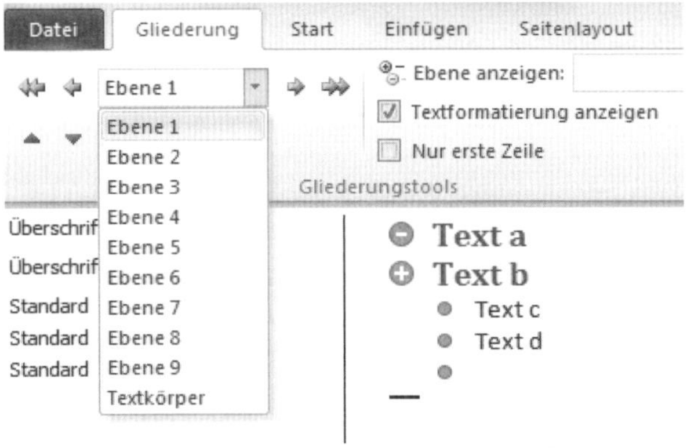

Splitscreen - Zwei Textstellen anzeigen

Du hast eine Abbildung oder ein Diagramm in dein Dokument eingefügt und möchtest dieses im Text ausdiskutieren. Nur blöd, dass dein Bildschirm zu klein ist, um auf die Abbildung und den Text zu schauen. Kein Problem. Du kannst gleichzeitig zwei verschiedene Textbereiche innerhalb deines Dokuments anzeigen lassen. Du hast dein Dokument doch noch geöffnet, dann leg gleich los. Aktiviere dazu den Splitscreen.

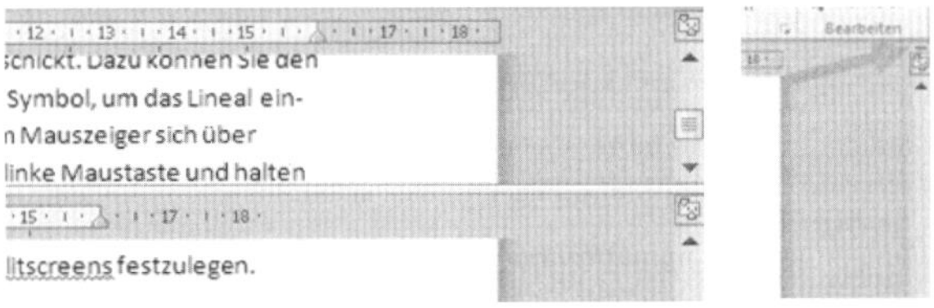

Oberhalb der rechten Scrollleiste befindet sich ein Symbol, um das Lineal ein- und auszuschalten. Über diesem Symbol ist ein kleiner, horizontaler, schwarzer Strich. Sobald sich der Mauszeiger auf diesem Strich befindet, ändert sich der Mauszeiger zu zwei horizontalen Strichen mit je einem Pfeil nach oben und nach unten. Drücke nun die linke Maustaste und halte diese gedrückt. Ziehe dabei die Maus nach unten, um die Größe des Splitscreens festzulegen.

Nun hast du dein Dokument in zwei Teile aufgesplittet und kannst darin unabhängig voneinander, unterschiedliche Textstellen anzeigen lassen.

Wenn du keine zwei Anzeigebereiche mehr benötigst, dann schiebe den oberen Bereich einfach wieder zurück. Dazu fährst du mit deinem Cursor an den horizontalen Trennbalken, dort wo du vorher die Maustaste losgelassen hast, und verschiebst diesen wieder ganz nach oben (nach unten geht auch) und lässt die Maustaste los.

Damit kann man beispielsweise schnell zwischen Text und Literaturverzeichnis hin und her lesen.

Alternativ findest du Splitscreen auch unter *Ansicht → Fenster → Teilen*. Dort wurde Splitscreen ins deutsche übersetzt und nennt sich Teilen. Wenn du dort drauf klickst, erscheint ein Trennbalken, der dein Dokument in zwei Ansichten teilt. Hast du dein Dokument geteilt, steht an der Stelle, an der du es geteilt hast nun *Teilung aufheben*.

Hast du zwei unterschiedliche Dokumente geladen und brauchst gleichzeitig den Blick auf beide, so kannst du sie neben- oder übereinander anzeigen lassen: *Ansicht → Fenster → Alle anordnen* oder *Nebeneinander anzeigen*. Hast du zwei Dokumente *Nebeneinander* gewählt, dann kannst du es wieder rückgängig machen, indem du erneut auf *Nebeneinander anzeigen* klickst. Hast du *Alle anordnen* gewählt, musst du die einzelnen Fenster maximieren. Zwischen den einzelnen Fenstern wechseln kannst du mit [Alt]+[Tab] oder über *Ansicht → Fenster → Fenster wechseln*.

Suchen und ersetzen im Text

Wenn du an einem Text schreibst, kommt es immer wieder dazu, dass du ein bestimmtes Wort in deinem Text suchen musst. Oder du schreibst an einem Absatz und möchtest irgendwann später daran weiterschreiben. Nun machst du dir im Text einen Vermerk. Vielleicht machst du „xxx" oder etwas anderes. Peinlich ist es, wenn du dies übersiehst und es in deinem Dokument bleibt. Daher würde ich dir raten, vor dem Drucken nochmals nach deinen Vermerken zu suchen. Dies kannst du unter *Start → Bearbeiten → Suchen* oder auch mit [Strg]+[f] machen.

Wenn du einen Begriff durch einen anderen austauschen möchtest, dann gehe zu *Start → Bearbeiten → Ersetzen* oder drücke [Strg]+[h]. Dann gibst du im ersten Feld den Begriff ein, denn du ersetzen möchtest und im zweiten Feld, den Begriff, den du neu dafür verwenden möchtest. Im Bild unten wird der Begriff „Screen" durch „Bildschirm" ersetzt.

Oft kommt es auch vor, dass du anstelle eines Leerzeichens zwei in deinem Dokument hast. Lasse diese suchen und es mit einem ersetzen.

> **Tipp**
> Suche nach 2 Leerzeichen und ersetze diese durch 1 Leerzeichen.

Wo war ich doch gleich...

Um zu dem Punkt zurückzukehren, an dem du zuletzt gearbeitet hast, drückst du einfach [Shift]+[F5]. Dann springt der Cursor nacheinander zu den letzten drei Stellen, an denen du im Dokument gearbeitet hast.

Weißt du die Seitenzahl, an der du gearbeitet hast oder an der du noch etwas bearbeiten musst, dann drücke [F5]. Dann öffnet sich das Dialogfenster *Gehe zu*. Dort kannst du zu einer bestimmten Seite, einem Kommentar usw. springen.

Alle Hyperlinks entfernen

Bei der Recherche für deine Arbeit kopierst du bestimmt immer wieder Text aus dem Internet in dein Dokument. Dabei stören dich sicherlich die automatisch erstellten Links im Dokument? Du kannst jede einzeln über einen rechten Mausklick und *Hyperlink entfernen* löschen. Doch das ist sehr umständlich, wenn es sich um mehr als einen Link handelt.

1. Markiere den gesamten Bereich, in dem du die Hyperlinks entfernen möchtest. Mit [Strg]+[a] kannst du das gesamte Dokument markieren. (Merke dir: a=alles)
2. Drücke dann die Tastenkombination [Strg]+[Shift]+[F9]. Damit werden innerhalb der Markierung sämtliche Hyperlinks entfernt.

Als Alternative dazu kannst du auch deinen einzufügenden Text als reinen Text ohne Formatierung einfügen. Wenn du den Text kopiert hast, fügst du ihn folgendermaßen ein:

Start → Einfügen → Zwischenablage → Einfügen → Nur den Text übernehmen (das Symbol mit dem A)

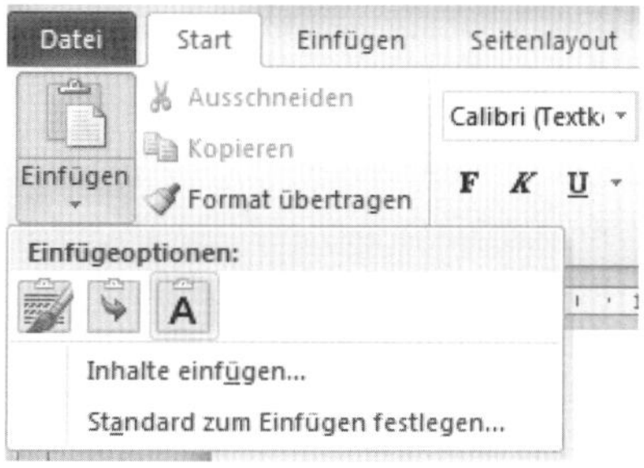

Layout für deine Abschlussarbeit

Abschlussarbeiten formatieren

Wie deine Arbeit am Ende aussehen soll, dafür hat dein Betreuer bestimmt eine genaue Vorstellung. Sprich ihn daher am besten auf das Layout an. Wenn er aber meint, dass ihm das egal sei oder er keine habe, dann gebe ich dir folgende Empfehlungen. Diese Angaben sollen dir jedoch nur einen groben Anhalt geben.

Für deine Abschlussarbeit wird in der Regel Times New Roman oder eine andere sogenannte Serifenschriftart verwendet. Denn dabei ist viel Text besser lesbar.

- Zeilenabstand: 1,5-fach
- Titelseite: 36, 48 oder 72 pt
- Überschriften ohne weitere Auszeichnung: 24, 18, 16 und 14 pt
- Fließtext: 12 pt
- Fußnoten, Anmerkungen und längere Zitate: ggf. 2 pt weniger, also etwa 10 pt

Wenn du Abbildungen in deiner Abschlussarbeit hast, sollten diese immer eine Beschriftung haben, wie etwa: Abb. 1: "Beschreibung was auf der Abbildung zu sehen ist". Im Text solltest du auch immer auf deine Abbildungen verweisen.

Wie ist eine Abschlussarbeit aufgebaut? Der Aufbau deiner Abschlussarbeit folgt meist den Vorgaben deiner Schule oder Instituts. Dies sollte dir dein Betreuer auch mitteilen. Üblicherweise entspricht es dem folgenden Aufbau:

- Deckblatt
- Inhaltsverzeichnis
- Abkürzungsverzeichnis
- Abbildungsverzeichnis
- Tabellenverzeichnis
- Evtl. Vorwort
- Einleitung
- Hauptteil
- Zusammenfassung
- Literaturverzeichnis
- Anhang
- Eidesstattliche Erklärung

Dabei können die Verzeichnisse (außer das Inhaltsverzeichnis) sowie die Eidesstattliche Erklärung natürlich auch im Anhang deiner Arbeit stehen. Ab und an wird auch mal ein tabellarischer Lebenslauf gefordert, der dann meist am Schluss der Arbeit steht.

Beginne nun dein Dokument!

Erstelle ein neues Dokument und speichere es ab. Das Dokument benötigst du für dein weiteres Vorgehen. Dieses Dokument kannst du dann auch als Vorlage verwenden. Speicher diesen Dokument zusätzlich in regelmäßigen Abständen auf einem externen Medium ab. Mach täglich mindestens eine Sicherheitskopie auf deinen USB-Stick oder eine externe Festplatte. So vermeidest du von vorne herein einen Datenverlust.

Stell dir die Katastrophe vor, wenn die Arbeit von Wochen oder Monaten durch einen Defekt der Platte oder einen bösartigen Virus verlorengeht.

Seitenränder anpassen

Als erstes ist es sinnvoll, die Seitenränder einzustellen. So kannst du ungefähr erkennen, wie sich dein Text im Dokument verteilt. Die Standardeinstellungen für die Seitenränder sind meistens nicht passend. Soll das gedruckte Dokument später gebunden werden? Wird das Papier nur einseitig bedruckt, so reicht es, den linken Rand etwas zu vergrößern. Druckst du zweiseitig, so verwende die Einstellung Bundsteg; der macht automatisch auf linken Seiten einen zusätzlichen Rand rechts, auf rechten Seiten entsprechend links.

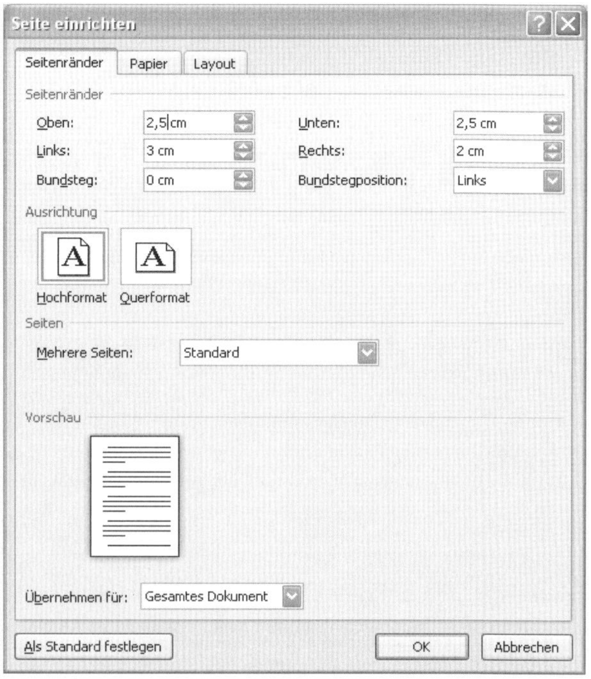

Wie groß deine Seitenränder sein sollen, dafür gibt es unterschiedliche Empfehlungen. An verschieden-

en Schulen wird ein Seitenrand von: rechts 2 cm und links 3 cm empfohlen.

Stelle nun in deinem Dokument den Seitenrand auf: oben 2,5 cm, unten 2,5 cm, links 3 cm und rechts 2 cm.

1. Gehe zu: *Seitenlayout → Seite einrichten →* klicke dann rechts unten auf:
2. Stelle die Seitenränder ein.

Den vorgegebenen Zeilenabstand, die Fließtextart und -größe werden wir später unter den Formatvorlagen einstellen. (Siehe S. 21) Wird dein Dokument zweiseitig ausgedruckt, dann stellst du unter *Seiten: Mehrere Seiten → Gegenüberliegende Seiten* ein. Dann wird der linke Seitenrand zu *Innen* und der rechte Seitenrand zu *Außen*. Somit wird dein größerer Seitenrand im Wechsel dargestellt. Dann gibst du den Wert von links bei *Innen* und den Wert von rechts bei *Außen* ein.

Deckblatt erstellen

Jetzt geht's los, nun kannst du gleich die ersten Buchstaben in dein Dokument tippen.

Das Deckblatt ist das erste was von deiner Ausarbeitung gesehen wird. Oftmals wird sogar nur dein Deckblatt gesehen. Gestalte daher das Deckblatt mit äußerster Sorgfalt, um ein professionelles Aussehen und einen guten ersten Eindruck zu hinterlassen. Damit kannst du deinen Betreuer schon zu Beginn seiner Korrektur begeistern.

Word 2010 bietet dafür eine ganze Auswahl an verschiedenen vorgefertigten Deckblättern. Für deine Arbeit empfehle ich dir jedoch das traditionelle einfache Deckblatt. Das kannst du schnell selbst erstellen. Lass dich also nicht von den Vorgaben ablenken.

Beispiele von Deckblättern für Abschlussarbeiten:

Erkundige dich bei deinem Betreuer, was du auf das Deckblatt schreiben sollst. Im Normalfall steht dort mindestens:

- Arbeitstitel,
- Schule evtl. mit Logo und Fachbereich,
- bei wem du es einreichst oder abgibst,
- Namen evtl. mit Matrikelnummer,
- Ort und Datum.

Schreibe nun die oben genannten Punkte auf dein Deckblatt. Verwende bitte nicht zu viele unterschiedliche Schriftarten und -größen. Titel in Größe 36 pt und den restlichen Text in 12 pt. Füge dann noch ein Logo deiner Schule ein.

Form einfügen

Wenn du momentan kein Logo zu Hand hast, dann füge in dein Dokument eine Form ein. Nimm einfach mal die "Legende mit Pfeil in vier Richtungen". Du findest die Form unter: *Einfügen → Illustrationen → Formen* (Blockpfeile – Legende mit vier Pfeilen)

Klicke die Form an. Dann verschwindet die Auswahl und der Cursor wartet darauf, dass du beginnst, die Form aufzuziehen. Das kannst du daran erkennen, dass der Cursor nun ein schwarzes Kreuz ist. Klicke mit der linken Maustaste auf der Seite an eine

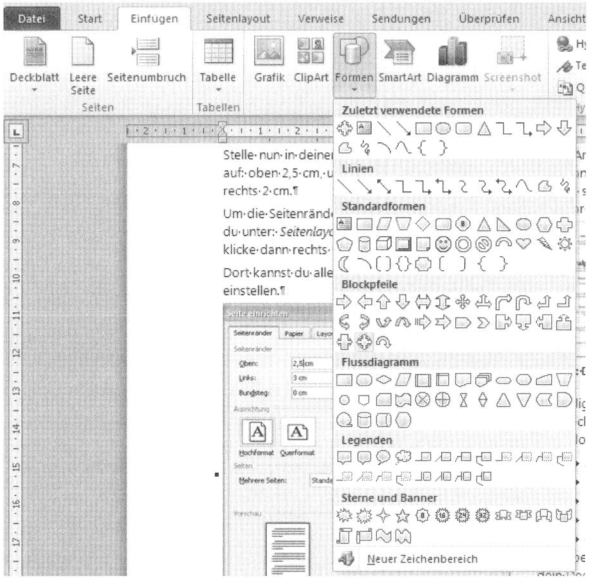

Stelle, wo du die Form einfügen möchtest, halte die Maustaste gedrückt und ziehe deine Maus nach rechts unten. Sobald du die Maustaste loslässt, wird die Form erstellt. Der Weg, den du mit gedrückter linker Maustaste zurückgelegt hast, beschreibt nun die Größe deiner Form.

Tipp
Eine symmetrische Form, wie ein Kreis oder Quadrat lässt sich erstellen, indem du während des Aufziehens deiner Form zusätzlich die [Shift]-Taste gedrückt hältst.

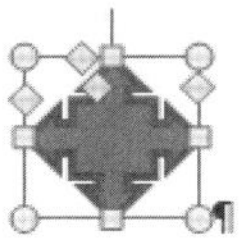

Du kannst die Größe der Form auch später noch ändern. Klicke die Form an, und du kannst die Anfasser sehen.

Die Eckanfasser sind die Kreise an jedem Eckpunkt und die normalen Anfasser die zwischen den Eckpunkten. Klicke auf einen Eckanfasser mit der linken Maustaste und halte die Taste solange beim Aufziehen gedrückt, bis die Form deiner gewünschten Größe entspricht.

Dein Deckblatt schaut nun bei eingeschalteten Steuerzeichen so aus wie im Bild unten.

Die bisherigen Arbeitsschritte kannst du in der folgenden Datei sehen: **Datei-01**

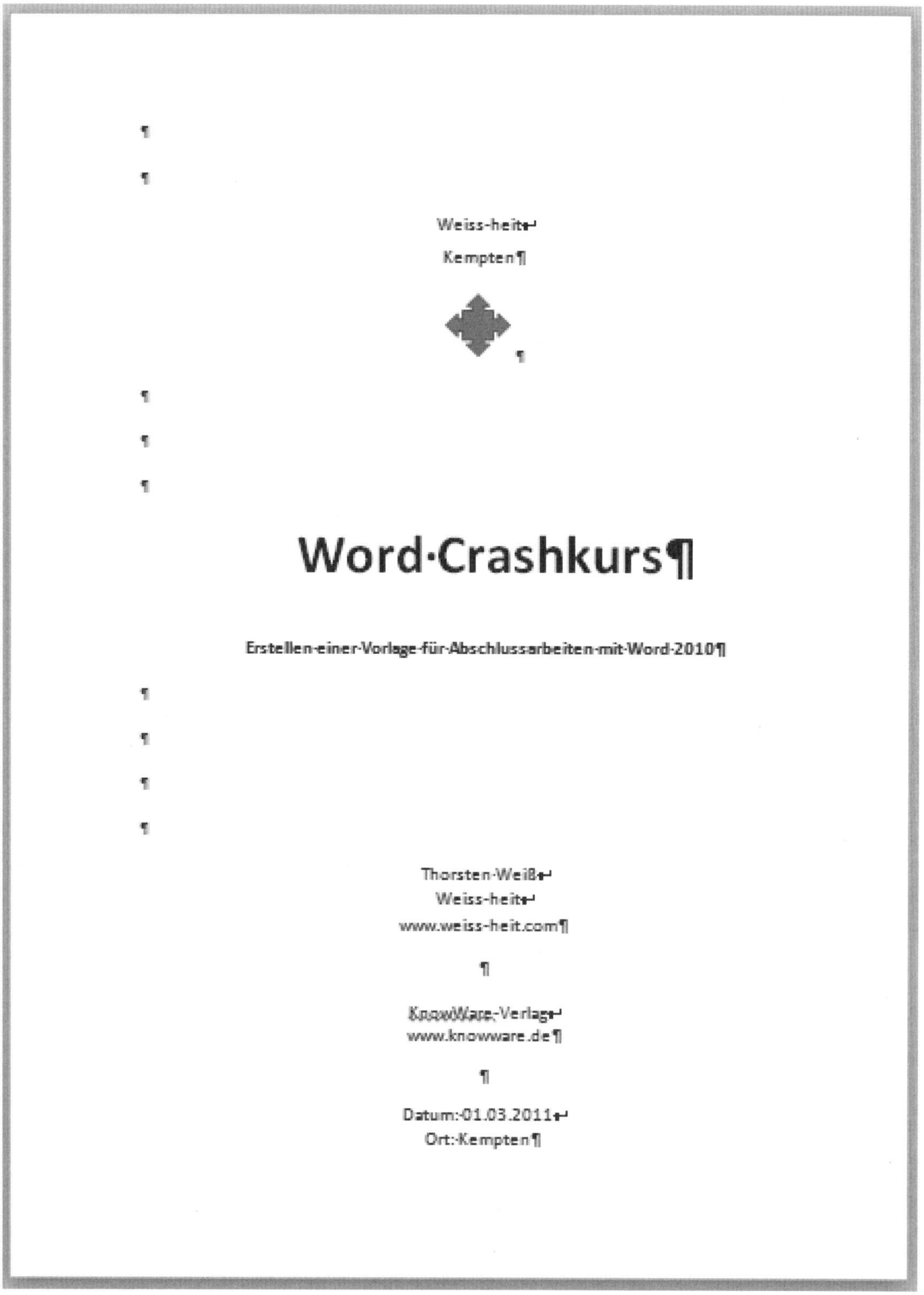
¶

¶

Weiss-heit↵
Kempten¶

¶

¶

¶

¶

Word·Crashkurs¶

Erstellen·einer·Vorlage·für·Abschlussarbeiten·mit·Word·2010¶

¶

¶

¶

¶

Thorsten·Weiß↵
Weiss-heit↵
www.weiss-heit.com¶

¶

KnowWare·Verlag↵
www.knowware.de¶

¶

Datum:·01.03.2011↵
Ort:·Kempten¶

Kopf- und Fußzeilen

Normalerweise werden in einem größeren Dokument unterschiedliche Kopf- bzw. Fußzeilen gemacht. Ein Teil der Fußzeilen deines Dokuments gilt dann nur dem eigentlichen Text und der oder die anderen Teile gelten dann für die Verzeichnisse, Vorspann, Anhang oder Ähnlichem. Oftmals sind die Seitennummerierungen, die den Text betreffen in arabischen und die anderen in römischen Ziffern dargestellt.

Dokument in Abschnitte unterteilen

Am Anfang hat dein Dokument nur einen einzigen Abschnitt. Dieser ist so lang wie dein Dokument. Um unterschiedliche Kopf- bzw. Fußzeilen einbauen zu können, musst du mehrere Abschnitte definieren. Diese sind wichtig. Wenn du eine Fußzeile einbaust, weiß Word ja nicht, dass es für dein Deckblatt oder dein Inhaltsverzeichnis anders aussehen soll. Daher musst du dein Dokument in mehrere Abschnitte aufteilen und die Fußzeilen für jeden Abschnitt einzeln erstellen.

> **Tipp**
> Innerhalb eines Abschnitts schaut eine Fuß- oder Kopfzeile immer gleich aus. Mal abgesehen vom Unterschied von der rechten zur linken Seite.

Um nun Abschnitte zu erstellen, fügst du am Ende deines Deckblattes einen Abschnittswechsel ein. Diesen erstellst du, indem du einen Seitenumbruch für einen Abschnittswechsel einfügst. Das ist allerdings kein normaler Seitenumbruch. Wenn du meinst, ein einfacher Seitenumbruch oder [Strg]+ [Enter] würde reichen, dann führt das nicht zu deinem gewünschten Ergebnis.

1. Setze den Cursor an die Stelle auf der Seite, an der dein zweiter Abschnitt beginnen soll. In deinem Übungsdokument setzt du deinen Cursor auf dem Deckblatt direkt hinter Kempten und drückst nach dem Wort [Enter].
2. Füge dann einen Abschnittswechsel ein unter: *Seitenlayout → Seite einrichten → Umbrüche* und klicke dort Abschnittsumbrüche *Nächste Seite* an (wie im Bild rechts zu sehen).

Damit hast du dein Dokument unterteilt. Es besteht nun aus zwei Abschnitten.

> **Nochmals**
> Willst du zwischen zwei Absätze einen Abschnittswechsel einfügen, so sollte sich der Cursor vor dem ersten Zeichen des zweiten Absatzes befinden (nicht am Ende des ersten Absatzes).

Auf der Seite nach deinem Deckblatt folgt dann dein Inhaltsverzeichnis. Schreibe oben erst einmal nur "Inhaltsverzeichnis" hin. Da du noch keines hast, lässt du den Rest der Seite vorerst einfach leer. Das fügst du später ein. Drücke nach dem Wort Inhaltsverzeichnis [Enter] und füge dann wieder einen Seitenumbruch mit Abschnittswechsel ein.

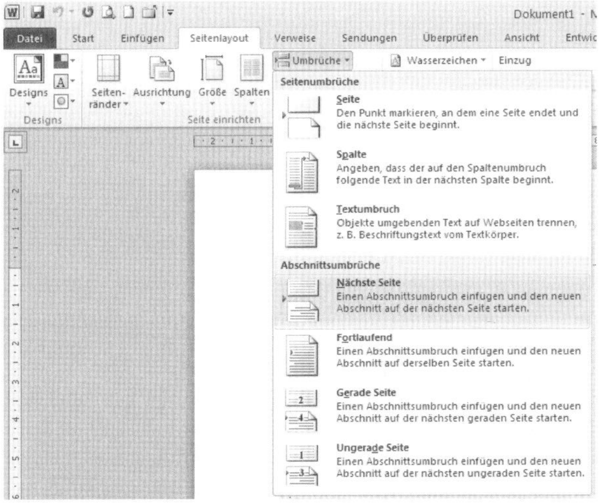

Nun hast du also ein Deckblatt auf der ersten Seite – Abschnitt 1 – und eine zweite Seite die fast leer ist – Abschnitt 2. Auf der dritten Seite beginnt dann Abschnitt 3. Dort gibst du dann folgendes ein:

```
= rand(10,8)
```

Dadurch bekommst du einen mehrseitigen Blindtext, den du zunächst als Ersatztext für deine Arbeit verwenden kannst.

Unterschiedliche Kopf- und Fußzeile erstellen

Eine Fußzeile fügst du ein oder bearbeitest sie, indem du am Blattende doppelt auf das Dokument klickst. Bearbeite nun die Fußzeile auf Seite 2, indem du ganz unten einen Doppelklick ausführst. Alternativ, kannst du die Fußzeile auch unter *Einfügen → Kopf-und Fußzeile → Fußzeile → Fußzeile bearbeiten* in das Dokument einbetten.

> **Hinweis**
> Um unterschiedliche Kopfzeilen in einem Dokument zu erstellen, werden zwingend Seitenumbrüche mit Abschnittswechsel benötigt.

Du weißt, dass du verschiedene Abschnitte im Dokument für verschiedene Fußzeilen brauchst. Allerdings geht Word immer noch davon aus, dass du überall dieselbe Fußzeile erstellen möchtest. Die

Fußzeilen sind nämlich noch miteinander verknüpft. Dies siehst du, wenn du in die Fußzeilenbearbeitung mit einem Doppelklick wechselst. Dort steht rechts dann: *Wie vorherige*.

Genau das möchtest du ja aber nicht. Deshalb musst du nun die Verknüpfung lösen. Dies machst du für jeden Abschnitt den du erstellt hast.

Eine eigene Fußzeile für jeden Abschnitt

Wenn du nun etwas in eine Fußzeile schreiben würdest, wäre es so, als ob du nur eine einzige Fußzeile hättest. Sie wäre auf allen Seiten gleich. Löse nun für jeden Abschnitt die Verknüpfung zum vorherigen Abschnitt. Das geht ganz einfach:

1. Setze deinen Cursor auf Seite 2 in die Fußzeile.
2. Klicke dann im Menü auf *Kopf-und Fußzeile →* *Mit vorheriger verknüpfen* und du hast eine zum vorherigen Abschnitt getrennte Fußzeile. *Mit vorheriger verknüpfen* darf dann nicht mehr gelb unterlegt sein und in der Fußzeile verschwindet dann das blau unterlegte *Wie vorherige*.

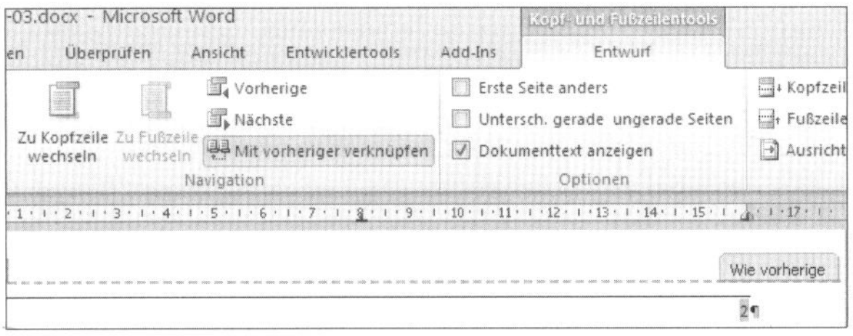

Die Fußzeile auf der 2. Seite sollte dann so aussehen:

He, du hast nun zwei unterschiedliche Fußzeilen, auch wenn es dir noch nicht auffällt. Ist dir das schon bewusst geworden? Nun trenne die Verknüpfung auf der ersten Seite deines Textes, also Abschnitt 3 von Abschnitt 2. Führe dazu dieselben Schritte aus.

Klasse! Jetzt hast du drei unterschiedliche Fußzeilen.

Hier ist die Aufteilung der Abschnitte und Fußzeilen deines bisherigen Dokuments:

- Fußzeile 1 – Abschnitt 1: Deckblatt
- Fußzeile 2 – Abschnitt 2: Inhaltsverzeichnis
- Fußzeile 3 – Abschnitt 3: Textbereich

Solltest du noch eine weitere Fußzeile im Anhang benötigen, kannst du dies auf dem gleichen Weg umsetzen.

Die bisherigen Arbeitsschritte kannst du in der folgenden Datei sehen: **Datei-02**

Hast du ein zweiseitiges Dokument und auch entsprechend unter den Seitenränder eingerichtet, kannst du die Fußzeile jeweils für die linke und rechte Seite anders gestalten. Damit Word dies umsetzt, musst du einen Haken setzen bei (Cursor in der Fußzeile) *Kopf- und Fußzeile → Entwurf → Optionen → Untersch. gerade ungerade Seiten*. Danach kannst du jeweils eine Fußzeile für deine linke Seite und für deine rechte Seite schreiben.

Seitenzahl zu schnell eingefügt?

Falls du schon gleich anfangs Seitenzahlen eingefügt hast, steht trotz der gelösten Verknüpfung überall dieselbe Fußzeile. Ja, die Fußzeile steht dann sogar auch auf der ersten Seite. Die muss dort weg.

Vielleicht sagst du nun, ist doch klar, ich kann den Haken auf *Erste Seite anders* setzen.

Ok, das funktioniert nur, wenn du im gesamten Abschnitt die gleiche Fußzeile möchtest bis auf die erste Seite. Gibt es keine Abschnitte, dann gilt dies für dein gesamtes Dokument.

> **Tipp**
> Bei *Erste Seite anders* beginnt Word immer mit einer leeren Fuß- oder Kopfzeile in deinem Dokument bzw. in dem Abschnitt mit der gelösten Verknüpfung.

Wenn du für dein Inhaltsverzeichnis kein anderes Zahlenformat und eine fortlaufende Nummerierung möchtest, dann reicht dir das vielleicht aus und du könntest die nächsten Punkte überspringen. Wenn es das aber nicht tut, musst du die Verknüpfungen der Fußzeilen für die einzelnen Abschnitte auftrennen.

Nachträglich Fußzeilen-Verknüpfung lösen

Solltest du bereits Abschnitte definiert haben und die Seitenzahl auch schon sehen, dann kannst du den Inhalt aus der Fußzeile im Deckblatt getrost löschen. Denn wenn die Verknüpfung nachträglich aufgehoben wurde, bleibt der Inhalt drin stehen. Setze deinen Cursor dafür in die Fußzeile vor den Inhalt der Fußzeile des Deckblatts und drücke mehrmals [Entf], bis nichts mehr vorhanden ist. Dann ist die Seitenzahl bzw. der Fußzeileninhalt verschwunden. Lösche ruhig, im nächsten Abschnitt wird die Fußzeile nicht gelöscht.

Seitenzahlen einfügen

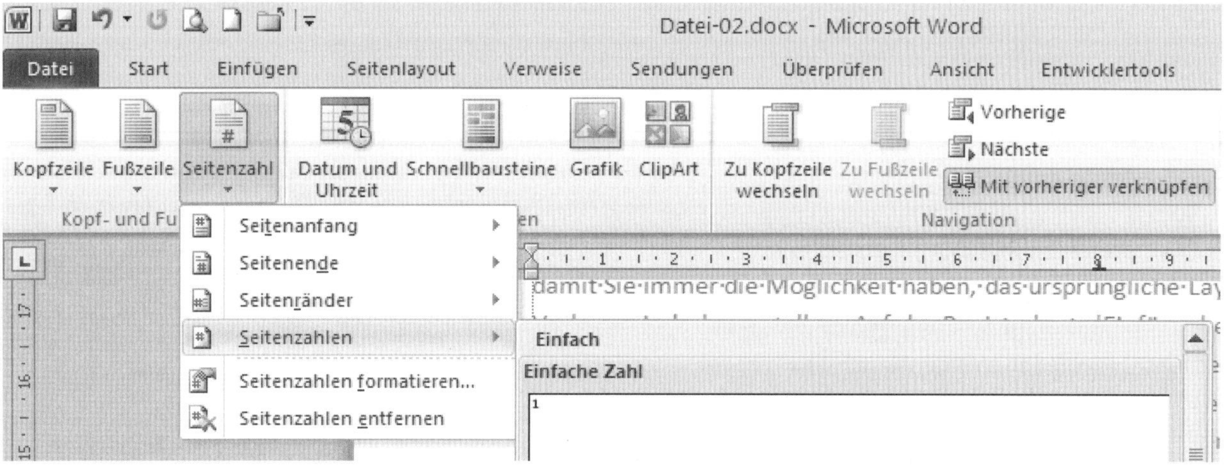

Setze deinen Cursor in die Fußzeile auf Seite 3, die erste Seite, wo auch dein Text steht. Jetzt kannst du die Seitenzahl einfügen und anschließend formatieren.

1. Cursor mit einem Doppelklick in die Fußzeile setzen.
2. Klicke auf den neuen, grünen Menüpunkt *Kopf- und Fußzeilentools* ganz oben.
3. Dort findest du unter *Kopf- und Fußzeile* den Punkt *Seitenzahl*. Wähle nun unter dem Punkt *Seitenzahlen* eine Darstellung der Seitenzahl aus. Am einfachsten ist es, wenn du den ersten Eintrag, *einfache Zahl* auswählst. Die Formatierung kannst du im Anschluss vornehmen.
4. Wenn du die Seitenzahl in der Fußzeile siehst und dein Cursor dort blinkt, dann klicke auf rechtsbündige Darstellung.

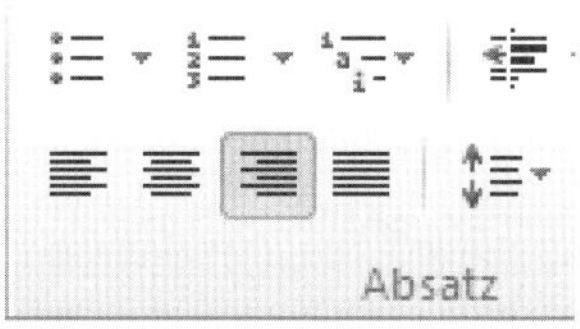

5. Markiere die Seitenzahl und ändere das Format auf Arial und 10 pt.
6. Mit einem Doppelklick mitten auf deinen Text im Dokument verlässt du den Bearbeitungsmodus der Fußzeile.

Hast du nun die Seitenzahl in der Fußzeile rechts stehen? Ok, dann formatiere deine Zahl und ziehe doch gleich noch eine waagerechte Linie zur Trennung vom Inhalt darüber ein.

7. Füge eine Rahmenlinie ein unter: *Start → Absatz → Rahmenlinie → Rahmenlinie oben.*

Führe die vorherigen Schritte nun auch unter Abschnitt 2 auf Seite 2 aus.

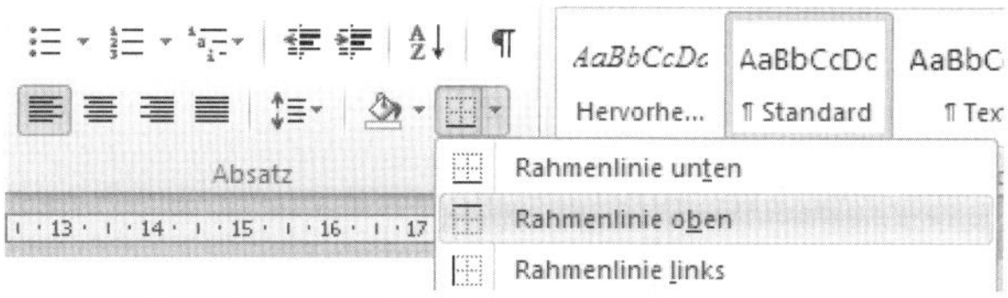

Nun sollte deine Fußzeile so aussehen:

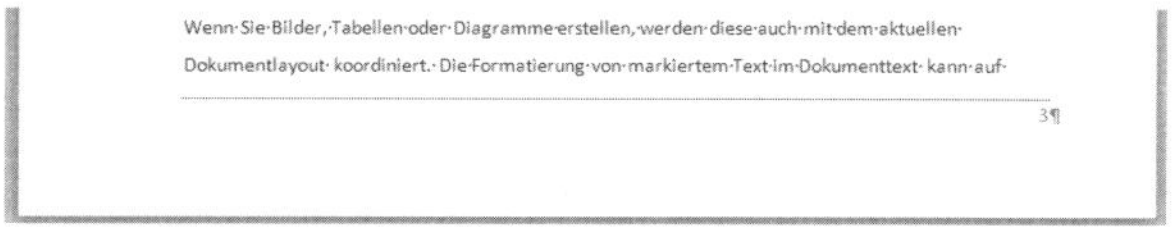

Seitenzahlen unterschiedlich formatieren

Nun erstellst du eine Fußzeile, die die Seitenzahlen für das Inhaltsverzeichnis mit römischen Ziffern und für den Text mit arabischen Ziffern darstellt.

Dafür gehst du folgendermaßen vor:

1. Gehe in den Abschnitt 2. Dieser beginnt (und endet momentan noch) auf Seite 2, das ist deine Seite mit dem Inhaltsverzeichnis.
2. Klicke doppelt auf die Fußzeile.
3. Klicke dann mit der rechten Maustaste auf die Seitenzahl. Du siehst folgendes Dialogfeld wie hier dargestellt.

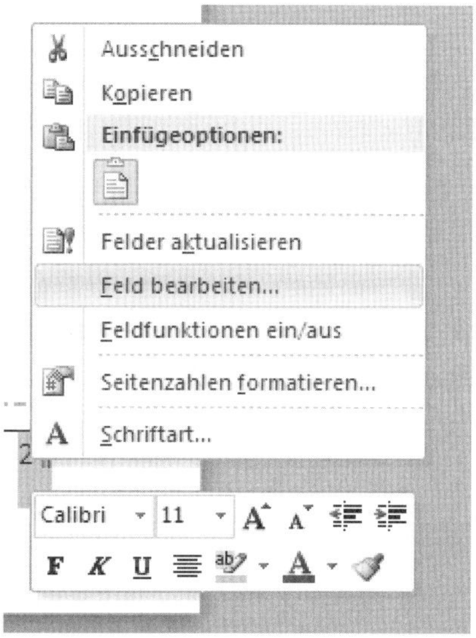

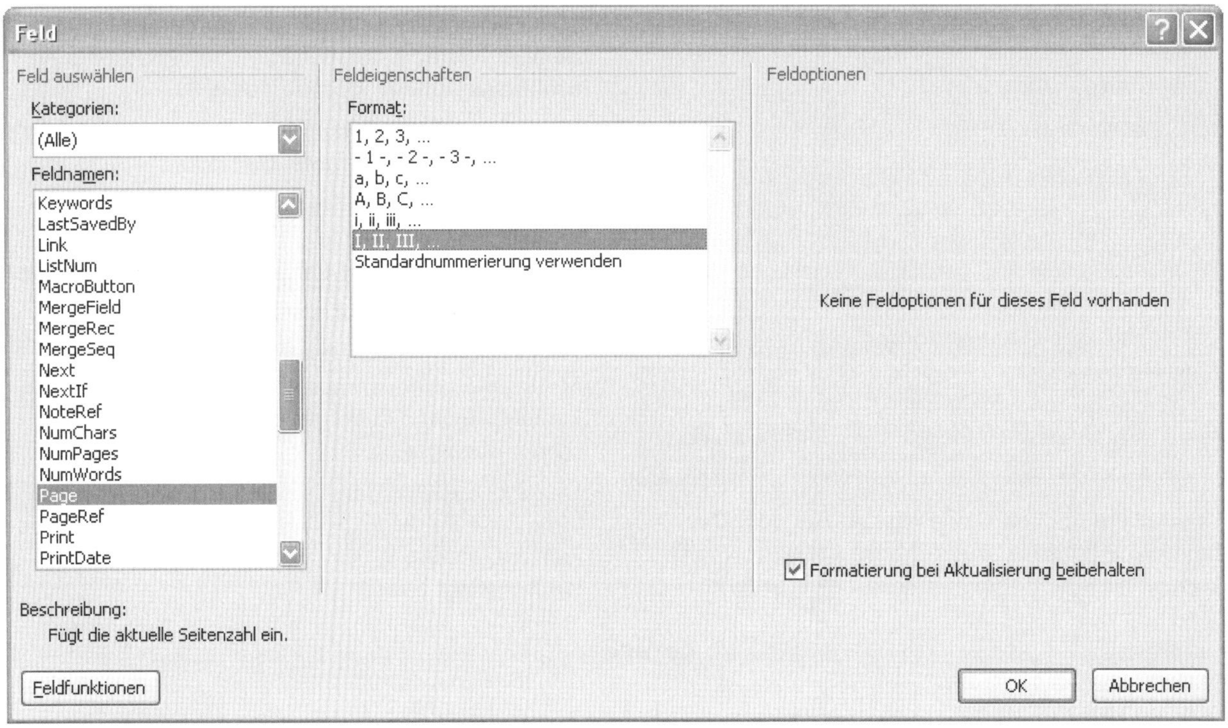

4. Nachdem du einen Rechtsklick auf die Seitenzahl gemacht hast, klickst du auf *Feld bearbeiten* und bekommst wieder ein neues Dialogfenster (siehe Bild oben). In diesem Dialogfenster ist der Feldname deiner Seitenzahl, als Page angegeben. Rechts daneben siehst du die zugehörigen Feldeigenschaften. Dort wählst du die römischen Ziffern aus. Bestätige dies nun mit *OK*, und du siehst deine Seitenzahl in römischen Ziffern dargestellt.
5. Wenn du „Seite x von y" gerne auf deiner Seite stehen hast, dann musst du für beide Zahlen einzeln die römische Darstellung auswählen.

Die Formatierung der Seitenzahl wird allerdings nur für die Darstellung der Fußzeile übernommen. Für ein Verzeichnis, wie das Inhaltsverzeichnis wird dies nicht übernommen. Sehen kannst du das erst, wenn du ein Inhaltsverzeichnis einfügst. Das musst du dann noch separat einstellen. Das zeige ich dir im nächsten Schritt mit dem Formatieren der Seitenzahl für das Inhaltsverzeichnis und die Seitennummerierung mit 1 beginnen lassen.

Ist dir schon aufgefallen, dass die Seite 2 in deinem Dokument Seite 1 sein sollte? Dies und das Zahlenformat änderst du nun folgendermaßen:

1 Mache einen Rechtsklick auf die Seitenzahl. Pass dabei auf, dass das richtige Kontextmenü erscheint. Es muss so aussehen, wie auf dem Bild rechts zu sehen ist.
2. Diesmal klickst du auf *Seitenzahlen formatieren.* Beim Klick darauf öffnet sich das Dialogfenster *Seitenzahlenformat.*
3. Wähle unter dem Punkt Zahlenformat "römische Zahlen" aus. Vorsicht, es gibt ein klein- und großgeschriebenes Zahlenformat.

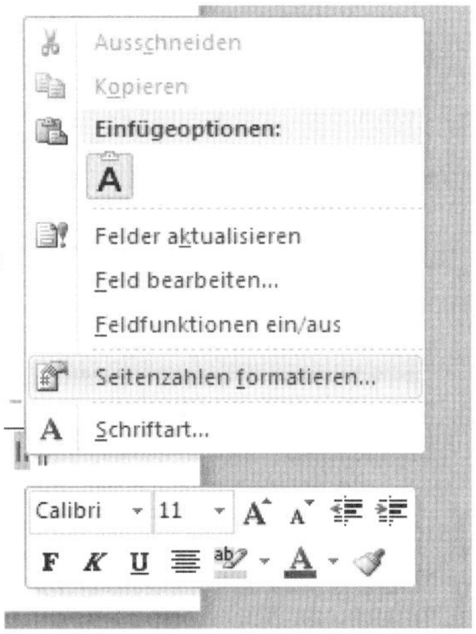

Die Einstellung des Zahlenformats hier ist wichtig für die Darstellung im Verzeichnis. Andernfalls hast du auf den einzelnen Seiten römische Ziffern und im Verzeichnis arabische Ziffern für dieselben Seiten. Du siehst die großgeschrieben römischen Ziffern nicht? Scrolle bei Zahlenformat nach unten, dann tauchen sie auf.

4. Mach dies auch in deinem Abschnitt 3, allerdings lässt du die arabischen Ziffern stehen. Du brauchst dort nur den Beginn deiner Seitennummerierung auf 1 einzustellen.
5. Zu guter Letzt musst du in diesem Fenster noch den Beginn deiner Seitennummerierung einstellen. Der Abschnitt soll bei Seite 1 beginnen. Stelle also unter Seitennummerierung → Beginnen bei: I ein.

Kontrolliere nochmals alles durch. Auf dem Deckblatt keine Fußzeile, auf der Seite mit dem Inhaltsverzeichnis eine Rahmenlinie und eine Seitenzahl mit einer römischen Ziffer und auf den Seiten mit deinem Text eine Rahmenlinie und Seitenzahlen in arabischen Ziffern. Hast du das alles?

Die bisherigen Arbeitsschritte kannst du in der folgenden Datei sehen: **Datei-03**

Hast du dein bisher erstelltes Dokument schon einmal ganz angeschaut?

Unten siehst du die Aufteilung deines Dokuments in Abschnitte mit ihren unterschiedlichen Seitenzahlen:

Zoom doch mit gedrückter [Strg]-Taste und dem Mausrad mal weiter raus. Dann kannst du dein Dokument wie im Bild dargestellt sehen. Super, das schaut doch gut aus!

Deine Fußzeile ist damit für deine Abschlussarbeit fertig. Wie du die Kapitelnamen in die Kopfzeile bekommst, erkläre ich dir, sobald wir die Überschriften festgelegt haben.

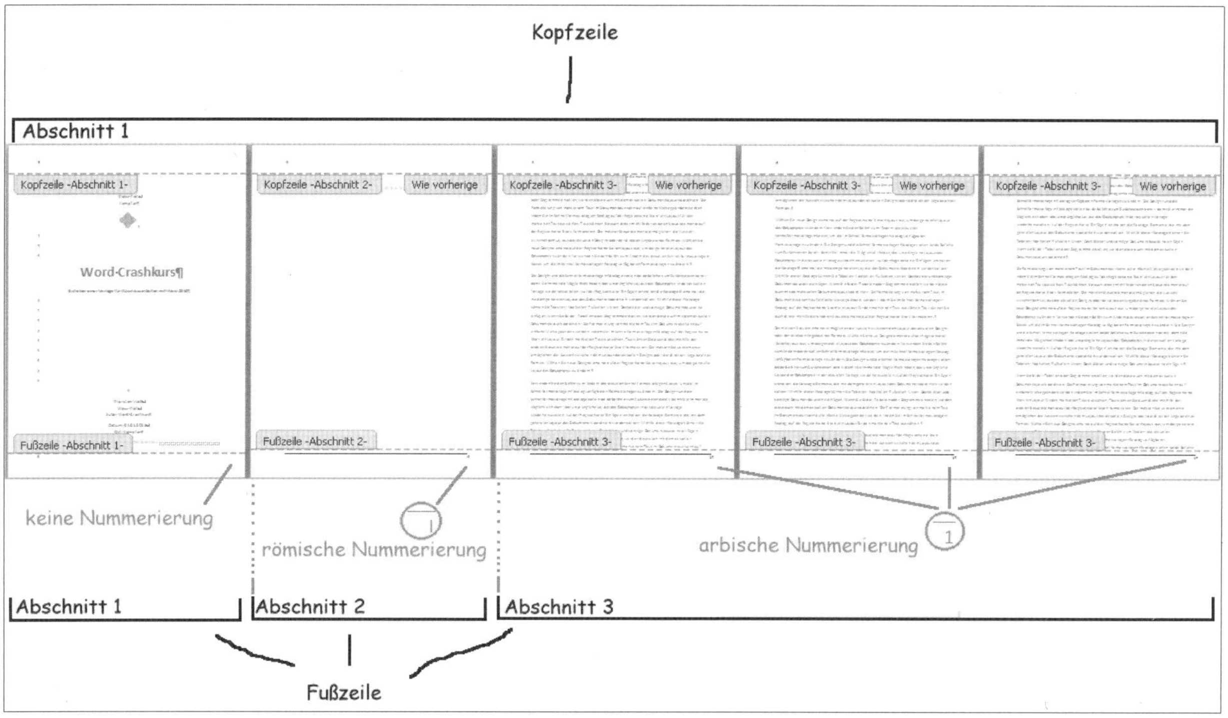

Textgestaltung

Formatvorlagen

Eine wichtige und dennoch zu selten angewandte oder unterschätzte Technik in Word sind die Formatvorlagen. Mit den Formatvorlagen ist die Struktur eines Textes viel leichter zu handhaben. Du kannst damit ein gleiches Aussehen für Text, Überschrift usw. einstellen. Wenn du ein Format einem Bereich im Dokument zugewiesen hast, kannst du die Vorlage ändern und allen zugewiesenen Bereichen im Text wird sogleich diese Änderung übertragen und diese haben erneut das gleiche Aussehen. Zudem ist die Verwendung von Formatvorlagen für das Erstellen eines Verzeichnisses, wie das Inhaltsverzeichnis unbedingt notwendig!

> **Hinweis**
> Formatvorlagen sind zwingend erforderlich für die automatische Erstellung von Verzeichnissen.

Vier sehr große und entscheidende Vorteile für die Verwendung von Formatvorlagen sind:

- Inhaltsverzeichnisse sind im Handumdrehen erstellt.
- Über die Formatvorlagen können sehr schnell Änderungen am Aussehen des Textes im gesamten Dokument auch nachträglich noch einfach durchgeführt werden.
- Das Aussehen der Verzeichnisse wird durch Formatvorlagen festgelegt.
- Einheitliches Layout für das gesamte Dokument.

Formatvorlagen verwenden

Die in deinem Dokument bereits vorhandenen Formatvorlagen siehst du im Schnellformatvorlagenkatalog im Register *Start*.

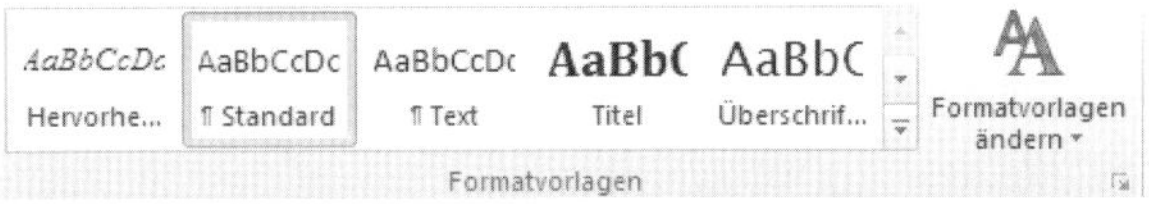

Meistens siehst du im Schnellformatkatalog aber nur ein paar davon. Je nachdem wie breit dein Bildschirm ist, siehst du mehr oder weniger.

Um mehr sehen zu können rufst du besser das Formatvorlagendialogfeld über

Start → Formatvorlagen → erweitertes Menü oder mithilfe der Tastenkombination [Alt]+[Strg]+[Shift]+[s] auf.

Entscheidend für das Aussehen des Dialogfensters ist, welche Einstellung du bereits vorgenommen hast. Dann schaut das Fenster so oder so ähnlich aus, wie im nächsten Bild.

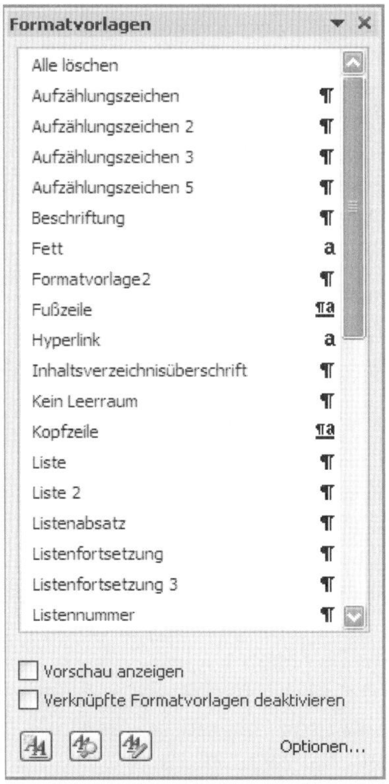

Es ist nicht erforderlich neue Vorlagen für deine Abschlussarbeit zu erstellen. Ich empfehle dir, die vorhandenen Formatvorlagen zu verwenden und diese deinen Wünschen oder Anforderungen anzupassen. Sollte dann die Anzahl nicht ausreichen, kannst du immer noch neue erstellen.

Fenster an den Seitenrand andocken

Manchmal ist es ganz praktisch, immer auf die Formatvorlagen zugreifen zu können. Vorausgesetzt natürlich, du hast genug Platz auf deinem Bildschirm. Dann kannst du das Fenster oben an der blauen Leiste mit gedrückter linker Maustaste auf die Seite schieben.

Schiebst du es ganz nach rechts – trau dich, schieb ruhig weiter, soweit nach rechts bis etwas passiert. Wenn du mit deinem Cursor in etwa am Bildschirmrand bist, dockt das Fenster an der Seite an und passt sich in der Höhe an. In umgekehrter Reihenfolge kannst du das Fenster wieder lösen.

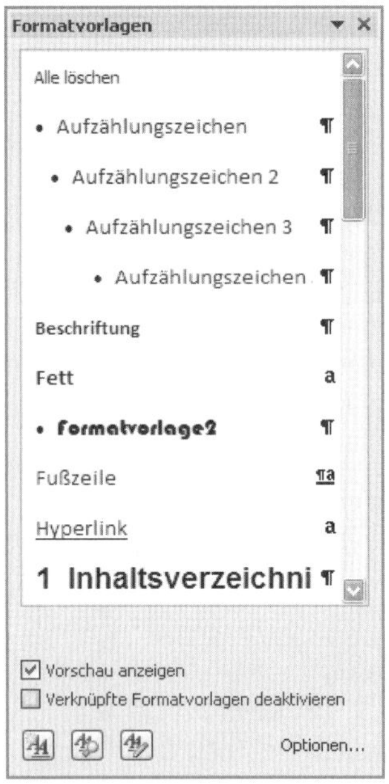

Aktivierst du im Fenster den Haken neben *Vorschau anzeigen*, kannst du gleich sehen, wie deine festgelegten Formate aussehen. Das schaut

dann ähnlich aus, wie im Schnellformatvorlagenkatalog. Allerdings wird dabei mehr Platz benötigt und du siehst weniger Formatvorlagen. Entscheide daher selbst, was besser für deine Arbeit ist und wie du es besser findest.

Formatvorlagentyp

Im Dialogfenster mit den Formatvorlagen kannst du immer ein Zeichen hinter der Formatvorlage sehen. Diese komischen Dinger signalisieren dir, zu welchem Typ die Vorlage gehört:

a	Zeichenformatierung
¶	Absatzformatierung
¶a	Verknüpfte Formatierung

Einem Text kannst du eine bestimmte Formatvorlage zuweisen, indem du den gewünschten Text und dann die Formatvorlage anklickst.

Bei einer Absatzformatierung reicht es aus, wenn der Cursor irgendwo innerhalb des Absatzes steht und blinkt. Dann kannst du auf die entsprechende Vorlage klicken und die entsprechende Formatierung wird dem gesamten Absatz zugewiesen. Du brauchst dich dafür nicht extra als "Maler" zu betätigen und den ganzen Absatz mit gedrückter Maustaste zu überstreichen oder 3x zu klicken.

Im Gegensatz dazu muss bei der Zuweisung einer Zeichenformatierung der gewünschte Bereich vorher markiert werden. Denn dabei werden nur die markierten Zeichen formatiert.

Die verknüpfte Formatierung ist eine Kombination von Zeichen- und Absatzformatierungen. Wenn nichts markiert ist, dann wird der Absatz formatiert und wenn nur ein einzelnes Wort markiert ist, dann wird nur das einzelne Wort formatiert.

Wenn du aber im Auswahlfeld *Formatvorlagen* die *Verknüpfte Formatvorlagen deaktivieren* anhakst,

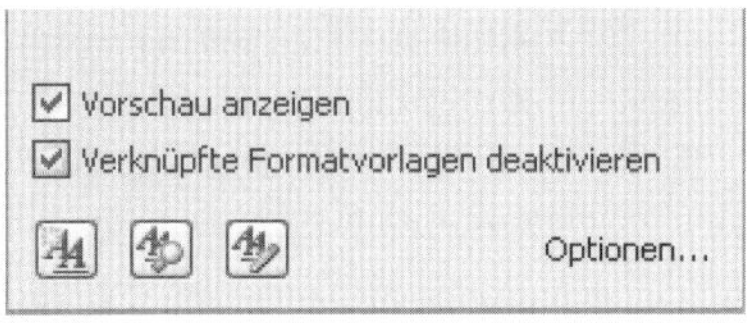

kannst du mit den verknüpften Formatierungen keine einzelnen Wörter mehr formatieren. Dann wird immer der gesamte Absatz verwendet, in dem sich die markierte Textstelle oder der Cursor befindet.

Formatvorlagen zuweisen

1. Setze deinen Cursor in den ersten Absatz deines Textes auf Seite 3. Du siehst, wie dort nun der Cursor blinkt.
2. Öffne deine Formatvorlagen über das Menü: *Start → Formatvorlagen → erweitertes Menü*, klick rechts unten und es öffnet sich das Fenster Formatvorlagen, alternativ kannst du auch [Strg]+[Shift]+[Alt]+[s] drücken.
3. Wähle eine Formatvorlage aus und klicke mitten auf ihre Bezeichnung. In deinem Fall klicke auf *Standard*. Es passiert nichts? Dann ist diesem Absatz vermutlich bereits diese Formatvorlage zugewiesen worden. Du kannst auch mal testen was passiert wenn du Überschrift 1 anklickst. Ups, bist du überrascht, dass alles auf einmal so groß ist? Kein Problem, lass deinen Cursor dort stehen wo er ist und klicke einfach wieder auf Standard.

So kannst du Formatvorlagen immer wieder einer Textstelle oder einem Bereich zuweisen.

Formatvorlagen ändern

Die vorhandene Formatvorlage "Standard" kannst du ohne weiteres auch deinen eigenen Wünschen anpassen. Die Formatvorlage *Standard* entspricht nicht deinen Wünschen? Du benötigst einen größeren Zeilenabstand und eine andere Schriftart?

Ok, dann lass uns diese Vorlage schnell ändern.

Wenn du mit dem Mauscursor nur über die Vorlagen in den Formatvorlagen drüberfährst, erscheint rechts neben der Bezeichnung ein Ausklapppfeil. Lässt du den Mauscursor dort kurz stehen, werden dir darunter automatisch einige wichtige Informationen zu dieser Vorlage angezeigt: Schriftart, Größe, Zeilenabstand...

Wenn du nun aber auf diesen Ausklapppfeil auf der rechten Seite mit der linken Maustaste klickst, dann kannst du *Ändern* anklicken.

Nachdem du *Ändern* angeklickt hast, geht wieder ein neues Fenster auf: das *Formatvorlagen ändern* Fenster.

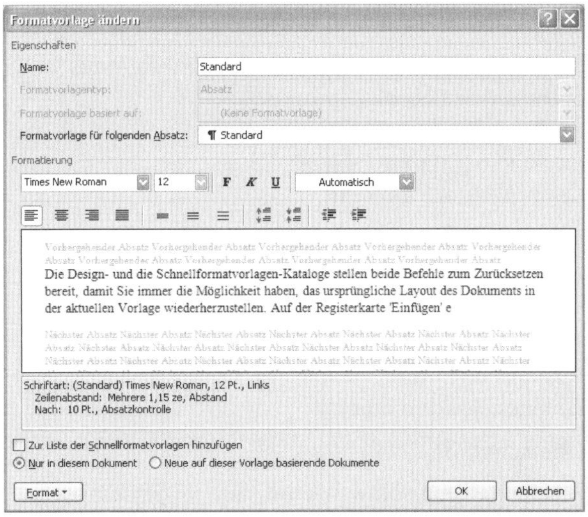

In diesem Fenster kannst du die angeklickte Formatvorlage anpassen. Das machst du so, dass der Text bei der Zuweisung deiner Vorlage so aussieht, wie du dir das vorstellst oder wie es von dir verlangt wird. Also stelle gleich einmal Schriftart und -größe ein. Unter Formatieren stellst du die Schriftart auf *Times New Roman* und die Schriftgröße auf 12pt. Wenn du nun wieder weiter unten schaust, siehst du den Punkt: *Zur Liste der Schnellformatvorlagen* hinzufügen. Setzt du hier einen Haken, dann wird diese Vorlage in deinen Schnellformatvorlagenkatalog aufgenommen und auch angezeigt, wie du im Bild sehen kannst. Bestätige abschließend mit *OK*.

Neue Formatvorlage erstellen

Es ist immer gut, eine Formatvorlage zu erstellen, die das Wort Inhaltsverzeichnis, Anhang usw. formatiert. Also eine Art Überschrift, die aber nicht mit Überschrift 1 oder Ähnlichem formatiert werden sollte. Formatierst du es dennoch mit Überschrift 1, dann erscheinen sie auch in deinem Inhaltsverzeichnis und im Text mit einer Nummerierung. Damit diese Punkte im Inhaltsverzeichnis aufgeführt werden können (und zwar ohne Nummerierung, wie sie bei den anderen Überschriften vorhanden ist), benötigst du ein eigenes Format.

Erstelle über den linken Button im Formatvorlagen-Fenster  eine neue Vorlage mit folgender Formatierung:

Titel:
Schriftart: Arial, fett, zentriert
Schriftgröße: 18 pt
Abstand vor dem Absatz: 12 pt
Abstand nach dem Absatz: 3 pt
Zeilenabstand: einfach

Zeilenabstand festlegen

Wie deine Abschlussarbeit aussehen soll, dafür hast du doch genaue Angaben erhalten. Dort steht bestimmt auch etwas von einem Zeilenabstand von 1,5-Zeilen oder Ähnlichem. Diesen wollen wir nun bei der Formatvorlage *Standard* einrichten. Klicke links unten auf *Format* und dort wiederum auf *Absatz.*

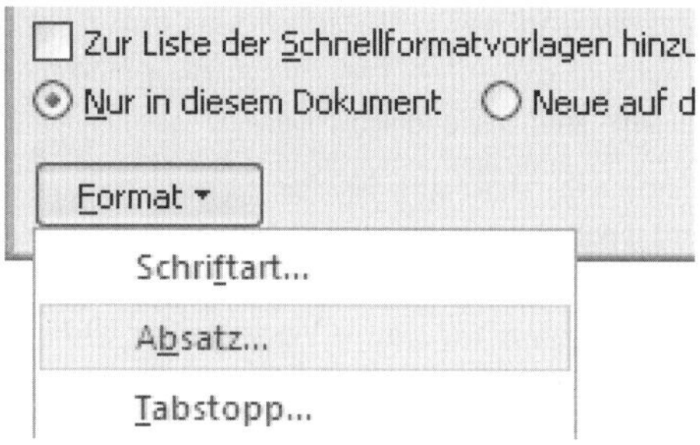

Dann siehst du das untenstehendes Dialogfeld *Absatz*. Stelle dort unter Zeilenabstand: 1,5 Zeilen ein.

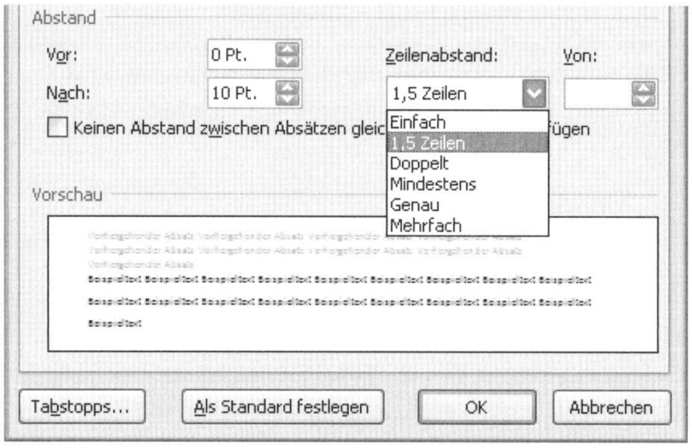

Wenn du nur für einen einzelnen Absatz eine Einstellung ändern möchtest, machst du die Einstellungen nicht über die Formatvorlage, sondern rufst das Dialogfenster *Absatz* auf, so dass sie nicht in die Formatvorlagen übernommen wird. Dies könnte für einen einzelnen Absatz für die bessere Darstellung wichtig sein. Dieses machst du dann, indem du auf *Datei → Absatz →*  klickst:

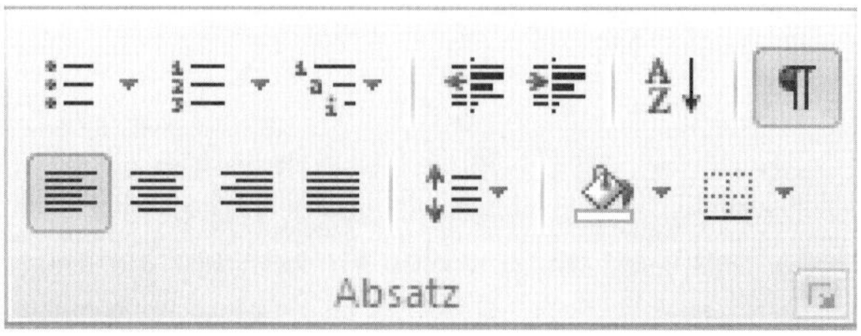

Wenn du dort einen Zeilenabstand einstellst, gilt dieser allerdings nur für den markierten Bereich bis du dafür eine Formatvorlage neu zuweist. Dann wird der eingestellte Zeilenabstand, mit dem Zeilenabstand der Formatvorlage, deinem Bereich zugewiesen.

Tipp
Es ist sinnvoll, den Zeilenabstand über eine Formatvorlage einem Textbereich zuzuweisen.

Abstand vor und nach dem Absatz

Du hast gerade den Zeilenabstand eingestellt. Schau doch mal in demselben Fenster, was dort gleich links vom Zeilenabstand steht. Da kannst du den Abstand vor und nach dem Absatz einstellen. Was ein Absatz ist und der Unterschied zu einer neuen Zeile, kannst du unter "Der Anfang gehört dem Drumherum" auf Seite 8 nachlesen.

Weißt du schon, wie groß der Abstand sein soll, wenn du einen Text in Standard schreibst und dann [Enter] drückst, also einen Absatz machst? Die voreingestellten Werte sind für deine Vorlage für den Text in Ordnung: Abstand vor dem Absatz 0 pt und nach dem Absatz 10 pt. Lass sie einfach so stehen. Falls dort andere Werte stehen sollten, so ändere sie bitte. Definierst du eine Formatvorlage für eine Überschrift, dann solltest du dort auch die Abstände einstellen. Dann brauchst du nicht immer unter der Überschrift zusätzlich einen leeren Absatz einzufügen. Dies übernimmt automatisch der eingestellte Abstand.

Grundsatz
Die „reine Lehre" besagt: Bei einem Absatz ohne Inhalt ist immer etwas schiefgegeangen. (Gleiches gilt für mehrere Leerzeichen hintereinander.)

Seit Word 2007 ist hier in der Standardvorlage ein Abstand von 10 pt eingestellt.

Überschriften formatieren

Nun bist du schon recht fit im Ändern von Formatvorlagen. Dann lass uns gleich die Formatvorlagen für die Überschriften 1 bis 3 formatieren.

Welche Einstellungen du für deine Überschriften nimmst, musst du dir überlegen. Da du deine Arbeit im Normalfall in Farbe ausdrucken wirst, kannst du dir überlegen, ob du deine Überschriften in einer anderen Farbe darstellen möchtest. Wie gefällt dir denn hierfür ein dunkles Blau für die Überschriften?

Klar ist, dass die Schriftgrößen von Überschrift 1 bis zu Überschrift 3 kleiner werden und dennoch größer als die Textgröße sein sollten. Neuerdings werden auch gerne unterschiedliche Schriftarten verwendet. So werden gerne in Überschriften Serifenschriften und im Text serifenlose Schriftarten verwendet.

Hier sind meine Empfehlungen für die Einstellungen für deine Überschriften in den Formatvorlagen, die du am besten gleich in die Formatvorlagen einträgst:

Überschrift 1:

Schriftart: Times New Roman, fett, linksbündig
Schriftgröße: 18 pt
Abstand vor dem Absatz: 24 pt
Abstand nach dem Absatz: 12 pt
Zeilenabstand: einfach

Überschrift 2:

Schriftart: Times New Roman, fett, linksbündig
Schriftgröße: 16 pt
Abstand vor dem Absatz: 24 pt
Abstand nach dem Absatz: 12 pt
Zeilenabstand: einfach

Überschrift 3:

Schriftart: Times New Roman, fett, linksbündig
Schriftgröße: 14 pt
Abstand vor dem Absatz: 12 pt
Abstand nach dem Absatz: 3 pt
Zeilenabstand: einfach

Weise nun deinem Text ab Seite 3 die Formatvorlage Standard zu. Mache dies bei jedem Absatz. Du kannst aber auch gleich mehrere Absätze markieren und dann die Formatvorlage zuweisen.

Gehe auf Seite 1 deines Textes und drücke nach dem dritten Wort [Enter]. Setze deinen Cursor in die drei Worte rein. Markiere bitte nichts, setze nur den Cursor rein. Weise nun diesen Worten die Überschrift 1 zu, indem du die Formatvorlage *Überschrift 1* anklickst. Wiederhole diesen Vorgang mit anderen Anfangswörtern in anderen Absätzen und weise diesen die *Überschrift 2* und *Überschrift 3* zu. Insgesamt solltest du in deinem Dokument mindestens 3-mal jeweils die Überschriften 1, 2 und 3 zuweisen. Die Zuweisungen als Überschrift brauchen wir später, um das Inhaltsverzeichnis erstellen zu können.

Die bisherigen Arbeitsschritte kannst du in der folgenden Datei sehen: **Datei-04**

Gliederung der Überschriften

Die Überschriften mit einer Gliederung zu versehen, also dass Zahlen vor all deinen Überschriften stehen, das ist doch genau das, was du die ganze Zeit schon vermisst hast und unbedingt noch brauchst. Führe die folgenden Schritte korrekt aus und du hast keine Schwierigkeiten im Nachhinein mit der Gliederung.

Aktiviere die Gliederung, indem du eine Liste einer deiner Überschriften im Text hinzufügst. Du musst diese Schritte also nicht für jede verwendete Überschriftenvorlage *Überschrift 1*, *Überschrift 2* und *Überschrift 3* ausführen, sondern nur für eine einzige und das auch noch im Text. Nimm am besten

eine Überschrift in deinem Dokument mit zugewiesener Vorlage *Überschrift 1*.

1. Setze den Cursor in eine Überschrift (nicht markieren).
2. Klicke nun auf: *Start → Absatz → Liste mit mehreren Ebenen.*

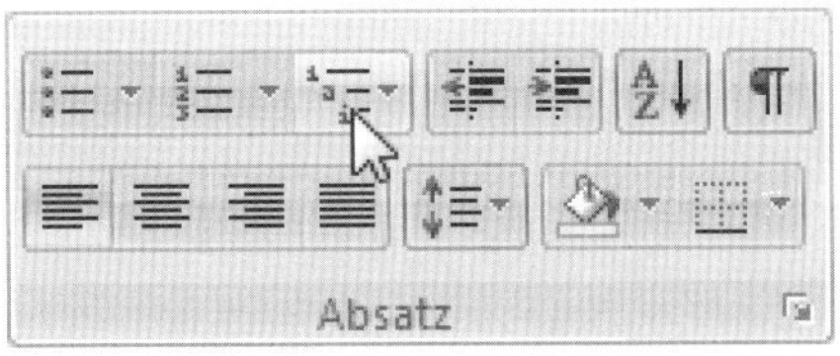

3. Wähle nun eine Nummerierung aus, bei der rechts daneben Überschrift 1… steht. Es ist zwingend erforderlich, dass dies dabei steht. Die anderen Listen binden sich nicht in deine Formatvorlage ein.

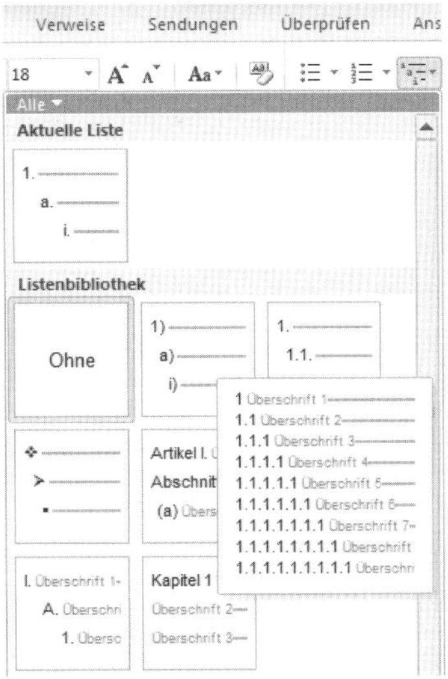

Über die weitere Optik, ob die Unterpunkte besser eingerückt wären oder nicht, brauchst du dir vorerst mal keine Gedanken zu machen. Einrücken können wir die einzelnen Ebenen auch später noch.

Hast du eine ausgewählt, so steht bei allen Überschriften in deiner Formatvorlage eine Nummerierung davor. Öffne doch mal dein Formatvorlagenfenster mit [Shift]+[Strg]+[Alt]+[s] und schau gleich mal nach.

Verknotest du dir dabei die Finger? Dann klicke auf das kleine Quadrat bei *Start → Formatvorlagen*

Tipp
Eine Gliederung für die Überschriften aus den Formatvorlagen, kann mit der Zuweisung eines bestimmten Listen-Typs erfolgen. Alle Überschriften werden damit gegliedert.

Formatvorlagen per Tastatur - Tastenkombis

Allgemein ist das Arbeiten mit Tastenkombinationen oder kurz Tastenkombis oder Shortcuts sehr zu empfehlen. Du sparst Zeit und oftmals mehrere Mausklicks.

Die vier wichtigsten Formatvorlagen (Standard, Überschrift 1, 2 und 3) sind standardmäßig als Tastenkombinationen hinterlegt. Es lohnt sich, diese zu merken.

Formatvorlage mit Tastenkombinationen zuweisen:

- Standard: [Strg]+[Shift]+[n]
- Überschrift 1: [Alt]+[1]
- Überschrift 2: [Alt]+[2]
- Überschrift 3: [Alt]+[3]

Du kannst jeder deiner Formatvorlagen eine eigene Tastenkombination hinterlegen wie du möchtest. Nur solltest du dir diese auch merken. Andernfalls ist es einfacher die Vorlage über das Formatvorlagenfenster zuzuweisen.

Lass uns der Formatvorlage Standard eine neue, einfachere Tastenkombination zuweisen, die du mit nur zwei Tasten aufrufen kannst.

1. Gehe in der Formatvorlage auf Standard und klicke auf *ändern*.
2. Klicke links unten auf *Format*.
3. Klicke im Ausklappmenü auf den Punkt *Tastenkombination*.
4. Wenn du diesen anwählst, bekommst du ein weiteres Fenster. Dort kannst du dann deine gewünschte Kombination eingeben.

5. Trage die Tastenkombination [Alt]+[s] in das Feld *Neue Tastenkombination* ein.
6. Wähle dann links unten *Zuordnen* aus. Dann siehst du deine zugewiesene Tastenkombination im Feld *Aktuelle Tasten*.

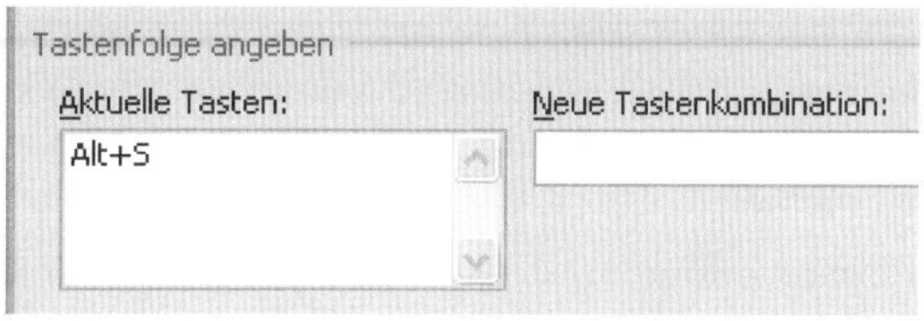

7. Nun kannst du das Dialogfeld wieder schließen. Deine Tastenkombination ist nun der Formatvorlage zugewiesen. Teste es doch gleich mal aus.

Anzeige der Formatvorlagen

Ob alle vorhanden Vorlagen oder nur die verwendeten angezeigt werden, ist eine Einstellungssache. Nach welchem Kriterium deine Vorlagen angezeigt werden, veränderst du wie folgt:

1. Klicke im Formatvorlagenfenster rechts unten auf *Optionen* und stelle bei *Anzuzeigende Formatvorlagen auswählen:* Empfohlen ein.
2. Danach stellst du gleich darunter bei *Sortierung für die Liste auswählen:* Wie empfohlen ein.

Bei den anzuzeigenden Formatvorlagen ist die Einstellung *Im aktuellen Dokument* oder *Verwendet* auch recht brauchbar. Klick sie mal an und dann *OK* und schaue, wie es sich auf die Anzeige deiner Vorlagen auswirkt. Stelle dies so ein, wie du es am besten findest.

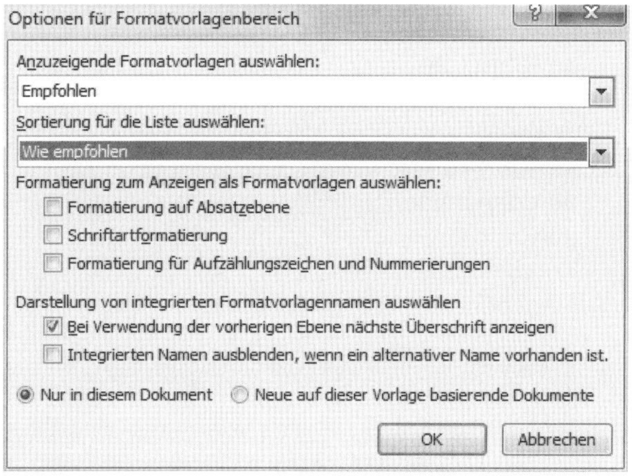

Reihenfolge im Schnellformatvorlagenkatalog

Die zugewiesenen Tastenkombinationen vergisst du immer gleich wieder? Du magst lieber die Formatvorlagen im Menüband angezeigt bekommen? Ok, dann wäre es doch schön, wenn du die Reihenfolge der angezeigten Formatvorlagen so ändern könntest, dass die Formate die du oft brauchst, auch zuerst zu sehen sind. Dann könntest du sie auch immer schnell anklicken. Wir passen nun die Reihenfolge der dargestellten Vorlagen im Schnellformatvorlagenkatalog an deine Bedürfnisse an:

1. Öffne dafür das Fenster *Formatvorlagen* über *Start → Formatvorlagen → mehr …*
2. Dort hast du dann ganz unten im Fenster die hier dargestellten Buttons zur Auswahl. Klicke dort den rechten Button an: *Formatvorlagen verwalten.*

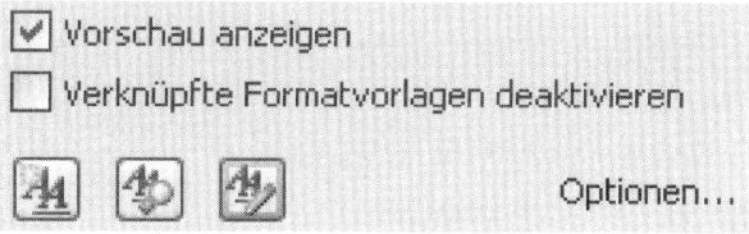

3. Ein Fenster öffnet sich, in dem du die Registerkarte *Empfehlen* anklickst.
4. Wähle oben bei der Sortierreihenfolge *Wie empfohlen* aus. Wenn du hier noch die Übersichtlichkeit erhöhen möchtest, dann setze einen Haken in *Nur empfohlene Formatvorlagen anzeigen.*
5. In dieser Liste siehst du die Formatvorlagen in der Reihenfolge, wie sie auch im Katalog dargestellt sind. Vor jeder Vorlage ist eine Zahl. Diese Zahl gibt die Sortierreihenfolge an. Markiere eine Vorlage und verschiebe sie mit einem Klick auf *Nach oben* oder *Nach unten.*

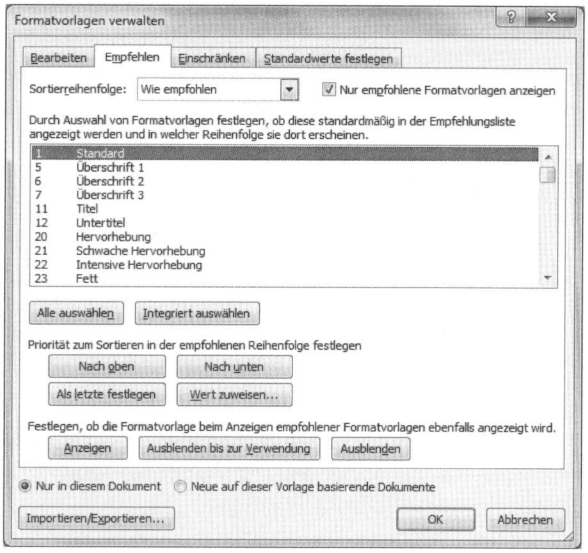

6. Stelle nun deine Vorlage Standard an die erste Stelle, dann Überschrift 1, Überschrift 2, Überschrift 3. Dein Ergebnis sollte nun wie im Bild aussehen.

Falls du eine Formatvorlage suchen solltest und nicht findest, dann entferne den Haken in *Nur empfohlene Formatvorlagen anzeigen* und schau nochmals, ob du die vermisste Vorlage findest. Jetzt sollte sie auch da sein.

7. Bei dir steht hinter der Vorlage "(Ausblenden bis zur Verwendung)". Wähle nun die Vorlage aus und klicke unten auf den Button *Anzeigen*. Ansonsten wird die Vorlage auch im Vorlagenkatalog nicht angezeigt, außer du hast sie bereits verwendet.

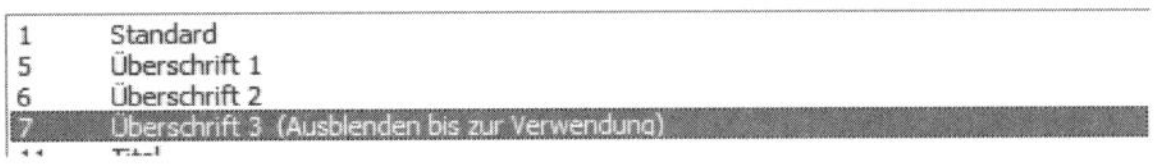

8. Du hast die Reihenfolge eingestellt? Dann klicke auf *Ok* und sieh dir deinen Schnellformatvorlagenkatalog an. Er hat nun dieselbe Reihenfolge, wie du es in der Sortierreihenfolge eingestellt hast.

Formatvorlage zum Katalog hinzufügen

Sollte eine Vorlage – aus welchen Gründen auch immer – noch nicht im Schnellformatvorlagenkatalog angezeigt werden, so kannst du dies folgendermaßen lösen:

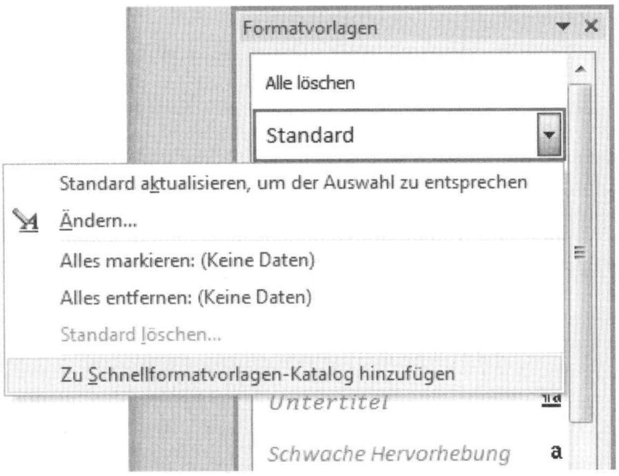

Mache einen Rechtsklick auf eine Vorlage im Dialogfeld der Formatvorlagen und wähle dann *Zu Schnellformatvorlagen-Katalog hinzufügen* aus. Sollte dort "entfernen" stehen, dann ist sie schon im Katalog vorhanden. Dann musst du nochmals die Nummer der Vorlage kontrollieren. Jetzt hast du deine Arbeitsfläche Word so eingerichtet, dass du ganz einfach die Vorlagen verwenden kannst. Die Vorlagen, die du benötigst, stehen immer ganz oben und sind einfach erreichbar. Kontrolliere dein Dokument, ob du überall das richtige Format zugewiesen hast. Wie du das ganz einfach machst, erkläre ich dir im nächsten Kapitel.

Im Dokument zugewiesene Vorlagen prüfen

Formatvorlagen sind toll. Doch hast du auch überall die entsprechende Vorlage zugewiesen? Hast du noch den Überblick, wo du was zugewiesen hast?

Du kannst dir einen guten Überblick darüber in der Gliederungsansicht verschaffen. Dort siehst du, wo du welche Formatvorlage für welchen Text oder welches Objekt verwendet hast. Das Schöne daran ist, dass passend zum Text, auf gleicher Höhe am linken Rand die entsprechende Formatierung angezeigt wird. Fehlt hier eine Formatierung, so kannst du ohne Weiteres den Cursor in den Text setzen und auf die entsprechende Formatvorlage klicken. Hast du mehrere Stellen im Dokument, wo du das machen musst, geht das in dieser Darstellung blitzschnell.

1. Gehe dazu auf *Ansicht → Dokumentansichten → Gliederung*

Noch schneller geht es, wenn du unten rechts das entsprechende Symbol anklickst:

2. Wechsel in die Gliederungsansicht und sieh dir die Ansicht an.

Kannst du dort auch die entsprechenden Formatvorlagen sehen wie in dem Bild?

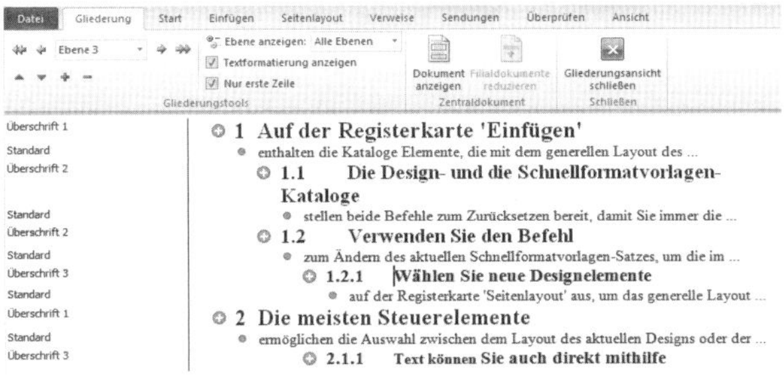

Ja, du hast die gleiche Darstellung auf deinem Bildschirm? Dann kannst du den nächsten Punkt überspringen und bei "Nur erste Zeilen anzeigen" weitermachen. Andernfalls musst du noch ein paar Einstellungen in Word vornehmen.

Keine Formate in der Gliederungsansicht vorhanden?

Solltest du in der Gliederungsansicht keine Formatvorlagen auf der linken Seite sehen können, dann kannst du das aktivieren, indem du die Word-Optionen bearbeitest.

Gehe hierzu auf *Datei → Optionen → Erweitert → Anzeigen → Breite des Formatvorlagenbereichs in Entwurf- und Gliederungsansichten* und stelle dort mindestens etwa 5 cm ein. Danach sollte deine Gliederungsansicht aussehen wie oben im Bild dargestellt. Dann kannst du die zugewiesenen Formatvorlagen für jeden Absatz und jede Überschrift, Bildunterschriften usw. sehen und bearbeiten.

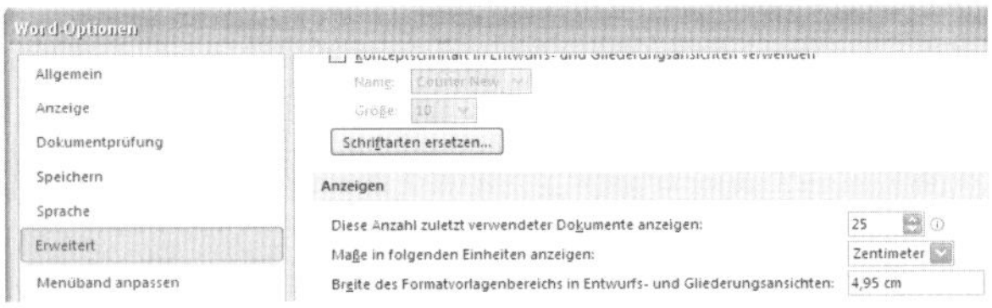

Nur erste Zeilen anzeigen

In der Gliederungsansicht ist es unübersichtlich, wenn du immer den gesamten Text sehen musst. Um nicht so viel scrollen zu müssen, reicht ja immer ein kurzer Ausschnitt des Absatzes. Das kannst du Word auch mitteilen. Setze dafür einen Haken bei: *Gliederung → Gliederungstools →Nur erste Zeile*

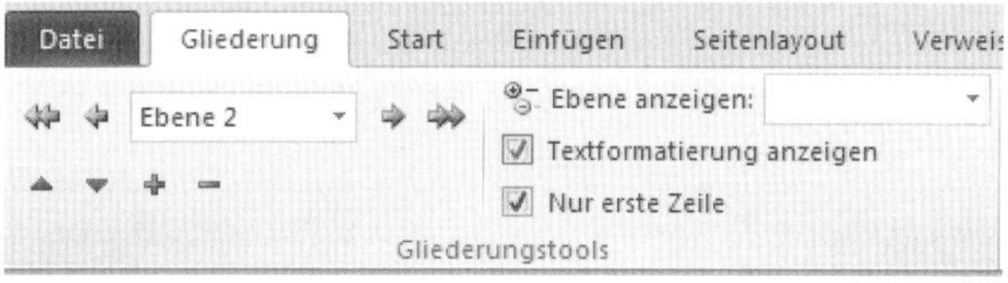

Nun siehst du immer nur einen kleinen Ausschnitt deines Textes. Wenn du auch den Haken bei *Textformatierung anzeigen* gesetzt hast, dann kannst du das entsprechende Format im Text auch gleich sehen. Andernfalls siehst du dort den Text ohne Formatierung.

Kapitelnamen in der Kopfzeile

Da wir nun Überschriften haben, wollen wir diese auch gerne in der Kopfzeile anzeigen lassen. Wie schon bei der Erstellung unterschiedlicher Fußzeilen versprochen, erfährst du jetzt, wie du die Kapitelnamen in die Kopfzeile bekommst. Als Vorarbeit musst du deinen Kapiteln, die dann in der Kopfzeile erscheinen sollen, eine Formatvorlage zugewiesen haben.

1. Setze deinen Cursor in die Kopfzeile auf Seite 3 (Beginn Abschnitt 3).
2. Löse die Verknüpfung zur vorherigen Kopfzeile. Dies musst du machen, obwohl du bei der Fußzeile die Verknüpfung schon gelöst hast. Denn Kopf-und Fußzeile lassen sich unabhängig voneinander für dein Dokument einteilen.
3. Klicke auf *Einfügen → Text → Schnellbausteine → Feld.*

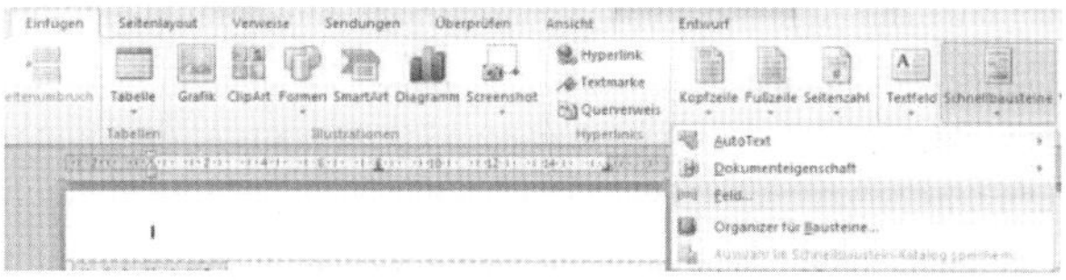

4. Füge das Feld STYLEREF in die Kopfzeile ein, indem du in die Auswahl unter Feldnamen klickst und dann die Buchstaben s und t schnell nacheinander tippst. Damit kommst du schnell zu StyleRef. Styles ist die englische Bezeichnung für Formatvorlagen.

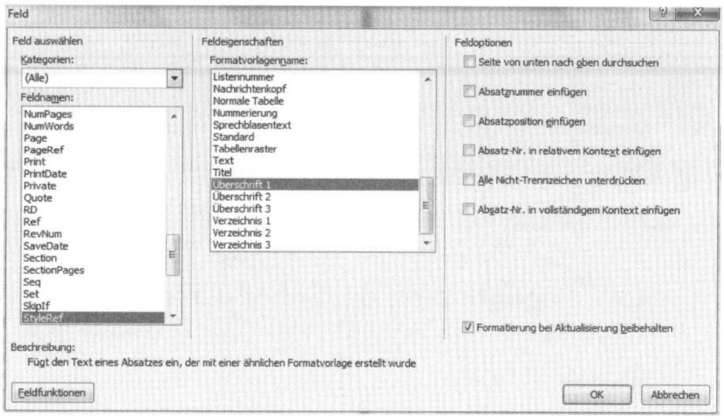

5. Wähle unter Formatvorlagenname die Vorlage aus, die du in deinem Dokument verwendet hast und nun in der Kopfzeile deines Dokumentes stehen soll. Üblicherweise ist das Überschrift 1.
6. Bestätige deine Eingabe mit *OK.*
7. Formatiere nun noch deine Kopfzeile (rechtsbündig, Arial, 10 pt, Rahmenlinie unten).

Deine Kopfzeile sollte nun so aussehen:

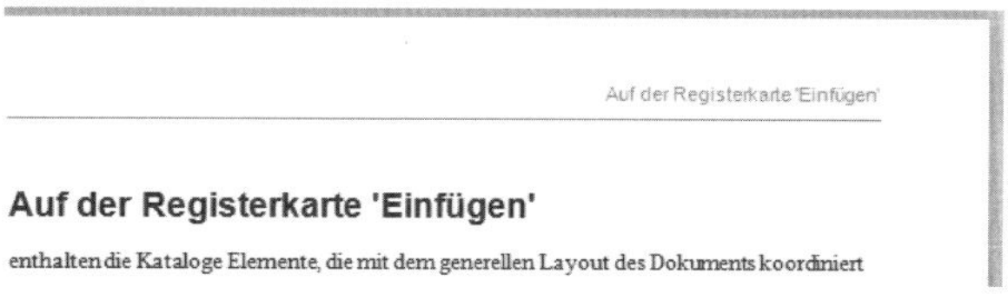

Um nicht das Ergebnis, sondern die Feldfunktion selbst anzuzeigen, drückst du [Alt]+[F9]; nun steht in der Kopfzeile folgendes:

{ STYLEREF "Überschrift 1" * MERGEFORMAT }

Wenn es einfach nicht klappen möchte, kannst du [Strg]+[F9] drücken; damit erzeugst du die geschweiften Klammern. Dann gibst du in die Klammern einfach den obigen Text von Hand ein. Hier kannst du auch gut erkennen, dass die Formatvorlage "Überschrift 1" verwendet wird. Um wieder das Ergebnis der Feldfunktion anzuzeigen, drückst du noch einmal [Alt]+[F9].

Die bisherigen Arbeitsschritte kannst du in der folgenden Datei sehen: **Datei-05.DOCX**

Grafiken, Fotos und Tabellen

Deine Abschlussarbeit besteht sicherlich nicht nur aus Text. Ganz bestimmt möchtest du noch ein paar Grafiken und Tabellen einfügen. Grafiken stehen hier auch für Bilder und Fotos. Hast du schon einmal Grafiken in Word eingefügt? Ja? Und sind sie dann auch so richtig nervig und wild auf deinem Blatt umhergesprungen? Das wollen wir bändigen und verhindern. Wir gehen die Sache so an, dass dir das nicht mehr passiert.

Grundlegend gibt es zwei verschiedene Möglichkeiten eine Grafik einzufügen. Bevor du also eine Grafik einfügst musst du dich entscheiden, wie du dies für deine Arbeit machen möchtest. Du kannst die Grafik richtig einfügen oder einbetten. Das kennst du vielleicht schon. Du kannst sie aber auch im Dokument nur verknüpfen. Für das Einbetten, wie auch für das Verknüpfen gibt es verschiedene Vor- und Nachteile. Eine verknüpfte Grafik hält das Dokument schlank in seiner Dateigröße und die Grafiken können einfach ausgetauscht werden, sofern sie die gleiche Größe in der Pixelanzahl in Länge und Breite aufweisen. Ein wichtiger Punkt dabei ist allerdings, dass die Bilder immer in demselben Ordner sein müssen. Was für dich die bessere Entscheidung ist, hängt von der Art ab, wie du arbeitest und von der anschließenden Größe deines Dokumentes. Du kannst aber ruhig die Grafiken richtig einbetten.

Grafik einfügen

Richte dir nun mindestens drei Grafiken auf deinem Rechner her. Setze deinen Cursor ans Ende des ersten Absatzes und drücke [Enter]. An der Stelle, an der dein Cursor steht wird auch später deine Grafik stehen. Dann gehst du zu: *Einfügen → Illustrationen → Grafik*

Wähle nun deinen Ordner aus indem sich deine Grafik befindet, klicke sie an und klicke dann auf die Schaltfläche *Einfügen*.

Um eine Grafik zu verknüpfen, klickst du im Fenster *Grafik einfügen* rechts auf das schwarze Dreieck neben *Einfügen*. Dann bekommst du eine Auswahl, wie du das Bild einfügen möchtest. Hier wählst du *Mit Datei verknüpfen*. Vorsicht, anders als noch bei Word 2003 werden bei Word 2010 die verknüpften Grafiken mit dem gesamten Dateipfad, also dem absoluten Dateipfad eingebunden und beim

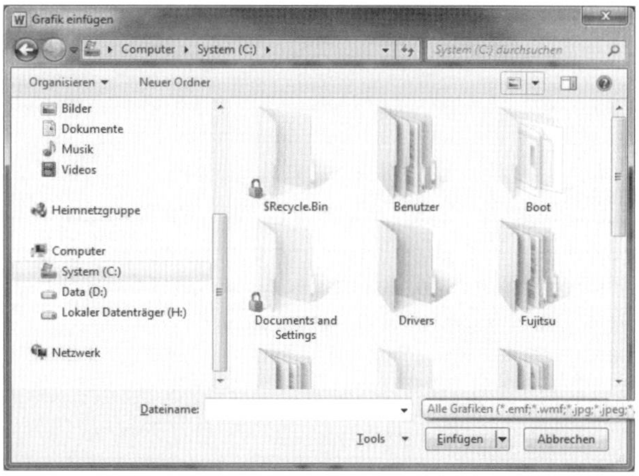

Beenden des Dokuments immer aktualisiert. Das heißt, dass wenn du dein Dokument verschiebst, sind eventuell deine Grafiken im Dokument nicht mehr zu sehen.

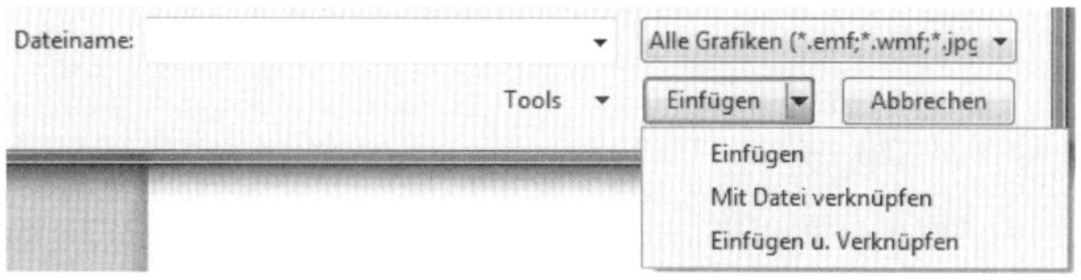

Wenn dir die eingefügte Grafik im Dokument zu groß ist, dann klicke mit der linken Maustaste auf einen Eckanfasser und halte die Maustaste beim Verschieben gedrückt. Lass die Maustaste los, wenn sie die richtige Größe hat. Du musst aber unbedingt am Eckanfasser die Grafik verkleinern damit das Verhältnis von Länge und Breite gleich bleibt. Sollte das Verhältnis sich dennoch verschieben, dann halte beim Verkleinern die [Shift]-Taste gedrückt.

> **Tipp**
> Um beim Verkleinern einer Grafik das Verhältnis von Breite und Länge nicht zu verändern, darf eine Grafik nur an den Eckanfassern verkleinert werden. Unter Umständen muss beim Verkleinern die [Shift]-Taste gedrückt werden.

Deine eingefügte Grafik wird von Word nach dem Einfügen wie ein einzelner, sehr großer Buchstabe

behandelt. Daher kommt auch die große Zeilenhöhe zustande. Schon gesehen? An der unteren horizontalen Bildkante links oder rechts tummeln sich die anderen Buchstaben oder Wörter in derselben Zeile. Einen einzelnen Buchstaben kannst du nicht irgendwo im Dokument platzieren, genauso verhält es sich mit deiner Grafik in diesem Fall.

Entscheidest du dich, dass um deine Grafiken auch Text fließen soll, dann musst du den Zeilenumbruch verändern. Empfehlenswert ist die Auswahl *Quadrat* bei der Umbruchart. Das bedeutet, dass sich der Text, um ein gedachtes Quadrat, um das Objekt herum legt.

Text um die Grafik fließen lassen

1. Markiere deine Grafik.
2. Wähle den neuen Zeilenumbruch aus: *Bildtools → Format → Anordnen → Zeilenumbruch → Quadrat.*

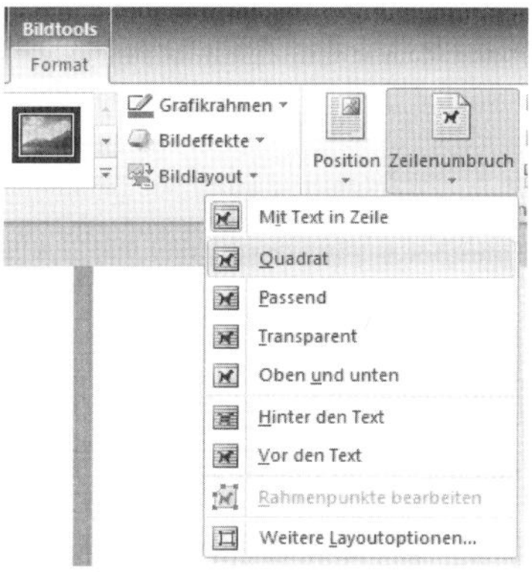

Nun kannst du die Grafik auch mit gedrückter linker Maustaste irgendwohin in den Text verschieben. Der Text fließt nun immer drum herum. Verschiebe nun deine Grafik so im Text, dass die linke Grafikkante am linken Rand ist und der Text sich rechts daneben vorbei geht.

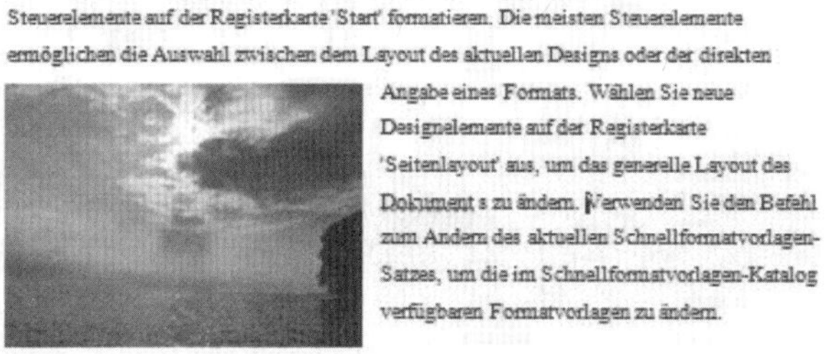
Steuerelemente auf der Registerkarte 'Start' formatieren. Die meisten Steuerelemente ermöglichen die Auswahl zwischen dem Layout des aktuellen Designs oder der direkten Angabe eines Formats. Wählen Sie neue Designelemente auf der Registerkarte 'Seitenlayout' aus, um das generelle Layout des Dokument s zu ändern. Verwenden Sie den Befehl zum Andern des aktuellen Schnellformatvorlagen-Satzes, um die im Schnellformatvorlagen-Katalog verfügbaren Formatvorlagen zu ändern.

Wenn du die Steuerzeichen jetzt einschaltest und die Grafik anklickst, so dass du die Anfasser sehen kannst, siehst du an der linken Seite einen Anker ⚓ Der Anker zeigt dir, an welchen Absatz die Grafik gebunden ist. Das bedeutet, dass bei Verschiebung dieses Absatzes auch die Grafik mitverschoben wird.

Du kannst den Anker mit gedrückter linker Maustaste so verschieben, dass die Grafik an einem anderen Absatz klebt. Verschiebst du den Anker an einen Absatz weiter vorne, dann kannst du den ursprünglichen Absatz verschieben, indem sich auch die Grafik befindet, und die Grafik bleibt dennoch an ihrem Platz stehen. Sollte eine Grafik aus Platzgründen nicht mehr auf die Seite passen, dann springt sie automatisch auf die nächste Seite.

> **Hinweis**
> Eine Grafik verschiebt sich mit dem Absatz, an dem der Anker steht.

Ich werde dich später bei den Bildunterschriften nochmals auf die Positionierung des Ankers ansprechen.

Grafiken alternativ in Tabellen einfügen

Hast du Probleme, ein Bild wie gewünscht zu positionieren, dann kannst du auch ganz herkömmlich eine Grafik in eine unsichtbare Tabelle einfügen.

Nach diesem Verfahren ist auch dieses Heft gesetzt. Beim folgenden Bild und dem Text daneben hat der Lektor die eigentlich blinde Tabelle ausnahmsweise mit einem Rahmen versehen.

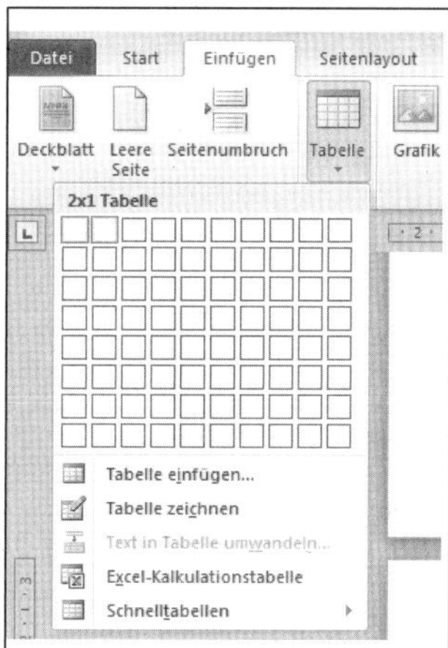

1. Füge eine Tabelle mit 2 Spalten und 1 Zeile ein über: *Einfügen → Tabellen → Tabelle → 2x1 Tabelle.*
2. Fahre mit deinem Mauscursor über die Tabelle. Links oben erscheint nun ein kleines Kreuz. Klicke mit der rechten Maustaste auf dieses Kreuz.
3. Ein Kontextmenü erscheint: Dort wählst du *Rahmen und Schattierung.*

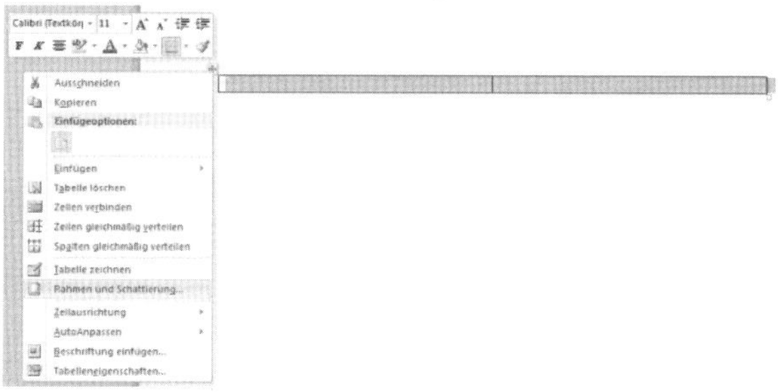

4. Nun öffnet sich das Dialogfeld *Rahmen und Schattierung* (siehe nächste Seite). Dort klickst du in der ersten Registerkarte *Rahmen* gleich oben links bei *Einstellungen* auf *Ohne.*

Du siehst zwar noch Linien, diese werden aber nicht ausgedruckt, sondern sind nur eine Art Hilfslinien für dich.

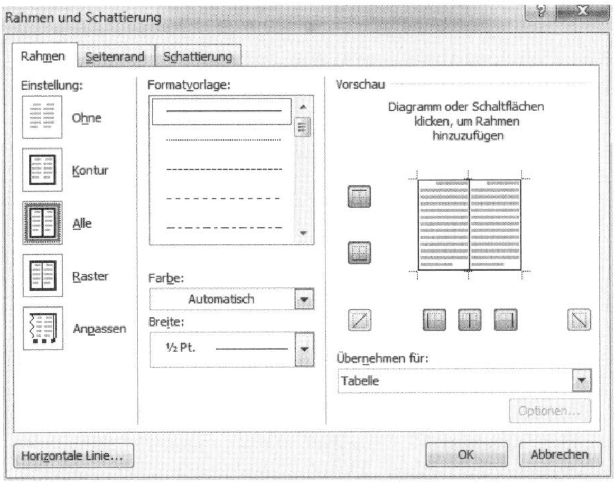

Nun kannst du deinen Cursor in eine Zelle setzen und eine Grafik einfügen. Doch die eingefügten Grafiken sind nicht ganz links am Rand. Dieser Abstand ist eine Standardeinstellung von Word für Text. Setze daher die Abstände auf 0 cm:

1. Um diesen Abstand auf 0 zu setzen machst du wieder einen Rechtsklick auf das Kreuz der Tabelle links oben.
2. Diesmal klickst du aber ganz unten auf *Tabelleneigenschaften*.
3. Auf der ersten Registerkarte *Tabelle* siehst du rechts unten einen Button mit *Optionen*. Klicke dort drauf und du siehst die Tabellenoptionen wie hier dargestellt.

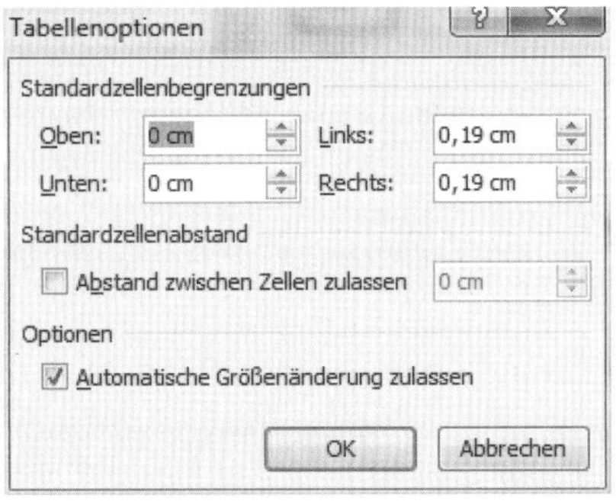

4. Ändere nun noch die Abstände für *Links* und *Rechts* auf 0 cm.

Grafik zuschneiden

Wenn du dir sicher bist, dass du einen Teil der Grafik wegschneiden möchtest, brauchst du nicht gleich ein Bildbearbeitungsprogramm. In Word kannst du auch Grafiken zuschneiden und später dann auch noch komprimieren.

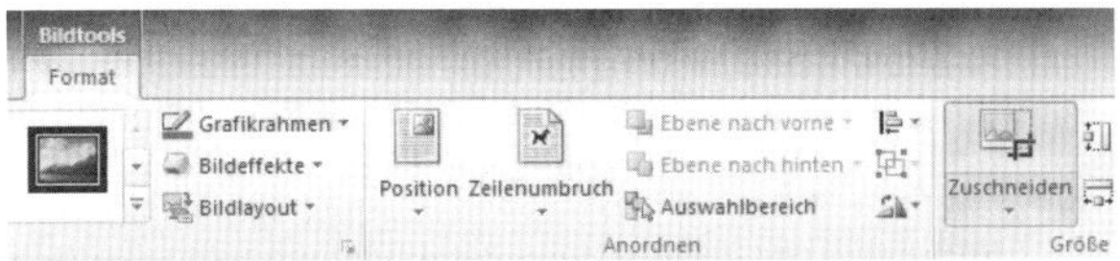

1. Klicke deine Grafik an.
2. Klicken auf Bildtools → Format → Größe → Zuschneiden
3. In deiner Grafik haben sich nun die Anfasser zu schwarzen Strichen verändert. Mit gedrückter linker Maustaste kannst du an diesen Strichen nun den sichtbaren Bereich deiner Grafik zuschneiden.

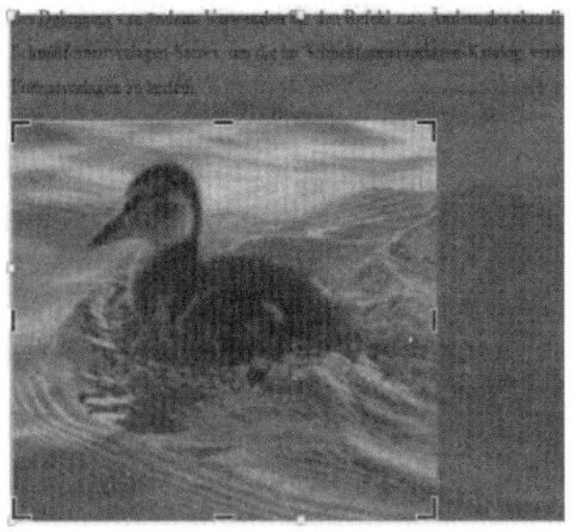

Grafik komprimieren

Wenn du eine Grafik in deinem Dokument kleiner machst, dann sind ja alle Daten noch vorhanden, um sie wieder in ihrer Ursprungsgröße darzustellen. Das heißt also, es sind zu viele Informationen vorhanden und blähen das Dokument auf. Um dies zu verhindern, kannst du deine eingefügten und verkleinerten Grafiken komprimieren.

Klicke eine Grafik an und gehe auf *Bildtools* → *Anpassen* → *Bilder komprimieren.*

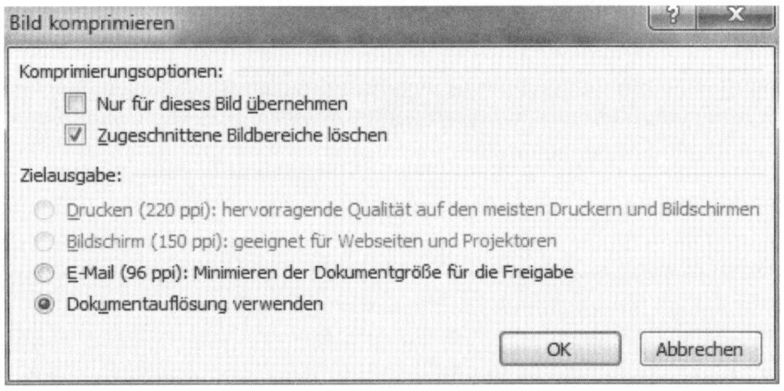

Bitte entferne den Haken bei *Nur für dieses Bild übernehmen*. Dann hast du alle Grafiken in deinem Dokument komprimiert.

Für die Zielausgabe reicht meistens die Standardeinstellung für die Dokumentenauflösung aus. Um hier sicherzugehen, drucke doch eine Testseite deines Dokuments mit Grafik aus und entscheide, ob es deinen Ansprüchen genügt.

Grafik bearbeiten

Eine Grafik bearbeiten musst du nur, wenn du der Grafik eine Umrandung, Füllung, einen Effekt oder Ähnliches zuweisen möchtest. Du kannst dort auch die Helligkeit oder den Kontrast ändern. Um die Grafik zu bearbeiten klickst du mit der rechten Maustaste auf die Grafik und wählst dann *Objekt* (oder auch *Grafik*) *formatieren* an.

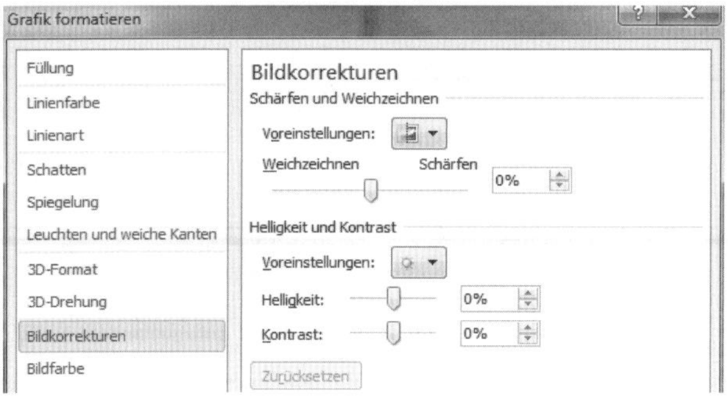

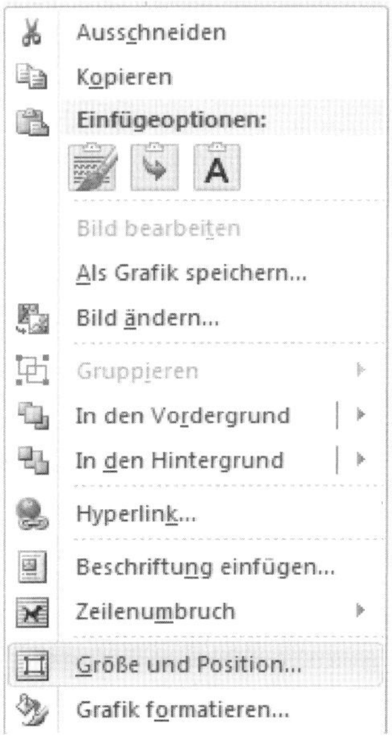

Dies ist meist einer der untersten Punkte. Hier kannst du an den entsprechenden Knöpfen so lange rumschieben, bis dir deine Grafik zusagt.

Möchtest du die Größe in Prozent ändern oder ein genaues Maß eingeben, klickst du wieder mit der rechten Maustaste auf die Grafik und dann gehst du auf *Größe und Position.*

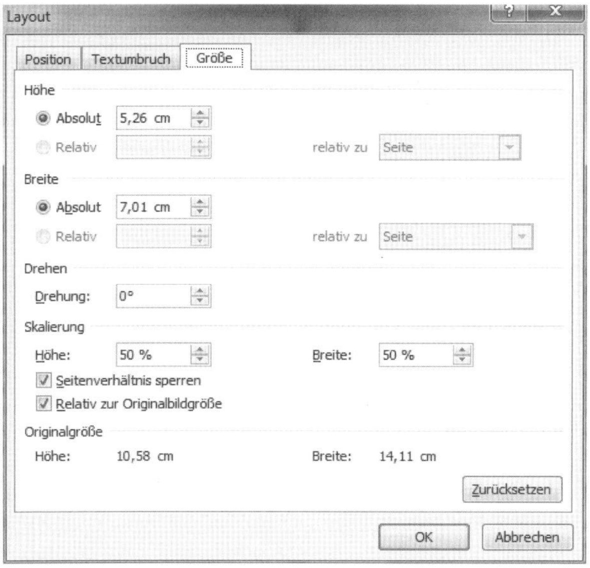

Bildunterschrift einfügen

Im Laufe der Zeit hast du immer mehr Grafiken eingefügt. Mittlerweile weißt du schon gar nicht mehr genau, wie viele es denn sind.

> **Hinweis**
> In einer Abschlussarbeit hat jede Abbildung eine Bildunterschrift.

Die Bildunterschrift ist über dein gesamtes Dokument hinweg gleich und die Bildnummer darin fortlaufend. Jedes Bild oder jede Grafik bekommt eine eigene Nummer. Daher kannst du dich im Text immer auf eine ganz bestimmte Bildnummer beziehen und diese gibt es auch nur einmal im Text.

Allerdings sollte bei der Bildunterschrift auch immer der gleiche Anfang stehen wie: Abbildung, Abb., Bild, Grafik... Entscheide dich im Vorfeld, welche Bezeichnung du verwenden möchtest, denn wechseln kannst du später nicht mehr, nur alles wieder neu machen. Durch die fortlaufende Nummerierung ist es auch interessant, später ein Abbildungsverzeichnis zu erstellen. Dort werden alle Bildunterschriften zusammengetragen.

Klicke deine Grafik an und gehe nun auf *Verweise → Beschriftungen → Beschriftung einfügen*

Wenn du auf *Beschriftungen einfügen* geklickt hast, öffnet sich gleich das Fenster, in dem du den Text für deine Beschriftung eingeben kannst. Bei *Bezeichnung* wählst du den Namen aus, der bei jeder Grafik steht. Gefällt dir keine davon? Dann gib unter *Neue Bezeichnung* eine neue ein. Gib dann an, wo das Element positioniert werden soll. Am gebräuchlichsten ist *Unter dem ausgewählten Element.*

Wenn du alles ausgewählt hast, gib oben nach der Beschriftungsbezeichnung einen erklärenden Text ein, der bei dieser Grafik stehen soll.

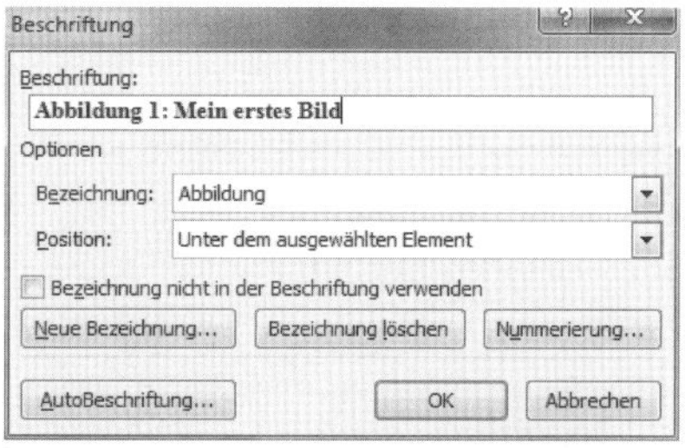

Abbildung 1: Mein erstes Bild

Direkt unter deiner Grafik werden nun die Bildnummer und die Bildunterschrift eingefügt. Die Bildnummern sind über dein gesamtes Dokument fortlaufend.

Bildnummern aktualisieren

Klicke mit rechts auf eine Bildnummer; wenn ihr Hintergrund grau wird, erscheint auch im Kontext-

menü der Punkt *Felder aktualisieren*. Wenn du Probleme damit hast, dann vergrößere dein Dokument, damit die Zahl auch größer wird und du sie besser treffen kannst.

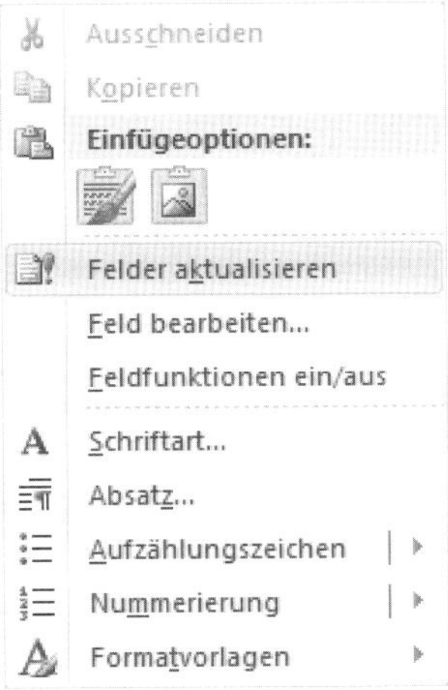

Du fügst hier eine Grafik ein und dort eine. Irgendwann stimmt die Bildnummerierung nicht mehr. Denn Word schaut nicht die ganze Zeit nach, ob du wieder eines vor dem anderen Bild eingefügt hast. Du musst dafür Word manuell anweisen, die Bildnummern zu aktualisieren. Dafür gibt es verschiedene Möglichkeiten:

Wechsel in die Seitenansicht und die Felder sind aktualisiert. Oder alles markieren [Strg]+[a] und [F9] klicken.

Wenn du die Datei speicherst und wieder neu öffnest, sind die Felder ebenfalls aktualisiert.

Zwei Bilder genau nebeneinander zu positionieren, wird immer wieder gemacht. Dann passiert es in Word häufig, dass die Bildnummern der zwei Bilder vertauscht sind. Links steht die größere Nummer und rechts die kleinere. Genau umgekehrt wäre es aber logischer. Nur, wie kannst du hier die Nummern vertauschen?

Dafür benötigst du die Steuerzeichen, genauer gesagt die Anker der gruppierten Bilder mit Beschriftung oder nur der Beschriftung. Zieh den Anker mit gedrückter rechter Maustaste der rechten Beschriftung im Dokument mindestens einen Absatz weiter nach unten. Ziel ist, dass der Anker der linken Beschriftung weiter vorne im Dokument steht, als der des rechten Bildes. Nun aktualisierst du die Nummern. Dann steht links die kleinere Nummer.

Abbildung 2: Mein erstes Bild

Abbildung 1: Mein zweites Bild

Hinweis
Bildnummern kannst du vertauschen, indem du den Anker anders positionierst.

Gruppierung erstellen

Bilder und Bildunterschriften sind im Text. Jetzt fällt dir ein, dass du das Bild doch lieber zwei Seiten früher oder lieber rechts anstelle von links einfügen möchtest. Also, Bild ausschneiden und an der anderen Stelle einfügen oder dorthin verschieben. Nur, wie bekommst du die passende Bildunterschrift mit, ohne dass sich etwas nachteilig verschiebt oder wirr durch die Gegend hüpft?

Ok. Du hast deinem Bild zuvor einen anderen Zeilenumbruch wie *Mit Text in Zeile* zugeordnet und dann eine Bildunterschrift erstellt. Dann kannst du Bild und Bildunterschrift gruppieren. Dann verhalten sich Bild und Unterschrift wie ein einziges Bild. Damit kannst du es leicht verschieben und beides bleibt beieinander, wie es gehört. Das ist auch sehr praktisch, wenn du zwei Bilder nebeneinander stehen hast und sie zu einem machen möchtest. Dann kannst du sie auch gruppieren.

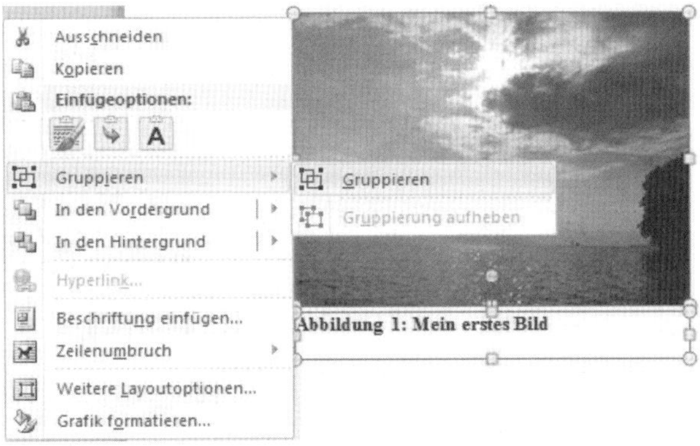

Markiere dafür dein Bild, halte dann die [Shift]-Taste gedrückt und klicke nun auf die Bildunterschrift. Denke daran, dass es nur funktioniert, wenn du dem Bild einen anderen Zeilenumbruch, „wie Text in Zeile" zugewiesen hast. Nun noch einen Rechtsklick auf den Rahmen um das Bild. Klicke bitte nicht auf einen Anfasser, sondern nur auf den Rahmen.

Füge nun deine restlichen Grafiken ein. Füge dabei zwei Grafiken so ein, dass sie nebeneinander stehen, ändere den Zeilenumbruch, positioniere sie und füge jeweils eine Bildunterschrift ein. Abschließend gruppierst du Grafik und Bildunterschrift.

Wenn du in Word 2007 arbeitest, dann kannst du die Grafiken mit den Bildunterschriften nicht so gruppieren wie vorher beschrieben. Dort muss du einen Positionsrahmen erstellen und beides dort hineinlegen. Dann ist es auch beieinander und kann nicht so einfach wieder getrennt werden.

Die bisherigen Arbeitsschritte kannst du in der folgenden Datei sehen: **Datei-06**

Querverweise im Text

Du hast irgendwann mehrere oder sogar viele Grafiken mit Bildunterschriften in deinem Dokument. Normalerweise sagt man, dass auf jede Grafik innerhalb des Textes verwiesen werden soll.

> **Tipp**
> Nimm auf jede deiner Abbildungen im Dokument Bezug und verknüpfe es entsprechend mit einem Querverweis.

Da die Bildnummern sich immer wieder verändern können, sollten sich auch die entsprechenden Verweise auf eine Bildnummer anpassen. Alles manuell einzugeben und zu überprüfen wäre eine langwierige Arbeit. Das geht automatisch mit dem *Querverweis*.

Erstelle einen Querverweis für deine Abbildung 3 in deinem Dokument. Im Text soll danach stehen: *Siehe Abbildung 3 auf Seite 2.*

1. Setze deinen Cursor an die Stelle, an der auf eine Grafik im Text verwiesen werden soll.
2. Dann gehst du auf: *Verweise → Beschriftungen → Querverweise.*

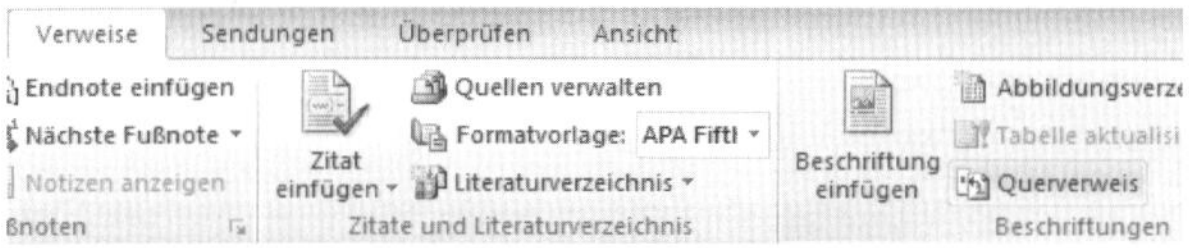

3. Den Eintrag *Abbildung 3: Junge Ente* erzeugst du, indem du im Verweistyp eben diesen auswählst. In der Auflistung darunter siehst du alle vorhandenen Einträge aus deinem Dokument.
4. Du musst noch das angeben, auf was du verweisen möchtest. Im ersten Fall ist das *Nur Kategorie und Nummer.*
5. Im nächsten Schritt musst du wie bei 4) noch die *Seitenzahl* angeben. Oft wirst du wahrscheinlich nur auf die Seitenzahl im Text verweisen oder auf ein Kapitel mit Nummer und Bezeichnung.

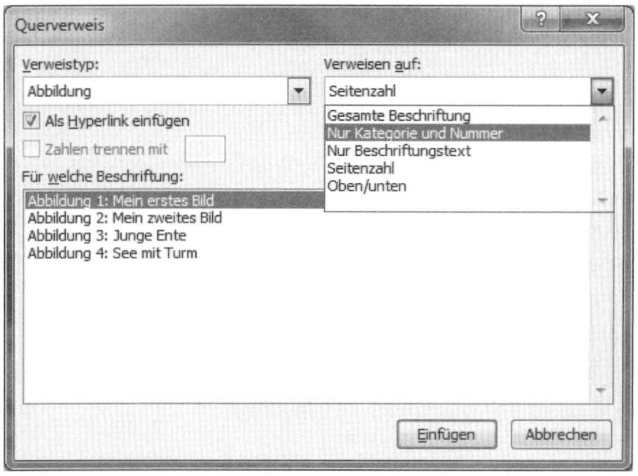

Die bisherigen Arbeitsschritte kannst du in der folgenden Datei sehen: **Datei-07**

Excel Tabellen und Diagramme einfügen

Immer wieder diese Tabelleneinfügerei in Word... Es ist manchmal echt zum Haare raufen, dass es nicht so klappt, wie du das möchtest. Mach dir keinen Kopf, eigentlich ist es nicht so schwer.

Im Vorfeld musst du dich entscheiden, ob du eine Tabelle von Excel einfügen möchtest, die ihre Werte nicht mehr verändern soll, also die Werte statisch sind oder ob sie sich bei Veränderungen in Excel verändern sollen.

Um eine Tabelle oder ein Diagramm statisch in Word einzufügen brauchst du nur deine Tabelle in Excel zu markieren, kopieren und dann in Word als Grafik einfügen:

1. Tabelle oder Diagramm markieren und kopieren.
2. In Word gehst du auf *Start → Zwischenablage → Einfügen → Grafik* (das Symbol mit dem Berg und Sonne auswählen).

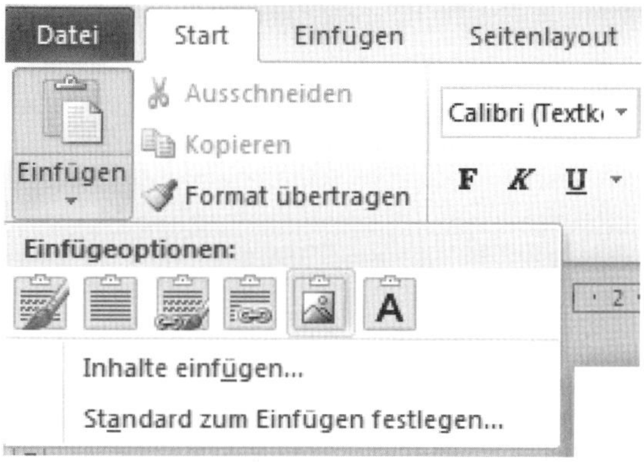

Jetzt ist deine Tabelle statisch und du kannst sie wie eine Grafik behandeln. Aber pass auf, sie ist auch schnell mal verzerrt. Wenn sie zu klein sein sollte, dann verändere am besten die Ausgangstabelle (oder das Diagramm) in Excel und füge sie dann lieber wieder erneut ein. Dann setzt du sie nicht der Gefahr aus, dass du sie verzerrst.

Weniger empfehlen würde ich dir für deine Arbeit eine verknüpfte Excel Tabelle. Wenn deine Excel-Tabelle sich verändern soll, dann benötigst du eine Verknüpfung. Dann muss deine Excel-Datei auch immer vorhanden sein. Ansonsten bleibt die Tabellendarstellung leer.

Eine Excel-Tabelle, die ihre Werte mit der Veränderung in Excel anpasst, fügst du folgendermaßen in Word ein:

1. Tabelle in Excel markieren und kopieren.

2. In Word einfügen mit: *Start → Zwischenablage → Einfügen → Verknüpfen* und ursprüngliche Formatierung beibehalten (behält die Formatierung von Excel bei) oder  Verknüpfen und Zielformatvorlagen verwenden(passt sich der Formatierung in Word an). 

Tabellenunterschriften einfügen

Eine Tabellenunterschrift ist letztlich das Gleiche wie eine Bildunterschrift. Der einzige Unterschied besteht darin, dass du anstelle von *Abbildung* eben *Tabelle* in der *Bezeichnung* auswählst.

Siehe für die Vorgehensweise die Beschreibung für Bildunterschrift einfügen auf Seite 32.

Formel einfügen

Seit Word 2007 macht es richtig Spaß, eine Formel im Worddokument einzuarbeiten.

Um folgende Formel $y = \frac{x^2+2}{\sqrt{16}}$ in dein Dokument einzufügen, klickst du auf: *Einfügen → Symbole → Formel*. Klicke dort aber genau auf π und nicht auf den Ausklapppfeil darunter. Dann kannst gleich mit der Eingabe deiner eigenen Formel beginnen.

Schreib zuerst y= und wähle dann unter *Formeltools → Strukturen → Bruch* den ersten Eintrag aus.

Um deinen Cursor nun in das entsprechende Kästchen zu bringen verwendest du die Pfeiltasten links und rechts. Gehe mit deinem Cursor nun zweimal nach links. Dann sollte dein Cursor im oberen Kästchen blinken. Dann musst du auf *Skript* klicken und den ersten Eintrag für eine Zahl mit Potenz anwählen.

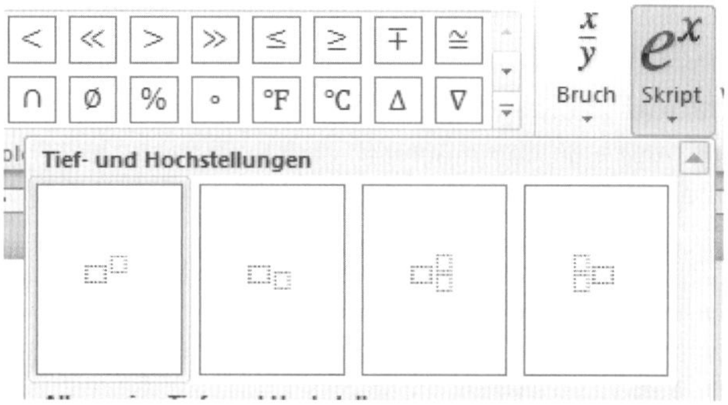

Nach der Eingabe der oberen Zahl gehst du nun mit den Pfeiltasten in das untere Kästchen und wählst unter *Bruch* erneut den ersten Eintrag aus. Um das Formeleingabefeld zu verlassen kannst du mit der Pfeiltaste nach rechts gehen, bis der Eingaberahmen für die Formel verschwindet.

Benötigst du mehrere griechische Buchstaben, dann kannst du dir die Eingabe erleichtern. Ändere dafür die Darstellung der Symbole von *Grundlegende Mathematik* auf *Griechische Buchstaben*. Klappe dafür unter *Formeltools → Entwurf → Symbole* das Feld aus und wähle *Griechische Buchstaben* aus.

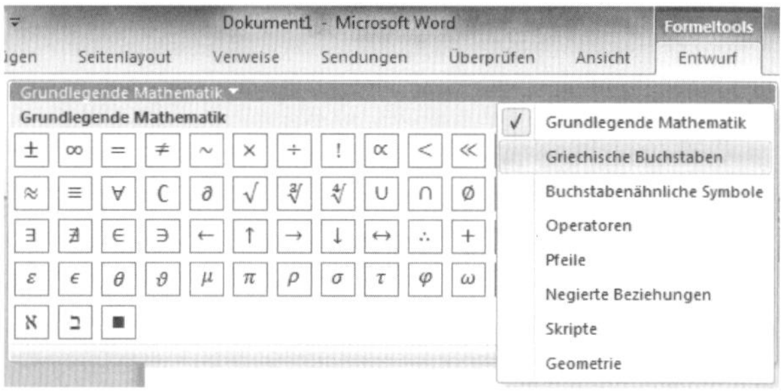

Inhalts-, Abbildungs-, Stichwort- und Literaturverzeichnis

Du hast schon viel geschafft:

- Deckblatt
- etwas Text
- Kopf-und Fußzeilen
- Grafiken mit Beschriftungen
- Und alles ansprechend formatiert.

Nun kannst du die Verzeichnisse einfügen. Wir fangen mit dem Inhaltsverzeichnis an.

Inhaltsverzeichnis erstellen

Hast du die Formatierung für Überschriften über die Formatvorlage zugewiesen? Ja? Dann funktioniert auch das Erstellen des Inhaltsverzeichnisses sehr einfach. Wenn nicht, dann musst du das vorher nachholen und eventuell auf Seite 22 nachlesen. Das Inhaltsverzeichnis sucht sich nun alle zugewiesenen Einträge aus der Liste der zugewiesenen Formatvorlage.

> **Tipp**
> Das Inhaltsverzeichnis wird aus den Überschriften 1 bis 3 der Formatvorlagen erstellt.

Positioniere den Cursor dort, wo du das Inhaltsverzeichnis einfügen möchtest, also in deinem Dokument auf der Seite 2, unter das Wort *Inhaltsverzeichnis*. Dann gehst du auf:
Verweise → Inhaltsverzeichnis → Inhaltsverzeichnis → Inhaltsverzeichnis einfügen…

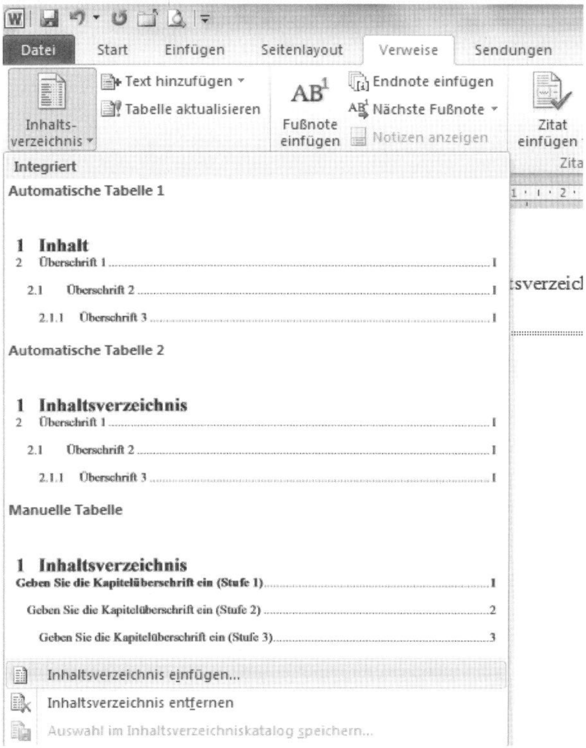

Du könntest auch *automatische Tabelle 1* oder *2* verwenden. Doch wenn du dies machst, kannst du keine weiteren Einstellungen für dein Verzeichnis mehr vornehmen.

Du siehst also dieses Dialogfeld.

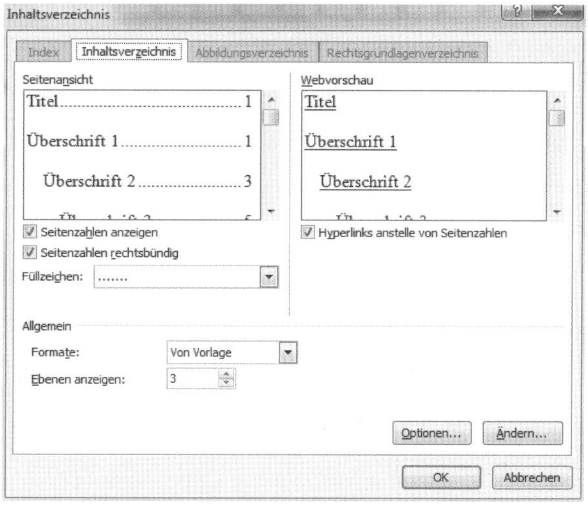

Hier kannst du dein Inhaltsverzeichnis bearbeiten. Oben links siehst du immer die Vorschau, wie es aussehen wird, wenn du etwas änderst. Darunter kannst du die *Füllzeichen* zwischen Text und Seitenzahl verändern.

Unter *Formate* können verschieden vordefinierte Layouts eingestellt werden. Wenn du Lust hast, kannst du sie dir ansehen, aber ich empfehle, dass du hier *Von Vorlage* einstellst; das ist die einzige Einstellung, bei der weitere Vorlagen mit eingebunden werden können. Dafür kannst du den Button *Ändern* rechts unten verwenden. Probier es einfach aus und schau dir eine andere Darstellung in der Vorschau an. Unter *Optionen* kannst du nun die Struktur für das Verzeichnis angeben. Standardmäßig werden drei Ebenen im Inhaltsverzeichnis dargestellt. Die Ebenen sind *Überschrift 1* bis *Überschrift 3*.

Füge nun noch *Titel* als Nummer 1 hinzu. Setze deinen Cursor hinter *Titel* und schreibe 1, dann schreibst du hinter *Überschrift 1* eine 2 usw. So kannst du jeder Formatvorlage eine hierarchische Nummer geben und im Inhaltsverzeichnis darstellen lassen.

Wie mit *Titel* kannst du somit auch andere Vorlagen mit ins Inhaltsverzeichnis aufnehmen und darstellen lassen. Dies geschieht dann alles ganz automatisch. Die Nummer 1 entspricht der Ebene 1 im Inhaltsverzeichnis und so weiter.

Schließe dieses Fenster wieder mit *OK*, wenn du mit deiner Eingabe fertig bist.

Zurück zum Dialogfeld *Inhaltsverzeichnis*. Wenn du auf *Ändern* klickst, siehst du wieder Formatvorlagen. Diese heißen alle Verzeichnis x. Wenn du nun überlegst, was an erster Stelle deiner Inhaltsverzeichnisebene steht – es müsste *Titel* sein – und was hier als erstes steht, dann kannst du dir bestimmt leicht vorstellen, dass die erste Ebene im Inhaltsverzeichnis (Titel) und die erste Ebene der Formatvorlagen (Verzeichnis 1) zueinander gehören.

Zuweisung ohne Änderung (Standard):

Inhaltsverzeichnisebene	Formatvorlage
Überschrift 1	Verzeichnis 1
Überschrift 2	Verzeichnis 2
Überschrift 3	Verzeichnis 3
...	...

Zuweisung mit Änderung (Titel)

Inhaltsverzeichnisebene	Formatvorlage
Titel	Verzeichnis 1
Überschrift 1	Verzeichnis 2
Überschrift 2	Verzeichnis 3
Überschrift 3	Verzeichnis 4
...	...

Du kannst das ganz leicht testen, was hier eigentlich abgeht. Doch schließe erst mal dieses Fenster mit *OK* und das nächste dann auch gleich, sofern du alle Eingaben gemacht hast. Somit hast du nun das Inhaltsverzeichnis in dein Dokument eingefügt.

Inhaltsverzeichnis

So wie du es hier sehen kannst, sollte auch dein Inhaltsverzeichnis nun aussehen.

Im Formatvorlagen-Fenster hast du nun drei neue Formatvorlagen: Verzeichnis 1, Verzeichnis 2 und Verzeichnis 3.

Teste jetzt einmal die Zugehörigkeit von Überschrift 1 zu Verzeichnis 1. Öffne dafür dein Formatvorlagen-Fenster. Ergänze einen Unterstrichbei der Formatvorlage Verzeichnis 1. Bestätige mit *OK* und schau dir eine Überschrift 1 im Text an und dann das Inhaltsverzeichnis.

Inhaltsverzeichnis

Nicht unbedingt schön, aber nun verstehst du bestimmt das Prinzip. Im Text hat sich nichts verändert, doch in deinem Inhaltsverzeichnis ist jede Verzeichnisebene 1 mit einem Unterstrich dargestellt. Somit kannst du nun das Inhaltsverzeichnis deinen Wünschen entsprechend anpassen.

Verzeichnis aktualisieren

In deinem Text wirst du weiterarbeiten, Text ergänzen, Überschriften ändern oder neue hinzufügen. Doch das Inhaltsverzeichnis aktualisiert sich nicht selbstständig. Das musst du Word anweisen.

Klicke mit der rechten Maustaste auf dein Inhaltsverzeichnis und wähle *Felder aktualisieren* aus.

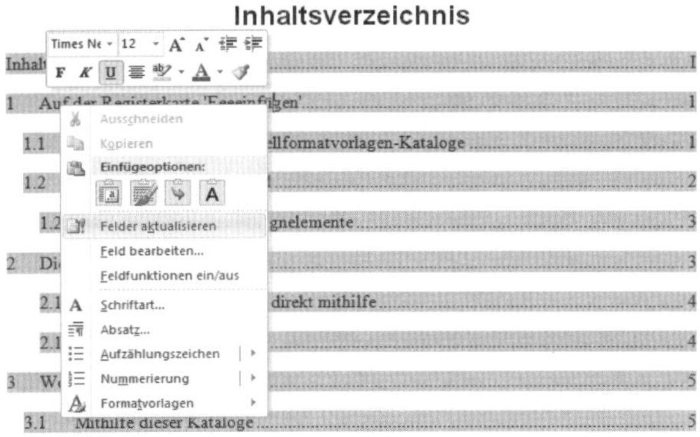

Du wirst dann gefragt, was du alles aktualisieren möchtest: *Nur Seitenzahlen aktualisieren* oder *Gesamtes Verzeichnis aktualisieren*. Je nachdem, was du verändert oder bearbeitet hast, wählst du dementsprechend aus. Wenn du immer das gesamte Verzeichnis aktualisieren lässt, ist das auch nicht falsch.

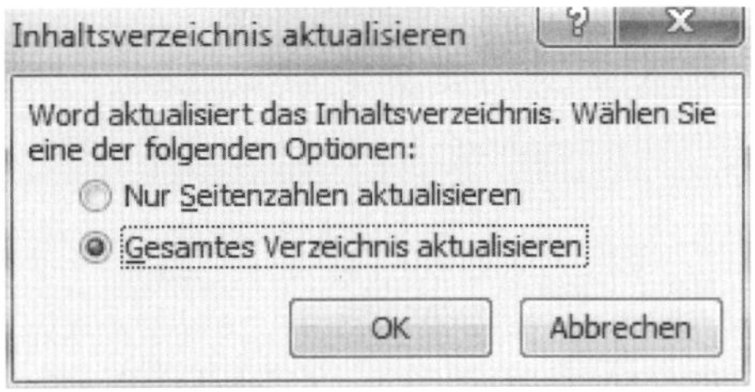

Die Vorgehensweise, um das Verzeichnis zu aktualisieren, ist bei allen Verzeichnissen gleich.

Die bisherigen Arbeitsschritte kannst du in der folgenden Datei sehen: **Datei-08**

Abbildungsverzeichnis erstellen

Möchtest du auch ein Verzeichnis deiner Grafiken anlegen, besser gesagt: der Bildunterschriften? Dann gehst du ähnlich wie beim Inhaltsverzeichnis vor. Setze den Cursor an die Position, an der das Abbildungsverzeichnis eingefügt werden soll. Schreibe "Abbildungsverzeichnis", formatiere es als Titel und drücke [Enter].

Gehe dann auf *Verweise → Beschriftungen → Abbildungsverzeichnis einfügen*

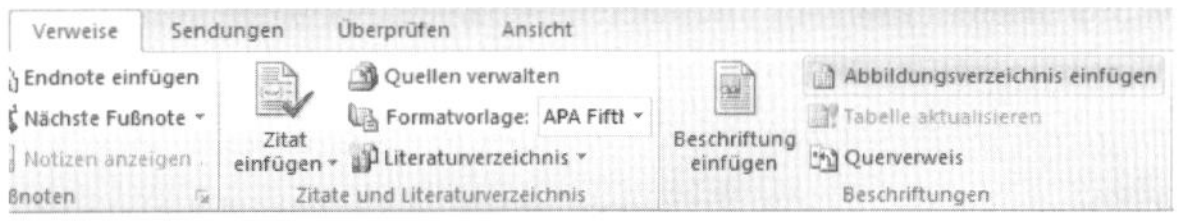

Über die Optionen kannst du festlegen, welche Formatvorlage für das Abbildungsverzeichnis herangezogen werden soll. Im Prinzip läuft es genauso, wie beim Inhaltsverzeichnis. Vergiss zum Schluss nicht, dein Inhaltsverzeichnis zu aktualisieren, damit auch das Abbildungsverzeichnis darin erscheint.

Die bisherigen Arbeitsschritte kannst du in der folgenden Datei sehen: **Datei-09**

Literaturverzeichnis erstellen

Wie du mittlerweile nicht nur aus den Medien weißt, muss jedes Zitat mit einer Quellangabe versehen werden. Word hält hier auch etwas für dich parat. Dafür müssen wir erst einmal eine Quelle eingeben:

1. Öffne das Dokument Dok-09.DOCX oder schreibe in deinem Dokument weiter.
2. Setze den Cursor an die Stelle, an der deine Quellenangabe im Text erscheinen soll. Also hinter einen Satz.
3. Klicke auf *Verweise → Zitate und Literaturverzeichnis → Zitat einfügen → Neue Quellen hinzufügen…*

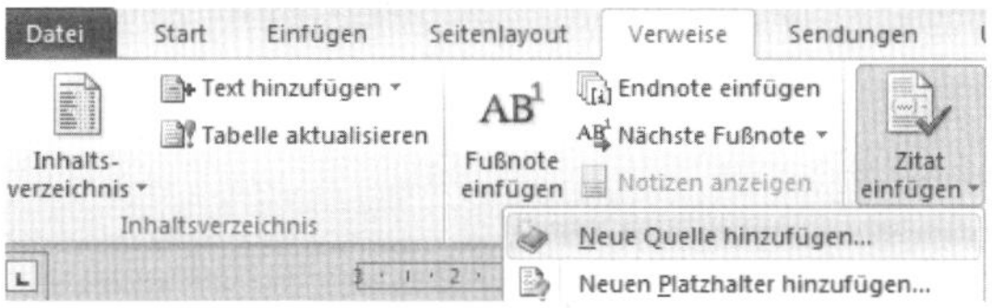

4. Jetzt musst du nähere Angaben zu deiner Quelle machen. Wähle den Typ aus, z.B. *Buch* und fülle dann die Felder darunter aus. Wichtig sind natürlich die Felder *Autor*, *Titel*, *Jahr* und *Verleger*.

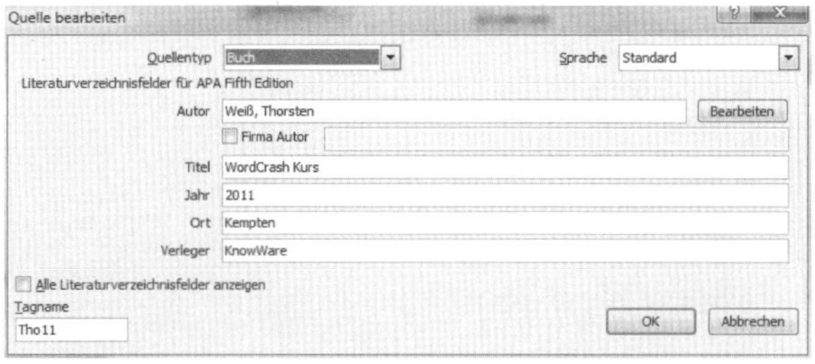

Sollten die Felder für die Angaben nicht ausreichen, so kannst du auch einen Haken setzen bei *Alle Literaturverzeichnisfelder anzeigen*; so bekommst du eine erweiterte Auswahl.

5. Bestätige mit Klick auf *OK*.

So, nun hast du eine Quellenangabe. Erstelle auf demselben Weg noch zwei weitere Quellen. Dann kannst du auch ein Literaturverzeichnis erstellen, eine Auflistung aller Quellangaben am Ende des Dokuments.

1. Positioniere den Cursor an der Stelle, an der du das Literaturverzeichnis einfügen möchtest. Em-

pfehlenswert ist natürlich am Ende des Dokuments auf einer neuen Seite.
2. Schreibe die Überschrift für dein Literaturverzeichnis und übertrage ihr gleich das Format *Titel*.
3. Wähle nun einen Stil für dein Literaturverzeichnis aus. Mach dir aber keine allzu großen Gedanken im Vorfeld darüber. Es lässt sich noch leicht wieder umstellen, wenn du es bereits erstellt hast.
4. Klicke dann auf *Verweise → Zitate und Literaturverzeichnis → Literaturverzeichnis* und dann auf *Literaturverzeichnis einfügen.*

Der Unterschied der einzelnen Formatvorlagen für das Literaturverzeichnis besteht hauptsächlich in der Darstellung der Quellenkürzel innerhalb des Textes und des Eintrags im Literaturverzeichnis und dessen Darstellung und Sortierung. Diese vorgegebenen Stile sind veränderbar (XML-Dateien) und es können auch weitere hinzugefügt werden. Die entsprechenden Zitatvorlagen findest du unter c:\Programme\Office12\Bibliography\Style.

In der folgenden Tabelle ist ein kleiner Auszug der Literaturstile in Word:

Stil	**Quellen-kürzel**	**Eintrag im Literatur-verzeichnis**
APA Fifth Edition	(Weiß, 2011)	Weiß, T. (2011). Word-Crashkurs. Kempten: KnowWare.
Chicago Fifthteenth Ed.	(Weiß 2011)	Weiß, Thorsten. Word-Crashkurs. Kempten: KnowWare, 2011.
IEEE2006	[1]	[1] T. Weiß, Word-Crashkurs, Kempten: KnowWare, 2011.
MLA Seventh Edition	(Weiß)	Weiß, Thorsten. Word-Crashkurs. Kempten: KnowWare, 2011.

Wenn deinem Betreuer der Zitatstil egal ist, kannst du irgendeinen Stil nehmen. Verlangt er aber einen speziellen Stil, den es bei Word standardmäßig nicht gibt, dann bleibt dir nichts anderes übrig, als die XLS-Stylesheets zu bearbeiten, es von jemandem erstellen zu lassen oder danach zu googeln. Die bisherigen Arbeitsschritte kannst du in der folgenden Datei sehen: **Datei-10**

Stichwortverzeichnis erstellen

Stichwortverzeichnis oder Index? Also: Index ist das Stichwortverzeichnis, das mit seinen Seitenzahlen auf bestimmte Stichwörter im Text verweist. Es eignet sich gut, um Begriffe nachzuschlagen und ist immer recht praktisch. Daher ist es sinnvoll die wichtigsten Begriffe dort aufzunehmen. Um ein Stichwortverzeichnis zu erstellen, musst du allerdings zuvor jedes einzelne Wort im Text festlegen.

1. Markiere das Wort, das in das Stichwortverzeichnis aufgenommen werden soll.
2. Klicke dann auf *Verweise → Index → Eintrag festlegen*. (Alternativ: [Alt] + [Shift] +[x])

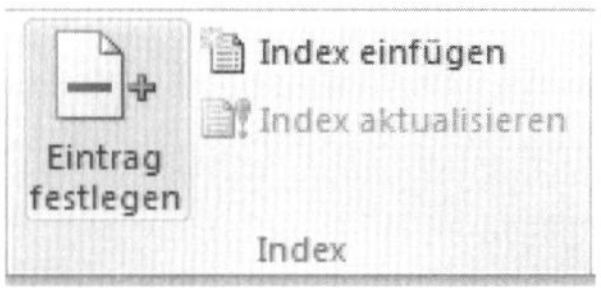

3. Schreibe nun noch eventuell einen Untereintrag zu deinem Haupteintrag. Damit kannst du den Eintrag gegebenenfalls ein wenig besser anpassen. Oder du gibst im Untereintrag einen Querverweis auf einen anderen Eintrag an.

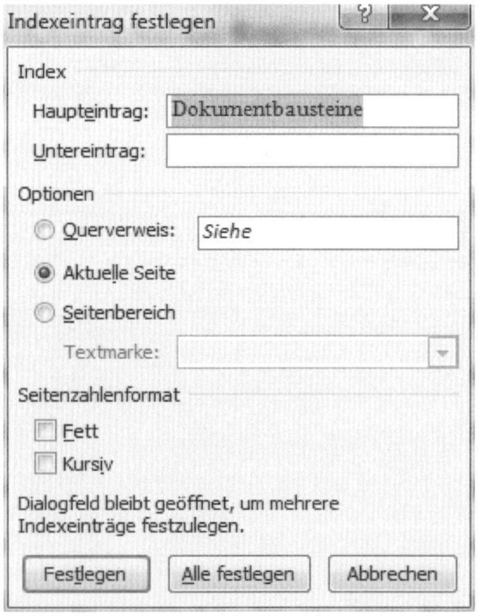

Ist das markierte Wort etwa kursiv oder fett formatiert, so würde es auch im Stichwortverzeichnis so erscheinen. Um das zu vermeiden, kannst du jetzt mit [Strg]+[Leertaste] für den Indexeintrag die Formatierung entfernen.

4. Klicke auf *Festlegen.*

Dies machst du nun am besten für mehrere, also mindestens 5 Begriffe in deinem Text. Word fügt für

jeden Begriff xyz einen sonderbar aussehenden Eintrag ein: { XE „xyz" }. Dieses *Feld* erscheint natürlich im Ausdruck deines Dokumentes nicht im normalen Text, sondern nur im Indexverzeichnis.

Übrigens werden nach jeder Festlegung eines Indexeintrags sämtliche Indexfelder des Dokumentes eingeblendet, wodurch scheinbar dein gesamtes Layout verändert wird. Keine Sorge: mit [Strg]+[Shift]+[+] kannst du diese Markierungen für Indexeinträge wieder ausblenden.

Und wenn du wissen möchtest, ob du für einen wichtigen Begriff an einer Stelle deines Textes einen Indexeintrag festgelegt hast, kannst du mit der gleichen Tastenkombination auch alle Indexfelder wieder einblenden.

Dann fehlt dir nur noch das Verzeichnis für deine Stichwörter:

1. Gehe an das Ende des Dokumentes.
2. Mach einen Seitenumbruch mit [Strg]+[Enter].
3. Schreibe "Stichwortverzeichnis" und formiere das Wort mit *Titel*.
4. Klicke dann auf *Index einfügen*.
5. In dem nun folgenden Dialogfeld *Index* musst du (rechts oben) angeben, ob du das Stichwortverzeichnis in 1, 2 oder mehr Spalten anordnen möchtest. Erstelle für dein Dokument ein einspaltiges Stichwortverzeichnis.

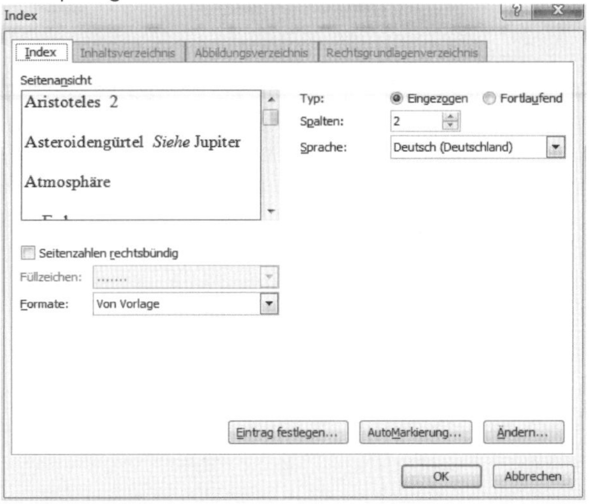

So sollte dein Verzeichnis nun aussehen:

Text und Rechtschreibung

Geschütztes Leerzeichen

Du schreibst „... wie schon auf Seite 1 dargelegt“, aber leider sieht es so aus:

„... wie schon auf Seite
1 dargelegt, ...“¶

Die 1 rutscht in die nächste Zeile. Wie sieht das denn wieder aus, denkst du bestimmt. Jetzt bricht Word an einer Stelle einen zusammengesetzten Namen (ABC AG) oder ein Wort mit zugehöriger Zahl um, wie das überhaupt nicht sein darf. Doch da gibt es einen Trick, dass Word bei einem Leerzeichen zwischendrin nicht mehr trennt. Es wird also wie ein Wort am Stück behandelt. Dies nennt sich dann *geschütztes Leerzeichen*. Damit soll verhindert werden, dass die automatische Trennung von Word Wörter trennt, die zwingend zusammengehören z.B. "Seite 1" oder auch in Namen wie "Maschinenbau AG". AG wird im ungünstigen Fall in die nächste Zeile geschrieben. Um dies zu verhindern, füge nach "Maschinenbau" kein normales Leerzeichen ein, sondern drücke [Strg]+[Shift]+[Leertaste].

Bei eingeschalteten Steuerzeichen ([Strg]+[Shift]+[+]) kannst du das durch eine oben liegende, kleine Blase erkennen: Maschinenbau°AG

Geschützter Bindestrich

Gleiches Problem wie zuvor, nur dass diesmal die ungewollte Trennung des Wortes durch ein Trennzeichen verursacht wird. Einen eingefügten Bindestrich behandelt Word wie ein Trennzeichen. Wenn du die Trennung eines Wortes an der Stelle des Bindestrichs verhindern möchtest, dann verwende den *geschützten Bindestrich*. Schreibe anstelle eines einfachen Bindestrichs [-] den *geschützten Bindestrich* mit [Strg]+[Shift]+[-], so wie z.B. bei Doppelnamen Ingenieurbüro Weiss-heit oder etwa bei Frau Müller-Lüdenscheidt.

In den Steuerzeichen wird dieses als langer Strich symbolisiert: Müller–Lüdenscheidt

Manuelle Worttrennung

Du bist doch im Internet auch schon ein bisschen rumgekommen und da hast du bestimmt auch schon Artikel gesehen, in denen Wörter mit einem Bindestrich waren, wo überhaupt kein Bindestrich sein sollte. Das sieht nicht nur blöd aus und ist falsch, sondern stört auch den Lesefluss. Das kommt oft daher, dass als Trennung einfach ein Bindestrich eingefügt wird. Anschließend kommt weiter vorne noch ein Text hinzu und schwupp... da ist das Trenn-zeichen mitten im Text und bleibt sichtbar.

Die manuelle Worttrennung funktioniert selbst bei automatischer Silbentrennung. Selbst wenn du die automatische Worttrennung deaktiviert hast, kannst du Word anweisen, dass an einer bestimmten Stelle ein Wort getrennt werden soll. Sobald das Wort nicht in die Zeile passen würde, wird es an der vorgegebenen Stelle getrennt. Ist keine Worttrennung erforderlich, so ist dieser Trennstrich überhaupt nicht sichtbar. Diese manuelle Worttrennung heißt *bedingter Bindestrich* und wird mit [Strg] + [Bindestrich] erzeugt.

Sichtbar machen kannst du es wieder mit den Steuerzeichen. Dann schaut es aus wie ein liegender Galgen:

Fach¬arbeitergehalt

> **Tipp**
> Geschütztes Leerzeichen:
> [Strg]+[Shift]+[Leertaste]
>
> Geschützter Bindestrich:
> [Strg]+[Shift]+[Bindestrich]
>
> Bedingter Bindestrich:
> [Strg]+[Bindestrich]
>
> Diese Steuerzeichen ein/ausschalten:
> [Strg]+[Shift]+[+]

Automatische Worttrennung

Word hält auch eine automatische Silbentrennung für dich bereit. Du kannst sie aktivieren, indem du auf *Seitenlayout → Seite einrichten → Silbentrennung* klickst.

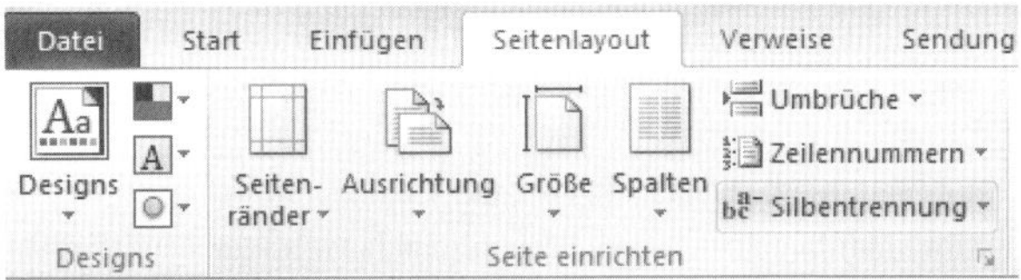

Aktivierst du die automatische Silbentrennung, dann stelle aber unbedingt bei Optionen ein, wie viele aufeinanderfolgende Trennstriche du erlaubst. Mehr

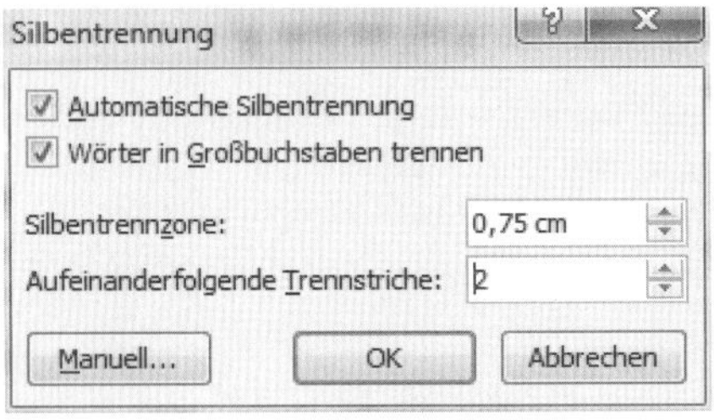

als drei Trennstriche nacheinander in drei aufeinanderfolgenden Zeilen sehen nicht unbedingt gut aus. Also gib eine kleine Zahl zwischen 1 und 3 ein.

Sonderzeichen per Tastenkürzel

Wenn du Sonderzeichen wie etwa £ für Pfund Sterling, ¥ für Yen oder Ω für Ohm eingeben möchtest, dann gehst du über *Einfügen → Symbole → Symbol,* suchst dir dein Symbol aus und klickst auf *Einfügen*. Brauchst du nun eines der Zeichen aber immer wieder ist das viel zu umständlich.

Wenn du dieses Zeichen öfters benötigst, dann merkst du dir den Zeichencode im Dialogfeld Symbol. Diesen kannst du gleich im Dokument eingeben ohne sonst irgendwas aufzurufen und das Sonderzeichen erscheint.

Möchtest du den kleinen griechischen Buchstaben alpha in dein Dokument einfügen, dann öffnest du das Fenster *Symbol* und siehst die vorgegebene Tastenkombination an: 03B1, Alt-C

Setze den Cursor an die Stelle, an der das Sonderzeichen eingefügt werden soll und gib ein [03B1] und dann [Alt]+[c] nun erscheint: α. Nein, ich möchte dich nicht an der Nase herumführen, probiere es einfach aus. Ist dir diese Tastenkombination zu umständlich, dann kannst du mit dem Button *Tastenkombination...* auch eine eigene Tastenkombination vergeben.

> **Tipp**
> Falls du nur einen einzelnen griechischen Buchstaben benötigst, verwende die Tastenkombination [Strg]+[Shift]+[b]. Dadurch wird der nächste Buchstabe als griechischer Buchstabe geschrieben und anschließend geht es wieder normal weiter.

Synonyme und Übersetzungen

Wie oft sitze ich da und überlege nach einem anderen Wort für das, das ich in meinem Satz gerade geschrieben habe? Kennst du das auch und bist du auch immer wieder mal auf der Suche nach einem Synonym?

Dann verwende doch die Möglichkeit mit den Synonymen und Übersetzungen in Word. Klicke mit gedrückter [Alt]-Taste auf ein Wort. Für dieses Wort öffnet sich dann auf der rechten Seite ein Fenster. Das Fenster heißt *Recherchieren* und das nicht ohne Grund.

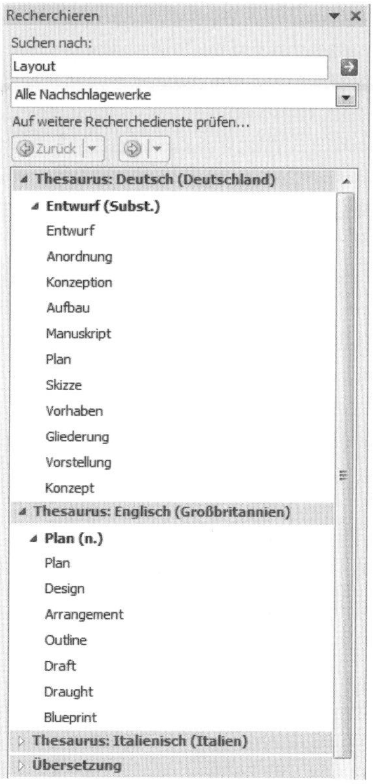

Du bekommst dort über den Thesaurus alternative Wörter und Übersetzungen vorgeschlagen. Es lohnt sich.

Probiere es gleich mit einem Wort aus deinem Dokument aus.

Nimm dafür doch in der ersten Zeile deines Textes das Wort Layout und klicke es mit gedrückter [Alt]-Taste an.

Text Schnellbausteine

Geht es dir auch so, dass du schon wieder dasselbe, gleich lange Wort schreiben musst? Dann vertippst du dich auch noch wieder dabei und vor allem ist es wirklich öde, immer wieder das Gleiche zu schreiben. Dann ist der Zeitpunkt gekommen, um Schnellbausteine in Word einzusetzen.

Fachbegriffe wie "Desoxyribonukleinsäure" oder "Reichsdeputationshauptschluss" oder auch ganze Sätze eigenen sich für die Textbausteine. Sie können einfach und schnell aufgerufen werden und vereinfachen das Leben beim Schreiben. Lass uns gleich mal einen Textbaustein erstellen:

1. Vollständigen Text (auch mehrere Wörter) markieren.
2. Drücke [Alt]+[F3] oder wähle *Einfügen → Text → Schnellbausteine*.
3. Bestätige mit *OK*.

Wenn du nun diesen Textbaustein wieder aufrufen möchtest, musst du nur die ersten zwei, drei Buchstaben schreiben und dann [F3] drücken. Wenn es noch nicht erscheint, gibt es eventuell mehrere gespeicherte Möglichkeiten zu deinen bisher geschriebenen Buchstaben und die Ausgabe ist nicht eindeutig. Schreib dann einfach noch einen weiteren Buchstaben und drücke erneut [F3]. Wenn du es

öfters benötigst, dann weißt du beim nächsten Mal gleich, wie viele Buchstaben du eingeben musst, bis Word es erkennt.

Word und seine automatischen Aktionen

Word macht oftmals etwas automatisch. Sind es die automatischen Aufzählungen oder Anführungszeichen oder Gedankenstriche … Doch nicht immer gefällt dir das so. Wenn Word etwas automatisch macht, kannst du einfach die [Backspace]-Taste drücken und der Automatismus wird wieder rückgängig gemacht. Oder aber du klickst auf den links erscheinenden Blitz und gehst dort im Menü auf *Rückgängig*:

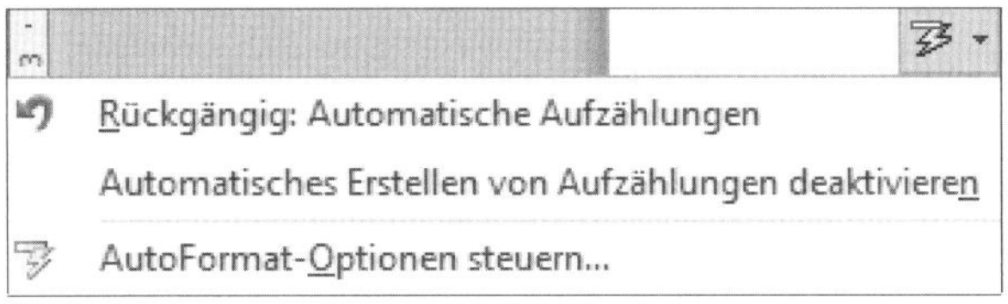

Alternativ kannst du auch die Tastenkombination [Strg]+[z] für *Rückgängig* verwenden. Dann wird die automatische Aktion auch zurückgenommen.

AutoKorrektur

Du kennst dich und deine permanenten Fehler beim Schreiben. Es sind immer dieselben Wörter, bei denen du dich vertippst oder manche Finger einfach die langsameren überholen. Diese kannst du in den Autokorrektur-Optionen eingeben, so dass die Fehler automatisch behoben werden. Schreibst du z.B. immer *nciht*, so kannst du dort einstellen, dass es automatisch zu *nicht* wird. Dies machst du mit einer Eingabe unter den *Word-Optionen* in *Datei → Optionen → AutoKorrektur-Optionen...*

Nachdem du *AutoKorrektur-Optionen* angeklickt hast, bekommst du folgendes Fenster mit sehr interessanten Einstellmöglichkeiten für dich:

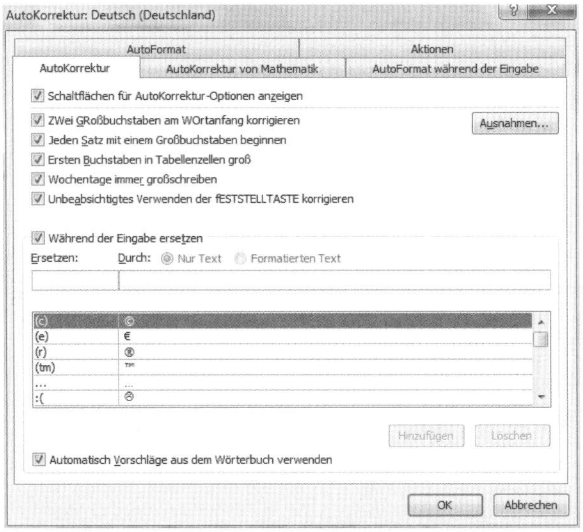

In diesen Fenstern wirst du endlich die Einstellungen finden, die du schon so lange suchst. Musst du vielleicht immer wieder etwas nachkorrigieren, das dir Word verändert hat? Hier bei der AutoKorrektur und bei AutoFormat kannst du genau diese Einstellungen umstellen.

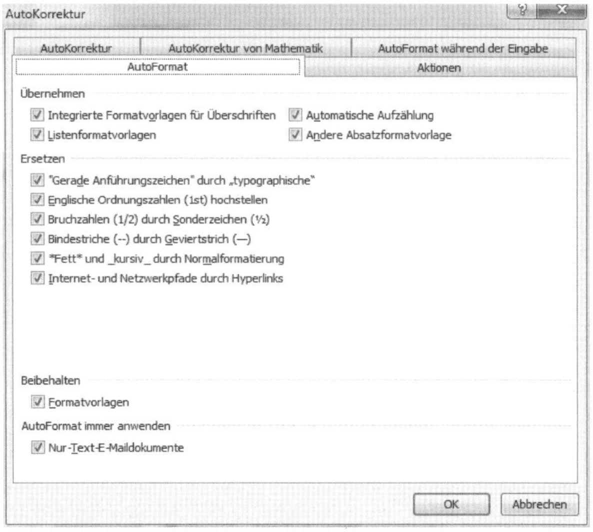

AutoKorrektur: Brauchst du das unbedingt, dass jeder Satz mit einem großen Buchstaben beginnen muss? Und das auch noch in einer Tabellenzelle? Stört dich das? Dann entferne nur den Haken bei *Jeden Satz mit einem Großbuchstaben beginnen*.

In der Liste darunter siehst du die Eingaben, die während der Eingabe verändert werden. So wird z.B. durch die Eingabe von (c) ein ©. Scrolle mal durch. Du kannst bei *Ersetzen* auch ein Wort eintragen, das du immer falsch schreibst und daneben in *Durch* so schreiben, wie es richtig ist. Dann wird das falsch geschriebene Wort in Word gleich nach der Eingabe automatisch korrigiert. Du musst allerdings nach dem geschriebenen Wort erst ein Leerzeichen oder einen neuen Absatz machen.

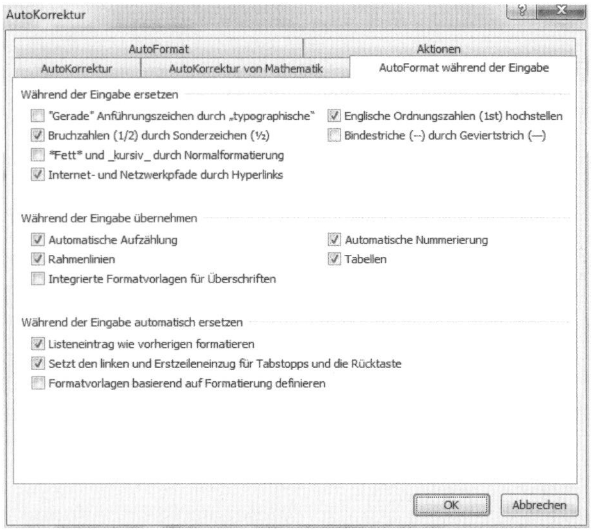

AutoFormat und *AutoFormat während der Eingabe*: Hier kannst du unter anderem das Problem mit den Anführungszeichen angehen. Gefallen dir die geraden Anführungszeichen besser (das sind die, die nur oben stehen und gerade sind), dann entferne den Haken bei *Ersetzen: Gerade Anführungszeichen durch typografische*.

Ebenso das Problem mit dem Gedankenstrich. Du machst einen Gedanken- oder Bindestrich und auf einmal wird so ein langer Strich daraus. Jeder **Bindestrich**, bei dem ein Leerzeichen davor steht und dem ein Zeichen folgt, wird von Word in einen Gedankenstrich umgewandelt. Wenn du das verhindern möchtest, dann gehe auf *AutoFormat während der Eingabe* und entferne den Haken bei *Bindestriche (--) durch Geviertstrich (–)*.

Ist der Haken bei *Ersetzen: Internet- und Netzwerkpfade durch Hyperlinks* gesetzt, werden alle Mailadressen oder eingefügte Links aus deinem Browser (nach Eingabe eines Leerzeichen oder Absatzes) als Hyperlinks in blauer Farbe und unterstrichen eingefügt: http://www.weiss-heit.com Wenn du nun mehrere Links einfügen musst, stört dich dieses Vorgehen bestimmt. Schalte es doch einfach ab. Du kannst es ja jederzeit wieder aktivieren.

Schau dir die weiteren Möglichkeiten an, die dir *AutoKorrektur* und *AutoFormat* bieten, und entscheide selbst, was du umstellen möchtest.

Rechtschreibprüfung

Die Rechtschreibprüfung ist klasse. Wir sehen sofort, wo etwas vielleicht nicht stimmen kann und können das dann ändern. Um die Rechtschreibung zu kontrollieren, kopieren viele selbst den Text einer Mail schnell mal in ein Worddokument. Auch wenn man nicht immer alles glauben darf und du dir selbst Gedanken machen musst, ob das so stimmt, dass es falsch ist oder nicht.

Die Rechtschreibprüfung befindet sich auf der Registerkarte *Überprüfen → Dokumentprüfung*. Dort kann die Rechtschreib- und Grammatikprüfung gestartet werden. Standardmäßig ist Word aber meistens so eingestellt, dass das Rechtschreibprogramm automatisch läuft. Das kannst du testen, indem du einfach ein Wort falsch schreibst. Wird es gleich rot unterkringelt?

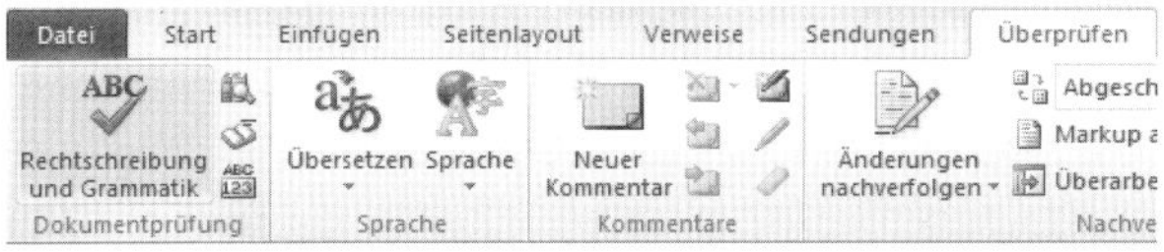

Rechtschreibprüfung während des Schreibens

Während des Schreibens werden einzelne Wörter bestimmt schon mit einer roten oder grünen Wellenlinie unterstrichen. Da die Rechtschreibprüfung bereits parallel zum Schreiben läuft, schaut Word ständig nach, welches Wort so nicht im Wörterbuch vorkommt. Ist es nicht vorhanden, wird es rot unterstrichen. Einen Vorschlag für die korrekte Schreibweise erhältst du, wenn du mit der rechten Maustaste auf ein unterstrichenes Wort klickst.

Mit einem Rechtsklick auf "Steuerelemetne" schlägt dir Word vor, "Steuerelemente" zu schreiben. Ebenso ist es bei einem Rechtsklick auf "ermoglichen", dort schlägt dir Word vor, "ermöglichen" oder "Ermöglichen" zu schreiben. Du kannst dann das richtige Wort mit der linken Maustaste anklicken, um es zu übernehmen.

> **Tipp**
> Die roten Unterstreichungen stehen für *wahrscheinliche Rechtschreibfehler*,
> die grünen Unterstreichungen stehen für *wahrscheinliche Grammatikfehler*.

Du kannst das Wort durch Anklicken eines der Vorschläge dahingehend ändern oder zum Wörterbuch hinzufügen, wenn es noch nicht vorhanden ist. Hier kannst du also auch der Rechtschreibprüfung neue Wörter beibringen. Viele Fachbegriffe aus deinem Bereich kennt Word "noch" nicht.

Wenn du es nicht hinzufügen willst und es doch unterkringelt ist, dann kannst du es auch ignorieren. Damit entfällt die Unterstreichung.

Als Tipp für gute Noten in Abschlussarbeiten

Wenn du kein Held in der deutschen Rechtschreibung bist oder einfach die eigenen Fehler vor lauter fachspezifischem Denken nicht mehr siehst (was völlig normal ist), dann lass zum Schluss deine Abschlussarbeit von mehreren Freunden oder Bekannten oder vielleicht auch professionell korrekturlesen.

Denn einige Fehler kann Word beim besten Willen nicht finden. In einem Literaturverzeichnis habe ich den schönen Buchtitel "In der Fremde abreiten" gelesen. Warum auch mal nicht abreiten, allerdings heißt der Originaltitel "In der Fremde arbeiten". Wie du deine Arbeit korrekturlesen lässt und die Änderungen sehen und dann entscheiden kannst, liest du im nächsten Abschnitt: Änderungen nachverfolgen.

Wörterbuch bearbeiten

Die Rechtschreibprüfung prüft den Inhalt deines Dokumentes, indem es die Wörter mit den Einträgen einer Datei vergleicht. Nur: wie oder wo merkt sich Word all diese Wörter? Es gibt ein vorgegebenes Wörterbuch und eines, in dem du auch deine eigenen Wörter hinzufügen kannst. Deine Eingaben speichert Word also in einem speziellen Wörterbuch. Du kannst eigene Wörter zu einem Wörterbuch hinzufügen, indem du einen Rechtsklick auf

ein rot unterstrichenes Wort machst und dann *Hinzufügen zum Wörterbuch* auswählst. Nun wird das neue Wort in dein Wörterbuch eingetragen und steht bei allen Überprüfungen zur Verfügung. Word kennt dieses Wort nun und wird es nicht mehr rot unterstreichen. Nur blöd, wenn du aus Versehen ein falsch geschriebenes Wort hinzugefügt hast. Dann solltest du dieses Wort aus deinem Wörterbuch entfernen.

Hierfür gehst du in den Menüpunkt: *Datei → Optionen → Dokumentprüfung → Benutzerwörterbücher…*

Hast du auf *Benutzerwörterbücher* geklickt, erscheint ein neues Fenster, wo du dein Wörterbuch auswählen kannst. Es gibt nämlich auch die Möglichkeit, weitere Wörterbücher anzulegen. Doch standardmäßig ist hier das CUSTOM.DIC oder eventuell auch BENUTZER.DIC .

Schau, dass vor CUSTOM.DIC ein Haken ist und klicke dann auf *Wortliste bearbeiten…*

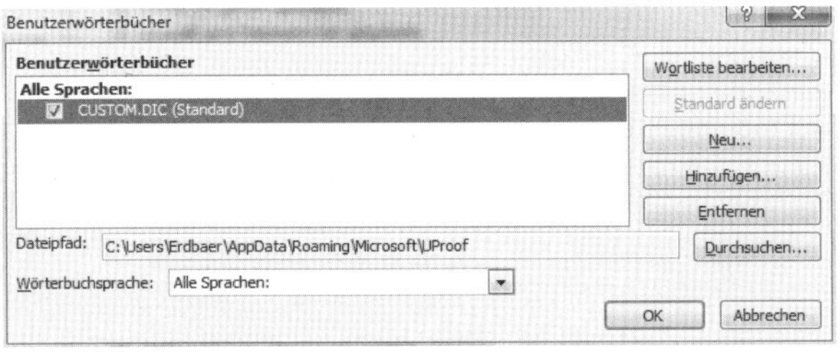

Nach erfolgreichem Klick auf *Wortliste bearbeiten* bekommst du folgende Ansicht:

In diesem Fenster kannst du in der Eingabezeile oben ein neues Wort eingeben und mit *Hinzufügen* in dein Wörterbuch hinzufügen oder du wählst ein Wort aus und wählst *Löschen* aus. Dann kannst du das Wort korrekt geschrieben neu eingeben und *Hinzufügen*.

Wortliste im Editor bearbeiten

Eine Alternative dazu stellt die Bearbeitung des Wörterbuchs in einem Editor dar.

Wenn du lieber die gesamte Liste von Hand bearbeiten oder einen ganzen Schwung von Wörtern manuell hinzufügen oder gar hineinkopieren möchtest, dann ist es besser, wenn du mit einem Dateimanager die CUSTOM.DIC öffnest und bearbeitest.

Die Wörterbücher sind aber normalerweise versteckt, also nicht sichtbar. Du musst deshalb zuerst die versteckten Dateien sichtbar machen. Öffne den Windows-Explorer mit [Win]+[e] und gehe auf *Organisieren → Ordner- und Suchoptionen*.

Scrolle im Registerblatt *Ansicht* etwas nach unten und wähle bei *Versteckte Dateien und Ordner* dann

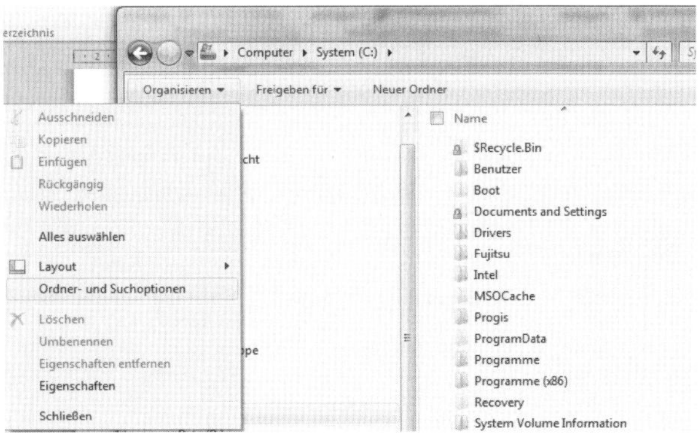

Ausgeblendete Dateien, Ordner und Laufwerke anzeigen aus. Nun kannst du dein Wörterbuch sehen.

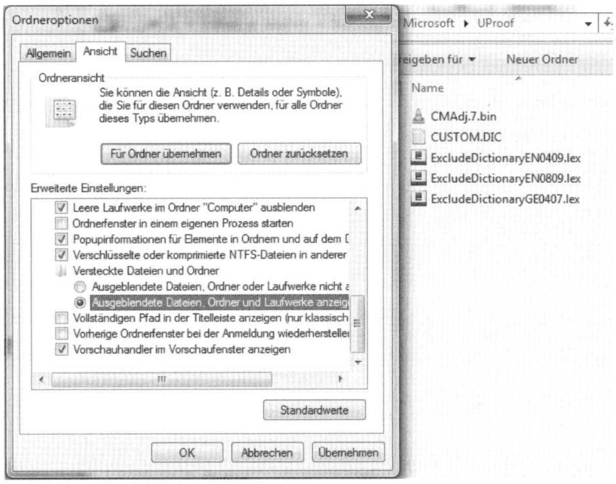

Im Bild kannst du im Dateipfad sehen, wo dein Benutzerwörterbuch abgelegt ist. In Windows 7 ist dies meist der folgende Ordner: C:\Users\[Benutzername]\AppData\Roaming\Microsoft\UProof

Dort siehst du nun deine CUSTOM.DIC und kannst sie mit dem Editor öffnen, indem du einen Rechtsklick darauf machst und dann *Öffnen mit…* auswählst. Dort wird dir der Editor als Programm vorgeschlagen. Du brauchst nur noch mit *OK* zu bestätigen, und schon siehst du deine Wortliste im Editor. Hier kannst du deine Wörter hineinkopieren oder auch mehr als ein Wort auf einmal herauslöschen. Halte dabei die Vorgabe ein, dass in jeder Zeile nur ein Wort stehen darf.

> **Tipp**
> Wenn du mehrere Wörter in deine Wortliste kopieren möchtest, dann bearbeite dein Wörterbuch in einem Editor.

Änderungen nachverfolgen

Du hast so viel Zeit an deiner Abschlussarbeit verbracht und da ist es oft so, dass du irgendwann blind für einfache Rechtschreibfehler wirst. Du siehst sie einfach nicht mehr. Daher ist es immer ratsam, sobald du mit Schreiben fertig bist, deine Abschlussarbeit mehreren Personen zum Korrekturlesen zu geben. Um nun auf einfache Weise die gemachten Änderungsvorschläge deiner Korrekturleser darzustellen und zu entscheiden, ob du diese Änderungen überhaupt so möchtest, hat Word eine praktikable Funktion integriert: *Änderungen nachverfolgen.*

Um die Funktion zu aktivieren und deaktivieren, klickst du auf:
Überprüfen → Nachverfolgung → Änderungen nachverfolgen → Änderungen nachverfolgen.

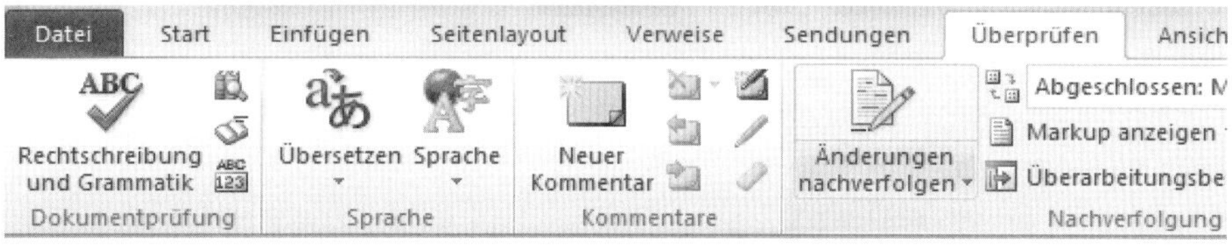

Der Button *Änderungen nachverfolgen* leuchtet dann immer gelb, und sämtliche Änderungen, die jemand an dem Dokument vornimmt, werden in Rot gekennzeichnet und der vorherige Stand durchgestrichen neben dem neuen Wort dargestellt. Um Änderungen noch besser zu erkennen, wird zusätzlich am linken Blattrand ein kleiner Strich dargestellt, um auch bei großen Dokumenten einen besseren Überblick zu haben.

■ Änderungen vornehmen

Verändere auf der ersten Seite deines Textes ein paar Worte. Schreibe dort: *Viele Steuerelemente ermoglichen eine Auswahl.* Nach eingeschalteter *Änderung nachverfolgen* ändere nun den Text ab. Lösche *Die meisten* und schreibe *Viele* hin. Lösche das *o* bei *ermoglichen* und schreibe stattdessen ein *ö*.

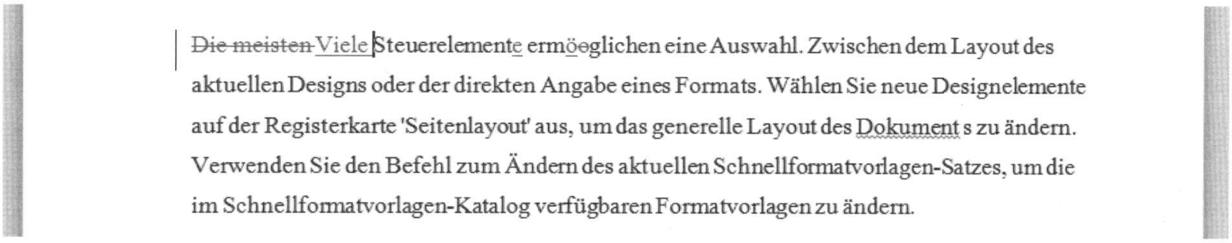
~~Die meisten~~ Viele Steuerelemente ermö~~o~~glichen eine Auswahl. Zwischen dem Layout des aktuellen Designs oder der direkten Angabe eines Formats. Wählen Sie neue Designelemente auf der Registerkarte 'Seitenlayout' aus, um das generelle Layout des Dokument s zu ändern. Verwenden Sie den Befehl zum Ändern des aktuellen Schnellformatvorlagen-Satzes, um die im Schnellformatvorlagen-Katalog verfügbaren Formatvorlagen zu ändern.

Du kannst in diesem Modus nicht nur ausbessern, sondern auch Kommentare hinterlassen. Setze dafür deinen Cursor an die Stelle, an der du einen Kommentar schreiben möchtest und klicke dann auf:
Überprüfen → Kommentare → Neuer Kommentar

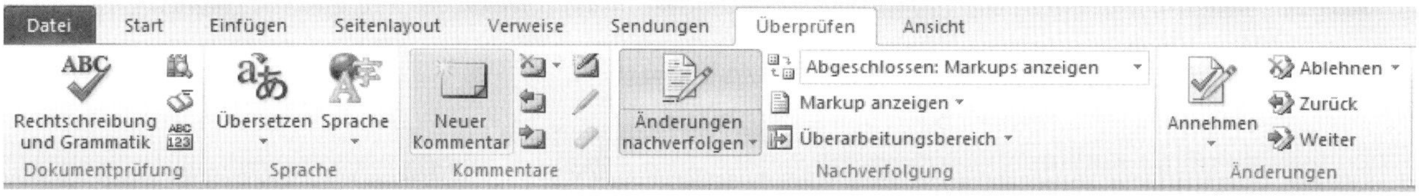

Füge bei Steuerelemente nun einen Kommentar ein und schreibe etwas hinein. Der eingefügte Kommentar sieht dann für unser Beispiel so aus:

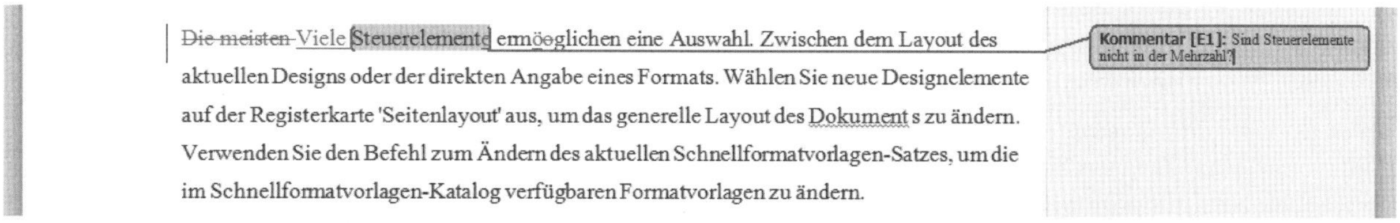
~~Die meisten~~ Viele Steuerelemente ermö~~o~~glichen eine Auswahl. Zwischen dem Layout des aktuellen Designs oder der direkten Angabe eines Formats. Wählen Sie neue Designelemente auf der Registerkarte 'Seitenlayout' aus, um das generelle Layout des Dokument s zu ändern. Verwenden Sie den Befehl zum Ändern des aktuellen Schnellformatvorlagen-Satzes, um die im Schnellformatvorlagen-Katalog verfügbaren Formatvorlagen zu ändern.

Kommentar [E1]: Sind Steuerelemente nicht in der Mehrzahl?

■ Änderungen annehmen/ablehnen

Vermutlich bekommst du dein korrigiertes Dokument per Mail oder als Kopie auf deinem USB-Stick wieder zurück. Dann musst du die gemachten Änderungen annehmen oder ablehnen. Dafür klickst du mit der rechten Maustaste auf das geänderte Wort und wählst *Änderung annehmen* oder *Änderung ablehnen.*

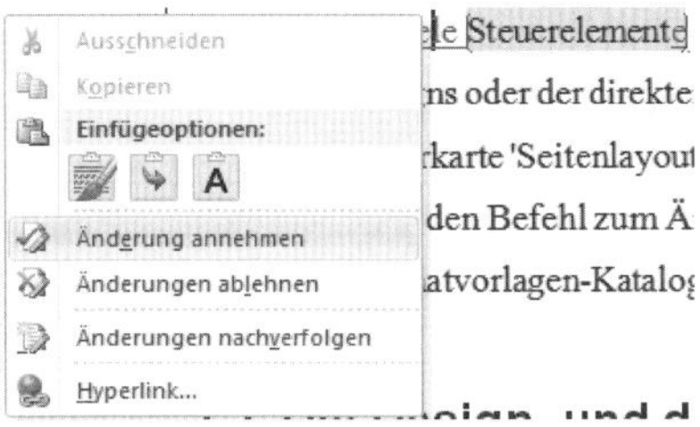

Klickst du auf den großen Button *Annehmen*, geht Word jede einzelne Änderung durch; bei Klick auf *Annehmen* wird die Änderung akzeptiert, und Word springt zur nächsten Änderung. Möchtest du aber alle Änderungen auf einmal annehmen, dann klickst du unter dem gleichen Reiter etwas weiter rechts.

Möchtest du alle Änderungen ablehnen, so verwende gleich rechts daneben das Symbol mit dem roten x; dort kannst du alle Änderungen ablehnen.

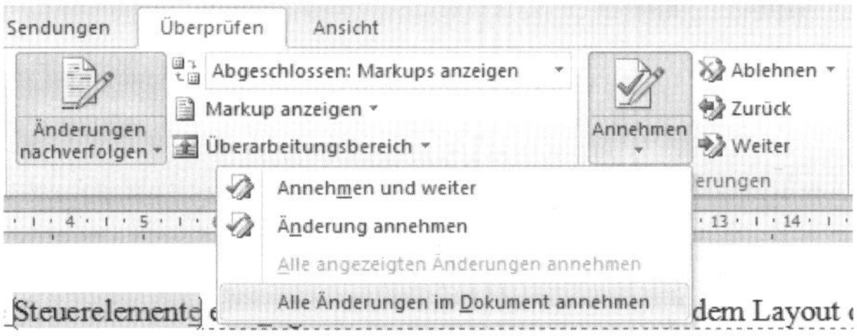

> **Hinweis**
> Bist du fertig, so vergiss nicht, *Änderungen nachverfolgen* wieder auszuschalten!

Dies machst du genauso, wie du sie eingeschaltet hast: *Start → Überprüfen → Nachverfolgung → Änderungen nachverfolgen → Änderungen nachverfolgen*

Dann leuchtet der Button *Änderungen nachverfolgen* nicht mehr gelb.

Kommentar löschen

Den eingefügten Kommentar löschst du, indem du einen Rechtsklick auf den Kommentar machst und dann *Kommentar löschen* auswählst.

Möchtest du mit gleichzeitig alle Kommentare löschen, dann gehst du über das Menü. Rechts neben dem Punkt, an dem du einen Kommentar einfügen kannst, ist ein Ordnersymbol mit einem roten x. Nach dem Anklicken kannst du *Alle Kommentare im Dokument löschen.*

> **Tipp**
> Oftmals geschehen solche Arbeiten unter großem Zeitdruck kurz vor dem Abgabetermin. Dann ist man gereizt und nervös ... und plötzlich ist ein Fehler passiert: eine ganze Seite oder ein Kapitel versehentlich gelöscht.
>
> Langsam bis drei zählen, ruhig durchatmen und [Strg]+[z] drücken. Z wie zurück. Das hilft.

Fuß-oder Endnote setzen und löschen

Wenn du einem Wort noch eine weitere Erklärung, Ausschreibung der Abkürzung oder Übersetzung aus einer anderen Sprache mitgeben möchtest, dann verwende eine Fußnote. Die Fußnote erscheint unten am Seitenende und die Endnote erscheint ganz hinten im Dokument. Ob du nun eine Fuß- oder Endnote verwenden möchtest, überlasse ich dir. Oftmals wird auch verlangt, dass in den Fußnoten die verwendete Literatur angegeben werden soll.

1. Gehe mit dem Cursor zu der gewünschten Stelle, an der die Fußnote gesetzt werden soll – meistens nach einem Zitat. Setz deinen Cursor genau an das Wortende, ohne Leerzeichen dazwischen.
2. Klicke für eine Fußnote: *Verweis → Fußnoten → Fußnote einfügen* bzw. für eine Endnote: *→ Endnote einfügen.*
   Alternativ: verwende das schnellere Tastenkürzel [Strg]+[Alt]+[F].
3. Du befindest dich nun automatisch in der eigentlichen Fußnote am Seitenende und kannst dort den Fußnotentext eingegeben.
4. Hast du die Fußnote komplett eingegeben, dann klicke doppelt auf die Fußnotennummerierung und du befindest dich wieder im Text an genau der Stelle, an der du die Fußnote eingefügt hast (Doppelklick springt zu Fußnote, bzw. von der Fußnote zur Textstelle)

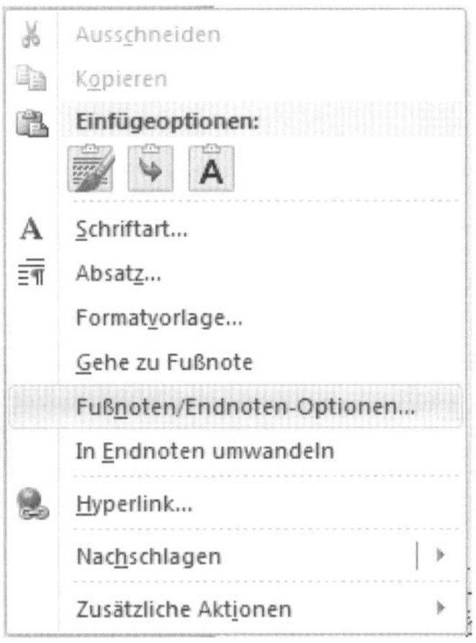

Die Nummerierung der Fußnote erfolgt automatisch fortlaufend. Du musst dir also keine Gedanken darüber machen – Word denkt in der Reihenfolge mit. Wenn du allerdings an der Darstellung etwas ändern möchtest, dann machst du einen Rechtsklick auf die Fußnotennumme-

rierung und wählst *Optionen* aus. Dann bekommst du ein Fenster, in dem du deine Einstellungen vornehmen kannst.

Möchtest du eine Fußnote löschen, dann setz deinen Cursor direkt hinter die Fußnote im Text und drücke [Backspace], dann ist die Fußnote grau markiert. Drückst du dann nochmals [Backspace], so wird die gesamte Fußnote gelöscht.

Datensicherung

Wer hat das nicht schon mal in unserer digitalen Welt erlebt: die Dateien, die du so dringend brauchst, sind einfach weg oder du kannst nicht mehr darauf zugreifen. Dann ist verständlicherweise der Ärger oder die Trauer sehr groß. Um das zu vermeiden, sicherst du deine Arbeit am besten mehrfach und zwar auf verschiedene Datenträger. Gut ist es, wenn du die Daten auf deiner Festplatte hast und zusätzlich auf einem USB-Stick oder einer externen Festplatte.

Tipp
Mach nach jedem Arbeiten eine Sicherung deiner Dateien bzw. Dokumente und treffe weitere Vorsorgemaßnahmen.

AutoWiederherstellen

Was aber tun wenn dein PC oder Word während der Arbeit abstürzt? Dann wäre eine automatische Sicherung ganz gut. Dies kann Word machen und heißt: AutoWiederherstellen-Funktion.

Die Funktion ist standardmäßig aktiviert. Die einzelnen Speichervorgänge werden dabei alle zehn Minuten aktiviert. Das kannst du aber auch ändern. Wenn du die Zeit verkürzt, solltest du aber daran denken, dass dein Rechner die Arbeit auch ausführen muss und somit belastet wird. Das geht auf Kosten der Performance. Im Normalfall ist diese Standardeinstellung gut und reicht aus.

Um die Vorgaben zu verändern gehst du links oben auf: *Datei → Word-Optionen → Speichern*

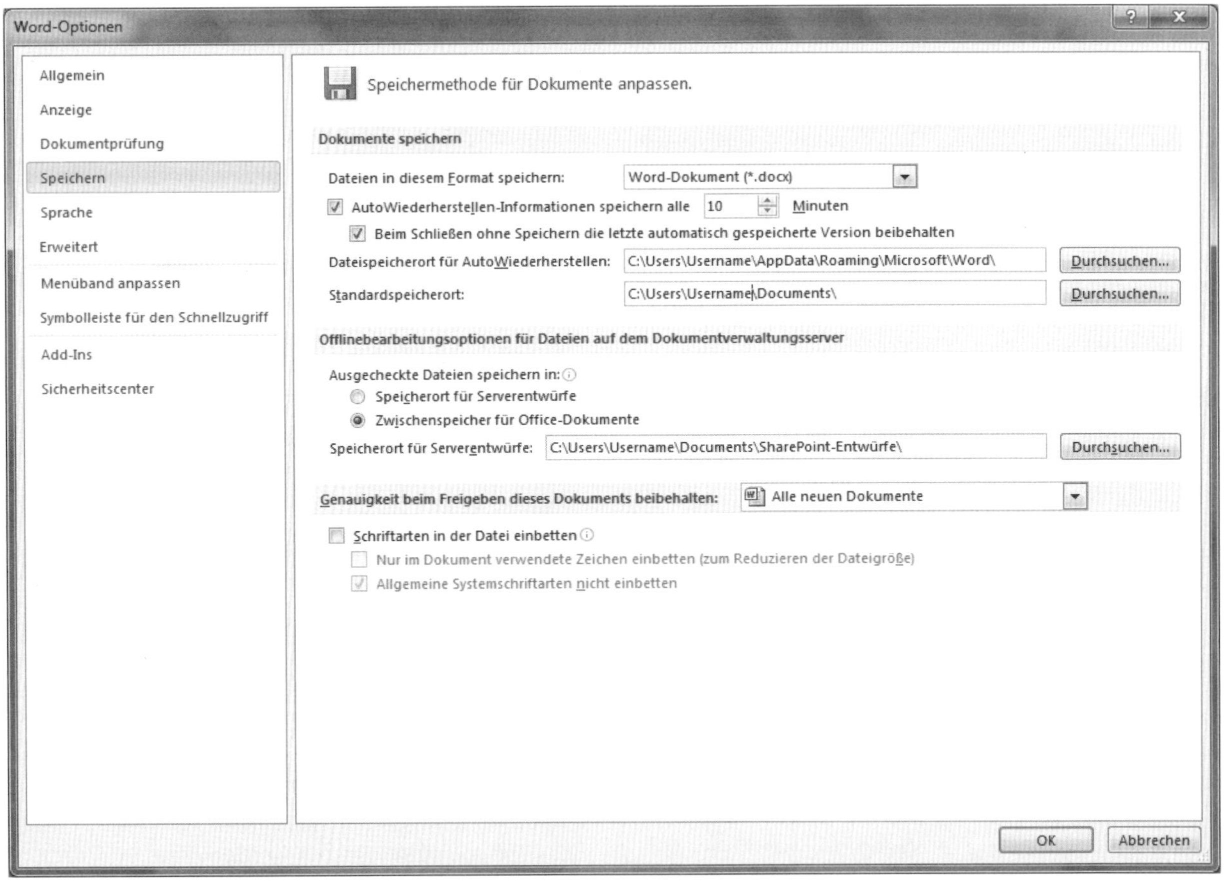

Die AutoWiederherstellen-Datei wird automatisch gelöscht wenn du das Dokument selbst speicherst.

Tipp
Der Einsatz von AutoWiederherstellen ersetzt nicht das normale Speichern! Dies ist nur ein Schutz, falls Word oder dein Rechner abstürzen.

Datei nach Absturz wiederherstellen

Sollte dein Rechner während der Arbeit abgestürzt sein, bekommst du beim anschließenden Start von Word einen Hinweis, dass Word eine Datei wiederhergestellt hat.

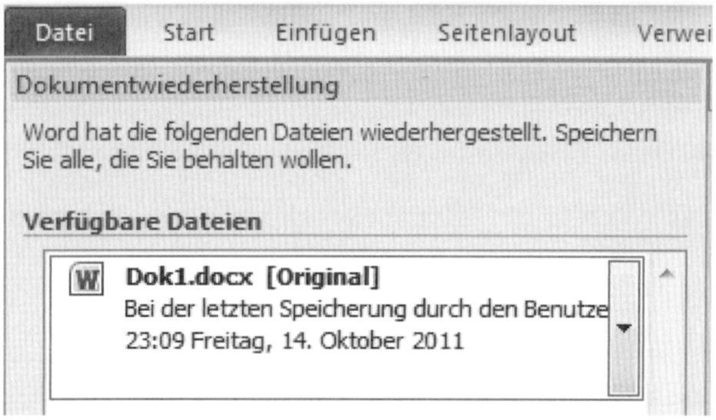

Suche dir anhand von Datum und Uhrzeit die entsprechende Datei aus und klicke dann doppelt auf die Datei, die du wiederherstellen möchtest. Word öffnet sie und du musst sie dann abspeichern. Das Dialogfeld mit den verfügbaren Dateien kannst du danach schließen, sofern du alle gewünschten Dateien wiederhergestellt hast.

Erstellen einer Sicherungskopie

Es gibt Momente, da stellst du nach einer Dokumentüberarbeitung fest, dass der kürzlich gelöschte Text jetzt doch besser gewesen wäre; oder du hast versehentlich etwas gelöscht und dann zu schnell gespeichert. In so einem Fall ist es von Vorteil, wenn du eine Sicherungskopie der vorherigen Version erstellt hast.

■ Automatische Sicherungskopie

Das automatische Erstellen einer Sicherungskopie wird in Word unterstützt. Du findest dies unter *Datei → Optionen → Erweitert* ziemlich weit unten unter Speichern: Immer Sicherheitskopie erstellen. Dabei wird beim Speichern die bestehende Word-Datei beibehalten und nur umbenannt. Die alte Datei heißt dann:
Sicherungskopie von Dateiname.docx und die neu gespeicherte hat den Namen, den du der Datei ursprünglich gegeben hast. In diesem Fall: *Abschlussarbeit.docx*. Im Klartext bedeutet das, dass du auch weiterhin auf die Texte deiner alten Datei zugreifen kannst. Bedenke aber, dass es immer nur eine Sicherungskopie gibt. Wenn du nun häufig auf *Speichern* klickst, wird auch diese Datei immer wieder überschrieben.

■ Manuelle Sicherungskopie

Empfehlung: Mache nach jedem Arbeiten eine Sicherung deiner Dateien. Am besten legst du dafür eine Sicherung immer wieder zusätzlich auf einem externen Datenträger ab, wie einer externen Festplatte oder einem USB-Stick ab. Wenn du beim Speichern noch das Datum mit in den Dateinamen schreibst, hast du zusätzlich die Entwicklung deiner Arbeit mit archiviert. Für den Dateinamen ist es gut, wenn du das Datum rückwärts schreibst. Also zuerst die Jahreszahl, dann den Monat und dann den Tag: *jjmmtt_Dateiname.docx*. So schreibst du z.B. für den 05. Juni 2011 dann *110605_Abschlussarbeit.docx*. Dann sortiert dein Rechner die Dateien nach dem Datum so, wie du es auch erwartest. Andernfalls sind sie durcheinander, da er ja nicht weiß, nach was er sortieren soll und nur die Zahlen numerisch von links nach rechts von deinem Dateinamen sortiert. Bei der Verwendung dieses Dateinamens weißt du auch immer gleich, ohne auf das Erstellungsdatum zu schauen, wann du die Datei erstellt hast. Bei der Verwaltung deiner Sicherungsdateien empfehle ich dir, dass du mindestens die letzten zwei Sicherungsdateien behältst. Die anderen könntest du löschen.

Weitere Datensicherungen

Da du sehr viel Zeit und Energie in deine Arbeit steckst, sollte sie auch dementsprechend gesichert sein. Es kommt nicht selten vor, dass Leute ihre Arbeit verlieren, durch welchen Grund auch immer.

Am besten sorgst du zu den vorher genannten Sicherungsmöglichkeiten noch für weitere.

Speichere alle in dein Dokument eingefügten Objekte, Grafiken und Fotos in Originalgröße. Nach Möglichkeit in einem Ordner, in dem du weitere Unterordner hast. Diesen Ordner sicherst du immer wieder, in nicht allzu großen Abständen, auf einen anderen Speicher wie einen USB-Stick oder eine externe Festplatte.

Passwortschutz für das Dokument

Manchmal ist es ganz gut, eine nicht fertige Arbeit zu schützen. Damit kannst du verhindern, dass halbe Wahrheiten oder gar falsche Aussagen oder noch nicht überprüfte Materialien deiner Arbeit in falsche Hände geraten.

Du kannst für dein Dokument unter *Speichern unter → Extras → Allgemeine Optionen* ein Passwort eingeben. Zum Öffnen bedeutet das, dass es ohne Passwort nicht angeschaut werden kann und zum Ändern bedeutet das, dass es geöffnet, betrachtet und unter einem anderen Namen gespeichert werden kann.

Anhang

Mindestvoraussetzungen

Für diese Arbeit ist ein einfacher Computer oder Notebook voll ausreichend. Meist reicht für die Arbeit sogar ein alter Computer aus. Die Voraussetzungen von Microsoft für Microsoft Office Home and Student 2010 sehen wie folgt aus:

- ein Prozessor mit 500 MHz, 256 MB RAM, 3 GB Festplattenspeicher und eine Auflösung von min. 1024 x 576.
- Windows XP mit Service Pack (SP) 3 (32-Bit), Windows Vista mit SP1 (32-Bit oder 64-Bit), Windows Server 2003 R2 (32-Bit oder 64-Bit) mit MSXML 6.0 installiert, Windows Server 2008 oder höher (32-Bit oder 64-Bit), Windows 7 (32-Bit oder 64-Bit).

Für Microsoft Office 2007 benötigst du:

- mindestens 2 GB freien Festplattenspeicher, aber eine Auflösung von min. 1024 x 768
- Microsoft Windows XP mit Service Pack (SP) 2, Windows Server 2003 mit SP1, oder höher.

Je besser die Hardware, desto schneller und reibungsloser läuft die Software, gerade bei großen Dokumenten und vielen Grafiken.

Zusammenfassung für Kopf- und Fußzeilen

Bei bereits eingefügter Fußzeile erfolgen Korrekturen des Zahlenformats und mit welcher Zahl begonnen werden soll mit:
Einfügen → Seitenzahlen → Seitenzahlen formatieren ...

Feld im Dokument neu erstellen:
[Strg]+[F9] oder
Einfügen → Schnellbaustein → Feld

Feld im Dokument sichtbar machen:
Feld markieren dann [Shift]+[F9]

Beispiel von römischer Seitennummerierung mit Gesamtseitenzahl des Abschnitts (Seite x von y):
Dort sollte bei sichtbarem Feld folgendes stehen:
Seite { PAGE * ROMAN } von { SECTIONPAGES * ROMAN * MERGEFORMAT }

Beispiel von arabischer Seitennummerierung mit Gesamtseitenzahl des Abschnitts (Seite x von y):
Seite { PAGE * ARABIC } von { SECTIONPAGES * ARABIC * MERGEFORMAT }

Wichtige Feldnamen:

PAGES	- Seitenzahl
SECTIONPAGES	- Anzahl der Seiten im Abschnitt
MERGEFORMAT	- Formatierung bei Aktualisierung beibehalten
NUMPAGES	- Anzahl der Seiten im Dokument

Soll in Kopfzeilen der Überschriften (Kapitelname) angezeigt werden:
Feld STYLEREF in die Kopfzeile einfügen.

Darstellung des Zahlenformats im IV
Seitenzahl → Seitenzahlen formatieren → ... sichtbares Zahlenformat für IV einstellen

Darstellung des Zahlenformats in der Kopf-/Fußzeile
Rechtsklick auf *Seitenzahl → Feld bearbeiten* ... sichtbares Zahlenformat für Kopf-/Fußzeile einstellen

Tastenkombinationen

Häufig verwendete Tastenkombinationen, die es sich lohnt zu merken!

Allgemein:

Strg + s	Speichern
Strg + o	Öffnen
Strg + n	Neues Dokument öffnen
Strg + f	Suchen
Strg + h	Suchen und ersetzen
Strg + z	Rückgängig
Strg + y	Letzte Aktion wiederholen/rückgängig gemachtes wieder rückgängig
Shift + F5	Anspringen der letzten 3 Stellen, die bearbeitet wurden
Strg + Shift + F9	Alle Hyperlinks entfernen im markierten Bereich

Ansicht

Strg + F1	Symbolleiste ausblenden
Strg + F2	Umschalten in Seitenansicht/Seitenvorschau

Bearbeiten

Strg + c	Markierte Zeichen kopieren
Strg + x	Markierte Zeichen ausschneiden
Strg + v	Vorher kopiertes Objekt/Zeichen einfügen
Strg + Shift + +	Steuerzeichen ein-/ausschalten
Shift + Enter	Zeilenumbruch
Strg + Enter	Seitenumbruch (einfach)

Layout:

Strg + Shift + f	Markierte Zeichen fett
Strg + Shift + k	Markierte Zeichen kursiv
Strg + Shift + u	Markierte Zeichen unterstrichen
Strg + l	Absatz linksbündig
Strg + b	Blocksatz
Strg + 1	1 Zeilen Abstand
Strg + 5	1,5 Zeilen Abstand
Strg + +	Markiertes Zeichen hochstellen
Strg + #	Markiertes Zeichen tiefstellen
Strg + Shift +g	Großbuchstaben
Strg + Shift + b	Schreibt "nur" den nächsten Buchstaben griechisch
Strg + Shift + Alt + s	Formatvorlagen-Dialogfeld öffnen
Alt + 1	Formatvorlage Überschrift 1
Alt + 2	Formatvorlage Überschrift 2
Alt + 3	Formatvorlage Überschrift 3
Strg + Alt + f	Fußnote erstellen

Markieren:

Shift + →	ein Zeichen nach rechts
Shift + ←	ein Zeichen nach links
Strg + Shift + →	wortweise nach rechts
Strg + Shift + ←	wortweise nach links
Strg + Shift + End	Dokument nach unten bis zum Ende
Strg + Shift + Pos1	Dokument nach oben bis zum Anfang
Strg + a	gesamtes Dokument

Stichwortverzeichnis

Unser aktuelles Verlagsprogramm:

Nr	Titel
162	Access 2000 für Einsteiger
173	Access 2003/2002 leicht u. verst.
198	Access 2007 Workshop
219	Access 2010/2013 leicht&verständlich
E16	Anonym im Internet
E08	Barrierefreies Web Design
S08	C++ leicht und verständlich
193	CD/DVD-Brennen leicht/verständlich
202	Contao! Webseiten clever gestalten
P23	CorelDraw für Einsteiger Vers. 7-10
E21	Delphi leicht und verständlich
P14	Dreamweaver 3/4 für Einsteiger
M12	Dreamweaver 8/CS3 leicht/verständl.
P27	Dreamweaver MX für Einsteiger
E17	Eltern und ComputerKids
P30	Erfolg mit der Homepage
P20	Excel 2000 für Fortgeschrittene
186	Excel 2000-2003 im Schnellkurs
179	Excel 2002 leicht und verständlich
P35	Excel 2003 für Fortgeschrittene
197	Excel 2007 im Schnellkurs
213	Excel 2010 für Berufsschulen
209	Excel 2010 leicht & verständlich
159	Frontpage 2000 für Einsteiger
184	Frontpage 2003 leichtverständlich
215	GIMP - schönere Fotos mit GIMP
P21	GoLive 5 für Einsteiger
203	Google, Mail & Kalender
P26	Hardware aufrüsten
214	Homepages für Einsteiger
178	Homepages für Profis
168	Homepages mit HTML & CSS
M13	Joomla 1.5 leicht und verständlich
208	Joomla 1.7
M07	Linux im Windows-Netzwerk
M02	MindManager X5 für Einsteiger
P33	Office 2003 für Einsteiger SSL

Nr	Titel
191	Office 2007 leicht u. verständlich
S06	Office für Sekretärinnen
P34	Outlook 2003 für Einsteiger
210	Outlook 2010 leicht & verständlich
165	Outlook 98/2000/2002 für Einst.
P10	Paint Shop Pro 5/6 für Einsteig
195	Photoshop CS2/CS3 leicht/verständl.
S05	PhotoShop LE für Einsteiger
S01	Powerpoint 2000 für Einsteiger
207	PowerPoint 2010
216	PowerPoint 2010/2013 Fortgeschrittene
143	Rund um den PC (für Anfänger)
P09	Staroffice 5.x für Einsteiger
131	Start m. Datenbanken und SQL
146	Start mit Access 7/97
180	Tipps & Tricks zu Windows
M06	VBA mit Excel Vers. 2000-2003
E18	Video am PC
P40	Voice over IP
P31	WebDesign mit Fireworks
200	Windows 7 leicht & verständlich
212	Windows 8 für Neugierige
148	Windows 95 für Einsteiger
166	Windows ME für Einsteiger
P25	Windows Super User
192	Windows Vista leicht u. verständlich
P38	Windows XP leicht und verständlich
E19	WLAN für Einsteiger
164	Word 2000 für Einsteiger 2. Aufl.
194	Word 2007 im Schnellkurs
205	Word 2010 für Fortgeschrittene
211	Word 2010 für Studenten + Schüler
204	Word 2010 leicht und verständlich
S13	Word in der Praxis:Lernen am Beispiel
206	Word Press
E13	XML leicht und verständlich

www.knowware.de